注释法典丛书
新五版·28

中华人民共和国
食品药品
注释法典

中国法制出版社
CHINA LEGAL PUBLISHING HOUSE

我国的立法体系[①]

机关	职权
全国人民代表大会	修改宪法，制定和修改刑事、民事、国家机构的和其他的基本法律。
全国人民代表大会常务委员会	制定和修改除应当由全国人民代表大会制定的法律以外的其他法律；在全国人民代表大会闭会期间，对全国人民代表大会制定的法律进行部分补充和修改；根据全国人民代表大会授权制定相关法律；解释法律。
国务院	根据宪法、法律和全国人民代表大会及其常务委员会的授权，制定行政法规。
省、自治区、直辖市的人民代表大会及其常务委员会	根据本行政区域的具体情况和实际需要，在不同宪法、法律、行政法规相抵触的前提下，制定地方性法规。
设区的市、自治州的人民代表大会及其常务委员会	在不同上位法相抵触的前提下，可对城乡建设与管理、生态文明建设、历史文化保护、基层治理等事项制定地方性法规。
经济特区所在地的省、市的人民代表大会及其常务委员会	根据全国人民代表大会的授权决定，制定法规，在经济特区范围内实施。
上海市人民代表大会及其常务委员会	根据全国人民代表大会常务委员会的授权决定，制定浦东新区法规，在浦东新区实施。
海南省人民代表大会及其常务委员会	根据法律规定，制定海南自由贸易港法规，在海南自由贸易港范围内实施。
民族自治地方的人民代表大会	依照当地民族的政治、经济和文化的特点，制定自治条例和单行条例。对法律和行政法规的规定作出变通的规定，但不得违背法律或者行政法规的基本原则，不得对宪法和民族区域自治法的规定以及其他有关法律、行政法规专门就民族自治地方所作的规定作出变通规定。
国务院各部、委员会、中国人民银行、审计署和具有行政管理职能的直属机构以及法律规定的机构	根据法律和国务院的行政法规、决定、命令，在本部门的权限范围内，制定规章。
省、自治区、直辖市和设区的市、自治州的人民政府	根据法律、行政法规和本省、自治区、直辖市的地方性法规，制定规章。设区的市、自治州人民政府制定的地方政府规章限于城乡建设与管理、生态文明建设、历史文化保护、基层治理等方面的事项。
中央军事委员会	根据宪法和法律制定军事法规，在武装力量内部实施。
中国人民解放军各战区、军兵种和中国人民武装警察部队	根据法律和中央军事委员会的军事法规、决定、命令，在其权限范围内制定军事规章，在武装力量内部实施。
国家监察委员会	根据宪法和法律、全国人民代表大会常务委员会的有关决定，制定监察法规。
最高人民法院、最高人民检察院	作出属于审判、检察工作中具体应用法律的解释。

[①] 本图表为编者根据《立法法》相关规定编辑整理，供参考。

■ 因为专业　　所以卓越

出版说明

"注释法典"丛书是我社集数年法规编撰经验，创新出版的大型实用法律工具书。本套工具书不仅全面反映我国立法成果与现状，全面收录相关领域重要法律文件，而且秉持权威、实用的理念，从条文【注释】、【实务问答】及【裁判规则】多角度阐释重要法律规定，相信能够成为广大读者理解、掌握、适用法律的首选工具书。

本套工具书以中国特色社会主义法律体系为主线，结合实践确定分册，独家打造七重法律价值：

一、内容全面

本分册涵盖食品药品领域重要的法律、法规、部门规章、司法解释等文件，收录的文件均为现行有效文本，方便读者全面、及时掌握相关规定。

二、注释精炼

在重要法律文件前设【理解与适用】，介绍该法历史沿革、主要内容、适用注意事项；以【注释】形式对重难点条文进行详细阐释。注释内容在吸取全国人大常委会法制工作委员会、最高人民法院等权威解读的基础上，结合最新公布的相关规定及司法实践全新撰写，保证注释内容的准确性与时效性。另外，在重要条文注释中，提炼简明小标题，并予以加粗，帮助读者快速把握条文注释主要内容。

三、实务问答

在相关法条下设【实务问答】，内容来源于最高人民法院司法观点、相关函复等，解答法律适用中的重点与难点。

四、案例指导

在相关法条下设【案例】，案件主要来源于最高人民法院、最高人民检察院指导性案例及公报案例，整理【裁判规则】，展示解决法律问题的权威实例。

五、关联法规链接

在相关法条下以【链接】的方式索引关联条文，提供相关且有效的条文援引，全面体现相关法律规定。

六、层级清晰　　检索便捷

（1）目录按照法律文件的效力等级分为法律及文件、行政法规及文件、部门规章及文件、司法解释及文件四个层级。（2）每一层级下法律文件大多按照公布或者最后一次修改时间排列，以方便读者快速定位目标文件，但为了方便读者对某一类问题进行集中查找，本书将一些联系紧密的文件进行了集中排版。

七、超值增值服务

为了使读者能够全面了解解决法律问题的实例，准确适用法律，同时及时充分了解我国立法的动态信息，凡是购买本书的读者，均可获得以下超值增值服务：（1）扫码添加书后"法规编辑部"公众号→点击菜单栏→进入资料下载栏→选择注释法典资料项→点击网址或扫码下载，即可获取最高人民法院、最高人民检察院指导性案例电子版；（2）通过"法规编辑部"公众号，及时了解最新立法信息，并可线上留言，编辑团队会就图书相关疑问进行动态解答。

能够为大家学习法律、解决法律难题提供实实在在的帮助，是我们全心努力的方向，衷心欢迎广大读者朋友反馈意见、建议。

中国法制出版社
2023 年 11 月

目 录[*]

一、综合

● **法律**

中华人民共和国产品质量法 ………………… 1
　　（2018 年 12 月 29 日）
中华人民共和国农产品质量安全法
　（节录） …………………………………… 18
　　（2022 年 9 月 2 日）
中华人民共和国反食品浪费法 ……………… 21
　　（2021 年 4 月 29 日）
中华人民共和国广告法（节录） …………… 24
　　（2021 年 4 月 29 日）
中华人民共和国消费者权益保护法 ………… 29
　　（2013 年 10 月 25 日）
中华人民共和国刑法（节录） ……………… 57
　　（2020 年 12 月 26 日）

● **行政法规及文件**

国务院关于加强食品等产品安全监督
　管理的特别规定 …………………………… 64
　　（2007 年 7 月 26 日）
国务院关于地方改革完善食品药品监
　督管理体制的指导意见 …………………… 67
　　（2013 年 4 月 10 日）
国务院办公厅关于进一步加强食品药
　品监管体系建设有关事项的通知 ………… 69
　　（2014 年 9 月 28 日）

● **部门规章及文件**

市场监督管理行政许可程序暂行规定 ……… 70
　　（2022 年 3 月 24 日）
市场监督管理行政处罚听证办法 …………… 77
　　（2021 年 7 月 2 日）

市场监督管理行政处罚程序规定 …………… 79
　　（2022 年 9 月 29 日）
关于规范市场监督管理行政处罚裁量
　权的指导意见 ……………………………… 88
　　（2022 年 10 月 8 日）
市场监督管理行政处罚信息公示规定 ……… 90
　　（2021 年 7 月 30 日）
市场监督管理投诉举报处理暂行办法 ……… 92
　　（2022 年 9 月 29 日）
市场监督管理投诉信息公示暂行规则 ……… 95
　　（2023 年 9 月 26 日）
市场监管领域重大违法行为举报奖励
　暂行办法 …………………………………… 97
　　（2021 年 7 月 30 日）
市场监督管理执法监督暂行规定 …………… 99
　　（2019 年 12 月 31 日）
市场监督管理行政执法责任制规定 ……… 101
　　（2021 年 5 月 26 日）

● **司法解释及文件**

最高人民法院关于审理食品药品纠纷
　案件适用法律若干问题的规定 ………… 104
　　（2021 年 11 月 18 日）
最高人民法院关于审理食品安全民事纠
　纷案件适用法律若干问题的解释（一） … 105
　　（2020 年 12 月 8 日）
最高人民法院关于审理申请注册的药
　品相关的专利权纠纷民事案件适用
　法律若干问题的规定 …………………… 107
　　（2021 年 7 月 4 日）

---

* 编者按：本目录中的时间为法律文件的公布时间或最后一次修正、修订公布时间。

最高人民法院关于依法惩处生产销售
伪劣食品、药品等严重破坏市场经
济秩序犯罪的通知 …………… 108
（2004年6月21日）
最高人民法院、最高人民检察院关于
办理危害食品安全刑事案件适用法
律若干问题的解释 …………… 109
（2021年12月30日）
最高人民法院、最高人民检察院关于
办理危害药品安全刑事案件适用法
律若干问题的解释 …………… 113
（2022年3月3日）

最高人民法院对人民法院在审理计量
行政案件中涉及的应否对食品卫生
监督机构进行计量认证问题的答复 … 116
（2003年4月29日）
最高人民检察院关于《非药用类麻醉
药品和精神药品管制品种增补目
录》能否作为认定毒品依据的批复 … 116
（2019年4月29日）

二、食品安全

（一）一般规定

● **法律**
中华人民共和国食品安全法 ………… 117
（2021年4月29日）
● **行政法规及文件**
中华人民共和国食品安全法实施条例 … 152
（2019年10月11日）
国家食品安全事故应急预案 ………… 158
（2011年10月5日）
● **部门规章及文件**
食品生产许可管理办法 ……………… 163
（2020年1月2日）
食品经营许可和备案管理办法 ……… 168
（2023年6月15日）
食品生产许可审查通则 ……………… 176
（2022年10月8日）
食品经营许可审查通则（试行）……… 180
（2015年9月30日）
食品召回管理办法 …………………… 184
（2020年10月23日）
食品安全工作评议考核办法 ………… 187
（2023年3月7日）
食品生产经营监督检查管理办法 …… 189
（2021年12月24日）
食品相关产品质量安全监督管理暂行
办法 ………………………………… 193
（2022年10月8日）

国家食品药品监管总局关于印发食品生
产经营日常监督检查有关表格的通知 … 197
（2016年5月6日）
企业落实食品安全主体责任监督管理
规定 ………………………………… 212
（2022年9月22日）
食品标识管理规定 …………………… 214
（2009年10月22日）
食用农产品市场销售质量安全监督管
理办法 ……………………………… 217
（2023年6月30日）
网络食品安全违法行为查处办法 …… 222
（2021年4月2日）
市场监管总局办公厅关于《食品安全
法实施条例》第81条适用有关事项
的意见 ……………………………… 226
（2021年1月6日）

（二）食品安全标准

● **部门规章及文件**
食品安全国家标准管理办法 ………… 227
（2010年10月20日）
食品安全国家标准整合工作方案 …… 229
（2014年5月7日）
食品安全地方标准制定及备案指南 … 231
（2014年9月12日）

(三) 风险监测

● 部门规章及文件

食品安全风险评估管理规定 ·············· 232
（2021年11月4日）
食品生产经营风险分级管理办法(试行) ······ 234
（2016年9月5日）
食品生产加工环节风险监测管理办法 ······· 238
（2011年10月12日）
食品生产加工环节风险监测问题样品
调查处理办法 ························· 240
（2012年8月21日）
食品安全监督抽检和风险监测工作规
范(试行) ···························· 242
（2014年3月31日）

(四) 抽样检验

● 部门规章及文件

食品安全抽样检验管理办法 ·············· 247
（2022年9月29日）
食品检验工作规范 ······················ 252
（2016年12月30日）
食品补充检验方法管理规定 ·············· 255
（2023年2月20日）
市场监管总局关于规范食品快速检测
使用的意见 ··························· 258
（2023年1月18日）

(五) 餐饮服务食品

● 部门规章及文件

餐饮业经营管理办法(试行) ·············· 259
（2014年9月22日）
重大活动餐饮服务食品安全监督管理
规范 ································· 261
（2011年2月15日）
网络餐饮服务食品安全监督管理办法 ······ 263
（2020年10月23日）
市场监管总局关于进一步规范餐饮服
务提供者食品添加剂管理的公告 ········ 266
（2023年3月2日）

(六) 乳品

● 行政法规及文件

乳品质量安全监督管理条例 ·············· 267
（2008年10月9日）

● 部门规章及文件

婴幼儿配方乳粉产品配方注册管理办法 ··· 272
（2023年6月26日）
市场监管总局关于进一步规范婴幼儿
配方乳粉产品标签标识的公告 ·········· 278
（2021年11月12日）

(七) 绿色食品

● 部门规章及文件

绿色食品生产资料认定推荐管理办法 ····· 278
（1999年10月10日）
绿色食品生产资料认定推荐管理办法
实施细则(食品添加剂部分) ············· 279
（1999年10月10日）
绿色食品生产资料认定推荐管理办法
实施细则(农药部分) ··················· 280
（1999年10月10日）
绿色食品生产资料认定推荐管理办法
实施细则(肥料部分) ··················· 281
（1999年10月10日）
绿色食品标志管理办法 ·················· 283
（2022年1月7日）
农业部办公厅关于冒用绿色食品标志
违法行为行政处罚法律适用问题的函 ··· 285
（2014年3月6日）

(八) 进出口食品

● 部门规章及文件

中华人民共和国进出口食品安全管理
办法 ································· 285
（2021年4月12日）
中华人民共和国进口食品境外生产企
业注册管理规定 ······················ 292
（2021年4月12日）
进口食品进出口商备案管理规定 ·········· 294
（2012年4月5日）
食品进口记录和销售记录管理规定 ········ 296
（2012年4月5日）

进口食品不良记录管理实施细则 ………… 297
　（2014年2月26日）

（九）食品添加剂

● 行政法规及文件
国务院办公厅关于严厉打击食品非法添加行为切实加强食品添加剂监管的通知 ………………………… 298
　（2011年4月20日）

● 部门规章及文件
食品添加剂新品种管理办法 ……………… 300
　（2017年12月26日）
进出口食品添加剂检验检疫监督管理工作规范 ……………………………… 302
　（2011年4月18日）

三、保健食品

● 部门规章及文件
保健食品管理办法 ………………………… 307
　（1996年3月15日）
保健食品生产许可审查细则 ……………… 309
　（2016年11月28日）
保健食品原料目录与保健功能目录管理办法 ……………………………………… 313
　（2019年8月2日）

保健食品标识规定 ………………………… 315
　（1996年7月18日）
保健食品注册与备案管理办法 …………… 316
　（2020年10月23日）

四、药品

（一）一般规定

● 法律
中华人民共和国药品管理法 ……………… 323
　（2019年8月26日）
● 行政法规及文件
中华人民共和国药品管理法实施条例 …… 336
　（2019年3月2日）
● 部门规章及文件
处方药与非处方药分类管理办法（试行） … 344
　（1999年6月18日）
药品不良反应报告和监测管理办法 ……… 344
　（2011年5月4日）
药品说明书和标签管理规定 ……………… 350
　（2006年3月15日）
国家食品药品监督管理局关于《药品说明书和标签管理规定》有关问题解释的通知 ………………………… 352
　（2007年1月24日）

药品、医疗器械、保健食品、特殊医学用途配方食品广告审查管理暂行办法 ……………………………………… 353
　（2019年12月24日）
药品网络销售监督管理办法 ……………… 357
　（2022年8月3日）

（二）审批注册

● 行政法规及文件
国务院关于改革药品医疗器械审评审批制度的意见 ……………………… 360
　（2015年8月9日）
● 部门规章及文件
药品注册管理办法 ………………………… 363
　（2020年1月22日）
国家食品药品监督管理局药品特别审批程序 …………………………………… 375
　（2005年11月18日）

药品、医疗器械产品注册收费标准管
理办法 …………………………… 377
（2015 年 5 月 12 日）

（三）生产经营

● **行政法规及文件**

国务院办公厅关于进一步改革完善药
品生产流通使用政策的若干意见 ……… 378
（2017 年 1 月 24 日）

● **部门规章及文件**

药品生产监督管理办法 ………………… 381
（2020 年 1 月 22 日）

药品经营质量管理规范 ………………… 389
（2016 年 7 月 13 日）

药品经营和使用质量监督管理办法 …… 402
（2023 年 9 月 27 日）

药品召回管理办法 ……………………… 410
（2022 年 10 月 24 日）

（四）进口药品

● **部门规章及文件**

进口药材管理办法 ……………………… 413
（2019 年 5 月 16 日）

药品进口管理办法 ……………………… 416
（2012 年 8 月 24 日）

（五）特殊药品

● **行政法规及文件**

麻醉药品和精神药品管理条例 ………… 421
（2016 年 2 月 6 日）

放射性药品管理办法 …………………… 429
（2022 年 3 月 29 日）

反兴奋剂条例 …………………………… 432
（2018 年 9 月 18 日）

● **部门规章及文件**

非药用类麻醉药品和精神药品列管办法 … 435
（2015 年 9 月 24 日）

医疗机构麻醉药品、第一类精神药品
管理规定 …………………………… 436
（2005 年 11 月 14 日）

药品类易制毒化学品管理办法 ………… 438
（2010 年 3 月 18 日）

五、医疗器械

（一）一般规定

● **行政法规及文件**

医疗器械监督管理条例 ………………… 444
（2021 年 2 月 9 日）

● **部门规章及文件**

医疗器械管理暂行办法 ………………… 457
（1991 年 4 月 10 日）

医疗器械标准管理办法 ………………… 459
（2017 年 4 月 17 日）

医疗器械网络销售监督管理办法 ……… 462
（2017 年 12 月 20 日）

医疗器械使用质量监督管理办法 ……… 467
（2015 年 10 月 21 日）

医疗器械召回管理办法 ………………… 470
（2017 年 1 月 25 日）

医疗器械临床使用管理办法 …………… 474
（2021 年 1 月 12 日）

医疗器械检验机构资质认定条件 ……… 477
（2015 年 11 月 4 日）

医疗器械说明书和标签管理规定 ……… 479
（2014 年 7 月 30 日）

（二）审批注册

● **部门规章及文件**

医疗器械注册与备案管理办法 ………… 481
（2021 年 8 月 26 日）

医疗器械优先审批程序 ………………… 491
（2016 年 10 月 25 日）

国家食品药品监督管理总局药品医疗
器械审评审批信息保密管理办法 … 493
（2017 年 5 月 24 日）

（三）生产经营

● 部门规章及文件

医疗器械生产监督管理办法 …………… 496
　　（2022 年 3 月 10 日）
医疗器械经营监督管理办法 …………… 503
　　（2022 年 3 月 10 日）

国家药监局综合司关于加强医疗器械
　生产经营分级监管工作的指导意见 …… 509
　　（2022 年 9 月 7 日）
国家食品药品监督管理总局办公厅关
　于印发医疗器械生产日常监督现场
　检查工作指南的通知 ………………… 512
　　（2014 年 1 月 13 日）

六、化妆品

● 行政法规及文件

化妆品监督管理条例 …………………… 516
　　（2020 年 6 月 16 日）

● 部门规章及文件

化妆品生产经营监督管理办法 ………… 560
　　（2021 年 8 月 2 日）
化妆品抽样检验管理办法 ……………… 567
　　（2023 年 1 月 11 日）
化妆品标识管理规定 …………………… 573
　　（2007 年 8 月 27 日）

化妆品新原料申报与审评指南 ………… 575
　　（2011 年 5 月 12 日）
化妆品卫生行政许可申报受理规定 …… 577
　　（2006 年 5 月 18 日）
化妆品注册备案管理办法 ……………… 581
　　（2021 年 1 月 7 日）
进出口化妆品检验检疫监督管理办法 … 587
　　（2018 年 11 月 23 日）

典型案例

最高人民法院发布 5 起危害药品安全
　犯罪典型案例 ………………………… 591
　　（2023 年 9 月 18 日）
最高人民检察院关于印发惩治麻醉药
　品、精神药品失管涉毒犯罪典型案
　例的通知 ……………………………… 593
　　（2023 年 6 月 19 日）
最高人民检察院关于印发《"3·15"检
　察机关食品药品安全公益诉讼典型
　案例》的通知 ………………………… 598
　　（2023 年 3 月 13 日）
最高人民法院发布 10 个药品安全典
　型案例 ………………………………… 607
　　（2022 年 4 月 28 日）

最高人民检察院发布 5 件检察机关依
　法惩治危害药品安全犯罪典型案例 …… 613
　　（2022 年 3 月 4 日）
最高人民法院、最高人民检察院发布
　六起危害食品安全刑事典型案例 ……… 618
　　（2021 年 12 月 31 日）
最高人民检察院、国家市场监督管理
　总局、国家药品监督管理局联合发
　布 15 件落实食品药品安全"四个最
　严"要求专项行动典型案例 …………… 621
　　（2021 年 2 月 19 日）
最高人民法院发布 5 起食品安全民事
　纠纷典型案例 ………………………… 634
　　（2022 年 3 月 4 日）

一、综合

中华人民共和国产品质量法

- 1993年2月22日第七届全国人民代表大会常务委员会第三十次会议通过
- 根据2000年7月8日第九届全国人民代表大会常务委员会第十六次会议《关于修改〈中华人民共和国产品质量法〉的决定》第一次修正
- 根据2009年8月27日第十一届全国人民代表大会常务委员会第十次会议《关于修改部分法律的决定》第二次修正
- 根据2018年12月29日第十三届全国人民代表大会常务委员会第七次会议《关于修改〈中华人民共和国产品质量法〉等五部法律的决定》第三次修正

第一章 总 则

第一条 【立法目的】[①]为了加强对产品质量的监督管理,提高产品质量水平,明确产品质量责任,保护消费者的合法权益,维护社会经济秩序,制定本法。

案例 方某某等与某医药零售连锁有限公司胜某连锁店等侵权纠纷上诉案(湖北省宜昌市中级人民法院民事判决书[2007]宜中民一终字第270号)

裁判规则: 药品是工业制成品的一类,属于产品的范畴,是受《产品质量法》[②]的保护与约束的。但是若适用《产品质量法》相关规定会导致结果明显有失公平的,有违法律的公平正义要求时,则可以考虑适用《民法典》来处理纠纷。

第二条 【适用范围】在中华人民共和国境内从事产品生产、销售活动,必须遵守本法。

本法所称产品是指经过加工、制作,用于销售的产品。

建设工程不适用本法规定;但是,建设工程使用的建筑材料、建筑构配件和设备,属于前款规定的产品范围的,适用本法规定。

注释 《产品质量法》在中华人民共和国境内适用。在中华人民共和国境内从事产品生产、销售活动的,都适用本法,包括生产出口产品的生产者和销售进口产品的销售者。在中华人民共和国境外从事产品生产销售活动的,不适用本法,如设在国外的中外合资企业、中外合作经营企业和中国独资企业从事产品生产销售活动的,不适用本法,应当适用所在国的法律。

案例 1. 彭某某人身损害赔偿纠纷上诉案(湖南省湘西土家族苗族自治州中级人民法院民事判决书[2004]州民一终字第173号)

裁判规则: 水泥空心预制板属于建筑构配件,且是经过加工、制作并用于销售的产品,故应当适用《产品质量法》的规定。因此,房屋修建过程中由于水泥空心预制板断裂造成人身损害,属于产品缺陷致人损害引起的人身损害,可以适用《产品质量法》的相关规定。

2. 刘某某与佘某某人身损害赔偿纠纷上诉案(新疆维吾尔自治区昌吉回族自治州中级人民法院民事判决书[2001]昌中民一终字第1265号)

裁判规则: 产品须具备的两个条件,一是经过加工、制作;二是用于销售,即可以进入流通领域的物。

3. 吴某某等与黄某某产品责任纠纷上诉案(广东省佛山市中级人民法院民事判决书[2004]佛中法民一终字第22号)

裁判规则: 在市场上销售的蔬菜属于自然物品,未经过加工、制作,不属于《产品质量法》所调整的产品的范畴,不适用《产品质量法》的有关规定。

---

① 条文主旨为编者所加,下同。
② 为便于阅读,本书理解与适用、注释、链接中对相关法律文件名称中的"中华人民共和国"字样都予以省略。

链接《国家质量监督检验检疫总局关于实施〈中华人民共和国产品质量法〉若干问题的意见》三；《农产品质量安全法》第2条；《有机产品认证管理办法》第2条

第三条 【建立健全内部产品质量管理制度】生产者、销售者应当建立健全内部产品质量管理制度，严格实施岗位质量规范、质量责任以及相应的考核办法。

注释 产品质量管理包括质量考核条例、质量事故处理办法、质量评选奖励的制度、群众性质量管理活动制度、质量信息管理制度、合理化建议和推动技术改进管理办法、关于新产品试制和鉴定的规定、样机试制管理等。

企业内部质量管理制度，应当做到：不合格产品不能出厂和销售，不合格的原材料、零部件不能投料、组装；国家明令淘汰的产品不能生产和销售；没有产品质量标准，没有依法经过质量检验机构检验的产品不能生产和销售；不能以次充好，以假充真；不能违法使用他人的商标、厂名、厂址等。

链接《食品安全法》第37、40、70、71、72条

第四条 【依法承担产品质量责任】生产者、销售者依照本法规定承担产品质量责任。

注释 产品质量责任是指本法规定的责任主体不履行本法规定的保证产品质量的义务所应承担的法律后果。包括违反本法规定的行政责任、刑事责任和因产品责任问题引起的民事责任。

产品责任是指与产品有关的制造商、批发商或零售商等各方对产品因存在缺陷而在使用过程中发生意外并造成用户或他人人身伤害和财产损失，依法应当承担的行政责任、民事责任和刑事责任。如修理、更换、退货、赔偿损失等。

根据《消费者权益保护法》的相关规定，消费者在购买、使用商品时，其合法权益受到损害的，可以向销售者要求赔偿。销售者赔偿后，属于生产者的责任或者属于向销售者提供商品的其他销售者的责任的，销售者有权向生产者或者其他销售者追偿。消费者或者其他受害人因商品缺陷造成人身、财产损害的，可以向销售者要求赔偿，也可以向生产者要求赔偿。属于生产者的责任的，销售者赔偿后，有权向生产者追偿。属于销售者责任的，生产者赔偿后，有权向销售者追偿。消费者在接受服务时，其合法权益受到损害的，可以向服务者要求赔偿。同样，农产品批发市场销售不符合农产品质量安全标准的农产品，给消费者造成损害的，消费者可以向农产品批发市场要求赔偿。属于生产者、销售者责任的，农产品批发市场有权追偿，消费者也可以直接向农产品生产者、销售者要求赔偿。

案例 1. 胡某某与梁某某等产品质量纠纷上诉案（广东省佛山市中级人民法院民事判决书〔2006〕佛中法民二终字第545号）

裁判规则：销售者承担产品责任，必须符合四个要件，即产品存在缺陷、有损害的事实、产品存在缺陷与损害事实之间存在必然的因果关系、销售者存在过错。

2. 周某与云南某烟花火炮厂等人身损害赔偿纠纷上诉案（云南省昆明市中级人民法院民事判决书〔2007〕昆民三终字第836号）

裁判规则：产品造成他人人身伤害，若是由于产品质量不合格造成的，产品生产者不存在法定免责事由时，要承担产品质量责任。如果没有证据证明销售者在销售过程中有导致产品出现质量问题的行为，那么，销售者不应承担赔偿责任。不过，这只适用于生产者、消费者内部责任分配，消费者面前，二者应承担连带责任。

3. 尚某某与某建筑工程公司产品质量损害赔偿纠纷再审案（河南省漯河市中级人民法院民事判决书〔2010〕漯民再终字第27号）

裁判规则：生产者、销售者承担产品质量责任。作为产品的销售者，应承担产品质量的瑕疵担保责任，对其供给消费者的产品有保障其正常使用的义务。

链接 本法第五章；《民法典侵权责任编》第五章；《农产品质量安全法》第79条；《消费者权益保护法》第40条

第五条 【禁止行为】禁止伪造或者冒用认证标志等质量标志；禁止伪造产品的产地，伪造或者冒用他人的厂名、厂址；禁止在生产、销售的产品中掺杂、掺假，以假充真，以次充好。

注释 质量标志是指经认证机构或者其他有关组织检验而颁发的表明产品质量状况的证书、标记等。认证标志是指产品质量认证标志和国家对进出口商品实施商检标志制度等认证标志。

伪造，是指非法制作、编造实际上并不存在的质量标志；冒用，是指未取得认证标志等质量标志，而谎称取得，并擅自使用相应质量标志。《产

品质量法》规定,生产者、销售者不得伪造或者冒用认证标志、名优标志等质量标志。《反不正当竞争法》与《产品质量法》的规定是一致的,当经营者伪造或者冒用认证标志、名优标志等质量标志的,将适用《产品质量法》进行处罚。

案例 1. 郭某诉某公司买卖合同纠纷案(北京市第一中级人民法院民事判决书〔2003〕一中民终字第10635号)

裁判规则:《消费者权益保护法》规定,消费者在购买商品时,经营者提供商品或服务有欺诈行为的,经营者应按照消费者购买商品的价款的双倍赔偿。但是法律并未禁止经营者自愿加重其承担民事责任的幅度。若商家在其合同或约定中明确了"假一罚十",那么,可以按照约定的赔偿幅度进行赔偿。

2. 某乳业有限公司与某区质量技术监督局质量监督行政处罚纠纷上诉案(广东省佛山市中级人民法院行政判决书〔2005〕佛中法行终字第38号)

裁判规则:以次充好的行为是指低档次、低等级产品冒充高档次、高等级产品或者以旧产品冒充新产品的违法行为。

链接《食品安全法》第103、106条;《反不正当竞争法》第6条;《消费者权益保护法》第20—21条;《侵害消费者权益行为处罚办法》第5条;《国家质量技术监督局关于实施〈中华人民共和国产品质量法〉若干问题的意见》八

第六条 【鼓励推行先进科学技术】国家鼓励推行科学的质量管理方法,采用先进的科学技术,鼓励企业产品质量达到并且超过行业标准、国家标准和国际标准。

对产品质量管理先进和产品质量达到国际先进水平、成绩显著的单位和个人,给予奖励。

注释 根据《标准化法》的规定,由我国各主管部、委(局)批准发布,在该部门范围内统一使用的标准,称为行业标准。国家标准,由国务院标准化行政主管部门编制计划,组织起草,统一审批、编号、发布。国际标准,指国际标准化组织(ISO)、国际电工委员会(IEC)和国际电信联盟(ITU)等组织所制定的标准,以及国际标准化组织(ISO)公布的其他国际组织所制定的标准等,且国际标准在世界范围内统一使用。

国家标准、行业标准分为强制标准和推荐性标准。对保障人身健康和生命财产安全、国家安全、生态环境安全以及满足经济社会管理基本需要的技术要求,应当制定强制性国家标准。强制性标准,必须执行。不符合强制性标准的产品,禁止生产、销售、进口或者提供。推荐性标准,国家鼓励企业自愿采用。国家需要控制的重要产品目录由国务院标准化行政主管部门会同国务院有关行政主管部门确定。

下列标准属于强制性标准:(1)药品标准,食品卫生标准,兽药标准;(2)产品及产品生产、储运和使用中的安全、卫生标准,劳动安全、卫生标准,运输安全标准;(3)工程建设的质量、安全、卫生标准及国家需要控制的其他工程建设标准;(4)环境保护的污染物排放标准和环境质量标准;(5)重要的通用技术术语、符号、代号和制图方法;(6)通用的试验、检验方法标准;(7)互换配合标准;(8)国家需要控制的重要产品质量标准。

链接《标准化法》;《标准化法实施条例》

第七条 【各级人民政府保障本法的施行】各级人民政府应当把提高产品质量纳入国民经济和社会发展规划,加强对产品质量工作的统筹规划和组织领导,引导、督促生产者、销售者加强产品质量管理,提高产品质量,组织各有关部门依法采取措施,制止产品生产、销售中违反本法规定的行为,保障本法的施行。

第八条 【监管部门的监管权限】国务院市场监督管理部门主管全国产品质量监督工作。国务院有关部门在各自的职责范围内负责产品质量监督工作。

县级以上地方市场监督管理部门主管本行政区域内的产品质量监督工作。县级以上地方人民政府有关部门在各自的职责范围内负责产品质量监督工作。

法律对产品质量的监督部门另有规定的,依照有关法律的规定执行。

注释 产品质量监督是指国务院市场监督管理部门和县级以上市场监督管理部门依据法定的权力,对产品质量进行管理的活动。从本条规定可以看出,产品质量监督体制分为级别监督和行政职能监督。中央一级国家市场监督管理部门和县级以上地方各级市场监督管理部门属级别监督,在各自职权范围内各负其责;政府市场监督管理部门和政府有关行政主管部门的监督属行政职能监督,也是在各自职权范围内各司其职。

案例 1. 某公司诉某市工商局工商行政处罚案（《中华人民共和国最高人民法院公报》2006年第3期）

裁判规则：根据《产品质量法》和《国家工商行政管理总局职能配置内设机构和人员编制规定》的规定，商品一旦进入流通领域，无论是在仓库中、货架上还是在其他地点存放，其质量均由工商行政管理部门进行监督管理。

2. 某贸易有限公司与某工商行政管理分局工商行政处罚纠纷上诉案（上海市第二中级人民法院行政判决书〔2008〕沪二中行终字第239号）

裁判规则：《国家工商行政管理总局职能配置内设机构和人员编制规定》规定，流通领域商品质量监督管理的职能划归国家工商行政管理总局。可见，工商行政管理部门对于流通领域内的产品质量问题，有权依照《产品质量法》的规定进行查处。

3. 徐某某与广州市某百货有限公司等买卖合同纠纷上诉案（广东省广州市中级人民法院民事判决书〔2007〕穗中法民一终字第3586号）

裁判规则：国务院有关部门在各自的职责范围内负责产品质量监督工作，对于产品包装上是否标注QS标志和生产许可证编号的监督，属于行政机关的职责范畴，不属于法院管辖的范围。

链接 《农产品质量安全法》第3条；《有机产品认证管理办法》第4条；《食品安全法》第5条；《药品管理法》第8条；《消费者权益保护法》第32条；《国家质量监督检验检疫总局关于实施〈中华人民共和国产品质量法〉若干问题的意见》七

第九条 【各级政府的禁止行为】 各级人民政府工作人员和其他国家机关工作人员不得滥用职权、玩忽职守或者徇私舞弊，包庇、放纵本地区、本系统发生的产品生产、销售中违反本法规定的行为，或者阻挠、干预依法对产品生产、销售中违反本法规定的行为进行查处。

各级地方人民政府和其他国家机关有包庇、放纵产品生产、销售中违反本法规定的行为的，依法追究其主要负责人的法律责任。

链接 《刑法》第397、412、414条

第十条 【公众检举权】 任何单位和个人有权对违反本法规定的行为，向市场监督管理部门或者其他有关部门检举。

市场监督管理部门和有关部门应当为检举人保密，并按照省、自治区、直辖市人民政府的规定给予奖励。

注释 任何单位和个人都有权向市场监督管理部门或其他有关部门检举违反《产品质量法》的行为，其检举权受法律保护。检举可以署名，也可以不署名。

接受举报的市场监督管理部门及其他有关部门有为检举人保密的义务。必要时，应采取有效的措施保护举报人。

省、自治区、直辖市人民政府应当就检举产品质量违法行为制定奖励办法，建立检举奖励制度，对举报立功者予以奖励。对举报人，行政执法部门可给予物质的奖励，并为其保密。

用户、消费者对于本法所调整的产品发现有质量问题，有权向技术监督行政部门提出申诉。技术监督行政部门对用户、消费者提出的产品质量申诉应当予以登记，并在接到产品质量申诉后7日内作出处理、移送处理或者不予处理的决定，且告知申诉人。

技术监督行政部门对举报涉嫌生产、销售伪劣商品犯罪行为的产品质量申诉，应当移送司法机关处理，对依照法律规定由其他行政机关处理的产品质量申诉，应当移送其他行政机关处理。

案例 某日化厂与何某某分期付款买卖洗衣粉合同纠纷案（四川省泸州市中级人民法院民事判决书〔2001〕泸民二终字第65号）

裁判规则：任何单位和个人有权对违反相关法律规定的行为向产品质量监督部门或者其他有关部门检举。公民对违反产品质量安全相关规定、侵犯消费者合法权益的行为进行报案的，法院应予以受理。在受理后，对于应属于相关行政机关处理的事项，交由行政主管机关处理。

链接 《市场监督管理投诉举报处理暂行办法》；《国家质量监督检验检疫总局关于实施〈中华人民共和国产品质量法〉若干问题的意见》十二

第十一条 【禁止产品垄断经营】 任何单位和个人不得排斥非本地区或者非本系统企业生产的质量合格产品进入本地区、本系统。

链接 《反垄断法》第39—45条；《国务院关于禁止在市场经济活动中实行地区封锁的规定》

第二章 产品质量的监督

第十二条 【产品质量要求】 产品质量应当检验合格，不得以不合格产品冒充合格产品。

注释 合格产品,是指产品符合应具备的使用性或者社会公认的产品所应当达到的要求。处理品是指符合《产品质量法》规定的使用性能要求和强制性要求,虽未达到明示采用的产品标准、产品说明、实物样品等方式的质量状况,但是不存在危及人体健康,人身、财产安全的危险,是仍有使用价值的产品。处理品在明示后可以降价出售。劣质品是指产品质量不符合法律、法规的规定要求,并存在危及人体健康,人身、财产安全的危险,或者失去原有使用性能的产品。对于劣质品,严禁出厂、销售,并且应当监督销毁或者做必要的技术处理。

(1)产品质量是否符合法律、行政法规对产品的要求。有强制性标准的,是否符合强制性标准的要求。

(2)产品是否符合标准的要求,包括是否符合国家标准、行业标准、地方标准或者企业标准。其中,企业标准不能与国家标准或者行业标准相抵触。

(3)产品是否符合合同要求在产品或者产品包装上注明采用的产品标准,产品的实际状况是否符合产品说明、实物样品等表明的质量状况。

(4)产品的生产厂名、厂址与产地是否是真实的。

案例 王某某诉某市工商行政管理局行政处罚决定案(浙江省绍兴市中级人民法院行政判决书〔2004〕绍中行终字第25号)

裁判规则:产品质量应当检验合格,不得以不合格产品冒充合格产品,对于标上合格证明的产品,就应当按照合格产品对待,必须达到合格产品的要求,否则应按以不合格产品冒充合格产品的违法行为处罚。

链接《国家质量监督检验检疫总局关于实施〈中华人民共和国产品质量法〉若干问题的意见》八(八)

第十三条 【工业产品质量标准要求】可能危及人体健康和人身、财产安全的工业产品,必须符合保障人体健康和人身、财产安全的国家标准、行业标准;未制定国家标准、行业标准的,必须符合保障人体健康和人身、财产安全的要求。

禁止生产、销售不符合保障人体健康和人身、财产安全的标准和要求的工业产品。具体管理办法由国务院规定。

注释 可能危及人体健康的工业产品,如:药品、食品、化妆品、家用电器、医疗器械、电梯、游艺设施等。

可能危及人身、财产安全的工业产品,如:汽车、交通运输工具、锅炉压力容器、消防设施等。

案例 1. 某镇卫生院诉某工商行政管理局行政处罚案(江苏省盐城市中级人民法院行政判决书〔2002〕盐行终字第55号)

裁判规则:强制性标准必须执行。不符合强制性标准的产品,禁止生产、销售和进口。禁止生产、销售不符合保障人体健康和人身、财产安全的标准和要求的工业产品。经营机构将不符合标准的产品用于使用,违反了相关规定,属于违法行为。

2. 广州某机械有限公司与某日用化工厂买卖合同纠纷上诉案(广东省广州市中级人民法院民事判决书〔2004〕穗中法民二终字第1787号)

裁判规则:经鉴定,产品不符合国家安全标准要求,为不合格产品。尽管合同双方在合同中约定"产品质量要求技术标准按照生产厂质量技术标准执行",但该约定不能对抗法律的强制性规定。因此,即便产品符合生产厂的技术标准,不符合国家相关标准,那么也属于不合格产品,不能进入销售领域。

3. 某炼油化工建设有限公司诉某环保设备总厂有限责任公司购销合同案(新疆维吾尔自治区高级人民法院经济判决书〔2000〕新经终字第75号)

裁判规则:国家标准是由国家主管机关颁布的所有生产企业必须遵守的硬性标准,具有不可变更的性质;而企业标准是企业内部自行制定的标准,在未经国家主管机关确认前具有随意性。虽然产品的规格符合双方当事人合同约定的企业标准,但是由于不符合国家对产品安全性能的要求,因此为不合格产品。

链接《工业产品生产许可证管理条例实施办法》;《危险化学品安全管理条例》

第十四条 【企业质量体系认证制度】国家根据国际通用的质量管理标准,推行企业质量体系认证制度。企业根据自愿原则可以向国务院市场监督管理部门认可的或者国务院市场监督管理部门授权的部门认可的认证机构申请企业质量体系认证。经认证合格的,由认证机构颁发企业质量体系认证证书。

国家参照国际先进的产品标准和技术要求,推行产品质量认证制度。企业根据自愿原则可以向国务院市场监督管理部门认可的或者国务院市场监督管理部门授权的部门认可的认证机构申请产品质量认证。经认证合格的,由认证机构颁发产品质量认证证书,准许企业在产品或者其包装上使用产品质量认证标志。

注释 企业质量体系认证是指认证机构根据企业申请,对企业的产品质量保证能力和质量管理水平所进行的综合性检查和评定,并对符合质量体系认证标准的企业颁发认证证书的活动。企业质量体系认证的主要目的在于证明产品质量的可靠程度。

产品质量认证标志是指产品经法定的认证机构按规定的认证程序认证合格,准许在该产品及其包装上使用的表明该产品的有关质量性能符合认证标准的标识。目前,我国国内经国务院市场监督管理部门批准的认证标志主要有:适用于电工产品的专用认证标志长城标志,适用于电子元器件产品的专用认证标志 PRC 标志,以及适用于其他产品的认证标志方圆标志等。此外,一些较有影响的国际机构和外国的认证机构按照自己的认证标准,也可对其申请认证并经认证合格的我国国内生产的产品颁发其认证标志。

链接《认证认可条例》第2、28条;《强制性产品认证管理规定》

第十五条 【以抽查为主要方式的组织领导监督检查制度】国家对产品质量实行以抽查为主要方式的监督检查制度,对可能危及人体健康和人身、财产安全的产品,影响国计民生的重要工业产品以及消费者、有关组织反映有质量问题的产品进行抽查。抽查的样品应当在市场上或者企业成品仓库内的待销产品中随机抽取。监督抽查工作由国务院市场监督管理部门规划和组织。县级以上地方市场监督管理部门在本行政区域内也可以组织监督抽查。法律对产品质量的监督检查另有规定的,依照有关法律的规定执行。

国家监督抽查的产品,地方不得另行重复抽查;上级监督抽查的产品,下级不得另行重复抽查。

根据监督抽查的需要,可以对产品进行检验。检验抽取样品的数量不得超过检验的合理需要,并不得向被检查人收取检验费用。监督抽查所需检验费用按国务院规定列支。

生产者、销售者对抽查检验的结果有异议的,可以自收到检验结果之日起十五日内向实施监督抽查的市场监督管理部门或者其上级市场监督管理部门申请复检,由受理复检的市场监督管理部门作出复检结论。

注释 监督抽查是指市场监督管理部门为监督产品质量,依法组织对在中华人民共和国境内生产、销售的产品进行有计划的随机抽样、检验,并对抽查结果公布和处理的活动。监督抽查分为由国家市场监督管理总局组织的国家监督抽查和县级以上地方市场监督管理部门组织的地方监督抽查。

监督抽查的产品主要是涉及人体健康和人身、财产安全的产品,影响国计民生的重要工业产品以及消费者、有关组织反映有质量问题的产品。

监督抽查的样品应当由抽样人员在市场上或者企业成品仓库内待销的产品中随机抽取,不得由企业抽样。抽取的样品应当是有产品质量检验合格证明或者以其他形式表明合格的产品。

监督抽查的样品由被抽查企业无偿提供,抽取样品应当按有关规定的数量抽取,没有具体数量规定的,抽取样品不得超过检验的合理需要。

有下列情形之一的,抽样人员不得抽样:

(1)被抽查企业无监督抽查通知书或者相关文件复印件所列产品的;

(2)有充分证据证明拟抽查的产品是不用于销售的;

(3)产品不涉及强制性标准要求,仅按双方约定的技术要求加工生产,且未执行任何标准的;

(4)有充分证据证明拟抽查的产品为企业用于出口,并且出口合同对产品质量另有规定的;

(5)产品或者标签、包装、说明书标有"试制"、"处理"或者"样品"等字样的;

(6)产品抽样基数不符合抽查方案要求的。

监督抽查不得向被抽查企业收取检验费用。国家监督抽查和地方监督抽查所需费用由同级财政部门安排专项经费解决。

生产者、销售者对抽查检验的结果有异议的,可以向实施监督抽查的市场监督管理部门或者其上一级市场监督管理部门提出复检申请。复检合格的,不再收取检验费;复检不合格的,应当缴纳检验费。

链接 《国家质量监督检验检疫总局关于实施〈中华人民共和国产品质量法〉若干问题的意见》一;《产品质量监督抽查管理暂行办法》

第十六条 【质量监督检查】对依法进行的产品质量监督检查,生产者、销售者不得拒绝。

链接 《产品质量监督抽查管理办法》第7、21条;《农作物种子质量监督抽查管理办法》第37条

第十七条 【违反监督抽查规定的行政责任】依照本法规定进行监督抽查的产品质量不合格的,由实施监督抽查的市场监督管理部门责令其生产者、销售者限期改正。逾期不改正的,由省级以上人民政府市场监督管理部门予以公告;公告后经复查仍不合格的,责令停业,限期整顿;整顿期满后经复查产品质量仍不合格的,吊销营业执照。

监督抽查的产品有严重质量问题的,依照本法第五章的有关规定处罚。

注释 产品质量监督抽查制度是行政机关对企业生产、销售的产品质量进行监督的主要制度,这一制度包括抽查方式和对抽查结果的处理。如果监督抽查中发现产品质量问题,通常有如下处理方式:

按照扶优治劣的原则,对涉及人身安全健康的不合格产品、连续两次监督抽查不合格的产品、质量问题严重的不合格产品、消费者关心的热点产品中不合格产品以及拒绝政府依法监督抽查的企业及至企业领导人予以曝光。

根据地方政府对产品质量工作负有领导责任的规定,对质量问题严重的地区,市场监督管理部门要向地方政府主要领导通报质量问题以引起地方领导重视,加大整治力度。

对不合格的企业加强培训,通过举办法律知识、标准、质量管理等内容的学习培训班,帮助企业增强质量意识,加强自身的素质。

限期改正,意味着并不停止企业生产,企业可以边生产、边整顿,但假冒伪劣产品除外。整改完成后,企业应当向作出整改决定的市场监督管理部门提出复查申请,市场监督管理部门受理复查申请后,先确认整改措施是否有效,再委托检验部门进行复检,并根据复检结果和企业整改情况作出复查结论。

予以公告是指在法定整改的时间内,企业未提出整改措施、未进行整改的,省级以上人民政府市场监督管理部门予以公告。

公告后企业的产品经市场监督管理部门复查仍不合格,企业必须停止生产经营活动,在规定的期限进行整顿。

一个企业的产品质量不合格,经过市场监督管理部门限期改正、予以公告、停业整顿等多个促其改正的环节,仍然不能扭转生产不合格产品的状况的,说明该企业绝非某个环节出了问题,反映了该企业的管理水平、技术水平和产品结构等多方面都存在问题,对于这样一个存在多方面问题又长期不能解决的企业,应该吊销其营业执照。

链接 《国家质量监督检验检疫总局关于实施〈中华人民共和国产品质量法〉若干问题的意见》一;《产品质量监督抽查管理办法》第44—50条

第十八条 【县级以上产品质量监督部门职权范围】县级以上市场监督管理部门根据已经取得的违法嫌疑证据或者举报,对涉嫌违反本法规定的行为进行查处时,可以行使下列职权:

(一)对当事人涉嫌从事违反本法的生产、销售活动的场所实施现场检查;

(二)向当事人的法定代表人、主要负责人和其他有关人员调查、了解与涉嫌从事违反本法的生产、销售活动有关的情况;

(三)查阅、复制当事人有关的合同、发票、帐簿以及其他有关资料;

(四)对有根据认为不符合保障人体健康和人身、财产安全的国家标准、行业标准的产品或者有其他严重质量问题的产品,以及直接用于生产、销售该项产品的原辅材料、包装物、生产工具,予以查封或者扣押。

案例 1. 蒋某某与某质量技术监督局质量管理行政强制措施纠纷上诉案(江苏省南京市中级人民法院行政判决书〔2004〕宁行终字第78号)

裁判规则:相关产品质量监督部门根据举报,对涉嫌违反《产品质量法》规定的行为进行查处时,可以行使对当事人涉嫌从事违法生产、销售活动的场所实施现场检查,和向相关人员调查、了解与涉嫌从事违法生产、销售活动有关情况的职权。

2. 某铝业有限责任公司与某县工商行政管理局扣留(封存)财物纠纷上诉案(重庆市第一中级人民法院行政判决书〔2005〕渝一中行终字第27号)

裁判规则:工商行政管理局依法具有对流通领域商品进行监督的职权,为了保护消费者合法权益不受侵犯,在证据充分,程序合法,适用法律

正确的前提下,可以对违反《产品质量法》的行为采取行政强制措施。

3. 某家具有限公司与某区质量技术监督局质量监督行政处罚纠纷上诉案(上海市第二中级人民法院行政判决书〔2007〕沪二中行终字第26号)

裁判规则:质监局具有主管辖区内产品质量监督工作的职权,经过加工且进入流通领域的产品属于《产品质量法》调整范畴,质监局对加工厂家生产的产品是否符合国家标准有进行查处的执法主体资格。

链接《国家质量监督检验检疫总局关于实施〈中华人民共和国产品质量法〉若干问题的意见》二

第十九条 【产品质量检验机构设立条件】产品质量检验机构必须具备相应的检测条件和能力,经省级以上人民政府市场监督管理部门或者其授权的部门考核合格后,方可承担产品质量检验工作。法律、行政法规对产品质量检验机构另有规定的,依照有关法律、行政法规的规定执行。

链接《食品安全法》第84条;《产品质量认证检验机构管理办法》

第二十条 【产品质量检验、认证中介机构依法设立】从事产品质量检验、认证的社会中介机构必须依法设立,不得与行政机关和其他国家机关存在隶属关系或者其他利益关系。

注释《产品质量法》中所规定的产品质量检验机构,是指向社会开放的,接受他人委托对有关的产品质量指标进行技术检验(包括接受有关行政执法部门的委托,对国家产品质量监督抽查的产品进行检验),通过检验数据出具检验结果的机构,不包括企业事业单位设立的只为其服务的产品质量检验机构。

产品质量认证机构,是指依照规定的程序对产品质量进行审查认证,对经其认证合格的产品颁发认证标志,以确认该产品质量符合相应标准和要求的机构。产品质量检验机构和认证机构因其在保证、监督产品质量中的特殊地位和重要作用,而成为《产品质量法》加以规范的对象。

链接《认证认可条例》第9—15条;《工业产品生产许可证管理条例实施办法》第5—7条;《强制性产品认证管理规定》第2—4条

第二十一条 【产品质量检验、认证机构必须依法出具检验结果、认证证明】产品质量检验机构、认证机构必须依法按照有关标准,客观、公正地出具检验结果或者认证证明。

产品质量认证机构应当依照国家规定对准许使用认证标志的产品进行认证后的跟踪检查;对不符合认证标准而使用认证标志的,要求其改正;情节严重的,取消其使用认证标志的资格。

注释 经认证合格取得认证标志的产品,其质量必须保持与认证标准相一致,以避免由于消费者对认证标志的信赖,造成对消费者的误导,损害消费者的利益。按照《产品质量法》的规定,产品质量认证机构应当依照国家规定对准许使用认证标志的产品进行认证后的跟踪检查。对不符合认证标准而使用认证标志的,责令改正;情节严重的,应当撤销其使用认证标志的资格,以维护认证标志的信誉,维护消费者的利益。产品质量认证机构不依法履行这项义务的,将依法追究其法律责任。

已经授予认证证书的产品不符合国家标准或者行业标准而使用认证标志出厂销售的,由标准化行政主管部门责令停止销售,并处罚款;情节严重的,由认证部门撤销其认证证书。

产品质量认证机构依照国家规定对准许使用认证标志的产品进行认证后的跟踪检查,是产品质量认证机构的一项重要义务。

有下列情形之一的,认证委员会应当撤销认证证书持有者的认证书,责令停止使用认证标志:(1)接到认证机构暂停使用认证证书和认证标志的通知后,不能按期改正的;(2)转让认证证书、认证标志的;(3)用户普遍反映产品有严重质量问题,且造成严重后果的。

链接《认证认可条例》第四至六章

第二十二条 【消费者的查询、申诉权】消费者有权就产品质量问题,向产品的生产者、销售者查询;向市场监督管理部门及有关部门申诉,接受申诉的部门应当负责处理。

注释 查询权,指消费者有权就产品质量问题,向产品的生产者、销售者查询,包括向生产者了解产品的产地、生产者、用途、性能、规格、等级、产品的主要成分、生产日期、有效期限、检验合格证明、使用方法说明书、售后服务或者服务的内容、规格、费用等方面的情况,要求获得正确的产品资料,包括向销售者提出产品质量问题的询问,了解产品存在质量问题的原因等。

链接《市场监督管理投诉举报处理暂行办法》;《消费者权益保护法》第8、15条

第二十三条　【消费者权益组织的职能】保护消费者权益的社会组织可以就消费者反映的产品质量问题建议有关部门负责处理,支持消费者对因产品质量造成的损害向人民法院起诉。

注释 (1)向消费者提供消费信息和咨询服务,提高消费者维护自身合法权益的能力,引导文明、健康、节约资源和保护环境的消费方式;(2)参与制定有关消费者权益的法律、法规、规章和强制性标准;(3)参与有关行政部门对商品和服务的监督、检查;(4)就有关消费者合法权益的问题,向有关部门反映、查询,提出建议;(5)受理消费者的投诉,并对投诉事项进行调查、调解;(6)投诉事项涉及商品和服务质量问题的,可以委托具备资格的鉴定人鉴定,鉴定人应当告知鉴定意见;(7)就损害消费者合法权益的行为,支持受损害的消费者提起诉讼或者依照本法提起诉讼;(8)对损害消费者合法权益的行为,通过大众传播媒介予以揭露、批评。

链接 《消费者权益保护法》第36、37条;《民事诉讼法》第15条

第二十四条　【抽查产品质量状况定期公告】国务院和省、自治区、直辖市人民政府的市场监督管理部门应当定期发布其监督抽查的产品的质量状况公告。

链接 《政府信息公开条例》

第二十五条　【监管机构的禁止行为】市场监督管理部门或者其他国家机关以及产品质量检验机构不得向社会推荐生产者的产品;不得以对产品进行监制、监销等方式参与产品经营活动。

链接 《消费者权益保护法》第38条

第三章　生产者、销售者的产品质量责任和义务

第一节　生产者的产品质量责任和义务

第二十六条　【生产者的产品质量要求】生产者应当对其生产的产品质量负责。

产品质量应当符合下列要求:

(一)不存在危及人身、财产安全的不合理的危险,有保障人体健康和人身、财产安全的国家标准、行业标准的,应当符合该标准;

(二)具备产品应当具备的使用性能,但是,对产品存在使用性能的瑕疵作出说明的除外;

(三)符合在产品或者其包装上注明采用的产品标准,符合以产品说明、实物样品等方式表明的质量状况。

注释 产品质量应当符合的要求包括:明示担保的质量要求和默示担保的质量要求。明示担保,指产品的生产者或销售者对产品的性能、质量所作的一种声明或陈述。主要见于生产者或销售者证明其产品符合某一标准或者要求的说明之中。默示担保责任是依法产生的,不以当事人的意志而改变,生产者用于销售的产品应当符合该产品生产和销售的一般目的。

产品质量有瑕疵,消费者有权要求经营者修理、更换、退货;如果造成损失的,还有权要求承担相应的损失,经营者有欺诈行为的,应当加倍赔偿消费者受到的损失,消费者有权要求双倍返还购买商品的价款。

案例 1.某啤酒有限公司与王某某等产品责任纠纷上诉案(云南省昆明市中级人民法院民事判决书〔2008〕昆民三终字第195号)

裁判规则:生产者应当对其生产的产品质量负责。若由于生产者的过错而使产品存在危及人身、财产安全的不合理的危险,并造成他人人身财产损害的,生产者应承担相应的产品责任。

2.某机械股份有限公司与某包装有限公司产品质量损害赔偿纠纷上诉案(河南省商丘市中级人民法院民事判决书〔2009〕商民终字第844号)

裁判规则:由于生产者的过错而使产品存在缺陷,造成他人人身财产损害的,生产者应承担相应的赔偿责任。

3.董某与张某某等财产损害赔偿纠纷上诉案(云南省昆明市中级人民法院民事判决书〔2008〕昆民三终字第231号)

裁判规则:销售者有义务保证其所销售的产品符合《产品质量法》的相关规定,对有可能危及人身、财产安全的商品,其应当向消费者作出正确使用商品的说明和警示以防止危害的发生。

链接 《标准化法实施条例》第24条;《消费者权益保护法》第7、8、18—21、23条;《标准化法》第10条;《农产品质量安全法》第四章;《食品安全法》第45、48条

第二十七条　【产品及其包装上的标识要求】产品或者其包装上的标识必须真实,并符合下列要求:

(一)有产品质量检验合格证明;

(二)有中文标明的产品名称、生产厂厂名和厂址;

(三)根据产品的特点和使用要求,需要标明产品规格、等级、所含主要成份的名称和含量的,用中文相应予以标明;需要事先让消费者知晓的,应当在外包装上标明,或者预先向消费者提供有关资料;

(四)限期使用的产品,应当在显著位置清晰地标明生产日期和安全使用期或者失效日期;

(五)使用不当,容易造成产品本身损坏或者可能危及人身、财产安全的产品,应当有警示标志或者中文警示说明。

裸装的食品和其他根据产品的特点难以附加标识的裸装产品,可以不附加产品标识。

注释 安全使用期是指保证产品安全有效的使用,不致危害人体健康,人身、财产安全的期限。在现实生活中又称保质期。失效期指产品失去原有特性和特征的时间界限。标注失效日期也必须具体到某年某月某日。

警示标志是指用以表示特定的含义,告诫、指示人们应当对某些不安全因素引起高度注意和警惕的图形,是一种按照国家标准或者社会公认的图案、标志组成的统一标识,它是产品标识或包装标识中引人注目的一种。现有的警示标志,如加油站上不准有明火的标志、不准吸烟的标志、高压电标志等等。

警示说明是指以文字形式警诫或者提醒消费者和使用者或者产品搬运者、仓储者在产品搬运、安装、运行、使用和维修中应当特别引起注意的问题或者事项。警示说明可以直接标注在产品上,也可以与产品使用说明写在一起,还可以表述为"注意事项……"。在中国销售的产品,必要时须用中文标明警示说明,即用标准化汉字标明。

案例 1. 某公司诉某市工商局工商行政处罚案(《中华人民共和国最高人民法院公报》2006年第3期)

裁判规则:限期使用的产品,应当在显著位置清晰地标明生产日期和安全使用期或者失效日期。涉案产品的标贴仅标注为生产年份,未具体到月、日,亦无安全使用期或失效日期,不符合《产品质量法》第二十七条关于产品及其包装上的标识规定的要求。

2. 刘某诉某公司、某中心消费者权益纠纷案(《中华人民共和国最高人民法院公报》2005年第6期)

裁判规则:化妆品经营者在限期使用的化妆品包装上虽标注限用合格日期,但没有说明该日期的确切含义,造成消费者无法了解化妆品安全使用期的,侵害了消费者的知情权。

3. 开封某有限责任公司与崔某某产品责任纠纷上诉案(河南省高级人民法院民事判决书〔2009〕豫法民三终字第62号)

裁判规则:产品或者其包装上的标识必须真实,对于使用不当容易造成产品本身损坏或可能危及人身、财产安全的产品,应当有警示标志或者中文警示说明。

链接《食品标识管理规定》第二章;《化妆品监督管理条例》第35-37条;《农产品包装和标识管理办法》第三章;《国家技术监督局关于依法加强产品标识监督管理的通知》;《国家质量监督检验检疫总局关于实施〈中华人民共和国产品质量法〉若干问题的意见》四

第二十八条 【危险物品包装质量要求】易碎、易燃、易爆、有毒、有腐蚀性、有放射性等危险物品以及储运中不能倒置和其他有特殊要求的产品,其包装质量必须符合相应要求,依照国家有关规定作出警示标志或者中文警示说明,标明储运注意事项。

链接《消费者权益保护法》第18条

第二十九条 【禁止生产国家明令淘汰的产品】生产者不得生产国家明令淘汰的产品。

注释 国家明令淘汰的产品是指国家有关行政机关通过颁发行政文件的形式,公开向社会声明,淘汰某项产品或产品的某项型号。

链接《国家质量监督检验检疫总局关于实施〈中华人民共和国产品质量法〉若干问题的意见》八(一)

第三十条 【禁止伪造产地、伪造或者冒用他人的厂名、厂址】生产者不得伪造产地,不得伪造或者冒用他人的厂名、厂址。

注释 伪造的厂名、厂址是虚假的,可能根本不存在;而冒用他人的厂名、厂址,是直接假冒了客观上存在的生产者的厂名、厂址,这种行为是对用户、消费者的欺骗,又是对被冒用者的名誉权的侵犯。

《产品质量法》规定了生产者、销售者不得伪造或者冒用他人厂名、厂址。上述行为属于对消费者进行欺骗的行为，同时冒用他人厂名也是侵犯名称权的行为。对伪造或者冒用他人厂名、厂址的行为，除了可能依法承担民事责任外，还应依法追究其行政责任。

【案例】某五金有限公司与某造锁集团公司不正当竞争纠纷上诉案（山东省高级人民法院民事判决书〔2003〕鲁民三终字第8号）

【裁判规则】：擅自使用他人企业名称和厂址，行为人应当承担停止侵权、消除影响、赔偿损失等侵权责任。

【链接】《国家质量技术监督局关于实施〈中华人民共和国产品质量法〉若干问题的意见》八（二）、（三）；《反不正当竞争法》第6条

第三十一条 【禁止伪造或者冒用认证标志等质量标志】 生产者不得伪造或者冒用认证标志等质量标志。

【链接】《标准化法实施条例》第36条；《国家质量监督检验检疫总局关于实施〈中华人民共和国产品质量法〉若干问题的意见》八（四）；《反不正当竞争法》第6、18条

第三十二条 【生产者的禁止行为】 生产者生产产品，不得掺杂、掺假，不得以假充真、以次充好，不得以不合格产品冒充合格产品。

【注释】掺杂、掺假是指经营者以谋取利润为目的，故意在产品中掺入杂质或者做假。

以假充真是指一种属性完全不同的产品经过伪装冒充成另一种产品。

以次充好是指产品质量、性能达不到标准或者技术要求，但经营者却谎称产品完全符合标准或者技术要求，以此欺瞒消费者。

【链接】《国家质量监督检验检疫总局关于实施〈中华人民共和国产品质量法〉若干问题的意见》一（三）、八；《刑法》第140条

第二节　销售者的产品质量责任和义务

第三十三条 【进货检查验收制度】 销售者应当建立并执行进货检查验收制度，验明产品合格证明和其他标识。

【注释】进货检查验收制度，是指销售者对其进货的产品，根据法律、法规规定的要求，以及与生产者、供货者签订的合同约定，对产品的合格证明和其他标识、外观、数量、规格、等级以及产品的内在质量进行检查，分清双方责任以及避免在权利义务交换阶段互相推诿责任的一项制度。

【案例】赖某某与某超市有限公司买卖合同案（福建省三明市中级人民法院民事判决书〔2004〕三民终字第433号）

【裁判规则】：销售者应当建立并执行进货检查验收制度，验明产品合格证明和其他标识，若因销售者的验收疏忽导致引进假冒产品，被相关部门予以罚款和没收违法所得的，销售者可以要求产品提供者赔偿罚款，但要求产品提供者对没收违法所得部分进行赔偿的，法院不予支持。

【链接】《食品安全法》第53条

第三十四条 【保持销售产品质量的义务】 销售者应当采取措施，保持销售产品的质量。

【案例】1. 张某诉徐州某电器有限公司侵犯消费者权益纠纷案（《中华人民共和国最高人民法院公报》2006年第10期）

【裁判规则】：在侵犯消费者权益纠纷案件中，消费者主张商品经营者提供的商品存在品质问题，并提供了相应证据的，商品经营者如主张该商品不存在品质问题，应对其主张承担举证责任。

2. 某饲料厂等与叶某某等产品责任纠纷上诉案（广东省佛山市中级人民法院民事判决书〔2004〕佛中法民二终字第731号）

【裁判规则】：销售者未对其销售的产品尽足够的注意义务，未能保证产品的质量符合标准，排除危及人身、财产安全的不合理危险，主观上存在过错的，应承担相应的产品质量责任。

【链接】《食品安全法》第56条

第三十五条 【禁止销售的产品范围】 销售者不得销售国家明令淘汰并停止销售的产品和失效、变质的产品。

【链接】《国家质量监督检验检疫总局关于实施〈中华人民共和国产品质量法〉若干问题的意见》八（一）

第三十六条 【销售产品的标识要求】 销售者销售的产品的标识应当符合本法第二十七条的规定。

第三十七条 【禁止伪造产地、伪造或者冒用他人厂名、厂址】 销售者不得伪造产地，不得伪造或者冒用他人的厂名、厂址。

第三十八条 【禁止伪造或者冒用认证标志等质量标志】 销售者不得伪造或者冒用认证标志等质量标志。

第三十九条 【销售者的禁止行为】销售者销售产品,不得掺杂、掺假,不得以假充真、以次充好,不得以不合格产品冒充合格产品。

案例 上海某某电气设备有限公司与江苏某某经济技术合作公司买卖合同纠纷上诉案(上海市第二中级人民法院民事判决书〔2008〕沪二中民四(商)终字第397号)

裁判规则:生产者、销售者生产或销售假冒、不合格产品,造成损害的,应承担相应的损害赔偿责任。

第四章 损害赔偿

第四十条 【销售者的损害赔偿责任】售出的产品有下列情形之一的,销售者应当负责修理、更换、退货;给购买产品的消费者造成损失的,销售者应当赔偿损失:

(一)不具备产品应当具备的使用性能而事先未作说明的;

(二)不符合在产品或者其包装上注明采用的产品标准的;

(三)不符合以产品说明、实物样品等方式表明的质量状况的。

销售者依照前款规定负责修理、更换、退货、赔偿损失后,属于生产者的责任或者属于向销售者提供产品的其他销售者(以下简称供货者)的责任的,销售者有权向生产者、供货者追偿。

销售者未按照第一款规定给予修理、更换、退货或者赔偿损失的,由市场监督管理部门责令改正。

生产者之间,销售者之间,生产者与销售者之间订立的买卖合同、承揽合同有不同约定的,合同当事人按照合同约定执行。

注释 三包产品,是指包修、包退、包换。经营者依照国家规定和与消费者的约定,承担"三包"责任和其他责任。对于实行"三包"的商品,如果质量在一定的期限内发生问题,经营者有予以免费修理、更换、退货的义务,即应当承担相应的民事责任;经营者如果不履行"三包"义务,则应承担赔偿的民事责任。

案例 兰州某物资设备有限公司与重庆某塑胶电器有限公司产品责任纠纷上诉案(甘肃省高级人民法院民事裁定书〔2008〕甘民三终字第10号)

裁判规则:销售者,并非产品的最终用户或消费者,相对于产品用户来讲,生产者、销售者实质上属于产品责任的共同赔偿义务人,赔偿权利主体应当是使用产品而遭受损失的产品使用者。因此,销售者没有以产品责任为由向生产者主张产品赔偿责任的权利。不过,销售者在赔偿产品使用者损失后,生产者有过错的,可以向生产者追偿。

链接《消费者权益保护法》第40条

第四十一条 【人身、他人财产的损害赔偿责任】因产品存在缺陷造成人身、缺陷产品以外的其他财产(以下简称他人财产)损害的,生产者应当承担赔偿责任。

生产者能够证明有下列情形之一的,不承担赔偿责任:

(一)未将产品投入流通的;

(二)产品投入流通时,引起损害的缺陷尚不存在的;

(三)将产品投入流通时的科学技术水平尚不能发现缺陷的存在的。

案例 1. 陈某某、吴某等诉泉州市某塑胶有限公司、陈A、陈B产品质量侵权纠纷抗诉案(吉林省高级人民法院民事判决书〔2006〕吉民再字第64号)

裁判规则:产品缺陷的侵权责任,是指生产者、销售者因产品存在缺陷而造成他人的人身、缺陷产品以外的其他财产的损害时,应当承担的赔偿责任,并不包括产品质量不合格引起的不适当履行合同的违约责任。因此,构成产品责任,必须有人身、财产损害的事实,即缺陷产品造成了消费者或第三人的人身伤害,或者造成了缺陷产品以外的财产损害。

2. 某集团有限公司与胡某等产品责任纠纷上诉案(湖北省高级人民法院民事判决书〔2007〕鄂民一终字第84号)

裁判规则:产品质量责任案件适用严格责任原则,不论消费者在使用产品时有没有过错,只要产品的生产者、销售者不能证明其生产、销售的产品是合格产品,就都应当对其产品造成的损害结果承担全部的民事责任。

3. 北京某建筑有限公司诉漳州某市政工程机械有限公司产品责任纠纷案(北京市高级人民法院民事判决书〔2006〕高民终字第527号)

裁判规则:产品责任纠纷系指因产品存在缺

陷造成人身、财产损害而引发的纠纷，因此，因产品质量不合格引发的纠纷属于买卖合同纠纷，不属于产品责任纠纷。

链接 本法第46条；《民法典》第1202、1205、1206条

第四十二条 【销售者的过错赔偿责任】由于销售者的过错使产品存在缺陷，造成人身、他人财产损害的，销售者应当承担赔偿责任。

销售者不能指明缺陷产品的生产者也不能指明缺陷产品的供货者的，销售者应当承担赔偿责任。

案例 胡某某与重庆某电子有限公司产品质量纠纷上诉案（重庆市第五中级人民法院民事判决书〔2008〕渝五中民终字第107号）

裁判规则：销售者有义务就产品质量向产品使用者承担保证责任。销售者销售"三无产品"，是违反双方约定和法律的行为。若产品造成人身伤害，则销售者因其过错应承担相应的责任。

链接 《消费者权益保护法》第48—52、54—58条；《民法典》第1205、1206条

第四十三条 【受害者的选择赔偿权】因产品存在缺陷造成人身、他人财产损害的，受害人可以向产品的生产者要求赔偿，也可以向产品的销售者要求赔偿。属于产品的生产者的责任，产品的销售者赔偿的，产品的销售者有权向产品的生产者追偿。属于产品的销售者的责任，产品的生产者赔偿的，产品的生产者有权向产品的销售者追偿。

注释 因运输者、仓储者等第三人的过错使产品存在缺陷，造成他人损害的，产品的生产者、销售者赔偿后，有权向第三人追偿。

案例 陈某诉某机器厂等产品责任人身损害赔偿案（四川省成都市中级人民法院〔2004〕成民终字第758号）

裁判规则：保障消费者人身财产安全是产品生产者和经营者必须履行的基本法律责任和义务。因产品造成的侵权损害结果，由生产者和经营者予以赔偿。

链接 《民法典》第1203、1204条

第四十四条 【人身伤害的赔偿范围】因产品存在缺陷造成人身伤害的，侵害人应当赔偿医疗费、治疗期间的护理费、因误工减少的收入等费用；造成残疾的，还应当支付残疾者生活自助具费、生活补助费、残疾赔偿金以及由其扶养的人所必需的生活费等费用；造成受害人死亡的，并应当支付丧葬费、死亡赔偿金以及由死者生前扶养的人所必需的生活费等费用。

因产品存在缺陷造成受害人财产损失的，侵害人应当恢复原状或者折价赔偿。受害人因此遭受其他重大损失的，侵害人应当赔偿损失。

注释 人身损害赔偿范围包括：

（1）医疗费是指受害人在受伤接受治疗至伤愈停止医疗期间医疗损伤、残疾以及由此诱发的各种疾病的一切费用。包括诊断费、治疗费、化疗费、医药费、手术费、住院费等医疗人身伤害的费用。此项费用的赔偿一般应以所在地治疗医院的诊断证明、医药费、住院费等单据为凭。医疗费必须是治疗损害所引起的疾病的开支。

（2）治疗期间的护理费是指消费者或者其他受害人所受伤害的程度比较严重，造成生活不能自理时由专人护理所支付的费用。

（3）因误工减少的收入是指因伤不能上班、不能参加劳动而得不到的收入。消费者或其他受害人的误工日期，应按其实际伤害程度、恢复情况并参照治疗医院的证明或者医疗、法医鉴定等认定。

（4）住院治疗的交通费和住宿费是指去医院治疗时，受害人和护理人员所支付的合理的交通费和住宿费。

（5）伙食补助费和营养费。

缺陷导致残疾的赔偿项目包括：

（1）残疾者生活自助具费是指消费者或者其他受害人因使用缺陷产品而受损，身体的某个部位丧失了正常功能，为了能够恢复部分身体功能，因而购买必要的补偿性功能器具所支付的费用。

（2）残疾者生活补助费。受害人因使用缺陷产品而致残，身体丧失部分功能，跟正常人相比，他们的劳动能力较差，收入来源有限，甚至在严重的情况下，受害人丧失了谋生的能力。为了使其在社会上生存，法律以此给予其一个制度保障。

（3）残疾赔偿金是指受害人因使用缺陷产品而致损，由责任人向其支付一定的费用。

（4）由其扶养的人所必需的生活费用是指由残疾人扶养的、没有劳动能力又没有生活来源的亲属的日常生活费用，包括其扶养的配偶、赡养的老人、抚养的未成年子女以及兄弟姐妹等人所必需的生活费用。

(5) 与一般伤害相同的赔偿费用。包括医疗费、治疗期间的护理费,因误工减少的收入、交通费、住宿费等。

惩罚性赔偿是指明知产品存在缺陷仍然生产、销售,造成他人死亡或者健康严重损害的,被侵权人可依据《消费者权益保护法》第五十五条的规定请求相应的惩罚性赔偿。

案例 1. 某玩具厂与韦某产品侵权纠纷上诉案(广东省广州市中级人民法院民事判决书〔2004〕穗中法民一终字第 110 号)

裁判规则:因产品存在缺陷造成受害人人身伤害的,侵害人应当承担相应的赔偿责任。在诉讼中,受害人提出的赔偿计算标准与现行的赔偿计算标准不同时,若受害人的计算标准符合法律规定,那么,应尊重受害人对自己权利的处分,按照受害人提出的计算标准计算。

2. 周某与云南某烟花火炮厂等人身损害赔偿纠纷上诉案(云南省昆明市中级人民法院民事判决书〔2007〕昆民三终字第 836 号)

裁判规则:生产者生产的产品因存在缺陷造成他人损害的,生产者应承担相应的赔偿责任,应赔偿受害人生活补助费、残疾赔偿金以及精神抚慰金等法律法规规定的费用。

链接《最高人民法院关于审理人身损害赔偿案件适用法律若干问题的解释》;《最高人民法院关于确定民事侵权精神损害赔偿责任若干问题的解释》;《民法典》第 1207 条;《消费者权益保护法》第 55 条

第四十五条 【诉讼时效期间】因产品存在缺陷造成损害要求赔偿的诉讼时效期间为二年,自当事人知道或者应当知道其权益受到损害时起计算。

因产品存在缺陷造成损害要求赔偿的请求权,在造成损害的缺陷产品交付最初消费者满十年丧失;但是,尚未超过明示的安全使用期的除外。

注释 一般情况下,缺陷产品的损害赔偿请求权在产品最初交付给消费者后满十年丧失,除非产品注明的安全使用期超过十年。也就是说,缺陷产品的赔偿请求期限计算是从产品交付最初消费者开始,到十年期满为止。过了这个期限就不再予以保护。

同时需要注意的是,《民法典》施行之后,诉讼时效的期限变更为三年。

链接《民法典》第 188—204 条

第四十六条 【缺陷的含义】本法所称缺陷,是指产品存在危及人身、他人财产安全的不合理的危险;产品有保障人体健康和人身、财产安全的国家标准、行业标准的,是指不符合该标准。

案例 1. 谢某某诉某餐饮有限公司案(浙江省绍兴市中级人民法院民事判决书〔2001〕绍中民终字第 510 号)

裁判规则:缺陷包括警示上的缺陷和设计上的缺陷。警示上的缺陷,是指生产者或者销售者未告诫消费者适当存在的危险性。设计上的缺陷,是指设计时对产品的安全性考虑不周,不符合使用安全的需要。

2. 史某某、蔡某某诉黄某某、卢某某、某电器卫厨有限公司产品责任纠纷案(江苏省无锡市中级人民法院民事判决书〔2006〕锡民终字第 0550 号)

裁判规则:产品质量即使符合国家标准,但对人身安全可能存在不合理危险的,应当认定为有产品"缺陷"。

第四十七条 【纠纷解决方式】因产品质量发生民事纠纷时,当事人可以通过协商或者调解解决。当事人不愿通过协商、调解解决或者协商、调解不成的,可以根据当事人各方的协议向仲裁机构申请仲裁;当事人各方没有达成仲裁协议或者仲裁协议无效的,可以直接向人民法院起诉。

注释 技术监督行政部门进行产品质量争议的调解应当由申诉人提供书面材料。调解由被申诉人所在地的县、市级技术监督行政部门管辖。技术监督行政部门应当在接到申诉材料后五日内分别通知申诉人和被申诉人,在接到申诉人提供的书面材料之日起三十日内终结调解。对于复杂的产品质量争议可以延长三十日。调解不成的应当及时终止调解。

链接《消费者权益保护法》第 39 条;《市场监督管理投诉举报处理暂行办法》;《最高人民法院关于产品侵权案件的受害人能否以产品的商标所有人为被告提起民事诉讼的批复》

第四十八条 【仲裁机构或者人民法院对产品质量检验的规定】仲裁机构或者人民法院可以委托本法第十九条规定的产品质量检验机构,对有关产品质量进行检验。

第五章 罚 则

第四十九条 【生产、销售不符合安全标准的产品的行政处罚、刑事责任】生产、销售不符合保障人体健康和人身、财产安全的国家标准、行业标准的产品的,责令停止生产、销售,没收违法生产、销售的产品,并处违法生产、销售产品(包括已售出和未售出的产品,下同)货值金额等值以上三倍以下的罚款;有违法所得的,并处没收违法所得;情节严重的,吊销营业执照;构成犯罪的,依法追究刑事责任。

案例 上海某教具厂与某区质量技术监督局质量监督行政处罚纠纷上诉案(上海市第二中级人民法院行政判决书[2007]沪二中行终字第28号)

裁判规则:质监局根据《产品质量法》的规定,具有主管辖区内产品质量监督工作的职权,对产品是否符合国家标准进行查处的执法主体资格,并且对不符合安全标准的产品有作出行政处罚的职权。

链接 《最高人民法院、最高人民检察院关于办理生产、销售伪劣商品刑事案件具体应用法律若干问题的解释》;《国家质量监督检验检疫总局关于实施〈中华人民共和国产品质量法〉若干问题的意见》六、十一;《刑法》第140—150条

第五十条 【假冒产品的行政处罚、刑事责任】在产品中掺杂、掺假,以假充真,以次充好,或者以不合格产品冒充合格产品的,责令停止生产、销售,没收违法生产、销售的产品,并处违法生产、销售产品货值金额百分之五十以上三倍以下的罚款;有违法所得的,并处没收违法所得;情节严重的,吊销营业执照;构成犯罪的,依法追究刑事责任。

案例 1. 江苏省某市人民检察院诉王某以危险方法危害公共安全、销售伪劣产品、虚报注册资本案(《中华人民共和国最高人民法院公报》2009年第1期)

裁判规则:行为人明知会发生危害他人身体健康的后果,但基于非法牟利的目的,放任这种结果的发生,向药品生产企业销售假的药用辅料用于生产药品,致使药品投入市场后发生致人重伤、死亡的严重后果,其行为构成以危险方法危害公共安全罪。

2. 上海某电梯有限公司不服某区质量技术监督局行政处罚案(上海市第二中级人民法院行政判决书[2003]沪二中行终字第209号)

裁判规则:以旧产品冒充新产品,构成了产品销售中以次充好的违法行为,相关行政机关有权给予行政处罚,构成犯罪的,依法追究刑事责任。

链接 《关于工商行政管理机关是否有权依照〈中华人民共和国产品质量法〉对销售属于生产环节引起的不合格产品的违法行为进行定性处罚问题的答复》

第五十一条 【生产、销售淘汰产品的行政处罚规定】生产国家明令淘汰的产品的,销售国家明令淘汰并停止销售的产品的,责令停止生产、销售,没收违法生产、销售的产品,并处违法生产、销售产品货值金额等值以下的罚款;有违法所得的,并处没收违法所得;情节严重的,吊销营业执照。

第五十二条 【销售失效、变质的产品的行政处罚、刑事责任】销售失效、变质的产品的,责令停止销售,没收违法销售的产品,并处违法销售产品货值金额二倍以下的罚款;有违法所得的,并处没收违法所得;情节严重的,吊销营业执照;构成犯罪的,依法追究刑事责任。

第五十三条 【伪造、冒用产品产地、厂名、厂址、标志的行政处罚规定】伪造产品产地的,伪造或者冒用他人厂名、厂址的,伪造或者冒用认证标志等质量标志的,责令改正,没收违法生产、销售的产品,并处违法生产、销售产品货值金额等值以下的罚款;有违法所得的,并处没收违法所得;情节严重的,吊销营业执照。

案例 上海某化妆品有限公司诉上海市工商行政管理局某分局工商行政处罚决定案(《中华人民共和国最高人民法院公报》2009年第11期)

裁判规则:擅自使用他人的企业名称,并足以导致消费者的误认和混淆,相关行政机关可以作出没收涉案化妆品,并处以罚款的行政处罚决定。

第五十四条 【不符合产品包装、标识要求的行政处罚规定】产品标识不符合本法第二十七条规定的,责令改正;有包装的产品标识不符合本法第二十七条第(四)项、第(五)项规定,情节严重的,责令停止生产、销售,并处违法生产、销售产品货值金额30%以下的罚款;有违法所得的,并处没收违法所得。

链接 本法第27条;《国家质量监督检验检疫总局关于实施〈中华人民共和国产品质量法〉若干问题的意见》四;《国家工商行政管理总局关于"三无"产品定性处罚问题的答复》

第五十五条 【销售者的从轻或者减轻处罚情节】销售者销售本法第四十九条至第五十三条规定禁止销售的产品,有充分证据证明其不知道

该产品为禁止销售的产品并如实说明其进货来源的,可以从轻或者减轻处罚。

第五十六条 【违反依法接受产品质量监督检查义务的行政处罚规定】拒绝接受依法进行的产品质量监督检查的,给予警告,责令改正;拒不改正的,责令停业整顿;情节特别严重的,吊销营业执照。

第五十七条 【产品质量中介机构的行政处罚、刑事责任规定】产品质量检验机构、认证机构伪造检验结果或者出具虚假证明的,责令改正,对单位处五万元以上十万元以下的罚款,对直接负责的主管人员和其他直接责任人员处一万元以上五万元以下的罚款;有违法所得的,并处没收违法所得;情节严重的,取消其检验资格、认证资格;构成犯罪的,依法追究刑事责任。

产品质量检验机构、认证机构出具的检验结果或者证明不实,造成损失的,应当承担相应的赔偿责任;造成重大损失的,撤销其检验资格、认证资格。

产品质量认证机构违反本法第二十一条第二款的规定,对不符合认证标准而使用认证标志的产品,未依法要求其改正或者取消其使用认证标志资格的,对因产品不符合认证标准给消费者造成的损失,与产品的生产者、销售者承担连带责任;情节严重的,撤销其认证资格。

注释 认证机构出具虚假的认证结论,或者出具认证结论严重失实的,撤销批准文件,并予以公布;对直接负责的主管人员和负有直接责任的认证人员,撤销其执业资格;构成犯罪的依法追究刑事责任;造成损害的,认证机构应当承担相应的赔偿责任。指定的认证机构有上述违法行为的,同时撤销指定。

链接《刑法》第 229 条;《市场监督管理执法监督暂行规定》

第五十八条 【社会团体、社会中介机构的连带赔偿责任】社会团体、社会中介机构对产品质量作出承诺、保证,而该产品又不符合其承诺、保证的质量要求,给消费者造成损失的,与产品的生产者、销售者承担连带责任。

链接《消费者权益保护法》第 45 条

第五十九条 【虚假广告的责任承担】在广告中对产品质量作虚假宣传,欺骗和误导消费者的,依照《中华人民共和国广告法》的规定追究法律责任。

链接《广告法》第 28、55、56、61、64、69 条;《消费者权益保护法》第 45 条;《刑法》第 222 条

第六十条 【生产伪劣产品的材料、包装、工具的没收】对生产者专门用于生产本法第四十九条、第五十一条所列的产品或者以假充真的产品的原辅材料、包装物、生产工具,应当予以没收。

链接《市场监督管理行政处罚程序暂行规定》

第六十一条 【运输、保管、仓储部门的责任承担】知道或者应当知道属于本法规定禁止生产、销售的产品而为其提供运输、保管、仓储等便利条件的,或者为以假充真的产品提供制假生产技术的,没收全部运输、保管、仓储或者提供制假生产技术的收入,并处违法收入百分之五十以上三倍以下的罚款;构成犯罪的,依法追究刑事责任。

第六十二条 【服务业经营者的责任承担】服务业的经营者将本法第四十九条至第五十二条规定禁止销售的产品用于经营性服务的,责令停止使用;对知道或者应当知道所使用的产品属于本法规定禁止销售的产品的,按照违法使用的产品(包括已使用和尚未使用的产品)的货值金额,依照本法对销售者的处罚规定处罚。

链接《国家质量监督检验检疫总局关于实施〈中华人民共和国产品质量法〉若干问题的意见》九

第六十三条 【隐匿、转移、变卖、损毁被依法查封、扣押的物品的行政责任】隐匿、转移、变卖、损毁被市场监督管理部门查封、扣押的物品的,处被隐匿、转移、变卖、损毁物品货值金额等值以上三倍以下的罚款;有违法所得的,并处没收违法所得。

第六十四条 【民事赔偿责任优先原则】违反本法规定,应当承担民事赔偿责任和缴纳罚款、罚金,其财产不足以同时支付时,先承担民事赔偿责任。

注释 民事赔偿、罚款、罚金分别代表着不同的法律责任。其中,民事赔偿是民事法律责任的一种,是指如果民事主体违反了民事义务或者侵犯了他人的民事权利,使他人的人身健康、财产安全受到了损害,则由加害的一方当事人向另一方当事人支付一定数量的费用,它是民法上的保护民事权利的重要措施,也是民事责任的重要组成部分;而罚款是对违反法律法规,不履行法定义务的当事人的一种经济上的处罚,作为一种财产处罚,它使当事人在经济上受到损失,从而达到改正其违法行为的目的,它是目前行政处罚中应用最广的一

种处罚形式;所谓罚金,是人民法院强制触犯刑律、构成犯罪的行为人向国家缴纳一定数量的金钱的刑罚方式。三种法律责任形式都与支付一定费用有关,但代表的性质却截然不同。

在违法行为发生后,消费者的人身、财产遭受了一定的损失,此时,当务之急是对这种损失予以弥补,使消费者的受损程度减小到最轻状态。至于追究刑事责任、行政责任,主要体现的是对违法行为人的惩罚和教育,这应当在弥补了消费者的损失之后,而且,相对于行政执法部门、司法部门,消费者始终处于弱势地位,如果其损失得不到及时有效的赔偿,则违背了法律公平的要旨。因此,产品质量违法行为发生后,违法行为人同时承担民事赔偿、罚款、罚金,其财产不足以同时支付的,首先应当赔偿受害人的损失,其财产还有剩余的情况下,再用剩余的财产缴纳罚款、罚金。

第六十五条 【国家工作人员的责任承担】 各级人民政府工作人员和其他国家机关工作人员有下列情形之一的,依法给予行政处分;构成犯罪的,依法追究刑事责任:

(一)包庇、放纵产品生产、销售中违反本法规定行为的;

(二)向从事违反本法规定的生产、销售活动的当事人通风报信,帮助其逃避查处的;

(三)阻挠、干预市场监督管理部门依法对产品生产、销售中违反本法规定的行为进行查处,造成严重后果的。

链接《刑法》第397、414、417条

第六十六条 【质检部门的检验责任承担】 市场监督管理部门在产品质量监督抽查中超过规定的数量索取样品或者向被检查人收取检验费用的,由上级市场监督管理部门或者监察机关责令退还;情节严重的,对直接负责的主管人员和其他直接责任人员依法给予行政处分。

第六十七条 【国家机关推荐产品的责任承担】 市场监督管理部门或者其他国家机关违反本法第二十五条的规定,向社会推荐生产者的产品或者以监制、监销等方式参与产品经营活动的,由上级机关或者监察机关责令改正,消除影响,有违法收入的予以没收;情节严重的,对直接负责的主管人员和其他直接责任人员依法给予行政处分。

产品质量检验机构有前款所列违法行为的,由市场监督管理部门责令改正,消除影响,有违法收入的予以没收,可以并处违法收入一倍以下的罚款;情节严重的,撤销其质量检验资格。

第六十八条 【产品监管部门工作人员的违法行为的责任承担】 市场监督管理部门的工作人员滥用职权、玩忽职守、徇私舞弊,构成犯罪的,依法追究刑事责任;尚不构成犯罪的,依法给予行政处分。

链接《刑法》第385、397、398、414条

第六十九条 【妨碍监管公务的行政责任】 以暴力、威胁方法阻碍市场监督管理部门的工作人员依法执行职务的,依法追究刑事责任;拒绝、阻碍未使用暴力、威胁方法的,由公安机关依照治安管理处罚法的规定处罚。

链接《刑法》第277条;《治安管理处罚法》第50条

第七十条 【监管部门的行政处罚权限】 本法第四十九条至第五十七条、第六十条至第六十三条规定的行政处罚由市场监督管理部门决定。法律、行政法规对行使行政处罚权的机关另有规定的,依照有关法律、行政法规的规定执行。

链接《最高人民法院关于工商行政管理部门对医疗机构购买工业氧代替医用氧用于临床的行为是否有处罚权问题的答复》;《国家质量监督检验检疫总局关于实施〈中华人民共和国产品质量法〉若干问题的意见》六

第七十一条 【没收产品的处理】 对依照本法规定没收的产品,依照国家有关规定进行销毁或者采取其他方式处理。

第七十二条 【货值金额的计算】 本法第四十九条至第五十四条、第六十二条、第六十三条所规定的货值金额以违法生产、销售产品的标价计算;没有标价的,按照同类产品的市场价格计算。

案例 某酒业有限公司诉某市质量技术监督局产品质量监督管理行政处罚案(江苏省扬州市中级人民法院行政判决书[2003]扬行终字第040号)

裁判规则: 货值金额以违法生产、销售产品的标价计算;没有标价的,按同类产品的市场价格计算。若处罚决定仅以销售者或者使用者个人在公安机关自述的价格来计算货值金额,违反了法律规定,计算方法不当,其认定的货值金额不具有合法性。

链接《国家质量监督检验检疫总局关于实施〈中华人民共和国产品质量法〉若干问题的意见》十一

第六章 附 则

第七十三条 【军工产品质量监督管理办法另行制定】军工产品质量监督管理办法，由国务院、中央军事委员会另行制定。

因核设施、核产品造成损害的赔偿责任，法律、行政法规另有规定的，依照其规定。

链接《武器装备质量管理条例》；《国务院关于处理第三方核责任问题给核工业部、国家核安全局、国务院核电领导小组的批复》

第七十四条 【施行日期】本法自1993年9月1日起施行。

中华人民共和国
农产品质量安全法（节录）

- 2006年4月29日第十届全国人民代表大会常务委员会第二十一次会议通过
- 根据2018年10月26日第十三届全国人民代表大会常务委员会第六次会议《关于修改〈中华人民共和国野生动物保护法〉等十五部法律的决定》修正
- 2022年9月2日第十三届全国人民代表大会常务委员会第三十六次会议修订
- 2022年9月2日中华人民共和国主席令第120号公布
- 自2023年1月1日起施行

第一章 总 则

第一条 为了保障农产品质量安全，维护公众健康，促进农业和农村经济发展，制定本法。

第二条 本法所称农产品，是指来源于种植业、林业、畜牧业和渔业等的初级产品，即在农业活动中获得的植物、动物、微生物及其产品。

本法所称农产品质量安全，是指农产品质量达到农产品质量安全标准，符合保障人的健康、安全的要求。

第三条 与农产品质量安全有关的农产品生产经营及其监督管理活动，适用本法。

《中华人民共和国食品安全法》对食用农产品的市场销售、有关质量安全标准的制定、有关安全信息的公布和农业投入品已经作出规定的，应当遵守其规定。

第四条 国家加强农产品质量安全工作，实行源头治理、风险管理、全程控制，建立科学、严格的监督管理制度，构建协同、高效的社会共治体系。

第五条 国务院农业农村主管部门、市场监督管理部门依照本法和规定的职责，对农产品质量安全实施监督管理。

国务院其他有关部门依照本法和规定的职责承担农产品质量安全的有关工作。

第六条 县级以上地方人民政府对本行政区域的农产品质量安全工作负责，统一领导、组织、协调本行政区域的农产品质量安全工作，建立健全农产品质量安全工作机制，提高农产品质量安全水平。

县级以上地方人民政府应当依照本法和有关规定，确定本级农业农村主管部门、市场监督管理部门和其他有关部门的农产品质量安全监督管理工作职责。各有关部门在职责范围内负责本行政区域的农产品质量安全监督管理工作。

乡镇人民政府应当落实农产品质量安全监督管理责任，协助上级人民政府及其有关部门做好农产品质量安全监督管理工作。

第七条 农产品生产经营者应当对其生产经营的农产品质量安全负责。

农产品生产经营者应当依照法律、法规和农产品质量安全标准从事生产经营活动，诚信自律，接受社会监督，承担社会责任。

第八条 县级以上人民政府应当将农产品质量安全管理工作纳入本级国民经济和社会发展规划，所需经费列入本级预算，加强农产品质量安全监督管理能力建设。

第九条 国家引导、推广农产品标准化生产，鼓励和支持生产绿色优质农产品，禁止生产、销售不符合国家规定的农产品质量安全标准的农产品。

第十条 国家支持农产品质量安全科学技术研究，推行科学的质量安全管理方法，推广先进安全的生产技术。国家加强农产品质量安全科学技术国际交流与合作。

第十一条 各级人民政府及有关部门应当加强农产品质量安全知识的宣传，发挥基层群众性自治组织、农村集体经济组织的优势和作用，指导农产品生产经营者加强质量安全管理，保障农产品消费安全。

新闻媒体应当开展农产品质量安全法律、法规和农产品质量安全知识的公益宣传，对违法行为进行舆论监督。有关农产品质量安全的宣传报道应当真实、公正。

第十二条 农民专业合作社和农产品行业协会等应当及时为其成员提供生产技术服务，建立农产品质量安全管理制度，健全农产品质量安全控制体系，加强自律管理。

第二章　农产品质量安全风险管理和标准制定

第十三条 国家建立农产品质量安全风险监测制度。

国务院农业农村主管部门应当制定国家农产品质量安全风险监测计划，并对重点区域、重点农产品品种进行质量安全风险监测。省、自治区、直辖市人民政府农业农村主管部门应当根据国家农产品质量安全风险监测计划，结合本行政区域农产品生产经营实际，制定本行政区域的农产品质量安全风险监测实施方案，并报国务院农业农村主管部门备案。县级以上地方人民政府农业农村主管部门负责组织实施本行政区域的农产品质量安全风险监测。

县级以上人民政府市场监督管理部门和其他有关部门获知有关农产品质量安全风险信息后，应当立即核实并向同级农业农村主管部门通报。接到通报的农业农村主管部门应当及时上报。制定农产品质量安全风险监测计划、实施方案的部门应当及时研究分析，必要时进行调整。

第十四条 国家建立农产品质量安全风险评估制度。

国务院农业农村主管部门应当设立农产品质量安全风险评估专家委员会，对可能影响农产品质量安全的潜在危害进行风险分析和评估。国务院卫生健康、市场监督管理等部门发现需要对农产品进行质量安全风险评估的，应当向国务院农业农村主管部门提出风险评估建议。

农产品质量安全风险评估专家委员会由农业、食品、营养、生物、环境、医学、化工等方面的专家组成。

第十五条 国务院农业农村主管部门应当根据农产品质量安全风险监测、风险评估结果采取相应的管理措施，并将农产品质量安全风险监测、风险评估结果及时通报国务院市场监督管理、卫生健康等部门和有关省、自治区、直辖市人民政府农业农村主管部门。

县级以上人民政府农业农村主管部门开展农产品质量安全风险监测和风险评估工作时，可以根据需要进入农产品产地、储存场所及批发、零售市场。采集样品应当按照市场价格支付费用。

第十六条 国家建立健全农产品质量安全标准体系，确保严格实施。农产品质量安全标准是强制执行的标准，包括以下与农产品质量安全有关的要求：

（一）农业投入品质量要求、使用范围、用法、用量、安全间隔期和休药期规定；

（二）农产品产地环境、生产过程管控、储存、运输要求；

（三）农产品关键成分指标等要求；

（四）与屠宰禽畜有关的检验规程；

（五）其他与农产品质量安全有关的强制性要求。

《中华人民共和国食品安全法》对食用农产品的有关质量安全标准作出规定的，依照其规定执行。

第十七条 农产品质量安全标准的制定和发布，依照法律、行政法规的规定执行。

制定农产品质量安全标准应当充分考虑农产品质量安全风险评估结果，并听取农产品生产经营者、消费者、有关部门、行业协会等的意见，保障农产品消费安全。

第十八条 农产品质量安全标准应当根据科学技术发展水平以及农产品质量安全的需要，及时修订。

第十九条 农产品质量安全标准由农业农村主管部门商有关部门推进实施。

第三章　农产品产地

第二十条 国家建立健全农产品产地监测制度。

县级以上地方人民政府农业农村主管部门应当会同同级生态环境、自然资源等部门制定农产品产地监测计划，加强农产品产地安全调查、监测和评价工作。

第二十一条 县级以上地方人民政府农业农

村主管部门应当会同同级生态环境、自然资源等部门按照保障农产品质量安全的要求,根据农产品品种特性和产地安全调查、监测、评价结果,依照土壤污染防治等法律、法规的规定提出划定特定农产品禁止生产区域的建议,报本级人民政府批准后实施。

任何单位和个人不得在特定农产品禁止生产区域种植、养殖、捕捞、采集特定农产品和建立特定农产品生产基地。

特定农产品禁止生产区域划定和管理的具体办法由国务院农业农村主管部门商国务院生态环境、自然资源等部门制定。

第二十二条　任何单位和个人不得违反有关环境保护法律、法规的规定向农产品产地排放或者倾倒废水、废气、固体废物或者其他有毒有害物质。

农业生产用水和用作肥料的固体废物,应当符合法律、法规和国家有关强制性标准的要求。

第二十三条　农产品生产者应当科学合理使用农药、兽药、肥料、农用薄膜等农业投入品,防止对农产品产地造成污染。

农药、肥料、农用薄膜等农业投入品的生产者、经营者、使用者应当按照国家有关规定回收并妥善处置包装物和废弃物。

第二十四条　县级以上人民政府应当采取措施,加强农产品基地建设,推进农业标准化示范建设,改善农产品的生产条件。

第四章　农产品生产

第二十五条　县级以上地方人民政府农业农村主管部门应当根据本地区的实际情况,制定保障农产品质量安全的生产技术要求和操作规程,并加强对农产品生产经营者的培训和指导。

农业技术推广机构应当加强对农产品生产经营者质量安全知识和技能的培训。国家鼓励科研教育机构开展农产品质量安全培训。

第二十六条　农产品生产企业、农民专业合作社、农业社会化服务组织应当加强农产品质量安全管理。

农产品生产企业应当建立农产品质量安全管理制度,配备相应的技术人员;不具备配备条件的,应当委托具有专业技术知识的人员进行农产品质量安全指导。

国家鼓励和支持农产品生产企业、农民专业合作社、农业社会化服务组织建立和实施危害分析和关键控制点体系,实施良好农业规范,提高农产品质量安全管理水平。

第二十七条　农产品生产企业、农民专业合作社、农业社会化服务组织应当建立农产品生产记录,如实记载下列事项:

(一)使用农业投入品的名称、来源、用法、用量和使用、停用的日期;

(二)动物疫病、农作物病虫害的发生和防治情况;

(三)收获、屠宰或者捕捞的日期。

农产品生产记录应当至少保存二年。禁止伪造、变造农产品生产记录。

国家鼓励其他农产品生产者建立农产品生产记录。

第二十八条　对可能影响农产品质量安全的农药、兽药、饲料和饲料添加剂、肥料、兽医器械,依照有关法律、行政法规的规定实行许可制度。

省级以上人民政府农业农村主管部门应当定期或者不定期组织对可能危及农产品质量安全的农药、兽药、饲料和饲料添加剂、肥料等农业投入品进行监督抽查,并公布抽查结果。

农药、兽药经营者应当依照有关法律、行政法规的规定建立销售台账,记录购买者、销售日期和药品施用范围等内容。

第二十九条　农产品生产经营者应当依照有关法律、行政法规和国家有关强制性标准、国务院农业农村主管部门的规定,科学合理使用农药、兽药、饲料和饲料添加剂、肥料等农业投入品,严格执行农业投入品使用安全间隔期或者休药期的规定;不得超范围、超剂量使用农业投入品危及农产品质量安全。

禁止在农产品生产经营过程中使用国家禁止使用的农业投入品以及其他有毒有害物质。

第三十条　农产品生产场所以及生产活动中使用的设施、设备、消毒剂、洗涤剂等应当符合国家有关质量安全规定,防止污染农产品。

第三十一条　县级以上人民政府农业农村主管部门应当加强对农业投入品使用的监督管理和指导,建立健全农业投入品的安全使用制度,推广农业投入品科学使用技术,普及安全、环保农业投入品的使用。

第三十二条　国家鼓励和支持农产品生产经营者选用优质特色农产品品种,采用绿色生产技术和全程质量控制技术,生产绿色优质农产品,实施分等分级,提高农产品品质,打造农产品品牌。

第三十三条　国家支持农产品产地冷链物流基础设施建设,健全有关农产品冷链物流标准、服务规范和监管保障机制,保障冷链物流农产品畅通高效、安全便捷,扩大高品质市场供给。

从事农产品冷链物流的生产经营者应当依照法律、法规和有关农产品质量安全标准,加强冷链技术创新与应用,质量安全控制,执行对冷链物流农产品及其包装、运输工具、作业环境等的检验检测检疫要求,保证冷链农产品质量安全。

……

第七十七条　《中华人民共和国食品安全法》对食用农产品进入批发、零售市场或者生产加工企业后的违法行为和法律责任有规定的,由县级以上地方人民政府市场监督管理部门依照其规定进行处罚。

……

第八章　附　则

第八十条　粮食收购、储存、运输环节的质量安全管理,依照有关粮食管理的法律、行政法规执行。

第八十一条　本法自 2023 年 1 月 1 日起施行。

中华人民共和国反食品浪费法

- 2021 年 4 月 29 日中华人民共和国第十三届全国人民代表大会常务委员会第二十八次会议通过
- 2021 年 4 月 29 日中华人民共和国主席令第 78 号公布
- 自公布之日起施行

第一条　为了防止食品浪费,保障国家粮食安全,弘扬中华民族传统美德,践行社会主义核心价值观,节约资源,保护环境,促进经济社会可持续发展,根据宪法,制定本法。

第二条　本法所称食品,是指《中华人民共和国食品安全法》规定的食品,包括各种供人食用或者饮用的食物。

本法所称食品浪费,是指对可安全食用或者饮用的食品未能按照其功能目的合理利用,包括废弃、因不合理利用导致食品数量减少或者质量下降等。

第三条　国家厉行节约,反对浪费。

国家坚持多措并举、精准施策、科学管理、社会共治的原则,采取技术上可行、经济上合理的措施防止和减少食品浪费。

国家倡导文明、健康、节约资源、保护环境的消费方式,提倡简约适度、绿色低碳的生活方式。

第四条　各级人民政府应当加强对反食品浪费工作的领导,确定反食品浪费目标任务,建立健全反食品浪费工作机制,组织对食品浪费情况进行监测、调查、分析和评估,加强监督管理,推进反食品浪费工作。

县级以上地方人民政府应当每年向社会公布反食品浪费情况,提出加强反食品浪费措施,持续推动全社会反食品浪费。

第五条　国务院发展改革部门应当加强对全国反食品浪费工作的组织协调;会同国务院有关部门每年分析评估食品浪费情况,整体部署反食品浪费工作,提出相关工作措施和意见,由各有关部门落实。

国务院商务主管部门应当加强对餐饮行业的管理,建立健全行业标准、服务规范;会同国务院市场监督管理部门等建立餐饮行业反食品浪费制度规范,采取措施鼓励餐饮服务经营者提供分餐服务、向社会公开其反食品浪费情况。

国务院市场监督管理部门应当加强对食品生产经营者反食品浪费情况的监督,督促食品生产经营者落实反食品浪费措施。

国家粮食和物资储备部门应当加强粮食仓储流通过程中的节粮减损管理,会同国务院有关部门组织实施粮食储存、运输、加工标准。

国务院有关部门依照本法和国务院规定的职责,采取措施开展反食品浪费工作。

第六条　机关、人民团体、国有企业事业单位应当按照国家有关规定,细化完善公务接待、会议、培训等公务活动用餐规范,加强管理,带头厉行节约,反对浪费。

公务活动需要安排用餐的,应当根据实际情

况,节俭安排用餐数量、形式,不得超过规定的标准。

第七条 餐饮服务经营者应当采取下列措施,防止食品浪费:

(一)建立健全食品采购、储存、加工管理制度,加强服务人员职业培训,将珍惜粮食、反对浪费纳入培训内容;

(二)主动对消费者进行防止食品浪费提示提醒,在醒目位置张贴或者摆放反食品浪费标识,或者由服务人员提示说明,引导消费者按需适量点餐;

(三)提升餐饮供给质量,按照标准规范制作食品,合理确定数量、分量,提供小份餐等不同规格选择;

(四)提供团体用餐服务的,应当将防止食品浪费理念纳入菜单设计,按照用餐人数合理配置菜品、主食;

(五)提供自助餐服务的,应当主动告知消费规则和防止食品浪费要求,提供不同规格餐具,提醒消费者适量取餐。

餐饮服务经营者不得诱导、误导消费者超量点餐。

餐饮服务经营者可以通过在菜单上标注食品分量、规格、建议消费人数等方式充实菜单信息,为消费者提供点餐提示,根据消费者需要提供公勺公筷和打包服务。

餐饮服务经营者可以对参与"光盘行动"的消费者给予奖励;也可以对造成明显浪费的消费者收取处理厨余垃圾的相应费用,收费标准应当明示。

餐饮服务经营者可以运用信息化手段分析用餐需求,通过建设中央厨房、配送中心等措施,对食品采购、运输、储存、加工等进行科学管理。

第八条 设有食堂的单位应当建立健全食堂用餐管理制度,制定、实施防止食品浪费措施,加强宣传教育,增强反食品浪费意识。

单位食堂应当加强食品采购、储存、加工动态管理,根据用餐人数采购、做餐、配餐,提高原材料利用率和烹饪水平,按照健康、经济、规范的原则提供饮食,注重饮食平衡。

单位食堂应当改进供餐方式,在醒目位置张贴或者摆放反食品浪费标识,引导用餐人员适量点餐、取餐;对有浪费行为的,应当及时予以提醒、纠正。

第九条 学校应当对用餐人员数量、结构进行监测、分析和评估,加强学校食堂餐饮服务管理;选择校外供餐单位的,应当建立健全引进和退出机制,择优选择。

学校食堂、校外供餐单位应加强精细化管理,按需供餐,改进供餐方式,科学营养配餐,丰富不同规格配餐和口味选择,定期听取用餐人员意见,保证菜品、主食质量。

第十条 餐饮外卖平台应当以显著方式提示消费者适量点餐。餐饮服务经营者通过餐饮外卖平台提供服务的,应当在平台页面上向消费者提供食品分量、规格或者建议消费人数等信息。

第十一条 旅游经营者应当引导旅游者文明、健康用餐。旅行社及导游应当合理安排团队用餐,提醒旅游者适量点餐、取餐。有关行业应当将旅游经营者反食品浪费工作情况纳入相关质量标准等级评定指标。

第十二条 超市、商场等食品经营者应当对其经营的食品加强日常检查,对临近保质期的食品分类管理,作特别标示或者集中陈列出售。

第十三条 各级人民政府及其有关部门应当采取措施,反对铺张浪费,鼓励和推动文明、节俭举办活动,形成浪费可耻、节约为荣的氛围。

婚丧嫁娶、朋友和家庭聚会、商务活动等需要用餐的,组织者、参加者应当适度备餐、点餐,文明、健康用餐。

第十四条 个人应当树立文明、健康、理性、绿色的消费理念,外出就餐时根据个人健康状况、饮食习惯和用餐需求合理点餐、取餐。

家庭及成员在家庭生活中,应当培养形成科学健康、物尽其用、防止浪费的良好习惯,按照日常生活实际需要采购、储存和制作食品。

第十五条 国家完善粮食和其他食用农产品的生产、储存、运输、加工标准,推广使用新技术、新工艺、新设备,引导适度加工和综合利用,降低损耗。

食品生产经营者应当采取措施,改善食品储存、运输、加工条件,防止食品变质,降低储存、运输中的损耗;提高食品加工利用率,避免过度加工和过量使用原材料。

第十六条 制定和修改有关国家标准、行业标准和地方标准,应当将防止食品浪费作为重要考虑因素,在保证食品安全的前提下,最大程度防止浪费。

食品保质期应当科学合理设置，显著标注，容易辨识。

第十七条　各级人民政府及其有关部门应当建立反食品浪费监督检查机制，对发现的食品浪费问题及时督促整改。

食品生产经营者在食品生产经营过程中严重浪费食品的，县级以上地方人民政府市场监督管理、商务等部门可以对其法定代表人或者主要负责人进行约谈。被约谈的食品生产经营者应当立即整改。

第十八条　机关事务管理部门会同有关部门建立机关食堂反食品浪费工作成效评估和通报制度，将反食品浪费纳入公共机构节约能源资源考核和节约型机关创建活动内容。

第十九条　食品、餐饮行业协会等应当加强行业自律，依法制定、实施反食品浪费等相关团体标准和行业自律规范，宣传、普及防止食品浪费知识，推广先进典型，引导会员自觉开展反食品浪费活动，对有浪费行为的会员采取必要的自律措施。

食品、餐饮行业协会等应当开展食品浪费监测，加强分析评估，每年向社会公布有关反食品浪费情况及监测评估结果，为国家机关制定法律、法规、政策、标准和开展有关问题研究提供支持，接受社会监督。

消费者协会和其他消费者组织应当对消费者加强饮食消费教育，引导形成自觉抵制浪费的消费习惯。

第二十条　机关、人民团体、社会组织、企业事业单位和基层群众性自治组织应当将厉行节约、反对浪费作为群众性精神文明创建活动内容，纳入相关创建测评体系和各地市民公约、村规民约、行业规范等，加强反食品浪费宣传教育和科学普及，推动开展"光盘行动"，倡导文明、健康、科学的饮食文化，增强公众反食品浪费意识。

县级以上人民政府及其有关部门应当持续组织开展反食品浪费宣传教育，并将反食品浪费作为全国粮食安全宣传周的重要内容。

第二十一条　教育行政部门应当指导、督促学校加强反食品浪费教育和管理。

学校应当按照规定开展国情教育，将厉行节约、反对浪费纳入教育教学内容，通过学习实践、体验劳动等形式，开展反食品浪费专题教育活动，培养学生形成勤俭节约、珍惜粮食的习惯。

学校应当建立防止食品浪费的监督检查机制，制定、实施相应的奖惩措施。

第二十二条　新闻媒体应当开展反食品浪费法律、法规以及相关标准和知识的公益宣传，报道先进典型，曝光浪费现象，引导公众树立正确饮食消费观念，对食品浪费行为进行舆论监督。有关反食品浪费的宣传报道应当真实、公正。

禁止制作、发布、传播宣扬量大多吃、暴饮暴食等浪费食品的节目或者音视频信息。

网络音视频服务提供者发现用户有违反前款规定行为的，应当立即停止传输相关信息；情节严重的，应当停止提供信息服务。

第二十三条　县级以上地方人民政府民政、市场监督管理部门等建立捐赠需求对接机制，引导食品生产经营者等在保证食品安全的前提下向有关社会组织、福利机构、救助机构等组织或者个人捐赠食品。有关组织根据需要，及时接收、分发食品。

国家鼓励社会力量参与食品捐赠活动。网络信息服务提供者可以搭建平台，为食品捐赠等提供服务。

第二十四条　产生厨余垃圾的单位、家庭和个人应当依法履行厨余垃圾源头减量义务。

第二十五条　国家组织开展营养状况监测、营养知识普及，引导公民形成科学的饮食习惯，减少不健康饮食引起的疾病风险。

第二十六条　县级以上人民政府应当采取措施，对防止食品浪费的科学研究、技术开发等活动予以支持。

政府采购有关商品和服务，应当有利于防止食品浪费。

国家实行有利于防止食品浪费的税收政策。

第二十七条　任何单位和个人发现食品生产经营者等有食品浪费行为的，有权向有关部门和机关举报。接到举报的部门和机关应当及时依法处理。

第二十八条　违反本法规定，餐饮服务经营者未主动对消费者进行防止食品浪费提示提醒的，由县级以上地方人民政府市场监督管理部门或者县级以上地方人民政府指定的部门责令改正，给予警告。

违反本法规定，餐饮服务经营者诱导、误导消费者超量点餐造成明显浪费的，由县级以上地方人民政府市场监督管理部门或者县级以上地方人民政府指定的部门责令改正，给予警告；拒不改正的，处一千元以上一万元以下罚款。

违反本法规定，食品生产经营者在食品生产经营过程中造成严重食品浪费的，由县级以上地方人民政府市场监督管理部门或者县级以上地方人民政府指定的部门责令改正，拒不改正的，处五千元以上五万元以下罚款。

第二十九条 违反本法规定，设有食堂的单位未制定或者未实施防止食品浪费措施的，由县级以上地方人民政府指定的部门责令改正，给予警告。

第三十条 违反本法规定，广播电台、电视台、网络音视频服务提供者制作、发布、传播宣扬量大多吃、暴饮暴食等浪费食品的节目或者音视频信息的，由广播电视、网信等部门按照各自职责责令改正，给予警告；拒不改正或者情节严重的，处一万元以上十万元以下罚款，并可以责令暂停相关业务、停业整顿，对直接负责的主管人员和其他直接责任人员依法追究法律责任。

第三十一条 省、自治区、直辖市或者设区的市、自治州根据具体情况和实际需要，制定本地方反食品浪费的具体办法。

第三十二条 本法自公布之日起施行。

中华人民共和国广告法（节录）

- 1994年10月27日第八届全国人民代表大会常务委员会第十次会议通过
- 2015年4月24日第十二届全国人民代表大会常务委员会第十四次会议修订
- 根据2018年10月26日第十三届全国人民代表大会常务委员会第六次会议《关于修改〈中华人民共和国野生动物保护法〉等十五部法律的决定》第一次修正
- 根据2021年4月29日第十三届全国人民代表大会常务委员会第二十八次会议《关于修改〈中华人民共和国道路交通安全法〉等八部法律的决定》第二次修正

第一章 总 则

第一条 【立法目的】为了规范广告活动，保护消费者的合法权益，促进广告业的健康发展，维护社会经济秩序，制定本法。

第二条 【调整范围及定义】在中华人民共和国境内，商品经营者或者服务提供者通过一定媒介和形式直接或者间接地介绍自己所推销的商品或者服务的商业广告活动，适用本法。

本法所称广告主，是指为推销商品或者服务，自行或者委托他人设计、制作、发布广告的自然人、法人或者其他组织。

本法所称广告经营者，是指接受委托提供广告设计、制作、代理服务的自然人、法人或者其他组织。

本法所称广告发布者，是指为广告主或者广告主委托的广告经营者发布广告的自然人、法人或者其他组织。

本法所称广告代言人，是指广告主以外的，在广告中以自己的名义或者形象对商品、服务作推荐、证明的自然人、法人或者其他组织。

第三条 【内容和形式要求】广告应当真实、合法，以健康的表现形式表达广告内容，符合社会主义精神文明建设和弘扬中华民族优秀传统文化的要求。

第四条 【真实性原则】广告不得含有虚假或者引人误解的内容，不得欺骗、误导消费者。

广告主应当对广告内容的真实性负责。

第五条 【基本行为规范】广告主、广告经营者、广告发布者从事广告活动，应当遵守法律、法规，诚实信用，公平竞争。

第六条 【监督管理体制】国务院市场监督管理部门主管全国的广告监督管理工作，国务院有关部门在各自的职责范围内负责广告管理相关工作。

县级以上地方市场监督管理部门主管本行政区域的广告监督管理工作，县级以上地方人民政府有关部门在各自的职责范围内负责广告管理相关工作。

第七条 【行业组织】广告行业组织依照法律、法规和章程的规定，制定行业规范，加强行业自律，促进行业发展，引导会员依法从事广告活动，推动广告行业诚信建设。

第二章 广告内容准则

第八条 【广告表述】广告中对商品的性能、功能、产地、用途、质量、成分、价格、生产者、有效期限、允诺等或者对服务的内容、提供者、形式、质量、价格、允诺等有表示的，应当准确、清楚、明白。

广告中表明推销的商品或者服务附带赠送的，应当明示所附赠送商品或者服务的品种、规格、数量、期限和方式。

法律、行政法规规定广告中应当明示的内容，应当显著、清晰表示。

第九条　【一般禁止情形】广告不得有下列情形：

（一）使用或者变相使用中华人民共和国的国旗、国歌、国徽、军旗、军歌、军徽；

（二）使用或者变相使用国家机关、国家机关工作人员的名义或者形象；

（三）使用"国家级"、"最高级"、"最佳"等用语；

（四）损害国家的尊严或者利益，泄露国家秘密；

（五）妨碍社会安定，损害社会公共利益；

（六）危害人身、财产安全，泄露个人隐私；

（七）妨碍社会公共秩序或者违背社会良好风尚；

（八）含有淫秽、色情、赌博、迷信、恐怖、暴力的内容；

（九）含有民族、种族、宗教、性别歧视的内容；

（十）妨碍环境、自然资源或者文化遗产保护；

（十一）法律、行政法规规定禁止的其他情形。

第十条　【保护未成年人和残疾人】广告不得损害未成年人和残疾人的身心健康。

第十一条　【涉及行政许可和引证内容的广告】广告内容涉及的事项需要取得行政许可的，应当与许可的内容相符合。

广告使用数据、统计资料、调查结果、文摘、引用语等引证内容的，应当真实、准确，并表明出处。引证内容有适用范围和有效期限的，应当明确表示。

第十二条　【涉及专利的广告】广告中涉及专利产品或者专利方法的，应当标明专利号和专利种类。

未取得专利权的，不得在广告中谎称取得专利权。

禁止使用未授予专利权的专利申请和已经终止、撤销、无效的专利作广告。

第十三条　【广告不得含有贬低内容】广告不得贬低其他生产经营者的商品或者服务。

第十四条　【广告可识别性以及发布要求】广告应当具有可识别性，能够使消费者辨明其为广告。

大众传播媒介不得以新闻报道形式变相发布广告。通过大众传播媒介发布的广告应当显著标明"广告"，与其他非广告信息相区别，不得使消费者产生误解。

广播电台、电视台发布广告，应当遵守国务院有关部门关于时长、方式的规定，并应当对广告时长作出明显提示。

第十五条　【处方药、易制毒化学品、戒毒等广告】麻醉药品、精神药品、医疗用毒性药品、放射性药品等特殊药品，药品类易制毒化学品，以及戒毒治疗的药品、医疗器械和治疗方法，不得作广告。

前款规定以外的处方药，只能在国务院卫生行政部门和国务院药品监督管理部门共同指定的医学、药学专业刊物上作广告。

第十六条　【医疗、药品、医疗器械广告】医疗、药品、医疗器械广告不得含有下列内容：

（一）表示功效、安全性的断言或者保证；

（二）说明治愈率或者有效率；

（三）与其他药品、医疗器械的功效和安全性或者其他医疗机构比较；

（四）利用广告代言人作推荐、证明；

（五）法律、行政法规规定禁止的其他内容。

药品广告的内容不得与国务院药品监督管理部门批准的说明书不一致，并应当显著标明禁忌、不良反应。处方药广告应当显著标明"本广告仅供医学药学专业人士阅读"，非处方药广告应当显著标明"请按药品说明书或者在药师指导下购买和使用"。

推荐给个人自用的医疗器械的广告，应当显著标明"请仔细阅读产品说明书或者在医务人员的指导下购买和使用"。医疗器械产品注册证明文件中有禁忌内容、注意事项的，广告中应当显著标明"禁忌内容或者注意事项详见说明书"。

第十七条　【禁止使用医药用语】除医疗、药品、医疗器械广告外，禁止其他任何广告涉及疾病治疗功能，并不得使用医疗用语或者易使推销的商品与药品、医疗器械相混淆的用语。

第十八条 【保健食品广告】保健食品广告不得含有下列内容：
（一）表示功效、安全性的断言或者保证；
（二）涉及疾病预防、治疗功能；
（三）声称或者暗示广告商品为保障健康所必需；
（四）与药品、其他保健食品进行比较；
（五）利用广告代言人作推荐、证明；
（六）法律、行政法规规定禁止的其他内容。
保健食品广告应当显著标明"本品不能代替药物"。

第十九条 【禁止变相发布广告】广播电台、电视台、报刊音像出版单位、互联网信息服务提供者不得以介绍健康、养生知识等形式变相发布医疗、药品、医疗器械、保健食品广告。

第二十条 【母乳代用品广告】禁止在大众传播媒介或者公共场所发布声称全部或者部分替代母乳的婴儿乳制品、饮料和其他食品广告。

第二十一条 【农药、兽药、饲料和饲料添加剂广告】农药、兽药、饲料和饲料添加剂广告不得含有下列内容：
（一）表示功效、安全性的断言或者保证；
（二）利用科研单位、学术机构、技术推广机构、行业协会或者专业人士、用户的名义或者形象作推荐、证明；
（三）说明有效率；
（四）违反安全使用规程的文字、语言或者画面；
（五）法律、行政法规规定禁止的其他内容。
……

第二十八条 【虚假广告】广告以虚假或者引人误解的内容欺骗、误导消费者的，构成虚假广告。
广告有下列情形之一的，为虚假广告：
（一）商品或者服务不存在的；
（二）商品的性能、功能、产地、用途、质量、规格、成分、价格、生产者、有效期限、销售状况、曾获荣誉等信息，或者服务的内容、提供者、形式、质量、价格、销售状况、曾获荣誉等信息，以及与商品或者服务有关的允诺等信息与实际情况不符，对购买行为有实质性影响的；
（三）使用虚构、伪造或者无法验证的科研成果、统计资料、调查结果、文摘、引用语等信息作证明材料的；
（四）虚构使用商品或者接受服务的效果的；
（五）以虚假或者引人误解的内容欺骗、误导消费者的其他情形。

第三章 广告行为规范

第二十九条 【从事广告发布业务的条件】广播电台、电视台、报刊出版单位从事广告发布业务的，应当设有专门从事广告业务的机构，配备必要的人员，具有与发布广告相适应的场所、设备。

第三十条 【广告合同】广告主、广告经营者、广告发布者之间在广告活动中应当依法订立书面合同。

第三十一条 【禁止不正当竞争】广告主、广告经营者、广告发布者不得在广告活动中进行任何形式的不正当竞争。
……

第四十四条 【互联网广告】利用互联网从事广告活动，适用本法的各项规定。
利用互联网发布、发送广告，不得影响用户正常使用网络。在互联网页面以弹出等形式发布的广告，应当显著标明关闭标志，确保一键关闭。

第四十五条 【"第三方平台"义务】公共场所的管理者或者电信业务经营者、互联网信息服务提供者对其明知或者应知的利用其场所或者信息传输、发布平台发送、发布违法广告的，应当予以制止。

第四章 监督管理

第四十六条 【特殊商品和服务广告发布前审查】发布医疗、药品、医疗器械、农药、兽药和保健食品广告，以及法律、行政法规规定应当进行审查的其他广告，应当在发布前由有关部门（以下称广告审查机关）对广告内容进行审查；未经审查，不得发布。

第四十七条 【广告发布前审查程序】广告主申请广告审查，应当依照法律、行政法规向广告审查机关提交有关证明文件。
广告审查机关应当依照法律、行政法规规定作出审查决定，并应当将审查批准文件抄送同级市场监督管理部门。广告审查机关应当及时向社会公布批准的广告。

第四十八条 【广告审查批准文件不得伪造、

变造或者转让】任何单位或者个人不得伪造、变造或者转让广告审查批准文件。

第四十九条 【市场监督管理部门的职权和义务】市场监督管理部门履行广告监督管理职责，可以行使下列职权：

（一）对涉嫌从事违法广告活动的场所实施现场检查；

（二）询问涉嫌违法当事人或者其法定代表人、主要负责人和其他有关人员，对有关单位或者个人进行调查；

（三）要求涉嫌违法当事人限期提供有关证明文件；

（四）查阅、复制与涉嫌违法广告有关的合同、票据、账簿、广告作品和其他有关资料；

（五）查封、扣押与涉嫌违法广告直接相关的广告物品、经营工具、设备等财物；

（六）责令暂停发布可能造成严重后果的涉嫌违法广告；

（七）法律、行政法规规定的其他职权。

市场监督管理部门应当建立健全广告监测制度，完善监测措施，及时发现和依法查处违法广告行为。

第五十条 【授权制定利用大众传播媒介发布广告的行为规范】国务院市场监督管理部门会同国务院有关部门，制定大众传播媒介广告发布行为规范。

第五十一条 【配合监管义务】市场监督管理部门依照本法规定行使职权，当事人应当协助、配合，不得拒绝、阻挠。

第五十二条 【保密义务】市场监督管理部门和有关部门及其工作人员对其在广告监督管理活动中知悉的商业秘密负有保密义务。

第五十三条 【投诉和举报】任何单位或者个人有权向市场监督管理部门和有关部门投诉、举报违反本法的行为。市场监督管理部门和有关部门应当向社会公开受理投诉、举报的电话、信箱或者电子邮件地址，接到投诉、举报的部门应当自收到投诉之日起七个工作日内，予以处理并告知投诉、举报人。

市场监督管理部门和有关部门不依法履行职责的，任何单位或者个人有权向其上级机关或者监察机关举报。接到举报的机关应当依法作出处理，并将处理结果及时告知举报人。

有关部门应当为投诉、举报人保密。

第五十四条 【社会监督】消费者协会和其他消费者组织对违反本法规定，发布虚假广告侵害消费者合法权益，以及其他损害社会公共利益的行为，依法进行社会监督。

第五章 法律责任

第五十五条 【虚假广告行政、刑事责任】违反本法规定，发布虚假广告的，由市场监督管理部门责令停止发布广告，责令广告主在相应范围内消除影响，处广告费用三倍以上五倍以下的罚款，广告费用无法计算或者明显偏低的，处二十万元以上一百万元以下的罚款；两年内有三次以上违法行为或者有其他严重情节的，处广告费用五倍以上十倍以下的罚款，广告费用无法计算或者明显偏低的，处一百万元以上二百万元以下的罚款，可以吊销营业执照，并由广告审查机关撤销广告审查批准文件、一年内不受理其广告审查申请。

医疗机构有前款规定违法行为，情节严重的，除由市场监督管理部门依照本法处罚外，卫生行政部门可以吊销诊疗科目或者吊销医疗机构执业许可证。

广告经营者、广告发布者明知或者应知广告虚假仍设计、制作、代理、发布的，由市场监督管理部门没收广告费用，并处广告费用三倍以上五倍以下的罚款，广告费用无法计算或者明显偏低的，处二十万元以上一百万元以下的罚款；两年内有三次以上违法行为或者有其他严重情节的，处广告费用五倍以上十倍以下的罚款，广告费用无法计算或者明显偏低的，处一百万元以上二百万元以下的罚款，并可以由有关部门暂停广告发布业务、吊销营业执照。

广告主、广告经营者、广告发布者有本条第一款、第三款规定行为，构成犯罪的，依法追究刑事责任。

第五十六条 【虚假广告民事责任】违反本法规定，发布虚假广告，欺骗、误导消费者，使购买商品或者接受服务的消费者的合法权益受到损害的，由广告主依法承担民事责任。广告经营者、广告发布者不能提供广告主的真实名称、地址和有效联系方式的，消费者可以要求广告经营者、广告发布者先行赔偿。

关系消费者生命健康的商品或者服务的虚假

广告,造成消费者损害的,其广告经营者、广告发布者、广告代言人应当与广告主承担连带责任。

前款规定以外的商品或者服务的虚假广告,造成消费者损害的,其广告经营者、广告发布者、广告代言人,明知或者应知广告虚假仍设计、制作、代理、发布或者作推荐、证明的,应当与广告主承担连带责任。

第五十七条 【发布违反基本准则或者本法禁止发布的广告的责任】有下列行为之一的,由市场监督管理部门责令停止发布广告,对广告主处二十万元以上一百万元以下的罚款,情节严重的,并可以吊销营业执照,由广告审查机关撤销广告审查批准文件,一年内不受理其广告审查申请;对广告经营者、广告发布者,由市场监督管理部门没收广告费用,处二十万元以上一百万元以下的罚款,情节严重的,并可以吊销营业执照:

(一)发布有本法第九条、第十条规定的禁止情形的广告的;

(二)违反本法第十五条规定发布处方药广告、药品类易制毒化学品广告、戒毒治疗的医疗器械和治疗方法广告的;

(三)违反本法第二十条规定,发布声称全部或者部分替代母乳的婴儿乳制品、饮料和其他食品广告的;

(四)违反本法第二十二条规定发布烟草广告的;

(五)违反本法第三十七条规定,利用广告推销禁止生产、销售的产品或者提供的服务,或者禁止发布广告的商品或者服务的;

(六)违反本法第四十条第一款规定,在针对未成年人的大众传播媒介上发布医疗、药品、保健食品、医疗器械、化妆品、酒类、美容广告,以及不利于未成年人身心健康的网络游戏广告的。

第五十八条 【发布违反特殊准则、违法使用广告代言人或者未经依法审查的广告的责任】有下列行为之一的,由市场监督管理部门责令停止发布广告,责令广告主在相应范围内消除影响,处广告费用一倍以上三倍以下的罚款,广告费用无法计算或者明显偏低的,处十万元以上二十万元以下的罚款;情节严重的,处广告费用三倍以上五倍以下的罚款,广告费用无法计算或者明显偏低的,处二十万元以上一百万元以下的罚款,可以吊销营业执照,并由广告审查机关撤销广告审查批准文件、一年内不受理其广告审查申请:

(一)违反本法第十六条规定发布医疗、药品、医疗器械广告的;

(二)违反本法第十七条规定,在广告中涉及疾病治疗功能,以及使用医疗用语或者易使推销的商品与药品、医疗器械相混淆的用语的;

(三)违反本法第十八条规定发布保健食品广告的;

(四)违反本法第二十一条规定发布农药、兽药、饲料和饲料添加剂广告的;

(五)违反本法第二十三条规定发布酒类广告的;

(六)违反本法第二十四条规定发布教育、培训广告的;

(七)违反本法第二十五条规定发布招商等有投资回报预期的商品或者服务广告的;

(八)违反本法第二十六条规定发布房地产广告的;

(九)违反本法第二十七条规定发布农作物种子、林木种子、草种子、种畜禽、水产苗种和种养殖广告的;

(十)违反本法第三十八条第二款规定,利用不满十周岁的未成年人作为广告代言人的;

(十一)违反本法第三十八条第三款规定,利用自然人、法人或者其他组织作为广告代言人的;

(十二)违反本法第三十九条规定,在中小学校、幼儿园内或者利用与中小学生、幼儿有关的物品发布广告的;

(十三)违反本法第四十条第二款规定,发布针对不满十四周岁的未成年人的商品或者服务的广告的;

(十四)违反本法第四十六条规定,未经审查发布广告的。

医疗机构有前款规定违法行为,情节严重的,除由市场监督管理部门依照本法处罚外,卫生行政部门可以吊销诊疗科目或者吊销医疗机构执业许可证。

广告经营者、广告发布者明知或者应知有本条第一款规定违法行为仍设计、制作、代理、发布的,由市场监督管理部门没收广告费用,并处广告费用一倍以上三倍以下的罚款,广告费用无法计算或者明显偏低的,处十万元以上二十万元以下的罚款;情节严重的,处广告费用三倍以上五倍以下的罚款,广告费用无法计算或者明显偏低的,处二十万元以上一百万元以下的罚款,并可以由有关部门暂停广告发布业务、吊销营业执照。

……

第六章 附 则

第七十三条 【公益广告】国家鼓励、支持开展公益广告宣传活动,传播社会主义核心价值观,倡导文明风尚。

大众传播媒介有义务发布公益广告。广播电台、电视台、报刊出版单位应当按照规定的版面、时段、时长发布公益广告。公益广告的管理办法,由国务院市场监督管理部门会同有关部门制定。

第七十四条 【实施日期】本法自2015年9月1日起施行。

中华人民共和国消费者权益保护法

- 1993年10月31日第八届全国人民代表大会常务委员会第四次会议通过
- 根据2009年8月27日第十一届全国人民代表大会常务委员会第十次会议《关于修改部分法律的决定》第一次修正
- 根据2013年10月25日第十二届全国人民代表大会常务委员会第五次会议《关于修改〈中华人民共和国消费者权益保护法〉的决定》第二次修正

目 录

第一章 总 则
第二章 消费者的权利
第三章 经营者的义务
第四章 国家对消费者合法权益的保护
第五章 消费者组织
第六章 争议的解决
第七章 法律责任
第八章 附 则

第一章 总 则

第一条 【立法宗旨】为保护消费者的合法权益,维护社会经济秩序,促进社会主义市场经济健康发展,制定本法。

注释 消费者是指为生活消费需要购买、使用商品或者接受服务的个人,通常情况下只为自然人。农民购买、使用直接用于农业生产的生产资料,参照本法执行。与消费者相对应的是经营者,其是指从事商品经营或者营利性服务,为消费者提供商品或者服务的法人、其他经济组织和个人。

第二条 【本法调整对象——消费者】消费者为生活消费需要购买、使用商品或者接受服务,其权益受本法保护;本法未作规定的,受其他有关法律、法规保护。

注释 对本条的理解应当把握以下几点:一是本条规定的"生活消费"是一个广义的、开放的概念。它既包括生存型消费,如吃饭穿衣;也包括发展型消费,如个人培训;还包括精神或者休闲消费,如旅游、娱乐等。那种认为"生活消费"仅限于衣食住行消费的观点是不正确的,认为买了奢侈品,甚至买汽车、去旅游等行为都不受本法保护的观点也是不正确的。二是消费者既包括商品的购买者,也包括商品的使用者,还包括服务的接受者。消费者不限于与经营者达成合同关系的相对方,使用商品的主体都是本法规定的消费者。三是农民购买、使用直接用于农业生产的农资产品的,参照适用本法。本法调整的是生活消费,从性质上讲,农民购买、使用农资产品是生产消费。但考虑到消费者权益保护法主要是保护交易弱者的法,在我国目前的现实情况下,农民的弱者地位较为明显,为了体现对农民权益的特殊保护,本法在附则中专门规定,农民购买、使用直接用于农业生产的生产资料,参照本法执行。四是消费者为生活消费需要购买、使用商品或者接受服务,其权益受本法保护。

实务问答 1. 消费者明知其所购买的食品不符合食品安全标准的,能否要求食品销售者或者生产者十倍赔偿?

消费者是相对于销售者和生产者的概念。只要在市场交易中购买、使用商品或者接受服务是为了个人、家庭生活需要,而不是为了生产经营活动或者职业活动需要的,就应当认定为"为生活消费需要"的消费者,属于消费者权益保护法调整的范围。我国食品安全法规定了食品销售者负有保证食品安全的法定义务。生产者生产不符合食品安全标准的食品或者销售者销售明知是不符合食品安全标准的食品,消费者除要求生产者或者销售者赔偿损失外，还可以向生产者或者销售者要求支付价款十倍的赔偿金，消费者是否明知所购买的食品是否符合食品安全标准，不影响消费者向食品生产者或销售者主张赔偿损失和支付价款十倍的赔偿金，或只主张支付价款十倍赔偿金的权利。(2014年1月26日最高人民法院指导案例23号：孙某某诉南京某超市有限公司江宁店买卖合同纠纷案)

2. 单位是否为消费者？

单位不是消费者。《消费者权益保护法》第二条规定："消费者为生活消费需要购买、使用商品或者接受服务，其权益受本法保护；本法未作规定的，受其他有关法律、法规保护。"单位虽然也可以订立买卖合同而接受一定的商品，或订立有关服务合同而接受一定的服务，但就生活消费而言，单位本身不能直接使用某种商品或直接接受某种服务，也就是说不能从事某种生活消费。单位在购买某种商品或接受某种服务以后，还是需要将这些商品或服务转化为个人的消费。正是从这个意义上说，单位可以作为商品的买受人、服务合同的订立者，但不能作为最终的消费者。社会组织和单位的"人格"是法律拟制的，它们自身不能直接进行生活消费。这些组织、单位拥有的消费行为，总要以实物或服务的形式，有偿或无偿地转归个人消费，承受消费权益的主体仍然是个人。所以，消费者只是对自然个人而言，不包括社会组织和单位。

作为法人或非法人团体，基本上不可能"为生活消费需要"而购买、使用商品，即便是购买了公民通用来消费的商品，其目的也往往是为了办公，或为职工发放福利等非生活需要。因此，单位不应当属于消费者。

《消费者权益保护法》为了平衡交易双方当事人的利益，有必要对作为消费者的个人进行特别保护，但没有必要对单位进行特别保护。如果与经营者之间出现了纠纷，双方均可以通过合同主张权利，并受合同法的调整。(最高人民法院民事审判第一庭编：《民事审判指导与参考》总第51辑，人民法院出版社2012年版，第234页)

链接 本法第62条

第三条 【本法调整对象——经营者】 经营者为消费者提供其生产、销售的商品或者提供服务，应当遵守本法；本法未作规定的，应当遵守其他有关法律、法规。

注释 经营者是指以营利为目的，从事经营活动的公民、法人和其他经济组织。主体包括为消费者提供其生产、销售的商品或者提供服务的所有经营者；提供商品或服务以营利为目的，表明其提供的是有偿服务；提供商品或服务的方式包括直接和间接两种形式；成立时必须依法注册登记。实践中，个别单位和个人未经登记注册即从事经营活动，或者持他人的营业执照从事生产经营活动，虽然他们不是合法的经营者，但是由于所提供的商品或服务直接关系到消费者的切身利益，实际上处于与消费者相对应的经营者的地位。

本法所规定的经营者，在为消费者提供其生产、销售的商品或者提供服务的过程中，应当遵守本法的规定。本法是保护消费者合法权益的基本法，除了本法外，民法典、产品质量法、食品安全法、药品管理法、广告法等其他法律涉及消费者权益保护，对经营者的义务、责任也作了一些规定，对于本法未作规定的，经营者还应遵守这些相关法律的规定。

消费者在二手商品网络交易平台购买商品受到损害，人民法院综合销售者出售商品的性质、来源、数量、价格、频率、是否有其他销售渠道、收入等情况，能够认定销售者系从事商业经营活动，消费者主张销售者依据消费者权益保护法承担经营者责任的，人民法院应予支持。

实务问答 3. 如何认定经营者？

第一，从内涵上讲，经营者是从事生产、销售商品或者提供服务等经营活动的民事主体。根据我国现行法律规定，经营者通常是为从事一定的商业经营活动而存在的，例如，公司作为经营者，其营业执照上通常会列明经营范围，其存在的目的就是从事经营范围内的活动。具体表现为制造某些商品，销售包括批发、零售某些商品，或直接提供某种服务，从事其中任何一种经营行为就可视为经营者，例如商业银行提供金融服务。另外，经营者从事生产、销售商品或者提供服务应具持续性，偶尔、零星地出售商品或者提供服务的，不宜认定为经营者，例如某人在淘宝网上偶尔出售自己的二手自行车，某家庭主妇偶尔将自家的物品出售给邻居等，这些都不应被认定为经营者。

第二，经营者从事的行为是有偿的。从事的行为是否具有有偿性是判断某一主体是否为经营者的主要标准。也正是因为经营者从事的行为具有有偿性,决定了其应当对消费者负有较高的注意义务,承担较重的法律责任。从事无偿行为的,通常不应视为本法所指的经营者,例如,从事九年制义务教育的学校,由于其是根据国家规定无偿提供教育服务的,因此不宜被认定为经营者,学生也不应被视为消费者,不宜适用消费者权益保护法的规定,应当适用义务教育法等法律的规定。又如,某一主体无偿提供商品或者服务,可能构成赠与合同关系,而不是买卖等交易合同关系,因为无偿,赠与人负有较低的注意义务,赠与人也不应被视为本法规定的经营者,赠与财产有瑕疵,造成受赠人损失的,应当按照民法典合同编的规定承担责任,不应适用本法。但是,某一商场若为了商品促销的需要,在向消费者出售商品的同时,附赠赠品的,其实质仍是有偿的经营行为,仍应视为本法的经营者。

第三,从外延上看,本法规定的经营者不以公司等企业法人为限,凡是持续有偿地向消费者从事了商品生产、销售或者提供服务的法人、其他组织和自然人,均可成为本法的经营者。

第四条 【交易原则】 经营者与消费者进行交易,应当遵循自愿、平等、公平、诚实信用的原则。

注释 经营者和消费者之间的交易是民事活动,经营者在民事活动中应当遵循民事基本原则。自愿、平等、公平、诚实信用原则反映了市场经济法律关系的本质,是经营者从事经营活动的行为准则,经营者与消费者进行交易,应当严格遵循这些原则。这既有利于保护消费者合法权益,也有利于经营者合法合规经营。

链接《民法典》第4-7条

第五条 【国家保护消费者合法权益的职能】 国家保护消费者的合法权益不受侵害。

国家采取措施,保障消费者依法行使权利,维护消费者的合法权益。

国家倡导文明、健康、节约资源和保护环境的消费方式,反对浪费。

链接《民法典》第9条

第六条 【全社会共同保护消费者合法权益原则】 保护消费者的合法权益是全社会的共同责任。

国家鼓励、支持一切组织和个人对损害消费者合法权益的行为进行社会监督。

大众传播媒介应当做好维护消费者合法权益的宣传,对损害消费者合法权益的行为进行舆论监督。

链接《食品安全法》第4、10条

第二章 消费者的权利

第七条 【安全保障权】 消费者在购买、使用商品和接受服务时享有人身、财产安全不受损害的权利。

消费者有权要求经营者提供的商品和服务,符合保障人身、财产安全的要求。

注释 消费者安全保障权包括以下两个方面的内容:

其一,消费者的人身安全权。其包括生命安全权和健康安全权。消费者的生命安全权是指消费者在消费过程中享有生命不受侵犯的权利。消费者有权要求自己消费的商品对于自己的生命是安全的,如果因为商品的缺陷而导致消费者死亡,经营者就侵犯了消费者的生命安全权。消费者的健康安全权是指消费者在消费过程中享有的身体健康不受损害的权利。如果因为服务设施的缺陷而致使消费者身体健康受到损害,经营者就侵犯了消费者的健康安全权。

其二,消费者的财产安全权。其是指消费者在消费过程中享有的财产不受损害的权利。财产损害包括财产在外观上的损毁和内在价值的减少。财产安全不仅是指购买、使用的商品或者接受的服务是否安全,更重要的是指购买、使用的商品或者接受的服务以外的其他财产的安全。如果消费者正常使用商品或者接受服务,致使其他财产受到损害,同样是损害了消费者的财产安全权。

实务问答 4. 不明身份第三人闯入酒店对消费者伤害的责任由谁承担?

经营者对不明身份的第三人闯入经营场所内寻衅的突发性暴力事件,虽无能力事先预见和预防,但如果采取及时劝阻和报警的措施,则可认定对消费者的人身安全尽到了谨慎注意和照顾的义务,不承担对消费者的赔偿责任。(《中华人民共和国最高人民法院公报》2002年第4期:李某诉陆甲、陆乙、朱某某人身损害赔偿纠纷案)

5. 游泳者因机械性窒息死亡,游泳环境不符合安全标准,经营者是否应该承担违约责任?

某公司应当按照要求安装并使用照明设备,配备足额并称职的救生人员、医务人员,建立安全管理制度，以便给游泳者提供安全的游泳环境；当发生溺水等事故时，救生人员应当及时发现、及时抢救，以便保障游泳者的人身安全。根据查明的事实，机械性窒息虽然能在很短时间内致人死亡，但死亡并非不可避免。如遇及时抢救，溺水者被救活的可能是存在的。由于该公司提供的游泳环境不符合安全标准，事故发生时救生人员又未在高台观察游泳池动态，救生人员虽然打了求救电话并按医生的指示施救，但已于事无补。该公司未尽保障游泳者人身安全的合同附随义务，应当承担赔偿损失的违约责任。(《中华人民共和国最高人民法院公报》2003年第6期：谢某某、赖某某诉某游泳池有限公司服务合同纠纷案)

链接《民法典》第1198条；《产品质量法》第26条；《刑法》第146条；《最高人民法院关于审理人身损害赔偿案件适用法律若干问题的解释》第6条

第八条 【知情权】 消费者享有知悉其购买、使用的商品或者接受的服务的真实情况的权利。

消费者有权根据商品或者服务的不同情况，要求经营者提供商品的价格、产地、生产者、用途、性能、规格、等级、主要成份、生产日期、有效期限、检验合格证明、使用方法说明书、售后服务，或者服务的内容、规格、费用等有关情况。

注释 消费者知情权的主要内容包括：(1)消费者有权要求经营者按照法律、法规规定的方式表明商品或者服务的真实情况，例如商品或者服务的价格、商品的生产者、用途、性能、主要成分等。(2)消费者在购买、使用商品或者接受服务时，有权询问和了解商品或者服务的有关情况；在消费过程中，消费者的询问和了解的权利是受法律保护的，经营者应耐心细致地予以回答。(3)消费者不仅要知悉商品或者服务的情况，更重要的是要知晓真实情况，经营者在向消费者推出商品或者服务时，应向消费者提供真实情况。

消费者购买、使用商品或者接受服务的知情权，是消费者在购买、使用商品或者接受服务时享有知悉商品或者服务的真实情况的权利。消费者有权根据商品或者服务的不同情况，要求知悉商品或者服务的基本情况，包括商品的价格、产地、生产者、生产日期、有效期限、检验合格证明、使用方法说明书、售后服务或者服务的内容、费用等；商品的性质状况等基本情况，包括商品用途、性能、规格、等级、主要成分或者服务的规格等。

实务问答 6. 经营者向消费者提供真实、全面的情况和信息的义务的具体内容是什么？

一是经营者向消费者提供有关商品或者服务的质量、性能、用途、有效期限等信息，应当真实、全面，不得作虚假或者引人误解的宣传。经营者对消费者就其提供的商品或者服务的质量和使用方法等问题提出的询问，应当作出真实、明确的答复。经营者提供商品或者服务应当明码标价。二是经营者应当标明其真实名称和标记。租赁他人柜台或者场地的经营者，应当标明其真实名称和标记。三是经营者在经营活动中使用格式条款的，应当以显著方式提请消费者注意商品或者服务的数量和质量、价款或者费用、履行期限和方式、安全注意事项和风险警示、售后服务、民事责任等与消费者有重大利害关系的内容，并按照消费者的要求予以说明。四是采用网络、电视、电话、邮购等方式提供商品或者服务的经营者，以及提供证券、保险、银行等金融服务的经营者，应当向消费者提供经营地址、联系方式、商品或者服务的数量和质量、价款或者费用、履行期限和方式、安全注意事项和风险警示、售后服务、民事责任等信息。

7. 化妆品经营者没有明确说明包装日期上的含义，是否侵犯消费者的知情权？

化妆品经营者在限期使用的化妆品包装上虽标注限用合格日期，但没有说明该日期的确切含义，造成消费者无法了解化妆品安全使用期的，侵害了消费者的知情权。(《中华人民共和国最高人民法院公报》2005年第6期：刘某某诉甲公司、乙公司消费者权益纠纷案)

链接《产品质量法》第22、27、28条；《食品安全法》第67、68、70-72条

第九条 【选择权】 消费者享有自主选择商品或者服务的权利。

消费者有权自主选择提供商品或者服务的经营者，自主选择商品品种或者服务方式，自主决定购买或者不购买任何一种商品、接受或者不接受任何一项服务。

消费者在自主选择商品或者服务时，有权进行比较、鉴别和挑选。

注释 按照本条的规定，消费者自主选择商品和服务的权利主要有四个方面：

(1)自主选择提供商品或者服务的经营者。消费者在哪个商家购物，要求哪个经营者向其提

供服务,应当由其决定。(2)自主选择商品品种和服务方式。消费的目的是满足消费者的生活需要,该需要能否得到满足,取决于消费者对于商品品种和服务方式能否进行选择。当然尊重消费者对于商品品种和服务方式的选择权,并不意味着经营者不能在众多商品和服务中推荐质优价廉、更符合消费者消费意愿的商品和服务,但这种推荐不能构成对消费者选择商品品种和服务方式的限制和剥夺。(3)自主选择是否购买商品或者接受服务。消费源于需求,没有需求自然不会有消费的意愿和冲动,因此是否愿意购买商品或者接受某种服务,应当由消费者自主决定。(4)对商品和服务进行比较、鉴别和挑选。消费者只有在对商品和服务进行比较、鉴别和挑选后才能知道自己需要的种类,不让消费者挑选,不是好的商业策略,其结果很可能是消费者放弃购买,经营者也不能真正了解消费者的喜好,造成产品积压,最终在商品市场上失去竞争力。

在判断消费者的自主选择权是否受到侵害时,应当从以下四个方面进行衡量:(1)违背消费者的主观意愿。(2)客观上表现为强迫消费者进行不公平或不平等的交易。(3)该强制交易行为自身存在违法性。(4)该交易行为将要或已经造成消费者权益的损害。

在保护消费者的自主选择权的同时反对自主选择权的滥用。以下三种情况下,消费者一般无自主选择权:(1)经营者以"高档商品,非买勿动"进行明确告知的;(2)裸装食品;(3)根据商品的特点,进行选择会降低使用价值的。

实务问答 8. 将数字电视基本收视维护费和数字电视付费节目费捆绑是否涉及侵权?

(1)作为特定区域内唯一合法经营有线电视传输业务的经营者及电视节目集中播控者,在市场准入、市场份额、经营地位、经营规模等各要素上均具有优势,可以认定该经营者占有市场支配地位。

(2)经营者利用市场支配地位,将数字电视基本收视维护费和数字电视付费节目捆绑在一起向消费者收取,侵害了消费者的消费选择权,不利于其他服务提供者进入数字电视服务市场。经营者即使存在两项服务分别收费的例外情形,也不足以否认其构成反垄断法所禁止的搭售。(2017年3月6日最高人民法院指导案例79号:吴某某诉某广电网络传媒(集团)股份有限公司捆绑交易纠纷案)

链接《旅游法》第35条;《治安管理处罚法》第46条

第十条 【公平交易权】消费者享有公平交易的权利。

消费者在购买商品或者接受服务时,有权获得质量保障、价格合理、计量正确等公平交易条件,有权拒绝经营者的强制交易行为。

注释 消费者公平交易权的主要表现包括:交易行为的发生必须在合理的条件下进行,即消费者购买商品或者接受服务时有权获得质量保障、价格合理、计量正确等公平交易的条件。质量保障要求商品或者服务必须符合国家标准,没有标准的应该符合社会普遍公认的要求。价格合理要求商品或者服务价格与其价值相符,对有国家定价的必须按定价执行,对没有国家定价的由交易双方按价值规律合理确定。另外,计量是否正确,直接关系到消费者的经济利益,这就要求产品或者服务必须准确无误。

实务问答 9. 消费者的公平交易权体现在哪些方面?

消费者的公平交易权主要体现在:(1)交易条件公平。保障交易条件公平,必须做到:第一,商品或者服务的质量合格;第二,商品或者服务的价格合理;第三,商品或者服务的计量正确。(2)有权拒绝经营者的强制交易行为。衡量一项交易是否公平,还包括在交易过程中,当事人是否出于自愿,有无强制性交易或者歧视性交易的行为,消费者是否得到实际上的满足或者心理的满足等。强制交易行为的特征是违背消费者的意愿,表现形式多种多样,如饭店强拉客人进餐等。

链接《价格法》第6-7、12-14、41条;《计量法》第16条

第十一条 【获得赔偿权】消费者因购买、使用商品或者接受服务受到人身、财产损害的,享有依法获得赔偿的权利。

实务问答 10. 电子商务经营者在促销活动中提供的奖品、赠品或者消费者换购的商品给消费者造成损害,是否需要承担赔偿责任?

电子商务经营者在促销活动中提供的奖品、赠品或者消费者换购的商品给消费者造成损害,消费者主张电子商务经营者承担赔偿责任,电子

商务经营者以奖品、赠品属于免费提供或者商品属于换购为由主张免责的,人民法院不予支持。

11. 作为求偿权主体的消费者范围是什么?

本条规定的求偿权主体是因购买、使用商品或者接受服务受到人身、财产损害的消费者。这里的消费者,既包括购买、使用商品或者接受服务的消费者本人,如食用自己买来的变质食品而中毒,去浴池洗澡被烫伤等;也包括没有购买商品却使用商品的消费者,如某消费者使用其子女买回来的电冰箱而触电受伤;还包括并不是商品的购买者或使用者,也不是接受服务者,但因他人购买、使用商品或者接受服务而受到损害的人,如某人去邻居家串门,被邻居家的彩电爆炸炸伤,根据本法第四十条、第四十九条和第五十一条的规定,这些人也应享有损害赔偿请求权。

12. 经营者销售过期食品,消费者是否有权请求退还货款并支付价款十倍赔偿?

2013年6月17日,殷某某向武汉某超市有限公司汉阳分公司(以下简称某超市)支付二百五十一元,购买桃花姬阿胶糕一盒,食品外包装载明的生产日期为2012年8月7日,保质期为十个月。购买后,殷某某发现食品已过保质期。一审法院依照《食品安全法》第九十六条(对应2021年修订的《食品安全法》第一百四十八条)的规定,判决某超市退还货款二百五十一元,十倍赔偿货款二千五百一十元,赔偿殷某某交通费五百元。某超市以原审认定事实和适用法律有误为由提起上诉。武汉市中级人民法院二审认为,某超市主张本案所涉商品不是由其销售,但又不能提供充足的证据予以证明,且其对殷某某出具的购物发票没有异议,故对其该主张不予支持。某超市销售过期食品为法律所禁止,依法应承担赔偿责任。法院对其不是故意销售过期食品,不应承担赔偿责任的主张不予支持,判决维持原判。(2015年6月15日最高人民法院公布消费者维权典型案例:殷某某诉武汉某超市有限公司汉阳分公司买卖合同纠纷案)

13. 经营者对消费者有哪些附随义务?

某公司作为消费与服务合同中的经营者,除应该全面履行合同约定的义务外,还应当履行保护消费者人身、财产不受非法侵害的附随义务。为了履行这一附随义务,经营者必须根据本行业的性质、特点和条件,随时、谨慎地注意保护消费者的人身、财产安全。但由于刑事犯罪的突发性、隐蔽性以及犯罪手段的智能化、多样化,即使经营者给予应有的注意和防范,也不可能完全避免刑事犯罪对顾客人身、财产的侵害。这种侵害一旦发生,只能从经营者是否尽到合理的谨慎注意义务来判断其是否违约。关于被上诉人某公司是否侵权的问题,依照《消费者权益保护法》的规定,经营者应当对自己提供的商品或者服务承担责任,这自然不包括对消费者自带的用品负责。(《中华人民共和国最高人民法院公报》2002年第2期:李某、龚某诉某公司人身伤害赔偿纠纷案)

链接《民法典》第582-584、1179-1181、1202-1207条;《产品质量法》第40、44条;《食品安全法》第148条

第十二条 【成立维权组织权】消费者享有依法成立维护自身合法权益的社会组织的权利。

注释 本条所指的社会组织,主要是指由公众成立的社会组织类型。消费者成立维护自身合法利益的团体必须具备的条件包括:(1)依法成立,即要履行法定程序,具备法定条件。(2)宗旨是维护消费者的合法利益,不得利用该团体损害国家、社会、集体的利益和其他公民的合法权益。(3)申请成立有关维护消费者权益的社会团体,消费者应当依照《社会团体登记管理条例》的规定向有关登记机关提交下列材料:登记申请书;业务主管单位的批准文件;验资报告、场所使用权证明;发起人和拟任负责人的基本情况、身份证明;章程草案。

第十三条 【知识获取权】消费者享有获得有关消费和消费者权益保护方面的知识的权利。

消费者应当努力掌握所需商品或者服务的知识和使用技能,正确使用商品,提高自我保护意识。

注释 消费者知识获取权是从知情权中引申出来的一种消费者权利,只有保障消费者对于商品以及服务方面的知识获取权利,才能使消费者了解和掌握商品及其服务的基本的知识和使用技能,理性消费,保护合法权益。

消费者获取相关知识的必要性。消费者的消费一般包括两个方面:一是购买;二是使用。在购买商品或者服务时,消费者首先需要对商品或者服务的用途、性能、质量、效果、有效期限等基本问题有概括性的了解,然后决定是否购买;消费者使用商品则需要对正确使用的方法、保管与维修等方面的知识有所了解。

第十四条 【受尊重权及信息得到保护权】消费者在购买、使用商品和接受服务时,享有人格尊严、民族风俗习惯得到尊重的权利,享有个人信息依法得到保护的权利。

注释 人格尊严是人身权的重要内容,涉及姓名权、名誉权、荣誉权、肖像权、隐私权等方面。人格尊严受到尊重是消费者应当享有的基本权利。但在消费实践中,侵害消费者人格尊严的事情经常发生,例如,侮辱消费者、非法搜查消费者的人身、拘禁消费者等。

我国是一个统一的多民族国家,各民族一律平等是宪法规定的基本原则。我国各民族间存在风土人情、饮食习惯、居住方式、衣着服饰、婚丧嫁娶、礼节禁忌等诸多的不同,而这些均与消费密切相关。尊重民族风俗习惯,对于保护少数民族消费者合法权益有着重要的意义。

《个人信息保护法》于 2021 年 8 月 20 日通过,自 2021 年 11 月 1 日起施行。个人信息是以电子或者其他方式记录的与已识别或者可识别的自然人有关的各种信息,不包括匿名化处理后的信息。个人信息的处理包括个人信息的收集、存储、使用、加工、传输、提供、公开、删除等。

实务问答 14. 侵害消费者个人信息的,承担什么法律责任?

侵害消费者个人信息的行为承担以下法律责任:(1)承担民事责任。经营者侵害消费者的人格尊严、侵犯消费者人身自由或者侵害消费者个人信息依法得到保护的权利的,应当停止侵害、恢复名誉、消除影响、赔礼道歉,并赔偿损失。(2)承担行政责任。侵害消费者人格尊严、侵犯消费者人身自由或者侵害消费者个人信息依法得到保护的权利的,除承担相应的民事责任外,其他有关法律、法规对处罚机关和处罚方式有规定的,依照法律、法规的规定执行;法律、法规未作规定的,由市场监督管理部门或者其他有关行政部门责令改正,可以根据情节单处或者并处警告、没收违法所得、处以违法所得一倍以上十倍以下的罚款,没有违法所得的,处以五十万元以下的罚款;情节严重的,责令停业整顿、吊销营业执照。(3)承担刑事责任。经营者违反本法规定提供商品或者服务,侵害消费者合法权益,构成犯罪的,依法追究刑事责任。《刑法》第二百五十三条之一规定:"违反国家有关规定,向他人出售或者提供公民个人信息,情节严重的,处三年以下有期徒刑或者拘役,并处或者单处罚金;情节特别严重的,处三年以上七年以下有期徒刑,并处罚金。违反国家有关规定,将在履行职责或者提供服务过程中获得的公民个人信息,出售或者提供给他人的,依照前款的规定从重处罚。窃取或者以其他方法非法获取公民个人信息的,依照第一款的规定处罚。单位犯前三款罪的,对单位判处罚金,并对其直接负责的主管人员和其他直接责任人员,依照各该款的规定处罚。"

链接《宪法》第 38 条;《刑法》第 251 条;《个人信息保护法》;《全国人大常委会关于加强网络信息保护的决定》

第十五条 【监督权】消费者享有对商品和服务以及保护消费者权益工作进行监督的权利。

消费者有权检举、控告侵害消费者权益的行为和国家机关及其工作人员在保护消费者权益工作中的违法失职行为,有权对保护消费者权益工作提出批评、建议。

注释 消费者监督权所规制的对象不仅是生产者、经营者和服务者,而且包括有关国家机关及其执法者和消费者组织等社会团体及其有关工作人员。消费者行使这一权利的形式也不仅包括批评、建议,而且包括检举、控告。消费者充分有效地行使这一权利,不仅对于维护自己的合法权益,而且对于促使经营者提高商品和服务质量以及经营水平,促使从事消费者权益保护的国家机关和社会团体转变工作作风,都有积极意义。

消费者监督权的主要内容包括:对商品和服务进行监督,发现问题及时向经营者提出或者向国家有关部门举报;对于已经发生的危害或者可能发生危害的商品或服务,可以要求国家有关部门予以查处;对国家机关及其工作人员在保护消费者权益工作中的违法失职行为进行监督;对保护消费者权益的工作提出批评和建议。

链接《宪法》第 2、41 条;《价格法》第 37、38 条;《产品质量法》第 10 条

第三章 经营者的义务

第十六条 【经营者义务】经营者向消费者提供商品或者服务,应当依照本法和其他有关法律、法规的规定履行义务。

经营者和消费者有约定的,应当按照约定履行

义务，但双方的约定不得违背法律、法规的规定。

经营者向消费者提供商品或者服务，应当恪守社会公德，诚信经营，保障消费者的合法权益；不得设定不公平、不合理的交易条件，不得强制交易。

注释 本条第二款规定了经营者依照与消费者的约定履行义务的原则。经营者和消费者之间的约定，就是双方的合同。依法成立的合同，受法律保护，对当事人具有法律约束力。当事人应当按照约定履行自己的义务，不得擅自变更或者解除合同。因此，经营者应当按照约定履行义务。

实务问答 15. 销售者承诺"假一赔十"，所售商品为冒牌货，经营者是否应按其承诺赔偿？

王某某在孙某某位于某商场的经营场所购买了一部诺基亚手机，价格为一千一百八十元。同时，孙某某向王某某出具一张购货单据，其上写明了手机型号、单价及数量，并载明"保原装、假一赔十"。经鉴定，王某某获悉该手机为假冒产品。法院经审理认为，诚实信用是民法的一项基本原则，孙某某为促销商品而承诺"假一赔十"是一种合同行为。王某某决定购买该商品，买卖合同成立，该承诺连同合同其他条款对经营者即具有法律约束力。孙某某向王某某作出了"假一赔十"的承诺，应该依约履行。（2014年3月12日最高人民法院公布10起维护消费者权益典型案例：王某某诉孙某某买卖合同纠纷案）

第十七条 【听取意见、接受监督的义务】 经营者应当听取消费者对其提供的商品或者服务的意见，接受消费者的监督。

注释 经营者接受消费者监督的义务主要表现包括：（1）经营者应当允许消费者对商品和服务提出不同的看法。经营者必须虚心听取和接受消费者有关商品质量、服务态度、计量标准、售后服务、价格状况等各方面的意见和监督。（2）经营者应当为消费者反映自己的意见和监督提供便利的渠道，以便消费者的意见和监督能够顺利到达经营者的决策层，对经营者的行为发生影响。（3）经营者应当正确对待消费者的意见和监督。经营者应当在对消费者的意见和监督进行鉴别的基础上，视不同情况进行认真处理。对其工作人员态度恶劣、损害消费者利益的行为应坚决予以制止；对于有关产品、服务质量等的合理意见亦应认真听取，并采取措施提高商品、服务的质量水平。（4）除了直接接受消费者的监督外，经营者还应当认真对待和接受消费者组织、市场监督管理部门等的监督。

消费者对经营者的监督是全方位的。消费者既可以就经营者提供商品或者服务的合法性进行监督，也可以就商品或者服务的价格是否合理等问题提出意见。消费者可以就经营者提供商品或者服务的某一方面进行监督，也可以就经营者提供商品或者服务全方位进行监督，总的来说，可以分为以下三类：一是商品或者服务本身存在的问题，包括商品或者服务是否符合国家规定或者双方约定的质量要求，是否存在价格违法行为等。对可能危及人身、财产安全的商品和服务，是否有明确的警示，是否标明正确的使用方法、防止危害发生的方法等。二是经营者在提供商品或者服务过程中的行为，包括经营者是否尽到信息提供义务，提供的商品或者服务的质量、性能、用途、有效期限等信息，是否真实、全面，是否存在虚假宣传行为；宾馆、商场、餐馆、银行、机场、车站、港口、影剧院等经营场所的经营者，是否对消费者尽到安全保障义务；是否存在侵害消费者人格尊严或者限制消费者人身自由的行为；是否有侵害消费者个人信息的行为等。三是后续义务履行或者民事责任承担问题，包括经营者是否拒绝或者拖延对缺陷商品或者服务采取停止销售、警示、召回、无害化处理、销毁、停止生产或者服务等措施，对消费者提出的修理、重作、更换、退货、补足商品数量、退还货款和服务费用或者赔偿损失的要求，是否故意拖延或者无理拒绝。

实务问答 16. 经营者接受消费者监督的方式有哪些？

经营者接受消费者监督的方式如下：（1）听取消费者的意见。消费者购买、使用商品或者接受服务时遇到的问题，可以直接向经营者进行反映，也可以反映给消费者协会等消费者组织，再由消费者组织与经营者进行沟通。经营者对消费者或者消费者组织提出的各种意见，应当认真听取，对消费者提出的合法要求，要积极落实，对消费者提出的其他一些意见，也要耐心进行解释说明。（2）通过邀请消费者代表实地参观、组织座谈会等方式接受监督。经营者除被动听取消费者意见外，也应当主动创造条件接受消费者的监督。实践中，有的经营者改被动接受消费者监督为主动接受监督，并进行了积极的探索与尝试。例如，对消费者普遍担心的饭店后厨问题,有的餐厅经营者邀请消费者进行店内参观,全面展示厨房的设备、后厨及厨师的清洁卫生管理。又如,有的食品加工企业邀请消费者代表参观食品的整个生产流程,现场对消费者的询问作出解答。这些做法,一定程度上拓宽了消费者监督的途径和方式,有利于消费者行使监督权,也展示了企业的自信,使企业更加注重商品质量的提高,有利于消费者和经营者关系的良性健康发展。

第十八条 【安全保障义务】 经营者应当保证其提供的商品或者服务符合保障人身、财产安全的要求。对可能危及人身、财产安全的商品和服务,应当向消费者作出真实的说明和明确的警示,并说明和标明正确使用商品或者接受服务的方法以及防止危害发生的方法。

宾馆、商场、餐馆、银行、机场、车站、港口、影剧院等经营场所的经营者,应当对消费者尽到安全保障义务。

注释 经营者保证商品、服务安全的义务是指经营者应当保证其提供的商品或者服务符合保障人身、财产安全的要求。具体来讲,包括以下两个方面:(1)经营者提供的商品或者服务应该达到有关的商品和服务质量标准。经营者提供的商品或服务必须符合保障人身、财产安全的国家标准、行业标准、地方标准、企业标准,没有国家标准、行业标准、地方标准、企业标准的,必须符合社会公认的安全要求。(2)对可能危及人身、财产安全的商品和服务,其应当向消费者作出真实的说明和明确的警示,并说明和表明正确使用商品或者接受服务的方法以及防止危害发生的方法。

本法仅调整经营者与消费者之间的安全保障义务,经营者与消费者之外的其他人安全保障法律关系由《民法典》等其他法律调整。对于实践中需要确定义务人应当负有的具体安全保障义务的内容,进而判断安全保障义务人是否已经尽到安全保障义务的,可以参考该安全保障义务人所在行业的普遍情况、所在地区的具体条件、所组织活动的规模等各种因素,从侵权行为的性质和程度、义务人的保安能力以及发生侵权行为前后所采取的防范、制止侵权行为的状况等方面,根据实际情况综合判断。

实务问答 17. 旅行社应当承担什么安全保障义务?

旅游服务机构及其导游对自然风险的防患意识应当高于游客,且负有保障游客安全的责任,应以游客安全第一为宗旨,依据诚实信用原则并结合当时的具体情况对是否调整行程作出正确判断。导游不顾客观存在的危险,坚持带游客冒险游玩,致游客身处险境,并实际导致损害结果发生的,其所属的旅游服务机构应当承担相应的民事责任;游客遇险或者受到伤害后,相关旅游服务机构应当尽最大努力及时给予救助,旅游服务机构未尽到救助义务,导致损害结果扩大的,应当承担相应的民事责任。(《中华人民共和国最高人民法院公报》2006年第6期:吴甲、张某某、吴乙诉厦门市某旅行社有限公司、福建省某旅游发展服务有限公司人身损害赔偿纠纷案)

18. 旅行社通过第三人协助履行合同义务的,安全保障义务由谁履行?

在旅行合同关系中,旅行社通过第三人协助履行合同义务的,该第三人对游客的人身和财产安全负有保障义务。除游客直接与该第三人另行订立合同关系外,该第三人如有故意或过失侵害游客合同权益的行为,旅行社应当对此承担相应的法律责任。(《中华人民共和国最高人民法院公报》2012年第6期:许某某等诉徐州市某国际旅行社有限公司人身损害赔偿纠纷案)

19. 出租车承运人的安全保障义务是什么?

乘客乘坐出租车公司的出租车,即与出租车公司建立了客运合同关系。朱某是旅客,享有安全抵达目的地的权利;出租车公司是承运人,被告付某某是出租车公司的工作人员,他们承担着安全运输旅客抵达目的地的职责。付某某在履行运输职责时,对突发癫痫病的朱某不仅不尽救助的法定义务,反而中途停车,将昏睡中的朱某弃于路旁,使朱某处于危险状态。付某某的行为虽未危及朱某的生命、健康,但对朱某的精神造成了一定刺激,侵犯了朱某作为旅客应当享有的合法权利。(《中华人民共和国最高人民法院公报》2002年第3期:朱某诉某出租汽车公司、付某某赔偿纠纷案)

链接 《民法典》第1198条;《刑法》第146条;《旅游法》第50、80条

第十九条 【对存在缺陷的产品和服务及时采取措施的义务】 经营者发现其提供的商品或者服务存在缺陷,有危及人身、财产安全危险的,应当立即向有关行政部门报告和告知消费者,并采

取停止销售、警示、召回、无害化处理、销毁、停止生产或者服务等措施。采取召回措施的，经营者应当承担消费者因商品被召回支出的必要费用。

注释 本条规定的主要目的是，明确经营者对其提供的商品或者服务跟踪服务的义务，要求经营者对投入流通后的商品不能不管，应当跟踪服务，发现存在缺陷的，应当及时采取措施，最大可能地避免消费者人身、财产损害，保护消费者的合法权益。

停止销售是指经营者发现提供的商品或者服务存在缺陷，如果发现时经营者仍然在销售存在缺陷的商品，那么经营者首先应当采取的措施是停止销售商品。警示是指对产品有关的危险或产品的正确使用给予说明、提醒，提请使用者在使用该产品时注意已经存在的危险或者潜在可能发生的危险，避免危险的发生，防止或者减少对使用者的损害。召回是指产品的生产者、销售者依法定程序，对其生产或者销售的缺陷产品以换货、退货、更换零配件等方式，及时消除或减少缺陷产品危害的行为。无害化处理是指经营者对其生产或者销售的有缺陷的商品做不污染环境的处理。停止生产或者服务是指经营者发现其提供的商品或者服务存在缺陷的，停止继续生产或者服务。

实务问答 20. 经营者应当向有关行政部门报告和告知消费者的义务是指什么？

向有关行政部门报告，主要包括向市场监督管理部门等主管部门报告。告知消费者的方式，经营者可根据消费者的人数以及实际情况灵活掌握，以尽最大可能让处于人身、财产安全危险的消费者知道危险的存在和预防危险发生的处理方法为原则。如果提供商品或者服务时记录有消费者的联系方式，可直接电话告知危险以及预防危险的方法。如果提供商品或者服务时未保存消费者的联系方式，情况紧急时，经营者可以通过电视、广播、报纸等媒体让可能处于危险的消费者知道危险的存在，以避免危险的发生。

第二十条 【提供真实、全面信息的义务】经营者向消费者提供有关商品或者服务的质量、性能、用途、有效期限等信息，应当真实、全面，不得作虚假或者引人误解的宣传。

经营者对消费者就其提供的商品或者服务的质量和使用方法等问题提出的询问，应当作出真实、明确的答复。

经营者提供商品或者服务应当明码标价。

注释 经营者提供真实、全面信息的义务可以从以下几点进行理解：

首先，经营者提供信息义务包括以下几个方面：一是经营者提供的信息应当是真实的。真实信息是指有关商品或者服务的真实情况。二是经营者提供的信息应当是全面的。信息全面是指经营者向消费者提供的信息应当是可能影响消费者选择权的所有重要信息。值得注意的是，本条规定经营者向消费者提供信息应当全面并不是要求经营者提供商品或者服务的全部信息，而是可能影响消费者安全权、选择权等全部重要信息。三是经营者不得作虚假或者引人误解的宣传。虚假宣传是指宣传内容与商品或者服务的客观事实不符。引人误解的宣传则是指可能使消费者对宣传或者服务的真实信息产生不正确的认识，误导消费者。

其次，经营者对消费者就其提供的商品或者服务的质量和使用方法等问题提出的询问，应当作出真实、明确的答复。经营者对于消费者提出的关于商品或者服务的质量和使用方法等询问，应当积极回应，作出真实、明确的答复，有助于消费者全面准确地获取商品信息，从而正确地行使选择权。

最后，经营者提供商品或者服务应当明码标价。明码标价应当根据商品和服务、行业、区域等特点，做到真实准确、货签对位、标识醒目。设区的市级以上市场监督管理部门可以根据特定行业、特定区域的交易习惯等特点，结合价格监督管理实际，规定可以不实行明码标价的商品和服务、行业、交易场所。

经营者应当以显著方式进行明码标价，明确标示价格所对应的商品或者服务。经营者根据不同交易条件实行不同价格的，应当标明交易条件以及与其对应的价格。商品或者服务的价格发生变动时，经营者应当及时调整相应标价。

经营者销售商品应当标示商品的品名、价格和计价单位。同一品牌或者种类的商品，因颜色、形状、规格、产地、等级等特征不同而实行不同价格的，经营者应当针对不同的价格分别标示品名，以示区别。经营者提供服务应当标示服务项目、服务内容和价格或者计价方法。经营者可以根据实际经营情况，自行增加标示与价格有关的质地、服务标准、结算方法等其他信息。设区的市级以上市场监督管理部门对于特定商品和服务，可以增加规定明码标价应当标示的内容。

经营者标示价格，一般应当使用阿拉伯数字标明人民币金额。经营者标示其他价格信息，一般应当使用规范汉字；可以根据自身经营需要，同时使用外国文字。民族自治地方的经营者，可以依法自主决定增加使用当地通用的一种或者几种文字。

经营者通过网络等方式销售商品或者提供服务的，应当通过网络页面，以文字、图像等方式进行明码标价。

经营者不得实施下列价格欺诈行为：(1)谎称商品和服务价格为政府定价或者政府指导价；(2)以低价诱骗消费者或者其他经营者，以高价进行结算；(3)通过虚假折价、减价或者价格比较等方式销售商品或者提供服务；(4)销售商品或者提供服务时，使用欺骗性、误导性的语言、文字、数字、图片或者视频等标示价格以及其他价格信息；(5)无正当理由拒绝履行或者不完全履行价格承诺；(6)不标示或者显著弱化标示对消费者或者其他经营者不利的价格条件，诱骗消费者或者其他经营者与其进行交易；(7)通过积分、礼券、兑换券、代金券等折抵价款时，拒不按约定折抵价款；(8)其他价格欺诈行为。

链接《旅游法》第32、48条；《产品质量法》第21条；《价格法》第二章；《明码标价和禁止价格欺诈规定》

第二十一条 【标明真实名称和标记的义务】经营者应当标明其真实名称和标记。

租赁他人柜台或者场地的经营者，应当标明其真实名称和标记。

注释 经营者的名称和标记，代表着经营者的信誉，是体现商品或者服务质量的重要标志。标明真实名称和标记的义务要求经营者不得使用未经核准登记的企业名称；不得假冒他人的企业名称和特有的企业标记；也不得仿冒、使用与他人企业名称或营业标记相近似的和容易造成消费者误会的企业名称和营业标记；在租赁柜台或者场地进行交易活动时，经营者不得以柜台和场地出租者的名称和标记从事经营活动。

实务问答 21. 产品或者其包装上的标识须符合哪些要求？

产品或者其包装上的标识必须真实，并符合下列要求：(1)有产品质量检验合格证明；(2)有中文标明的产品名称、生产厂名和厂址；(3)根据产品的特点和适用要求，需要标明产品规格、等级、主要成分的名称和含量的，用中文相应予以标明；需要事先让消费者知晓的，应当在外包装上标明，或者预先向消费者提供有关资料；(4)限期使用的产品，应当在显著位置清晰地标明生产日期和安全使用期或者失效日期；(5)使用不当，容易造成产品本身损坏或者可能危及人身、财产安全的产品，应当有警示标志或者中文警示说明；(6)裸装的食品和其他根据产品的特点难以附加标识的裸装产品，可以不附加产品标识；(7)易碎、易燃、易爆、有毒、有腐蚀性、有放射性的危险物品以及储运中不能倒置和其他有特殊要求的产品，其包装质量必须符合相应要求，依照国家有关规定作出警示标志或者中文警示说明，标明储运注意事项。

实务问答 22. 航空公司对因机场名称标识不明的机票导致旅客迟延旅行的，承担什么责任？

承运人应当按照客票载明的时间和班次运输旅客。承运人迟延运输的，应当根据旅客的要求安排改乘其他班次或者退票。原告持机场名称标识不明的机票，未能如期旅行。参照迟延运输的处理办法，被告某航空公司应负责全额退票，并对旅客为抵达目的地而增加的支出进行赔偿。(《中华人民共和国最高人民法院公报》2003年第5期：杨某某诉某航空公司、某公司客运合同纠纷案)

链接《产品质量法》第27条

第二十二条 【出具发票的义务】经营者提供商品或者服务，应当按照国家有关规定或者商业惯例向消费者出具发票等购货凭证或者服务单据；消费者索要发票等购货凭证或者服务单据的，经营者必须出具。

注释 发票是指在购销商品、提供或者接受服务以及从事其他经营活动中，开具、收取的收付款凭证。经营者向消费者出具发票，有利于消费者更好地维护自身利益，也有利于增强全社会的纳税意识。

经营者提供商品或者服务，应当按照国家有关规定或者商业惯例向消费者出具发票等购货凭证或者服务单据。消费者索要发票等购货凭证或者服务单据的，经营者必须出具。即经营者不得拒绝消费者索要发票等购货凭证或者服务单据的要求。消费者索要发票的，经营者不得以收据、购货卡、服务卡、保修证等代替。有正当理由不能即时出具的，经营者应当按照与消费者协商的时间、地点送交或者约定消费者到指定地点索取。经营者约定消费者到指定地点索取的，应当向消费者支付合理的交通费用。

在日常生活中，消费者对有关凭证和单据的重要性认识不足，在购买商品或者接受服务后，主动索要发票等购物凭证或者服务单据的情况并不普遍，但是如果消费者向经营者索要发票等购物凭证或者服务单据的，经营者有义务出具。消费者权益保护部门也应当加大宣传，让更多的消费者认识到索要发票等购货凭证或者服务单据的重要性。

链接《发票管理办法》第18、19条

第二十三条 【质量担保义务、瑕疵举证责任】经营者应当保证在正常使用商品或者接受服务的情况下其提供的商品或者服务应当具有的质量、性能、用途和有效期限；但消费者在购买该商品或者接受该服务前已经知道其存在瑕疵，且存在该瑕疵不违反法律强制性规定的除外。

经营者以广告、产品说明、实物样品或者其他方式表明商品或者服务的质量状况的，应当保证其提供的商品或者服务的实际质量与表明的质量状况相符。

经营者提供的机动车、计算机、电视机、电冰箱、空调器、洗衣机等耐用商品或者装饰装修等服务，消费者自接受商品或者服务之日起六个月内发现瑕疵，发生争议的，由经营者承担有关瑕疵的举证责任。

注释 本条第一款、第二款是关于经营者保证商品或者服务质量状况义务的规定。商品的质量状况包括质量、性能、用途和有效期限。经营者提供的商品或者服务的质量状况应当符合双方约定的要求，如果有强制性标准，应当符合该强制性标准。对于约定的方式，经营者和消费者可以以合同书的形式对提供的商品或者服务的质量状况作出约定。经营者以广告、产品说明、实物样品或者其他方式表明商品或者服务的质量状况应当视为经营者的承诺，经营者应当按照以广告等形式表明的质量状况提供商品或者服务，不得拒绝或者不适当履行。

消费者在接受商品或者服务之日起六个月内发现的"瑕疵"，不是对商品或者服务存在质量问题的定性，而是指商品或者服务表面不符合质量要求。对于消费者发现的"瑕疵"发生争议，由经营者承担有关瑕疵的举证责任，这主要是指经营者应当举证证明该瑕疵的产生不是由于商品或者服务自身的质量问题，否则即承担败诉的风险。经营者可通过证明商品或者服务本身符合质量要求，或者该瑕疵是由于消费者使用不当或者外部环境因素所造成，或者该瑕疵是商品或者服务的正常损耗等，完成自身的举证责任。消费者在接受商品或者服务之日起六个月后发现的瑕疵，即按照"谁主张，谁举证"的一般原则承担举证责任。

链接《民法典》第615条

第二十四条 【退货、更换、修理义务】经营者提供的商品或者服务不符合质量要求的，消费者可以依照国家规定、当事人约定退货，或者要求经营者履行更换、修理等义务。没有国家规定和当事人约定的，消费者可以自收到商品之日起七日内退货；七日后符合法定解除合同条件的，消费者可以及时退货，不符合法定解除合同条件的，可以要求经营者履行更换、修理等义务。

依照前款规定进行退货、更换、修理的，经营者应当承担运输等必要费用。

注释 商品和服务的质量，关系消费者的日常生活，涉及消费者人身、财产安全。从市场监督管理部门和消费者协会受理的申诉投诉案件看，一半是有关商品和服务质量的案件。强化退货、更换、修理的规定是促使保证商品和服务质量的有效措施。

链接《网络购买商品七日无理由退货暂行办法》第35条

第二十五条 【无理由退货制度】经营者采用网络、电视、电话、邮购等方式销售商品，消费者有权自收到商品之日起七日内退货，且无需说明理由，但下列商品除外：

（一）消费者定作的；

（二）鲜活易腐的；

（三）在线下载或者消费者拆封的音像制品、计算机软件等数字化商品；

（四）交付的报纸、期刊。

除前款所列商品外，其他根据商品性质并经消费者在购买时确认不宜退货的商品，不适用无理由退货。

消费者退货的商品应当完好。经营者应当自

收到退回商品之日起七日内返还消费者支付的商品价款。退回商品的运费由消费者承担；经营者和消费者另有约定的，按照约定。

注释 本条在消费者有权要求退货的基础上，规定了无理由退货制度。消费者通过网络等方式购买商品后，要求退货的，无须说明理由。该条对维护消费者权益、增强消费者信心具有积极意义。本条的适用范围应作广义理解，既包括采用网络、电视、电话、邮购等远程方式的销售，也包括上门推销、直销等非固定经营场所的销售。

电子商务经营者就本条第一款规定的四项除外商品做出七日内无理由退货承诺，消费者主张电子商务经营者应当遵守其承诺的，人民法院应予支持。消费者因检查商品的必要对商品进行拆封查验且不影响商品完好，电子商务经营者以商品已拆封为由主张不适用本条规定的无理由退货制度的，人民法院不予支持，但法律另有规定的除外。

实务问答 23. "七日"期间如何计算？

根据《民法典》第一编第十章的规定，民法所称的期间按照公历年、月、日、小时计算。按照年、月、日计算期间的，开始的当日不计入，自下一日开始计算。期间的最后一日是法定休假日的，以法定休假日结束的次日为期间的最后一日。期间的最后一日的截止时间为二十四时；有业务时间的，停止业务活动的时间为截止时间。

链接《网络购买商品七日无理由退货暂行办法》；《最高人民法院关于审理网络消费纠纷案件适用法律若干问题的规定（一）》

第二十六条 【格式条款的限制】经营者在经营活动中使用格式条款的，应当以显著方式提请消费者注意商品或者服务的数量和质量、价款或者费用、履行期限和方式、安全注意事项和风险警示、售后服务、民事责任等与消费者有重大利害关系的内容，并按照消费者的要求予以说明。

经营者不得以格式条款、通知、声明、店堂告示等方式，作出排除或者限制消费者权利、减轻或者免除经营者责任、加重消费者责任等对消费者不公平、不合理的规定，不得利用格式条款并借助技术手段强制交易。

格式条款、通知、声明、店堂告示等含有前款所列内容的，其内容无效。

注释 经营者使用格式条款时的具体义务包括提示说明义务和禁止使用对消费者"不公平、不合理"的格式条款的义务。本条第一款列举了十项与消费者有重大利害关系的内容，"商品或者服务的数量和质量、价款或者费用、履行期限和方式、安全注意事项和风险警示、售后服务、民事责任"。提示说明义务的范围包括但不限于这十项，实践中可以根据具体的交易类型和合同性质进行判断，只要是与消费者有重大利害关系，对其基本权利可能造成影响的内容，经营者都应以显著方式提请消费者注意并按照其要求予以说明。经营者对与消费者有重大利害关系的内容必须以"显著方式"提请消费者注意，并按照消费者的要求予以说明。

对于何种方式构成本法规定的"显著方式"，存在一定的客观标准，需要考虑普通消费者的认知能力，必须足以明显引起普通消费者的注意。发生纠纷后，经营者应当对已尽以"显著方式"提示及说明义务承担举证责任。如果经营者违反上述义务，如该提示说明的未予提示说明，或者未以"显著方式"按照要求提示说明，则视为经营者未就上述内容向消费者履行告知和说明义务，该条款不构成合同内容；但是消费者主张构成合同内容的，应当允许。

本条第二款规定的不公平、不合理的格式条款主要是指经营者违背诚实信用原则单方制定的对消费者明显不利的条款，其范围可能涉及合同的缔结、变更、履行及合同的解释方法和争议的处理机制等各个环节。

违反本条第一款规定与违反第二款规定的法律后果不同，经营者违反本条第一款提示或者说明义务，仅是视为未履行告知和说明义务，所涉条款不构成合同内容，对消费者不发生法律效力，但消费者主张适用的除外，因此，性质上属于可撤销条款；而违反本条第二款，则是因直接违反法律的强制性规范，性质上属于自始无效条款。

电子商务经营者提供的格式条款有以下内容的，人民法院应当依法认定无效：(1)收货人签收商品即视为认可商品质量符合约定；(2)电子商务平台经营者依法应当承担的责任一概由平台内经营者承担；(3)电子商务经营者享有单方解释权或者最终解释权；(4)排除或者限制消费者依法投诉、举报、请求调解、申请仲裁、提起诉讼的权利；(5)其他排除或者限制消费者权利、减轻或者免除电子商务经营者责任、加重消费者责任等对消费者不公平、不合理的内容。

实务问答 24. 网络消费格式条款中与消费者有重大利害关系内容存在例外情形应如何处理？

在数字经济、互联网产业飞速发展的大背景下，线上交易中企业基本采用格式条款的方式与消费者建立契约关系。但是，在格式条款发挥其便捷、高效、积极作用的同时，因其本身具有的单方提供、内容固定的特质所带来的问题和风险，也不容忽视。法律明确赋予了格式条款提供者进行提示说明的义务，《民法典》第四百九十六条规定："提供格式条款的一方未履行提示或者说明义务，致使对方没有注意或者理解与其有重大利害关系的条款的，对方可以主张该条款不成为合同的内容。"提供格式条款的企业应当基于公平、诚信原则，依法、合理制定格式条款的内容，并对于履行方式等与消费者有重大利害关系的条款，向消费者进行特别的提醒和说明，从而维护交易秩序，平衡双方利益，促进行业发展。（2022年3月15日最高人民法院发布10起消费者权益保护典型案例：郝某诉某旅游 App 经营公司网络服务合同纠纷案）

链接《民法典》第 496 条；《最高人民法院关于审理旅游纠纷案件适用法律若干问题的规定》第 6、15 条；《网络交易平台合同格式条款规范指引》第 9 条

第二十七条 【不得侵犯人格尊严和人身自由的义务】 经营者不得对消费者进行侮辱、诽谤，不得搜查消费者的身体及其携带的物品，不得侵犯消费者的人身自由。

注释 经营者不得对消费者进行侮辱、诽谤，即经营者不得自己或者利用他人，通过捏造、散布虚伪事实或以不文明、不礼貌的语言，损害消费者名誉，诋毁消费者的人格尊严。本条将"不得对消费者进行侮辱、诽谤"作为经营者的一项义务设定下来，有利于保护消费者的人格权。

经营者不得搜查消费者的身体及其携带的物品。有些经营者由于不注意对自己所经营的商品采取适当的保安措施，动辄以商品失窃为由，搜查消费者身体及其携带的物品，给消费者造成了极大的侵扰，增加了心理负担。为了保证消费者在购物时能有一个宽松的环境及愉快的心情，本条将"不得搜查消费者的身体及其携带的物品"作为经营者的一项义务规定下来，以保护消费者的人格尊严。对公民的人身、财产实施检查或者搜查，只能由被法律赋予这种权力的执法机关依照严格的法律依据和程序来执行，其他任何单位和个人均无权进行。经营者如发现其商品失窃，应当按照法定程序，由有关部门依法对嫌疑人的身体及其携带的物品进行必要的搜查。

经营者不得侵犯消费者的人身自由。目前，有些经营者法制观念淡薄，随意限制消费者的人身自由，甚至扣留、殴打消费者，干扰了消费者正常的工作、生活，影响恶劣。为了保障消费者的人身自由，本条将"不得侵犯消费者的人身自由"作为经营者的一项义务设定下来，以切实保护消费者的人身自由权。公民的人身自由权受我国宪法、法律的保护，除了有关机关依照法定程序有权对公民的人身自由进行限制外，其他任何单位和个人均不得限制公民的人身自由。

实务问答 25. 侵害消费者人格尊严、侵犯消费者人身自由的，应该承担什么法律责任？

侵害消费者人格尊严、侵犯消费者人身自由的，应当停止侵害、恢复名誉、消除影响、赔礼道歉，并赔偿损失；造成严重精神损害的，还应当赔偿精神损害；除承担相应的民事、刑事责任外，还要依照消费者权益保护法或者其他有关法律、法规追究行政责任等。

链接《民法典》第 1183 条

第二十八条 【特定领域经营者的信息披露义务】 采用网络、电视、电话、邮购等方式提供商品或者服务的经营者，以及提供证券、保险、银行等金融服务的经营者，应当向消费者提供经营地址、联系方式、商品或者服务的数量和质量、价款或者费用、履行期限和方式、安全注意事项和风险警示、售后服务、民事责任等信息。

注释 根据本条的规定，负有更高程度信息披露义务的特定经营领域主要分为两类：一类是"采用网络、电视、电话、邮购等方式提供商品或者服务的经营者"，另一类是"提供证券、保险、银行等金融服务的经营者"，即金融消费领域。经营者信息披露义务，主要包括三个方面：一是有关经营者的真实身份信息，如经营地址、联系方式；二是有关商品或者服务的基本信息，如价款、数量、质量等；三是有关风险警示、民事责任等信息。

证券、保险、银行等金融机构在销售金融商品

或者提供金融服务时，有关风险警示的信息披露对于金融领域的消费者而言，尤为关键。本条规定的金融机构，包括但不限于列举的"证券、保险、银行"，只要是向消费者提供金融服务，均属本条调整范围，其他经人民银行批准设立的金融机构也在范围之列；此外，这里的金融服务应采广义解释，既包含金融机构向消费者销售基金等金融产品，也包括金融机构提供存款、贷款和保险等金融服务。金融消费的领域，既涵盖金融产品也包括金融服务。

第二十九条 【收集、使用消费者个人信息】
经营者收集、使用消费者个人信息，应当遵循合法、正当、必要的原则，明示收集、使用信息的目的、方式和范围，并经消费者同意。经营者收集、使用消费者个人信息，应当公开其收集、使用规则，不得违反法律、法规的规定和双方的约定收集、使用信息。

经营者及其工作人员对收集的消费者个人信息必须严格保密，不得泄露、出售或者非法向他人提供。经营者应当采取技术措施和其他必要措施，确保信息安全，防止消费者个人信息泄露、丢失。在发生或者可能发生信息泄露、丢失的情况时，应当立即采取补救措施。

经营者未经消费者同意或者请求，或者消费者明确表示拒绝的，不得向其发送商业性信息。

注释 本条是关于经营者收集、使用消费者个人信息时应履行义务的规定。

对消费者个人信息的保护，应从源头上强化对收集、使用消费者信息的经营者行为的规范，本条从三个方面对经营者在收集、使用消费者个人信息时的应尽义务作了规定。经营者收集、使用消费者个人信息的原则。根据本条第一款的规定，经营者收集、使用消费者个人信息，应当遵循合法、正当、必要的原则，明示收集、使用信息的目的、方式和范围，并经消费者同意。经营者收集、使用消费者个人信息，应当公开其收集、使用规则，不得违反法律、法规的规定和双方的约定收集、使用信息。

实务问答 26. 经营者收集、使用消费者个人信息不得有哪些行为？

经营者收集、使用消费者个人信息，应当遵循合法、正当、必要的原则，明示收集、使用信息的目的、方式和范围，并经消费者同意。经营者不得有下列行为：(1)未经消费者同意，收集、使用消费者个人信息；(2)泄露、出售或者非法向他人提供所收集的消费者个人信息；(3)未经消费者同意或者请求，或者消费者明确表示拒绝，向其发送商业性信息。前述消费者个人信息是指经营者在提供商品或者服务活动中收集的消费者姓名、性别、职业、出生日期、身份证件号码、住址、联系方式、收入和财产状况、健康状况、消费情况等能够单独或者与其他信息结合识别消费者的信息。

27. 经营者违反本条义务的，应当承担哪些法律责任？

违反本条所列义务，经营者除应向消费者承担相应的民事责任外，还可能涉及相应的行政责任。根据本法第五十六条第九项的规定，可以由市场监督管理部门或者其他有关行政部门根据情节单处或者并处警告、没收违法所得、处以违法所得一倍以上十倍以下的罚款，没有违法所得的，处以五十万元以下的罚款；情节严重的，责令停业整顿、吊销营业执照。《网络安全法》第六十四条规定，网络运营者、网络产品或者服务的提供者违反本法第二十二条第三款、第四十一条至第四十三条规定，侵害个人信息依法得到保护的权利的，由有关主管部门责令改正，可以根据情节单处或者并处警告、没收违法所得、处违法所得一倍以上十倍以下罚款，没有违法所得的，处一百万元以下罚款，对直接负责的主管人员和其他直接责任人员处一万元以上十万元以下罚款；情节严重的，并可以责令暂停相关业务、停业整顿、关闭网站、吊销相关业务许可证或者吊销营业执照。违反本法第四十四条规定，窃取或者以其他非法方式获取、非法出售或者非法向他人提供个人信息，尚不构成犯罪的，由公安机关没收违法所得，并处违法所得一倍以上十倍以下罚款，没有违法所得的，处一百万元以下罚款。

链接 《中国人民银行金融消费者权益保护实施办法》第31条；《个人信息保护法》；《最高人民法院关于审理使用人脸识别技术处理个人信息相关民事案件适用法律若干问题的规定》

第四章　国家对消费者合法权益的保护

第三十条 【听取消费者的意见】国家制定有关消费者权益的法律、法规、规章和强制性标准，应当听取消费者和消费者协会等组织的意见。

第三十一条 【各级政府的职责】各级人民政府应当加强领导,组织、协调、督促有关行政部门做好保护消费者合法权益的工作,落实保护消费者合法权益的职责。

各级人民政府应当加强监督,预防危害消费者人身、财产安全行为的发生,及时制止危害消费者人身、财产安全的行为。

注释 本条第一款规定了各级人民政府对有关行政部门保护消费者合法权益的领导、组织、协调、督促、落实保护消费者合法权益的职责。我国消费者权益的保护由不同的行政部门分工负责,各部门在自己的职责范围内履行保护消费者合法权益的职责。消费领域广泛复杂,相对应的消费者权益的保护部门众多,有市场监督部门、商务部门、卫生部门、交通运输部门、文化和旅游部门等。这就需要各级人民政府,加强领导、组织、协调并督促有关行政部门履行好保护消费者合法权益的职责。实践中,各级人民政府往往通过专项检查、联合执法的形式打击侵害消费者合法权益的行为,保护消费者合法权益的工作取得了一定的成效。

本条第二款规定,各级人民政府应当加强监督,预防危害消费者人身、财产安全行为的发生,及时制止危害消费者人身、财产安全的行为。国家通过有关法律、法规对可能危害人身、财产安全的商品或者服务构建了较为完善的监督管理制度,例如产品质量法、食品安全法、药品管理法等均对行政监督管理作了专章规定。各级人民政府应当积极督促有关部门落实各项监督管理制度,对危害消费者人身、财产安全的行为做到提前预防,及时制止。

链接 《产品质量法》第 12—25 条;《食品安全法》第八章

第三十二条 【市场监督管理部门的职责】各级人民政府工商行政管理部门和其他有关行政部门应当依照法律、法规的规定,在各自的职责范围内,采取措施,保护消费者的合法权益。

有关行政部门应当听取消费者和消费者协会等组织对经营者交易行为、商品和服务质量问题的意见,及时调查处理。

注释 本条第一款规定了市场监督管理部门和其他有关行政部门应当在各自职责范围内,采取措施,保护消费者的合法权益。保护消费者合法权益涉及市场监督管理部门以及其他多个部门的职责。本条将市场监督管理部门作为保护消费者合法权益的重要部门予以明确。2019 年 11 月 30 日,国家市场监督管理总局公布《市场监督管理投诉举报处理暂行办法》,自 2020 年 1 月 1 日起施行,以规范市场监督管理投诉举报处理工作,保护自然人、法人或者其他组织合法权益。1998 年 3 月 12 日原国家质量技术监督局令第 51 号公布的《产品质量申诉处理办法》,2014 年 2 月 14 日原国家工商行政管理总局令第 62 号公布的《工商行政管理部门处理消费者投诉办法》,2016 年 1 月 12 日原国家食品药品监督管理总局令第 21 号公布的《食品药品投诉举报管理办法》同时废止。

遇到消费纠纷找市场监督管理部门,已经成为群众消费维权的主要渠道。但消费领域情况复杂,单靠一个部门是不够的,需要市场监督管理部门、商务部门、卫生部门、交通运输部门、文化和旅游部门等各部门切实履行好各自的职责。

本条第二款是关于行政部门应当听取消费者及消费者组织意见,及时调查处理的规定。有关行政部门一方面要做好日常的市场监管工作,另一方面要对消费者及消费者协会等消费者组织就经营者交易行为、商品和服务质量问题等提出的意见认真对待,对消费纠纷积极进行调解,对可能涉及的侵害消费者合法权益的违法行为进行调查,对违法主体予以惩处。行政部门应当创造条件便于消费者反映意见,拓宽消费者反映意见的渠道。听取消费者意见的方式不应当仅仅停留在处理投诉上,还可以采取多种形式主动听取消费者的意见,通过开展知识讲座等活动进一步增强消费者掌握商品和服务信息的能力,使消费者更好地反映意见。

链接 《产品质量法》第 22 条;《旅游法》第 91 条

第三十三条 【抽查检验的职责】有关行政部门在各自的职责范围内,应当定期或者不定期对经营者提供的商品和服务进行抽查检验,并及时向社会公布抽查检验结果。

有关行政部门发现并认定经营者提供的商品或者服务存在缺陷,有危及人身、财产安全危险的,应当立即责令经营者采取停止销售、警示、召回、无害化处理、销毁、停止生产或者服务等措施。

注释 本条有两款规定。第一款规定了有关行政部门抽查检验职责的一般要求,第二款规定了有关行政部门发现并认定经营者提供的商品或者服务存在缺陷后应当采取的措施。本条第一款强调有关行政部门履行抽查检验职责，应当是"定期"和"不定期"相结合。各有关行政部门根据相应的法律等规定，结合监管行业的特点，制订定期的检验计划，将抽查检验制度化。同时根据实际问题状况，及时进行不定期的抽查检验，促使有关经营者始终保证商品或者服务的质量管理，避免向消费者提供的商品或者服务出现缺陷。如果出现部分商品或者服务出现缺陷，通过不定期的抽查检验，对整个有关行业进行清查，避免对消费者的损害进一步扩大。

抽查检验后，应及时向社会公布抽查检验的结果，保证公众对商品和服务的知情权，同时有利于监督经营者依法经营。

链接 《产品质量法》第15、17条；《药品管理法》第101、102条；《食品安全法》第110条；《产品质量监督抽查管理暂行办法》；《药品质量抽查检验管理办法》

第三十四条 【行政部门的职责】 有关国家机关应当依照法律、法规的规定，惩处经营者在提供商品和服务中侵害消费者合法权益的违法犯罪行为。

第三十五条 【人民法院的职责】 人民法院应当采取措施，方便消费者提起诉讼。对符合《中华人民共和国民事诉讼法》起诉条件的消费者权益争议，必须受理，及时审理。

注释 通常而言，对公民提起的民事诉讼，由被告住所地人民法院管辖；被告住所地与经常居住地不一致的，由经常居住地人民法院管辖。对法人或者其他组织提起的民事诉讼，由被告住所地人民法院管辖。同一诉讼的几个被告住所地、经常居住地在两个以上人民法院管辖区的，各该人民法院都有管辖权。根据此规定，遭受损害要起诉的消费者应当向相应的经营者所在地的基层人民法院递交诉状，提起诉讼。

本条还明确规定，人民法院应当保障当事人依照民事诉讼法规定享有的起诉权利，对符合民事诉讼法起诉条件的消费者权益争议，必须受理，及时审理。按照民事诉讼法的规定，消费者提起民事诉讼，应当符合以下条件：一是作为原告的消费者是与本案有直接利害关系的自然人；二是有明确的被告，也就是有具体的经营者；三是有具体的诉讼请求和事实、理由；四是属于人民法院受理民事诉讼的范围和受诉人民法院管辖。

实务问答 28. 人民法院应当采取的方便消费者提起诉讼的措施有哪些？

根据《民事诉讼法》的规定，方便消费者提起诉讼的措施主要有以下几个方面：第一，在起诉时，消费者书写起诉状确有困难的，可以口头起诉，由人民法院记入笔录，并告知对方当事人。第二，消费者可以聘请律师担任诉讼代理人，也可以委托基层法律服务工作者、其近亲属或者其所在社区、单位以及有关社会团体推荐的公民担任诉讼代理人。第三，共同诉讼和代表人诉讼。消费者和经营者一方或者双方为二人以上，其诉讼标的是共同的，或者诉讼标的是同一种类、人民法院认为可以合并审理并经当事人同意的，可以作为共同诉讼。消费者一方人数众多的共同诉讼，可以由当事人推选代表人进行诉讼。第四，基层人民法院和它派出的法庭审理事实清楚、权利义务关系明确、争议不大的简单争议，可以适用简易程序，作为原告的消费者可以口头起诉。基层人民法院或者它派出的法庭对此类案件可以用简便方式传唤当事人和证人、送达诉讼文书、审理案件。对简单的消费者权益争议，标的额为各省、自治区、直辖市上年度就业人员年平均工资百分之三十以下的，实行一审终审。

链接 《民事诉讼法》第22、122条

第五章 消费者组织

第三十六条 【消费者协会】 消费者协会和其他消费者组织是依法成立的对商品和服务进行社会监督的保护消费者合法权益的社会组织。

注释 《最高人民法院关于审理消费民事公益诉讼案件适用法律若干问题的解释》第一条规定："中国消费者协会以及在省、自治区、直辖市设立的消费者协会，对经营者侵害众多不特定消费者合法权益或者具有危及消费者人身、财产安全危险等损害社会公共利益的行为提起消费民事公益诉讼的，适用本解释。法律规定或者全国人大及其常委会授权的机关和社会组织提起的消费民事公益诉讼，适用本解释。"该条司法解释对有权提起消费民事公益诉讼的原告主体资格作出适度开放式规定，除中国消费者协会以及在省、自治区、直辖市设立的消费者协会外，法律规定或者全国人大

及其常委会授权的机关和社会组织也具有起诉主体资格。实践中，省级消费者协会组织名称不一致，在判断主体资格上，主要看该协会是否属于《消费者权益保护法》第三十六条规定的社会组织，不能因协会名称与该解释规定不一致而否定适格诉讼主体的诉讼地位。

第三十七条　【消费者协会的公益性职责】消费者协会履行下列公益性职责：

（一）向消费者提供消费信息和咨询服务，提高消费者维护自身合法权益的能力，引导文明、健康、节约资源和保护环境的消费方式；

（二）参与制定有关消费者权益的法律、法规、规章和强制性标准；

（三）参与有关行政部门对商品和服务的监督、检查；

（四）就有关消费者合法权益的问题，向有关部门反映、查询，提出建议；

（五）受理消费者的投诉，并对投诉事项进行调查、调解；

（六）投诉事项涉及商品和服务质量问题的，可以委托具备资格的鉴定人鉴定，鉴定人应当告知鉴定意见；

（七）就损害消费者合法权益的行为，支持受损害的消费者提起诉讼或者依照本法提起诉讼；

（八）对损害消费者合法权益的行为，通过大众传播媒介予以揭露、批评。

各级人民政府对消费者协会履行职责应当予以必要的经费等支持。

消费者协会应当认真履行保护消费者合法权益的职责，听取消费者的意见和建议，接受社会监督。

依法成立的其他消费者组织依照法律、法规及其章程的规定，开展保护消费者合法权益的活动。

实务问答 29. 消费者协会的公益性职责包括哪些？

消费者协会的公益性职责包括：（1）消费者协会向消费者提供消费信息和咨询服务，是消费者协会的重要职责，其主要目的，一是提高消费者维护自身合法权益的能力；二是引导文明、健康、节约资源和保护环境的消费方式。（2）国家制定有关消费者权益的法律、法规、规章和强制性标准，应当听取消费者和消费者协会等组织的意见。（3）根据本法和其他有关法律的规定，有关行政部门应当就涉及消费者权益的产品、食品、药品等商品和服务进行监督检查，这些行政部门在进行监督检查时，应当邀请消费者协会参与监督检查，消费者协会应当认真参与监督、检查。（4）消费者协会对涉及消费者合法权益的问题，应当主动向有关部门进行反映、查询，有关部门应当认真听取消费者协会的意见，积极提供有关查询信息，消费者协会应当将有关部门的反馈意见等情况及时告知广大消费者；认为有关部门应当对有关消费者权益问题的解决采取积极有效的措施的，消费者协会应当在调研的基础上，有理有据地提出建议。（5）受理消费者的投诉，消费者协会接到消费者的投诉后，应当采取积极措施化解纠纷，解决问题，维护消费者的权益。（6）投诉事项涉及商品和服务质量问题的，消费者协会接到投诉后，经当事人申请或者根据情况自行决定，可以委托具备资格的鉴定人鉴定，要求其及时出具鉴定意见，作为定分止争的依据。而鉴定人接受委托的，应当及时进行鉴定，并将鉴定意见告知消费者协会。（7）如果经营者的行为损害了消费者合法权益，受到损害的消费者可以自己的名义提起民事诉讼，消费者协会可以支持起诉，包括帮助消费者提供证据，推荐有关人员担任消费者的诉讼代理人或者接受消费者的委托代理诉讼。如果经营者行为侵害了众多消费者的合法权益，中国消费者协会或者在省、自治区、直辖市设立的消费者协会，可以自己的名义向法院提起诉讼，维护广大消费者的权益。（8）作为对商品、服务进行社会监督的、保护消费者合法权益的社会组织，消费者协会对损害消费者合法权益的行为，可以通过广播电视、报纸杂志、互联网等大众媒介予以揭露、批评。

链接 《最高人民法院关于审理消费民事公益诉讼案件适用法律若干问题的解释》

第三十八条　【消费者组织的禁止行为】消费者组织不得从事商品经营和营利性服务，不得以收取费用或者其他牟取利益的方式向消费者推荐商品和服务。

注释 发布商品或者服务的比较试验结果，是消费者组织提供消费信息、引导消费的一项重要公益服务。因此，消费者组织不得以牟利为目的向社会推荐商品和服务。这表现在两个方面：（1）消费者组织不得从事经营活动。（2）消费者组织不得以牟利为目的向社会推荐商品和服务。推荐的方式主要是通过大众传播媒介,还有新闻发布会、专题讲座、文艺演出、散发宣传材料、举办专项展览等方式。如果推荐的目的不是为了牟利,而是在于引导消费者,给消费者提供真实、可靠的信息,使消费者在选择商品或服务时免受劣质商品和服务的侵害,从而维护消费者的合法权益,则是法律所允许的。

第六章 争议的解决

第三十九条 【争议解决的途径】消费者和经营者发生消费者权益争议的,可以通过下列途径解决:

(一)与经营者协商和解;

(二)请求消费者协会或者依法成立的其他调解组织调解;

(三)向有关行政部门投诉;

(四)根据与经营者达成的仲裁协议提请仲裁机构仲裁;

(五)向人民法院提起诉讼。

实务问答 30. 消费者与经营者发生消费者权益争议的解决途径有哪些?

(1)与经营者协商和解。这是解决消费者权益争议最常见的形式之一,消费者在发现自己的权利受到侵害或者就与自己利益有关的问题与经营者发生争议时,可以主动与经营者联系,双方可就消费者提出的要求通过反复协商、互谅互让,最终达成一致,形成和解协议。(2)请求消协或者依法成立的其他调解组织调解。消费者权益受到侵害可以向消费者协会或者依法成立的其他调解组织投诉,消费者协会了解情况后,可以对产生争议的消费者和经营者进行说服劝导、沟通调解,以促使双方达成解决纠纷的协议。调解不是解决消费者权益争议的必经程序,当事人不愿意调解或调解不能达成协议,或达成协议后一方反悔的,都可以通过仲裁或者诉讼解决。(3)向有关行政部门投诉。我国有关食品安全、药品管理、价格管理、环境保护、医疗卫生、产品质量等保护消费者的法律规范中都有有关行政机关处理消费者权益纠纷的规定。消费者认为其权利受到侵害或发生争议时,可以依法向经营者的上级主管部门或有关国家监督管理部门投诉,要求其做出公正的处理。(4)根据与经营者达成的仲裁协议提请仲裁机构仲裁。仲裁是指发生纠纷的当事人,自愿将他们之间的纠纷提交仲裁机构进行裁决的活动。通过仲裁解决纠纷具有公正、权威、快速、经济、保密性强的优点。平等主体的公民、法人和其他组织之间发生的合同纠纷和其他财产权益纠纷,可以仲裁。当事人采用仲裁方式解决纠纷,应当双方自愿,达成仲裁协议。没有仲裁协议,一方申请仲裁的,仲裁委员会不予受理。当事人达成仲裁协议,一方向人民法院起诉的,人民法院不予受理,但仲裁协议无效的除外。仲裁实行一裁终局的制度。裁决作出后,当事人就同一纠纷再申请仲裁或者向人民法院起诉的,仲裁委员会或者人民法院不予受理。(5)向人民法院提起诉讼。诉讼是最强有力的争议解决方式,通过以上其他方式无法解决的消费者权益争议,都可以通过诉讼加以解决。消费者权益争议属于民事争议,发生争议后,消费者可向法院提起民事诉讼,法院应当依照法定的民事诉讼程序审理。

链接《民事诉讼法》第 122 条;《仲裁法》第 4 条;《人民调解法》第 29、31、33 条

第四十条 【消费者索赔的权利】消费者在购买、使用商品时,其合法权益受到损害的,可以向销售者要求赔偿。销售者赔偿后,属于生产者的责任或者属于向销售者提供商品的其他销售者的责任的,销售者有权向生产者或者其他销售者追偿。

消费者或者其他受害人因商品缺陷造成人身、财产损害的,可以向销售者要求赔偿,也可以向生产者要求赔偿。属于生产者责任的,销售者赔偿后,有权向生产者追偿。属于销售者责任的,生产者赔偿后,有权向销售者追偿。

消费者在接受服务时,其合法权益受到损害的,可以向服务者要求赔偿。

注释 消费者索赔权利的内容包括:(1)消费者在使用购买的商品的过程中,其合法权益受到损害的,可以向销售者要求赔偿。至于销售者与生产者或其他提供商之间的约定,则对消费者无效。也就是说,如果该责任属于生产者的责任或者属于向销售者提供商品的其他销售者的责任的,销售者赔偿后,可以向生产者或者其他销售者追偿,但这并不影响消费者直接向销售者要求赔偿。(2)消费者或者其他受害人因商品缺陷造成人身、财产损害的,可以向销售者要求赔偿,也可以向生产者要求赔偿。这就是说,消费者或其他受害人的权益受到损失或损害的,既可以向销售者要求

赔偿,也可以向生产者要求赔偿,还可以同时向两者要求赔偿,但究竟由谁赔偿给消费者,则由消费者根据具体情况决定。若是属于生产者责任的,消费者选择由销售者赔偿的,销售者赔偿后,销售者有权向生产者追偿;反之,若是属于销售者责任的,消费者选择由生产者赔偿的,生产者赔偿后,生产者有权向销售者追偿。(3)消费者在接受服务时,其合法权益受到损害的,可以向服务者要求赔偿。

电子平台内经营者销售商品或者提供服务损害消费者合法权益,其向消费者承诺的赔偿标准高于相关法定赔偿标准,消费者主张平台内经营者按照承诺赔偿的,人民法院应依法予以支持。平台内经营者开设网络直播间销售商品,其工作人员在网络直播中因虚假宣传等给消费者造成损害,消费者主张平台内经营者承担赔偿责任的,人民法院应予支持。

消费者因在网络直播间点击购买商品合法权益受到损害,直播间运营者不能证明已经以足以使消费者辨别的方式标明其并非销售者并标明实际销售者的,消费者主张直播间运营者承担商品销售者责任的,人民法院应予支持。直播间运营者能够证明已经尽到上述所列标明义务的,人民法院应当综合交易外观、直播间运营者与经营者的约定、与经营者的合作模式、交易过程以及消费者认知等因素予以认定。

网络直播营销平台经营者通过网络直播方式开展自营业务销售商品,消费者主张其承担商品销售者责任的,人民法院应予支持。

网络直播间销售商品损害消费者合法权益,网络直播营销平台经营者不能提供直播间运营者的真实姓名、名称、地址和有效联系方式的,消费者依据消费者权益保护法第四十四条规定向网络直播营销平台经营者请求赔偿的,人民法院应予支持。网络直播营销平台经营者承担赔偿责任后,向直播间运营者追偿的,人民法院应予支持。

链接 《民法典》第 1179-1183、1186、1187、1202-1207 条;《最高人民法院关于审理人身损害赔偿案件适用法律若干问题的解释》;《最高人民法院关于确定民事侵权精神损害赔偿责任若干问题的解释》

第四十一条　【企业变更后的索赔】消费者在购买、使用商品或者接受服务时,其合法权益受到损害,因原企业分立、合并的,可以向变更后承受其权利义务的企业要求赔偿。

注释 企业合并是指两个或两个以上的独立的企业合并成一个新的企业,原企业消灭。公司或企业合并时,合并各方的债权、债务,应当由合并后存续的公司或者新设的公司承继。消费者的合法权益受到侵害,而企业又被合并的,消费者或受害者可以向合并后的企业要求赔偿,合并后的企业不得以原企业被撤销为由加以拒绝。

企业分立是指一个企业分立成两个或两个以上的企业,原企业既可能存在也可能消灭。公司或企业分立前的债务按所达成的协议由分立后的公司来承担;如果没有债务分担协议,分立后的任何一个企业均负有承担全部赔偿责任的义务。消费者可以向任何一个分立后的企业要求承担责任,该企业也不得拒绝,这种情况下,如果其中一个企业承担了全部赔偿责任,可以要求其他分立后的企业分担该赔偿责任。

链接 《公司法》第 174、176 条;《民法典》第 67 条

第四十二条　【营业执照出借人或借用人的连带责任】使用他人营业执照的违法经营者提供商品或者服务,损害消费者合法权益的,消费者可以向其要求赔偿,也可以向营业执照的持有人要求赔偿。

第四十三条　【展销会、租赁柜台的责任】消费者在展销会、租赁柜台购买商品或者接受服务,其合法权益受到损害的,可以向销售者或者服务者要求赔偿。展销会结束或者柜台租赁期满后,也可以向展销会的举办者、柜台的出租者要求赔偿。展销会的举办者、柜台的出租者赔偿后,有权向销售者或者服务者追偿。

注释 展销会是由一个或几个经营者举办的,在特定的场所和期限内,由多个经营者集中展示各自的商品,并以现货或者预售方式对外销售商品的交易活动。一个经营者在自己的经营场所内销售自行采购的商品的展销活动,不属于展销会。展销会的内容是复杂多样的,例如,珠宝首饰展销会、家具展销会、名酒展销会、日常生活用品展销会等。

实务问答 31. 柜台承租方的经营行为损害消费者合法权益的,消费者如何维护合法权益?

如果承租方的经营行为损害消费者合法权益的,消费者可以向承租方要求赔偿,柜台租赁合同期满后,若是能找到承租经营者的,可以直接向其

求偿,若承租者离去后下落不明或者向其求偿不便,消费者也可向柜台的出租方要求赔偿。因为柜台的出租者收取租金而与承租者分享利润,应当负有保证承租者在柜台承租期间合法经营的义务。出租者先行赔偿后,对于消费者权益受到的损害确系销售者、服务者的过错所致的,柜台出租者有权向销售者或者服务者追偿。

第四十四条 【网络交易平台提供者的责任】
消费者通过网络交易平台购买商品或者接受服务,其合法权益受到损害的,可以向销售者或者服务者要求赔偿。网络交易平台提供者不能提供销售者或者服务者的真实名称、地址和有效联系方式的,消费者也可以向网络交易平台提供者要求赔偿;网络交易平台提供者作出更有利于消费者的承诺的,应当履行承诺。网络交易平台提供者赔偿后,有权向销售者或者服务者追偿。

网络交易平台提供者明知或者应知销售者或者服务者利用其平台侵害消费者合法权益,未采取必要措施的,依法与该销售者或者服务者承担连带责任。

注释 根据本条第一款的规定,消费者权益受损害的,可以向提供商品或服务的销售者或者服务者求偿。由于网络交易主体的虚拟性,网络交易平台作为平台的开办者和管理运营者,对于利用其平台向消费者提供商品或者服务的经营者负有一定的审查、监督责任。网络交易平台对于进驻平台的销售者和服务者,应当尽到必要的身份审查义务,该项义务应当是事先的、主动性的,一旦发生纠纷消费者难以找到经营者求偿的,平台有义务向消费者提供经营者身份、资质的真实信息。不能提供的,消费者可以要求平台承担先行赔付责任。

网络交易平台提供者对消费者承担的是过错责任,仅在其明知或者应知销售者或者服务者利用其平台侵害消费者合法权益,而未采取必要措施的,才依法承担连带责任。网络交易平台提供者过错的判断标准,以其是否明知或者应知销售者或者服务者利用其平台侵害消费者合法权益且未采取必要措施为参照。对"应知"的判断,可以综合考虑以下因素,如基于网络交易平台提供者提供服务的性质、方式及其引发侵权的可能性大小,应当具备的管理信息的能力;所售商品或者服务的类型、知名度及侵权信息的明显程度;网络交易平台提供者是否积极采取了预防侵权的合理措施;网络交易平台提供者是否设置便捷程序接收消费者投诉并及时作出合理的反应;网络交易平台提供者是否针对同一经营者的重复侵权行为采取了相应的合理措施等其他相关因素。

第四十五条 【虚假广告相关责任人的责任】
消费者因经营者利用虚假广告或者其他虚假宣传方式提供商品或者服务,其合法权益受到损害的,可以向经营者要求赔偿。广告经营者、发布者发布虚假广告的,消费者可以请求行政主管部门予以惩处。广告经营者、发布者不能提供经营者的真实名称、地址和有效联系方式的,应当承担赔偿责任。

广告经营者、发布者设计、制作、发布关系消费者生命健康商品或者服务的虚假广告,造成消费者损害的,应当与提供该商品或者服务的经营者承担连带责任。

社会团体或者其他组织、个人在关系消费者生命健康商品或者服务的虚假广告或者其他虚假宣传中向消费者推荐商品或者服务,造成消费者损害的,应当与提供该商品或者服务的经营者承担连带责任。

注释 消费者因为经营者利用虚假广告提供商品或服务而使自己的合法权益受到伤害时,可以要求提供商品或服务的经营者赔偿。在虚假广告的经营者不能提供商品或服务的经营者的真实姓名、地址的情况下,由广告经营者承担对消费者的赔偿责任。应当注意,这种赔偿责任只适用于广告经营者不能提供商品或服务的经营者的真实姓名、地址的情况,如果广告的经营者提供了该经营者的真实姓名和地址,则广告的经营者不承担责任。社会团体或者其他组织,在虚假广告中向消费者推荐商品或者服务,使消费者的合法权益受到损害的,应当依法承担连带责任。

《广告法》第五十六条规定,违反本法规定,发布虚假广告,欺骗、误导消费者,使购买商品或者接受服务的消费者的合法权益受到损害的,由广告主依法承担民事责任。广告经营者、广告发布者不能提供广告主的真实名称、地址和有效联系方式的,消费者可以要求广告经营者、广告发布者先行赔偿。关系消费者生命健康的商品或者服务的虚假广告,造成消费者损害的,其广告经营者、广告发布者、广告代言人应当与广告主承担连带责任。上述规定以外的商品或者服务的虚假广告,造成消费者损害的,其广告经营者、广告发布者、广告代言人，明知或者应知广告虚假仍设计、制作、代理、发布或者作推荐、证明的，应当与广告主承担连带责任。

链接 《反不正当竞争法》第8、20条；《广告法》第56、69条

第四十六条　【投诉】消费者向有关行政部门投诉的，该部门应当自收到投诉之日起七个工作日内，予以处理并告知消费者。

注释 国家市场监督管理总局主管全国投诉举报处理工作，指导地方市场监督管理部门投诉举报处理工作。县级以上地方市场监督管理部门负责本行政区域内的投诉举报处理工作。市场监督管理部门处理投诉举报，应当遵循公正、高效的原则，做到适用依据正确、程序合法。

实务问答 32. 消费者向有关行政部门投诉，应当提供哪些材料？

投诉应当提供下列材料：(1)投诉人的姓名、电话号码、通信地址；(2)被投诉人的名称(姓名)、地址；(3)具体的投诉请求以及消费者权益争议事实。投诉人采取非书面方式进行投诉的，市场监督管理部门工作人员应当记录上述规定信息。委托他人代为投诉的，除提供上述材料外，还应当提供授权委托书原件以及受托人身份证明。授权委托书应当载明委托事项、权限和期限，由委托人签名。具有《市场监督管理投诉举报处理暂行办法》规定的处理权限的市场监督管理部门，应当自收到投诉之日起七个工作日内作出受理或者不予受理的决定，并告知投诉人。

33. 投诉具有哪些情形的，市场监督管理部门不予受理？

(1)投诉事项不属于市场监督管理部门职责，或者本行政机关不具有处理权限的；(2)法院、仲裁机构、市场监督管理部门或者其他行政机关、消费者协会或者依法成立的其他调解组织已经受理或者处理过同一消费者权益争议的；(3)不是为生活消费需要购买、使用商品或者接受服务，或者不能证明与被投诉人之间存在消费者权益争议的；(4)除法律另有规定外，投诉人知道或者应当知道自己的权益受到被投诉人侵害之日起超过三年的；(5)未提供《市场监督管理投诉举报处理暂行办法》第九条第一款和第十条规定的材料的；(6)法律、法规、规章规定不予受理的其他情形。

链接 《市场监督管理投诉举报处理暂行办法》

第四十七条　【消费者协会的诉权】对侵害众多消费者合法权益的行为，中国消费者协会以及在省、自治区、直辖市设立的消费者协会，可以向人民法院提起诉讼。

注释 消费公益诉讼是指众多且不特定消费者的权益受到损害时，无直接利害关系的主体为保护消费者权益提起的诉讼。与普通消费诉讼相比，消费公益诉讼的本质特征是原告在案件中无直接的个人利益，而是为了众多且不特定消费者的权益提起诉讼。根据起诉对象的不同，可将消费公益诉讼分为民事消费公益诉讼和行政消费公益诉讼。民事消费公益诉讼的起诉对象是损害消费者权益的经营者等民事主体；行政消费公益诉讼的起诉对象是未履行法定职责或者作出损害消费者权益行政行为的行政机关。从其他国家的实践情况看，消费者保护领域的公益诉讼主要是民事公益诉讼，行政公益诉讼主要适用于环境保护领域。

链接 《最高人民法院关于审理消费民事公益诉讼案件适用法律若干问题的解释》

第七章　法律责任

第四十八条　【经营者承担责任的情形】经营者提供商品或者服务有下列情形之一的，除本法另有规定外，应当依照其他有关法律、法规的规定，承担民事责任：

(一)商品或者服务存在缺陷的；

(二)不具备商品应当具备的使用性能而出售时未作说明的；

(三)不符合在商品或者其包装上注明采用的商品标准的；

(四)不符合商品说明、实物样品等方式表明的质量状况的；

(五)生产国家明令淘汰的商品或者销售失效、变质的商品的；

(六)销售的商品数量不足的；

(七)服务的内容和费用违反约定的；

(八)对消费者提出的修理、重作、更换、退货、补足商品数量、退还货款和服务费用或者赔偿损失的要求，故意拖延或者无理拒绝的；

(九)法律、法规规定的其他损害消费者权益的情形。

经营者对消费者未尽到安全保障义务，造成消费者损害的，应当承担侵权责任。

注释 因产品质量不合格造成他人财产、人身损害的,产品制造者、销售者应当依法承担民事责任。运输者、仓储者对此负有责任的,产品制造者、销售者有权要求赔偿损失。

实务问答 34. 如何理解商品或者服务存在缺陷?

缺陷是指商品或者服务存在危及人身、他人财产安全的不合理的危险。在有保障人体健康和人身、财产安全的国家标准、行业标准时,缺陷可以体现为不符合该标准。

《产品质量法》《建筑法》《旅游法》《缺陷汽车产品召回管理条例》等法律、法规对不同产业对象有"缺陷"的情形都有一定涉及。《消费者权益保护法》第七条第二款规定,消费者有权要求经营者提供的商品和服务,符合保障人身、财产安全的要求。根据第十八条的规定,经营者应当保证其提供的商品或者服务符合保障人身、财产安全的要求。只要商品或者服务存在缺陷,经营者就要承担民事责任。也就是说,无论经营者是否有过错,只要是其提供的商品或者服务存在缺陷,就要承担消除危险、赔偿损失等民事责任。

35. 经营者违反对消费者的安全保障义务,应当承担侵权责任的情形有哪些?

根据《消费者权益保护法》和《民法典》"第七编 侵权责任"的相关规定,经营者违反对消费者的安全保障义务,应当承担侵权责任的情形具体有两种:一是经营者自身造成危险导致消费者受损害,比较常见的情况是对自己的经营设施疏于安全检查造成事故伤害消费者的;二是第三人引发危险导致消费者受损害,比较常见的情况是,第三人的侵权行为和经营者未尽到安全保障义务两个因素结合在一起而造成的。对于这种情况,根据《民法典》第一千一百九十八条第二款规定,第三人的行为造成他人损害的,由第三人承担侵权责任;经营者、管理者或者组织者未尽到安全保障义务的,承担相应的补充责任。这里经营者所承担的侵权责任有两个特点:一是责任份额要与经营者的过错程度相当;二是承担责任是为了补充直接责任人的缺位。如果直接责任人已经承担全部赔偿,违反安全保障义务的责任人就不需要再作赔偿。

链接《产品质量法》第 40-46 条;《侵害消费者权益行为处罚办法》

第四十九条 【造成人身损害的赔偿责任】经营者提供商品或者服务,造成消费者或者其他受害人人身伤害的,应当赔偿医疗费、护理费、交通费等为治疗和康复支出的合理费用,以及因误工减少的收入。造成残疾的,还应当赔偿残疾生活辅助具费和残疾赔偿金。造成死亡的,还应当赔偿丧葬费和死亡赔偿金。

注释 侵害他人造成人身损害的,应当赔偿医疗费、护理费、交通费、营养费、住院伙食补助费等为治疗和康复支出的合理费用,以及因误工减少的收入。造成残疾的,还应当赔偿残疾生活辅助具费和残疾赔偿金。造成死亡的,还应当赔偿丧葬费和死亡赔偿金。被侵权人死亡的,其近亲属有权请求侵权人承担侵权责任。被侵权人为单位,该单位分立、合并的,承继权利的单位有权请求侵权人承担侵权责任。因同一侵权行为造成多人死亡的,可以以相同数额确定死亡赔偿金。侵害他人人身权益,造成他人严重精神损害的,被侵权人可以请求精神损害赔偿。

侵害他人财产的,财产损失按照损失发生时的市场价格或者其他方式计算。侵害他人人身权益造成财产损失的,按照被侵权人因此受到的损失或者侵权人因此获得的利益赔偿,被侵权人因此受到的损失以及侵权人因此获得的利益难以确定,被侵权人和侵权人就赔偿数额协商不一致,向人民法院提起诉讼的,由人民法院根据实际情况确定赔偿数额。

链接《民法典》第 1179-1184 条;《产品质量法》第 41、44 条;《最高人民法院关于审理人身损害赔偿案件适用法律若干问题的解释》;《最高人民法院关于确定民事侵权精神损害赔偿责任若干问题的解释》

第五十条 【侵犯人格尊严的弥补】经营者侵害消费者的人格尊严、侵犯消费者人身自由或者侵害消费者个人信息依法得到保护的权利的,应当停止侵害、恢复名誉、消除影响、赔礼道歉,并赔偿损失。

注释 本条所保护的消费者权益包括人格尊严、人身自由和个人信息依法得到保护的权利。在本条规定中,经营者承担侵权责任的方式有停止侵害、恢复名誉、消除影响、赔礼道歉和赔偿损失。

经营者实施的侵害行为仍在继续的,受害的消费者可依法要求经营者采取有效措施停止侵害行为,主要是要求行为人不再继续实施某种侵害。

这种责任方式能够及时制止侵害，防止侵害后果的扩大。恢复名誉、消除影响是经营者在一定范围内采取适当方式消除其对受害人名誉的不利影响以使受害消费者的名誉得到恢复的一种责任方式。具体适用消除影响、恢复名誉，要根据侵害行为所造成的影响和受害人名誉受损的后果来决定。处理的原则是，行为人应当根据造成不良影响的大小，采取程度不同的措施给受害人消除不良影响，例如，在一定社区范围内公开发表言论损害他人名誉权的，就应当在社区范围内发表公开声明，对错误内容进行更正。消除影响、恢复名誉主要适用于侵害名誉权的情形，一般不适用于侵犯消费者个人信息受保护权利的情形，因为消除影响、恢复名誉一般是公开进行的，若适用于对消费者个人信息的保护，有可能进一步泄露受害消费者的个人信息，造成进一步的不利影响。赔礼道歉是经营者通过口头、书面或者其他方式向受害消费者进行道歉，以取得谅解的一种责任方式。赔礼道歉可以公开，也可以私下进行，可以口头方式进行，也可以书面等方式进行，具体采用什么形式由法官依据案件的具体情况决定。行为人不赔礼道歉的，人民法院可以判决按照确定的方式进行，产生的所有费用由行为人承担。赔偿损失是经营者向受害消费者支付一定数额的金钱以弥补其损失的责任方式，是最基本、运用最为广泛的责任方式。赔偿的目的，最基本的是补偿损失，使受到损害的权利以金钱价值的形式得到救济。

链接《民法典》第四编；《最高人民法院关于审理人身损害赔偿案件适用法律若干问题的解释》；《最高人民法院关于确定民事侵权精神损害赔偿责任若干问题的解释》

第五十一条　【精神损害赔偿责任】经营者有侮辱诽谤、搜查身体、侵犯人身自由等侵害消费者或者其他受害人人身权益的行为，造成严重精神损害的，受害人可以要求精神损害赔偿。

实务问答 36. 经营者承担精神损害赔偿的条件有哪些？

（1）经营者有侮辱诽谤、搜查身体、侵犯人身自由等违法行为。《消费者权益保护法》第二十七条明确规定，经营者不得对消费者进行侮辱、诽谤，不得搜查消费者的身体及其携带的物品，不得侵犯消费者的人身自由。现实中有的个别经营者置法律的规定于不顾，在消费者比较、挑选商品时冷嘲热讽、侮辱人格；有的无端怀疑消费者偷盗商品，无理盘查，甚至对消费者采取搜身、强行扣留等违法手段；甚至还有为打击报复前来依法维权的消费者，而不惜编造、散布消费者的谣言，严重伤害消费者。此外，还有殴打消费者等极端行为。这些都是消费者权益保护领域问题突出、影响恶劣的经营者违法行为。本条规定，经营者有这些违法行为的，除了按照之前的规定承担停止侵害、恢复名誉、消除影响、赔礼道歉、赔偿损失等民事责任，造成受害人严重精神损害的，还要在通常水平的损害赔偿之上增加承担精神损害赔偿责任。（2）受损害的是消费者或者其他受害人的人身权益。这里的人身权益包括生命权、身体权、健康权、姓名权、名誉权、肖像权、隐私权、个人信息依法得到保护的权利等。（3）造成消费者或者其他受害人严重精神损害。本条和《民法典》第一千一百八十三条的规定是一致的，遭受严重精神损害的，消费者或者其他受害人可以要求精神损害赔偿。偶尔遭受的痛苦和不高兴等不良精神状态不能认为是严重精神损害，不能以此要求精神损害赔偿。

37. 精神损害赔偿的受偿主体包括哪些？

有权要求精神损害赔偿的主体包括人身权益直接受到侵害的消费者，也包括其他受害人。需要注意两种特殊情况：第一，在经营者对消费者实施诽谤等违法行为时，损害的可能不只是消费者本人，还包括谣言内容所波及的其他受害人。在一些案例中，经营者为了打击报复消费者，往往将其他受害人也编造进谣言中，给其他受害人造成严重精神损害。经营者因此要承担包括精神损害赔偿在内的赔偿责任。第二，在我国的司法实践中，因侵权导致死亡的死者亲属也有权要求精神损害赔偿。在某些案例中，死者亲属甚至在现场目睹亲人横遭不幸，人民法院支持了死者亲属要求精神损害赔偿的主张。

38. 消费者购物虽未遭受经济损失，但因人格受到侮辱并遭受严重精神损害的，销售者是否应当承担精神损害赔偿责任？

汪某某在武汉某超市有限公司光谷分公司购物，见促销员推荐西麦麦片"买五赠一"活动，遂购二十袋，并在促销员协助下，将二十四袋麦片装入购物袋。结账时，汪某某与收银员为没有粘贴赠品标签的四袋麦片是否应付款而发生争执。汪某某辩解四袋麦片系赠品,无须付款。保安在店内两名工作人员陈述麦片没有做赠送活动后,对汪某某及选购的商品拍照,并让其在一张表格上签名。汪某某患有眼疾,并未看清具体内容即签名。此后,促销员将"非卖品"标签贴在四袋麦片上,带汪某某结了账。该公司最终认可四袋麦片为赠品,却在汪某某并不知情的情况下,在其签名的表格中认定其为秘密实施的偷窃行为,将其列入"窃嫌姓名"名单,注明"教育释放",并将表格置于进入办公地点任何人可以随手翻看的地方。该公司的上述行为侵犯了汪某某的人格尊严,客观上造成一定范围内对汪某某社会评价的降低,损害了汪某某的名誉。消费者购物虽未遭受经济损失,但因人格受到侮辱并遭受严重精神损害的,销售者应当承担精神损害赔偿责任。(2014 年 3 月 12 日最高人民法院公布 10 起维护消费者权益典型案例:汪某某诉武汉某超市有限公司光谷分公司名誉权纠纷案)

链接 《民法典》第 1183 条;《最高人民法院关于确定民事侵权精神损害赔偿责任若干问题的解释》

第五十二条 【造成财产损害的民事责任】 经营者提供商品或者服务,造成消费者财产损害的,应当依照法律规定或者当事人约定承担修理、重作、更换、退货、补足商品数量、退还货款和服务费用或者赔偿损失等民事责任。

链接 《民法典》第 237、238、582—584、1167、1182、1184 条;《最高人民法院关于确定民事侵权精神损害赔偿责任若干问题的解释》

第五十三条 【预付款后未履约的责任】 经营者以预收款方式提供商品或者服务的,应当按照约定提供。未按照约定提供的,应当按照消费者的要求履行约定或者退回预付款;并应当承担预付款的利息、消费者必须支付的合理费用。

注释 预付款是履行合同的一种方式,是合同当事人一方预先支付给另一方的一定数量的货币,支付预付款的一方当事人如果不履行合同可要求对方当事人返还,接受预付款的一方当事人如果不履行合同,不必双倍返还。

实务问答 39. 消费者是否可以要求经营者返还预付卡未使用金额?

预付卡消费在服务领域,特别是在教育培训、美容美发、洗车、洗衣、健身等服务中广泛存在,而预付卡消费实践中存在以下情况:办卡过程中因经营者存在宣传诱导、预付卡合同中存在"消费者办卡后不补、不退、不得转让,逾期作废概不退款"等约定、办卡后扣款不明及服务下降,导致消费者在预付卡消费中与商家存在争议;更有甚者,部分经营者以装修、维护、停业整顿为名,携款跑路,或在重新整修后,改换门面,终止服务,造成预付卡消费者的消费困境。本案通过查明消费者与经营者之间合同履行情况,在确认经营者无法继续提供约定服务的情况下,明确作为经营者负有将预付款中尚未消费的部分应当予以返还,并结合该销售公司为一人公司的性质及股东收取预付款情况,依法认定股东应当作为责任主体,对销售公司所负有返还剩余预付款的债务承担连带责任,最大限度地维护消费者合法权益。(2022 年 3 月 15 日最高人民法院发布 10 起消费者权益保护典型案例:张某等人诉某销售公司、孟某某服务合同纠纷案)

40. 因经营者违约,消费者是否有权主张退还部分服务费?

法院认为,A 公司以预收款方式向滕某提供教育类商品及服务,应当按照报名协议书的约定向滕某提供网校学习卡以及南京市山西路报名点的寒暑假、周六、周日的辅导班等服务。现 A 公司因自身经营原因,不能按照双方协议约定继续为滕某提供在南京市山西路报名点的辅导班,故滕某要求 A 公司退回相应预付款,符合法律规定。本案中,滕某向 A 公司预交 6020 元辅导费,含三年的网校学习卡及三年的辅导班费用,现辅导班仅开设三个多月即停办,故滕某要求 A 公司退还剩余期限的预付辅导费 5000 元,予以支持。(2014 年 3 月 12 日最高人民法院公布 10 起维护消费者权益典型案例:滕某诉南京 A 教育信息咨询有限公司教育服务合同纠纷案)

链接 《非金融机构支付服务管理办法》第 2 条;《单用途商业预付卡管理办法(试行)》

第五十四条 【退货责任】 依法经有关行政部门认定为不合格的商品,消费者要求退货的,经营者应当负责退货。

链接 《民法典》第 582 条;《产品质量法》第 26、29、32、34、35、39 条

第五十五条 【惩罚性赔偿】 经营者提供商品或者服务有欺诈行为的,应当按照消费者的要求增加赔偿其受到的损失,增加赔偿的金额为消费者购买商品的价款或者接受服务的费用的三倍;

增加赔偿的金额不足五百元的,为五百元。法律另有规定的,依照其规定。

经营者明知商品或者服务存在缺陷,仍然向消费者提供,造成消费者或者其他受害人死亡或者健康严重损害的,受害人有权要求经营者依照本法第四十九条、第五十一条等法律规定赔偿损失,并有权要求所受损失二倍以下的惩罚性赔偿。

注释 考虑到有的商品价款或者服务费用较低,要求经营者额外支付三倍金额惩罚性不足,消费者也可能因金额太小而放弃索赔。因此,本条第一款还设定了最低赔偿金额,即商品价款或者服务费用的三倍低于五百元的,最低赔偿金额为五百元。设定最低赔偿责任制度的意义在于可以有效调动消费者维护自身合法权益的积极性。

根据本条第二款的规定,经营者明知商品或者服务有缺陷仍然向消费者提供,是适用本款的主观构成要件。适用本款的第二个构成要件为经营者提供的商品或者服务给消费者或者其他受害人造成实际损害。本款所要求的损害后果为"死亡或者健康严重损害",这也是区别于本条第一款的重要表现,第一款主要适用于商品或服务本身存在问题以及尚未造成人身死亡、健康严重损害的情形。本款规定的赔偿分为两部分:一部分是受害人依照本法第四十九条、第五十一条等规定请求的赔偿,是对受害人既有损失的赔偿,造成财产损失的,应当全额赔偿。造成人身伤害的,应当赔偿医疗费、护理费、交通费、误工费等;造成残疾的,还应当赔偿残疾生活辅助具费和残疾赔偿金;造成死亡的,还应当赔偿丧葬费和死亡赔偿金;造成严重精神损害的,还应当承担精神损害赔偿责任。另一部分是惩罚性赔偿,受害人可以主张不超过第一部分损失两倍以下的惩罚性赔偿,如第一部分赔偿金总计为五十万元,受害人除可以获得这五十万元赔偿金外,还可以要求经营者承担一百万元以下的惩罚性赔偿,具体金额由法院根据案件情形确定。

实务问答 41. 板木材质家具作为实木家具出售是否构成商业欺诈?

赵某某在北京某家具有限责任公司购买家具若干件,合计价款 23960 元。涉案家具上有该公司注明的"桦木""美国赤桦木""胡桃木"等字样,且家具送货单上加注了上述家具为"实木"。后赵某某发现涉案家具材质为板木结合。法院认为送货单上的加注以及此公司产品宣传图片中关于产品的文字介绍,表述均为"某某木"或"实木",该家具公司存在引人误解的虚假宣传行为,构成对赵某某的欺诈,该家具公司应承担"退一赔一"的责任。(2014 年 3 月 12 日最高人民法院公布 10 起维护消费者权益典型案例:赵某某与北京某家具有限责任公司买卖合同纠纷案)

42. 销售者网上销售商品有价格欺诈行为,但商品质量合格的,消费者是否有权请求销售者"退一赔三"和保底赔偿?

二审法院认为,涉案网购合同有效,消费者拥有公平交易权和商品知情权。由于某公司网络抢购此种销售方式的特殊性,该广告与商品的抢购界面直接链接且消费者须在短时间内作出购买的意思表示。王某由于认同某公司广告价格 49 元,故在"米粉节"当日作出抢购的意思表示,其真实意思表示的价格应为 49 元,但从某公司网站订单详情可以看出,王某于 2014 年 4 月 8 日 14 时 30 分下单,订单中 10400mAh 移动电源的价格却为 69 元而非 49 元。某公司现认可某商城活动界面显示错误,存在广告价格与实际结算价格不一致之情形,但其解释为电脑后台系统出现错误。由于某公司事后就其后台出现错误问题并未在网络上向消费者作出声明,且其无证据证明"米粉节"当天其电脑后台出现故障,故二审法院认定某公司对此存在欺诈消费者的故意,王某关于 10400mAh 移动电源存在欺诈请求撤销合同的请求合理,对另一电源双方当事人均同意解除合同,二审法院准许。据此,该院依法判决王某退还某公司上述两个移动电源,某公司保底赔偿王某 500 元,退还王某货款 108 元,驳回王某其他诉讼请求。(2015 年 6 月 15 日最高人民法院公布消费者维权典型案例:王某诉某科技有限责任公司网络购物合同纠纷案)

43. 销售者以普通石榴玉石手镯冒充翡翠手镯出售,消费者是否有权请求销售者向消费者退还货款并支付价款三倍赔偿?

广东省广州市中级人民法院二审认为,根据文物总店开具的发票以及范某某提供的谈话录音,已充分证实其向范某某销售的是"翡翠手镯",现该手镯经双方共同委托鉴定后被确定为"石榴石质玉手镯",与文物总店在销售过程中所声称的商品品质存在显著差异,故原审法院认定其行为构成欺诈并无不当。文物总店以讼争的手镯具有文物价值为由,主张其行为不构成欺诈,范某某未遭受损失,理由均不成立。据此,该院判决维持原判,即判决范某某将所购手镯退还文物总店,该商店退还范某某货款17100元;文物总店向范某某赔偿手镯三倍价款51300元。(2015年6月15日最高人民法院公布消费者维权典型案例:范某某诉某省文物总店买卖合同纠纷案)

44. 经营者在《消费者权益保护法》修订前销售已公告召回的汽车,消费者是否有权请求退还所购汽车,并由经营者退还购车款并赔偿三倍的购车款?

某汽车公司作为经营者,对车辆是否属于被召回的范围应当知道,其抗辩对涉案车辆召回不知情的理由不能成立。某汽车公司隐瞒车辆瑕疵而销售,构成商业欺诈。本案车辆销售行为发生在《消费者权益保护法》修订前,故某汽车公司应当承担"退一赔一"的法律责任。(2015年6月15日最高人民法院公布消费者维权典型案例:王某诉天津某汽车服务有限公司买卖合同纠纷案)

45. 经营者利用虚假广告销售药品,给消费者造成损害的,消费者是否有权要求经营者加倍赔偿?

消费者因经营者利用虚假广告提供商品或者服务,其合法权益受到损害的,可以向经营者要求赔偿。根据2013年修订前的《消费者权益保护法》第四十九条的规定,"经营者提供商品或者服务有欺诈行为的,应当按照消费者的要求增加赔偿其受到的损失,增加赔偿的金额为消费者购买商品的价款或者接受服务的费用的一倍"。经营者利用虚假广告销售药品,构成对消费者的欺诈,除应当返还消费者购买商品的价款或接受服务的费用之外,还应根据消费者的要求,在相当于消费者购买商品价款或接受服务费用一倍的范围内进行额外赔偿。因此,经营者利用虚假广告销售药品,给消费者造成损害的,消费者有权要求经营者加倍赔偿。(《中华人民共和国最高人民法院公报》2014年第8期:最高人民法院公布五起审理食品药品纠纷典型案例之四:丛某某诉某健康体检管理集团股份有限公司北京潘家园门诊部产品销售者责任纠纷案)

46. 金融消费者保护类诉讼中如何适用《消费者权益保护法》的惩罚性赔偿规定?

根据《消费者权益保护法》第五十五条的规定,经营者存在欺诈行为时应承担惩罚性赔偿责任。金融消费者在主张惩罚性赔偿责任时,应按照民事诉讼的证据规则,举证证明金融机构在向其提供金融服务时存在欺诈行为。

所谓欺诈,是指故意使相对方陷于错误认识而作出不真实意思表示之行为。认定欺诈是否成立,应以行为人有无欺诈故意及行为,相对方是否作出不真实意思表示,该意思表示是否与欺诈行为有因果关系为基础要件。甲乙双方虽就计息方式产生争议,但争议导致的金额差异极微,就此种微小差异产生的原因仅应认为双方对计息方式存在理解差异,并不能据此认定乙某因甲银行的行为作出了不真实意思表示。甲银行作为专业金融机构,对于计息方式的理解虽不尽合理,但不构成欺诈恶意,乙某据此要求适用惩罚性赔偿的主张,法院不予采纳。[(2015)沪一中民六(商)终字第303号:乙某诉甲银行储蓄存款合同纠纷案]

链接 《侵害消费者权益行为处罚办法》第5、6、13、16条

第五十六条 【严重处罚的情形】 经营者有下列情形之一,除承担相应的民事责任外,其他有关法律、法规对处罚机关和处罚方式有规定的,依照法律、法规的规定执行;法律、法规未作规定的,由工商行政管理部门或者其他有关行政部门责令改正,可以根据情节单处或者并处警告、没收违法所得、处以违法所得一倍以上十倍以下的罚款,没有违法所得的,处以五十万元以下的罚款;情节严重的,责令停业整顿、吊销营业执照:

(一)提供的商品或者服务不符合保障人身、财产安全要求的;

(二)在商品中掺杂、掺假,以假充真,以次充好,或者以不合格商品冒充合格商品的;

(三)生产国家明令淘汰的商品或者销售失效、变质的商品的;

(四)伪造商品的产地,伪造或者冒用他人的厂名、厂址,篡改生产日期,伪造或者冒用认证标志等质量标志的;

(五)销售的商品应当检验、检疫而未检验、检疫或者伪造检验、检疫结果的;

(六)对商品或者服务作虚假或者引人误解的宣传的;

(七)拒绝或者拖延有关行政部门责令对缺陷商品或者服务采取停止销售、警示、召回、无害化

处理、销毁、停止生产或者服务等措施的；

（八）对消费者提出的修理、重作、更换、退货、补足商品数量、退还货款和服务费用或者赔偿损失的要求，故意拖延或者无理拒绝的；

（九）侵害消费者人格尊严、侵犯消费者人身自由或者侵害消费者个人信息依法得到保护的权利的；

（十）法律、法规规定的对损害消费者权益应当予以处罚的其他情形。

经营者有前款规定情形的，除依照法律、法规规定予以处罚外，处罚机关应当记入信用档案，向社会公布。

链接 《网络购买商品七日无理由退货暂行办法》第30、31条；《产品质量监督抽查管理暂行办法》第51条；《国家旅游局关于打击旅游活动中欺骗、强制购物行为的意见》第1条；《侵害消费者权益行为处罚办法》第14条

第五十七条 【经营者的刑事责任】 经营者违反本法规定提供商品或者服务，侵害消费者合法权益，构成犯罪的，依法追究刑事责任。

链接 《刑法》第140-150、222、226条；《最高人民法院、最高人民检察院关于办理生产、销售伪劣商品刑事案件具体应用法律若干问题的解释》

第五十八条 【民事赔偿责任优先原则】 经营者违反本法规定，应当承担民事赔偿责任和缴纳罚款、罚金，其财产不足以同时支付的，先承担民事赔偿责任。

第五十九条 【经营者的权利】 经营者对行政处罚决定不服的，可以依法申请行政复议或者提起行政诉讼。

第六十条 【暴力抗法的责任】 以暴力、威胁等方法阻碍有关行政部门工作人员依法执行职务的，依法追究刑事责任；拒绝、阻碍有关行政部门工作人员依法执行职务，未使用暴力、威胁方法的，由公安机关依照《中华人民共和国治安管理处罚法》的规定处罚。

链接 《刑法》第277条；《治安管理处罚法》第50条

第六十一条 【国家机关工作人员的责任】 国家机关工作人员玩忽职守或者包庇经营者侵害消费者合法权益的行为的，由其所在单位或者上级机关给予行政处分；情节严重，构成犯罪的，依法追究刑事责任。

注释 玩忽职守是指国家行政机关的工作人员严重不负责任、不履行或不正确履行法定职责，致使公民、法人或者其他组织的合法权益、公共利益和社会秩序遭受损害或者损失的行为。

依据《公务员法》的规定，公务员处分的种类有警告、记过、记大过、降级、撤职、开除六种。如果国家机关工作人员为使不法经营者及其成员逃避查禁而有通风报信，隐匿、毁灭、伪造证据，阻止他人作证、检举揭发，指使他人作伪证，帮助逃匿，或者阻挠其他国家机关工作人员依法查禁等行为的，依法应当追究刑事责任。

链接 《公务员法》第61、62条；《刑法》第397、412、414条；《最高人民法院、最高人民检察院关于办理渎职刑事案件适用法律若干问题的解释（一）》第1条

第八章 附 则

第六十二条 【购买农业生产资料的参照执行】 农民购买、使用直接用于农业生产的生产资料，参照本法执行。

注释 根据本法第二条的规定，消费者只限于生活消费者，不包括生产消费者。农民为了生活需要购买商品无疑是生活消费者，可以受到《消费者权益保护法》的保护。但是，农民除了生活需要外，还作为个体生产者进行生产消费，如购买种子、农药、化肥等，直接用于生产。这种消费本不属于《消费者权益保护法》调整的范围，但在立法时考虑到我目前农业生产规模不大，生产单位以户为主，而且农民在购买、使用农业生产资料时，经常受到伪劣农药、种子的坑害，受害后由于各种原因，农民的合法权益难以得到有效的保护，因此本条规定，农民购买、使用直接用于农业生产的生产资料，参照本法执行，从而更好地维护农民在农业生产活动中的合法权益。根据这一规定，判定农民在购买生产资料时是否适用本法这一问题时，应当注意以下几个问题：农民购买的生产资料是用于农业生产，而不是用于其他用途，如果再用来转手出卖就不能适用本法；所购买的生产资料应当是直接用于农业生产，这里强调必须是"直接"，而不能是间接。

链接 本法第2条

第六十三条 【实施日期】 本法自1994年1月1日起施行。

中华人民共和国刑法(节录)

- 1979年7月1日第五届全国人民代表大会第二次会议通过
- 1997年3月14日第八届全国人民代表大会第五次会议修订
- 根据1998年12月29日第九届全国人民代表大会常务委员会第六次会议通过的《全国人民代表大会常务委员会关于惩治骗购外汇、逃汇和非法买卖外汇犯罪的决定》、1999年12月25日第九届全国人民代表大会常务委员会第十三次会议通过的《中华人民共和国刑法修正案》、2001年8月31日第九届全国人民代表大会常务委员会第二十三次会议通过的《中华人民共和国刑法修正案(二)》、2001年12月29日第九届全国人民代表大会常务委员会第二十五次会议通过的《中华人民共和国刑法修正案(三)》、2002年12月28日第九届全国人民代表大会常务委员会第三十一次会议通过的《中华人民共和国刑法修正案(四)》、2005年2月28日第十届全国人民代表大会常务委员会第十四次会议通过的《中华人民共和国刑法修正案(五)》、2006年6月29日第十届全国人民代表大会常务委员会第二十二次会议通过的《中华人民共和国刑法修正案(六)》、2009年2月28日第十一届全国人民代表大会常务委员会第七次会议通过的《中华人民共和国刑法修正案(七)》、2009年8月27日第十一届全国人民代表大会常务委员会第十次会议通过的《全国人民代表大会常务委员会关于修改部分法律的决定》、2011年2月25日第十一届全国人民代表大会常务委员会第十九次会议通过的《中华人民共和国刑法修正案(八)》、2015年8月29日第十二届全国人民代表大会常务委员会第十六次会议通过的《中华人民共和国刑法修正案(九)》、2017年11月4日第十二届全国人民代表大会常务委员会第三十次会议通过的《中华人民共和国刑法修正案(十)》和2020年12月26日第十三届全国人民代表大会常务委员会第二十四次会议通过的《中华人民共和国刑法修正案(十一)》修正)[1]

第三章 破坏社会主义市场经济秩序罪

第一节 生产、销售伪劣商品罪

第一百四十条 【生产、销售伪劣产品罪】生产者、销售者在产品中掺杂、掺假,以假充真,以次充好或者以不合格产品冒充合格产品,销售金额五万元以上不满二十万元的,处二年以下有期徒刑或者拘役,并处或者单处销售金额百分之五十以上二倍以下罚金;销售金额二十万元以上不满五十万元的,处二年以上七年以下有期徒刑,并处销售金额百分之五十以上二倍以下罚金;销售金额五十万元以上不满二百万元的,处七年以上有期徒刑,并处销售金额百分之五十以上二倍以下罚金;销售金额二百万元以上的,处十五年有期徒刑或者无期徒刑,并处销售金额百分之五十以上二倍以下罚金或者没收财产。

注释 根据本条的规定,生产、销售伪劣产品罪必须具备以下几个条件:

(1)生产者、销售者的主观方面是故意,如果行为人在主观上不是故意的,不知所售产品是次品,而当作正品出售了,应承担民事责任,不能作为犯罪处理。

(2)生产者、销售者在客观上实施了"在产品中掺杂、掺假,以假充真,以次充好或者以不合格产品冒充合格产品"等行为。"在产品中掺杂、掺假",是指在产品中掺入杂质或者异物,致使产品质量不符合国家法律、法规或者产品明示质量标准规定的质量要求,降低、失去产品应有使用性能的行为。"以假充真",是指以不具有某种使用性能的产品冒充具有该种使用性能的产品的行为。"以次充好",是指以低等级、低档次产品冒充高等级、高档次产品,或者以残次、废旧零配件组合、拼装后冒充正品或者新产品的行为。"不合格产品",是指不符合《产品质量法》第二十六条第二款规定的质量要求的产品。对上述行为难以确定的,应当委托法律、行政法规规定的产品质量检验机构进行鉴定。

---

[1] 刑法、历次刑法修正案、涉及修改刑法的决定的施行日期,分别依据各法律所规定的施行日期确定。
另,总则部分条文主旨为编者所加,分则部分条文主旨是根据司法解释确定罪名所加。

(3)生产者、销售者在产品中掺杂、掺假,以假充真,以次充好或者以不合格产品冒充合格产品,销售金额必须达到五万元以上,才构成犯罪,如果销售金额不足五万元的,不构成犯罪。

(4)生产、销售伪劣产品的犯罪主体是生产者、销售者,消费者不能构成本罪的主体。

"销售金额",是指生产者、销售者出售伪劣产品后所得和应得的全部违法收入。多次实施生产、销售伪劣产品行为,未经处理的,伪劣产品的销售金额累计计算。

链接 《最高人民法院、最高人民检察院关于办理生产、销售伪劣商品刑事案件具体应用法律若干问题的解释》第1、2、9—12条;《最高人民检察院、公安部关于公安机关管辖的刑事案件立案追诉标准的规定(一)》第16条;《最高人民法院、最高人民检察院关于办理非法生产、销售烟草专卖品等刑事案件具体应用法律若干问题的解释》第1、2条;《最高人民法院、最高人民检察院关于办理妨害预防、控制突发传染病疫情等灾害的刑事案件具体应用法律若干问题的解释》第2条;《最高人民法院关于审理生产、销售伪劣商品刑事案件有关鉴定问题的通知》

第一百四十一条 【生产、销售、提供假药罪】
生产、销售假药的,处三年以下有期徒刑或者拘役,并处罚金;对人体健康造成严重危害或者有其他严重情节的,处三年以上十年以下有期徒刑,并处罚金;致人死亡或者有其他特别严重情节的,处十年以上有期徒刑、无期徒刑或者死刑,并处罚金或者没收财产。[①]

药品使用单位的人员明知是假药而提供给他人使用的,依照前款的规定处罚。[②]

注释 生产、销售、提供假药罪有以下构成要件:(1)本罪不仅侵害了正常的药品生产、销售监管秩序,而且危及不特定多数人的生命健康。(2)本罪的主体可以是自然人,也可以是单位。根据刑法第一百五十条的规定,单位犯本罪的,对单位判处罚金,并对其直接负责的主管人员和其他直接责任人员,依照该条的规定处罚。(3)行为人在主观上只能是故意。(4)行为人必须实施了生产、销售、提供假药的行为。

根据本条第一款规定,只要实施了生产、销售假药的行为,即构成犯罪,并不要求一定要有实际的危害结果发生。鉴于本罪的极大危害性,刑法把对人体健康已造成严重危害后果的,作为一个加重处罚的情节。

《刑法修正案(十一)》删除本条原规定第二款:"本条所称假药,是指依照《中华人民共和国药品管理法》的规定属于假药和按假药处理的药品、非药品。"这一内容的删除将国外生产和销售,但在我国尚未取得药品批文的药品排除在假药之外。

关于本罪与其他相关罪名的关系等适用问题。2022年《最高人民法院、最高人民检察院关于办理危害药品安全刑事案件适用法律若干问题的解释》对以下问题作了专门规定:

第一,明知他人实施危害药品安全犯罪,而有下列情形之一的,以共同犯罪论处:(1)提供资金、贷款、账号、发票、证明、许可证件的;(2)提供生产、经营场所、设备或者运输、储存、保管、邮寄、销售渠道等便利条件的;(3)提供生产技术或者原料、辅料、包装材料、标签、说明书的;(4)提供虚假药物非临床研究报告、药物临床试验报告及相关材料的;(5)提供广告宣传的;(6)提供其他帮助的。

第二,依照处罚较重的规定定罪处罚的情形:实施生产、销售假药、劣药犯罪,同时又构成生产、销售、提供假药罪、生产、销售、提供劣药罪或者其他犯罪的,依照处罚较重的规定定罪处罚。

第三,广告主、广告经营者、广告发布者违反国家规定,利用广告对药品作虚假宣传,情节严重的,依照《刑法》第二百二十二条的规定,以虚假广告罪定罪处罚。

[①] 根据2011年2月25日《中华人民共和国刑法修正案(八)》修改。原第一款条文为:"生产、销售假药,足以严重危害人体健康的,处三年以下有期徒刑或者拘役,并处或者单处销售金额百分之五十以上二倍以下罚金;对人体健康造成严重危害的,处三年以上十年以下有期徒刑,并处销售金额百分之五十以上二倍以下罚金;致人死亡或者对人体健康造成特别严重危害的,处十年以上有期徒刑、无期徒刑或者死刑,并处销售金额百分之五十以上二倍以下罚金或者没收财产。"

[②] 根据2020年12月26日《中华人民共和国刑法修正案(十一)》修改。原文为:"生产、销售假药的,处三年以下有期徒刑或者拘役,并处罚金;对人体健康造成严重危害或者有其他严重情节的,处三年以上十年以下有期徒刑,并处罚金;致人死亡或者有其他特别严重情节的,处十年以上有期徒刑、无期徒刑或者死刑,并处罚金或者没收财产。

"本条所称假药,是指依照《中华人民共和国药品管理法》的规定属于假药和按假药处理的药品、非药品。"

链接 《药品管理法》第48、73条;《最高人民法院、最高人民检察院关于办理危害药品安全刑事案件适用法律若干问题的解释》;《最高人民检察院、公安部关于公安机关管辖的刑事案件立案追诉标准的规定(一)》第17条

第一百四十二条 【生产、销售、提供劣药罪】 生产、销售劣药,对人体健康造成严重危害的,处三年以上十年以下有期徒刑,并处罚金;后果特别严重的,处十年以上有期徒刑或者无期徒刑,并处罚金或者没收财产。

药品使用单位的人员明知是劣药而提供给他人使用的,依照前款的规定处罚。①

注释 生产、销售、提供劣药,必须要有对人体健康造成严重危害的后果,才构成犯罪,这也是本罪与生产、销售、提供假药罪在犯罪构成上最大的不同。生产、销售假药,只要实施了生产、销售、提供假药的行为,不必有危害人体健康的结果发生,就构成犯罪;而生产、销售、提供劣药,必须对人体造成严重危害的才能构成犯罪。根据司法实践,"对人体健康造成严重危害",是指生产、销售、提供的劣药被使用后,造成轻伤、重伤、轻度残疾、中度残疾、器官组织损伤导致一般功能障碍或严重功能障碍等严重后果。

注意区分本罪与其他罪的区别。(1)与神汉、巫婆利用迷信手段骗取财物的区别:二者除犯罪主体不同外,在客观方面,本罪有生产、销售、提供劣药行为,而神汉、巫婆则是利用迷信手段,把根本不具备药品效能和外观、包装的物品当成是药品进行诈骗钱财,其所利用的不是人们认为药品可以治病的科学心理,而是利用人们的愚昧、迷信心理。(2)与生产、销售伪劣产品罪的区别:如果生产、销售劣药行为同时触犯了两种罪名,则按处刑较重的罪处罚;如果生产、销售劣药没有对人体造成严重危害的后果,而销售金额在五万元以上,则不构成生产、销售、提供劣药罪,而应以生产、销售伪劣产品罪处罚。

链接 《药品管理法》第49、75、76条;《最高人民法院、最高人民检察院关于办理妨害预防、控制突发传染病疫情等灾害的刑事案件具体应用法律若干问题的解释》第2条;《最高人民检察院、公安部关于公安机关管辖的刑事案件立案追诉标准的规定(一)》第18条;《最高人民法院、最高人民检察院关于办理危害药品安全刑事案件适用法律若干问题的解释》

第一百四十二条之一 【妨害药品管理罪】 违反药品管理法规,有下列情形之一,足以严重危害人体健康的,处三年以下有期徒刑或者拘役,并处或者单处罚金;对人体健康造成严重危害或者有其他严重情节的,处三年以上七年以下有期徒刑,并处罚金:

(一)生产、销售国务院药品监督管理部门禁止使用的药品的;

(二)未取得药品相关批准证明文件生产、进口药品或者明知是上述药品而销售的;

(三)药品申请注册中提供虚假的证明、数据、资料、样品或者采取其他欺骗手段的;

(四)编造生产、检验记录的。

有前款行为,同时又构成本法第一百四十一条、第一百四十二条规定之罪或者其他犯罪的,依照处罚较重的规定定罪处罚。②

第一百四十三条 【生产、销售不符合安全标准的食品罪】 生产、销售不符合食品安全标准的食品,足以造成严重食物中毒事故或者其他严重食源性疾病的,处三年以下有期徒刑或者拘役,并处罚金;对人体健康造成严重危害或者有其他严重情节的,处三年以上七年以下有期徒刑,并处罚金;后果特别严重的,处七年以上有期徒刑或者无期徒刑,并处罚金或者没收财产。③

注释 根据本条规定,生产、销售不符合安全标准的食品罪必须具备以下几个构成要件:

---

① 根据2020年12月26日《中华人民共和国刑法修正案(十一)》修改。原条文为:"生产、销售劣药,对人体健康造成严重危害的,处三年以上十年以下有期徒刑,并处销售金额百分之五十以上二倍以下罚金;后果特别严重的,处十年以上有期徒刑或者无期徒刑,并处销售金额百分之五十以上二倍以下罚金或者没收财产。"
"本条所称劣药,是指依照《中华人民共和国药品管理法》的规定属于劣药的药品。"

② 根据2020年12月26日《中华人民共和国刑法修正案(十一)》增加。

③ 根据2011年2月25日《中华人民共和国刑法修正案(八)》修改。原条文为:"生产、销售不符合卫生标准的食品,足以造成严重食物中毒事故或者其他严重食源性疾患的,处三年以下有期徒刑或者拘役,并处或者单处销售金额百分之五十以上二倍以下罚金;对人体健康造成严重危害的,处三年以上七年以下有期徒刑,并处销售金额百分之五十以上二倍以下罚金;后果特别严重的,处七年以上有期徒刑或者无期徒刑,并处销售金额百分之五十以上二倍以下罚金或者没收财产。"

1. 行为人在主观上是故意，即故意生产、销售不符合食品安全标准的食品。

2. 行为人有生产、销售不符合食品安全标准的食品的行为。这里的"食品"，是指各种供人食用或者饮用的成品和原料以及按照传统既是食品又是药品的物品，但是不包括以治疗为目的的物品。根据《食品安全法》的规定，"不符合食品安全标准的食品"主要是指：（1）用非食品原料生产的食品或者添加食品添加剂以外的化学物质和其他可能危害人体健康物质的食品，或者用回收食品作为原料生产的食品；（2）致病性微生物，农药残留、兽药残留、生物毒素、重金属等污染物质以及其他危害人体健康的物质含量超过食品安全标准限量的食品、食品添加剂、食品相关产品；（3）用超过保质期的食品原料、食品添加剂生产的食品、食品添加剂；（4）超范围、超限量使用食品添加剂的食品；（5）营养成分不符合食品安全标准的专供婴幼儿和其他特定人群的主辅食品；（6）腐败变质、油脂酸败、霉变生虫、污秽不洁、混有异物、掺假掺杂或者感官性状异常的食品、食品添加剂；（7）病死、毒死或者死因不明的禽、畜、兽、水产动物肉类及其制品；（8）未按规定进行检疫或者检疫不合格的肉类，或者未经检验或者检验不合格的肉类制品；（9）被包装材料、容器、运输工具等污染的食品、食品添加剂；（10）标注虚假生产日期、保质期或者超过保质期的食品、食品添加剂；（11）无标签的预包装食品、食品添加剂；（12）国家为防病等特殊需要明令禁止生产经营的食品；（13）其他不符合法律、法规或者食品安全标准的食品、食品添加剂、食品相关产品。

3. 生产、销售不符合安全标准的食品，足以造成严重食物中毒事故或者其他食源性疾病。根据食品安全法的规定，"食源性疾病"，是指食品中致病因素进入人体引起的感染性、中毒性等疾病，包括食物中毒。

链接《食品安全法》第24—32条；《食品安全法实施条例》第10—14条；《最高人民法院关于审理生产、销售伪劣商品刑事案件有关鉴定问题的通知》

第3条；《最高人民法院、最高人民检察院关于办理生产、销售伪劣商品刑事案件具体应用法律若干问题的解释》第4条；《最高人民检察院、公安部关于公安机关管辖的刑事案件立案追诉标准的规定（一）》第19条；《最高人民法院、最高人民检察院关于办理危害食品安全刑事案件适用法律若干问题的解释》；《最高人民法院关于审理走私、非法经营、非法使用兴奋剂刑事案件适用法律若干问题的解释》第5条

第一百四十四条 【生产、销售有毒、有害食品罪】在生产、销售的食品中掺入有毒、有害的非食品原料的，或者销售明知掺有有毒、有害的非食品原料的食品的，处五年以下有期徒刑，并处罚金；对人体健康造成严重危害或者有其他严重情节的，处五年以上十年以下有期徒刑，并处罚金；致人死亡或者有其他特别严重情节的，依照本法第一百四十一条的规定处罚。①

注释 本罪与其他罪的区别：（1）与生产、销售不符合食品安全标准的食品罪的区别。生产、销售不符合食品安全标准的食品罪在食品中掺入的原料也可能有毒有害，但其本身是食品原料，其毒害性是由于食品原料污染或者腐败变质所引起的，而生产、销售有毒、有害食品罪往食品中掺入的则是有毒、有害的非食品原料。（2）与故意投放危险物质罪的区别。投放危险物质罪的目的是造成不特定多数人死亡或伤亡，而生产、销售有毒、有害食品罪的目的则是获取非法利润，行为人对在食品中掺入有毒、有害非食品原料虽然是明知的，但并不追求致人伤亡的危害结果的发生。（3）与过失投放危险物质罪的区别主要在于主观心理状态不同。过失投放危险物质罪不是故意在食品中掺入有毒害性的非食品原料，而是疏忽大意或者过于自信造成的；而生产、销售有毒、有害食品罪则是故意在食品中掺入有毒害性的非食品原料。

链接《最高人民法院、最高人民检察院关于办理生产、销售伪劣商品刑事案件具体应用法律若干问题的解释》第5条；《最高人民法院关于审理走

---

① 根据2011年2月25日《中华人民共和国刑法修正案（八）》修改。原条文为："在生产、销售的食品中掺入有毒、有害的非食品原料的，或者销售明知掺有有毒、有害的非食品原料的食品的，处五年以下有期徒刑或者拘役，并处或者单处销售金额百分之五十以上二倍以下罚金；造成严重食物中毒事故或者其他严重食源性疾患，对人体健康造成严重危害的，处五年以上十年以下有期徒刑，并处销售金额百分之五十以上二倍以下罚金；致人死亡或者对人体健康造成特别严重危害的，依照本法第一百四十一条的规定处罚。"

私、非法经营、非法使用兴奋剂刑事案件适用法律若干问题的解释》第5条;《最高人民法院、最高人民检察院关于办理非法生产、销售、使用禁止在饲料和动物饮用水中使用的药品等刑事案件具体应用法律若干问题的解释》第3、4条;《最高人民检察院、公安部关于公安机关管辖的刑事案件立案追诉标准的规定(一)》第20条

第一百四十五条 【生产、销售不符合标准的医用器材罪】生产不符合保障人体健康的国家标准、行业标准的医疗器械、医用卫生材料,或者销售明知是不符合保障人体健康的国家标准、行业标准的医疗器械、医用卫生材料,足以严重危害人体健康的,处三年以下有期徒刑或者拘役,并处销售金额百分之五十以上二倍以下罚金;对人体健康造成严重危害的,处三年以上十年以下有期徒刑,并处销售金额百分之五十以上二倍以下罚金;后果特别严重的,处十年以上有期徒刑或者无期徒刑,并处销售金额百分之五十以上二倍以下罚金或者没收财产。①

链接 《最高人民法院、最高人民检察院关于办理妨害预防、控制突发传染病疫情等灾害的刑事案件具体应用法律若干问题的解释》第3条;《最高人民法院、最高人民检察院关于办理生产、销售伪劣商品刑事案件具体应用法律若干问题的解释》第6条;《最高人民检察院、公安部关于公安机关管辖的刑事案件立案追诉标准的规定(一)》第21条

第一百四十六条 【生产、销售不符合安全标准的产品罪】生产不符合保障人身、财产安全的国家标准、行业标准的电器、压力容器、易燃易爆产品或者其他不符合保障人身、财产安全的国家标准、行业标准的产品,或者销售明知是以上不符合保障人身、财产安全的国家标准、行业标准的产品,造成严重后果的,处五年以下有期徒刑,并处销售金额百分之五十以上二倍以下罚金;后果特别严重的,处五年以上有期徒刑,并处销售金额百分之五十以上二倍以下罚金。

注释 本罪与生产、销售伪劣产品罪的界限:生产、销售不符合安全标准的电器、压力容器、易燃易爆产品的行为,同时触犯两个罪名的,按处刑较重的罪处罚。如果生产、销售不符合安全标准的电器、压力容器、易燃易爆产品的行为没有造成严重后果,不构成本罪,但销售金额在五万元以上的,应按生产、销售伪劣产品罪处罚。

第一百四十七条 【生产、销售伪劣农药、兽药、化肥、种子罪】生产假农药、假兽药、假化肥,销售明知是假的或者失去使用效能的农药、兽药、化肥、种子,或者生产者、销售者以不合格的农药、兽药、化肥、种子冒充合格的农药、兽药、化肥、种子,使生产遭受较大损失的,处三年以下有期徒刑或者拘役,并处或者单处销售金额百分之五十以上二倍以下罚金;使生产遭受重大损失的,处三年以上七年以下有期徒刑,并处销售金额百分之五十以上二倍以下罚金;使生产遭受特别重大损失的,处七年以上有期徒刑或者无期徒刑,并处销售金额百分之五十以上二倍以下罚金或者没收财产。

注释 本条规定的生产、销售伪劣农药、兽药、化肥、种子罪中"使生产遭受较大损失",一般以二万元为起点;"重大损失",一般以十万元为起点;"特别重大损失",一般以五十万元为起点。

本罪与其他罪的区别:(1)与破坏生产经营罪的区别。本罪的目的是非法牟利,采取的方式是生产、销售伪劣农药、兽药、化肥和种子;而破坏生产经营罪则是由于泄愤报复或者其他个人目的,采取的方式是毁坏机器设备、残害耕畜或其他方法。(2)与生产、销售伪劣产品罪的区别。生产、销售伪劣农药、兽药、化肥、种子行为,如果同时触犯两个罪名,按处刑较重的罪处罚。如果实施以上行为,未使生产遭受较大损失,但销售金额在五万元以上的,按生产、销售伪劣产品罪定罪处罚。

链接 《最高人民法院、最高人民检察院关于办理生产、销售伪劣商品刑事案件具体应用法律若干问题的解释》第7条;《最高人民检察院、公安部关于公安机关管辖的刑事案件立案追诉标准的规定(一)》第23条;《最高人民法院关于进一步加强涉种子刑事审判工作的指导意见》

---

① 根据2002年12月28日《中华人民共和国刑法修正案(四)》修改。原条文为:"生产不符合保障人体健康的国家标准、行业标准的医疗器械、医用卫生材料,或者销售明知是不符合保障人体健康的国家标准、行业标准的医疗器械、医用卫生材料,对人体健康造成严重危害的,处五年以下有期徒刑,并处销售金额百分之五十以上二倍以下罚金;后果特别严重的,处五年以上十年以下有期徒刑,并处销售金额百分之五十以上二倍以下罚金,其中情节特别恶劣的,处十年以上有期徒刑或者无期徒刑,并处销售金额百分之五十以上二倍以下罚金或者没收财产。"

第一百四十八条 【生产、销售不符合卫生标准的化妆品罪】生产不符合卫生标准的化妆品,或者销售明知是不符合卫生标准的化妆品,造成严重后果的,处三年以下有期徒刑或者拘役,并处或者单处销售金额百分之五十以上二倍以下罚金。

注释 生产、销售不符合卫生标准的化妆品,如果没有造成严重后果,但销售金额在五万元以上的,虽不构成本罪,但仍构成生产、销售伪劣产品罪。如果生产、销售不符合卫生标准的化妆品,同时触犯两种罪名,则应按处刑较重的罪处罚。

第一百四十九条 【对生产、销售伪劣商品行为的法条适用】生产、销售本节第一百四十一条至第一百四十八条所列产品,不构成各该条规定的犯罪,但是销售金额在五万元以上的,依照本节第一百四十条的规定定罪处罚。

生产、销售本节第一百四十一条至第一百四十八条所列产品,构成各该条规定的犯罪,同时又构成本节第一百四十条规定之罪的,依照处罚较重的规定定罪处罚。

注释 本条是对生产、销售伪劣商品行为的法条适用原则的规定。对生产、销售伪劣商品罪应注意:(1)知道或者应当知道他人实施生产、销售伪劣商品犯罪,而为其提供贷款、资金、账号、发票、证明、许可证件,或者提供生产、经营场所或者运输、仓储、保管、邮寄等便利条件,或者提供制假生产技术的,以生产、销售伪劣商品犯罪的共犯论处。(2)实施生产、销售伪劣商品犯罪,同时构成侵犯知识产权、非法经营等其他犯罪的,依照处罚较重的规定定罪处罚。(3)实施第一百四十条至第一百四十八条规定的犯罪,又以暴力、威胁方法抗拒查处,构成其他犯罪的,依照数罪并罚的规定处罚。(4)国家机关工作人员参与生产、销售伪劣商品犯罪的,从重处罚。

链接《最高人民法院、最高人民检察院关于办理生产、销售伪劣商品刑事案件具体应用法律若干问题的解释》

第一百五十条 【单位犯本节规定之罪的处理】单位犯本节第一百四十条至第一百四十八条规定之罪的,对单位判处罚金,并对其直接负责的主管人员和其他直接责任人员,依照各该条的规定处罚。

……

第一百六十五条 【非法经营同类营业罪】国有公司、企业的董事、经理利用职务便利,自己经营或者为他人经营与其所任职公司、企业同类的营业,获取非法利益,数额巨大的,处三年以下有期徒刑或者拘役,并处或者单处罚金;数额特别巨大的,处三年以上七年以下有期徒刑,并处罚金。

注释 根据本条规定,非法经营同类营业罪在犯罪构成上具有以下特征:(1)本罪的主体是特殊主体,即国有公司、企业的董事、经理。(2)本罪在客观方面表现为行为人利用职务便利,自己经营或者为他人经营与所任职公司、企业同类的营业,获取非法利益的行为。(3)国有公司、企业的董事、经理非法经营同类营业,获取非法利益,数额巨大的,才构成犯罪。

……

第三百九十七条 【滥用职权罪】【玩忽职守罪】国家机关工作人员滥用职权或者玩忽职守,致使公共财产、国家和人民利益遭受重大损失的,处三年以下有期徒刑或者拘役;情节特别严重的,处三年以上七年以下有期徒刑。本法另有规定的,依照规定。

国家机关工作人员徇私舞弊,犯前款罪的,处五年以下有期徒刑或者拘役;情节特别严重的,处五年以上十年以下有期徒刑。本法另有规定的,依照规定。

注释 在依照法律、法规规定行使国家行政管理职权的组织中从事公务的人员,或者在受国家机关委托代表国家机关行使职权的组织中从事公务的人员,或者虽未列入国家机关人员编制但在国家机关中从事公务的人员,在代表国家机关行使职权时,有渎职行为,构成犯罪的,依照刑法关于渎职罪的规定追究刑事责任。

此外,在适用本条规定时,还应注意:

渎职犯罪行为造成的公共财产重大损失的认定。根据刑法规定,玩忽职守、滥用职权等渎职犯罪是以致使公共财产、国家和人民利益遭受重大损失为构成要件的。其中,公共财产的重大损失,通常是指渎职行为已经造成的重大经济损失。"经济损失",是指渎职犯罪或者与渎职犯罪相关联的犯罪立案时已经实际造成的财产损失,包括为挽回渎职犯罪所造成损失而支付的各种开支、费用等。立案后至提起公诉前持续发生的经济损失,应一并计入渎职犯罪造成的经济损失。债务人经法定程序被宣告破产,债务人潜逃,去向不明,或者因行为人的责任超过诉讼时效等,致使债权已经无法实现的,无法实现的债权部分应当认定为渎职犯罪的经济损失。

渎职犯罪或者与渎职犯罪相关联的犯罪立案后,犯罪分子及其亲友自行挽回的经济损失,司法机关或者犯罪分子所在单位及其上级主管部门挽回的经济损失,或者因客观原因减少的经济损失,不予扣减,但可以作为酌定从轻处罚的情节。

玩忽职守罪的追诉时效。玩忽职守行为造成的重大损失当时没有发生,而是玩忽职守行为之后一定时间发生的,应从危害结果发生之日起计算玩忽职守罪的追诉期限。

滥用职权行为和玩忽职守行为是渎职犯罪中最典型的两种行为,两种行为的构成要件,除客观方面不一样以外,其他均相同,在实践中正确认定和区分这两种犯罪具有重要意义。

滥用职权罪和玩忽职守罪具有以下共同特征:(1)滥用职权罪和玩忽职守罪侵犯的客体均是国家机关的正常管理活动。虽然滥用职权和玩忽职守行为往往还同时侵犯了公民权利或者社会主义市场经济秩序,但两罪所侵犯的主要客体还是国家机关的正常管理活动。(2)两罪的犯罪主体均为国家机关工作人员。(3)滥用职权和玩忽职守的行为只有"致使公共财产、国家和人民利益遭受重大损失"的,才能构成犯罪。是否造成"重大损失"是区分罪与非罪的重要标准,未造成重大损失的,属于一般工作过失的渎职行为,可以由有关部门给予批评教育或者行政处分。"致使公共财产、国家和人民利益遭受重大损失"的具体标准,可参考《最高人民检察院关于渎职侵权犯罪案件立案标准的规定》有关滥用职权案和玩忽职守案立案标准的规定。

两罪在客观方面有明显的不同:滥用职权罪客观方面表现为违反或者超越法律规定的权限和程序而使用手中的职权,致使公共财产、国家和人民利益遭受重大损失的行为。滥用职权的行为,必须是行为人手中有"权",并且滥用权力与危害结果有直接的因果关系,如果行为人手中并无此权力,或者虽然有权但行使权力与危害结果没有直接的因果关系,则不能构成本罪,而应当按照其他规定处理。玩忽职守罪客观方面表现为不履行、不正确履行或者放弃履行职责,致使公共财产、国家和人民利益遭受重大损失的行为。玩忽职守的行为,必须是违反国家的工作纪律和规章制度的行为,通常表现是工作马虎草率,极端不负责任;或是放弃职守,对自己应当负责的工作撒手不管等。

实务问答 122. 合同制民警能否成为玩忽职守罪主体?

根据《刑法》第九十三条第二款的规定,合同制民警在依法执行公务期间,属其他依照法律从事公务的人员,应以国家机关工作人员论。对合同制民警在依法执行公务活动中的玩忽职守行为,符合《刑法》第三百九十七条规定的玩忽职守罪构成要件的,依法以玩忽职守罪追究刑事责任。(《最高人民检察院关于合同制民警能否成为玩忽职守罪主体问题的批复》)

123. 属工人编制的乡(镇)工商所所长能否依照本条的规定追究刑事责任?

根据《刑法》第九十三条第二款的规定,经人事部门任命,但为工人编制的乡(镇)工商所所长,依法履行工商行政管理职责时,属其他依照法律从事公务的人员,应以国家机关工作人员论。如果玩忽职守,致使公共财产、国家和人民利益遭受重大损失,可适用《刑法》第三百九十七条的规定,以玩忽职守罪追究刑事责任。(《最高人民检察院关于属工人编制的乡(镇)工商所所长能否依照刑法第三百九十七条的规定追究刑事责任问题的批复》)

链接《全国人民代表大会常务委员会关于〈中华人民共和国刑法〉第九章渎职罪主体适用问题的解释》;《最高人民检察院关于渎职侵权犯罪案件立案标准的规定》;《最高人民法院、最高人民检察院关于办理渎职刑事案件适用法律若干问题的解释(一)》;《全国法院审理经济犯罪案件工作座谈会纪要》六
……

第四百零八条之一 【食品、药品监管渎职罪】负有食品药品安全监督管理职责的国家机关工作人员,滥用职权或者玩忽职守,有下列情形之一,造成严重后果或者有其他严重情节的,处五年以下有期徒刑或者拘役;造成特别严重后果或者有其他特别严重情节的,处五年以上十年以下有期徒刑:

(一)瞒报、谎报食品安全事故、药品安全事件的;

(二)对发现的严重食品药品安全违法行为未

按规定查处的;

(三)在药品和特殊食品审批审评过程中,对不符合条件的申请准予许可的;

(四)依法应当移交司法机关追究刑事责任不移交的;

(五)有其他滥用职权或者玩忽职守行为的。①

徇私舞弊犯前款罪的,从重处罚。②

链接 《最高人民法院、最高人民检察院关于办理危害食品安全刑事案件适用法律若干问题的解释》第20条

国务院关于加强食品等产品安全监督管理的特别规定

- 2007年7月25日国务院第186次常务会议通过
- 2007年7月26日国务院令第503号公布
- 自公布之日起施行

第一条 为了加强食品等产品安全监督管理,进一步明确生产经营者、监督管理部门和地方人民政府的责任,加强各监督管理部门的协调、配合,保障人体健康和生命安全,制定本规定。

第二条 本规定所称产品除食品外,还包括食用农产品、药品等与人体健康和生命安全有关的产品。

对产品安全监督管理,法律有规定的,适用法律规定;法律没有规定或者规定不明确的,适用本规定。

第三条 生产经营者应当对其生产、销售的产品安全负责,不得生产、销售不符合法定要求的产品。

依照法律、行政法规规定生产、销售产品需要取得许可证照或者需要经过认证的,应当按照法定条件、要求从事生产经营活动。不按照法定条件、要求从事生产经营活动或者生产、销售不符合法定要求产品的,由农业、卫生、质检、商务、工商、药品等监督管理部门依据各自职责,没收违法所得、产品和用于违法生产的工具、设备、原材料等物品,货值金额不足5000元的,并处5万元罚款;货值金额5000元以上不足1万元的,并处10万元罚款;货值金额1万元以上的,并处货值金额10倍以上20倍以下的罚款;造成严重后果的,由原发证部门吊销许可证照;构成非法经营罪或者生产、销售伪劣商品罪等犯罪的,依法追究刑事责任。

生产经营者不再符合法定条件、要求,继续从事生产经营活动的,由原发证部门吊销许可证照,并在当地主要媒体上公告被吊销许可证照的生产经营者名单;构成非法经营罪或者生产、销售伪劣商品罪等犯罪的,依法追究刑事责任。

依法应当取得许可证照而未取得许可证照从事生产经营活动的,由农业、卫生、质检、商务、工商、药品等监督管理部门依据各自职责,没收违法所得、产品和用于违法生产的工具、设备、原材料等物品,货值金额不足1万元的,并处10万元罚款;货值金额1万元以上的,并处货值金额10倍以上20倍以下的罚款;构成非法经营罪的,依法追究刑事责任。

有关行业协会应当加强行业自律,监督生产经营者的生产经营活动;加强公众健康知识的普及、宣传,引导消费者选择合法生产经营者生产、销售的产品以及有合法标识的产品。

第四条 生产者生产产品所使用的原料、辅料、添加剂、农业投入品,应当符合法律、行政法规的规定和国家强制性标准。

违反前款规定,违法使用原料、辅料、添加剂、农业投入品的,由农业、卫生、质检、商务、药品等监督管理部门依据各自职责没收违法所得,货值金额不足5000元的,并处2万元罚款;货值金额5000元以上不足1万元的,并处5万元罚款;货值金额1万元以上的,并处货值金额5倍以上10倍以下的罚款;造成严重后果的,由原发证部门吊销许可证照;构成生产、销售伪劣商品罪的,依法追究刑事责任。

第五条 销售者必须建立并执行进货检查验收制度,审验供货商的经营资格,验明产品合格证

---

① 根据2020年12月26日《中华人民共和国刑法修正案(十一)》修改。原第一款条文为:"负有食品安全监督管理职责的国家机关工作人员,滥用职权或者玩忽职守,导致发生重大食品安全事故或者造成其他严重后果的,处五年以下有期徒刑或者拘役;造成特别严重后果的,处五年以上十年以下有期徒刑。"

② 根据2011年2月25日《中华人民共和国刑法修正案(八)》增加。

明和产品标识,并建立产品进货台账,如实记录产品名称、规格、数量、供货商及其联系方式、进货时间等内容。从事产品批发业务的销售企业应当建立产品销售台账,如实记录批发的产品品种、规格、数量、流向等内容。在产品集中交易场所销售自制产品的生产企业应当比照从事产品批发业务的销售企业的规定,履行建立产品销售台账的义务。进货台账和销售台账保存期限不得少于2年。销售者应当向供货商按照产品生产批次索要符合法定条件的检验机构出具的检验报告或者由供货商签字或者盖章的检验报告复印件;不能提供检验报告或者检验报告复印件的产品,不得销售。

违反前款规定的,由工商、药品监督管理部门依据各自职责责令停止销售;不能提供检验报告或者检验报告复印件销售产品的,没收违法所得和违法销售的产品,并处货值金额3倍的罚款;造成严重后果的,由原发证部门吊销许可证照。

第六条 产品集中交易市场的开办企业、产品经营柜台出租企业、产品展销会的举办企业,应当审查入场销售者的经营资格,明确入场销售者的产品安全管理责任,定期对入场销售者的经营环境、条件、内部安全管理制度和经营产品是否符合法定要求进行检查,发现销售不符合法定要求产品或者其他违法行为的,应当及时制止并立即报告所在地工商行政管理部门。

违反前款规定的,由工商行政管理部门处以1000元以上5万元以下的罚款;情节严重的,责令停业整顿;造成严重后果的,吊销营业执照。

第七条 出口产品的生产经营者应当保证其出口产品符合进口国(地区)的标准或者合同要求。法律规定产品必须经过检验方可出口的,应当经符合法律规定的机构检验合格。

出口产品检验人员应当依照法律、行政法规规定和有关标准、程序、方法进行检验,对其出具的检验证单等负责。

出入境检验检疫机构和商务、药品等监督管理部门应当建立出口产品的生产经营者良好记录和不良记录,并予以公布。对有良好记录的出口产品的生产经营者,简化检验检疫手续。

出口产品的生产经营者逃避产品检验或者弄虚作假的,由出入境检验检疫机构和药品监督管理部门依据各自职责,没收违法所得和产品,并处货值金额3倍的罚款;构成犯罪的,依法追究刑事责任。

第八条 进口产品应当符合我国国家技术规范的强制性要求以及我国与出口国(地区)签订的协议规定的检验要求。

质检、药品监督管理部门依据生产经营者的诚信度和质量管理水平以及进口产品风险评估的结果,对进口产品实施分类管理,并对进口产品的收货人实施备案管理。进口产品的收货人应当如实记录进口产品流向。记录保存期限不得少于2年。

质检、药品监督管理部门发现不符合法定要求产品时,可以将不符合法定要求产品的进货人、报检人、代理人列入不良记录名单。进口产品的进货人、销售者弄虚作假的,由质检、药品监督管理部门依据各自职责,没收违法所得和产品,并处货值金额3倍的罚款;构成犯罪的,依法追究刑事责任。进口产品的报检人、代理人弄虚作假的,取消报检资格,并处货值金额等值的罚款。

第九条 生产企业发现其生产的产品存在安全隐患,可能对人体健康和生命安全造成损害的,应当向社会公布有关信息,通知销售者停止销售,告知消费者停止使用,主动召回产品,并向有关监督管理部门报告;销售者应当立即停止销售该产品。销售者发现其销售的产品存在安全隐患,可能对人体健康和生命安全造成损害的,应当立即停止销售该产品,通知生产企业或者供货商,并向有关监督管理部门报告。

生产企业和销售者不履行前款规定义务的,由农业、卫生、质检、商务、工商、药品等监督管理部门依据各自职责,责令生产企业召回产品、销售者停止销售,对生产企业并处货值金额3倍的罚款,对销售者并处1000元以上5万元以下的罚款;造成严重后果的,由原发证部门吊销许可证照。

第十条 县级以上地方人民政府应当将产品安全监督管理纳入政府工作考核目标,对本行政区域内的产品安全监督管理负总责,统一领导、协调本行政区域内的监督管理工作,建立健全监督管理协调机制,加强对行政执法的协调、监督;统一领导、指挥产品安全突发事件应对工作,依法组织查处产品安全事故;建立监督管理责任制,对各监督管理部门进行评议、考核。质检、工商和药品等监督管理部门应当在所在地同级人民政府的统一协调下,依法做好产品安全监督管理工作。

县级以上地方人民政府不履行产品安全监督

管理的领导、协调职责,本行政区域内一年多次出现产品安全事故、造成严重社会影响的,由监察机关或者任免机关对政府的主要负责人和直接负责的主管人员给予记大过、降级或者撤职的处分。

第十一条 国务院质检、卫生、农业等主管部门在各自职责范围内尽快制定、修改或者起草相关国家标准,加快建立统一管理、协调配套、符合实际、科学合理的产品标准体系。

第十二条 县级以上人民政府及其部门对产品安全实施监督管理,应当按照法定权限和程序履行职责,做到公开、公平、公正。对生产经营者同一违法行为,不得给予2次以上罚款的行政处罚;对涉嫌构成犯罪、依法需要追究刑事责任的,应当依照《行政执法机关移送涉嫌犯罪案件的规定》,向公安机关移送。

农业、卫生、质检、商务、工商、药品等监督管理部门应当依据各自职责对生产经营者进行监督检查,并对其遵守强制性标准、法定要求的情况予以记录,由监督检查人员签字后归档。监督检查记录应当作为其直接负责主管人员定期考核的内容。公众有权查阅监督检查记录。

第十三条 生产经营者有下列情形之一的,农业、卫生、质检、商务、工商、药品等监督管理部门应当依据各自职责采取措施,纠正违法行为,防止或者减少危害发生,并依照本规定予以处罚:

(一)依法应当取得许可证照而未取得许可证照从事生产经营活动的;

(二)取得许可证照或者经过认证后,不按照法定条件、要求从事生产经营活动或者生产、销售不符合法定要求产品的;

(三)生产经营者不再符合法定条件、要求继续从事生产经营活动的;

(四)生产者生产产品不按照法律、行政法规的规定和国家强制性标准使用原料、辅料、添加剂、农业投入品的;

(五)销售者没有建立并执行进货检查验收制度,并建立产品进货台账的;

(六)生产企业和销售者发现其生产、销售的产品存在安全隐患,可能对人体健康和生命安全造成损害,不履行本规定的义务的;

(七)生产经营者违反法律、行政法规和本规定的其他有关规定的。

农业、卫生、质检、商务、工商、药品等监督管理部门不履行前款规定职责、造成后果的,由监察机关或者任免机关对其主要负责人、直接负责的主管人员和其他直接责任人员给予记大过或者降级的处分;造成严重后果的,给予其主要负责人、直接负责的主管人员和其他直接责任人员撤职或者开除的处分;其主要负责人、直接负责的主管人员和其他直接责任人员构成渎职罪的,依法追究刑事责任。

违反本规定,滥用职权或者有其他渎职行为的,由监察机关或者任免机关对其主要负责人、直接负责的主管人员和其他直接责任人员给予记过或者记大过的处分;造成严重后果的,给予其主要负责人、直接负责的主管人员和其他直接责任人员降级或者撤职的处分;其主要负责人、直接负责的主管人员和其他直接责任人员构成渎职罪的,依法追究刑事责任。

第十四条 农业、卫生、质检、商务、工商、药品等监督管理部门发现违反本规定的行为,属于其他监督管理部门职责的,应当立即书面通知并移交有权处理的监督管理部门处理。有权处理的部门应当立即处理,不得推诿;因不立即处理或者推诿造成后果的,由监察机关或者任免机关对其主要负责人、直接负责的主管人员和其他直接责任人员给予记大过或者降级的处分。

第十五条 农业、卫生、质检、商务、工商、药品等监督管理部门履行各自产品安全监督管理职责,有下列职权:

(一)进入生产经营场所实施现场检查;

(二)查阅、复制、查封、扣押有关合同、票据、账簿以及其他有关资料;

(三)查封、扣押不符合法定要求的产品,违法使用的原料、辅料、添加剂、农业投入品以及用于违法生产的工具、设备;

(四)查封存在危害人体健康和生命安全重大隐患的生产经营场所。

第十六条 农业、卫生、质检、商务、工商、药品等监督管理部门应当建立生产经营者违法行为记录制度,对违法行为的情况予以记录并公布;对多次违法行为记录的生产经营者,吊销许可证照。

第十七条 检验检测机构出具虚假检验报告,造成严重后果的,由授予其资质的部门吊销其检验检测资质;构成犯罪的,对直接负责的主管人员和其他直接责任人员依法追究刑事责任。

第十八条 发生产品安全事故或者其他对社会造成严重影响的产品安全事件时,农业、卫生、质检、商务、工商、药品等监督管理部门必须在各自职责范围内及时作出反应,采取措施,控制事态发展,减少损失,依照国务院规定发布信息,做好有关善后工作。

第十九条 任何组织或者个人对违反本规定的行为有权举报。接到举报的部门应当为举报人保密。举报经调查属实的,受理举报的部门应当给予举报人奖励。

农业、卫生、质检、商务、工商、药品等监督管理部门应当公布本单位的电子邮件地址或者举报电话;对接到的举报,应当及时、完整地进行记录并妥善保存。举报的事项属于本部门职责的,应当受理,并依法进行核实、处理、答复;不属于本部门职责的,应当转交有权处理的部门,并告知举报人。

第二十条 本规定自公布之日起施行。

国务院关于地方改革完善食品药品监督管理体制的指导意见

· 2013 年 4 月 10 日
· 国发〔2013〕18 号

按照党的十八大、十八届二中全会精神和第十二届全国人民代表大会第一次会议审议通过的《国务院机构改革和职能转变方案》,决定组建国家食品药品监督管理总局,对食品药品实行统一监督管理。为确保食品药品监管工作上下联动、协同推进,平稳运行、整体提升,现就地方改革完善食品药品监督管理体制提出如下意见。

一、充分认识改革完善食品药品监督管理体制的重要意义

食品药品安全是重大的基本民生问题,党中央、国务院高度重视,人民群众高度关切。近年来,国家采取了一系列重大政策举措,各地区、各有关部门认真抓好贯彻落实,不断加大监管力度,我国食品药品安全保障水平稳步提高,形势总体稳定趋好。但实践中食品监管职责交叉和监管空白并存,责任难以完全落实,资源分散配置难以形成合力,整体行政效能不高。同时,人民群众对药品的安全性和有效性也提出了更高要求,药品监督管理能力也需要加强。改革完善食品药品监管体制,整合机构和职责,有利于政府职能转变,更好地履行市场监管、社会管理和公共服务职责;有利于理顺部门职责关系,强化和落实监管责任,实现全程无缝监管;有利于形成一体化、广覆盖、专业化、高效率的食品药品监管体系,形成食品药品监管社会共治格局,更好地推动解决关系人民群众切身利益的食品药品安全问题。

各地区要充分认识改革完善食品药品监管体制的重要性和紧迫性,切实履行对本地区食品药品安全负总责的要求,抓紧抓好本地区食品药品监管体制改革和机构调整工作。

二、加快推进地方食品药品监督管理体制改革

地方食品药品监管体制改革,要全面贯彻党的十八大和十八届二中全会精神,以邓小平理论、"三个代表"重要思想、科学发展观为指导,以保障人民群众食品药品安全为目标,以转变政府职能为核心,以整合监管职能和机构为重点,按照精简、统一、效能原则,减少监管环节、明确部门责任、优化资源配置,对生产、流通、消费环节的食品安全和药品的安全性、有效性实施统一监督管理,充实加强基层监管力量,进一步提高食品药品监督管理水平。

(一)整合监管职能和机构。为了减少监管环节,保证上下协调联动,防范系统性食品药品安全风险,省、市、县级政府原则上参照国务院整合食品药品监督管理职能和机构的模式,结合本地实际,将原食品安全办、原食品监管部门、工商行政管理部门、质量技术监督部门的食品安全监管和药品管理职能进行整合,组建食品药品监督管理机构,对食品药品实行集中统一监管,同时承担本级政府食品安全委员会的具体工作。地方各级食品药品监督管理机构领导班子由同级地方党委管理,主要负责人的任免须事先征求上级业务主管部门的意见,业务上接受上级主管部门的指导。

(二)整合监管队伍和技术资源。参照《国务院机构改革和职能转变方案》关于"将工商行政管理、质量技术监督部门相应的食品安全监督管理队伍和检验检测机构划转食品药品监督管理部门"的要求,省、市、县各级工商部门及其基层派出机构要划转相应的监管执法人员、编制和相关经费,省、市、县各级质监部门要划转相应的监管执法人员、编制和涉及食品安全的检验检测机构、人员、装备及相关经费,具体数量由地方政府确定,确保新机构有足够力量和资源有效履行职责。同时,整合县级食品安全检验检测资源,建立区域性的检验检测中心。

(三)加强监管能力建设。在整合原食品药品监管、工商、质监部门现有食品药品监管力量基础上,建立食品药品监管执法机构。要吸纳更多的专业技术人员从事食品药品安全监管工作,根据食品药品监管执法工作需要,加强监管执法人员培训,提高执法人员素质,规范执法行为,提高监管水平。地方各级政府要增加食品药品监管投入,改善监管执法条件,健全风险监测、检验检测和产品追溯等技术支撑体系,提升科学监管水平。食品药品监管所需经费纳入各级财政预算。

(四)健全基层管理体系。县级食品药品监督管理机构可在乡镇或区域设立食品药品监管派出机构。要充实基层监管力量,配备必要的技术装备,填补基层监管执法空白,确保食品和药品监管能力在监管资源整合中都得到加强。在农村行政村和城镇社区要设立食品药品监管协管员,承担协助执法、隐患排查、信息报告、宣传引导等职责。要进一步加强基层农产品质量安全监管机构和队伍建设。推进食品药品监管工作关口前移、重心下移,加快形成食品药品监管横向到边、纵向到底的工作体系。

三、认真落实食品药品监督管理责任

(一)地方政府要负总责。地方各级政府要切实履行对本地区食品药品安全负总责的要求,在省级政府的统一组织领导下,切实抓好本地区的食品药品监管体制改革,统筹做好生猪定点屠宰监督管理职责调整工作,确保职能、机构、队伍、装备等及时划转到位,配套政策措施落实到位,各项工作有序衔接。要加强组织协调,强化保障措施,落实经费保障,实现社会共治,提升食品药品安全监管整体水平。

(二)监管部门要履职尽责。要转变管理理念,创新管理方式,建立和完善食品药品安全监管制度,建立生产经营者主体责任制,强化监管执法检查,加强食品药品安全风险预警,严密防范区域性、系统性食品药品安全风险。农业部门要落实农产品质量安全监管责任,加强畜禽屠宰环节、生鲜乳收购环节质量安全和有关农业投入品的监督管理,强化源头治理。各地可参照国家有关部门对食用农产品监管职责分工方式,按照无缝衔接的原则,合理划分食品药品监管部门和农业部门的监管边界,切实做好食用农产品产地准出管理与批发市场准入管理的衔接。卫生部门要加强食品安全标准、风险评估等相关工作。各级政府食品安全委员会要切实履行监督、指导、协调职能,加强监督检查和考核评价,完善政府、企业、社会齐抓共管的综合监管措施。

(三)相关部门要各负其责。各级与食品安全工作有关的部门要各司其职,各负其责,积极做好相关工作,形成与监管部门的密切协作联动机制。质监部门要加强食品包装材料、容器、食品生产经营工具等食品相关产品生产加工的监督管理。城管部门要做好食品摊贩等监管执法工作。公安机关要加大对食品药品犯罪案件的侦办力度,加强行政执法和刑事司法的衔接,严厉打击食品药品违法犯罪活动。要充分发挥市场机制、社会监督和行业自律作用,建立健全督促生产经营者履行主体责任的长效机制。

四、确保食品药品监督管理体制改革有序推进

食品药品安全工作社会关注度高,各方面对体制改革的期待高,各地区、各有关部门务必精心组织、周密部署,加快推进步伐,取得让人民群众满意的实效。

(一)加强领导,扎实推进。省级政府负责制定出台体制改革工作方案和配套措施,统筹本地区食品药品监管机构改革工作。地方各级政府要成立食品药品监管机构改革领导小组,主要领导亲自负责。食品药品日常监管任务繁重,要尽可能缩短改革过渡期。省、市、县三级食品药品监督管理机构改革工作,原则上分别于2013年上半年、9月底和年底前完成。国务院各有关部门要支持地方政府的工作,不干预地方政府的改革措施。

(二)协调配合,平稳过渡。改革过渡期间,食品安全各环节的监管责任和药品监管责任仍由原系统承担,并按既定部署做好相关工作。各有关部门要顾全大局,相互支持,密切配合,做好人、财、物的划转工作。要有针对性地做好干部职工的思想政治工作,确保思想不乱、队伍不散、工作不断,确保各项工作上下贯通、运转顺畅,及时处理食品药品安全突发事件,实现与新建机构食品药品安全监管工作的平稳过渡。

(三)严肃纪律,强化指导。地方各级政府、各有关部门要严格执行有关编制、人事、财经纪律，严禁在体制改革过程中超编进人、超职数配备领导干部、突击提拔干部，严防国有资产流失。对违反规定的，要追究有关人员的责任。中央编办、国家食品药品监督管理总局要及时掌握和研究解决地方机构改革过程中出现的新情况、新问题，加强协调指导、督促检查，加大支持力度，为地方改革创造良好条件。

（四）加强宣传，营造氛围。地方各级政府、各有关部门和新闻单位，要开展多种形式的宣传教育活动，大力宣传食品药品安全形势和政策，让广大干部群众充分了解改革的目的意义、目标任务、重大措施，进一步统一思想、凝聚共识，形成全社会支持改革、参与改革的良好舆论环境。

做好食品药品安全工作事关重大，影响深远。实现食品药品安全的长治久安，必须形成社会共治的格局。地方各级政府要以此次体制改革和机构调整为契机，在明确监管部门职责、加强监管能力建设、充实基层监管力量、落实好属地管理责任的同时，推动制定地方性法规，强化食品药品生产经营者的法律责任，夯实食品药品安全基础，确保本地区食品药品安全。要深刻认识食品药品安全监管工作的艰巨性和长期性，多措并举、标本兼治、统筹推进，着力提高食品药品产业整体素质，创造公平法治诚信市场环境，加快构建符合国情、科学合理的食品药品安全体系，全面提升食品药品安全水平。

国务院办公厅关于进一步加强食品药品监管体系建设有关事项的通知

· 2014年9月28日
· 国办发明电〔2014〕17号

各省、自治区、直辖市人民政府：

2013年3月以来，各地区按照党中央、国务院关于改革完善食品药品监管体制的决策部署，坚持机构改革和强化监管"两手抓"，促进了食品药品安全形势稳定向好。但一些地方机构改革进展缓慢、力量配备不足，个别地方监管工作出现断档脱节，食品药品安全风险加大、问题时有发生。近期，"上海福喜事件"引发社会广泛关注，国务院领导同志高度重视，要求充分认识食品安全问题的复杂性、长期性、艰巨性，举一反三，完善监管体制，切实管住管好。为保障人民群众饮食用药安全，维护社会和谐稳定大局，经国务院同意，现就进一步加强食品药品监管体系建设有关事项通知如下：

一、坚决贯彻落实党的十八届二中、三中全会和党中央、国务院关于地方政府职能转变和机构改革的有关文件、《国务院关于地方改革完善食品药品监督管理体制的指导意见》（国发〔2013〕18号）精神以及2014年《政府工作报告》等有关要求，健全从中央到地方直至基层的食品药品监管体制，建立覆盖从生产加工到流通消费全过程的最严格监管制度，确保中央政令畅通，执行不搞变通、不打折扣。

二、食品药品监管体制改革进度缓慢的地方要制定时间表、拿出硬措施，按照党中央、国务院有关文件要求，抓紧完成地方各级食品药品监管机构组建工作，加强基层监管执法和技术力量，健全食品药品风险预警、检验检测、产品追溯等技术支撑体系，确保各级食品药品监管机构有足够力量和资源有效履行职责。要把监管触角延伸到基层和乡镇（社区），尽量缩短改革过渡期，打通监管执法的"最后一公里"，消除监管死角盲区，着力防范区域性、系统性风险。

三、按照党的十八届三中全会关于完善统一权威的食品药品监管机构和国发〔2013〕18号文件关于省、市、县三级组建食品药品监管机构、对食品药品实行集中统一监管的要求，充分考虑食品药品监管的专业性、技术性和特殊重要性，保持食品药品监管体系的系统性。已经组建食品药品监管局的市（地、州）、县（市、区），要加强监管人员业务培训，提高人员素质，规范执法行为，提高监管水平，尽快让机构正常运转起来；进行综合设置市场监管机构改革的县（市、区）要确保食品药品监管能力在监管资源整合中得到强化，可根据工作需要，加挂食品药品监管机构的牌子，方便群众办事，接受群众监督。

四、切实抓好改革过渡期食品药品安全工作。认真落实《国务院办公厅关于印发2014年食品安全重点工作安排的通知》（国办发〔2014〕20号），深刻吸取"上海福喜事件"的教训，督促生产经营者落实主体责任。机构改革尚未到位的地方，要保持部门间协调配合、上下贯通，按原渠道部署和落实相关工作，保证工作不断、运转顺畅。各级食品安全委员会要发挥统筹协调、督促指导作用，落实地方政府属地管理责任，明确监管部门职责，推动各方齐抓共管，社会合力共治。

食品药品安全是重大的基本民生问题。各地区要把贯彻落实中央关于加强食品药品监管体系建设的部署精神作为稳增长、调结构、促改革、惠民生的重要任务来抓，切实加强组织领导，狠抓工作落实。有关工作进展情况请于2014年10月15日前报送食品药品监管总局(国务院食品安全委员会办公室)。

市场监督管理行政许可程序暂行规定

- 2019年8月21日国家市场监督管理总局令第16号公布
- 根据2022年3月24日《国家市场监督管理总局关于修改和废止有关规章的决定》修改

第一章 总 则

第一条 为了规范市场监督管理行政许可程序，根据《中华人民共和国行政许可法》等法律、行政法规，制定本规定。

第二条 市场监督管理部门实施行政许可，适用本规定。

第三条 市场监督管理部门应当遵循公开、公平、公正、非歧视和便民原则，依照法定的权限、范围、条件和程序实施行政许可。

第四条 市场监督管理部门应当按照规定公示行政许可的事项、依据、条件、数量、实施主体、程序、期限(包括检验、检测、检疫、鉴定、专家评审期限)、收费依据(包括收费项目及标准)以及申请书示范文本、申请材料目录等内容。

第五条 符合法定要求的电子申请材料、电子证照、电子印章、电子签名、电子档案与纸质申请材料、纸质证照、实物印章、手写签名或者盖章、纸质档案具有同等法律效力。

第二章 实施机关

第六条 市场监督管理部门应当在法律、法规、规章规定的职权范围内实施行政许可。

第七条 上级市场监督管理部门可以将其法定职权范围内的行政许可，依照法律、法规、规章的规定，委托下级市场监督管理部门实施。

委托机关对受委托机关实施行政许可的后果承担法律责任。

受委托机关应当在委托权限范围内以委托机关的名义实施行政许可，不得再委托其他组织或者个人实施。

第八条 委托实施行政许可的，委托机关可以将行政许可的受理、审查、决定、变更、延续、撤回、撤销、注销等权限全部或者部分委托给受委托机关。

委托实施行政许可，委托机关和受委托机关应当签订委托书。委托书应当包含以下内容：

(一)委托机关名称；

(二)受委托机关名称；

(三)委托实施行政许可的事项以及委托权限；

(四)委托机关与受委托机关的权利和义务；

(五)委托期限。

需要延续委托期限的，委托机关应当在委托期限届满十五日前与受委托机关重新签订委托书。不再延续委托期限的，期限届满前已经受理或者启动撤回、撤销程序的行政许可，按照原委托权限实施。

第九条 委托机关应当向社会公告受委托机关和委托实施行政许可的事项、委托依据、委托权限、委托期限等内容。受委托机关应当按照本规定第四条规定公示委托实施的行政许可有关内容。

委托机关变更、中止或者终止行政许可委托的，应当在变更、中止或者终止行政许可委托十日前向社会公告。

第十条 市场监督管理部门实施行政许可，依法需要对设备、设施、产品、物品等进行检验、检测、检疫或者鉴定、专家评审的，可以委托专业技术组织实施。法律、法规、规章对专业技术组织的条件有要求的，应当委托符合法定条件的专业技术组织。

专业技术组织接受委托实施检验、检测、检疫或者鉴定、专家评审的费用由市场监督管理部门承担。法律、法规另有规定的，依照其规定。

专业技术组织及其有关人员对所实施的检验、检测、检疫或者鉴定、评审结论承担法律责任。

第三章 准入程序

第一节 申请与受理

第十一条 自然人、法人或者其他组织申请行政许可需要采用申请书格式文本的，市场监督管理部门应当向申请人提供格式文本。申请书格式文本不得包含与申请行政许可事项没有直接关系的内容。

第十二条 申请人可以委托代理人提出行政许可申请。但是，依法应当由申请人本人到市场监督管理部门行政许可受理窗口提出行政许可申请的除外。

委托他人代为提出行政许可申请的，应当向市场监督管理部门提交由委托人签字或者盖章的授权委托书以及委托人、委托代理人的身份证明文件。

第十三条 申请人可以到市场监督管理部门行政许可受理窗口提出申请，也可以通过信函、传真、电子邮件或者电子政务平台提出申请，并对其提交的申请材料真实性负责。

第十四条 申请人到市场监督管理部门行政许可受理窗口提出申请的，以申请人提交申请材料的时间为收到申请材料的时间。

申请人通过信函提出申请的，以市场监督管理部门收讫信函的时间为收到申请材料的时间。

申请人通过传真、电子邮件或者电子政务平台提出申请的，以申请材料到达市场监督管理部门指定的传真号码、电子邮件地址或者电子政务平台的时间为收到申请材料的时间。

第十五条 市场监督管理部门对申请人提出的行政许可申请，应当根据下列情况分别作出处理：

（一）申请事项依法不需要取得行政许可的，应当即时作出不予受理的决定，并说明理由。

（二）申请事项依法不属于本行政机关职权范围的，应当即时作出不予受理的决定，并告知申请人向有关行政机关申请。

（三）申请材料存在可以当场更正的错误的，应当允许申请人当场更正，由申请人在更正处签字或者盖章，并注明更正日期。更正后申请材料齐全、符合法定形式的，应当予以受理。

（四）申请材料不齐全或者不符合法定形式的，应当即时或者自收到申请材料之日起五日内一次告知申请人需要补正的全部内容和合理的补正期限。按照规定需要在告知时一并退回申请材料的，应当予以退回。申请人无正当理由逾期不予补正的，视为放弃行政许可申请，市场监督管理部门无需作出不予受理的决定。市场监督管理部门逾期未告知申请人补正的，自收到申请材料之日起即为受理。

（五）申请事项属于本行政机关职权范围，申请材料齐全、符合法定形式，或者申请人按照本行政机关的要求提交全部补正申请材料的，应当受理行政许可申请。

第十六条 市场监督管理部门受理或者不予受理行政许可申请，或者告知申请人补正申请材料的，应当出具加盖本行政机关行政许可专用印章并注明日期的纸质或者电子凭证。

第十七条 能够即时作出行政许可决定的，可以不出具受理凭证。

第二节 审查与决定

第十八条 市场监督管理部门应当对申请人提交的申请材料进行审查。

申请人提交的申请材料齐全、符合法定形式，能够即时作出行政许可决定的，市场监督管理部门应当即时作出行政许可决定。

按照法律、法规、规章规定，需要核对申请材料原件的，市场监督管理部门应当核对原件并注明核对情况。申请人不能提供申请材料原件或者核对发现申请材料与原件不符，属于行政许可申请不符合法定条件、标准的，市场监督管理部门应当直接作出不予行政许可的决定。

根据法定条件和程序，需要对申请材料的实质内容进行核实的，市场监督管理部门应当指派两名以上工作人员进行核查。

法律、法规、规章对经营者集中、药品经营等行政许可审查程序另有规定的，依照其规定。

第十九条 市场监督管理部门对行政许可申请进行审查时，发现行政许可事项直接关系他人重大利益的，应当告知该利害关系人，并告知申请人、利害关系人依法享有陈述、申辩和要求举行听证的权利。

申请人、利害关系人陈述、申辩的，市场监督管理部门应当记录。申请人、利害关系人申请听证的，市场监督管理部门应当按照本规定第五章规定组织听证。

第二十条 实施检验、检测、检疫或者鉴定、专家评审的组织及其有关人员应当按照法律、法规、规章以及有关技术要求的规定开展工作。

法律、法规、规章以及有关技术要求对检验、检测、检疫或者鉴定、专家评审的时限有规定的，应当遵守其规定；没有规定的，实施行政许可的市场监督管理部门应当确定合理时限。

第二十一条 经审查需要整改的，申请人应当按照规定的时限和要求予以整改。除法律、法规、规章另有规定外，逾期未予整改或者整改不合格的，市场监督管理部门应当认定行政许可申请不符合法定条件、标准。

第二十二条 行政许可申请符合法定条件、标准的，市场监督管理部门应当作出准予行政许可的决定。

行政许可申请不符合法定条件、标准的，市场监督管理部门应当作出不予行政许可的决定，说明理由并告知申请人享有申请行政复议或者提起行政诉讼的权利。

市场监督管理部门作出准予或者不予行政许可决定的，应当出具加盖本行政机关印章并注明日期的纸质或者电子凭证。

第二十三条 法律、法规、规章和国务院文件规定市场监督管理部门作出不实施进一步审查决定，以及逾期未作出进一步审查决定或者不予行政许可决定，视为准予行政许可的，依照其规定。

第二十四条 行政许可的实施和结果，除涉及国家秘密、商业秘密或者个人隐私的外，应当公开。

第三节 变更与延续

第二十五条 被许可人要求变更行政许可事项的，应当向作出行政许可决定的市场监督管理部门提出变更申请。变更申请符合法定条件、标准的，市场监督管理部门应当予以变更。

法律、法规、规章对变更跨辖区住所登记的市场监督管理部门、变更或者解除经营者集中限制性条件的程序另有规定的，依照其规定。

第二十六条 行政许可所依据的法律、法规、规章修改或者废止，或者准予行政许可所依据的客观情况发生重大变化的，为了公共利益的需要，市场监督管理部门可以依法变更已经生效的行政许可。由此给自然人、法人或者其他组织造成财产损失的，作出变更行政许可决定的市场监督管理部门应当依法给予补偿。

依据前款规定实施的行政许可变更，参照行政许可撤回程序执行。

第二十七条 被许可人需要延续行政许可有效期的，应当在行政许可有效期届满三十日前向作出行政许可决定的市场监督管理部门提出延续申请。法律、法规、规章对被许可人的延续方式或者提出延续申请的期限等另有规定的，依照其规定。

市场监督管理部门应当根据被许可人的申请，在该行政许可有效期届满前作出是否准予延续的决定；逾期未作决定的，视为准予延续。

延续后的行政许可有效期自原行政许可有效期届满次日起算。

第二十八条 因纸质行政许可证件遗失或者损毁，被许可人申请补办的，作出行政许可决定的市场监督管理部门应当予以补办。法律、法规、规章对补办工业产品生产许可证等行政许可证件的市场监督管理部门另有规定的，依照其规定。

补办的行政许可证件实质内容与原行政许可证件一致。

第二十九条 行政许可证件记载的事项存在文字错误，被许可人向作出行政许可决定的市场监督管理部门申请更正的，市场监督管理部门应当予以更正。

作出行政许可决定的市场监督管理部门发现行政许可证件记载的事项存在文字错误的，应当予以更正。

除更正事项外，更正后的行政许可证件实质内容与原行政许可证件一致。

市场监督管理部门应当收回原行政许可证件或者公告原行政许可证件作废，并将更正后的行政许可证件依法送达被许可人。

第四节 终止与期限

第三十条 行政许可申请受理后行政许可决定作出前，有下列情形之一的，市场监督管理部门应当终止实施行政许可：

（一）申请人申请终止实施行政许可的；

（二）赋予自然人、法人或者其他组织特定资格的行政许可，该自然人死亡或者丧失行为能力，法人或者其他组织依法终止的；

（三）因法律、法规、规章修改或者废止，或者根据有关改革决定，申请事项不再需要取得行政许可的；

（四）按照法律、行政法规规定需要缴纳费用，但申请人未在规定期限内予以缴纳的；

（五）因不可抗力需要终止实施行政许可的；

（六）法律、法规、规章规定的应当终止实施行政许可的其他情形。

第三十一条　市场监督管理部门终止实施行政许可的，应当出具加盖本行政机关行政许可专用印章并注明日期的纸质或者电子凭证。

第三十二条　市场监督管理部门终止实施行政许可，申请人已经缴纳费用的，应当将费用退还申请人，但收费项目涉及的行政许可环节已经完成的除外。

第三十三条　除即时作出行政许可决定外，市场监督管理部门应当在《中华人民共和国行政许可法》规定期限内作出行政许可决定。但是，法律、法规另有规定的，依照其规定。

第三十四条　市场监督管理部门作出行政许可决定，依法需要听证、检验、检测、检疫、鉴定、专家评审的，所需时间不计算在本节规定的期限内。市场监督管理部门应当将所需时间书面告知申请人。

第三十五条　市场监督管理部门作出准予行政许可决定，需要颁发行政许可证件或者加贴标签、加盖检验、检测、检疫印章的，应当自作出决定之日起十日内向申请人颁发、送达行政许可证件或者加贴标签、加盖检验、检测、检疫印章。

第四章　退出程序

第一节　撤　回

第三十六条　有下列情形之一的，市场监督管理部门为了公共利益的需要，可以依法撤回已经生效的行政许可：

（一）行政许可依据的法律、法规、规章修改或者废止的；

（二）准予行政许可所依据的客观情况发生重大变化的。

第三十七条　行政许可所依据的法律、行政法规修改或者废止的，国家市场监督管理总局认为需要撤回行政许可的，应当向社会公告撤回行政许可的事实、理由和依据。

行政许可所依据的地方性法规、地方政府规章修改或者废止的，地方性法规、地方政府规章制定机关所在地市场监督管理部门认为需要撤回行政许可的，参照前款执行。

作出行政许可决定的市场监督管理部门应当按照公告要求撤回行政许可，向被许可人出具加盖本行政机关印章并注明日期的纸质或者电子凭证，或者向社会统一公告撤回行政许可的决定。

第三十八条　准予行政许可所依据的客观情况发生重大变化的，作出行政许可决定的市场监督管理部门可以根据被许可人、利害关系人的申请或者依据职权，对可能需要撤回的行政许可进行审查。

作出行政许可撤回决定前，市场监督管理部门应当将拟撤回行政许可的事实、理由和依据书面告知被许可人，并告知被许可人依法享有陈述、申辩和要求举行听证的权利。市场监督管理部门发现行政许可事项直接关系他人重大利益的，还应当同时告知该利害关系人。

被许可人、利害关系人陈述、申辩的，市场监督管理部门应当记录。被许可人、利害关系人自被告知之日起五日内未行使陈述权、申辩权的，视为放弃此权利。被许可人、利害关系人申请听证的，市场监督管理部门应当按照本规定第五章规定组织听证。

市场监督管理部门作出撤回行政许可决定的，应当出具加盖本行政机关印章并注明日期的纸质或者电子凭证。

第三十九条　撤回行政许可给自然人、法人或者其他组织造成财产损失的，作出撤回行政许可决定的市场监督管理部门应当依法给予补偿。

第二节　撤　销

第四十条　有下列情形之一的，作出行政许可决定的市场监督管理部门或者其上级市场监督管理部门，根据利害关系人的申请或者依据职权，可以撤销行政许可：

（一）滥用职权、玩忽职守作出准予行政许可决定的；

（二）超越法定职权作出准予行政许可决定的；

（三）违反法定程序作出准予行政许可决定的；

（四）对不具备申请资格或者不符合法定条件的申请人准予行政许可的；

（五）依法可以撤销行政许可的其他情形。

第四十一条 被许可人以欺骗、贿赂等不正当手段取得行政许可的，作出行政许可决定的市场监督管理部门或者其上级市场监督管理部门应当予以撤销。

第四十二条 市场监督管理部门发现其作出的行政许可决定可能存在本规定第四十条、第四十一条规定情形的，参照《市场监督管理行政处罚程序规定》有关规定进行调查核实。

发现其他市场监督管理部门作出的行政许可决定可能存在本规定第四十条、第四十一条规定情形的，应当将有关材料和证据移送作出行政许可决定的市场监督管理部门。

上级市场监督管理部门发现下级市场监督管理部门作出的行政许可决定可能存在本规定第四十条、第四十一条规定情形的，可以自行调查核实，也可以责令作出行政许可决定的市场监督管理部门调查核实。

第四十三条 作出撤销行政许可决定前，市场监督管理部门应当将拟撤销行政许可的事实、理由和依据书面告知被许可人，并告知被许可人依法享有陈述、申辩和要求举行听证的权利。市场监督管理部门发现行政许可事项直接关系他人重大利益的，还应当同时告知该利害关系人。

第四十四条 被许可人、利害关系人陈述、申辩的，市场监督管理部门应当记录。被许可人、利害关系人自被告知之日起五日内未行使陈述权、申辩权的，视为放弃此权利。

被许可人、利害关系人申请证的，市场监督管理部门应当按照本规定第五章规定组织听证。

第四十五条 市场监督管理部门应当自本行政机关发现行政许可决定存在本规定第四十条、第四十一条规定情形之日起六十日内作出是否撤销的决定。不能在规定期限内作出决定的，经本行政机关负责人批准，可以延长二十日。

需要听证、检验、检测、检疫、鉴定、专家评审的，所需时间不计算在前款规定的期限内。

第四十六条 市场监督管理部门作出撤销行政许可决定的，应当出具加盖本行政机关印章并注明日期的纸质或者电子凭证。

第四十七条 撤销行政许可，可能对公共利益造成重大损害的，不予撤销。

依照本规定第四十条规定撤销行政许可，被许可人的合法权益受到损害的，作出被撤销的行政许可决定的市场监督管理部门应当依法给予赔偿。依照本规定第四十一条规定撤销行政许可的，被许可人基于行政许可取得的利益不受保护。

第三节 注 销

第四十八条 有下列情形之一的，作出行政许可决定的市场监督管理部门依据申请办理行政许可注销手续：

（一）被许可人不再从事行政许可活动，并且不存在因涉嫌违法正在被市场监督管理部门或者司法机关调查的情形，申请办理注销手续的；

（二）被许可人或者清算人申请办理涉及主体资格的行政许可注销手续的；

（三）赋予自然人特定资格的行政许可，该自然人死亡或者丧失行为能力，其近亲属申请办理注销手续的；

（四）因不可抗力导致行政许可事项无法实施，被许可人申请办理注销手续的；

（五）法律、法规规定的依据申请办理行政许可注销手续的其他情形。

第四十九条 有下列情形之一的，作出行政许可决定的市场监督管理部门依据职权办理行政许可注销手续：

（一）行政许可有效期届满未延续的，但涉及主体资格的行政许可除外；

（二）赋予自然人特定资格的行政许可，市场监督管理部门发现该自然人死亡或者丧失行为能力，并且其近亲属未在其死亡或者丧失行为能力之日起六十日内申请办理注销手续的；

（三）法人或者其他组织依法终止的；

（四）行政许可依法被撤销、撤回，或者行政许可证件依法被吊销的，但涉及主体资格的行政许可除外；

（五）法律、法规规定的依据职权办理行政许可注销手续的其他情形。

第五十条 法律、法规、规章对办理食品生产、食品经营等行政许可注销手续另有规定的，依照其规定。

第五十一条 市场监督管理部门发现本行政区域内存在本规定第四十九条规定的情形但尚

未被注销的行政许可的,应当逐级上报或者通报作出行政许可决定的市场监督管理部门。收到报告或者通报的市场监督管理部门依法办理注销手续。

第五十二条 注销行政许可的,作出行政许可决定的市场监督管理部门应当收回行政许可证件或者公告行政许可证件作废。

第五章 听证程序

第五十三条 法律、法规、规章规定实施行政许可应当听证的事项,或者市场监督管理部门认为需要听证的其他涉及公共利益的重大行政许可事项,市场监督管理部门应当向社会公告,并举行听证。

行政许可直接涉及行政许可申请人与他人之间重大利益关系,行政许可申请人、利害关系人申请听证的,应当自被告知听证权利之日起五日内提出听证申请。市场监督管理部门应当自收到听证申请之日起二十日内组织听证。行政许可申请人、利害关系人未在被告知听证权利之日起五日内提出听证申请的,视为放弃此权利。

行政许可因存在本规定第三十六条第二项、第四十条、第四十一条规定情形可能被撤回、撤销,被许可人、利害关系人申请听证的,参照本条第二款规定执行。

第五十四条 市场监督管理部门应当自依据职权决定组织听证之日起三日内或者自收到听证申请之日起三日内确定听证主持人。必要时,可以设一至二名听证员,协助听证主持人进行听证。记录员由听证主持人指定,具体承担听证准备和听证记录工作。

与听证的行政许可相关的工作人员不得担任听证主持人、听证员和记录员。

第五十五条 行政许可申请人或者被许可人、申请听证的利害关系人是听证当事人。

与行政许可有利害关系的其他组织或者个人,可以作为第三人申请参加听证,或者由听证主持人通知其参加听证。

与行政许可有关的证人、鉴定人等经听证主持人同意,可以参加听证。

听证当事人、第三人以及与行政许可有关的证人、鉴定人等,不承担市场监督管理部门组织听证的费用。

第五十六条 听证当事人、第三人可以委托一至二人代为参加听证。

委托他人代为参加听证的,应当向市场监督管理部门提交由委托人签字或者盖章的授权委托书以及委托人、委托代理人的身份证明文件。

授权委托书应当载明委托事项及权限。委托代理人代为撤回听证申请或者明确放弃听证权利的,应当具有委托人的明确授权。

第五十七条 听证准备及听证参照《市场监督管理行政处罚听证办法》有关规定执行。

第五十八条 记录员应当如实记录听证情况。听证当事人、第三人以及与行政许可有关的证人、鉴定人等应当在听证会结束后核对听证笔录,经核对无误后当场签字或者盖章。听证当事人、第三人拒绝签字或者盖章的,应当予以记录。

第五十九条 市场监督管理部门应当根据听证笔录,作出有关行政许可决定。

第六章 送达程序

第六十条 市场监督管理部门按照本规定作出的行政许可相关凭证或者行政许可证件,应当依法送达行政许可申请人或者被许可人。

第六十一条 行政许可申请人、被许可人应当提供有效的联系电话和通讯地址,配合市场监督管理部门送达行政许可相关凭证或者行政许可证件。

第六十二条 市场监督管理部门参照《市场监督管理行政处罚程序规定》有关规定进行送达。

第七章 监督管理

第六十三条 国家市场监督管理总局以及地方性法规、地方政府规章制定机关所在地市场监督管理部门可以根据工作需要对本行政机关以及下级市场监督管理部门行政许可的实施情况及其必要性进行评价。

自然人、法人或者其他组织可以向市场监督管理部门就行政许可的实施提出意见和建议。

第六十四条 市场监督管理部门可以自行评价,也可以委托第三方机构进行评价。评价可以采取问卷调查、听证会、论证会、座谈会等方式进行。

第六十五条 行政许可评价的内容应当包括:

(一)实施行政许可的总体状况;

(二)实施行政许可的社会效益和社会成本;

（三）实施行政许可是否达到预期的管理目标；

（四）行政许可在实施过程中遇到的问题和原因；

（五）行政许可继续实施的必要性和合理性；

（六）其他需要评价的内容。

第六十六条　国家市场监督管理总局完成评价后，应当对法律、行政法规设定的行政许可提出取消、保留、合并或者调整行政许可实施层级等意见建议，并形成评价报告，报送行政许可设定机关。

地方性法规、地方政府规章制定机关所在地市场监督管理部门完成评价后，对法律、行政法规设定的行政许可，应当将评价报告报送国家市场监督管理总局；对地方性法规、地方政府规章设定的行政许可，应当将评价报告报送行政许可设定机关。

第六十七条　市场监督管理部门发现本行政机关实施的行政许可存在违法或者不当的，应当及时予以纠正。

上级市场监督管理部门应当加强对下级市场监督管理部门实施行政许可的监督检查，及时发现和纠正行政许可实施中的违法或者不当行为。

第六十八条　委托实施行政许可的，委托机关应当通过定期或者不定期检查等方式，加强对受委托机关实施行政许可的监督检查，及时发现和纠正行政许可实施中的违法或者不当行为。

第六十九条　行政许可依法需要实施检验、检测、检疫或者鉴定、专家评审的，市场监督管理部门应当加强对有关组织和人员的监督检查，及时发现和纠正检验、检测、检疫或者鉴定、专家评审活动中的违法或者不当行为。

第八章　法律责任

第七十条　行政许可申请人隐瞒有关情况或者提供虚假材料申请行政许可的，市场监督管理部门不予受理或者不予行政许可，并给予警告；行政许可申请属于直接关系公共安全、人身健康、生命财产安全事项的，行政许可申请人在一年内不得再次申请该行政许可。

第七十一条　被许可人以欺骗、贿赂等不正当手段取得行政许可的，市场监督管理部门应当依法给予行政处罚；取得的行政许可属于直接关系公共安全、人身健康、生命财产安全事项的，被许可人在三年内不得再次申请该行政许可；涉嫌构成犯罪，依法需要追究刑事责任的，按照有关规定移送公安机关。

第七十二条　受委托机关超越委托权限或者再委托其他组织和个人实施行政许可的，由委托机关责令改正，予以通报。

第七十三条　市场监督管理部门及其工作人员有下列情形之一的，由其上级市场监督管理部门责令改正；情节严重的，对直接负责的主管人员和其他直接责任人员依法给予行政处分：

（一）对符合法定条件的行政许可申请不予受理的；

（二）未按照规定公示依法应当公示的内容的；

（三）未向行政许可申请人、利害关系人履行法定告知义务的；

（四）申请人提交的申请材料不齐全或者不符合法定形式，未一次告知申请人需要补正的全部内容的；

（五）未依法说明不予受理行政许可申请或者不予行政许可的理由的；

（六）依法应当举行听证而未举行的。

第九章　附　则

第七十四条　本规定下列用语的含义：

行政许可撤回，指因存在法定事由，为了公共利益的需要，市场监督管理部门依法确认已经生效的行政许可失效的行为。

行政许可撤销，指因市场监督管理部门与被许可人一方或者双方在作出行政许可决定前存在法定过错，由市场监督管理部门对已经生效的行政许可依法确认无效的行为。

行政许可注销，指因存在导致行政许可效力终结的法定事由，市场监督管理部门依据法定程序收回行政许可证件或者确认行政许可证件作废的行为。

第七十五条　市场监督管理部门在履行职责过程中产生的行政许可准予、变更、延续、撤回、撤销、注销等信息，按照有关规定予以公示。

第七十六条　除法律、行政法规另有规定外，市场监督管理部门实施行政许可的，不得收取费用。

第七十七条　本规定规定的期限以工作日计算，不含法定节假日。按照日计算期限的，开始当日不计入，自下一日开始计算。

本规定所称"以上",包含本数。

第七十八条　药品监督管理部门和知识产权行政部门实施行政许可,适用本规定。

第七十九条　本规定自 2019 年 10 月 1 日起施行。2012 年 10 月 26 日原国家质量监督检验检疫总局令第 149 号公布的《质量监督检验检疫行政许可实施办法》同时废止。

市场监督管理行政处罚听证办法

- 2018 年 12 月 21 日国家市场监督管理总局令第 3 号公布
- 根据 2021 年 7 月 2 日国家市场监督管理总局令第 42 号《国家市场监督管理总局关于修改〈市场监督管理行政处罚程序暂行规定〉等二部规章的决定》修正

第一章　总　则

第一条　为了规范市场监督管理行政处罚听证程序,保障市场监督管理部门依法实施行政处罚,保护自然人、法人和其他组织的合法权益,根据《中华人民共和国行政处罚法》的有关规定,制定本办法。

第二条　市场监督管理部门组织行政处罚听证,适用本办法。

第三条　市场监督管理部门组织行政处罚听证,应当遵循公开、公正、效率的原则,保障和便利当事人依法行使陈述权和申辩权。

第四条　市场监督管理部门行政处罚案件听证实行回避制度。听证主持人、听证员、记录员、翻译人员与案件有直接利害关系或者有其他关系可能影响公正执法的,应当回避。

听证员、记录员、翻译人员的回避,由听证主持人决定;听证主持人的回避,由市场监督管理部门负责人决定。

第二章　申请和受理

第五条　市场监督管理部门拟作出下列行政处罚决定,应当告知当事人有要求听证的权利:

(一)责令停产停业、责令关闭、限制从业;

(二)降低资质等级、吊销许可证件或者营业执照;

(三)对自然人处以一万元以上、对法人或者其他组织处以十万元以上罚款;

(四)对自然人、法人或者其他组织作出没收违法所得和非法财物价值总额达到第三项所列数额的行政处罚;

(五)其他较重的行政处罚;

(六)法律、法规、规章规定的其他情形。

各省、自治区、直辖市人大常委会或者人民政府对前款第三项、第四项所列罚没数额有具体规定的,可以从其规定。

第六条　向当事人告知听证权利时,应当书面告知当事人拟作出的行政处罚内容及事实、理由、依据。

第七条　当事人要求听证的,可以在告知书送达回证上签署意见,也可以自收到告知书之日起五个工作日内提出。当事人以口头形式提出的,办案人员应当将情况记入笔录,并由当事人在笔录上签名或者盖章。

当事人自告知书送达之日起五个工作日内,未要求听证的,视为放弃此权利。

当事人在规定期限内要求听证的,市场监督管理部门应当依照本办法的规定组织听证。

第三章　听证组织机构、听证人员和听证参加人

第八条　听证由市场监督管理部门法制机构或者其他机构负责组织。

第九条　听证人员包括听证主持人、听证员和记录员。

第十条　听证参加人包括当事人及其代理人、第三人、办案人员、证人、翻译人员、鉴定人以及其他有关人员。

第十一条　听证主持人由市场监督管理部门负责人指定。必要时,可以设一至二名听证员,协助听证主持人进行听证。

记录员由听证主持人指定,具体承担听证准备和听证记录工作。

办案人员不得担任听证主持人、听证员和记录员。

第十二条　听证主持人在听证程序中行使下列职责:

(一)决定举行听证的时间、地点;

(二)审查听证参加人资格;

（三）主持听证；
（四）维持听证秩序；
（五）决定听证的中止或者终止，宣布听证结束；
（六）本办法赋予的其他职责。

听证主持人应当公开、公正地履行主持听证的职责，不得妨碍当事人、第三人行使陈述权、申辩权。

第十三条 要求听证的自然人、法人或者其他组织是听证的当事人。

第十四条 与听证案件有利害关系的其他自然人、法人或者其他组织，可以作为第三人申请参加听证，或者由听证主持人通知其参加听证。

第十五条 当事人、第三人可以委托一至二人代为参加听证。

委托他人代为参加听证的，应当向市场监督管理部门提交由委托人签名或者盖章的授权委托书以及委托代理人的身份证明文件。

授权委托书应当载明委托事项及权限。委托代理人代为撤回听证申请或者明确放弃听证权利的，必须有委托人的明确授权。

第十六条 办案人员应当参加听证。

第十七条 与听证案件有关的证人、鉴定人等经听证主持人同意，可以到场参加听证。

第四章　听证准备

第十八条 市场监督管理部门应当自收到当事人要求听证的申请之日起三个工作日内，确定听证主持人。

第十九条 办案人员应当自确定听证主持人之日起三个工作日内，将案件材料移交听证主持人，由听证主持人审阅案件材料，准备听证提纲。

第二十条 听证主持人应当自接到办案人员移交的案件材料之日起五个工作日内确定听证的时间、地点，并应当于举行听证的七个工作日前将听证通知书送达当事人。

听证通知书中应当载明听证时间、听证地点及听证主持人、听证员、记录员、翻译人员的姓名，并告知当事人有申请回避的权利。

第三人参加听证的，听证主持人应当在举行听证的七个工作日前将听证的时间、地点通知第三人。

第二十一条 听证主持人应当于举行听证的七个工作日前将听证的时间、地点通知办案人员，并退回案件材料。

第二十二条 除涉及国家秘密、商业秘密或者个人隐私依法予以保密外，听证应当公开举行。

公开举行听证的，市场监督管理部门应当于举行听证的三个工作日前公告当事人的姓名或者名称、案由以及举行听证的时间、地点。

第五章　举行听证

第二十三条 听证开始前，记录员应当查明听证参加人是否到场，并向到场人员宣布以下听证纪律：

（一）服从听证主持人的指挥，未经听证主持人允许不得发言、提问；
（二）未经听证主持人允许不得录音、录像和摄影；
（三）听证参加人未经听证主持人允许不得退场；
（四）不得大声喧哗，不得鼓掌、哄闹或者进行其他妨碍听证秩序的活动。

第二十四条 听证主持人核对听证参加人，说明案由，宣布听证主持人、听证员、记录员、翻译人员名单，告知听证参加人在听证中的权利义务，询问当事人是否提出回避申请。

第二十五条 听证按下列程序进行：
（一）办案人员提出当事人违法的事实、证据、行政处罚建议及依据；
（二）当事人及其委托代理人进行陈述和申辩；
（三）第三人及其委托代理人进行陈述；
（四）质证；
（五）辩论；
（六）听证主持人按照第三人、办案人员、当事人的先后顺序征询各方最后意见。

当事人可以当场提出证明自己主张的证据，听证主持人应当接收。

第二十六条 有下列情形之一的，可以中止听证：
（一）当事人因不可抗力无法参加听证的；
（二）当事人死亡或者终止，需要确定相关权利义务承受人的；
（三）当事人临时提出回避申请，无法当场作出决定的；

（四）需要通知新的证人到场或者需要重新鉴定的；

（五）其他需要中止听证的情形。

中止听证的情形消失后，听证主持人应当恢复听证。

第二十七条　有下列情形之一的，可以终止听证：

（一）当事人撤回听证申请或者明确放弃听证权利的；

（二）当事人无正当理由拒不到场参加听证的；

（三）当事人未经听证主持人允许中途退场的；

（四）当事人死亡或者终止，并且无权利义务承受人的；

（五）其他需要终止听证的情形。

第二十八条　记录员应当如实记录，制作听证笔录。听证笔录应当载明听证时间、地点、案由，听证人员、听证参加人姓名，各方意见以及其他需要载明的事项。

听证会结束后，听证笔录应当经听证参加人核对无误后，由听证参加人当场签名或者盖章。当事人、第三人拒绝签名或者盖章的，由听证主持人在听证笔录中注明。

第二十九条　听证结束后，听证主持人应当在五个工作日内撰写听证报告，由听证主持人、听证员签名，连同听证笔录送办案机构，由其连同其他案件材料一并上报市场监督管理部门负责人。

市场监督管理部门应当根据听证笔录，结合听证报告提出的意见建议，依照《市场监督管理行政处罚程序规定》的有关规定，作出决定。

第三十条　听证报告应当包括以下内容：

（一）听证案由；

（二）听证人员、听证参加人；

（三）听证的时间、地点；

（四）听证的基本情况；

（五）处理意见和建议；

（六）需要报告的其他事项。

第六章　附　则

第三十一条　本办法中的"以上""内"均包括本数。

第三十二条　国务院药品监督管理部门和省级药品监督管理部门组织行政处罚听证，适用本办法。

法律、法规授权的履行市场监督管理职能的组织组织行政处罚听证，适用本办法。

第三十三条　本办法中有关执法文书的送达适用《市场监督管理行政处罚程序规定》的有关规定。

第三十四条　市场监督管理部门应当保障听证经费，提供组织听证所必需的场地、设备以及其他便利条件。

市场监督管理部门举行听证，不得向当事人收取费用。

第三十五条　本办法自2019年4月1日施行。2005年12月30日原国家食品药品监督管理局令第23号公布的《国家食品药品监督管理局听证规则（试行）》、2007年9月4日原国家工商行政管理总局令第29号公布的《工商行政管理机关行政处罚案件听证规则》同时废止。

市场监督管理行政处罚程序规定

- 2018年12月21日国家市场监督管理总局令第2号公布
- 根据2021年7月2日国家市场监督管理总局令第42号第一次修正
- 根据2022年9月29日国家市场监督管理总局令第61号第二次修正

第一章　总　则

第一条　为了规范市场监督管理行政处罚程序，保障市场监督管理部门依法实施行政处罚，保护自然人、法人和其他组织的合法权益，根据《中华人民共和国行政处罚法》《中华人民共和国行政强制法》等法律、行政法规，制定本规定。

第二条　市场监督管理部门实施行政处罚，适用本规定。

第三条　市场监督管理部门实施行政处罚，应当遵循公正、公开的原则，坚持处罚与教育相结合，做到事实清楚、证据确凿、适用依据正确、程序合法、处罚适当。

第四条　市场监督管理部门实施行政处罚实行回避制度。参与案件办理的有关人员与案件有直接利害关系或者有其他关系可能影响公正执法的,应当回避。市场监督管理部门主要负责人的回避,由市场监督管理部门负责人集体讨论决定;市场监督管理部门其他负责人的回避,由市场监督管理部门主要负责人决定;其他有关人员的回避,由市场监督管理部门负责人决定。

回避决定作出之前,不停止案件调查。

第五条 市场监督管理部门及参与案件办理的有关人员对实施行政处罚过程中知悉的国家秘密、商业秘密和个人隐私应当依法予以保密。

第六条 上级市场监督管理部门对下级市场监督管理部门实施行政处罚,应当加强监督。

各级市场监督管理部门对本部门内设机构及其派出机构、受委托组织实施行政处罚,应当加强监督。

第二章 管 辖

第七条 行政处罚由违法行为发生地的县级以上市场监督管理部门管辖。法律、行政法规、部门规章另有规定的,从其规定。

第八条 县级、设区的市级市场监督管理部门依职权管辖本辖区内发生的行政处罚案件。法律、法规、规章规定由省级以上市场监督管理部门管辖的,从其规定。

第九条 市场监督管理部门派出机构在本部门确定的权限范围内以本部门的名义实施行政处罚,法律、法规授权以派出机构名义实施行政处罚的除外。

县级以上市场监督管理部门可以在法定权限内书面委托符合《中华人民共和国行政处罚法》规定条件的组织实施行政处罚。受委托组织在委托范围内,以委托行政机关名义实施行政处罚;不得再委托其他任何组织或者个人实施行政处罚。

委托书应当载明委托的具体事项、权限、期限等内容。委托行政机关和受委托组织应当将委托书向社会公布。

第十条 网络交易平台经营者和通过自建网站、其他网络服务销售商品或者提供服务的网络交易经营者的违法行为由其住所地县级以上市场监督管理部门管辖。

平台内经营者的违法行为由其实际经营地县级以上市场监督管理部门管辖。网络交易平台经营者住所地县级以上市场监督管理部门先行发现违法线索或者收到投诉、举报的,也可以进行管辖。

第十一条 对利用广播、电影、电视、报纸、期刊、互联网等大众传播媒介发布违法广告的行为实施行政处罚,由广告发布者所在地市场监督管理部门管辖。广告发布者所在地市场监督管理部门管辖异地广告主、广告经营者有困难的,可以将广告主、广告经营者的违法情况移送广告主、广告经营者所在地市场监督管理部门处理。

对于互联网广告违法行为,广告主所在地、广告经营者所在地市场监督管理部门先行发现违法线索或者收到投诉、举报的,也可以进行管辖。

对广告主自行发布违法互联网广告的行为实施行政处罚,由广告主所在地市场监督管理部门管辖。

第十二条 对当事人的同一违法行为,两个以上市场监督管理部门都有管辖权的,由最先立案的市场监督管理部门管辖。

第十三条 两个以上市场监督管理部门因管辖权发生争议的,应当自发生争议之日起七个工作日内协商解决,协商不成的,报请共同的上一级市场监督管理部门指定管辖;也可以直接由共同的上一级市场监督管理部门指定管辖。

第十四条 市场监督管理部门发现立案查处的案件不属于本部门管辖的,应当将案件移送有管辖权的市场监督管理部门。受移送的市场监督管理部门对管辖权有异议的,应当报请共同的上一级市场监督管理部门指定管辖,不得再自行移送。

第十五条 上级市场监督管理部门认为必要时,可以将本部门管辖的案件交由下级市场监督管理部门管辖。法律、法规、规章明确规定案件应当由上级市场监督管理部门管辖的,上级市场监督管理部门不得将案件交由下级市场监督管理部门管辖。

上级市场监督管理部门认为必要时,可以直接查处下级市场监督管理部门管辖的案件,也可以将下级市场监督管理部门管辖的案件指定其他下级市场监督管理部门管辖。

下级市场监督管理部门认为依法由其管辖的案件存在特殊原因,难以办理的,可以报请上一级市场监督管理部门管辖或者指定管辖。

第十六条 报请上一级市场监督管理部门管辖或者指定管辖的,上一级市场监督管理部门应当在收到报送材料之日起七个工作日内确定案件的管辖部门。

第十七条　市场监督管理部门发现立案查处的案件属于其他行政管理部门管辖的,应当及时依法移送其他有关部门。

市场监督管理部门发现违法行为涉嫌犯罪的,应当及时将案件移送司法机关,并对涉案物品以及与案件有关的其他材料依照有关规定办理交接手续。

第三章　行政处罚的普通程序

第十八条　市场监督管理部门对依据监督检查职权或者通过投诉、举报、其他部门移送、上级交办等途径发现的违法行为线索,应当自发现线索或者收到材料之日起十五个工作日内予以核查,由市场监督管理部门负责人决定是否立案;特殊情况下,经市场监督管理部门负责人批准,可以延长十五个工作日。法律、法规、规章另有规定的除外。

检测、检验、检疫、鉴定以及权利人辨认或者鉴别等所需时间,不计入前款规定期限。

第十九条　经核查,符合下列条件的,应当立案:

(一)有证据初步证明存在违反市场监督管理法律、法规、规章的行为;

(二)依据市场监督管理法律、法规、规章应当给予行政处罚;

(三)属于本部门管辖;

(四)在给予行政处罚的法定期限内。

决定立案的,应当填写立案审批表,由办案机构负责人指定两名以上具有行政执法资格的办案人员负责调查处理。

第二十条　经核查,有下列情形之一的,可以不予立案:

(一)违法行为轻微并及时改正,没有造成危害后果;

(二)初次违法且危害后果轻微并及时改正;

(三)当事人有证据足以证明没有主观过错,但法律、行政法规另有规定的除外;

(四)依法可以不予立案的其他情形。

决定不予立案的,应当填写不予立案审批表。

第二十一条　办案人员应当全面、客观、公正、及时进行案件调查,收集、调取证据,并依照法律、法规、规章的规定进行检查。

首次向当事人收集、调取证据的,应当告知其享有陈述权、申辩权以及申请回避的权利。

第二十二条　办案人员调查或者进行检查时不得少于两人,并应当主动向当事人或者有关人员出示执法证件。

第二十三条　办案人员应当依法收集证据。证据包括:

(一)书证;

(二)物证;

(三)视听资料;

(四)电子数据;

(五)证人证言;

(六)当事人的陈述;

(七)鉴定意见;

(八)勘验笔录、现场笔录。

立案前核查或者监督检查过程中依法取得的证据材料,可以作为案件的证据使用。

对于移送的案件,移送机关依职权调查收集的证据材料,可以作为案件的证据使用。

上述证据,应当符合法律、法规、规章关于证据的规定,并经查证属实,才能作为认定案件事实的根据。以非法手段取得的证据,不得作为认定案件事实的根据。

第二十四条　收集、调取的书证、物证应当是原件、原物。调取原件、原物有困难的,可以提取复制件、影印件或者抄录件,也可以拍摄或者制作足以反映原件、原物外形或者内容的照片、录像。复制件、影印件、抄录件和照片、录像由证据提供人核对无误后注明与原件、原物一致,并注明出证日期、证据出处,同时签名或者盖章。

第二十五条　收集、调取的视听资料应当是有关资料的原始载体。调取视听资料原始载体有困难的,可以提取复制件,并注明制作方法、制作时间、制作人等。声音资料应当附有该声音内容的文字记录。

第二十六条　收集、调取的电子数据应当是有关数据的原始载体。收集电子数据原始载体有困难的,可以采用拷贝复制、委托分析、书式固定、拍照录像等方式取证,并注明制作方法、制作时间、制作人等。

市场监督管理部门可以利用互联网信息系统或者设备收集、固定违法行为证据。用来收集、固定违法行为证据的互联网信息系统或者设备应当符合相关规定,保证所收集、固定电子数据的真实性、完整性。

市场监督管理部门可以指派或者聘请具有专门知识的人员,辅助办案人员对案件关联的电子数据进行调查取证。

市场监督管理部门依照法律、行政法规规定利用电子技术监控设备收集、固定违法事实的,依照《中华人民共和国行政处罚法》有关规定执行。

第二十七条 在中华人民共和国领域外形成的公文书证,应当经所在国公证机关证明,或者履行中华人民共和国与该所在国订立的有关条约中规定的证明手续。涉及身份关系的证据,应当经所在国公证机关证明,并经中华人民共和国驻该国使领馆认证,或者履行中华人民共和国与该所在国订立的有关条约中规定的证明手续。

在中华人民共和国香港特别行政区、澳门特别行政区和台湾地区形成的证据,应当履行相关的证明手续。

外文书证或者外国语视听资料等证据应当附有由具有翻译资质的机构翻译的或者其他翻译准确的中文译本,由翻译机构盖章或者翻译人员签名。

第二十八条 对有违法嫌疑的物品或者场所进行检查时,应当通知当事人到场。办案人员应当制作现场笔录,载明时间、地点、事件等内容,由办案人员、当事人签名或者盖章。

第二十九条 办案人员可以询问当事人及其他有关单位和个人。询问应当个别进行。询问应当制作笔录,询问笔录应当交被询问人核对;对阅读有困难的,应当向其宣读。笔录如有差错、遗漏,应当允许其更正或者补充。涂改部分应当由被询问人签名、盖章或者以其他方式确认。经核对无误后,由被询问人在笔录上逐页签名、盖章或者以其他方式确认。办案人员应当在笔录上签名。

第三十条 办案人员可以要求当事人及其他有关单位和个人在一定期限内提供证明材料或者与涉嫌违法行为有关的其他材料,并由材料提供人在有关材料上签名或者盖章。

市场监督管理部门在查处侵权假冒等案件过程中,可以要求权利人对涉案产品是否为权利人生产或者其许可生产的产品进行辨认,也可以要求其对有关事项进行鉴别。

第三十一条 市场监督管理部门抽样取证时,应当通知当事人到场。办案人员应当制作抽样记录,对样品加贴封条,开具清单,由办案人员、当事人在封条和相关记录上签名或者盖章。

通过网络、电话购买等方式抽样取证的,应当采取拍照、截屏、录音、录像等方式对交易过程、商品拆包查验及封样等过程进行记录。

法律、法规、规章或者国家有关规定对实施抽样机构的资质或者抽样方式有明确要求的,市场监督管理部门应当委托相关机构或者按照规定方式抽取样品。

第三十二条 为查明案情,需要对案件中专门事项进行检测、检验、检疫、鉴定的,市场监督管理部门应当委托具有法定资质的机构进行;没有法定资质机构的,可以委托其他具备条件的机构进行。检测、检验、检疫、鉴定结果应当告知当事人。

第三十三条 在证据可能灭失或者以后难以取得的情况下,市场监督管理部门可以对与涉嫌违法行为有关的证据采取先行登记保存措施。采取或者解除先行登记保存措施,应当经市场监督管理部门负责人批准。

情况紧急,需要当场采取先行登记保存措施的,办案人员应当在二十四小时内向市场监督管理部门负责人报告,并补办批准手续。市场监督管理部门负责人认为不应当采取先行登记保存措施的,应当立即解除。

第三十四条 先行登记保存有关证据,应当当场清点,开具清单,由当事人和办案人员签名或者盖章,交当事人一份,并当场交付先行登记保存证据通知书。

先行登记保存期间,当事人或者有关人员不得损毁、销毁或者转移证据。

第三十五条 对于先行登记保存的证据,应当在七个工作日内采取以下措施:

(一)根据情况及时采取记录、复制、拍照、录像等证据保全措施;

(二)需要检测、检验、检疫、鉴定的,送交检测、检验、检疫、鉴定;

(三)依据有关法律、法规规定可以采取查封、扣押等行政强制措施的,决定采取行政强制措施;

(四)违法事实成立,应当予以没收的,作出行政处罚决定,没收违法物品;

(五)违法事实不成立,或者违法事实成立但依法不应当予以查封、扣押或者没收的,决定解除先行登记保存措施。

逾期未采取相关措施的，先行登记保存措施自动解除。

第三十六条 市场监督管理部门可以依据法律、法规的规定采取查封、扣押等行政强制措施。采取或者解除行政强制措施，应当经市场监督管理部门负责人批准。

情况紧急，需要当场采取行政强制措施的，办案人员应当在二十四小时内向市场监督管理部门负责人报告，并补办批准手续。市场监督管理部门负责人认为不应当采取行政强制措施的，应当立即解除。

第三十七条 市场监督管理部门实施行政强制措施应当依照《中华人民共和国行政强制法》规定的程序进行，并当场交付实施行政强制措施决定书和清单。

第三十八条 查封、扣押的期限不得超过三十日；情况复杂的，经市场监督管理部门负责人批准，可以延长，但是延长期限不得超过三十日。法律、行政法规另有规定的除外。

延长查封、扣押的决定应当及时书面告知当事人，并说明理由。

对物品需要进行检测、检验、检疫、鉴定的，查封、扣押的期间不包括检测、检验、检疫、鉴定的期间。检测、检验、检疫、鉴定的期间应当明确，并书面告知当事人。

第三十九条 扣押当事人托运的物品，应当制作协助扣押通知书，通知有关单位协助办理，并书面通知当事人。

第四十条 对当事人家存或者寄存的涉嫌违法物品，需要扣押的，责令当事人取出；当事人拒绝取出的，应当会同当地有关部门或者单位将其取出，并办理扣押手续。

第四十一条 查封、扣押的场所、设施或者财物应当妥善保管，不得使用或者损毁；市场监督管理部门可以委托第三人保管，第三人不得损毁或者擅自转移、处置。

查封的场所、设施或者财物，应当加贴市场监督管理部门封条，任何人不得随意动用。

除法律、法规另有规定外，容易损毁、灭失、变质、保管困难或者保管费用过高、季节性商品等不宜长期保存的物品，在确定为罚没财物前，经权利人同意或者申请，并经市场监督管理部门负责人批准，在采取相关措施留存证据后，可以依法先行处置；权利人不明确的，可以依法公告，公告期满后仍没有权利人同意或者申请的，可以依法先行处置。先行处置所得款项按照涉案现金管理。

第四十二条 有下列情形之一的，市场监督管理部门应当及时作出解除查封、扣押决定：

（一）当事人没有违法行为；

（二）查封、扣押的场所、设施或者财物与违法行为无关；

（三）对违法行为已经作出处理决定，不再需要查封、扣押；

（四）查封、扣押期限已经届满；

（五）其他不再需要采取查封、扣押措施的情形。

解除查封、扣押应当立即退还财物，并由办案人员和当事人在财物清单上签名或者盖章。市场监督管理部门已将财物依法先行处置并有所得款项的，应当退还所得款项。先行处置明显不当，给当事人造成损失的，应当给予补偿。

当事人下落不明或者无法确定涉案物品所有人的，应当按照本规定第八十二条第五项规定的公告送达方式告知领取。公告期满仍无人领取的，经市场监督管理部门负责人批准，将涉案物品上缴或者依法拍卖后将所得款项上缴国库。

第四十三条 办案人员在调查取证过程中，无法通知当事人，当事人不到场或者拒绝接受调查，当事人拒绝签名、盖章或者以其他方式确认的，办案人员应当在笔录或者其他材料上注明情况，并采取录音、录像等方式记录，必要时可以邀请有关人员作为见证人。

第四十四条 进行现场检查、询问当事人及其他有关单位和个人、抽样取证、采取先行登记保存措施、实施查封或者扣押等行政强制措施时，按照有关规定采取拍照、录音、录像等方式记录现场情况。

第四十五条 市场监督管理部门在办理行政处罚案件时，确需有关机关或者其他市场监督管理部门协助调查取证的，应当出具协助调查函。

收到协助调查函的市场监督管理部门对属于本部门职权范围的协助事项应当予以协助，在接到协助调查函之日起十五个工作日内完成相关工作。需要延期完成的，应当在期限届满前告知提出协查请求的市场监督管理部门。

第四十六条 有下列情形之一的,经市场监督管理部门负责人批准,中止案件调查:

(一)行政处罚决定须以相关案件的裁判结果或者其他行政决定为依据,而相关案件尚未审结或者其他行政决定尚未作出的;

(二)涉及法律适用等问题,需要送请有权机关作出解释或者确认的;

(三)因不可抗力致使案件暂时无法调查的;

(四)因当事人下落不明致使案件暂时无法调查的;

(五)其他应当中止调查的情形。

中止调查的原因消除后,应当立即恢复案件调查。

第四十七条 因涉嫌违法的自然人死亡或者法人、其他组织终止,并且无权利义务承受人等原因,致使案件调查无法继续进行的,经市场监督管理部门负责人批准,案件终止调查。

第四十八条 案件调查终结,办案机构应当撰写调查终结报告。案件调查终结报告包括以下内容:

(一)当事人的基本情况;

(二)案件来源、调查经过及采取行政强制措施的情况;

(三)调查认定的事实及主要证据;

(四)违法行为性质;

(五)处理意见及依据;

(六)自由裁量的理由等其他需要说明的事项。

第四十九条 办案机构应当将调查终结报告连同案件材料,交由市场监督管理部门审核机构进行审核。

审核分为法制审核和案件审核。

办案人员不得作为审核人员。

第五十条 对情节复杂或者重大违法行为给予行政处罚的下列案件,在市场监督管理部门负责人作出行政处罚的决定之前,应当由从事行政处罚决定法制审核的人员进行法制审核;未经法制审核或者审核未通过的,不得作出决定:

(一)涉及重大公共利益的;

(二)直接关系当事人或者第三人重大权益,经过听证程序的;

(三)案件情况疑难复杂、涉及多个法律关系的;

(四)法律、法规规定应当进行法制审核的其他情形。

前款第二项规定的案件,在听证程序结束后进行法制审核。

县级以上市场监督管理部门可以对第一款的法制审核案件范围作出具体规定。

第五十一条 法制审核由市场监督管理部门法制机构或者其他机构负责实施。

市场监督管理部门中初次从事行政处罚决定法制审核的人员,应当通过国家统一法律职业资格考试取得法律职业资格。

第五十二条 除本规定第五十条第一款规定以外适用普通程序的案件,应当进行案件审核。

案件审核由市场监督管理部门办案机构或者其他机构负责实施。

市场监督管理部门派出机构以自己的名义实施行政处罚的案件,由派出机构负责案件审核。

第五十三条 审核的主要内容包括:

(一)是否具有管辖权;

(二)当事人的基本情况是否清楚;

(三)案件事实是否清楚、证据是否充分;

(四)定性是否准确;

(五)适用依据是否正确;

(六)程序是否合法;

(七)处理是否适当。

第五十四条 审核机构对案件进行审核,区别不同情况提出书面意见和建议:

(一)对事实清楚、证据充分、定性准确、适用依据正确、程序合法、处理适当的案件,同意案件处理意见;

(二)对定性不准、适用依据错误、程序不合法、处理不当的案件,建议纠正;

(三)对事实不清、证据不足的案件,建议补充调查;

(四)认为有必要提出的其他意见和建议。

第五十五条 审核机构应当自接到审核材料之日起十个工作日内完成审核。特殊情况下,经市场监督管理部门负责人批准可以延长。

第五十六条 审核机构完成审核并退回案件材料后,对于拟给予行政处罚的案件,办案机构应当将案件材料、行政处罚建议及审核意见报市场监督管理部门负责人批准,并依法履行告知等程序;对于建议给予其他行政处理的案件,办案机构应当将案件材料、审核意见报市场监督管理部门负责人审查决定。

第五十七条　拟给予行政处罚的案件，市场监督管理部门在作出行政处罚决定之前，应当书面告知当事人拟作出的行政处罚内容及事实、理由、依据，并告知当事人依法享有陈述权、申辩权。拟作出的行政处罚属于听证范围的，还应当告知当事人有要求听证的权利。法律、法规规定在行政处罚决定作出前需责令当事人退还多收价款的，一并告知拟责令退还的数额。

当事人自告知书送达之日起五个工作日内，未行使陈述、申辩权，未要求听证的，视为放弃此权利。

第五十八条　市场监督管理部门在告知当事人拟作出的行政处罚决定后，应当充分听取当事人的意见，对当事人提出的事实、理由和证据进行复核。当事人提出的事实、理由或者证据成立的，市场监督管理部门应当予以采纳，不得因当事人陈述、申辩或者要求听证而给予更重的行政处罚。

第五十九条　法律、法规要求责令当事人退还多收价款的，市场监督管理部门应当在听取当事人意见后作出行政处罚决定前，向当事人发出责令退款通知书，责令当事人限期退还。难以查找多付价款的消费者或者其他经营者的，责令公告查找。

第六十条　市场监督管理部门负责人经对案件调查终结报告、审核意见、当事人陈述和申辩意见或者听证报告等进行审查，根据不同情况，分别作出以下决定：

（一）确有依法应当给予行政处罚的违法行为的，根据情节轻重及具体情况，作出行政处罚决定；

（二）确有违法行为，但有依法不予行政处罚情形的，不予行政处罚；

（三）违法事实不能成立的，不予行政处罚；

（四）不属于市场监督管理部门管辖的，移送其他行政管理部门处理；

（五）违法行为涉嫌犯罪的，移送司法机关。

对本规定第五十条第一款规定的案件，拟给予行政处罚的，应当由市场监督管理部门负责人集体讨论决定。

第六十一条　对当事人的违法行为依法不予行政处罚的，市场监督管理部门应当对当事人进行教育。

第六十二条　市场监督管理部门作出行政处罚决定，应当制作行政处罚决定书，并加盖本部门印章。行政处罚决定书的内容包括：

（一）当事人的姓名或者名称、地址等基本情况；

（二）违反法律、法规、规章的事实和证据；

（三）当事人陈述、申辩的采纳情况及理由；

（四）行政处罚的内容和依据；

（五）行政处罚的履行方式和期限；

（六）申请行政复议、提起行政诉讼的途径和期限；

（七）作出行政处罚决定的市场监督管理部门的名称和作出决定的日期。

第六十三条　市场监督管理部门作出的具有一定社会影响的行政处罚决定应当按照有关规定向社会公开。

公开的行政处罚决定被依法变更、撤销、确认违法或者确认无效的，市场监督管理部门应当在三个工作日内撤回行政处罚决定信息并公开说明理由。

第六十四条　适用普通程序办理的案件应当自立案之日起九十日内作出处理决定。因案情复杂或者其他原因，不能在规定期限内作出处理决定的，经市场监督管理部门负责人批准，可以延长三十日。案情特别复杂或者有其他特殊情况，经延期仍不能作出处理决定的，应当由市场监督管理部门负责人集体讨论决定是否继续延期，决定继续延期的，应当同时确定延长的合理期限。

案件处理过程中，中止、听证、公告和检测、检验、检疫、鉴定、权利人辨认或者鉴别、责令退还多收价款等时间不计入前款所指的案件办理期限。

第六十五条　发生重大传染病疫情等突发事件，为了控制、减轻和消除突发事件引起的社会危害，市场监督管理部门对违反突发事件应对措施的行为，依法快速、从重处罚。

第四章　行政处罚的简易程序

第六十六条　违法事实确凿并有法定依据，对自然人处以二百元以下、对法人或者其他组织处以三千元以下罚款或者警告的行政处罚的，可以当场作出行政处罚决定。法律另有规定的，从其规定。

第六十七条　适用简易程序当场查处违法行为,办案人员应当向当事人出示执法证件,当场调查违法事实,收集必要的证据,填写预定格式、编有号码的行政处罚决定书。

行政处罚决定书应当由办案人员签名或者盖章,并当场交付当事人。当事人拒绝签收的,应当在行政处罚决定书上注明。

第六十八条　当场制作的行政处罚决定书应当载明当事人的基本情况、违法行为、行政处罚依据、处罚种类、罚款数额、缴款途径和期限、救济途径和期限、部门名称、时间、地点,并加盖市场监督管理部门印章。

第六十九条　办案人员在行政处罚决定作出前,应当告知当事人拟作出的行政处罚内容及事实、理由、依据,并告知当事人有权进行陈述和申辩。当事人进行陈述和申辩的,办案人员应当记入笔录。

第七十条　适用简易程序查处案件的有关材料,办案人员应当在作出行政处罚决定之日起七个工作日内交至所在的市场监督管理部门归档保存。

第五章　执行与结案

第七十一条　行政处罚决定依法作出后,当事人应当在行政处罚决定书载明的期限内予以履行。

当事人对行政处罚决定不服申请行政复议或者提起行政诉讼的,行政处罚不停止执行,法律另有规定的除外。

第七十二条　市场监督管理部门对当事人作出罚款、没收违法所得行政处罚的,当事人应当自收到行政处罚决定书之日起十五日内,通过指定银行或者电子支付系统缴纳罚没款。有下列情形之一的,可以由办案人员当场收缴罚款:

(一)当场处以一百元以下罚款的;

(二)当场对自然人处以二百元以下、对法人或者其他组织处以三千元以下罚款,不当场收缴事后难以执行的;

(三)在边远、水上、交通不便地区,当事人向指定银行或者通过电子支付系统缴纳罚款确有困难,经当事人提出的。

办案人员当场收缴罚款的,必须向当事人出具国务院财政部门或者省、自治区、直辖市财政部门统一制发的专用票据。

第七十三条　办案人员当场收缴的罚款,应当自收缴罚款之日起二个工作日内交至所在市场监督管理部门。在水上当场收缴的罚款,应当自抵岸之日起二个工作日内交至所在市场监督管理部门。市场监督管理部门应当在二个工作日内将罚款缴付指定银行。

第七十四条　当事人确有经济困难,需要延期或者分期缴纳罚款的,应当提出书面申请。经市场监督管理部门负责人批准,同意当事人暂缓或者分期缴纳罚款的,市场监督管理部门应当书面告知当事人暂缓或者分期的期限。

第七十五条　当事人逾期不缴纳罚款的,市场监督管理部门可以每日按罚款数额的百分之三加处罚款,加处罚款的数额不得超出罚款的数额。

第七十六条　当事人在法定期限内不申请行政复议或者提起行政诉讼,又不履行行政处罚决定,且在收到催告书十个工作日后仍不履行行政处罚决定的,市场监督管理部门可以在期限届满之日起三个月内依法申请人民法院强制执行。

市场监督管理部门批准延期、分期缴纳罚款的,申请人民法院强制执行的期限,自暂缓或者分期缴纳罚款期限结束之日起计算。

第七十七条　适用普通程序的案件有以下情形之一的,办案机构应当在十五个工作日内填写结案审批表,经市场监督管理部门负责人批准后,予以结案:

(一)行政处罚决定执行完毕的;

(二)人民法院裁定终结执行的;

(三)案件终止调查的;

(四)作出本规定第六十条第一款第二项至五项决定的;

(五)其他应予结案的情形。

第七十八条　结案后,办案人员应当将案件材料按照档案管理的有关规定立卷归档。案卷归档应当一案一卷、材料齐全、规范有序。

案卷可以分正卷、副卷。正卷按照下列顺序归档:

(一)立案审批表;

(二)行政处罚决定书及送达回证;

(三)对当事人制发的其他法律文书及送达回证;

(四)证据材料;

(五)听证笔录;

(六)财物处理单据;
(七)其他有关材料。
副卷按照下列顺序归档:
(一)案源材料;
(二)调查终结报告;
(三)审核意见;
(四)听证报告;
(五)结案审批表;
(六)其他有关材料。
案卷的保管和查阅,按照档案管理的有关规定执行。

第七十九条 市场监督管理部门应当依法以文字、音像等形式,对行政处罚的启动、调查取证、审核、决定、送达、执行等进行全过程记录,依照本规定第七十八条的规定归档保存。

第六章 期间、送达

第八十条 期间以时、日、月计算,期间开始的时或者日不计算在内。期间不包括在途时间。期间届满的最后一日为法定节假日的,以法定节假日后的第一日为期间届满的日期。

第八十一条 市场监督管理部门送达行政处罚决定书,应当在宣告后当场交付当事人。当事人不在场的,应当在七个工作日内按照本规定第八十二条、第八十三条的规定,将行政处罚决定书送达当事人。

第八十二条 市场监督管理部门送达执法文书,应当按照下列方式进行:

(一)直接送达的,由受送达人在送达回证上注明签收日期,并签名或者盖章,受送达人在送达回证上注明的签收日期为送达日期。受送达人是自然人的,本人不在时交其同住成年家属签收;受送达人是法人或者其他组织的,应当由法人的法定代表人、其他组织的主要负责人或者该法人、其他组织负责收件的人签收;受送达人有代理人的,可以送交其代理人签收;受送达人已向市场监督管理部门指定代收人的,送交代收人签收。受送达人的同住成年家属,法人或者其他组织负责收件的人,代理人或者代收人在送达回证上签收的日期为送达日期。

(二)受送达人或者其同住成年家属拒绝签收的,市场监督管理部门可以邀请有关基层组织或者所在单位的代表到场,说明情况,在送达回证上载明拒收事由和日期,由送达人、见证人签名或者以其他方式确认,将执法文书留在受送达人的住所;也可以将执法文书留在受送达人的住所,并采取拍照、录像等方式记录送达过程,即视为送达。

(三)经受送达人同意并签订送达地址确认书,可以采用手机短信、传真、电子邮件、即时通讯账号等能够确认其收悉的电子方式送达执法文书,市场监督管理部门应当通过拍照、截屏、录音、录像等方式予以记录,手机短信、传真、电子邮件、即时通讯信息等到达受送达人特定系统的日期为送达日期。

(四)直接送达有困难的,可以邮寄送达或者委托当地市场监督管理部门、转交其他部门代为送达。邮寄送达的,以回执上注明的收件日期为送达日期;委托、转交送达的,受送达人的签收日期为送达日期。

(五)受送达人下落不明或者采取上述方式无法送达的,可以在市场监督管理部门公告栏和受送达人住所地张贴公告,也可以在报纸或者市场监督管理部门门户网站等刊登公告。自公告发布之日起经过三十日,即视为送达。公告送达,应当在案件材料中载明原因和经过。在市场监督管理部门公告栏和受送达人住所地张贴公告的,应当采取拍照、录像等方式记录张贴过程。

第八十三条 市场监督管理部门可以要求受送达人签署送达地址确认书,送达至受送达人确认的地址,即视为送达。受送达人送达地址发生变更的,应当及时书面告知市场监督管理部门;未及时告知的,市场监督管理部门按原地址送达,视为依法送达。

因受送达人提供的送达地址不准确、送达地址变更未书面告知市场监督管理部门,导致执法文书未能被受送达人实际接收的,直接送达的,执法文书留在该地址之日为送达之日;邮寄送达的,执法文书被退回之日为送达之日。

第七章 附则

第八十四条 本规定中的"以上""以下""内"均包括本数。

第八十五条 国务院药品监督管理部门和省级药品监督管理部门实施行政处罚,适用本规定。

法律、法规授权的履行市场监督管理职能的

组织实施行政处罚，适用本规定。

对违反《中华人民共和国反垄断法》规定的行为实施行政处罚的程序，按照国务院市场监督管理部门专项规定执行。专项规定未作规定的，参照本规定执行。

第八十六条 行政处罚文书格式范本，由国务院市场监督管理部门统一制定。各省级市场监督管理部门可以参照文书格式范本，制定本行政区域适用的行政处罚文书格式并自行印制。

第八十七条 本规定自 2019 年 4 月 1 日起施行。1996 年 9 月 18 日原国家技术监督局令第 45 号公布的《技术监督行政处罚委托实施办法》、2001 年 4 月 9 日原国家质量技术监督局令第 16 号公布的《质量技术监督罚没物品管理和处置办法》、2007 年 9 月 4 日原国家工商行政管理总局令第 28 号公布的《工商行政管理机关行政处罚程序规定》、2011 年 3 月 2 日原国家质量监督检验检疫总局令第 137 号公布的《质量技术监督行政处罚程序规定》、2011 年 3 月 2 日原国家质量监督检验检疫总局令第 138 号公布的《质量技术监督行政处罚案件审理规定》、2014 年 4 月 28 日原国家食品药品监督管理总局令第 3 号公布的《食品药品行政处罚程序规定》同时废止。

关于规范市场监督管理行政处罚裁量权的指导意见

- 2022 年 10 月 8 日
- 国市监法规〔2022〕2 号

第一条 为了规范市场监督管理行政处罚行为，保障市场监管部门依法行使行政处罚裁量权，保护自然人、法人和其他组织的合法权益，根据《中华人民共和国行政处罚法》等法律、法规、规章和国家有关规定，结合市场监管工作实际，制定本意见。

第二条 本意见所称行政处罚裁量权，是指各级市场监管部门在实施行政处罚时，根据法律、法规、规章的规定，综合考虑违法行为的事实、性质、情节、社会危害程度以及当事人主观过错等因素，决定是否给予行政处罚、给予行政处罚的种类和幅度的权限。

第三条 市场监管部门行使行政处罚裁量权，应当坚持以下原则：

（一）合法原则。依据法定权限，符合法律、法规、规章规定的裁量条件、处罚种类和幅度，遵守法定程序。

（二）过罚相当原则。以事实为依据，处罚的种类和幅度与违法行为的事实、性质、情节、社会危害程度等相当。

（三）公平公正原则。对违法事实、性质、情节、社会危害程度等基本相同的违法行为实施行政处罚时，适用的法律依据、处罚种类和幅度基本一致。

（四）处罚和教育相结合原则。兼顾纠正违法行为和教育当事人，引导当事人自觉守法。

（五）综合裁量原则。综合考虑个案情况，兼顾地区经济社会发展状况、当事人主客观情况等相关因素，实现政治效果、社会效果、法律效果的统一。

第四条 省级和设区的市级市场监管部门可以参照本意见，结合地区实际制定行政处罚裁量权基准。

县级市场监管部门可以在法定范围内，对上级市场监管部门制定的行政处罚裁量权基准适用的标准、条件、种类、幅度、方式、时限予以合理细化量化。

第五条 对同一行政处罚事项，上级市场监管部门已经制定行政处罚裁量权基准的，下级市场监管部门原则上应当直接适用；如下级市场监管部门不能直接适用，可以结合地区经济社会发展状况，在法律、法规、规章规定的行政处罚裁量权范围内进行合理细化量化，但不能超出上级市场监管部门划定的阶次或者幅度。

下级市场监管部门制定的行政处罚裁量权基准与上级市场监管部门制定的行政处罚裁量权基准冲突的，应当适用上级市场监管部门制定的行政处罚裁量权基准。

第六条 行政处罚裁量权基准应当包括违法行为、法定依据、裁量阶次、适用条件和具体标准等内容。

制定行政处罚裁量权基准，应当对以下内容进行细化和量化：

（一）法律、法规、规章规定可以选择决定是否给予行政处罚的，明确是否给予处罚的具体情形；

（二）法律、法规、规章规定可以选择行政处罚种类的，明确适用不同处罚种类的具体情形；

（三）法律、法规、规章规定可以选择行政处罚幅度的，明确划分易于操作的裁量阶次，并确定适用不同阶次的具体情形；

（四）法律、法规、规章规定可以单处或者并处行政处罚的，明确规定单处或者并处行政处罚的具体情形；

（五）需要在法定处罚种类或者幅度以下减轻行政处罚的，应当在严格评估后明确具体情形、适用条件和处罚标准。

第七条　市场监管部门实施行政处罚应当以法律、法规、规章为依据。有行政处罚裁量权基准的，应当在行政处罚决定书中对行政处罚裁量权基准的适用情况予以明确。

第八条　市场监管部门实施行政处罚，适用本部门制定的行政处罚裁量权基准可能出现明显不当、显失公平，或者行政处罚裁量权基准适用的客观情况发生变化的，经本部门主要负责人批准或者集体讨论通过后可以调整适用，批准材料或者集体讨论记录应列入处罚案卷归档保存。

适用上级市场监管部门制定的行政处罚裁量权基准可能出现前款情形的，逐级报请该基准制定部门批准后，可以调整适用。

第九条　建立行政处罚裁量权基准动态调整机制，行政处罚裁量权基准所依据的法律、法规、规章作出修改，或者客观情况发生重大变化的，及时进行调整。

第十条　本意见中下列用语的含义如下：

（一）不予行政处罚是指因法定原因对特定违法行为不给予行政处罚。

（二）减轻行政处罚是指适用法定行政处罚最低限度以下的处罚种类或处罚幅度。包括在违法行为应当受到的一种或者几种处罚种类之外选择更轻的处罚种类，或者在应当并处时不并处，也包括在法定最低罚款限值以下确定罚款数额。

（三）从轻行政处罚是指在依法可以选择的处罚种类和处罚幅度内，适用较轻、较少的处罚种类或者较低的处罚幅度。其中，罚款的数额应当在从最低限到最高限这一幅度中较低的30%部分。

（四）从重行政处罚是指在依法可以选择的处罚种类和处罚幅度内，适用较重、较多的处罚种类或者较高的处罚幅度。其中，罚款的数额应当在从最低限到最高限这一幅度中较高的30%部分。

第十一条　有下列情形之一的，应当依法不予行政处罚：

（一）不满十四周岁的未成年人有违法行为的；

（二）精神病人、智力残疾人在不能辨认或者不能控制自己行为时有违法行为的；

（三）违法行为轻微并及时改正，没有造成危害后果的；

（四）除法律、行政法规另有规定外，当事人有证据足以证明没有主观过错的；

（五）除法律另有规定外，涉及公民生命健康安全、金融安全且有危害后果的违法行为在五年内未被发现的，其他违法行为在二年内未被发现的；

（六）其他依法应当不予行政处罚的。

第十二条　初次违法且危害后果轻微并及时改正的，可以不予行政处罚。

市场监管部门可以依照有关规定制定轻微违法行为依法免予处罚清单并进行动态调整。

第十三条　有下列情形之一的，应当依法从轻或者减轻行政处罚：

（一）已满十四周岁不满十八周岁的未成年人有违法行为的；

（二）主动消除或者减轻违法行为危害后果的；

（三）受他人胁迫或者诱骗实施违法行为的；

（四）主动供述市场监管部门尚未掌握的违法行为的；

（五）配合市场监管部门查处违法行为有立功表现的，包括但不限于当事人揭发市场监管领域其他重大违法行为或者提供查处市场监管领域其他重大违法行为的关键线索或证据，并经查证属实的；

（六）其他依法应当从轻或者减轻行政处罚的。

第十四条　有下列情形之一的，可以依法从轻或者减轻行政处罚：

（一）尚未完全丧失辨认或者控制自己行为能力的精神病人、智力残疾人有违法行为的；

（二）积极配合市场监管部门调查并主动提供证据材料的；

（三）违法行为轻微，社会危害性较小的；

（四）在共同违法行为中起次要或者辅助作用的；

（五）当事人因残疾或者重大疾病等原因生活确有困难的；

（六）其他依法可以从轻或者减轻行政处罚的。

第十五条 有下列情形之一的，应当依法从重行政处罚：

（一）在重大传染病疫情等突发事件期间，有违反突发事件应对措施行为的；

（二）其他依法应当从重行政处罚的。

第十六条 有下列情形之一的，可以依法从重行政处罚：

（一）违法行为造成他人人身伤亡或者重大财产损失等严重危害后果的；

（二）教唆、胁迫、诱骗他人实施违法行为的；

（三）因同一性质的违法行为受过刑事处罚，或者一年内因同一性质的违法行为受过行政处罚的；

（四）阻碍或者拒不配合行政执法人员依法执行职务或者对行政执法人员打击报复的；

（五）隐藏、转移、损毁、使用、处置市场监管部门依法查封、扣押的财物或者先行登记保存的证据的；

（六）伪造、隐匿、毁灭证据的；

（七）其他依法可以从重行政处罚的。

当事人因前款第四至六项所涉行为已被行政处罚的，该行为不再作为从重行政处罚情节。

第十七条 当事人既有从轻或者减轻行政处罚情节，又有从重行政处罚情节的，市场监管部门应当结合案件情况综合考虑后作出裁量决定。

第十八条 市场监管部门制定的行政处罚裁量权基准应当主动向社会公开。

第十九条 市场监管部门应当按照《市场监督管理执法监督暂行规定》（市场监管总局令第22号）的要求，加强对行政处罚裁量权基准制度执行情况的监督检查。

第二十条 本意见自发布之日起实施。《市场监管总局关于规范市场监督管理行政处罚裁量权的指导意见》（国市监法〔2019〕244号）同时废止。

市场监督管理行政处罚信息公示规定

- 2021年7月30日国家市场监督管理总局令第45号公布
- 自2021年9月1日起施行

第一条 为了加快构建以信用为基础的新型市场监管机制，强化市场主体信用监管，促进社会共治，维护公平竞争的市场秩序，根据相关法律、行政法规以及国务院有关规定，制定本规定。

第二条 市场监督管理部门对适用普通程序作出行政处罚决定的相关信息，应当记录于国家企业信用信息公示系统，并向社会公示。

仅受到警告行政处罚的不予公示。法律、行政法规另有规定的除外。

依法登记的市场主体的行政处罚公示信息应当记于市场主体名下。

第三条 市场监督管理部门公示行政处罚信息，应当遵循合法、客观、及时、规范的原则。

第四条 依照本规定第二条公示的行政处罚信息主要包括行政处罚决定书和行政处罚信息摘要。

市场监督管理部门应当严格依照国家市场监督管理总局的有关规定制作行政处罚决定书，并制作行政处罚信息摘要附于行政处罚决定书之前。

行政处罚信息摘要的内容包括：行政处罚决定书文号、行政处罚当事人基本情况、违法行为类型、行政处罚内容、作出行政处罚决定的行政机关名称和日期。

第五条 市场监督管理部门应当依照《中华人民共和国保守国家秘密法》以及其他法律法规的有关规定，建立健全行政处罚信息保密审查机制。公示的行政处罚信息不得泄露国家秘密，不得危及国家安全、公共安全、经济安全和社会稳定。

第六条 市场监督管理部门公示行政处罚信息，应当遵守法律法规关于商业秘密和个人信息保护的有关规定，对信息进行必要的处理。

第七条 市场监督管理部门公示的行政处罚决定书，除依照本规定第六条的要求进行处理的以外，内容应当与送达行政处罚当事人的行政处罚决定书一致。

第八条 对于应当公示的行政处罚决定，在送达行政处罚决定书时，市场监督管理部门应当书面告知行政处罚当事人行政处罚信息将向社会进行公示。

第九条 作出行政处罚决定的市场监督管理部门和行政处罚当事人登记地（住所地）在同一省、自治区、直辖市的，作出行政处罚决定的市场监督管理部门应当自作出行政处罚决定之日起二十个工作日内将行政处罚信息通过国家企业信用信息公示系统进行公示。

第十条 作出行政处罚决定的市场监督管理部门和行政处罚当事人登记地（住所地）不在同一省、自治区、直辖市的，作出行政处罚决定的市场监督管理部门应当自作出行政处罚决定之日起十个工作日内通过本省、自治区、直辖市市场监督管理部门将行政处罚信息推送至当事人登记地（住所地）市场监督管理部门，由其协助在收到行政处罚信息之日起十个工作日内将行政处罚信息通过国家企业信用信息公示系统进行公示。

第十一条 行政处罚决定被依法变更、撤销、确认违法或者确认无效的，市场监督管理部门应当在三个工作日内撤回行政处罚公示信息并说明理由。

第十二条 市场监督管理部门发现其公示的行政处罚信息不准确的，应当及时更正。公民、法人或者其他组织有证据证明市场监督管理部门公示的行政处罚信息不准确的，有权要求该市场监督管理部门予以更正。

第十三条 仅受到通报批评或者较低数额罚款的行政处罚信息自公示之日起届满三个月的，停止公示。其他行政处罚信息自公示之日起届满三年的，停止公示。

前款所称较低数额罚款由省级以上市场监督管理部门结合工作实际规定。

依照法律法规被限制开展生产经营活动、限制从业超过三年的，公示期按实际限制期限执行。

第十四条 行政处罚信息公示达到规定时限要求，且同时符合以下条件的，可以向作出行政处罚决定的市场监督管理部门申请提前停止公示：

（一）已经自觉履行行政处罚决定中规定的义务；

（二）已经主动消除危害后果和不良影响；

（三）未因同一类违法行为再次受到市场监督管理部门行政处罚；

（四）未在经营异常名录和严重违法失信名单中。

前款所称时限要求和提前停止公示的具体实施办法由国家市场监督管理总局另行规定。

当事人受到责令停产停业、限制开展生产经营活动、限制从业、降低资质等级、吊销许可证件、吊销营业执照以及国家市场监督管理总局规定的其他较为严重行政处罚的，不得提前停止公示。

第十五条 各省、自治区、直辖市市场监督管理部门应当按照本规定及时完善国家企业信用信息公示系统，提供操作便捷的检索、查阅方式，方便公众检索、查阅行政处罚信息。

第十六条 市场监督管理部门应当严格履行行政处罚信息公示职责，按照"谁办案、谁录入、谁负责"的原则建立健全行政处罚信息公示内部审核和管理制度。办案机构应当及时准确录入行政处罚信息。负责企业信用信息公示工作的机构应当加强行政处罚信息公示的日常管理。

第十七条 国家市场监督管理总局负责指导和监督地方市场监督管理部门行政处罚信息公示工作，制定国家企业信用信息公示系统公示行政处罚信息的有关标准规范和技术要求。

各省、自治区、直辖市市场监督管理部门负责组织、指导、监督辖区内各级市场监督管理部门行政处罚信息公示工作，并可以根据本规定结合工作实际制定实施细则。

第十八条 国务院药品监督管理部门和省级药品监督管理部门实施行政处罚信息公示，适用本规定。

第十九条 本规定自2021年9月1日起施行。2014年8月19日原国家工商行政管理总局令第71号公布的《工商行政管理行政处罚信息公示暂行规定》同时废止。

市场监督管理投诉举报处理暂行办法

- 2019年11月30日国家市场监督管理总局令第20号公布
- 根据2022年3月24日国家市场监督管理总局令第55号第一次修正
- 根据2022年9月29日国家市场监督管理总局令第61号第二次修正

第一条 为规范市场监督管理投诉举报处理工作，保护自然人、法人或者其他组织合法权益，根据《中华人民共和国消费者权益保护法》等法律、行政法规，制定本办法。

第二条 市场监督管理部门处理投诉举报，适用本办法。

第三条 本办法所称的投诉，是指消费者为生活消费需要购买、使用商品或者接受服务，与经营者发生消费者权益争议，请求市场监督管理部门解决该争议的行为。

本办法所称的举报，是指自然人、法人或者其他组织向市场监督管理部门反映经营者涉嫌违反市场监督管理法律、法规、规章线索的行为。

第四条 国家市场监督管理总局主管全国投诉举报处理工作，指导地方市场监督管理部门投诉举报处理工作。

县级以上地方市场监督管理部门负责本行政区域内的投诉举报处理工作。

第五条 市场监督管理部门处理投诉举报，应当遵循公正、高效的原则，做到适用依据正确、程序合法。

第六条 鼓励社会公众和新闻媒体对涉嫌违反市场监督管理法律、法规、规章的行为依法进行社会监督和舆论监督。

鼓励消费者通过在线消费纠纷解决机制、消费维权服务站、消费维权绿色通道、第三方争议解决机制等方式与经营者协商解决消费者权益争议。

第七条 向市场监督管理部门同时提出投诉和举报，或者提供的材料同时包含投诉和举报内容的，市场监督管理部门应当按照本办法规定的程序对投诉和举报予以分别处理。

第八条 向市场监督管理部门提出投诉举报的，应当通过市场监督管理部门公布的接收投诉举报的互联网、电话、传真、邮寄地址、窗口等渠道进行。

第九条 投诉应当提供下列材料：
（一）投诉人的姓名、电话号码、通讯地址；
（二）被投诉人的名称(姓名)、地址；
（三）具体的投诉请求以及消费者权益争议事实。

投诉人采取非书面方式进行投诉的，市场监督管理部门工作人员应当记录前款规定信息。

第十条 委托他人代为投诉的，除提供本办法第九条第一款规定的材料外，还应当提供授权委托书原件以及受托人身份证明。

授权委托书应当载明委托事项、权限和期限，由委托人签名。

第十一条 投诉人为两人以上，基于同一消费者权益争议投诉同一经营者的，经投诉人同意，市场监督管理部门可以按共同投诉处理。

共同投诉可以由投诉人书面推选两名代表人进行投诉。代表人的投诉行为对其代表的投诉人发生效力，但代表人变更、放弃投诉请求或者达成调解协议的，应当经被代表的投诉人同意。

第十二条 投诉由被投诉人实际经营地或者住所地县级市场监督管理部门处理。

对电子商务平台经营者以及通过自建网站、其他网络服务销售商品或者提供服务的电子商务经营者的投诉，由其住所地县级市场监督管理部门处理。对平台内经营者的投诉，由其实际经营地或者平台经营者住所地县级市场监督管理部门处理。

上级市场监督管理部门认为有必要的，可以处理下级市场监督管理部门收到的投诉。下级市场监督管理部门认为需要由上级市场监督管理部门处理本行政机关收到的投诉的，可以报请上级市场监督管理部门决定。

第十三条 对同一消费者权益争议的投诉，两个以上市场监督管理部门均有处理权限的，由先收到投诉的市场监督管理部门处理。

第十四条 具有本办法规定的处理权限的市场监督管理部门，应当自收到投诉之日起七个工作日内作出受理或者不予受理的决定，并告知投诉人。

第十五条 投诉有下列情形之一的，市场监督管理部门不予受理：

（一）投诉事项不属于市场监督管理部门职责，或者本行政机关不具有处理权限的；

（二）法院、仲裁机构、市场监督管理部门或者其他行政机关、消费者协会或者依法成立的其他调解组织已经受理或者处理过同一消费者权益争议的；

（三）不是为生活消费需要购买、使用商品或者接受服务，或者不能证明与被投诉人之间存在消费者权益争议的；

（四）除法律另有规定外，投诉人知道或者应当知道自己的权益受到被投诉人侵害之日起超过三年的；

（五）未提供本办法第九条第一款和第十条规定的材料的；

（六）法律、法规、规章规定不予受理的其他情形。

第十六条　市场监督管理部门经投诉人和被投诉人同意，采用调解的方式处理投诉，但法律、法规另有规定的，依照其规定。

鼓励投诉人和被投诉人平等协商，自行和解。

第十七条　市场监督管理部门可以委托消费者协会或者依法成立的其他调解组织等单位代为调解。

受委托单位在委托范围内以委托的市场监督管理部门名义进行调解，不得再委托其他组织或者个人。

第十八条　调解可以采取现场调解方式，也可以采取互联网、电话、音频、视频等非现场调解方式。

采取现场调解方式的，市场监督管理部门或者其委托单位应当提前告知投诉人和被投诉人调解的时间、地点、调解人员等。

第十九条　调解由市场监督管理部门或者其委托单位工作人员主持，并可以根据需要邀请有关人员协助。

调解人员是投诉人或者被投诉人的近亲属或者有其他利害关系，可能影响公正处理投诉的，应当回避。投诉人或者被投诉人对调解人员提出回避申请的，市场监督管理部门应当中止调解，并作出是否回避的决定。

第二十条　需要进行检定、检验、检测、鉴定的，由投诉人和被投诉人协商一致，共同委托具备相应条件的技术机构承担。

除法律、法规另有规定的外，检定、检验、检测、鉴定所需费用由投诉人和被投诉人协商一致承担。

检定、检验、检测、鉴定所需时间不计算在调解期限内。

第二十一条　有下列情形之一的，终止调解：

（一）投诉人撤回投诉或者双方自行和解的；

（二）投诉人与被投诉人对委托承担检定、检验、检测、鉴定工作的技术机构或者费用承担无法协商一致的；

（三）投诉人或者被投诉人无正当理由不参加调解，或者被投诉人明确拒绝调解的；

（四）经组织调解，投诉人或者被投诉人明确表示无法达成调解协议的；

（五）自投诉受理之日起四十五个工作日内投诉人和被投诉人未能达成调解协议的；

（六）市场监督管理部门受理投诉后，发现存在本办法第十五条规定情形的；

（七）法律、法规、规章规定的应当终止调解的其他情形。

终止调解的，市场监督管理部门应当自作出终止调解决定之日起七个工作日内告知投诉人和被投诉人。

第二十二条　经现场调解达成调解协议的，市场监督管理部门应当制作调解书，但调解协议已经即时履行或者双方同意不制作调解书的除外。调解书由投诉人和被投诉人双方签字或者盖章，并加盖市场监督管理部门印章，交投诉人和被投诉人各执一份，市场监督管理部门留存一份归档。

未制作调解书的，市场监督管理部门应当做好调解记录备查。

第二十三条　市场监督管理部门在调解中发现涉嫌违反市场监督管理法律、法规、规章线索的，应当自发现之日起十五个工作日内予以核查，并按照市场监督管理行政处罚有关规定予以处理。特殊情况下，核查时限可以延长十五个工作日。法律、法规、规章另有规定的，依照其规定。

对消费者权益争议的调解不免除经营者依法应当承担的其他法律责任。

第二十四条　举报人应当提供涉嫌违反市场监督管理法律、法规、规章的具体线索，对举报内容的真实性负责。举报人采取非书面方式进行举报的，市场监督管理部门工作人员应当记录。

鼓励经营者内部人员依法举报经营者涉嫌违反市场监督管理法律、法规、规章的行为。

第二十五条 举报由被举报行为发生地的县级以上市场监督管理部门处理。法律、行政法规、部门规章另有规定的,从其规定。

第二十六条 县级市场监督管理部门派出机构在县级市场监督管理部门确定的权限范围内以县级市场监督管理部门的名义处理举报,法律、法规、规章授权以派出机构名义处理举报的除外。

第二十七条 对电子商务平台经营者和通过自建网站、其他网络服务销售商品或者提供服务的电子商务经营者的举报,由其住所地县级以上市场监督管理部门处理。

对平台内经营者的举报,由其实际经营地县级以上市场监督管理部门处理。电子商务平台经营者住所地县级以上市场监督管理部门先行收到举报的,也可以予以处理。

第二十八条 对利用广播、电影、电视、报纸、期刊、互联网等大众传播媒介发布违法广告的举报,由广告发布者所在地市场监督管理部门处理。广告发布者所在地市场监督管理部门处理对异地广告主、广告经营者的举报有困难的,可以将对广告主、广告经营者的举报移送广告主、广告经营者所在地市场监督管理部门处理。

对互联网广告的举报,广告主所在地、广告经营者所在地市场监督管理部门先行收到举报的,也可以予以处理。

对广告主自行发布违法互联网广告的举报,由广告主所在地市场监督管理部门处理。

第二十九条 收到举报的市场监督管理部门不具备处理权限的,应当告知举报人直接向有处理权限的市场监督管理部门提出。

第三十条 两个以上市场监督管理部门因处理权限发生争议的,应当自发生争议之日起七个工作日内协商解决,协商不成的,报请共同的上一级市场监督管理部门指定处理机关;也可以直接由共同的上一级市场监督管理部门指定处理机关。

第三十一条 市场监督管理部门应当按照市场监督管理行政处罚等有关规定处理举报。

举报人实名举报的,有处理权限的市场监督管理部门还应当自作出是否立案决定之日起五个工作日内告知举报人。

第三十二条 法律、法规、规章规定市场监督管理部门应当将举报处理结果告知举报人或者对举报人实行奖励的,市场监督管理部门应当予以告知或者奖励。

第三十三条 市场监督管理部门应当对举报人的信息予以保密,不得将举报人个人信息、举报办理情况等泄露给被举报人或者与办理举报工作无关的人员,但提供的材料同时包含投诉和举报内容,并且需要向被举报人提供组织调解所必需信息的除外。

第三十四条 市场监督管理部门应当加强对本行政区域投诉举报信息的统计、分析、应用,定期公布投诉举报统计分析报告,依法公示消费投诉信息。

第三十五条 对投诉举报处理工作中获悉的国家秘密以及公开后可能危及国家安全、公共安全、经济安全、社会稳定的信息,市场监督管理部门应当严格保密。

涉及商业秘密、个人隐私等信息,确需公开的,依照《中华人民共和国政府信息公开条例》等有关规定执行。

第三十六条 市场监督管理部门应当畅通全国 12315 平台、12315 专用电话等投诉举报接收渠道,实行统一的投诉举报数据标准和用户规则,实现全国投诉举报信息一体化。

第三十七条 县级以上地方市场监督管理部门统一接收投诉举报的工作机构,应当及时将投诉举报分送有处理权限的下级市场监督管理部门或者同级市场监督管理部门相关机构处理。

同级市场监督管理部门相关机构收到分送的投诉举报的,应当按照本办法有关规定及时处理。不具备处理权限的,应当及时反馈统一接收投诉举报的工作机构,不得自行移送。

第三十八条 市场监督管理部门处理依法提起的除本办法第三条规定以外的其他投诉的,可以参照本办法执行。

举报涉嫌违反《中华人民共和国反垄断法》的行为的,按照国家市场监督管理总局专项规定执行。专项规定未作规定的,可以参照本办法执行。

药品监督管理部门、知识产权行政部门处理投诉举报,适用本办法,但法律、法规另有规定的,依照其规定。

第三十九条 自然人、法人或者其他组织反映国家机关、事业单位、代行政府职能的社会团体及其他组织的行政事业性收费问题的,按照《信访工作条例》有关规定处理。

以投诉举报形式进行咨询、政府信息公开申请、行政复议申请、信访、纪检监察检举控告等活动的,不适用本办法,市场监督管理部门可以告知通过相应途径提出。

第四十条 本办法自 2020 年 1 月 1 日起施行。1998 年 3 月 12 日原国家质量技术监督局令第 51 号公布的《产品质量申诉处理办法》、2014 年 2 月 14 日原国家工商行政管理总局令第 62 号公布的《工商行政管理部门处理消费者投诉办法》、2016 年 1 月 12 日原国家食品药品监督管理总局令第 21 号公布的《食品药品投诉举报管理办法》同时废止。

市场监督管理投诉信息公示暂行规则

- 2023 年 9 月 26 日市场监管总局 2023 年第 19 次局务会议审议通过
- 国市监稽规〔2023〕6 号

第一条 为保障消费者的知情权、选择权等合法权益,推动经营者落实消费维权主体责任,加强消费者权益保护社会共治,持续优化消费环境,促进经济高质量发展,依据《中华人民共和国消费者权益保护法》《中华人民共和国政府信息公开条例》《市场监督管理投诉举报处理暂行办法》(以下简称《投诉举报处理办法》)等规定,制定本规则。

第二条 市场监督管理部门(以下简称市场监管部门)开展投诉信息公示工作,适用本规则。

本规则所称的投诉,是指消费者为生活消费需要购买、使用商品或者接受服务,与经营者发生消费者权益争议,根据《投诉举报处理办法》向市场监管部门请求解决该争议的行为。

第三条 国家市场监督管理总局负责制定全国市场监管部门投诉信息公示规则,建立全国 12315 投诉信息公示平台,指导全国市场监管部门开展投诉信息公示工作。

省级、地市级市场监管部门负责对本行政区域内投诉信息公示工作的指导和监督,可以在本规则范围内制定细化工作规则。

县级市场监管部门承担本行政区域内的投诉信息公示工作,确定专门工作机构,完善工作流程,提高工作质量。

第四条 投诉信息公示,应当以公示为常态、不公示为例外,遵循"谁处理、谁公示"的原则,坚持客观公正、程序正当、标准统一,并维护各方主体合法权益。

第五条 投诉信息包括消费者投诉时陈述的内容和基于双方自愿的行政调解结果,不属于行政处罚信息、经营异常名录信息、严重违法失信名单信息等负面信用信息。

市场监管部门应当加强宣传引导和政策解读,加强舆情监测应对,引导社会公众客观理性认识投诉信息公示工作。

第六条 投诉信息公示应当征得消费者同意,并不得泄露国家秘密、商业秘密和个人隐私,不得危及国家安全、公共安全、经济安全和社会稳定,不得违背公序良俗。

第七条 投诉信息公示应当告知被公示的经营者。

全国 12315 投诉信息公示平台与电子营业执照关联,为经营者提供便捷的登录方式和自身被投诉信息的告知、查询、统计、分析功能,引导规范和改进经营行为,提升商品和服务质量,完善售后体系,提升消费争议处理和预防能力。

第八条 市场监管部门公示依法受理并完成办理的投诉,具体信息包括:

(一)投诉人的姓氏、全国 12315 平台 ID、电话号码后四位;

(二)被投诉人名称、地址、统一社会信用代码;

(三)投诉的商品或者服务、销售方式;

(四)投诉时间、争议发生时间、投诉问题、投诉请求;

(五)办结时间、处理结果、处理投诉的市场监管部门。

前款所称处理结果,包括达成调解协议、未达成调解协议、双方自行和解或者投诉人撤回投诉的。

消费者投诉电子商务平台经营者,且在全国 12315 平台明确选择反映平台内经营者问题的,一并公示平台内经营者名称。消费者投诉电子商务平台内经营者,且在全国 12315 平台明确选择所属平台的,一并公示平台名称。

被投诉人系依法不需要办理或者尚未办理市

场主体登记的,公示其店铺(含网店、直播间等)名称、经营者姓氏及实际经营地址。

被投诉人实际经营地址和注册地址不一致的,可以一并予以公示。

第九条 以下投诉不予公示:

(一)按照《投诉举报处理办法》第十五条规定不予受理,或者受理后发现存在不予受理情形并终止调解的;

(二)消费者与经营者通过全国12315平台在线消费争议解决机制(ODR)先行和解的;

(三)投诉人系虚假、恶意投诉的;

(四)其他公示后可能危及国家安全、公共安全、经济安全、社会稳定或者违反公序良俗的。

第十条 市场监管部门应当严格遵守《投诉举报处理办法》第十五条规定,加强对投诉材料的审核;对存在重复、匿名、不是为生活消费需要、不存在消费者权益争议、不属于市场监管部门职责等情形的投诉,依法不予受理;已受理的应当按照《投诉举报处理办法》第二十一条规定终止调解并不予公示。

第十一条 存在投诉人购买商品或者服务的数量、频次明显超出生活消费需要;同一投诉人对同一经营者短期内大量投诉;不同投诉人通谋分别消费后分别投诉同一经营者;投诉人恶意制造经营者侵权的虚假事实或者虚构消费者权益争议事实;投诉人受雇于他人进行投诉;投诉人冒用他人名义进行投诉;投诉人曾因敲诈勒索经营者受到行政处罚或者刑事处罚等情形的,市场监管部门可以结合日常工作掌握情况和被投诉人提供材料,综合判断是否属于《投诉举报处理办法》第十五条规定的不予受理情形、本规则第九条规定的不予公示情形。

第十二条 投诉信息来源于全国12315平台数据,不直接采用其他来源的数据信息。

第十三条 各地市场监管部门在全国12315平台办结的投诉,与全国12315投诉信息公示平台自动关联、实时公示。地方市场监管部门拓展公示渠道的,应当首先满足在全国12315投诉信息公示平台统一公示的要求。

第十四条 全国12315投诉信息公示平台可以根据需要,按照办结时间、行政区划、行业类别、商品或者服务类别、投诉问题类别、投诉数量、投诉增速、调解成功率、先行和解率等客观维度,对投诉信息自动统计、排序;统计、排序周期不超过两年。

第十五条 对投诉有处理权限的市场监管部门,应当制定投诉信息公示的内部审核程序,明确负责审核的机构,加强标准化、规范化管理。投诉处理人员通过全国12315平台对投诉完成办理的同时选择是否公示,选择予以公示的,应当认真核对公示信息后对外公示;选择不予公示的,应当履行审核程序,负责审核的机构应当在10个工作日内完成审核。

县级市场监管部门可以授权有条件的市场监管所等派出机构自行审核不予公示的投诉,但不得由投诉处理人员自我审核;地市级市场监管部门可以根据实际情况,决定是否自行审核县级市场监管部门选择不予公示的投诉。

第十六条 公示投诉的市场监管部门发现投诉信息有误或者应公示未公示、不应公示而公示的,应当主动更正并履行相应的审核程序。

上级市场监管部门发现下级市场监管部门存在前款情形的,应当通知改正。

第十七条 投诉人或者被投诉人认为涉及自身的投诉信息有误或者应公示未公示、不应公示而公示的,可以向公示投诉的市场监管部门实名、书面申请复核。

市场监管部门应当在收到申请之日起10个工作日内完成复核程序并告知复核结果。

当事人就同一公示信息重复提出复核申请的,不再处理。

第十八条 全国12315投诉信息公示平台公示期为一年,超过公示期的具体投诉信息不再向公众展示。

第十九条 地方市场监管部门应当采取抽查、回访、第三方评估等方式,加强对下级市场监管部门投诉信息公示工作的监督评价,推动工作落实,提高工作质量。

国家市场监督管理总局根据工作需要,对各地市场监管部门投诉信息公示工作进行综合评价;对工作不力的予以通报批评,对工作成效明显的予以通报表扬,并推动纳入相关激励。

第二十条 地方市场监管部门应当加强对本行政区域投诉信息的统计、分析、应用,定期公布投诉信息统计分析报告;并可以根据工作需要,对投诉集中、急增、可能存在重大风险或者产生重大影响的区域、行业、经营者等,综合开展分级分类监管、行政指导约谈、消费提示警示等，督促全面履行保护消费者合法权益的主体责任，从源头改善消费环境。

第二十一条 市场监管部门应当充分听取社会公众、经营者、消费者等意见，定期跟踪回访，评估投诉信息公示效果，改进公示方式，不断提高公示的针对性、科学性、合理性。

第二十二条 鼓励地方市场监管部门根据实际情况，积极探索对特定或者不特定区域、行业、经营者、商品或者服务、品牌、问题等维度的重点公示、分级分类公示；积极探索与放心消费创建、在线消费争议解决机制、线下购物无理由退货、基层消费维权服务站等工作相结合；积极拓展政府网站及新媒体平台、媒体、社区、商圈等线上线下的公示渠道。

第二十三条 市场监管部门积极鼓励和引导电子商务平台、大型商圈、商场、商品交易市场、步行街、旅游景区、产业园区、行业协会等公示入驻及相关经营者的投诉信息，加强自我管理，提升消费质量，改善消费环境。

第二十四条 鼓励地方市场监管部门与行业部门、消协组织等协同开展消费投诉信息公示。具备条件的地区，可将消协组织受理的市场监管领域消费投诉信息逐步纳入公示渠道。

第二十五条 本规则自公布之日起施行。

市场监管领域重大违法行为举报奖励暂行办法

· 2021 年 7 月 30 日
· 国市监稽规〔2021〕4 号

第一章 总 则

第一条 为了鼓励社会公众积极举报市场监管领域重大违法行为，推动社会共治，根据市场监管领域相关法律法规和国家有关规定，制定本办法。

第二条 各级市场监督管理部门受理社会公众（以下统称举报人，应当为自然人）举报属于其职责范围内的重大违法行为，经查证属实结案后给予相应奖励，适用本办法。

本办法所称重大违法行为是指涉嫌犯罪或者依法被处以责令停产停业、责令关闭、吊销（撤销）许可证件、较大数额罚没款等行政处罚的违法行为。地方性法规或者地方政府规章对重大违法行为有具体规定的，可以从其规定。较大数额罚没款由省级以上市场监督管理部门商本级政府财政部门结合实际确定。

第三条 举报下列重大违法行为，经查证属实结案后，给予相应奖励：

（一）违反食品、药品、特种设备、工业产品质量安全相关法律法规规定的重大违法行为；

（二）具有区域性、系统性风险的重大违法行为；

（三）市场监管领域具有较大社会影响，严重危害人民群众人身、财产安全的重大违法行为；

（四）涉嫌犯罪移送司法机关被追究刑事责任的违法行为。

经市场监督管理部门依法认定，需要给予举报奖励的，按照本办法规定执行。

第四条 举报人可以通过市场监督管理部门公布的接收投诉举报的互联网、电话、传真、邮寄地址、窗口等渠道，向各级市场监督管理部门举报市场监管领域重大违法行为。

第五条 举报人可以实名或者匿名举报。实名举报应当提供真实身份证明和有效联系方式，匿名举报人有举报奖励诉求的，应当承诺不属于第十条规定的情形，提供能够辨别其举报身份的信息作为身份代码，并与市场监督管理部门专人约定举报密码、举报处理结果和奖励权利的告知方式。

匿名举报人接到奖励领取告知，并决定领取奖励的，应当主动提供身份代码、举报密码等信息，便于市场监督管理部门验明身份。

省级市场监督管理部门可以结合实际制定匿名举报奖励发放的特别程序规定。

第六条 各级市场监督管理部门应当建立健全举报奖励管理制度。做好举报奖励资金的计算、核审、发放工作。

第七条 举报奖励资金按照国家有关规定由各级人民政府纳入本级预算管理，并接受财政、审计部门的监督。

第二章 奖励条件

第八条 获得举报奖励应当同时符合下列条件：

（一）有明确的被举报对象和具体违法事实或

者违法犯罪线索,并提供了关键证据;

(二)举报内容事先未被市场监督管理部门掌握;

(三)举报内容经市场监督管理部门查处结案并被行政处罚,或者依法移送司法机关被追究刑事责任。

第九条 举报奖励的实施应当遵循以下原则:

(一)同一案件由两个及以上举报人分别以同一线索举报的,奖励第一时间举报人;

(二)两个及以上举报人联名举报同一案件的,按同一案件进行举报奖励分配;

(三)举报人举报同一事项,不重复奖励;同一案件由两个及以上举报人分别举报的,奖励总金额不得超过第十二条规定的对应奖励等级中最高标准;

(四)最终认定的违法事实与举报事项完全不一致的,不予奖励;最终认定的违法事实与举报事项部分一致的,只计算相一致部分的奖励金额;除举报事项外,还认定其他违法事实的,其他违法事实部分不计算奖励金额;

(五)上级市场监督管理部门受理的跨区域的举报,最终由两个或者两个以上市场监督管理部门分别调查处理的,负责调查处理的市场监督管理部门分别就本行政区域内的举报查实部分进行奖励。

第十条 有下列情形之一的,不予奖励:

(一)市场监督管理部门工作人员或者具有法定监督、报告义务人员的举报;

(二)侵权行为的被侵权方及其委托代理人或者利害关系人的举报;

(三)实施违法行为人的举报(内部举报人除外);

(四)有任何证据证明举报人因举报行为获得其他市场主体给予的任何形式的报酬、奖励的;

(五)其他不符合法律、法规规定的奖励情形。

第三章 奖励标准

第十一条 举报奖励分为三个等级:

(一)一级举报奖励。该等级认定标准是提供被举报方的详细违法事实及直接证据,举报内容与违法事实完全相符,举报事项经查证属于特别重大违法行为或者涉嫌犯罪;

(二)二级举报奖励。该等级认定标准是提供被举报方的违法事实及直接证据,举报内容与违法事实完全相符;

(三)三级举报奖励。该等级认定标准是提供被举报方的基本违法事实及相关证据,举报内容与违法事实基本相符。

第十二条 对于有罚没款的案件,市场监督管理部门按照下列标准计算奖励金额,并综合考虑涉案货值、社会影响程度等因素,确定最终奖励金额:

(一)属于一级举报奖励的,按罚没款的5%给予奖励。按此计算不足5000元的,给予5000元奖励;

(二)属于二级举报奖励的,按罚没款的3%给予奖励。按此计算不足3000元的,给予3000元奖励;

(三)属于三级举报奖励的,按罚没款的1%给予奖励。按此计算不足1000元的,给予1000元奖励。

无罚没款的案件,一级举报奖励至三级举报奖励的奖励金额应当分别不低于5000元、3000元、1000元。

违法主体内部人员举报的,在征得本级政府财政部门同意的情况下,适当提高前款规定的奖励标准。

第十三条 每起案件的举报奖励金额上限为100万元,根据本办法第十二条规定确定的奖励金额不得突破该上限。单笔奖励金额达到50万元以上(含50万元)的,由发放举报奖励资金的市场监督管理部门商本级政府财政部门确定。

第十四条 市场监督管理部门已经实施行政处罚或者未实施行政处罚移送司法机关追究刑事责任的,分别不同情况依据本办法第十二条的规定给予奖励。

第四章 奖励程序

第十五条 负责举报调查办理、作出最终处理决定的市场监督管理部门在举报查处结案或者移送追究刑事责任后,对于符合本办法规定奖励条件的,应当在15个工作日内告知举报人。举报奖励由举报人申请启动奖励程序。

第十六条 举报奖励实施部门应当对举报奖励等级、奖励标准等予以认定,确定奖励金额,并将奖励决定告知举报人。

第十七条　奖励资金的支付,按照国库集中支付制度有关规定执行。

第十八条　举报人应当在被告知奖励决定之日起 30 个工作日内,由本人凭有效身份证明领取奖励。委托他人代领的,受托人须同时持有举报人授权委托书、举报人和受托人的有效身份证明。

特殊情况可适当延长举报奖励领取期限,最长不得超过 10 个工作日。举报人无正当理由逾期未领取奖金的,视为主动放弃。

第十九条　举报人对奖励金额有异议的,可以在奖励决定告知之日起 10 个工作日内,向实施举报奖励的市场监督管理部门提出复核申请。

第五章　监督管理

第二十条　市场监督管理部门应当加强对奖励资金的申报和发放管理,建立健全举报奖励责任制度,严肃财经纪律。设立举报档案,做好汇总统计工作。

第二十一条　市场监督管理部门应当依法保护举报人的合法权益,严格为举报人保密,不得泄露举报人的相关信息。

第二十二条　市场监督管理部门工作人员在实施举报奖励过程中,有下列情形的,视情节轻重给予政务处分;涉嫌犯罪的,依法追究刑事责任:

(一)伪造或者教唆、伙同他人伪造举报材料,冒领举报奖励资金的;

(二)泄露举报人信息的;

(三)向被举报人通风报信,帮助其逃避查处的;

(四)其他应当依法承担法律责任的行为。

第二十三条　举报人伪造材料、隐瞒事实,取得举报奖励,或者经市场监督管理部门查实不符合奖励条件的,市场监督管理部门有权收回奖励奖金。举报人故意捏造事实诬告他人,或者弄虚作假骗取奖励资金,依法承担相应责任;涉嫌犯罪的,依法追究刑事责任。

第六章　附　则

第二十四条　国务院药品监督管理部门和省级药品监督管理部门实施举报奖励,适用本办法。

第二十五条　各省、自治区、直辖市和计划单列市、新疆生产建设兵团市场监督管理部门可以会同本级政府财政部门依据本办法制定本行政区域的实施细则,并报国家市场监督管理总局和财政部备案。

第二十六条　本办法由国家市场监督管理总局会同财政部解释。

第二十七条　本办法自 2021 年 12 月 1 日起施行。《财政部　工商总局　质检总局关于印发〈举报制售假冒伪劣产品违法犯罪活动有功人员奖励办法〉的通知》(财行〔2001〕175 号)、《食品药品监管总局　财政部关于印发〈食品药品违法行为举报奖励办法〉的通知》(食药监稽〔2017〕67 号)同时废止。

市场监督管理执法监督暂行规定

- 2019 年 12 月 31 日国家市场监督管理总局令第 22 号公布
- 自 2020 年 4 月 1 日起施行

第一条　为了督促市场监督管理部门依法履行职责,规范行政执法行为,保护自然人、法人和其他组织的合法权益,根据有关法律、行政法规,制定本规定。

第二条　本规定所称执法监督,是指上级市场监督管理部门对下级市场监督管理部门,各级市场监督管理部门对本部门所属机构、派出机构和执法人员的行政执法及其相关行为进行的检查、审核、评议、纠正等活动。

市场监督管理部门开展执法监督,适用本规定;法律、法规、规章另有规定的,依照其规定。

第三条　执法监督应当坚持监督执法与促进执法相结合、纠正错误与改进工作相结合的原则,保证法律、法规、规章的正确实施。

第四条　各级市场监督管理部门应当加强对执法监督工作的领导,建立健全执法监督工作机制,统筹解决执法监督工作中的重大问题。

第五条　各级市场监督管理部门内设的各业务机构根据职责分工和相关规定,负责实施本业务领域的执法监督工作。

各级市场监督管理部门法制机构在本级市场监督管理部门领导下,具体负责组织、协调、指导和实施执法监督工作。

第六条　执法监督主要包括下列内容:

（一）依法履行市场监督管理执法职责情况；

（二）行政规范性文件的合法性；

（三）公平竞争审查情况；

（四）行政处罚、行政许可、行政强制等具体行政行为的合法性和适当性；

（五）行政处罚裁量基准制度实施情况；

（六）行政执法公示、执法全过程记录、重大执法决定法制审核制度实施情况；

（七）行政复议、行政诉讼、行政执法与刑事司法衔接等制度落实情况；

（八）行政执法责任制的落实情况；

（九）其他需要监督的内容。

第七条 执法监督主要采取下列方式：

（一）行政规范性文件合法性审核；

（二）公平竞争审查；

（三）行政处罚案件审核、听证；

（四）重大执法决定法制审核；

（五）行政复议；

（六）专项执法检查；

（七）执法评议考核；

（八）执法案卷评查；

（九）法治建设评价；

（十）依法可以采取的其他监督方式。

第八条 本规定第七条第（一）项至第（五）项所规定的执法监督方式，依照法律、法规、规章和有关规定执行。

本规定第七条第（六）项至第（八）项所规定的执法监督方式，由市场监督管理部门内设的各业务机构和法制机构单独或者共同实施。

本规定第七条第（九）项所规定的执法监督方式，由市场监督管理部门法制机构实施。

第九条 市场监督管理部门主要针对下列事项开展专项执法检查：

（一）法律、法规、规章、行政规范性文件的执行情况；

（二）重要执法制度的实施情况；

（三）行政执法中具有普遍性的热点、难点、重点问题；

（四）上级机关和有关部门交办、转办、移送的执法事项；

（五）社会公众反映强烈的执法事项；

（六）其他需要开展专项执法检查的事项。

市场监督管理部门应当加强对专项执法检查的统筹安排，统一制定专项执法检查计划，合理确定专项执法检查事项。

第十条 市场监督管理部门主要针对下列事项开展执法评议考核：

（一）执法主体是否合法；

（二）执法行为是否规范；

（三）执法制度是否健全；

（四）执法效果是否良好；

（五）其他需要评议的事项。

市场监督管理部门开展执法评议考核，应当确定执法评议考核的范围和重点，加强评议考核结果运用，落实评议考核奖惩措施。

第十一条 市场监督管理部门主要针对下列事项开展行政处罚案卷评查：

（一）实施行政处罚的主体是否合法；

（二）认定的事实是否清楚，证据是否确凿；

（三）适用法律依据是否准确；

（四）程序是否合法；

（五）自由裁量权运用是否适当；

（六）涉嫌犯罪的案件是否移送司法机关；

（七）案卷的制作、管理是否规范；

（八）需要评查的其他事项。

市场监督管理部门主要针对下列事项开展行政许可案卷评查：

（一）实施行政许可的主体是否合法；

（二）行政许可项目是否有法律、法规、规章依据；

（三）申请材料是否齐全、是否符合法定形式；

（四）实质审查是否符合法定要求；

（五）适用法律依据是否准确；

（六）程序是否合法；

（七）案卷的制作、管理是否规范；

（八）需要评查的其他事项。

市场监督管理部门对其他行政执法案卷的评查事项，参照前款规定执行。

第十二条 市场监督管理部门应当根据法治政府建设的部署和要求，对本级和下级市场监督管理部门法治建设情况进行评价。

法治市场监督管理建设评价办法、指标体系和评分标准由国家市场监督管理总局另行制定。

第十三条 市场监督管理部门在开展执法监督时，可以采取下列措施：

（一）查阅、复制、调取行政执法案卷和其他有关材料；

（二）询问行政执法人员、行政相对人和其他相关人员；

（三）召开座谈会、论证会，开展问卷调查，组织第三方评估；

（四）现场检查、网上检查、查看执法业务管理系统；

（五）走访、回访、暗访；

（六）依法可以采取的其他措施。

第十四条 下级市场监督管理部门应当及时向上级市场监督管理部门报送开展执法监督工作的情况及相关数据。

上级市场监督管理部门可以根据工作需要，要求下级市场监督管理部门报送开展执法监督工作的情况及相关数据。

各级市场监督管理部门应当加强执法监督的信息化建设，实现执法监督信息的互通和共享。

第十五条 市场监督管理部门应当对开展执法监督的情况及时进行汇总、分析。相关执法监督情况经本级市场监督管理部门负责人批准后，可以在适当范围内通报。

第十六条 上级市场监督管理部门在执法监督工作中发现下级市场监督管理部门在履行法定执法职责中存在突出问题的，经本级市场监督管理部门负责人批准，可以约谈下级市场监督管理部门负责人。

第十七条 市场监督管理部门发现本部门所属机构、派出机构和执法人员存在不履行、违法履行或者不当履行法定职责情形的，应当及时予以纠正。

第十八条 上级市场监督管理部门发现下级市场监督管理部门及其执法人员可能存在不履行、违法履行或者不当履行法定职责情形的，经本级市场监督管理部门负责人批准，可以发出执法监督通知书，要求提供相关材料或者情况说明。

下级市场监督管理部门收到执法监督通知书后，应当于十个工作日内提供相关材料或者情况说明。

第十九条 上级市场监督管理部门发出执法监督通知书后，经过调查核实，认为下级市场监督管理部门及其执法人员存在不履行、违法履行或者不当履行法定职责情形的，经本级市场监督管理部门负责人批准，可以发出执法监督决定书，要求下级市场监督管理部门限期纠正；必要时可以直接纠正。

下级市场监督管理部门应当在执法监督决定书规定的期限内纠正相关行为，并于纠正后十个工作日内向上级市场监督管理部门报告纠正情况。

第二十条 下级市场监督管理部门对执法监督决定有异议的，可以在五个工作日内申请复查，上级市场监督管理部门应当自收到申请之日起十个工作日内予以复查并答复。

第二十一条 上级市场监督管理部门发现下级市场监督管理部门行政执法工作中存在普遍性问题或者区域性风险，经本级市场监督管理部门负责人批准，可以向下级市场监督管理部门发出执法监督意见书，提出完善制度或者改进工作的要求。

下级市场监督管理部门应当在规定期限内将有关情况报告上级市场监督管理部门。

第二十二条 下级市场监督管理部门不执行执法监督通知书、决定书或者意见书的，上级市场监督管理部门可以责令改正、通报批评，并可以建议有权机关对负有责任的主管人员和相关责任人员予以批评教育、调离执法岗位或者处分。

第二十三条 市场监督管理部门在执法监督中，发现存在不履行、违法履行或者不当履行法定职责情形需要追责问责的，应当根据有关规定处理。

第二十四条 市场监督管理部门应当建立执法容错机制，明确履职标准，完善尽职免责办法。

第二十五条 药品监督管理部门和知识产权行政部门实施执法监督，适用本规定。

第二十六条 本规定自2020年4月1日起施行。2004年1月18日原国家质量监督检验检疫总局令第59号公布的《质量监督检验检疫行政执法监督与行政执法过错责任追究办法》和2015年9月15日原国家工商行政管理总局令第78号公布的《工商行政管理机关执法监督规定》同时废止。

市场监督管理行政执法责任制规定

· 2021年5月26日国家市场监督管理总局令第41号公布
· 自2021年7月15日起施行

第一条 为了落实行政执法责任制，监督和保障市场监督管理部门工作人员依法履行职责，激励新时代新担当新作为,结合市场监督管理工作实际,制定本规定。

第二条　市场监督管理部门实施行政执法责任制,适用本规定。

第三条　实施行政执法责任制,应当坚持党的领导,遵循职权法定、权责一致、过罚相当、约束与激励并重、惩戒与教育相结合的原则,做到失职追责、尽职免责。

第四条　市场监督管理部门应当加强领导、组织、协调和推动实施行政执法责任制,各所属机构在职责范围内做好相关工作。

上级市场监督管理部门依法指导和监督下级市场监督管理部门实施行政执法责任制。

第五条　市场监督管理部门应当按照本级人民政府的部署,梳理行政执法依据,编制权责清单,以适当形式向社会公众公开,并根据法律、法规、规章的制修订情况及时调整。

第六条　市场监督管理部门应当以权责清单为基础,将本单位依法承担的行政执法职责分解落实到所属执法机构和执法岗位。

分解落实所属执法机构、执法岗位的执法职责,不得擅自增加或者减少本单位的行政执法权限。

第七条　市场监督管理部门应当对照权责清单,对直接影响行政相对人权利义务的重要权责事项,按照不同权力类型制定办事指南和运行流程图,并以适当形式向社会公众公开。

第八条　市场监督管理部门工作人员应当在法定权限范围内依照法定程序行使职权,做到严格规范公正文明执法,不得玩忽职守、超越职权、滥用职权。

第九条　市场监督管理部门工作人员因故意或者重大过失,违法履行行政执法职责,造成危害后果或者不良影响的,构成行政执法过错行为,应当依法承担行政执法责任。法律、法规对具体行政执法过错行为的构成要件另有规定的,依照其规定。

第十条　有下列情形之一的,应当依法追究有关工作人员的行政执法责任:

(一)超越法定职权作出准予行政许可决定的;

(二)对符合法定条件的行政许可申请不予受理且情节严重的,或者未依照法定条件作出准予或者不予行政许可决定的;

(三)无法定依据实施行政处罚、行政强制,或者变相实施行政强制的;

(四)对符合行政处罚立案标准的案件不及时立案,或者实施行政处罚的办案人员未取得行政执法证件的;

(五)擅自改变行政处罚种类、幅度,或者改变行政强制对象、条件、方式的;

(六)违反相关法定程序实施行政许可且情节严重的,或者违反法定程序实施行政处罚、行政强制的;

(七)违法扩大查封、扣押范围的;

(八)使用或者损毁查封、扣押场所、设施或者财物的;

(九)在查封、扣押法定期间不作出处理决定或者未依法及时解除查封、扣押的;

(十)截留、私分、变相私分罚款、没收的违法所得或者财物、查封或者扣押的财物以及拍卖和依法处理所得款项的;

(十一)违法实行检查措施或者执行措施,给公民人身或者财产造成损害,给法人或者其他组织造成损失的;

(十二)对应当依法移交司法机关追究刑事责任的案件不移交,以行政处罚代替刑事处罚的;

(十三)对属于市场监督管理职权范围的举报不依法处理,造成严重后果的;

(十四)对应当予以制止和处罚的违法行为不予制止、处罚,致使公民、法人或者其他组织的合法权益、公共利益和社会秩序遭受损害的;

(十五)不履行或者无正当理由拖延履行行政复议决定的;

(十六)对被许可人从事行政许可事项的活动,不依法履行监督职责或者监督不力,造成严重后果的;

(十七)泄露国家秘密、工作秘密,或者泄露因履行职责掌握的商业秘密、个人隐私,造成不良后果或者影响的;

(十八)法律、法规、规章规定的其他应当追究行政执法责任的情形。

第十一条　下列情形不构成行政执法过错行为,不应追究有关工作人员的行政执法责任:

(一)因行政执法依据不明确或者对有关事实和依据的理解认识不一致,致使行政执法行为出现偏差的,但故意违法的除外;

（二）因行政相对人隐瞒有关情况或者提供虚假材料导致作出错误判断，且已按规定履行审查职责的；

（三）依据检验、检测、鉴定报告或者专家评审意见等作出行政执法决定，且已按规定履行审查职责的；

（四）行政相对人未依法申请行政许可或者登记备案，在其违法行为造成不良影响前，市场监督管理部门未接到举报或者由于客观原因未能发现的，但未按规定履行监督检查职责的除外；

（五）因出现新的证据，致使原认定事实或者案件性质发生变化的，但故意隐瞒或者因重大过失遗漏证据的除外；

（六）按照年度监督检查、"双随机、一公开"监管等检查计划已经认真履行监督检查职责，或者虽尚未进行监督检查，但未超过法定或者规定时限，行政相对人违法的；

（七）因科学技术、监管手段等客观条件的限制，未能发现存在问题或者无法定性的；

（八）发生事故或者其他突发事件，非由市场监督管理部门不履行或者不正确履行法定职责行为直接引起的；

（九）对发现的违法行为或者事故隐患已经依法查处、责令改正或者采取行政强制措施，因行政相对人拒不改正、逃避检查、擅自违法生产经营或者违法启用查封、扣押的设备设施等行为造成危害后果或者不良影响的；

（十）在集体决策中对错误决策提出明确反对意见或者保留意见的；

（十一）发现上级的决定、命令或者文件有错误，已向上级提出改正或者撤销的意见，上级不予改变或者要求继续执行的，但执行明显违法的决定、命令或者文件的除外；

（十二）因不可抗力或者其他难以克服的因素，导致未能依法履行职责的；

（十三）其他依法不应追究行政执法责任的情形。

第十二条 在推进行政执法改革创新中因缺乏经验、先行先试出现的失误，尚无明确限制的探索性试验中的失误，为推动发展的无意过失，免予或者不予追究行政执法责任。但是，应当依法予以纠正。

第十三条 市场监督管理部门对发现的行政执法过错行为线索，依照《行政机关公务员处分条例》等规定的程序予以调查和处理。

第十四条 追究行政执法责任，应当以法律、法规、规章的规定为依据，综合考虑行政执法过错行为的性质、情节、危害程度以及工作人员的主观过错等因素，做到事实清楚、证据确凿、定性准确、处理恰当、程序合法、手续完备。

第十五条 市场监督管理部门对存在行政执法过错行为的工作人员，可以依规依纪依法给予组织处理或者处分。

行政执法过错行为情节轻微，且具有法定从轻或者减轻情形的，可以对有关工作人员进行谈话提醒、批评教育、责令检查或者予以诫勉，并可以作出调离行政执法岗位、取消行政执法资格等处理，免予或者不予处分。

从轻、减轻以及从重追究行政执法责任的情形，依照有关法律、法规、规章的规定执行。

第十六条 市场监督管理部门发现有关工作人员涉嫌违犯党纪或者涉嫌职务违法、职务犯罪的，应当依照有关规定及时移送纪检监察机关处理。

对同一行政执法过错行为，监察机关已经给予政务处分的，市场监督管理部门不再给予处分。

第十七条 纪检监察等有权机关、单位介入调查的，市场监督管理部门可以按照要求对有关工作人员是否依法履职、是否存在行政执法过错行为等问题，组织相关专业人员进行论证并出具书面论证意见，作为有权机关、单位认定责任的参考。

第十八条 市场监督管理部门工作人员依法履行职责受法律保护，非因法定事由、非经法定程序，不受处分。

第十九条 市场监督管理部门工作人员依法履行职责时，有权拒绝任何单位和个人违反法定职责、法定程序或者有碍执法公正的要求。

第二十条 市场监督管理部门应当为工作人员依法履行职责提供必要的办公用房、执法装备、后勤保障等条件，并采取措施保障其人身健康和生命安全。

第二十一条 市场监督管理部门工作人员因依法履职遭受不实举报、诬告以及诽谤、侮辱的，市场监督管理部门应当以适当形式及时澄清事实，消除不良影响，维护其合法权益。

第二十二条 市场监督管理部门应当建立健全行政执法激励机制，对行政执法工作成效突出的工作人员予以表彰和奖励。

第二十三条　本规定所称行政执法,是指市场监督管理部门依法行使行政职权的行为,包括行政许可、行政处罚、行政强制、行政检查、行政确认等行政行为。

第二十四条　药品监督管理部门和知识产权行政部门实施行政执法责任制,适用本规定。

法律、法规授权履行市场监督管理职能的组织实施行政执法责任制,适用本规定。

第二十五条　本规定自2021年7月15日起施行。

最高人民法院关于审理食品药品纠纷案件适用法律若干问题的规定

· 2021年11月18日
· 法释〔2021〕17号

为正确审理食品药品纠纷案件,根据《中华人民共和国民法典》《中华人民共和国消费者权益保护法》《中华人民共和国食品安全法》《中华人民共和国药品管理法》《中华人民共和国民事诉讼法》等法律的规定,结合审判实践,制定本规定。

第一条　消费者因食品、药品纠纷提起民事诉讼,符合民事诉讼法规定受理条件的,人民法院应予受理。

第二条　因食品、药品存在质量问题造成消费者损害,消费者可以分别起诉或者同时起诉销售者和生产者。

消费者仅起诉销售者或者生产者的,必要时人民法院可以追加相关当事人参加诉讼。

第三条　因食品、药品质量问题发生纠纷,购买者向生产者、销售者主张权利,生产者、销售者以购买者明知食品、药品存在质量问题而仍然购买为由进行抗辩的,人民法院不予支持。

第四条　食品、药品生产者、销售者提供给消费者的食品或者药品的赠品发生质量安全问题,造成消费者损害,消费者主张权利,生产者、销售者以消费者未对赠品支付对价为由进行免责抗辩的,人民法院不予支持。

第五条　消费者举证证明所购买食品、药品的事实以及所购食品、药品不符合合同的约定,主张食品、药品的生产者、销售者承担违约责任的,人民法院应予支持。

消费者举证证明因食用食品或者使用药品受到损害,初步证明损害与食用食品或者使用药品存在因果关系,并请求食品、药品的生产者、销售者承担侵权责任的,人民法院应予支持,但食品、药品的生产者、销售者能证明损害不是因产品不符合质量标准造成的除外。

第六条　食品的生产者与销售者应当对于食品符合质量标准承担举证责任。认定食品是否安全,应当以国家标准为依据;对地方特色食品,没有国家标准的,应当以地方标准为依据。没有前述标准的,应当以食品安全法的相关规定为依据。

第七条　食品、药品虽在销售前取得检验合格证明,且食用或者使用时尚在保质期内,但经检验确认产品不合格,生产者或者销售者以该食品、药品具有检验合格证明为由进行抗辩的,人民法院不予支持。

第八条　集中交易市场的开办者、柜台出租者、展销会举办者未履行食品安全法规定的审查、检查、报告等义务,使消费者的合法权益受到损害的,消费者请求集中交易市场的开办者、柜台出租者、展销会举办者承担连带责任的,人民法院应予支持。

第九条　消费者通过网络交易第三方平台购买食品、药品遭受损害,网络交易第三方平台提供者不能提供食品、药品的生产者或者销售者的真实名称、地址与有效联系方式,消费者请求网络交易第三方平台提供者承担责任的,人民法院应予支持。

网络交易第三方平台提供者承担赔偿责任后,向生产者或者销售者行使追偿权的,人民法院应予支持。

网络交易第三方平台提供者知道或者应当知道食品、药品的生产者、销售者利用其平台侵害消费者合法权益,未采取必要措施,给消费者造成损害,消费者要求其与生产者、销售者承担连带责任的,人民法院应予支持。

第十条　未取得食品生产资质与销售资质的民事主体,挂靠具有相应资质的生产者与销售者,生产、销售食品,造成消费者损害,消费者请求挂靠者与被挂靠者承担连带责任的,人民法院应予支持。

消费者仅起诉挂靠者或者被挂靠者的，必要时人民法院可以追加相关当事人参加诉讼。

第十一条 消费者因虚假广告推荐的食品、药品存在质量问题遭受损害，依据消费者权益保护法等法律相关规定请求广告经营者、广告发布者承担连带责任的，人民法院应予支持。

其他民事主体在虚假广告中向消费者推荐食品、药品，使消费者遭受损害，消费者依据消费者权益保护法等法律相关规定请求其与食品、药品的生产者、销售者承担连带责任的，人民法院应予支持。

第十二条 食品检验机构故意出具虚假检验报告，造成消费者损害，消费者请求其承担连带责任的，人民法院应予支持。

食品检验机构因过失出具不实检验报告，造成消费者损害，消费者请求其承担相应责任的，人民法院应予支持。

第十三条 食品认证机构故意出具虚假认证，造成消费者损害，消费者请求其承担连带责任的，人民法院应予支持。

食品认证机构因过失出具不实认证，造成消费者损害，消费者请求其承担相应责任的，人民法院应予支持。

第十四条 生产、销售的食品、药品存在质量问题，生产者与销售者需同时承担民事责任、行政责任和刑事责任，其财产不足以支付，当事人依照民法典等有关法律规定，请求食品、药品的生产者、销售者首先承担民事责任的，人民法院应予支持。

第十五条 生产不符合安全标准的食品或者销售明知是不符合安全标准的食品，消费者除要求赔偿损失外，依据食品安全法等法律规定向生产者、销售者主张赔偿金的，人民法院应予支持。

生产假药、劣药或者明知是假药、劣药仍然销售、使用的，受害人或者其近亲属除请求赔偿损失外，依据药品管理法等法律规定向生产者、销售者主张赔偿金的，人民法院应予支持。

第十六条 食品、药品的生产者与销售者以格式合同、通知、声明、告示等方式作出排除或者限制消费者权利，减轻或者免除经营者责任、加重消费者责任等对消费者不公平、不合理的规定，消费者依法请求认定该内容无效的，人民法院应予支持。

第十七条 消费者与化妆品、保健食品等产品的生产者、销售者、广告经营者、广告发布者、推荐者、检验机构等主体之间的纠纷，参照适用本规定。

法律规定的机关和有关组织依法提起公益诉讼的，参照适用本规定。

第十八条 本规定所称的"药品的生产者"包括药品上市许可持有人和药品生产企业，"药品的销售者"包括药品经营企业和医疗机构。

第十九条 本规定施行后人民法院正在审理的一审、二审案件适用本规定。

本规定施行前已经终审，本规定施行后当事人申请再审或者按照审判监督程序决定再审的案件，不适用本规定。

最高人民法院关于审理食品安全民事纠纷案件适用法律若干问题的解释（一）

- 2020年10月19日最高人民法院审判委员会第1813次会议通过
- 2020年12月8日最高人民法院公告公布
- 自2021年1月1日起施行
- 法释〔2020〕14号

为正确审理食品安全民事纠纷案件，保障公众身体健康和生命安全，根据《中华人民共和国民法典》《中华人民共和国食品安全法》《中华人民共和国消费者权益保护法》《中华人民共和国民事诉讼法》等法律的规定，结合民事审判实践，制定本解释。

第一条 消费者因不符合食品安全标准的食品受到损害，依据食品安全法第一百四十八条第一款规定诉请食品生产者或者经营者赔偿损失，被诉的生产者或者经营者以赔偿责任应由生产经营者中的另一方承担为由主张免责的，人民法院不予支持。属于生产者责任的，经营者赔偿后有权向生产者追偿；属于经营者责任的，生产者赔偿后有权向经营者追偿。

第二条 电子商务平台经营者以标记自营业务方式所销售的食品或者虽未标记自营但实际开展自营业务所销售的食品不符合食品安全标准，

消费者依据食品安全法第一百四十八条规定主张电子商务平台经营者承担作为食品经营者的赔偿责任的,人民法院应予支持。

电子商务平台经营者虽非实际开展自营业务,但其所作标识等足以误导消费者让消费者相信系电子商务平台经营者自营,消费者依据食品安全法第一百四十八条规定主张电子商务平台经营者承担作为食品经营者的赔偿责任的,人民法院应予支持。

第三条　电子商务平台经营者违反食品安全法第六十二条和第一百三十一条规定,未对平台内食品经营者进行实名登记、审查许可证,或者未履行报告、停止提供网络交易平台服务等义务,使消费者的合法权益受到损害,消费者主张电子商务平台经营者与平台内食品经营者承担连带责任的,人民法院应予支持。

第四条　公共交通运输的承运人向旅客提供的食品不符合食品安全标准,旅客主张承运人依据食品安全法第一百四十八条规定承担作为食品生产者或者经营者的赔偿责任的,人民法院应予支持;承运人以其不是食品的生产经营者或者食品是免费提供为由进行免责抗辩的,人民法院不予支持。

第五条　有关单位或者个人明知食品生产经营者从事食品安全法第一百二十三条第一款规定的违法行为而仍为其提供设备、技术、原料、销售渠道、运输、储存或者其他便利条件,消费者主张该单位或者个人依据食品安全法第一百二十三条第二款的规定与食品生产经营者承担连带责任的,人民法院应予支持。

第六条　食品经营者具有下列情形之一,消费者主张构成食品安全法第一百四十八条规定的"明知"的,人民法院应予支持:

(一)已过食品标明的保质期但仍然销售的;

(二)未能提供所售食品的合法进货来源的;

(三)以明显不合理的低价进货且无合理原因的;

(四)未依法履行进货查验义务的;

(五)虚假标注、更改食品生产日期、批号的;

(六)转移、隐匿、非法销毁食品进销货记录或者故意提供虚假信息的;

(七)其他能够认定为明知的情形。

第七条　消费者认为生产经营者生产经营不符合食品安全标准的食品同时构成欺诈的,有权选择依据食品安全法第一百四十八条第二款或者消费者权益保护法第五十五条第一款规定主张食品生产者或者经营者承担惩罚性赔偿责任。

第八条　经营者经营明知是不符合食品安全标准的食品,但向消费者承诺的赔偿标准高于食品安全法第一百四十八条规定的赔偿标准,消费者主张经营者按照承诺赔偿的,人民法院应当依法予以支持。

第九条　食品符合食品安全标准但未达到生产经营者承诺的质量标准,消费者依照民法典、消费者权益保护法等法律规定主张生产经营者承担责任的,人民法院应予支持,但消费者主张生产经营者依据食品安全法第一百四十八条规定承担赔偿责任的,人民法院不予支持。

第十条　食品不符合食品安全标准,消费者主张生产者或者经营者依据食品安全法第一百四十八条第二款规定承担惩罚性赔偿责任,生产者或者经营者以未造成消费者人身损害为由抗辩的,人民法院不予支持。

第十一条　生产经营未标明生产者名称、地址、成分或者配料表,或者未清晰标明生产日期、保质期的预包装食品,消费者主张生产者或者经营者依据食品安全法第一百四十八条第二款规定承担惩罚性赔偿责任的,人民法院应予支持,但法律、行政法规、食品安全国家标准对标签标注事项另有规定的除外。

第十二条　进口的食品不符合我国食品安全国家标准或者国务院卫生行政部门决定暂予适用的标准,消费者主张销售者、进口商等经营者依据食品安全法第一百四十八条规定承担赔偿责任,销售者、进口商等经营者仅以进口的食品符合出口地食品安全标准或者已经过我国出入境检验检疫机构检验检疫为由进行免责抗辩的,人民法院不予支持。

第十三条　生产经营不符合食品安全标准的食品,侵害众多消费者合法权益,损害社会公共利益,民事诉讼法、消费者权益保护法等法律规定的机关和有关组织依法提起公益诉讼的,人民法院应予受理。

第十四条　本解释自2021年1月1日起施行。

本解释施行后人民法院正在审理的一审、二

审案件适用本解释。

本解释施行前已经终审，本解释施行后当事人申请再审或者按照审判监督程序决定再审的案件，不适用本解释。

最高人民法院以前发布的司法解释与本解释不一致的，以本解释为准。

最高人民法院关于审理申请注册的药品相关的专利权纠纷民事案件适用法律若干问题的规定

- 2021年5月24日最高人民法院审判委员会第1839次会议通过
- 2021年7月4日最高人民法院公告公布
- 自2021年7月5日起施行
- 法释〔2021〕13号

为正确审理申请注册的药品相关的专利权纠纷民事案件，根据《中华人民共和国专利法》《中华人民共和国民事诉讼法》等有关法律规定，结合知识产权审判实际，制定本规定。

第一条 当事人依据专利法第七十六条规定提起的确认是否落入专利权保护范围纠纷的第一审案件，由北京知识产权法院管辖。

第二条 专利法第七十六条所称相关的专利，是指适用国务院有关行政部门关于药品上市许可审批与药品上市许可申请阶段专利权纠纷解决的具体衔接办法（以下简称衔接办法）的专利。

专利法第七十六条所称利害关系人，是指前款所称专利的被许可人、相关药品上市许可持有人。

第三条 专利权人或者利害关系人依据专利法第七十六条起诉的，应当按照民事诉讼法第一百一十九条第三项的规定提交下列材料：

（一）国务院有关行政部门依据衔接办法所设平台中登记的相关专利信息，包括专利名称、专利号、相关的权利要求等；

（二）国务院有关行政部门依据衔接办法所设平台中公示的申请注册药品的相关信息，包括药品名称、药品类型、注册类别以及申请注册药品与所涉及的上市药品之间的对应关系等；

（三）药品上市许可申请人依据衔接办法作出的四类声明及声明依据。

药品上市许可申请人应当在一审答辩期内，向人民法院提交其向国家药品审评机构申报的、与认定是否落入相关专利权保护范围对应的必要技术资料副本。

第四条 专利权人或者利害关系人在衔接办法规定的期限内未向人民法院提起诉讼的，药品上市许可申请人可以向人民法院起诉，请求确认申请注册药品未落入相关专利权保护范围。

第五条 当事人以国务院专利行政部门已经受理专利法第七十六条所称行政裁决请求为由，主张不应当受理专利法第七十六条所称诉讼或者申请中止诉讼的，人民法院不予支持。

第六条 当事人依据专利法第七十六条起诉后，以国务院专利行政部门已经受理宣告相关专利权无效的请求为由，申请中止诉讼的，人民法院一般不予支持。

第七条 药品上市许可申请人主张具有专利法第六十七条、第七十五条第二项等规定情形的，人民法院经审查属实，可以判决确认申请注册的药品相关技术方案未落入相关专利权保护范围。

第八条 当事人对其在诉讼中获取的商业秘密或者其他需要保密的商业信息负有保密义务，擅自披露或者在该诉讼活动之外使用、允许他人使用的，应当依法承担民事责任。构成民事诉讼法第一百一十一条规定情形的，人民法院应当依法处理。

第九条 药品上市许可申请人向人民法院提交的申请注册的药品相关技术方案，与其向国家药品审评机构申报的技术资料明显不符，妨碍人民法院审理案件的，人民法院依照民事诉讼法第一百一十一条的规定处理。

第十条 专利权人或者利害关系人在专利法第七十六条所称诉讼中申请行为保全，请求禁止药品上市许可申请人在相关专利权有效期内实施专利法第十一条规定的行为的，人民法院依照专利法、民事诉讼法有关规定处理；请求禁止药品上市申请行为或者审评审批行为的，人民法院不予支持。

第十一条 在针对同一专利权和申请注册药品的侵害专利权或者确认不侵害专利权诉讼中，当事人主张依据专利法第七十六条所称诉讼的生效判决认定涉案药品技术方案是否落入相关专利权保护范围的,人民法院一般予以支持。但是,有证据证明被诉侵权药品技术方案与申请注册的药品相关技术方案不一致或者新主张的事由成立的除外。

第十二条 专利权人或者利害关系人知道或者应当知道其主张的专利权应当被宣告无效或者申请注册药品的相关技术方案未落入专利权保护范围,仍提起专利法第七十六条所称诉讼或者请求行政裁决的,药品上市许可申请人可以向北京知识产权法院提起损害赔偿之诉。

第十三条 人民法院依法向当事人在国务院有关行政部门依据衔接办法所设平台登载的联系人、通讯地址、电子邮件等进行的送达,视为有效送达。当事人向人民法院提交送达地址确认书后,人民法院也可以向该确认书载明的送达地址送达。

第十四条 本规定自2021年7月5日起施行。本院以前发布的相关司法解释与本规定不一致的,以本规定为准。

最高人民法院关于依法惩处生产销售伪劣食品、药品等严重破坏市场经济秩序犯罪的通知

· 2004年6月21日

各省、自治区、直辖市高级人民法院,解放军军事法院,新疆维吾尔自治区高级人民法院生产建设兵团分院:

全国开展整顿和规范市场经济秩序工作以来,各级人民法院充分发挥审判职能,及时依法惩处了一大批各种严重破坏市场经济秩序的犯罪分子,维护了社会主义市场经济秩序,保障了公民、法人和其他组织的合法权益,为整顿和规范市场经济秩序工作提供了有力的司法保障。前不久,全国整顿和规范市场经济秩序工作领导小组第二次会议要求,进一步加大整治工作力度,紧紧抓住关系人民群众身体健康、生命安全和切身利益的突出问题,以开展食品卫生专项整治、打击"血头血霸"和非法采血供血、加强知识产权保护等为重点,扎扎实实推进今年的整顿和规范市场经济秩序工作。5月13日国务院召开全国食品安全专项整治电视电话会议,部署在全国范围内深入开展食品安全专项整治工作。及时审理好生产、销售伪劣食品、药品等犯罪案件,依法惩处严重破坏市场经济秩序的犯罪分子,是人民法院当前一项重要的审判工作。为此,特通知如下:

一、提高认识,把审理生产、销售伪劣食品、药品等破坏市场经济秩序犯罪案件的工作切实抓紧抓好

各种破坏社会主义市场经济秩序的犯罪,不但直接影响国民经济的健康运行,而且严重损害人民群众的切身利益。今年以来,安徽省阜阳市发生的劣质奶粉致多名婴儿死亡事件和广东省广州市发生的有毒白酒致死人命事件,一再提醒我们,整顿和规范市场经济秩序是一项长期的、艰巨的任务,必须以对人民高度负责的精神,抓紧抓好,常抓不懈。各级人民法院一定要从践行"三个代表"重要思想、落实司法为民要求的高度,充分认识整顿和规范市场经济秩序工作的重要性、必要性、紧迫性和长期性,把依法及时审理好破坏社会主义市场经济秩序犯罪案件作为一项经常性的重要工作,切实加强领导,安排得力审判力量,保证起诉到法院的生产、销售伪劣食品、药品等犯罪案件及时依法审结,有力打击犯罪分子的嚣张气焰,保障食品安全等专项整治工作的顺利进行。

二、突出重点,依法惩处严重破坏社会主义市场经济秩序的犯罪分子

各级法院要坚定不移地贯彻依法从严惩处的方针,对严重破坏社会主义市场经济秩序的犯罪分子严格依照刑法的规定定罪判刑。当前,要重点打击生产销售有毒有害食品以及不符合卫生标准的食品的犯罪;生产销售假药、劣药以及不符合卫生标准的医用器械犯罪;生产销售伪劣农药、兽药、化肥、种子的犯罪;生产销售不符合安全标准的产品以及其他伪劣产品的犯罪;强迫卖血、非法组织卖血和非法采集、制作、供应血液及血液制品犯罪;假冒注册商标、销售侵权复制品以及伪造、擅自制造他人注册商标标识等侵犯知识产权犯罪。对起诉到法院的走私、偷税、抗税、骗税、合同诈骗、金融诈骗、非法传销和变相传销等严重破坏市场经济秩序的犯罪分子,要继续依法从严惩处。各地法院要根据实际确定打击重点,注重实效。要把犯罪数额巨大、情节恶劣、危害严重、群众反映强烈,给国家和人民利益造成重大损失的案件,

特别是有国家工作人员参与或者包庇纵容的案件,作为大案要案,抓紧及时审理,依法从严判处。依法应当重判的,要坚决重判。在依法适用主刑的同时,必须充分适用财产刑。法律规定应当并处罚金或者没收财产的,要坚决判处罚金或者没收财产;法律规定可以并处罚金或者没收财产的,一般也要判处罚金或者没收财产。对犯罪分子违法所得的财物要依法追缴或者责令退赔;对其用于犯罪的本人财物要依法予以没收。

三、依法妥善处理涉及众多受害人的案件

对于涉及大量受害群众的案件,在审理过程中一定要注意严格依法办事,妥善慎重处理;做好群众工作,确保社会稳定。被害人对涉嫌生产销售伪劣商品和侵犯知识产权等犯罪案件,直接向人民法院起诉的,人民法院应当依法立案并审理;如果属于严重危害社会秩序和国家利益或者受害群众较多的,应当依靠当地党委并与有关部门及时协调,依法通过公诉案件审理程序处理。要重视刑事附带民事诉讼的审理。注意最大限度依法挽回受害人和受害单位的损失。被告人和被告单位积极、主动赔偿受害人和受害单位损失的,可以酌情、适当从轻处罚。

四、通过审判活动积极参与市场经济秩序的综合治理

整顿和规范市场经济秩序是一项综合性的系统工程,既要治标,又要治本。人民法院的审判活动在治标和治本上都能发挥重要的作用。各级法院要精心做好破坏市场经济秩序犯罪案件的开庭审判工作,通过公开审理、公开宣判、庭审直播等形式,扩大审判的社会效果;在办案的同时,要注意发现在市场管理制度和环节上存在漏洞和隐患,及时提出司法建议,提醒和督促有关部门和单位健全制度,加强管理,防止发生犯罪;要注意选择具有教育意义的典型案件到案发当地公开宣判,并通过新闻媒体,采取就案说法等各种形式,广泛宣传法律,教育广大群众,提高全体公民运用法律保障和维护自身合法权益的意识和能力。要注意通过审判活动,大力加强法制宣传,增强全民法治观念和诚信观念,在全社会形成自觉守法和诚实守信的社会主义商业道德风尚。

近年来,最高法院在指导各级法院审理好与整顿和规范市场经济秩序有关案件的同时,选择典型案件,通过新闻媒体定期向社会公布,取得了很好的社会效果。各高级法院要进一步加强对辖区内有关督办案件的指导,严格按照最高人民法院有关通知的要求,确定联络员,加强信息沟通,随时了解审理进度,及时报送审判信息,对最高法院挂牌督办的案件和其他有重大影响的案件,一旦起诉到法院即应将受理情况层报最高法院。被最高法院确定为宣传报道的案件,有关法院要积极配合最高法院搞好大要案督办和通过中央新闻媒体公布判决结果的工作。

以上通知,请认真遵照执行。

最高人民法院、最高人民检察院关于办理危害食品安全刑事案件适用法律若干问题的解释

- 2021年12月13日最高人民法院审判委员会第1856次会议、2021年12月29日最高人民检察院第十三届检察委员会第84次会议通过
- 2021年12月30日最高人民法院、最高人民检察院公告公布
- 自2022年1月1日起施行
- 法释〔2021〕24号

为依法惩治危害食品安全犯罪,保障人民群众身体健康、生命安全,根据《中华人民共和国刑法》《中华人民共和国刑事诉讼法》的有关规定,对办理此类刑事案件适用法律的若干问题解释如下:

第一条 生产、销售不符合食品安全标准的食品,具有下列情形之一的,应当认定为刑法第一百四十三条规定的"足以造成严重食物中毒事故或者其他严重食源性疾病":

(一)含有严重超出标准限量的致病性微生物、农药残留、兽药残留、生物毒素、重金属等污染物质以及其他严重危害人体健康的物质的;

(二)属于病死、死因不明或者检验检疫不合格的畜、禽、兽、水产动物肉类及其制品的;

(三)属于国家为防控疾病等特殊需要明令禁止生产、销售的;

(四)特殊医学用途配方食品、专供婴幼儿的主辅食品营养成分严重不符合食品安全标准的;

(五)其他足以造成严重食物中毒事故或者严

重食源性疾病的情形。

第二条　生产、销售不符合食品安全标准的食品，具有下列情形之一的，应当认定为刑法第一百四十三条规定的"对人体健康造成严重危害"：

（一）造成轻伤以上伤害的；

（二）造成轻度残疾或者中度残疾的；

（三）造成器官组织损伤导致一般功能障碍或者严重功能障碍的；

（四）造成十人以上严重食物中毒或者其他严重食源性疾病的；

（五）其他对人体健康造成严重危害的情形。

第三条　生产、销售不符合食品安全标准的食品，具有下列情形之一的，应当认定为刑法第一百四十三条规定的"其他严重情节"：

（一）生产、销售金额二十万元以上的；

（二）生产、销售金额十万元以上不满二十万元，不符合食品安全标准的食品数量较大或者生产、销售持续时间六个月以上的；

（三）生产、销售金额十万元以上不满二十万元，属于特殊医学用途配方食品、专供婴幼儿的主辅食品的；

（四）生产、销售金额十万元以上不满二十万元，且在中小学校园、托幼机构、养老机构及周边面向未成年人、老年人销售的；

（五）生产、销售金额十万元以上不满二十万元，曾因危害食品安全犯罪受过刑事处罚或者二年内因危害食品安全违法行为受过行政处罚的；

（六）其他情节严重的情形。

第四条　生产、销售不符合食品安全标准的食品，具有下列情形之一的，应当认定为刑法第一百四十三条规定的"后果特别严重"：

（一）致人死亡的；

（二）造成重度残疾以上的；

（三）造成三人以上重伤、中度残疾或者器官组织损伤导致严重功能障碍的；

（四）造成十人以上轻伤、五人以上轻度残疾或者器官组织损伤导致一般功能障碍的；

（五）造成三十人以上严重食物中毒或者其他严重食源性疾病的；

（六）其他特别严重的后果。

第五条　在食品生产、销售、运输、贮存等过程中，违反食品安全标准，超限量或者超范围滥用食品添加剂，足以造成严重食物中毒事故或者其他严重食源性疾病的，依照刑法第一百四十三条的规定以生产、销售不符合安全标准的食品罪定罪处罚。

在食用农产品种植、养殖、销售、运输、贮存等过程中，违反食品安全标准，超限量或者超范围滥用添加剂、农药、兽药等，足以造成严重食物中毒事故或者其他严重食源性疾病的，适用前款的规定定罪处罚。

第六条　生产、销售有毒、有害食品，具有本解释第二条规定情形之一的，应当认定为刑法第一百四十四条规定的"对人体健康造成严重危害"。

第七条　生产、销售有毒、有害食品，具有下列情形之一的，应当认定为刑法第一百四十四条规定的"其他严重情节"：

（一）生产、销售金额二十万元以上不满五十万元的；

（二）生产、销售金额十万元以上不满二十万元，有毒、有害食品数量较大或者生产、销售持续时间六个月以上的；

（三）生产、销售金额十万元以上不满二十万元，属于特殊医学用途配方食品、专供婴幼儿的主辅食品的；

（四）生产、销售金额十万元以上不满二十万元，且在中小学校园、托幼机构、养老机构及周边面向未成年人、老年人销售的；

（五）生产、销售金额十万元以上不满二十万元，曾因危害食品安全犯罪受过刑事处罚或者二年内因危害食品安全违法行为受过行政处罚的；

（六）有毒、有害的非食品原料毒害性强或者含量高的；

（七）其他情节严重的情形。

第八条　生产、销售有毒、有害食品，生产、销售金额五十万元以上，或者具有本解释第四条第二项至第六项规定的情形之一的，应当认定为刑法第一百四十四条规定的"其他特别严重情节"。

第九条　下列物质应当认定为刑法第一百四十四条规定的"有毒、有害的非食品原料"：

（一）因危害人体健康，被法律、法规禁止在食品生产经营活动中添加、使用的物质；

（二）因危害人体健康，被国务院有关部门列入《食品中可能违法添加的非食用物质名单》《保健食品中可能非法添加的物质名单》和国务院有关部门公告的禁用农药、《食品动物中禁止使用的药品及其他化合物清单》等名单上的物质；

（三）其他有毒、有害的物质。

第十条 刑法第一百四十四条规定的"明知"，应当综合行为人的认知能力、食品质量、进货或者销售的渠道及价格等主、客观因素进行认定。

具有下列情形之一的，可以认定为刑法第一百四十四条规定的"明知"，但存在相反证据并经查证属实的除外：

（一）长期从事相关食品、食用农产品生产、种植、养殖、销售、运输、贮存行业，不依法履行保障食品安全义务的；

（二）没有合法有效的购货凭证，且不能提供或者拒不提供销售的相关食品来源的；

（三）以明显低于市场价格进货或者销售且无合理原因的；

（四）在有关部门发出禁令或者食品安全预警的情况下继续销售的；

（五）因实施危害食品安全行为受过行政处罚或者刑事处罚，又实施同种行为的；

（六）其他足以认定行为人明知的情形。

第十一条 在食品生产、销售、运输、贮存等过程中，掺入有毒、有害的非食品原料，或者使用有毒、有害的非食品原料生产食品的，依照刑法第一百四十四条的规定以生产、销售有毒、有害食品罪定罪处罚。

在食用农产品种植、养殖、销售、运输、贮存等过程中，使用禁用农药、食品动物中禁止使用的药品及其他化合物等有毒、有害的非食品原料，适用前款的规定定罪处罚。

在保健食品或者其他食品中非法添加国家禁用药物等有毒、有害的非食品原料的，适用第一款的规定定罪处罚。

第十二条 在食品生产、销售、运输、贮存等过程中，使用不符合食品安全标准的食品包装材料、容器、洗涤剂、消毒剂，或者用于食品生产经营的工具、设备等，造成食品被污染，符合刑法第一百四十三条、第一百四十四条规定的，以生产、销售不符合安全标准的食品罪或者生产、销售有毒、有害食品罪定罪处罚。

第十三条 生产、销售不符合食品安全标准的食品，有毒、有害食品，符合刑法第一百四十三条、第一百四十四条规定的，以生产、销售不符合安全标准的食品罪或者生产、销售有毒、有害食品罪定罪处罚。同时构成其他犯罪的，依照处罚较重的规定定罪处罚。

生产、销售不符合食品安全标准的食品，无证据证明足以造成严重食物中毒事故或者其他严重食源性疾病，不构成生产、销售不符合安全标准的食品罪，但构成生产、销售伪劣产品罪，妨害动植物防疫、检疫罪等其他犯罪的，依照该其他犯罪定罪处罚。

第十四条 明知他人生产、销售不符合食品安全标准的食品，有毒、有害食品，具有下列情形之一的，以生产、销售不符合安全标准的食品罪或者生产、销售有毒、有害食品罪的共犯论处：

（一）提供资金、贷款、账号、发票、证明、许可证件的；

（二）提供生产、经营场所或者运输、贮存、保管、邮寄、销售渠道等便利条件的；

（三）提供生产技术或者食品原料、食品添加剂、食品相关产品或者有毒、有害的非食品原料的；

（四）提供广告宣传的；

（五）提供其他帮助行为的。

第十五条 生产、销售不符合食品安全标准的食品添加剂，用于食品的包装材料、容器、洗涤剂、消毒剂，或者用于食品生产经营的工具、设备等，符合刑法第一百四十条规定的，以生产、销售伪劣产品罪定罪处罚。

生产、销售用超过保质期的食品原料、超过保质期的食品、回收食品作为原料的食品，或者以更改生产日期、保质期、改换包装等方式销售超过保质期的食品、回收食品，适用前款的规定定罪处罚。

实施前两款行为，同时构成生产、销售不符合安全标准的食品罪，生产、销售不符合标准的产品罪等其他犯罪的，依照处罚较重的规定定罪处罚。

第十六条 以提供给他人生产、销售食品为目的，违反国家规定，生产、销售国家禁止用于食品生产、销售的非食品原料，情节严重的，依照刑法第二百二十五条的规定以非法经营罪定罪处罚。

以提供给他人生产、销售食用农产品为目的，违反国家规定，生产、销售国家禁用农药、食品动物中禁止使用的药品及其他化合物等有毒、有害的非食品原料,或者生产、销售添加上述有毒、有害的非食品原料的农药、兽药、饲料、饲料添加剂、饲料原料,情节严重的,依照前款的规定定罪处罚。

第十七条 违反国家规定,私设生猪屠宰厂(场),从事生猪屠宰、销售等经营活动,情节严重的,依照刑法第二百二十五条的规定以非法经营罪定罪处罚。

在畜禽屠宰相关环节,对畜禽使用食品动物中禁止使用的药品及其他化合物等有毒、有害的非食品原料,依照刑法第一百四十四条的规定以生产、销售有毒、有害食品罪定罪处罚;对畜禽注水或者注入其他物质,足以造成严重食物中毒事故或者其他严重食源性疾病的,依照刑法第一百四十三条的规定以生产、销售不符合安全标准的食品罪定罪处罚;虽不足以造成严重食物中毒事故或者其他严重食源性疾病,但符合刑法第一百四十条规定的,以生产、销售伪劣产品罪定罪处罚。

第十八条 实施本解释规定的非法经营行为,非法经营数额在十万元以上,或者违法所得数额在五万元以上的,应当认定为刑法第二百二十五条规定的"情节严重";非法经营数额在五十万元以上,或者违法所得数额在二十五万元以上的,应当认定为刑法第二百二十五条规定的"情节特别严重"。

实施本解释规定的非法经营行为,同时构成生产、销售伪劣产品罪,生产、销售不符合安全标准的食品罪,生产、销售有毒、有害食品罪,生产、销售伪劣农药、兽药罪等其他犯罪的,依照处罚较重的规定定罪处罚。

第十九条 违反国家规定,利用广告对保健食品或者其他食品作虚假宣传,符合刑法第二百二十二条规定的,以虚假广告罪定罪处罚;以非法占有为目的,利用销售保健食品或者其他食品诈骗财物,符合刑法第二百六十六条规定的,以诈骗罪定罪处罚。同时构成生产、销售伪劣产品罪等其他犯罪的,依照处罚较重的规定定罪处罚。

第二十条 负有食品安全监督管理职责的国家机关工作人员,滥用职权或者玩忽职守,构成食品监管渎职罪,同时构成徇私舞弊不移交刑事案件罪、商检徇私舞弊罪、动植物检疫徇私舞弊罪、放纵制售伪劣商品犯罪行为罪等其他渎职犯罪的,依照处罚较重的规定定罪处罚。

负有食品安全监督管理职责的国家机关工作人员滥用职权或者玩忽职守,不构成食品监管渎职罪,但构成前款规定的其他渎职犯罪的,依照该其他犯罪定罪处罚。

负有食品安全监督管理职责的国家机关工作人员与他人共谋,利用其职务行为帮助他人实施危害食品安全犯罪行为,同时构成渎职犯罪和危害食品安全犯罪共犯的,依照处罚较重的规定定罪从重处罚。

第二十一条 犯生产、销售不符合安全标准的食品罪,生产、销售有毒、有害食品罪,一般应当依法判处生产、销售金额二倍以上的罚金。

共同犯罪的,对各共同犯罪人合计判处的罚金一般应当在生产、销售金额的二倍以上。

第二十二条 对实施本解释规定之犯罪的犯罪分子,应当依照刑法规定的条件,严格适用缓刑、免予刑事处罚。对于依法适用缓刑的,可以根据犯罪情况,同时宣告禁止令。

对于被不起诉或者免予刑事处罚的行为人,需要给予行政处罚、政务处分或者其他处分的,依法移送有关主管机关处理。

第二十三条 单位实施本解释规定的犯罪的,对单位判处罚金,并对直接负责的主管人员和其他直接责任人员,依照本解释规定的定罪量刑标准处罚。

第二十四条 "足以造成严重食物中毒事故或者其他严重食源性疾病""有毒、有害的非食品原料"等专门性问题难以确定的,司法机关可以依据鉴定意见、检验报告、地市级以上相关行政主管部门组织出具的书面意见,结合其他证据作出认定。必要时,专门性问题由省级以上相关行政主管部门组织出具书面意见。

第二十五条 本解释所称"二年内",以第一次违法行为受到行政处罚的生效之日与又实施相应行为之日的时间间隔计算确定。

第二十六条 本解释自2022年1月1日起施行。本解释公布实施后,《最高人民法院、最高人民检察院关于办理危害食品安全刑事案件适用法律若干问题的解释》(法释〔2013〕12号)同时废止;之前发布的司法解释与本解释不一致的,以本解释为准。

最高人民法院、最高人民检察院关于办理危害药品安全刑事案件适用法律若干问题的解释

- 2022年2月28日最高人民法院审判委员会第1865次会议、2022年2月25日最高人民检察院第十三届检察委员会第92次会议通过
- 2022年3月3日最高人民法院、最高人民检察院公告公布
- 自2022年3月6日起施行
- 高检发释字〔2022〕1号

为依法惩治危害药品安全犯罪，保障人民群众生命健康，维护药品管理秩序，根据《中华人民共和国刑法》《中华人民共和国刑事诉讼法》及《中华人民共和国药品管理法》等有关规定，现就办理此类刑事案件适用法律的若干问题解释如下：

第一条 生产、销售、提供假药，具有下列情形之一的，应当酌情从重处罚：

（一）涉案药品以孕产妇、儿童或者危重病人为主要使用对象的；

（二）涉案药品属于麻醉药品、精神药品、医疗用毒性药品、放射性药品、生物制品，或者以药品类易制毒化学品冒充其他药品的；

（三）涉案药品属于注射剂药品、急救药品的；

（四）涉案药品系用于应对自然灾害、事故灾难、公共卫生事件、社会安全事件等突发事件的；

（五）药品使用单位及其工作人员生产、销售假药的；

（六）其他应当酌情从重处罚的情形。

第二条 生产、销售、提供假药，具有下列情形之一的，应当认定为刑法第一百四十一条规定的"对人体健康造成严重危害"：

（一）造成轻伤或者重伤的；

（二）造成轻度残疾或者中度残疾的；

（三）造成器官组织损伤导致一般功能障碍或者严重功能障碍的；

（四）其他对人体健康造成严重危害的情形。

第三条 生产、销售、提供假药，具有下列情形之一的，应当认定为刑法第一百四十一条规定的"其他严重情节"：

（一）引发较大突发公共卫生事件的；

（二）生产、销售、提供假药的金额二十万元以上不满五十万元的；

（三）生产、销售、提供假药的金额十万元以上不满二十万元，并具有本解释第一条规定情形之一的；

（四）根据生产、销售、提供的时间、数量、假药种类、对人体健康危害程度等，应当认定为情节严重的。

第四条 生产、销售、提供假药，具有下列情形之一的，应当认定为刑法第一百四十一条规定的"其他特别严重情节"：

（一）致人重度残疾以上的；

（二）造成三人以上重伤、中度残疾或者器官组织损伤导致严重功能障碍的；

（三）造成五人以上轻度残疾或者器官组织损伤导致一般功能障碍的；

（四）造成十人以上轻伤的；

（五）引发重大、特别重大突发公共卫生事件的；

（六）生产、销售、提供假药的金额五十万元以上的；

（七）生产、销售、提供假药的金额二十万元以上不满五十万元，并具有本解释第一条规定情形之一的；

（八）根据生产、销售、提供的时间、数量、假药种类、对人体健康危害程度等，应当认定为情节特别严重的。

第五条 生产、销售、提供劣药，具有本解释第一条规定情形之一的，应当酌情从重处罚。

生产、销售、提供劣药，具有本解释第二条规定情形之一的，应当认定为刑法第一百四十二条规定的"对人体健康造成严重危害"。

生产、销售、提供劣药，致人死亡，或者具有本解释第四条第一项至第五项规定情形之一的，应当认定为刑法第一百四十二条规定的"后果特别严重"。

第六条 以生产、销售、提供假药、劣药为目的，合成、精制、提取、储存、加工炮制药品原料，或者在将药品原料、辅料、包装材料制成成品过程中，进行配料、混合、制剂、储存、包装的，应当认定为刑法第一百四十一条、第一百四十二条规定的"生产"。

药品使用单位及其工作人员明知是假药、劣药而有偿提供给他人使用的,应当认定为刑法第一百四十一条、第一百四十二条规定的"销售";无偿提供给他人使用的,应当认定为刑法第一百四十一条、第一百四十二条规定的"提供"。

第七条 实施妨害药品管理的行为,具有下列情形之一的,应当认定为刑法第一百四十二条之一规定的"足以严重危害人体健康":

(一)生产、销售国务院药品监督管理部门禁止使用的药品,综合生产、销售的时间、数量、禁止使用原因等情节,认为具有严重危害人体健康的现实危险的;

(二)未取得药品相关批准证明文件生产药品或者明知是上述药品而销售,涉案药品属于本解释第一条第一项至第三项规定情形的;

(三)未取得药品相关批准证明文件生产药品或者明知是上述药品而销售,涉案药品的适应症、功能主治或者成分不明的;

(四)未取得药品相关批准证明文件生产药品或者明知是上述药品而销售,涉案药品没有国家药品标准,且无核准的药品质量标准,但检出化学药成分的;

(五)未取得药品相关批准证明文件进口药品或者明知是上述药品而销售,涉案药品在境外未合法上市的;

(六)在药物非临床研究或者药物临床试验过程中故意使用虚假试验用药品,或者瞒报与药物临床试验用药品相关的严重不良事件的;

(七)故意损毁原始药物非临床研究数据或者药物临床试验数据,或者编造受试动物信息、受试者信息、主要试验过程记录、研究数据、检测数据等药物非临床研究数据或者药物临床试验数据,影响药品的安全性、有效性和质量可控性的;

(八)编造生产、检验记录,影响药品的安全性、有效性和质量可控性的;

(九)其他足以严重危害人体健康的情形。

对于涉案药品是否在境外合法上市,应当根据境外药品监督管理部门或者权利人的证明等证据,结合犯罪嫌疑人、被告人及其辩护人提供的证据材料综合审查,依法作出认定。

对于"足以严重危害人体健康"难以确定的,根据地市级以上药品监督管理部门出具的认定意见,结合其他证据作出认定。

第八条 实施妨害药品管理的行为,具有本解释第二条规定情形之一的,应当认定为刑法第一百四十二条之一规定的"对人体健康造成严重危害"。

实施妨害药品管理的行为,足以严重危害人体健康,并具有下列情形之一的,应当认定为刑法第一百四十二条之一规定的"有其他严重情节":

(一)生产、销售国务院药品监督管理部门禁止使用的药品,生产、销售的金额五十万元以上的;

(二)未取得药品相关批准证明文件生产、进口药品或者明知是上述药品而销售,生产、销售的金额五十万元以上的;

(三)药品申请注册中提供虚假的证明、数据、资料、样品或者采取其他欺骗手段,造成严重后果的;

(四)编造生产、检验记录,造成严重后果的;

(五)造成恶劣社会影响或者具有其他严重情节的情形。

实施刑法第一百四十二条之一规定的行为,同时又构成生产、销售、提供假药罪、生产、销售、提供劣药罪或者其他犯罪的,依照处罚较重的规定定罪处罚。

第九条 明知他人实施危害药品安全犯罪,而有下列情形之一的,以共同犯罪论处:

(一)提供资金、贷款、账号、发票、证明、许可证件的;

(二)提供生产、经营场所、设备或者运输、储存、保管、邮寄、销售渠道等便利条件的;

(三)提供生产技术或者原料、辅料、包装材料、标签、说明书的;

(四)提供虚假药物非临床研究报告、药物临床试验报告及相关材料的;

(五)提供广告宣传的;

(六)提供其他帮助的。

第十条 办理生产、销售、提供假药、生产、销售、提供劣药、妨害药品管理等刑事案件,应当结合行为人的从业经历、认知能力、药品质量、进货渠道和价格、销售渠道和价格以及生产、销售方式等事实综合判断认定行为人的主观故意。具有下列情形之一的,可以认定行为人有实施相关犯罪的主观故意,但有证据证明确实不具有故意的除外:

(一)药品价格明显异于市场价格的;

(二)向不具有资质的生产者、销售者购买药

品,且不能提供合法有效的来历证明的;

(三)逃避、抗拒监督检查的;

(四)转移、隐匿、销毁涉案药品、进销货记录的;

(五)曾因实施危害药品安全违法犯罪行为受过处罚,又实施同类行为的;

(六)其他足以认定行为人主观故意的情形。

第十一条 以提供给他人生产、销售、提供药品为目的,违反国家规定,生产、销售不符合药用要求的原料、辅料,符合刑法第一百四十条规定的,以生产、销售伪劣产品罪从重处罚;同时构成其他犯罪的,依照处罚较重的规定定罪处罚。

第十二条 广告主、广告经营者、广告发布者违反国家规定,利用广告对药品作虚假宣传,情节严重的,依照刑法第二百二十二条的规定,以虚假广告罪定罪处罚。

第十三条 明知系利用医保骗保购买的药品而非法收购、销售,金额五万元以上的,应当依照刑法第三百一十二条的规定,以掩饰、隐瞒犯罪所得罪定罪处罚;指使、教唆、授意他人利用医保骗保购买药品,进而非法收购、销售,符合刑法第二百六十六条规定的,以诈骗罪定罪处罚。

对于利用医保骗保购买药品的行为人是否追究刑事责任,应当综合骗取医保基金的数额、手段、认罪悔罪态度等案件具体情节,依法妥当决定。利用医保骗保购买药品的行为人是否被追究刑事责任,不影响对非法收购、销售有关药品的行为人定罪处罚。

对于第一款规定的主观明知,应当根据药品标志、收购渠道、价格、规模及药品追溯信息等综合认定。

第十四条 负有药品安全监督管理职责的国家机关工作人员,滥用职权或者玩忽职守,构成药品监管渎职罪,同时构成商检徇私舞弊罪、商检失职罪等其他渎职犯罪的,依照处罚较重的规定定罪处罚。

负有药品安全监督管理职责的国家机关工作人员滥用职权或者玩忽职守,不构成药品监管渎职罪,但构成前款规定的其他渎职犯罪的,依照该其他犯罪定罪处罚。

负有药品安全监督管理职责的国家机关工作人员与他人共谋,利用其职务便利帮助他人实施危害药品安全犯罪行为,同时构成渎职犯罪和危害药品安全犯罪共犯的,依照处罚较重的规定定罪从重处罚。

第十五条 对于犯生产、销售、提供假药罪、生产、销售、提供劣药罪、妨害药品管理罪的,应当结合被告人的犯罪数额、违法所得,综合考虑被告人缴纳罚金的能力,依法判处罚金。罚金一般应当在生产、销售、提供的药品金额二倍以上;共同犯罪的,对各共同犯罪人合计判处的罚金一般应当在生产、销售、提供的药品金额二倍以上。

第十六条 对于犯生产、销售、提供假药罪、生产、销售、提供劣药罪、妨害药品管理罪的,应当依照刑法规定的条件,严格缓刑、免予刑事处罚的适用。对于被判处刑罚的,可以根据犯罪情况和预防再犯罪的需要,依法宣告职业禁止或者禁止令。《中华人民共和国药品管理法》等法律、行政法规另有规定的,从其规定。

对于被不起诉或者免予刑事处罚的行为人,需要给予行政处罚、政务处分或者其他处分的,依法移送有关主管机关处理。

第十七条 单位犯生产、销售、提供假药罪、生产、销售、提供劣药罪、妨害药品管理罪的,对单位判处罚金,并对直接负责的主管人员和其他直接责任人员,依照本解释规定的自然人犯罪的定罪量刑标准处罚。

单位犯罪的,对被告单位及其直接负责的主管人员、其他直接责任人员合计判处的罚金一般应当在生产、销售、提供的药品金额二倍以上。

第十八条 根据民间传统配方私自加工药品或者销售上述药品,数量不大,且未造成他人伤害后果或者延误诊治的,或者不以营利为目的实施带有自救、互助性质的生产、进口、销售药品的行为,不应当认定为犯罪。

对于是否属于民间传统配方难以确定的,根据地市级以上药品监督管理部门或者有关部门出具的认定意见,结合其他证据作出认定。

第十九条 刑法第一百四十一条、第一百四十二条规定的"假药""劣药",依照《中华人民共和国药品管理法》的规定认定。

对于《中华人民共和国药品管理法》第九十八条第二款第二项、第四项及第三款第三项至第六项规定的假药、劣药,能够根据现场查获的原料、包装,结合犯罪嫌疑人、被告人供述等证据材料作出判断的,可以由地市级以上药品监督管理部门出具认定意见。对于依据《中华人民共和国药品管理法》第九十八条第二款、第三款的其他规定认定假药、劣药，或者是否属于第九十八条第二款第二项、第三款第六项规定的假药、劣药存在争议的，应当由省级以上药品监督管理部门设置或者确定的药品检验机构进行检验，出具质量检验结论。司法机关根据认定意见、检验结论，结合其他证据作出认定。

第二十条　对于生产、提供药品的金额，以药品的货值金额计算；销售药品的金额，以所得和可得的全部违法收入计算。

第二十一条　本解释自2022年3月6日起施行。本解释公布施行后，《最高人民法院、最高人民检察院关于办理危害药品安全刑事案件适用法律若干问题的解释》（法释〔2014〕14号）、《最高人民法院、最高人民检察院关于办理药品、医疗器械注册申请材料造假刑事案件适用法律若干问题的解释》（法释〔2017〕15号）同时废止。

最高人民法院对人民法院在审理计量行政案件中涉及的应否对食品卫生监督机构进行计量认证问题的答复

- 2003年4月29日
- 法行〔2000〕29号

吉林省高级人民法院：

你院吉高法〔2000〕86号《关于食品卫生检验机构开展食品卫生监督检验工作是否应当适用〈中华人民共和国计量法〉第二十二条规定需要进行计量认证的请示》收悉。经研究，答复如下：

参照1996年10月7日卫生部和国家技术监督局共同作出的《关于成立"国家计量认证卫生评审组"的通知》（卫科教发〔1996〕第35号）的有关规定，食品卫生监督机构一般不进行机构计量认证，但应按照《中华人民共和国计量法》及有关规定进行计量器具检定。

此复。

最高人民检察院关于《非药用类麻醉药品和精神药品管制品种增补目录》能否作为认定毒品依据的批复

- 2018年12月12日最高人民检察院第十三届检察委员会第十一次会议通过
- 2019年4月29日最高人民检察院公告公布
- 自2019年4月30日起施行

河南省人民检察院：

你院《关于〈非药用类麻醉药品和精神药品管制品种增补目录〉能否作为认定毒品的依据的请示》收悉。经研究，批复如下：

根据《中华人民共和国刑法》第三百五十七条和《中华人民共和国禁毒法》第二条的规定，毒品是指鸦片、海洛因、甲基苯丙胺（冰毒）、吗啡、大麻、可卡因以及国家规定管制的其他能够使人形成瘾癖的麻醉药品和精神药品。

2015年10月1日起施行的公安部、国家食品药品监督管理总局、国家卫生和计划生育委员会、国家禁毒委员会办公室《非药用类麻醉药品和精神药品列管办法》及其附表《非药用类麻醉药品和精神药品管制品种增补目录》，是根据国务院《麻醉药品和精神药品管理条例》第三条第二款授权制定的，《非药用类麻醉药品和精神药品管制品种增补目录》可以作为认定毒品的依据。

此复。

二、食品安全

（一）一般规定

中华人民共和国食品安全法

- 2009年2月28日第十一届全国人民代表大会常务委员会第七次会议通过
- 2015年4月24日第十二届全国人民代表大会常务委员会第十四次会议修订
- 根据2018年12月29日第十三届全国人民代表大会常务委员会第七次会议《关于修改〈中华人民共和国产品质量法〉等五部法律的决定》第一次修正
- 根据2021年4月29日第十三届全国人民代表大会常务委员会第二十八次会议《关于修改〈中华人民共和国道路交通安全法〉等八部法律的决定》第二次修正

第一章 总 则

第一条 【立法目的】为了保证食品安全，保障公众身体健康和生命安全，制定本法。

注释 "食品安全"是1974年由联合国粮农组织提出的概念，从广义上讲主要包括三个方面的内容：一是从数量角度，要求国家能够提供给公众足够的食物，满足社会稳定的基本需要；二是从卫生安全角度，要求食品对人体健康不造成任何危害，并获取充足的营养；三是从发展角度，要求食品的获得要注重生态环境的良好保护和资源利用的可持续性。食品安全法规定的"食品安全"，是一个狭义概念，指食品无毒、无害，符合应当有的营养要求，对人体健康不造成任何急性、亚急性或者慢性危害。食品安全法之所以选择了这样一个狭义的食品安全概念，主要是考虑到，在食品的数量安全和生产过程中的资源环境保护方面总体上已经有法可依，农业法和环境保护法等法律，对促进农业发展和资源环境保护方面的制度已经进行了规范。在这样的情况下，需要通过食品安全立法，集中解决食品卫生安全的问题。

第二条 【适用范围】在中华人民共和国境内从事下列活动，应当遵守本法：

（一）食品生产和加工（以下称食品生产），食品销售和餐饮服务（以下称食品经营）；

（二）食品添加剂的生产经营；

（三）用于食品的包装材料、容器、洗涤剂、消毒剂和用于食品生产经营的工具、设备（以下称食品相关产品）的生产经营；

（四）食品生产经营者使用食品添加剂、食品相关产品；

（五）食品的贮存和运输；

（六）对食品、食品添加剂、食品相关产品的安全管理。

供食用的源于农业的初级产品（以下称食用农产品）的质量安全管理，遵守《中华人民共和国农产品质量安全法》的规定。但是，食用农产品的市场销售、有关质量安全标准的制定、有关安全信息的公布和本法对农业投入品作出规定的，应当遵守本法的规定。

注释 （1）食品生产。食品生产包括食品生产和加工，是指把食品原料通过生产加工程序，形成一种新形式的可直接食用的产品。

（2）食品经营。食品经营包括食品销售和餐饮服务。餐饮服务，根据《餐饮服务许可管理办法》，是指通过即时制作加工、商业销售和服务性劳动等，向消费者提供食品和消费场所及设施的服务活动。需要指出的是，本次修订，食品安全法将"食品的贮存和运输"明确列为调整范围，为避免内容交叉，将原先法律条文中的"食品流通"均修改为"食品销售"。

（3）食品添加剂、食品相关产品的生产经营和使用。食品添加剂和食品相关产品是食品生产经营活动中必不可少的物质，与食品安全息息相关，可以说没有食品添加剂和食品相关产品的安全，就没有食品安全。需要说明的是，在管理体制上，原食品安全法将食品添加剂作为工业产品，规定由质量监督部门按工业产品生产许可证管理的相关规定进行管理。2015年修改法律，为与国务院对食品添加剂监管职能调整的规定相衔接，明确由食品药品监督管理部门负责对食品添加剂进行监管。2018年修改，根据机构改革内容将负责部门改为食品安全监督管理部门。

（4）食品的贮存和运输。这是2015年修改新增加的规定。食品贮存、运输是食品安全管理的重要环节，除食品生产经营者外，还有一些专业的仓储、物流企业也从事食品的贮存、运输活动，应当对其加强管理。

除了上述活动外，其他对食品、食品添加剂和食品相关产品的安全管理活动均适用食品安全法。

食用农产品是指供食用的源于农业的初级产品，如蔬菜、瓜果、未经加工的肉类等。而食品是指各种供人食用或者饮用的成品和原料以及按照传统既是食品又是药品的物品，但是不包括以治疗为目的的物品。根据这一定义，食品包含食用农产品。但是考虑到我国在2006年已经制定了农产品质量安全法，对包括食用农产品在内的农产品的生产、监督检查等作了规定，本条明确食用农产品的质量安全管理，遵守农产品质量安全法的规定。但是，食用农产品的市场销售、有关质量安全标准的制定、有关安全信息的公布和本法对农业投入品作出规定的，应当遵守本法的规定。

链接《农产品质量安全法》；《农药管理条例》

第三条　【食品安全工作原则】食品安全工作实行预防为主、风险管理、全程控制、社会共治，建立科学、严格的监督管理制度。

第四条　【食品生产经营者的责任】食品生产经营者对其生产经营食品的安全负责。

食品生产经营者应当依照法律、法规和食品安全标准从事生产经营活动，保证食品安全，诚信自律，对社会和公众负责，接受社会监督，承担社会责任。

注释　食品生产经营者是食品安全第一责任人，应当对其生产经营食品的安全负责，承担食品安全主体责任，正所谓"谁生产，谁负责；谁经营，谁负责"。

第五条　【食品安全监管体制】国务院设立食品安全委员会，其职责由国务院规定。

国务院食品安全监督管理部门依照本法和国务院规定的职责，对食品生产经营活动实施监督管理。

国务院卫生行政部门依照本法和国务院规定的职责，组织开展食品安全风险监测和风险评估，会同国务院食品安全监督管理部门制定并公布食品安全国家标准。

国务院其他有关部门依照本法和国务院规定的职责，承担有关食品安全工作。

第六条　【地方政府食品安全监督管理职责】县级以上地方人民政府对本行政区域的食品安全监督管理工作负责，统一领导、组织、协调本行政区域的食品安全监督管理工作以及食品安全突发事件应对工作，建立健全食品安全全程监督管理工作机制和信息共享机制。

县级以上地方人民政府依照本法和国务院的规定，确定本级食品安全监督管理、卫生行政部门和其他有关部门的职责。有关部门在各自职责范围内负责本行政区域的食品安全监督管理工作。

县级人民政府食品安全监督管理部门可以在乡镇或者特定区域设立派出机构。

注释　县级以上人民政府建立统一权威的食品安全监督管理体制，加强食品安全监督管理能力建设。县级以上人民政府食品安全监督管理部门和其他有关部门应当依法履行职责，加强协调配合，做好食品安全监督管理工作。乡镇人民政府和街道办事处应当支持、协助县级人民政府食品安全监督管理部门及其派出机构依法开展食品安全监督管理工作。

链接《食品安全法实施条例》第4条

第七条　【地方政府食品安全责任评议、考核制度】县级以上地方人民政府实行食品安全监督管理责任制。上级人民政府负责对下一级人民政府的食品安全监督管理工作进行评议、考核。县级以上地方人民政府负责对本级食品安全监督管理部门和其他有关部门的食品安全监督管理工作进行评议、考核。

第八条　【政府对食品安全工作的财政保障和监管职责】县级以上人民政府应当将食品安全工作纳入本级国民经济和社会发展规划，将食品安全工作经费列入本级政府财政预算，加强食品安全监督管理能力建设，为食品安全工作提供保障。

县级以上人民政府食品安全监督管理部门和其他有关部门应当加强沟通、密切配合，按照各自职责分工，依法行使职权，承担责任。

第九条　【食品行业协会和消费者协会的责任】食品行业协会应当加强行业自律，按照章程建立健全行业规范和奖惩机制，提供食品安全信息、技术等服务，引导和督促食品生产经营者依法生产经营，推动行业诚信建设，宣传、普及食品安全知识。

消费者协会和其他消费者组织对违反本法规定，损害消费者合法权益的行为，依法进行社会监督。

链接《消费者权益保护法》第36、37条

第十条　【食品安全宣传教育和舆论监督】各级人民政府应当加强食品安全的宣传教育，普及食品安全知识，鼓励社会组织、基层群众性自治组织、食品生产经营者开展食品安全法律、法规以及食品安全标准和知识的普及工作，倡导健康的饮食方式，增强消费者食品安全意识和自我保护能力。

新闻媒体应当开展食品安全法律、法规以及食品安全标准和知识的公益宣传，并对食品安全违法行为进行舆论监督。有关食品安全的宣传报道应当真实、公正。

注释　国家将食品安全知识纳入国民素质教育内容，普及食品安全科学常识和法律知识，提高全社会的食品安全意识。

链接《食品安全法实施条例》第5条

第十一条　【食品安全研究和农药管理】国家鼓励和支持开展与食品安全有关的基础研究、应用研究，鼓励和支持食品生产经营者为提高食品安全水平采用先进技术和先进管理规范。

国家对农药的使用实行严格的管理制度，加快淘汰剧毒、高毒、高残留农药，推动替代产品的研发和应用，鼓励使用高效低毒低残留农药。

链接《农产品质量安全法》第29条；《农药管理条例》

第十二条　【社会监督】任何组织或者个人有权举报食品安全违法行为，依法向有关部门了解食品安全信息，对食品安全监督管理工作提出意见和建议。

注释　针对举报奖励制度，2019年最新修订的《食品安全法实施条例》也作出了明确规定，国家实行食品安全违法行为举报奖励制度，对查证属实的举报，给予举报人奖励。举报人举报所在企业食品安全重大违法犯罪行为的，应当加大奖励力度。有关部门应当对举报人的信息予以保密，保护举报人的合法权益。食品安全违法行为举报奖励办法由国务院食品安全监督管理部门会同国务院财政等有关部门制定。食品安全违法行为举报奖励资金纳入各级人民政府预算。

链接《政府信息公开条例》；《食品安全法实施条例》第65条

第十三条　【表彰、奖励有突出贡献的单位和个人】对在食品安全工作中做出突出贡献的单位和个人，按照国家有关规定给予表彰、奖励。

第二章　食品安全风险监测和评估

第十四条　【食品安全风险监测制度】国家建立食品安全风险监测制度，对食源性疾病、食品污染以及食品中的有害因素进行监测。

国务院卫生行政部门会同国务院食品安全监督管理等部门，制定、实施国家食品安全风险监测计划。

国务院食品安全监督管理部门和其他有关部门获知有关食品安全风险信息后，应当立即核实并向国务院卫生行政部门通报。对有关部门通报的食品安全风险信息以及医疗机构报告的食源性疾病等有关疾病信息，国务院卫生行政部门应当会同国务院有关部门分析研究，认为必要的，及时调整国家食品安全风险监测计划。

省、自治区、直辖市人民政府卫生行政部门会同同级食品安全监督管理等部门，根据国家食品安全风险监测计划，结合本行政区域的具体情况，制定、调整本行政区域的食品安全风险监测方案，报国务院卫生行政部门备案并实施。

注释　食品安全风险监测是指系统和持续收集食源性疾病、食品污染、食品中有害因素等相关数据信息，并运用医学、卫生学原理和方法进行监测。国家建立食品安全风险监测制度，主要对以下三类内容进行监测：

（1）食源性疾病。食源性疾病是指食品中致病因素进入人体引起的感染性、中毒性等疾病。包括常见的食物中毒、肠道传染病、人畜共患传染病、寄生虫病以及化学性有毒有害物质所引起的疾病。

（2）食品污染。食品污染是指食品及其原料在生产、加工、运输、包装、贮存、销售、烹调等过程中，因农药、废水、污水，病虫害和家畜疫病所引起的污染，以及霉菌毒素引起的食品霉变，运输、包装材料中有毒物质等对食品所造成的污染的总称。食品污染可分为生物性污染、化学性污染和物理性污染三大类。

(3) 食品中的有害因素。食品中可能存在的有害因素按来源可分为三类：①食品污染物。在生产、加工、贮存、运输、销售等过程中混入食品中的物质。②食品中天然存在的有害物质，如大豆中存在的蛋白酶抑制剂。③食品加工、保藏过程中产生的有害物质，如酿酒过程中产生的甲醇、杂醇油等有害成分。

2019年最新修订的《食品安全法实施条例》规定县级以上人民政府卫生行政部门会同同级食品安全监督管理等部门建立食品安全风险监测会商机制，汇总、分析风险监测数据，研判食品安全风险，形成食品安全风险监测分析报告，报本级人民政府；县级以上地方人民政府卫生行政部门还应当将食品安全风险监测分析报告同时报上一级人民政府卫生行政部门。食品安全风险监测会商的具体办法由国务院卫生行政部门会同国务院食品安全监督管理等部门制定。

链接《食品安全法实施条例》第6条

第十五条【食品安全风险监测工作】承担食品安全风险监测工作的技术机构应当根据食品安全风险监测计划和监测方案开展监测工作，保证监测数据真实、准确，并按照食品安全风险监测计划和监测方案的要求报送监测数据和分析结果。

食品安全风险监测工作人员有权进入相关食用农产品种植养殖、食品生产经营场所采集样品、收集相关数据。采集样品应当按照市场价格支付费用。

第十六条【及时通报食品安全风险监测结果】食品安全风险监测结果表明可能存在食品安全隐患的，县级以上人民政府卫生行政部门应当及时将相关信息通报同级食品安全监督管理等部门，并报告本级人民政府和上级人民政府卫生行政部门。食品安全监督管理等部门应当组织开展进一步调查。

链接 本法第5条、第8条

第十七条【食品安全风险评估制度】国家建立食品安全风险评估制度，运用科学方法，根据食品安全风险监测信息、科学数据以及有关信息，对食品、食品添加剂、食品相关产品中生物性、化学性和物理性危害因素进行风险评估。

国务院卫生行政部门负责组织食品安全风险评估工作，成立由医学、农业、食品、营养、生物、环境等方面的专家组成的食品安全风险评估专家委员会进行食品安全风险评估。食品安全风险评估结果由国务院卫生行政部门公布。

对农药、肥料、兽药、饲料和饲料添加剂等的安全性评估，应当有食品安全风险评估专家委员会的专家参加。

食品安全风险评估不得向生产经营者收取费用，采集样品应当按照市场价格支付费用。

注释 食品安全风险评估，是指对食品、食品添加剂、食品中生物性、化学性和物理性危害因素对人体健康可能造成的不良影响所进行的科学评估，具体包括危害识别、危害特征描述、暴露评估、风险特征描述等四个阶段。

危害识别是指根据相关的科学数据和科学实验，来判断食品中的某种因素会不会危及人体健康的过程。危害特征描述，是对某种因素对人体可能造成的危害予以定性或者对其予以量化。暴露评估，是通过膳食调查，确定危害以何种途径进入人体，同时计算出人体对各种食物的安全摄入量究竟是多少。风险特征描述是综合危害识别、危害描述和暴露评估的结果，总结某种危害因素对人体产生不良影响的程度。

对于农药、肥料、兽药、饲料和饲料添加剂等的安全性评估，根据农产品质量安全法的规定，应当由农产品质量安全风险评估专家委员会进行安全性评估，但本条规定应当有食品安全风险评估专家委员会的专家参加。这是因为农药、肥料、兽药、饲料和饲料添加剂等对于动植物本身可能没有明显危害，但是往往因其残留影响到终端食品的质量安全，因此规定这些相关评估工作要有食品安全风险评估专家委员会的专家参加。

本条第四款规定包含两层含义：一方面评估不得向企业收取费用，对于评估机构在评估过程中的收费行为，企业有权拒绝；另一方面评估机构应当按照市场价格向企业支付样品的费用。对于评估机构拒不支付样品费用的行为，企业有权向监管部门投诉举报。

案例 上海味利皇食品有限公司与上海市卫生局行政处罚案（[1999]沪二中行终字第90号）

裁判规则：根据我国食品安全法的规定，国家要建立食品安全风险评估制度，对食品、食品添加剂中生物性、化学性和物理性危害进行风险评估。食品生产者应当按照食品安全标准来衡量自身生产的食品是否符合国家安全标准，而不应该以是否造成真正意义上的集体性中毒事件来衡量所生产的产品是否符合《食品添加剂使用卫生标准》。

链接《农产品质量安全法》第6、15条

第十八条 【食品安全风险评估法定情形】有下列情形之一的，应当进行食品安全风险评估：

（一）通过食品安全风险监测或者接到举报发现食品、食品添加剂、食品相关产品可能存在安全隐患的；

（二）为制定或者修订食品安全国家标准提供科学依据需要进行风险评估的；

（三）为确定监督管理的重点领域、重点品种需要进行风险评估的；

（四）发现新的可能危害食品安全因素的；

（五）需要判断某一因素是否构成食品安全隐患的；

（六）国务院卫生行政部门认为需要进行风险评估的其他情形。

第十九条 【监管部门在食品安全风险评估中的配合协作义务】国务院食品安全监督管理、农业行政等部门在监督管理工作中发现需要进行食品安全风险评估的，应当向国务院卫生行政部门提出食品安全风险评估的建议，并提供风险来源、相关检验数据和结论等信息、资料。属于本法第十八条规定情形的，国务院卫生行政部门应当及时进行食品安全风险评估，并向国务院有关部门通报评估结果。

注释 2019年最新修订的《食品安全法实施条例》规定了有关部门在食品安全风险监测和评估方面的协作、配合义务，《条例》规定：县级以上人民政府卫生行政部门会同同级食品安全监督管理等部门建立食品安全风险监测会商机制，汇总、分析风险监测数据，研判食品安全风险，形成食品安全风险监测分析报告，报本级人民政府；县级以上地方人民政府卫生行政部门还应当将食品安全风险监测分析报告同时报上一级人民政府卫生行政部门。食品安全风险监测会商的具体办法由国务院卫生行政部门会同国务院食品安全监督管理等部门制定。

链接 本法第18条；《食品安全法实施条例》第6条

第二十条 【卫生行政、农业行政部门信息共享机制】省级以上人民政府卫生行政、农业行政部门应当及时相互通报食品、食用农产品安全风险监测信息。

国务院卫生行政、农业行政部门应当及时相互通报食品、食用农产品安全风险评估结果等信息。

注释 根据本法第二条第二款规定，供食用的源于农业的初级产品的质量安全管理，遵守农产品质量安全法的规定。但是，食用农产品的市场销售、有关质量安全标准的制定、有关安全信息的公布和本法对农业投入品作出规定的，应当遵守本法的规定。根据这一规定，本法规定的食品安全风险监测、评估制度，不适用食用农产品，食用农产品的风险监测、评估由农业行政部门依据农产品质量安全法进行。《农产品质量安全法》第十五条规定，国务院农业农村主管部门应当根据农产品质量安全风险监测、风险评估结果采取相应的管理措施，并将农产品质量安全风险监测、风险评估结果及时通报国务院市场监督管理、卫生健康等部门和有关省、自治区、直辖市人民政府农业农村主管部门。第二十一条规定，县级以上地方人民政府农业农村主管部门应当会同同级生态环境、自然资源等部门按照保障农产品质量安全的要求，根据农产品品种特性和产地安全调查、监测、评价结果，依照土壤污染防治等法律、法规的规定，提出划定特定农产品禁止生产区域的建议，报本级人民政府批准后实施。

农产品质量安全法也对国务院农业农村主管部门向国务院有关部门通报信息的职责作了规定。本条规定，既是为了与农产品质量安全法相衔接，也是对卫生行政部门和农业行政部门互通信息的职责进一步提出了明确要求，这样规定能够更好地保障食品和食用农产品的质量安全，有利于实现"从农田到餐桌"的全程监管。

链接 本法第2条；《农产品质量安全法》第15、21条

第二十一条 【食品安全风险评估结果】食品安全风险评估结果是制定、修订食品安全标准和实施食品安全监督管理的科学依据。

经食品安全风险评估，得出食品、食品添加剂、食品相关产品不安全结论的，国务院食品安全监督管理等部门应当依据各自职责立即向社会公

告，告知消费者停止食用或者使用，并采取相应措施，确保该食品、食品添加剂、食品相关产品停止生产经营；需要制定、修订相关食品安全国家标准的，国务院卫生行政部门应当会同国务院食品安全监督管理部门立即制定、修订。

第二十二条　【食品安全风险警示】国务院食品安全监督管理部门应当会同国务院有关部门，根据食品安全风险评估结果、食品安全监督管理信息，对食品安全状况进行综合分析。对经综合分析表明可能具有较高程度安全风险的食品，国务院食品安全监督管理部门应当及时提出食品安全风险警示，并向社会公布。

链接　本法第118条

第二十三条　【食品安全风险交流】县级以上人民政府食品安全监督管理部门和其他有关部门、食品安全风险评估专家委员会及其技术机构，应当按照科学、客观、及时、公开的原则，组织食品生产经营者、食品检验机构、认证机构、食品行业协会、消费者协会以及新闻媒体等，就食品安全风险评估信息和食品安全监督管理信息进行交流沟通。

注释　2019年最新修订的《食品安全法实施条例》同样规定了国务院食品安全监督管理部门和其他有关部门应建立食品安全风险信息交流机制，明确食品安全风险信息交流的内容、程序和要求。

链接　《食品安全法实施条例》第9条

第三章　食品安全标准

第二十四条　【食品安全标准的制定原则】制定食品安全标准，应当以保障公众身体健康为宗旨，做到科学合理、安全可靠。

第二十五条　【食品安全标准的强制性】食品安全标准是强制执行的标准。除食品安全标准外，不得制定其他食品强制性标准。

第二十六条　【食品安全标准的内容】食品安全标准应当包括下列内容：

（一）食品、食品添加剂、食品相关产品中的致病性微生物，农药残留、兽药残留、生物毒素、重金属等污染物质以及其他危害人体健康物质的限量规定；

（二）食品添加剂的品种、使用范围、用量；

（三）专供婴幼儿和其他特定人群的主辅食品的营养成分要求；

（四）对与卫生、营养等食品安全要求有关的标签、标志、说明书的要求；

（五）食品生产经营过程的卫生要求；

（六）与食品安全有关的质量要求；

（七）与食品安全有关的食品检验方法与规程；

（八）其他需要制定为食品安全标准的内容。

链接　《食品添加剂使用标准》（GB2760-2014）

第二十七条　【食品安全国家标准的制定、公布主体】食品安全国家标准由国务院卫生行政部门会同国务院食品安全监督管理部门制定、公布，国务院标准化行政部门提供国家标准编号。

食品中农药残留、兽药残留的限量规定及其检验方法与规程由国务院卫生行政部门、国务院农业行政部门会同国务院食品安全监督管理部门制定。

屠宰畜、禽的检验规程由国务院农业行政部门会同国务院卫生行政部门制定。

第二十八条　【制定食品安全国家标准的要求和程序】制定食品安全国家标准，应当依据食品安全风险评估结果并充分考虑食用农产品安全风险评估结果，参照相关的国际标准和国际食品安全风险评估结果，并将食品安全国家标准草案向社会公布，广泛听取食品生产经营者、消费者、有关部门等方面的意见。

食品安全国家标准应当经国务院卫生行政部门组织的食品安全国家标准审评委员会审查通过。食品安全国家标准审评委员会由医学、农业、食品、营养、生物、环境等方面的专家以及国务院有关部门、食品行业协会、消费者协会的代表组成，对食品安全国家标准草案的科学性和实用性等进行审查。

第二十九条　【食品安全地方标准】对地方特色食品，没有食品安全国家标准的，省、自治区、直辖市人民政府卫生行政部门可以制定并公布食品安全地方标准，报国务院卫生行政部门备案。食品安全国家标准制定后，该地方标准即行废止。

注释　本条对制定食品安全地方标准的情形进行了限制，仅对没有食品安全标准的地方特色食品可以制定食品安全地方标准。对于非地方特色食品的其他食品或者食品添加剂、食品相关产品、专供婴幼儿和其他特定人群的主辅食品、保健食品等其他食品安全标准内容，不能制定地方标准。

食品安全地方标准,应当公开征求意见。省、自治区、直辖市人民政府卫生行政部门应当自食品安全地方标准公布之日起三十个工作日内,将地方标准报国务院卫生行政部门备案。国务院卫生行政部门发现备案的食品安全地方标准违反法律、法规或者食品安全国家标准的,应当及时予以纠正。食品安全地方标准依法废止的,省、自治区、直辖市人民政府卫生行政部门应当及时在其网站上公布废止情况。

链接 《标准化法》;《食品安全法实施条例》第11、12条

第三十条 【食品安全企业标准】国家鼓励食品生产企业制定严于食品安全国家标准或者地方标准的企业标准,在本企业适用,并报省、自治区、直辖市人民政府卫生行政部门备案。

链接 《食品安全法实施条例》第14条

第三十一条 【食品安全标准公布和有关问题解答】省级以上人民政府卫生行政部门应当在其网站上公布制定和备案的食品安全国家标准、地方标准和企业标准,供公众免费查阅、下载。

对食品安全标准执行过程中的问题,县级以上人民政府卫生行政部门应当会同有关部门及时给予指导、解答。

第三十二条 【食品安全标准跟踪评价和执行】省级以上人民政府卫生行政部门应当会同同级食品安全监督管理、农业行政等部门,分别对食品安全国家标准和地方标准的执行情况进行跟踪评价,并根据评价结果及时修订食品安全标准。

省级以上人民政府食品安全监督管理、农业行政等部门应当对食品安全标准执行中存在的问题进行收集、汇总,并及时向同级卫生行政部门通报。

食品生产经营者、食品行业协会发现食品安全标准在执行中存在问题的,应当立即向卫生行政部门报告。

第四章 食品生产经营

第一节 一般规定

第三十三条 【食品生产经营要求】食品生产经营应当符合食品安全标准,并符合下列要求:

(一)具有与生产经营的食品品种、数量相适应的食品原料处理和食品加工、包装、贮存等场所,保持该场所环境整洁,并与有毒、有害场所以及其他污染源保持规定的距离;

(二)具有与生产经营的食品品种、数量相适应的生产经营设备或者设施,有相应的消毒、更衣、盥洗、采光、照明、通风、防腐、防尘、防蝇、防鼠、防虫、洗涤以及处理废水、存放垃圾和废弃物的设备或者设施;

(三)有专职或者兼职的食品安全专业技术人员、食品安全管理人员和保证食品安全的规章制度;

(四)具有合理的设备布局和工艺流程,防止待加工食品与直接入口食品、原料与成品交叉污染,避免食品接触有毒物、不洁物;

(五)餐具、饮具和盛放直接入口食品的容器,使用前应当洗净、消毒,炊具、用具用后应当洗净,保持清洁;

(六)贮存、运输和装卸食品的容器、工具和设备应当安全、无害,保持清洁,防止食品污染,并符合保证食品安全所需的温度、湿度等特殊要求,不得将食品与有毒、有害物品一同贮存、运输;

(七)直接入口的食品应当使用无毒、清洁的包装材料、餐具、饮具和容器;

(八)食品生产经营人员应当保持个人卫生,生产经营食品时,应当将手洗净,穿戴清洁的工作衣、帽等;销售无包装的直接入口食品时,应当使用无毒、清洁的容器、售货工具和设备;

(九)用水应当符合国家规定的生活饮用水卫生标准;

(十)使用的洗涤剂、消毒剂应当对人体安全、无害;

(十一)法律、法规规定的其他要求。

非食品生产经营者从事食品贮存、运输和装卸的,应当符合前款第六项的规定。

第三十四条 【禁止生产经营的食品、食品添加剂、食品相关产品】禁止生产经营下列食品、食品添加剂、食品相关产品:

(一)用非食品原料生产的食品或者添加食品添加剂以外的化学物质和其他可能危害人体健康物质的食品,或者用回收食品作为原料生产的食品;

(二)致病性微生物,农药残留、兽药残留、生物毒素、重金属等污染物质以及其他危害人体健康的物质含量超过食品安全标准限量的食品、食品添加剂、食品相关产品;

（三）用超过保质期的食品原料、食品添加剂生产的食品、食品添加剂；

（四）超范围、超限量使用食品添加剂的食品；

（五）营养成分不符合食品安全标准的专供婴幼儿和其他特定人群的主辅食品；

（六）腐败变质、油脂酸败、霉变生虫、污秽不洁、混有异物、掺假掺杂或者感官性状异常的食品、食品添加剂；

（七）病死、毒死或者死因不明的禽、畜、兽、水产动物肉类及其制品；

（八）未按规定进行检疫或者检疫不合格的肉类，或者未经检验或者检验不合格的肉类制品；

（九）被包装材料、容器、运输工具等污染的食品、食品添加剂；

（十）标注虚假生产日期、保质期或者超过保质期的食品、食品添加剂；

（十一）无标签的预包装食品、食品添加剂；

（十二）国家为防病等特殊需要明令禁止生产经营的食品；

（十三）其他不符合法律、法规或者食品安全标准的食品、食品添加剂、食品相关产品。

注释 食品安全法所称回收食品，是指已经售出，因违反法律、法规、食品安全标准或者超过保质期等原因，被召回或者退回的食品，不包括依照《食品安全法》第六十三条第三款的规定可以继续销售的食品。

第三十五条 【食品生产经营许可】 国家对食品生产经营实行许可制度。从事食品生产、食品销售、餐饮服务，应当依法取得许可。但是，销售食用农产品和仅销售预包装食品的，不需要取得许可。仅销售预包装食品的，应当报所在地县级以上地方人民政府食品安全监督管理部门备案。

县级以上地方人民政府食品安全监督管理部门应当依照《中华人民共和国行政许可法》的规定，审核申请人提交的本法第三十三条第一款第一项至第四项规定要求的相关资料，必要时对申请人的生产经营场所进行现场核查；对符合规定条件的，准予许可；对不符合规定条件的，不予许可并书面说明理由。

注释 《行政许可法》第十二条规定，直接关系人身健康、生命财产安全等特定活动，需要按照法定条件予以批准的事项，可以设定行政许可。食品生产经营直接关系人身健康和生命财产安全，对其实行许可制度是必要的。食品生产、销售和餐饮服务统一由食品药品监督管理部门监督管理，颁发食品生产经营许可证。销售食用农产品的，不需要取得许可。

2019年最新修订的《食品安全法实施条例》将食品生产经营许可的有效期从三年延长至五年。

链接 《食品安全法实施条例》第15条

第三十六条 【对食品生产加工小作坊和食品摊贩等的管理】 食品生产加工小作坊和食品摊贩等从事食品生产经营活动，应当符合本法规定的与其生产经营规模、条件相适应的食品安全要求，保证所生产经营的食品卫生、无毒、无害，食品安全监督管理部门应当对其加强监督管理。

县级以上地方人民政府应当对食品生产加工小作坊、食品摊贩等进行综合治理，加强服务和统一规划，改善其生产经营环境，鼓励和支持其改进生产经营条件，进入集中交易市场、店铺等固定场所经营，或者在指定的临时经营区域、时段经营。

食品生产加工小作坊和食品摊贩等的具体管理办法由省、自治区、直辖市制定。

注释 食品生产加工小作坊一般是指固定从业人员较少，有固定生产场所，生产条件简单，从事传统、低风险食品生产加工的生产单位或个人。食品摊贩一般是指没有固定经营场所，从事食品销售等的经营者。食品生产加工小作坊和食品摊贩等因其自身条件限制，不能与生产经营企业同等要求，但应当以本法第三十三条规定为原则，符合与其生产经营规模、条件相适应的食品安全要求，保证所生产经营的食品卫生、无毒、无害。

链接 《食品生产加工小作坊质量安全控制基本要求》（GB/T 23734-2009）

第三十七条 【利用新的食品原料从事食品生产等的安全性评估】 利用新的食品原料生产食品，或者生产食品添加剂新品种、食品相关产品新品种，应当向国务院卫生行政部门提交相关产品的安全性评估材料。国务院卫生行政部门应当自收到申请之日起六十日内组织审查；对符合食品安全要求的，准予许可并公布；对不符合食品安全要求的，不予许可并书面说明理由。

链接 《行政许可法》；《新食品原料安全性审查管理办法》；《食品添加剂新品种管理办法》；《食品相关产品新品种行政许可管理规定》

第三十八条 【食品中不得添加药品】 生产经

营的食品中不得添加药品,但是可以添加按照传统既是食品又是中药材的物质。按照传统既是食品又是中药材的物质目录由国务院卫生行政部门会同国务院食品安全监督管理部门制定、公布。

注释 药品,是指用于预防、治疗、诊断人的疾病,有目的地调节人的生理机能并规定有适应症或者功能主治、用法和用量的物质,包括中药材、中药饮片、中成药、化学原料药及其制剂、抗生素、生化药品、放射性药品、血清、疫苗、血液制品和诊断药品等。药品都有毒副作用,不得在食品中添加药品,但是按照传统既是食品又是中药材的物质可以添加。

链接《既是食品又是药品名单》

第三十九条 【食品添加剂生产许可】国家对食品添加剂生产实行许可制度。从事食品添加剂生产,应当具有与所生产食品添加剂品种相适应的场所、生产设备或者设施、专业技术人员和管理制度,并依照本法第三十五条第二款规定的程序,取得食品添加剂生产许可。

生产食品添加剂应当符合法律、法规和食品安全国家标准。

第四十条 【食品添加剂允许使用的条件和使用要求】食品添加剂应当在技术上确有必要且经过风险评估证明安全可靠,方可列入允许使用的范围;有关食品安全国家标准应当根据技术必要性和食品安全风险评估结果及时修订。

食品生产经营者应当按照食品安全国家标准使用食品添加剂。

链接《食品添加剂使用标准》(GB2760-2014)

第四十一条 【食品相关产品的生产要求】生产食品相关产品应当符合法律、法规和食品安全国家标准。对直接接触食品的包装材料等具有较高风险的食品相关产品,按照国家有关工业产品生产许可证管理的规定实施生产许可。食品安全监督管理部门应当加强对食品相关产品生产活动的监督管理。

链接《工业产品生产许可证管理条例》

第四十二条 【食品安全全程追溯制度】国家建立食品安全全程追溯制度。

食品生产经营者应当依照本法的规定,建立食品安全追溯体系,保证食品可追溯。国家鼓励食品生产经营者采用信息化手段采集、留存生产经营信息,建立食品安全追溯体系。

国务院食品安全监督管理部门会同国务院农业行政等有关部门建立食品安全全程追溯协作机制。

注释 2019年最新修订的《食品安全法实施条例》规定国务院食品安全监督管理部门应会同国务院农业行政等有关部门明确食品安全全程追溯基本要求,指导食品生产经营者通过信息化手段建立、完善食品安全追溯体系。食品安全监督管理等部门应当将婴幼儿配方食品等针对特定人群的食品以及其他食品安全风险较高或者销售量大的食品的追溯体系建设作为监督检查的重点。

链接 本法第51-53条;《食品安全法实施条例》第17条

第四十三条 【食品规模化生产和食品安全责任保险】地方各级人民政府应当采取措施鼓励食品规模化生产和连锁经营、配送。

国家鼓励食品生产经营企业参加食品安全责任保险。

第二节 生产经营过程控制

第四十四条 【食品生产经营企业食品安全管理制度】食品生产经营企业应当建立健全食品安全管理制度,对职工进行食品安全知识培训,加强食品检验工作,依法从事生产经营活动。

食品生产经营企业的主要负责人应当落实企业食品安全管理制度,对本企业的食品安全工作全面负责。

食品生产经营企业应当配备食品安全管理人员,加强对其培训和考核。经考核不具备食品安全管理能力的,不得上岗。食品安全监督管理部门应当对企业食品安全管理人员随机进行监督抽查考核并公布考核情况。监督抽查考核不得收取费用。

注释 2019年最新修订的《食品安全法实施条例》细化了企业主要负责人的责任,规定主要负责人对本企业的食品安全工作全面负责,加强供货者管理、进货查验和出厂检验、生产经营过程控制等工作。

链接《食品安全法实施条例》第19、20条

第四十五条 【食品从业人员健康管理】食品生产经营者应当建立并执行从业人员健康管理制度。患有国务院卫生行政部门规定的有碍食品安

全疾病的人员,不得从事接触直接入口食品的工作。

从事接触直接入口食品工作的食品生产经营人员应当每年进行健康检查,取得健康证明后方可上岗工作。

第四十六条 【食品生产企业制定并实施食品安全管理控制要求】食品生产企业应当就下列事项制定并实施控制要求,保证所生产的食品符合食品安全标准:

(一)原料采购、原料验收、投料等原料控制;

(二)生产工序、设备、贮存、包装等生产关键环节控制;

(三)原料检验、半成品检验、成品出厂检验等检验控制;

(四)运输和交付控制。

第四十七条 【食品生产经营者的自查制度】食品生产经营者应当建立食品安全自查制度,定期对食品安全状况进行检查评价。生产经营条件发生变化,不再符合食品安全要求的,食品生产经营者应当立即采取整改措施;有发生食品安全事故潜在风险的,应当立即停止食品生产经营活动,并向所在地县级人民政府食品安全监督管理部门报告。

注释 根据本条规定,食品生产经营者应当根据本企业的生产经营特点,对本企业的食品安全状况定期进行检查。一般来说,食品安全检查可以从以下几个方面进行:(1)食品安全管理制度的建立落实情况。检查本企业的制度是否健全、完善,生产过程中每个环节是否按照控制要求进行操作;(2)设施、设备是否处于正常、安全的运行状态。餐具、饮具、包装材料等是否清洁、无毒无害。用水是否符合国家规定的标准;食品贮存和运输是否符合要求;(3)检查从业人员在工作中是否严格遵守操作规范和食品安全管理制度;(4)检查从业人员在工作中是否具备相应的安全知识和安全生产技能;(5)生产经营过程中是否符合食品生产经营的记录查验制度,生产企业出厂食品是否经过了检验;(6)食品的标签是否符合规定;(7)检查与食品安全有关的事故隐患;(8)发现问题食品是否及时召回处理;(9)其他事项。

第四十八条 【鼓励食品企业提高食品安全管理水平】国家鼓励食品生产经营企业符合良好生产规范要求,实施危害分析与关键控制点体系,提高食品安全管理水平。

对通过良好生产规范、危害分析与关键控制点体系认证的食品生产经营企业,认证机构应当依法实施跟踪调查;对不再符合认证要求的企业,应当依法撤销认证,及时向县级以上人民政府食品安全监督管理部门通报,并向社会公布。认证机构实施跟踪调查不得收取费用。

链接《认证认可条例》第 26 条

第四十九条 【农业投入品的使用管理】食用农产品生产者应当按照食品安全标准和国家有关规定使用农药、肥料、兽药、饲料和饲料添加剂等农业投入品,严格执行农业投入品使用安全间隔期或者休药期的规定,不得使用国家明令禁止的农业投入品。禁止将剧毒、高毒农药用于蔬菜、瓜果、茶叶和中草药材等国家规定的农作物。

食用农产品的生产企业和农民专业合作经济组织应当建立农业投入品使用记录制度。

县级以上人民政府农业行政部门应当加强对农业投入品使用的监督管理和指导,建立健全农业投入品安全使用制度。

链接《农产品质量安全法》第 29 条;《农药管理条例》第 26、28、35 条;《兽药管理条例》第 38-41 条;《饲料和饲料添加剂管理条例》

第五十条 【食品生产者进货查验记录制度】食品生产者采购食品原料、食品添加剂、食品相关产品,应当查验供货者的许可证和产品合格证明;对无法提供合格证明的食品原料,应当按照食品安全标准进行检验;不得采购或者使用不符合食品安全标准的食品原料、食品添加剂、食品相关产品。

食品生产企业应当建立食品原料、食品添加剂、食品相关产品进货查验记录制度,如实记录食品原料、食品添加剂、食品相关产品的名称、规格、数量、生产日期或者生产批号、保质期、进货日期以及供货者名称、地址、联系方式等内容,并保存相关凭证。记录和凭证保存期限不得少于产品保质期满后六个月;没有明确保质期的,保存期限不得少于二年。

注释 进货查验制度是指食品生产者依照法律、法规和规章的规定在采购时,对购进的食品原料、食品添加剂、食品相关产品的质量状况进行检查,对经检查确认符合食品安全标准的方可予以购进的进货质量保证制度。食品生产者采购食品原料、添加剂、相关产品是关系食品安全的源头。本条规定,食品生产者在采购食品原料、食品添加剂、食品相关产品时,应当查验供货者的许可证和产品合格证明。也就是说,食品生产者在采购时需要履行检查或者检验的义务。食品生产者在采购时应当索取并查验供货者资格,检查供货者是否是获得许可证的合法企业,同时还要检验采购的原料是否有检验单位出具的同批次产品检验合格证明,如产品生产许可证、动物检疫合格证明、进口卫生证书等,并对物料进行验收审核。

查验记录制度是食品生产企业建立追溯体系的具体手段。进货查验记录制度包括采购索证、进货验收和台账记录过程。(1)在采购索证方面。食品生产企业采购时,应当到证照齐全的食品生产经营者或市场采购,索取销售者或市场管理者出具的购物凭证并留存备查。要查验证件、以便溯源。从固定供货商或供货基地采购食品的,应索取并留存供货基地或供货商的资质证明,供货商或供货基地应签订采购供货合同并保证食品卫生质量。(2)在进货验收方面,应有专人负责验收,原则上要符合食品安全标准的要求,对不符合标准的食品不得采购。(3)在台账记录方面,应如实记录食品原料、食品添加剂、食品相关产品的名称、规格、数量、生产日期或生产批号、保质期、进货日期、供货者名称及其联络方式等内容。一旦发生食品安全事故,能够确保迅速地追溯到源头和具体责任人。

食品生产者如不认真履行本条所规定的进货查验记录制度,对不符合本法和有关规定要求的食品予以购进,出现问题后,该食品生产者就要承担相应的法律责任。

链接《食品安全法实施条例》第21条

第五十一条 【食品出厂检验记录制度】食品生产企业应当建立食品出厂检验记录制度,查验出厂食品的检验合格证和安全状况,如实记录食品的名称、规格、数量、生产日期或者生产批号、保质期、检验合格证号、销售日期以及购货者名称、地址、联系方式等内容,并保存相关凭证。记录和凭证保存期限应当符合本法第五十条第二款的规定。

第五十二条 【食品质量检验】食品、食品添加剂、食品相关产品的生产者,应当按照食品安全标准对所生产的食品、食品添加剂、食品相关产品进行检验,检验合格后方可出厂或者销售。

第五十三条 【食品经营者进货查验记录制度】食品经营者采购食品,应当查验供货者的许可证和食品出厂检验合格证或者其他合格证明(以下称合格证明文件)。

食品经营企业应当建立食品进货查验记录制度,如实记录食品的名称、规格、数量、生产日期或者生产批号、保质期、进货日期以及供货者名称、地址、联系方式等内容,并保存相关凭证。记录和凭证保存期限应当符合本法第五十条第二款的规定。

实行统一配送经营方式的食品经营企业,可以由企业总部统一查验供货者的许可证和食品合格证明文件,进行食品进货查验记录。

从事食品批发业务的经营企业应当建立食品销售记录制度,如实记录批发食品的名称、规格、数量、生产日期或者生产批号、保质期、销售日期以及购货者名称、地址、联系方式等内容,并保存相关凭证。记录和凭证保存期限应当符合本法第五十条第二款的规定。

注释 执行进货查验制度,不仅是保证食品安全的措施,也是保护食品经营者自身合法权益的重要措施。食品经营者对所进货物进行检查验收,发现存在食品安全问题时,可以提出异议,经进一步证实所进食品不符合食品安全要求的,可以拒绝验收进货。如果食品经营者不认真执行进货查验制度,对不符合食品安全标准的食品,予以验收进货,则责任随即转移到食品经营者一方。

食品经营者在采购食品时,应当严格审查食品供应商的条件,认真查验供货者的许可证和食品合格证明文件,确保所采购的食品符合标准。食品合格证明文件,是生产者出具的用于证明出厂产品的质量经过检验,符合相关要求的凭证,包括食品生产者自行检验后出具的出厂检验合格证和第三方检验机构出具的检验报告,检疫合格证明等。

实行统一配送经营方式的食品经营企业,可以由企业总部统一查验供货者的许可证、食品合格证明文件,做好食品进货查验记录。

从事食品批发业务的经营企业,是相对于零售企业而言的,是指组织食品供应、转售等大宗交易的经营企业。由于食品批发经营企业主要面向的是零售经营企业,不直接面向消费者个人,其销售食品量大,涉及的范围广、散,一旦出现问题影响大,如其不做好相应的记录,将无法查找问题的根源。因此，本条第四款对其进行销售记录进行了专门的规定。

第五十四条 【食品经营者贮存食品的要求】 食品经营者应当按照保证食品安全的要求贮存食品，定期检查库存食品，及时清理变质或者超过保质期的食品。

食品经营者贮存散装食品，应当在贮存位置标明食品的名称、生产日期或者生产批号、保质期、生产者名称及联系方式等内容。

注释 食品生产经营者不得在食品生产、加工场所贮存依照《食品安全法实施条例》第六十三条规定制定的名录中的物质。第六十三条规定，国务院食品安全监督管理部门会同国务院卫生行政等部门根据食源性疾病信息、食品安全风险监测信息和监督管理信息等，对发现的添加或者可能添加到食品中的非食品用化学物质和其他可能危害人体健康的物质，制定名录及检测方法并予以公布。

链接 《食品安全法实施条例》第22、63条

第五十五条 【餐饮服务提供者原料控制要求】 餐饮服务提供者应当制定并实施原料控制要求，不得采购不符合食品安全标准的食品原料。倡导餐饮服务提供者公开加工过程，公示食品原料及其来源等信息。

餐饮服务提供者在加工过程中应当检查待加工的食品及原料，发现有本法第三十四条第六项规定情形的，不得加工或者使用。

第五十六条 【餐饮服务提供者的食品安全管理】 餐饮服务提供者应当定期维护食品加工、贮存、陈列等设施、设备；定期清洗、校验保温设施及冷藏、冷冻设施。

餐饮服务提供者应当按照要求对餐具、饮具进行清洗消毒，不得使用未经清洗消毒的餐具、饮具；餐饮服务提供者委托清洗消毒餐具、饮具的，应当委托符合本法规定条件的餐具、饮具集中消毒服务单位。

链接 本法第58条；《消毒服务机构卫生规范》；《卫生部、国家工商行政管理总局、国家食品药品监管局关于加强餐饮具集中消毒单位监督管理的通知》

第五十七条 【集中用餐单位食品安全管理】 学校、托幼机构、养老机构、建筑工地等集中用餐单位的食堂应当严格遵守法律、法规和食品安全标准；从供餐单位订餐的，应当从取得食品生产经营许可的企业订购，并按照要求对订购的食品进行查验。供餐单位应当严格遵守法律、法规和食品安全标准，当餐加工，确保食品安全。

学校、托幼机构、养老机构、建筑工地等集中用餐单位的主管部门应当加强对集中用餐单位的食品安全教育和日常管理，降低食品安全风险，及时消除食品安全隐患。

注释 为了进一步加强学校、托幼机构、养老机构、建筑工地等集中用餐单位的食品安全，2019年最新修订的《食品安全法实施条例》规定，学校食堂应当执行原料控制、餐具饮具清洗消毒、食品留样等制度，并定期开展食品安全自查；承包食堂的，应当取得食品经营许可，对食堂的食品安全负责；学校应当督促承包方落实食品安全管理制度，并承担管理责任。

链接 《食品安全法实施条例》第28条

第五十八条 【餐饮具集中消毒服务单位食品安全责任】 餐具、饮具集中消毒服务单位应当具备相应的作业场所、清洗消毒设备或者设施，用水和使用的洗涤剂、消毒剂应当符合相关食品安全国家标准和其他国家标准、卫生规范。

餐具、饮具集中消毒服务单位应当对消毒餐具、饮具进行逐批检验，检验合格后方可出厂，并应当随附消毒合格证明。消毒后的餐具、饮具应当在独立包装上标注单位名称、地址、联系方式、消毒日期以及使用期限等内容。

注释 2019年最新修订的《食品安全法实施条例》对出厂检验记录、消毒合格证明等的保存期限作了规定，规定保存期限不得少于消毒餐具饮具使用期限到期后六个月。

链接 《消毒服务机构卫生规范》；《消毒管理办法》；《食品安全法实施条例》第26、27条

第五十九条 【食品添加剂生产者出厂检验记录制度】 食品添加剂生产者应当建立食品添加剂出厂检验记录制度，查验出厂产品的检验合格证和安全状况，如实记录食品添加剂的名称、规格、数量、生产日期或者生产批号、保质期、检验合格证号、销售日期以及购货者名称、地址、联系方式等相关内容，并保存相关凭证。记录和凭证保存期限应当符合本法第五十条第二款的规定。

第六十条 【食品添加剂经营者进货查验记录制度】 食品添加剂经营者采购食品添加剂，应当依法查验供货者的许可证和产品合格证明文件，

如实记录食品添加剂的名称、规格、数量、生产日期或者生产批号、保质期、进货日期以及供货者名称、地址、联系方式等内容,并保存相关凭证。记录和凭证保存期限应当符合本法第五十条第二款的规定。

注释 食品添加剂经营者在采购食品添加剂时,应当严格把关,严格审查食品添加剂的来源。(1)查验添加剂许可证。按照本法的规定,食品添加剂生产必须取得许可。因此,食品添加剂经营者在采购食品添加剂时,首先要查验供货者的生产许可证,确保所采购的食品添加剂为合法企业生产的产品。(2)查验供货者的产品合格证明文件。产品合格证明文件是食品添加剂生产者或者第三方检验机构出具的用于证明出厂产品的质量经过检验,符合相关要求的证明文件。

根据本法规定,食品添加剂经营者在进货时未查验许可证和相关证明文件或者未按规定建立遵守进货查验记录制度的,由有关部门依据各自职责,责令立即改正,给予警告,处五千元以上五万元以下罚款;情节严重的,责令停产停业,直至吊销许可证。

第六十一条 【集中交易市场的开办者、柜台出租者和展销会举办者的食品安全责任】集中交易市场的开办者、柜台出租者和展销会举办者,应当依法审查入场食品经营者的许可证,明确其食品安全管理责任,定期对其经营环境和条件进行检查,发现其有违反本法规定行为的,应当及时制止并立即报告所在地县级人民政府食品安全监督管理部门。

注释 本条规定了集中交易市场的开办者、柜台出租者和展销会举办者审查许可证、定期检查等方面的责任:(1)审查和检验的义务。集中交易市场的开办者、柜台出租者和展销会举办者应当允许有经营资格的主体入场经营。经营资格的凭证就是许可证和营业执照。通过对入场食品经营者许可证和营业执照的审查,确保入场经营者的主体资格。对未取得相关许可证的,不得允许其入场经营。(2)明确入场食品经营者的食品安全管理责任。集中交易市场应制定食品安全检查制度及其他管理制度,指定专人负责食品安全管理。食品安全管理人员应当接受食品安全知识和业务知识培训。对取得相关许可证的入场食品经营者,集中交易市场的开办者、柜台出租者和展销会举

办者应当与其签订食品安全责任书,明确其食品安全管理责任。(3)定期进行检查。集中交易市场的开办者、柜台出租者和展销会举办者应当建立健全食品安全管理制度,定期对入场的食品经营者的经营环境和条件进行检查,看入场经营者的经营条件和经营环境是否符合本法的要求。如检查经营的内容是否与许可证的许可范围一致,检查经营者是否具有与经营的食品相适应的场所,场所是否干净整洁,是否有与经营的食品相适应的设备或设施,设备、设施是否符合要求,从业人员是否符合食品安全管理制度,是否建立和执行食品进货查验记录制度;经营的食品是否属于本法规定的禁止生产经营的食品;盛放食品的容器、工具和设备是否符合规定等,并将以上检查情况进行记录。(4)制止并报告的义务。对检查中发现的问题,应督促入场经营者及时采取整改措施,发现食品经营者有违法行为的,应当及时制止并立即报告县级人民政府食品安全监管部门。

此外,集中交易市场的开办者、柜台出租者和展销会的举办者应负责处理涉及食品安全问题的群众投诉,并主动向监管部门举报入场经营者的食品安全违法行为,积极配合有关部门调查处理入场食品经营者的食品安全违法案件。

未履行规定义务,本市场发生食品安全事故使消费者的合法权益受到损害的,集中交易市场的开办者、柜台出租者和展销会的举办者应当与食品经营者承担连带责任。

链接 本法第130条;《食品安全法实施条例》第31条

第六十二条 【网络食品交易第三方平台提供者的义务】网络食品交易第三方平台提供者应当对入网食品经营者进行实名登记,明确其食品安全管理责任;依法应当取得许可证的,还应当审查其许可证。

网络食品交易第三方平台提供者发现入网食品经营者有违反本法规定行为的,应当及时制止并立即报告所在地县级人民政府食品安全监督管理部门;发现严重违法行为的,应当立即停止提供网络交易平台服务。

注释 网络食品交易第三方平台提供者是指在网络食品交易活动中为交易双方或者多方提供网页空间、虚拟经营场所、交易规则、交易撮合、信息发布等服务,供交易双方或者多方独立开展交易活

动的信息网络系统。平台提供者自身并不参与交易，只是根据与买卖双方分别订立的协议提供技术服务以保证网上交易的顺利进行，这类平台为中介型或者开放型的平台。

网络食品交易第三方平台提供者对入网食品经营者身份的审查义务主要为实名登记义务，网络食品交易第三方平台提供者应当记录入网食品经营者的真实名称、地址和有效联系方式，以实现交易的可追溯和责任的可追究。对于依照本法第三十五条规定应当取得许可的入网食品经营者，还应当审查其许可证。网络食品交易第三方平台提供者在对入网食品经营者进行身份审查的同时，还应当明确其食品安全管理责任。

入网食品经营者作为食品经营者，应当遵守本法和相关法律法规的规定，保证食品符合食品安全国家标准和法律法规的要求，保证食品安全。网络食品交易第三方平台提供者应当对入网食品经营者及其发布的食品信息建立检查监控制度，并履行制止、报告和停止提供服务的义务，发现入网食品经营者有违反本法规定行为的，应当履行及时制止违法行为的义务，并应当立即报告所在地的县级人民政府食品安全监督管理部门；发现入网经营者有严重违法行为的，应当立即停止提供网络交易平台服务。县级以上人民政府食品安全监督管理部门及其工作人员对网络食品交易第三方平台提供者提供的信息依法负有保密义务。

链接 《网络食品安全违法行为查处办法》；《食品安全法实施条例》第32条

第六十三条 【食品召回制度】国家建立食品召回制度。食品生产者发现其生产的食品不符合食品安全标准或者有证据证明可能危害人体健康的，应当立即停止生产，召回已经上市销售的食品，通知相关生产经营者和消费者，并记录召回和通知情况。

食品经营者发现其经营的食品有前款规定情形的，应当立即停止经营，通知相关生产经营者和消费者，并记录停止经营和通知情况。食品生产者认为应当召回的，应当立即召回。由于食品经营者的原因造成其经营的食品有前款规定情形的，食品经营者应当召回。

食品生产经营者应当对召回的食品采取无害化处理、销毁等措施，防止其再次流入市场。但是，对因标签、标志或者说明书不符合食品安全标准而被召回的食品，食品生产者在采取补救措施且能保证食品安全的情况下可以继续销售；销售时应当向消费者明示补救措施。

食品生产经营者应当将食品召回和处理情况向所在地县级人民政府食品安全监督管理部门报告；需要对召回的食品进行无害化处理、销毁的，应当提前报告时间、地点。食品安全监督管理部门认为必要的，可以实施现场监督。

食品生产经营者未依照本条规定召回或者停止经营的，县级以上人民政府食品安全监督管理部门可以责令其召回或者停止经营。

注释 根据食品召回程序的启动方式，食品召回可分为食品生产经营者主动召回和监管部门强制召回两种。

主动召回：

（1）食品生产者召回。食品生产者发现其生产的食品不符合食品安全标准或者有证据证明可能危害人体健康的，应当立即停止生产，召回已经上市销售的食品，通知相关生产经营者和消费者，并记录召回和通知情况。

（2）食品经营者召回。食品经营者发现其经营的食品不符合食品安全标准或者有证据证明可能危害人体健康的，应当立即停止经营，通知相关生产经营者和消费者，以便及时采取补救措施，避免危害进一步扩大，并记录停止经营和通知情况。食品生产者接到经营者的通知后，认为应当召回的，应当立即召回。由于食品经营者的原因，如贮存不当，造成其经营的食品有前款规定情形的，应当由食品经营者，而非生产者，进行召回。

召回后的处理。一般情况下，召回的食品不符合食品安全标准或者可能存在食品安全隐患，食品生产经营者应当对召回的食品采取无害化处理、销毁等措施，防止其再次流入市场。但是，对因标签、标志或者说明书不符合食品安全标准而被召回的食品，食品生产者在采取补救措施且能保证食品安全的情况下可以继续销售，但销售时应当向消费者明示补救措施。食品生产经营者应当将食品召回和处理情况向所在地县级人民政府食品安全监督管理部门报告；需要对召回的食品进行无害化处理、销毁的，应当提前报告时间、地点。食品安全监督管理部门认为必要的，可以赴无害化处理或者销毁现场进行监督，以确保存在安全隐患的被召回食品不会再次流入市场。

责令召回：

县级以上人民政府食品安全监督管理部门发现食品生产经营者生产经营的食品不符合食品安全标准或者有证据证明可能危害人体健康，但未依照本条规定召回或者停止经营的，可以责令其召回或者停止经营。食品生产经营者在接到责令召回的通知后，应当立即停止生产或者经营，按照本条第一款、第二款和第三款规定的程序召回不符合食品安全标准的食品，进行相应的处理，并将食品召回和处理情况向所在地县级人民政府食品安全监督管理部门报告。

链接《食品召回管理办法》；《食品安全法实施条例》第29、30条

第六十四条 【食用农产品批发市场对进场销售的食用农产品抽样检验】 食用农产品批发市场应当配备检验设备和检验人员或者委托符合本法规定的食品检验机构，对进入该批发市场销售的食用农产品进行抽样检验；发现不符合食品安全标准的，应当要求销售者立即停止销售，并向食品安全监督管理部门报告。

链接《农产品质量安全法》第37条

第六十五条 【食用农产品进货查验记录制度】 食用农产品销售者应当建立食用农产品进货查验记录制度，如实记录食用农产品的名称、数量、进货日期以及供货者名称、地址、联系方式等内容，并保存相关凭证。记录和凭证保存期限不得少于六个月。

注释 关于食用农产品进货查验记录制度，这里应当说明几点：(1)适用这一制度的主体，包括食用农产品销售企业和个体工商户，但不包括食品摊贩。食品摊贩的具体管理制度适用有关省、自治区、直辖市地方立法的规定。(2)需要查验并记录的具体事项，包括食用农产品的名称、数量、进货日期以及供货者名称、地址、联系方式等内容。(3)食用农产品经营者除了要作好查验记录外，还要对记录予以保存，并保存相关凭证，二者的保存期限均不得少于六个月。六个月的时间从经营者购该批产品之日起计算。对于食用农产品销售者违反本条规定的，要依据《食品安全法》第一百二十六条的规定，承担相应的法律责任。

第六十六条 【食用农产品使用食品添加剂和食品相关产品应当符合食品安全国家标准】 进入市场销售的食用农产品在包装、保鲜、贮存、运输中使用保鲜剂、防腐剂等食品添加剂和包装材料等食品相关产品，应当符合食品安全国家标准。

注释 本条规定的主体，既包括食用农产品经营者，也包括专门运输和贮存食用农产品的物流公司、仓储公司等其他主体，都应当按照食品安全国家标准的要求，使用食品添加剂和食品相关产品，以确保食用农产品的安全。

链接《农产品质量安全法》第35条

第三节 标签、说明书和广告

第六十七条 【预包装食品标签】 预包装食品的包装上应当有标签。标签应当标明下列事项：

(一)名称、规格、净含量、生产日期；

(二)成分或者配料表；

(三)生产者的名称、地址、联系方式；

(四)保质期；

(五)产品标准代号；

(六)贮存条件；

(七)所使用的食品添加剂在国家标准中的通用名称；

(八)生产许可证编号；

(九)法律、法规或者食品安全标准规定应当标明的其他事项。

专供婴幼儿和其他特定人群的主辅食品，其标签还应当标明主要营养成分及其含量。

食品安全国家标准对标签标注事项另有规定的，从其规定。

注释 食品标签，指在食品包装容器上或附于食品包装容器上的一切附签、吊牌、文字、图形、符号说明物。食品标签的基本功能是通过对被标识食品的名称、规格、生产者名称等进行清晰、准确地描述，科学地向消费者传达该食品的安全特性等信息。

案例 皮某诉重庆某百货有限公司、重庆市武陵山某食品开发有限公司等产品责任纠纷案（2014年1月9日最高人民法院公布五起审理食品药品纠纷典型案例）

裁判规则：案涉食品中"某魔汤料包"属预包装食品，该食品预包装的标签上没有标明成分或者配料表以及产品标准代号，不符合《食品安全法》关于预包装食品标签标明事项的有关规定。包装上的文字"家中养生我最好"是商品包装中国家标准要求必须标注事项以外的文字，符合广告

特征,应适用《广告法》之规定,该文字属于国家明令禁止的绝对化用语,不合法。

链接 《消费者权益保护法》第 8 条;《预包装食品标签通则》;《预包装食品营养标签通则》;《预包装特殊膳食用食品标签通则》;《关于进出口预包装食品标签检验监督管理有关事宜的公告》

第六十八条 【散装食品的标注要求】食品经营者销售散装食品,应当在散装食品的容器、外包装上标明食品的名称、生产日期或者生产批号、保质期以及生产经营者名称、地址、联系方式等内容。

第六十九条 【转基因食品的显著标示】生产经营转基因食品应当按照规定显著标示。

注释 转基因食品,是利用基因工程技术改变基因组成而形成的食品。转基因食品主要分为三类:植物性转基因食品、动物性转基因食品和微生物转基因食品。转基因食品标识是转基因食品管理中的重要环节。生产经营者对转基因食品进行标示应当具有显著性。

链接 本法第 151 条;《农业法》第 64 条;《畜牧法》第 22 条;《渔业法》第 17 条;《农业转基因生物安全管理条例》第 8 条;《农业转基因生物标识管理办法》;《食品安全法实施条例》第 33 条

第七十条 【食品添加剂的标签、说明书和包装】食品添加剂应当有标签、说明书和包装。标签、说明书应当载明本法第六十七条第一款第一项至第六项、第八项、第九项规定的事项,以及食品添加剂的使用范围、用量、使用方法,并在标签上载明"食品添加剂"字样。

链接 本法第 67 条

第七十一条 【标签、说明书的真实性要求】食品和食品添加剂的标签、说明书,不得含有虚假内容,不得涉及疾病预防、治疗功能。生产经营者对其提供的标签、说明书的内容负责。

食品和食品添加剂的标签、说明书应当清楚、明显,生产日期、保质期等事项应当显著标注,容易辨识。

食品和食品添加剂与其标签、说明书的内容不符的,不得上市销售。

注释 食品、食品添加剂的标签、说明书不得含有虚假内容。食品和食品添加剂的标签、说明书的基本要求是真实性和准确性。其内容应当与食品和食品添加剂的有关情况相一致,其描述应当科学、客观。不得以虚假、使消费者误解或欺骗性的文字、图形等方式介绍食品和食品添加剂;不得利用字号大小或色差误导消费者;不得以直接或者间接暗示性的语言、图形、符号,使消费者或者使用者将食品、食品添加剂的某一性质与另一产品混淆。

链接 《药品管理法实施条例》第 44、45、46 条;《预包装食品标签通则》

第七十二条 【预包装食品的销售要求】食品经营者应当按照食品标签标示的警示标志、警示说明或者注意事项的要求销售食品。

链接 《产品质量法》第 27、28 条;《食品标识管理规定》第 15 条

第七十三条 【食品广告要求】食品广告的内容应当真实合法,不得含有虚假内容,不得涉及疾病预防、治疗功能。食品生产经营者对食品广告内容的真实性、合法性负责。

县级以上人民政府食品安全监督管理部门和其他有关部门以及食品检验机构、食品行业协会不得以广告或者其他形式向消费者推荐食品。消费者组织不得以收取费用或者其他牟取利益的方式向消费者推荐食品。

注释 广告,是指商品经营者或者服务提供者承担费用,通过一定媒介和形式直接或者间接地介绍自己所推销的商品或者所提供的服务的商业广告。

食品广告的内容应当真实合法,不得含有虚假内容。

所谓真实,指与客观事实相符合。广告的生命在于真实,反映在食品广告上,就应当如实介绍食品的名称、产地、用途、质量、价格、生产者、保质期以及生产日期等内容,不能进行任何形式的虚假、夸大宣传,也不能滥用艺术夸张而违背真实性原则。

所谓合法,指符合食品安全法、广告法和相关法律、法规的规定。食品广告不得有下列情形:使用或者变相使用中华人民共和国国旗、国歌、国徽、军旗、军歌、军徽;使用或者变相使用国家机关、国家机关工作人员的名义或者形象;使用"国家级"、"最高级"、"最佳"等用语;损害国家的尊严或者利益,泄露国家秘密;妨碍社会安定,损害社会公共利益;危害人身、财产安全,泄露个人隐私;妨碍社会公共秩序或者违背社会良好风尚;含

有淫秽、色情、赌博、迷信、恐怖、暴力的内容；含有民族、种族、宗教、性别歧视的内容；妨碍环境、自然资源或者文化遗产保护；法律、行政法规规定禁止的其他情形。食品广告不得损害未成年人和残疾人的身心健康；不得贬低其他生产经营者的商品或者服务。

所谓虚假，指广告的内容与客观事实不符，如将未获奖的食品宣传为获奖食品，将非进口食品宣传为进口食品。《广告法》第四条规定，广告不得含有虚假或者引人误解的内容，不得欺骗、误导消费者。第二十八条规定，广告以虚假或者引人误解的内容欺骗、误导消费者的，构成虚假广告。虚假广告具体包括：（1）商品或者服务不存在的；（2）商品的性能、功能、产地、用途、质量、规格、成分、价格、生产者、有效期限、销售状况、曾获荣誉等信息，或者服务的内容、提供者、形式、质量、价格、销售状况、曾获荣誉等信息，以及与商品或者服务有关的允诺等与实际情况不符，对购买行为有实质性影响的；（3）使用虚构、伪造或者无法验证的科研成果、统计资料、调查结果、文摘、引用语等信息作证明材料的；（4）虚构使用商品或者接受服务的效果的；（5）以虚假或者引人误解的内容欺骗、误导消费者的其他情形。

食品广告的内容不得涉及疾病预防、治疗功能。

疾病预防、治疗功能是药品应具备的功能，食品广告的内容不得涉及疾病预防、治疗功能。对此，《药品管理法》第九十条规定，非药品广告不得有涉及药品的宣传。《广告法》第十八条规定，保健食品广告不得含有表示功效、安全性的断言或者保证；涉及疾病预防、治疗功能；声称或者暗示广告商品为保障健康所必需；与药品、其他保健食品进行比较；利用广告代言人作推荐、证明；法律、行政法规规定禁止的其他内容。第十九条规定，广播电台、电视台、报刊音像出版单位、互联网信息服务提供者不得以介绍健康、养生知识等形式变相发布保健食品广告。

案例 1. 丛李某诉某健康体检管理集团股份有限公司北京潘家园门诊部产品销售者责任纠纷案（2014年1月9日最高人民法院公布五起审理食品药品纠纷典型案例）

裁判规则：消费者因经营者利用虚假广告提供商品或者服务，其合法权益受到损害的，可以向经营者要求赔偿。经营者提供商品或者服务有发布虚假广告，欺骗和误导消费者，使购买商品或者接受服务的消费者的合法权益受到损害的行为的，当按照消费者的要求增加赔偿其受到的损失，增加赔偿的金额为消费者购买商品的价款或者接受服务的费用的一倍。

2. 王某诉某肾脏病医院邮购药品赔偿纠纷案（2014年1月9日最高人民法院公布五起审理食品药品纠纷典型案例）

裁判规则：广告不得含有不科学的表示功效的断言或者保证，也不得有说明治愈率或者有效率的内容。

链接 本法第79、80条；《广告法》第4、18、19、28、55条；《消费者权益保护法》第38条；《药品管理法》第60条；《药品、医疗器械、保健食品、特殊医学用途配方食品广告审查管理暂行办法》

第四节 特殊食品

第七十四条 【特殊食品监督管理原则】国家对保健食品、特殊医学用途配方食品和婴幼儿配方食品等特殊食品实行严格监督管理。

注释 实行严格监督管理，是指比普通食品更加严格的监督管理，表现在：一是注册或者备案制度。生产普通食品只要求取得食品生产许可，并不需要进行产品注册或者备案，而生产保健食品、特殊医学用途配方食品、婴幼儿配方食品除需要取得食品生产许可外，还要进行产品或者配方的注册或者备案。二是生产质量管理体系。国家对普通食品生产经营企业符合良好生产规范要求，实施危害分析与关键控制点体系，是采取鼓励的态度，不强制要求。但是对生产保健食品，特殊医学用途配方食品、婴幼儿配方食品和其他专供特定人群的主辅食品的企业，要求按照良好生产规范的要求建立与所生产食品相适应的生产质量管理体系。三是食品安全地方标准的制定。保健食品、特殊医学用途配方食品、婴幼儿配方食品等特殊食品不属于地方特色食品，不得对其制定食品安全地方标准。四是其他管理制度。例如，特殊医学用途配方食品广告适用《广告法》和其他法律、行政法规有关药品广告管理的规定，婴幼儿配方食品生产企业对出厂的婴幼儿配方食品实施逐批检验等。这些都是比普通食品更严的要求。

同时，特殊食品在本质上仍是食品，其生产经营除应当遵守本节规定的要求以外,还应当遵守本法对食品规定的一般性要求。

链接 《食品安全法实施条例》第12条

第七十五条 【保健食品原料和功能目录】保健食品声称保健功能,应当具有科学依据,不得对人体产生急性、亚急性或者慢性危害。

保健食品原料目录和允许保健食品声称的保健功能目录,由国务院食品安全监督管理部门会同国务院卫生行政部门、国家中医药管理部门制定、调整并公布。

保健食品原料目录应当包括原料名称、用量及其对应的功效;列入保健食品原料目录的原料只能用于保健食品生产,不得用于其他食品生产。

注释 保健食品生产工艺有原料提取、纯化等前处理工序的,生产企业应当具备相应的原料前处理能力。

链接 《卫生部关于进一步规范保健食品原料管理的通知》;《食品安全法实施条例》第35条

第七十六条 【保健食品的注册和备案制度】使用保健食品原料目录以外原料的保健食品和首次进口的保健食品应当经国务院食品安全监督管理部门注册。但是,首次进口的保健食品中属于补充维生素、矿物质等营养物质的,应当报国务院食品安全监督管理部门备案。其他保健食品应当报省、自治区、直辖市人民政府食品安全监督管理部门备案。

进口的保健食品应当是出口国(地区)主管部门准许上市销售的产品。

注释 实行注册管理的保健食品:使用保健食品原料目录以外原料的保健食品,包括使用全新原料的保健食品和改变原料目录中的原料、用量或者功效的保健食品。首次进口的保健食品是指第一次进口到中国境内的保健食品。使用保健食品原料目录以内原料(包括用量和对应的功效)的保健食品和再次进口到中国境内的保健食品,不需要再进行注册,只需要进行备案。

实行备案管理的保健食品:因为标准化程度高、安全风险低,对首次进口的保健食品中属于补充维生素、矿物质等营养物质的,不实行注册管理,但应当报国务院食品药品监督管理部门备案。其他保健食品应当报省、自治区、直辖市人民政府食品药品监督管理部门备案。

本条还规定了进口的保健食品应当是出口国(地区)主管部门准许上市销售的产品。这一规定要求保健食品不仅仅在进口时应当是出口国(地区)主管部门准许上市销售的产品,在进口后也应当是出口国(地区)主管部门准许上市销售的产品。在进口后因各种原因被出口国(地区)主管部门禁止上市销售的保健食品,应当依法停止进口,予以召回。

第七十七条 【保健食品注册和备案的具体要求】依法应当注册的保健食品,注册时应当提交保健食品的研发报告、产品配方、生产工艺、安全性和保健功能评价、标签、说明书等材料及样品,并提供相关证明文件。国务院食品安全监督管理部门经组织技术审评,对符合安全和功能声称要求的,准予注册;对不符合要求的,不予注册并书面说明理由。对使用保健食品原料目录以外原料的保健食品作出准予注册决定的,应当及时将该原料纳入保健食品原料目录。

依法应当备案的保健食品,备案时应当提交产品配方、生产工艺、标签、说明书以及表明产品安全性和保健功能的材料。

注释 保健食品注册应当提交的材料:研发报告是指反映产品整个研发过程和成果的报告。产品配方是指产品生产时使用,并存在于最终产品中的原料、辅料的品种及用量。生产工艺,根据产品的原料、剂型、工艺的不同,可有所不同,但一般均包含如下过程或其中部分过程:原料投料、前处理、提取、精制、浓缩、干燥、制剂成型、灭菌或消毒、包装、检验、入库等。安全性和保健功能评价材料是指关于保健食品的安全性和是否具有保健功能的材料。样品是指申请人根据申请材料组织试制的产品。

保健食品备案应当提交的材料:实行备案管理的保健食品也应当提交相关材料,以备食品安全监督管理部门实行事后的监督检查。包括产品配方、生产工艺、标签、说明书以及表明产品安全性和保健功能的材料。食品安全监督管理部门发现备案的保健食品不符合本法规定的,应当依法采取相应的处理措施。

第七十八条 【保健食品的标签、说明书】保健食品的标签、说明书不得涉及疾病预防、治疗功能,内容应当真实,与注册或者备案的内容相一致,载明适宜人群、不适宜人群、功效成分或者标志性成分及其含量等,并声明"本品不能代替药物"。保健食品的功能和成分应当与标签、说明书相一致。

注释 疾病预防、治疗功能是药品才具备的功能，非药品不得在其标签、说明书上进行含有预防、治疗人体疾病等有关内容的宣传。因此，保健食品不得用"治疗""治愈""疗效""痊愈""医治"等词汇描述和介绍产品的保健作用，也不得以图形、符号或其他形式暗示疾病预防、治疗功能。

保健食品标签、说明书是消费者科学选购、合理食用保健食品的重要依据，其内容应当确保真实，准确反映产品信息，做到"两个一致"，即保健食品标签、说明书与注册或者备案的内容相一致，保健食品的功能和成分与标签、说明书相一致。

第七十九条 【保健食品广告】 保健食品广告除应当符合本法第七十三条第一款的规定外，还应当声明"本品不能代替药物"；其内容应当经生产企业所在地省、自治区、直辖市人民政府食品安全监督管理部门审查批准，取得保健食品广告批准文件。省、自治区、直辖市人民政府食品安全监督管理部门应当公布并及时更新已经批准的保健食品广告目录以及批准的广告内容。

注释 保健食品广告首先是食品广告，应当符合本法第七十三条第一款关于食品广告的规定，即食品广告的内容应当真实合法，不得含有虚假内容，不得涉及疾病预防、治疗功能。同时，应当声明"本品不能代替药物"。

保健食品的广告实行审查制度，广告内容应当经生产企业所在地省、自治区、直辖市人民政府食品安全监督管理部门审查批准，取得保健食品广告批准文件。未经审查，不得发布保健食品广告。为便于社会监督，省、自治区、直辖市人民政府食品安全监督管理部门应当公布并及时更新已经批准的保健食品广告目录以及批准的广告内容。

链接《广告法》第18、19条

第八十条 【特殊医学用途配方食品】 特殊医学用途配方食品应当经国务院食品安全监督管理部门注册。注册时，应当提交产品配方、生产工艺、标签、说明书以及表明产品安全性、营养充足性和特殊医学用途临床效果的材料。

特殊医学用途配方食品广告适用《中华人民共和国广告法》和其他法律、行政法规关于药品广告管理的规定。

注释 特殊医学用途配方食品是指为了满足进食受限、消化吸收障碍、代谢紊乱或特定疾病状态人群对营养素或膳食的特殊需要，专门加工配制而成的配方食品。该类产品必须在医生或临床营养师指导下，单独食用或与其他食品配合食用。特殊医学用途配方食品是食品，而不是药品，但不是正常人吃的普通食品，而是经过临床医生和营养学家们大量的医学科学研究，以科学的客观事实为依据专门研制、生产的配方食品。因此，其食用人群具有特殊性和敏感性。为保障特定疾病状态人群的膳食安全，新法增加了特殊医学用途配方食品实行注册的规定。

特殊医学用途配方食品广告适用《广告法》和其他法律、行政法规关于药品广告管理的规定。例如，《广告法》规定，药品广告不得含有下列内容：(1)表示功效、安全性的断言或者保证；(2)说明治愈率或者有效率；(3)与其他药品、医疗器械的功效和安全性或者其他医疗机构比较；(4)利用广告代言人作推荐、证明；(5)法律、行政法规规定禁止的其他内容。药品广告的内容不得与国务院药品监督管理部门批准的说明书不一致，并应当显著标明禁忌、不良反应。发布药品广告，应当在发布前由广告审查机关对广告内容进行审查；未经审查，不得发布。

2019年最新修订的《食品安全法实施条例》对本条作了细化规定，特殊医学用途配方食品生产企业应当按照食品安全国家标准规定的检验项目对出厂产品实施逐批检验。特殊医学用途配方食品中的特定全营养配方食品应当通过医疗机构或者药品零售企业向消费者销售。医疗机构、药品零售企业销售特定全营养配方食品的，不需要取得食品经营许可，但是应当遵守食品安全法及其实施条例关于食品销售的规定。特殊医学用途配方食品中的特定全营养配方食品广告按照处方药广告管理，其他类别的特殊医学用途配方食品广告按照非处方药广告管理。

链接《广告法》第16条；《食品安全法实施条例》第36、37条

第八十一条 【婴幼儿配方食品的管理】 婴幼儿配方食品生产企业应当实施从原料进厂到成品出厂的全过程质量控制，对出厂的婴幼儿配方食品实施逐批检验，保证食品安全。

生产婴幼儿配方食品使用的生鲜乳、辅料等

食品原料、食品添加剂等，应当符合法律、行政法规的规定和食品安全国家标准，保证婴幼儿生长发育所需的营养成分。

婴幼儿配方食品生产企业应当将食品原料、食品添加剂、产品配方及标签等事项向省、自治区、直辖市人民政府食品安全监督管理部门备案。

婴幼儿配方乳粉的产品配方应当经国务院食品安全监督管理部门注册。注册时，应当提交配方研发报告和其他表明配方科学性、安全性的材料。

不得以分装方式生产婴幼儿配方乳粉，同一企业不得用同一配方生产不同品牌的婴幼儿配方乳粉。

注释 禁止以进口大包装乳粉直接分装等分装方式生产婴幼儿配方乳粉，是为了避免在分装过程造成乳粉污染，影响乳粉安全。禁止同一企业用同一配方生产不同品牌的婴幼儿配方乳粉，是为了防止企业将同一配方改头换面后用另一品牌上市销售，欺骗消费者，解决我国婴幼儿配方乳粉配方过多过滥的问题。

2019年最新修订的《食品安全法实施条例》对本条作了补充规定，《条例》规定对添加食品安全国家标准规定的选择性添加物质的婴幼儿配方食品，不得以选择性添加物质命名。

链接《食品安全法实施条例》第38条

第八十二条 【注册、备案材料确保真实】保健食品、特殊医学用途配方食品、婴幼儿配方乳粉的注册人或者备案人应当对其提交材料的真实性负责。

省级以上人民政府食品安全监督管理部门应当及时公布注册或者备案的保健食品、特殊医学用途配方食品、婴幼儿配方乳粉目录，并对注册或者备案中获知的企业商业秘密予以保密。

保健食品、特殊医学用途配方食品、婴幼儿配方乳粉生产企业应当按照注册或者备案的产品配方、生产工艺等技术要求组织生产。

第八十三条 【特殊食品生产质量管理体系】生产保健食品、特殊医学用途配方食品、婴幼儿配方食品和其他专供特定人群的主辅食品的企业，应当按照良好生产规范的要求建立与所生产食品相适应的生产质量管理体系，定期对该体系的运行情况进行自查，保证其有效运行，并向所在地县级人民政府食品安全监督管理部门提交自查报告。

第五章 食品检验

第八十四条 【食品检验机构】食品检验机构按照国家有关认证认可的规定取得资质认定后，方可从事食品检验活动。但是，法律另有规定的除外。

食品检验机构的资质认定条件和检验规范，由国务院食品安全监督管理部门规定。

符合本法规定的食品检验机构出具的检验报告具有同等效力。

县级以上人民政府应当整合食品检验资源，实现资源共享。

注释 针对违法发布信息误导消费者的问题，2019年最新修订的《食品安全法实施条例》规定，任何单位和个人不得发布未依法取得资质认定的食品检验机构出具的食品检验信息，不得利用上述检验信息对食品、食品生产经营者进行等级评定，欺骗、误导消费者。发布未依法取得资质认定的食品检验机构出具的食品检验信息，或者利用上述检验信息对食品、食品生产经营者进行等级评定，欺骗、误导消费者的，由县级以上人民政府食品安全监督管理部门责令改正，有违法所得的，没收违法所得，并处十万元以上五十万元以下罚款；拒不改正的，处五十万元以上一百万元以下罚款；构成违反治安管理行为的，由公安机关依法给予治安管理处罚。

链接《农产品质量安全法》第48条；《国务院机构改革和职能转变方案的决定》；《食品检验机构资质认定条件》；《食品检验工作规范》；《食品安全法实施条例》第43、80条

第八十五条 【食品检验人】食品检验由食品检验机构指定的检验人独立进行。

检验人应当依照有关法律、法规的规定，并按照食品安全标准和检验规范对食品进行检验，尊重科学，恪守职业道德，保证出具的检验数据和结论客观、公正，不得出具虚假检验报告。

第八十六条 【食品检验机构与检验人共同负责制】食品检验实行食品检验机构与检验人负责制。食品检验报告应当加盖食品检验机构公章，并有检验人的签名或者盖章。食品检验机构和检验人对出具的食品检验报告负责。

第八十七条 【监督抽检】县级以上人民政府食品安全监督管理部门应当对食品进行定期或者

不定期的抽样检验,并依据有关规定公布检验结果,不得免检。进行抽样检验,应当购买抽取的样品,委托符合本法规定的食品检验机构进行检验,并支付相关费用;不得向食品生产经营者收取检验费和其他费用。

注释 食品安全抽样检验包括定期和不定期的抽样检验两种。定期检验主要是指监管部门根据监管工作的需要,作出明确规定和安排,在确定的时间,对食品进行抽样检验。不定期检验主要是针对特定时期的食品安全形势、消费者和有关组织反映的情况,或者因其他原因需要在定期检验的基础上,不定期地对某一类食品、某一生产经营者的食品,或者某一区域的食品,进行抽样检验。

根据2019年最新修订的《食品安全法实施条例》规定:对可能掺杂掺假的食品,按照现有食品安全标准规定的检验项目和检验方法以及依照《食品安全法》第一百一十一条和本条例第六十三条规定制定的检验项目和检验方法无法检验的,国务院食品安全监督管理部门可以制定补充检验项目和检验方法,用于对食品的抽样检验、食品安全案件调查处理和食品安全事故处置。此项规定丰富了食品安全监管手段。

链接 《食品安全抽样检验管理办法》;《食品安全法实施条例》第41条

第八十八条 【复检】 对依照本法规定实施的检验结论有异议的,食品生产经营者可以自收到检验结论之日起七个工作日内向实施抽样检验的食品安全监督管理部门或者其上一级食品安全监督管理部门提出复检申请,由受理复检申请的食品安全监督管理部门在公布的复检机构名录中随机确定复检机构进行复检。复检机构出具的复检结论为最终检验结论。复检机构与初检机构不得为同一机构。复检机构名录由国务院认证认可监督管理、食品安全监督管理、卫生行政、农业行政等部门共同公布。

采用国家规定的快速检测方法对食用农产品进行抽查检测,被抽查人对检测结果有异议的,可以自收到检测结果时起四小时内申请复检。复检不得采用快速检测方法。

注释 监督抽检不合格的检验结论,是执法机关责令食品生产经营者召回问题食品,或者对食品生产经营者采取行政强制措施或进行行政处罚的依据。《食品安全抽样检验管理办法》第二十七条规

定,国家市场监督管理总局组织的食品安全监督抽检的检验结论不合格的,承检机构除按照相关要求报告外,还应当通过食品安全抽样检验信息系统及时通报抽样地以及标称的食品生产者住所地市场监督管理部门。地方市场监督管理部门组织或者实施食品安全监督抽检的检验结论不合格的,抽样地与标称食品生产者住所地不在同一省级行政区域的,抽样地市场监督管理部门应当在收到不合格检验结论后通过食品安全抽样检验信息系统及时通报标称的食品生产者住所地同级市场监督管理部门。同一省级行政区域内不合格检验结论的通报按照抽检地省级市场监督管理部门规定的程序和时限通报。通过网络食品交易第三方平台抽样的,除按照前两款的规定通报外,还应当同时通报网络食品交易第三方平台提供者住所地市场监督管理部门。因此,监督抽检不合格的检验结论事关被监督抽检的食品生产经营者的切身利益,为了维护其合法权益,有必要从法律上为其提供救济途径,即向食品安全监督管理部门提出复检申请。

为保证复检的公正性,复检机构与初检机构不得为同一机构,且不得采用快速检测方法。

链接 《食品安全抽样检验管理办法》第五章;《食品安全法实施条例》第79条

第八十九条 【自行检验和委托检验】 食品生产企业可以自行对所生产的食品进行检验,也可以委托符合本法规定的食品检验机构进行检验。

食品行业协会和消费者协会等组织、消费者需要委托食品检验机构对食品进行检验的,应当委托符合本法规定的食品检验机构进行。

第九十条 【食品添加剂的检验】 食品添加剂的检验,适用本法有关食品检验的规定。

第六章 食品进出口

第九十一条 【进出口食品的监督管理部门】 国家出入境检验检疫部门对进出口食品安全实施监督管理。

第九十二条 【进口食品、食品添加剂和相关产品的要求】 进口的食品、食品添加剂、食品相关产品应当符合我国食品安全国家标准。

进口的食品、食品添加剂应当经出入境检验检疫机构依照进出口商品检验相关法律、行政法规的规定检验合格。

进口的食品、食品添加剂应当按照国家出入境检验检疫部门的要求随附合格证明材料。

链接 《进出口商品检验法》第5、6条;《进出口商品检验法实施条例》第2条

第九十三条　【进口尚无食品安全国家标准的食品及"三新"产品的要求】 进口尚无食品安全国家标准的食品,由境外出口商、境外生产企业或者其委托的进口商向国务院卫生行政部门提交所执行的相关国家(地区)标准或者国际标准。国务院卫生行政部门对相关标准进行审查,认为符合食品安全要求的,决定暂予适用,并及时制定相应的食品安全国家标准。进口利用新的食品原料生产的食品或者进口食品添加剂新品种、食品相关产品新品种,依照本法第三十七条的规定办理。

出入境检验检疫机构按照国务院卫生行政部门的要求,对前款规定的食品、食品添加剂、食品相关产品进行检验。检验结果应当公开。

链接 《食品添加剂新品种管理办法》;《食品相关产品新品种行政许可管理规定》;《食品中污染物限量》(GB2762-2012);《食品安全法实施条例》第47条

第九十四条　【境外出口商、生产企业、进口商食品安全义务】 境外出口商、境外生产企业应当保证向我国出口的食品、食品添加剂、食品相关产品符合本法以及我国其他有关法律、行政法规的规定和食品安全国家标准的要求,并对标签、说明书的内容负责。

进口商应当建立境外出口商、境外生产企业审核制度,重点审核前款规定的内容;审核不合格的,不得进口。

发现进口食品不符合我国食品安全国家标准或者有证据证明可能危害人体健康的,进口商应当立即停止进口,并依照本法第六十三条的规定召回。

注释 《进出口食品安全管理办法》第三十七条规定,食品进口商发现进口食品不符合法律、行政法规和食品安全国家标准,或者有证据证明可能危害人体健康,应当按照《食品安全法》第六十三条和第九十四条第三款规定,立即停止进口、销售和使用,实施召回,通知相关生产经营者和消费者,记录召回和通知情况,并将食品召回和处理情况向所在地海关报告。

由于进口食品已经在市场上销售,所以本法第九十五条第二款规定,县级以上人民政府食品药品监督管理部门对国内市场上销售的进口食品、食品添加剂实施监督管理。

2019年最新修订的《食品安全法实施条例》规定了进口商依照本条第三款的规定召回进口食品的,应当将食品召回和处理情况向所在地县级人民政府食品安全监督管理部门和所在地出入境检验检疫机构报告。

链接 《进出境动植物检疫法》第2章;《进出口食品安全管理办法》第30、37条;《食品安全法实施条例》第48、49条

第九十五条　【进口食品等出现严重食品安全问题的应对措施】 境外发生的食品安全事件可能对我国境内造成影响,或者在进口食品、食品添加剂、食品相关产品中发现严重食品安全问题的,国家出入境检验检疫部门应当及时采取风险预警或者控制措施,并向国务院食品安全监督管理、卫生行政、农业行政部门通报。接到通报的部门应当及时采取相应措施。

县级以上人民政府食品安全监督管理部门对国内市场上销售的进口食品、食品添加剂实施监督管理。发现存在严重食品安全问题的,国务院食品安全监督管理部门应当及时向国家出入境检验检疫部门通报。国家出入境检验检疫部门应当及时采取相应措施。

注释 风险预警是部门内或者行业内发布警示公告,旨在采取控制措施。本法第一百一十八条规定,国家建立统一的食品安全信息平台,实行食品安全信息统一公布制度。明确指出,食品安全风险警示信息由国务院食品安全监督管理部门统一公布。

2019年最新修订的《食品安全法实施条例》对此作了细化规定,《条例》规定境外发生的食品安全事件可能对我国境内造成影响,或者在进口食品、食品添加剂、食品相关产品中发现严重食品安全问题的,国家出入境检验检疫部门应当及时进行风险预警,并可以对相关的食品、食品添加剂、食品相关产品采取下列控制措施:(一)退货或者销毁处理;(二)有条件地限制进口;(三)暂停或者禁止进口。

如果食品安全监督管理部门通过抽样检查等途径发现市场上销售的进口食品、食品添加剂存在严重食品安全问题的,国务院食品安全监督管理部门应当及时向国家出入境检验检疫部门通报。国

家出入境检验检疫部门应当及时采取相应措施。

国家出入境检验检疫部门收到国际组织、境外政府机构发布的风险预警信息及其他食品安全信息,认为境外发生的食品安全事件可能对我国境内造成影响,或者在进口食品、食品添加剂、食品相关产品检验过程中发现严重食品安全问题的,或者收到国务院食品安全监督管理部门通报市场上销售的进口食品、食品添加剂存在严重食品安全问题的,应当采取相应的控制措施。《进出口食品安全管理办法》第五十九条规定,境内外发生食品安全事件或者疫情疫病可能影响到进出口食品安全的,或者在进出口食品中发现严重食品安全问题的,直属海关应当及时上报海关总署;海关总署根据情况进行风险预警,在海关系统内发布风险警示通报,并向国务院食品安全监督管理、卫生行政、农业行政部门通报,必要时向消费者发布风险警示通告。海关总署发布风险警示通报的,应当根据风险警示通报要求对进出口食品采取本办法第三十四条、第三十五条、第三十六条和第五十四条规定的控制措施。

进口食品安全风险已不存在或者已降低到可接受的程度时,应当及时解除风险预警通报及控制措施。

链接《进出口食品安全管理办法》第59、61条;《食品安全法实施条例》第52条

第九十六条 【进出口食品商、代理商、境外食品生产企业的备案与注册制度】向我国境内出口食品的境外出口商或者代理商、进口食品的进口商应当向国家出入境检验检疫部门备案。向我国境内出口食品的境外食品生产企业应当经国家出入境检验检疫部门注册。已经注册的境外食品生产企业提供虚假材料,或者因其自身的原因致使进口食品发生重大食品安全事故的,国家出入境检验检疫部门应当撤销注册并公告。

国家出入境检验检疫部门应当定期公布已经备案的境外出口商、代理商、进口商和已经注册的境外食品生产企业名单。

注释 国家出入境检验检疫部门发现已经注册的境外食品生产企业不再符合注册要求的,应当责令其在规定期限内整改,整改期间暂停进口其生产的食品;经整改仍不符合注册要求的,国家出入境检验检疫部门应当撤销境外食品生产企业注册并公告。对通过我国良好生产规范、危害分析与关键控制点体系认证的境外生产企业,认证机构应当依法实施跟踪调查。对不再符合认证要求的企业,认证机构应当依法撤销认证并向社会公布。

链接《进口食品进出口商备案管理规定》;《进口食品境外生产企业注册管理规定》;《食品安全法实施条例》第50、51条

第九十七条 【进口的预包装食品、食品添加剂标签、说明书】进口的预包装食品、食品添加剂应当有中文标签;依法应当有说明书的,还应当有中文说明书。标签、说明书应当符合本法以及我国其他有关法律、行政法规的规定和食品安全国家标准的要求,并载明食品的原产地以及境内代理商的名称、地址、联系方式。预包装食品没有中文标签、中文说明书或者标签、说明书不符合本条规定的,不得进口。

链接《产品质量法》第27、28条;《预包装食品标签通则》(GB7718-2011)

第九十八条 【食品、食品添加剂进口和销售记录制度】进口商应当建立食品、食品添加剂进口和销售记录制度,如实记录食品、食品添加剂的名称、规格、数量、生产日期、生产或者进口批号、保质期、境外出口商和购货者名称、地址及联系方式、交货日期等内容,并保存相关凭证。记录和凭证保存期限应当符合本法第五十条第二款的规定。

链接《食品进口记录和销售记录管理规定》

第九十九条 【对出口食品和出口食品企业的监督管理】出口食品生产企业应当保证其出口食品符合进口国(地区)的标准或者合同要求。

出口食品生产企业和出口食品原料种植、养殖场应当向国家出入境检验检疫部门备案。

注释 出口食品、食品添加剂的生产企业应当保证其出口食品、食品添加剂符合进口国家(地区)的标准或者合同要求;我国缔结或者参加的国际条约、协定有要求的,还应当符合国际条约、协定的要求。

链接《进出口商品检验法》第5条;《国家质量监督检验检疫总局关于停止实行食品类生产企业出口食品免验的公告》;《进出口食品安全管理办法》第38条;《出口食品原料种植场备案管理规定》;《食品安全法实施条例》第53条

第一百条 【国家出入境检验检疫部门收集信息及实施信用管理】国家出入境检验检疫部门应当收集、汇总下列进出口食品安全信息,并及时通报相关部门、机构和企业:

（一）出入境检验检疫机构对进出口食品实施检验检疫发现的食品安全信息；

（二）食品行业协会和消费者协会等组织、消费者反映的进口食品安全信息；

（三）国际组织、境外政府机构发布的风险预警信息及其他食品安全信息，以及境外食品行业协会等组织、消费者反映的食品安全信息；

（四）其他食品安全信息。

国家出入境检验检疫部门应当对进出口食品的进口商、出口商和出口食品生产企业实施信用管理，建立信用记录，并依法向社会公布。对有不良记录的进口商、出口商和出口食品生产企业，应当加强对其进出口食品的检验检疫。

链接《进出口商品检验法》第 10 条

第一百零一条 【国家出入境检验检疫部门的评估和审查职责】国家出入境检验检疫部门可以对向我国境内出口食品的国家（地区）的食品安全管理体系和食品安全状况进行评估和审查，并根据评估和审查结果，确定相应检验检疫要求。

链接《进出口食品安全管理办法》第 2 章

第七章　食品安全事故处置

第一百零二条 【食品安全事故应急预案】国务院组织制定国家食品安全事故应急预案。

县级以上地方人民政府应当根据有关法律、法规的规定和上级人民政府的食品安全事故应急预案以及本行政区域的实际情况，制定本行政区域的食品安全事故应急预案，并报上一级人民政府备案。

食品安全事故应急预案应当对食品安全事故分级、事故处置组织指挥体系与职责、预防预警机制、处置程序、应急保障措施等作出规定。

食品生产经营企业应当制定食品安全事故处置方案，定期检查本企业各项食品安全防范措施的落实情况，及时消除事故隐患。

注释 食品安全事故应急预案应当包括食品安全事故分级、事故处置指挥体系与职责、预防预警机制、处置程序、应急保障措施等内容。

食品生产经营企业，是食品安全的第一责任人，有防范食品安全事故发生的义务。为了降低食品安全事故发生的危险，从源头上消除事故隐患，发生食品安全事故后尽早发现，将事故危害控制在可控范围，需要将食品生产经营企业纳入食品安全事故应急预案体系中。食品生产经营企业有义务制定食品安全事故处置方案，定期检查本企业各项食品安全防范措施的落实情况，及时消除事故隐患。在发生食品安全事故后也须承担采取控制措施、进行及时报告等义务。

链接《国家食品安全事故应急预案》；《突发事件应对法》；《食品安全法实施条例》第 54、55 条

第一百零三条 【食品安全事故应急处置、报告、通报】发生食品安全事故的单位应当立即采取措施，防止事故扩大。事故单位和接收病人进行治疗的单位应当及时向事故发生地县级人民政府食品安全监督管理、卫生行政部门报告。

县级以上人民政府农业行政等部门在日常监督管理中发现食品安全事故或者接到事故举报，应当立即向同级食品安全监督管理部门通报。

发生食品安全事故，接到报告的县级人民政府食品安全监督管理部门应当按照应急预案的规定向本级人民政府和上级人民政府食品安全监督管理部门报告。县级人民政府和上级人民政府食品安全监督管理部门应当按照应急预案的规定上报。

任何单位和个人不得对食品安全事故隐瞒、谎报、缓报，不得隐匿、伪造、毁灭有关证据。

注释 一般来讲，事故发生单位采取的应急处置措施包括：采取措施立即停止可能导致事故的食品及原料的食用和使用；密切注意已食用可能导致事故的食品的人员，一旦出现不适症状的，立即送至医院救治；保护食品安全事故发生的现场，控制和保存可能导致食品安全事故的食品及其原料，以便有关部门采集、分析；立即将事故情况如实向所在地县级人民政府食品安全监督管理、卫生行政部门报告等。

有义务向食品安全监督管理部门报告食品安全事故的主体包括：发生可能与食品有关的急性群体性健康损害的单位、接收食品安全事故病人治疗的单位。质量监督、农业行政、卫生行政等部门在日常监督管理中发现食品安全事故或者接到事故举报的，应当立即向食品安全监督管理部门通报。根据国家食品安全事故应急预案的规定，食品生产经营者、食品安全相关技术机构、有关社会团体及个人也有报告义务。另外，经核实的公众举报信息、经核实的媒体披露与报道信息、世界卫生组织等国际机构、其他国家和地区通报我国的信息，也是重要的事故信息来源。

不得对食品安全事故隐瞒、谎报、缓报，不得隐匿、伪造、毁灭有关证据。隐瞒是指明知食品安全事故的真实情况，故意不按照规定报告的行为。谎报是指明知食品安全事故的真实情况，故意编造虚假或者不真实的食品安全事故情况。缓报是指超过食品安全事故的报告时限，不按照规定的时限拖延报告的行为。隐匿、伪造、毁灭有关证据不利于查清事实真相，也不利于追究相关责任人的法律责任。

链接 《食品安全法实施条例》第56条

第一百零四条 【食源性疾病的报告和通报】 医疗机构发现其接收的病人属于食源性疾病病人或者疑似病人的，应当按照规定及时将相关信息向所在地县级人民政府卫生行政部门报告。县级人民政府卫生行政部门认为与食品安全有关的，应当及时通报同级食品安全监督管理部门。

县级以上人民政府卫生行政部门在调查处理传染病或者其他突发公共卫生事件中发现与食品安全相关的信息，应当及时通报同级食品安全监督管理部门。

注释 食源性疾病与食品安全密切相关。食源性疾病，指食品中致病因素进入人体引起的感染性、中毒性等疾病，包括食物中毒；食品安全事故，指食源性疾病、食品污染等源于食品，对人体健康有危害或者可能有危害的事故。实践中，食源性疾病可能是因为食品生产经营行为不当造成，也可能是因为个人误食引起的。食源性疾病很可能是发生食品安全事故的信号，属于涉及食品安全的重要信息，应当予以重视。

第一百零五条 【食品安全事故发生后应采取的措施】 县级以上人民政府食品安全监督管理部门接到食品安全事故的报告后，应当立即会同同级卫生行政、农业行政等部门进行调查处理，并采取下列措施，防止或者减轻社会危害：

（一）开展应急救援工作，组织救治因食品安全事故导致人身伤害的人员；

（二）封存可能导致食品安全事故的食品及其原料，并立即进行检验；对确认属于被污染的食品及其原料，责令食品生产经营者依照本法第六十三条的规定召回或者停止经营；

（三）封存被污染的食品相关产品，并责令进行清洗消毒；

（四）做好信息发布工作，依法对食品安全事故及其处理情况进行发布，并对可能产生的危害加以解释、说明。

发生食品安全事故需要启动应急预案的，县级以上人民政府应当立即成立事故处置指挥机构，启动应急预案，依照前款和应急预案的规定进行处置。

发生食品安全事故，县级以上疾病预防控制机构应当对事故现场进行卫生处理，并对与事故有关的因素开展流行病学调查，有关部门应当予以协助。县级以上疾病预防控制机构应当向同级食品安全监督管理、卫生行政部门提交流行病学调查报告。

注释 食品安全监督管理部门还应当对事故单位封存的食品及原料、工具、设备、设施等予以保护，需要封存而事故单位尚未封存的应当直接封存或者责令事故单位立即封存，并通知疾病预防控制机构对与事故有关的因素开展流行病学调查。

链接 《食品安全法实施条例》第57条

第一百零六条 【食品安全事故责任调查】 发生食品安全事故，设区的市级以上人民政府食品安全监督管理部门应当立即会同有关部门进行事故责任调查，督促有关部门履行职责，向本级人民政府和上一级人民政府食品安全监督管理部门提出事故责任调查处理报告。

涉及两个以上省、自治区、直辖市的重大食品安全事故由国务院食品安全监督管理部门依照前款规定组织事故责任调查。

注释 2019年最新修订的《食品安全法实施条例》还规定了疾病预防控制机构应当在调查结束后向同级食品安全监督管理、卫生行政部门同时提交流行病学调查报告。有关部门应当对疾病预防控制机构开展流行病学调查予以协助。

链接 《食品安全法实施条例》第57条

第一百零七条 【食品安全事故调查原则、主要任务】 调查食品安全事故，应当坚持实事求是、尊重科学的原则，及时、准确查清事故性质和原因，认定事故责任，提出整改措施。

调查食品安全事故，除了查明事故单位的责任，还应当查明有关监督管理部门、食品检验机构、认证机构及其工作人员的责任。

第一百零八条 【食品安全事故调查部门的职权】 食品安全事故调查部门有权向有关单位和个人了解与事故有关的情况，并要求提供相关资料和样品。有关单位和个人应当予以配合,按照要求提供相关资料和样品,不得拒绝。

任何单位和个人不得阻挠、干涉食品安全事故的调查处理。

第八章 监督管理

第一百零九条 【食品安全风险分级管理和年度监督管理计划】县级以上人民政府食品安全监督管理部门根据食品安全风险监测、风险评估结果和食品安全状况等,确定监督管理的重点、方式和频次,实施风险分级管理。

县级以上地方人民政府组织本级食品安全监督管理、农业行政等部门制定本行政区域的食品安全年度监督管理计划,向社会公布并组织实施。

食品安全年度监督管理计划应当将下列事项作为监督管理的重点:

(一)专供婴幼儿和其他特定人群的主辅食品;

(二)保健食品生产过程中的添加行为和按照注册或者备案的技术要求组织生产的情况,保健食品标签、说明书以及宣传材料中有关功能宣传的情况;

(三)发生食品安全事故风险较高的食品生产经营者;

(四)食品安全风险监测结果表明可能存在食品安全隐患的事项。

第一百一十条 【食品安全监督检查措施】县级以上人民政府食品安全监督管理部门履行食品安全监督管理职责,有权采取下列措施,对生产经营者遵守本法的情况进行监督检查:

(一)进入生产经营场所实施现场检查;

(二)对生产经营的食品、食品添加剂、食品相关产品进行抽样检验;

(三)查阅、复制有关合同、票据、账簿以及其他有关资料;

(四)查封、扣押有证据证明不符合食品安全标准或者有证据证明存在安全隐患以及用于违法生产经营的食品、食品添加剂、食品相关产品;

(五)查封违法从事生产经营活动的场所。

注释 为了丰富食品安全监管手段,2019 年最新修订的《食品安全法实施条例》规定,设区的市级以上人民政府食品安全监督管理部门根据监督管理工作需要,可以对由下级人民政府食品安全监督管理部门负责日常监督管理的食品生产经营者实施随机监督检查,也可以组织下级人民政府食品安全监督管理部门对食品生产经营者实施异地监督检查。设区的市级以上人民政府食品安全监督管理部门认为必要的,可以直接调查处理下级人民政府食品安全监督管理部门管辖的食品安全违法案件,也可以指定其他下级人民政府食品安全监督管理部门调查处理。

根据本条规定实施查封、扣押措施,查封、扣押的期限不得超过三十日;情况复杂的,经实施查封、扣押措施的食品安全监督管理部门负责人批准,可以延长,延长期限不得超过四十五日。

链接《食品安全法实施条例》第 59、61 条

第一百一十一条 【有害物质的临时限量值和临时检验方法】对食品安全风险评估结果证明食品存在安全隐患,需要制定、修订食品安全标准的,在制定、修订食品安全标准前,国务院卫生行政部门应当及时会同国务院有关部门规定食品中有害物质的临时限量值和临时检验方法,作为生产经营和监督管理的依据。

第一百一十二条 【快速检测】县级以上人民政府食品安全监督管理部门在食品安全监督管理工作中可以采用国家规定的快速检测方法对食品进行抽查检测。

对抽查检测结果表明可能不符合食品安全标准的食品,应当依照本法第八十七条的规定进行检验。抽查检测结果确定有关食品不符合食品安全标准的,可以作为行政处罚的依据。

链接《餐饮服务食品安全快速检测方法认定管理办法》

第一百一十三条 【食品安全信用档案】县级以上人民政府食品安全监督管理部门应当建立食品生产经营者食品安全信用档案,记录许可颁发、日常监督检查结果、违法行为查处等情况,依法向社会公布并实时更新;对有不良信用记录的食品生产经营者增加监督检查频次,对违法行为情节严重的食品生产经营者,可以通报投资主管部门、证券监督管理机构和有关的金融机构。

注释 根据 2019 年最新修订的《食品安全法实施条例》,在食品安全监督管理方面还可以建立黑名单制度,实施联合惩戒,将食品安全信用状况与准入、融资、信贷、征信等相衔接。

链接《食品安全法实施条例》第 66 条

第一百一十四条 【对食品生产经营者进行责任约谈】食品生产经营过程中存在食品安全隐患,未及时采取措施消除的,县级以上人民政府食品安全监督管理部门可以对食品生产经营者的法定代表人或者主要负责人进行责任约谈。食品生产经营者应当立即采取措施,进行整改,消除隐患。责任约谈情况和整改情况应当纳入食品生产经营者食品安全信用档案。

注释 责任约谈是食品安全领域一种新的行政执法方式。其是指依法享有监督管理职权的行政主体,发现其所监管的行政相对人出现了特定问题,为了防止发生违法行为,在事先约定的时间、地点与行政相对人进行沟通、协商,然后给予警示、告诫的一种非强制行政行为。责任约谈实现了行政监管方式由事后处罚打击型向事前监督指导型的转变,更有利于对食品安全事故发生的防范。责任约谈的一个必然法律后果,就是责任约谈情况和整改情况应当纳入食品生产经营者食品安全信用档案。

链接 《国家食品药品监督管理局关于建立餐饮服务食品安全责任人约谈制度的通知》;《食品安全法实施条例》第62条

第一百一十五条 【有奖举报和举报人合法权益的保护】县级以上人民政府食品安全监督管理等部门应当公布本部门的电子邮件地址或者电话,接受咨询、投诉、举报。接到咨询、投诉、举报,对属于本部门职责的,应当受理并在法定期限内及时答复、核实、处理;对不属于本部门职责的,应当移交有权处理的部门并书面通知咨询、投诉、举报人。有权处理的部门应当在法定期限内及时处理,不得推诿。对查证属实的举报,给予举报人奖励。

有关部门应当对举报人的信息予以保密,保护举报人的合法权益。举报人举报所在企业的,该企业不得以解除、变更劳动合同或者其他方式对举报人进行打击报复。

链接 《消费者权益保护法》第46条;《政府信息公开条例》第33条;《食品安全法实施条例》第65条

第一百一十六条 【加强食品安全执法人员管理】县级以上人民政府食品安全监督管理等部门应当加强对执法人员食品安全法律、法规、标准和专业知识与执法能力等的培训,并组织考核。不具备相应知识和能力的,不得从事食品安全执法工作。

食品生产经营者、食品行业协会、消费者协会等发现食品安全执法人员在执法过程中有违反法律、法规规定的行为以及不规范执法行为的,可以向本级或者上级人民政府食品安全监督管理等部门或者监察机关投诉、举报。接到投诉、举报的部门或者机关应当进行核实,并将经核实的情况向食品安全执法人员所在部门通报;涉嫌违法违纪的,按照本法和有关规定处理。

第一百一十七条 【对所属食品安全监管部门或下级地方人民政府进行责任约谈】县级以上人民政府食品安全监督管理等部门未及时发现食品安全系统性风险,未及时消除监督管理区域内的食品安全隐患的,本级人民政府可以对其主要负责人进行责任约谈。

地方人民政府未履行食品安全职责,未及时消除区域性重大食品安全隐患的,上级人民政府可以对其主要负责人进行责任约谈。

被约谈的食品安全监督管理等部门、地方人民政府应当立即采取措施,对食品安全监督管理工作进行整改。

责任约谈情况和整改情况应当纳入地方人民政府和有关部门食品安全监督管理工作评议、考核记录。

注释 本条规定的责任约谈属于行政层级监督。责任约谈的效力和后果是被约谈的食品药品监督管理等部门、地方人民政府应当立即采取措施,对食品安全监督管理工作进行整改。

第一百一十八条 【食品安全信息统一公布制度】国家建立统一的食品安全信息平台,实行食品安全信息统一公布制度。国家食品安全总体情况、食品安全风险警示信息、重大食品安全事故及其调查处理信息和国务院确定需要统一公布的其他信息由国务院食品安全监督管理部门统一公布。食品安全风险警示信息和重大食品安全事故及其调查处理信息的影响限于特定区域的,也可以由有关省、自治区、直辖市人民政府食品安全监督管理部门公布。未经授权不得发布上述信息。

县级以上人民政府食品安全监督管理、农业行政部门依据各自职责公布食品安全日常监督管理信息。

公布食品安全信息,应当做到准确、及时,并进行必要的解释说明,避免误导消费者和社会舆论。

注释 需要有关部门进行公布的食品安全信息可以分为三个层次：一是国家食品安全总体情况、食品安全风险警示信息、重大食品安全事故及其调查处理信息和国务院确定需要统一公布的其他信息。二是食品安全风险警示信息和重大食品安全事故及其调查处理信息的影响限于特定区域的，一般由省、自治区、直辖市人民政府食品安全监督管理部门公布，但也可以由国务院食品安全监督管理部门公布。三是县级以上人民政府食品安全监督管理、质量监督、农业行政部门的食品安全日常监督管理信息。无论哪个层次的食品安全信息，有关部门在进行公布时都应当做到准确、及时，并进行必要的解释说明，避免误导消费者和社会舆论。

链接 本法第141条

第一百一十九条 【食品安全信息的报告、通报制度】县级以上地方人民政府食品安全监督管理、卫生行政、农业行政部门获知本法规定需要统一公布的信息，应当向上级主管部门报告，由上级主管部门立即报告国务院食品安全监督管理部门；必要时，可以直接向国务院食品安全监督管理部门报告。

县级以上人民政府食品安全监督管理、卫生行政、农业行政部门应当相互通报获知的食品安全信息。

第一百二十条 【不得编造、散布虚假食品安全信息】任何单位和个人不得编造、散布虚假食品安全信息。

县级以上人民政府食品安全监督管理部门发现可能误导消费者和社会舆论的食品安全信息，应当立即组织有关部门、专业机构、相关食品生产经营者等进行核实、分析，并及时公布结果。

链接《食品安全法实施条例》第83条

第一百二十一条 【涉嫌食品安全犯罪案件的处理】县级以上人民政府食品安全监督管理等部门发现涉嫌食品安全犯罪的，应当按照有关规定及时将案件移送公安机关。对移送的案件，公安机关应当及时审查；认为有犯罪事实需要追究刑事责任的，应当立案侦查。

公安机关在食品安全犯罪案件侦查过程中认为没有犯罪事实，或者犯罪事实显著轻微，不需要追究刑事责任，但依法应当追究行政责任的，应当及时将案件移送食品安全监督管理等部门和监察机关，有关部门应当依法处理。

公安机关商请食品安全监督管理、生态环境等部门提供检验结论、认定意见以及对涉案物品进行无害化处理等协助的，有关部门应当及时提供，予以协助。

注释 遵循罪刑法定原则，依照刑法和有关司法解释规定，涉嫌食品安全犯罪案件主要有以下几种：生产、销售不符合安全标准的食品罪；生产、销售有毒、有害食品罪；生产、销售伪劣产品罪；非法经营罪；虚假广告罪；提供虚假证明文件罪；食品监管渎职罪；徇私舞弊、渎职罪等。

处理涉嫌食品安全犯罪案件，食品安全法确立了双向移送制度，体现了先刑事后行政的责任追究机制。

链接《刑法》第143、144、149、225条；《最高人民法院、最高人民检察院关于办理危害食品安全刑事案件适用法律若干问题的解释》；《行政执法机关移送涉嫌犯罪案件的规定》

第九章　法律责任

第一百二十二条 【未经许可从事食品生产经营活动等的法律责任】违反本法规定，未取得食品生产经营许可从事食品生产经营活动，或者未取得食品添加剂生产许可从事食品添加剂生产活动的，由县级以上人民政府食品安全监督管理部门没收违法所得和违法生产经营的食品、食品添加剂以及用于违法生产经营的工具、设备、原料等物品；违法生产经营的食品、食品添加剂货值金额不足一万元的，并处五万元以上十万元以下罚款；货值金额一万元以上的，并处货值金额十倍以上二十倍以下罚款。

明知从事前款规定的违法行为，仍为其提供生产经营场所或者其他条件的，由县级以上人民政府食品安全监督管理部门责令停止违法行为，没收违法所得，并处五万元以上十万元以下罚款；使消费者的合法权益受到损害的，应当与食品、食品添加剂生产经营者承担连带责任。

链接 本法第35、36、39、127条

第一百二十三条 【八类最严重违法食品生产经营行为的法律责任】违反本法规定，有下列情形之一，尚不构成犯罪的，由县级以上人民政府食品安全监督管理部门没收违法所得和违法生产经营的食品，并可以没收用于违法生产经营的工具、

设备、原料等物品;违法生产经营的食品货值金额不足一万元的,并处十万元以上十五万元以下罚款;货值金额一万元以上的,并处货值金额十五倍以上三十倍以下罚款;情节严重的,吊销许可证,并可以由公安机关对其直接负责的主管人员和其他直接责任人员处五日以上十五日以下拘留:

(一)用非食品原料生产食品、在食品中添加食品添加剂以外的化学物质和其他可能危害人体健康的物质,或者用回收食品作为原料生产食品,或者经营上述食品;

(二)生产经营营养成分不符合食品安全标准的专供婴幼儿和其他特定人群的主辅食品;

(三)经营病死、毒死或者死因不明的禽、畜、兽、水产动物肉类,或者生产经营其制品;

(四)经营未按规定进行检疫或者检疫不合格的肉类,或者生产经营未经检验或者检验不合格的肉类制品;

(五)生产经营国家为防病等特殊需要明令禁止生产经营的食品;

(六)生产经营添加药品的食品。

明知从事前款规定的违法行为,仍为其提供生产经营场所或者其他条件的,由县级以上人民政府食品安全监督管理部门责令停止违法行为,没收违法所得,并处十万元以上二十万元以下罚款;使消费者的合法权益受到损害的,应当与食品生产经营者承担连带责任。

违法使用剧毒、高毒农药的,除依照有关法律、法规规定给予处罚外,可以由公安机关依照第一款规定给予拘留。

链接 本法第34、38、49条;《刑法》第143、144条;《食品安全法实施条例》第67、77条

第一百二十四条 【十一类违法生产经营行为的法律责任】违反本法规定,有下列情形之一,尚不构成犯罪的,由县级以上人民政府食品安全监督管理部门没收违法所得和违法生产经营的食品、食品添加剂,并可以没收用于违法生产经营的工具、设备、原料等物品;违法生产经营的食品、食品添加剂货值金额不足一万元的,并处五万元以上十万元以下罚款;货值金额一万元以上的,并处货值金额十倍以上二十倍以下罚款;情节严重的,吊销许可证:

(一)生产经营致病性微生物,农药残留、兽药残留、生物毒素、重金属等污染物质以及其他危害人体健康的物质含量超过食品安全标准限量的食品、食品添加剂;

(二)用超过保质期的食品原料、食品添加剂生产食品、食品添加剂,或者经营上述食品、食品添加剂;

(三)生产经营超范围、超限量使用食品添加剂的食品;

(四)生产经营腐败变质、油脂酸败、霉变生虫、污秽不洁、混有异物、掺假掺杂或者感官性状异常的食品、食品添加剂;

(五)生产经营标注虚假生产日期、保质期或者超过保质期的食品、食品添加剂;

(六)生产经营未按规定注册的保健食品、特殊医学用途配方食品、婴幼儿配方乳粉,或者未按注册的产品配方、生产工艺等技术要求组织生产;

(七)以分装方式生产婴幼儿配方乳粉,或者同一企业以同一配方生产不同品牌的婴幼儿配方乳粉;

(八)利用新的食品原料生产食品,或者生产食品添加剂新品种,未通过安全性评估;

(九)食品生产经营者在食品安全监督管理部门责令其召回或者停止经营后,仍拒不召回或者停止经营。

除前款和本法第一百二十三条、第一百二十五条规定的情形外,生产经营不符合法律、法规或者食品安全标准的食品、食品添加剂的,依照前款规定给予处罚。

生产食品相关产品新品种,未通过安全性评估,或者生产不符合食品安全标准的食品相关产品的,由县级以上人民政府食品安全监督管理部门依照第一款规定给予处罚。

链接 本法第34、37、75-77、80-82条;《刑法》第143、144条

第一百二十五条 【四类违法生产经营行为的法律责任】违反本法规定,有下列情形之一的,由县级以上人民政府食品安全监督管理部门没收违法所得和违法生产经营的食品、食品添加剂,并可以没收用于违法生产经营的工具、设备、原料等物品;违法生产经营的食品、食品添加剂货值金额不足一万元的,并处五千元以上五万元以下罚款;货值金额一万元以上的,并处货值金额五倍以上十倍以下罚款;情节严重的,责令停产停业,直至吊销许可证:

（一）生产经营被包装材料、容器、运输工具等污染的食品、食品添加剂；

（二）生产经营无标签的预包装食品、食品添加剂或者标签、说明书不符合本法规定的食品、食品添加剂；

（三）生产经营转基因食品未按规定进行标示；

（四）食品生产经营者采购或者使用不符合食品安全标准的食品原料、食品添加剂、食品相关产品。

生产经营的食品、食品添加剂的标签、说明书存在瑕疵但不影响食品安全且不会对消费者造成误导的，由县级以上人民政府食品安全监督管理部门责令改正；拒不改正的，处二千元以下罚款。

链接 本法第33、34、50、55、69条；《食品安全法实施条例》第68条

第一百二十六条　【十六类生产经营过程中违法行为所应承担的法律责任】违反本法规定，有下列情形之一的，由县级以上人民政府食品安全监督管理部门责令改正，给予警告；拒不改正的，处五千元以上五万元以下罚款；情节严重的，责令停产停业，直至吊销许可证：

（一）食品、食品添加剂生产者未按规定对采购的食品原料和生产的食品、食品添加剂进行检验；

（二）食品生产经营企业未按规定建立食品安全管理制度，或者未按规定配备或者培训、考核食品安全管理人员；

（三）食品、食品添加剂生产经营者进货时未查验许可证和相关证明文件，或者未按规定建立并遵守进货查验记录、出厂检验记录和销售记录制度；

（四）食品生产经营企业未制定食品安全事故处置方案；

（五）餐具、饮具和盛放直接入口食品的容器，使用前未经洗净、消毒或者清洗消毒不合格，或者餐饮服务设施、设备未按规定定期维护、清洗、校验；

（六）食品生产经营者安排未取得健康证明或者患有国务院卫生行政部门规定的有碍食品安全疾病的人员从事接触直接入口食品的工作；

（七）食品经营者未按规定要求销售食品；

（八）保健食品生产企业未按规定向食品安全监督管理部门备案，或者未按备案的产品配方、生产工艺等技术要求组织生产；

（九）婴幼儿配方食品生产企业未将食品原料、食品添加剂、产品配方、标签等向食品安全监督管理部门备案；

（十）特殊食品生产企业未按规定建立生产质量管理体系并有效运行，或者未定期提交自查报告；

（十一）食品生产经营者未定期对食品安全状况进行检查评价，或者生产经营条件发生变化，未按规定处理；

（十二）学校、托幼机构、养老机构、建筑工地等集中用餐单位未按规定履行食品安全管理责任；

（十三）食品生产企业、餐饮服务提供者未按规定制定、实施生产经营过程控制要求。

餐具、饮具集中消毒服务单位违反本法规定用水、使用洗涤剂、消毒剂，或者出厂的餐具、饮具未按规定检验合格并随附消毒合格证明，或者未按规定在独立包装上标注相关内容的，由县级以上人民政府卫生行政部门依照前款规定给予处罚。

食品相关产品生产者未按规定对生产的食品相关产品进行检验的，由县级以上人民政府食品安全监督管理部门依照第一款规定给予处罚。

食用农产品销售者违反本法第六十五条规定的，由县级以上人民政府食品安全监督管理部门依照第一款规定给予处罚。

链接《食品安全法实施条例》第67、69、71条

第一百二十七条　【对食品生产加工小作坊、食品摊贩等的违法行为的处罚】对食品生产加工小作坊、食品摊贩等的违法行为的处罚，依照省、自治区、直辖市制定的具体管理办法执行。

注释 生产加工小作坊、食品摊贩等规模不大，数量不少，考虑到这种实际情况，授权省、自治区、直辖市制定这类生产经营者的具体管理办法，相应这类生产经营者的违法行为的处罚也应当由省、自治区、直辖市根据这类生产经营者的特点及其违法行为的危害程度制定。

链接 本法第36条

第一百二十八条　【事故单位违法行为所应承担的法律责任】违反本法规定，事故单位在发生

食品安全事故后未进行处置、报告的,由有关主管部门按照各自职责分工责令改正,给予警告;隐匿、伪造、毁灭有关证据的,责令停产停业,没收违法所得,并处十万元以上五十万元以下罚款;造成严重后果的,吊销许可证。

第一百二十九条　【进出口违法行为所应承担的法律责任】违反本法规定,有下列情形之一的,由出入境检验检疫机构依照本法第一百二十四条的规定给予处罚:

(一)提供虚假材料,进口不符合我国食品安全国家标准的食品、食品添加剂、食品相关产品;

(二)进口尚无食品安全国家标准的食品,未提交所执行的标准并经国务院卫生行政部门审查,或者进口利用新的食品原料生产的食品或者进口食品添加剂新品种、食品相关产品新品种,未通过安全性评估;

(三)未遵守本法的规定出口食品;

(四)进口商在有关主管部门责令其依照本法规定召回进口的食品后,仍拒不召回。

违反本法规定,进口商未建立并遵守食品、食品添加剂进口和销售记录制度、境外出口商或者生产企业审核制度的,由出入境检验检疫机构依照本法第一百二十六条的规定给予处罚。

第一百三十条　【集中交易市场违法行为所应承担的法律责任】违反本法规定,集中交易市场的开办者、柜台出租者、展销会的举办者允许未依法取得许可的食品经营者进入市场销售食品,或者未履行检查、报告等义务的,由县级以上人民政府食品安全监督管理部门责令改正,没收违法所得,并处五万元以上二十万元以下罚款;造成严重后果的,责令停业,直至由原发证部门吊销许可证;使消费者的合法权益受到损害的,应当与食品经营者承担连带责任。

食用农产品批发市场违反本法第六十四条规定的,依照前款规定承担责任。

第一百三十一条　【网络食品交易违法行为所应承担的法律责任】违反本法规定,网络食品交易第三方平台提供者未对入网食品经营者进行实名登记、审查许可证,或者未履行报告、停止提供网络交易平台服务等义务的,由县级以上人民政府食品安全监督管理部门责令改正,没收违法所得,并处五万元以上二十万元以下罚款;造成严重后果的,责令停业,直至由原发证部门吊销许可证;使消费者的合法权益受到损害的,应当与食品经营者承担连带责任。

消费者通过网络食品交易第三方平台购买食品,其合法权益受到损害的,可以向入网食品经营者或者食品生产者要求赔偿。网络食品交易第三方平台提供者不能提供入网食品经营者的真实名称、地址和有效联系方式的,由网络食品交易第三方平台提供者赔偿。网络食品交易第三方平台提供者赔偿后,有权向入网食品经营者或者食品生产者追偿。网络食品交易第三方平台提供者作出更有利于消费者承诺的,应当履行其承诺。

链接《消费者权益保护法》第44条

第一百三十二条　【进行食品贮存、运输和装卸违法行为所应承担的法律责任】违反本法规定,未按要求进行食品贮存、运输和装卸的,由县级以上人民政府食品安全监督管理等部门按照各自职责分工责令改正,给予警告;拒不改正的,责令停产停业,并处一万元以上五万元以下罚款;情节严重的,吊销许可证。

链接《食品安全法实施条例》第67条

第一百三十三条　【拒绝、阻挠、干涉依法开展食品安全工作、打击报复举报人的法律责任】违反本法规定,拒绝、阻挠、干涉有关部门、机构及其工作人员依法开展食品安全监督检查、事故调查处理、风险监测和风险评估的,由有关主管部门按照各自职责分工责令停产停业,并处二千元以上五万元以下罚款;情节严重的,吊销许可证;构成违反治安管理行为的,由公安机关依法给予治安管理处罚。

违反本法规定,对举报人以解除、变更劳动合同或者其他方式打击报复的,应当依照有关法律的规定承担责任。

链接《治安管理处罚法》第50条;《劳动合同法》第42、87条

第一百三十四条　【屡次违法可以增加处罚】食品生产经营者在一年内累计三次因违反本法规定受到责令停产停业、吊销许可证以外处罚的,由食品安全监督管理部门责令停产停业,直至吊销许可证。

注释　累计的处罚应当是因为违反本法规定而受到的处罚,处罚种类包括警告、罚款、没收违法所得和没收工具、设备、物品等责令停产停业、吊销

许可证以外的处罚。一年内累计三次是指食品生产经营者在一年之内有三次违反本法规定且受到处罚的违法行为。

第一百三十五条　【严重违法犯罪者的从业禁止】被吊销许可证的食品生产经营者及其法定代表人、直接负责的主管人员和其他直接责任人员自处罚决定作出之日起五年内不得申请食品生产经营许可，或者从事食品生产经营管理工作、担任食品生产经营企业食品安全管理人员。

因食品安全犯罪被判处有期徒刑以上刑罚的，终身不得从事食品生产经营管理工作，也不得担任食品生产经营企业食品安全管理人员。

食品生产经营者聘用人员违反前两款规定的，由县级以上人民政府食品安全监督管理部门吊销许可证。

第一百三十六条　【食品经营者免予处罚的情形】食品经营者履行了本法规定的进货查验等义务，有充分证据证明其不知道所采购的食品不符合食品安全标准，并能如实说明其进货来源的，可以免予处罚，但应当依法没收其不符合食品安全标准的食品；造成人身、财产或者其他损害的，依法承担赔偿责任。

注释 2019年最新修订的《食品安全法实施条例》规定食品生产经营者依法实施召回或者采取其他有效措施减轻、消除食品安全风险，未造成危害后果的，可以从轻或者减轻处罚，以此引导食品生产经营者主动、及时采取措施控制风险、减少危害。

链接《产品质量法》第55条；《药品管理法实施条例》第75条；《食品安全法实施条例》第76条

第一百三十七条　【提供虚假监测、评估信息的法律责任】违反本法规定，承担食品安全风险监测、风险评估工作的技术机构、技术人员提供虚假监测、评估信息的，依法对技术机构直接负责的主管人员和技术人员给予撤职、开除处分；有执业资格的，由授予其资格的主管部门吊销执业证书。

链接《事业单位工作人员处分暂行规定》第23条

第一百三十八条　【出具或提供虚假检验报告的法律责任】违反本法规定，食品检验机构、食品检验人员出具虚假检验报告的，由授予其资质的主管部门或者机构撤销该食品检验机构的检验资质，没收所收取的检验费用，并处检验费用五倍以上十倍以下罚款，检验费用不足一万元的，并处五万元以上十万元以下罚款；依法对食品检验机构直接负责的主管人员和食品检验人员给予撤职或者开除处分；导致发生重大食品安全事故的，对直接负责的主管人员和食品检验人员给予开除处分。

违反本法规定，受到开除处分的食品检验机构人员，自处分决定作出之日起十年内不得从事食品检验工作；因食品安全违法行为受到刑事处罚或者因出具虚假检验报告导致发生重大食品安全事故受到开除处分的食品检验机构人员，终身不得从事食品检验工作。食品检验机构聘用不得从事食品检验工作的人员的，由授予其资质的主管部门或者机构撤销该食品检验机构的检验资质。

食品检验机构出具虚假检验报告，使消费者的合法权益受到损害的，应当与食品生产经营者承担连带责任。

链接《食品安全法实施条例》第80条

第一百三十九条　【虚假认证的法律责任】违反本法规定，认证机构出具虚假认证结论，由认证认可监督管理部门没收所收取的认证费用，并处认证费用五倍以上十倍以下罚款，认证费用不足一万元的，并处五万元以上十万元以下罚款；情节严重的，责令停业，直至撤销认证机构批准文件，并向社会公布；对直接负责的主管人员和负有直接责任的认证人员，撤销其执业资格。

认证机构出具虚假认证结论，使消费者的合法权益受到损害的，应当与食品生产经营者承担连带责任。

链接《认证认可条例》第61条

第一百四十条　【虚假宣传和违法推荐食品的法律责任】违反本法规定，在广告中对食品作虚假宣传，欺骗消费者，或者发布未取得批准文件、广告内容与批准文件不一致的保健食品广告的，依照《中华人民共和国广告法》的规定给予处罚。

广告经营者、发布者设计、制作、发布虚假食品广告，使消费者的合法权益受到损害的，应当与食品生产经营者承担连带责任。

社会团体或者其他组织、个人在虚假广告或者其他虚假宣传中向消费者推荐食品，使消费者的合法权益受到损害的，应当与食品生产经营者承担连带责任。

违反本法规定，食品安全监督管理等部门、食品检验机构、食品行业协会以广告或者其他形式向消费者推荐食品,消费者组织以收取费用或者其他牟取利益的方式向消费者推荐食品的,由有关主管部门没收违法所得,依法对直接负责的主管人员和其他直接责任人员给予记大过、降级或者撤职处分;情节严重的,给予开除处分。

对食品作虚假宣传且情节严重的,由省级以上人民政府食品安全监督管理部门决定暂停销售该食品,并向社会公布;仍然销售该食品的,由县级以上人民政府食品安全监督管理部门没收违法所得和违法销售的食品,并处二万元以上五万元以下罚款。

注释 2019年最新修订的《食品安全法实施条例》明确禁止利用包括会议、讲座、健康咨询在内的任何方式对食品进行虚假宣传。食品安全监督管理部门发现虚假宣传行为的,应当依法及时处理。利用会议、讲座、健康咨询等方式对食品进行虚假宣传的,由县级以上人民政府食品安全监督管理部门责令消除影响,有违法所得的,没收违法所得;情节严重的,依照《食品安全法》第一百四十条第五款的规定进行处罚;属于单位违法的,还应当依照本条例第七十五条的规定对单位的法定代表人、主要负责人、直接负责的主管人员和其他直接责任人员给予处罚。

链接《广告法》第55、58条;《食品安全法实施条例》第34、73条

第一百四十一条 【编造、散布虚假食品安全信息的法律责任】 违反本法规定,编造、散布虚假食品安全信息,构成违反治安管理行为的,由公安机关依法给予治安管理处罚。

媒体编造、散布虚假食品安全信息的,由有关主管部门依法给予处罚,并对直接负责的主管人员和其他直接责任人员给予处分;使公民、法人或者其他组织的合法权益受到损害的,依法承担消除影响、恢复名誉、赔偿损失、赔礼道歉等民事责任。

链接《治安管理处罚法》第25条

第一百四十二条 【地方人民政府有关食品安全事故应对不当的法律责任】 违反本法规定,县级以上地方人民政府有下列行为之一的,对直接负责的主管人员和其他直接责任人员给予记大过处分;情节较重的,给予降级或者撤职处分;情节严重的,给予开除处分;造成严重后果的,其主要负责人还应当引咎辞职:

(一)对发生在本行政区域内的食品安全事故,未及时组织协调有关部门开展有效处置,造成不良影响或者损失;

(二)对本行政区域内涉及多环节的区域性食品安全问题,未及时组织整治,造成不良影响或者损失;

(三)隐瞒、谎报、缓报食品安全事故;

(四)本行政区域内发生特别重大食品安全事故,或者连续发生重大食品安全事故。

链接《关于实行党政领导干部问责的暂行规定》第7、10条

第一百四十三条 【政府未落实有关法定职责的法律责任】 违反本法规定,县级以上地方人民政府有下列行为之一的,对直接负责的主管人员和其他直接责任人员给予警告、记过或者记大过处分;造成严重后果的,给予降级或者撤职处分:

(一)未确定有关部门的食品安全监督管理职责,未建立健全食品安全全程监督管理工作机制和信息共享机制,未落实食品安全监督管理责任制;

(二)未制定本行政区域的食品安全事故应急预案,或者发生食品安全事故后未按规定立即成立事故处置指挥机构、启动应急预案。

第一百四十四条 【食品安全监管部门的法律责任一】 违反本法规定,县级以上人民政府食品安全监督管理、卫生行政、农业行政等部门有下列行为之一的,对直接负责的主管人员和其他直接责任人员给予记大过处分;情节较重的,给予降级或者撤职处分;情节严重的,给予开除处分;造成严重后果的,其主要负责人还应当引咎辞职:

(一)隐瞒、谎报、缓报食品安全事故;

(二)未按规定查处食品安全事故,或者接到食品安全事故报告未及时处理,造成事故扩大或者蔓延;

(三)经食品安全风险评估得出食品、食品添加剂、食品相关产品不安全结论后,未及时采取相应措施,造成食品安全事故或者不良社会影响;

(四)对不符合条件的申请人准予许可,或者超越法定职权准予许可;

(五)不履行食品安全监督管理职责,导致发生食品安全事故。

第一百四十五条 【食品安全监管部门的法

律责任二】违反本法规定，县级以上人民政府食品安全监督管理、卫生行政、农业行政等部门有下列行为之一，造成不良后果的，对直接负责的主管人员和其他直接责任人员给予警告、记过或者记大过处分；情节较重的，给予降级或者撤职处分；情节严重的，给予开除处分：

（一）在获知有关食品安全信息后，未按规定向上级主管部门和本级人民政府报告，或者未按规定相互通报；

（二）未按规定公布食品安全信息；

（三）不履行法定职责，对查处食品安全违法行为不配合，或者滥用职权、玩忽职守、徇私舞弊。

链接《食品安全法实施条例》第84条

第一百四十六条 【违法实施检查、强制等行政行为的法律责任】 食品安全监督管理等部门在履行食品安全监督管理职责过程中，违法实施检查、强制等执法措施，给生产经营者造成损失的，应当依法予以赔偿，对直接负责的主管人员和其他直接责任人员依法给予处分。

注释 行政强制法对违法实施行政强制措施的法律责任作了规定。《行政强制法》第六十二条规定，行政机关有下列情形之一的，由上级行政机关或者有关部门责令改正，对直接负责的主管人员和其他直接责任人员依法给予处分：（1）扩大查封、扣押、冻结范围的；（2）使用或者损毁查封、扣押场所、设施或者财物的；（3）在查封、扣押法定期间不作出处理决定或者未依法及时解除查封、扣押的。该法还规定，行政机关将查封、扣押的财物或者划拨的存款、汇款以及拍卖和依法处理所得的款项，截留、私分或者变相私分的，由财政部门或者有关部门予以追缴；对直接负责的主管人员和其他直接责任人员依法给予记大过、降级、撤职或者开除的处分。行政机关工作人员利用职务上的便利，将查封、扣押的场所、设施或者财物据为己有的，由上级行政机关或者有关部门责令改正，依法给予记大过、降级、撤职或者开除的处分。

对于在实施行政检查、行政强制过程中给生产经营者造成损失的，应当依照国家赔偿法予以赔偿。国家赔偿法规定，行政机关及其工作人员在行使行政职权时，违法对财产采取查封、扣押、冻结等行政强制措施的，受害人有取得赔偿的权利。

第一百四十七条 【赔偿责任及民事赔偿责任优先原则】 违反本法规定，造成人身、财产或者其他损害的，依法承担赔偿责任。生产经营者财产不足以同时承担民事赔偿责任和缴纳罚款、罚金时，先承担民事赔偿责任。

注释 食品生产经营企业出现违反本法规定的违法行为，依据本章法律责任的规定，可能会出现财产责任方面的竞合，即：一方面因为给他人的人身和财产造成损害而需要对受害者承担民事赔偿责任，另一方面还需要接受监管部门罚款的行政处罚；如果构成犯罪的，还要承担罚金的刑事责任。当一个食品生产经营企业同时面临民事赔偿、罚款、罚金的处罚时，可能会出现因财产不足而难以同时支付的问题。在此情况下，哪一种责任应当优先执行呢？我国的公司法、产品质量法等法律已经作出了明确规定，即民事赔偿责任优先的原则，本法也明确了这一原则，旨在保护消费者的合法权益。

第一百四十八条 【首付责任制和惩罚性赔偿】 消费者因不符合食品安全标准的食品受到损害的，可以向经营者要求赔偿损失，也可以向生产者要求赔偿损失。接到消费者赔偿要求的生产经营者，应当实行首负责任制，先行赔付，不得推诿；属于生产者责任的，经营者赔偿后有权向生产者追偿；属于经营者责任的，生产者赔偿后有权向经营者追偿。

生产不符合食品安全标准的食品或者经营明知是不符合食品安全标准的食品，消费者除要求赔偿损失外，还可以向生产者或者经营者要求支付价款十倍或者损失三倍的赔偿金；增加赔偿的金额不足一千元的，为一千元。但是，食品的标签、说明书存在不影响食品安全且不会对消费者造成误导的瑕疵的除外。

注释 首负责任制，是指消费者在合法权益受到损害，向生产者或者经营者要求赔偿时，由首先接到赔偿要求的生产者或者经营者负责先行赔付，再由先行赔付的生产者或者经营者依法向相关责任人追偿。首负责任制有利于防止生产者与经营者相互推诿，切实维护消费者合法权益。

案例 1. 华某诉北京某仓储超市有限责任公司第二十六分公司、北京某仓储超市有限责任公司人身权益纠纷案（2014年1月9日最高人民法院公布五起审理食品药品纠纷典型案例）

裁判规则：根据国家对蜜饯产品的安全卫生

标准,软质山楂片内应是无杂质的。某公司销售的山楂片中含有硬度很高的山楂核,不符合国家规定的相关食品安全卫生标准,应认定存在食品质量瑕疵,不合格食品的销售者对其销售的不合格食品所带来的损害后果,应承担全部责任。华某自身牙齿牙壁较薄,但对于本案损害的发生并无过错,侵权人的责任并不因而减轻。从团结湖消协出具的情况说明来看,该山楂片所存在的瑕疵是在外包装完整的情况下即可发现的,因此,产品销售商是在应当知道该食品存在安全问题的情况下销售该产品,应向消费者支付价款十倍的赔偿金。鉴于华某因此遭受的精神损害并不严重,对其要求赔偿精神损失的主张,依法不予支持。

2. 孙某诉南京某超市有限公司江宁店买卖合同纠纷案(2014年1月9日最高人民法院公布五起审理食品药品纠纷典型案例)

裁判规则: 食品销售者负有保证食品安全的法定义务,应当对不符合安全标准的食品及时清理下架。本案中,某超市仍然销售超过保质期的香肠,系不履行法定义务的行为,应当被认定为销售明知是不符合食品安全标准的食品。在此情况下,消费者可以同时主张赔偿损失和价款十倍的赔偿金,也可以只主张价款十倍的赔偿金。孙某要求某超市支付售价十倍的赔偿金,属于当事人自行处分权利的行为,应予支持。

链接 《食品安全法实施条例》第85条

第一百四十九条 【刑事责任】 违反本法规定,构成犯罪的,依法追究刑事责任。

案例 刘某、奚某杰、肖某、陈某伟、刘某林以危险方法危害公共安全案(最高人民法院公布危害食品安全犯罪典型案例)

裁判规则: 使用盐酸克仑特罗饲养的生猪大量流入市场,严重危害不特定多数人的生命、健康,致使公私财产遭受特别重大损失,社会危害极大,影响极其恶劣,五名犯罪嫌疑人的行为均已构成以危险方法危害公共安全罪,系共同犯罪。

链接 《刑法》;《最高人民法院、最高人民检察院关于办理危害食品安全刑事案件适用法律若干问题的解释》

第十章 附 则

第一百五十条 【本法中部分用语含义】 本法下列用语的含义:

食品,指各种供人食用或者饮用的成品和原料以及按照传统既是食品又是中药材的物品,但是不包括以治疗为目的的物品。

食品安全,指食品无毒、无害,符合应当有的营养要求,对人体健康不造成任何急性、亚急性或者慢性危害。

预包装食品,指预先定量包装或者制作在包装材料、容器中的食品。

食品添加剂,指为改善食品品质和色、香、味以及为防腐、保鲜和加工工艺的需要而加入食品中的人工合成或者天然物质,包括营养强化剂。

用于食品的包装材料和容器,指包装、盛放食品或者食品添加剂用的纸、竹、木、金属、搪瓷、陶瓷、塑料、橡胶、天然纤维、化学纤维、玻璃等制品和直接接触食品或者食品添加剂的涂料。

用于食品生产经营的工具、设备,指在食品或者食品添加剂生产、销售、使用过程中直接接触食品或者食品添加剂的机械、管道、传送带、容器、用具、餐具等。

用于食品的洗涤剂、消毒剂,指直接用于洗涤或者消毒食品、餐具、饮具以及直接接触食品的工具、设备或者食品包装材料和容器的物质。

食品保质期,指食品在标明的贮存条件下保持品质的期限。

食源性疾病,指食品中致病因素进入人体引起的感染性、中毒性等疾病,包括食物中毒。

食品安全事故,指食源性疾病、食品污染等源于食品,对人体健康有危害或者可能有危害的事故。

第一百五十一条 【转基因食品和食盐的食品安全管理规定】 转基因食品和食盐的食品安全管理,本法未作规定的,适用其他法律、行政法规的规定。

链接 《农业转基因生物安全管理条例》;《食盐专营办法》

第一百五十二条 【铁路、民航、国境口岸、军队等有关食品安全的管理】 铁路、民航运营中食品安全的管理办法由国务院食品安全监督管理部门会同国务院有关部门依照本法制定。

保健食品的具体管理办法由国务院食品安全监督管理部门依照本法制定。

食品相关产品生产活动的具体管理办法由国务院食品安全监督管理部门依照本法制定。

国境口岸食品的监督管理由出入境检验检疫机构依照本法以及有关法律、行政法规的规定实施。

军队专用食品和自供食品的食品安全管理办法由中央军事委员会依照本法制定。

链接《铁路运营食品安全管理办法》;《出入境口岸食品卫生监督管理规定》

第一百五十三条　【国务院可以调整食品安全监管体制】国务院根据实际需要,可以对食品安全监督管理体制作出调整。

第一百五十四条　【施行日期】本法自2015年10月1日起施行。

中华人民共和国食品安全法实施条例

- 2009年7月20日中华人民共和国国务院令第557号公布
- 根据2016年2月6日《国务院关于修改部分行政法规的决定》修订
- 2019年3月26日国务院第42次常务会议修订通过
- 2019年10月11日中华人民共和国国务院令第721号公布

第一章　总　则

第一条　根据《中华人民共和国食品安全法》(以下简称食品安全法),制定本条例。

第二条　食品生产经营者应当依照法律、法规和食品安全标准从事生产经营活动,建立健全食品安全管理制度,采取有效措施预防和控制食品安全风险,保证食品安全。

第三条　国务院食品安全委员会负责分析食品安全形势,研究部署、统筹指导食品安全工作,提出食品安全监督管理的重大政策措施,督促落实食品安全监督管理责任。县级以上地方人民政府食品安全委员会按照本级人民政府规定的职责开展工作。

第四条　县级以上人民政府建立统一权威的食品安全监督管理体制,加强食品安全监督管理能力建设。

县级以上人民政府食品安全监督管理部门和其他有关部门应当依法履行职责,加强协调配合,做好食品安全监督管理工作。

乡镇人民政府和街道办事处应当支持、协助县级人民政府食品安全监督管理部门及其派出机构依法开展食品安全监督管理工作。

第五条　国家将食品安全知识纳入国民素质教育内容,普及食品安全科学常识和法律知识,提高全社会的食品安全意识。

第二章　食品安全风险监测和评估

第六条　县级以上人民政府卫生行政部门会同同级食品安全监督管理等部门建立食品安全风险监测会商机制,汇总、分析风险监测数据,研判食品安全风险,形成食品安全风险监测分析报告,报本级人民政府;县级以上地方人民政府卫生行政部门还应当将食品安全风险监测分析报告同时报上一级人民政府卫生行政部门。食品安全风险监测会商的具体办法由国务院卫生行政部门会同国务院食品安全监督管理等部门制定。

第七条　食品安全风险监测结果表明存在食品安全隐患,食品安全监督管理等部门经进一步调查确认有必要通知相关食品生产经营者的,应当及时通知。

接到通知的食品生产经营者应当立即进行自查,发现食品不符合食品安全标准或者有证据证明可能危害人体健康的,应当依照食品安全法第六十三条的规定停止生产、经营,实施食品召回,并报告相关情况。

第八条　国务院卫生行政、食品安全监督管理等部门发现需要对农药、肥料、兽药、饲料和饲料添加剂等进行安全性评估的,应当向国务院农业行政部门提出安全性评估建议。国务院农业行政部门应当及时组织评估,并向国务院有关部门通报评估结果。

第九条　国务院食品安全监督管理部门和其他有关部门建立食品安全风险信息交流机制,明确食品安全风险信息交流的内容、程序和要求。

第三章　食品安全标准

第十条　国务院卫生行政部门会同国务院食品安全监督管理、农业行政等部门制定食品安全国家标准规划及其年度实施计划。国务院卫生行政部门应当在其网站上公布食品安全国家标准规划及其年度实施计划的草案,公开征求意见。

第十一条　省、自治区、直辖市人民政府卫生行政部门依照食品安全法第二十九条的规定制定食品安全地方标准，应当公开征求意见。省、自治区、直辖市人民政府卫生行政部门应当自食品安全地方标准公布之日起30个工作日内，将地方标准报国务院卫生行政部门备案。国务院卫生行政部门发现备案的食品安全地方标准违反法律、法规或者食品安全国家标准的，应当及时予以纠正。

食品安全地方标准依法废止的，省、自治区、直辖市人民政府卫生行政部门应当及时在其网站上公布废止情况。

第十二条　保健食品、特殊医学用途配方食品、婴幼儿配方食品等特殊食品不属于地方特色食品，不得对其制定食品安全地方标准。

第十三条　食品安全标准公布后，食品生产经营者可以在食品安全标准规定的实施日期之前实施并公开提前实施情况。

第十四条　食品生产企业不得制定低于食品安全国家标准或者地方标准要求的企业标准。食品生产企业制定食品安全指标严于食品安全国家标准或者地方标准的企业标准的，应当报省、自治区、直辖市人民政府卫生行政部门备案。

食品生产企业制定企业标准的，应当公开，供公众免费查阅。

第四章　食品生产经营

第十五条　食品生产经营许可的有效期为5年。

食品生产经营者的生产经营条件发生变化，不再符合食品生产经营要求的，食品生产经营者应当立即采取整改措施；需要重新办理许可手续的，应当依法办理。

第十六条　国务院卫生行政部门应当及时公布新的食品原料、食品添加剂新品种和食品相关产品新品种目录以及所适用的食品安全国家标准。

对按照传统既是食品又是中药材的物质目录，国务院卫生行政部门会同国务院食品安全监督管理部门应当及时更新。

第十七条　国务院食品安全监督管理部门会同国务院农业行政等有关部门明确食品安全全程追溯基本要求，指导食品生产经营者通过信息化手段建立、完善食品安全追溯体系。

食品安全监督管理等部门应当将婴幼儿配方食品等针对特定人群的食品以及其他食品安全风险较高或者销售量大的食品的追溯体系建设作为监督检查的重点。

第十八条　食品生产经营者应当建立食品安全追溯体系，依照食品安全法的规定如实记录并保存进货查验、出厂检验、食品销售等信息，保证食品可追溯。

第十九条　食品生产经营企业的主要负责人对本企业的食品安全工作全面负责，建立并落实本企业的食品安全责任制，加强供货者管理、进货查验和出厂检验、生产经营过程控制、食品安全自查等工作。食品生产经营企业的食品安全管理人员应当协助企业主要负责人做好食品安全管理工作。

第二十条　食品生产经营企业应当加强对食品安全管理人员的培训和考核。食品安全管理人员应当掌握与其岗位相适应的食品安全法律、法规、标准和专业知识，具备食品安全管理能力。食品安全监督管理部门应当对企业食品安全管理人员进行随机监督抽查考核。考核指南由国务院食品安全监督管理部门制定、公布。

第二十一条　食品、食品添加剂生产经营者委托生产食品、食品添加剂的，应当委托取得食品生产许可、食品添加剂生产许可的生产者生产，并对其生产行为进行监督，对委托生产的食品、食品添加剂的安全负责。受托方应当依照法律、法规、食品安全标准以及合同约定进行生产，对生产行为负责，并接受委托方的监督。

第二十二条　食品生产经营者不得在食品生产、加工场所贮存依照本条例第六十三条规定制定的名录中的物质。

第二十三条　对食品进行辐照加工，应当遵守食品安全国家标准，并按照食品安全国家标准的要求对辐照加工食品进行检验和标注。

第二十四条　贮存、运输对温度、湿度等有特殊要求的食品，应当具备保温、冷藏或者冷冻等设备设施，并保持有效运行。

第二十五条　食品生产经营者委托贮存、运输食品的，应当对受托方的食品安全保障能力进行审核，并监督受托方按照保证食品安全的要求贮存、运输食品。受托方应当保证食品贮存、运输条件符合食品安全的要求，加强食品贮存、运输过程管理。

接受食品生产经营者委托贮存、运输食品的，应当如实记录委托方和收货方的名称、地址、联系方式等内容。记录保存期限不得少于贮存、运输结束后2年。

非食品生产经营者从事对温度、湿度等有特殊要求的食品贮存业务的，应当自取得营业执照之日起30个工作日内向所在地县级人民政府食品安全监督管理部门备案。

第二十六条　餐饮服务提供者委托餐具饮具集中消毒服务单位提供清洗消毒服务的，应当查验、留存餐具饮具集中消毒服务单位的营业执照复印件和消毒合格证明。保存期限不得少于消毒餐具饮具使用期限到期后6个月。

第二十七条　餐具饮具集中消毒服务单位应当建立餐具饮具出厂检验记录制度，如实记录出厂餐具饮具的数量、消毒日期和批号、使用期限、出厂日期以及委托方名称、地址、联系方式等内容。出厂检验记录保存期限不得少于消毒餐具饮具使用期限到期后6个月。消毒后的餐具饮具应当在独立包装上标注单位名称、地址、联系方式、消毒日期和批号以及使用期限等内容。

第二十八条　学校、托幼机构、养老机构、建筑工地等集中用餐单位的食堂应当执行原料控制、餐具饮具清洗消毒、食品留样等制度，并依照食品安全法第四十七条的规定定期开展食堂食品安全自查。

承包经营集中用餐单位食堂的，应当依法取得食品经营许可，并对食堂的食品安全负责。集中用餐单位应当督促承包方落实食品安全管理制度，承担管理责任。

第二十九条　食品生产经营者应当对变质、超过保质期或者回收的食品进行显著标示或者单独存放在有明确标志的场所，及时采取无害化处理、销毁等措施并如实记录。

食品安全法所称回收食品，是指已经售出，因违反法律、法规、食品安全标准或者超过保质期等原因，被召回或者退回的食品，不包括依照食品安全法第六十三条第三款的规定可以继续销售的食品。

第三十条　县级以上地方人民政府根据需要建设必要的食品无害化处理和销毁设施。食品生产经营者可以按照规定使用政府建设的设施对食品进行无害化处理或者予以销毁。

第三十一条　食品集中交易市场的开办者、食品展销会的举办者应当在市场开业或者展销会举办前向所在地县级人民政府食品安全监督管理部门报告。

第三十二条　网络食品交易第三方平台提供者应当妥善保存入网食品经营者的登记信息和交易信息。县级以上人民政府食品安全监督管理部门开展食品安全监督检查、食品安全案件调查处理、食品安全事故处置确需了解有关信息的，经其负责人批准，可以要求网络食品交易第三方平台提供者提供，网络食品交易第三方平台提供者应当按照要求提供。县级以上人民政府食品安全监督管理部门及其工作人员对网络食品交易第三方平台提供者提供的信息依法负有保密义务。

第三十三条　生产经营转基因食品应当显著标示，标示办法由国务院食品安全监督管理部门会同国务院农业行政部门制定。

第三十四条　禁止利用包括会议、讲座、健康咨询在内的任何方式对食品进行虚假宣传。食品安全监督管理部门发现虚假宣传行为的，应当依法及时处理。

第三十五条　保健食品生产工艺有原料提取、纯化等前处理工序的，生产企业应当具备相应的原料前处理能力。

第三十六条　特殊医学用途配方食品生产企业应当按照食品安全国家标准规定的检验项目对出厂产品实施逐批检验。

特殊医学用途配方食品中的特定全营养配方食品应当通过医疗机构或者药品零售企业向消费者销售。医疗机构、药品零售企业销售特定全营养配方食品的，不需要取得食品经营许可，但是应当遵守食品安全法和本条例关于食品销售的规定。

第三十七条　特殊医学用途配方食品中的特定全营养配方食品广告按照处方药广告管理，其他类别的特殊医学用途配方食品广告按照非处方药广告管理。

第三十八条　对保健食品之外的其他食品，不得声称具有保健功能。

对添加食品安全国家标准规定的选择性添加物质的婴幼儿配方食品，不得以选择性添加物质命名。

第三十九条　特殊食品的标签、说明书内容应当与注册或者备案的标签、说明书一致。销售特殊食品，应当核对食品标签、说明书内容是否与注册或者备案的标签、说明书一致，不一致的不得销售。省级以上人民政府食品安全监督管理部门应当在其网站上公布注册或者备案的特殊食品的标签、说明书。

特殊食品不得与普通食品或者药品混放销售。

第五章 食品检验

第四十条 对食品进行抽样检验，应当按照食品安全标准、注册或者备案的特殊食品的产品技术要求以及国家有关规定确定的检验项目和检验方法进行。

第四十一条 对可能掺杂掺假的食品，按照现有食品安全标准规定的检验项目和检验方法以及依照食品安全法第一百一十一条和本条例第六十三条规定制定的检验项目和检验方法无法检验的，国务院食品安全监督管理部门可以制定补充检验项目和检验方法，用于对食品的抽样检验、食品安全案件调查处理和食品安全事故处置。

第四十二条 依照食品安全法第八十八条的规定申请复检的，申请人应当向复检机构先行支付复检费用。复检结论表明食品不合格的，复检费用由复检申请人承担；复检结论表明食品合格的，复检费用由实施抽样检验的食品安全监督管理部门承担。

复检机构无正当理由不得拒绝承担复检任务。

第四十三条 任何单位和个人不得发布未依法取得资质认定的食品检验机构出具的食品检验信息，不得利用上述检验信息对食品、食品生产经营者进行等级评定，欺骗、误导消费者。

第六章 食品进出口

第四十四条 进口商进口食品、食品添加剂，应当按照规定向出入境检验检疫机构报检，如实申报产品相关信息，并随附法律、行政法规规定的合格证明材料。

第四十五条 进口食品运达口岸后，应当存放在出入境检验检疫机构指定或者认可的场所；需要移动的，应当按照出入境检验检疫机构的要求采取必要的安全防护措施。大宗散装进口食品应当在卸货口岸进行检验。

第四十六条 国家出入境检验检疫部门根据风险管理需要，可以对部分食品实行指定口岸进口。

第四十七条 国务院卫生行政部门依照食品安全法第九十三条的规定对境外出口商、境外生产企业或者其委托的进口商提交的相关国家(地区)标准或者国际标准进行审查，认为符合食品安全要求的，决定暂予适用并予以公布；暂予适用的标准公布前，不得进口尚无食品安全国家标准的食品。

食品安全国家标准中通用标准已经涵盖的食品不属于食品安全法第九十三条规定的尚无食品安全国家标准的食品。

第四十八条 进口商应当建立境外出口商、境外生产企业审核制度，重点审核境外出口商、境外生产企业制定和执行食品安全风险控制措施的情况以及向我国出口的食品是否符合食品安全法、本条例和其他有关法律、行政法规的规定以及食品安全国家标准的要求。

第四十九条 进口商依照食品安全法第九十四条第三款的规定召回进口食品的，应当将食品召回和处理情况向所在地县级人民政府食品安全监督管理部门和所在地出入境检验检疫机构报告。

第五十条 国家出入境检验检疫部门发现已经注册的境外食品生产企业不再符合注册要求的，应当责令其在规定期限内整改，整改期间暂停进口其生产的食品；经整改仍不符合注册要求的，国家出入境检验检疫部门应当撤销境外食品生产企业注册并公告。

第五十一条 对通过我国良好生产规范、危害分析与关键控制点体系认证的境外生产企业，认证机构应当依法实施跟踪调查。对不再符合认证要求的企业，认证机构应当依法撤销认证并向社会公布。

第五十二条 境外发生的食品安全事件可能对我国境内造成影响，或者在进口食品、食品添加剂、食品相关产品中发现严重食品安全问题的，国家出入境检验检疫部门应当及时进行风险预警，并可以对相关的食品、食品添加剂、食品相关产品采取下列控制措施：

(一)退货或者销毁处理；

(二)有条件地限制进口；

(三)暂停或者禁止进口。

第五十三条 出口食品、食品添加剂的生产企业应当保证其出口食品、食品添加剂符合进口国家(地区)的标准或者合同要求;我国缔结或者参加的国际条约、协定有要求的,还应当符合国际条约、协定的要求。

第七章 食品安全事故处置

第五十四条 食品安全事故按照国家食品安全事故应急预案实行分级管理。县级以上人民政府食品安全监督管理部门会同同级有关部门负责食品安全事故调查处理。

县级以上人民政府应当根据实际情况及时修改、完善食品安全事故应急预案。

第五十五条 县级以上人民政府应当完善食品安全事故应急管理机制,改善应急装备,做好应急物资储备和应急队伍建设,加强应急培训、演练。

第五十六条 发生食品安全事故的单位应当对导致或者可能导致食品安全事故的食品及原料、工具、设备、设施等,立即采取封存等控制措施。

第五十七条 县级以上人民政府食品安全监督管理部门接到食品安全事故报告后,应当立即会同同级卫生行政、农业行政等部门依照食品安全法第一百零五条的规定进行调查处理。食品安全监督管理部门应当对事故单位封存的食品及原料、工具、设备、设施等予以保护,需要封存而事故单位尚未封存的应当直接封存或者责令事故单位立即封存,并通知疾病预防控制机构对与事故有关的因素开展流行病学调查。

疾病预防控制机构应当在调查结束后向同级食品安全监督管理、卫生行政部门同时提交流行病学调查报告。

任何单位和个人不得拒绝、阻挠疾病预防控制机构开展流行病学调查。有关部门应当对疾病预防控制机构开展流行病学调查予以协助。

第五十八条 国务院食品安全监督管理部门会同国务院卫生行政、农业行政等部门定期对全国食品安全事故情况进行分析,完善食品安全监督管理措施,预防和减少事故的发生。

第八章 监督管理

第五十九条 设区的市级以上人民政府食品安全监督管理部门根据监督管理工作需要,可以对由下级人民政府食品安全监督管理部门负责日常监督管理的食品生产经营者实施随机监督检查,也可以组织下级人民政府食品安全监督管理部门对食品生产经营者实施异地监督检查。

设区的市级以上人民政府食品安全监督管理部门认为必要的,可以直接调查处理下级人民政府食品安全监督管理部门管辖的食品安全违法案件,也可以指定其他下级人民政府食品安全监督管理部门调查处理。

第六十条 国家建立食品安全检查员制度,依托现有资源加强职业化检查员队伍建设,强化考核培训,提高检查员专业化水平。

第六十一条 县级以上人民政府食品安全监督管理部门依照食品安全法第一百一十条的规定实施查封、扣押措施,查封、扣押的期限不得超过30日;情况复杂的,经实施查封、扣押措施的食品安全监督管理部门负责人批准,可以延长,延长期限不得超过45日。

第六十二条 网络食品交易第三方平台多次出现入网食品经营者违法经营或者入网食品经营者的违法经营行为造成严重后果的,县级以上人民政府食品安全监督管理部门可以对网络食品交易第三方平台提供者的法定代表人或者主要负责人进行责任约谈。

第六十三条 国务院食品安全监督管理部门会同国务院卫生行政等部门根据食源性疾病信息、食品安全风险监测信息和监督管理信息等,对发现的添加或者可能添加到食品中的非食品用化学物质和其他可能危害人体健康的物质,制定名录及检测方法并予以公布。

第六十四条 县级以上地方人民政府卫生行政部门应当对餐饮具集中消毒服务单位进行监督检查,发现不符合法律、法规、国家相关标准以及相关卫生规范等要求的,应当及时调查处理。监督检查的结果应当向社会公布。

第六十五条 国家实行食品安全违法行为举报奖励制度,对查证属实的举报,给予举报人奖励。举报人举报所在企业食品安全重大违法犯罪行为的,应当加大奖励力度。有关部门应当对举报人的信息予以保密,保护举报人的合法权益。食品安全违法行为举报奖励办法由国务院食品安全监督管理部门会同国务院财政等有关部门制定。

食品安全违法行为举报奖励资金纳入各级人民政府预算。

第六十六条 国务院食品安全监督管理部门应当会同国务院有关部门建立守信联合激励和失信联合惩戒机制，结合食品生产经营者信用档案，建立严重违法生产经营者黑名单制度，将食品安全信用状况与准入、融资、信贷、征信等相衔接，及时向社会公布。

第九章 法律责任

第六十七条 有下列情形之一的，属于食品安全法第一百二十三条至第一百二十六条、第一百三十二条以及本条例第七十二条、第七十三条规定的情节严重情形：

（一）违法行为涉及的产品货值金额2万元以上或者违法行为持续时间3个月以上；

（二）造成食源性疾病并出现死亡病例，或者造成30人以上食源性疾病但未出现死亡病例；

（三）故意提供虚假信息或者隐瞒真实情况；

（四）拒绝、逃避监督检查；

（五）因违反食品安全法律、法规受到行政处罚后1年内又实施同一性质的食品安全违法行为，或者因违反食品安全法律、法规受到刑事处罚后又实施食品安全违法行为；

（六）其他情节严重的情形。

对情节严重的违法行为处以罚款时，应当依法从重从严。

第六十八条 有下列情形之一的，依照食品安全法第一百二十五条第一款、本条例第七十五条的规定给予处罚：

（一）在食品生产、加工场所贮存依照本条例第六十三条规定制定的名录中的物质；

（二）生产经营的保健食品之外的食品的标签、说明书声称具有保健功能；

（三）以食品安全国家标准规定的选择性添加物质命名婴幼儿配方食品；

（四）生产经营的特殊食品的标签、说明书内容与注册或者备案的标签、说明书不一致。

第六十九条 有下列情形之一的，依照食品安全法第一百二十六条第一款、本条例第七十五条的规定给予处罚：

（一）接受食品生产经营者委托贮存、运输食品，未按照规定记录保存信息；

（二）餐饮服务提供者未查验、留存餐具饮具集中消毒服务单位的营业执照复印件和消毒合格证明；

（三）食品生产经营者未按照规定对变质、超过保质期或者回收的食品进行标示或者存放，或者未及时对上述食品采取无害化处理、销毁等措施并如实记录；

（四）医疗机构和药品零售企业之外的单位或者个人向消费者销售特殊医学用途配方食品中的特定全营养配方食品；

（五）将特殊食品与普通食品或者药品混放销售。

第七十条 除食品安全法第一百二十五条第一款、第一百二十六条规定的情形外，食品生产经营者的生产经营行为不符合食品安全法第三十三条第一款第五项、第七项至第十项的规定，或者不符合有关食品生产经营过程要求的食品安全国家标准的，依照食品安全法第一百二十六条第一款、本条例第七十五条的规定给予处罚。

第七十一条 餐具饮具集中消毒服务单位未按照规定建立并遵守出厂检验记录制度的，由县级以上人民政府卫生行政部门依照食品安全法第一百二十六条第一款、本条例第七十五条的规定给予处罚。

第七十二条 从事对温度、湿度等有特殊要求的食品贮存业务的非食品生产经营者，食品集中交易市场的开办者、食品展销会的举办者，未按照规定备案或者报告的，由县级以上人民政府食品安全监督管理部门责令改正，给予警告；拒不改正的，处1万元以上5万元以下罚款；情节严重的，责令停产停业，并处5万元以上20万元以下罚款。

第七十三条 利用会议、讲座、健康咨询等方式对食品进行虚假宣传的，由县级以上人民政府食品安全监督管理部门责令消除影响，有违法所得的，没收违法所得；情节严重的，依照食品安全法第一百四十条第五款的规定进行处罚；属于单位违法的，还应当依照本条例第七十五条的规定对单位的法定代表人、主要负责人、直接负责的主管人员和其他直接责任人员给予处分。

第七十四条 食品生产经营者生产经营的食品符合食品安全标准但不符合食品所标注的企业标准规定的食品安全指标的，由县级以上人民政府食品安全监督管理部门给予警告，并责令食品经营者停止经营该食品，责令食品生产企业改正；拒不停止经营或者改正的，没收不符合企业标准规定的食品安全指标的食品，货值金额不足1万元的，并处1万元以上5万元以下罚款，货值金额1万元以上的，并处货值金额5倍以上10倍以下罚款。

第七十五条 食品生产经营企业等单位有食品安全法规定的违法情形，除依照食品安全法的规定给予处罚外，有下列情形之一的，对单位的法定代表人、主要负责人、直接负责的主管人员和其他直接责任人员处以其上一年度从本单位取得收入的1倍以上10倍以下罚款：

（一）故意实施违法行为；

（二）违法行为性质恶劣；

（三）违法行为造成严重后果。

属于食品安全法第一百二十五条第二款规定情形的，不适用前款规定。

第七十六条 食品生产经营者依照食品安全法第六十三条第一款、第二款的规定停止生产、经营，实施食品召回，或者采取其他有效措施减轻或者消除食品安全风险，未造成危害后果的，可以从轻或者减轻处罚。

第七十七条 县级以上地方人民政府食品安全监督管理等部门对有食品安全法第一百二十三条规定的违法情形且情节严重，可能需要行政拘留的，应当及时将案件及有关材料移送同级公安机关。公安机关认为需要补充材料的，食品安全监督管理等部门应当及时提供。公安机关经审查认为不符合行政拘留条件的，应当及时将案件及有关材料退回移送的食品安全监督管理等部门。

第七十八条 公安机关对发现的食品安全违法行为，经审查没有犯罪事实或者立案侦查后认为不需要追究刑事责任，但依法应当予以行政拘留的，应当及时作出行政拘留的处罚决定；不需要予以行政拘留但依法应当追究其他行政责任的，应当及时将案件及有关材料移送同级食品安全监督管理等部门。

第七十九条 复检机构无正当理由拒绝承担复检任务的，由县级以上人民政府食品安全监督管理部门给予警告，无正当理由1年内2次拒绝承担复检任务的，由国务院有关部门撤销其复检机构资质并向社会公布。

第八十条 发布未依法取得资质认定的食品检验机构出具的食品检验信息，或者利用上述检验信息对食品、食品生产经营者进行等级评定，欺骗、误导消费者的，由县级以上人民政府食品安全监督管理部门责令改正，有违法所得的，没收违法所得，并处10万元以上50万元以下罚款；拒不改正的，处50万元以上100万元以下罚款；构成违反治安管理行为的，由公安机关依法给予治安管理处罚。

第八十一条 食品安全监督管理部门依照食品安全法、本条例对违法单位或者个人处以30万元以上罚款的，由设区的市级以上人民政府食品安全监督管理部门决定。罚款具体处罚权限由国务院食品安全监督管理部门规定。

第八十二条 阻碍食品安全监督管理等部门工作人员依法执行职务，构成违反治安管理行为的，由公安机关依法给予治安管理处罚。

第八十三条 县级以上人民政府食品安全监督管理等部门发现单位或者个人违反食品安全法第一百二十条第一款规定，编造、散布虚假食品安全信息，涉嫌构成违反治安管理行为的，应当将相关情况通报同级公安机关。

第八十四条 县级以上人民政府食品安全监督管理部门及其工作人员违法向他人提供网络食品交易第三方平台提供者提供的信息的，依照食品安全法第一百四十五条的规定给予处分。

第八十五条 违反本条例规定，构成犯罪的，依法追究刑事责任。

第十章 附 则

第八十六条 本条例自2019年12月1日起施行。

国家食品安全事故应急预案

·国务院2011年10月5日修订

1 总 则

1.1 编制目的

建立健全应对食品安全事故运行机制，有效预防、积极应对食品安全事故，高效组织应急处置工作，最大限度地减少食品安全事故的危害，保障公众健康与生命安全，维护正常的社会经济秩序。

1.2 编制依据

依据《中华人民共和国突发事件应对法》、《中华人民共和国食品安全法》《中华人民共和国农产品质量安全法》《中华人民共和国食品安全法实施条例》《突发公共卫生事件应急条例》和《国家突发公共事件总体应急预案》，制定本预案。

1.3 事故分级

食品安全事故，指食物中毒、食源性疾病、食品污染等源于食品，对人体健康有危害或者可能有危害的事故。食品安全事故共分四级，即特别重大食品安全事故、重大食品安全事故、较大食品安全事故和一般食品安全事故。事故等级的评估核定，由卫生行政部门会同有关部门依照有关规定进行。

1.4 事故处置原则

（1）以人为本，减少危害。把保障公众健康和生命安全作为应急处置的首要任务，最大限度减少食品安全事故造成的人员伤亡和健康损害。

（2）统一领导，分级负责。按照"统一领导、综合协调、分类管理、分级负责、属地管理为主"的应急管理体制，建立快速反应、协同应对的食品安全事故应急机制。

（3）科学评估，依法处置。有效使用食品安全风险监测、评估和预警等科学手段；充分发挥专业队伍的作用，提高应对食品安全事故的水平和能力。

（4）居安思危，预防为主。坚持预防与应急相结合，常态与非常态相结合，做好应急准备，落实各项防范措施，防患于未然。建立健全日常管理制度，加强食品安全风险监测、评估和预警；加强宣教培训，提高公众自我防范和应对食品安全事故的意识和能力。

2 组织机构及职责

2.1 应急机制启动

食品安全事故发生后，卫生行政部门依法组织对事故进行分析评估，核定事故级别。特别重大食品安全事故，由卫生部会同食品安全办向国务院提出启动Ⅰ级响应的建议，经国务院批准后，成立国家特别重大食品安全事故应急处置指挥部（以下简称指挥部），统一领导和指挥事故应急处置工作；重大、较大、一般食品安全事故，分别由事故所在地省、市、县级人民政府组织成立相应应急处置指挥机构，统一组织开展本行政区域事故应急处置工作。

2.2 指挥部设置

指挥部成员单位根据事故的性质和应急处置工作的需要确定，主要包括卫生部、农业部、商务部、工商总局、质检总局、食品药品监管局、铁道部、粮食局、中央宣传部、教育部、工业和信息化部、公安部、监察部、民政部、财政部、环境保护部、交通运输部、海关总署、旅游局、新闻办、民航局和食品安全办等部门以及相关行业协会组织。当事故涉及国外、港澳台时，增加外交部、港澳办、台办等部门为成员单位。由卫生部、食品安全办等有关部门人员组成指挥部办公室。

2.3 指挥部职责

指挥部负责统一领导事故应急处置工作；研究重大应急决策和部署；组织发布事故的重要信息；审议批准指挥部办公室提交的应急处置工作报告；应急处置的其他工作。

2.4 指挥部办公室职责

指挥部办公室承担指挥部的日常工作，主要负责贯彻落实指挥部的各项部署，组织实施事故应急处置工作；检查督促相关地区和部门做好各项应急处置工作，及时有效地控制事故，防止事态蔓延扩大；研究协调解决事故应急处理工作中的具体问题；向国务院、指挥部及其成员单位报告、通报事故应急处置的工作情况；组织信息发布。指挥部办公室建立会商、发文、信息发布和督查等制度，确保快速反应、高效处置。

2.5 成员单位职责

各成员单位在指挥部统一领导下开展工作，加强对事故发生地人民政府有关部门工作的督促、指导，积极参与应急救援工作。

2.6 工作组设置及职责

根据事故处置需要，指挥部可下设若干工作组，分别开展相关工作。各工作组在指挥部的统一指挥下开展工作，并随时向指挥部办公室报告工作开展情况。

（1）事故调查组

由卫生部牵头，会同公安部、监察部及相关部门负责调查事故发生原因，评估事故影响，尽快查明致病原因，作出调查结论，提出事故防范意见；对涉嫌犯罪的，由公安部负责，督促、指导涉案地公安机关立案侦办，查清事实，依法追究刑事责任；对监管部门及其他机关工作人员的失职、渎职等行为进行调查。根据实际需要，事故调查组可以设置在事故发生地或派出部分人员赴现场开展事故调查(简称前方工作组)。

(2) 危害控制组

由事故发生环节的具体监管职能部门牵头,会同相关监管部门监督、指导事故发生地政府职能部门召回、下架、封存有关食品、原料、食品添加剂及食品相关产品,严格控制流通渠道,防止危害蔓延扩大。

(3) 医疗救治组

由卫生部负责,结合事故调查组的调查情况,制定最佳救治方案,指导事故发生地人民政府卫生部门对健康受到危害的人员进行医疗救治。

(4) 检测评估组

由卫生部牵头,提出检测方案和要求,组织实施相关检测,综合分析各方检测数据,查找事故原因和评估事故发展趋势,预测事故后果,为制定现场抢救方案和采取控制措施提供参考。检测评估结果要及时报告指挥部办公室。

(5) 维护稳定组

由公安部牵头,指导事故发生地人民政府公安机关加强治安管理,维护社会稳定。

(6) 新闻宣传组

由中央宣传部牵头,会同新闻办、卫生部等部门组织事故处置宣传报道和舆论引导,并配合相关部门做好信息发布工作。

(7) 专家组

指挥部成立由有关方面专家组成的专家组,负责对事故进行分析评估,为应急响应的调整和解除以及应急处置工作提供决策建议,必要时参与应急处置。

2.7 应急处置专业技术机构

医疗、疾病预防控制以及各有关部门的食品安全相关技术机构作为食品安全事故应急处置专业技术机构,应当在卫生行政部门及有关食品安全监管部门组织领导下开展应急处置相关工作。

3 应急保障

3.1 信息保障

卫生部会同国务院有关监管部门建立国家统一的食品安全信息网络体系,包含食品安全监测、事故报告与通报、食品安全事故隐患预警等内容;建立健全医疗救治信息网络,实现信息共享。卫生部负责食品安全信息网络体系的统一管理。有关部门应当设立信息报告和举报电话,畅通信息报告渠道,确保食品安全事故的及时报告与相关信息的及时收集。

3.2 医疗保障

卫生行政部门建立功能完善、反应灵敏、运转协调、持续发展的医疗救治体系,在食品安全事故造成人员伤害时迅速开展医疗救治。

3.3 人员及技术保障

应急处置专业技术机构要结合本机构职责开展专业技术人员食品安全事故应急处置能力培训,加强应急处置力量建设,提高快速应对能力和技术水平。健全专家队伍,为事故核实、级别核定、事故隐患预警及应急响应等相关技术工作提供人才保障。国务院有关部门加强食品安全事故监测、预警、预防和应急处置等技术研发,促进国内外交流与合作,为食品安全事故应急处置提供技术保障。

3.4 物资与经费保障

食品安全事故应急处置所需设施、设备和物资的储备与调用应当得到保障;使用储备物资后须及时补充;食品安全事故应急处置、产品抽样及检验等所需经费应当列入年度财政预算,保障应急资金。

3.5 社会动员保障

根据食品安全事故应急处置的需要,动员和组织社会力量协助参与应急处置,必要时依法调用企业及个人物资。在动用社会力量或企业、个人物资进行应急处置后,应当及时归还或给予补偿。

3.6 宣教培训

国务院有关部门应当加强对食品安全专业人员、食品生产经营者及广大消费者的食品安全知识宣传、教育与培训,促进专业人员掌握食品安全相关工作技能,增强食品生产经营者的责任意识,提高消费者的风险意识和防范能力。

4 监测预警、报告与评估

4.1 监测预警

卫生部会同国务院有关部门根据国家食品安全风险监测工作需要,在综合利用现有监测机构能力的基础上,制定和实施加强国家食品安全风险监测能力建设规划,建立覆盖全国的食源性疾病、食品污染和食品中有害因素监测体系。卫生部根据食品安全风险监测结果,对食品安全状况进行综合分析，对可能具有较高程度安全风险的食品，提出并公布食品安全风险警示信息。

有关监管部门发现食品安全隐患或问题，应及时通报卫生行政部门和有关方面，依法及时采取有效控制措施。

4.2 事故报告

4.2.1 事故信息来源

（1）食品安全事故发生单位与引发食品安全事故食品的生产经营单位报告的信息；

（2）医疗机构报告的信息；

（3）食品安全相关技术机构监测和分析结果；

（4）经核实的公众举报信息；

（5）经核实的媒体披露与报道信息；

（6）世界卫生组织等国际机构、其他国家和地区通报我国信息。

4.2.2 报告主体和时限

（1）食品生产经营者发现其生产经营的食品造成或者可能造成公众健康损害的情况和信息，应当在2小时内向所在地县级卫生行政部门和负责本单位食品安全监管工作的有关部门报告。

（2）发生可能与食品有关的急性群体性健康损害的单位，应当在2小时内向所在地县级卫生行政部门和有关监管部门报告。

（3）接收食品安全事故病人治疗的单位，应当按照卫生部有关规定及时所在地县级卫生行政部门和有关监管部门报告。

（4）食品安全相关技术机构、有关社会团体及个人发现食品安全事故相关情况，应当及时向县级卫生行政部门和有关监管部门报告或举报。

（5）有关监管部门发现食品安全事故或接到食品安全事故报告或举报，应当立即通报同级卫生行政部门和其他有关部门，经初步核实后，要继续收集相关信息，并及时将有关情况进一步向卫生行政部门和其他有关监管部门通报。

（6）经初步核实为食品安全事故且需要启动应急响应的，卫生行政部门应当按规定向本级人民政府及上级人民政府卫生行政部门报告；必要时，可直接向卫生部报告。

4.2.3 报告内容

食品生产经营者、医疗、技术机构和社会团体、个人向卫生行政部门和有关监管部门报告疑似食品安全事故信息时，应当包括事故发生时间、地点和人数等基本情况。

有关监管部门报告食品安全事故信息时，应当包括事故发生单位、时间、地点、危害程度、伤亡人数、事故报告单位信息（含报告时间、报告单位联系人员及联系方式）、已采取措施、事故简要经过等内容；并随时通报或者补报工作进展。

4.3 事故评估

4.3.1 有关监管部门应当按有关规定及时向卫生行政部门提供相关信息和资料，由卫生行政部门统一组织协调开展食品安全事故评估。

4.3.2 食品安全事故评估是为核定食品安全事故级别和确定应采取的措施而进行的评估。评估内容包括：

（1）污染食品可能导致的健康损害及所涉及的范围，是否已造成健康损害后果及严重程度；

（2）事故的影响范围及严重程度；

（3）事故发展蔓延趋势。

5 应急响应

5.1 分级响应

根据食品安全事故分级情况，食品安全事故应急响应分为Ⅰ级、Ⅱ级、Ⅲ级和Ⅳ级响应。核定为特别重大食品安全事故，报经国务院批准并宣布启动Ⅰ级响应后，指挥部立即成立运行，组织开展应急处置。重大、较大、一般食品安全事故分别由事故发生地的省、市、县级人民政府启动相应级别响应，成立食品安全事故应急处置指挥机构进行处置。必要时上级人民政府派出工作组指导、协助事故应急处置工作。

启动食品安全事故Ⅰ级响应期间，指挥部成员单位在指挥部的统一指挥与调度下，按相应职责做好事故应急处置相关工作。事发地省级人民政府按照指挥部的统一部署，组织协调地市级、县级人民政府全力开展应急处置，并及时报告相关工作进展情况。事故发生单位按照相应的处置方案开展先期处置，并配合卫生行政部门及有关部门做好食品安全事故的应急处置。

食源性疾病中涉及传染病疫情的，按照《中华人民共和国传染病防治法》和《国家突发公共卫生事件应急预案》等相关规定开展疫情防控和应急处置。

5.2 应急处置措施

事故发生后，根据事故性质、特点和危害程度，立即组织有关部门，依照有关规定采取下列应

急处置措施,以最大限度减轻事故危害:

(1)卫生行政部门有效利用医疗资源,组织指导医疗机构开展食品安全事故患者的救治。

(2)卫生行政部门及时组织疾病预防控制机构开展流行病学调查与检测,相关部门及时组织检验机构开展抽样检验,尽快查找食品安全事故发生的原因。对涉嫌犯罪的,公安机关及时介入,开展相关违法犯罪行为侦破工作。

(3)农业行政、质量监督、检验检疫、工商行政管理、食品药品监管、商务等有关部门应当依法强制性就地或异地封存事故相关食品及原料和被污染的食品用工具及用具,待卫生行政部门查明导致食品安全事故的原因后,责令食品生产经营者彻底清洗消毒被污染的食品用工具及用具,消除污染。

(4)对确认受到有毒有害物质污染的相关食品及原料,农业行政、质量监督、工商行政管理、食品药品监管等有关监管部门应当依法责令生产经营者召回、停止经营及进出口并销毁。检验后确认未被污染的应当予以解封。

(5)及时组织研判事故发展态势,并向事故可能蔓延到的地方人民政府通报信息,提醒做好应对准备。事故可能影响到国(境)外时,及时协调有关涉外部门做好相关通报工作。

5.3 检测分析评估

应急处置专业技术机构应当对引发食品安全事故的相关危险因素及时进行检测,专家组对检测数据进行综合分析和评估,分析事故发展趋势、预测事故后果,为制定事故调查和现场处置方案提供参考。有关部门对食品安全事故相关危险因素消除或控制,事故中伤病人员救治、现场、受污染食品控制,食品与环境、次生、衍生事故隐患消除等情况进行分析评估。

5.4 响应级别调整及终止

在食品安全事故处置过程中,要遵循事故发生发展的客观规律,结合实际情况和防控工作需要,根据评估结果及时调整应急响应级别,直至响应终止。

5.4.1 响应级别调整及终止条件

(1)级别提升

当事故进一步加重,影响和危害扩大,并有蔓延趋势,情况复杂难以控制时,应当及时提升响应级别。

当学校或托幼机构、全国性或区域性重要活动期间发生食品安全事故时,可相应提高响应级别,加大应急处置力度,确保迅速、有效控制食品安全事故,维护社会稳定。

(2)级别降低

事故危害得到有效控制,且经研判认为事故危害降低到原级别评估标准以下或无进一步扩散趋势的,可降低应急响应级别。

(3)响应终止

当食品安全事故得到控制,并达到以下两项要求,经分析评估认为可解除响应的,应当及时终止响应:

——食品安全事故伤病员全部得到救治,原患者病情稳定24小时以上,且无新的急性病症患者出现,食源性感染性疾病在末例患者后经过最长潜伏期无新病例出现;

——现场、受污染食品得以有效控制,食品与环境污染得到有效清理并符合相关标准,次生、衍生事故隐患消除。

5.4.2 响应级别调整及终止程序

指挥部组织对事故进行分析评估论证。评估认为符合级别调整条件的,指挥部提出调整应急响应级别建议,报同级人民政府批准后实施。应急响应级别调整后,事故相关地区人民政府应当结合调整后级别采取相应措施。评估认为符合响应终止条件时,指挥部提出终止响应的建议,报同级人民政府批准后实施。

上级人民政府有关部门应当根据下级人民政府有关部门的请求,及时组织专家为食品安全事故响应级别调整和终止的分析论证提供技术支持与指导。

5.5 信息发布

事故信息发布由指挥部或其办公室统一组织,采取召开新闻发布会、发布新闻通稿等多种形式向社会发布,做好宣传报道和舆论引导。

6 后期处置

6.1 善后处置

事发地人民政府及有关部门要积极稳妥、深入细致地做好善后处置工作,消除事故影响,恢复正常秩序。完善相关政策,促进行业健康发展。

食品安全事故发生后,保险机构应当及时开展应急救援人员保险受理和受灾人员保险理赔工作。

造成食品安全事故的责任单位和责任人应当

按照有关规定对受害人给予赔偿,承担受害人后续治疗及保障等相关费用。

6.2 奖惩

6.2.1 奖励

对在食品安全事故应急管理和处置工作中作出突出贡献的先进集体和个人,应当给予表彰和奖励。

6.2.2 责任追究

对迟报、谎报、瞒报和漏报食品安全事故重要情况或者应急管理工作中有其他失职、渎职行为的,依法追究有关责任单位或责任人的责任;构成犯罪的,依法追究刑事责任。

6.3 总结

食品安全事故善后处置工作结束后,卫生行政部门应当组织有关部门及时对食品安全事故和应急处置工作进行总结,分析事故原因和影响因素,评估应急处置工作开展情况和效果,提出对类似事故的防范和处置建议,完成总结报告。

7 附则

7.1 预案管理与更新

与食品安全事故处置有关的法律法规被修订,部门职责或应急资源发生变化,应急预案在实施过程中出现新情况或新问题时,要结合实际及时修订与完善本预案。

国务院有关食品安全监管部门、地方各级人民政府参照本预案,制定本部门和地方食品安全事故应急预案。

7.2 演习演练

国务院有关部门要开展食品安全事故应急演练,以检验和强化应急准备和应急响应能力,并通过对演习演练的总结评估,完善应急预案。

7.3 预案实施

本预案自发布之日起施行。

食品生产许可管理办法

· 2020年1月2日国家市场监督管理总局令第24号公布
· 自2020年3月1日起施行

第一章 总则

第一条 为规范食品、食品添加剂生产许可活动,加强食品生产监督管理,保障食品安全,根据《中华人民共和国行政许可法》《中华人民共和国食品安全法》《中华人民共和国食品安全法实施条例》等法律法规,制定本办法。

第二条 在中华人民共和国境内,从事食品生产活动,应当依法取得食品生产许可。

食品生产许可的申请、受理、审查、决定及其监督检查,适用本办法。

第三条 食品生产许可应当遵循依法、公开、公平、公正、便民、高效的原则。

第四条 食品生产许可实行一企一证原则,即同一个食品生产者从事食品生产活动,应当取得一个食品生产许可证。

第五条 市场监督管理部门按照食品的风险程度,结合食品原料、生产工艺等因素,对食品生产实施分类许可。

第六条 国家市场监督管理总局负责监督指导全国食品生产许可管理工作。

县级以上地方市场监督管理部门负责本行政区域内的食品生产许可监督管理工作。

第七条 省、自治区、直辖市市场监督管理部门可以根据食品类别和食品安全风险状况,确定市、县级市场监督管理部门的食品生产许可管理权限。

保健食品、特殊医学用途配方食品、婴幼儿配方食品、婴幼儿辅助食品、食盐等食品的生产许可,由省、自治区、直辖市市场监督管理部门负责。

第八条 国家市场监督管理总局负责制定食品生产许可审查通则和细则。

省、自治区、直辖市市场监督管理部门可以根据本行政区域食品生产许可审查工作的需要,对地方特色食品制定食品生产许可审查细则,在本行政区域内实施,并向国家市场监督管理总局报告。国家市场监督管理总局制定公布相关食品生产许可审查细则后,地方特色食品生产许可审查细则自行废止。

县级以上地方市场监督管理部门实施食品生产许可审查,应当遵守食品生产许可审查通则和细则。

第九条 县级以上地方市场监督管理部门应当加快信息化建设,推进许可申请、受理、审查、发证、查询等全流程网上办理,并在行政机关的网站上公布生产许可事项,提高办事效率。

第二章　申请与受理

第十条　申请食品生产许可,应当先行取得营业执照等合法主体资格。

企业法人、合伙企业、个人独资企业、个体工商户、农民专业合作组织等,以营业执照载明的主体作为申请人。

第十一条　申请食品生产许可,应当按照以下食品类别提出:粮食加工品,食用油、油脂及其制品,调味品,肉制品,乳制品,饮料,方便食品,饼干,罐头,冷冻饮品,速冻食品,薯类和膨化食品,糖果制品,茶叶及相关制品,酒类,蔬菜制品,水果制品,炒货食品及坚果制品,蛋制品,可可及焙烤咖啡产品,食糖,水产制品,淀粉及淀粉制品,糕点,豆制品,蜂产品,保健食品,特殊医学用途配方食品,婴幼儿配方食品,特殊膳食食品,其他食品等。

国家市场监督管理总局可以根据监督管理工作需要对食品类别进行调整。

第十二条　申请食品生产许可,应当符合下列条件:

(一)具有与生产的食品品种、数量相适应的食品原料处理和食品加工、包装、贮存等场所,保持该场所环境整洁,并与有毒、有害场所以及其他污染源保持规定的距离;

(二)具有与生产的食品品种、数量相适应的生产设备或者设施,有相应的消毒、更衣、盥洗、采光、照明、通风、防腐、防尘、防蝇、防鼠、防虫、洗涤以及处理废水、存放垃圾和废弃物的设备或者设施;保健食品生产工艺有原料提取、纯化等前处理工序的,需要具备与生产的品种、数量相适应的原料前处理设备或者设施;

(三)有专职或者兼职的食品安全专业技术人员、食品安全管理人员和保证食品安全的规章制度;

(四)具有合理的设备布局和工艺流程,防止待加工食品与直接入口食品、原料与成品交叉污染,避免食品接触有毒物、不洁物;

(五)法律、法规规定的其他条件。

第十三条　申请食品生产许可,应当向申请人所在地县级以上地方市场监督管理部门提交下列材料:

(一)食品生产许可申请书;

(二)食品生产设备布局图和食品生产工艺流程图;

(三)食品生产主要设备、设施清单;

(四)专职或者兼职的食品安全专业技术人员、食品安全管理人员信息和食品安全管理制度。

第十四条　申请保健食品、特殊医学用途配方食品、婴幼儿配方食品等特殊食品的生产许可,还应当提交与所生产食品相适应的生产质量管理体系文件以及相关注册和备案文件。

第十五条　从事食品添加剂生产活动,应当依法取得食品添加剂生产许可。

申请食品添加剂生产许可,应当具备与所生产食品添加剂品种相适应的场所、生产设备或者设施、食品安全管理人员、专业技术人员和管理制度。

第十六条　申请食品添加剂生产许可,应当向申请人所在地县级以上地方市场监督管理部门提交下列材料:

(一)食品添加剂生产许可申请书;

(二)食品添加剂生产设备布局图和生产工艺流程图;

(三)食品添加剂生产主要设备、设施清单;

(四)专职或者兼职的食品安全专业技术人员、食品安全管理人员信息和食品安全管理制度。

第十七条　申请人应当如实向市场监督管理部门提交有关材料和反映真实情况,对申请材料的真实性负责,并在申请书等材料上签名或者盖章。

第十八条　申请人申请生产多个类别食品的,由申请人按照省级市场监督管理部门确定的食品生产许可管理权限,自主选择其中一个受理部门提交申请材料。受理部门应当及时告知有相应审批权限的市场监督管理部门,组织联合审查。

第十九条　县级以上地方市场监督管理部门对申请人提出的食品生产许可申请,应当根据下列情况分别作出处理:

(一)申请事项依法不需要取得食品生产许可的,应当即时告知申请人不受理;

(二)申请事项依法不属于市场监督管理部门职权范围的,应当即时作出不予受理的决定,并告知申请人向有关行政机关申请;

(三)申请材料存在可以当场更正的错误的,应当允许申请人当场更正,由申请人在更正处签名或者盖章,注明更正日期;

（四）申请材料不齐全或者不符合法定形式的，应当当场或者在5个工作日内一次告知申请人需要补正的全部内容。当场告知的，应当将申请材料退回申请人；在5个工作日内告知的，应当收取申请材料并出具收到申请材料的凭据。逾期不告知的，自收到申请材料之日即为受理；

（五）申请材料齐全、符合法定形式，或者申请人按照要求提交全部补正材料的，应当受理食品生产许可申请。

第二十条 县级以上地方市场监督管理部门对申请人提出的申请决定予以受理的，应当出具受理通知书；决定不予受理的，应当出具不予受理通知书，说明不予受理的理由，并告知申请人依法享有申请行政复议或者提起行政诉讼的权利。

第三章 审查与决定

第二十一条 县级以上地方市场监督管理部门应当对申请人提交的申请材料进行审查。需要对申请材料的实质内容进行核实的，应当进行现场核查。

市场监督管理部门开展食品生产许可现场核查时，应当按照申请材料进行核查。对首次申请许可或者增加食品类别的变更许可的，根据食品生产工艺流程等要求，核查试制食品的检验报告。开展食品添加剂生产许可现场核查时，可以根据食品添加剂品种特点，核查试制食品添加剂的检验报告和复配食品添加剂配方等。试制食品检验可以由生产者自行检验，或者委托有资质的食品检验机构检验。

现场核查应当由食品安全监管人员进行，根据需要可以聘请专业技术人员作为核查人员参加现场核查。核查人员不得少于2人。核查人员应当出示有效证件，填写食品生产许可现场核查表，制作现场核查记录，经申请人核对无误后，由核查人员和申请人在核查表和记录上签名或者盖章。申请人拒绝签名或者盖章的，核查人员应当注明情况。

申请保健食品、特殊医学用途配方食品、婴幼儿配方乳粉生产许可，在产品注册或者产品配方注册时经过现场核查的项目，可以不再重复进行现场核查。

市场监督管理部门可以委托下级市场监督管理部门，对受理的食品生产许可申请进行现场核查。特殊食品生产许可的现场核查原则上不得委托下级市场监督管理部门实施。

核查人员应当自接受现场核查任务之日起5个工作日内，完成对生产场所的现场核查。

第二十二条 除可以当场作出行政许可决定的外，县级以上地方市场监督管理部门应当自受理申请之日起10个工作日内作出是否准予行政许可的决定。因特殊原因需要延长期限的，经本行政机关负责人批准，可以延长5个工作日，并应当将延长期限的理由告知申请人。

第二十三条 县级以上地方市场监督管理部门应当根据申请材料审查和现场核查等情况，对符合条件的，作出准予生产许可的决定，并自作出决定之日起5个工作日内向申请人颁发食品生产许可证；对不符合条件的，应当及时作出不予许可的书面决定并说明理由，同时告知申请人依法享有申请行政复议或者提起行政诉讼的权利。

第二十四条 食品添加剂生产许可申请符合条件的，由申请人所在地县级以上地方市场监督管理部门依法颁发食品生产许可证，并标注食品添加剂。

第二十五条 食品生产许可证发证日期为许可决定作出的日期，有效期为5年。

第二十六条 县级以上地方市场监督管理部门认为食品生产许可申请涉及公共利益的重大事项，需要听证的，应当向社会公告并举行听证。

第二十七条 食品生产许可直接涉及申请人与他人之间重大利益关系的，县级以上地方市场监督管理部门在作出行政许可决定前，应当告知申请人、利害关系人享有要求听证的权利。

申请人、利害关系人在被告知听证权利之日起5个工作日内提出听证申请的，市场监督管理部门应当在20个工作日内组织听证。听证期限不计算在行政许可审查期限之内。

第四章 许可证管理

第二十八条 食品生产许可证分为正本、副本。正本、副本具有同等法律效力。

国家市场监督管理总局负责制定食品生产许可证式样。省、自治区、直辖市市场监督管理部门负责本行政区域食品生产许可证的印制、发放等管理工作。

第二十九条 食品生产许可证应当载明：生产者名称、社会信用代码、法定代表人（负责人）、住所、生产地址、食品类别、许可证编号、有效期、发证机关、发证日期和二维码。

副本还应当载明食品明细。生产保健食品、特殊医学用途配方食品、婴幼儿配方食品的，还应当载明产品或者产品配方的注册号或者备案登记号；接受委托生产保健食品的，还应当载明委托企业名称及住所等相关信息。

第三十条 食品生产许可证编号由SC（"生产"的汉语拼音字母缩写）和14位阿拉伯数字组成。数字从左至右依次为：3位食品类别编码、2位省（自治区、直辖市）代码、2位市（地）代码、2位县（区）代码、4位顺序码、1位校验码。

第三十一条 食品生产者应当妥善保管食品生产许可证，不得伪造、涂改、倒卖、出租、出借、转让。

食品生产者应当在生产场所的显著位置悬挂或者摆放食品生产许可证正本。

第五章 变更、延续与注销

第三十二条 食品生产许可证有效期内，食品生产者名称、现有设备布局和工艺流程、主要生产设备设施、食品类别等事项发生变化，需要变更食品生产许可证载明的许可事项的，食品生产者应当在变化后10个工作日内向原发证的市场监督管理部门提出变更申请。

食品生产者的生产场所迁址的，应当重新申请食品生产许可。

食品生产许可证副本载明的同一食品类别内的事项发生变化的，食品生产者应当在变化后10个工作日内向原发证的市场监督管理部门报告。

食品生产者的生产条件发生变化，不再符合食品生产要求，需要重新办理许可手续的，应当依法办理。

第三十三条 申请变更食品生产许可的，应当提交下列申请材料：

（一）食品生产许可变更申请书；

（二）与变更食品生产许可事项有关的其他材料。

第三十四条 食品生产者需要延续依法取得的食品生产许可的有效期的，应当在该食品生产许可有效期届满30个工作日前，向原发证的市场监督管理部门提出申请。

第三十五条 食品生产者申请延续食品生产许可，应当提交下列材料：

（一）食品生产许可延续申请书；

（二）与延续食品生产许可事项有关的其他材料。

保健食品、特殊医学用途配方食品、婴幼儿配方食品的生产企业申请延续食品生产许可的，还应当提供生产质量管理体系运行情况的自查报告。

第三十六条 县级以上地方市场监督管理部门应当根据被许可人的延续申请，在该食品生产许可有效期届满前作出是否准予延续的决定。

第三十七条 县级以上地方市场监督管理部门应当对变更或者延续食品生产许可的申请材料进行审查，并按照本办法第二十一条的规定实施现场核查。

申请人声明生产条件未发生变化的，县级以上地方市场监督管理部门可以不再进行现场核查。

申请人的生产条件及周边环境发生变化，可能影响食品安全的，市场监督管理部门应当就变化情况进行现场核查。

保健食品、特殊医学用途配方食品、婴幼儿配方食品注册或者备案的生产工艺发生变化的，应当先办理注册或者备案变更手续。

第三十八条 市场监督管理部门决定准予变更的，应当向申请人颁发新的食品生产许可证。食品生产许可证编号不变，发证日期为市场监督管理部门作出变更许可决定的日期，有效期与原证书一致。但是，对因迁址等原因而进行全面现场核查的，其换发的食品生产许可证有效期自发证之日起计算。

因食品安全国家标准发生重大变化，国家和省级市场监督管理部门决定组织重新核查而换发的食品生产许可证，其发证日期以重新批准日期为准，有效期自重新发证之日起计算。

第三十九条 市场监督管理部门决定准予延续的，应当向申请人颁发新的食品生产许可证，许可证编号不变，有效期自市场监督管理部门作出延续许可决定之日起计算。

不符合许可条件的，市场监督管理部门应当作出不予延续食品生产许可的书面决定，并说明理由。

第四十条 食品生产者终止食品生产，食品生产许可被撤回、撤销，应当在20个工作日内向原发证的市场监督管理部门申请办理注销手续。

食品生产者申请注销食品生产许可的，应当向原发证的市场监督管理部门提交食品生产许可注销申请书。

食品生产许可被注销的，许可证编号不得再次使用。

第四十一条 有下列情形之一，食品生产者未按规定申请办理注销手续的，原发证的市场监督管理部门应当依法办理食品生产许可注销手续，并在网站进行公示：

（一）食品生产许可有效期届满未申请延续的；

（二）食品生产者主体资格依法终止的；

（三）食品生产许可依法被撤回、撤销或者食品生产许可证依法被吊销的；

（四）因不可抗力导致食品生产许可事项无法实施的；

（五）法律法规规定的应当注销食品生产许可的其他情形。

第四十二条 食品生产许可证变更、延续与注销的有关程序参照本办法第二章、第三章的有关规定执行。

第六章　监督检查

第四十三条 县级以上地方市场监督管理部门应当依据法律法规规定的职责，对食品生产者的许可事项进行监督检查。

第四十四条 县级以上地方市场监督管理部门应当建立食品许可管理信息平台，便于公民、法人和其他社会组织查询。

县级以上地方市场监督管理部门应当将食品生产许可颁发、许可事项检查、日常监督检查、许可违法行为查处等情况记入食品生产者食品安全信用档案，并通过国家企业信用信息公示系统向社会公示；对有不良信用记录的食品生产者应当增加监督检查频次。

第四十五条 县级以上地方市场监督管理部门及其工作人员履行食品生产许可管理职责，应当自觉接受食品生产者和社会监督。

接到有关工作人员在食品生产许可管理过程中存在违法行为的举报，市场监督管理部门应当及时进行调查核实。情况属实的，应当立即纠正。

第四十六条 县级以上地方市场监督管理部门应当建立食品生产许可档案管理制度，将办理食品生产许可的有关材料、发证情况及时归档。

第四十七条 国家市场监督管理总局可以定期或者不定期组织对全国食品生产许可工作进行监督检查；省、自治区、直辖市市场监督管理部门可以定期或者不定期组织对本行政区域内的食品生产许可工作进行监督检查。

第四十八条 未经申请人同意，行政机关及其工作人员、参加现场核查的人员不得披露申请人提交的商业秘密、未披露信息或者保密商务信息，法律另有规定或者涉及国家安全、重大社会公共利益的除外。

第七章　法律责任

第四十九条 未取得食品生产许可从事食品生产活动的，由县级以上地方市场监督管理部门依照《中华人民共和国食品安全法》第一百二十二条的规定给予处罚。

食品生产者生产的食品不属于食品生产许可证上载明的食品类别的，视为未取得食品生产许可从事食品生产活动。

第五十条 许可申请人隐瞒真实情况或者提供虚假材料申请食品生产许可的，由县级以上地方市场监督管理部门给予警告。申请人在1年内不得再次申请食品生产许可。

第五十一条 被许可人以欺骗、贿赂等不正当手段取得食品生产许可的，由原发证的市场监督管理部门撤销许可，并处1万元以上3万元以下罚款。被许可人在3年内不得再次申请食品生产许可。

第五十二条 违反本办法第三十一条第一款规定，食品生产者伪造、涂改、倒卖、出租、出借、转让食品生产许可证的，由县级以上地方市场监督管理部门责令改正，给予警告，并处1万元以下罚款；情节严重的，处1万元以上3万元以下罚款。

违反本办法第三十一条第二款规定，食品生产者未按规定在生产场所的显著位置悬挂或者摆放食品生产许可证的，由县级以上地方市场监督管理部门责令改正；拒不改正的，给予警告。

第五十三条 违反本办法第三十二条第一款规定，食品生产许可证有效期内，食品生产者名称、现有设备布局和工艺流程、主要生产设备设施等事项发生变化，需要变更食品生产许可证载明的许可事项，未按规定申请变更的，由原发证的市场监督管理部门责令改正，给予警告；拒不改正的，处1万元以上3万元以下罚款。

违反本办法第三十二条第二款规定，食品生产者的生产场所迁址后未重新申请取得食品生产许可从事食品生产活动的，由县级以上地方市场监督管理部门依照《中华人民共和国食品安全法》第一百二十二条的规定给予处罚。

违反本办法第三十二条第三款、第四十条第一款规定，食品生产许可证副本载明的同一食品类别内的事项发生变化，食品生产者未按规定报告的，食品生产者终止食品生产，食品生产许可被撤回、撤销或者食品生产许可证被吊销，未按规定申请办理注销手续的，由原发证的市场监督管理部门责令改正；拒不改正的，给予警告，并处5000元以下罚款。

第五十四条　食品生产者违反本办法规定，有《中华人民共和国食品安全法实施条例》第七十五条第一款规定的情形的，依法对单位的法定代表人、主要负责人、直接负责的主管人员和其他直接责任人员给予处罚。

被吊销生产许可证的食品生产者及其法定代表人、直接负责的主管人员和其他直接责任人员自处罚决定作出之日起5年内不得申请食品生产经营许可，或者从事食品生产经营管理工作、担任食品生产经营企业食品安全管理人员。

第五十五条　市场监督管理部门对不符合条件的申请人准予许可，或者超越法定职权准予许可的，依照《中华人民共和国食品安全法》第一百四十四条的规定给予处分。

第八章　附　则

第五十六条　取得食品经营许可的餐饮服务提供者在其餐饮服务场所制作加工食品，不需要取得本办法规定的食品生产许可。

第五十七条　食品添加剂的生产许可管理原则、程序、监督检查和法律责任，适用本办法有关食品生产许可的规定。

第五十八条　对食品生产加工小作坊的监督管理，按照省、自治区、直辖市制定的具体管理办法执行。

第五十九条　各省、自治区、直辖市市场监督管理部门可以根据本行政区域实际情况，制定有关食品生产许可管理的具体实施办法。

第六十条　市场监督管理部门制作的食品生产许可电子证书与印制的食品生产许可证书具有同等法律效力。

第六十一条　本办法自2020年3月1日起施行。原国家食品药品监督管理总局2015年8月31日公布，根据2017年11月7日原国家食品药品监督管理总局《关于修改部分规章的决定》修正的《食品生产许可管理办法》同时废止。

食品经营许可和备案管理办法

· 2023年6月15日国家市场监督管理总局令第78号公布
· 自2023年12月1日起施行

第一章　总　则

第一条　为了规范食品经营许可和备案活动，加强食品经营安全监督管理，落实食品安全主体责任，保障食品安全，根据《中华人民共和国行政许可法》《中华人民共和国食品安全法》《中华人民共和国食品安全法实施条例》等法律法规，制定本办法。

第二条　食品经营许可的申请、受理、审查、决定，仅销售预包装食品（含保健食品、特殊医学用途配方食品、婴幼儿配方乳粉以及其他婴幼儿配方食品等特殊食品，下同）的备案，以及相关监督检查工作，适用本办法。

第三条　食品经营许可和备案应当遵循依法、公开、公平、公正、便民、高效的原则。

第四条　在中华人民共和国境内从事食品销售和餐饮服务活动，应当依法取得食品经营许可。

下列情形不需要取得食品经营许可：

（一）销售食用农产品；

（二）仅销售预包装食品；

（三）医疗机构、药品零售企业销售特殊医学用途配方食品中的特定全营养配方食品；

（四）已经取得食品生产许可的食品生产者，在其生产加工场所或者通过网络销售其生产的食品；

（五）法律、法规规定的其他不需要取得食品经营许可的情形。

除上述情形外，还开展其他食品经营项目的，应当依法取得食品经营许可。

第五条　仅销售预包装食品的，应当报所在地县级以上地方市场监督管理部门备案。

仅销售预包装食品的食品经营者在办理备案后，增加其他应当取得食品经营许可的食品经营项目的，应当依法取得食品经营许可；取得食品经营许可之日起备案自行失效。

食品经营者已经取得食品经营许可，增加预包装食品销售的，不需要另行备案。

已经取得食品生产许可的食品生产者在其生产加工场所或者通过网络销售其生产的预包装食品的，不需要另行备案。

医疗机构、药品零售企业销售特殊医学用途配方食品中的特定全营养配方食品不需要备案，但是向医疗机构、药品零售企业销售特定全营养配方食品的经营企业，应当取得食品经营许可或者进行备案。

第六条　食品展销会的举办者应当在展销会举办前十五个工作日内，向所在地县级市场监督管理部门报告食品经营区域布局、经营项目、经营期限、食品安全管理制度以及入场食品经营者主体信息核验情况等。法律、法规、规章或者县级以上地方人民政府有规定的，依照其规定。

食品展销会的举办者应当依法承担食品安全管理责任，核验并留存入场食品经营者的许可证或者备案情况等信息，明确入场食品经营者的食品安全义务和责任并督促落实，定期对其经营环境、条件进行检查，发现有食品安全违法行为的，应当及时制止并立即报告所在地县级市场监督管理部门。

本条规定的展销会包括交易会、博览会、庙会等。

第七条　食品经营者在不同经营场所从事食品经营活动的，应当依法分别取得食品经营许可或者进行备案。通过自动设备从事食品经营活动或者仅从事食品经营管理活动的，取得一个经营场所的食品经营许可或者进行备案后，即可在本省级行政区域内的其他经营场所开展已取得许可或者备案范围内的经营活动。

利用自动设备跨省经营的，应当分别向经营者所在地和自动设备放置地点所在地省级市场监督管理部门报告。

跨省从事食品经营管理活动的，应当分别向经营者所在地和从事经营管理活动所在地省级市场监督管理部门报告。

第八条　国家市场监督管理总局负责指导全国食品经营许可和备案管理工作。

县级以上地方市场监督管理部门负责本行政区域内的食品经营许可和备案管理工作。

省、自治区、直辖市市场监督管理部门可以根据食品经营主体业态、经营项目和食品安全风险状况等，结合食品安全风险管理实际，确定本行政区域内市场监督管理部门的食品经营许可和备案管理权限。

第九条　县级以上地方市场监督管理部门应当加强食品经营许可和备案信息化建设，在行政机关网站公开食品经营许可和备案管理权限、办事指南等事项。

县级以上地方市场监督管理部门应当通过食品经营许可和备案管理信息平台实施食品经营许可和备案全流程网上办理。

食品经营许可电子证书与纸质食品经营许可证书具有同等法律效力。

第二章　申请与受理

第十条　申请食品经营许可，应当先行取得营业执照等合法主体资格。

企业法人、合伙企业、个人独资企业、个体工商户等，以营业执照载明的主体作为申请人。

机关、事业单位、社会团体、民办非企业单位、企业等申办食堂，以机关或者事业单位法人登记证、社会团体登记证或者营业执照等载明的主体作为申请人。

第十一条　申请食品经营许可，应当按照食品经营主体业态和经营项目分类提出。

食品经营主体业态分为食品销售经营者、餐饮服务经营者、集中用餐单位食堂。食品经营者从事食品批发销售、中央厨房、集体用餐配送的，利用自动设备从事食品经营的，或者学校、托幼机构食堂，应当在主体业态后以括号标注。主体业态以主要经营项目确定，不可以复选。

食品经营项目分为食品销售、餐饮服务、食品经营管理三类。食品经营项目可以复选。

食品销售，包括散装食品销售、散装食品和预包装食品销售。

餐饮服务，包括热食类食品制售、冷食类食品制售、生食类食品制售、半成品制售、自制饮品制售等，其中半成品制售仅限中央厨房申请。

食品经营管理，包括食品销售连锁管理、餐饮服务连锁管理、餐饮服务管理等。

食品经营者从事散装食品销售中的散装熟食销售、冷食类食品制售中的冷加工糕点制售和冷荤类食品制售应当在经营项目后以括号标注。

具有热、冷、生、固态、液态等多种形式，难以明确归类的食品，可以按照食品安全风险等级最高的情形进行归类。

国家市场监督管理总局可以根据监督管理工作需要对食品经营项目进行调整。

第十二条 申请食品经营许可，应当符合与其主体业态、经营项目相适应的食品安全要求，具备下列条件：

（一）具有与经营的食品品种、数量相适应的食品原料处理和食品加工、销售、贮存等场所，保持该场所环境整洁，并与有毒、有害场所以及其他污染源保持规定的距离；

（二）具有与经营的食品品种、数量相适应的经营设备或者设施，有相应的消毒、更衣、盥洗、采光、照明、通风、防腐、防尘、防蝇、防鼠、防虫、洗涤以及处理废水、存放垃圾和废弃物的设备或者设施；

（三）有专职或者兼职的食品安全总监、食品安全员等食品安全管理人员和保证食品安全的规章制度；

（四）具有合理的设备布局和工艺流程，防止待加工食品与直接入口食品、原料与成品交叉污染，避免食品接触有毒物、不洁物；

（五）食品安全相关法律、法规规定的其他条件。

从事食品经营管理的，应当具备与其经营规模相适应的食品安全管理能力，建立健全食品安全管理制度，并按照规定配备食品安全管理人员，对其经营管理的食品安全负责。

第十三条 申请食品经营许可，应当提交下列材料：

（一）食品经营许可申请书；

（二）营业执照或者其他主体资格证明文件复印件；

（三）与食品经营相适应的主要设备设施、经营布局、操作流程等文件；

（四）食品安全自查、从业人员健康管理、进货查验记录、食品安全事故处置等保证食品安全的规章制度目录清单。

利用自动设备从事食品经营的，申请人应当提交每台设备的具体放置地点、食品经营许可证的展示方法、食品安全风险管控方案等材料。

营业执照或者其他主体资格证明文件能够实现网上核验的，申请人不需要提供本条第一款第二项规定的材料。从事食品经营管理的食品经营者，可以不提供主要设备设施、经营布局材料。仅从事食品销售类经营项目的不需要提供操作流程。

申请人委托代理人办理食品经营许可申请的，代理人应当提交授权委托书以及代理人的身份证明文件。

第十四条 食品经营者从事解冻、简单加热、冲调、组合、摆盘、洗切等食品安全风险较低的简单制售的，县级以上地方市场监督管理部门在保证食品安全的前提下，可以适当简化设备设施、专门区域等审查内容。

从事生食类食品、冷加工糕点、冷荤类食品等高风险食品制售的不适用前款规定。

第十五条 学校、托幼机构、养老机构、建筑工地等集中用餐单位的食堂应当依法取得食品经营许可，落实食品安全主体责任。

承包经营集中用餐单位食堂的，应当取得与承包内容相适应的食品经营许可，具有与所承包的食堂相适应的食品安全管理制度和能力，按照规定配备食品安全管理人员，并对食堂的食品安全负责。集中用餐单位应当落实食品安全管理责任，按照规定配备食品安全管理人员，对承包方的食品经营活动进行监督管理，督促承包方落实食品安全管理制度。

第十六条 食品经营者从事网络经营的，外设仓库（包括自有和租赁）的，或者集体用餐配送单位向学校、托幼机构供餐的，应当在开展相关经营活动之日起十个工作日内向所在地县级以上地方市场监督管理部门报告。所在地县级以上地方市场监督管理部门应当在食品经营许可和备案管理信息平台记录报告情况。

第十七条　申请人应当如实向县级以上地方市场监督管理部门提交有关材料并反映真实情况，对申请材料的真实性负责，并在申请书等材料上签名或者盖章。符合法律规定的可靠电子签名、电子印章与手写签名或者盖章具有同等法律效力。

第十八条　县级以上地方市场监督管理部门对申请人提出的食品经营许可申请，应当根据下列情况分别作出处理：

（一）申请事项依法不需要取得食品经营许可的，应当即时告知申请人不受理；

（二）申请事项依法不属于市场监督管理部门职权范围的，应当即时作出不予受理的决定，并告知申请人向有关行政机关申请；

（三）申请材料存在可以当场更正的错误的，应当允许申请人当场更正，由申请人在更正处签名或者盖章，注明更正日期；

（四）申请材料不齐全或者不符合法定形式的，应当当场或者自收到申请材料之日起五个工作日内一次告知申请人需要补正的全部内容和合理的补正期限。申请人无正当理由逾期不予补正的，视为放弃行政许可申请，市场监督管理部门不需要作出不予受理的决定。市场监督管理部门逾期未告知申请人补正的，自收到申请材料之日即为受理；

（五）申请材料齐全、符合法定形式，或者申请人按照要求提交全部补正材料的，应当受理食品经营许可申请。

第十九条　县级以上地方市场监督管理部门对申请人提出的申请决定予以受理的，应当出具受理通知书；当场作出许可决定并颁发许可证的，不需要出具受理通知书；决定不予受理的，应当出具不予受理通知书，说明理由，并告知申请人依法享有申请行政复议或者提起行政诉讼的权利。

第三章　审查与决定

第二十条　县级以上地方市场监督管理部门应当对申请人提交的许可申请材料进行审查。需要对申请材料的实质内容进行核实的，应当进行现场核查。食品经营许可申请包含预包装食品销售的，对其中的预包装食品销售项目不需要进行现场核查。

现场核查应当由符合要求的核查人员进行。核查人员不得少于两人。核查人员应当出示有效证件，填写食品经营许可现场核查表，制作现场核查记录，经申请人核对无误后，由核查人员和申请人在核查表上签名或者盖章。申请人拒绝签名或者盖章的，核查人员应当注明情况。

上级地方市场监督管理部门可以委托下级地方市场监督管理部门，对受理的食品经营许可申请进行现场核查。

核查人员应当自接受现场核查任务之日起五个工作日内，完成对经营场所的现场核查。经核查，通过现场整改能够符合条件的，应当允许现场整改；需要通过一定时限整改的，应当明确整改要求和整改时限，并经市场监督管理部门负责人同意。

第二十一条　县级以上地方市场监督管理部门应当自受理申请之日起十个工作日内作出是否准予行政许可的决定。因特殊原因需要延长期限的，经市场监督管理部门负责人批准，可以延长五个工作日，并应当将延长期限的理由告知申请人。鼓励有条件的地方市场监督管理部门优化许可工作流程，压减现场核查、许可决定等工作时限。

第二十二条　县级以上地方市场监督管理部门应当根据申请材料审查和现场核查等情况，对符合条件的，作出准予行政许可的决定，并自作出决定之日起五个工作日内向申请人颁发食品经营许可证；对不符合条件的，应当作出不予许可的决定，说明理由，并告知申请人依法享有申请行政复议或者提起行政诉讼的权利。

第二十三条　食品经营许可证发证日期为许可决定作出的日期，有效期为五年。

第二十四条　县级以上地方市场监督管理部门认为食品经营许可申请涉及公共利益的重大事项，需要听证的，应当向社会公告并举行听证。

食品经营许可直接涉及申请人与他人之间重大利益关系的，县级以上地方市场监督管理部门在作出行政许可决定前，应当告知申请人、利害关系人享有要求听证的权利。申请人、利害关系人在被告知听证权利之日起五个工作日内提出听证申请的，市场监督管理部门应当在二十个工作日内组织听证。听证期限不计算在行政许可审查期限之内。

第四章　许可证管理

第二十五条　食品经营许可证分为正本、副

本。正本、副本具有同等法律效力。

国家市场监督管理总局负责制定食品经营许可证正本、副本式样。省、自治区、直辖市市场监督管理部门负责本行政区域内食品经营许可证的印制和发放等管理工作。

第二十六条 食品经营许可证应当载明：经营者名称、统一社会信用代码、法定代表人（负责人）、住所、经营场所、主体业态、经营项目、许可证编号、有效期、投诉举报电话、发证机关、发证日期，并赋有二维码。其中，经营场所、主体业态、经营项目属于许可事项，其他事项不属于许可事项。

食品经营者取得餐饮服务、食品经营管理经营项目的，销售预包装食品不需要在许可证上标注食品销售类经营项目。

第二十七条 食品经营许可证编号由 JY（"经营"的汉语拼音首字母缩写）和十四位阿拉伯数字组成。数字从左至右依次为：一位主体业态代码、两位省（自治区、直辖市）代码、两位市（地）代码、两位县（区）代码、六位顺序码、一位校验码。

第二十八条 食品经营者应当妥善保管食品经营许可证，不得伪造、涂改、倒卖、出租、出借、转让。

食品经营者应当在经营场所的显著位置悬挂、摆放纸质食品经营许可证正本或者展示其电子证书。

利用自动设备从事食品经营的，应当在自动设备的显著位置展示食品经营者的联系方式、食品经营许可证复印件或者电子证书、备案编号。

第五章　变更、延续、补办与注销

第二十九条 食品经营许可证载明的事项发生变化的，食品经营者应当在变化后十个工作日内向原发证的市场监督管理部门申请变更食品经营许可。食品经营者地址迁移，不在原许可经营场所从事食品经营活动的，应当重新申请食品经营许可。

第三十条 发生下列情形的，食品经营者应当在变化后十个工作日内向原发证的市场监督管理部门报告：

（一）食品经营者的主要设备设施、经营布局、操作流程等发生较大变化，可能影响食品安全的；

（二）从事网络经营情况发生变化的；

（三）外设仓库（包括自有和租赁）地址发生变化的；

（四）集体用餐配送单位向学校、托幼机构供餐情况发生变化的；

（五）自动设备放置地点、数量发生变化的；

（六）增加预包装食品销售的。

符合前款第一项、第五项情形的，县级以上地方市场监督管理部门应当在收到食品经营者的报告后三十个工作日内对其实施监督检查，重点检查食品经营实际情况与报告内容是否相符、食品经营条件是否符合食品安全要求等。

第三十一条 食品经营者申请变更食品经营许可的，应当提交食品经营许可变更申请书，以及与变更食品经营许可事项有关的材料。食品经营者取得纸质食品经营许可证正本、副本的，应当同时提交。

第三十二条 食品经营者需要延续依法取得的食品经营许可有效期的，应当在该食品经营许可有效期届满前九十个工作日至十五个工作日期间，向原发证的市场监督管理部门提出申请。

县级以上地方市场监督管理部门应当根据被许可人的延续申请，在该食品经营许可有效期届满前作出是否准予延续的决定。

在食品经营许可有效期届满前十五个工作日内提出延续许可申请的，原食品经营许可有效期届满后，食品经营者应当暂停食品经营活动，原发证的市场监督管理部门作出准予延续的决定后，方可继续开展食品经营活动。

第三十三条 食品经营者申请延续食品经营许可的，应当提交食品经营许可延续申请书，以及与延续食品经营许可事项有关的其他材料。食品经营者取得纸质食品经营许可证正本、副本的，应当同时提交。

第三十四条 县级以上地方市场监督管理部门应当对变更或者延续食品经营许可的申请材料进行审查。

申请人的经营条件发生变化或者增加经营项目，可能影响食品安全的，市场监督管理部门应当就变化情况进行现场核查。

申请变更或者延续食品经营许可时，申请人声明经营条件未发生变化、经营项目减项或者未发生变化的，市场监督管理部门可以不进行现场核查，对申请材料齐全、符合法定形式的，当场作出准予变更或者延续食品经营许可决定。

未现场核查的,县级以上地方市场监督管理部门应当自申请人取得食品经营许可之日起三十个工作日内对其实施监督检查。现场核查发现实际情况与申请材料内容不相符,食品经营者应当立即采取整改措施,经整改仍不相符的,依法撤销变更或者延续食品经营许可决定。

第三十五条　原发证的市场监督管理部门决定准予变更的,应当向申请人颁发新的食品经营许可证。食品经营许可证编号不变,发证日期为市场监督管理部门作出变更许可决定的日期,有效期与原证书一致。

不符合许可条件的,原发证的市场监督管理部门应当作出不予变更食品经营许可的书面决定,说明理由,并告知申请人依法享有申请行政复议或者提起行政诉讼的权利。

第三十六条　原发证的市场监督管理部门决定准予延续的,应当向申请人颁发新的食品经营许可证,许可证编号不变,有效期自作出延续许可决定之日起计算。

不符合许可条件的,原发证的市场监督管理部门应当作出不予延续食品经营许可的书面决定,说明理由,并告知申请人依法享有申请行政复议或者提起行政诉讼的权利。

第三十七条　食品经营许可证遗失、损坏,应当向原发证的市场监督管理部门申请补办,并提交下列材料:

(一)食品经营许可证补办申请书;

(二)书面遗失声明或者受损坏的食品经营许可证。

材料符合要求的,县级以上地方市场监督管理部门应当在受理后十个工作日内予以补发。

因遗失、损坏补发的食品经营许可证,许可证编号不变,发证日期和有效期与原证书保持一致。

第三十八条　食品经营者申请注销食品经营许可的,应当向原发证的市场监督管理部门提交食品经营许可证注销申请书,以及与注销食品经营许可有关的其他材料。食品经营者取得纸质食品经营许可证正本、副本的,应当同时提交。

第三十九条　有下列情形之一,原发证的市场监督管理部门应当依法办理食品经营许可注销手续:

(一)食品经营许可有效期届满未申请延续的;

(二)食品经营者主体资格依法终止的;

(三)食品经营许可依法被撤回、撤销或者食品经营许可证依法被吊销的;

(四)因不可抗力导致食品经营许可事项无法实施的;

(五)法律、法规规定的应当注销食品经营许可的其他情形。

食品经营许可被注销的,许可证编号不得再次使用。

第四十条　食品经营许可证变更、延续、补办与注销的有关程序参照本办法第二章和第三章的有关规定执行。

第六章　仅销售预包装食品备案

第四十一条　备案人应当取得营业执照等合法主体资格,并具备与销售的食品品种、数量等相适应的经营条件。

第四十二条　拟从事仅销售预包装食品活动的,在办理市场主体登记注册时,可以一并进行仅销售预包装食品备案,并提交仅销售预包装食品备案信息采集表。已经取得合法主体资格的备案人从事仅销售预包装食品活动的,应当在开展销售活动之日起五个工作日内向县级以上地方市场监督管理部门提交备案信息材料。材料齐全的,获得备案编号。备案人对所提供的备案信息的真实性、完整性负责。

利用自动设备仅销售预包装食品的,备案人应当提交每台设备的具体放置地点、备案编号的展示方法、食品安全风险管控方案等材料。

第四十三条　县级以上地方市场监督管理部门应当在备案后五个工作日内将经营者名称、经营场所、经营种类、备案编号等相关备案信息向社会公开。

第四十四条　备案信息发生变化的,备案人应当自发生变化后十五个工作日内向原备案的市场监督管理部门进行备案信息更新。

第四十五条　备案实施唯一编号管理。备案编号由YB("预""备"的汉语拼音首字母缩写)和十四位阿拉伯数字组成。数字从左至右依次为:一位业态类型代码(1为批发、2为零售)、两位省(自治区、直辖市)代码、两位市(地)代码、两位县(区)代码、六位顺序码、一位校验码。食品经营者主体资格依法终止的,备案编号自行失效。

第七章　监督检查

第四十六条　县级以上地方市场监督管理部门应当依据法律、法规规定的职责，对食品经营者的许可和备案事项进行监督检查。

第四十七条　县级以上地方市场监督管理部门应当建设完善食品经营许可和备案管理信息平台，便于公民、法人和其他社会组织查询。

县级以上地方市场监督管理部门应当将食品经营许可颁发、备案情况、监督检查、违法行为查处等情况记入食品经营者食品安全信用档案，并依法通过国家企业信用信息公示系统向社会公示；对有不良信用记录、信用风险高的食品经营者应当增加监督检查频次，并按照规定实施联合惩戒。

第四十八条　县级以上地方市场监督管理部门负责辖区内食品经营者许可和备案事项的监督检查，应当按照规定的频次对辖区内的食品经营者实施全覆盖检查。必要时，应当依法对相关食品贮存、运输服务提供者进行检查。

第四十九条　县级以上地方市场监督管理部门及其工作人员履行食品经营许可和备案管理职责，应当自觉接受食品经营者和社会监督。接到有关工作人员在食品经营许可和备案管理过程中存在违法行为的举报，市场监督管理部门应当及时进行调查核实，并依法处理。

第五十条　县级以上地方市场监督管理部门应当建立食品经营许可和备案档案管理制度，将办理食品经营许可和备案的有关材料、发证情况及时归档。

第五十一条　国家市场监督管理总局可以定期或者不定期组织对全国食品经营许可和备案管理工作进行监督检查；省、自治区、直辖市市场监督管理部门可以定期或者不定期组织对本行政区域内的食品经营许可和备案管理工作进行监督检查。

第八章　法律责任

第五十二条　未取得食品经营许可从事食品经营活动的，由县级以上地方市场监督管理部门依照《中华人民共和国食品安全法》第一百二十二条的规定给予处罚。

食品经营者地址迁移，不在原许可的经营场所从事食品经营活动的，未按照规定重新申请食品经营许可的，或者食品经营许可有效期届满，未按规定申请办理延续手续，仍继续从事食品经营活动的，由县级以上地方市场监督管理部门依照《中华人民共和国食品安全法》第一百二十二条的规定给予处罚。

食品经营许可证载明的主体业态、经营项目等许可事项发生变化，食品经营者未按照规定申请变更的，由县级以上地方市场监督管理部门依照《中华人民共和国食品安全法》第一百二十二条的规定给予处罚。但是，有下列情形之一，依照《中华人民共和国行政处罚法》第三十二条、第三十三条的规定从轻、减轻或者不予行政处罚：

（一）主体业态、经营项目发生变化，但食品安全风险等级未升高的；

（二）增加经营项目类型，但增加的经营项目所需的经营条件被已经取得许可的经营项目涵盖的；

（三）违法行为轻微，未对消费者人身健康和生命安全等造成危害后果的；

（四）法律、法规、规章规定的其他情形。

食品经营许可证载明的除许可事项以外的其他事项发生变化，食品经营者未按照规定申请变更的，由县级以上地方市场监督管理部门责令限期改正；逾期不改的，处一千元以上一万元以下罚款。

第五十三条　许可申请人隐瞒真实情况或者提供虚假材料申请食品经营许可的，由县级以上地方市场监督管理部门给予警告。申请人在一年内不得再次申请食品经营许可。

第五十四条　被许可人以欺骗、贿赂等不正当手段取得食品经营许可的，由原发证的市场监督管理部门撤销许可，处一万元以上三万元以下罚款；造成危害后果的，处三万元以上二十万元以下罚款。被许可人在三年内不得再次申请食品经营许可。

第五十五条　违反本办法第六条第一款规定，食品展销会举办者未按照规定在展销会举办前报告的，由县级以上地方市场监督管理部门依照《中华人民共和国食品安全法实施条例》第七十二条的规定给予处罚。

违反本办法第六条第二款规定，食品展销会举办者未履行检查、报告义务的，由县级以上地方市场监督管理部门依照《中华人民共和国食品安全法》第一百三十条的规定给予处罚。

第五十六条 违反本办法第七条第二款、第三款或者第十六条规定的,由县级以上地方市场监督管理部门责令限期改正;逾期不改的,处一千元以上一万元以下罚款。

第五十七条 违反本办法第二十八条第一款规定的,由县级以上地方市场监督管理部门责令改正,给予警告,并处一万元以上三万元以下罚款;情节严重的,处三万元以上十万元以下罚款;造成危害后果的,处十万元以上二十万元以下罚款。

违反本办法第二十八条第二款、第三款规定的,由县级以上地方市场监督管理部门责令限期改正;逾期不改的,给予警告。

第五十八条 违反本办法第三十条第一款第一项规定的,由县级以上地方市场监督管理部门责令限期改正;逾期不改的,处两千元以上一万元以下罚款;情节严重的,处一万元以上五万元以下罚款;造成危害后果的,处五万元以上二十万元以下罚款。

违反本办法第三十条第一款第二项至第六项规定的,由县级以上地方市场监督管理部门责令限期改正;逾期不改的,处一千元以上一万元以下罚款。

第五十九条 未按照规定提交备案信息或者备案信息发生变化未按照规定进行备案信息更新的,由县级以上地方市场监督管理部门责令限期改正;逾期不改的,处两千元以上一万元以下罚款。

备案时提供虚假信息的,由县级以上地方市场监督管理部门取消备案,处五千元以上三万元以下罚款。

第六十条 被吊销食品经营许可证的食品经营者及其法定代表人、直接负责的主管人员和其他直接责任人员自处罚决定作出之日起五年内不得申请食品生产经营许可,或者从事食品生产经营管理工作,担任食品生产经营企业食品安全管理人员。

第六十一条 市场监督管理部门对不符合条件的申请人准予许可,或者超越法定职权准予许可的,依照《中华人民共和国食品安全法》第一百四十四条的规定给予处分。

第九章 附 则

第六十二条 本办法用语的含义:

(一)集中用餐单位食堂,指设于机关、事业单位、社会团体、民办非企业单位、企业等,供应内部职工、学生等集中就餐的餐饮服务提供者;

(二)中央厨房,指由食品经营企业建立,具有独立场所和设施设备,集中完成食品成品或者半成品加工制作并配送给本单位连锁门店,供其进一步加工制作后提供给消费者的经营主体;

(三)集体用餐配送单位,指主要服务于集体用餐单位,根据其订购要求,集中加工、分送食品但不提供就餐场所的餐饮服务提供者;

(四)食品销售连锁管理,指食品销售连锁企业总部对其管理的门店实施统一的采购配送、质量管理、经营指导,或者品牌管理等规范化管理的活动;

(五)餐饮服务连锁管理,指餐饮服务连锁企业总部对其管理的门店实施统一的采购配送、质量管理、经营指导,或者品牌管理等规范化管理的活动;

(六)餐饮服务管理,指为餐饮服务提供者提供人员、加工制作、经营或者食品安全管理等服务的第三方管理活动;

(七)散装食品,指在经营过程中无食品生产者预先制作的定量包装或者容器、需要称重或者计件销售的食品,包括无包装以及称重或者计件后添加包装的食品。在经营过程中,食品经营者进行的包装,不属于定量包装;

(八)热食类食品,指食品原料经过粗加工、切配并经过蒸、煮、烹、煎、炒、烤、炸、焙烤等烹饪工艺制作的即食食品,含热加工糕点、汉堡,以及火锅和烧烤等烹饪方式加工而成的食品等;

(九)冷食类食品,指最后一道工艺是在常温或者低温条件下进行的,包括解冻、切配、调制等过程,加工后在常温或者低温条件下即可食用的食品,含生食瓜果蔬菜、腌菜、冷加工糕点、冷荤类食品等;

(十)生食类食品,一般特指生食动物性水产品(主要是海产品);

(十一)半成品,指原料经初步或者部分加工制作后,尚需进一步加工制作的非直接入口食品,不包括储存的已加工成成品的食品;

（十二）自制饮品，指经营者现场制作的各种饮料，含冰淇淋等；

（十三）冷加工糕点，指在各种加热熟制工序后，在常温或者低温条件下再进行二次加工的糕点。

第六十三条 省、自治区、直辖市市场监督管理部门可以根据本行政区域实际情况，制定有关食品经营许可和备案管理的具体实施办法。

第六十四条 省、自治区、直辖市依照《中华人民共和国食品安全法》第三十六条的规定对食品摊贩、小餐饮、小食品店等的监督管理作出规定的，依照其规定执行。其中，规定对用餐人数较少的小型食堂（学校、托幼机构、养老机构的食堂除外）参照小餐饮管理的，依照其规定；未作出规定的，省、自治区、直辖市市场监督管理部门可以制定具体管理办法，明确纳入食品经营活动管理的具体人数范围等监督管理要求。

第六十五条 从事对温度、湿度等有特殊要求食品贮存业务的非食品生产经营者备案参照仅销售预包装食品备案管理。

第六十六条 本办法自2023年12月1日起施行。2015年8月31日原国家食品药品监督管理总局令第17号公布的《食品经营许可管理办法》同时废止。

食品生产许可审查通则

- 2022年10月8日国家市场监督管理总局公告2022年第33号发布
- 自2022年11月1日起施行

第一章 总 则

第一条 为了加强食品、食品添加剂（以下统称食品）生产许可管理，规范食品生产许可审查工作，依据《中华人民共和国食品安全法》《中华人民共和国食品安全法实施条例》《食品生产许可管理办法》（以下简称《办法》）等法律法规、规章和食品安全国家标准，制定本通则。

第二条 本通则适用于市场监督管理部门组织对食品生产许可和变更许可、延续许可等审查工作。

第三条 食品生产许可审查包括申请材料审查和现场核查。

申请材料审查应当审查申请材料的完整性、规范性、符合性；现场核查应当审查申请材料与实际状况的一致性、生产条件的符合性。

第四条 本通则应当与相应的食品生产许可审查细则（以下简称审查细则）结合使用。使用地方特色食品生产许可审查细则开展食品生产许可审查的，应当符合《办法》第八条的规定。

对未列入《食品生产许可分类目录》和无审查细则的食品品种，县级以上地方市场监督管理部门应当依据《办法》和本通则的相关要求，结合类似食品的审查细则和产品执行标准制定审查方案（婴幼儿配方食品、特殊医学用途配方食品除外），实施食品生产许可审查。

第五条 法律、法规、规章和标准对食品生产许可审查有特别规定的，还应当遵守其规定。

第二章 申请材料审查

第六条 申请人应当具有申请食品生产许可的主体资格。申请材料应当符合《办法》规定，以电子或纸质方式提交。申请人应当对申请材料的真实性负责。

符合法定要求的电子申请材料、电子证照、电子印章、电子签名、电子档案与纸质申请材料、纸质证照、实物印章、手写签名或者盖章、纸质档案具有同等法律效力。

第七条 负责许可审批的市场监督管理部门（以下称审批部门）要求申请人提交纸质申请材料的，应当根据食品生产许可审查、日常监管和存档需要确定纸质申请材料的份数。

申请材料应当种类齐全、内容完整，符合法定形式和填写要求。

第八条 申请人有下列情形之一的，审批部门应当按照申请食品生产许可的要求审查：

（一）非因不可抗力原因，食品生产许可证有效期届满后提出食品生产许可申请的；

（二）生产场所迁址，重新申请食品生产许可的；

（三）生产条件发生重大变化，需要重新申请食品生产许可的。

第九条 申请食品生产许可的申请材料应当按照以下要求进行审查：

（一）完整性

1. 食品生产许可的申请材料符合《办法》第十三条和第十四条的要求；

2. 食品添加剂生产许可的申请材料符合《办法》第十六条的要求。

（二）规范性

1. 申请材料符合法定形式和填写要求，纸质申请材料应当使用钢笔、签字笔填写或者打印，字迹应当清晰、工整，修改处应当加盖申请人公章或者由申请人的法定代表人（负责人）签名；

2. 申请人名称、法定代表人（负责人）、统一社会信用代码、住所等填写内容与营业执照一致；

3. 生产地址为申请人从事食品生产活动的详细地址；

4. 申请材料应当由申请人的法定代表人（负责人）签名或者加盖申请人公章，复印件还应由申请人注明"与原件一致"；

5. 产品信息表中食品、食品添加剂类别，类别编号，类别名称，品种明细及备注的填写符合《食品生产许可分类目录》的有关要求。分装生产的，应在相应品种明细后注明。

（三）符合性

1. 申请人具有申请食品生产许可的主体资格；

2. 食品生产主要设备、设施清单符合《办法》第十二条第（二）项和相应审查细则要求；

3. 食品生产设备布局图和食品生产工艺流程图完整、准确，布局图按比例标注，设备布局、工艺流程合理，符合《办法》第十二条第（一）项和第（四）项要求，符合相应审查细则和所执行标准要求；

4. 申请人配备专职或者兼职的食品安全专业技术人员和食品安全管理人员，符合相应审查细则要求，符合《中华人民共和国食品安全法》第一百三十五条的要求；

5. 食品安全管理制度清单内容符合《办法》第十二条第（三）项和相应审查细则要求。

第十条　申请人有下列情形之一，依法申请变更食品生产许可的，审批部门应当按照变更食品生产许可的要求审查：

（一）现有设备布局和工艺流程发生变化的；

（二）主要生产设备设施发生变化的；

（三）生产的食品类别发生变化的；

（四）生产场所改建、扩建的；

（五）其他生产条件或生产场所周边环境发生变化，可能影响食品安全的；

（六）食品生产许可证载明的其他事项发生变化，需要变更的。

第十一条　变更食品生产许可的申请材料应当按照以下要求审查：

（一）申请材料符合《办法》第三十三条要求；

（二）申请变更的事项属于本通则第十条规定的变更范畴；

（三）涉及变更事项的申请材料符合本通则第九条中关于规范性及符合性的要求。

第十二条　申请人依法申请延续食品生产许可的，审批部门应当按照延续食品生产许可的要求审查。

第十三条　延续食品生产许可的申请材料应当按照以下要求审查：

（一）申请材料符合《办法》第三十五条要求；

（二）涉及延续事项的申请材料符合本通则第九条中关于规范性及符合性的要求。

第十四条　审批部门对申请人提交的食品生产申请材料审查，符合有关要求不需要现场核查的，应当按规定程序作出行政许可决定。对需要现场核查的，应当及时作出现场核查的决定，并组织现场核查。

第三章　现场核查

第十五条　有下列情形之一的，应当组织现场核查：

（一）属于本通则第八条申请食品生产许可情形的；

（二）属于本通则第十条变更食品生产许可情形第一至五项，可能影响食品安全的；

（三）属于本通则第十二条延续食品生产许可情形的，申请人声明生产条件或周边环境发生变化，可能影响食品安全的；

（四）需要对申请材料内容、食品类别、与相关审查细则及执行标准要求相符情况进行核实的；

（五）因食品安全国家标准发生重大变化，国家和省级市场监督管理部门决定组织重新核查的；

（六）法律、法规和规章规定需要实施现场核查的其他情形。

第十六条　对下列情形可以不再进行现场核查：

（一）特殊食品注册时已完成现场核查的（注

册现场核查后生产条件发生变化的除外）；

（二）申请延续换证，申请人声明生产条件未发生变化的。

第十七条 审批部门或其委托的下级市场监督管理部门实施现场核查前，应当组建核查组，制作并及时向申请人、实施食品安全日常监督管理的市场监督管理部门（以下称日常监管部门）送达《食品生产许可现场核查通知书》，告知现场核查有关事项。

第十八条 核查组由食品安全监管人员组成，根据需要可以聘请专业技术人员作为核查人员参加现场核查。核查人员应当具备满足现场核查工作要求的素质和能力，与申请人存在直接利害关系或者其他可能影响现场核查公正情形的，应当回避。

核查组中食品安全监管人员不得少于2人，实行组长负责制。实施现场核查的市场监督管理部门应当指定核查组组长。

第十九条 核查组应当确保核查客观、公正、真实，确保核查报告等文书和记录完整、准确、规范。

核查组组长负责组织现场核查、协调核查进度、汇总核查结论、上报核查材料等工作，对核查结论负责。

核查组成员对现场核查分工范围内的核查项目评分负责，对现场核查结论有不同意见时，及时与核查组组长研究解决，仍有不同意见时，可以在现场核查结束后1个工作日内书面向审批部门报告。

第二十条 日常监管部门应当派食品安全监管人员作为观察员，配合并协助现场核查工作。核查组成员中有日常监管部门的食品安全监管人员时，不再指派观察员。

观察员对现场核查程序、过程、结果有异议的，可在现场核查结束后1个工作日内书面向审批部门报告。

第二十一条 核查组进入申请人生产场所实施现场核查前，应当召开首次会议。核查组长向申请人介绍核查组成员及核查目的、依据、内容、程序、安排和要求等，并代表核查组作出保密承诺和廉洁自律声明。

参加首次会议人员包括核查组成员和观察员，以及申请人的法定代表人（负责人）或者其代理人、相关食品安全管理人员和专业技术人员，并在《食品、食品添加剂生产许可现场核查首次会议签到表》（附件1）上签名。

第二十二条 核查组应当依据《食品、食品添加剂生产许可现场核查评分记录表》（附件2）所列核查项目，采取核查场所及设备、查阅文件、核实材料及询问相关人员等方法实施现场核查。

必要时，核查组可以对申请人的食品安全管理人员、专业技术人员进行抽查考核。

第二十三条 现场核查范围主要包括生产场所、设备设施、设备布局和工艺流程、人员管理、管理制度及其执行情况，以及试制食品检验合格报告。

现场核查应当按照食品的类别分别核查、评分。审查细则对现场核查相关内容进行细化或者有特殊要求的，应当一并核查并在《食品、食品添加剂生产许可现场核查评分记录表》中记录。

对首次申请许可或者增加食品类别变更食品生产许可的，应当按照相应审查细则和执行标准的要求，核查试制食品的检验报告。申请变更许可及延续许可的，申请人声明其生产条件及周边环境发生变化的，应当就变化情况实施现场核查，不涉及变更的核查项目应当作为合理缺项，不作为评分项目。

现场核查对每个项目按照符合要求、基本符合要求、不符合要求3个等级判定得分，全部核查项目的总分为100分。某个核查项目不适用时，不参与评分，在"核查记录"栏目中说明不适用的原因。

现场核查结果以得分率进行判定。参与评分项目的实际得分占参与评分项目应得总分的百分比作为得分率。核查项目单项得分无0分项且总得分率≥85%的，该类别名称及品种明细判定为通过现场核查；核查项目单项得分有0分项或者总得分率<85%的，该类别名称及品种明细判定为未通过现场核查。

第二十四条 根据现场核查情况，核查组长应当召集核查人员共同研究各自负责核查项目的得分，汇总核查情况，形成初步核查意见。

核查组应当就初步核查意见向申请人的法定代表人（负责人）通报，并听取其意见。

第二十五条 核查组对初步核查意见和申请人的反馈意见会商后，应当根据不同类别名称的食品现场核查情况分别评分判定，形成核查结论，并汇总填写《食品、食品添加剂生产许可现场核查报告》(附件3)。

第二十六条 核查组应当召开末次会议，由核查组长宣布核查结论。核查人员及申请人的法定代表人(负责人)应当在《食品、食品添加剂生产许可现场核查评分记录表》《食品、食品添加剂生产许可现场核查报告》上签署意见并签名、盖章。观察员应当在《食品、食品添加剂生产许可现场核查报告》上签字确认。

《食品、食品添加剂生产许可现场核查报告》一式两份，现场交申请人留存一份，核查组留存一份。

申请人拒绝签名、盖章的，核查组长应当在《食品、食品添加剂生产许可现场核查报告》上注明情况。

参加末次会议人员范围与参加首次会议人员相同，参会人员应当在《食品、食品添加剂生产许可现场核查末次会议签到表》(附件4)上签名。

第二十七条 因申请人的下列原因导致现场核查无法开展的，核查组应当向委派其实施现场核查的市场监督管理部门报告，本次现场核查的结论判定为未通过现场核查：

(一)不配合实施现场核查的；

(二)现场核查时生产设备设施不能正常运行的；

(三)存在隐瞒有关情况或者提供虚假材料的；

(四)其他因申请人主观原因导致现场核查无法正常开展的。

第二十八条 核查组应当自接受现场核查任务之日起5个工作日内完成现场核查，并将《食品、食品添加剂生产许可核查材料清单》(附件5)所列的相关材料上报委派其实施现场核查的市场监督管理部门。

第二十九条 因不可抗力原因，或者供电、供水等客观原因导致现场核查无法开展的，申请人应当向审批部门书面提出许可中止申请。中止时间原则上不超过10个工作日，中止时间不计入食品生产许可审批时限。

因自然灾害等原因造成申请人生产条件不符合规定条件的，申请人应当申请终止许可。

申请人申请的中止时间到期仍不能开展现场核查的，或者申请人申请终止许可的，审批部门应当终止许可。

第三十条 因申请人涉嫌食品安全违法被立案调查或者涉嫌食品安全犯罪被立案侦查的，审批部门应当中止食品生产许可程序。中止时间不计入食品生产许可审批时限。

立案调查作出行政处罚决定为限制开展生产经营活动、责令停产停业、责令关闭、限制从业、暂扣许可证件、吊销许可证件的，或者立案侦查后移送检察院起诉的，应当终止食品生产许可程序。

立案调查作出行政处罚决定为警告、通报批评、罚款、没收违法所得、没收非法财物且申请人履行行政处罚的，或者立案调查、立案侦查作出撤案决定的，申请人申请恢复食品生产许可后，审批部门应当恢复食品生产许可程序。

第四章　审查结果与整改

第三十一条 审批部门应当根据申请材料审查和现场核查等情况，对符合条件的，作出准予食品生产许可的决定，颁发食品生产许可证；对不符合条件的，应当及时作出不予许可的书面决定并说明理由，同时告知申请人依法享有申请行政复议或者提起行政诉讼的权利。

现场核查结论判定为通过的婴幼儿配方食品、特殊医学用途配方食品申请人应当立即对现场核查中发现的问题进行整改，整改结果通过验收后，审批部门颁发食品生产许可证；申请人整改直至通过验收所需时间不计入许可时限。

第三十二条 作出准予食品生产许可决定的，审批部门应当及时将申请人的申请材料及相关许可材料送达申请人的日常监管部门。

第三十三条 现场核查结论判定为通过的，申请人应当自作出现场核查结论之日起1个月内完成对现场核查中发现问题的整改，并将整改结果向其日常监管部门书面报告。

因不可抗力原因，申请人无法在规定时限内完成整改的，应当及时向其日常监管部门提出延期申请。

第三十四条 申请人的日常监管部门应当在申请人取得食品生产许可后3个月内对获证企业开展一次监督检查。对已实施现场核查的企业，重点检查现场核查中发现问题的整改情况；对申请人声明生产条件未发生变化的延续换证企业，重点检查生产条件保持情况。

第五章 附 则

第三十五条 申请人的试制食品不得作为食品销售。

第三十六条 特殊食品生产许可审查细则另有规定的，从其规定。

第三十七条 省级市场监督管理部门可以根据本通则，结合本区域实际情况制定有关食品生产许可管理文件，补充、细化《食品、食品添加剂生产许可现场核查评分记录表》《食品、食品添加剂生产许可现场核查报告》。

第三十八条 本通则由国家市场监督管理总局负责解释。

第三十九条 本通则自2022年11月1日起施行。原国家食品药品监督管理总局2016年8月9日发布的《食品生产许可审查通则》同时废止。

附件：1. 食品、食品添加剂生产许可现场核查首次会议签到表（略）

2. 食品、食品添加剂生产许可现场核查评分记录表（略）

3. 食品、食品添加剂生产许可现场核查报告（略）

4. 食品、食品添加剂生产许可现场核查末次会议签到表（略）

5. 食品、食品添加剂生产许可核查材料清单（略）

食品经营许可审查通则（试行）

- 2015年9月30日
- 食药监食监二〔2015〕228号

第一章 总 则

第一条 为规范食品经营许可，根据《中华人民共和国食品安全法》《食品经营许可管理办法》等法律法规规章的规定，制定本通则。

第二条 本通则适用于食品药品监督管理部门对食品经营许可申请的审查。

第三条 食品药品监督管理部门按照主体业态、食品经营项目，并考虑风险高低对食品经营许可申请进行分类审查。

第四条 主体业态包括食品销售经营者、餐饮服务经营者、单位食堂。如申请通过网络经营、内设中央厨房或者从事集体用餐配送的，应当在主体业态后以括号标注。

第五条 食品经营项目分为预包装食品销售（含冷藏冷冻食品、不含冷藏冷冻食品）、散装食品销售（含冷藏冷冻食品、不含冷藏冷冻食品）、特殊食品销售（保健食品、特殊医学用途配方食品、婴幼儿配方乳粉、其他婴幼儿配方食品）、其他类食品销售、热食类食品制售、冷食类食品制售、生食类食品制售、糕点类食品制售、自制饮品制售、其他类食品制售。如申请散装熟食销售的，应当在散装食品销售项目后以括号标注。

第二章 许可审查基本要求

第六条 食品经营企业应当配备食品安全管理人员，食品安全管理人员应当经过培训和考核。取得国家或行业规定的食品安全相关资质的，可以免于考核。

第七条 食品经营企业应当具有保证食品安全的管理制度。食品安全管理制度应当包括：从业人员健康管理制度和培训管理制度、食品安全管理员制度、食品安全自检自查与报告制度、食品经营过程与控制制度、场所及设施设备清洗消毒和维修保养制度、进货查验和查验记录制度、食品贮存管理制度、废弃物处置制度、食品安全突发事件应急处置方案等。

第八条 食品经营者应当具有与经营的食品品种、数量相适应的食品经营和贮存场所。食品经营场所和食品贮存场所不得设在易受到污染的区域，距离粪坑、污水池、暴露垃圾场（站）、旱厕等污染源25米以上。

第九条 食品经营者应当根据经营项目设置相应的经营设备或设施，以及相应的消毒、更衣、盥洗、采光、照明、通风、防腐、防尘、防蝇、防鼠、防虫等设备或设施。

第十条 直接接触食品的设备或设施、工具、容器和包装材料等应当具有产品合格证明，应为安全、无毒、无异味、防吸收、耐腐蚀且可承受反复清洗和消毒的材料制作，易于清洁和保养。

第十一条 食品经营者在实体门店经营的同时通过互联网从事食品经营的，除上述条件外，还应当向许可机关提供具有可现场登陆申请人网站、网页或网店等功能的设施设备，供许可机关审查。

第十二条　无实体门店经营的互联网食品经营者应当具有与经营的食品品种、数量相适应的固定的食品经营场所，贮存场所视同食品经营场所，并应当向许可机关提供具有可现场登陆申请人网站、网页或网店等功能的设施设备，供许可机关审查。

贮存场所、人员及食品安全管理制度等均应当符合本章的通用要求。

无实体门店经营的互联网食品经营者不得申请所有食品制售项目以及散装熟食销售。

第三章　食品销售的许可审查要求

第十三条　申请预包装食品销售（含冷藏冷冻食品、不含冷藏冷冻食品），许可审查应当符合第二章和本章第一节通用要求。

第十四条　申请散装食品销售（含冷藏冷冻食品、不含冷藏冷冻食品）、特殊食品销售（保健食品、特殊医学用途配方食品、婴幼儿配方乳粉、其他婴幼儿配方食品），许可审查除应当符合本章第一节通用要求外，还应当符合本章第二节至第三节的相应规定。

第一节　一般要求

第十五条　食品销售场所和食品贮存场所应当环境整洁，有良好的通风、排气装置，并避免日光直接照射。地面应做到硬化，平坦防滑并易于清洁消毒，并有适当措施防止积水。食品销售场所和食品贮存场所应当与生活区分（隔）开。

第十六条　销售场所应布局合理，食品销售区域和非食品销售区域分开设置，生食区域和熟食区域分开，待加工食品区域与直接入口食品区域分开，经营水产品的区域与其他食品经营区域分开，防止交叉污染。

食品贮存应设专门区域，不得与有毒有害物品同库存放。贮存的食品应与墙壁、地面保持适当距离，防止虫害藏匿并利于空气流通。食品与非食品、生食与熟食应当有适当的分隔措施，固定的存放位置和标识。

第十七条　申请销售有温度控制要求的食品，应配备与经营品种、数量相适应的冷藏、冷冻设备，设备应当保证食品贮存销售所需的温度等要求。

第二节　散装食品销售许可审查要求

第十八条　散装食品应有明显的区域或隔离措施，生鲜畜禽、水产品与散装直接入口食品应有一定距离的物理隔离。

直接入口的散装食品应当有防尘防蝇等设施，直接接触食品的工具、容器和包装材料等应当具有符合食品安全标准的产品合格证明，直接接触食品的从业人员应当具有健康证明。

第十九条　申请销售散装熟食制品的，除符合本节上述规定外，申请时还应当提交与挂钩生产单位的合作协议（合同），提交生产单位的《食品生产许可证》复印件。

第三节　特殊食品销售审查要求

第二十条　申请保健食品销售、特殊医学用途配方食品销售、婴幼儿配方乳粉销售、婴幼儿配方食品销售的，应当在经营场所划定专门的区域或柜台、货架摆放、销售。

第二十一条　申请保健食品销售、特殊医学用途配方食品销售、婴幼儿配方乳粉销售、婴幼儿配方食品销售的，应当分别设立提示牌，注明"＊＊＊＊销售专区（或专柜）"字样，提示牌为绿底白字，字体为黑体，字体大小可根据设立的专柜或专区的空间大小而定。

第四章　餐饮服务的许可审查要求

第二十二条　申请热食类食品制售的，应当符合第二章和本章第一节通用要求。

第二十三条　申请冷食类食品制售、生食类食品制售、糕点类食品制售、自制饮品制售的，除符合第二章和本章第一节通用要求外，还应当符合本章第二节至第四节的相应规定。

第二十四条　申请内设中央厨房、从事集体用餐配送的，除符合第二章和本章第一到四节的有关规定外，还应当符合第五、六节的规定。

第一节　一般要求

第二十五条　餐饮服务企业应当制定食品添加剂使用公示制度。

第二十六条　餐饮服务食品安全管理人员应当具备2年以上餐饮服务食品安全工作经历，并持有国家或行业规定的相关资质证明。

第二十七条　餐饮服务经营场所应当选择有给排水条件的地点，应当设置相应的粗加工、切配、烹调、主食制作以及餐用具清洗消毒、备餐等加工操作条件，以及食品库房、更衣室、清洁工具存放场所等。场所内禁止设立圈养、宰杀活的禽畜类动物的区域。

第二十八条 食品处理区应当按照原料进入、原料处理、加工制作、成品供应的顺序合理布局，并能防止食品在存放、操作中产生交叉污染。

第二十九条 食品处理区内应当设置相应的清洗、消毒、洗手、干手设施和用品，员工专用洗手消毒设施附近应当有洗手消毒方法标识。食品处理区应当设存放废弃物或垃圾的带盖容器。

第三十条 食品处理区地面应当无毒、无异味、易于清洗、防滑，并有给排水系统。墙壁应当采用无毒、无异味、不易积垢、易清洗的材料制成。门、窗应当采用易清洗、不吸水的材料制作，并能有效通风、防尘、防蝇、防鼠和防虫。天花板应当采用无毒、无异味、不吸水、表面光洁、耐腐蚀、耐温的材料涂覆或装修。

第三十一条 食品处理区内的粗加工操作场所应当根据加工品种和规模设置食品原料清洗水池，保障动物性食品、植物性食品、水产品三类食品原料能分开清洗。

烹调场所应当配置排风和调温装置，用水应当符合国家规定的生活饮用水卫生标准。

第三十二条 配备能正常运转的清洗、消毒、保洁设备设施。餐用具清洗消毒水池应当专用，与食品原料、清洁用具及接触非直接入口食品的工具、容器清洗水池分开，不交叉污染。专供存放消毒后餐用具的保洁设施，应当标记明显，结构密闭并易于清洁。

第三十三条 用于盛放原料、半成品、成品的容器和使用的工具、用具，应当有明显的区分标识，存放区域分开设置。

第三十四条 食品和非食品（不会导致食品污染的食品容器、包装材料、工具等物品除外）库房应当分开设置。冷藏、冷冻柜（库）数量和结构应当能使原料、半成品和成品分开存放，有明显区分标识。冷冻（藏）库设有正确指示内部温度的温度计。

第三十五条 更衣场所与餐饮服务场所应当处于同一建筑内，有与经营项目和经营规模相适应的空间、更衣设施和照明。

第三十六条 餐饮服务场所内设置厕所的，其出口附近应当设置洗手、消毒、烘干设施。食品处理区内不得设置厕所。

第三十七条 各类专间要求：

（一）专间内无明沟，地漏带水封。食品传递窗为开闭式，其他窗封闭。专间门采用易清洗、不吸水的坚固材质，能够自动关闭。

（二）专间内设有独立的空调设施、工具清洗消毒设施、专用冷藏设施和与专间面积相适应的空气消毒设施。专间内的废弃物容器盖子应当为非手动开启式。

（三）专间入口处应当设置独立的洗手、消毒、更衣设施。

第三十八条 专用操作场所要求：

（一）场所内无明沟，地漏带水封。

（二）设工具清洗消毒设施和专用冷藏设施。

（三）入口处设置洗手、消毒设施。

第二节 冷食类、生食类食品制售许可审查要求

第三十九条 申请现场制售冷食类食品、生食类食品的应当设立相应的制作专间，专间应当符合第三十七条的要求。

第三节 糕点类食品制售许可审查要求

第四十条 申请现场制作糕点类食品应当设置专用操作场所，制作裱花类糕点还应当设立单独的裱花专间，裱花专间应当符合第三十七条的要求。

第四节 自制饮品制售许可审查要求

第四十一条 申请自制饮品制作应设专用操作场所，专用操作场所应当符合第三十八条的规定。

第四十二条 在餐饮服务中提供自酿酒的经营者在申请许可前应当先行取得具有资质的食品安全第三方机构出具的对成品安全性的检验合格报告。在餐饮服务中自酿酒不得使用压力容器，自酿酒只限于在本门店销售，不得在本门店外销售。

第五节 中央厨房审查要求

第四十三条 餐饮服务单位内设中央厨房的，中央厨房应当具备下列条件：

（一）场所设置、布局、分隔和面积要求：

1. 中央厨房加工配送配制冷食类和生食类食品，食品冷却、包装应按照第三十七条的规定设立分装专间。需要直接接触成品的用水，应经过加

装水净化设施处理。

2. 食品加工操作和贮存场所面积应当与加工食品的品种和数量相适应。

3. 墙角、柱脚、侧面、底面的结合处有一定的弧度。

4. 场所地面应采用便于清洗的硬质材料铺设,有良好的排水系统。

(二)运输设备要求:

配备与加工食品品种、数量以及贮存要求相适应的封闭式专用运输冷藏车辆,车辆内部结构平整,易清洗。

(三)食品检验和留样设施设备及人员要求:

1. 设置与加工制作的食品品种相适应的检验室。

2. 配备与检验项目相适应的检验设施和检验人员。

3. 配备留样专用容器和冷藏设施,以及留样管理人员。

第六节 集体用餐配送单位许可审查要求

第四十四条 场所设置、布局、分隔和面积要求:

(一)食品处理区面积与最大供餐人数相适应。

(二)具有餐用具清洗消毒保洁设施。

(三)按照第三十七条的规定设立分装专间。

(四)场所地面应采用便于清洗的硬质材料铺设,有良好的排水系统。

第四十五条 采用冷藏方式储存的,应配备冷却设备。

第四十六条 运输设备要求:

(一)配备封闭式专用运输车辆,以及专用密闭运输容器。

(二)运输车辆和容器内部材质和结构便于清洗和消毒。

(三)冷藏食品运输车辆应配备制冷装置,使运输时食品中心温度保持在10℃以下。加热保温食品运输车辆应使运输时食品中心温度保持在60℃以上。

第四十七条 食品检验和留样设施设备及人员要求:

(一)有条件的食品经营者设置与加工制作的食品品种相适应的检验室。没有条件设置检验室的,可以委托有资质的检验机构代行检验。

(二)配备留样专用容器、冷藏设施以及留样管理人员。

第五章 单位食堂许可审查要求

第四十八条 单位食堂的许可审查,除应当符合第二、四章的有关规定外,还应当符合本章的规定。

第四十九条 单位食堂备餐应当设专用操作场所,专用操作场所应符合第三十八条的规定。

第五十条 单位食堂应当配备留样专用容器和冷藏设施,以及留样管理人员。

第五十一条 职业学校、普通中等学校、小学、特殊教育学校、托幼机构的食堂原则上不得申请生食类食品制售项目。

第六章 附 则

第五十二条 各餐饮服务场所定义:

(一)食品处理区:指食品的粗加工、切配、烹调和备餐场所、专间、食品库房(包括鲜活水产品储存区)、餐饮具清洗消毒和保洁场所等区域。

(二)非食品处理区:指办公室、厕所、更衣场所、非食品库房等非直接处理食品的区域。

(三)就餐场所:指供消费者就餐的场所,但不包括供就餐者专用的厕所、门厅、大堂休息厅、菜肴展示台(区域)、歌舞台等辅助就餐的场所。

第五十三条 各省、自治区、直辖市食品药品监督管理部门应当根据本通则制定具体的实施细则。鼓励有条件的省、自治区、直辖市制定严于本通则的实施细则。

第五十四条 餐饮服务各场所面积比例,由各省、自治区、直辖市食品药品监督管理部门根据经营项目和经营规模等因素确定。

第五十五条 如门店制售食品仅有简单处理过程的(如拆封、摆盘、调制调味等),各省、自治区、直辖市食品药品监督管理部门可参照第四章的相关规定,具体规定其审查条件。

第五十六条 各省、自治区、直辖市食品药品监督管理部门可以对本地区的区域性销售食品、民族特色食品、地方特色食品等自行制定许可审查条件。

第五十七条 本通则由国家食品药品监督管理总局负责解释。

第五十八条 本通则自发布之日起施行。

食品召回管理办法

- 2015年3月11日国家食品药品监督管理总局令第12号公布
- 根据2020年10月23日《国家市场监督管理总局关于修改部分规章的决定》修订

第一章 总 则

第一条 为加强食品生产经营管理，减少和避免不安全食品的危害，保障公众身体健康和生命安全，根据《中华人民共和国食品安全法》及其实施条例等法律法规的规定，制定本办法。

第二条 在中华人民共和国境内，不安全食品的停止生产经营、召回和处置及其监督管理，适用本办法。

不安全食品是指食品安全法律法规规定禁止生产经营的食品以及其他有证据证明可能危害人体健康的食品。

第三条 食品生产经营者应当依法承担食品安全第一责任人的义务，建立健全相关管理制度，收集、分析食品安全信息，依法履行不安全食品的停止生产经营、召回和处置义务。

第四条 国家市场监督管理总局负责指导全国不安全食品停止生产经营、召回和处置的监督管理工作。

县级以上地方市场监督管理部门负责本行政区域的不安全食品停止生产经营、召回和处置的监督管理工作。

第五条 县级以上市场监督管理部门组织建立由医学、毒理、化学、食品、法律等相关领域专家组成的食品安全专家库，为不安全食品的停止生产经营、召回和处置提供专业支持。

第六条 国家市场监督管理总局负责汇总分析全国不安全食品的停止生产经营、召回和处置信息，根据食品安全风险因素，完善食品安全监督管理措施。

县级以上地方市场监督管理部门负责收集、分析和处理本行政区域不安全食品的停止生产经营、召回和处置信息，监督食品生产经营者落实主体责任。

第七条 鼓励和支持食品行业协会加强行业自律，制定行业规范，引导和促进食品生产经营者依法履行不安全食品的停止生产经营、召回和处置义务。

鼓励和支持公众对不安全食品的停止生产经营、召回和处置等活动进行社会监督。

第二章 停止生产经营

第八条 食品生产经营者发现其生产经营的食品属于不安全食品的，应当立即停止生产经营，采取通知或者公告的方式告知相关食品生产经营者停止生产经营、消费者停止食用，并采取必要的措施防控食品安全风险。

食品生产经营者未依法停止生产经营不安全食品的，县级以上市场监督管理部门可以责令其停止生产经营不安全食品。

第九条 食品集中交易市场的开办者、食品经营柜台的出租者、食品展销会的举办者发现食品经营者经营的食品属于不安全食品的，应当及时采取有效措施，确保相关经营者停止经营不安全食品。

第十条 网络食品交易第三方平台提供者发现网络食品经营者经营的食品属于不安全食品的，应当依法采取停止网络交易平台服务等措施，确保网络食品经营者停止经营不安全食品。

第十一条 食品生产经营者生产经营的不安全食品未销售给消费者，尚处于其他生产经营者控制中的，食品生产经营者应当立即追回不安全食品，并采取必要措施消除风险。

第三章 召 回

第十二条 食品生产者通过自检自查、公众投诉举报、经营者和监督管理部门告知等方式知悉其生产经营的食品属于不安全食品的，应当主动召回。

食品生产者应当主动召回不安全食品而没有主动召回的，县级以上市场监督管理部门可以责令其召回。

第十三条 根据食品安全风险的严重和紧急程度，食品召回分为三级：

（一）一级召回：食用后已经或者可能导致严重健康损害甚至死亡的，食品生产者应当在知悉食品安全风险后24小时内启动召回，并向县级以上地方市场监督管理部门报告召回计划。

（二）二级召回：食用后已经或者可能导致一般健康损害，食品生产者应当在知悉食品安全风险后48小时内启动召回，并向县级以上地方市场监督管理部门报告召回计划。

（三）三级召回：标签、标识存在虚假标注的食品，食品生产者应当在知悉食品安全风险后72小时内启动召回，并向县级以上地方市场监督管理部门报告召回计划。标签、标识存在瑕疵，食用后不会造成健康损害的食品，食品生产者应当改正，可以自愿召回。

第十四条 食品生产者应当按照召回计划召回不安全食品。

县级以上地方市场监督管理部门收到食品生产者的召回计划后，必要时可以组织专家对召回计划进行评估。评估结论认为召回计划应当修改的，食品生产者应当立即修改，并按照修改后的召回计划实施召回。

第十五条 食品召回计划应当包括下列内容：

（一）食品生产者的名称、住所、法定代表人、具体负责人、联系方式等基本情况；

（二）食品名称、商标、规格、生产日期、批次、数量以及召回的区域范围；

（三）召回原因及危害后果；

（四）召回等级、流程及时限；

（五）召回通知或者公告的内容及发布方式；

（六）相关食品生产经营者的义务和责任；

（七）召回食品的处置措施、费用承担情况；

（八）召回的预期效果。

第十六条 食品召回公告应当包括下列内容：

（一）食品生产者的名称、住所、法定代表人、具体负责人、联系电话、电子邮箱等；

（二）食品名称、商标、规格、生产日期、批次等；

（三）召回原因、等级、起止日期、区域范围；

（四）相关食品生产经营者的义务和消费者退货及赔偿的流程。

第十七条 不安全食品在本省、自治区、直辖市销售的，食品召回公告应当在省级市场监督管理部门网站和省级主要媒体上发布。省级市场监督管理部门网站发布的召回公告应当与国家市场监督管理总局网站链接。

不安全食品在两个以上省、自治区、直辖市销售的，食品召回公告应当在国家市场监督管理总局网站和中央主要媒体上发布。

第十八条 实施一级召回的，食品生产者应当自公告发布之日起10个工作日内完成召回工作。

实施二级召回的，食品生产者应当自公告发布之日起20个工作日内完成召回工作。

实施三级召回的，食品生产者应当自公告发布之日起30个工作日内完成召回工作。

情况复杂的，经县级以上地方市场监督管理部门同意，食品生产者可以适当延长召回时间并公布。

第十九条 食品经营者知悉食品生产者召回不安全食品后，应当立即采取停止购进、销售，封存不安全食品，在经营场所醒目位置张贴生产者发布的召回公告等措施，配合食品生产者开展召回工作。

第二十条 食品经营者对因自身原因所导致的不安全食品，应当根据法律法规的规定在其经营的范围内主动召回。

食品经营者召回不安全食品应当告知供货商。供货商应当及时告知生产者。

食品经营者在召回通知或者公告中应当特别注明系因其自身的原因导致食品出现不安全问题。

第二十一条 因生产者无法确定、破产等原因无法召回不安全食品的，食品经营者应当在其经营的范围内主动召回不安全食品。

第二十二条 食品经营者召回不安全食品的程序，参照食品生产者召回不安全食品的相关规定处理。

第四章 处 置

第二十三条 食品生产经营者应当依据法律法规的规定，对因停止生产经营、召回等原因退出市场的不安全食品采取补救、无害化处理、销毁等处置措施。

食品生产经营者未依法处置不安全食品的，县级以上地方市场监督管理部门可以责令其依法处置不安全食品。

第二十四条 对违法添加非食用物质、腐败变质、病死畜禽等严重危害人体健康和生命安全的不安全食品，食品生产经营者应当立即就地销毁。

不具备就地销毁条件的，可由不安全食品生产经营者集中销毁处理。食品生产经营者在集中销毁处理前，应当向县级以上地方市场监督管理部门报告。

第二十五条　对因标签、标识等不符合食品安全标准而被召回的食品，食品生产者可以在采取补救措施且能保证食品安全的情况下继续销售，销售时应当向消费者明示补救措施。

第二十六条　对不安全食品进行无害化处理、能够实现资源循环利用的，食品生产经营者可以按照国家有关规定进行处理。

第二十七条　食品生产经营者对不安全食品处置方式不能确定的，应当组织相关专家进行评估，并根据评估意见进行处置。

第二十八条　食品生产经营者应当如实记录停止生产经营、召回和处置不安全食品的名称、商标、规格、生产日期、批次、数量等内容。记录保存期限不得少于2年。

第五章　监督管理

第二十九条　县级以上地方市场监督管理部门发现不安全食品的，应当通知相关食品生产经营者停止生产经营或者召回，采取相关措施消除食品安全风险。

第三十条　县级以上地方市场监督管理部门发现食品生产经营者生产经营的食品可能属于不安全食品的，可以开展调查分析，相关食品生产经营者应当积极协助。

第三十一条　县级以上地方市场监督管理部门可以对食品生产经营者停止生产经营、召回和处置不安全食品情况进行现场监督检查。

第三十二条　食品生产经营者停止生产经营、召回和处置的不安全食品存在较大风险的，应当在停止生产经营、召回和处置不安全食品结束后5个工作日内向县级以上地方市场监督管理部门书面报告情况。

第三十三条　县级以上地方市场监督管理部门可以要求食品生产经营者定期或者不定期报告不安全食品停止生产经营、召回和处置情况。

第三十四条　县级以上地方市场监督管理部门可以对食品生产经营者提交的不安全食品停止生产经营、召回和处置报告进行评价。

评价结论认为食品生产经营者采取的措施不足以控制食品安全风险的，县级以上地方市场监督管理部门应当责令食品生产经营者采取更为有效的措施停止生产经营、召回和处置不安全食品。

第三十五条　为预防和控制食品安全风险，县级以上地方市场监督管理部门可以发布预警信息，要求相关食品生产经营者停止生产经营不安全食品，提示消费者停止食用不安全食品。

第三十六条　县级以上地方市场监督管理部门将不安全食品停止生产经营、召回和处置情况记入食品生产经营者信用档案。

第六章　法律责任

第三十七条　食品生产经营者违反本办法有关不安全食品停止生产经营、召回和处置的规定，食品安全法律法规有规定的，依照相关规定处理。

第三十八条　食品生产经营者违反本办法第八条第一款、第十二条第一款、第十三条、第十四条、第二十条第一款、第二十一条、第二十三条第一款、第二十四条第一款的规定，不立即停止生产经营、不主动召回、不按规定时限启动召回、不按照召回计划召回不安全食品或者不按照规定处置不安全食品的，由市场监督管理部门给予警告，并处1万元以上3万元以下罚款。

第三十九条　食品经营者违反本办法第十九条的规定，不配合食品生产者召回不安全食品的，由市场监督管理部门给予警告，并处5000元以上3万元以下罚款。

第四十条　食品生产经营者违反本办法第十三条、第二十四条第二款、第三十二条的规定，未按规定履行相关报告义务的，由市场监督管理部门责令改正，给予警告；拒不改正的，处2000元以上2万元以下罚款。

第四十一条　食品生产经营者违反本办法第二十三条第二款的规定，市场监督管理部门责令食品生产经营者依法处置不安全食品，食品生产经营者拒绝或者拖延履行的，由市场监督管理部门给予警告，并处2万元以上3万元以下罚款。

第四十二条　食品生产经营者违反本办法第二十八条的规定，未按规定记录保存不安全食品停止生产经营、召回和处置情况的，由市场监督管理部门责令改正，给予警告；拒不改正的，处2000元以上2万元以下罚款。

第四十三条　食品生产经营者停止生产经营、召回和处置不安全食品，不免除其依法应当承担的其他法律责任。

食品生产经营者主动采取停止生产经营、召回和处置不安全食品措施，消除或者减轻危害后果的，依法从轻或者减轻处罚；违法情节轻微并及时纠正，没有造成危害后果的，不予行政处罚。

第四十四条 县级以上地方市场监督管理部门不依法履行本办法规定的职责，造成不良后果的，依照《中华人民共和国食品安全法》的有关规定，对直接负责的主管人员和其他直接责任人员给予行政处分。

第七章 附 则

第四十五条 本办法适用于食品、食品添加剂和保健食品。

食品生产经营者对进入批发、零售市场或者生产加工企业后的食用农产品的停止经营、召回和处置，参照本办法执行。

第四十六条 本办法自2015年9月1日起施行。

食品安全工作评议考核办法

- 2023年3月7日
- 国办发〔2023〕6号

第一条 为贯彻党中央、国务院关于加强食品安全工作的决策部署，落实食品安全"四个最严"要求，强化地方政府属地管理责任，提高从农田到餐桌全过程监管能力，不断提升全链条食品安全工作水平，保障人民群众身体健康和生命安全，根据《中华人民共和国食品安全法》、《中共中央 国务院关于深化改革加强食品安全工作的意见》、《中共中央办公厅 国务院办公厅关于印发〈地方党政领导干部食品安全责任制规定〉的通知》等法律法规和文件规定，制定本办法。

第二条 考核工作坚持目标导向、问题导向，坚持客观公正、奖惩分明、推动创新、注重实效的原则，突出工作重点，注重工作过程，强化责任落实。

第三条 考核对象为各省（自治区、直辖市）人民政府和新疆生产建设兵团（以下称各省级人民政府和兵团）。

第四条 考核工作由国务院食品安全委员会统一领导。国务院食品安全委员会办公室（以下简称国务院食品安全办）受国务院食品安全委员会委托，会同国务院食品安全委员会相关成员单位（以下简称相关成员单位）实施考核工作。

国务院食品安全办及相关成员单位根据职责分工，对各省级人民政府和兵团食品安全工作情况进行评价。

第五条 考核内容主要包括食品安全基础工作推进、年度重点工作落实、食品安全状况等，同时设置即时性工作评价和加减分项（考核内容要点见附件）。具体考核指标及分值在年度食品安全工作考核方案及其细则中明确，设置要科学合理，可操作、可评价、可区分，切实减轻基层负担。

第六条 每年1月1日至12月31日为一个考核年度。每年6月30日前，国务院食品安全办组织相关成员单位制定并发布本年度考核细则。

第七条 考核采取以下程序：

（一）日常考核。国务院食品安全办及相关成员单位按照考核方案及其细则，根据工作需要，采取资料审查、线上抽查、明查暗访、调研督导等方式，对各省级人民政府和兵团任务完成情况进行定期评价，形成日常考核结果并在评议考核信息系统中进行填报。国务院食品安全办及相关成员单位对日常考核结果的公平性、公正性、准确性负责。

（二）年中督促。国务院食品安全办确定抽查地区，会同相关成员单位组成工作组，实地督促上年度考核发现问题整改和本年度食品安全重点工作任务落实。

（三）食品安全状况评价。国务院食品安全办及相关成员单位对各省级人民政府和兵团开展食品安全群众满意度测评、抽检监测等，综合相关情况形成地方食品安全状况评价结果。

（四）年终自查。各省级人民政府和兵团按照考核方案及其细则，对本年度食品安全基础工作、重点工作、即时性工作情况进行自评，并在评议考核信息系统中进行填报。各省级人民政府和兵团对自评和相关材料的真实性、准确性负责。

（五）年终评审。国务院食品安全办及相关成员单位按照考核方案及其细则，结合地方自评和日常掌握情况，对相关考核指标进行评审，形成年终评审意见并在评议考核信息系统中进行评价。国务院食品安全办及相关成员单位对相关评审结果的公平性、公正性、准确性负责。

（六）综合评议。国务院食品安全办汇总各省级人民政府和兵团的日常考核结果、食品安全状况评价结果、年终评审意见，会同相关成员单位共同研究加减分项、降级和否决情形，综合评议形成考核结果报国务院食品安全委员会。

（七）结果通报。国务院食品安全委员会审定考核结果后，将考核结果通报各省级人民政府和兵团，抄送相关成员单位。

第八条 考核采取评分法，基准分为100分，加分项分值不超过5分，即时性工作、减分项分值在当年考核方案及其细则中明确。考核结果分A、B、C、D四个等级。得分排在前10名且无降级和否决情形的为A级，得分排在10名以后且无降级和否决情形的为B级。

有下列情形之一的，考核等级下调一级，最低降至C级：

（一）本行政区域内未能有效建立健全分层分级精准防控、末端发力终端见效工作机制，食品安全属地管理责任落实不到位的；

（二）本行政区域内推进落实企业主体责任不到位，食品生产经营者食品安全总监或安全员配备率较低、未有效建立风险防控机制的；

（三）本行政区域内存在生产经营食品过程中掺杂掺假、使用非食品原料生产食品、在食品中添加食品添加剂以外的化学物质等违法犯罪行为，未按规定有效处置，造成严重不良影响的；

（四）本行政区域内发生违法使用农药兽药导致食用农产品农药兽药残留超标问题，造成严重不良影响的；

（五）本行政区域内发生耕地土壤污染源头防治不力导致食用农产品重金属超标问题，造成严重不良影响的；

（六）本行政区域内发生校园食品安全事件，未按规定有效处置，造成严重不良影响的；

（七）省级人民政府和兵团或其相关部门在食品安全工作评议考核中弄虚作假的；

（八）其他应当下调等级的情形。

有下列情形之一的，考核等级为D级：

（一）对本行政区域内发生的食品安全事故，未及时组织协调有关部门开展有效处置应对，造成严重不良影响或者重大损失的；

（二）本行政区域内发生特别重大食品安全事故，或者连续发生重大食品安全事故的；

（三）省级人民政府和兵团或其相关部门隐瞒、谎报、缓报食品安全事故的；

（四）对本行政区域内涉及多环节的区域性食品安全问题，未及时组织整治，造成严重不良影响或者重大损失的；

（五）其他应当为D级的情形。

第九条 本考核年度考核结果通报之前，次年发生食品安全事件造成不良社会影响的，纳入本考核年度予以减分或降级，不再纳入次年年度考核。

第十条 各省级人民政府和兵团应当在考核结果通报后一个月内，向国务院食品安全委员会作出书面报告，对通报的问题提出整改措施与时限，并抄送国务院食品安全办。

国务院食品安全办根据职责，向相关成员单位通报各省级人民政府和兵团有关整改措施与时限。国务院食品安全办及相关成员单位应当督促各省级人民政府和兵团完成通报问题整改，对考核排名靠后的省份加强指导。

第十一条 考核结果交由干部主管部门作为各省级人民政府和兵团领导班子、领导干部综合考核评价的重要内容，作为干部奖惩和使用、调整的重要参考。评议考核中发现需要问责的问题线索移交纪检监察机关。

第十二条 各省级人民政府和兵团有下列情形之一的，由国务院食品安全委员会予以通报表扬：

（一）考核结果为A级的；

（二）考核排名较上一年度提升较大的；

（三）基础工作推进、重点工作落实、工作创新、食品安全状况等方面成效突出的。

对在食品安全工作中作出突出贡献的单位和个人，按照国家有关规定给予表彰、奖励。

国务院食品安全办及时对地方创新性示范经验做法进行总结推广，并通报相关成员单位。

第十三条 各省级人民政府和兵团有考核结果为D级或考核排名连续三年列最后3名情形的，由国务院食品安全委员会委托国务院食品安全办会同相关部门约谈省级人民政府和兵团有关负责人，必要时由国务院领导同志约谈省级人民政府和兵团主要负责人。

被约谈的省级人民政府和兵团有关领导干部不得参加有关表彰、年度评奖等。

各省级人民政府和兵团有考核排名退步较大或上年度考核发现问题未整改到位情形的，由国务院食品安全办会同相关部门视情约谈省级人民政府和兵团食品安全办主要负责人。

第十四条 对在食品安全工作评议考核中弄

虚作假的,予以通报批评;情节严重的,依规依纪依法追究相关人员责任。

第十五条 各省级人民政府和兵团可参照本办法,结合各自实际情况,依法制定本地区食品安全工作评议考核办法。

第十六条 本办法由国务院食品安全办负责解释,自印发之日起施行。

附件:考核内容要点(略)

食品生产经营监督检查管理办法

- 2021年12月24日国家市场监督管理总局令第49号公布
- 自2022年3月15日起施行

第一章 总 则

第一条 为了加强和规范对食品生产经营活动的监督检查,督促食品生产经营者落实主体责任,保障食品安全,根据《中华人民共和国食品安全法》及其实施条例等法律法规,制定本办法。

第二条 市场监督管理部门对食品(含食品添加剂)生产经营者执行食品安全法律、法规、规章和食品安全标准等情况实施监督检查,适用本办法。

第三条 监督检查应当遵循属地负责、风险管理、程序合法、公正公开的原则。

第四条 食品生产经营者应当对其生产经营食品的安全负责,积极配合市场监督管理部门实施监督检查。

第五条 县级以上地方市场监督管理部门应当按照规定在覆盖所有食品生产经营者的基础上,结合食品生产经营者信用状况,随机选取食品生产经营者、随机选派监督检查人员实施监督检查。

第六条 市场监督管理部门应当加强监督检查信息化建设,记录、归集、分析监督检查信息,加强数据整合、共享和利用,完善监督检查措施,提升智慧监管水平。

第二章 监督检查事权

第七条 国家市场监督管理总局负责监督指导全国食品生产经营监督检查工作,可以根据需要组织开展监督检查。

第八条 省级市场监督管理部门负责监督指导本行政区域内食品生产经营监督检查工作,重点组织和协调对产品风险高、影响区域广的食品生产经营者的监督检查。

第九条 设区的市级(以下简称市级)、县级市场监督管理部门负责本行政区域内食品生产经营监督检查工作。

市级市场监督管理部门可以结合本行政区域食品生产经营者规模、风险、分布等实际情况,按照本级人民政府要求,划分本行政区域监督检查事权,确保监督检查覆盖本行政区域所有食品生产经营者。

第十条 市级以上市场监督管理部门根据监督管理工作需要,可以对由下级市场监督管理部门负责日常监督管理的食品生产经营者实施随机监督检查,也可以组织下级市场监督管理部门对食品生产经营者实施异地监督检查。

市场监督管理部门应当协助、配合上级市场监督管理部门在本行政区域内开展监督检查。

第十一条 市场监督管理部门之间涉及管辖争议的监督检查事项,应当报请共同上一级市场监督管理部门确定。

第十二条 上级市场监督管理部门可以定期或者不定期组织对下级市场监督管理部门的监督检查工作进行监督指导。

第三章 监督检查要点

第十三条 国家市场监督管理总局根据法律、法规、规章和食品安全标准等有关规定,制定国家食品生产经营监督检查要点表,明确监督检查的主要内容。按照风险管理的原则,检查要点表分为一般项目和重点项目。

第十四条 省级市场监督管理部门可以按照国家食品生产经营监督检查要点表,结合实际细化,制定本行政区域食品生产经营监督检查要点表。

省级市场监督管理部门针对食品生产经营新业态、新技术、新模式,补充制定相应的食品生产经营监督检查要点,并在出台后30日内向国家市场监督管理总局报告。

第十五条 食品生产环节监督检查要点应当包括食品生产者资质、生产环境条件、进货查验、生产过程控制、产品检验、贮存及交付控制、不合格食品管理和食品召回、标签和说明书、食品安全自查、从业人员管理、信息记录和追溯、食品安全事故处置等情况。

第十六条　委托生产食品、食品添加剂的，委托方、受托方应当遵守法律、法规、食品安全标准以及合同的约定，并将委托生产的食品品种、委托期限、委托方对受托方生产行为的监督等情况予以单独记录，留档备查。市场监督管理部门应当将上述委托生产情况作为监督检查的重点。

第十七条　食品销售环节监督检查要点应当包括食品销售者资质、一般规定执行、禁止性规定执行、经营场所环境卫生、经营过程控制、进货查验、食品贮存、食品召回、温度控制及记录、过期及其他不符合食品安全标准食品处置、标签和说明书、食品安全自查、从业人员管理、食品安全事故处置、进口食品销售、食用农产品销售、网络食品销售等情况。

第十八条　特殊食品生产环节监督检查要点，除应当包括本办法第十五条规定的内容，还应当包括注册备案要求执行、生产质量管理体系运行、原辅料管理等情况。保健食品生产环节的监督检查要点还应当包括原料前处理等情况。

特殊食品销售环节监督检查要点，除应当包括本办法第十七条规定的内容，还应当包括禁止混存要求落实、标签和说明书核对等情况。

第十九条　集中交易市场开办者、展销会举办者监督检查要点应当包括举办前报告、入场食品经营者的资质审查、食品安全管理责任明确、经营环境和条件检查等情况。

对温度、湿度有特殊要求的食品贮存业务的非食品生产经营者的监督检查要点应当包括备案、信息记录和追溯、食品安全要求落实等情况。

第二十条　餐饮服务环节监督检查要点应当包括餐饮服务提供者资质、从业人员健康管理、原料控制、加工制作过程、食品添加剂使用管理、场所和设备设施清洁维护、餐饮具清洗消毒、食品安全事故处置等情况。

餐饮服务环节的监督检查应当强化学校等集中用餐单位供餐的食品安全要求。

第四章　监督检查程序

第二十一条　县级以上地方市场监督管理部门应当按照本级人民政府食品安全年度监督管理计划，综合考虑食品类别、企业规模、管理水平、食品安全状况、风险等级、信用档案记录等因素，编制年度监督检查计划。

县级以上地方市场监督管理部门按照国家市场监督管理总局的规定，根据风险管理的原则，结合食品生产经营者的食品类别、业态规模、风险控制能力、信用状况、监督检查等情况，将食品生产经营者的风险等级从低到高分为 A 级风险、B 级风险、C 级风险、D 级风险四个等级。

第二十二条　市场监督管理部门应当每两年对本行政区域内所有食品生产经营者至少进行一次覆盖全部检查要点的监督检查。

市场监督管理部门应当对特殊食品生产者、风险等级为 C 级、D 级的食品生产者，风险等级为 D 级的食品经营者以及中央厨房、集体用餐配送单位等高风险食品生产经营者实施重点监督检查，并可以根据实际情况增加日常监督检查频次。

市场监督管理部门可以根据工作需要，对通过食品安全抽样检验等发现问题线索的食品生产经营者实施飞行检查，对特殊食品、高风险大宗消费食品生产企业和大型食品经营企业等的质量管理体系运行情况实施体系检查。

第二十三条　市场监督管理部门组织实施监督检查应当由 2 名以上（含 2 名）监督检查人员参加。检查人员较多的，可以组成检查组。市场监督管理部门根据需要可以聘请相关领域专业技术人员参加监督检查。

检查人员与检查对象之间存在直接利害关系或者其他可能影响检查公正情形的，应当回避。

第二十四条　检查人员应当当场出示有效执法证件或者市场监督管理部门出具的检查任务书。

第二十五条　市场监督管理部门实施监督检查，有权采取下列措施，被检查单位不得拒绝、阻挠、干涉：

（一）进入食品生产经营等场所实施现场检查；

（二）对被检查单位生产经营的食品进行抽样检验；

（三）查阅、复制有关合同、票据、账簿以及其他有关资料；

（四）查封、扣押有证据证明不符合食品安全标准或者有证据证明存在安全隐患以及用于违法生产经营的食品、工具和设备；

（五）查封违法从事食品生产经营活动的场所；

（六）法律法规规定的其他措施。

第二十六条 食品生产经营者应当配合监督检查工作，按照市场监督管理部门的要求，开放食品生产经营场所，回答相关询问，提供相关合同、票据、账簿以及前次监督检查结果和整改情况等其他有关资料，协助生产经营现场检查和抽样检验，并为检查人员提供必要的工作条件。

第二十七条 检查人员应当按照本办法规定和检查要点要求开展监督检查，并对监督检查情况如实记录。除飞行检查外，实施监督检查应当覆盖检查要点所有检查项目。

第二十八条 市场监督管理部门实施监督检查，可以根据需要，依照食品安全抽样检验管理有关规定，对被检查单位生产经营的原料、半成品、成品等进行抽样检验。

第二十九条 市场监督管理部门实施监督检查时，可以依法对企业食品安全管理人员随机进行监督抽查考核并公布考核情况。抽查考核不合格的，应当督促企业限期整改，并及时安排补考。

第三十条 检查人员在监督检查中应当对发现的问题进行记录，必要时可以拍摄现场情况，收集或者复印相关合同、票据、账簿以及其他有关资料。

检查人员认为食品生产经营者涉嫌违法违规的相关证据可能灭失或者以后难以取得的，可以依法采取证据保全或者行政强制措施，并执行市场监管行政处罚程序相关规定。

检查记录以及相关证据，可以作为行政处罚的依据。

第三十一条 检查人员应当综合监督检查情况进行判定，确定检查结果。

有发生食品安全事故潜在风险的，食品生产经营者应当立即停止生产经营活动。

第三十二条 发现食品生产经营者不符合监督检查要点表重点项目，影响食品安全的，市场监督管理部门应当依法进行调查处理。

第三十三条 发现食品生产经营者不符合监督检查要点表一般项目，但情节显著轻微不影响食品安全的，市场监督管理部门应当当场责令其整改。

可以当场整改的，检查人员应当对食品生产经营者采取的整改措施以及整改情况进行记录；需要限期整改的，市场监督管理部门应当书面提出整改要求和时限。被检查单位应当按期整改，并将整改情况报告市场监督管理部门。市场监督管理部门应当跟踪整改情况并记录整改结果。

不符合监督检查要点表一般项目，影响食品安全的，市场监督管理部门应当依法进行调查处理。

第三十四条 食品生产经营者应当按照检查人员要求，在现场检查、询问、抽样检验等文书以及收集、复印的有关资料上签字或者盖章。

被检查单位拒绝在相关文书、资料上签字或者盖章的，检查人员应当注明原因，并可以邀请有关人员作为见证人签字、盖章，或者采取录音、录像等方式进行记录，作为监督执法的依据。

第三十五条 检查人员应当将监督检查结果现场书面告知食品生产经营者。需要进行检验检测的，市场监督管理部门应当及时告知检验结论。

上级市场监督管理部门组织的监督检查，还应当将监督检查结果抄送食品生产经营者所在地市场监督管理部门。

第五章 监督管理

第三十六条 市场监督管理部门在监督检查中发现食品不符合食品安全法律、法规、规章和食品安全标准的，在依法调查处理的同时，应当及时督促食品生产经营者追查相关食品的来源和流向，查明原因、控制风险，并根据需要通报相关市场监督管理部门。

第三十七条 监督检查中发现生产经营的食品、食品添加剂的标签、说明书存在食品安全法第一百二十五条第二款规定的瑕疵的，市场监督管理部门应当责令当事人改正。经食品生产者采取补救措施且能保证食品安全的食品、食品添加剂可以继续销售；销售时应当向消费者明示补救措施。

认定标签、说明书瑕疵，应当综合考虑标注内容与食品安全的关联性、当事人的主观过错、消费者对食品安全的理解和选择等因素。有下列情形之一的，可以认定为食品安全法第一百二十五条第二款规定的标签、说明书瑕疵：

（一）文字、符号、数字的字号、字体、字高不规范，出现错别字、多字、漏字、繁体字，或者外文翻译不准确以及外文字号、字高大于中文等的；

（二）净含量、规格的标示方式和格式不规范，或者对没有特殊贮存条件要求的食品，未按照规定标注贮存条件的；

（三）食品、食品添加剂以及配料使用的俗称或者简称等不规范的；

（四）营养成分表、配料表顺序、数值、单位标示不规范，或者营养成分表数值修约间隔、"0"界限值、标示单位不规范的；

（五）对有证据证明未实际添加的成分，标注了"未添加"，但未按照规定标示具体含量的；

（六）国家市场监督管理总局认定的其他情节轻微，不影响食品安全，没有故意误导消费者的情形。

第三十八条　市场监督管理部门在监督检查中发现违法案件线索，对不属于本部门职责或者超出管辖范围的，应当及时移送有权处理的部门；涉嫌犯罪的，应当依法移送公安机关。

第三十九条　市场监督管理部门应当于检查结果信息形成后20个工作日内向社会公开。

检查结果对消费者有重要影响的，食品生产经营者应当按照规定在食品生产经营场所醒目位置张贴或者公开展示监督检查结果记录表，并保持至下次监督检查。有条件的可以通过电子屏幕等信息化方式向消费者展示监督检查结果记录表。

第四十条　监督检查中发现存在食品安全隐患，食品生产经营者未及时采取有效措施消除的，市场监督管理部门可以对食品生产经营者的法定代表人或者主要负责人进行责任约谈。

第四十一条　监督检查结果，以及市场监督管理部门约谈食品生产经营者情况和食品生产经营者整改情况应当记入食品生产经营者食品安全信用档案。对存在严重违法失信行为的，按照规定实施联合惩戒。

第四十二条　对同一食品生产经营者，上级市场监督管理部门已经开展监督检查的，下级市场监督管理部门原则上三个月内不再重复检查已检查的项目，但食品生产经营者涉嫌违法或者存在明显食品安全隐患等情形的除外。

第四十三条　上级市场监督管理部门发现下级市场监督管理部门的监督检查工作不符合法律法规和本办法规定要求的，应当根据需要督促其再次组织监督检查或者自行组织监督检查。

第四十四条　县级以上市场监督管理部门应当加强专业化职业化检查员队伍建设，定期对检查人员开展培训与考核，提升检查人员食品安全法律、法规、规章、标准和专业知识等方面的能力和水平。

第四十五条　县级以上市场监督管理部门应当按照规定安排充足的经费，配备满足监督检查工作需要的采样、检验检测、拍摄、移动办公、安全防护等工具、设备。

第四十六条　检查人员（含聘用制检查人员和相关领域专业技术人员）在实施监督检查过程中，应当严格遵守有关法律法规、廉政纪律和工作要求，不得违反规定泄露监督检查相关情况以及被检查单位的商业秘密、未披露信息或者保密商务信息。

实施飞行检查，检查人员不得事先告知被检查单位飞行检查内容、检查人员行程等检查相关信息。

第四十七条　鼓励食品生产经营者选择有相关资质的食品安全第三方专业机构及其专业化、职业化的专业技术人员对自身的食品安全状况进行评价，评价结果可以作为市场监督管理部门监督检查的参考。

第六章　法律责任

第四十八条　食品生产经营者未按照规定在显著位置张贴或者公开展示相关监督检查结果记录表，撕毁、涂改监督检查结果记录表，或者未保持日常监督检查结果记录表至下次日常监督检查的，由县级以上地方市场监督管理部门责令改正；拒不改正的，给予警告，可以并处5000元以上5万元以下罚款。

第四十九条　食品生产经营者有下列拒绝、阻挠、干涉市场监督管理部门进行监督检查情形之一的，由县级以上市场监督管理部门依照食品安全法第一百三十三条第一款的规定进行处理：

（一）拒绝、拖延、限制检查人员进入被检查场所或者区域的，或者限制检查时间的；

（二）拒绝或者限制抽取样品、录像、拍照和复印等调查取证工作的；

（三）无正当理由不提供或者延迟提供与检查

相关的合同、记录、票据、账簿、电子数据等材料的；

（四）以主要负责人、主管人员或者相关工作人员不在岗为由，或者故意以停止生产经营等方式欺骗、误导、逃避检查的；

（五）以暴力、威胁等方法阻碍检查人员依法履行职责的；

（六）隐藏、转移、变卖、损毁检查人员依法查封、扣押的财物的；

（七）伪造、隐匿、毁灭证据或者提供虚假情况的；

（八）其他妨碍检查人员履行职责的。

第五十条 食品生产经营者拒绝、阻挠、干涉监督检查，违反治安管理处罚相关规定的，由市场监督管理部门依法移交公安机关处理。

食品生产经营者以暴力、威胁等方法阻碍检查人员依法履行职责，涉嫌犯罪的，由市场监督管理部门依法移交公安机关处理。

第五十一条 发现食品生产经营者有食品安全法实施条例第六十七条第一款规定的情形，属于情节严重的，市场监督管理部门应当依法从严处理。对情节严重的违法行为处以罚款时，应当依法从重从严。

食品生产经营者违反食品安全法律、法规、规章和食品安全标准的规定，属于初次违法且危害后果轻微并及时改正的，可以不予行政处罚。

当事人有证据足以证明没有主观过错的，不予行政处罚。法律、行政法规另有规定的，从其规定。

第五十二条 市场监督管理部门及其工作人员有违反法律、法规以及本办法规定和有关纪律要求的，应当依据食品安全法和相关规定，对直接负责的主管人员和其他直接责任人员，给予相应的处分；涉嫌犯罪的，依法移交司法机关处理。

第七章 附 则

第五十三条 本办法所称日常监督检查是指市级、县级市场监督管理部门按照年度食品生产经营监督检查计划，对本行政区域内食品生产经营者开展的常规性检查。

本办法所称飞行检查是指市场监督管理部门根据监督管理工作需要以及问题线索等，对食品生产经营者依法开展的不预先告知的监督检查。

本办法所称体系检查是指市场监督管理部门以风险防控为导向，对特殊食品、高风险大宗食品生产企业和大型食品经营企业等的质量管理体系执行情况依法开展的系统性监督检查。

第五十四条 地方市场监督管理部门对食品生产加工小作坊、食品摊贩、小餐饮等的监督检查，省、自治区、直辖市没有规定的，可以参照本办法执行。

第五十五条 本办法自 2022 年 3 月 15 日起施行。原国家食品药品监督管理总局 2016 年 3 月 4 日发布的《食品生产经营日常监督检查管理办法》同时废止。

食品相关产品质量安全监督管理暂行办法

· 2022 年 10 月 8 日国家市场监督管理总局令第 62 号公布
· 自 2023 年 3 月 1 日起施行

第一章 总 则

第一条 为了加强食品相关产品质量安全监督管理，保障公众身体健康和生命安全，根据《中华人民共和国食品安全法》《中华人民共和国产品质量法》等有关法律、法规，制定本办法。

第二条 在中华人民共和国境内生产、销售食品相关产品及其监督管理适用本办法。法律、法规、规章对食品相关产品质量安全监督管理另有规定的从其规定。

食品生产经营中使用食品相关产品的监督管理按照有关规定执行。

第三条 食品相关产品质量安全工作实行预防为主、风险管理、全程控制、社会共治，建立科学、严格的监督管理制度。

第四条 国家市场监督管理总局监督指导全国食品相关产品质量安全监督管理工作。

省级市场监督管理部门负责监督指导和组织本行政区域内食品相关产品质量安全监督管理工作。

市级及以下市场监督管理部门负责实施本行政区域内食品相关产品质量安全监督管理工作。

第二章　生产销售

第五条　生产者、销售者对其生产、销售的食品相关产品质量安全负责。

第六条　禁止生产、销售下列食品相关产品：

（一）使用不符合食品安全标准及相关公告的原辅料和添加剂，以及其他可能危害人体健康的物质生产的食品相关产品，或者超范围、超限量使用添加剂生产的食品相关产品；

（二）致病性微生物，农药残留、兽药残留、生物毒素、重金属等污染物质以及其他危害人体健康的物质含量和迁移量超过食品安全标准限量的食品相关产品；

（三）在食品相关产品中掺杂、掺假，以假充真，以次充好或者以不合格食品相关产品冒充合格食品相关产品；

（四）国家明令淘汰或者失效、变质的食品相关产品；

（五）伪造产地，伪造或者冒用他人厂名、厂址、质量标志的食品相关产品；

（六）其他不符合法律、法规、规章、食品安全标准及其他强制性规定的食品相关产品。

第七条　国家建立食品相关产品生产企业质量安全管理人员制度。食品相关产品生产者应当建立并落实食品相关产品质量安全责任制，配备与其企业规模、产品类别、风险等级、管理水平、安全状况等相适应的质量安全总监、质量安全员等质量安全管理人员，明确企业主要负责人、质量安全总监、质量安全员等不同层级管理人员的岗位职责。

企业主要负责人对食品相关产品质量安全工作全面负责，建立并落实质量安全主体责任的管理制度和长效机制。质量安全总监、质量安全员应当协助企业主要负责人做好食品相关产品质量安全管理工作。

第八条　在依法配备质量安全员的基础上，直接接触食品的包装材料等具有较高风险的食品相关产品生产者，应当配备质量安全总监。

食品相关产品质量安全总监和质量安全员具体管理要求，参照国家食品安全主体责任管理制度执行。

第九条　食品相关产品生产者应当建立并实施原辅料控制，生产、贮存、包装等生产关键环节控制，过程、出厂等检验控制，运输及交付控制等食品相关产品质量安全管理制度，保证生产全过程控制和所生产的食品相关产品符合食品安全标准及其他强制性规定的要求。

食品相关产品生产者应当制定食品相关产品质量安全事故处置方案，定期检查各项质量安全防范措施的落实情况，及时消除事故隐患。

第十条　食品相关产品生产者实施原辅料控制，应当包括采购、验收、贮存和使用等过程，形成并保存相关过程记录。

食品相关产品生产者应当对首次使用的原辅料、配方和生产工艺进行安全评估及验证，并保存相关记录。

第十一条　食品相关产品生产者应当通过自行检验，或者委托具备相应资质的检验机构对产品进行检验，形成并保存相应记录，检验合格后方可出厂或者销售。

食品相关产品生产者应当建立不合格产品管理制度，对检验结果不合格的产品进行相应处置。

第十二条　食品相关产品销售者应当建立并实施食品相关产品进货查验制度，验明供货者营业执照、相关许可证件、产品合格证明和产品标识，如实记录食品相关产品的名称、数量、进货日期以及供货者名称、地址、联系方式等内容，并保存相关凭证。

第十三条　本办法第十条、第十一条和第十二条要求形成的相关记录和凭证保存期限不得少于产品保质期，产品保质期不足二年的或者没有明确保质期的，保存期限不得少于二年。

第十四条　食品相关产品生产者应当建立食品相关产品质量安全追溯制度，保证从原辅料和添加剂采购到产品销售所有环节均可有效追溯。

鼓励食品相关产品生产者、销售者采用信息化手段采集、留存生产和销售信息，建立食品相关产品质量安全追溯体系。

第十五条　食品相关产品标识信息应当清晰、真实、准确，不得欺骗、误导消费者。标识信息应当标明下列事项：

（一）食品相关产品名称；

（二）生产者名称、地址、联系方式；

（三）生产日期和保质期（适用时）；

（四）执行标准；

（五）材质和类别；

（六）注意事项或者警示信息；

（七）法律、法规、规章、食品安全标准及其他强制性规定要求的应当标明的其他事项。

食品相关产品还应当按照有关标准要求在显著位置标注"食品接触用""食品包装用"等用语或者标志。

食品安全标准对食品相关产品标识信息另有其他要求的，从其规定。

第十六条　鼓励食品相关产品生产者将所生产的食品相关产品有关内容向社会公示。鼓励有条件的食品相关产品生产者以电子信息、追溯信息码等方式进行公示。

第十七条　食品相关产品需要召回的，按照国家召回管理的有关规定执行。

第十八条　鼓励食品相关产品生产者、销售者参加相关安全责任保险。

第三章　监督管理

第十九条　对直接接触食品的包装材料等具有较高风险的食品相关产品，按照国家有关工业产品生产许可证管理的规定实施生产许可。食品相关产品生产许可实行告知承诺审批和全覆盖例行检查。

省级市场监督管理部门负责组织实施本行政区域内食品相关产品生产许可和监督管理。根据需要，省级市场监督管理部门可以将食品相关产品生产许可委托下级市场监督管理部门实施。

第二十条　市场监督管理部门建立分层分级、精准防控、末端发力、终端见效工作机制，以"双随机、一公开"监管为主要方式，随机抽取检查对象，随选派检查人员对食品相关产品生产者、销售者实施日常监督检查，及时向社会公开检查事项及检查结果。

市场监督管理部门实施日常监督检查主要包括书面审查和现场检查。必要时，可以邀请检验检测机构、科研院所等技术机构为日常监督检查提供技术支撑。

第二十一条　对食品相关产品生产者实施日常监督检查的事项包括：生产者资质、生产环境条件、设备设施管理、原辅料控制、生产关键环节控制、检验控制、运输及交付控制、标识信息、不合格品管理和产品召回、从业人员管理、信息记录和追溯、质量安全事故处置等情况。

第二十二条　对食品相关产品销售者实施日常监督检查的事项包括：销售者资质、进货查验结果、食品相关产品贮存、标识信息、质量安全事故处置等情况。

第二十三条　市场监督管理部门实施日常监督检查，可以要求食品相关产品生产者、销售者如实提供本办法第二十一条、第二十二条规定的相关材料。必要时，可以要求被检查单位作出说明或者提供补充材料。

日常监督检查发现食品相关产品可能存在质量安全问题的，市场监督管理部门可以组织技术机构对工艺控制参数、记录的数据参数或者食品相关产品进行抽样检验、测试、验证。

市场监督管理部门应当记录、汇总和分析食品相关产品日常监督检查信息。

第二十四条　市场监督管理部门对其他部门移送、上级交办、投诉、举报等途径和检验检测、风险监测等方式发现的食品相关产品质量安全问题线索，根据需要可以对食品相关产品生产者、销售者及其产品实施针对性监督检查。

第二十五条　县级以上地方市场监督管理部门对食品相关产品生产者、销售者进行监督检查时，有权采取下列措施：

（一）进入生产、销售场所实施现场检查；

（二）对生产、销售的食品相关产品进行抽样检验；

（三）查阅、复制有关合同、票据、账簿以及其他有关资料；

（四）查封、扣押有证据证明不符合食品安全标准或者有证据证明存在质量安全隐患以及用于违法生产经营的食品相关产品、工具、设备；

（五）查封违法从事食品相关产品生产经营活动的场所；

（六）法律法规规定的其他措施。

第二十六条　县级以上地方市场监督管理部门应当对监督检查中发现的问题，书面提出整改要求及期限。被检查企业应当按期整改，并将整改情况报告市场监督管理部门。

对监督检查中发现的违法行为，应当依法查处；不属于本部门职责或者超出监管范围的，应当及时移送有权处理的部门；涉嫌构成犯罪的，应当及时移送公安机关。

第二十七条 市场监督管理部门对可能危及人体健康和人身、财产安全的食品相关产品,影响国计民生以及消费者、有关组织反映有质量安全问题的食品相关产品,依据产品质量监督抽查有关规定进行监督抽查。法律、法规、规章对食品相关产品质量安全的监督抽查另有规定的,依照有关规定执行。

第二十八条 县级以上地方市场监督管理部门应当建立完善本行政区域内食品相关产品生产者名录数据库。鼓励运用信息化手段实现电子化管理。

县级以上地方市场监督管理部门可以根据食品相关产品质量安全风险监测、风险评估结果和质量安全状况等,结合企业信用风险分类结果,对食品相关产品生产者实施质量安全风险分级监督管理。

第二十九条 国家市场监督管理总局按照有关规定实施国家食品相关产品质量安全风险监测。省级市场监督管理部门按照本行政区域的食品相关产品质量安全风险监测方案,开展食品相关产品质量安全风险监测工作。风险监测结果表明可能存在质量安全隐患的,应当将相关信息通报同级卫生行政等部门。

承担食品相关产品质量安全风险监测工作的技术机构应当根据食品相关产品质量安全风险监测计划和监测方案开展监测工作,保证监测数据真实、准确,并按照要求报送监测数据和分析结果。

第三十条 国家市场监督管理总局按照国家有关规定向相关部门通报食品相关产品质量安全信息。

县级以上地方市场监督管理部门按照有关要求向上一级市场监督管理部门、同级相关部门通报食品相关产品质量安全信息。通报信息涉及其他地区的,应当及时向相关地区同级部门通报。

第三十一条 食品相关产品质量安全信息包括以下内容:

(一)食品相关产品生产许可、监督抽查、监督检查和风险监测中发现的食品相关产品质量安全信息;

(二)有关部门通报的、行业协会和消费者协会等组织、企业和消费者反映的食品相关产品质量安全信息;

(三)舆情反映的食品相关产品质量安全信息;

(四)其他与食品相关产品质量安全有关的信息。

第三十二条 市场监督管理部门对食品相关产品质量安全风险信息可以组织风险研判,进行食品相关产品质量安全状况综合分析,或者会同同级人民政府有关部门、行业组织、企业等共同研判。认为需要进行风险评估的,应当向同级卫生行政部门提出风险评估的建议。

第三十三条 市场监督管理部门实施食品相关产品生产许可、全覆盖例行检查、监督检查以及产品质量监督抽查中作出的行政处罚信息,依法记入国家企业信用信息公示系统,向社会公示。

第四章 法律责任

第三十四条 违反本办法规定,法律、法规对违法行为处罚已有规定的,依照其规定执行。

第三十五条 违反本办法第六条第一项规定,使用不符合食品安全标准及相关公告的原辅料和添加剂,以及其他可能危害人体健康的物质作为原辅料生产食品相关产品,或者超范围、超限量使用添加剂生产食品相关产品的,处十万元以下罚款;情节严重的,处二十万元以下罚款。

第三十六条 违反本办法规定,有下列情形之一的,责令限期改正;逾期不改或者改正后仍然不符合要求的,处三万元以下罚款;情节严重的,处五万元以下罚款:

(一)食品相关产品生产者未建立并实施本办法第九条第一款规定的食品相关产品质量安全管理制度的;

(二)食品相关产品生产者未按照本办法第九条第二款规定制定食品相关产品质量安全事故处置方案的;

(三)食品相关产品生产者未按照本办法第十条规定实施原辅料控制以及开展相关安全评估验证的;

(四)食品相关产品生产者未按照本办法第十一条第二款规定建立并实施不合格产品管理制度、对检验结果不合格的产品进行相应处置的;

(五)食品相关产品销售者未按照本办法第十二条建立并实施进货查验制度的。

第三十七条 市场监督管理部门工作人员，在食品相关产品质量安全监督管理工作中玩忽职守、滥用职权、徇私舞弊的，依法追究法律责任；涉嫌违纪违法的，移送纪检监察机关依纪依规依法给予党纪政务处分；涉嫌违法犯罪的，移送监察机关、司法机关依法处理。

第五章 附 则

第三十八条 本办法所称食品相关产品，是指用于食品的包装材料、容器、洗涤剂、消毒剂和用于食品生产经营的工具、设备。其中，消毒剂的质量安全监督管理按照有关规定执行。

第三十九条 本办法自2023年3月1日起施行。

国家食品药品监管总局关于印发食品生产经营日常监督检查有关表格的通知

· 2016年5月6日
· 食药监食监一〔2016〕58号

各省、自治区、直辖市食品药品监督管理局，新疆生产建设兵团食品药品监督管理局：

为贯彻落实《中华人民共和国食品安全法》、《食品生产经营日常监督检查管理办法》（国家食品药品监督管理总局令第23号，以下简称《办法》），指导各地做好食品生产经营日常监督检查工作，总局研究制定了《食品生产经营日常监督检查要点表》（以下简称《检查要点表》）和《食品生产经营日常监督检查结果记录表》（以下简称《结果记录表》），现予印发，并将有关事项通知如下：

一、关于《检查要点表》和《结果记录表》的适用范围

《检查要点表》和《结果记录表》作为《食品生产经营日常监督检查管理办法》的配套实施表格，适用于食品生产经营日常监督检查工作。《检查要点表》中表1-1《食品生产日常监督检查要点表》适用于对食品（不含保健食品）、食品添加剂生产环节的监督检查，表1-2《食品销售日常监督检查要点表》适用于对食品、食品添加剂销售环节的监督检查，表1-3《餐饮服务日常监督检查要点表》适用于对餐饮服务环节的监督检查，表1-4《保健食品生产日常监督检查要点表》适用于对保健食品生产环节的监督检查。表2《结果记录表》适用于对食品（含保健食品）、食品添加剂生产、销售、餐饮服务各个环节日常监督检查结果的记录、判定及公布。省级食品药品监督管理部门可以根据需要，对日常监督检查要点表进行细化、补充。

二、关于《检查要点表》和《结果记录表》的使用

按照《办法》的要求，《检查要点表》对食品（食品添加剂）、保健食品生产、销售、餐饮服务不同类型食品生产经营者监督检查的表格，做出了统一规定。《检查要点表》的告知页，适用于各种类型食品生产经营者。日常监督检查时应首先填写告知页的相关内容，记录告知、申请回避等情况，并由被检查单位、监督检查人员签字。

《检查要点表》具体细化了各个环节的监督检查内容，设定了检查的重点项目和一般项目，并对每个检查项目结果设置评价项。每一个检查项目在对应的检查操作手册中做出了可操作性的描述。监督检查人员应当参考检查操作手册的规定，对检查内容逐项开展检查，并对每一项结果进行评价，必要的检查记录信息应在"备注"栏中填写。评价结果为"否"的，需要在"备注"栏注明原因；发现存在其他问题的，可以在《检查要点表》"其他需要记录的问题"一栏进行记录。按照《办法》规定，每次日常监督检查可以随机抽取《检查要点表》中的部分内容进行检查，但每年开展的监督检查原则上应当覆盖《检查要点表》全部项目。

《结果记录表》包括被检查者的基本信息、检查内容、检查结果、被检查者意见等内容。监督检查人员应当如实记录日常监督检查情况，综合进行判定，确定检查结果。检查人员和被检查食品生产经营者应当在《结果记录表》上签字确认。

三、关于日常监督检查结果的判定

按照对《检查要点表》的检查情况，检查中未发现问题的，检查结果判定为符合；发现小于8项（含）一般项存在问题的，检查结果判定为基本符合；发现大于8项一般项或1项（含）以上重点项存在问题的，检查结果判定为不符合。但对餐饮服务的检查结果判定,应当按表1-3规定执行。检查中发现的问题及相应处置措施应当在说明项进行描述,相应文书可使用《食品药品监管总局关于印发食品药品行政处罚文书规范的通知》(食药监稽〔2014〕64号)所附执法文书。

四、关于日常监督检查结果的处理

对日常监督检查结果属于基本符合的食品生产经营者,市、县级食品药品监督管理部门应当书面责令其就监督检查中发现的问题限期改正,提出整改要求。被检查单位应当按期进行整改,并将整改情况报告食品药品监督管理部门。监督检查人员可以跟踪整改情况,并记录整改结果。对日常监督检查结果为不符合、有发生食品安全事故潜在风险的,食品生产经营者应当立即停止食品生产经营活动。对食品生产经营者应当立即停止食品生产经营活动而未执行的,由县级以上食品药品监督管理部门依照《中华人民共和国食品安全法》第一百二十六条第一款的规定进行处罚。

五、关于加强宣传培训

地方各级食品药品监督管理部门要高度重视食品生产经营日常监督检查工作,一是各省级食品药品监督管理部门要结合地方食品生产经营监督检查工作实际,按照《检查要点表》,尽快研究制定本省(区、市)的日常监督检查要点表,指导一线监督检查人员开展工作。二是选配食品生产经营监管骨干力量逐级开展培训,通过对《办法》《检查要点表》《结果记录表》《食品生产经营检查操作手册》等涉及的日常监督检查有关检查事项、程序要求、结果判定、处理措施、注意事项等进一步培训,提升监管人员监督检查水平。总局将举办省级日常监督检查培训班,培训师资,提供培训讲义、光盘,供各地学习参考。三是各地要加强宣传,高度重视食品生产经营日常监督检查工作。配备食品生产经营日常监督检查及现场取证需要的温度计、照相机等检查工具、设备,推进食品生产经营日常监督检查各项工作的落实。

附件1

食品生产经营日常监督检查要点表

告知页

被检查单位:	地址:
检查人员及执法证件名称、编号:1.	2.
检查时间: 年 月 日	
检查地点:	
告知事项:	
我们是监督检查人员,现出示执法证件。我们依法对你(单位)进行日常监督检查,请予配合。 依照法律规定,监督检查人员少于两人或者所出示的执法证件与其身份不符的,你(单位)有权拒绝检查;对于监督检查人员有下列情形之一的,你(单位)有权申请回避:(1)系当事人或当事人的近亲属;(2)与本人或本人近亲属有利害关系;(3)与当事人有其他关系,可能影响公正执法的。 问:你(单位)是否申请回避? 答:	
被检查单位签字: 年 月 日	检查人员签字: 年 月 日

表 1-1 食品生产日常监督检查要点表

食品通用检查项目:重点项(＊)21项,一般项30项,共51项。
食品添加剂通用检查项目:重点项(＊)19项,一般项31项,共50项。

检查项目	项目序号	检查内容	评价	备注
1. 生产环境条件	1.1	厂区无扬尘、无积水,厂区、车间卫生整洁。	□是□否	
	＊1.2	厂区、车间与有毒、有害场所及其他污染源保持规定的距离。	□是□否	
	＊1.3	卫生间应保持清洁,应设置洗手设施,未与食品生产、包装或贮存等区域直接连通。	□是□否	
	1.4	有更衣、洗手、干手、消毒设备、设施,满足正常使用。	□是□否	
	1.5	通风、防尘、照明、存放垃圾和废弃物等设备、设施正常运行。	□是□否	
	1.6	车间内使用的洗涤剂、消毒剂等化学品应与原料、半成品、成品、包装材料等分隔放置,并有相应的使用记录。	□是□否	
	1.7	定期检查防鼠、防蝇、防虫害装置的使用情况并有相应检查记录,生产场所无虫害迹象。	□是□否	
2. 进货查验结果 注:①检查原辅料仓库;②原辅料品种随机抽查,不足2种的全部检查。	＊2.1	查验食品原辅料、食品添加剂、食品相关产品供货者的许可证、产品合格证明文件;供货者无法提供有效合格证明文件的食品原料,有检验记录。	□是□否	
	＊2.2	进货查验记录及证明材料真实、完整,记录和凭证保存期限不少于产品保质期期满后六个月,没有明确保质期的,保存期限不少于二年。	□是□否	
	2.3	建立和保存食品原辅料、食品添加剂、食品相关产品的贮存、保管记录和领用出库记录。	□是□否	
3. 生产过程控制 注:在成品库至少抽取2批次产品,按生产日期或批号追溯生产过程记录及控制的全部检查,有专供特定人群的产品至少抽查1个产品。	3.1	有食品安全自查制度文件,定期对食品安全状况进行自查并记录和处置。	□是□否	
	＊3.2	使用的原辅料、食品添加剂、食品相关产品的品种与索证索票、进货查验记录内容一致。	□是□否	
	＊3.3	建立和保存生产投料记录,包括投料种类、品名、生产日期或批号、使用数量等。	□是□否	
	＊3.4	未发现使用非食品原料、回收食品、食品添加剂以外的化学物质、超过保质期的食品原料和食品添加剂生产食品。	□是□否	
	＊3.5	未发现超范围、超限量使用食品添加剂的情况。	□是□否	
	3.6	生产或使用的新食品原料,限定于国务院卫生行政部门公告的新食品原料范围内。	□是□否	
	＊3.7	未发现使用药品、仅用于保健食品的原料生产食品。	□是□否	
	＊3.8	生产记录中的生产工艺和参数与企业申请许可时提供的工艺流程一致。	□是□否	

续表

检查项目	项目序号	检查内容	评价	备注
	*3.9	建立和保存生产加工过程关键控制点的控制情况记录。	□是□否	
	3.10	生产现场未发现人流、物流交叉污染。	□是□否	
	3.11	未发现原辅料、半成品与直接入口食品交叉污染。	□是□否	
	3.12	有温、湿度等生产环境监测要求的,定期进行监测并记录。	□是□否	
	3.13	生产设备、设施定期维护保养并做好记录。	□是□否	
	*3.14	未发现标注虚假生产日期或批号的情况。	□是□否	
	3.15	工作人员穿戴工作衣帽,生产车间内未发现与生产无关的个人或者其他与生产不相关物品,员工洗手消毒后进入生产车间。	□是□否	
4. 产品检验结果 注:采取抽查方式	4.1	企业自检的,应具备与所检项目适应的检验室和检验能力,有检验相关设备及化学试剂,检验仪器设备按期检定。	□是□否	
	4.2	不能自检的,应当委托有资质的检验机构进行检验。	□是□否	
	*4.3	有与生产产品相适应的食品安全标准文本,按照食品安全标准规定进行检验。	□是□否	
	*4.4	建立和保存原始检验数据和检验报告记录,检验记录真实、完整。	□是□否	
	4.5	按规定时限保存检验留存样品并记录留样情况。	□是□否	
5. 贮存及交付控制 注:采取抽查方式,有冷链要求的产品必须检查冷链情况。	*5.1	原辅料的贮存有专人管理,贮存条件符合要求。	□是□否	
	*5.2	食品添加剂应当专门贮存,明显标示,专人管理。	□是□否	
	5.3	不合格品应在划定区域存放。	□是□否	
	5.4	根据产品特点建立和执行相适应的贮存、运输及交付控制制度和记录。	□是□否	
	5.5	仓库温湿度应符合要求。	□是□否	
	5.6	生产的产品在许可范围内。	□是□否	
	5.7	有销售台账,台账记录真实、完整。	□是□否	
	5.8	销售台账如实记录食品的名称、规格、数量、生产日期或者生产批号、检验合格证明、销售日期以及购货者名称、地址、联系方式等内容。	□是□否	
6. 不合格品管理和食品召回 注:采取抽查方式	6.1	建立和保存不合格品的处置记录,不合格品的批次、数量应与记录一致。	□是□否	
	*6.2	实施不安全食品的召回,有召回计划、公告等相应记录。	□是□否	
	*6.3	召回食品有处置记录。	□是□否	
	6.4	未发现使用召回食品重新加工食品情况(对因标签存在瑕疵实施召回的除外)。	□是□否	

续表

检查项目	项目序号	检查内容	评价	备注
7. 从业人员管理	7.1	有食品安全管理人员、检验人员、负责人。	□是 □否	
	7.2	有食品安全管理人员、检验人员、负责人培训和考核记录。	□是 □否	
	*7.3	未发现聘用禁止从事食品安全管理的人员。	□是 □否	
	7.4	企业负责人在企业内部制度制定、过程控制、安全培训、安全检查以及食品安全事件或事故调查等环节履行了岗位职责并有记录。	□是 □否	
	*7.5	建立从业人员健康管理制度,直接接触食品人员有健康证明,符合相关规定。	□是 □否	
	7.6	有从业人员食品安全知识培训制度,并有相关培训记录。	□是 □否	
8. 食品安全事故处置	8.1	有定期排查食品安全风险隐患的记录。	□是 □否	
	8.2	有按照食品安全应急预案定期演练,落实食品安全防范措施的记录。	□是 □否	
	*8.3	发生食品安全事故的,有处置食品安全事故记录。	□是 □否	
9. 食品添加剂生产者管理	*9.1	原料和生产工艺符合产品标准规定。	□是 □否	
	9.2	复配食品添加剂配方发生变化的,按规定报告。	□是 □否	
	9.3	食品添加剂产品标签载明"食品添加剂",并标明贮存条件、生产者名称和地址、食品添加剂的使用范围、用量和使用方法。	□是 □否	

其他需要记录的问题:

说明:1. 上表中打*号的为重点项,其他为一般项。
2. 每次检查抽查重点项不少于10个,总检查项目不少于20个。
3. 上表中除1.7、3.4、3.5、3.6项以及2.1项中关于"食品相关产品"的检查部分,其他项目均适用于食品添加剂生产者。
4. 对食品添加剂生产者每次检查,还需检查第9项,对食品生产者的检查不需检查第9项。
5. 如果检查项目存在合理缺项,该项无需勾选"是或否",并在备注中说明,不计入不符合项数。

表1-2 食品销售日常监督检查要点表

食品通用检查项目:重点项(*)12项,一般项22项,共34项。
特殊场所和特殊食品检查项目:共19项。

食品通用检查项目(34项)				
检查项目	序号	检查内容	评价	备注
1. 经营资质	1.1	经营者持有的食品经营许可证是否合法有效。	□是 □否	
	1.2	食品经营许可证载明的有关内容与实际经营是否相符。	□是 □否	

续表

2. 经营条件	2.1	是否具有与经营的食品品种、数量相适应的场所。	□是 □否	
	2.2	经营场所环境是否整洁,是否与污染源保持规定的距离。	□是 □否	
	2.3	是否具有与经营的食品品种、数量相适应的生产经营设备或者设施。	□是 □否	
3. 食品标签等外观质量状况	*3.1	检查的食品是否在保质期内。	□是 □否	
	*3.2	检查的食品感官性状是否正常。	□是 □否	
	*3.3	经营的肉及肉制品是否具有检验检疫证明。	□是 □否	
	3.4	检查的食品是否符合国家为防病等特殊需要的要求。	□是 □否	
	*3.5	经营的预包装食品、食品添加剂的包装上是否有标签,标签标明的内容是否符合食品安全法等法律法规的规定。	□是 □否	
	3.6	经营的食品的标签、说明书是否清楚、明显,生产日期、保质期等事项是否显著标注,容易辨识。	□是 □否	
	*3.7	销售散装食品,是否在散装食品的容器、外包装上标明食品的名称、生产日期或者生产批号、保质期以及生产经营者名称、地址、联系方式等内容。	□是 □否	
	3.8	经营食品标签、说明书是否涉及疾病预防、治疗功能。	□是 □否	
	3.9	经营场所设置或摆放的食品广告的内容是否涉及疾病预防、治疗功能。	□是 □否	
	*3.10	经营的进口预包装食品是否有中文标签,并载明食品的原产地以及境内代理商的名称、地址、联系方式。	□是 □否	
	*3.11	经营的进口预包装食品是否有国家出入境检验检疫部门出具的入境货物检验检疫证明。	□是 □否	
4. 食品安全管理机构和人员	4.1	食品经营企业是否有专职或者兼职的食品安全专业技术人员、食品安全管理人员和保证食品安全的规章制度。	□是 □否	
	4.2	食品经营企业是否有食品安全管理人员。	□是 □否	
	4.3	食品经营企业是否存在经食品药品监管部门抽查考核不合格的食品安全管理人员在岗从事食品安全管理工作的情况。	□是 □否	
5. 从业人员管理	5.1	食品经营者是否建立从业人员健康管理制度。	□是 □否	
	5.2	在岗从事接触直接入口食品工作的食品经营人员是否取得健康证明。	□是 □否	
	5.3	在岗从事接触直接入口食品工作的食品经营人员是否存在患有国务院卫生行政部门规定的有碍食品安全疾病的情况。	□是 □否	
	5.4	食品经营企业是否对职工进行食品安全知识培训和考核。	□是 □否	
6. 经营过程控制情况	*6.1	是否按要求贮存食品。	□是 □否	
	6.2	是否定期检查库存食品,及时清理变质或者超过保质期的食品。	□是 □否	

续表

	序号	检查内容	评价	备注
	*6.3	食品经营者是否按照食品标签标示的警示标志、警示说明或者注意事项的要求贮存和销售食品。对经营过程有温度、湿度要求的食品的,是否有保证食品安全所需的温度、湿度等特殊要求的设备,并按要求贮存。	□是 □否	
	6.4	食品经营者是否建立食品安全自查制度,定期对食品安全状况进行检查评价。	□是 □否	
	6.5	发生食品安全事故的,是否建立和保存处置食品安全事故记录,是否按规定上报所在地食品药品监督部门。	□是 □否	
	*6.6	食品经营者采购食品(食品添加剂),是否查验供货者的许可证和食品出厂检验合格证或者其他合格证明(以下称合格证明文件)。	□是 □否	
	*6.7	是否建立食用农产品进货查验记录制度,如实记录食用农产品的名称、数量、进货日期以及供货者名称、地址、联系方式等内容,并保存相关凭证。记录和凭证保存期限不得少于六个月。	□是 □否	
	*6.8	食品经营企业是否建立并严格执行食品进货查验记录制度。	□是 □否	
	6.9	是否建立并执行不安全食品处置制度。	□是 □否	
	6.10	从事食品批发业务的经营企业是否建立并严格执行食品销售记录制度。	□是 □否	
	6.11	食品经营者是否张贴并保持上次监督检查结果记录。	□是 □否	
特殊场所和特殊食品检查项目(19项)				

检查项目	序号	检查内容	评价	备注
7. 市场开办者、柜台出租者和展销会举办者	7.1	集中交易市场的开办者、柜台出租者和展销会举办者,是否依法审查入场食品经营者的许可证,明确其食品安全管理责任。	□是 □否	
	7.2	是否定期对入场食品经营者经营环境和条件进行检查。	□是 □否	
8. 网络食品交易第三方平台提供者	8.1	网络食品交易第三方平台提供者是否对入网食品经营者进行许可审查或实行实名登记。	□是 □否	
	8.2	网络食品交易第三方平台提供者是否明确入网经营者的食品安全管理责任。	□是 □否	
9. 食品贮存和运输经营者	9.1	贮存、运输和装卸食品的容器、工具和设备是否安全、无害,保持清洁。	□是 □否	
	9.2	容器、工具和设备是否符合保证食品安全所需的温度、湿度等特殊要求。	□是 □否	
	9.3	食品是否与有毒、有害物品一同贮存、运输。	□是 □否	
10. 食用农产品批发市场	10.1	食用农产品批发市场是否配备检验设备和检验人员或者委托符合本法规定的食品检验机构,对进入该批发市场销售的食用农产品进行抽样检验。	□是 □否	
	10.2	发现不符合食品安全标准的食用农产品时,是否要求销售者立即停止销售,并向食品药品监督管理部门报告。	□是 □否	

二、食品安全

续表

11. 特殊食品	11.1	是否经营未按规定注册或备案的保健食品、特殊医学用途配方食品、婴幼儿配方乳粉。	□是 □否	
	11.2	经营的保健食品的标签、说明书是否涉及疾病预防、治疗功能,内容是否真实,是否载明适宜人群、不适宜人群、功效成分或者标志性成分及其含量等,并声明"本品不能代替药物",与注册或者备案的内容相一致。	□是 □否	
	11.3	经营保健食品是否设专柜销售,并在专柜显著位置标明"保健食品"字样。	□是 □否	
	11.4	是否存在经营场所及其周边,通过发放、张贴、悬挂虚假宣传资料等方式推销保健食品的情况。	□是 □否	
	11.5	经营的保健食品是否索取并留存批准证明文件以及企业产品质量标准。	□是 □否	
	11.6	经营的保健食品广告内容是否真实合法,是否含有虚假内容,是否涉及疾病预防、治疗功能,是否声明"本品不能代替药物";其内容是否经生产企业所在地省、自治区、直辖市人民政府食品药品监督管理部门审查批准,取得保健食品广告批准文件。	□是 □否	
	11.7	经营的进口保健食品是否未按规定注册或备案。	□是 □否	
	11.8	特殊医学用途配方食品是否经国务院食品药品监督管理部门注册。	□是 □否	
	11.9	特殊医学用途配方食品广告是否符合《中华人民共和国广告法》和其他法律、行政法规关于药品广告管理的规定。	□是 □否	
	11.10	专供婴幼儿和其他特定人群的主辅食品,其标签是否标明主要营养成分及其含量。	□是 □否	

其他需要记录的问题:

说明:1. 本要点表共分为两个部分:第一部分为通用检查项目,分为重点项目和一般项,重点项目应逐项检查,一般项可视情况随机抽查;第二部分为特殊场所和特殊食品检查项目,不区分重点项和一般项,应逐项检查。
2. 检查过程中,被检查的经营者不涉及的项目,可视为合理缺项并在"备注"栏标注为不适用。

表1-3 餐饮服务日常监督检查要点表

重点项(*)7项,一般项23项,共30项

检查项目	序号	检查内容	检查结果	备注
一、许可管理	1	食品经营许可证合法有效,经营场所、主体业态、经营项目等事项与食品经营许可证一致。	□是 □否	

续表

检查项目	序号	检查内容	检查结果	备注
二、信息公示	2	在经营场所醒目位置公示食品经营许可证。	□是 □否	
	3	监督检查结果记录表公示的时间、位置等符合要求。	□是 □否	
	4	在经营场所醒目位置公示量化等级标识。	□是 □否	
三、制度管理	*5	建立从业人员健康管理、食品安全自查、进货查验记录、食品召回等食品安全管理制度。	□是 □否	
	*6	制定食品安全事故处置方案。	□是 □否	
四、人员管理	*7	主要负责人知晓食品安全责任,有食品安全管理人员。	□是 □否	
	*8	从事接触直接入口食品工作的从业人员持有有效的健康证明。	□是 □否	
	9	具有从业人员食品安全培训记录。	□是 □否	
	10	从业人员穿戴清洁的工作衣帽,双手清洁,保持个人卫生。	□是 □否	
五、环境卫生	11	食品经营场所保持清洁、卫生。	□是 □否	
	12	烹饪场所配置排风设备,定期清洁。	□是 □否	
	13	用水符合生活饮用水卫生标准。	□是 □否	
	14	卫生间保持清洁、卫生,定期清理。	□是 □否	
六、原料控制(含食品添加剂)	*15	查验供货者的许可证和食品出厂检验合格证或其他合格证明,企业如实记录有关信息并保存相关凭证。	□是 □否	
	16	原料外包装标识符合要求,按照外包装标识的条件和要求规范贮存,并定期检查,及时清理变质或者超过保质期的食品。	□是 □否	
	17	食品添加剂由专人负责保管、领用、登记,并有相关记录。	□是 □否	
七、加工制作过程	18	食品原料、半成品与成品在盛放、贮存时相互分开。	□是 □否	
	19	制作食品的设施设备及加工工具、容器等具有显著标识,按标识区分使用。	□是 □否	
	20	专间内由明确的专人进行操作,使用专用的加工工具。	□是 □否	
	21	食品留样符合规范。	□是 □否	
	22	中央厨房、集体用餐配送单位配送食品的标识、储存、运输等符合要求。	□是 □否	
	23	有毒有害物质不得与食品一同贮存、运输。	□是 □否	
八、设施设备及维护	24	专间内配备专用的消毒(含空气消毒)、冷藏、冷冻、空调等设施,设施运转正常。	□是 □否	
	25	食品处理区配备运转正常的洗手消毒设施。	□是 □否	
	26	食品处理区配备带盖的餐厨废弃物存放容器。	□是 □否	
	*27	食品加工、贮存、陈列等设施设备运转正常,并保持清洁。	□是 □否	

续表

检查项目	序号	检查内容	检查结果	备注
九、餐饮具清洗消毒	28	集中消毒餐具、饮具的采购符合要求。	□是 □否	
	29	具有餐具、饮具的清洗、消毒、保洁设备设施,并运转正常。	□是 □否	
	*30	餐具、饮具和盛放直接入口食品的容器用后洗净、消毒,炊具、用具用后洗净,保持清洁。	□是 □否	

说明:1. 表中*号项目为重点项,其他项目为一般项。每次检查的重点项应不少于3项,一般项应不少于7项。

2. 检查结果判定方法:①符合:未发现检查的重点项和一般项存在问题;②基本符合:发现检查的重点项存在1项及以下不合格且70%≤一般项合格率<100%;③不符合:发现检查的重点项存在2项及以上不合格,或一般项合格率<70%。

3. 当次检查发现的不合格项目,应列入下次检查必查项目。

4. 存在合理缺项时,一般项合格率的计算方法为:合格项目数/(检查的项目数-合理缺项的项目数)×100%。

表1-4 保健食品生产日常监督检查要点表

重点项(*)34项,一般项55项,共89项。

检查项目	序号	检查内容	评价	备注
1. 生产者资质情况	*1.1	生产许可证在有效期内。	□是 □否	
	1.2	营业执照、生产许可证中相关信息一致。	□是 □否	
	*1.3	实际生产的保健食品在生产许可范围内。	□是 □否	
	*1.4	保健食品注册证书或备案凭证有效。	□是 □否	
	*1.5	实际生产的保健食品按规定注册或备案。	□是 □否	
	1.6	注册或备案的保健食品相关内容发生变更的,已按规定履行变更手续。	□是 □否	
	1.7	工艺设备布局和工艺流程、主要生产设备设施、食品类别等事项发生变化,需要变更食品生产许可证载明的许可事项的,已按规定履行变更手续。	□是 □否	
2. 进货查验情况	2.1	建立并执行原辅料和包装材料的采购、验收、贮存、发放和使用等管理制度。	□是 □否	
	*2.2	查验原辅料和包装材料供货者的许可证和产品合格证明;对无法提供合格证明的食品原辅料,应当按照食品安全标准进行检验。	□是 □否	
	2.3	生产保健食品使用的原辅料与注册或备案的内容一致。	□是 □否	
	2.4	建立并执行原辅料和包装材料进货查验记录制度,如实记录原辅料和包装材料名称、规格、数量、生产日期或生产批号、保质期、进货日期以及供货商名称、地址、联系方式等内容,并保存相关凭证。	□是 □否	
	*2.5	进货查验记录和凭证保存期限符合规定。	□是 □否	

续表

检查项目	序号	检查内容	评价	备注
	2.6	出入库记录如实、完整,包括出入库原辅料和包装材料名称、规格、生产日期或者生产批号、出入库数量和时间、库存量、责任人等内容。	□是 □否	
	2.7	原料库内保健食品原辅料与其他物品分区存放,避免交叉污染。	□是 □否	
	2.8	原料库通风、温湿度以及防虫、防尘、防鼠设施等符合要求。	□是 □否	
	2.9	对温湿度或其他条件有特殊要求的按规定条件贮存。	□是 □否	
	2.10	原辅料按待检、合格和不合格严格区分管理,存放处有明显标识区分,离墙离地存放,合格备用的原辅料按不同批次分开存放。	□是 □否	
	2.11	设置原辅料标识卡,标示内容应包括物料名称、规格、生产日期或生产批号、有效期、供货商和生产商名称、质量状态、出入库记录等内容。	□是 □否	
	2.12	标识卡相关内容与原辅料库台账一致,应做到账、物、卡相符。	□是 □否	
3. 生产过程控制情况	*3.1	按照经注册或备案的产品配方、生产工艺等技术要求组织生产。	□是 □否	
	*3.2	生产保健食品未改变生产工艺的连续性要求。	□是 □否	
	*3.3	生产时空气净化系统正常运行并符合要求。	□是 □否	
	3.4	空气净化系统定期进行检测和维护保养并记录。	□是 □否	
	3.5	建立和保存空气洁净度监测原始记录和报告。	□是 □否	
	3.6	有相对负压要求的相邻车间之间有指示压差的装置,静压差符合要求。	□是 □否	
	3.7	生产固体保健食品的洁净区、粉尘较大的车间保持相对负压,除尘设施有效。	□是 □否	
	3.8	洁净区温湿度符合生产工艺的要求并有监测记录。	□是 □否	
	3.9	有温湿度控制措施和相应记录。	□是 □否	
	3.10	洁净区与非洁净区之间设置缓冲设施。	□是 □否	
	3.11	生产车间设置与洁净级别相适应的人流、物流通道,避免交叉污染。	□是 □否	
	*3.12	原料的前处理(如提取、浓缩等)在与其生产规模和工艺要求相适应的场所进行,配备必要的通风、除尘、除烟、降温等安全设施并运行良好,且定期检测及记录。	□是 □否	
	3.13	原料的前处理未与成品生产使用同一生产车间。	□是 □否	
	*3.14	保健食品生产工艺有原料提取、纯化等前处理工序的应自行完成,具备与生产的品种、数量相适应的原料前处理设备或者设施。	□是 □否	

续表

检查项目	序号	检查内容	评价	备注
	3.15	工艺文件齐全,包括产品配方、工艺流程、加工过程的主要技术条件及关键控制点、物料平衡的计算方法和标准等内容。	□是 □否	
	*3.16	批生产记录真实、完整、可追溯。	□是 □否	
	3.17	批生产记录中的生产工艺和参数与工艺规程一致。	□是 □否	
	*3.18	投料记录完整,包括原辅料品名、生产日期或批号、使用数量等,并经第二人复核签字。	□是 □否	
	3.19	原辅料出入库记录中的领取量、实际使用量与注册或备案的配方和批生产记录中的使用量一致。	□是 □否	
	3.20	与原辅料、中间产品、成品直接接触的容器、包材、输送管道等符合卫生要求。	□是 □否	
	*3.21	工艺用水有水质报告,达到工艺规程要求。	□是 □否	
	3.22	水处理系统正常运行,有动态监测及维护记录。	□是 □否	
	*3.23	投料前生产车间及设备按工艺规程要求进行清场或清洁并保存相关记录,设备有清洁状态标识。	□是 □否	
	3.24	更衣、洗手、消毒等卫生设施齐全有效,生产操作人员按相关要求做好个人卫生。	□是 □否	
	3.25	定期对生产设备、设施维护保养,并保存记录。	□是 □否	
	3.26	建立和保存停产、复产记录及复产时生产设备、设施等安全控制记录。	□是 □否	
	*3.27	记录和保存生产加工过程关键控制点的控制情况,对超出控制限的情况有纠偏措施及纠偏记录。	□是 □否	
	*3.28	现场未发现使用非食品原料、超过保质期的原辅料、回收保健食品生产保健食品的现象。	□是 □否	
4. 产品检验情况	4.1	设立独立的质量管理部门并有效运行。	□是 □否	
	4.2	明确品质管理人员的岗位职责并按要求履职。	□是 □否	
	4.3	落实原辅料、中间产品、成品以及不合格品的管理制度,保存完整的不合格品处理记录。	□是 □否	
	*4.4	落实原辅料、中间产品、成品检验管理制度及质量标准、检验规程。	□是 □否	
	4.5	检测仪器和计量器具定期检定或校准。	□是 □否	
	4.6	有仪器设备使用记录。	□是 □否	
	4.7	检验人员有能力检测产品技术要求规定的出厂检验指标。	□是 □否	
	4.8	按照产品技术文件或标准规定的检验项目进行检验。	□是 □否	
	*4.9	检验引用的标准齐全、有效。	□是 □否	

续表

检查项目	序号	检查内容	评价	备注
	4.10	建立和保存检验的原始检验数据记录和检验报告。	□是 □否	
	*4.11	设置留样室,按规定留存检验样品,并有留样记录。	□是 □否	
	4.12	企业自检的,检验室及相应的检验仪器设备满足出厂检验需要。委托有资质的检验机构进行检验的,签订委托检验合同并留存检验报告。	□是 □否	
	4.13	产品执行标准符合法律法规的规定。	□是 □否	
5. 产品标签、说明书情况	*5.1	标签、说明书符合保健食品相关法律、法规的要求。	□是 □否	
	*5.2	标签、说明书与注册或备案的内容一致。	□是 □否	
6. 贮运及交付控制情况	6.1	建立和执行与产品相适应的仓储、运输及交付控制制度和记录。	□是 □否	
	6.2	根据保健食品的特点和质量要求选择适宜的贮存和运输条件。	□是 □否	
	6.3	未将保健食品与有毒、有害或有异味的物品一同贮存。	□是 □否	
	6.4	贮存、运输和装卸保健食品的容器、工器具和设备安全、无害,保持清洁。	□是 □否	
	*6.5	非常温下保存的保健食品,建立和执行贮运时的成品温度控制制度并有记录。	□是 □否	
	6.6	每批产品均有销售记录,记录内容真实、完整、可追溯。	□是 □否	
7. 不合格品管理和召回情况	7.1	建立并执行产品退货、召回管理制度。	□是 □否	
	*7.2	保存产品退货记录和召回记录。	□是 □否	
	*7.3	对退货、召回的保健食品采取补救、无害化处理或销毁等措施,并保存记录。	□是 □否	
	7.4	向当地食品药品监管部门及时报告召回及处理情况。	□是 □否	
8. 从业人员管理情况	8.1	生产和品质管理部门的负责人为专职人员,符合有关法律法规对学历和专业经历要求。	□是 □否	
	8.2	专职技术人员的比例符合有关要求。	□是 □否	
	8.3	质检人员为专职人员,符合有关要求。	□是 □否	
	8.4	采购管理负责人有相关工作经验。	□是 □否	
	8.5	建立从业人员培训记录及考核档案。	□是 □否	
	*8.6	从业人员上岗前经过食品安全法律法规教育及相应岗位的技能培训。	□是 □否	
	*8.7	建立从业人员健康检查制度和健康档案,直接接触保健食品人员有健康证明,符合相关规定。	□是 □否	

续表

检查项目	序号	检查内容	评价	备注
9. 委托加工情况	*9.1	委托双方签订委托协议并在有效期内。	□是 □否	
	*9.2	委托协议明确委托双方产品质量责任。	□是 □否	
	*9.3	委托方持有的保健食品注册批准证明文件有效。	□是 □否	
	*9.4	受托方具有相应的生产许可。	□是 □否	
	9.5	受托方建立与所生产的委托产品相适应的质量管理文件。	□是 □否	
10. 食品安全事故处置情况	*10.1	制定保健食品安全事故处置预案。	□是 □否	
	10.2	定期检查与生产的保健食品相适应的质量安全防范措施,并保存相关记录。	□是 □否	
	10.3	发生保健食品安全事故的,建立和保存事故处置记录。	□是 □否	
11. 生产质量管理体系建立和运行情况	*11.1	定期对生产质量管理体系的运行情况进行自查,保证其有效运行。	□是 □否	
	*11.2	定期向食品药品监督管理部门提交生产质量管理体系自查报告。	□是 □否	
其他需要记录的问题:				

说明:1. 上表中打*号的为重点项,其他为一般项。
　　　2. 每次检查重点项不应少于10项。
　　　3. 以抽查形式检查的项目等,在备注栏中要填写必要的检查记录信息,评价仅针对本次抽查内容。

附件2

省(区、市)市县(市、区)食品药品监督管理局
食品生产经营日常监督检查结果记录表

编号:

名称		地址	
联系人		联系方式	
许可证编号		检查次数	本年度第　次检查

检查内容:
　　(食品药品监督管理部门全称)　检查人员 根据《中华人民共和国食品安全法》及其实施条例、《食品生产经营日常监督检查管理办法》的规定,于年月日对你单位进行了监督检查。本次监督检查按照表开展,共检查了(　　)项内容;其中:
　　重点项(　　)项,项目序号分别是(　　　　),发现问题(　　)项,项目序号分别是(　　　　);
　　一般项(　　)项,项目序号分别是(　　　　),发现问题(　　)项,项目序号分别是(　　　　)。

续表

检查结果： □符合　　□基本符合　　□不符合 结果处理： □通过　　□书面限期整改　　□食品生产经营者立即停止食品生产经营活动 说明(可附页)：	
执法人员(签名)： 　　　　　　　年　　月　　日	被检查单位意见： 法人或负责人： 　　　　　　　年　　月　　日(章)

填表说明：

1. 编号：由四位年度号+1位要点表序号+六位流水号组成，如2016-1-000001。生产、销售、餐饮服务、保健食品生产各环节对应的要点表序号分别为"1、2、3、4"。

2. 名称：填写食品生产经营许可证书上的食品生产经营者名称。

3. 地址：填写食品生产经营许可证书上载明的生产经营地址。

4. 联系人、联系方式：填写法人代表或者负责人的姓名及联系方式。

5. 许可证编号：与食品生产经营许可证书上载明的内容一致。如果检查对象为食品生产加工小作坊、食品摊贩等，填写负责人的身份证号码，并隐藏身份证号码中第11位到第14位的数字，以"＊＊＊＊"替代。

6. 检查次数：填写本次检查属于本年度对企业开展的日常监督检查的次数。

7. 检查内容：检查人员应为两名或两名以上，应明确检查对应使用的《食品生产经营日常监督检查要点表》。

8. 检查结果：根据检查情况，未发现问题选符合，发现小于8项(含)一般项存在问题选基本符合。发现大于8项一般项或1项(含)以上重点项存在问题选不符合。

9. 结果处理：根据《食品生产经营日常监督检查管理办法》要求，对检查结果进行处理，结果为符合的，说明中可不填写内容，结果为基本符合的，选书面限期整改；结果为不符合的，选食品生产经营者立即停止食品生产经营活动。结果处理所使用的相应文书应执行《食品药品监管总局关于印发食品药品行政处罚文书规范的通知》(食药监稽〔2014〕64号)所附执法文书。

10. 说明：对发现问题及处置措施进行详细描述，可附页。

11. 本表一式三份，一份用于现场公示，一份反馈企业，一份留存。

说明(附页)：

企业落实食品安全主体责任监督管理规定

· 2022 年 9 月 22 日国家市场监督管理总局令第 60 号公布
· 自 2022 年 11 月 1 日起施行

  第一条 为了督促企业落实食品安全主体责任,强化企业主要负责人食品安全责任,规范食品安全管理人员行为,根据《中华人民共和国食品安全法》及其实施条例等法律法规,制定本规定。

  第二条 在中华人民共和国境内,食品生产经营企业主要负责人以及食品安全总监、食品安全员等食品安全管理人员,依法落实食品安全责任的行为及其监督管理,适用本规定。

  第三条 食品生产经营企业应当建立健全食品安全管理制度,落实食品安全责任制,依法配备与企业规模、食品类别、风险等级、管理水平、安全状况等相适应的食品安全总监、食品安全员等食品安全管理人员,明确企业主要负责人、食品安全总监、食品安全员等的岗位职责。

  企业主要负责人对本企业食品安全工作全面负责,建立并落实食品安全主体责任的长效机制。食品安全总监、食品安全员应当按照岗位职责协助企业主要负责人做好食品安全管理工作。

  第四条 食品生产经营企业主要负责人应当支持和保障食品安全总监、食品安全员依法开展食品安全管理工作,在作出涉及食品安全的重大决策前,应当充分听取食品安全总监和食品安全员的意见和建议。

  食品安全总监、食品安全员发现有食品安全事故潜在风险的,应当提出停止相关食品生产经营活动等否决建议,企业应当立即分析研判,采取处置措施,消除风险隐患。

  第五条 在依法配备食品安全员的基础上,下列食品生产经营企业、集中用餐单位的食堂应当配备食品安全总监:

  (一)特殊食品生产企业;

  (二)大中型食品生产企业;

  (三)大中型餐饮服务企业、连锁餐饮企业总部;

  (四)大中型食品销售企业、连锁销售企业总部;

  (五)用餐人数 300 人以上的托幼机构食堂、用餐人数 500 人以上的学校食堂,以及用餐人数或者供餐人数超过 1000 人的单位。

  县级以上地方市场监督管理部门应当结合本地区实际,指导本辖区具备条件的企业配备食品安全总监。

  第六条 食品安全总监、食品安全员应当具备下列食品安全管理能力:

  (一)掌握相应的食品安全法律法规、食品安全标准;

  (二)具备识别和防控相应食品安全风险的专业知识;

  (三)熟悉本企业食品安全相关设施设备、工艺流程、操作规程等生产经营过程控制要求;

  (四)参加企业组织的食品安全管理人员培训并通过考核;

  (五)其他应当具备的食品安全管理能力。

  食品生产经营企业可以将符合前款规定的企业负责人、食品安全管理人员明确为食品安全总监、食品安全员。

  第七条 因食品安全违法被吊销许可证的企业,其法定代表人、直接负责的主管人员和其他直接责任人员,自处罚决定作出之日起五年内不得担任食品安全总监、食品安全员。

  因食品安全犯罪被判处有期徒刑以上刑罚的人员,终身不得担任食品安全总监、食品安全员。

  第八条 食品安全总监按照职责要求直接对本企业主要负责人负责,协助主要负责人做好食品安全管理工作,承担下列职责:

  (一)组织拟定食品安全管理制度,督促落实食品安全责任制,明确从业人员健康管理、供货者管理、进货查验、生产经营过程控制、出厂检验、追溯体系建设、投诉举报处理等食品安全方面的责任要求;

  (二)组织拟定并督促落实食品安全风险防控措施,定期组织食品安全自查,评估食品安全状况,及时向企业主要负责人报告食品安全工作情况并提出改进措施,阻止、纠正食品安全违法行为,按照规定组织实施食品召回;

  (三)组织拟定食品安全事故处置方案,组织开展应急演练,落实食品安全事故报告义务,采取措施防止事故扩大；

（四）负责管理、督促、指导食品安全员按照职责做好相关工作，组织开展职工食品安全教育、培训、考核；

（五）接受和配合监督管理部门开展食品安全监督检查等工作，如实提供有关情况；

（六）其他食品安全管理责任。

食品生产经营企业应当按照前款规定，结合企业实际，细化制定《食品安全总监职责》。

第九条 食品安全员按照职责要求对食品安全总监或者企业主要负责人负责，从事食品安全管理具体工作，承担下列职责：

（一）督促落实食品生产经营过程控制要求；

（二）检查食品安全管理制度执行情况，管理维护食品安全生产经营过程记录材料，按照要求保存相关资料；

（三）对不符合食品安全标准的食品或者有证据证明可能危害人体健康的食品以及发现的食品安全风险隐患，及时采取有效措施整改并报告；

（四）记录和管理从业人员健康状况、卫生状况；

（五）配合有关部门调查处理食品安全事故；

（六）其他食品安全管理责任。

食品生产经营企业应当按照前款规定，结合企业实际，细化制定《食品安全员守则》。

第十条 食品生产经营企业应当建立基于食品安全风险防控的动态管理机制，结合企业实际，落实自查要求，制定食品安全风险管控清单，建立健全日管控、周排查、月调度工作制度和机制。

第十一条 企业应当建立食品安全日管控制度。食品安全员每日根据风险管控清单进行检查，形成《每日食品安全检查记录》，对发现的食品安全风险隐患，应当立即采取防范措施，按照程序及时上报食品安全总监或者企业主要负责人。未发现问题的，也应当予以记录，实行零风险报告。

第十二条 企业应当建立食品安全周排查制度。食品安全总监或者食品安全员每周至少组织1次风险隐患排查，分析研判食品安全管理情况，研究解决日管控中发现的问题，形成《每周食品安全排查治理报告》。

第十三条 企业应当建立食品安全月调度制度。企业主要负责人每月至少听取1次食品安全总监管理工作情况汇报，对当月食品安全日常管理、风险隐患排查治理等情况进行工作总结，对下个月重点工作作出调度安排，形成《每月食品安全调度会议纪要》。

第十四条 食品生产经营企业应当将主要负责人、食品安全总监、食品安全员等人员的设立、调整情况，《食品安全总监职责》《食品安全员守则》以及食品安全总监、食品安全员提出的意见建议和报告等履职情况予以记录并存档备查。

第十五条 市场监督管理部门应当将企业建立并落实食品安全责任制等管理制度，企业在日管控、周排查、月调度中发现的食品安全风险隐患以及整改情况，作为监督检查的重要内容。

第十六条 食品生产经营企业应当组织对本企业职工进行食品安全知识培训，对食品安全总监、食品安全员进行法律、法规、标准和专业知识培训、考核，并对培训、考核情况予以记录，存档备查。

县级以上地方市场监督管理部门按照国家市场监督管理总局制定的食品安全管理人员考核指南，组织对本辖区食品生产经营企业的食品安全总监、食品安全员随机进行监督抽查考核并公布考核结果。监督抽查考核不得收取费用。

抽查考核不合格，不再符合食品生产经营要求的，食品生产经营企业应当立即采取整改措施。

第十七条 食品生产经营企业应当为食品安全总监、食品安全员提供必要的工作条件、教育培训和岗位待遇，充分保障其依法履行职责。

鼓励企业建立对食品安全总监、食品安全员的激励机制，对工作成效显著的给予表彰和奖励。

第十八条 食品生产经营企业未按规定建立食品安全管理制度，或者未按规定配备、培训、考核食品安全总监、食品安全员等食品安全管理人员，或者未按责任制要求落实食品安全责任的，由县级以上地方市场监督管理部门依照食品安全法第一百二十六条第一款的规定责令改正，给予警告；拒不改正的，处5000元以上5万元以下罚款；情节严重的，责令停产停业，直至吊销许可证。法律、行政法规有规定的，依照其规定。

第十九条 食品生产经营企业等单位有食品安全法规定的违法情形，除依照食品安全法的规定给予处罚外，有下列情形之一的，对单位的法定代表人、主要负责人、直接负责的主管人员和其他直接责任人员处以其上一年度从本单位取得收入的1倍以上10倍以下罚款：

（一）故意实施违法行为；

（二）违法行为性质恶劣；

（三）违法行为造成严重后果。

食品生产经营企业及其主要负责人无正当理由未采纳食品安全总监、食品安全员依照本规定第四条第二款提出的否决建议的，属于前款规定的故意实施违法行为的情形。食品安全总监、食品安全员已经依法履职尽责的，不予处罚。

第二十条　食品生产经营企业主要负责人是指在本企业生产经营中承担全面领导责任的法定代表人、实际控制人等主要决策人。

直接负责的主管人员是指在违法行为中负有直接管理责任的人员，包括食品安全总监等。

其他直接责任人员是指具体实施违法行为并起较大作用的人员，既可以是单位的生产经营管理人员，也可以是单位的职工，包括食品安全员等。

第二十一条　网络食品交易第三方平台、大型食品仓储企业、食品集中交易市场开办者、食品展销会举办者可以参照本规定执行。

省、自治区、直辖市市场监督管理部门可以根据本地区实际，参照本规定制定其他食品生产经营者落实食品安全主体责任的管理办法。

第二十二条　本规定自2022年11月1日起施行。

食品标识管理规定

- 2007年8月27日国家质量监督检验检疫总局令第102号公布
- 根据2009年10月22日《国家质量监督检验检疫总局关于修改〈食品标识管理规定〉的决定》修订

第一章　总　则

第一条　为了加强对食品标识的监督管理，规范食品标识的标注，防止质量欺诈，保护企业和消费者合法权益，根据《中华人民共和国食品安全法》、《中华人民共和国产品质量法》、《国务院关于加强食品等产品安全监督管理的特别规定》等法律法规，制定本规定。

第二条　在中华人民共和国境内生产（含分装）、销售的食品的标识标注和管理，适用本规定。

第三条　本规定所称食品标识是指粘贴、印刷、标记在食品或者其包装上，用以表示食品名称、质量等级、商品量、食用或者使用方法、生产者或者销售者等相关信息的文字、符号、数字、图案以及其他说明的总称。

第四条　国家质量监督检验检疫总局（以下简称国家质检总局）在其职权范围内负责组织全国食品标识的监督管理工作。

县级以上地方质量技术监督部门在其职权范围内负责本行政区域内食品标识的监督管理工作。

第二章　食品标识的标注内容

第五条　食品或者其包装上应当附加标识，但是按法律、行政法规规定可以不附加标识的食品除外。

食品标识的内容应当真实准确、通俗易懂、科学合法。

第六条　食品标识应当标注食品名称。

食品名称应当表明食品的真实属性，并符合下列要求：

（一）国家标准、行业标准对食品名称有规定的，应当采用国家标准、行业标准规定的名称；

（二）国家标准、行业标准对食品名称没有规定的，应当使用不会引起消费者误解和混淆的常用名称或者俗名；

（三）标注"新创名称"、"奇特名称"、"音译名称"、"牌号名称"、"地区俚语名称"或者"商标名称"等易使人误解食品属性的名称时，应当在所示名称的邻近部位使用同一字号标注本条（一）、（二）项规定的一个名称或者分类（类属）名称；

（四）由两种或者两种以上食品通过物理混合而成且外观均匀一致难以相互分离的食品，其名称应当反映该食品的混合属性和分类（类属）名称；

（五）以动、植物食物为原料，采用特定的加工工艺制作，用以模仿其他生物的个体、器官、组织等特征的食品，应当在名称前冠以"人造"、"仿"或者"素"等字样，并标注该食品真实属性的分类（类属）名称。

第七条　食品标识应当标注食品的产地。

食品产地应当按照行政区划标注到地市级地域。

第八条 食品标识应当标注生产者的名称、地址和联系方式。生产者名称和地址应当是依法登记注册、能够承担产品质量责任的生产者的名称、地址。

有下列情形之一的，按照下列规定相应予以标注：

（一）依法独立承担法律责任的公司或者其子公司，应当标注各自的名称和地址；

（二）依法不能独立承担法律责任的公司分公司或者公司的生产基地，应当标注公司和分公司或者生产基地的名称、地址，或者仅标注公司的名称、地址；

（三）受委托生产加工食品且不负责对外销售的，应当标注委托企业的名称和地址；对于实施生产许可证管理的食品，委托企业具有其委托加工的食品生产许可证的，应当标注委托企业的名称、地址和被委托企业的名称、地址，或者仅标注委托企业的名称和地址；

（四）分装食品应当标注分装者的名称及地址，并注明分装字样。

第九条 食品标识应当清晰地标注食品的生产日期、保质期，并按照有关规定要求标注贮存条件。

乙醇含量10%以上（含10%）的饮料酒、食醋、食用盐、固态食糖类，可以免除标注保质期。

日期的标注方法应当符合国家标准规定或者采用"年、月、日"表示。

第十条 定量包装食品标识应当标注净含量，并按照有关规定要求标注规格。对含有固、液两相物质的食品，除标示净含量外，还应当标示沥干物（固形物）的含量。

净含量应当与食品名称排在食品包装的同一展示版面。净含量的标注应当符合《定量包装商品计量监督管理办法》的规定。

第十一条 食品标识应当标注食品的成分或者配料清单。

配料清单中各种配料应当按照生产加工食品时加入量的递减顺序进行标注，具体标注方法按照国家标准的规定执行。

在食品中直接使用甜味剂、防腐剂、着色剂的，应当在配料清单食品添加剂项下标注具体名称；使用其他食品添加剂的，可以标注具体名称、种类或者代码。食品添加剂的使用范围和使用量应当按照国家标准的规定执行。

专供婴幼儿和其他特定人群的主辅食品，其标识还应当标注主要营养成分及其含量。

第十二条 食品标识应当标注企业所执行的产品标准代号。

第十三条 食品执行的标准明确要求标注食品的质量等级、加工工艺的，应当相应地予以标明。

第十四条 实施生产许可证管理的食品，食品标识应当标注食品生产许可证编号及QS标志。

委托生产加工实施生产许可证管理的食品，委托企业具有其委托加工食品生产许可证的，可以标注委托企业或者被委托企业的生产许可证编号。

第十五条 混装非食用产品易造成误食，使用不当，容易造成人身伤害的，应当在其标识上标注警示标志或者中文警示说明。

第十六条 食品有以下情形之一的，应当在其标识上标注中文说明：

（一）医学临床证明对特殊群体易造成危害的；

（二）经过电离辐射或者电离能量处理过的；

（三）属于转基因食品或者含法定转基因原料的；

（四）按照法律、法规和国家标准等规定，应当标注其他中文说明的。

第十七条 食品在其名称或者说明中标注"营养"、"强化"字样的，应当按照国家标准有关规定，标注该食品的营养素和热量，并符合国家标准规定的定量标示。

第十八条 食品标识不得标注下列内容：

（一）明示或者暗示具有预防、治疗疾病作用的；

（二）非保健食品明示或者暗示具有保健作用的；

（三）以欺骗或者误导的方式描述或者介绍食品的；

（四）附加的产品说明无法证实其依据的；

（五）文字或者图案不尊重民族习俗，带有歧视性描述的；

（六）使用国旗、国徽或者人民币等进行标注的；

（七）其他法律、法规和标准禁止标注的内容。

第十九条 禁止下列食品标识违法行为：

（一）伪造或者虚假标注生产日期和保质期；

（二）伪造食品产地，伪造或者冒用其他生产者的名称、地址；

（三）伪造、冒用、变造生产许可证标志及编号；

（四）法律、法规禁止的其他行为。

第三章 食品标识的标注形式

第二十条 食品标识不得与食品或者其包装分离。

第二十一条 食品标识应当直接标注在最小销售单元的食品或者其包装上。

第二十二条 在一个销售单元的包装中含有不同品种、多个独立包装的食品，每件独立包装的食品标识应当按照本规定进行标注。

透过销售单元的外包装，不能清晰地识别各独立包装食品的所有或者部分强制标注内容的，应当在销售单元的外包装上分别予以标注，但外包装易于开启识别的除外；能够清晰地识别各独立包装食品的所有或者部分强制标注内容的，可以不在外包装上重复标注相应内容。

第二十三条 食品标识应当清晰醒目，标识的背景和底色应当采用对比色，使消费者易于辨认、识读。

第二十四条 食品标识所用文字应当为规范的中文，但注册商标除外。

食品标识可以同时使用汉语拼音或者少数民族文字，也可以同时使用外文，但应当与中文有对应关系，所用外文不得大于相应的中文，但注册商标除外。

第二十五条 食品或者其包装最大表面面积大于20平方厘米时，食品标识中强制标注内容的文字、符号、数字的高度不得小于1.8毫米。

食品或者其包装最大表面面积小于10平方厘米时，其标识可以仅标注食品名称、生产者名称和地址、净含量以及生产日期和保质期。但是，法律、行政法规规定应当标注的，依照其规定。

第四章 法律责任

第二十六条 违反本规定构成《中华人民共和国食品安全法》及其实施条例等法律法规规定的违法行为的，依照有关法律法规的规定予以处罚。

第二十七条 违反本规定第六条至第八条、第十一条至第十三条，未按规定标注应当标注内容的，责令限期改正；逾期不改的，处以500元以上1万元以下罚款。

第二十八条 违反本规定第十五条，未按规定标注警示标志或中文警示说明的，依照《中华人民共和国产品质量法》第五十四条规定进行处罚。

第二十九条 违反本规定第十条，未按规定标注净含量的，依照《定量包装商品计量监督管理办法》规定进行处罚。

第三十条 违反本规定第十七条，未按规定标注食品营养素、热量以及定量标示的，责令限期改正；逾期不改的，处以5000元以下罚款。

第三十一条 违反本规定第十八条，食品标识标注禁止性内容的，责令限期改正；逾期不改的，处以1万元以下罚款；违反有关法律法规规定的，按有关法律法规规定处理。

第三十二条 伪造或者虚假标注食品生产日期和保质期的，责令限期改正，处以500元以上1万元以下罚款；情节严重，造成后果的，依照有关法律、行政法规规定进行处罚。

第三十三条 伪造食品产地，伪造或者冒用其他生产者的名称、地址的，依照《中华人民共和国产品质量法》第五十三条规定进行处罚。

第三十四条 违反本规定第二十条，食品标识与食品或者其包装分离的，责令限期改正，处以5000元以下罚款。

第三十五条 违反本规定第二十一条、第二十二第二款、第二十四条、第二十五条的，责令限期改正；逾期不改的，处以1万元以下罚款。

第三十六条 违反本规定第二十二条第一款的，依照本章有关规定处罚。

第三十七条 从事食品标识监督管理的工作人员，玩忽职守、滥用职权、包庇放纵违法行为的，依法给予行政处分；构成犯罪的，依法追究刑事责任。

第三十八条 本规定规定的行政处罚由县级以上地方质量技术监督部门在职权范围内依法实施。

法律、行政法规对行政处罚另有规定的，依照其规定。

第五章 附 则

第三十九条 进出口食品标识的管理，由出入境检验检疫机构按照国家质检总局有关规定执行。

第四十条 本规定由国家质检总局负责解释。

第四十一条 本规定自2008年9月1日起施行。原国家技术监督局公布的《查处食品标签违法行为规定》同时废止。

食用农产品市场销售
质量安全监督管理办法

- 2023年6月30日国家市场监督管理总局令第81号公布
- 自2023年12月1日起施行

第一条 为了规范食用农产品市场销售行为，加强食用农产品市场销售质量安全监督管理，保障食用农产品质量安全，根据《中华人民共和国食品安全法》（以下简称食品安全法）、《中华人民共和国农产品质量安全法》、《中华人民共和国食品安全法实施条例》（以下简称食品安全法实施条例）等法律法规，制定本办法。

第二条 食用农产品市场销售质量安全及其监督管理适用本办法。

本办法所称食用农产品市场销售，是指通过食用农产品集中交易市场（以下简称集中交易市场）、商场、超市、便利店等固定场所销售食用农产品的活动，不包括食用农产品收购行为。

第三条 国家市场监督管理总局负责制定食用农产品市场销售质量安全监督管理制度，监督指导全国食用农产品市场销售质量安全的监督管理工作。

省、自治区、直辖市市场监督管理部门负责监督指导本行政区域食用农产品市场销售质量安全的监督管理工作。

市、县级市场监督管理部门负责本行政区域食用农产品市场销售质量安全的监督管理工作。

第四条 县级以上市场监督管理部门应当与同级农业农村等相关部门建立健全食用农产品市场销售质量安全监督管理协作机制，加强信息共享，推动产地准出与市场准入衔接，保证市场销售的食用农产品可追溯。

第五条 食用农产品市场销售相关行业组织应当加强行业自律，督促集中交易市场开办者和销售者履行法律义务，规范集中交易市场食品安全管理行为和销售者经营行为，提高食用农产品质量安全保障水平。

第六条 在严格执行食品安全标准的基础上，鼓励食用农产品销售企业通过应用推荐性国家标准、行业标准以及团体标准等促进食用农产品高质量发展。

第七条 食用农产品销售者（以下简称销售者）应当保持销售场所环境整洁，与有毒、有害场所以及其他污染源保持适当的距离，防止交叉污染。

销售生鲜食用农产品，不得使用对食用农产品的真实色泽等感官性状造成明显改变的照明等设施误导消费者对商品的感官认知。

鼓励采用净菜上市、冷鲜上市等方式销售食用农产品。

第八条 销售者采购食用农产品，应当依照食品安全法第六十五条的规定建立食用农产品进货查验记录制度，索取并留存食用农产品进货凭证，并核对供货者等有关信息。

采购按照规定应当检疫、检验的肉类，应当索取并留存动物检疫合格证明、肉品品质检验合格证等证明文件。采购进口食用农产品，应当索取并留存海关部门出具的入境货物检验检疫证明等证明文件。

供货者提供的销售凭证、食用农产品采购协议等凭证中含有食用农产品名称、数量、供货日期以及供货者名称、地址、联系方式等进货信息的，可以作为食用农产品的进货凭证。

第九条 从事连锁经营和批发业务的食用农产品销售企业应当主动加强对采购渠道的审核管理，优先采购附具承诺达标合格证或者其他产品质量合格凭证的食用农产品，不得采购不符合食品安全标准的食用农产品。对无法提供承诺达标合格证或者其他产品质量合格凭证的，鼓励销售企业进行抽样检验或者快速检测。

除生产者或者供货者出具的承诺达标合格证外，自检合格证明、有关部门出具的检验检疫合格证明等也可以作为食用农产品的产品质量合格凭证。

第十条　实行统一配送销售方式的食用农产品销售企业，对统一配送的食用农产品可以由企业总部统一建立进货查验记录制度并保存进货凭证和产品质量合格凭证；所属各销售门店应当保存总部的配送清单，提供可查验相应凭证的方式。配送清单保存期限不得少于六个月。

第十一条　从事批发业务的食用农产品销售企业应当建立食用农产品销售记录制度，如实记录批发食用农产品的名称、数量、进货日期、销售日期以及购货者名称、地址、联系方式等内容，并保存相关凭证。记录和凭证保存期限不得少于六个月。

第十二条　销售者销售食用农产品，应当在销售场所明显位置或者带包装产品的包装上如实标明食用农产品的名称、产地、生产者或者销售者的名称或者姓名等信息。产地应当具体到县（市、区），鼓励标注到乡镇、村等具体产地。对保质期有要求的，应当标注保质期；保质期与贮存条件有关的，应当予以标明；在包装、保鲜、贮存中使用保鲜剂、防腐剂等食品添加剂的，应当标明食品添加剂名称。

销售即食用农产品还应当如实标明具体制作时间。

食用农产品标签所用文字应当使用规范的中文，标注的内容应当清楚、明显，不得含有虚假、错误或者其他误导性内容。

鼓励销售者在销售场所明显位置展示食用农产品的承诺达标合格证。带包装销售食用农产品的，鼓励在包装上标明生产日期或者包装日期、贮存条件以及最佳食用期限等内容。

第十三条　进口食用农产品的包装或者标签应当符合我国法律、行政法规的规定和食品安全标准的要求，并以中文载明原产国（地区），以及在中国境内依法登记注册的代理商、进口商或者经销者的名称、地址和联系方式，可以不标示生产者的名称、地址和联系方式。

进口鲜冻肉类产品的外包装上应当以中文标明规格、产地、目的地、生产日期、保质期、贮存条件等内容。

分装销售的进口食用农产品，应当在包装上保留原进口食用农产品全部信息以及分装企业、分装时间、地点、保质期等信息。

第十四条　销售者通过去皮、切割等方式简单加工、销售即食用农产品的，应当采取有效措施做好食品安全防护，防止交叉污染。

第十五条　禁止销售者采购、销售食品安全法第三十四条规定情形的食用农产品。

可拣选的果蔬类食用农产品带泥、带沙、带虫、部分枯萎，以及可拣选的水产品带水、带泥、带沙等，不属于食品安全法第三十四条第六项规定的腐败变质、霉变生虫、污秽不洁、混有异物、掺假掺杂或者感官性状异常等情形。

第十六条　销售者贮存食用农产品，应当定期检查，及时清理腐败变质、油脂酸败、霉变生虫或者感官性状异常的食用农产品。贮存对温度、湿度等有特殊要求的食用农产品，应当具备保温、冷藏或者冷冻等设施设备，并保持有效运行。

销售者委托贮存食用农产品的，应当选择取得营业执照等合法主体资格、能够保障食品安全的贮存服务提供者，并监督受托方按照保证食品安全的要求贮存食用农产品。

第十七条　接受销售者委托贮存食用农产品的贮存服务提供者，应当按照保证食品安全的要求，加强贮存过程管理，履行下列义务：

（一）如实记录委托方名称或者姓名、地址、联系方式等内容，记录保存期限不得少于贮存结束后二年；

（二）非食品生产经营者从事对温度、湿度等有特殊要求的食用农产品贮存业务的，应当自取得营业执照之日起三十个工作日内向所在地县级市场监督管理部门备案，备案信息包括贮存场所名称、地址、贮存能力以及法定代表人或者负责人姓名、统一社会信用代码、联系方式等信息；

（三）保证贮存食用农产品的容器、工具和设备安全无害，保持清洁，防止污染，保证食品安全所需的温度、湿度和环境等特殊要求，不得将食用农产品与有毒、有害物品一同贮存；

（四）贮存肉类冻品应当查验并留存有关动物检疫合格证明、肉品品质检验合格证等证明文件；

（五）贮存进口食用农产品，应当查验并留存海关部门出具的入境货物检验检疫证明等证明文件；

（六）定期检查库存食用农产品，发现销售者有违法行为的，应当及时制止并立即报告所在地县级市场监督管理部门；

（七）法律、法规规定的其他义务。

第十八条　食用农产品的运输容器、工具和设备应当安全无害，保持清洁，防止污染，不得将食用农产品与有毒、有害物品一同运输。运输对温度、湿度等有特殊要求的食用农产品，应当具备保温、冷藏或者冷冻等设备设施，并保持有效运行。

销售者委托运输食用农产品的，应当对承运人的食品安全保障能力进行审核，并监督承运人加强运输过程管理，如实记录委托方和收货方的名称或者姓名、地址、联系方式等内容，记录保存期限不得少于运输结束后二年。

第十九条　集中交易市场开办者应当建立健全食品安全管理制度，履行入场销售者登记建档、签订协议、入场查验、场内检查、信息公示、食品安全违法行为制止及报告、食品安全事故处置、投诉举报处置等管理义务，食用农产品批发市场（以下简称批发市场）开办者还应当履行抽样检验、统一销售凭证格式以及监督入场销售者开具销售凭证等管理义务。

第二十条　集中交易市场开办者应当在市场开业前向所在地县级市场监督管理部门如实报告市场名称、住所、类型、法定代表人或者负责人姓名、食用农产品主要种类等信息。

集中交易市场开办者应当建立入场销售者档案并及时更新，如实记录销售者名称或者姓名、统一社会信用代码或者身份证号码、联系方式，以及市场自查和抽检中发现的问题和处理信息。入场销售者档案信息保存期限不少于销售者停止销售后六个月。

第二十一条　集中交易市场开办者应当按照食用农产品类别实行分区销售，为入场销售者提供符合食品安全要求的环境、设施、设备等经营条件，定期检查和维护，并做好检查记录。

第二十二条　鼓励集中交易市场开办者改造升级，为入场销售者提供满足经营需要的冷藏、冷冻、保鲜等专业贮存场所，更新设施、设备，提高食品安全保障能力和水平。

鼓励集中交易市场开办者采用信息化手段统一采集食用农产品进货、贮存、运输、交易等数据信息，提高食品安全追溯能力和水平。

第二十三条　集中交易市场开办者应当查验入场食用农产品的进货凭证和产品质量合格凭证，与入场销售者签订食用农产品质量安全协议，列明违反食品安全法律法规规定的退市条款。未签订食用农产品质量安全协议的销售者和无法提供进货凭证的食用农产品不得进入市场销售。

集中交易市场开办者对声称销售自产食用农产品的，应当查验自产食用农产品的承诺达标合格证或者查验并留存销售者身份证号码、联系方式、住所以及食用农产品名称、数量、入场日期等信息。

对无法提供承诺达标合格证或者其他产品质量合格凭证的食用农产品，集中交易市场开办者应当进行抽样检验或者快速检测，结果合格的，方可允许进入市场销售。

鼓励和引导有条件的集中交易市场开办者对场内销售的食用农产品集中建立进货查验记录制度。

第二十四条　集中交易市场开办者应当配备食品安全员等食品安全管理人员，加强对食品安全管理人员的培训和考核；批发市场开办者还应当配备食品安全总监。

食品安全管理人员应当加强对入场销售者的食品安全宣传教育，对入场销售者的食用农产品经营行为进行检查。检查中发现存在违法行为的，集中交易市场开办者应当及时制止，并向所在地县级市场监督管理部门报告。

第二十五条　批发市场开办者应当依照食品安全法第六十四条的规定，对场内销售的食用农产品进行抽样检验。采取快速检测的，应当采用国家规定的快速检测方法。鼓励零售市场开办者配备检验设备和检验人员，或者委托具有资质的食品检验机构，进行食用农产品抽样检验。

集中交易市场开办者发现场内食用农产品不符合食品安全标准的，应当要求入场销售者立即停止销售，依照集中交易市场管理规定或者与入场销售者签订的协议进行销毁或者无害化处理，如实记录不合格食用农产品数量、产地、销售者、销毁方式等内容，留存不合格食用农产品销毁影像信息，并向所在地县级市场监督管理部门报告。记录保存期限不少于销售者停止销售后六个月。

第二十六条　集中交易市场开办者应当在醒目位置及时公布本市场食品安全管理制度、食品安全管理人员、投诉举报电话、市场自查结果、食用农产品抽样检验信息以及不合格食用农产品处理结果等信息。

公布的食用农产品抽样检验信息应当包括检

验项目和检验结果。

第二十七条 批发市场开办者应当向入场销售者提供包括批发市场名称、食用农产品名称、产地、数量、销售日期以及销售者名称、摊位信息、联系方式等项目信息的统一销售凭证，或者指导入场销售者自行印制包括上述项目信息的销售凭证。

批发市场开办者印制或者按照批发市场要求印制的销售凭证，以及包括前款所列项目信息的电子凭证可以作为入场销售者的销售记录和相关购货者的进货凭证。销售凭证保存期限不得少于六个月。

第二十八条 与屠宰厂（场）、食用农产品种植养殖基地签订协议的批发市场开办者应当对屠宰厂（场）和食用农产品种植养殖基地进行实地考察，了解食用农产品生产过程以及相关信息。

第二十九条 县级以上市场监督管理部门按照本行政区域食品安全年度监督管理计划，对集中交易市场开办者、销售者及其委托的贮存服务提供者遵守本办法情况进行日常监督检查：

（一）对食用农产品销售、贮存等场所、设施、设备，以及信息公示情况等进行现场检查；

（二）向当事人和其他有关人员调查了解与食用农产品销售活动和质量安全有关的情况；

（三）检查食用农产品进货查验记录制度落实情况，查阅、复制与食用农产品质量安全有关的记录、协议、发票以及其他资料；

（四）检查集中交易市场抽样检验情况；

（五）对集中交易市场的食品安全总监、食品安全员随机进行监督抽查考核并公布考核结果；

（六）对食用农产品进行抽样，送有资质的食品检验机构进行检验；

（七）对有证据证明不符合食品安全标准或者有证据证明存在质量安全隐患以及用于违法生产经营的食用农产品，有权查封、扣押、监督销毁；

（八）依法查封违法从事食用农产品销售活动的场所。

集中交易市场开办者、销售者及其委托的贮存服务提供者对市场监督管理部门依法实施的监督检查应当予以配合，不得拒绝、阻挠、干涉。

第三十条 市、县级市场监督管理部门可以采用国家规定的快速检测方法对食用农产品质量安全进行抽查检测，抽查检测结果表明食用农产品可能存在质量安全隐患的，销售者应当暂停销售；抽查检测结果确定食用农产品不符合食品安全标准的，可以作为行政处罚的证据。

被抽查人对快速检测结果有异议的，可以自收到检测结果时起四小时内申请复检。复检结论仍不合格的，复检费用由申请人承担。复检不得采用快速检测方法。

第三十一条 市、县级市场监督管理部门应当依据职责公布食用农产品质量安全监督管理信息。

公布食用农产品质量安全监督管理信息，应当做到准确、及时、客观，并进行必要的解释说明，避免误导消费者和社会舆论。

第三十二条 县级以上市场监督管理部门应当加强信息化建设，汇总分析食用农产品质量安全信息，加强监督管理，防范食品安全风险。

第三十三条 县级以上地方市场监督管理部门应当将监督检查、违法行为查处等情况记入集中交易市场开办者、销售者食品安全信用档案，并依法通过国家企业信用信息公示系统向社会公示。

对于性质恶劣、情节严重、社会危害较大，受到市场监督管理部门较重行政处罚的，依法列入市场监督管理严重违法失信名单，采取提高检查频次等管理措施，并依法实施联合惩戒。

市、县级市场监督管理部门应当逐步建立销售者市场准入前信用承诺制度，要求销售者以规范格式向社会作出公开承诺，如存在违法失信销售行为将自愿接受信用惩戒。信用承诺纳入销售者信用档案，接受社会监督，并作为事中事后监督管理的参考。

第三十四条 食用农产品在销售过程中存在质量安全隐患，未及时采取有效措施消除的，市、县级市场监督管理部门可以对集中交易市场开办者、销售企业负责人进行责任约谈。被约谈者无正当理由拒不按时参加约谈或者未按要求落实整改的，市场监督管理部门应当记入集中交易市场开办者、销售企业信用档案。

第三十五条 市、县级市场监督管理部门发现批发市场有国家法律法规及本办法禁止销售的食用农产品，在依法处理的同时，应当及时追查食用农产品来源和流向，查明原因、控制风险并报告上级市场监督管理部门，同时通报所涉地同级市场监督管理部门；涉及种植养殖和进出口环节的，还应当通报农业农村主管部门和海关部门。所涉地市场监督管理部门接到通报后应当积极配合开展调查，控制风险，并加强与事发地市场监督管理部门的信息通报和执法协作。

市、县级市场监督管理部门发现超出其管辖范围的食用农产品质量安全案件线索，应当及时移送有管辖权的市、县级市场监督管理部门。

第三十六条　市、县级市场监督管理部门发现下列情形之一的，应当及时通报所在地同级农业农村主管部门：

（一）农产品生产企业、农民专业合作社、从事农产品收购的单位或者个人未按照规定出具承诺达标合格证；

（二）承诺达标合格证存在虚假信息；

（三）附具承诺达标合格证的食用农产品不合格；

（四）其他有关承诺达标合格证违法违规行为。

农业农村主管部门发现附具承诺达标合格证的食用农产品不合格，向所在地市、县级市场监督管理部门通报的，市、县级市场监督管理部门应当根据农业农村主管部门提供的流向信息，及时追查不合格食用农产品并依法处理。

第三十七条　县级以上地方市场监督管理部门在监督管理中发现食用农产品质量安全事故，或者接到食用农产品质量安全事故的投诉举报，应当立即会同相关部门进行调查处理，采取措施防止或者减少社会危害。按照应急预案的规定报告当地人民政府和上级市场监督管理部门，并在当地人民政府统一领导下及时开展食用农产品质量安全事故调查处理。

第三十八条　销售者违反本办法第七条第一、二款、第十六条、第十八条规定，食用农产品贮存和运输受托方违反本办法第十七条、第十八条规定，有下列情形之一的，由县级以上市场监督管理部门责令改正，给予警告；拒不改正的，处五千元以上三万元以下罚款：

（一）销售和贮存场所环境、设施、设备等不符合用农产品质量安全要求的；

（二）销售、贮存和运输对温度、湿度等有特殊要求的食用农产品，未配备必要的保温、冷藏或者冷冻等设施设备并保持有效运行的；

（三）贮存期间未定期检查，及时清理腐败变质、油脂酸败、霉变生虫或者感官性状异常的食用农产品的；

第三十九条　有下列情形之一的，由县级以上市场监督管理部门依照食品安全法第一百二十六条第一款的规定给予处罚：

（一）销售者违反本办法第八条第一款规定，未按要求建立食用农产品进货查验记录制度，或者未按要求索取进货凭证的；

（二）销售者违反本办法第八条第二款规定，采购、销售按规定应当检疫、检验的肉类或进口食用农产品，未索取或留存相关证明文件的；

（三）从事批发业务的食用农产品销售企业违反本办法第十一条规定，未按要求建立食用农产品销售记录制度的。

第四十条　销售者违反本办法第十二条、第十三条规定，未按要求标明食用农产品相关信息的，由县级以上市场监督管理部门责令改正；拒不改正，处二千元以上一万元以下罚款。

第四十一条　销售者违反本办法第十四条规定，加工、销售即食食用农产品，未采取有效措施做好食品安全防护，造成污染的，由县级以上市场监督管理部门责令改正；拒不改正的，处五千元以上三万元以下罚款。

第四十二条　销售者违反本办法第十五条规定，采购、销售食品安全法第三十四条规定情形的食用农产品的，由县级以上市场监督管理部门依照食品安全法有关规定给予处罚。

第四十三条　集中交易市场开办者违反本办法第十九条、第二十四条规定，未按规定建立健全食品安全管理制度，或者未按规定配备、培训、考核食品安全总监、食品安全员等食品安全管理人员的，由县级以上市场监督管理部门依照食品安全法第一百二十六条第一款的规定给予处罚。

第四十四条　集中交易市场开办者违反本办法第二十条第一款规定，未按要求向所在地县级市场监督管理部门如实报告市场有关信息的，由县级以上市场监督管理部门依照食品安全法实施条例第七十二条的规定给予处罚。

第四十五条　集中交易市场开办者违反本办法第二十条第二款、第二十一条、第二十三条规定，有下列情形之一的，由县级以上市场监督管理部门责令改正；拒不改正的，处五千元以上三万元以下罚款：

（一）未按要求建立入场销售者档案并及时更新的；

（二）未按照食用农产品类别实施分区销售，经营条件不符合食品安全要求，或者未按规定对市场经营环境和条件进行定期检查和维护的；

（三）未按要求查验入场销售者和入场食用农产品的相关凭证信息，允许无法提供进货凭证的食用农产品入场销售，或者对无法提供食用农产品质量合格凭证的食用农产品未经抽样检验合格即允许入场销售的。

第四十六条 集中交易市场开办者违反本办法第二十五条第二款规定，抽检发现场内食用农产品不符合食品安全标准，未按要求处理并报告的，由县级以上市场监督管理部门责令改正；拒不改正的，处五千元以上三万元以下罚款。

集中交易市场开办者违反本办法第二十六条规定，未按要求公布食用农产品相关信息的，由县级以上市场监督管理部门责令改正；拒不改正的，处二千元以上一万元以下罚款。

第四十七条 批发市场开办者违反本办法第二十五条第一款规定，未依法对进入该批发市场销售的食用农产品进行抽样检验的，由县级以上市场监督管理部门依照食品安全法第一百三十条第二款的规定给予处罚。

批发市场开办者违反本办法第二十七条规定，未按要求向入场销售者提供统一格式的销售凭证或者指导入场销售者自行印制符合要求的销售凭证的，由县级以上市场监督管理部门责令改正；拒不改正的，处五千元以上三万元以下罚款。

第四十八条 销售者履行了本办法规定的食用农产品进货查验等义务，有充分证据证明其不知道所采购的食用农产品不符合食品安全标准，并能如实说明其进货来源的，可以免予处罚，但应当依法没收其不符合食品安全标准的食用农产品；造成人身、财产或者其他损害的，依法承担赔偿责任。

第四十九条 本办法下列用语的含义：

食用农产品，指来源于种植业、林业、畜牧业和渔业等供人食用的初级产品，即在农业活动中获得的供人食用的植物、动物、微生物及其产品，不包括法律法规禁止食用的野生动物产品及其制品。

即食食用农产品，指以生鲜食用农产品为原料，经过清洗、去皮、切割等简单加工后，可供人直接食用的食用农产品。

食用农产品集中交易市场，是指销售食用农产品的批发市场和零售市场(含农贸市场等集中零售市场)。

食用农产品集中交易市场开办者，指依法设立、为食用农产品批发、零售提供场地、设施、服务以及日常管理的企业法人或者其他组织。

食用农产品销售者，指通过固定场所销售食用农产品的个人或者企业，既包括通过集中交易市场销售食用农产品的入场销售者，也包括销售食用农产品的商场、超市、便利店等食品经营者。

第五十条 食品摊贩等销售食用农产品的具体管理规定由省、自治区、直辖市制定。

第五十一条 本办法自2023年12月1日起施行。2016年1月5日原国家食品药品监督管理总局令第20号公布的《食用农产品市场销售质量安全监督管理办法》同时废止。

网络食品安全违法行为查处办法

·2016年7月13日国家食品药品监督管理总局令第27号公布
·根据2021年4月2日《国家市场监督管理总局关于废止和修改部分规章的决定》修正

第一章 总 则

第一条 为依法查处网络食品安全违法行为，加强网络食品安全监督管理，保证食品安全，根据《中华人民共和国食品安全法》等法律法规，制定本办法。

第二条 在中华人民共和国境内网络食品交易第三方平台提供者以及通过第三方平台或者自建的网站进行交易的食品生产经营者(以下简称入网食品生产经营者)违反食品安全法律、法规、规章或者食品安全标准行为的查处，适用本办法。

第三条 国家市场监督管理总局负责监督指导全国网络食品安全违法行为查处工作。

县级以上地方市场监督管理部门负责本行政区域内网络食品安全违法行为查处工作。

第四条 网络食品交易第三方平台提供者和入网食品生产经营者应当履行法律、法规和规章规定的食品安全义务。

网络食品交易第三方平台提供者和入网食品生产经营者应当对网络食品安全信息的真实性负责。

第五条 网络食品交易第三方平台提供者和入网食品生产经营者应当配合市场监督管理部门对网络食品安全违法行为的查处，按照市场监督管理部门的要求提供网络食品交易相关数据和信息。

第六条 鼓励网络食品交易第三方平台提供者和入网食品生产经营者开展食品安全法律、法规以及食品安全标准和食品安全知识的普及工作。

第七条 任何组织或者个人均可向市场监督管理部门举报网络食品安全违法行为。

第二章 网络食品安全义务

第八条 网络食品交易第三方平台提供者应当在通信主管部门批准后30个工作日内，向所在地省级市场监督管理部门备案，取得备案号。

通过自建网站交易的食品生产经营者应当在通信主管部门批准后30个工作日内，向所在地市、县级市场监督管理部门备案，取得备案号。

省级和市、县级市场监督管理部门应当自完成备案后7个工作日内向社会公开相关备案信息。

备案信息包括域名、IP地址、电信业务经营许可证、企业名称、法定代表人或者负责人姓名、备案号等。

第九条 网络食品交易第三方平台提供者和通过自建网站交易的食品生产经营者应当具备数据备份、故障恢复等技术条件，保障网络食品交易数据和资料的可靠性与安全性。

第十条 网络食品交易第三方平台提供者应当建立入网食品生产经营者审查登记、食品安全自查、食品安全违法行为制止及报告、严重违法行为平台服务停止、食品安全投诉举报处理等制度，并在网络平台上公开。

第十一条 网络食品交易第三方平台提供者应当对入网食品生产经营者食品生产经营许可证、入网食品添加剂生产企业生产许可证等材料进行审查，如实记录并及时更新。

网络食品交易第三方平台提供者应当对入网食用农产品生产经营者营业执照、入网食品添加剂经营者营业执照以及入网交易食用农产品的个人的身份证号码、住址、联系方式等信息进行登记，如实记录并及时更新。

第十二条 网络食品交易第三方平台提供者应当建立入网食品生产经营者档案，记录入网食品生产经营者的基本情况、食品安全管理人员等信息。

第十三条 网络食品交易第三方平台提供者和通过自建网站交易食品的生产经营者应当记录、保存食品交易信息，保存时间不得少于产品保质期满后6个月；没有明确保质期的，保存时间不得少于2年。

第十四条 网络食品交易第三方平台提供者应当设置专门的网络食品安全管理机构或者指定专职食品安全管理人员，对平台上的食品经营行为及信息进行检查。

网络食品交易第三方平台提供者发现存在食品安全违法行为的，应当及时制止，并向所在地县级市场监督管理部门报告。

第十五条 网络食品交易第三方平台提供者发现入网食品生产经营者有下列严重违法行为之一的，应当停止向其提供网络交易平台服务：

（一）入网食品生产经营者因涉嫌食品安全犯罪被立案侦查或者提起公诉的；

（二）入网食品生产经营者因食品安全相关犯罪被人民法院判处刑罚的；

（三）入网食品生产经营者因食品安全违法行为被公安机关拘留或者给予其他治安管理处罚的；

（四）入网食品生产经营者被市场监督管理部门依法作出吊销许可证、责令停产停业等处罚的。

第十六条 入网食品生产经营者应当依法取得许可，入网食品生产者应当按照许可的类别范围销售食品，入网食品经营者应当按照许可的经营项目范围从事食品经营。法律、法规规定不需要取得食品生产经营许可的除外。

取得食品生产许可的食品生产者，通过网络销售其生产的食品，不需要取得食品经营许可。取得食品经营许可的食品经营者通过网络销售其制作加工的食品，不需要取得食品生产许可。

第十七条 入网食品生产经营者不得从事下列行为：

（一）网上刊载的食品名称、成分或者配料表、产地、保质期、贮存条件，生产者名称、地址等信息与食品标签或者标识不一致。

（二）网上刊载的非保健食品信息明示或者暗示具有保健功能；网上刊载的保健食品的注册证书或者备案凭证等信息与注册或者备案信息不一致。

（三）网上刊载的婴幼儿配方乳粉产品信息明

示或者暗示具有益智、增加抵抗力、提高免疫力、保护肠道等功能或者保健作用。

（四）对在贮存、运输、食用等方面有特殊要求的食品，未在网上刊载的食品信息中予以说明和提示。

（五）法律、法规规定禁止从事的其他行为。

第十八条 通过第三方平台进行交易的食品生产经营者应当在其经营活动主页面显著位置公示其食品生产经营许可证。通过自建网站交易的食品生产经营者应当在其网站首页显著位置公示营业执照、食品生产经营许可证。

餐饮服务提供者还应当同时公示其餐饮服务食品安全监督量化分级管理信息。相关信息应当画面清晰，容易辨识。

第十九条 入网销售保健食品、特殊医学用途配方食品、婴幼儿配方乳粉的食品生产经营者，除依照本办法第十八条的规定公示相关信息外，还应当依法公示产品注册证书或者备案凭证，持有广告审查批准文号的还应当公示广告审查批准文号，并链接至市场监督管理部门网站对应的数据查询页面。保健食品还应当显著标明"本品不能代替药物"。

特殊医学用途配方食品中特定全营养配方食品不得进行网络交易。

第二十条 网络交易的食品有保鲜、保温、冷藏或者冷冻等特殊贮存条件要求的，入网食品生产经营者应当采取能够保证食品安全的贮存、运输措施，或者委托具备相应贮存、运输能力的企业贮存、配送。

第三章 网络食品安全违法行为查处管理

第二十一条 对网络食品交易第三方平台提供者食品安全违法行为的查处，由网络食品交易第三方平台提供者所在地县级以上地方市场监督管理部门管辖。

对网络食品交易第三方平台提供者分支机构的食品安全违法行为的查处，由网络食品交易第三方平台提供者所在地或者分支机构所在地县级以上地方市场监督管理部门管辖。

对入网食品生产经营者食品安全违法行为的查处，由入网食品生产经营者所在地或者生产经营场所所在地县级以上地方市场监督管理部门管辖；对应当取得食品生产经营许可而没有取得许可的违法行为的查处，由入网食品生产经营者所在地、实际生产经营地县级以上地方市场监督管理部门管辖。

因网络食品交易引发食品安全事故或者其他严重危害后果的，也可以由网络食品安全违法行为发生地或者违法行为结果地的县级以上地方市场监督管理部门管辖。

第二十二条 两个以上市场监督管理部门都有管辖权的网络食品安全违法案件，由最先立案查处的市场监督管理部门管辖。对管辖有争议的，由双方协商解决。协商不成的，报请共同的上一级市场监督管理部门指定管辖。

第二十三条 消费者因网络食品安全违法问题进行投诉举报的，由网络食品交易第三方平台提供者所在地、入网食品生产经营者所在地或者生产经营场所所在地等县级以上地方市场监督管理部门处理。

第二十四条 县级以上地方市场监督管理部门，对网络食品安全违法行为进行调查处理时，可以行使下列职权：

（一）进入当事人网络食品交易场所实施现场检查；

（二）对网络交易的食品进行抽样检验；

（三）询问有关当事人，调查其从事网络食品交易行为的相关情况；

（四）查阅、复制当事人的交易数据、合同、票据、账簿以及其他相关资料；

（五）调取网络交易的技术监测、记录资料；

（六）法律、法规规定可以采取的其他措施。

第二十五条 县级以上市场监督管理部门通过网络购买样品进行检验的，应当按照相关规定填写抽样单，记录抽检样品的名称、类别以及数量，购买样品的人员以及付款账户、注册账号、收货地址、联系方式，并留存相关票据。买样人员应当对网络购买样品包装等进行查验，对样品和备份样品分别封样，并采取拍照或者录像等手段记录拆封过程。

第二十六条 检验结果不符合食品安全标准的，市场监督管理部门应当按照有关规定及时将检验结果通知被抽样的入网食品生产经营者。入网食品生产经营者应当采取停止生产经营、封存不合格食品等措施，控制食品安全风险。

通过网络食品交易第三方平台购买样品的，

应当同时将检验结果通知网络食品交易第三方平台提供者。网络食品交易第三方平台提供者应当依法制止不合格食品的销售。

入网食品生产经营者联系方式不详的，网络食品交易第三方平台提供者应当协助通知。入网食品生产经营者无法联系的，网络食品交易第三方平台提供者应当停止向其提供网络食品交易平台服务。

第二十七条 网络食品交易第三方平台提供者和入网食品生产经营者有下列情形之一的，县级以上市场监督管理部门可以对其法定代表人或者主要负责人进行责任约谈：

（一）发生食品安全问题，可能引发食品安全风险蔓延的；

（二）未及时妥善处理投诉举报的食品安全问题，可能存在食品安全隐患的；

（三）未及时采取有效措施排查、消除食品安全隐患，落实食品安全责任的；

（四）县级以上市场监督管理部门认为需要进行责任约谈的其他情形。

责任约谈不影响市场监督管理部门依法对其进行行政处理，责任约谈情况及后续处理情况应当向社会公开。

被约谈者无正当理由未按照要求落实整改的，县级以上地方市场监督管理部门应当增加监督检查频次。

第四章 法律责任

第二十八条 食品安全法等法律法规对网络食品安全违法行为已有规定的，从其规定。

第二十九条 违反本办法第八条规定，网络食品交易第三方平台提供者和通过自建网站交易的食品生产经营者未履行相应备案义务的，由县级以上地方市场监督管理部门责令改正，给予警告；拒不改正的，处5000元以上3万元以下罚款。

第三十条 违反本办法第九条规定，网络食品交易第三方平台提供者和通过自建网站交易的食品生产经营者不具备数据备份、故障恢复等技术条件，不能保障网络食品交易数据和资料的可靠性与安全性的，由县级以上地方市场监督管理部门责令改正，给予警告；拒不改正的，处3万元罚款。

第三十一条 违反本办法第十条规定，网络食品交易第三方平台提供者未按要求建立入网食品生产经营者审查登记、食品安全自查、食品安全违法行为制止及报告、严重违法行为平台服务停止、食品安全投诉举报处理等制度的或者未公开以上制度的，由县级以上地方市场监督管理部门责令改正，给予警告；拒不改正的，处5000元以上3万元以下罚款。

第三十二条 违反本办法第十一条规定，网络食品交易第三方平台提供者未对入网食品生产经营者的相关材料及信息进行审查登记、如实记录并更新的，由县级以上地方市场监督管理部门依照食品安全法第一百三十一条的规定处罚。

第三十三条 违反本办法第十二条规定，网络食品交易第三方平台提供者未建立入网食品生产经营者档案、记录入网食品生产经营者相关信息的，由县级以上地方市场监督管理部门责令改正，给予警告；拒不改正的，处5000元以上3万元以下罚款。

第三十四条 违反本办法第十三条规定，网络食品交易第三方平台提供者未按要求记录、保存食品交易信息的，由县级以上地方市场监督管理部门责令改正，给予警告；拒不改正的，处5000元以上3万元以下罚款。

第三十五条 违反本办法第十四条规定，网络食品交易第三方平台提供者未设置专门的网络食品安全管理机构或者指定专职食品安全管理人员对平台上的食品安全经营行为及信息进行检查的，由县级以上地方市场监督管理部门责令改正，给予警告；拒不改正的，处5000元以上3万元以下罚款。

第三十六条 违反本办法第十五条规定，网络食品交易第三方平台提供者发现入网食品生产经营者有严重违法行为未停止提供网络交易平台服务的，由县级以上地方市场监督管理部门依照食品安全法第一百三十一条的规定处罚。

第三十七条 网络食品交易第三方平台提供者未履行相关义务，导致发生下列严重后果之一的，由县级以上地方市场监督管理部门依照食品安全法第一百三十一条的规定责令停业，并将相关情况移送通信主管部门处理：

（一）致人死亡或者造成严重人身伤害的；

（二）发生较大级别以上食品安全事故的；

（三）发生较为严重的食源性疾病的；

（四）侵犯消费者合法权益，造成严重不良社会影响的；

（五）引发其他的严重后果的。

第三十八条 违反本办法第十六条规定，入网食品生产经营者未依法取得食品生产经营许可的，或者入网食品生产者超过许可的类别范围销售食品、入网食品经营者超过许可的经营项目范围从事食品经营的，依照食品安全法第一百二十二条的规定处罚。

第三十九条 入网食品生产经营者违反本办法第十七条禁止性规定的，由县级以上地方市场监督管理部门责令改正，给予警告；拒不改正的，处5000元以上3万元以下罚款。

第四十条 违反本办法第十八条规定，入网食品生产经营者未按要求进行信息公示的，由县级以上地方市场监督管理部门责令改正，给予警告；拒不改正的，处5000元以上3万元以下罚款。

第四十一条 违反本办法第十九条第一款规定，食品生产经营者未按要求公示特殊食品相关信息的，由县级以上地方市场监督管理部门责令改正，给予警告；拒不改正的，处5000元以上3万元以下罚款。

违反本办法第十九条第二款规定，食品生产经营者通过网络销售特定全营养配方食品的，由县级以上地方市场监督管理部门处3万元罚款。

第四十二条 违反本办法第二十条规定，入网食品生产经营者未按要求采取保证食品安全的贮存、运输措施，或者委托不具备相应贮存、运输能力的企业从事贮存、配送的，由县级以上地方市场监督管理部门依照食品安全法第一百三十二条的规定处罚。

第四十三条 违反本办法规定，网络食品交易第三方平台提供者、入网食品生产经营者提供虚假信息的，由县级以上地方市场监督管理部门责令改正，处1万元以上3万元以下罚款。

第四十四条 网络食品交易第三方平台提供者、入网食品生产经营者违反食品安全法规定，构成犯罪的，依法追究刑事责任。

第四十五条 市场监督管理部门工作人员不履行职责或者滥用职权、玩忽职守、徇私舞弊的，依法追究行政责任；构成犯罪的，移送司法机关，依法追究刑事责任。

第五章　附　　则

第四十六条 对食品生产加工小作坊、食品摊贩等的网络食品安全违法行为的查处，可以参照本办法执行。

第四十七条 市场监督管理部门依法对网络食品安全违法行为进行查处的，应当自行政处罚决定书作出之日起20个工作日内，公开行政处罚决定书。

第四十八条 本办法自2016年10月1日起施行。

市场监管总局办公厅
关于《食品安全法实施条例》
第81条适用有关事项的意见

· 2021年1月6日
· 市监稽发〔2021〕2号

各省、自治区、直辖市及新疆生产建设兵团市场监管局（厅、委）：

新修订的《食品安全法实施条例》自2019年12月1日施行以来，广东省、浙江省市场监管局等先后向总局请示如何适用该条例第81条。依照有关法律法规，经市场监管总局同意，现就有关事项提出如下意见：

一、县（区）级市场监管部门依照食品安全法及其实施条例拟对违法单位或者个人处以30万元以上罚款的，应当报设区的市级以上市场监管部门审核后，以县（区）级市场监管部门的名义制作行政处罚决定书。

二、县（区）级市场监管部门应当依据《市场监督管理行政处罚程序暂行规定》第54条，由负责人集体讨论作出拟行政处罚决定后，报设区的市级以上市场监管部门审核。

三、设区的市级以上市场监管部门应当在接到审核材料后及时作出是否同意的决定并加盖印章，如不同意应当提出书面意见和理由。同意或者不同意的相关文件，应当一并归入案卷。

四、直辖市的区（县）市场监管部门依照食品安全法及其条例拟对违法单位或者个人处以30万元以上罚款的规定，由直辖市市场监管部门结合本地实际确定。

(二) 食品安全标准

食品安全国家标准管理办法

- 2010年10月20日卫生部令第77号公布
- 自2010年12月1日起施行

第一章 总 则

第一条 为规范食品安全国家标准制(修)订工作,根据《中华人民共和国食品安全法》及其实施条例,制定本办法。

第二条 制定食品安全国家标准应当以保障公众健康为宗旨,以食品安全风险评估结果为依据,做到科学合理、公开透明、安全可靠。

第三条 卫生部负责食品安全国家标准制(修)订工作。

卫生部组织成立食品安全国家标准审评委员会(以下简称审评委员会),负责审查食品安全国家标准草案,对食品安全国家标准工作提供咨询意见。审评委员会设专业分委员会和秘书处。

第四条 食品安全国家标准制(修)订工作包括规划、计划、立项、起草、审查、批准、发布以及修改与复审等。

第五条 鼓励公民、法人和其他组织参与食品安全国家标准制(修)订工作,提出意见和建议。

第二章 规划、计划和立项

第六条 卫生部会同国务院农业行政、质量监督、工商行政管理和国家食品药品监督管理以及国务院商务、工业和信息化等部门制定食品安全国家标准规划及其实施计划。

第七条 食品安全国家标准规划及其实施计划应当明确食品安全国家标准的近期发展目标、实施方案和保障措施等。

第八条 卫生部根据食品安全国家标准规划及其实施计划和食品安全工作需要制定食品安全国家标准制(修)订计划。

第九条 各有关部门认为本部门负责监管的领域需要制定食品安全国家标准的,应当在每年编制食品安全国家标准制(修)订计划前,向卫生部提出立项建议。立项建议应当包括要解决的重要问题、立项的背景和理由、现有食品安全风险监测和评估依据、标准候选起草单位,并将立项建议按照优先顺序进行排序。

任何公民、法人和其他组织都可以提出食品安全国家标准立项建议。

第十条 建议立项的食品安全国家标准,应当符合《食品安全法》第二十条规定。

第十一条 审评委员会根据食品安全标准工作需求,对食品安全国家标准立项建议进行研究,向卫生部提出制定食品安全国家标准制(修)订计划的咨询意见。

第十二条 卫生部在公布食品安全国家标准规划、实施计划及制(修)订计划前,应当向社会公开征求意见。

第十三条 食品安全国家标准制(修)订计划在执行过程中可以根据实际需要进行调整。

根据食品安全风险评估结果和食品安全监管中发现的重大问题,可以紧急增补食品安全国家标准制(修)订项目。

第三章 起 草

第十四条 卫生部采取招标、委托等形式,择优选择具备相应技术能力的单位承担食品安全国家标准起草工作。

第十五条 提倡由研究机构、教育机构、学术团体、行业协会等单位组成标准起草协作组共同起草标准。

第十六条 承担标准起草工作的单位应当与卫生部食品安全主管司局签订食品安全国家标准制(修)订项目委托协议书。

第十七条 起草食品安全国家标准,应当以食品安全风险评估结果和食用农产品质量安全风险评估结果为主要依据,充分考虑我国社会经济发展水平和客观实际的需要,参照相关的国际标准和国际食品安全风险评估结果。

第十八条 标准起草单位和起草负责人在起草过程中,应当深入调查研究,保证标准起草工作的科学性、真实性。标准起草完成后,应当书面征求标准使用单位、科研院校、行业和企业、消费者、专家、监管部门等各方面意见。征求意见时,应当提供标准编制说明。

第十九条 起草单位应当在委托协议书规定

的时限内完成起草和征求意见工作,并将送审材料及时报送审评委员会秘书处(以下简称秘书处)。

第四章 审 查

第二十条 食品安全国家标准草案按照以下程序审查:

(一)秘书处初步审查;

(二)审评委员会专业分委员会会议审查;

(三)审评委员会主任会议审议。

第二十一条 秘书处对食品安全国家标准草案进行初步审查的内容,应当包括完整性、规范性、与委托协议书的一致性。

第二十二条 经秘书处初步审查通过的标准,在卫生部网站上公开征求意见。公开征求意见的期限一般为两个月。

第二十三条 秘书处将收集到的反馈意见送交起草单位,起草单位应当对反馈意见进行研究,并对标准送审稿进行完善,对不予采纳的意见应当说明理由。

第二十四条 专业分委员会负责对标准科学性、实用性审查。审查标准时,须有三分之二以上(含三分之二)委员出席。审查采取协商一致的方式。在无法协商一致的情况下,应当在充分讨论的基础上进行表决。参会委员四分之三以上(含四分之三)同意的,标准通过审查。

专业分委员会应当编写会议纪要,记录讨论过程、重大分歧意见及处理情况。

未通过审查的标准,专业分委员会应当向标准起草单位出具书面文件,说明未予通过的理由并提出修改意见。标准起草单位修改后,再次送审。

审查原则通过但需要修改的标准,由秘书处根据审查意见进行修改;专业分委员会可以根据具体情况决定对修改后的标准再次进行会审或者函审。

第二十五条 专业分委员会审查通过的标准,由专业分委员会主任委员签署审查意见后,提交审评委员会主任会议审议。

第二十六条 审评委员会主任会议审议通过的标准草案,应当经审评委员会技术总师签署审议意见。

审议未通过的标准,审评委员会应当出具书面意见,说明未予通过的理由。

审议决定修改后再审的,秘书处应当根据审评委员会提出的修改意见组织标准起草单位进行修改后,再次送审。

第二十七条 标准审议通过后,标准起草单位应当在秘书处规定的时间内提交报批需要的全部材料。

第二十八条 秘书处对报批材料进行复核后,报送卫生部卫生监督中心。

第二十九条 卫生部卫生监督中心应当按照专业分委员会审查意见和审评委员会主任会议审议意见,对标准报批材料的内容和格式进行审核,提出审核意见并反馈秘书处。

审核通过的标准由卫生部卫生监督中心报送卫生部。

第三十条 遇有特殊情况,卫生部可调整食品安全国家标准草案公开征求意见的期限,并可直接由专业分委员会会议、审评委员会主任会议共同审查。

第三十一条 食品安全国家标准草案按照规定履行向世界贸易组织(WTO)的通报程序。

第五章 批准和发布

第三十二条 审查通过的标准,以卫生部公告的形式发布。

第三十三条 食品安全国家标准自发布之日起20个工作日内在卫生部网站上公布,供公众免费查阅。

第三十四条 卫生部负责食品安全国家标准的解释工作。食品安全国家标准的解释以卫生部发文形式公布,与食品安全国家标准具有同等效力。

第六章 修改和复审

第三十五条 食品安全国家标准公布后,个别内容需作调整时,以卫生部公告的形式发布食品安全国家标准修改单。

第三十六条 食品安全国家标准实施后,审评委员会应当适时进行复审,提出继续有效、修订或者废止的建议。对需要修订的食品安全国家标准,应当及时纳入食品安全国家标准修订立项计划。

第三十七条 卫生部应当组织审评委员会、

省级卫生行政部门和相关单位对标准的实施情况进行跟踪评价。

任何公民、法人和其他组织均可以对标准实施过程中存在的问题提出意见和建议。

第七章 附 则

第三十八条 食品安全国家标准制（修）订经费纳入财政预算安排，并按照国家有关财经制度和专项资金管理办法管理。

第三十九条 发布的食品安全国家标准属于科技成果，并作为标准主要起草人专业技术资格评审的依据。

第四十条 食品中农药、兽药残留标准制（修）订工作应当根据卫生部、农业部有关规定执行。

食品安全国家标准的编号工作应当根据卫生部和国家标准委的协商意见及有关规定执行。

第四十一条 食品安全地方标准制（修）订可参照本办法执行。

第四十二条 本办法自2010年12月1日起施行。

食品安全国家标准整合工作方案

·2014年5月7日
·国卫办食品函〔2014〕386号

根据《食品安全法》及其实施条例和《国务院关于加强食品安全工作的决定》，为落实《国家食品安全监管体系"十二五"规划》和《食品安全国家标准"十二五"规划》关于食品标准清理整合的工作任务，特制定本方案。

一、工作目标

到2015年底，完成食用农产品质量安全标准、食品卫生标准、食品质量标准以及行业标准中强制执行内容的整合工作，基本解决现行标准交叉、重复、矛盾的问题，形成标准框架、原则与国际食品法典标准基本一致，主要食品安全指标和控制要求符合国际通行做法和我国国情的食品安全国家标准体系。

二、工作原则

（一）确保安全，以保障公众身体健康为宗旨。严格按照《食品安全法》对食品安全标准和食品安全标准整合的要求，以保障食品安全和公众身体健康为宗旨，确保标准内容涵盖与人体健康密切相关的食品安全要求。

（二）科学合理，以风险评估为基础。坚持科学制定标准原则，优化食品安全标准体系框架，细化各类标准的整合原则和操作方案，以风险监测数据和风险评估结果为基础，保证食品安全标准内容的科学合理。

（三）注重实用，科学借鉴国际管理经验。注重标准的实用性，符合人民群众不断增长的食品安全需求，兼顾行业发展和监管需要，科学借鉴国际标准和管理经验，提高标准的可操作性。

（四）公开透明，鼓励各方积极参与。注重发挥现有标准管理机构、行业组织和科研机构等单位的作用，拓宽参与渠道和范围，及时、主动公开标准工作信息，鼓励社会各方参与，广泛听取意见，保障公众的知情权和监督权。

三、工作任务

根据食品标准清理结果，按照"整体推进、先易后难、重点优先"的要求，以现行《食品中污染物限量》、《食品中致病菌限量》、《食品添加剂使用标准》、《食品营养强化剂使用标准》、《食品中农药最大残留限量》、《食品中兽药最大残留限量》、《预包装食品标签通则》等食品安全国家标准为基础，按照食品安全标准体系框架和各类食品安全国家标准目录开展食品安全国家标准整合工作。

（一）食品原料及产品安全标准。按照食品安全基础标准的食品品种、分类和食品原料及产品的安全标准目录，整合现行食品原料及产品标准。一是以食品安全基础标准尚未覆盖的食品安全指标、食品安全相关的质量指标等内容为重点，科学设置食品产品安全标准指标。二是取消缺乏科学依据的指标。三是完善食品分类术语和特征的标准，与食品安全基础标准相配套。

（二）食品添加剂和营养强化剂质量规格标准。根据《食品添加剂使用标准》、《食品营养强化剂使用标准》规定的品种，整合现行食品添加剂、食品营养强化剂、食品用香料和加工助剂质量规格标准。

（三）营养与特殊膳食食品标准。按照营养与特殊膳食类食品标准目录，整合现行营养与特殊膳食类食品标准，涵盖婴幼儿配方食品、特殊医学用途膳食类食品和其他特殊人群的营养要求。

（四）食品相关产品标准。按照食品相关产品分类和食品相关产品安全标准目录，整合现行食品容器、包装材料和其他食品相关产品标准，形成食品相关产品的基础标准和产品标准。

（五）食品生产经营过程的卫生要求标准。按照食品生产经营过程的卫生要求标准目录，整合现行生产经营规范类食品标准。一是以《食品生产通用卫生规范》和食品流通、餐饮环节的通用规范为基础，制定重点食品类别的生产过程食品安全要求。二是兼顾食品安全监管实际需要，形成与食品产品安全标准和通用安全标准相配套的生产经营过程的卫生要求标准。三是制定重点危害因素的控制指南，针对食品行业特点，为食品企业提供操作性强的技术指导。

（六）检验方法与规程标准。按照各类检验方法与规程标准目录，构建与食品安全标准限量指标要求相配套的检验方法与规程标准体系。

1. 理化检验方法。以食品安全指标为依据，注重不同检验方法的使用情况和普及程度，整合现行国家标准、行业标准中的理化检验方法标准，与食品安全标准的限量要求相配套，具体包括一般成分、元素、污染物、毒素、放射性物质、添加剂、营养强化剂等的检验方法标准。

2. 微生物检验方法。以微生物种类为依据，整合现行国家标准、行业标准中的微生物检验方法标准，与食品安全标准的微生物限量要求相配套。具体包括致病菌、指示菌培养基和试剂要求、样品处理等标准。

3. 毒理学检验方法和评价程序。补充完善毒理学实验要求，满足食品安全性毒理学评价的需要。具体包括一般要求、急性毒性、慢性毒性、致癌、致畸、致突变、生殖发育毒性等标准。

4. 寄生虫检验方法。以寄生虫种类为依据，整合现行国家标准、行业标准中的寄生虫检验方法标准，包括含（致病）寄生虫食品的种类、检验方法和样品处理等。

（七）农药兽药残留限量和检测方法标准的整合方案另行制定。

四、工作进度安排

（一）制定食品安全国家标准整合工作实施计划，细化标准整合工作方案，明确标准整合任务承担单位和工作进度要求。（2014年1月至2014年4月）

（二）落实食品安全国家标准整合工作任务，按照各类食品安全国家标准整合工作重点，开展标准整合工作，2014年底完成50%以上工作任务，2015年完成标准整合工作任务。（2014年5月至2015年10月）

（三）按程序履行整合后的食品安全国家标准报批程序，公布新的食品安全国家标准体系目录和标准文本。（2014年11月至2015年12月）

五、组织管理和保障措施

（一）加强组织领导。按照原卫生部等8部门《食品安全国家标准"十二五"规划》要求，落实各部门食品安全标准协调配合工作机制，会商食品安全国家标准整合工作中的重大问题，协调落实食品标准清理整合意见。成立食品安全国家标准整合工作领导小组，研究部署食品安全国家标准整合工作，协调解决重大问题，加强协调配合和部门会商。各省级卫生计生行政部门要支持和协调本地区承担有关食品安全国家标准整合项目的食品安全技术机构，加快工作进度，按时完成工作任务。

（二）强化组织保障。成立食品安全国家标准整合工作专家组，由食品安全国家标准审评委员会各分委员会3-5名专家组成，负责审议食品安全国家标准整合工作目录、各类标准整合原则和工作要求，指导相关单位做好标准整合工作。国家食品安全风险评估中心（食品安全国家标准审评委员会秘书处）承担标准整合的日常技术工作和专家组工作，组织专家组研究标准整合工作的重大技术问题。承担标准整合工作的单位要加强组织领导，切实落实整合工作任务，确保工作质量和进度。

（三）加强经费保障。做好标准整合工作财政经费保障，积极争取相关财政经费投入。承担标准整合工作的单位要严格经费管理，确保经费合理合规使用。

（四）配备专门人才队伍。国家食品安全风险评估中心要配备必要的专业技术人员负责标准整合日常工作。承担标准整合工作的单位要配备足够的人才队伍，专职做好食品标准整合工作。对标准整合工作成绩突出的单位和个人，我委将予以通报和表扬。

（五）确保工作质量和进度。对调整文本格式等转化为食品安全国家标准的，要加快审查和报批工作进度；对整合中需要修订个别指标的标准，要按照科学性和可操作性原则,充分研究和借鉴国际组织和发达国家食品安全标准,广泛听取意见,及时研究处理;对于修订整合难度较大的,要认真调研和科学评估,对确需作为新食品安全标准立项的,要及时提出立项建议。国家食品安全风险评估中心和整合工作专家组要加强技术指导和效果评估,督促相关单位按计划完成整合工作,提高工作效率和工作质量。

(六)做好信息公开工作。按照食品安全标准工作的公开、透明要求,公开食品安全国家标准整合工作进展,广泛征求社会各方意见和建议,鼓励社会各方参与。食品安全风险评估中心和整合工作专家组要发挥专业优势,对公众关注的问题进行解疑释惑,普及食品安全标准知识,加强饮食健康科普宣传,及时回应热点事件,为标准整合工作营造良好的社会氛围。

食品安全地方标准制定及备案指南

- 2014年9月12日
- 国卫办食品函〔2014〕825号

为进一步规范食品安全地方标准备案工作,根据《食品安全法》及其实施条例、《食品安全地方标准管理办法》和《关于加强食品安全标准工作的指导意见》,制定本指南。

一、制定范围

食品安全地方标准应当在贯彻食品安全国家标准的基础上,补充和完善具有地方特色的食品产品和工艺要求、国家标准未覆盖的检验方法与规程及促进地方食品安全监管的生产加工过程要求,符合以下要求:

(一)《食品安全法》及其实施条例关于食品安全标准的规定。

(二)《食品安全地方标准管理办法》关于食品安全地方标准的规定。

二、制定要求

(一)以保障公众身体健康为宗旨,做到科学合理、安全可靠。

(二)反映地方食品特点和食品产业发展需求。

(三)有利于解决地方食品安全监管工作中的问题。

(四)在制定过程中应当广泛听取各方意见,提高标准制定、修订过程的透明度。

(五)以食品安全风险监测、评估结果为依据,将对人体健康可能造成食品安全风险的因素为控制重点,科学合理设置标准内容。

(六)充分参考食品安全国家标准和其他地方食品安全标准,确保与相关食品安全标准相协调。

(七)食品安全指标的设置严于食品安全国家标准时,应当有充分的食品安全风险监测和风险评估依据。

(八)相关质量指标应当为能反映产品特征的指标。

三、标准的主要内容

食品安全地方标准文本可包括但不限于以下内容:

(一)名称。基于食品行业的分类方式选择能够反映产品真实属性的食品名称;具有地方特色的食品应当能反映食品特点;与相关行业标准表述相协调。

(二)适用范围。说明该标准具体适用于哪些食品。

(三)术语和定义。标准中出现的、需要加以明确解释的各类术语;需要定义的食品产品名称、需要加以进一步明确的食品分类要求。

(四)食品产品标准技术要求。

1. 原料要求:说明该食品产品的原料应当满足的食品安全要求或应当符合的标准。

2. 感官要求:对产品的色、香、味等感官指标进行的描述。

3. 理化指标:反映产品特征的、与食品安全相关的理化指标。

4. 污染物限量:基于食品安全风险监测、风险评估结果确定的食品污染物指标,应当说明是否执行《食品安全国家标准食品中污染物限量》(GB 2762-2012),以及在该标准中的食品类别。

5. 真菌毒素限量:基于食品安全风险监测、风险评估结果确定的真菌毒素指标,应当说明是否执行《食品安全国家标准食品中真菌毒素限量》(GB 2761-2011),以及在该标准中的食品类别。

6. 微生物限量:基于食品安全风险监测、风险评估结果确定的致病菌限量指标,应当说明是否执行《食品安全国家标准食品中致病菌限量》(GB

29921-2013)，以及在该标准中的食品类别。

7. 食品添加剂及营养强化剂：基于食品安全风险监测、风险评估结果确定的相关指标，应当说明执行《食品安全国家标准食品添加剂使用标准》（GB 2760-2011）和《食品安全国家标准 食品营养强化剂使用标准》（GB 14880-2012）相关规定。

8. 其他需要规定的食品安全指标，如农药残留或兽药残留等，说明其与相应当食品安全国家标准的关系。

9. 其他需要规定的指标。

（五）食品检验方法地方标准相关要求参考食品安全国家标准相关规定。

（六）食品生产经营规范地方标准相关要求建议参考《食品安全国家标准食品生产通用卫生规范》（GB 14881-2013）规定，可根据各地实际情况调整。

四、文本及编制说明的要求

食品安全地方标准的文本及编制说明应当参考《食品安全国家标准工作程序手册》的相关要求。

五、制定程序

食品安全地方标准的制定、修订程序可参考食品安全国家标准的相关程序，包括以下程序：

（一）征集立项建议，形成食品安全地方标准立项建议草案。

（二）公开征求意见，咨询食品安全国家标准审评委员会秘书处意见。

（三）确定项目计划及具体标准承担单位。

（四）起草单位开展调研和收集风险评估资料，形成标准草案。

（五）形成征求意见稿，公开征求意见。

（六）形成送审稿，送地方食品安全标准审评委员会审查。

（七）形成报批稿，并批准发布。

（八）报食品安全国家标准审评委员会秘书处备案。

六、备案程序

（一）各省级卫生计生行政部门在食品安全地方标准公布之日起20日内向秘书处提交以下备案材料（包括纸质和电子文件）：

1. 标准批准发布文件。
2. 标准正式文本。
3. 标准编制说明。

4. 其他资料。

（二）省级卫生计生行政部门在修订已备案的地方标准后，应当按上述程序重新报送备案。

（三）省级卫生计生行政部门应当及时关注食品安全国家标准发布情况，如发现有与已备案的地方标准相对应的国家标准发布实施，应当及时废止相应的地方标准，并将废止的文件于废止之日起20日内报送秘书处。

七、备案机构

食品安全国家标准审评委员会秘书处受国家卫生和计划生育委员会委托，承担食品安全地方标准备案工作。

（三）风险监测

食品安全风险评估管理规定

· 2021年11月4日
· 国卫食品发〔2021〕34号

第一条 为规范食品安全风险评估工作，有效发挥风险评估对风险管理和风险交流的支持作用，根据《中华人民共和国食品安全法》（以下简称《食品安全法》）及其实施条例，制定本规定。

第二条 本规定适用于国家和省级卫生健康行政部门依据《食品安全法》和部门职责规定组织开展的食品安全风险评估（以下简称风险评估）工作。

第三条 风险评估是指对食品、食品添加剂、食品相关产品中的生物性、化学性和物理性危害对人体健康造成不良影响的可能性及其程度进行定性或定量估计的过程，包括危害识别、危害特征描述、暴露评估和风险特征描述等。

根据工作需要，可以参照风险评估技术指南有关要求开展应急风险评估和风险研判。应急风险评估是指在受时间等因素限制的特殊情形下，开展的紧急风险评估。风险研判是指在现有数据资料不能满足完成全部风险评估程序的情况下，就现有数据资料按照食品安全风险评估方法，对食品安全风险进行的综合描述。

第四条 食品安全风险评估结果是制定、修

订食品安全国家和地方标准、规定食品中有害物质的临时限量值，以及实施食品安全监督管理的科学依据。

食品安全应急风险评估和风险研判主要为实施食品安全风险管理提供科学支持。

第五条 风险评估应当以食品安全风险监测和监督管理信息、科学数据以及其他有关信息为基础，遵循科学、透明和个案处理的原则进行。

第六条 国家卫生健康委负责组建管理国家食品安全风险评估专家委员会，制定委员会章程，完善风险评估工作制度，统筹风险评估体系能力建设，组织实施国家食品安全风险评估工作。

第七条 国家食品安全风险评估中心承担国家食品安全风险评估专家委员会秘书处工作，负责拟定风险评估计划和规划草案，研究建立完善风险评估技术和方法，收集国家食品安全风险评估科学信息数据，构建和管理信息数据库，对相关风险评估技术机构进行指导培训和技术支持。

第八条 国家食品安全风险评估项目应当列入风险评估计划。风险评估计划草案由国家食品安全风险评估中心组织起草，经国家食品安全风险评估专家委员会审议通过后，报国家卫生健康委审定后下达执行，同时将国家风险评估计划告知其他相关部门。

风险评估结果应当由国家食品安全风险评估专家委员会审议通过后，报送国家卫生健康委。国家食品安全风险评估中心每年向国家卫生健康委报告风险评估计划实施情况。

第九条 有下列情形需要开展风险评估的，可列入国家食品安全风险评估计划：

（一）通过食品安全风险监测或者接到举报发现食品、食品添加剂、食品相关产品可能存在安全隐患的；

（二）为制定或者修订食品安全国家标准的；

（三）为确定监督管理的重点领域、重点品种需要进行风险评估的；

（四）发现新的可能危害食品安全因素的；

（五）需要判断某一因素是否构成食品安全隐患的；

（六）国家卫生健康委认为需要进行风险评估的其他情形。

第十条 国务院食品安全监督管理、农业行政等部门结合本部门监管领域需要向国家卫生健康委提出风险评估建议时，需要填写《食品安全风险评估项目建议书》，并提供下列信息资料：

（一）开展风险评估的目的和必要性；

（二）风险的可能来源和性质（包括危害因素名称、可能的污染环节、涉及食品种类、食用人群、风险涉及的地域范围等）；

（三）相关检验数据、管理措施和结论等信息；

（四）其他有关信息和资料（包括信息来源、获得时间、核实情况等）。

国家卫生健康委可以根据风险评估工作需要，向相关部门提出补充或核实信息、资料的要求。

第十一条 国家卫生健康委委托国家食品安全风险评估中心对国务院食品安全监督管理、农业行政等部门依法提出的风险评估的建议进行研究。

第十二条 鼓励有条件的技术机构以接受国家食品安全风险评估中心委托等方式，积极参与国家食品安全风险评估工作。

承担风险评估项目的技术机构根据风险评估任务组建工作组，制定工作方案，组织开展评估工作。其工作方案应当报国家食品安全风险评估中心备案，按照规定的技术文件开展工作，接受国家食品安全风险评估专家委员会和国家食品安全风险评估中心的技术指导、监督以及对结果的审核。

第十三条 承担风险评估项目的技术机构应当在规定的时限内向国家食品安全风险评估中心提交风险评估报告草案及相关科学数据、技术信息、检验结果的收集、处理和分析结果，保存与风险评估实施相关的档案资料备查。

第十四条 有下列情形之一的，不列入风险评估计划：

（一）违法添加或其他违反食品安全法律法规的行为导致食品安全隐患的；

（二）通过检验和产品安全性评估可以得出结论的；

（三）国际权威组织有明确资料对风险进行了科学描述且国家食品安全风险评估中心研判认为适于我国膳食暴露模式的；国内权威组织有明确资料对风险进行了科学描述且国家食品安全风险评估中心研判认为适于地方膳食暴露模式的；

（四）现有数据信息尚无法满足评估基本需求的；

（五）其他无法开展评估的情形。

第十五条 对作出不予评估决定和因缺乏数据信息难以做出评估结论的，卫生健康行政部门应当向有关方面说明原因和依据。

第十六条 国家食品安全风险评估专家委员会应当与农产品质量安全风险评估专家委员会建立沟通机制，对于涉及跨部门职责的食品安全问题，应当加强协同联合开展风险评估。

第十七条 国家食品安全风险评估结果由国家卫生健康委通报相关部门，委托国家食品安全风险评估中心分级分类有序向社会公布。风险评估结果涉及重大食品安全信息的按照《食品安全法》及相关规定处理。

第十八条 国家食品安全风险评估结果公布后，国家食品安全风险评估专家委员会、国家食品安全风险评估中心及承担风险评估项目的技术机构对风险评估结果进行解释和风险交流。

第十九条 需要开展应急风险评估的，由国家卫生健康委直接下达应急风险评估工作任务，国家食品安全风险评估中心应当立即组织开展应急风险评估，并在限定时间内提交应急风险评估报告。

应急风险评估报告应当经国家食品安全风险评估专家委员会临时专家组审核，并经专家委员会主任委员或副主任委员审核签字。

第二十条 省级卫生健康行政部门依照法律要求和部门职责规定，负责组建管理本级食品安全风险评估专家委员会，制定委员会章程，完善风险评估工作制度，统筹风险评估能力建设，组织实施辖区食品安全风险评估工作。

第二十一条 省级按照危害识别、危害特征描述、暴露评估和风险特征描述等步骤组织开展的风险评估，主要为制定或修订食品安全地方标准提供科学依据。

省级参照风险评估技术指南组织开展的风险研判，主要为地方实施食品安全风险管理措施提供科学支撑。

第二十二条 省级以制定、修订食品安全地方标准为目的组织开展食品安全风险评估前，应当与国家食品安全风险评估中心沟通。对于国家或其他省份的风险评估已有结论的，国家食品安全风险评估中心应当提出相应的工作建议。

第二十三条 省级风险评估、风险研判结果在本省级行政区域内适用，由省级卫生健康行政部门负责组织开展解读和风险交流。

第二十四条 本规定自发布之日起实施。原卫生部、工业和信息化部、原农业部、商务部、原工商总局、原质检总局、原国家食品药品监管局印发的《食品安全风险评估管理规定（试行）》（卫监督发〔2010〕8号）同时废止。

附表： 食品安全风险评估项目建议书

附表

食品安全风险评估项目建议书

名　　称		
建议单位及地址		联系人及联系方式
风险来源和性质	有害因素	
	可能的污染环节	
	涉及的食品	
	重点人群	
	风险涉及范围	
建议理由（目的、意义和必要性）		
国内外相关检验、评估结果和结论（尽可能提供）		
国内外已有的管理措施（尽可能提供）		
其他有关信息和资料	（包括信息来源、获得时间、核实情况以及其他重要信息）	

食品生产经营风险分级管理办法（试行）

·2016年9月5日
·食药监食监一〔2016〕115号

第一章　总　则

第一条 为了强化食品生产经营风险管理，科学有效实施监管，落实食品安全监管责任，保障食品安全,根据《中华人民共和国食品安全法》(以下简称《食品安全法》)及其实施条例等法律法规,制定本办法。

第二条 本办法所称风险分级管理,是指食品药品监督管理部门以风险分析为基础,结合食品生产经营者的食品类别、经营业态及生产经营规模、食品安全管理能力和监督管理记录情况,按照风险评价指标,划分食品生产经营者风险等级,并结合当地监管资源和监管能力,对食品生产经营者实施的不同程度的监督管理。

第三条 食品药品监督管理部门对食品生产经营者实施风险分级管理,适用本办法。

食品生产、食品销售和餐饮服务等食品生产经营,以及食品添加剂生产适用本办法。

第四条 国家食品药品监督管理总局负责制定食品生产经营风险分级管理制度,指导和检查全国食品生产经营风险分级管理工作。

省级食品药品监督管理部门负责制定本省食品生产经营风险分级管理工作规范,结合本行政区域内实际情况,组织实施本省食品生产经营风险分级管理工作,对本省食品生产经营风险分级管理工作进行指导和检查。

各市、县级食品药品监督管理部门负责开展本地区食品生产经营风险分级管理的具体工作。

第五条 食品生产经营风险分级管理工作应当遵循风险分析、量化评价、动态管理、客观公正的原则。

第六条 食品生产经营者应当配合食品药品监督管理部门的风险分级管理工作,不得拒绝、逃避或者阻碍。

第二章 风险分级

第七条 食品药品监督管理部门对食品生产经营风险等级划分,应当结合食品生产经营企业风险特点,从生产经营食品类别、经营规模、消费对象等静态风险因素和生产经营条件保持、生产经营过程控制、管理制度建立及运行等动态风险因素,确定食品生产经营者风险等级,并根据对食品生产经营者监督检查、监督抽检、投诉举报、案件查处、产品召回等监督管理记录实施动态调整。

食品生产经营者风险等级从低到高分为 A 级风险、B 级风险、C 级风险、D 级风险四个等级。

第八条 食品药品监督管理部门确定食品生产经营者风险等级,采用评分方法进行,以百分制计算。其中,静态风险因素量化分值为 40 分,动态风险因素量化分值为 60 分。分值越高,风险等级越高。

第九条 食品生产经营静态风险因素按照量化分值划分为Ⅰ档、Ⅱ档、Ⅲ档和Ⅳ档。

第十条 静态风险等级为Ⅰ档的食品生产经营者包括:

(一)低风险食品的生产企业;

(二)普通预包装食品销售企业;

(三)从事自制饮品制售、其他类食品制售等餐饮服务企业。

第十一条 静态风险等级为Ⅱ档的食品生产经营者包括:

(一)较低风险食品的生产企业;

(二)散装食品销售企业;

(三)从事不含高危易腐食品的热食类食品制售、糕点类食品制售、冷食类食品制售等餐饮服务企业;

(四)复配食品添加剂之外的食品添加剂生产企业。

第十二条 静态风险等级为Ⅲ档的食品生产经营者包括:

(一)中等风险食品的生产企业,应当包括糕点生产企业、豆制品生产企业等;

(二)冷冻冷藏食品的销售企业;

(三)从事含高危易腐食品的热食类食品制售、糕点类食品制售、冷食类食品制售、生食类食品制售等餐饮服务企业;

(四)复配食品添加剂生产企业。

第十三条 静态风险等级为Ⅳ档的食品生产经营者包括:

(一)高风险食品的生产企业,应当包括乳制品生产企业、肉制品生产企业等;

(二)专供婴幼儿和其他特定人群的主辅食品生产企业;

(三)保健食品的生产企业;

(四)主要为特定人群(包括病人、老人、学生等)提供餐饮服务的餐饮服务企业;

(五)大规模或者为大量消费者提供就餐服务的中央厨房、用餐配送单位、单位食堂等餐饮服务企业。

第十四条 生产经营多类别食品的,应当选

择风险较高的食品类别确定该食品生产经营者的静态风险等级。

第十五条 《食品生产经营静态风险因素量化分值表》（以下简称为《静态风险表》，见附件1）由国家食品药品监督管理总局制定。

省级食品药品监督管理部门可根据本行政区域实际情况，对《静态风险表》进行调整，并在本行政区域内组织实施。

第十六条 对食品生产企业动态风险因素进行评价应当考虑企业资质、进货查验、生产过程控制、出厂检验等情况；特殊食品还应当考虑产品配方注册、质量管理体系运行等情况；保健食品还应当考虑委托加工等情况；食品添加剂还应当考虑生产原料和工艺符合产品标准规定等情况。

对食品销售者动态风险因素进行评价应当考虑经营资质、经营过程控制、食品贮存等情况。

对餐饮服务提供者动态风险因素进行评价应考虑经营资质、从业人员管理、原料控制、加工制作过程控制等情况。

第十七条 省级食品药品监督管理部门可以参照《食品生产经营日常监督检查要点表》制定食品生产经营动态风险因素评价量化分值表（以下简称为动态风险评价表），并组织实施。

但是，制定食品销售环节动态风险因素量化分值，应参照《食品销售环节动态风险因素量化分值表》（见附件2）。

第十八条 食品药品监督管理部门应当通过量化打分，将食品生产经营者静态风险因素量化分值，加上生产经营动态风险因素量化分值之和，确定食品生产经营者风险等级。

风险分值之和为0—30（含）分的，为A级风险；风险分值之和为30—45（含）分的，为B级风险；风险分值之和为45—60（含）分的，为C级风险；风险分值之和为60分以上的，为D级风险。

第十九条 食品药品监督管理部门可以根据食品生产经营者年度监督管理记录，调整食品生产经营者风险等级。

第三章 程序要求

第二十条 食品药品监督管理部门评定食品生产经营者静态风险因素量化分值时应当调取食品生产经营者的许可档案，根据静态风险因素量化分值表所列的项目，逐项计分，累加确定食品生产经营者静态风险因素量化分值。

食品生产经营许可档案内容不全的，食品药品监督管理部门可以要求食品生产经营者补充提交相关的材料。

第二十一条 对食品生产经营动态风险因素量化分值的评定，可以结合对食品生产经营者日常监督检查结果确定，或者组织人员进入企业现场按照动态风险评价表进行打分评价确定。

食品药品监督管理部门利用日常监督检查结果对食品生产经营者实施动态风险分值评定，应当结合上一年度日常监督检查全项目检查结果，并根据动态风险评价表逐项计分，累加确定。

食品药品监督管理部门对食品生产经营者实施动态风险因素现场打分评价，按照《食品生产经营日常监督检查管理办法》确定，必要时，可以聘请专业技术人员参与现场打分评价工作。

第二十二条 现场打分评价人员应当按照本办法和动态风险评价表的内容要求，如实作出评价，并将食品生产经营者存在的主要风险及防范要求告知其负责人。

第二十三条 监管人员应当根据量化评价结果，填写《食品生产经营者风险等级确定表》（以下简称为《风险等级确定表》，见附件3）。

第二十四条 评定新开办食品生产经营者的风险等级，可以按照食品生产经营者的静态风险分值确定。

食品生产者风险等级的评定还可以按照《食品、食品添加剂生产许可现场核查评分记录表》确定。

第二十五条 餐饮服务提供者风险等级评定结果可以作为量化分级调整的依据，具体办法由省级食品药品监督管理部门制定。

第二十六条 食品药品监督管理部门应当及时将食品生产经营者风险等级评定结果记入食品安全信用档案，并根据风险等级合理确定日常监督检查频次，实施动态调整。

鼓励食品药品监督管理部门采用信息化方式开展风险分级管理工作。

第二十七条 食品药品监督管理部门根据当年食品生产经营者日常监督检查、监督抽检、违法行为查处、食品安全事故应对、不安全食品召回等食品安全监督管理记录情况，对行政区域内的食品生产经营者的下一年度风险等级进行动态调整。

第二十八条　存在下列情形之一的,下一年度生产经营者风险等级可视情况调高一个或者两个等级:

(一)故意违反食品安全法律法规,且受到罚款、没收违法所得(非法财物)、责令停产停业等行政处罚的;

(二)有1次及以上国家或者省级监督抽检不符合食品安全标准的;

(三)违反食品安全法律法规规定,造成不良社会影响的;

(四)发生食品安全事故的;

(五)不按规定进行产品召回或者停止生产经营的;

(六)拒绝、逃避、阻挠执法人员进行监督检查,或者拒不配合执法人员依法进行案件调查的;

(七)具有法律、法规、规章和省级食品药品监督管理部门规定的其他可以上调风险等级的情形。

第二十九条　食品生产经营者遵守食品安全法律法规,当年食品安全监督管理记录中未出现本办法第二十八条所列情形的,下一年度食品生产经营者风险等级可不作调整。

第三十条　食品生产经营者符合下列情形之一的,下一年度食品生产经营者风险等级可以调低一个等级:

(一)连续3年食品安全监督管理记录没有违反本办法第二十八条所列情形的;

(二)获得良好生产规范、危害分析与关键控制点体系认证(特殊医学用途配方食品、婴幼儿配方乳粉企业除外)的;

(三)获得地市级以上人民政府质量奖的;

(四)具有法律、法规、规章和省级食品药品监督管理部门规定的其他可以下调风险等级的情形。

第四章　结果运用

第三十一条　食品药品监督管理部门根据食品生产经营者风险等级,结合当地监管资源和监管水平,合理确定企业的监督检查频次、监督检查内容、监督检查方式以及其他管理措施,作为制订年度监督检查计划的依据。

第三十二条　食品药品监督管理部门应当根据食品生产经营者风险等级划分结果,对较高风险生产经营者的监管优先于较低风险生产经营者的监管,实现监管资源的科学配置和有效利用。

(一)对风险等级为A级风险的食品生产经营者,原则上每年至少监督检查1次;

(二)对风险等级为B级风险的食品生产经营者,原则上每年至少监督检查1—2次;

(三)对风险等级为C级风险的食品生产经营者,原则上每年至少监督检查2—3次;

(四)对风险等级为D级风险的食品生产经营者,原则上每年至少监督检查3—4次。

具体检查频次和监管重点由各省级食品药品监督管理部门确定。

第三十三条　市县级食品药品监督管理部门应当统计分析行政区域内食品生产经营者风险分级结果,确定监管重点区域、重点行业、重点企业。及时排查食品安全风险隐患,在监督检查、监督抽检和风险监测中确定重点企业及产品。

第三十四条　市县级食品药品监督管理部门应当根据风险等级对食品生产经营者进行分类,可以建立行政区域内食品生产经营者的分类系统及数据平台,记录、汇总、分析食品生产经营风险分级信息,实行信息化管理。

第三十五条　市县级食品药品监督管理部门应当根据食品生产经营者风险等级和检查频次,确定本行政区域内所需检查力量及设施配备等,并合理调整检查力量分配。

第三十六条　各级食品药品监督管理部门的相关工作人员在风险分级管理工作中不得滥用职权、玩忽职守、徇私舞弊。

第三十七条　食品生产经营者应当根据风险分级结果,改进和提高生产经营控制水平,加强落实食品安全主体责任。

第五章　附　则

第三十八条　省级食品药品监督管理部门可参照本办法制定食用农产品市场销售、小作坊、食品摊贩的风险分级管理制度。

第三十九条　本办法由国家食品药品监督管理总局负责解释。

第四十条　本办法自2016年12月1日起施行。

附件:1. 食品生产经营静态风险因素量化分值表(略)

2. 食品销售环节动态风险因素量化分值表(略)
3. 食品生产经营者风险等级确定表(略)

食品生产加工环节风险监测管理办法

- 2011年10月12日
- 国质检食监〔2011〕552号

第一章 总 则

第一条 为了加强食品安全风险管理,规范食品生产加工环节风险监测工作,根据《中华人民共和国食品安全法》、《中华人民共和国食品安全法实施条例》等法律法规和国务院赋予国家质检总局的职责,制定本办法。

第二条 国家质检总局组织开展食品生产加工环节风险监测及相关工作,应当遵守本办法。

第三条 食品生产加工环节风险监测,是指为了及早发现和掌握生产加工环节食品质量安全风险,系统和持续地对影响生产加工环节食品质量安全的风险因素进行产品检验、结果分析,为风险研判和风险处置提供依据的活动。

第四条 食品生产加工环节风险监测的食品,包括食品、食品添加剂和食品相关产品。

第五条 根据食品生产加工环节风险监测工作的需要,加强食品生产加工环节风险监测能力建设,建立覆盖全国各省、自治区、直辖市的食品生产加工环节风险监测网络。

第二章 监测计划的制定

第六条 国家质检总局根据《国家食品安全风险监测计划》,结合生产加工环节食品质量安全监管的需要,组织制定食品生产加工环节风险监测计划。

监测计划应规定监测的食品和检验项目、检测方法、监测频次、样品数量、检验机构、工作要求等内容。

第七条 风险监测食品的选择应遵循以下原则:

(一)列入《国家食品安全风险监测计划》并涉及加工食品的;

(二)风险程度较高以及风险监测问题检出率呈上升趋势的;

(三)相关部门通报或者社会反映有质量问题的;

(四)发生过加工食品质量安全事故的;

(五)其他需要纳入监测计划的。

第八条 国家质检总局根据生产加工环节食品质量安全风险隐患的分布、变化情况以及经费、检测能力等,科学合理确定监测产品、监测项目、监测区域、样品数量和监测频次等。

第九条 承担食品生产加工环节风险监测工作任务的食品检验机构应满足以下条件:

(一)拥有完善的实验室质量管理体系,取得相应的资质认定,并具有风险监测项目的认证证书;

(二)拥有先进的仪器设备、良好的实验室环境设施、安全有效的信息管理体系;

(三)具有一定的食品科学研究和食品检测分析能力,承担过省部级以上食品相关领域科研课题并取得较好的科研成果;

(四)近三年来没有违法和严重违规行为,没有发生过食品检测质量事故。

第十条 国家质检总局对承担风险监测任务的食品检验机构按照本办法第九条规定的条件进行考核确定,并对其承担的风险监测工作实施监督管理。

第十一条 国家质检总局可以聘请食品专家,组建食品生产加工环节风险监测专家委员会,承担食品生产加工环节风险监测计划的技术评审和风险监测结果的综合分析、研判,提出风险管理措施等工作。

第十二条 国家质检总局指定专门机构作为风险监测工作秘书处,负责组织检验机构或专家委员会制定监测计划,承担风险监测数据汇总和分析等工作,形成分析报告。

第十三条 国家质检总局根据有关部门通报的食品安全风险信息及其他风险信息,对食品生产加工环节风险监测计划内容进行调整。

第三章 监测计划的实施

第十四条 根据食品生产加工环节风险监测计划,国家质检总局按季度或月份组织开展食品生产加工环节风险监测工作。

第十五条 承担风险监测工作任务的食品检验机构应根据食品生产加工环节风险监测计划的要求，编制风险监测实施方案，按时完成监测计划规定的监测任务。

第十六条 食品生产加工环节风险监测采样，由承担风险监测任务的食品检验机构专职采样人员负责，应按照监测计划要求，采用科学采样方法，确保样品的代表性。

第十七条 食品生产加工环节风险监测的食品检验，应当按照监测计划规定的标准检验方法或者经批准使用相关部门公布的检验方法进行检测。

第十八条 承担风险监测工作任务的食品检验机构应按要求报送监测数据和分析报告，保证监测数据的科学、准确。

第十九条 承担风险监测任务的食品检验机构对检测发现的问题样品，应当及时报告国家质检总局并同时通报有关省级质量技术监督部门。对发现问题样品中含有非食用物质或致病菌的，应当在24小时之内报告和通报。

第二十条 有关省级质量技术监督部门根据风险监测通报的问题，及时组织开展问题样品的调查、核实、处理，并向国家质检总局报告结果。

调查核实结果表明，食品存在安全隐患或发现企业存在违法违规行为的，有关质量技术监督部门要依法查处，并报告当地人民政府，通报省食品安全办公室和有关部门。

第二十一条 食品生产加工环节风险监测工作秘书处，对承检机构报送的监测数据和分析报告进行汇总和分析，定期提交食品生产加工环节风险监测分析报告。

第二十二条 承担风险监测工作任务的食品检验机构，应指定专门部门和专人负责风险监测各项记录、报告等档案的归档管理。

第二十三条 国家质检总局建立食品生产加工环节风险监管分析研判工作例会制度，定期或不定期组织食品检验机构、省级质量技术监督部门和相关专家，开展风险监测结果的综合分析研判，研讨风险处置措施，研究确定监管重点。

第二十四条 国家质检总局对风险监测中发现的系统性、区域性食品质量安全问题，通报有关省级人民政府、国务院有关部门或者行业协会，促使其组织开展区域性、行业性食品质量安全专项整治。

第二十五条 国家质检总局定期向国务院食品安全委员会办公室、卫生行政等相关部门通报食品生产加工环节风险监测情况。对食品生产加工环节风险监测工作进行年度总结分析，报告国务院。

第二十六条 国家质检总局负责组织对承担风险监测任务的食品检验机构的考核和人员培训。考核结果作为确定下一年度承担风险监测任务的依据。

考核内容包括食品生产加工环节风险监测工作执行情况、采样工作情况、检验工作和监测数据准确性、监测数据和分析报告上报及时性等。

第四章　工作纪律

第二十七条 参与风险监测工作的人员应当秉公守法，廉洁公正，不得弄虚作假。禁止与采样企业有利害关系的人员参与采样和检测等相关工作。

第二十八条 承检机构应当按照监测计划的要求，按时完成任务，如实上报监测数据和分析报告，不得瞒报、谎报，并对检测结果的真实性负责。

第二十九条 食品生产加工环节风险监测数据和有关信息不得用于广告、商业宣传等。任何单位和个人不得利用监测结果进行有偿活动。

第三十条 质量技术监督部门对食品生产加工环节风险监测的结果，经调查核实企业存在违法行为的，应依法予以处罚。

第三十一条 各级质量技术监督部门和承担食品生产加工环节风险监测工作的食品检验机构，应将风险监测计划、监测数据、原始记录、问题样品报告等工作文件作为内部资料妥善保存。未经批准，任何单位和个人不得擅自泄露和对外发布食品生产加工环节风险监测数据和相关信息。

第三十二条 食品生产加工环节风险监测不得向被采样企业收取费用，监测样品由采样人员向被采样企业购买。

第三十三条 对于未按风险监测计划要求进行采样、检测、数据报送和问题样品报告等工作的食品检验机构，由国家质检总局进行通报批评、责令整改；情节严重的，由国家质检总局暂停或取消其承担风险监测任务的资格。

对于违反风险监测工作纪律的工作人员，由其所在单位进行严肃处理。

第三十四条 承担风险监测任务的食品检验机构伪造检测结果或因出具检测结果不实而造成重大影响和损失的，按照《中华人民共和国食品安全法》第九十三条处理。

第五章 附 则

第三十五条 省级质量技术监督部门可以参照本办法组织开展本辖区食品生产加工环节风险监测工作。

第三十六条 鼓励有条件、有能力的食品检验机构对加工食品潜在风险因素开展探索性测试研究，积累基础性数据。

第三十七条 本办法由国家质检总局负责解释。

第三十八条 本办法自发布之日起施行。

食品生产加工环节风险监测问题样品调查处理办法

· 2012 年 8 月 21 日
· 国质检食监〔2012〕474 号

第一章 总 则

第一条 为了加强食品生产加工环节风险监测问题样品（以下简称问题样品）调查处理工作，及时有效化解风险，依据《中华人民共和国食品安全法》、《中华人民共和国食品安全法实施条例》等法律法规和《食品生产加工环节风险监测管理办法》的规定，制定本办法。

第二条 本办法所称问题样品，是指在国家质检总局组织开展的食品生产加工环节风险监测工作中，承担风险监测任务的食品检验机构（以下简称承检机构）经检测发现的不符合食品安全标准或可能存在食品安全问题的食品。

第三条 国家质检总局统一指导问题样品调查处理工作。省级质量技术监督部门负责对涉及本辖区食品生产企业的问题样品组织开展调查处理工作。

第四条 问题样品调查处理工作，应当做到核实情况、查找原因、依法处置、化解风险、及时报告。

第二章 调查处理的方式和方法

第五条 省级质量技术监督部门根据问题样品的风险情况，可以直接开展或者指定问题样品生产企业所在地的市、县级质量技术监督部门开展调查处理工作。

第六条 负责调查处理的质量技术监督部门可以组织食品监管、稽查等部门以及食品检验机构的工作人员，进行调查处理工作。

第七条 调查处理工作中，可以依法对问题样品生产企业采取以下措施：

（一）检查企业生产现场和原料、辅料、包装材料、成品仓库等场所；

（二）查阅、复制生产企业采购、生产、检验、销售记录和有关生产工艺文件等资料；

（三）询问生产企业主要负责人、质量技术负责人、销售负责人以及采购、生产、检验等相关工作人员；

（四）抽样检测生产企业涉嫌问题的产品、出厂检验留存样品及其原料、辅料、包装材料等；

（五）在证据可能灭失或以后难以取得的情况下，先行登记保存涉嫌问题的产品及其原料、辅料、包装材料等与涉嫌违法行为有关的证据；

（六）查封、扣押有证据证明不符合食品安全标准的食品，违法使用的食品原料、食品添加剂、食品相关产品，以及用于违法生产或者被污染的工具、设备；

（七）查封违法从事食品生产活动的场所。

第八条 有关调查处理情况和结果应当及时报告。报告可分阶段进行，报告应以书面形式，紧急情况下，可先电话报告，再书面补充报告。

第三章 调查处理的程序

第九条 承检机构在风险监测食品检验中发现问题样品后，应当及时向国家质检总局报告，并通报生产企业所在地省级质量技术监督部门。

通报的信息应当包括问题样品生产企业、产品名称、生产批次、检验数据等内容，以及相关的参考技术资料。

第十条 省级质量技术监督部门在收到有关问题样品的通报后，应当及时组织开展调查处理工作;对问题样品含有非食用物质或致病菌的,调查处理工作应当在24小时之内启动。

指定市、县级质量技术监督部门开展调查处理的,省级质量技术监督部门应当对调查处理工作给予指导。

第十一条 负责调查处理的质量技术监督部门应当对通报的问题样品信息开展调查,核实问题样品的生产企业、生产批次、检验结果等情况。

第十二条 负责调查处理的质量技术监督部门应当要求问题样品生产企业查找问题原因,并提交自查报告;必要时,可根据问题样品风险情况,对问题原因直接开展调查。

第十三条 负责调查处理的质量技术监督部门应当对企业自查报告进行核实。

经调查,对于由于原料把关、生产工艺失控等系统性原因造成的问题,应当监督问题样品生产企业对其生产的其他可能存在问题的产品开展清查,必要时,可以抽取样品进行检验。

第十四条 经调查核实后,对确认不符合食品安全标准和存在严重质量安全风险隐患的食品,负责调查处理的质量技术监督部门应当依法监督企业查清产品生产数量、销售数量、销售去向等,实施召回,并予以销毁;企业未召回的,可以责令其召回。

第十五条 调查发现生产企业存在违法行为的,负责调查处理的质量技术监督部门应当依法进行查处;涉嫌犯罪的,依法移交公安机关。

第十六条 对发现企业的违法行为不属于质监部门监管职责的,负责调查处理的质量技术监督部门应当书面通知并移交有权处理的相关食品安全监管部门,或者报请当地政府或者食品安全委员会办公室指定处置部门。

第十七条 调查处理过程中,对情况严重的或者可能会造成较大影响的食品安全问题,负责调查处理的质量技术监督部门应当及时将有关工作情况报告上一级质量技术监督部门,同时报告当地政府,通报同级食品安全委员会办公室。

第十八条 经调查核实,出现下列情形之一的,负责调查处理的质量技术监督部门应当及时报告上一级质量技术监督部门,并提交相应的证据:

(一)有证据证明问题样品生产企业不存在或者产品被假冒的;

(二)问题样品的同批次产品符合食品安全标准,且无证据表明企业存在违法行为的;

(三)问题样品的同批次产品无法取得,其他批次的产品以及原料、辅料经检验符合食品安全标准,且无证据表明企业有违法行为的;

(四)监测项目为国家食品安全标准中无明确规定的探索性项目,经调查核实,无证据表明企业存在违法行为的。

第十九条 调查处理工作结束后,负责调查处理的质量技术监督部门应当及时将调查处理结果书面报告省级质量技术监督部门。省级质量技术监督部门认为情况未调查清楚、处理不到位的,应当提出意见,要求继续调查处理。

第二十条 调查核实结果表明,产品存在重大食品安全隐患或者生产企业存在严重违法行为的,有关质量技术监督部门要同时将调查处理结果书面报告当地政府,或通报同级食品安全委员会办公室。

第二十一条 省级质量技术监督部门应当及时将调查处理结果书面报告国家质检总局,同时将报告编号、内容摘要等录入《食品生产加工环节风险监测数据系统》。国家质检总局对各省级质量技术监督部门问题样品调查处理情况进行统计分析。

第二十二条 各有关质量技术监督部门应当及时整理问题样品调查的有关资料、报告,予以存档。未经批准,任何单位和个人不得擅自泄露和对外发布相关数据和信息。

第二十三条 各有关质量技术监督部门应当定期分析调查处理工作开展情况,总结经验,研究有关问题,提出改进措施。

第二十四条 省级质量技术监督部门应当定期对调查处理的问题样品品种、发生原因、生产企业所在区域等情况进行综合分析,对发现可能存在生产加工环节系统性、区域性食品安全问题的,应当报告当地政府和国家质检总局,并相应地开展专项整治。

第四章 附 则

第二十五条 国家质检总局在组织开展的食品添加剂、食品相关产品、化妆品风险监测中发现的问题样品,参照本办法开展调查处理。

第二十六条 省级质量技术监督部门在自行

组织的风险监测中发现的问题样品和外部门通报的风险监测问题样品,可参照本办法开展调查处理工作。

第二十七条 本办法由国家质检总局负责解释。

第二十八条 本办法自发布之日起施行。

食品安全监督抽检和风险监测工作规范(试行)

- 2014年3月31日
- 食药监办食监三〔2014〕55号

为规范国家食品药品监督管理总局食品安全监督抽检和风险监测(以下简称抽检监测)工作,保证程序合法、科学、公正、统一,特制定本工作规范。

1 抽样

1.1 抽样单位的确定

抽样单位由组织抽检监测的食品药品监管部门根据有关食品安全法律法规要求确定,可以是食品药品监管部门的执法监管机构,或委托具有法定检验资质的食品检验机构承担。

1.2 抽样前的准备

1.2.1 抽样人员的确定

抽检监测工作实施抽检分离,抽样人员与检验人员不得为同一人。地方承担的抽检监测开展抽样工作前,各抽样单位应确定抽样人员名单,并将《国家食品安全抽检监测抽样人员名单上报表》(附表1)报相关省级食品药品监管部门,由省级食品药品监管部门汇总后报总局食品安全抽检监测工作秘书处(以下简称秘书处)。总局本级开展的抽检监测由抽样单位将《国家食品安全抽检监测抽样人员名单上报表》直接报秘书处,同时报抽样所在地省级食品药品监管部门。

1.2.2 抽样前培训

抽样单位应对参与抽样工作的抽样人员进行培训,包括学习与抽检监测工作相关的法律法规和部门规章、相关的食品标准,以及国家食品安全抽检监测实施细则(以下简称实施细则)等,并做好相关培训记录。

1.3 抽样

1.3.1 抽样工作不得预先通知被抽检监测食品生产者(包括进口商品在中国依法登记注册的代理商、进口商或经销商,下同)、食品经营者、餐饮服务提供者(以下简称被抽样单位)。

1.3.2 抽样人员不得少于2名,抽样前应向被抽样单位出示注明抽检监测内容的《国家食品安全抽样检验告知书》(附件1)和抽样人员有效身份证件,告知被抽样单位阅读通知书背面的被抽样单位须知,并向被抽样单位告知抽检监测性质、抽检监测食品范围等相关信息。抽样单位为承检机构的,还应向被抽样单位出示《国家食品安全抽样检验任务委托书》(附件2)。

1.3.3 抽检监测的样品应当由抽样人员从食品生产者的成品库的待销产品、食品经营者销售的食品、餐饮服务提供者使用或销售的食品中抽取。至少有2名抽样人员同时现场抽取,不得由被抽样单位自行抽样。

1.3.4 不予抽样的情形

抽样时,抽样人员应当查看被抽样单位的营业执照,以及食品生产许可证、食品流通许可证、餐饮服务许可证等相关法定资质,确认被抽样单位合法生产经营,并且拟抽检监测的食品属于被抽样单位法定资质允许生产经营的类别。遇有下列情况之一且能提供有效证明的,不予抽样:

(1)食品抽样基数不符合实施细则要求的;

(2)食品标签、包装、说明书标有"试制"或者"样品"等字样的;

(3)有充分证据证明拟抽检监测的食品为被抽样单位全部用于出口的;

(4)食品已经由食品生产经营者自行停止经营并单独存放、明确标注进行封存待处置的;

(5)超过保质期或已腐败变质的;

(6)被抽样单位存有明显不符合有关法律法规和部门规章要求的;

(7)法律、法规和规章规定的其他情形。

1.3.5 封样

样品一经抽取,抽样人员应立即以妥善的方式进行封样,并贴上盖有抽样单位公章的封条(《国家食品安全抽样检验封条》,附件3),以防止样品被擅自拆封、动用及调换。

常用的封样方法是采用纸质封条可靠地贴封于样品或样品包装的有关部位,防止出现样品被调换而无法证明的情况。

封条上应由被抽样单位和抽样人员双方签名、盖章，注明抽样日期。封条的材质、格式（横式或竖式）、尺寸大小可由抽样单位根据抽样需要确定。

1.3.6 抽样单填写

（1）抽样人员应当使用规定的《国家食品安全抽样检验抽样单》（附件4），详细记录抽样信息。抽样文书应当字迹工整、清楚，容易辨认，不得随意涂改，需要更改的信息应当由被抽样单位盖章或签字确认。

（2）抽样单上被抽样单位名称应严格按照营业执照或其他相关法定资质证书填写。被抽样单位公章上名称与营业执照或其他相关法定资质证书上名称不一致时，应在抽样单备注栏中说明。

（3）抽样单上样品名称应按照食品标示信息填写。若无食品标示的，可根据被抽样单位提供的食品名称填写，需在备注栏中注明"样品名称由被抽样单位提供"，并由被抽样单位签字确认。若标注的食品名称无法反映其真实属性，或使用俗名、简称时，应同时注明食品的"标示名称"和"（标准名称）"，如"稻花香（大米）"。

（4）被抽样品为委托加工的，抽样单上被抽样单位信息应填写委托方信息，生产者信息应填写被委托方信息，同时索取委托加工合同复印件。在流通环节抽样时，被抽样单位信息应填写食品经营者信息，标示生产者信息填写委托方信息。同时在备注栏中注明委托加工关系。

（5）必要时，抽样单备注栏中还可注明食品加工工艺等信息。

（6）抽样单填写完毕后，必须由抽样人员和被抽样单位有关人员签字，并加盖被抽样单位公章。

（7）实施细则中规定需要企业标准的，抽样人员应索要食品执行的企业标准文本复印件，并与样品一同移交承检机构；必要时，被抽样品标示的生产者所在地省级食品药品监管部门应协助提供企业标准文本复印件。

1.3.7 现场信息采集

抽样人员应通过拍照或录像等方式对被抽样品状态、食品库存及其他可能影响抽检监测结果的情形进行现场信息采集。

现场采集的信息应包括：

（1）被抽样单位外观照片，若被抽样单位悬挂厂牌的，应包含在照片内；

（2）被抽样单位营业执照复印件或照片，生产许可证等法定资质证书复印件或照片；

（3）抽样人员从样品堆中取样照片，应包含有抽样人员和样品堆信息（可大致反映抽样基数）；

（4）从不同部位抽取的含有外包装的样品照片；

（5）封样完毕后，所封样品码放整齐后的外观照片和封条近照；

（6）同时包含所封样品、抽样人员和被抽样单位人员的照片；

（7）其他需要采集的信息。

1.3.8 样品的获取方式

抽样人员应向被抽样单位支付样品购置费并索取发票及所购样品明细，可现场支付费用或先出具《国家食品安全抽样检验样品购置费用告知书》（附件5）随后支付费用。样品购置费的付款单位由组织抽检监测的食品药品监管部门指定。

1.3.9 样品运输

抽取的样品应由抽样人员自行送达或寄送至承检机构。确需被抽样单位协助寄送的，抽样人员应明确告知样品的寄、送要求，确保样品在指定的时限内正确寄送并支付相关费用。原则上被抽样品应在5日（指工作日，下同）内送至承检机构，对保质期短的食品应及时送至承检机构。

对于易碎品、有储藏温度或其他特殊贮存条件等要求的食品样品，抽样人员应当采取适当措施，保证样品运输过程符合标准或样品标示要求的运输条件。

1.3.10 拒检

被抽样单位无正当理由，对抽样工作不配合或者拒绝抽检监测的，抽样人员应认真取证，如实做好情况记录，告知拒检的后果。填写《国家食品安全抽样检验拒检认定书》（附件6），列明被抽样单位拒绝抽检监测的情况，由当地食品药品监管部门和抽样人员共同确认，并及时报省级食品药品监管部门。

1.3.11 抽不到样品时的处置

被抽样单位转产、停产等原因导致无拟抽检的食品品种或抽样基数不足的，抽样人员应当收集有关证明材料，如实记录相关情况，填写抽检监测《未抽到样品的单位情况表》（附表2），随汇总材料一起报送省级食品药品监管部门。

1.3.12 抽样文书的交付

抽样人员应将填写完整的《国家食品安全抽样检验告知书》、《国家食品安全抽样检验抽样单》和《国家食品安全抽样检验工作质量及工作纪律反馈单》(附件7)交给被抽样单位,并告知被抽样单位如对抽样工作有异议将《国家食品安全抽样检验工作质量及工作纪律反馈单》填写完毕后寄送至组织抽检监测工作的省级食品药品监督管理部门,总局本级开展的抽检监测,将《国家食品安全抽样检验工作质量及工作纪律反馈单》寄送至秘书处。

1.3.13 特殊情况的处置和上报

抽样中发现被抽样单位存在无营业执照、无食品生产许可证等法定资质或超许可范围生产经营等行为的,或遇拒检、发现被抽样单位存在严重食品安全问题和违法违规现象,应立即停止抽样,及时依法处置并上报被抽样单位所在地省级食品药品监管部门。

抽样单位为承检机构的,应及时报告被抽样单位所在地省级食品药品监管部门;总局本级实施的抽检监测抽样过程中发现的特殊情况还需报告秘书处。

抽取计划中仅含有风险监测项目的食品样品时,可简化如现场信息采集等执法相关的必要程序。

2 检 验

2.1 承检机构的确定

承检机构应为获得食品检验资质认定的机构,具备与承检任务中食品品种、检测项目、检品数量相适应的检验检测能力,由组织抽检监测工作的省级食品药品监管部门按照《食品安全监督抽检和风险监测承检机构管理规定》(试行)和有关规定确定。在开展抽检监测工作前应将《国家食品安全抽检监测承检机构上报表》(附表3)报秘书处备案。

承担总局本级的抽检监测任务的承检机构由总局遴选确定。

各级食品药品监管部门应积极支持配合承检机构开展工作,在样品采集、运输等方面提供必要的帮助。

2.2 样品的处置

承检机构接收样品时应当确认样品的外观、状态、封条完好,并确认样品与抽样文书的记录相符后,对检验和备用样品分别加贴相应标识。样品存在对检验结果或综合判定产生影响的情况,或与抽样文书的记录不符的,承检机构应拒收样品,并填写《国家食品安全抽样检验样品移交确认单》(附件8),告知抽样单位拒收原因。

在不影响样品检验结果的情况下,承检机构应当尽可能将样品进行分装或者重新包装编号,以保证不会发生人为原因导致不公正的情况。

承检机构应当妥善保存样品。

2.3 原始记录

检验原始记录必须如实填写,保证真实、准确、清晰;不得随意涂改,更改处应当经检验人员签字或盖章确认。

2.4 结果质量控制

承检机构应采取加标回收试验、双人比对试验、不同设备同时检测或不同实验室间比对试验等方式确保数据的准确性。

2.5 检验报告

承检机构应当按规定的报告格式分别出具国家食品安全监督抽检检验报告和风险监测检验报告(报告样式见附件9),检验报告应当内容真实齐全、数据准确。原则上承检机构应在收到样品20日内出具检验报告,有特殊时限要求的除外,如节令性食品等。

承检机构不得擅自增加或者减少检验项目,不得擅自修改判定原则。

承检机构对其出具的检验报告的真实性和准确性负责。

2.6 检验过程的特殊情况

检验过程中遇有样品失效或者其他情况致使检验无法进行的,承检机构必须如实记录有关情况,提供充分的证明材料,并将有关情况上报组织抽检监测工作的食品药品监管部门。

检验过程中发现被抽样品存在严重安全问题或较高风险问题的(如食品中检出非食用物质,或可能危及人体健康的重要安全问题,以及其他异常情况等),承检机构应在发现问题并经确认无误后24小时内填写《食品安全抽检监测限时报告情况表》(附表4),将问题或有关情况报告被抽样单位所在地省级食品药品监管部门和秘书处,并抄报总局。在流通环节抽样的,还应报告食品标示生产者所在地省级食品药品监管部门。

承检机构信息报告时，应确保对方收悉，并做好记录备查。

2.7 检验报告发送

地方承担的抽检监测任务，承检机构在出具检验报告后应当立即将检验报告报送省级食品药品监管部门。由抽样单位将不合格样品监督抽检报告、《国家食品安全抽样检验结果通知书》（附件10）寄送至被抽样单位。流通环节抽样的，还需寄送至食品标示生产者。不合格样品或问题样品生产者涉及其他省份的，应由组织抽检监测工作的省级食品药品监管部门函告相关省级食品药品监管部门。

总局本级的抽检监测任务，承检机构在出具检验报告后应当立即将检验报告报送秘书处，并将不合格样品或问题样品的检验报告及《国家食品安全抽样检验告知书》、《国家食品安全抽样检验抽样单》等有关材料报送被抽样单位所在地省级食品药品监管部门，流通环节抽样的还需报送食品标示生产者所在地省级食品药品监管部门。同时，将不合格样品监督抽检报告、《国家食品安全抽样检验结果通知书》寄送至被抽样单位和食品标示生产者。

抽样单位或承检机构应通过检验结果确认回执、快递查询等方式确认相关单位收到监督抽检检验报告。

2.8 样品的确认

在食品流通环节抽样的，发现有不合格食品的，抽样单位应当在收到检验报告书5日内将《国家食品安全抽样检验样品确认通知书》（附件11）书面通知标示生产者确认样品的真实性。

相关食品生产者应当自收到通知之日起5日内，向抽样单位反馈意见。抽样单位应将生产者提出的异议相关情况移交抽样单位所在地省级食品药品监管部门依法组织处理。逾期未反馈意见的，或被抽样食品生产者对样品的真实性提出异议但不能提供有关证据的，视为生产者认同样品的真实性。

2.9 备用样品的处理

对于未检出问题的样品，应当自抽样之日起3个月内完好保存（超过保质期的除外）；检出问题的样品，应当在检验结果异议期满3个月内完好保存。对过了保存期的备用样品，应进行无害化处理，并保留样品保存和处理记录。

3 复检

3.1 对检验结论有异议的被抽样食品生产经营者（以下称复检申请人）可以自收到《国家食品安全抽样检验结果通知书》之日起5日内，从已公告的食品复检机构名录中自行选择复检机构，并向复检机构提出申请。在流通环节抽样的，被抽样单位或食品标示生产者对检验结论有异议的，需双方协商统一后由其中一方提出。涉及委托加工关系的，委托方或被委托方对检验结论有异议的，需双方协商统一后由其中一方提出。

3.2 复检申请人应及时告知组织抽检监测工作的食品药品监管部门复检申请情况，包括签署复检机构受理意见的复检申请书、复检机构具有复检项目资质的证明、复检机构联系人联系方式等。

3.3 组织抽检监测工作的食品药品监管部门应通知初检机构在5日内按样品储运要求将备用样品寄、送至复检机构。

3.4 备用样品送达复检机构后，应由复检申请人、初检机构、复检机构共同对备用样品进行确认，并填写《复检样品确认和移交单》（附件12）。若复检申请人、初检机构不到复检机构现场确认样品的，在其提供相关委托书后，复检机构在确认备用样品完好的情况下可自行启用备样进行复检。

3.5 复检机构需按照实施细则中指定检验方法使用备用样品对提出异议的项目进行复检，复检报告须给出食品是否合格的复检结论，复检结论为最终检验结论。

3.6 复检申请人原则上应在提出复检之日起20日内向组织抽检监测工作的食品药品监管部门提交复检报告。有特殊要求的，不得超过初检周期（初检机构收到样品至出具检验报告的周期）。

3.7 复检费用由复检申请人先行垫付，复检结论与初检机构检验结论一致的，复检费用由复检申请人自行承担；复检结论与承检机构检验结论不一致的，复检费用由组织抽检监测工作的食品药品监管部门承担。

3.8 有下列情形之一的，应不予受理复检：

（1）初检结果显示微生物指标超标的；

(2) 备份样品超过保质期的；
(3) 已进行过复检的；
(4) 逾期提出复检申请的；
(5) 其他非人为原因可能导致备份样品无法实施复检的。

4 结果报送和分析利用

4.1 抽样单位完成抽样后应在5日内将抽样信息通过中国食品药品检定研究院"食品安全抽检监测信息管理系统"（以下简称信息系统）报送。

4.2 承检机构在签发检验报告后3日内应及时将检验数据通过信息系统报送。

4.3 地方承担的抽检监测上报结果由各省级食品药品监管部门组织审核，总局本级的抽检监测上报结果由秘书处组织审核。

4.4 各省级食品药品监管部门、牵头机构、抽样单位，及承检机构应指定专人负责信息系统的操作和使用，并报秘书处备案。信息系统的使用人员须经过培训。

4.5 各省级食品药品监管部门应及时分析研判抽检监测结果，对可能存在区域性、系统性食品安全苗头性问题的，研究开展本辖区范围内专项治理。

各省级食品药品监管部门应报送监督抽检和风险监测年度工作总结。总结中应至少包括抽检监测工作开展情况、食品安全抽检监测结果、发现的主要问题、数据分析利用情况，以及工作经验和建议等。

4.6 秘书处及时汇总监督抽检、风险监测数据，组织专业工作组牵头单位（由总局遴选确定）进行数据分析，按要求将数据结果和分析报告报送总局。对经分析认为可能存在系统性、行业性、区域性食品安全苗头性问题的，应及时报告总局。

5 后处理

5.1 省级食品药品监管部门收到不合格样品或问题样品的检验报告（含总局本级抽检监测工作中发现的不合格样品和问题样品检验报告）后，涉及监督抽检项目的，应于5日内依法依职责启动对不合格食品生产经营者的行政处理措施，监督不合格食品生产经营者停止生产、销售和使用不合格食品，对库存的不合格食品采取补救、无害化处理、销毁等措施进行全面清理；对已出厂、销售的不合格食品依法召回处理。并将处理结果及时上报省级食品药品监管部门。涉及风险监测项目的，应组织调查核实，采取必要措施化解风险。

对不合格样品或问题样品检出非食用物质或其他较高风险的，核查处置工作应当在24小时之内启动。

5.2 负责不合格食品后处理的食品药品监管部门应督促开展问题产生原因的分析调查及整改工作。对不合格食品生产者开展复查，并加强对不合格食品及同类食品的跟踪抽检。未经复查，或者复查后同种食品仍然被检出问题的，食品生产者不得恢复生产同种食品。

5.3 各省级食品药品监管部门应将后处理情况及结果汇总后按季度上报总局，重大食品安全违法案件处置情况随时上报。

6 结果发布

国家食品安全监督抽检结果由总局依法向社会公布。各级食品药品监督管理部门和参与抽检监测工作的单位未经总局授权，不得擅自发布国家食品安全监督抽检和风险监测结果。

7 其他

7.1 各省级食品药品监管部门可根据需要补充制定适用于本省工作的文书和表单，并报秘书处备案。

7.2 总局本级的抽检监测是指总局组织承检机构开展的食品抽检监测工作；地方承担的抽检监测是指各省级食品药品监管部门按照总局工作部署和要求，组织承检机构按计划开展的本行政区域内食品抽检监测工作。

7.3 本规范确定的工作流程可参见《国家食品安全抽检监测工作流程图》（附件13），各有关单位使用或报送的文书可参见《国家食品安全抽检监测工作文书一览表》（附件14）。

7.4 本规范及其附件均可在总局系统专网下载。

7.5 本规范自发布之日起施行。

附件：（略）

(四) 抽样检验

食品安全抽样检验管理办法

- 2019年8月8日国家市场监督管理总局令第15号公布
- 根据2022年9月29日国家市场监督管理总局令第61号修正

第一章 总 则

第一条 为规范食品安全抽样检验工作,加强食品安全监督管理,保障公众身体健康和生命安全,根据《中华人民共和国食品安全法》等法律法规,制定本办法。

第二条 市场监督管理部门组织实施的食品安全监督抽检和风险监测的抽样检验工作,适用本办法。

第三条 国家市场监督管理总局负责组织开展全国性食品安全抽样检验工作,监督指导地方市场监督管理部门组织实施食品安全抽样检验工作。

县级以上地方市场监督管理部门负责组织开展本级食品安全抽样检验工作,并按照规定实施上级市场监督管理部门组织的食品安全抽样检验工作。

第四条 市场监督管理部门应当按照科学、公开、公平、公正的原则,以发现和查处食品安全问题为导向,依法对食品生产经营活动全过程组织开展食品安全抽样检验工作。

食品生产经营者是食品安全第一责任人,应当依法配合市场监督管理部门组织实施的食品安全抽样检验工作。

第五条 市场监督管理部门应当与承担食品安全抽样、检验任务的技术机构(以下简称承检机构)签订委托协议,明确双方权利和义务。

承检机构应当依照有关法律、法规规定取得资质认定后方可从事检验活动。承检机构进行检验,应当尊重科学,恪守职业道德,保证出具的检验数据和结论客观、公正,不得出具虚假检验报告。

市场监督管理部门应当对承检机构的抽样检验工作进行监督检查,发现存在检验能力缺陷或者有重大检验质量问题等情形的,应当按照有关规定及时处理。

第六条 国家市场监督管理总局建立国家食品安全抽样检验信息系统,定期分析食品安全抽样检验数据,加强食品安全风险预警,完善并督促落实相关监督管理制度。

县级以上地方市场监督管理部门应当按照规定通过国家食品安全抽样检验信息系统,及时报送并汇总分析食品安全抽样检验数据。

第七条 国家市场监督管理总局负责组织制定食品安全抽样检验指导规范。

开展食品安全抽样检验工作应当遵守食品安全抽样检验指导规范。

第二章 计 划

第八条 国家市场监督管理总局根据食品安全监管工作的需要,制定全国性食品安全抽样检验年度计划。

县级以上地方市场监督管理部门应当根据上级市场监督管理部门制定的抽样检验年度计划并结合实际情况,制定本行政区域的食品安全抽样检验工作方案。

市场监督管理部门可以根据工作需要不定期开展食品安全抽样检验工作。

第九条 食品安全抽样检验工作计划和工作方案应当包括下列内容:

(一)抽样检验的食品品种;

(二)抽样环节、抽样方法、抽样数量等抽样工作要求;

(三)检验项目、检验方法、判定依据等检验工作要求;

(四)抽检结果及汇总分析的报送方式和时限;

(五)法律、法规、规章和食品安全标准规定的其他内容。

第十条 下列食品应当作为食品安全抽样检验工作计划的重点:

(一)风险程度高以及污染水平呈上升趋势的食品;

(二)流通范围广、消费量大、消费者投诉举报多的食品;

(三)风险监测、监督检查、专项整治、案件稽查、事故调查、应急处置等工作表明存在较大隐患的食品;

(四)专供婴幼儿和其他特定人群的主辅食品;

(五)学校和托幼机构食堂以及旅游景区餐饮服务单位、中央厨房、集体用餐配送单位经营的食品;

(六)有关部门公布的可能违法添加非食用物质的食品;

(七)已在境外造成健康危害并有证据表明可能在国内产生危害的食品;

(八)其他应当作为抽样检验工作重点的食品。

第三章 抽 样

第十一条 市场监督管理部门可以自行抽样或者委托承检机构抽样。食品安全抽样工作应当遵守随机选取抽样对象、随机确定抽样人员的要求。

县级以上地方市场监督管理部门应当按照上级市场监督管理部门的要求,配合做好食品安全抽样工作。

第十二条 食品安全抽样检验应当支付样品费用。

第十三条 抽样单位应当建立食品抽样管理制度,明确岗位职责、抽样流程和工作纪律,加强对抽样人员的培训和指导,保证抽样工作质量。

抽样人员应当熟悉食品安全法律、法规、规章和食品安全标准等的相关规定。

第十四条 抽样人员执行现场抽样任务时不得少于2人,并向被抽样食品生产经营者出示抽样检验告知书及有效身份证明文件。由承检机构执行抽样任务的,还应当出示任务委托书。

案件稽查、事故调查中的食品安全抽样活动,应当由食品安全行政执法人员进行或者陪同。

承担食品安全抽样检验任务的抽样单位和相关人员不得提前通知被抽样食品生产经营者。

第十五条 抽样人员现场抽样时,应当记录被抽样食品生产经营者的营业执照、许可证等可追溯信息。

抽样人员可以从食品经营者的经营场所、仓库以及食品生产者的成品库待销产品中随机抽取样品,不得由食品生产经营者自行提供样品。

抽样数量原则上应当满足检验和复检的要求。

第十六条 风险监测、案件稽查、事故调查、应急处置中的抽样,不受抽样数量、抽样地点、被抽样单位是否具备合法资质等限制。

第十七条 食品安全监督抽检中的样品分为检验样品和复检备份样品。

现场抽样的,抽样人员应当采取有效的防拆封措施,对检验样品和复检备份样品分别封样,并由抽样人员和被抽样食品生产经营者签字或者盖章确认。

抽样人员应当保存购物票据,并对抽样场所、贮存环境、样品信息等通过拍照或者录像等方式留存证据。

第十八条 市场监督管理部门开展网络食品安全抽样检验时,应当记录买样人员以及付款账户、注册账号、收货地址、联系方式等信息。买样人员应当通过截图、拍照或者录像等方式记录被抽样网络食品生产经营者信息、样品网页展示信息,以及订单信息、支付记录等。

抽样人员收到样品后,应当通过拍照或者录像等方式记录拆封过程,对递送包装、样品包装、样品储运条件等进行查验,并对检验样品和复检备份样品分别封样。

第十九条 抽样人员应当使用规范的抽样文书,详细记录抽样信息。记录保存期限不得少于2年。

现场抽样时,抽样人员应当书面告知被抽样食品生产经营者依法享有的权利和应当承担的义务。被抽样食品生产经营者应当在食品安全抽样文书上签字或者盖章,不得拒绝或者阻挠食品安全抽样工作。

第二十条 现场抽样时,样品、抽样文书以及相关资料应当由抽样人员于5个工作日内携带或者寄送至承检机构,不得由被抽样食品生产经营者自行送样和寄送文书。因客观原因需要延长送样期限的,应当经组织抽样检验的市场监督管理部门同意。

对有特殊贮存和运输要求的样品,抽样人员应采取相应措施,保证样品贮存、运输过程符合国家相关规定和包装标示的要求,不发生影响检验结论的变化。

第二十一条　抽样人员发现食品生产经营者涉嫌违法、生产经营的食品及原料没有合法来源或者无正当理由拒绝接受食品安全抽样的，应当报告有管辖权的市场监督管理部门进行处理。

第四章　检验与结果报送

第二十二条　食品安全抽样检验的样品由承检机构保存。

承检机构接收样品时，应当查验、记录样品的外观、状态、封条有无破损以及其他可能对检验结论产生影响的情况，并核对样品与抽样文书信息，将检验样品和复检备份样品分别加贴相应标识后，按照要求入库存放。

对抽样不规范的样品，承检机构应当拒绝接收并书面说明理由，及时向组织或者实施食品安全抽样检验的市场监督管理部门报告。

第二十三条　食品安全监督抽检应当采用食品安全标准规定的检验项目和检验方法。没有食品安全标准的，应当采用依照法律法规制定的临时限量值、临时检验方法或者补充检验方法。

风险监测、案件稽查、事故调查、应急处置等工作中，在没有前款规定的检验方法的情况下，可以采用其他检验方法分析查找食品安全问题的原因。所采用的方法应当遵循技术手段先进的原则，并取得国家或者省级市场监督管理部门同意。

第二十四条　食品安全抽样检验实行承检机构与检验人负责制。承检机构出具的食品安全检验报告应当加盖机构公章，并有检验人的签名或者盖章。承检机构和检验人对出具的食品安全检验报告负责。

承检机构应当自收到样品之日起 20 个工作日内出具检验报告。市场监督管理部门与承检机构另有约定的，从其约定。

未经组织实施抽样检验任务的市场监督管理部门同意，承检机构不得分包或者转包检验任务。

第二十五条　食品安全监督抽检的检验结论合格的，承检机构应当自检验结论作出之日起 3 个月内妥善保存复检备份样品。复检备份样品剩余保质期不足 3 个月的，应当保存至保质期结束。合格备份样品能合理再利用、且符合省级以上市场监督管理部门有关要求的，可不受上述保存时间限制。

检验结论不合格的，承检机构应当自检验结论作出之日起 6 个月内妥善保存复检备份样品。复检备份样品剩余保质期不足 6 个月的，应当保存至保质期结束。

第二十六条　食品安全监督抽检的检验结论合格的，承检机构应当在检验结论作出后 7 个工作日内将检验结论报送组织或者委托实施抽样检验的市场监督管理部门。

抽样检验结论不合格的，承检机构应当在检验结论作出后 2 个工作日内报告组织或者委托实施抽样检验的市场监督管理部门。

第二十七条　国家市场监督管理总局组织的食品安全监督抽检的检验结论不合格的，承检机构除按照相关要求报告外，还应当通过国家食品安全抽样检验信息系统及时通报抽样地以及标称的食品生产者住所地市场监督管理部门。

地方市场监督管理部门组织或者实施食品安全监督抽检的检验结论不合格的，抽样地与标称食品生产者住所地不在同一省级行政区域的，抽样地市场监督管理部门应当在收到不合格检验结论后通过国家食品安全抽样检验信息系统及时通报标称的食品生产者住所地同级市场监督管理部门。同一省级行政区域内不合格检验结论的通报按照抽检地省级市场监督管理部门规定的程序和时限通报。

通过网络食品交易第三方平台抽样的，除按照前两款的规定通报外，还应当同时通报网络食品交易第三方平台提供者住所地市场监督管理部门。

第二十八条　食品安全监督抽检的抽样检验结论表明不合格食品可能对身体健康和生命安全造成严重危害的，市场监督管理部门和承检机构应当按照规定立即报告或者通报。

案件稽查、事故调查、应急处置中的检验结论的通报和报告，不受本办法规定时限限制。

第二十九条　县级以上地方市场监督管理部门收到监督抽检不合格检验结论后，应当按照省级以上市场监督管理部门的规定，在 5 个工作日内将检验报告和抽样检验结果通知书送达被抽样食品生产经营者、食品集中交易市场开办者、网络食品交易第三方平台提供者，并告知其依法享有的权利和应当承担的义务。

第五章　复检和异议

第三十条　食品生产经营者对依照本办法规

定实施的监督抽检检验结论有异议的,可以自收到检验结论之日起 7 个工作日内,向实施监督抽检的市场监督管理部门或者其上一级市场监督管理部门提出书面复检申请。向国家市场监督管理总局提出复检申请的,国家市场监督管理总局可以委托复检申请人住所地省级市场监督管理部门负责办理。逾期未提出的,不予受理。

第三十一条 有下列情形之一的,不予复检:

(一)检验结论为微生物指标不合格的;

(二)复检备份样品超过保质期的;

(三)逾期提出复检申请的;

(四)其他原因导致备份样品无法实现复检目的的;

(五)法律、法规、规章以及食品安全标准规定的不予复检的其他情形。

第三十二条 市场监督管理部门应当自收到复检申请材料之日起 5 个工作日内,出具受理或者不予受理通知书。不予受理的,应当书面说明理由。

市场监督管理部门应当自出具受理通知书之日起 5 个工作日内,在公布的复检机构名录中,遵循便捷高效原则,随机确定复检机构进行复检。复检机构不得与初检机构为同一机构。因客观原因不能及时确定复检机构的,可以延长 5 个工作日,并向申请人说明理由。

复检机构无正当理由不得拒绝复检任务,确实无法承担复检任务的,应当在 2 个工作日内向相关市场监督管理部门作出书面说明。

复检机构与复检申请人存在日常检验业务委托等利害关系的,不得接受复检申请。

第三十三条 初检机构应当自复检机构确定后 3 个工作日内,将备份样品移交至复检机构。因客观原因不能按时移交的,经受理复检的市场监督管理部门同意,可以延长 3 个工作日。复检样品的递送方式由初检机构和申请人协商确定。

复检机构接到备份样品后,应当通过拍照或者录像等方式对备份样品外包装、封条等完整性进行确认,并做好样品接收记录。复检备份样品封条、包装破坏,或者出现其他对结果判定产生影响的情况,复检机构应当及时书面报告市场监督管理部门。

第三十四条 复检机构实施复检,应当使用与初检机构一致的检验方法。实施复检时,食品安全标准对检验方法有新的规定的,从其规定。

初检机构可以派员观察复检机构的复检实施过程,复检机构应当予以配合。初检机构不得干扰复检工作。

第三十五条 复检机构应当自收到备份样品之日起 10 个工作日内,向市场监督管理部门提交复检结论。市场监督管理部门与复检机构对时限另有约定的,从其约定。复检机构出具的复检结论为最终检验结论。

市场监督管理部门应当自收到复检结论之日起 5 个工作日内,将复检结论通知申请人,并通报不合格食品生产经营者住所地市场监督管理部门。

第三十六条 复检申请人应当向复检机构先行支付复检费用。复检结论与初检结论一致的,复检费用由复检申请人承担。复检结论与初检结论不一致的,复检费用由实施监督抽检的市场监督管理部门承担。

复检费用包括检验费用和样品递送产生的相关费用。

第三十七条 在食品安全监督抽检工作中,食品生产经营者可以对其生产经营食品的抽样过程、样品真实性、检验方法、标准适用等事项依法提出异议处理申请。

对抽样过程有异议的,申请人应当在抽样完成后 7 个工作日内,向实施监督抽检的市场监督管理部门提出书面申请,并提交相关证明材料。

对样品真实性、检验方法、标准适用等事项有异议的,申请人应当自收到不合格结论通知之日起 7 个工作日内,向组织实施监督抽检的市场监督管理部门提出书面申请,并提交相关证明材料。

向国家市场监督管理总局提出异议申请的,国家市场监督管理总局可以委托申请人住所地省级市场监督管理部门负责办理。

第三十八条 异议申请材料不符合要求或者证明材料不齐全的,市场监督管理部门应当当场或者在 5 个工作日内一次告知申请人需要补正的全部内容。

市场监督管理部门应当自收到申请材料之日起 5 个工作日内,出具受理或者不予受理通知书。不予受理的,应当书面说明理由。

第三十九条 异议审核需要其他市场监督管理部门协助的,相关市场监督管理部门应当积极配合。

对抽样过程有异议的，市场监督管理部门应当自受理之日起20个工作日内，完成异议审核，并将审核结论书面告知申请人。

对样品真实性、检验方法、标准适用等事项有异议的，市场监督管理部门应当自受理之日起30个工作日内，完成异议审核，并将审核结论书面告知申请人。需商请有关部门明确检验以及判定依据相关要求的，所需时间不计算在内。

市场监督管理部门应当根据异议核查实际情况依法进行处理，并及时将异议处理申请受理情况及审核结论，通报不合格食品生产经营者住所地市场监督管理部门。

第六章 核查处置及信息发布

第四十条 食品生产经营者收到监督抽检不合格检验结论后，应当立即采取封存不合格食品，暂停生产、经营不合格食品，通知相关生产经营者和消费者，召回已上市销售的不合格食品等风险控制措施，排查不合格原因并进行整改，及时向住所地市场监督管理部门报告处理情况，积极配合市场监督管理部门的调查处理，不得拒绝、逃避。

在复检和异议期间，食品生产经营者不得停止履行前款规定的义务。食品生产经营者未主动履行的，市场监督管理部门应当责令其履行。

在国家利益、公共利益需要时，或者为处置重大食品安全突发事件，经省级以上市场监督管理部门同意，可以由省级以上市场监督管理部门组织调查分析或者再次抽样检验，查明不合格原因。

第四十一条 食品安全风险监测结果表明存在食品安全隐患的，省级以上市场监督管理部门应当组织相关领域专家进一步调查和分析研判，确认有必要通知相关食品生产经营者的，应当及时通知。

接到通知的食品生产经营者应当立即进行自查，发现食品不符合食品安全标准或者有证据证明可能危害人体健康的，应当依照食品安全法第六十三条的规定停止生产、经营，实施食品召回，并报告相关情况。

食品生产经营者未主动履行前款规定义务的，市场监督管理部门应当责令其履行，并可以对食品生产经营者的法定代表人或者主要负责人进行责任约谈。

第四十二条 食品经营者收到监督抽检不合格检验结论后，应当按照国家市场监督管理总局的规定在被抽检经营场所显著位置公示相关不合格产品信息。

第四十三条 市场监督管理部门收到监督抽检不合格检验结论后，应当及时启动核查处置工作，督促食品生产经营者履行法定义务，依法开展调查处理。必要时，上级市场监督管理部门可以直接组织调查处理。

县级以上地方市场监督管理部门组织的监督抽检，检验结论表明不合格食品含有违法添加的非食用物质，或者存在致病性微生物、农药残留、兽药残留、生物毒素、重金属以及其他危害人体健康的物质严重超出标准限量等情形的，应当依法及时处理并逐级报告至国家市场监督管理总局。

第四十四条 调查中发现涉及其他部门职责的，应当将有关信息通报相关职能部门。有委托生产情形的，受托方食品生产者住所地市场监督管理部门在开展核查处置的同时，还应当通报委托方食品生产经营者住所地市场监督管理部门。

第四十五条 市场监督管理部门应当在90日内完成不合格食品的核查处置工作。需要延长办理期限的，应当书面报请负责核查处置的市场监督管理部门负责人批准。

第四十六条 市场监督管理部门应当通过政府网站等媒体及时向社会公开监督抽检结果和不合格食品核查处置的相关信息，并按照要求将相关信息记入食品生产经营者信用档案。市场监督管理部门公布食品安全监督抽检不合格信息，包括被抽检食品名称、规格、商标、生产日期或者批号、不合格项目，标称的生产者名称、地址，以及被抽样单位名称、地址等。

可能对公共利益产生重大影响的食品安全监督抽检信息，市场监督管理部门应当在信息公布前加强分析研判，科学、准确公布信息，必要时，应当通报相关部门并报告同级人民政府或者上级市场监督管理部门。

任何单位和个人不得擅自发布、泄露市场监督管理部门组织的食品安全监督抽检信息。

第七章 法律责任

第四十七条 食品生产经营者违反本办法的规定，无正当理由拒绝、阻挠或者干涉食品安全抽样检验、风险监测和调查处理的,由县级以上人民政府市场监督管理部门依照食品安全法第一百三十三条第一款的规定处罚;违反治安管理处罚法有关规定的,由市场监督管理部门依法移交公安机关处理。

食品生产经营者违反本办法第三十七条的规定,提供虚假证明材料的,由市场监督管理部门给予警告,并处1万元以上3万元以下罚款。

违反本办法第四十二条的规定,食品经营者未按规定公示相关不合格产品信息的,由市场监督管理部门责令改正;拒不改正的,给予警告,并处2000元以上3万元以下罚款。

第四十八条 违反本办法第四十条、第四十一条的规定,经市场监督管理部门责令履行后,食品生产经营者仍拒不召回或者停止经营的,由县级以上人民政府市场监督管理部门依照食品安全法第一百二十四条第一款的规定处罚。

第四十九条 市场监督管理部门应当依法将食品生产经营者受到的行政处罚等信息归集至国家企业信用信息公示系统,记于食品生产经营者名下并向社会公示。对存在严重违法失信行为的,按照规定实施联合惩戒。

第五十条 有下列情形之一的,市场监督管理部门应当按照有关规定依法处理并向社会公布;构成犯罪的,依法移送司法机关处理。

(一)调换样品、伪造检验数据或者出具虚假检验报告的;

(二)利用抽样检验工作之便牟取不正当利益的;

(三)违反规定事先通知被抽检食品生产经营者的;

(四)擅自发布食品安全抽样检验信息的;

(五)未按照规定的时限和程序报告不合格检验结论,造成严重后果的;

(六)有其他违法行为的。

有前款规定的第(一)项情形的,市场监督管理部门终身不得委托其承担抽样检验任务;有前款规定的第(一)项以外其他情形的,市场监督管理部门五年内不得委托其承担抽样检验任务。

复检机构有第一款规定的情形,或者无正当理由拒绝承担复检任务的,由县级以上人民政府市场监督管理部门给予警告;无正当理由1年内2次拒绝承担复检任务的,由国务院市场监督管理部门商有关部门撤销其复检机构资质并向社会公布。

第五十一条 市场监督管理部门及其工作人员有违反法律、法规以及本办法规定和有关纪律要求的,应当依据食品安全法和相关规定,对直接负责的主管人员和其他直接责任人员,给予相应的处分;构成犯罪的,依法移送司法机关处理。

第八章 附 则

第五十二条 本办法所称监督抽检是指市场监督管理部门按照法定程序和食品安全标准等规定,以排查风险为目的,对食品组织的抽样、检验、复检、处理等活动。

本办法所称风险监测是指市场监督管理部门对没有食品安全标准的风险因素,开展监测、分析、处理的活动。

第五十三条 市场监督管理部门可以参照本办法的有关规定组织开展评价性抽检。

评价性抽检是指依据法定程序和食品安全标准等规定开展抽样检验,对市场上食品总体安全状况进行评估的活动。

第五十四条 食品添加剂的检验,适用本办法有关食品检验的规定。

餐饮食品、食用农产品进入食品生产经营环节的抽样检验以及保质期短的食品、节令性食品的抽样检验,参照本办法执行。

市场监督管理部门可以参照本办法关于网络食品安全监督抽检的规定对自动售卖机、无人超市等没有实际经营人员的食品经营者组织实施抽样检验。

第五十五条 承检机构制作的电子检验报告与出具的书面检验报告具有同等法律效力。

第五十六条 本办法自2019年10月1日起施行。

食品检验工作规范

· 2016年12月30日
· 食药监科〔2016〕170号

第一章 总 则

第一条 为规范食品检验工作,依据《中华人民共和国食品安全法》(以下简称《食品安全法》)及其实施条例,特制定本规范。

第二条 本规范适用于依据《食品安全法》及其实施条例的规定开展的食品检验工作。

第三条 食品检验机构(以下简称检验机构)及其检验人应当依照有关法律法规的规定,并按照本规范和食品安全标准对食品进行检验。但是,法律法规另有规定的除外。检验机构及其检验人应当尊重科学,恪守职业道德,保证出具的检验数据和结论客观、公正、准确、可追溯,不得出具虚假检验数据和报告。

第四条 检验机构应当符合《食品检验机构资质认定条件》,并按照国家有关认证认可的规定取得资质认定后,方可在资质有效期和批准的检验能力范围内开展食品检验工作,法律法规另有规定的除外。承担复检工作的检验机构还应当按照《食品安全法》规定取得食品复检机构资格。

第五条 检验机构应当确保其组织、管理体系、检验能力、人员、环境和设施、设备和标准物质等方面持续符合资质认定条件和要求,并与其所开展的检验工作相适应。

第六条 检验机构及其检验人员应当遵循客观独立、公平公正、诚实信用原则,独立于食品检验工作所涉及的利益相关方,并通过识别诚信要素、实施针对性监控、建立保障制度等措施确保不受任何来自内外部的不正当的商业、财务和其他方面的压力和影响,保证检验工作的独立性、公正性和诚信。检验机构及其检验人员不得有以下情形:

(一)与其所从事的检验工作委托方、数据和结果使用方或者其他相关方,存在影响公平公正的关系;

(二)利用检验数据和结果进行检验工作之外的有偿活动;

(三)参与和检验项目或者类似的竞争性项目有关系的产品的生产、经营活动;

(四)向委托方、利益相关方索取不正当利益;

(五)泄露检验工作中所知悉的国家秘密、商业秘密和技术秘密;

(六)以广告或者其他形式向消费者推荐食品;

(七)参与其他任何影响检验工作独立性、公正性和诚信的活动。

第七条 食品检验实行检验机构与检验人负责制。检验机构和检验人对出具的食品检验数据和报告及检验工作行为负责。

第八条 检验机构应当履行社会责任,主动参与食品安全社会共治。在查办食品安全案件、协助司法机关进行检验、认定,以及发生食品安全突发事件时,检验机构应当建立绿色通道,配合政府相关部门优先完成相应的稽查检验和应急检验等任务。

第九条 检验机构应当按照国家有关法律法规的规定,实施实验室安全控制、人员健康保护和环境保护,规范危险品、废弃物、实验动物等的管理和处置,加强安全检查,制定安全事故应急处置程序,保障实验室安全和公共安全。

第十条 检验机构应当明确各类技术人员和管理人员职责和权限,建立检验责任追究制度以及检验事故分析、评估和处理制度等相应工作制度,强化责任意识,确保管理体系有效运行。

第十一条 鼓励和支持检验机构围绕食品安全监管、食品产业现状和发展需求,积极开展检验技术、设备、标准物质研发,参与食品安全标准的制修订工作,加强质量管理方法研究,并利用信息技术建设抽样系统、业务流程管理平台和检验数据共享平台等信息化管理系统,不断提高检验能力、工作效率、管理水平和服务水平。

第二章 抽(采)样和样品的管理

第十二条 承担抽(采)样工作的检验机构应当建立食品抽(采)样工作控制程序,制定抽(采)样计划,明确技术要求,规范抽(采)样流程,加强对抽(采)样人员的培训考核,确保抽(采)样工作的有效性。

第十三条 检验机构应当按照相关标准、技术规范或委托方的要求进行样品采集、运输、流转、处置等,并保存相关记录。抽(采)样过程应当确保样品的完整性、安全性和稳定性。样品数量应当满足检验工作的需要。网络食品的抽取还应当按照国家相关规定做好电子版样品信息和有关凭证的保存以及样品查验工作。

风险监测、案件稽查、事故调查、应急处置等工作中的抽(采)样,应当按照国家相关规定执行。

第十四条 检验机构应当有样品的标识系统,并规范样品的接收、储存、流转、制备、处置等工作,确保样品在整个检验期间处于受控状态,避免混淆、污染、损坏、丢失、退化等影响检验工作的情况出现。样品的保存期限应当满足相关法律法规、标准要求。

第十五条 检验机构应当建立超过保存期限的样品无害化处置程序并保存相关审批、处置记录。

第三章 检验

第十六条 食品检验由检验机构指定的检验人独立进行,检验应当严格依据标准检验方法或经确认的非标准检验方法,确保方法中相关要求的有效实施。因实际情况,对方法的合理性偏离,应当有文件规定,并经技术判断和批准以及在客户接受的情况下实施。

第十七条 检验机构应当对检验工作如实进行记录,原始记录应当有检验人员的签名或者等效标识,确保检验记录信息完整,可追溯、复现检验过程。

第十八条 检验机构应当建立检验结果复验程序,在检验结果不合格或存疑等情况时进行复验并保存记录,确保数据结果准确可靠。

第十九条 检验机构应当规范检验方法的使用管理。标准检验方法使用前应当进行证实,并保存相关记录。因工作需要,检验机构可以采用经确认的非标准检验方法,但应事先征得委托方同意。如检验方法发生变化,应当重新进行证实或确认。

第二十条 因风险监测、案件稽查、事故调查、应急处置等工作以及其他食品安全紧急情况需要,对尚未建立食品安全标准检验方法的,检验机构可采用非食品安全标准等规定的检验项目和检验方法,并符合国家相关规定的要求。

第二十一条 检验机构应当严格按照相关法律法规的规定开展复检工作,确保复检程序合法合规,检验结果公正有效。初检机构可对复检过程进行观察,复检机构应当予以配合。

第四章 结果报告

第二十二条 食品检验报告应当有检验机构资质认定标志以及检验机构公章或经法人授权的检验机构检验专用章,并有授权签字人的签名或者等效标识。检验机构出具的电子版检验报告和原始记录的效力按照国家有关签章的法律法规执行。

第二十三条 检验机构应当严格按照相关法律法规关于检验时限规定和客户要求,在规定的期限内完成委托检验工作,出具结果报告。

第二十四条 检验机构应当建立食品安全风险信息报告制度,在检验工作中发现食品存在严重安全问题或高风险问题,以及区域性、系统性、行业性食品安全风险隐患时,应当及时向所在地县级以上食品药品监督管理部门报告,并保留书面报告复印件、检验报告和原始记录。

第五章 质量管理

第二十五条 检验机构应当健全组织机构,建立、实施和持续保持与检验工作相适应的管理体系。开展人体功能性评价的机构还应当具备独立的伦理审评委员会,建立与人体试食试验相适应的管理体系。

第二十六条 检验机构应当建立健全人员持证上岗制度,规范人员的录用、培训、管理,加强对人员关于食品安全法律法规、标准规范、操作技能、质量控制要求、实验室安全与防护知识、量值溯源和数据处理知识等的培训考核,确保人员能力持续满足工作需求。从事国家规定的特定检验工作的人员应当取得相关法律法规所规定的资格。检验机构不得聘用相关法律法规禁止从事食品检验工作的人员。

第二十七条 检验机构应当确保其环境条件不会使检验结果无效,或不会对检验质量产生不良影响。对相互影响的检验区域应当有效隔离,防止干扰或者交叉污染。微生物实验室和毒理学实验室生物安全等级管理应当符合国家相关规定。开展动物实验的实验室空间布局、环境设施还应当满足国家关于相应级别动物实验室管理的要求。

第二十八条 检验机构应当建立健全仪器设备、标准物质、标准菌(毒)种管理制度,规范管理使用,加强核查,确保其准确可靠,并满足溯源性要求。

第二十九条 检验机构应当密切关注食品安全风险信息和食品行业的发展动态,及时收集政府相关部门发布的食品安全和检验检测相关法律法规、公告公示,确保管理体系内部和外部文件有效。检验机构还应当定期开展食品安全标准查新,及时证实能够正确使用更新的标准检验方法,并向资质认定部门申请标准检验方法变更。

第三十条　检验机构应当规范对影响检验结果的标准物质、标准菌(毒)种、血清、试剂和消耗材料等供应品的购买、验收、储存等工作，并定期对供应商进行评价，列出合格供应商名单。实验动物和动物饲料的购买、验收、使用还应当满足国家相关规定的要求。

第三十一条　检验机构应当建立健全投诉处理制度，及时处理对检验结果的异议和投诉，并保存有关记录。

第三十二条　检验机构应当建立健全档案管理制度，指定专人负责，并有措施确保存档材料的安全性、完整性。档案保存期限应当满足相关法律法规要求和检验工作追溯需要。

第三十三条　检验机构应当对检验工作实施内部质量控制和质量监督，有计划地进行内部审核和管理评审，采取纠正和预防等措施定期审查和完善管理体系，不断提升检验能力，并保存相关记录。

第三十四条　检验机构应当定期采取但不限于加标回收、样品复测、人员比对、仪器比对、空白试验、对照试验、使用有证标准物质或质控样品、通过质控图持续监控等方式，加强结果质量控制，确保检验结果准确可靠。

第三十五条　检验机构应当积极参加实验室间比对试验或能力验证，覆盖领域和参加频次应当与其检验能力情况和检验工作需求相适应，并针对可疑或不满意结果采取有效措施进行改进。

第三十六条　运用计算机与信息技术或自动化设备对检验数据和相关信息采集、记录、处理、分析、报告、存储、传输或检索的，以及利用"互联网+"模式为客户提供服务的，检验机构应当确保数据信息的安全性、完整性和真实性，并对上述工作与认证认可相关要求和本规范附件要求的符合性进行完整的确认，保留确认记录。

第三十七条　承担政府相关部门委托检验的机构应当制定相应的工作制度和程序，实施针对性的专项质量控制活动，严格按照任务委托部门制定的计划、实施方案和指定的检验方法进行抽(采)样、检验和结果上报，不得有意回避或者选择性抽样，不得事先有意告知被抽样单位，不得瞒报、谎报数据结果等信息，不得擅自对外发布或者泄露数据。根据工作需要，检验机构应当接受任务委托部门安排，完成稽查检验和应急检验等任务。

第六章　监督管理

第三十八条　检验机构应当在其官方网站或者以其他公开方式，公布取得资质认定的检验能力范围、工作流程和期限、异议处理和投诉程序以及向社会公开遵守法律法规、独立公正从业、履行社会责任等承诺，并接受社会公众监督。

第三十九条　违反本规范规定，检验机构和检验人员有出具虚假检验数据和检验报告等法律法规禁止行为的，未建立食品安全风险信息报告制度不能及时上报安全风险隐患的，以及承担政府相关部门委托检验任务违反有关工作要求的，依照《食品安全法》及其实施条例等法律法规的有关规定予以追究法律责任。

第四十条　国家食品药品监督管理总局负责本规范实施的监督工作。各级食品药品监督管理部门依照本规范对承担其委托检验任务的检验机构开展监督管理工作。

第七章　附　则

第四十一条　适用本规范的检验机构主要包括政府有关部门设立的检验机构和高等院校、科研院所、社会第三方等单位所属的检验机构等依法取得资质认定的机构。

本规范所要求的检验方法证实，指检验机构提供证据证明能够正确使用标准方法实施检验；所要求的检验方法确认，指检验机构提供证据证明方法能够满足预期用途；所要求的复验是指同一检验机构对原样品进行的再次检验，以进一步确认检验结果。

第四十二条　本规范由国家食品药品监督管理总局负责解释。

第四十三条　本规范自发布之日起施行。

附件：食品检验计算机信息系统要求（略）

食品补充检验方法管理规定

· 2023 年 3 月 13 日
· 国市监食检规〔2023〕2 号

第一章　总　则

第一条　为规范食品补充检验方法制定工

作，根据《中华人民共和国食品安全法实施条例》，制定本规定。

第二条 食品补充检验方法制定应科学可靠，具有实用性、可操作性和可推广性。

第三条 对可能掺杂掺假的食品，可以制定食品补充检验方法，制定范围应当同时符合以下情形：

（一）现有食品安全标准规定的检验项目和检验方法无法检验的；

（二）未规定食品中有害物质临时检验方法的；

（三）对发现的添加或者可能添加到食品中的非食品用化学物质和其他可能危害人体健康的物质，未规定检测方法的。

第四条 食品补充检验方法可用于食品的抽样检验、食品安全案件调查处理和食品安全事故处置。

第五条 市场监管总局负责食品补充检验方法的制定工作。食品补充检验方法制定工作包括立项、起草、送审和审查、批准和发布、跟踪评价和修订等。

第六条 市场监管总局组织成立食品补充检验方法审评委员会（以下简称审评委员会），审评委员会设专家组和办公室，专家组由食品检验相关领域的专家组成，负责审查食品补充检验方法。

第二章 立 项

第七条 市场监管总局可通过征集、委托等方式，按照区分轻重缓急、科学可行的原则，确定食品补充检验方法立项项目和起草单位。食品安全监管中发现重大问题或应对突发事件，可以紧急增补食品补充检验方法项目。

第八条 申报单位应当具备以下条件：

（一）起草食品补充检验方法所需的技术水平和组织能力；

（二）在申报项目所涉及的领域内无利益冲突；

（三）能够提供食品补充检验方法起草工作所需人员、经费、科研等方面的资源和保障条件，能按照要求完成相关起草任务。

第九条 项目负责人应当具备以下条件：

（一）在食品安全及相关领域具有较高的造诣和业务水平，熟悉国内外食品安全相关法律法规、食品安全标准和食品补充检验方法；

（二）具有起草食品安全国家标准、食品补充检验方法工作经验者优先。

第十条 项目负责人承担的食品补充检验方法项目延期期间，原则上不得申报新方法项目；同一起草单位原则上同一批次申报数量不得超过三项。

第十一条 按照市场监管总局征集立项要求，申报单位填写食品补充检验方法立项申请书，并将相关材料报送至审评委员会办公室。

第十二条 立项申请材料应包含拟解决的食品安全问题，立项背景和理由，方法的适用条件、范围和主要技术内容，已有食品安全风险监测数据，国际同类方法和国内相关法规情况，可能产生的经济和社会影响以及申报单位前期工作基础等。

第十三条 审评委员会办公室收集立项申请材料，组织专家进行立项审查，根据食品安全监管工作需求，推荐立项项目和起草单位，需要多家单位共同承担项目时，专家组应根据申报材料推荐牵头单位和参与单位。

第十四条 市场监管总局可根据工作需要，征求省级市场监管部门等相关单位立项意见。

第三章 起 草

第十五条 食品补充检验方法制定实行起草单位负责制，起草单位对方法的科学性、先进性、实用性和规范性负责。鼓励食品检验机构、科研院所、大专院校、社会团体等单位联合起草。

第十六条 起草食品补充检验方法文本，应参照食品安全国家标准编写规则，内容包含适用范围、方法原理、试剂仪器、分析步骤、计算结果等；编制说明包含相关背景、研制过程、各项技术参数的依据、实验室内和实验室间验证情况等内容。

方法文本中有需要与食品安全国家标准及其他食品补充检验方法协调处理内容的，应当在编制说明中明确说明，并提供相关材料，同时提出需要协调处理的技术意见。

第十七条 起草单位应根据所起草方法的技术特点，原则上选择不少于5家食品检验机构，委托开展实验室间验证。验证单位的选择应具有代表性和公信力，其中至少包含1家食品复检机构。

验证单位应向起草单位提供加盖公章的验证报告。验证单位对其出具验证报告的真实性和合法性负责。

第十八条　验证报告中至少包括方法的食品基质、检出限、定量限、线性范围、准确度、精密度。其他验证内容和指标参照食品安全国家标准方法验证的相关要求。必要时采取保证一定均匀性和稳定性的真实阳性样品、模拟加标样品或质控样品进行实验室间验证。

第十九条　起草单位和项目负责人应当在深入调查研究、充分论证技术指标的基础上按要求研制食品补充检验方法。起草单位应当广泛征求意见。征求意见时应提供方法征求意见稿和编制说明。征求意见对象应具有代表性，其中包括食品检验机构、科研院所、大专院校、行业协会学会和专家等。

征求意见收到的书面意见不少于20份。起草单位应当对反馈意见进行归纳整理，填写征求意见汇总处理表。

第二十条　食品补充检验方法研制项目有以下情形之一的，起草单位原则上应当提前三十日向委托单位提交书面申请，并抄送审评委员会办公室，同意后方可实施：

（一）起草单位或者项目负责人变更；

（二）项目延期，原则上只有一次且不得超过半年；

（三）项目调整的其他情形。

第四章　送审和审查

第二十一条　起草单位应当在规定时限内完成起草工作，并将方法草案、编制说明、征求意见汇总处理表、验证报告、社会风险分析报告等材料报送至审评委员会办公室。

第二十二条　审评委员会办公室在收到方法草案及相关材料的5个工作日内组织形式审查。审查内容应当包括完整性、规范性、与项目要求的一致性等。

形式审查通过的，审评委员会办公室组织专家进行会议审查；形式审查未通过的，审评委员会办公室告知起草单位。

第二十三条　专家组推选组长，主持会议审查，对方法送审材料的科学性、先进性、实用性、规范性以及其他技术问题等进行审查。每个方法指定主审专家，负责组织提出审查意见、指导修改方法内容等。

第二十四条　会议审查时，项目负责人应当到会报告方法起草经过、技术路线、内容依据等，回答专家的提问。

第二十五条　会议审查原则上采取协商一致的方式。审查实行专家组负责制，专家组根据起草单位送审材料及现场质询情况形成审查意见，每位参与审查的专家在审查意见上签字确认。会后审评委员会办公室汇总专家意见，形成会议纪要。

第二十六条　通过会议审查的方法，起草单位应根据审查意见进行修改，经主审专家和审评组长签字确认后，按规定时限报送相关材料。

未通过会议审查的方法，专家组应当向方法起草单位出具书面意见，说明不通过的理由。需修改后再审的，起草单位应当根据审查意见进行修改，再次送审；未通过再次审查的方法，原则上审查结论为不通过。

第二十七条　起草单位有以下情形之一的，原则上将不再委托新的食品补充检验方法研制项目，并提请相关部门给予处理：

（一）项目未达到质量要求或起草单位未履行相关职责，并未按要求进行整改的；

（二）方法起草中弄虚作假、徇私舞弊的；

（三）未经批准停止方法起草或者延长方法起草时限的；

（四）不按规定使用方法工作经费的；

（五）其他不符合食品补充检验方法管理工作规定的情形。

第五章　批准和发布

第二十八条　审查通过的食品补充检验方法，审评委员会办公室应当在10个工作日内将食品补充检验方法报批稿、审查结论等材料报送市场监管总局。

第二十九条　市场监管总局批准后以公告形式发布食品补充检验方法。食品补充检验方法（缩写为BJS）按照"BJS+年代号+序号"规则进行编号，除方法文本外，同时公布主要起草单位和主要起草人信息。

第三十条　食品补充检验方法自发布之日起20个工作日内在市场监管总局网站上公布，并列入食品补充检验方法数据库供公众免费查阅、下载。

第六章　跟踪评价和修订

第三十一条　市场监管总局根据工作需要组织审评委员会、市场监管部门、食品检验机构、方法起草单位等，对食品补充检验方法实施情况进行跟踪评价。

任何公民、法人和其他组织均可以对方法实施过程中存在的问题提出意见和建议。

第三十二条　审评委员会应当根据跟踪评价等情况适时进行复审，提出继续有效、修订或者废止的建议。

修订程序按照本规定的立项、起草、送审和审查、批准和发布等程序执行。修订后发布的方法编号按照本规定第二十九条进行编号，并在方法文本前言部分注明替代的食品补充检验方法历次版本发布情况。

第三十三条　食品补充检验方法发布后，个别内容需作调整时，以市场监管总局公告的形式发布食品补充检验方法修改单。

第七章　附　则

第三十四条　食品检验机构依据食品补充检验方法出具检验数据和结果时，应符合国家认证认可和检验检测有关规定。

第三十五条　发布的食品补充检验方法属于科技成果，可作为主要起草人申请科研奖励和参加专业技术资格评审的证明材料。

第三十六条　市场监管总局食品快速检测方法制定程序参照本规定执行。

第三十七条　本规定自发布之日起实施。《食品药品监管总局办公厅关于印发食品补充检验方法工作规定的通知》（食药监办科〔2016〕175号）、《关于发布食品补充检验方法研制指南的通告》（2017年第203号）同时废止。

市场监管总局关于规范食品快速检测使用的意见

・2023年1月18日
・国市监食检规〔2023〕1号

各省、自治区、直辖市和新疆生产建设兵团市场监管局（厅、委）：

为发挥食品快速检测（以下简称食品快检）排查食品安全风险隐患的作用，依据《中华人民共和国食品安全法》有关规定，现就规范食品快检使用提出以下意见：

一、食品快检应具备的条件和能力

食品快检可用于对食用农产品、散装食品、餐饮食品、现场制售食品等的食品安全抽查检测，并在较短时间内显示检测结果。

（一）开展食品快检要有相应设施设备和制度。食品快检单位应具备相应设施设备和环境条件，并制定食品快检人员培训、设施设备管理、操作规程等制度。（《食品快速检测操作指南》见附件1）

（二）食品快检操作人员要经过专业培训。食品快检操作人员应经过食品检验检测专业培训，熟悉相关法律法规、技术标准，掌握食品快检操作规范、质量管理等知识和技能。属地市场监管部门对食品快检操作人员的专业培训情况进行检查。

二、真实客观记录和公开食品快检信息

（三）真实、客观记录食品快检过程信息。应记录食品快检食品和被检测单位（或摊位）名称、售货人姓名及联系电话、检测项目、检测日期、检测结果、食品快检产品和试剂、检测人员签名等信息。食品快检操作人员及所在机构应对食品快检过程、数据和结果信息的真实、完整可追溯负责。

（四）公布食品快检信息应真实、客观、易懂。食品快检结果是否在检测场所公布由组织方确定。如公布，应按照食品快检信息公布要求，公布样品名称、被检测单位（或摊位）、检测日期、检测项目（注明俗称）、检测结果、判定结论等信息。公布的食品快检信息应真实、客观、易懂，不得误导消费者。（《食品快速检测信息公布要求》见附件2）

三、依法处置食品快检发现的问题产品

（五）市场监管部门应依法规范使用食品快检。市场监管部门在日常监管、专项整治、活动保障等现场检查工作中，依法使用国家规定的食品快检方法开展抽查检测。对食用农产品快检结果有异议的，可以自收到检测结果时起四小时内申请复检，复检不得采用快检方法。食品快检不能替代食品检验机构的实验室检验，不能用于市场监管部门组织的食品安全抽样检验。

（六）妥善处置食品快检发现的问题产品。食品快检抽查检测结果表明可能不符合食品安全标准的,被抽查食品经营者应暂停销售相关产品;属地市场监管部门应及时跟进监督检查或委托符合法律规定的食品检验机构进行检验,及时防控食品安全风险。抽查检测结果确定有关食品不符合食品安全标准的,可以作为行政处罚的依据。

四、切实提升食品快检产品质量水平

(七)开展食品快检结果实验室验证。省级市场监管部门组织对食品快检结果进行实验室验证。有关验证工作应做到程序规范、记录完整、数据真实、过程可追溯;验证结果及时上传国家食品安全抽样检验信息系统,并在该信息系统中对食品快检结果的准确率进行动态排名。(《食品快速检测结果验证规范》见附件3)

(八)稳妥推进食品快检产品符合性评价和认证。完善食品快检用仪器设备、试剂等相关标准,鼓励开展食品快检产品认证,加强食品快检方法研制。市场监管总局对声称采用市场监管总局公布食品快检方法的快检产品,组织开展符合性评价。有关评价工作应做到公平、公正、过程可追溯,确保评价结果客观、科学、准确。食品快检产品评价结果在国家食品安全抽样检验信息系统内公布。鼓励市场监管部门采购通过符合性评价或获得认证的食品快检产品。(《食品快速检测产品符合性评价程序》见附件4)

五、因地制宜开展"你送我检"便民服务活动

(九)指导食品快检"你送我检"便民服务活动。鼓励食品快检机构现场接收消费者送检的自购食品,并及时告知和解读检测结果;检测人员要科学回答消费者有关的食品安全咨询,宣传食品安全科普知识。县级市场监管部门应加强对本地区"你送我检"便民服务活动指导。

本意见适用于规范市场监管部门、销售食品的市场开办者使用食品快检的行为。销售食品的市场是指销售食品的农产品批发市场、零售市场(包括农贸市场)、商场、超市、便利店和餐饮店等场所。

本意见自发布之日起实施。《食品药品监管总局关于规范食品快速检测方法使用管理的意见》(食药监科〔2017〕49号)、《食品药品监管总局办公厅关于印发食品快速检测方法评价技术规范的通知》(食药监办科〔2017〕43号)同时废止。

附件:1.食品快速检测操作指南(略)

2.食品快速检测信息公布要求(略)
3.食品快速检测结果验证规范(略)
4.食品快速检测产品符合性评价程序(略)

(五)餐饮服务食品

餐饮业经营管理办法(试行)

- 2014年9月22日商务部、国家发展和改革委员会令2014年第4号公布
- 自2014年11月1日起施行

第一条 为了规范餐饮服务经营活动,引导和促进餐饮行业健康有序发展,维护消费者和经营者的合法权益,依据国家有关法律、法规,制定本办法。

第二条 在中华人民共和国境内从事餐饮经营活动,适用本办法。

本办法所称餐饮经营活动,是指通过即时加工制作成品或半成品、商业销售和服务性劳动等,向消费者提供食品和消费场所及设施的经营行为。

第三条 商务部负责全国餐饮行业管理工作,制定行业规划、政策和标准,开展行业统计,规范行业秩序。地方各级人民政府商务主管部门负责本行政区域内餐饮业行业管理工作。

第四条 国家鼓励餐饮经营者发展特色餐饮、快餐、早餐、团膳、送餐等大众化餐饮,提供标准化菜品,方便消费者自主调味,发展可选套餐,提供小份菜。

第五条 餐饮行业协会应当按照有关法律、法规和规章的规定,发挥行业自律、引导、服务作用,促进餐饮业行业标准的推广实施,指导企业做好节能减排、资源节约和综合利用工作。

餐饮行业协会应通过制定行业公约等方式引导餐饮经营者节约资源、反对浪费。

第六条 餐饮经营者应当严格按照法律、法规和规章的有关规定从事经营活动,建立健全各项制度,积极贯彻国家和行业有关经营管理、产品、服务等方面的标准。

第七条 餐饮经营者应当做好节能减排、资源节约和综合利用工作。

餐饮经营者应当建立节俭消费提醒提示制度，并在醒目位置张贴节约标识，贯彻节约用餐、文明用餐标准。

第八条 餐饮经营者应引导消费者餐前适量点餐，餐后主动帮助打包，对节约用餐的消费者给予表扬和奖励。

第九条 餐饮经营者不得销售不符合国家产品质量及食品安全强制标准的食品。

第十条 餐饮经营者不得随意处置餐厨废弃物，应按规定由具备条件的企业进行资源化利用。

第十一条 餐饮经营者所售食品或提供的服务项目标价，按照国务院价格主管部门制定的有关规定执行。

第十二条 禁止餐饮经营者设置最低消费。

第十三条 提供外送服务的餐饮经营者，应当建立健全相应的服务流程，并明示提供外送服务的时间、外送范围以及收费标准；根据消费者的订单和食品安全的要求，选择适当的交通工具、设备，按时、按质、按量送达消费者，并提供相应的单据。

第十四条 餐饮经营者开展促销活动的，应当明示促销内容，包括促销原因、促销方式、促销规则、促销期限、促销商品的范围，以及相关限制性条件。

餐饮经营者应当在促销活动开始前做好原材料储备及服务准备工作，依照承诺履行相关义务。

促销活动期间，餐饮经营者不得故意拖延提供相关商品或服务，不得以任何形式降低商品质量或服务水平。

第十五条 餐饮经营者应当建立健全顾客投诉制度，明确具体部门或人员受理、处理消费者投诉。投诉的受理、转交以及处理结果应当通知投诉者。

第十六条 餐饮经营者应当建立健全突发事件应急预案、应对机制，明确职责分工，落实责任。发生突发事件时，应当立即启动应急处理工作程序并及时向政府有关部门报告事件情况及处理结果。

第十七条 县级以上地方商务主管部门应当建立或委托相关机构建立经营者及其负责人、高层管理人员信用记录，将其纳入国家统一的信用信息平台，并依法向社会公布严重违法失信行为。

餐饮经营者及其负责人、高层管理人员应当按照商务主管部门要求提供与餐饮经营相关的信用信息。

商务主管部门应当将餐饮经营者违反本办法的行为及行政处罚情况进行汇总，建立不良记录档案，并可向社会公布。

第十八条 县级以上地方商务主管部门应当定期对餐饮行业开展反食品浪费相关行为进行监督检查，并给予相应奖励或处罚。

第十九条 县级以上地方商务主管部门应当定期开展本行政区域内的餐饮业行业统计工作。餐饮经营者应当按照商务主管部门要求，及时准确报送相关信息。

第二十条 商务主管部门应当建立、健全举报制度，设立、公布投诉电话。

任何组织和个人对违反本办法的行为，有权向商务主管部门举报。商务主管部门接到举报后，对属于职责范围的，应当在20个工作日内作出处理决定；不属于职责范围的，应当在5个工作日内转交有关部门依法处理。处理过程中，商务主管部门应当对举报人的相关信息进行保密。

第二十一条 商务、价格等主管部门依照法律法规、规章及有关规定，在各自职责范围内对餐饮业经营行为进行监督管理。

对于餐饮经营者违反本办法的行为，法律法规及规章有规定的，商务主管部门可提请有关部门依法处罚；没有规定的，由商务主管部门责令限期改正，其中有违法所得的，可处违法所得3倍以下罚款，但最高不超过3万元；没有违法所得的，可处1万元以下罚款；对涉嫌犯罪的，依法移送司法机关处理。

商务、价格等主管部门应当自作出行政处罚决定之日起20个工作日内，公开行政处罚决定书的主要内容，但行政处罚决定书中涉及国家秘密、商业秘密、个人隐私的内容依法不予公开。

第二十二条 商务、价格等主管部门工作人员在监督管理工作中滥用职权、徇私舞弊的，对直接负责的主管人员和其他直接责任人员依法给予行政处分；构成犯罪的，依法追究刑事责任。

第二十三条 省级商务主管部门可依据本办法，结合本行政区域内餐饮业发展的实际情况，制定有关实施办法。

第二十四条 本办法自2014年11月1日起实施。

重大活动餐饮服务
食品安全监督管理规范

- 2011年2月15日
- 国食药监食〔2011〕67号

第一章 总 则

第一条 为规范重大活动餐饮服务食品安全管理,确保重大活动餐饮服务食品安全,根据《食品安全法》、《食品安全法实施条例》、《餐饮服务食品安全监督管理办法》等法律、法规及规章,制定本规范。

第二条 本规范适用于各级政府确定的具有特定规模和影响的政治、经济、文化、体育以及其他重大活动的餐饮服务食品安全监督管理。

第三条 国家食品药品监督管理局负责对重大活动餐饮服务食品安全管理工作进行指导、协调和监督。地方各级餐饮服务食品安全监管部门负责对本辖区内重大活动餐饮服务食品安全工作进行监督管理。

第四条 重大活动餐饮服务食品安全监督管理坚持预防为主、科学管理、属地负责、分级监督的原则。

第五条 餐饮服务食品安全监管部门、重大活动主办单位、餐饮服务提供者建立有效的食品安全信息沟通机制,共同做好重大活动餐饮服务食品安全保障工作。

第六条 鼓励餐饮服务提供者在重大活动中采用先进的科学技术和管理规范,配备先进的食品安全检验设备,提高科学管理水平。

第二章 主办单位责任

第七条 主办单位应当建立健全餐饮服务食品安全管理机构,负责重大活动餐饮服务食品安全管理,对重大活动餐饮服务食品安全负责。

第八条 主办单位应当选择符合下列条件的餐饮服务提供者承担重大活动餐饮服务保障:

(一)餐饮服务食品安全监督管理量化分级A级(或具备与A级标准相当的条件);

(二)具备与重大活动供餐人数、供餐形式相适应的餐饮服务提供能力;

(三)配备专职食品安全管理人员;

(四)餐饮服务食品安全监管部门提出的其他要求。

第九条 主办单位应于活动举办前20个工作日向餐饮服务食品安全监管部门通报重大活动相关信息,包括活动名称、时间、地点、人数、会议代表食宿安排;主办单位名称、联系人、联系方式;餐饮服务提供者名称、地址、联系人、联系方式;重要宴会、赞助食品等相关情况。

第十条 主办单位在重大活动期间要确保餐饮服务食品安全监管部门开展餐饮服务食品安全监督执法所必要的工作条件。

第十一条 主办单位应当协助餐饮服务食品安全监管部门加强餐饮服务食品安全监管,督促餐饮服务提供者落实餐饮服务食品安全责任,并根据餐饮服务食品安全监管部门的建议,调整餐饮服务提供者。

第三章 餐饮服务提供者责任

第十二条 餐饮服务提供者为重大活动提供餐饮服务,依法承担餐饮服务食品安全责任,保证食品安全。

第十三条 餐饮服务提供者应当积极配合餐饮服务食品安全监管部门及其派驻工作人员的监督管理,对监管部门及其工作人员所提出的意见认真整改。在重大活动开展前,餐饮服务提供者应与餐饮服务食品安全监管部门签订责任承诺书。

第十四条 餐饮服务提供者应当建立重大活动餐饮服务食品安全工作管理机构,制定重大活动餐饮服务食品安全实施方案和食品安全事故应急处置方案,并将方案及时报送餐饮服务食品安全监管部门和主办单位。

第十五条 餐饮服务提供者应当制定重大活动食谱,并经餐饮服务食品安全监管部门审核;实施原料采购控制要求,确定合格供应商,加强采购检验,落实索证索票、进货查验和台账登记制度,确保所购食品、食品添加剂和食品相关产品符合食品安全标准。

第十六条 餐饮服务提供者应当加强对食品加工、贮存、陈列等设施设备的定期维护,加强对保温设施及冷藏、冷冻设施的定期清洗、校验,加强对餐具、饮具的清洗、消毒。

第十七条　餐饮服务提供者应当依法加强从业人员的健康管理,确保从业人员的健康状况符合相关要求。

第十八条　餐饮服务提供者应当与主办单位共同做好餐饮服务从业人员的培训,满足重大活动的特殊需求。

第十九条　重大活动餐饮服务食品留样应当按品种分别存放于清洗消毒后的密闭专用容器内,在冷藏条件下存放48小时以上,每个品种留样量应满足检验需要,并做好记录。食品留样存放的冰箱应专用,并专人负责,上锁保管。

第二十条　有下列情形之一的,餐饮服务提供者应停止使用相关食品、食品添加剂和食品相关产品:

(一)法律法规禁止生产经营的食品、食品添加剂和食品相关产品;

(二)检验检测不合格的生活饮用水和食品;

(三)超过保质期的食品、食品添加剂;

(四)外购的散装直接入口熟食制品;

(五)监管部门在食谱审查时认定不适宜提供的食品。

第四章　监管部门责任

第二十一条　餐饮服务食品安全监管部门应当制定重大活动餐饮服务食品安全保障工作方案和食品安全事故应急预案。

第二十二条　餐饮服务食品安全监管部门应当按照重大活动的特点,确定餐饮服务食品安全监管方式和方法,并要求主办单位提供必要的条件。

第二十三条　餐饮服务食品安全监管部门应当制定重大活动餐饮服务食品安全信息报告和通报制度,明确报告和通报的主体、事项、时限及相关责任。

第二十四条　餐饮服务食品安全监管部门应当在活动期间加强对重大活动餐饮服务提供者的事前监督检查。检查发现安全隐患,应当及时提出整改要求,并监督整改;对不能保证餐饮服务安全的餐饮服务提供者,及时提请或要求主办单位予以更换。

第二十五条　餐饮服务食品安全监管部门应当对重大活动餐饮服务提供者提供的食谱进行审定。

第五章　监督程序

第二十六条　餐饮服务食品安全监管部门应当根据重大活动餐饮服务食品安全工作需要,选派2名或2名以上的监督员,执行重大活动餐饮服务食品安全驻点监督工作,对食品加工制作重点环节进行动态监督,填写检查笔录和监督意见书。监督过程中如遇有重大食品安全问题,驻点监督人员不能现场解决的,应及时向有关部门报告。

第二十七条　餐饮服务食品安全监管部门对重大活动餐饮服务提供者进行资格审核,开展加工制作环境、冷菜制作、餐饮具清洗消毒、食品留样等现场检查,对不能满足接待任务要求的、不能保证食品安全的餐饮服务提供者,应及时提请或要求主办单位予以更换。

第二十八条　餐饮服务食品安全监管部门应当及时对重大活动采购的重点食品及其原料进行抽样检验。

第二十九条　餐饮服务食品安全监管部门应当及时对重大活动餐饮服务食品安全进行现场检查,并制作现场检查笔录和监督意见书等,对餐饮服务提供者不符合相关法律法规要求的情况责令限期整改,并及时通报主办单位。

第三十条　发生食物中毒或疑似食物中毒时,主办单位、餐饮服务提供者、驻点监管人员应当依法依规向有关部门报告,餐饮服务监管部门应当立即封存可能导致食品安全事故的食品及其原料、工具及用具、设备设施和现场,协助、配合有关部门开展食品安全事故调查。

第三十一条　重大活动餐饮服务食品安全保障工作结束之日起10个工作日,餐饮服务食品安全监管部门应当对重大活动食品安全监督工作做出书面总结,并将有关资料归档保存。

第六章　附　则

第三十二条　本规范由国家食品药品监督管理局负责解释。

第三十三条　各省、自治区、直辖市餐饮服务食品安全监管部门可结合本地实际,制定重大活动餐饮服务食品安全监督管理规范实施细则。

第三十四条　本规范自发布之日起施行。

网络餐饮服务食品安全监督管理办法

- 2017年11月6日国家食品药品监督管理总局令第36号公布
- 根据2020年10月23日《国家市场监督管理总局关于修改部分规章的决定》修订

第一条　为加强网络餐饮服务食品安全监督管理，规范网络餐饮服务经营行为，保证餐饮食品安全，保障公众身体健康，根据《中华人民共和国食品安全法》等法律法规，制定本办法。

第二条　在中华人民共和国境内，网络餐饮服务第三方平台提供者、通过第三方平台和自建网站提供餐饮服务的餐饮服务提供者（以下简称入网餐饮服务提供者），利用互联网提供餐饮服务及其监督管理，适用本办法。

第三条　国家市场监督管理总局负责指导全国网络餐饮服务食品安全监督管理工作，并组织开展网络餐饮服务食品安全监测。

县级以上地方市场监督管理部门负责本行政区域内网络餐饮服务食品安全监督管理工作。

第四条　入网餐饮服务提供者应当具有实体经营门店并依法取得食品经营许可证，并按照食品经营许可证载明的主体业态、经营项目从事经营活动，不得超范围经营。

第五条　网络餐饮服务第三方平台提供者应当在通信主管部门批准后30个工作日内，向所在地省级市场监督管理部门备案。自建网站餐饮服务提供者应当在通信主管部门备案后30个工作日内，向所在地县级市场监督管理部门备案。备案内容包括域名、IP地址、电信业务经营许可证或者备案号、企业名称、地址、法定代表人或者负责人姓名等。

网络餐饮服务第三方平台提供者设立从事网络餐饮服务分支机构的，应当在设立后30个工作日内，向所在地县级市场监督管理部门备案。备案内容包括分支机构名称、地址、法定代表人或者负责人姓名等。

市场监督管理部门应当及时向社会公开相关备案信息。

第六条　网络餐饮服务第三方平台提供者应当建立并执行入网餐饮服务提供者审查登记、食品安全违法行为制止及报告、严重违法行为平台服务停止、食品安全事故处置等制度，并在网络平台上公开相关制度。

第七条　网络餐饮服务第三方平台提供者应当设置专门的食品安全管理机构，配备专职食品安全管理人员，每年对食品安全管理人员进行培训和考核。培训和考核记录保存期限不得少于2年。经考核不具备食品安全管理能力的，不得上岗。

第八条　网络餐饮服务第三方平台提供者应当对入网餐饮服务提供者的食品经营许可证进行审查，登记入网餐饮服务提供者的名称、地址、法定代表人或者负责人及联系方式等信息，保证入网餐饮服务提供者食品经营许可证载明的经营场所等许可信息真实。

网络餐饮服务第三方平台提供者应当与入网餐饮服务提供者签订食品安全协议，明确食品安全责任。

第九条　网络餐饮服务第三方平台提供者和入网餐饮服务提供者应当在餐饮服务经营活动主页面公示餐饮服务提供者的食品经营许可证。食品经营许可等信息发生变更的，应当及时更新。

第十条　网络餐饮服务第三方平台提供者和入网餐饮服务提供者应当在网上公示餐饮服务提供者的名称、地址、量化分级信息，公示的信息应当真实。

第十一条　入网餐饮服务提供者应当在网上公示菜品名称和主要原料名称，公示的信息应当真实。

第十二条　网络餐饮服务第三方平台提供者提供食品容器、餐具和包装材料的，所提供的食品容器、餐具和包装材料应当无毒、清洁。

鼓励网络餐饮服务第三方平台提供者提供可降解的食品容器、餐具和包装材料。

第十三条　网络餐饮服务第三方平台提供者和入网餐饮服务提供者应当加强对送餐人员的食品安全培训和管理。委托送餐单位送餐的，送餐单位应当加强对送餐人员的食品安全培训和管理。培训记录保存期限不得少于2年。

第十四条　送餐人员应当保持个人卫生，使用安全、无害的配送容器，保持容器清洁，并定期进行清洗消毒。送餐人员应当核对配送食品，保证配送过程食品不受污染。

第十五条 网络餐饮服务第三方平台提供者和自建网站餐饮服务提供者应当履行记录义务,如实记录网络订餐的订单信息,包括食品的名称、下单时间、送餐人员、送达时间以及收货地址,信息保存时间不得少于6个月。

第十六条 网络餐饮服务第三方平台提供者应当对入网餐饮服务提供者的经营行为进行抽查和监测。

网络餐饮服务第三方平台提供者发现入网餐饮服务提供者存在违法行为的,应当及时制止并立即报告入网餐饮服务提供者所在地县级市场监督管理部门;发现严重违法行为的,应当立即停止提供网络交易平台服务。

第十七条 网络餐饮服务第三方平台提供者应当建立投诉举报处理制度,公开投诉举报方式,对涉及消费者食品安全的投诉举报及时进行处理。

第十八条 入网餐饮服务提供者加工制作餐饮食品应当符合下列要求:

(一)制定并实施原料控制要求,选择资质合法、保证原料质量安全的供货商,或者从原料生产基地、超市采购原料,做好食品原料索证索票和进货查验记录,不得采购不符合食品安全标准的食品及原料;

(二)在加工过程中应当检查待加工的食品及原料,发现有腐败变质、油脂酸败、霉变生虫、污秽不洁、混有异物、掺假掺杂或者感官性状异常的,不得加工使用;

(三)定期维护食品贮存、加工、清洗消毒等设施、设备,定期清洗和校验保温、冷藏和冷冻等设施、设备,保证设施、设备运转正常;

(四)在自己的加工操作区内加工食品,不得将订单委托其他食品经营者加工制作;

(五)网络销售的餐饮食品应当与实体店销售的餐饮食品质量安全保持一致。

第十九条 入网餐饮服务提供者应当使用无毒、清洁的食品容器、餐具和包装材料,并对餐饮食品进行包装,避免送餐人员直接接触食品,确保送餐过程中食品不受污染。

第二十条 入网餐饮服务提供者配送有保鲜、保温、冷藏或者冷冻等特殊要求食品的,应当采取能保证食品安全的保存、配送措施。

第二十一条 国家市场监督管理总局组织监测发现网络餐饮服务第三方平台提供者和入网餐饮服务提供者存在违法行为的,通知有关省级市场监督管理部门依法组织查处。

第二十二条 县级以上地方市场监督管理部门接到网络餐饮服务第三方平台提供者报告入网餐饮服务提供者存在违法行为的,应当及时依法查处。

第二十三条 县级以上地方市场监督管理部门应当加强对网络餐饮服务食品安全的监督检查,发现网络餐饮服务第三方平台提供者和入网餐饮服务提供者存在违法行为的,依法进行查处。

第二十四条 县级以上地方市场监督管理部门对网络餐饮服务交易活动的技术监测记录资料,可以依法作为认定相关事实的依据。

第二十五条 县级以上地方市场监督管理部门对于消费者投诉举报反映的线索,应当及时进行核查,被投诉举报人涉嫌违法的,依法进行查处。

第二十六条 县级以上地方市场监督管理部门查处的入网餐饮服务提供者有严重违法行为的,应当通知网络餐饮服务第三方平台提供者,要求其立即停止对入网餐饮服务提供者提供网络交易平台服务。

第二十七条 违反本办法第四条规定,入网餐饮服务提供者不具备实体经营门店,未依法取得食品经营许可证的,由县级以上地方市场监督管理部门依照食品安全法第一百二十二条的规定处罚。

第二十八条 违反本办法第五条规定,网络餐饮服务第三方平台提供者以及分支机构或者自建网站餐饮服务提供者未履行相应备案义务的,由县级以上地方市场监督管理部门责令改正,给予警告;拒不改正的,处5000元以上3万元以下罚款。

第二十九条 违反本办法第六条规定,网络餐饮服务第三方平台提供者未按要求建立、执行并公开相关制度的,由县级以上地方市场监督管理部门责令改正,给予警告;拒不改正的,处5000元以上3万元以下罚款。

第三十条 违反本办法第七条规定,网络餐饮服务第三方平台提供者未设置专门的食品安全管理机构,配备专职食品安全管理人员,或者未按要求对食品安全管理人员进行培训、考核并保存记录的，由县级以上地方市场监督管理部门责令改正，给予警告；拒不改正的，处5000元以上3万元以下罚款。

第三十一条 违反本办法第八条第一款规定，网络餐饮服务第三方平台提供者未对入网餐饮服务提供者的食品经营许可证进行审查，未登记入网餐饮服务提供者的名称、地址、法定代表人或者负责人及联系方式等信息，或者入网餐饮服务提供者食品经营许可证载明的经营场所等许可信息不真实的，由县级以上地方市场监督管理部门依照食品安全法第一百三十一条的规定处罚。

违反本办法第八条第二款规定，网络餐饮服务第三方平台提供者未与入网餐饮服务提供者签订食品安全协议的，由县级以上地方市场监督管理部门责令改正，给予警告；拒不改正的，处5000元以上3万元以下罚款。

第三十二条 违反本办法第九条、第十条、第十一条规定，网络餐饮服务第三方平台提供者和入网餐饮服务提供者未按要求进行信息公示和更新的，由县级以上地方市场监督管理部门责令改正，给予警告；拒不改正的，处5000元以上3万元以下罚款。

第三十三条 违反本办法第十二条规定，网络餐饮服务第三方平台提供者提供的食品配送容器、餐具和包装材料不符合规定的，由县级以上地方市场监督管理部门按照食品安全法第一百三十二条的规定处罚。

第三十四条 违反本办法第十三条规定，网络餐饮服务第三方平台提供者和入网餐饮服务提供者未对送餐人员进行食品安全培训和管理，或者送餐单位未对送餐人员进行食品安全培训和管理，或者未按要求保存培训记录的，由县级以上地方市场监督管理部门责令改正，给予警告；拒不改正的，处5000元以上3万元以下罚款。

第三十五条 违反本办法第十四条规定，送餐人员未履行使用安全、无害的配送容器等义务的，由县级以上地方市场监督管理部门对送餐人员所在单位按照食品安全法第一百三十二条的规定处罚。

第三十六条 违反本办法第十五条规定，网络餐饮服务第三方平台提供者和自建网站餐饮服务提供者未按要求记录、保存网络订餐信息的，由县级以上地方市场监督管理部门责令改正，给予警告；拒不改正的，处5000元以上3万元以下罚款。

第三十七条 违反本办法第十六条第一款规定，网络餐饮服务第三方平台提供者未对入网餐饮服务提供者的经营行为进行抽查和监测的，由县级以上地方市场监督管理部门责令改正，给予警告；拒不改正的，处5000元以上3万元以下罚款。

违反本办法第十六条第二款规定，网络餐饮服务第三方平台提供者发现入网餐饮服务提供者存在违法行为，未及时制止并立即报告入网餐饮服务提供者所在地县级市场监督管理部门的，或者发现入网餐饮服务提供者存在严重违法行为，未立即停止提供网络交易平台服务的，由县级以上地方市场监督管理部门依照食品安全法第一百三十一条的规定处罚。

第三十八条 违反本办法第十七条规定，网络餐饮服务第三方平台提供者未按要求建立消费者投诉举报处理制度，公开投诉举报方式，或者未对涉及消费者食品安全的投诉举报及时进行处理的，由县级以上地方市场监督管理部门责令改正，给予警告；拒不改正的，处5000元以上3万元以下罚款。

第三十九条 违反本办法第十八条第(一)项规定，入网餐饮服务提供者未履行制定实施原料控制要求等义务的，由县级以上地方市场监督管理部门依照食品安全法第一百二十六条第一款的规定处罚。

违反本办法第十八条第(二)项规定，入网餐饮服务提供者使用腐败变质、油脂酸败、霉变生虫、污秽不洁、混有异物、掺假掺杂或者感官性状异常等原料加工食品的，由县级以上地方市场监督管理部门依照食品安全法第一百二十四条第一款的规定处罚。

违反本办法第十八条第(三)项规定，入网餐饮服务提供者未定期维护食品贮存、加工、清洗消毒等设施、设备，或者未定期清洗和校验保温、冷藏和冷冻等设施、设备的，由县级以上地方市场监督管理部门依照食品安全法第一百二十六条第一款的规定处罚。

违反本办法第十八条第(四)项、第(五)项规定，入网餐饮服务提供者将订单委托其他食品经营者加工制作，或者网络销售的餐饮食品未与实体店销售的餐饮食品质量安全保持一致的，由县级以上地方市场监督管理部门责令改正，给予警告；拒不改正的，处 5000 元以上 3 万元以下罚款。

第四十条　违反本办法第十九条规定，入网餐饮服务提供者未履行相应的包装义务的，由县级以上地方市场监督管理部门责令改正，给予警告；拒不改正的，处 5000 元以上 3 万元以下罚款。

第四十一条　违反本办法第二十条规定，入网餐饮服务提供者配送有保鲜、保温、冷藏或者冷冻等特殊要求食品，未采取能保证食品安全的保存、配送措施的，由县级以上地方市场监督管理部门依照食品安全法第一百三十二条的规定处罚。

第四十二条　县级以上地方市场监督管理部门应当自对网络餐饮服务第三方平台提供者和入网餐饮服务提供者违法行为作出处罚决定之日起 20 个工作日内在网上公开行政处罚决定书。

第四十三条　省、自治区、直辖市的地方性法规和政府规章对小餐饮网络经营作出规定的，按照其规定执行。

本办法对网络餐饮服务食品安全违法行为的查处未作规定的，按照《网络食品安全违法行为查处办法》执行。

第四十四条　网络餐饮服务第三方平台提供者和入网餐饮服务提供者违反食品安全法规定，构成犯罪的，依法追究刑事责任。

第四十五条　餐饮服务连锁公司总部建立网站为其门店提供网络交易服务的，参照本办法关于网络餐饮服务第三方平台提供者的规定执行。

第四十六条　本办法自 2018 年 1 月 1 日起施行。

市场监管总局关于进一步规范餐饮服务提供者食品添加剂管理的公告

·2023 年 3 月 2 日国家市场监督管理总局 2023 年第 8 号公告公布

为严格执行《中华人民共和国食品安全法》及其实施条例、食品安全国家标准和《企业落实食品安全主体责任监督管理规定》有关要求，保障人民群众身体健康，现就进一步规范餐饮服务提供者食品添加剂管理公告如下：

一、餐饮服务提供者使用食品添加剂的（以下简称餐饮服务提供者），应当在技术上确有必要，并在达到预期效果的前提下尽可能降低在食品中的使用量；严格按照《食品安全国家标准 食品添加剂使用标准》（GB 2760）规定的食品添加剂使用原则、允许使用品种、使用范围以及最大使用量或残留量，规范食品添加剂管理。餐饮服务企业使用食品添加剂的，应当将食品添加剂管理情况作为日管控、周排查、月调度的重要内容。

二、餐饮服务提供者应当严格执行《食品安全国家标准 餐饮服务通用卫生规范》（GB 31654）规定，制定并实施食品添加剂采购控制要求，采购依法取得资质的供货者生产经营的食品添加剂，采购时按规定查验并留存供货者的资质证明复印件。

三、餐饮服务提供者应当按照 GB 31654 规定，设专柜（位）贮存食品添加剂，标注"食品添加剂"字样，并与食品、食品相关产品等分开存放。按照先进、先出、先用的原则，使用食品添加剂。存在感官性状异常、超过保质期等情形的，应当及时清理。

四、餐饮服务提供者使用 GB 2760 有最大使用量规定的食品添加剂，应当采用称量等方式定量使用。使用 GB 2760 规定按生产需要适量使用品种以外的食品添加剂的，应当记录食品名称、食品数量、加工时间以及使用的食品添加剂名称、生产日期或批号、使用量、使用人等信息。用容器盛放开封后的食品添加剂的，应当在容器上标明食品添加剂名称、生产日期或批号、使用期限，并保留食品添加剂原包装。开封后的食品添加剂应当避免受到污染。

五、餐饮服务提供者使用食品添加剂，不应当掩盖食品腐败变质；不应当掩盖食品本身或加工过程中的质量缺陷或以掺杂、掺假、伪造为目的而使用食品添加剂。餐饮服务提供者不应当采购、贮存、使用亚硝酸盐等国家禁止在餐饮业使用的品种。

六、鼓励相关行业协会推动餐饮服务提供者向消费者承诺规范使用食品添加剂，倡导采用适当方式公示餐饮食品加工制作时使用食品添加剂的情况。

七、各地市场监管部门要督促餐饮服务提供者落实食品安全主体责任，严格执行本公告要求，规范食品添加剂管理。进一步加强餐饮服务环节监督检查和抽样检验，构成《中华人民共和国食品安全法》及其实施条例规定的违法行为的，依法予以处罚。对涉嫌犯罪的，一律移送公安机关。

特此公告。

（六）乳品

乳品质量安全监督管理条例

- 2008年10月6日国务院第28次常务会议通过
- 2008年10月9日中华人民共和国国务院令第536号公布
- 自公布之日起施行

第一章 总 则

第一条 为了加强乳品质量安全监督管理，保证乳品质量安全，保障公众身体健康和生命安全，促进奶业健康发展，制定本条例。

第二条 本条例所称乳品，是指生鲜乳和乳制品。

乳品质量安全监督管理适用本条例；法律对乳品质量安全监督管理另有规定的，从其规定。

第三条 奶畜养殖者、生鲜乳收购者、乳制品生产企业和销售者对其生产、收购、运输、销售的乳品质量安全负责，是乳品质量安全的第一责任者。

第四条 县级以上地方人民政府对本行政区域内的乳品质量安全监督管理负总责。

县级以上人民政府畜牧兽医主管部门负责奶畜饲养以及生鲜乳生产环节、收购环节的监督管理。县级以上质量监督检验检疫部门负责乳制品生产环节和乳品进出口环节的监督管理。县级以上工商行政管理部门负责乳制品销售环节的监督管理。县级以上食品药品监督部门负责乳制品餐饮服务环节的监督管理。县级以上人民政府卫生主管部门依照职权负责乳品质量安全监督管理的综合协调、组织查处食品安全重大事故。县级以上人民政府其他有关部门在各自职责范围内负责乳品质量安全监督管理的其他工作。

第五条 发生乳品质量安全事故，应当依照有关法律、行政法规的规定及时报告、处理；造成严重后果或者恶劣影响的，对有关人民政府、有关部门负有领导责任的负责人依法追究责任。

第六条 生鲜乳和乳制品应当符合乳品质量安全国家标准。乳品质量安全国家标准由国务院卫生主管部门组织制定，并根据风险监测和风险评估的结果及时组织修订。

乳品质量安全国家标准应当包括乳品中的致病性微生物、农药残留、兽药残留、重金属以及其他危害人体健康物质的限量规定，乳品生产经营过程的卫生要求，通用的乳品检验方法与规程，与乳品安全有关的质量要求，以及其他需要制定为乳品质量安全国家标准的内容。

制定婴幼儿奶粉的质量安全国家标准应当充分考虑婴幼儿身体特点和生长发育需要，保证婴幼儿生长发育所需的营养成分。

国务院卫生主管部门应当根据疾病信息和监督管理部门的监督管理信息等，对发现添加或者可能添加到乳品中的非食品用化学物质和其他可能危害人体健康的物质，立即组织进行风险评估，采取相应的监测、检测和监督措施。

第七条 禁止在生鲜乳生产、收购、贮存、运输、销售过程中添加任何物质。

禁止在乳制品生产过程中添加非食品用化学物质或者其他可能危害人体健康的物质。

第八条 国务院畜牧兽医主管部门会同国务院发展改革部门、工业和信息化部门、商务部门，制定全国奶业发展规划，加强奶源基地建设，完善服务体系，促进奶业健康发展。

县级以上地方人民政府应当根据全国奶业发展规划，合理确定本行政区域内奶畜养殖规模，科学安排生鲜乳的生产、收购布局。

第九条 有关行业协会应当加强行业自律，推动行业诚信建设，引导、规范奶畜养殖者、生鲜乳收购者、乳制品生产企业和销售者依法生产经营。

第二章 奶畜养殖

第十条 国家采取有效措施，鼓励、引导、扶持奶畜养殖者提高生鲜乳质量安全水平。省级以上人民政府应当在本级财政预算内安排支持奶业发展资金，并鼓励对奶畜养殖者、奶农专业生产合作社等给予信贷支持。

国家建立奶畜政策性保险制度，对参保奶畜养殖者给予保费补助。

第十一条 畜牧兽医技术推广机构应当向奶畜养殖者提供养殖技术培训、良种推广、疫病防治等服务。

国家鼓励乳制品生产企业和其他相关生产经营者为奶畜养殖者提供所需的服务。

第十二条 设立奶畜养殖场、养殖小区应当具备下列条件：

（一）符合所在地人民政府确定的本行政区域奶畜养殖规模；

（二）有与其养殖规模相适应的场所和配套设施；

（三）有为其服务的畜牧兽医技术人员；

（四）具备法律、行政法规和国务院畜牧兽医主管部门规定的防疫条件；

（五）有对奶畜粪便、废水和其他固体废物进行综合利用的沼气池等设施或者其他无害化处理设施；

（六）有生鲜乳生产、销售、运输管理制度；

（七）法律、行政法规规定的其他条件。

奶畜养殖场、养殖小区开办者应当将养殖场、养殖小区的名称、养殖地址、奶畜品种和养殖规模向养殖场、养殖小区所在地县级人民政府畜牧兽医主管部门备案。

第十三条 奶畜养殖场应当建立养殖档案，载明以下内容：

（一）奶畜的品种、数量、繁殖记录、标识情况、来源和进出场日期；

（二）饲料、饲料添加剂、兽药等投入品的来源、名称、使用对象、时间和用量；

（三）检疫、免疫、消毒情况；

（四）奶畜发病、死亡和无害化处理情况；

（五）生鲜乳生产、检测、销售情况；

（六）国务院畜牧兽医主管部门规定的其他内容。

奶畜养殖小区开办者应当逐步建立养殖档案。

第十四条 从事奶畜养殖，不得使用国家禁用的饲料、饲料添加剂、兽药以及其他对动物和人体具有直接或者潜在危害的物质。

禁止销售在规定用药期和休药期内的奶畜产的生鲜乳。

第十五条 奶畜养殖者应当确保奶畜符合国务院畜牧兽医主管部门规定的健康标准，并确保奶畜接受强制免疫。

动物疫病预防控制机构应当对奶畜的健康情况进行定期检测；经检测不符合健康标准的，应当立即隔离、治疗或者做无害化处理。

第十六条 奶畜养殖者应当做好奶畜和养殖场所的动物防疫工作，发现奶畜染疫或者疑似染疫的，应当立即报告，停止生鲜乳生产，并采取隔离等控制措施，防止疫病扩散。

奶畜养殖者对奶畜养殖过程中的排泄物、废弃物应当及时清运、处理。

第十七条 奶畜养殖者应当遵守国务院畜牧兽医主管部门制定的生鲜乳生产技术规程。直接从事挤奶工作的人员应当持有有效的健康证明。

奶畜养殖者对挤奶设施、生鲜乳贮存设施等应当及时清洗、消毒，避免对生鲜乳造成污染。

第十八条 生鲜乳应当冷藏。超过2小时未冷藏的生鲜乳，不得销售。

第三章 生鲜乳收购

第十九条 省、自治区、直辖市人民政府畜牧兽医主管部门应当根据当地奶源分布情况，按照方便奶畜养殖者、促进规模化养殖的原则，对生鲜乳收购站的建设进行科学规划和合理布局。必要时，可以实行生鲜乳集中定点收购。

国家鼓励乳制品生产企业按照规划布局，自行建设生鲜乳收购站或者收购原有生鲜乳收购站。

第二十条 生鲜乳收购站应当由取得工商登记的乳制品生产企业、奶畜养殖场、奶农专业生产合作社开办，并具备下列条件，取得所在地县级人民政府畜牧兽医主管部门颁发的生鲜乳收购许可证：

（一）符合生鲜乳收购站建设规划布局；

（二）有符合环保和卫生要求的收购场所；

（三）有与收奶量相适应的冷却、冷藏、保鲜设施和低温运输设备；

（四）有与检测项目相适应的化验、计量、检测仪器设备；

（五）有经培训合格并持有有效健康证明的从业人员；

（六）有卫生管理和质量安全保障制度。

生鲜乳收购许可证有效期2年；生鲜乳收购站不再办理工商登记。

禁止其他单位或者个人开办生鲜乳收购站。

禁止其他单位或者个人收购生鲜乳。

国家对生鲜乳收购站给予扶持和补贴，提高其机械化挤奶和生鲜乳冷藏运输能力。

第二十一条 生鲜乳收购站应当及时对挤奶设施、生鲜乳贮存运输设施等进行清洗、消毒，避免对生鲜乳造成污染。

生鲜乳收购站应当按照乳品质量安全国家标准对收购的生鲜乳进行常规检测。检测费用不得向奶畜养殖者收取。

生鲜乳收购站应当保持生鲜乳的质量。

第二十二条 生鲜乳收购站应当建立生鲜乳收购、销售和检测记录。生鲜乳收购、销售和检测记录应当包括畜主姓名、单次收购量、生鲜乳检测结果、销售去向等内容，并保存2年。

第二十三条 县级以上地方人民政府价格主管部门应当加强对生鲜乳价格的监控和通报，及时发布市场供求信息和价格信息。必要时，县级以上地方人民政府建立由价格、畜牧兽医等部门以及行业协会、乳制品生产企业、生鲜乳收购者、奶畜养殖者代表组成的生鲜乳价格协调委员会，确定生鲜乳交易参考价格，供购销双方签订合同时参考。

生鲜乳购销双方应当签订书面合同。生鲜乳购销合同示范文本由国务院畜牧兽医主管部门会同国务院工商行政管理部门制定并公布。

第二十四条 禁止收购下列生鲜乳：

（一）经检测不符合健康标准或者未经检疫合格的奶畜产的；

（二）奶畜产犊7日内的初乳，但以初乳为原料从事乳制品生产的除外；

（三）在规定用药期和休药期内的奶畜产的；

（四）其他不符合乳品质量安全国家标准的。

对前款规定的生鲜乳，经检测无误后，应当予以销毁或者采取其他无害化处理措施。

第二十五条 贮存生鲜乳的容器，应当符合国家有关卫生标准，在挤奶后2小时内应当降温至0-4℃。

生鲜乳运输车辆应当取得所在地县级人民政府畜牧兽医主管部门核发的生鲜乳准运证明，并随车携带生鲜乳交接单。交接单应当载明生鲜乳收购站的名称、生鲜乳数量、交接时间，并由生鲜乳收购站经手人、押运员、司机、收奶员签字。

生鲜乳交接单一式两份，分别由生鲜乳收购站和乳品生产者保存，保存时间2年。准运证明和交接单式样由省、自治区、直辖市人民政府畜牧兽医主管部门制定。

第二十六条 县级以上人民政府应当加强生鲜乳质量安全监测体系建设，配备相应的人员和设备，确保监测能力与监测任务相适应。

第二十七条 县级以上人民政府畜牧兽医主管部门应当加强生鲜乳质量安全监测工作，制定并组织实施生鲜乳质量安全监测计划，对生鲜乳进行监督抽查，并按照法定权限及时公布监督抽查结果。

监测抽查不得向被抽查人收取任何费用，所需费用由同级财政列支。

第四章　乳制品生产

第二十八条 从事乳制品生产活动，应当具备下列条件，取得所在地质量监督部门颁发的食品生产许可证：

（一）符合国家奶业产业政策；

（二）厂房的选址和设计符合国家有关规定；

（三）有与所生产的乳制品品种和数量相适应的生产、包装和检测设备；

（四）有相应的专业技术人员和质量检验人员；

（五）有符合环保要求的废水、废气、垃圾等污染物的处理设施；

（六）有经培训合格并持有有效健康证明的从业人员；

（七）法律、行政法规规定的其他条件。

质量监督部门对乳制品生产企业颁发食品生产许可证，应当征求所在地工业行业管理部门的意见。

未取得食品生产许可证的任何单位和个人，不得从事乳制品生产。

第二十九条 乳制品生产企业应当建立质量管理制度，采取质量安全管理措施，对乳制品生产实施从原料进厂到成品出厂的全过程质量控制，保证产品质量安全。

第三十条 乳制品生产企业应当符合良好生产规范要求。国家鼓励乳制品生产企业实施危害分析与关键控制点体系，提高乳制品安全管理水平。生产婴幼儿奶粉的企业应当实施危害分析与关键控制点体系。

对通过良好生产规范、危害分析与关键控制点体系认证的乳制品生产企业,认证机构应当依法实施跟踪调查;对不再符合认证要求的企业,应当依法撤销认证,并及时向有关主管部门报告。

第三十一条 乳制品生产企业应当建立生鲜乳进货查验制度,逐批检测收购的生鲜乳,如实记录质量检测情况、供货者的名称以及联系方式、进货日期等内容,并查验运输车辆生鲜乳交接单。查验记录和生鲜乳交接单应当保存2年。乳制品生产企业不得向未取得生鲜乳收购许可证的单位和个人购进生鲜乳。

乳制品生产企业不得购进兽药等化学物质残留超标,或者含有重金属等有毒有害物质、致病性的寄生虫和微生物、生物毒素以及其他不符合乳品质量安全国家标准的生鲜乳。

第三十二条 生产乳制品使用的生鲜乳、辅料、添加剂等,应当符合法律、行政法规的规定和乳品质量安全国家标准。

生产的乳制品应当经过巴氏杀菌、高温杀菌、超高温杀菌或者其他有效方式杀菌。

生产发酵乳制品的菌种应当纯良、无害,定期鉴定,防止杂菌污染。

生产婴幼儿奶粉应当保证婴幼儿生长发育所需的营养成分,不得添加任何可能危害婴幼儿身体健康和生长发育的物质。

第三十三条 乳制品的包装应当有标签。标签应当如实标明产品名称、规格、净含量、生产日期,成分或者配料表,生产企业的名称、地址、联系方式,保质期,产品标准代号,贮存条件,所使用的食品添加剂的化学通用名称,食品生产许可证编号,法律、行政法规或者乳品质量安全国家标准规定必须标明的其他事项。

使用奶粉、黄油、乳清粉等原料加工的液态奶,应当在包装上注明;使用复原乳作为原料生产液态奶的,应当标明"复原乳"字样,并在产品配料中如实标明复原乳所含原料及比例。

婴幼儿奶粉标签还应当标明主要营养成分及其含量,详细说明使用方法和注意事项。

第三十四条 出厂的乳制品应当符合乳品质量安全国家标准。

乳制品生产企业应当对出厂的乳制品逐批检验,并保存检验报告,留取样品。检验内容应当包括乳制品的感官指标、理化指标、卫生指标和乳品中使用的添加剂、稳定剂以及酸奶中使用的菌种等;婴幼儿奶粉在出厂前还应当检测营养成分。对检验合格的乳制品应当标识检验合格证号;检验不合格的不得出厂。检验报告应当保存2年。

第三十五条 乳制品生产企业应当如实记录销售的乳制品名称、数量、生产日期、生产批号、检验合格证号、购货者名称及其联系方式、销售日期等。

第三十六条 乳制品生产企业发现其生产的乳制品不符合乳品质量安全国家标准、存在危害人体健康和生命安全危险或者可能危害婴幼儿身体健康或者生长发育的,应当立即停止生产,报告有关主管部门,告知销售者、消费者,召回已经出厂、上市销售的乳制品,并记录召回情况。

乳制品生产企业对召回的乳制品应当采取销毁、无害化处理等措施,防止其再次流入市场。

第五章 乳制品销售

第三十七条 从事乳制品销售应当按照食品安全监督管理的有关规定,依法向工商行政管理部门申请领取有关证照。

第三十八条 乳制品销售者应当建立并执行进货查验制度,审验供货商的经营资格,验明乳制品合格证明和产品标识,并建立乳制品进货台账,如实记录乳制品的名称、规格、数量、供货商及其联系方式、进货时间等内容。从事乳制品批发业务的销售企业应建立乳制品销售台账,如实记录批发的乳制品的品种、规格、数量、流向等内容。进货台账和销售台账保存期限不得少于2年。

第三十九条 乳制品销售者应当采取措施,保持所销售乳制品的质量。

销售需要低温保存的乳制品的,应当配备冷藏设备或者采取冷藏措施。

第四十条 禁止购进、销售无质量合格证明、无标签或者标签残缺不清的乳制品。

禁止购进、销售过期、变质或者不符合乳品质量安全国家标准的乳制品。

第四十一条 乳制品销售者不得伪造产地,不得伪造或者冒用他人的厂名、厂址,不得伪造或者冒用认证标志等质量标志。

第四十二条 对不符合乳品质量安全国家标准、存在危害人体健康和生命安全或者可能危害婴幼儿身体健康和生长发育的乳制品,销售者应当立即停止销售，追回已经售出的乳制品，并记录追回情况。

乳制品销售者自行发现其销售的乳制品有前款规定情况的，还应当立即报告所在地工商行政管理等有关部门，通知乳制品生产企业。

第四十三条 乳制品销售者应当向消费者提供购货凭证，履行不合格乳制品的更换、退货等义务。

乳制品销售者依照前款规定履行更换、退货等义务后，属于乳制品生产企业或者供货商的责任的，销售者可以向乳制品生产企业或者供货商追偿。

第四十四条 进口的乳品应当按照乳品质量安全国家标准进行检验；尚未制定乳品质量安全国家标准的，可以参照国家有关部门指定的国外有关标准进行检验。

第四十五条 出口乳品的生产者、销售者应当保证其出口乳品符合乳品质量安全国家标准的同时还符合进口国家（地区）的标准或者合同要求。

第六章 监督检查

第四十六条 县级以上人民政府畜牧兽医主管部门应当加强对奶畜饲养以及生鲜乳生产环节、收购环节的监督检查。县级以上质量监督检验检疫部门应当加强对乳制品生产环节和乳品进出口环节的监督检查。县级以上工商行政管理部门应当加强对乳制品销售环节的监督检查。县级以上食品药品监督部门应当加强对乳制品餐饮服务环节的监督管理。监督检查部门之间，监督检查部门与其他有关部门之间，应当及时通报乳品质量安全监督管理信息。

畜牧兽医、质量监督、工商行政管理等部门应当定期开展监督抽查，并记录监督抽查的情况和处理结果。需要对乳品进行抽样检查的，不得收取任何费用，所需费用由同级财政列支。

第四十七条 畜牧兽医、质量监督、工商行政管理等部门在依据各自职责进行监督检查时，行使下列职权：

（一）实施现场检查；

（二）向有关人员调查、了解有关情况；

（三）查阅、复制有关合同、票据、账簿、检验报告等资料；

（四）查封、扣押有证据证明不符合乳品质量

安全国家标准的乳品以及违法使用的生鲜乳、辅料、添加剂；

（五）查封涉嫌违法从事乳品生产经营活动的场所，扣押用于违法生产经营的工具、设备；

（六）法律、行政法规规定的其他职权。

第四十八条 县级以上质量监督部门、工商行政管理部门在监督检查中，对不符合乳品质量安全国家标准、存在危害人体健康和生命安全危险或者可能危害婴幼儿身体健康和生长发育的乳制品，责令并监督生产企业召回、销售者停止销售。

第四十九条 县级以上人民政府价格主管部门应当加强对生鲜乳购销过程中压级压价、价格欺诈、价格串通等不正当价格行为的监督检查。

第五十条 畜牧兽医主管部门、质量监督部门、工商行政管理部门应当建立乳品生产经营者违法行为记录，及时提供给中国人民银行，由中国人民银行纳入企业信用信息基础数据库。

第五十一条 省级以上人民政府畜牧兽医主管部门、质量监督部门、工商行政管理部门依据各自职责，公布乳品质量安全监督管理信息。有关监督管理部门应当及时向同级卫生主管部门通报乳品质量安全事故信息；乳品质量安全重大事故信息由省级以上人民政府卫生主管部门公布。

第五十二条 有关监督管理部门发现奶畜养殖者、生鲜乳收购者、乳制品生产企业和销售者涉嫌犯罪的，应当及时移送公安机关立案侦查。

第五十三条 任何单位和个人有权向畜牧兽医、卫生、质量监督、工商行政管理、食品药品监督等部门举报乳品生产经营中的违法行为。畜牧兽医、卫生、质量监督、工商行政管理、食品药品监督等部门应当公布本单位的电子邮件地址和举报电话；对接到的举报，应当完整地记录、保存。

接到举报的部门对属于本部门职责范围内的事项，应当及时依法处理，对于实名举报，应当及时答复；对不属于本部门职责范围内的事项，应当及时移交有权处理的部门，有权处理的部门应当立即处理，不得推诿。

第七章 法律责任

第五十四条 生鲜乳收购者、乳制品生产企业在生鲜乳收购、乳制品生产过程中，加入非食品用化学物质或者其他可能危害人体健康的物质，依照刑法第一百四十四条的规定，构成犯罪的，依

法追究刑事责任,并由发证机关吊销许可证照;尚不构成犯罪的,由畜牧兽医主管部门、质量监督部门依据各自职责没收违法所得和违法生产的乳品,以及相关的工具、设备等物品,并处违法乳品货值金额15倍以上30倍以下罚款,由发证机关吊销许可证照。

第五十五条 生产、销售不符合乳品质量安全国家标准的乳品,依照刑法第一百四十三条的规定,构成犯罪的,依法追究刑事责任,并由发证机关吊销许可证照;尚不构成犯罪的,由畜牧兽医主管部门、质量监督部门、工商行政管理部门依据各自职责没收违法所得、违法乳品和相关的工具、设备等物品,并处违法乳品货值金额10倍以上20倍以下罚款,由发证机关吊销许可证照。

第五十六条 乳制品生产企业违反本条例第三十六条的规定,对不符合乳品质量安全国家标准、存在危害人体健康和生命安全或者可能危害婴幼儿身体健康和生长发育的乳制品,不停止生产、不召回的,由质量监督部门责令停止生产、召回;拒不停止生产、拒不召回的,没收其违法所得、违法乳制品和相关的工具、设备等物品,并处违法乳制品货值金额15倍以上30倍以下罚款,由发证机关吊销许可证照。

第五十七条 乳制品销售者违反本条例第四十二条的规定,对不符合乳品质量安全国家标准、存在危害人体健康和生命安全或者可能危害婴幼儿身体健康和生长发育的乳制品,不停止销售、不追回的,由工商行政管理部门责令停止销售、追回;拒不停止销售、拒不追回的,没收其违法所得、违法乳制品和相关的工具、设备等物品,并处违法乳制品货值金额15倍以上30倍以下罚款,由发证机关吊销许可证照。

第五十八条 违反本条例规定,在婴幼儿奶粉生产过程中,加入非食品用化学物质或其他可能危害人体健康的物质的,或者生产、销售的婴幼儿奶粉营养成分不足、不符合乳品质量安全国家标准的,依照本条例规定,从重处罚。

第五十九条 奶畜养殖者、生鲜乳收购者、乳制品生产企业和销售者在发生乳品质量安全事故后未报告、处置的,由畜牧兽医、质量监督、工商行政管理、食品药品监督等部门依据各自职责,责令改正,给予警告;毁灭有关证据的,责令停产停业,并处10万元以上20万元以下罚款;造成严重后果的,由发证机关吊销许可证照;构成犯罪的,依法追究刑事责任。

第六十条 有下列情形之一的,由县级以上地方人民政府畜牧兽医主管部门没收违法所得、违法收购的生鲜乳和相关的设备、设施等物品,并处违法乳品货值金额5倍以上10倍以下罚款;有许可证照的,由发证机关吊销许可证照:

(一)未取得生鲜乳收购许可证收购生鲜乳的;

(二)生鲜乳收购站取得生鲜乳收购许可证后,不再符合许可条件继续从事生鲜乳收购的;

(三)生鲜乳收购站收购本条例第二十四条规定禁止收购的生鲜乳的。

第六十一条 乳制品生产企业和销售者未取得许可证,或者取得许可证后不按照法定条件、法定要求从事生产销售活动的,由县级以上地方质量监督部门、工商行政管理部门依照《国务院关于加强食品等产品安全监督管理的特别规定》等法律、行政法规的规定处罚。

第六十二条 畜牧兽医、卫生、质量监督、工商行政管理等部门,不履行本条例规定职责、造成后果的,或者滥用职权、有其他渎职行为的,由监察机关或者任免机关对其主要负责人、直接负责的主管人员和其他直接责任人员给予记大过或者降级的处分;造成严重后果的,给予撤职或者开除的处分;构成犯罪的,依法追究刑事责任。

第八章 附 则

第六十三条 草原牧区放牧饲养的奶畜所产的生鲜乳收购办法,由所在省、自治区、直辖市人民政府参照本条例另行制定。

第六十四条 本条例自公布之日起施行。

婴幼儿配方乳粉产品配方注册管理办法

・2023年6月26日国家市场监督管理总局令第80号公布

・自2023年10月1日起施行

第一章 总 则

第一条 为了严格婴幼儿配方乳粉产品配方

注册管理，保证婴幼儿配方乳粉质量安全，根据《中华人民共和国行政许可法》《中华人民共和国食品安全法》《中华人民共和国食品安全法实施条例》等法律法规，制定本办法。

第二条　在中华人民共和国境内生产销售和进口的婴幼儿配方乳粉产品配方注册管理，适用本办法。

第三条　婴幼儿配方乳粉产品配方注册，是指国家市场监督管理总局依据本办法规定的程序和要求，对申请注册的婴幼儿配方乳粉产品配方进行审评，并决定是否准予注册的活动。

第四条　婴幼儿配方乳粉产品配方注册管理，应当遵循科学、严格、公开、公平、公正的原则。

第五条　国家市场监督管理总局负责婴幼儿配方乳粉产品配方注册管理工作。

国家市场监督管理总局食品审评机构（食品审评中心，以下简称审评机构）负责婴幼儿配方乳粉产品配方注册申请的受理、技术审评、现场核查、制证送达等工作，并根据需要组织专家进行论证。

省、自治区、直辖市市场监督管理部门应当配合婴幼儿配方乳粉产品配方注册的现场核查等工作。

第六条　婴幼儿配方乳粉产品配方注册申请人（以下简称申请人）应当对提交材料的真实性、完整性、合法性负责，并承担法律责任。

申请人应当配合市场监督管理部门开展与注册相关的现场核查、抽样检验等工作，提供必要工作条件。

第七条　鼓励婴幼儿配方乳粉产品配方研发和创新，结合母乳研究成果优化配方，提升婴幼儿配方乳粉品质。

第二章　申请与注册

第八条　申请人应当为拟在中华人民共和国境内生产并销售婴幼儿配方乳粉的生产企业或者拟向中华人民共和国出口婴幼儿配方乳粉的境外生产企业。

申请人应当具备与所生产婴幼儿配方乳粉相适应的研发能力、生产能力、检验能力，符合粉状婴幼儿配方食品良好生产规范要求，实施危害分析与关键控制点体系，对出厂产品按照有关法律法规和婴幼儿配方乳粉食品安全国家标准规定的项目实施逐批检验。企业集团设有独立研发机构的，控股子公司作为申请人可以共享集团部分研发能力。

申请人使用已经符合婴幼儿配方食品安全国家标准营养成分要求的复合配料作为原料申请配方注册的，不予注册。

第九条　申请注册产品配方应当符合有关法律法规和食品安全国家标准的要求，并提供产品配方科学性、安全性的研发与论证报告和充足依据。

申请婴幼儿配方乳粉产品配方注册，应当向国家市场监督管理总局提交下列材料：

（一）婴幼儿配方乳粉产品配方注册申请书；

（二）申请人主体资质文件；

（三）原辅料的质量安全标准；

（四）产品配方；

（五）产品配方研发与论证报告；

（六）生产工艺说明；

（七）产品检验报告；

（八）研发能力、生产能力、检验能力的材料；

（九）其他表明配方科学性、安全性的材料。

申请人应当按照国家有关规定对申请材料中的商业秘密、未披露信息或者保密商务信息进行标注并注明依据。

第十条　同一企业申请注册两个以上同年龄段产品配方时，产品配方之间应当有明显差异，并经科学证实。每个企业原则上不得超过三个配方系列九种产品配方，每个配方系列包括婴儿配方乳粉（0—6月龄，1段）、较大婴儿配方乳粉（6—12月龄，2段）、幼儿配方乳粉（12—36月龄，3段）。

第十一条　已经取得婴幼儿配方乳粉产品配方注册证书及生产许可的企业集团母公司或者其控股子公司可以使用同一企业集团内其他控股子公司或者企业集团母公司已经注册的婴幼儿配方乳粉产品配方。组织生产前，企业集团母公司应当充分评估配方调用的可行性，确保产品质量安全，并向国家市场监督管理总局提交书面报告。

第十二条　对申请人提出的婴幼儿配方乳粉产品配方注册申请，应当根据下列情况分别作出处理：

（一）申请事项依法不需要进行注册的，应当即时告知申请人不受理；

（二）申请事项依法不属于国家市场监督管

总局职权范围的,应当即时作出不予受理的决定,并告知申请人向有关行政机关申请;

(三)申请材料存在可以当场更正的错误的,应当允许申请人当场更正;

(四)申请材料不齐全或者不符合法定形式的,应当当场或者在五个工作日内一次告知申请人需要补正的全部内容;逾期不告知的,自收到申请材料之日起即为受理;

(五)申请事项属于国家市场监督管理总局职权范围,申请材料齐全、符合法定形式,或者申请人按照要求提交全部补正申请材料的,应当受理注册申请。

受理或者不予受理注册申请,应当出具加盖国家市场监督管理总局行政许可专用章和注明日期的凭证。

第十三条 审评机构应当对申请配方的科学性和安全性以及产品配方声称与产品配方注册内容的一致性进行审查,自受理之日起六十个工作日内完成审评工作。

特殊情况下需要延长审评时限的,经审评机构负责人同意,可以延长二十个工作日,延长决定应当书面告知申请人。

第十四条 审评过程中认为需要申请人补正材料的,审评机构应当一次告知需要补正的全部内容。申请人应当在三个月内按照补正通知的要求一次补正材料。补正材料的时间不计算在审评时限内。

第十五条 审评机构根据实际需要组织开展现场核查和抽样检验,必要时对原料生产企业等开展延伸核查。

现场核查应当对申请人研发能力、生产能力、检验能力以及申请材料与实际情况的一致性等进行核实,并抽取动态生产的样品进行检验。抽样检验的动态生产样品品种基于风险确定。

第十六条 有下列情形之一的,应当开展现场核查:

(一)申请人首次申请注册的三个配方系列九种产品配方;

(二)产品配方组成发生重大变化的;

(三)生产工艺类型发生变化且申请人已注册尚在有效期内的配方无此工艺类型的;

(四)生产地址发生实际变化的;

(五)技术审评过程中发现需经现场核查核实问题的;

(六)既往注册申请存在隐瞒真实情况、提供虚假材料的;

(七)其他需要开展现场核查的情形。

婴幼儿配方食品安全国家标准发生重大变化,申请人申请产品配方注册或者变更的,审评机构应当开展现场核查。但是,申请人同一系列三个产品配方在标准变化后均已取得行政许可的,相同生产工艺类型的其他系列产品配方可以不再开展现场核查。

第十七条 需要开展现场核查的,审评机构应当通过书面或者电子等方式告知申请人核查事项,申请人三十个工作日内反馈接受现场核查的日期。因不可抗力等原因无法在规定时限内反馈的,申请人应当书面提出延期申请并说明理由。

审评机构自申请人确认的现场核查日期起二十个工作日内完成现场核查。

审评机构通知申请人所在地省级市场监督管理部门参与现场核查的,省级市场监督管理部门应当派员参与。

第十八条 审评机构应当委托具有法定资质的食品检验机构开展检验。

检验机构应当自收到样品之日起二十个工作日内按照食品安全国家标准和申请人提交的测定方法完成检验工作,并向审评机构出具样品检验报告。

第十九条 审评机构应当根据申请人提交的申请材料、现场核查报告、样品检验报告开展审评,并作出审评结论。在技术审评、现场核查、产品检验等过程中,可以就重大、复杂问题听取食品安全、食品加工、营养和临床医学等领域专家的意见。

第二十条 申请人的申请符合法定条件、标准,产品配方科学、安全,现场核查报告结论、检验报告结论为符合注册要求的,审评机构应当作出建议准予注册的审评结论。

第二十一条 有下列情形之一的,审评机构应当作出拟不予注册的审评结论:

(一)申请材料弄虚作假,不真实的;

(二)产品配方科学性、安全性依据不充足的;

(三)申请人不具备与所申请注册的产品配方相适应的研发能力、生产能力或者检验能力的;

(四)申请人未在规定时限内提交补正材料,或者提交的补正材料不符合要求的;

（五）申请人逾期不能确认现场核查日期，拒绝或者不配合现场核查、抽样检验的；

（六）现场核查报告结论或者检验报告结论为不符合注册要求的；

（七）同一企业申请注册的产品配方与其同年龄段已申请产品配方之间没有明显差异的；

（八）其他不符合法律、法规、规章、食品安全国家标准等注册要求的情形。

审评机构作出不予注册审评结论的，应当向申请人发出拟不予注册通知并说明理由。申请人对审评结论有异议的，应当自收到通知之日起二十个工作日内向审评机构提出书面复审申请并说明复审理由。复审的内容仅限于原申请事项及申请材料。

审评机构应当自受理复审申请之日起三十个工作日内作出复审决定，并通知申请人。

第二十二条 国家市场监督管理总局在审评结束后，依法作出是否批准的决定。对准予注册的，颁发婴幼儿配方乳粉产品配方注册证书。对不予注册的，发给不予注册决定书，说明理由，并告知申请人享有依法申请行政复议或者提起行政诉讼的权利。

第二十三条 国家市场监督管理总局自受理之日起二十个工作日内作出决定。

审评机构应当自国家市场监督管理总局作出决定之日起十个工作日内向申请人送达婴幼儿配方乳粉产品配方注册证书或者不予注册决定书。

第二十四条 现场核查、抽样检验、复审所需时间不计算在审评时限内。

对境外生产企业现场核查、抽样检验的工作时限，根据实际情况确定。

第二十五条 婴幼儿配方乳粉产品配方注册证书及附件应当载明下列事项：

（一）产品名称；

（二）企业名称、生产地址；

（三）注册号、批准日期及有效期；

（四）生产工艺类型；

（五）产品配方。

婴幼儿配方乳粉产品配方注册号格式为：国食注字 YP+四位年代号+四位顺序号，其中 YP 代表婴幼儿配方乳粉产品配方。

婴幼儿配方乳粉产品配方注册证书有效期五年，电子证书与纸质证书具有同等法律效力。

第二十六条 婴幼儿配方乳粉产品配方注册有效期内，婴幼儿配方乳粉产品配方注册证书遗失或者损毁的，申请人应当向国家市场监督管理总局提出补发申请并说明理由。因遗失申请补发的，应当提交遗失声明；因损毁申请补发的，应当交回婴幼儿配方乳粉产品配方注册证书原件。

国家市场监督管理总局自受理之日起十个工作日内予以补发。补发的婴幼儿配方乳粉产品配方注册证书应当标注原批准日期，并注明"补发"字样。

第二十七条 婴幼儿配方乳粉产品配方注册证书有效期内，申请人需要变更注册证书或者附件载明事项的，应当向国家市场监督管理总局提出变更注册申请，并提交下列材料：

（一）婴幼儿配方乳粉产品配方变更注册申请书；

（二）产品配方变更论证报告；

（三）与变更事项有关的其他材料。

第二十八条 申请人申请产品配方变更等可能影响产品配方科学性、安全性的，审评机构应当按照本办法第十三条的规定组织开展审评，并作出审评结论。

申请人申请企业名称变更、生产地址名称变更、产品名称变更等不影响产品配方科学性、安全性的，审评机构应当进行核实并自受理之日起十个工作日内作出审评结论。申请人企业名称变更的，应当以变更后的名称申请。

国家市场监督管理总局自审评结论作出之日起十个工作日内作出准予变更或者不予变更的决定。对符合条件的，依法办理变更手续，注册证书发证日期以变更批准日期为准，原注册号不变，证书有效期不变；不予变更注册的，发给不予变更注册决定书，说明理由，并告知申请人享有依法申请行政复议或者提起行政诉讼的权利。

第二十九条 产品配方原料（含食品添加剂）品种不变、配料表顺序不变、营养成分表不变，使用量在一定范围内合理波动或者调整的，不需要申请变更。

产品配方原料（含食品添加剂）品种和营养成分表同时调整，实质上已经构成新的产品配方的，应当重新申请产品配方注册。

第三十条 婴幼儿配方乳粉产品配方注册证书有效期届满需要延续的，申请人应当在注册证

书有效期届满六个月前向国家市场监督管理总局提出延续注册申请,并提交下列材料:

(一)婴幼儿配方乳粉产品配方延续注册申请书;

(二)申请人主体资质文件;

(三)企业研发能力、生产能力、检验能力情况;

(四)企业生产质量管理体系自查报告;

(五)产品营养、安全方面的跟踪评价情况;

(六)生产企业所在地省、自治区、直辖市市场监督管理部门延续注册意见书。

审评机构应当按照本办法第十三条的规定对延续注册申请组织开展审评,并作出审评结论。

国家市场监督管理总局自受理申请之日起二十个工作日内作出准予延续注册或者不予延续注册的决定。准予延续注册的,向申请人换发注册证书,原注册号不变,证书有效期自批准之日起重新计算;不予延续注册的,发给不予延续注册决定书,说明理由,并告知申请人享有依法申请行政复议或者提起行政诉讼的权利。逾期未作决定的,视为准予延续。

第三十一条 有下列情形之一的,不予延续注册:

(一)未在规定时限内提出延续注册申请的;

(二)申请人在产品配方注册后五年内未按照注册配方组织生产的;

(三)企业未能保持注册时研发能力、生产能力、检验能力的;

(四)其他不符合有关规定的情形。

第三十二条 婴幼儿配方乳粉产品配方变更注册与延续注册的程序未作规定的,适用本办法有关婴幼儿配方乳粉产品配方注册的相关规定。

第三章 标签与说明书

第三十三条 婴幼儿配方乳粉标签、说明书应当符合法律、法规、规章和食品安全国家标准,并按照国家市场监督管理总局的规定进行标识。

申请人申请婴幼儿配方乳粉产品配方注册,应当提交标签样稿及声称的说明材料;同时提交说明书的,说明书应当与标签内容一致。

标签、说明书涉及婴幼儿配方乳粉产品配方的,应当与产品配方注册内容一致,并标注注册号。

第三十四条 产品名称中有动物性来源字样的,其生乳、乳粉、乳清粉等乳蛋白来源应当全部来自该物种。

配料表应当将食用植物油具体的品种名称按照加入量的递减顺序标注。

营养成分表应当按照婴幼儿配方乳粉食品安全国家标准规定的营养素顺序列出,并按照能量、蛋白质、脂肪、碳水化合物、维生素、矿物质、可选择成分等类别分类列出。

第三十五条 声称生乳、原料乳粉等原料来源的,应当如实标明来源国或者具体来源地。

第三十六条 标签应当注明婴幼儿配方乳粉适用月龄,可以同时使用"1段""2段""3段"的方式标注。

第三十七条 标签不得含有下列内容:

(一)涉及疾病预防、治疗功能;

(二)明示或者暗示具有增强免疫力、调节肠道菌群等保健作用;

(三)明示或者暗示具有益智、增加抵抗力、保护肠道等功能性表述;

(四)对于按照法律法规和食品安全国家标准等不应当在产品配方中含有或者使用的物质,以"不添加""不含有""零添加"等字样强调未使用或者不含有;

(五)虚假、夸大、违反科学原则或者绝对化的内容;

(六)使用"进口奶源""源自国外牧场""生态牧场""进口原料""原生态奶源""无污染奶源"等模糊信息;

(七)与产品配方注册内容不一致的声称;

(八)使用婴儿和妇女的形象,"人乳化""母乳化"或者近似术语表述;

(九)其他不符合法律、法规、规章和食品安全国家标准规定的内容。

第四章 监督管理

第三十八条 承担技术审评、现场核查、抽样检验的机构和人员应当对出具的审评结论、现场核查报告、产品检验报告等负责;参加论证的专家出具专家意见,应当恪守职业道德。

技术审评、现场核查、抽样检验、专家论证应当依照法律、法规、规章、食品安全国家标准、技术规范等开展,保证相关工作科学、客观和公正。

第三十九条 市场监督管理部门接到有关单位或者个人举报的婴幼儿配方乳粉产品配方注册工作中的违法违规行为，应当及时核实处理。

第四十条 国家市场监督管理总局自批准之日起二十个工作日内公布婴幼儿配方乳粉产品配方注册信息。

第四十一条 未经申请人同意，参与婴幼儿配方乳粉产品配方注册工作的机构和人员不得披露申请人提交的商业秘密、未披露信息或者保密商务信息，法律另有规定或者涉及国家安全、重大社会公共利益的除外。

第四十二条 婴幼儿配方乳粉产品配方注册申请受理后，申请人提出撤回婴幼儿配方乳粉产品配方注册申请的，应当提交书面申请并说明理由。同意撤回申请的，国家市场监督管理总局终止其注册程序。

技术审评、现场核查和抽样检验过程中发现涉嫌存在隐瞒真实情况或者提供虚假信息等违法行为的，应当依法处理，申请人不得撤回注册申请。

第四十三条 有下列情形之一的，国家市场监督管理总局根据利害关系人的请求或者依据职权，可以撤销婴幼儿配方乳粉产品配方注册：

（一）工作人员滥用职权、玩忽职守作出准予注册决定的；

（二）超越法定职权作出准予注册决定的；

（三）违反法定程序作出准予注册决定的；

（四）对不具备申请资格或者不符合法定条件的申请人准予注册的；

（五）依法可以撤销注册的其他情形。

第四十四条 有下列情形之一的，由国家市场监督管理总局注销婴幼儿配方乳粉产品配方注册：

（一）企业申请注销的；

（二）企业依法终止的；

（三）注册证书有效期届满未延续的；

（四）注册证书依法被撤销、撤回或者依法被吊销的；

（五）法律、法规规定应当注销的其他情形。

第五章 法律责任

第四十五条 食品安全法等法律法规对婴幼儿配方乳粉产品配方注册违法行为已有规定的，从其规定。

第四十六条 申请人隐瞒有关情况或者提供虚假材料申请婴幼儿配方乳粉产品配方注册的，国家市场监督管理总局不予受理或者不予注册，对申请人给予警告；申请人在一年内不得再次申请婴幼儿配方乳粉产品配方注册；涉嫌犯罪的，依法移送公安机关，追究刑事责任。

申请人以欺骗、贿赂等不正当手段取得婴幼儿配方乳粉产品配方注册证书的，国家市场监督管理总局依法予以撤销，被许可人三年内不得再次申请注册；处一万元以上三万元以下罚款；造成危害后果的，处三万元以上二十万元以下罚款；涉嫌犯罪的，依法移送公安机关，追究刑事责任。

第四十七条 申请人变更不影响产品配方科学性、安全性的事项，未依法申请变更的，由县级以上市场监督管理部门责令限期改正；逾期不改的，处一千元以上一万元以下罚款。

申请人变更可能影响产品配方科学性、安全性的事项，未依法申请变更的，由县级以上市场监督管理部门依照食品安全法第一百二十四条的规定处罚。

第四十八条 伪造、涂改、倒卖、出租、出借、转让婴幼儿配方乳粉产品配方注册证书的，由县级以上市场监督管理部门处三万元以上十万元以下罚款；造成危害后果的，处十万元以上二十万元以下罚款；涉嫌犯罪的，依法移送公安机关，追究刑事责任。

第四十九条 婴幼儿配方乳粉生产销售者违反本办法第三十三条至第三十七条规定，由县级以上地方市场监督管理部门责令限期改正，处一万元以上三万元以下罚款；情节严重的，处三万元以上十万元以下罚款；造成危害后果的，处十万元以上二十万元以下罚款。

第五十条 市场监督管理部门及其工作人员对不符合条件的申请人准予注册，或者超越法定职权准予注册的，依照食品安全法第一百四十四条的规定处理。

市场监督管理部门及其工作人员在注册审评过程中滥用职权、玩忽职守、徇私舞弊的，依照食品安全法第一百四十五条的规定处理。

第六章 附 则

第五十一条 本办法所称婴幼儿配方乳粉产品配方，是指生产婴幼儿配方乳粉使用的食品原料、食品添加剂及其使用量，以及产品中营养成分的含量。

第五十二条 本办法自2023年10月1日起施行，2016年6月6日原国家食品药品监督管理总局令第26号公布的《婴幼儿配方乳粉产品配方注册管理办法》同时废止。

市场监管总局关于进一步规范婴幼儿配方乳粉产品标签标识的公告

· 2021年11月12日
· 国家市场监督管理总局公告2021年第38号

为进一步规范婴幼儿配方乳粉产品标签标识，督促企业落实主体责任，维护消费者合法权益，依据《中华人民共和国食品安全法》《中华人民共和国消费者权益保护法》等规定，现就有关事项公告如下：

一、婴幼儿配方乳粉产品标签应当符合食品安全法律、法规、标准和产品配方注册相关规定，标识内容应当真实准确、清晰易辨，不得含有虚假、夸大、使消费者误解的文字、图形或者绝对化的内容。

二、适用于0~6月龄的婴儿配方乳粉不得进行含量声称和功能声称。适用于6月龄以上的较大婴儿和幼儿配方乳粉不得对其必需成分进行含量声称和功能声称，其可选择成分可以文字形式在非主要展示版面进行食品安全国家标准允许的含量声称和功能声称。

三、产品标签主要展示版面应当标注产品名称、净含量（规格）、注册号，可配符合食品安全国家标准要求且不会使消费者误解的图形，也可在主要展示版面的边角标注已注册商标，不得标注其他内容。

四、产品名称中有某种动物性来源字样的，其生乳、乳粉、乳清粉等乳蛋白来源应当全部来自该物种。使用的同一种乳蛋白原料有两种或两种以上动物性来源的，应当在配料表中标注各种动物性来源原料所占比例。

五、产品标签配料表中的复合配料应当严格按照食品安全国家标准的要求标注。如果某种配料是两种或两种以上的其他配料构成的复合配料（不包括复合食品添加剂），应在配料表中标示复合配料的名称，随后将复合配料的原始配料在括号内按加入量的递减顺序标示。

六、产品标签上的推荐食用量或喂哺量建议应当有科学依据，表述严谨，不得使用"必须""严格"等字样。

七、行业协会等社会组织应当加强行业自律，引导和督促企业规范产品标签标识和宣传声称。任何组织或个人如发现涉及违反本公告或侵犯消费者权益的，可通过12315热线和全国12315平台投诉举报。

自本公告发布之日起，婴幼儿配方乳粉产品配方注册申请照此执行。2023年2月22日起生产产品的标签标识应符合本公告的要求，此前生产的产品可销售至保质期结束。

（七）绿色食品

绿色食品生产资料认定推荐管理办法

· 1999年10月10日
· 中国绿色食品发展中心

第一章 总 则

第一条 "绿色食品"是遵循可持续发展原则，按照特定的生产方式生产，专门机构认定，许可使用绿色食品标志的无污染的安全、优质、营养类食品。

为了确保生产绿色食品所用生产资料的有效性、安全性，保障绿色食品的质量，特制定本办法。

第二条 "绿色食品生产资料"是指经中国绿色食品发展中心（以下简称"中心"）认定，符合绿色食品生产要求及相关标准的，被正式推荐用于绿色食品生产的生产资料。

绿色食品生产资料分为AA级绿色食品生产资料和A级绿色食品生产资料。AA级绿色食品生产资料推荐用于所有绿色食品生产，A级绿色食品生产资料仅推荐用于A级绿色食品生产。

第三条 绿色食品生产资料涵盖农药、肥料、食品添加剂、饲料添加剂（或预混剂）、兽药、包装材料、其他相关生产资料。

第二章 绿色食品生产资料的申请

第四条 凡具有法人资格生产第三条所述产品的企业,均可作为申请企业。

第五条 凡申请的生产资料必须同时具备下列条件:

一、经国家有关部门检验登记,允许生产、销售的产品;

二、保护或促进使用对象的生长,或有利于保护或提高产品的品质;

三、不造成使用对象产生和积累有害物质,不影响人体健康;

四、对生态环境无不良影响。

第六条 申请程序

一、申请企业向所在省(市、自治区)绿色食品委托管理机构或直接向中心提出申请,填写《绿色食品生产资料认定推荐申请书》(一式两份),并提交有关资料。

二、委托管理机构或中心派检查员对申请企业进行考察,并向中心提交考察报告。

三、中心对申报材料或考察报告进行初审。合格者,由中心与申请企业签定协议,颁发推荐证书,并发布公告。不合格者,在其不合格部分作出相应改进前,不再受理其申请。

第七条 绿色食品生产资料实行统一编号,编号形式为:

LSSZ- XX XX XX XX XX X

绿色食品　产品　批准　国家　地区　产品
　　　　　　　　　　　　　　　　　　　产品
生产资料　分类　年份　代号　代号　序号
分级

第三章 被推荐的绿色食品生产资料的管理

第八条 在绿色食品生产资料产品的包装标签的左上方,必须标明"X(A 或 AA)级绿色食品生产资料"、"中国绿色食品发展中心认定推荐使用"字样及统一编号,并加贴中心统一的防伪标签。

第九条 绿色食品生产资料的申报单位须履行与中心签订的协议,不得将推荐证书用于被推荐产品以外的产品,亦不得以任何方式许可其联营、合营企业产品或他人产品享用该证书及推荐资格,并按时交纳有关费用。

第十条 凡外包装、名称、商标发生变更的产品,须提前将变更情况报中心备案。

第十一条 绿色食品生产资料自批准之日起,三年有效,并实行年审制。要求第三年到期后继续推荐其产品的企业,须在有效期期满前九十天内重新提出申请,未重新申请者,视为自动放弃被推荐的资格,原推荐证书过期作废,企业不得再在原被推荐产品上继续使用原包装标签。

第十二条 未经中心认定推荐或认定推荐有效期已过或未通过年审的产品,任何单位或个人不得在其包装标签上或广告宣传中使用"绿色食品生产资料"、"中国绿色食品发展中心认定推荐"等字样或词语,擅自使用者,将追究其法律责任。

第十三条 取得推荐产品资格的生产企业在推荐有效期内,应接受中心指定的检测单位对其被推荐的产品进行质量抽检。

第四章 附 则

第十四条 绿色食品生产资料认定推荐工作由中心统一进行,任何单位、组织均不得以任何形式直接或变相进行绿色食品生产资料的认定、推荐活动。

第十五条 《绿色食品生产资料认定推荐申请书》由中心统一印制。

第十六条 本办法由中心负责解释。

第十七条 本办法自颁布之日起实行,原《绿色食品推荐生产资料暂行办法》及有关实施细则同时废止。

绿色食品生产资料认定推荐管理办法实施细则(食品添加剂部分)

· 1999 年 10 月 10 日
· 中国绿色食品发展中心

第一条 根据《绿色食品生产资料认定推荐管理办法》(以下简称《办法》)制定本细则。

第二条 凡申请作为绿色食品生产资料的食品添加剂,必须取得由省、自治区、直辖市主管部门会同同级卫生行政部门审查颁发的生产许可证或临时生产许可证和卫生许可证。

第三条 凡申请作为 AA 级绿色食品生产资

料的食品添加剂,必须符合《绿色食品食品添加剂使用准则》——3.4 的要求;申请作为 A 级绿色食品生产资料必须符合《绿色食品食品添加剂使用准则》——5.1、5.2、5.3 的要求。

第四条 申请企业须填写《绿色食品生产资料认定推荐申请书》,并提交下列材料供审查:

1. 本细则第二条规定的食品添加剂生产许可证和卫生许可证复印件;

2. 产品的质量标准、使用标准和应用效果试验报告等资料;

3. 根据《食品安全性毒理学评价程序》进行安全性毒理学评价的资料;

4. 生产复合食品添加剂的申请企业还须提供产品配方等资料;

5. 商标注册证、营业执照复印件;

6. 产品标签及使用说明书。

第五条 中心或委托管理机构收到第四条所述全部材料后,一个月内派检查员对申请企业进行考察,并完成考察报告。考察报告要点:

1. 企业基本概况。包括规模、生产设备条件及生产能力、技术力量、产品销售情况;

2. 工艺流程、原料及来源、产品质量检验制度及其他确保产品质量的措施和制度;

3. 企业三废排放和处理情况,对周围生态环境的影响。

第六条 中心收到申请材料和考察报告后,15 天内完成初审工作,并委托有关检测单位对初审合格的产品进行质量检测。

第七条 中心收到产品质量检测报告后,一个月内组织专家进行终审,终审合格的产品,由中心与申请企业双方代表签定协议,颁发推荐证书,并发布公告。

第八条 绿色食品生产资料的推荐期为三年,中心每年对推荐产品的质量及协议履行情况进行年审。年审内容:

1. 企业对《绿色食品生产资料认定推荐协议》的履行情况;

2. 委托有关检测单位对推荐产品进行质量抽检,并审查抽检结果;

3. 产品销售和售后服务情况。

年审时间为颁证周年日前 30 天内。

年审合格者,予以更换证书,继续保留其被推荐资格;年审不合格者,不予更换证书,其被推荐资格随之取消。

第九条 申请企业必须交纳有关费用:

1. 申请费(500 元):用于印刷申请资料、制作证书、对企业的咨询服务;

2. 检验费(按国家规定收费标准,缴付检测单位);

3. 审查许可费(8000 元):用于聘请专家、对企业实地检查、审查材料;

4. 公告费(1000 元):用于在报纸上发布颁证企业及产品的名单;

5. 标志使用费(推荐产品销售额的 0.5%);

6. 年审费(1000 元):用于对产品抽检和企业检查。

申请企业增报的产品,每个品种缴纳申请费 200 元,审查许可费 2000 元,其他费用同上。申请费随申请材料缴纳,审查许可费领取证书时缴纳,公告费在发布公告一个月内缴纳,第一年的标志使用费领证时缴纳,第二、三年的标志使用费和年审费分别于每年年审时缴纳。

第十条 中心除例行抽检和年审(抽检)外,若发现推荐产品存在质量问题或接到用户对推荐产品安全性或有效性提出投诉,将指定检测单位对其进行复核检验,确认该产品对环境、人体健康有害或应用效果不明显时,根据其性质和程度,责其限期改进或撤销其被推荐资格,收回推荐证书,并予以公告。

因各种原因生产许可证或卫生许可证被取消者,被推荐资格也随之取消。

绿色食品生产资料认定推荐管理办法实施细则(农药部分)

· 1999 年 10 月 10 日
· 中国绿色食品发展中心

第一条 根据《绿色食品生产资料认定推荐管理办法》(以下简称《办法》)制定本细则。

第二条 凡申请作为绿色食品生产资料的农药,必须在农业部药检所办理检验登记手续。未经批准登记的产品不得申请。

第三条 凡申请作为 AA 级绿色食品生产资料的农药必须符合《绿色食品农药使用准则》——

5.1.2 的要求;申请作为 A 级绿色食品生产资料的农药必须符合《绿色食品农药使用准则》——5.2.2 的要求。

第四条 申请企业须填写《绿色食品生产资料认定推荐申请书》,并提交下列材料供审查:

1. 农业部颁发的《农药登记证》或《农药临时登记证》复印件;
2. 产品质量检测报告(由省级以上质量监测部门出具的一年之内的质量检测报告);
3. 商标注册证复印件;
4. 生产许可证(包括环保合格证明)及营业执照复印件;
5. 产品标签及使用说明书。

同时,须提供下列材料备案:

1. 田间药效试验报告(由取得农业部认证资格的农药登记药效试验单位出具);
2. 毒性试验报告。必须具备急性毒性试验报告(报告要由通过农业部认证的单位出具);
3. 已正式登记的农药产品,须提供残留试验及对生态环境影响报告(省级以上单位提供的我国两年两地的残留试验报告)。

第五条 中心或委托管理机构收到第四条所述的全部材料后,一个月内派检查员对申请企业进行考察,并完成考察报告。考察要点:

1. 企业基本概况。包括规模、生产设备条件及生产能力、技术力量、产品销售情况;
2. 工艺流程,原药和助剂的种类,生物农药中混配的化学合成物名称和数量,产品质量检验制度及其他确保产品质量的措施和制度;
3. 企业三废排放和处理情况,对周围生态环境的影响。

第六条 中心收到申报材料和考察报告后,15 天内完成初审工作,并委托有关检测单位对初审合格的产品进行质量检测。

第七条 中心收到产品质量检测报告后,一个月内组织专家进行终审,终审合格的产品,由中心与申请企业双方代表签定协议,颁发推荐证书,并发布公告。

第八条 绿色食品生产资料的推荐期为三年,中心每年对推荐产品的质量及协议履行情况进行年审。年审内容:

1. 企业对《绿色食品生产资料认定推荐协议》的履行情况;
2. 委托有关检测单位对推荐产品进行质量抽检,并审查抽检结果;
3. 产品销售和售后服务情况。

年审时间为颁证周年日前 30 天内。

年审合格者,予以更换证书,继续保留其被推荐资格;年审不合格者,不予更换证书,其被推荐资格随之取消。

第九条 申请企业必须缴纳以下费用:

1. 申请费(500 元):用于印刷申请资料、制作证书、对企业的咨询服务;
2. 检验费(按国家规定收费标准缴检测单位);
3. 审查许可费(8000 元):用于聘请专家、对企业实地检查、审查材料;
4. 公告费(1000 元):用于在报纸上发布颁证企业及产品名单;
5. 标志使用费(推荐产品销售额的 0.5%);
6. 年审费(1000 元):用于对产品抽检和企业检查。

申请企业增报的产品,每个品种缴纳申请费 200 元,审查许可费 2000 元,其他费用同上。申请费随申请材料缴纳,审查许可费领取证书时缴纳,公告费在发布公告一个月内缴纳,第一年的标志使用费领证时缴纳,第二、三年的标志使用费和年费于每年年审时缴纳。

第十条 中心除例行年审(含抽检)外,若发现推荐产品存在质量问题或接到用户推荐产品安全性或有效性的投诉,将指定检测单位对其进行复核检验,确认该产品对环境、人、畜、作物有害或效果不明显时,撤销其被推荐资格,收回推荐证书,并予以公告。

因各种原因《农药登记证》或《农药临时登记证》被取消者,被推荐资格也随之取消。

绿色食品生产资料认定推荐管理办法实施细则(肥料部分)

· 1999 年 10 月 10 日
· 中国绿色食品发展中心

第一条 根据《绿色食品生产资料认定推荐管理办法》(以下简称《办法》)制定本细则。

第二条 凡申请作为绿色食品生产资料的肥

料,必须在农业部授权的有关单位办理检验登记手续。未经批准登记的产品不得申请。

第三条 凡申请作为 AA 级绿色食品生产资料的肥料必须是《绿色食品肥料使用准则》——3.5.1 至 3.5.7 所述的肥料;申请作为 A 级绿色食品生产资料的肥料必须是《绿色食品肥料使用准则》——3.5.8 所述的肥料。

第四条 申请企业须填写《绿色食品生产资料认定推荐申请书》,并提交下列材料供审查:

1. 农业部颁发的肥料登记许可证(临时或正式)复印件;

2. 产品质量检测报告(由省级以上质量监测部门出具的一年之内的质量检测报告);

3. 商标注册证复印件;

4. 生产许可证(包括环保合格证明)及营业执照复印件;

5. 产品标签及使用说明书。

同时,须提供下列材料备案:

1. 田间肥效试验报告。我国两个以上自然条件不同的地区、两年以上的田间药效试验,并由县级(含县级)以上的农业科研、教学、技术推广单位的农艺师或同级职称以上技术人员签字、并加盖公章(红印章)的报告;

2. 毒性试验报告。有机肥及叶面肥应提供急性毒性试验报告(报告要由省级以上药品、卫生检验机构出具);土壤调理剂应提供急性试验、Ames 试验、微核试验(或染色体试验)及致畸试验报告(报告要由省级以上药品、卫生检验机构出具);微生物肥料则应按菌种安全管理的规定,提供使用菌种相应的免检、毒力试验或非病原鉴定报告(报告要由农业部认可的检测单位出具)。

第五条 中心或委托管理机构收到第四条所列全部资料后,一个月内派检查员对申请企业进行考察,并完成考察报告,考察要点:

1. 企业基本概况。包括规模、生产设备条件及生产能力、技术力量、产品销售情况;

2. 工艺流程,肥料种类,原料名称及来源,混配的化学合成物名称和数量,产品质量检验制度及其他确保产品质量的措施和制度;

3. 企业三废排放和处理情况,对周围生态环境的影响。

第六条 中心收到申报材料和考察报告后,15 日内完成初审工作,并委托有关检测单位对初审合格的产品进行质量检测。

第七条 中心收到产品检验报告后,一个月内组织专家进行终审,终审合格的产品,由中心与申请企业双方代表签定协议,颁发推荐证书,并发布公告。

第八条 绿色食品生产资料的推荐期为三年,中心每年对推荐产品的质量及协议履行情况进行年审。年审内容:

1. 企业对《绿色食品生产资料认定推荐协议》的履行情况;

2. 委托有关检测单位对推荐产品进行质量抽检,并审查抽检结果;

3. 产品销售和售后服务情况。

年审时间为颁证周年日前 30 天内。

年审合格者,予以更换证书,继续保留其被推荐资格;年审不合格者,不予更换证书,其被推荐资格随之取消。

第九条 申请企业必须缴纳以下费用:

1. 申请费(500 元):用于印刷申请资料、制作证书、对企业的咨询服务;

2. 检验费(按国家规定收费标准缴检测单位);

3. 审查许可费(8000 元):用于聘请专家、对企业实地检查、审查材料;

4. 公告费(1000 元):用于在报纸上发布颁证企业及产品名单;

5. 标志使用费(推荐产品销售额的 0.5%);

6. 年审费(1000 元):用于对产品抽检和企业检查。

申请企业增报的产品,每个品种缴纳申请费 200 元,审查许可费 2000 元,其他费用同上。申请费随申请材料缴纳,审查许可费在领取证书时缴纳,公告费在发布公告一个月内缴纳,第一年的标志使用费领证时缴纳,第二、三年的标志使用费和年审费用于每年年审时缴纳。

第十条 中心除例行年审(含抽检)外,若发现推荐产品存在质量问题或接到用户对推荐产品安全性或有效性的投诉,将指定检测单位对其进行复核检验,确认该产品对环境、人、畜、作物有害或效果不明显时,撤销其被推荐资格,收回推荐证书,并予以公告。

因各种原因肥料登记证被取消者,被推荐资格也随之取消。

绿色食品标志管理办法

- 2012年7月30日农业部令2012年第6号公布
- 根据2019年4月25日《农业农村部关于修改和废止部分规章、规范性文件的决定》第一次修订
- 根据2022年1月7日《农业农村部关于修改和废止部分规章、规范性文件的决定》第二次修订

第一章 总 则

第一条 为加强绿色食品标志使用管理，确保绿色食品信誉，促进绿色食品事业健康发展，维护生产经营者和消费者合法权益，根据《中华人民共和国农业法》《中华人民共和国食品安全法》《中华人民共和国农产品质量安全法》和《中华人民共和国商标法》，制定本办法。

第二条 本办法所称绿色食品，是指产自优良生态环境、按照绿色食品标准生产、实行全程质量控制并获得绿色食品标志使用权的安全、优质食用农产品及相关产品。

第三条 绿色食品标志依法注册为证明商标，受法律保护。

第四条 县级以上人民政府农业农村主管部门依法对绿色食品及绿色食品标志进行监督管理。

第五条 中国绿色食品发展中心负责全国绿色食品标志使用申请的审查、颁证和颁证后跟踪检查工作。

省级人民政府农业行政农村部门所属绿色食品工作机构（以下简称省级工作机构）负责本行政区域绿色食品标志使用申请的受理、初审和颁证后跟踪检查工作。

第六条 绿色食品产地环境、生产技术、产品质量、包装贮运等标准和规范，由农业农村部制定并发布。

第七条 承担绿色食品产品和产地环境检测工作的技术机构，应当具备相应的检测条件和能力，并依法经过资质认定，由中国绿色食品发展中心按照公平、公正、竞争的原则择优指定并报农业农村部备案。

第八条 县级以上地方人民政府农业农村主管部门应当鼓励和扶持绿色食品生产，将其纳入本地农业和农村经济发展规划，支持绿色食品生产基地建设。

第二章 标志使用申请与核准

第九条 申请使用绿色食品标志的产品，应当符合《中华人民共和国食品安全法》和《中华人民共和国农产品质量安全法》等法律法规规定，在国家知识产权局商标局核定的范围内，并具备下列条件：

（一）产品或产品原料产地环境符合绿色食品产地环境质量标准；

（二）农药、肥料、饲料、兽药等投入品使用符合绿色食品投入品使用准则；

（三）产品质量符合绿色食品产品质量标准；

（四）包装贮运符合绿色食品包装贮运标准。

第十条 申请使用绿色食品标志的生产单位（以下简称申请人），应当具备下列条件：

（一）能够独立承担民事责任；

（二）具有绿色食品生产的环境条件和生产技术；

（三）具有完善的质量管理和质量保证体系；

（四）具有与生产规模相适应的生产技术人员和质量控制人员；

（五）具有稳定的生产基地；

（六）申请前三年内无质量安全事故和不良诚信记录。

第十一条 申请人应当向省级工作机构提出申请，并提交下列材料：

（一）标志使用申请书；

（二）产品生产技术规程和质量控制规范；

（三）预包装产品包装标签或其设计样张；

（四）中国绿色食品发展中心规定提交的其他证明材料。

第十二条 省级工作机构应当自收到申请之日起十个工作日内完成材料审查。符合要求的，予以受理，并在产品及产品原料生产期内组织有资质的检查员完成现场检查；不符合要求的，不予受理，书面通知申请人并告知理由。

现场检查合格的，省级工作机构应当书面通知申请人，由申请人委托符合第七条规定的检测机构对申请产品和相应的产地环境进行检测；现场检查不合格的，省级工作机构应当退回申请并书面告知理由。

第十三条 检测机构接受申请人委托后,应当及时安排现场抽样,并自产品样品抽样之日起二十个工作日内、环境样品抽样之日起三十个工作日内完成检测工作,出具产品质量检验报告和产地环境监测报告,提交省级工作机构和申请人。

检测机构应当对检测结果负责。

第十四条 省级工作机构应当自收到产品检验报告和产地环境监测报告之日起二十个工作日内提出初审意见。初审合格的,将初审意见及相关材料报送中国绿色食品发展中心。初审不合格的,退回申请并书面告知理由。

省级工作机构应当对初审结果负责。

第十五条 中国绿色食品发展中心应当自收到省级工作机构报送的申请材料之日起三十个工作日内完成书面审查,并在二十个工作日内组织专家评审。必要时,应当进行现场核查。

第十六条 中国绿色食品发展中心应当根据专家评审的意见,在五个工作日内作出是否颁证的决定。同意颁证的,与申请人签订绿色食品标志使用合同,颁发绿色食品标志使用证书,并公告;不同意颁证的,书面通知申请人并告知理由。

第十七条 绿色食品标志使用证书是申请人合法使用绿色食品标志的凭证,应当载明准许使用的产品名称、商标名称、获证单位及其信息编码、核准产量、产品编号、标志使用有效期、颁证机构等内容。

绿色食品标志使用证书分中文、英文版本,具有同等效力。

第十八条 绿色食品标志使用证书有效期三年。

证书有效期满,需要继续使用绿色食品标志的,标志使用人应当在有效期满三个月前向省级工作机构书面提出续展申请。省级工作机构应当在四十个工作日内组织完成相关检查、检测及材料审核。初审合格的,由中国绿色食品发展中心在十个工作日内作出是否准予续展的决定。准予续展的,与标志使用人续签绿色食品标志使用合同,颁发新的绿色食品标志使用证书并公告;不予续展的,书面通知标志使用人并告知理由。

标志使用人逾期未提出续展申请,或者申请续展未获通过的,不得继续使用绿色食品标志。

第三章 标志使用管理

第十九条 标志使用人在证书有效期内享有下列权利:

(一)在获证产品及其包装、标签、说明书上使用绿色食品标志;

(二)在获证产品的广告宣传、展览展销等市场营销活动中使用绿色食品标志;

(三)在农产品生产基地建设、农业标准化生产、产业化经营、农产品市场营销等方面优先享受相关扶持政策。

第二十条 标志使用人在证书有效期内应当履行下列义务:

(一)严格执行绿色食品标准,保持绿色食品产地环境和产品质量稳定可靠;

(二)遵守标志使用合同及相关规定,规范使用绿色食品标志;

(三)积极配合县级以上人民政府农业农村主管部门的监督检查及其所属绿色食品工作机构的跟踪检查。

第二十一条 未经中国绿色食品发展中心许可,任何单位和个人不得使用绿色食品标志。

禁止将绿色食品标志用于非许可产品及其经营性活动。

第二十二条 在证书有效期内,标志使用人的单位名称、产品名称、产品商标等发生变化的,应当经省级工作机构审核后向中国绿色食品发展中心申请办理变更手续。

产地环境、生产技术等条件发生变化,导致产品不再符合绿色食品标准要求的,标志使用人应当立即停止标志使用,并通过省级工作机构向中国绿色食品发展中心报告。

第四章 监督检查

第二十三条 标志使用人应当健全和实施产品质量控制体系,对其生产的绿色食品质量和信誉负责。

第二十四条 县级以上地方人民政府农业农村主管部门应当加强绿色食品标志的监督管理工作,依法对辖区内绿色食品产地环境、产品质量、包装标识、标志使用等情况进行监督检查。

第二十五条 中国绿色食品发展中心和省级工作机构应当建立绿色食品风险防范及应急处置制度,组织对绿色食品及标志使用情况进行跟踪检查。

省级工作机构应当组织对辖区内绿色食品标

志使用人使用绿色食品标志的情况实施年度检查。检查合格的,在标志使用证书上加盖年度检查合格章。

第二十六条 标志使用人有下列情形之一的,由中国绿色食品发展中心取消其标志使用权,收回标志使用证书,并予公告:

(一)生产环境不符合绿色食品环境质量标准的;

(二)产品质量不符合绿色食品产品质量标准的;

(三)年度检查不合格的;

(四)未遵守标志使用合同约定的;

(五)违反规定使用标志和证书的;

(六)以欺骗、贿赂等不正当手段取得标志使用权的。

标志使用人依照前款规定被取消标志使用权的,三年内中国绿色食品发展中心不再受理其申请;情节严重的,永久不再受理其申请。

第二十七条 任何单位和个人不得伪造、转让绿色食品标志和标志使用证书。

第二十八条 国家鼓励单位和个人对绿色食品和标志使用情况进行社会监督。

第二十九条 从事绿色食品检测、审核、监管工作的人员,滥用职权、徇私舞弊和玩忽职守的,依照有关规定给予行政处罚或行政处分;涉嫌犯罪的,及时将案件移送司法机关,依法追究刑事责任。

承担绿色食品产品和产地环境检测工作的技术机构伪造检测结果的,除依法予以处罚外,由中国绿色食品发展中心取消指定,永久不得再承担绿色食品产品和产地环境检测工作。

第三十条 其他违反本办法规定的行为,依照《中华人民共和国食品安全法》、《中华人民共和国农产品质量安全法》和《中华人民共和国商标法》等法律法规处罚。

第五章 附 则

第三十一条 绿色食品标志有关收费办法及标准,依照国家相关规定执行。

第三十二条 本办法自 2012 年 10 月 1 日起施行。农业部 1993 年 1 月 11 日印发的《绿色食品标志管理办法》(1993 农(绿)字第 1 号)同时废止。

农业部办公厅关于冒用绿色食品标志违法行为行政处罚法律适用问题的函

· 2014 年 3 月 6 日
· 农办政函〔2014〕21 号

宁波市农业局:

你局《关于冒用绿色食品标志违法行为行政处罚法律适用问题的请示》(甬农〔2014〕1 号)收悉。经研究,现答复如下。

根据《农产品质量安全法》第二条第一款、第三十二条的规定,由榨菜作为主料、辣椒等作为辅料及多种食品添加剂加工制成的包装榨菜丝不属于农产品,其冒用绿色食品标志的,不适用《农产品质量安全法》第五十一条的规定由农业行政主管部门处罚,应依照《商标法》等法律法规的规定,由相关主管部门予以处罚,并由中国绿色食品发展中心依法追究冒用者的侵权责任。县级以上地方人民政府农业行政主管部门应当依照《绿色食品标志管理办法》第二十四条的规定,加强对绿色食品标志的监督管理,依法对绿色食品产地环境、产品质量、包装标识、标志使用等情况进行监督检查。

(八)进出口食品

中华人民共和国进出口食品安全管理办法

· 2021 年 4 月 12 日海关总署令第 249 号公布
· 自 2022 年 1 月 1 日起施行

第一章 总 则

第一条 为了保障进出口食品安全,保护人类、动植物生命和健康,根据《中华人民共和国食品安全法》(以下简称《食品安全法》)及其实施条例、《中华人民共和国海关法》《中华人民共和国进出口商品检验法》及其实施条例、《中华人民共和国进出境动植物检疫法》及其实施条例、《中华人民共和国国境卫生检疫法》及其实施细则、《中华人民共和国农产品质量安全法》和《国务院关于加强食品等产品安全监督管理的特别规定》等法律、行政法规的规定，制定本办法。

第二条　从事下列活动，应当遵守本办法：

（一）进出口食品生产经营活动；

（二）海关对进出口食品生产经营者及其进出口食品安全实施监督管理。

进出口食品添加剂、食品相关产品的生产经营活动按照海关总署相关规定执行。

第三条　进出口食品安全工作坚持安全第一、预防为主、风险管理、全程控制、国际共治的原则。

第四条　进出口食品生产经营者对其生产经营的进出口食品安全负责。

进出口食品生产经营者应当依照中国缔结或者参加的国际条约、协定，中国法律法规和食品安全国家标准从事进出口食品生产经营活动，依法接受监督管理，保证进出口食品安全，对社会和公众负责，承担社会责任。

第五条　海关总署主管全国进出口食品安全监督管理工作。

各级海关负责所辖区域进出口食品安全监督管理工作。

第六条　海关运用信息化手段提升进出口食品安全监督管理水平。

第七条　海关加强进出口食品安全的宣传教育，开展食品安全法律、行政法规以及食品安全国家标准和知识的普及工作。

海关加强与食品安全国际组织、境外政府机构、境外食品行业协会、境外消费者协会等交流与合作，营造进出口食品安全国际共治格局。

第八条　海关从事进出口食品安全监督管理的人员应当具备相关专业知识。

第二章　食品进口

第九条　进口食品应当符合中国法律法规和食品安全国家标准，中国缔结或者参加的国际条约、协定有特殊要求的，还应当符合国际条约、协定的要求。

进口尚无食品安全国家标准的食品，应当符合国务院卫生行政部门公布的暂予适用的相关标准要求。

利用新的食品原料生产的食品，应当依照《食品安全法》第三十七条的规定，取得国务院卫生行政部门新食品原料卫生行政许可。

第十条　海关依据进出口商品检验相关法律、行政法规的规定对进口食品实施合格评定。

进口食品合格评定活动包括：向中国境内出口食品的境外国家（地区）〔以下简称境外国家（地区）〕食品安全管理体系评估和审查、境外生产企业注册、进出口商备案和合格保证、进境动植物检疫审批、随附合格证明检查、单证审核、现场查验、监督抽检、进口和销售记录检查以及各项的组合。

第十一条　海关总署可以对境外国家（地区）的食品安全管理体系和食品安全状况开展评估和审查，并根据评估和审查结果，确定相应的检验检疫要求。

第十二条　有下列情形之一的，海关总署可以对境外国家（地区）启动评估和审查：

（一）境外国家（地区）申请向中国首次输出某类（种）食品的；

（二）境外国家（地区）食品安全、动植物检疫法律法规、组织机构等发生重大调整的；

（三）境外国家（地区）主管部门申请对其输往中国某类（种）食品的检验检疫要求发生重大调整的；

（四）境外国家（地区）发生重大动植物疫情或者食品安全事件的；

（五）海关在输华食品中发现严重问题，认为存在动植物疫情或者食品安全隐患的；

（六）其他需要开展评估和审查的情形。

第十三条　境外国家（地区）食品安全管理体系评估和审查主要包括对以下内容的评估、确认：

（一）食品安全、动植物检疫相关法律法规；

（二）食品安全监督管理组织机构；

（三）动植物疫情流行情况及防控措施；

（四）致病微生物、农兽药和污染物等管理和控制；

（五）食品生产加工、运输仓储环节安全卫生控制；

（六）出口食品安全监督管理；

（七）食品安全防护、追溯和召回体系；

（八）预警和应急机制；

（九）技术支撑能力；

（十）其他涉及动植物疫情、食品安全的情况。

第十四条　海关总署可以组织专家通过资料审查、视频检查、现场检查等形式及其组合，实施评估和审查。

第十五条　海关总署组织专家对接受评估和审查的国家（地区）递交的申请资料、书面评估问卷等资料实施审查，审查内容包括资料的真实性、完整性和有效性。根据资料审查情况，海关总署可以要求相关国家（地区）的主管部门补充缺少的信息或者资料。

对已通过资料审查的国家（地区），海关总署可以组织专家对其食品安全管理体系实施视频检查或者现场检查。对发现的问题可以要求相关国家（地区）主管部门及相关企业实施整改。

相关国家（地区）应当为评估和审查提供必要的协助。

第十六条　接受评估和审查的国家（地区）有下列情形之一，海关总署可以终止评估和审查，并通知相关国家（地区）主管部门：

（一）收到书面评估问卷12个月内未反馈的；

（二）收到海关总署补充信息和材料的通知3个月内未按要求提供的；

（三）突发重大动植物疫情或者重大食品安全事件的；

（四）未能配合中方完成视频检查或者现场检查、未能有效完成整改的；

（五）主动申请终止评估和审查的。

前款第一、二项情形，相关国家（地区）主管部门因特殊原因可以申请延期，经海关总署同意，按照海关总署重新确定的期限递交相关材料。

第十七条　评估和审查完成后，海关总署向接受评估和审查的国家（地区）主管部门通报评估和审查结果。

第十八条　海关总署对向中国境内出口食品的境外生产企业实施注册管理，并公布获得注册的企业名单。

第十九条　向中国境内出口食品的境外出口商或者代理商（以下简称"境外出口商或者代理商"）应当向海关总署备案。

食品进口商应当向其住所地海关备案。

境外出口商或者代理商、食品进口商办理备案时，应当对其提供资料的真实性、有效性负责。

境外出口商或者代理商、食品进口商备案名单由海关总署公布。

第二十条　境外出口商或者代理商、食品进口商备案内容发生变更的，应当在变更发生之日起60日内，向备案机关办理变更手续。

海关发现境外出口商或者代理商、食品进口商备案信息错误或者备案内容未及时变更的，可以责令其在规定期限内更正。

第二十一条　食品进口商应当建立食品进口和销售记录制度，如实记录食品名称、净含量/规格、数量、生产日期、生产或者进口批号、保质期、境外出口商和购货者名称、地址及联系方式、交货日期等内容，并保存相关凭证。记录和凭证保存期限不得少于食品保质期满后6个月；没有明确保质期的，保存期限为销售后2年以上。

第二十二条　食品进口商应当建立境外出口商、境外生产企业审核制度，重点审核下列内容：

（一）制定和执行食品安全风险控制措施情况；

（二）保证食品符合中国法律法规和食品安全国家标准的情况。

第二十三条　海关依法对食品进口商实施审核活动的情况进行监督检查。食品进口商应当积极配合，如实提供相关情况和材料。

第二十四条　海关可以根据风险管理需要，对进口食品实施指定口岸进口，指定监管场地检查。指定口岸、指定监管场地名单由海关总署公布。

第二十五条　食品进口商或者其代理人进口食品时应当依法向海关如实申报。

第二十六条　海关依法对应当实施入境检疫的进口食品实施检疫。

第二十七条　海关依法对需要进境动植物检疫审批的进口食品实施检疫审批管理。食品进口商应当在签订贸易合同或者协议前取得进境动植物检疫许可。

第二十八条　海关根据监督管理需要，对进口食品实施现场查验，现场查验包括但不限于以下内容：

（一）运输工具、存放场所是否符合安全卫生要求；

（二）集装箱号、封识号、内外包装上的标识内容、货物的实际状况是否与申报信息及随附单证相符；

（三）动植物源性食品、包装物及铺垫材料是否存在《进出境动植物检疫法实施条例》第二十二条规定的情况；

（四）内外包装是否符合食品安全国家标准，是否存在污染、破损、湿浸、渗透；

（五）内外包装的标签、标识及说明书是否符合法律、行政法规、食品安全国家标准以及海关总署规定的要求；

（六）食品感官性状是否符合该食品应有性状；

（七）冷冻冷藏食品的新鲜程度、中心温度是否符合要求、是否有病变、冷冻冷藏环境温度是否符合相关标准要求、冷链控温设备设施运作是否正常、温度记录是否符合要求，必要时可以进行蒸煮试验。

第二十九条 海关制定年度国家进口食品安全监督抽检计划和专项进口食品安全监督抽检计划，并组织实施。

第三十条 进口食品的包装和标签、标识应当符合中国法律法规和食品安全国家标准；依法应当有说明书的，还应当有中文说明书。

对于进口鲜冻肉类产品，内外包装上应当有牢固、清晰、易辨的中英文或者中文和出口国家（地区）文字标识，标明以下内容：产地国家（地区）、品名、生产企业注册编号、生产批号；外包装上应当以中文标明规格、产地（具体到州/省/市）、目的地、生产日期、保质期限、储存温度等内容，必须标注目的地为中华人民共和国，加施出口国家（地区）官方检验检疫标识。

对于进口水产品，内外包装上应当有牢固、清晰、易辨的中英文或者中文和出口国家（地区）文字标识，标明以下内容：商品名和学名、规格、生产日期、批号、保质期限和保存条件、生产方式（海水捕捞、淡水捕捞、养殖）、生产地区（海洋捕捞海域、淡水捕捞国家或者地区、养殖产品所在国家或者地区）、涉及的所有生产加工企业（含捕捞船、加工船、运输船、独立冷库）名称、注册编号及地址（具体到州/省/市）、必须标注目的地为中华人民共和国。

进口保健食品、特殊膳食用食品的中文标签必须印制在最小销售包装上，不得加贴。

进口食品内外包装有特殊标识规定的，按照相关规定执行。

第三十一条 进口食品运达口岸后，应当存放在海关指定或者认可的场所；需要移动的，必须经海关允许，并按照海关要求采取必要的安全防护措施。

指定或者认可的场所应当符合法律、行政法规和食品安全国家标准规定的要求。

第三十二条 大宗散装进口食品应当按照海关要求在卸货口岸进行检验。

第三十三条 进口食品经海关合格评定合格的，准予进口。

进口食品经海关合格评定不合格的，由海关出具不合格证明；涉及安全、健康、环境保护项目不合格的，由海关书面通知食品进口商，责令其销毁或者退运；其他项目不合格的，经技术处理符合合格评定要求的，方准进口。相关进口食品不能在规定时间内完成技术处理或者经技术处理仍不合格的，由海关责令食品进口商销毁或者退运。

第三十四条 境外发生食品安全事件可能导致中国境内食品安全隐患，或者海关实施进口食品监督管理过程中发现不合格进口食品，或者发现其他食品安全问题的，海关总署和经授权的直属海关可以依据风险评估结果对相关进口食品实施提高监督抽检比例等控制措施。

海关依照前款规定对进口食品采取提高监督抽检比例等控制措施后，再次发现不合格进口食品，或者有证据显示进口食品存在重大安全隐患的，海关总署和经授权的直属海关可以要求食品进口商逐批向海关提交有资质的检验机构出具的检验报告。海关应当对食品进口商提供的检验报告进行验核。

第三十五条 有下列情形之一的，海关总署依据风险评估结果，可以对相关食品采取暂停或者禁止进口的控制措施：

（一）出口国家（地区）发生重大动植物疫情，或者食品安全体系发生重大变化，无法有效保证输华食品安全的；

（二）进口食品被检疫传染病病原体污染，或者有证据表明能够成为检疫传染病传播媒介，且无法实施有效卫生处理的；

（三）海关实施本办法第三十四条第二款规定控制措施的进口食品，再次发现相关安全、健康、环境保护项目不合格的；

（四）境外生产企业违反中国相关法律法规，情节严重的；

（五）其他信息显示相关食品存在重大安全隐

患的。

第三十六条　进口食品安全风险已降低到可控水平时，海关总署和经授权的直属海关可以按照以下方式解除相应控制措施：

（一）实施本办法第三十四条第一款控制措施的食品，在规定的时间、批次内未被发现不合格的，在风险评估基础上可以解除该控制措施；

（二）实施本办法第三十四条第二款控制措施的食品，出口国家（地区）已采取预防措施，经海关总署风险评估能够保障食品安全、控制动植物疫情风险，或者从实施该控制措施之日起在规定时间、批次内未发现不合格食品的，海关在风险评估基础上可以解除该控制措施；

（三）实施暂停或者禁止进口控制措施的食品，出口国家（地区）主管部门已采取风险控制措施，且经海关总署评估符合要求的，可以解除暂停或者禁止进口措施。恢复进口的食品，海关总署视评估情况可以采取本办法第三十四条规定的控制措施。

第三十七条　食品进口商发现进口食品不符合法律、行政法规和食品安全国家标准，或者有证据证明可能危害人体健康，应当按照《食品安全法》第六十三条和第九十四条第三款规定，立即停止进口、销售和使用，实施召回，通知相关生产经营者和消费者，记录召回和通知情况，并将食品召回、通知和处理情况向所在地海关报告。

第三章　食品出口

第三十八条　出口食品生产企业应当保证其出口食品符合进口国家（地区）的标准或者合同要求；中国缔结或者参加的国际条约、协定有特殊要求的，还应当符合国际条约、协定的要求。

进口国家（地区）暂无标准，合同也未作要求，且中国缔结或者参加的国际条约、协定无相关要求的，出口食品生产企业应当保证其出口食品符合中国食品安全国家标准。

第三十九条　海关依法对出口食品实施监督管理。出口食品监督管理措施包括：出口食品原料种植养殖场备案、出口食品生产企业备案、企业核查、单证审核、现场查验、监督抽检、口岸抽查、境外通报核查以及各项的组合。

第四十条　出口食品原料种植、养殖场应当向所在地海关备案。

海关总署统一公布原料种植、养殖场备案名单，备案程序和要求由海关总署制定。

第四十一条　海关依法采取资料审查、现场检查、企业核查等方式，对备案原料种植、养殖场进行监督。

第四十二条　出口食品生产企业应当向住所地海关备案，备案程序和要求由海关总署制定。

第四十三条　境外国家（地区）对中国输往该国家（地区）的出口食品生产企业实施注册管理且要求海关总署推荐的，出口食品生产企业须向住所地海关提出申请，住所地海关进行初核后报海关总署。

海关总署结合企业信用、监督管理以及住所地海关初核情况组织开展对外推荐注册工作，对外推荐注册程序和要求由海关总署制定。

第四十四条　出口食品生产企业应当建立完善可追溯的食品安全卫生控制体系，保证食品安全卫生控制体系有效运行，确保出口食品生产、加工、贮存过程持续符合中国相关法律法规、出口食品生产企业安全卫生要求；进口国家（地区）相关法律法规和相关国际条约、协定有特殊要求的，还应当符合相关要求。

出口食品生产企业应当建立供应商评估制度、进货查验记录制度、生产记录档案制度、出厂检验记录制度、出口食品追溯制度和不合格食品处置制度。相关记录应当真实有效，保存期限不得少于食品保质期期满后6个月；没有明确保质期的，保存期限不得少于2年。

第四十五条　出口食品生产企业应当保证出口食品包装和运输方式符合食品安全要求。

第四十六条　出口食品生产企业应当在运输包装上标注生产企业备案号、产品品名、生产批号和生产日期。

进口国家（地区）或者合同有特殊要求的，在保证产品可追溯的前提下，经直属海关同意，出口食品生产企业可以调整前款规定的标注项目。

第四十七条　海关应当对辖区内出口食品生产企业的食品安全卫生控制体系运行情况进行监督检查。监督检查包括日常监督检查和年度监督检查。

监督检查可以采取资料审查、现场检查、企业核查等方式，并可以与出口食品境外通报核查、监督抽检、现场查验等工作结合开展。

第四十八条 出口食品应当依法由产地海关实施检验检疫。

海关总署根据便利对外贸易和出口食品检验检疫工作需要，可以指定其他地点实施检验检疫。

第四十九条 出口食品生产企业、出口商应当按照法律、行政法规和海关总署规定，向产地或者组货地海关提出出口申报前监管申请。

产地或者组货地海关受理食品出口申报前监管申请后，依法对需要实施检验检疫的出口食品实施现场检查和监督抽检。

第五十条 海关制定年度国家出口食品安全监督抽检计划并组织实施。

第五十一条 出口食品经海关现场检查和监督抽检符合要求的，由海关出具证书，准予出口。进口国家（地区）对证书形式和内容要求有变化的，经海关总署同意可以对证书形式和内容进行变更。

出口食品经海关现场检查和监督抽检不符合要求的，由海关书面通知出口商或者其代理人。相关出口食品可以进行技术处理的，经技术处理合格后方准出口；不能进行技术处理或者经技术处理仍不合格的，不准出口。

第五十二条 食品出口商或者其代理人出口食品时应当依法向海关如实申报。

第五十三条 海关对出口食品在口岸实施查验，查验不合格的，不准出口。

第五十四条 出口食品因安全问题被国际组织、境外政府机构通报的，海关总署应当组织开展核查，并根据需要实施调整监督抽检比例、要求食品出口商逐批向海关提交有资质的检验机构出具的检验报告、撤回向境外官方主管机构的注册推荐等控制措施。

第五十五条 出口食品存在安全问题，已经或者可能对人体健康和生命安全造成损害的，出口食品生产经营者应当立即采取相应措施，避免和减少损害发生，并向所在地海关报告。

第五十六条 海关在实施出口食品监督管理时发现安全问题的，应当向同级政府和上一级政府食品安全主管部门通报。

第四章　监督管理

第五十七条 海关总署依照《食品安全法》第一百条规定，收集、汇总进出口食品安全信息，建立进出口食品安全信息管理制度。

各级海关负责本辖区内以及上级海关指定的进出口食品安全信息的收集和整理工作，并按照有关规定通报本辖区地方政府、相关部门、机构和企业。通报信息涉及其他地区的，应当同时通报相关地区海关。

海关收集、汇总的进出口食品安全信息，除《食品安全法》第一百条规定内容外，还包括境外食品技术性贸易措施信息。

第五十八条 海关应当对收集到的进出口食品安全信息开展风险研判，依据风险研判结果，确定相应的控制措施。

第五十九条 境内外发生食品安全事件或者疫情疫病可能影响到进出口食品安全的，或者在进出口食品中发现严重食品安全问题的，直属海关应当及时上报海关总署；海关总署根据情况进行风险预警，在海关系统内发布风险警示通报，并向国务院食品安全监督管理、卫生行政、农业行政部门通报，必要时向消费者发布风险警示通告。

海关总署发布风险警示通报的，应当根据风险警示通报要求对进出口食品采取本办法第三十四条、第三十五条、第三十六条和第五十四条规定的控制措施。

第六十条 海关制定年度国家进出口食品安全风险监测计划，系统和持续收集进出口食品中食源性疾病、食品污染和有害因素的监测数据及相关信息。

第六十一条 境外发生的食品安全事件可能对中国境内造成影响，或者评估后认为存在不可控风险的，海关总署可以参照国际通行做法，直接在海关系统内发布风险预警通报或者向消费者发布风险预警通告，并采取本办法第三十四条、第三十五条和第三十六条规定的控制措施。

第六十二条 海关制定并组织实施进出口食品安全突发事件应急处置预案。

第六十三条 海关在依法履行进出口食品安全监督管理职责时，有权采取下列措施：

（一）进入生产经营场所实施现场检查；

（二）对生产经营的食品进行抽样检验；

（三）查阅、复制有关合同、票据、账簿以及其他有关资料；

（四）查封、扣押有证据证明不符合食品安全国家标准或者有证据证明存在安全隐患以及违法生产经营的食品。

第六十四条 海关依法对进出口企业实施信用管理。

第六十五条 海关依法对进出口食品生产经营者以及备案原料种植、养殖场开展稽查、核查。

第六十六条 过境食品应当符合海关总署对过境货物的监管要求。过境食品过境期间，未经海关批准，不得开拆包装或者卸离运输工具，并应当在规定期限内运输出境。

第六十七条 进出口食品生产经营者对海关的检验结果有异议的，可以按照进出口商品复验相关规定申请复验。

有下列情形之一的，海关不受理复验：

（一）检验结果显示微生物指标超标的；

（二）复验备份样品超过保质期的；

（三）其他原因导致备份样品无法实现复验目的的。

第五章　法律责任

第六十八条 食品进口商备案内容发生变更，未按照规定向海关办理变更手续，情节严重的，海关处以警告。

食品进口商在备案中提供虚假备案信息的，海关处1万元以下罚款。

第六十九条 境内进出口食品生产经营者不配合海关进出口食品安全核查工作，拒绝接受询问、提供材料，或者答复内容和提供材料与实际情况不符的，海关处以警告或者1万元以下罚款。

第七十条 海关在进口预包装食品监管中，发现进口预包装食品未加贴中文标签或者中文标签不符合法律法规和食品安全国家标准，食品进口商拒不按照海关要求实施销毁、退运或者技术处理的，海关处以警告或者1万元以下罚款。

第七十一条 未经海关允许，将进口食品提离海关指定或者认可的场所的，海关责令改正，并处1万元以下罚款。

第七十二条 下列违法行为属于《食品安全法》第一百二十九条第一款第三项规定的"未遵守本法的规定出口食品"的，由海关依照《食品安全法》第一百二十四条的规定给予处罚：

（一）擅自调换经海关监督抽检并已出具证单的出口食品的；

（二）出口掺杂掺假、以假充真、以次充好的食品或者以不合格出口食品冒充合格出口食品的；

（三）出口未获得备案出口食品生产企业生产的食品的；

（四）向有注册要求的国家（地区）出口未获得注册出口食品生产企业生产食品的或者出口已获得注册出口食品生产企业生产的注册范围外食品的；

（五）出口食品生产企业生产的出口食品未按照规定使用备案种植、养殖场原料的；

（六）出口食品生产经营者有《食品安全法》第一百二十三条、第一百二十四条、第一百二十五条、第一百二十六条规定情形，且出口食品不符合进口国家（地区）要求的。

第七十三条 违反本办法规定，构成犯罪的，依法追究刑事责任。

第六章　附　则

第七十四条 海关特殊监管区域、保税监管场所、市场采购、边境小额贸易和边民互市贸易进出口食品安全监督管理，按照海关总署有关规定执行。

第七十五条 邮寄、快件、跨境电子商务零售和旅客携带方式进出口食品安全监督管理，按照海关总署有关规定办理。

第七十六条 样品、礼品、赠品、展示品、援助等非贸易性的食品，免税经营的食品，外国驻中国使领馆及其人员进出境公用、自用的食品，驻外使领馆及其人员公用、自用的食品，中国企业驻外人员自用的食品的监督管理，按照海关总署有关规定办理。

第七十七条 本办法所称进出口食品生产经营者包括：向中国境内出口食品的境外生产企业、境外出口商或者代理商、食品进口商、出口食品生产企业、出口商以及相关人员等。

本办法所称进口食品的境外生产企业包括向中国出口食品的境外生产、加工、贮存企业等。

本办法所称进口食品的进出口商包括向中国出口食品的境外出口商或者代理商、食品进口商。

第七十八条 本办法由海关总署负责解释。

第七十九条　本办法自 2022 年 1 月 1 日起施行。2011 年 9 月 13 日原国家质量监督检验检疫总局令第 144 号公布并根据 2016 年 10 月 18 日原国家质量监督检验检疫总局令第 184 号以及 2018 年 11 月 23 日海关总署令第 243 号修改的《进出口食品安全管理办法》、2000 年 2 月 22 日原国家检验检疫局令第 20 号公布并根据 2018 年 4 月 28 日海关总署令第 238 号修改的《出口蜂蜜检验检疫管理办法》、2011 年 1 月 4 日原国家质量监督检验检疫总局令第 135 号公布并根据 2018 年 11 月 23 日海关总署令第 243 号修改的《进出口水产品检验检疫监督管理办法》、2011 年 1 月 4 日原国家质量监督检验检疫总局令第 136 号公布并根据 2018 年 11 月 23 日海关总署令第 243 号修改的《进出口肉类产品检验检疫监督管理办法》、2013 年 1 月 24 日原国家质量监督检验检疫总局令第 152 号公布并根据 2018 年 11 月 23 日海关总署令第 243 号修改的《进出口乳品检验检疫监督管理办法》、2017 年 11 月 14 日原国家质量监督检验检疫总局令第 192 号公布并根据 2018 年 11 月 23 日海关总署令第 243 号修改的《出口食品生产企业备案管理规定》同时废止。

中华人民共和国进口食品境外生产企业注册管理规定

· 2021 年 4 月 12 日中华人民共和国海关总署令第 248 号公布
· 自 2022 年 1 月 1 日起施行

第一章　总　则

第一条　为加强进口食品境外生产企业的注册管理,根据《中华人民共和国食品安全法》及其实施条例、《中华人民共和国进出口商品检验法》及其实施条例、《中华人民共和国进出境动植物检疫法》及其实施条例、《国务院关于加强食品等产品安全监督管理的特别规定》等法律、行政法规的规定,制定本规定。

第二条　向中国境内出口食品的境外生产、加工、贮存企业(以下统称进口食品境外生产企业)的注册管理适用本规定。

前款规定的进口食品境外生产企业不包括食品添加剂、食品相关产品的生产、加工、贮存企业。

第三条　海关总署统一负责进口食品境外生产企业的注册管理工作。

第四条　进口食品境外生产企业,应当获得海关总署注册。

第二章　注册条件与程序

第五条　进口食品境外生产企业注册条件:

(一)所在国家(地区)的食品安全管理体系通过海关总署等效性评估、审查;

(二)经所在国家(地区)主管当局批准设立并在其有效监管下;

(三)建立有效的食品安全卫生管理和防护体系,在所在国家(地区)合法生产和出口,保证向中国境内出口的食品符合中国相关法律法规和食品安全国家标准;

(四)符合海关总署与所在国家(地区)主管当局商定的相关检验检疫要求。

第六条　进口食品境外生产企业注册方式包括所在国家(地区)主管当局推荐注册和企业申请注册。

海关总署根据对食品的原料来源、生产加工工艺、食品安全历史数据、消费人群、食用方式等因素的分析,并结合国际惯例确定进口食品境外生产企业注册方式和申请材料。

经风险分析或者有证据表明某类食品的风险发生变化的,海关总署可以对相应食品的境外生产企业注册方式和申请材料进行调整。

第七条　下列食品的境外生产企业由所在国家(地区)主管当局向海关总署推荐注册:肉与肉制品、肠衣、水产品、乳品、燕窝与燕窝制品、蜂产品、蛋与蛋制品、食用油脂和油料、包馅面食、食用谷物、谷物制粉工业产品和麦芽、保鲜和脱水蔬菜以及干豆、调味料、坚果与籽类、干果、未烘焙的咖啡豆与可可豆、特殊膳食食品、保健食品。

第八条　所在国家(地区)主管当局应当对其推荐注册的企业进行审核检查,确认符合注册要求后,向海关总署推荐注册并提交以下申请材料:

(一)所在国家(地区)主管当局推荐函;

(二)企业名单与企业注册申请书;

(三)企业身份证明文件,如所在国家(地区)主管当局颁发的营业执照等;

(四)所在国家(地区)主管当局推荐企业符合

本规定要求的声明;

(五)所在国家(地区)主管当局对相关企业进行审核检查的审查报告。

必要时,海关总署可以要求提供企业食品安全卫生和防护体系文件,如企业厂区、车间、冷库的平面图,以及工艺流程图等。

第九条 本规定第七条所列食品以外的其他食品境外生产企业,应当自行或者委托代理人向海关总署提出注册申请并提交以下申请材料:

(一)企业注册申请书;

(二)企业身份证明文件,如所在国家(地区)主管当局颁发的营业执照等;

(三)企业承诺符合本规定要求的声明。

第十条 企业注册申请书内容应当包括企业名称、所在国家(地区)、生产场所地址、法定代表人、联系人、联系方式、所在国家(地区)主管当局批准的注册编号、申请注册食品种类、生产类型、生产能力等信息。

第十一条 注册申请材料应当用中文或者英文提交,相关国家(地区)与中国就注册方式和申请材料另有约定的,按照双方约定执行。

第十二条 所在国家(地区)主管当局或进口食品境外生产企业应当对提交材料的真实性、完整性、合法性负责。

第十三条 海关总署自行或者委托有关机构组织评审组,通过书面检查、视频检查、现场检查等形式及其组合,对申请注册的进口食品境外生产企业实施评估审查。评审组由2名以上评估审查人员组成。

进口食品境外生产企业和所在国家(地区)主管当局应当协助开展上述评估审查工作。

第十四条 海关总署根据评估审查情况,对符合要求的进口食品境外生产企业予以注册并给予在华注册编号,书面通知所在国家(地区)主管当局或进口食品境外生产企业;对不符合要求的进口食品境外生产企业不予注册,书面通知所在国家(地区)主管当局或进口食品境外生产企业。

第十五条 已获得注册的企业向中国境内出口食品时,应当在食品的内、外包装上标注在华注册编号或者所在国家(地区)主管当局批准的注册编号。

第十六条 进口食品境外生产企业注册有效期为5年。

海关总署在对进口食品境外生产企业予以注册时,应当确定注册有效期起止日期。

第十七条 海关总署统一公布获得注册的进口食品境外生产企业名单。

第三章 注册管理

第十八条 海关总署自行或者委托有关机构组织评审组,对进口食品境外生产企业是否持续符合注册要求的情况开展复查。评审组由2名以上评估审查人员组成。

第十九条 在注册有效期内,进口食品境外生产企业注册信息发生变化的,应当通过注册申请途径,向海关总署提交变更申请,并提交以下材料:

(一)注册事项变更信息对照表;

(二)与变更信息有关的证明材料。

海关总署评估后认为可以变更的,予以变更。

生产场所迁址、法定代表人变更或者所在国家(地区)授予的注册编号改变的应当重新申请注册,在华注册编号自动失效。

第二十条 进口食品境外生产企业需要延续注册的,应当在注册有效期届满前3至6个月内,通过注册申请途径,向海关总署提出延续注册申请。

延续注册申请材料包括:

(一)延续注册申请书;

(二)承诺持续符合注册要求的声明。

海关总署对符合注册要求的企业予以延续注册,注册有效期延长5年。

第二十一条 已注册进口食品境外生产企业有下列情形之一的,海关总署注销其注册,通知所在国家(地区)主管当局或进口食品境外生产企业,并予以公布:

(一)未按规定申请延续注册的;

(二)所在国家(地区)主管当局或进口食品境外生产企业主动申请注销的;

(三)不再符合本规定第五条第(二)项要求的。

第二十二条 进口食品境外生产企业所在国家(地区)主管当局应当对已注册企业实施有效监管,督促已注册企业持续符合注册要求,发现不符合注册要求的,应当立即采取控制措施,暂停相关企业向中国出口食品,直至整改符合注册要求。

进口食品境外生产企业自行发现不符合注册要求时,应当主动暂停向中国出口食品,立即采取整改措施,直至整改符合注册要求。

第二十三条 海关总署发现已注册进口食品境外生产企业不再符合注册要求的,应当责令其在规定期限内进行整改,整改期间暂停相关企业食品进口。

所在国家(地区)主管当局推荐注册的企业被暂停进口的,主管当局应当监督相关企业在规定期限内完成整改,并向海关总署提交书面整改报告和符合注册要求的书面声明。

自行或者委托代理人申请注册的企业被暂停进口的,应当在规定期限内完成整改,并向海关总署提交书面整改报告和符合注册要求的书面声明。

海关总署应当对企业整改情况进行审查,审查合格的,恢复相关企业食品进口。

第二十四条 已注册的进口食品境外生产企业有下列情形之一的,海关总署撤销其注册并予以公告:

(一)因企业自身原因致使进口食品发生重大食品安全事故的;

(二)向中国境内出口的食品在进境检验检疫中被发现食品安全问题,情节严重的;

(三)企业食品安全卫生管理存在重大问题,不能保证其向中国境内出口食品符合安全卫生要求的;

(四)经整改后仍不符合注册要求的;

(五)提供虚假材料、隐瞒有关情况的;

(六)拒不配合海关总署开展复查与事故调查的;

(七)出租、出借、转让、倒卖、冒用注册编号的。

第四章 附 则

第二十五条 国际组织或者向中国境内出口食品的国家(地区)主管当局发布疫情通报,或者相关食品在进境检验检疫中发现疫情、公共卫生事件等严重问题的,海关总署公告暂停该国家(地区)相关食品进口,在此期间不予受理该国家(地区)相关食品生产企业注册申请。

第二十六条 本规定中所在国家(地区)主管当局指进口食品境外生产企业所在国家(地区)负责食品生产企业安全卫生监管的官方部门。

第二十七条 本规定由海关总署负责解释。

第二十八条 本规定自 2022 年 1 月 1 日起施行。2012 年 3 月 22 日原国家质量监督检验检疫总局令第 145 号公布,根据 2018 年 11 月 23 日海关总署令第 243 号修改的《进口食品境外生产企业注册管理规定》同时废止。

进口食品进出口商备案管理规定

- 2012 年 4 月 5 日
- 国家质量监督检验检疫总局公告 2012 年第 55 号

第一章 总 则

第一条 为掌握进口食品进出口商信息及进口食品来源和流向,保障进口食品可追溯性,有效处理进口食品安全事件,保障进口食品安全,根据《中华人民共和国食品安全法》、《国务院关于加强食品等产品安全监督管理的特别规定》和《进出口食品安全管理办法》等法律、行政法规、规章的规定,制定本规定。

第二条 本规定适用于向中国大陆境内(不包括香港、澳门)出口食品的境外出口商或者代理商,以及境内进口食品的收货人(以下统称进出口商)的备案管理。

本规定附表所列经营食品种类之外的产品,如食品添加剂、食品相关产品、部分粮食品种、部分油籽类、水果、食用活动物等依照有关规定执行。

第三条 国家质检总局主管进口食品进出口商备案的监督管理工作,建立进口食品进出口商备案管理系统(以下简称备案管理系统),负责公布和调整进口食品进出口商备案名单。

国家质检总局设在各地的出入境检验检疫机构(以下简称检验检疫机构)负责进口食品收货人备案申请的受理、备案资料信息审核,以及在食品进口时对进出口商备案信息的核查等工作。

第二章 出口商或者代理商备案

第四条 向中国出口食品的出口商或者代理商,应当向国家质检总局申请备案,并对所提供备案信息的真实性负责。

第五条 出口商或者代理商应当通过备案管理系统填写并提交备案申请表(附件1),提供出口商或者代理商名称、所在国家或者地区、地址、联系人姓名、电话、经营食品种类、填表人姓名、电话等信息,并承诺所提供信息真实有效。出口商或者代理商应当保证在发生紧急情况时可以通过备案信息与相关人员取得联系。

出口商或者代理商提交备案信息后,获得备案管理系统生成的备案编号和查询编号,凭备案编号和查询编号查询备案进程或者修改备案信息。

第六条 出口商或者代理商地址、电话等发生变化时,应当及时通过备案管理系统进行修改。备案管理系统保存出口商或者代理商的所提交的信息以及信息修改情况。出口商或者代理商名称发生变化时,应当重新申请备案。

第七条 国家质检总局对完整提供备案信息的出口商或者代理商予以备案。备案管理系统生成备案出口商或者代理商名单,并在国家质检总局网站公布。公布名单的信息包括:备案出口商或者代理商名称及所在国家或者地区。

第三章 进口食品收货人备案

第八条 进口食品收货人(以下简称收货人),应当向其工商注册登记地检验检疫机构申请备案,并对所提供备案信息的真实性负责。

第九条 收货人应当于食品进口前向所在地检验检疫机构申请备案。申请备案须提供以下材料:

(一)填制准确完备的收货人备案申请表;

(二)工商营业执照、组织机构代码证书、法定代表人身份证明、对外贸易经营者备案登记表等的复印件并交验正本;

(三)企业质量安全管理制度;

(四)与食品安全相关的组织机构设置、部门职能和岗位职责;

(五)拟经营的食品种类、存放地点;

(六)2年内曾从事食品进口、加工和销售的,应当提供相关说明(食品品种、数量);

(七)自理报检的,应当提供自理报检单位备案登记证明书复印件并交验正本。

检验检疫机构核实企业提供的信息后,准予备案。

第十条 收货人在提供上述纸质文件材料的同时,应当通过备案管理系统填写并提交备案申请表(附件2),提供收货人名称、地址、联系人姓名、电话、经营食品种类、填表人姓名、电话以及承诺书等信息。收货人应当保证在发生紧急情况时可以通过备案信息与相关人员取得联系。

收货人提交备案信息后,获得备案管理系统生成的申请号和查询编号,凭申请号和查询编号查询备案进程或者修改备案信息。

第十一条 收货人名称、地址、电话等发生变化时,应当及时通过备案管理系统提出修改申请,由检验检疫机构审核同意后,予以修改。备案管理系统保存收货人所提交的信息以及信息修改情况。

第十二条 备案申请资料齐全的,检验检疫机构应当受理并在5个工作日内完成备案工作。

第十三条 检验检疫机构对收货人的备案资料及电子信息核实后,发放备案编号。备案管理系统生成备案收货人名单,并在国家质检总局网站公布。公布名单的信息包括:备案收货人名称、所在地直属出入境检验检疫局名称等。

第四章 监督管理

第十四条 检验检疫部门对已获得备案的进口食品进出口商备案信息实施监督抽查。

各地检验检疫机构通过对进口食品所载信息核查出口商或者代理商的备案信息,通过查验有关证明材料或者现场核查收货人所提供的备案信息。

对备案信息不符合要求的,应当要求其更正、完善备案信息。不按要求及时更正、完善信息的,应当将有关信息录入进出口食品生产经营企业不良信誉记录。

第十五条 进口食品的收货人或者其代理人在对进口食品进行报检时,应当在报检单中注明进口食品进出口商名称及备案编号。检验检疫机构应当核对备案编号和进口食品进出口商名称等信息与备案信息的一致性,对未备案或者与备案信息不一致的,告知其完成备案或者更正相关信息。

第十六条 (一)出口商或者代理商在申请备案时提供虚假备案资料和信息的,不予备案;已备案的,取消备案编号。

出口商或者代理商向中国出口的食品存在疫

情或者质量安全问题的,纳入信誉记录管理,并加强其进口食品检验检疫;对于其他违规行为,按照相关法律法规规定处理。

(二)收货人在申请备案时提供虚假备案资料和信息的,不予备案;已备案的,取消备案编号。

收货人转让、借用、篡改备案编号的,纳入信誉记录管理,并加强其进口食品检验检疫。

第五章 附 则

第十七条 本规定自 2012 年 10 月 1 日起施行。

食品进口记录和销售记录管理规定

· 2012 年 4 月 5 日
· 国家质量监督检验检疫总局公告 2012 年第 55 号

第一条 为掌握进口食品来源和流向,确保进口食品可追溯性,加强食品进口和销售记录的监督管理,依据《中华人民共和国食品安全法》及其实施条例、《国务院关于加强食品等产品安全监督管理的特别规定》、《进出口食品安全管理办法》等法律、行政法规、规章的要求,制定本规定。

第二条 本规定适用于出入境检验检疫机构对食品进口记录和销售记录的监督管理。

《进口食品进出口商备案管理规定》附件 1 所列经营食品种类之外的产品,如食品添加剂、食品相关产品、部分粮食品种、部分油籽类、水果、食用活动物等依照有关规定执行。

第三条 食品进口记录是指记载食品及其相关进口信息的纸质或者电子文件。

进口食品销售记录是指记载进口食品收货人(以下简称"收货人")将进口食品提供给食品经营者或者消费者的纸质或者电子文件。

第四条 收货人应当建立完善的食品进口记录和销售记录制度并严格执行。

第五条 进口食品结关地出入境检验检疫机构负责进口食品的进口记录和销售记录的监督管理工作。

第六条 收货人应当建立专门的食品进口记录,并指派专人负责。

第七条 收货人建立的食品进口记录应当包括以下内容:

进口食品的名称、品牌、规格、数重量、货值、生产批号、生产日期、保质期、原产地、输出国家或者地区、生产企业名称及在华注册号、出口商或者代理商备案编号、名称及联系方式、贸易合同号、进口口岸、目的地、根据需要出具的国(境)外官方或者官方授权机构出具的相关证书编号、报检单号、入境时间、存放地点、联系人及电话等内容。记录格式见附件 1。

第八条 收货人应当保存如下进口记录档案材料:贸易合同、提单、根据需要出具的国(境)外官方相关证书、报检单的复印件、出入境检验检疫机构出具的《入境货物检验检疫证明》、《卫生证书》等文件副本。

第九条 收货人应当建立专门的进口食品销售记录(食品进口后直接用于零售的除外),指派专人负责。

第十条 进口食品销售记录应当包括销售流向记录、销售对象投诉及召回记录等内容。

销售流向记录应当包括进口食品名称、规格、数重量、生产日期、生产批号、销售日期、购货人(使用人)名称及联系方式、出库单号、发票流水编号、食品召回后处理方式等信息。记录格式见附件 2。

销售对象投诉及召回记录应当包括涉及的进口食品名称、规格、数重量、生产日期、生产批号、召回或者销售对象投诉原因、自查分析、应急处理方式、后续改进措施等信息。记录格式见附件 3。

第十一条 收货人应当保存如下销售记录档案材料:购销合同、销售发票留底联、出库单等文件原件或者复印件,自用食品的收货人还应当保存加工使用记录等资料。

第十二条 收货人应当妥善保存食品进口和销售记录,防止污染、破损和遗失。食品进口和销售记录保存时间不得少于 2 年。

第十三条 进口食品结关地出入境检验检疫机构应当对收货人的食品进口和销售记录进行检查。

第十四条 本规定所称收货人指中国大陆境内(不包括香港、澳门)与外方签订贸易合同的实际收货人。

第十五条 本规定自 2012 年 10 月 1 日起实行。

进口食品不良记录管理实施细则

- 2014年2月26日国家质量监督检验检疫总局公告第43号公布
- 自2014年7月1日起施行

一、总则

（一）为保障进口食品安全，落实进口食品企业主体责任，促进行业自律，根据《中华人民共和国食品安全法》及其实施条例、《中华人民共和国进出口商品检验法》及其实施条例和《进出口食品安全管理办法》（总局令第144号）的有关规定，特制定本细则。

（二）本细则适用于进口食品境外生产企业和出口商、国内进口商、代理商（以下简称：进口食品企业）不良记录使用管理。

（三）国家质量监督检验检疫总局（以下简称质检总局）主管全国进口食品不良记录管理工作，确定和发布相关控制措施。

质检总局设在各地的出入境检验检疫机构负责收集、核准、上报与进口食品有关的进口食品安全信息，建立不良记录，对有不良记录的进口食品企业及相关国家或地区的进口食品实施控制措施。

二、不良记录生成

质检总局和各级检验检疫机构根据下述信息，经研判，记入进口食品企业的不良记录。

（一）进口食品检验检疫监督管理工作中发现的食品安全信息。

（二）国内其他政府部门通报的，以及行业协会、企业和消费者反映的食品安全信息。

（三）国际组织，境外政府机构，境外行业协会、企业和消费者反映的食品安全信息。

（四）其他与进口食品安全有关的信息。

三、风险预警及控制措施

（一）质检总局制订对各级别不良记录所涉及企业和产品的处置措施原则（附件1、2），汇总发布有关信息。

（二）各直属检验检疫局分别对各自辖区的不良记录进行汇总上报，对严重的不良记录信息立即研判，在上报信息的同时按照相关法律法规规定处理。

（三）质检总局对汇总的全国不良记录信息进行研判，根据研判结论发布风险预警通告，公布对不良记录进口食品企业采取不同程度的控制措施。

对列入《进口食品境外生产企业注册实施目录》，已获得注册资格的进口食品企业，由国家认监委按照《进口食品境外生产企业注册管理规定》（总局2012年第145号令）有关条款，采取限期整改、暂停注册资格或撤销其注册等处置措施，并报质检总局。

四、解除风险预警

（一）境内不良记录进口食品企业满足解除风险预警条件时（附件1），可向其工商注册地或最近12个月内有进口食品贸易记录的直属检验检疫局申请解除风险预警。经直属检验检疫局、质检总局分级风险研判，认为其风险已不存在或者已降低到可接受的程度时，由质检总局及时解除风险预警及控制措施。

（二）境外不良记录进口食品企业满足解除风险预警条件时（附件1），可向其所在国家/地区食品安全主管部门申请解除风险预警。该国家/地区食品安全主管部门根据企业申请开展调查，并将企业整改措施和调查报告通报质检总局。质检总局开展风险研判，认为其风险已不存在或者已降低到可接受的程度时，应当及时解除风险预警及控制措施。

（三）不良记录涉及整个国家/地区的，满足解除风险预警条件时（附件2），其食品安全主管部门应将问题原因调查及监管措施整改情况通报质检总局。质检总局开展风险研判，认为其风险已不存在或者已降低到可接受的程度时，应当及时解除风险预警及控制措施。

五、附则

（一）此前质检总局和各检验检疫机构发布的其他进口食品控制措施与本细则规定的控制措施不一致的，应从严执行。

（二）企业提供的检测报告应符合以下要求：

1. 国外合法并具有相应检测能力的检测机构以及境内取得食品检验机构资质认定的检测机构可出具检测报告。必要时，质检总局将确认公布检测机构名单，并实施动态管理。

2. 检测报告应与进口食品的生产日期或生产批号一一对应。

3. 因检出非法添加物被列入不良记录的，则检测报告应当包括该项目。

(三)进口化妆品不良记录管理参照本细则实施。

(四)本细则由质检总局负责解释。

(五)本细则自 2014 年 7 月 1 日起施行。

(九)食品添加剂

国务院办公厅关于严厉打击食品非法添加行为切实加强食品添加剂监管的通知

- 2011 年 4 月 20 日
- 国办发〔2011〕20 号

当前,在食品生产经营中违法添加非食用物质和滥用食品添加剂已成为影响食品安全的突出问题。为严厉打击食品非法添加行为,进一步加强食品添加剂监管,切实维护人民群众身体健康和生命安全,经国务院同意,现就有关事项通知如下:

一、严厉打击食品非法添加行为

(一)严禁在食品中添加非食用物质。根据有关法律法规,任何单位和个人禁止在食品生产中使用食品添加剂以外的任何化学物质和其他可能危害人体健康的物质,禁止在农产品种植、养殖、加工、收购、运输中使用违禁药物或其他可能危害人体健康的物质。

(二)加强非法添加行为监督查验。各地区、各有关部门要加大监督检查力度,实行网格化监管,明确责任,分片包干,消除监管死角。督促食用农产品生产企业、农民专业合作经济组织、食品生产经营单位严格依法落实查验、记录制度,并作为日常监管检查的重点。督促食品生产经营单位建立健全检验制度,加密自检频次。完善监督抽检制度,强化不定期抽检和随机性抽检,特别要针对生鲜乳收购、活畜贩运、屠宰等重点环节和小作坊、小摊贩、小餐饮等薄弱部位,加大巡查和抽检力度,提高抽检频次,扩大抽检范围。推广应用快检筛查技术,提高抽检效率。

(三)依法从重惩处非法添加行为。各地区、各有关部门要始终保持高压态势,严厉打击非法添加行为。对不按规定落实记录、查验制度,记录不真实、不完整、不准确,或未索证索票、票证保留不完备的,责令限期整改。对提供虚假票证或整改不合格的,一律停止其相关产品的生产销售;对因未严格履行进货查验而销售、使用含非法添加物食品的,责令停产、停业;对故意非法添加的,一律吊销相关证照,依法没收其非法所得和用于违法生产经营的相关物品,要求其对造成的危害进行赔偿;对上述行为,同时依法追究其他相关责任。对生产贩卖非法添加物的地下工厂主和主要非法销售人员,以及集中使用非法添加物生产食品的单位主要负责人和相关责任人,一律依法移送司法机关在法定幅度内从重从快惩处。有关部门要制定依法严惩食品非法添加行为的具体办法。

(四)完善非法添加行为案件查办机制。要强化行政执法与刑事司法的衔接,相关监管部门发现非法添加线索要立即向公安等部门通报,严禁以罚代刑、有案不移。对涉嫌犯罪的,公安部门要及早介入,及时立案侦查,对影响重大或者跨省份的案件由公安部挂牌督办。有关部门要积极配合公安部门调查取证,提供相关证据资料和检验鉴定证明,确保案件查处及时、有力。

(五)加强非法添加行为源头治理。对国家公布的食品中可能违法添加的非食用物质以及禁止在饲料和饮用水中使用的物质,工业和信息化、农业、质检、工商和食品药品监管等部门要依法加强监管,要求生产企业必须在产品标签上加印"严禁用于食品和饲料加工"等警示标识,并建立销售台账,实行实名购销制度,严禁向食品生产经营单位销售。加强对化工厂、兽药和药品生产企业的监督检查,监督企业依法合规生产经营。要严密监测,坚决打击通过互联网等方式销售食品非法添加物行为。对农村、城乡结合部、县域结合部等重点区域,企业外租的厂房、车间、仓库以及城镇临时建筑、出租民房等重点部位,各地要组织经常性排查,及时发现,彻底清剿违法制造存储非法添加物的"黑窝点",坚决捣毁地下销售渠道。

二、规范食品添加剂生产使用

(一)严格监管食品添加剂生产销售。质检部门要严格执行食品添加剂生产许可制度,从严惩处未经许可擅自生产的企业;加强原料采购和生产配料等重点环节的日常监管,督促生产企业严格执行有关标准和质量安全控制要求。规范复配食品添加剂生产,严禁使用非食用物质生产复配食品添加剂。工商部门要监督食品添加剂销售者建立并严格执行进货查验、销售台账制度,严厉查处无照经营和违法销售假冒伪劣食品添加剂的行为。质检、工商、食品药品监管等部门要严厉查处制售使用标签标识不规范的食品添加剂行为,督促企业将标签标识作为食品添加剂出厂和进货查验的重要内容,不得出厂、销售不符合法定要求的产品。

(二)加强食品添加剂使用监管。食品生产经营单位和餐饮服务单位要严格执行食品添加剂进货查验、记录制度,不得购入标识不规范、来源不明的食品添加剂,严格按照相关法律法规和标准规定的范围和限量使用食品添加剂。各监管部门要加大监管力度,严肃查处超范围、超限量等滥用食品添加剂的行为。卫生部、食品药品监管局要尽快制定餐饮服务环节食品添加剂使用规定,明确允许使用的食品添加剂品种,指导餐饮服务单位规范食品添加剂使用,不得虚假宣传、欺骗消费者。食品药品监管局要重点加强对提供火锅、自制饮料、自制调味料等服务的餐饮单位使用食品添加剂的监管。

(三)完善食品添加剂标准。卫生部要从严审核、制定食品添加剂新品种国家标准,2011年年底前要制定并公布复配食品添加剂通用安全标准和食品添加剂标识标准。对暂无国家标准的食品添加剂,有关企业或行业组织可以依据有关规定提出参照国际组织或相关国家标准指定产品标准的申请,卫生部会同有关部门要加快食品添加剂标准指定。卫生部、质检总局要尽快制定出台相关措施,做好标准指定完成前的生产许可和监管衔接工作。质检总局要及时审查公布获得进口许可的无国家标准食品添加剂的产品名单,拟生产同一品种食品添加剂的企业可以按相关规定提出制定标准立项建议,在卫生部制定并公布该标准后,按有关规定申请生产许可。

三、加强长效机制建设

(一)强化监测预警。加强食品污染物监测和食源性疾病监测网络建设,强化非法添加物和食品添加剂监测,及时开展安全评估,做到早发现、早报告、早预警,切实防范系统性风险。各地区、各有关部门在监管中发现新的可疑非法添加物或易滥用的添加剂,要立即通报卫生部。卫生部应及时组织研究更新非法添加物和易滥用食品添加剂"黑名单",并向社会公布。

(二)强化协调联动。各地区、各有关部门要密切协调配合,强化联合执法,规范信息发布。发现违法制售使用非法添加物和滥用食品添加剂的,要及时将信息通报给相关地区和部门。相关地区和部门接到通报后,应当立即依法采取控制措施,查处违法行为。卫生部要会同有关部门细化完善规范信息通报和建立协调联动机制的具体措施。

(三)强化诚信自律。工业和信息化、商务等部门要加强食品生产经营行业管理,推动诚信体系建设,在食品行业开展"讲诚信、保质量、树新风"活动,引导企业树立安全发展、诚信经营的理念。2011年年底前,各监管部门按系统对所有食品生产经营者建立食品安全信用档案。食品和食品添加剂等行业组织要切实负起行业自律责任,积极组织企业开展自查自纠和内部监督,加强行业监督和培训,及时发现行业中存在的问题并报告监管部门,未能及时发现并报告的要通报批评。

(四)强化社会监督。地方各级政府要建立健全食品安全有奖举报制度,设立专项奖励资金,完善工作机制,指定专门部门负责,切实落实对举报人的奖励,保护举报人的合法权益,鼓励生产经营单位内部人员举报。要结合本地实际制定食品安全信息员、协防员管理办法,加强食品安全信息员、协防员队伍建设。积极支持新闻媒体舆论监督,认真追查媒体披露的问题,及时回应社会关切,公开查处的食品安全案件。同时,要打击虚假新闻,对造成社会恐慌的假新闻制造者,要严肃追究责任。

(五)强化科普宣教。各地区、各有关部门要通过多种形式,大力宣传相关法律法规和标准知识、各类违法添加和滥用食品添加剂行为及其危害以及严厉惩处的措施,要宣传至农户、农业企业、农民专业合作经济组织、食品生产企业、食品经营单位和餐饮服务单位以及从业人员,做到家喻户晓、应知尽知。各地要特别针对小作坊、小摊贩、小餐饮进行集中宣教培训,开展案例警示教育,使其了解相关法律法规和政策规定,自觉规范生产经营行为。

四、严格落实各方责任

（一）企业要切实承担食品安全主体责任。食品生产经营者要依法履行食品安全责任，严格执行查证验货、购销台账、过程控制、产品召回等各项质量安全控制制度，杜绝使用非法添加物，规范使用食品添加剂，及时排查、整改食品安全隐患。要建立食品安全控制关键岗位责任制，明确企业主要负责人为防止非法添加和滥用食品添加剂的第一责任人，负责原材料采购和生产配料的人员为直接责任人，并分别签订责任书；对第一责任人所在单位发生违法添加行为、直接责任人发现单位购入或使用非法添加物未及时向监管部门报告的，第一责任人和直接责任人必须承担法律责任。大型食品企业要建立食品安全管理机构，确保各项食品安全措施落实到位，所属公司产品出现问题的，要暂停本企业所有同类产品的销售并向社会公告，经批批检验合格后方可继续销售。

（二）强化地方政府责任。县级以上地方政府统一负责、领导本行政区域打击非法添加和滥用食品添加剂工作，将其作为食品安全工作的重点，主要负责人要亲自抓，分管领导要直接负责。要制定年度工作计划并认真组织实施，切实加大人力、物力和经费投入，保障监管工作需要。

（三）严格落实部门责任。各有关部门要认真履行食品安全监督管理和行业管理职责，及时查处纠正违法违规行为；建立实施岗位责任制，细化、明确各级各类监管岗位的监管职责，并抄送同级监察机关；切实加强本系统监督执法队伍建设，提高素质，增强监管责任意识，提升依法行政和科学监管能力。财政部门要加大对打击食品非法添加行为和食品添加剂监管工作的支持力度。科技等部门要组织有关方面加强科技攻关，优先支持食品添加剂标准和非法添加物快检筛查技术的研发。

（四）加大责任追究力度。监察部门要加大责任追究力度，对失职、渎职行为要依法依纪追究责任。对行政区域内较长时间或较大范围出现非法添加行为且未及时有效查处的，或者行政区域内大型食品生产经营企业出现违法添加行为的，要严肃追究当地政府及部门相关负责人的责任。对监督检查中走过场、不按规定履职的公职人员，要从严追究责任；情节严重的，依法依纪开除公职；涉嫌徇私舞弊、渎职犯罪的，移交司法机关追究刑事责任。

食品添加剂新品种管理办法

- 2010年3月30日卫生部令第73号公布
- 根据2017年12月26日《国家卫生计生委关于修改〈新食品原料安全性审查管理办法〉等7件部门规章的决定》修订

第一条 为加强食品添加剂新品种管理，根据《食品安全法》和《食品安全法实施条例》有关规定，制定本办法。

第二条 食品添加剂新品种是指：

（一）未列入食品安全国家标准的食品添加剂品种；

（二）未列入国家卫生计生委公告允许使用的食品添加剂品种；

（三）扩大使用范围或者用量的食品添加剂品种。

第三条 食品添加剂应当在技术上确有必要且经过风险评估证明安全可靠。

第四条 使用食品添加剂应当符合下列要求：

（一）不应当掩盖食品腐败变质；

（二）不应当掩盖食品本身或者加工过程中的质量缺陷；

（三）不以掺杂、掺假、伪造为目的而使用食品添加剂；

（四）不应当降低食品本身的营养价值；

（五）在达到预期的效果下尽可能降低在食品中的用量；

（六）食品工业用加工助剂应当在制成最后成品之前去除，有规定允许残留量的除外。

第五条 国家卫生计生委负责食品添加剂新品种的审查许可工作，组织制定食品添加剂新品种技术评价和审查规范。

国家卫生计生委食品添加剂新品种技术审评机构（以下简称审评机构）负责食品添加剂新品种技术审评，提出综合审查结论及建议。

第六条 申请食品添加剂新品种生产、经营、使用或者进口的单位或者个人（以下简称申请人），应当提出食品添加剂新品种许可申请，并提交以下材料：

（一）添加剂的通用名称、功能分类、用量和使用范围；

（二）证明技术上确有必要和使用效果的资料或者文件；

（三）食品添加剂的质量规格要求、生产工艺和检验方法，食品中该添加剂的检验方法或者相关情况说明；

（四）安全性评估材料，包括生产原料或者来源、化学结构和物理特性、生产工艺、毒理学安全性评价资料或者检验报告、质量规格检验报告；

（五）标签、说明书和食品添加剂产品样品；

（六）其他国家（地区）、国际组织允许生产和使用等有助于安全性评估的资料。

申请食品添加剂品种扩大使用范围或者用量的，可以免于提交前款第四项材料，但是技术评审中要求补充提供的除外。

第七条 申请首次进口食品添加剂新品种的，除提交第六条规定的材料外，还应当提交以下材料：

（一）出口国（地区）相关部门或者机构出具的允许该添加剂在本国（地区）生产或者销售的证明材料；

（二）生产企业所在国（地区）有关机构或者组织出具的对生产企业审查或者认证的证明材料。

第八条 申请人应当如实提交有关材料，反映真实情况，并对申请材料内容的真实性负责，承担法律后果。

第九条 申请人应当在其提交的本办法第六条第一款第一项、第二项、第三项材料中注明不涉及商业秘密，可以向社会公开的内容。

食品添加剂新品种技术上确有必要和使用效果等情况，应当向社会公开征求意见，同时征求质量监督、工商行政管理、食品药品监督管理、工业和信息化、商务等有关部门和相关行业组织的意见。

对有重大意见分歧，或者涉及重大利益关系的，可以举行听证会听取意见。

反映的有关意见作为技术评审的参考依据。

第十条 国家卫生计生委应当在受理后60日内组织医学、农业、食品、营养、工艺等方面的专家对食品添加剂新品种技术上确有必要性和安全性评估资料进行技术审查，并作出技术评审结论。

对技术评审中需要补充有关资料的，应当及时通知申请人，申请人应当按照要求及时补充有关材料。

必要时，可以组织专家对食品添加剂新品种研制及生产现场进行核实、评价。

第十一条 食品添加剂新品种行政许可的具体程序按照《行政许可法》和《卫生行政许可管理办法》等有关规定执行。

第十二条 审评机构提出的综合审查结论，应当包括安全性、技术必要性审查结果和社会稳定风险评估结果。

第十三条 根据技术评审结论，国家卫生计生委决定对在技术上确有必要性和符合食品安全要求的食品添加剂新品种准予许可并列入允许使用的食品添加剂名单予以公布。

对缺乏技术上必要性和不符合食品安全要求的，不予许可并书面说明理由。

对发现可能添加到食品中的非食用化学物质或者其他危害人体健康的物质，按照《食品安全法实施条例》第四十九条执行。

第十四条 国家卫生计生委根据技术上必要性和食品安全风险评估结果，将公告允许使用的食品添加剂的品种、使用范围、用量按照食品安全国家标准的程序，制定、公布为食品安全国家标准。

第十五条 有下列情形之一的，国家卫生计生委应当及时组织对食品添加剂进行重新评估：

（一）科学研究结果或者有证据表明食品添加剂安全性可能存在问题的；

（二）不再具备技术上必要性的。

对重新审查认为不符合食品安全要求的，国家卫生计生委可以公告撤销已批准的食品添加剂品种或者修订其使用范围和用量。

第十六条 申请人隐瞒有关情况或者提供虚假材料申请食品添加剂新品种许可的，国家卫生计生委不予受理或者不予行政许可，并给予警告，且申请人在一年内不得再次申请食品添加剂新品种许可。

以欺骗、贿赂等不正当手段通过食品添加剂新品种审查并取得许可的，国家卫生计生委应当撤销许可，且申请人在三年内不得再次申请食品添加剂新品种许可。

第十七条 本办法自公布之日起施行。国家卫生计生委2002年3月28日发布的《食品添加剂卫生管理办法》同时废止。

进出口食品添加剂检验检疫监督管理工作规范

· 2011 年 4 月 18 日
· 国家质量监督检验检疫总局公告 2011 年第 52 号

第一章 总 则

第一条 为规范进出口食品添加剂检验监管工作，确保进出口产品质量安全，保护公众人身健康，根据《中华人民共和国食品安全法》及其实施条例、《中华人民共和国进出口商品检验法》及其实施条例、《中华人民共和国进出境动植物检疫法》及其实施条例，以及《国务院关于加强食品等产品安全监督管理的特别规定》等有关法律法规规定，制定本规范。

第二条 本规范适用于列入《出入境检验检疫机构实施检验检疫的进出境商品目录》内进出口食品添加剂的检验检疫监督管理工作。

食品添加剂的使用和非食品添加剂用化工原料的检验检疫监督管理不适用本规范，依照有关规定执行。

第三条 国家质量监督检验检疫总局（以下简称国家质检总局）统一管理全国进出口食品添加剂的检验检疫和监督管理工作。

国家质检总局设在各地的出入境检验检疫机构（以下简称检验检疫机构）负责所辖区域进出口食品添加剂的检验检疫和监督管理工作。

第二章 食品添加剂进口

第四条 进口食品添加剂应当符合下列条件之一：

（一）有食品安全国家标准的；

（二）经国务院卫生行政管理部门批准、发布列入我国允许使用食品添加剂目录的；

（三）列入《食品添加剂使用卫生标准》（GB2760）、《食品营养强化剂使用卫生标准》（GB14880）的；

（四）列入"食品安全法实施前已有进口记录但尚无食品安全国家标准的食品添加剂目录"（见附录）的。

除符合上列四项条件之一外，应当办理进境动植物检疫许可的，还应取得进境动植物检疫许可证。

第五条 进口食品添加剂应当有包装、中文标签、中文说明书。中文标签、中文说明书应当符合中国法律法规的规定和食品安全国家标准的要求。

食品添加剂说明书应置于食品添加剂的外包装以内，并避免与添加剂直接接触。

进口食品添加剂标签、说明书和包装不得分离。

第六条 食品添加剂的标签应直接标注在最小销售单元包装上。

食品添加剂标签应标明以下事项：

（一）名称（相关标准中的通用名称）、规格、净含量；

（二）成分（表）或配料（表），采用相关标准中的通用名称；

（三）原产国（地）及境内代理商的名称、地址、联系方式；

（四）生产日期（批号）和保质期；

（五）产品标准代号；

（六）符合本规范第四条（二）的食品添加剂标签，应标明卫生部准予进口的证明文件号和经卫生部批准或认可的产品质量标准；

（七）贮存条件；

（八）使用范围、用量、使用方法；

（九）复合添加剂中各单一品种的通用名称、辅料的名称和含量，按含量由大到小排列（各单一品种必须具有相同的使用范围）；

（十）"食品添加剂"字样；

（十一）中国食品安全法律、法规或者食品安全国家标准规定必须标明的其他事项。

第七条 食品添加剂进口企业（以下称进口企业）应按照规定向海关报关地的检验检疫机构报检，报检时应当提供如下资料：

（一）注明产品用途（食品加工用）的贸易合同，或者贸易合同中买卖双方出具的用途声明（食品加工用）；

（二）食品添加剂完整的成分说明；

（三）进口企业是经营企业的，应提供加盖进口企业公章的工商营业执照或经营许可证复印件；进口企业是食品生产企业的，应提供加盖进口

企业公章的食品生产许可证复印件;

（四）特殊情况下还应提供下列材料:

1. 需办理进境检疫审批的,应提供进境动植物检疫许可证。

2. 首次进口食品添加剂新品种,应提供卫生部准予进口的有关证明文件和经卫生部批准或认可的产品质量标准和检验方法标准文本。

3. 首次进口食品添加剂,应提供进口食品添加剂中文标签样张、说明书,并应在报检前经检验检疫机构审核合格。

4. 进口食品添加剂全部用来加工后复出口的,应提供输入国或者地区的相关标准或技术要求,或者在合同中注明产品质量安全项目和指标要求。

5. 检验检疫机构要求的其他资料。

第八条 检验检疫机构对进口企业提交的报检材料进行审核,符合要求的,受理报检。

第九条 检验检疫机构按照以下要求对进口食品添加剂实施检验检疫:

（一）食品安全国家标准;

（二）双边协议、议定书、备忘录;

（三）国家质检总局、卫生部《关于进口食品、食品添加剂检验有关适用标准问题的公告》(2009年第72号公告)附件中列明的进口食品添加剂适用标准;

（四）首次进口添加剂新品种的,应当按照卫生部批准或认可的产品质量标准和检验方法标准检验;

（五）食品安全法实施前已有进口记录但尚无食品安全国家标准的,在食品安全国家标准发布实施之前,按照卫生部指定标准检验,没有卫生部指定标准的按原进口记录中指定的标准实施检验;

（六）国家质检总局规定的检验检疫要求;

（七）贸易合同中高于本条(一)至(六)规定的技术要求。

第十条 进口食品添加剂的内外包装和运输工具应符合相关食品质量安全要求,并经检验检疫合格。

进口食品添加剂属于危险品的,其包装容器应符合危险货物包装容器管理的相关要求。

第十一条 检验检疫机构按照相关检验规程和标准对进口食品添加剂实施现场检验检疫。

（一）核对货物的名称、数(重)量、包装、生产日期、承载工具号码、输出国家或者地区等是否与所提供的报检单证相符;

（二）检查标签、说明书是否与经检验检疫机构审核合格的样张和样本一致;检查标签、说明书的内容是否符合中国法律法规的规定和食品安全国家标准的要求。

（三）检查包装、容器是否完好,是否超过保质期,有无腐败变质,承运工具是否清洁、卫生。

（四）其他需要实施现场检验检疫的项目。

第十二条 现场检验检疫有下列情形之一的,检验检疫机构可直接判定为不合格:

（一）不属于本规范第四条规定的食品添加剂品种的;

（二）无生产、保质期,超过保质期或者腐败变质的;

（三）感官检查发现产品的色、香、味、形态、组织等存在异常情况,混有异物或被污染的;

（四）容器、包装密封不良、破损、渗漏严重,内容物受到污染的;

（五）使用来自国际组织宣布为严重核污染地区的原料生产的;

（六）货证不符;

（七）标签及说明书内容与报检前向检验检疫机构提供的样张和样本不一致;

（八）其他不符合中国法律法规规定、食品安全国家标准或者质检总局检验检疫要求的情况。

第十三条 检验检疫机构按照相关检验规程、标准规定的要求抽取检测样品,送实验室对质量规格、安全卫生项目和标签内容的真实性、准确性进行检测验证。

取样量应满足检测及存样的需要。检测样品采集、传递、制备、贮存等全过程应受控,不应有污染,以保证所检样品的真实性。

第十四条 经检验检疫合格的,检验检疫机构出具合格证明。合格证明中应注明判定产品合格所依据的标准,包括标准的名称、编号。

第十五条 经检验检疫不合格的,按以下方式处理:

（一）涉及安全卫生项目不合格的,出具不合格证明,责成进口企业按规定程序实施退运或销毁。

不合格证明中应注明判定产品不合格所依据

的标准,包括标准的名称、编号。

(二)非安全卫生项目不合格的,可在检验检疫机构的监督下进行技术处理或改作他用,经重新检验合格后,方可销售、使用。

第十六条 检验检疫机构应当按照有关规定将进口食品添加剂不合格信息及时报国家质检总局。

第十七条 进口食品添加剂分港卸货的,先期卸货港检验检疫机构应当以书面形式将检验检疫结果及处理情况及时通知其他分卸港所在地检验检疫机构;需要对外出证的,由卸毕港检验检疫机构汇总后出具证书。

第十八条 进口企业应当建立食品添加剂质量信息档案,如实记录以下内容:

(一)进口时向检验检疫机构申报的报检号、品名、数/重量、包装、生产和输出国家或者地区、生产日期、保质期等内容;

(二)国外出口商、境外生产企业名称及其在所在国家或者地区获得的资质证书号;

(三)进口食品添加剂中文标签样张、中文说明书样本;

(四)检验检疫机构签发的检验检疫证单;

(五)进口食品添加剂流向等信息。

档案保存期限不得少于2年,且不能少于保质期。

第十九条 检验检疫机构对进口企业的质量信息档案进行审查,审查不合格的,将其列入不良记录企业名单,对其进口的食品添加剂实施加严检验检疫措施。

第三章 食品添加剂出口

第二十条 食品添加剂出口企业(以下简称出口企业)应当保证其出口的食品添加剂符合进口国家或者地区技术法规、标准及合同要求。

进口国家或者地区无相关标准且合同未有要求的,应当保证出口食品添加剂符合中国食品安全国家标准;无食品安全国家标准的,应当符合食品安全地方标准;无食品安全国家标准和食品安全地方标准的,应当符合经省级卫生行政部门备案的企业标准。

第二十一条 检验检疫机构按照《出口工业产品企业分类管理办法》(质检总局令第113号),对食品添加剂生产企业实施分类管理。

第二十二条 出口食品添加剂应当是符合下列要求:

(一)获得生产许可;

(二)食品安全法实施之前获得卫生许可,且卫生许可证在有效期内;

(三)应当获得并已经获得法律、法规要求的其他许可。

第二十三条 出口食品添加剂应当有包装、标签、说明书。

(一)标签应当直接标注在最小销售单元的包装上。

(二)说明书应置于食品添加剂的外包装以内,并避免与添加剂直接接触。

(三)标签、说明书和包装是一个整体,不得分离。

第二十四条 出口食品添加剂内外包装应符合相关食品质量安全要求,其承载工具需要进行适载检验的应按规定进行适载检验,并经检验检疫合格。

出口食品添加剂属于危险品的,其包装容器应符合危险货物包装容器管理的相关要求。

第二十五条 出口食品添加剂标签应标明以下事项:

(一)名称(标准中的通用名称)、规格、净含量;

(二)生产日期(生产批次号)和保质期;

(三)成分(表)或配料(表);

(四)产品标准代号;

(五)贮存条件;

(六)"食品添加剂"字样;

(七)进口国家或者地区对食品添加剂标签的其他要求。

第二十六条 出口企业应当对拟出口的食品添加剂按照相关标准进行检验,并在检验合格后向产地检验检疫机构报检,报检时应提供下列材料:

(一)注明产品用途(食品加工用)的贸易合同,或者贸易合同中买卖双方出具的用途声明(食品加工用);

(二)产品检验合格证明原件。检验合格证明中应列明检验依据的标准,包括标准的名称、编号;

(三)出口企业是经营企业的,应提供工商营业执照或者经营许可证复印件。

(四)食品添加剂标签样张和说明书样本;

(五)国家质检总局要求的其他材料。

第二十七条 检验检疫机构对出口企业提交的报检材料进行审核,符合要求的,受理报检。

第二十八条 检验检疫机构按照下列要求对出口食品添加剂实施检验检疫:

(一)进口国家或者地区技术法规、标准;

(二)双边协议、议定书、备忘录;

(三)合同中列明的质量规格要求;

(四)没有本条(一)至(三)的,可以按照中国食品安全国家标准检验;

(五)没有本条(一)至(四)的,可以按照中国食品安全地方标准检验;

(六)没有本条(一)至(五)的,可以按照省级卫生行政部门备案的企业标准检验。

(七)国家质检总局规定的其他检验检疫要求;

第二十九条 检验检疫机构按照相关检验规程和标准对出口食品添加剂实施现场检验检疫:

(一)核对货物的名称、数(重)量、生产日期、批号、包装、唛头、出口企业名称等是否与报检时提供的资料相符;

(二)核对货物标签是否与报检时提供的标签样张一致,检查标签中与质量有关内容的真实性、准确性;

(三)包装、容器是否完好,有无潮湿发霉现象,有无腐败变质,有无异味;

(四)其他需要实施现场检验检疫的项目。

第三十条 现场检验检疫合格后,检验检疫机构对来自不同监管类别生产企业的产品按照相关检验规程、标准要求,对抽取的检测样品进行规格、安全卫生项目和标签内容的符合性检测验证,必要时对标签上所有标识的内容进行检测。

取样量应满足检验、检测及存样的需要。检测样品采集、传递、制备、贮存的全过程应受控,不应有污染,以保证所检样品的真实性。

第三十一条 经检验检疫合格的,出具《出境货物通关单》或《出境货物换证凭单》,根据需要出具检验证书。检验证单中注明判定产品合格所依据的标准,包括标准的名称和编号。

第三十二条 检验检疫不合格的,按以下方式处理:

(一)经有效方法处理并重新检验检疫合格的,按本规范第三十一条办理;

(二)无有效处理方法或者经过处理后重新检验检疫仍不合格的,出具不合格证明,不准出口。

第三十三条 口岸检验检疫机构按照出口货物查验换证的相关规定查验货物。

(一)查验合格的,签发合格证明,准予出口。

(二)查验不合格的,不予放行,并将有关信息通报产地检验检疫机构,必要时抽取检测样本,进行质量规格、安全卫生项目检测。产地检验检疫机构应根据不合格情况采取相应监管措施。

第三十四条 检验检疫机构应当按照相关规定建立生产企业分类管理档案和出口企业诚信档案,建立良好记录和不良记录企业名单。

第三十五条 出口企业应当建立质量信息档案并接受检验检疫机构的核查。产品信息档案应至少包括出口产品的如下信息:

(一)出口报检号、品名、数(重)量、包装、进口国家或者地区、生产批次号;

(二)境外进口企业名称;

(三)国内供货企业名称及相关批准文件号;

(四)食品添加剂标签样张、说明书样本;

(五)检验检疫机构出具的检验检疫证单。

档案保存期不得少于2年,且不能少于保质期。

第三十六条 出口食品添加剂被境内外检验检疫机构检出有质量安全卫生问题的,检验检疫机构核实有关情况后,实施加严检验检疫监管措施。

第四章 监督管理

第三十七条 国家质检总局对进出口食品添加剂实施风险预警和快速反应制度。

进出口食品添加剂检验检疫监管中发现严重质量安全问题或疫情的,或者境内外发生的食品安全事故、国内有关部门通报或者用户投诉食品出现质量安全卫生问题涉及进出口食品添加剂的,国家质检总局应当及时采取风险预警或者控制措施,并向国务院卫生行政等部门通报。

第三十八条 检验检疫机构在检验检疫监管过程中发现严重质量安全问题可能影响到食品安全或者获知有关风险信息后,应当启动食品安全应急处置预案,开展追溯调查,按照有关规定进行处理,并于24小时内逐级上报至国家质检总局。

第三十九条 进出口企业发现其生产、经营的食品添加剂存在安全隐患,可能影响食品安全,或者其出口产品在境外涉嫌引发食品安全事件时,应当采取控制或者避免危害发生的措施,主动召回产品,并向所在地检验检疫机构报告。检验检疫机构对召回实施监督管理。

进出口企业不履行召回义务的,由所在地直属检验检疫机构向其发出责令召回通知书,并报告国家质检总局。国家质检总局按有关规定进行处理。

第四十条 对经国务院卫生行政部门信息核实,风险已经明确,或经风险评估后确认有风险的出入境食品添加剂,国家质检总局可采取快速反应措施。

第四十一条 进出保税区、出口加工区等的食品添加剂,以及进境非贸易性的食品添加剂样品的检验检疫监督管理,按照国家质检总局的有关规定办理。

第五章 附 则

第四十二条 本规范下列用语的含义是:

(一)食品添加剂,指可以作为改善食品品质和色、香、味以及为防腐、保鲜和加工工艺的需要而加入食品中的人工合成或者天然物质。

(二)非食品添加剂用化工原料,是指与食品添加剂具有相同化学构成,进出口时共用同一个HS编码,但不用于食品生产加工的化学物质。在进出口报检时以"非食品加工用",与食品添加剂区分。

(三)产品检验合格证明,是指具备全项目出厂检验能力的生产企业自行检验出具的,或不具备产品出厂检验能力的生产企业或者出口企业委托有资质的检验机构进行检验并出具的证明其产品检验合格的文件。

第四十三条 本规范由国家质检总局负责解释。

第四十四条 本规范自2011年6月1日起施行。自施行之日起,其他相关进出口食品添加剂检验检疫管理规定与本规范不一致的,以本规范为准。

附录:食品安全法实施前已有进口记录但尚无食品安全国家标准的食品添加剂目录(略)

三、保健食品

保健食品管理办法

· 1996年3月15日卫生部令第46号公布
· 自1996年6月1日起施行

第一章 总 则

第一条 为加强保健食品的监督管理，保证保健食品质量，根据《中华人民共和国食品卫生法》(下称《食品卫生法》)的有关规定，制定本办法。

第二条 本办法所称保健食品系指表明具有特定保健功能的食品。即适宜于特定人群食用，具有调节机体功能，不以治疗疾病为目的的食品。

第三条 国务院卫生行政部门(以下简称卫生部)对保健食品、保健食品说明书实行审批制度。

第二章 保健食品的审批

第四条 保健食品必须符合下列要求：

（一）经必要的动物和/或人群功能试验，证明其具有明确、稳定的保健作用；

（二）各种原料及其产品必须符合食品卫生要求，对人体不产生任何急性、亚急性或慢性危害；

（三）配方的组成及用量必须具有科学依据，具有明确的功效成分。如在现有技术条件下不能明确功效成分，应确定与保健功能有关的主要原料名称；

（四）标签、说明书及广告不得宣传疗效作用。

第五条 凡声称具有保健功能的食品必须经卫生部审查确认。研制者应向所在地的省级卫生行政部门提出申请。经初审同意后，报卫生部审批。卫生部对审查合格的保健食品发给《保健食品批准证书》，批准文号为"卫食健字（ ）第 号"。获得《保健食品批准证书》的食品准许使用卫生部规定的保健食品标志(标志图案见附件)。

第六条 申请《保健食品批准证书》时，必须提交下列资料：

（一）保健食品申请表；

（二）保健食品的配方、生产工艺及质量标准；

（三）毒理学安全性评价报告；

（四）保健功能评价报告；

（五）保健食品的功效成分名单，以及功效成分的定性和/或定量检验方法、稳定性试验报告。因在现有技术条件下，不能明确功效成分的，则须提交食品中与保健功能相关的主要原料名单；

（六）产品的样品及其卫生学检验报告；

（七）标签及说明书(送审样)；

（八）国内外有关资料；

（九）根据有关规定或产品特性应提交的其他材料。

第七条 卫生部和省级卫生行政部门应分别成立评审委员会承担技术评审工作，委员会应由食品卫生、营养、毒理、医学及其他相关专业的专家组成。

第八条 卫生部评审委员会每年举行四次评审会，一般在每季度的最后一个月召开。经初审合格的全部材料必须在每季度第一个月底前寄到卫生部。卫生部根据评审意见，在评审后的30个工作日内，作出是否批准的决定。

卫生部评审委员会对申报的保健食品认为有必要复验的，由卫生部指定的检验机构进行复验。复验费用由保健食品申请者承担。

第九条 由两个或两个以上合作者共同申请同一保健食品时，《保健食品批准证书》共同署名，但证书只发给所有合作者共同确定的负责者。申请时，除提交本办法所列各项资料外，还应提交由所有合作者签章的负责者推荐书。

第十条 《保健食品批准证书》持有者可凭此证书转让技术或与他方共同合作生产。转让时，应与受让方共同向卫生部申领《保健食品批准证书》副本。申领时，应持《保健食品批准证书》，并提供有效的技术转让合同书。《保健食品批准证书》副本发放给受让方，受让方无权再进行技术转让。

第十一条 已由国家有关部门批准生产经营

的药品，不得申请《保健食品批准证书》。

第十二条　进口保健食品时，进口商或代理人必须向卫生部提出申请。申请时，除提供第六条所需的材料外，还要提供出口国（地区）或国际组织的有关标准，以及生产、销售国（地区）有关卫生机构出具的允许生产或销售的证明。

第十三条　卫生部对审查合格的进口保健食品发放《进口保健食品批准证书》，取得《进口保健食品批准证书》的产品必须在包装上标注批准文号和卫生部规定的保健食品标志。

口岸进口食品卫生监督检验机构凭《进口保健食品批准证书》进行检验，合格后放行。

第三章　保健食品的生产经营

第十四条　在生产保健食品前，食品生产企业必须向所在地的省级卫生行政部门提出申请，经省级卫生行政部门审查同意并在申请者的卫生许可证上加注"××保健食品"的许可项目后方可进行生产。

第十五条　申请生产保健食品时，必须提交下列资料：

（一）有直接管辖权的卫生行政部门发放的有效食品生产经营卫生许可证；

（二）《保健食品批准证书》正本或副本；

（三）生产企业制订的保健食品企业标准、生产企业卫生规范及制订说明；

（四）技术转让或合作生产的，应提交与《保健食品批准证书》的持有者签定的技术转让或合作生产的有效合同书；

（五）生产条件、生产技术人员、质量保证体系的情况介绍；

（六）三批产品的质量与卫生检验报告。

第十六条　未经卫生部审查批准的食品，不得以保健食品名义生产经营；未经省级卫生行政部门审查批准的企业，不得生产保健食品。

第十七条　保健食品生产者必须按照批准的内容组织生产，不得改变产品的配方、生产工艺、企业产品质量标准以及产品名称、标签、说明书等。

第十八条　保健食品的生产过程、生产条件必须符合相应的食品生产企业卫生规范或其他有关卫生要求。选用的工艺应能保持产品的功效成分的稳定性。加工过程中功效成分不损失、不破坏，不转化和不产生有害的中间体。

第十九条　应采用定型包装。直接与保健食品接触的包装材料或容器必须符合有关卫生标准或卫生要求。包装材料或容器及其包装方式应有利于保持保健食品功效成分的稳定。

第二十条　保健食品经营者采购保健食品时，必须索取卫生部发放的《保健食品批准证书》复印件和产品检验合格证。

采购进口保健食品应索取《进口保健食品批准证书》复印件及口岸进口食品卫生监督检验机构的检验合格证。

第四章　保健食品标签、说明书及广告宣传

第二十一条　保健食品标签和说明书必须符合国家有关标准和要求，并标明下列内容：

（一）保健作用和适宜人群；

（二）食用方法和适宜的食用量；

（三）贮藏方法；

（四）功效成分的名称及含量。因在现有技术条件下，不能明确功效成分的，则须标明与保健功能有关的原料名称；

（五）保健食品批准文号；

（六）保健食品标志；

（七）有关标准或要求所规定的其他标签内容。

第二十二条　保健食品的名称应当准确、科学，不得使用人名、地名、代号及夸大或容易误解的名称，不得使用产品中非主要功效成分的名称。

第二十三条　保健食品的标签、说明书和广告内容必须真实，符合其产品质量要求。不得有暗示可使疾病痊愈的宣传。

第二十四条　严禁利用封建迷信进行保健食品的宣传。

第二十五条　未经卫生部按本办法审查批准的食品，不得以保健食品名义进行宣传。

第五章　保健食品的监督管理

第二十六条　根据《食品卫生法》以及卫生部有关规章和标准，各级卫生行政部门应加强对保健食品的监督、监测及管理。卫生部对已经批准生产的保健食品可以组织监督抽查，并向社会公布抽查结果。

第二十七条 卫生部可根据以下情况确定对已经批准的保健食品进行重新审查：

（一）科学发展后，对原来审批的保健食品的功能有认识上的改变；

（二）产品的配方、生产工艺、以及保健功能受到可能有改变的质疑；

（三）保健食品监督监测工作需要。

经审查不合格者或不接受重新审查者，由卫生部撤销其《保健食品批准证书》。合格者，原证书仍然有效。

第二十八条 保健食品生产经营者的一般卫生监督管理，按照《食品卫生法》及有关规定执行。

第六章 罚 则

第二十九条 凡有下列情形之一者，由县级以上地方人民政府卫生行政部门按《食品卫生法》第四十五条进行处罚：

（一）未经卫生部按本办法审查批准，而以保健食品名义生产、经营的；

（二）未按保健食品批准进口，而以保健食品名义进行经营的；

（三）保健食品的名称、标签、说明书未按照核准内容使用的。

第三十条 保健食品广告中宣传疗效或利用封建迷信进行保健食品宣传的，按照国家工商行政管理局和卫生部《食品广告管理办法》的有关规定进行处罚。

第三十一条 违反《食品卫生法》或其他有关卫生要求的，依照相应规定进行处罚。

第七章 附 则

第三十二条 保健食品标准和功能评价方法由卫生部制订并批准颁布。

第三十三条 保健食品的功能评价和检测、安全性毒理学评价由卫生部认定的检验机构承担。

第三十四条 本办法由卫生部解释。

第三十五条 本办法自1996年6月1日起实施，其他卫生管理办法与本办法不一致的，以本办法为准。

保健食品生产许可审查细则

· 2016年11月28日
· 食药监食监三〔2016〕151号

1 总 则

1.1 制定目的

为规范保健食品生产许可审查工作，督促企业落实主体责任，保障保健食品质量安全，依据《中华人民共和国食品安全法》《食品生产许可管理办法》《保健食品注册与备案管理办法》《保健食品良好生产规范》《食品生产许可审查通则》等相关法律法规和技术标准的规定，制定本细则。

1.2 适用范围

本细则适用于中华人民共和国境内保健食品生产许可审查，包括书面审查、现场核查等技术审查和行政审批。

1.3 职责划分

1.3.1 国家食品药品监督管理总局负责制定保健食品生产许可审查标准和程序，指导各省级食品药品监督管理部门开展保健食品生产许可审查工作。

1.3.2 省级食品药品监督管理部门负责制定保健食品生产许可审查流程，组织实施本行政区域保健食品生产许可审查工作。

1.3.3 承担技术审查的部门负责组织保健食品生产许可的书面审查和现场核查等技术审查工作，负责审查员的遴选、培训、选派以及管理等工作，负责具体开展保健食品生产许可的书面审查。

1.3.4 审查组具体负责保健食品生产许可的现场核查。

1.4 审查原则

1.4.1 规范统一原则。统一颁发保健食品生产企业《食品生产许可证》，明确保健食品生产许可审查标准，规范审查工作流程，保障审查工作的规范有序。

1.4.2 科学高效原则。按照保健食品剂型形态进行产品分类，对申请增加同剂型产品以及生产条件未发生变化的，可以不再进行现场核查，提高审查工作效率。

1.4.3 公平公正原则。厘清技术审查与行政审批的关系，由技术审查部门组织审查组负责技术审查工作，日常监管部门负责选派观察员参与现场核查，确保审查工作的公平公正。

2 受理

2.1 材料申请

2.1.1 保健食品生产许可申请人应当是取得《营业执照》的合法主体，符合《食品生产许可管理办法》要求的相应条件。

2.1.2 申请人填报《食品生产许可申请书》，并按照《保健食品生产许可申请材料目录》（附件1）的要求，向其所在地省级食品药品监督管理部门提交申请材料。

2.1.3 保健食品生产许可，申请人应参照《保健食品生产许可分类目录》（附件2）的要求，填报申请生产的保健食品品种明细。

2.1.4 申请人新开办保健食品生产企业或新增生产剂型的，可以委托生产的方式，提交委托方的保健食品注册证明文件，或以"拟备案品种"获取保健食品生产许可资质。

2.1.5 申请人申请保健食品原料提取物和复配营养素生产许可，应提交保健食品注册证明文件或备案证明，以及注册证明文件或备案证明载明的该原料提取物的生产工艺、质量标准，注册证明文件或备案证明载明的该复配营养素的产品配方、生产工艺和质量标准等材料。

2.2 受理

省级食品药品监督管理受理部门对申请人提出的保健食品生产许可申请，应当按照《食品生产许可管理办法》的要求，作出受理或不予受理的决定。

2.3 移送

保健食品生产许可申请材料受理后，受理部门应将受理材料移送至保健食品生产许可技术审查部门。

3 技术审查

3.1 书面审查

3.1.1 审查程序

3.1.1.1 技术审查部门按照《保健食品生产许可书面审查记录表》（附件3）的要求，对申请人的申请材料进行书面审查，并如实填写审查记录。

3.1.1.2 技术审查部门应当核对申请材料原件，需要补充技术性材料的，应一次性告知申请人予以补正。

3.1.1.3 申请材料基本符合要求，需要对许可事项开展现场核查的，可结合现场核查核对申请材料原件。

3.1.2 审查内容

3.1.2.1 主体资质审查

申请人的营业执照、保健食品注册证明文件或备案证明合法有效，产品配方和生产工艺等技术材料完整，标签说明书样稿与注册或备案的技术要求一致。备案保健食品符合保健食品原料目录技术要求。

3.1.2.2 生产条件审查

保健食品生产场所应当合理布局，洁净车间应符合保健食品良好生产规范要求。保健食品安全管理规章制度和体系文件健全完善，生产工艺流程清晰完整，生产设施设备与生产工艺相适应。

3.1.2.3 委托生产

保健食品委托生产的，委托方应是保健食品注册证书持有人，受托方应能够完成委托生产品种的全部生产过程。委托生产的保健食品，标签说明书应当标注委托双方的企业名称、地址以及受托方许可证编号等内容。保健食品的原注册人可以对转备案保健食品进行委托生产。

3.1.3 做出审查结论

3.1.3.1 书面审查符合要求的，技术审查部门应做出书面审查合格的结论，组织审查组开展现场核查。

3.1.3.2 书面审查出现以下情形之一的，技术审查部门应做出书面审查不合格的结论：

（一）申请材料书面审查不符合要求的；

（二）申请人未按时补正申请材料的。

3.1.3.3 书面审查不合格的，技术审查部门应按照本细则的要求提出未通过生产许可的审查意见。

3.1.3.4 申请人具有以下情形之一，技术审查部门可以不再组织现场核查：

（一）申请增加同剂型产品，生产工艺实质等同的保健食品；

（二）申请保健食品生产许可变更或延续，申请人声明关键生产条件未发生变化，且不影响产品质量安全的。

3.1.3.5 申请人在生产许可有效期限内出现以下情形之一，技术审查部门不得免于现场核查：

（一）保健食品监督抽检不合格的；

（二）保健食品违法生产经营被立案查处的；

（三）保健食品生产条件发生变化，可能影响产品质量安全的；

（四）食品药品监管部门认为应当进行现场核查的。

3.2 现场核查

3.2.1 组织审查组

3.2.1.1 书面审查合格的，技术审查部门应组织审查组开展保健食品生产许可现场核查。

3.2.1.2 审查组一般由2名以上（含2名）熟悉保健食品管理、生产工艺流程、质量检验检测等方面的人员组成，其中至少有1名审查员参与该申请材料的书面审查。

3.2.1.3 审查组实行组长负责制，与申请人有利害关系的审查员应当回避。审查人员确定后，原则上不得随意变动。

3.2.1.4 审查组应当制定审查工作方案，明确审查人员分工、审查内容、审查纪律以及相应注意事项，并在规定时限内完成审查任务，做出审查结论。

3.2.1.5 负责日常监管的食品药品监管部门应当选派观察员，参加生产许可现场核查，负责现场核查的全程监督，但不参与审查意见。

3.2.2 审查程序

3.2.2.1 技术审查部门应及时与申请人进行沟通，现场核查前两个工作日告知申请人审查时间、审查内容以及需要配合事项。

3.2.2.2 申请人的法定代表人（负责人）或其代理人、相关食品安全管理人员、专业技术人员、核查组成员及观察员应当参加首、末次会议，并在《现场核查首末次会议签到表》（附件4）上签到。

3.2.2.3 审查组按照《保健食品生产许可现场核查记录表》（附件5）的要求组织现场核查，应如实填写核查记录，并当场做出审查结论。

3.2.2.4 《保健食品生产许可现场核查记录表》包括103项审查条款，其中关键项9项，重点项37项，一般项57项，审查组应对每项审查条款做出是否符合要求或不适用的审查意见。

3.2.2.5 审查组应在10个工作日内完成生产许可的现场核查。因不可抗力原因，或者供电、供水等客观原因导致现场核查无法正常开展的，申请人应当向许可机关书面提出许可中止申请。中止时间应当不超过10个工作日，中止时间不计入生产许可审批时限。

3.2.3 审查内容

3.2.3.1 生产条件审查

保健食品生产厂区整洁卫生，洁净车间布局合理，符合保健食品良好生产规范要求。空气净化系统、水处理系统运转正常，生产设施设备安置有序，与生产工艺相适应，便于保健食品的生产加工操作。计量器具和仪器仪表定期检定校验，生产厂房和设施设备定期保养维修。

3.2.3.2 品质管理审查

企业根据注册或备案的产品技术要求，制定保健食品企业标准，加强原辅料采购、生产过程控制、质量检验以及贮存管理。检验室的设置应与生产品种和规模相适应，每批保健食品按照企业标准要求进行出厂检验，并进行产品留样。

3.2.3.3 生产过程审查

企业制定保健食品生产工艺操作规程，建立生产批次管理制度，留存批生产记录。审查组根据注册批准或备案的生产工艺要求，查验保健食品检验合格报告和生产记录，动态审查关键生产工序，复核生产工艺的完整连续以及生产设备的合理布局。

3.2.4 做出审查结论

3.2.4.1 现场核查项目符合要求的，审查组应做出现场核查合格的结论。

3.2.4.2 现场核查出现以下情形之一的，审查组应做出现场核查不合格的结论，其中不适用的审查条款除外：

（一）现场核查有一项（含）以上关键项不符合要求的；

（二）现场核查有五项（含）以上重点项不符合要求的；

（三）现场核查有十项（含）以上一般项不符合要求的；

（四）现场核查有三项重点项不符合要求，五项（含）以上一般项不符合要求的；

（五）现场核查有四项重点项不符合要求，两项（含）以上一般项不符合要求的。

3.2.4.3 现场核查不合格的，审查组应按照本细则的要求提出未通过生产许可的审查意见。

3.2.4.4 申请人现场核查合格的,应在1个月内对现场核查中发现的问题进行整改,并向省级食品药品监督管理部门和实施日常监督管理的食品药品监督管理部门书面报告。

3.3 审查意见

3.3.1 申请人经书面审查和现场核查合格的,审查组应提出通过生产许可的审查意见。

3.3.2 申请人出现以下情形之一,审查组应提出未通过生产许可的审查意见:

(一)书面审查不合格的;

(二)书面审查合格,现场核查不合格的;

(三)因申请人自身原因导致现场核查无法按时开展的。

3.3.3 技术审查部门应根据审查意见,编写《保健食品生产许可技术审查报告》(附件6),并将审查材料和审查报告报送许可机关。

4 行政审批

4.1 复查

4.1.1 许可机关收到技术审查部门报送的审查材料和审查报告后,应当对审查程序和审查意见的合法性、规范性以及完整性进行复查。

4.1.2 许可机关认为技术审查环节在审查程序和审查意见方面存在问题的,应责令技术审查部门进行核实确认。

4.2 决定

许可机关对通过生产许可审查的申请人,应当做出准予保健食品生产许可的决定;对未通过生产许可审查的申请人,应当做出不予保健食品生产许可的决定。

4.3 制证

4.3.1 食品药品监管部门按照"一企一证"的原则,对通过生产许可审查的企业,颁发《食品生产许可证》,并标注保健食品生产许可事项。

4.3.2 《食品生产许可品种明细表》应载明保健食品类别编号、类别名称、品种明细以及其他备注事项。

4.3.3 保健食品注册号或备案号应在备注中载明,保健食品委托生产的,在备注中载明委托企业名称与住所等信息。

4.3.4 原取得生产许可的保健食品,应在备注中标注原生产许可证编号。

4.3.5 保健食品原料提取物生产许可,应在品种明细项目标注原料提取物名称,并在备注栏目载明该保健食品名称、注册号或备案号等信息;复配营养素生产许可,应在品种明细项目标注维生素或矿物质预混料,并在备注栏目载明该保健食品名称、注册号或备案号等信息。

5 变更、延续、注销、补办

5.1 变更

5.1.1 申请人在生产许可证有效期内,变更生产许可证载明事项的以及变更工艺设备布局、主要生产设施设备,影响保健食品产品质量安全的,应当在变化后10个工作日内,按照《保健食品生产许可申请材料目录》(附件1)的要求,向原发证的食品药品监督管理部门提出变更申请。

5.1.2 食品药品监督管理部门应按照本细则的要求,根据申请人提出的许可变更事项,组织审查组、开展技术审查、复查审查结论,并做出行政许可决定。

5.1.3 申请增加或减少保健食品生产品种的,品种明细参照《保健食品生产许可分类目录》(附件2)。

5.1.4 保健食品注册或者备案的生产工艺发生变化的,申请人应当办理注册或者备案变更手续后,申请变更保健食品生产许可。

5.1.5 保健食品生产场所迁出原发证的食品药品监督管理部门管辖范围的,应当向其所在地省级食品药品监督管理部门重新申请保健食品生产许可。

5.1.6 保健食品外设仓库地址发生变化的,申请人应当在变化后10个工作日内向原发证的食品药品监督管理部门报告。

5.1.7 申请人生产条件未发生变化,需要变更以下许可事项的,省级食品药品监督管理部门经书面审查合格,可以直接变更许可证件:

(一)变更企业名称、法定代表人的;

(二)申请减少保健食品品种的;

(三)变更保健食品名称,产品的注册号或备案号未发生变化的;

(四)变更住所或生产地址名称,实际地址未发生变化的;

(五)委托生产的保健食品,变更委托生产企业名称或住所的。

5.2 延续

5.2.1 申请延续保健食品生产许可证有效期的,应在该生产许可有效期届满30个工作日前,按照《保健食品生产许可申请材料目录》(附件1)的要求,向原发证的食品药品监督管理部门提出延续申请。

5.2.2 申请人声明保健食品关键生产条件未发生变化,且不影响产品质量安全的,省级食品药品监督管理部门可以不再组织现场核查。

5.2.3 申请人的生产条件发生变化,可能影响保健食品安全的,省级食品药品监督管理部门应当组织审查组,进行现场核查。

5.3 注销

申请注销保健食品生产许可的,申请人按照《保健食品生产许可申请材料目录》(附件1)的要求,向原发证的食品药品监督管理部门提出注销申请。

5.4 补办

保健食品生产许可证件遗失、损坏的,申请人应按照《食品生产许可管理办法》的相关要求,向原发证的食品药品监督管理部门申请补办。

6 附则

6.1 申请人为其他企业提供动植物提取物,作为保健食品生产原料的,应按照本细则的要求申请原料提取物生产许可;仅从事本企业所生产保健食品原料提取的,申请保健食品产品生产许可。

6.2 申请人为其他企业提供维生素、矿物质预混料的,应按照本细则的要求申请复配营养素生产许可;仅从事本企业所生产保健食品原料混合加工的,申请保健食品产品生产许可。

附件:1. 保健食品生产许可申请材料目录(略)
2. 保健食品生产许可分类目录(略)
3. 保健食品生产许可书面审查记录表(略)
4. 现场核查首末次会议签到表(略)
5. 保健食品生产许可现场核查记录表(略)
6. 保健食品生产许可技术审查报告(略)

保健食品原料目录与保健功能目录管理办法

· 2019年8月2日国家市场监督管理总局令第13号公布
· 自2019年10月1日起施行

第一章 总 则

第一条 为了规范保健食品原料目录和允许保健食品声称的保健功能目录的管理工作,根据《中华人民共和国食品安全法》,制定本办法。

第二条 中华人民共和国境内生产经营的保健食品的原料目录和允许保健食品声称的保健功能目录的制定、调整和公布适用本办法。

第三条 保健食品原料目录,是指依照本办法制定的保健食品原料的信息列表,包括原料名称、用量及其对应的功效。

允许保健食品声称的保健功能目录(以下简称保健功能目录),是指依照本办法制定的具有明确评价方法和判定标准的保健功能信息列表。

第四条 保健食品原料目录和保健功能目录的制定、调整和公布,应当以保障食品安全和促进公众健康为宗旨,遵循依法、科学、公开、公正的原则。

第五条 国家市场监督管理总局会同国家卫生健康委员会、国家中医药管理局制定、调整并公布保健食品原料目录和保健功能目录。

第六条 国家市场监督管理总局食品审评机构(以下简称审评机构)负责组织拟订保健食品原料目录和保健功能目录,接收纳入或者调整保健食品原料目录和保健功能目录的建议。

第二章 保健食品原料目录管理

第七条 除维生素、矿物质等营养物质外,纳入保健食品原料目录的原料应当符合下列要求:

(一)具有国内外食用历史,原料安全性确切,在批准注册的保健食品中已经使用;

(二)原料对应的功效已经纳入现行的保健功能目录;

(三)原料及其用量范围、对应的功效、生产工艺、检测方法等产品技术要求可以实现标准化管理,确保依据目录备案的产品质量一致性。

第八条 有下列情形之一的,不得列入保健食品原料目录:

(一)存在食用安全风险以及原料安全性不确切的;

(二)无法制定技术要求进行标准化管理和不具备工业化大生产条件的;

(三)法律法规以及国务院有关部门禁止食用,或者不符合生态环境和资源法律法规要求等其他禁止纳入的情形。

第九条 任何单位或者个人在开展相关研究的基础上,可以向审评机构提出拟纳入或者调整保健食品原料目录的建议。

第十条 国家市场监督管理总局可以根据保健食品注册和监督管理情况,选择具备能力的技术机构对已批准注册的保健食品中使用目录外原料情况进行研究分析。符合要求的,技术机构应当及时提出拟纳入或者调整保健食品原料目录的建议。

第十一条 提出拟纳入或者调整保健食品原料目录的建议应当包括下列材料:

(一)原料名称,必要时提供原料对应的拉丁学名、来源、使用部位以及规格等;

(二)用量范围及其对应的功效;

(三)工艺要求、质量标准、功效成分或者标志性成分及其含量范围和相应的检测方法、适宜人群和不适宜人群相关说明、注意事项等;

(四)人群食用不良反应情况;

(五)纳入目录的依据等其他相关材料。

建议调整保健食品原料目录的,还需要提供调整理由、依据和相关材料。

第十二条 审评机构对拟纳入或者调整保健食品原料目录的建议材料进行技术评价,结合批准注册保健食品中原料使用的情况,作出准予或者不予将原料纳入保健食品目录或者调整保健食品原料目录的技术评价结论,并报送国家市场监督管理总局。

第十三条 国家市场监督管理总局对审评机构报送的技术评价结论等相关材料的完整性、规范性进行初步审查,拟纳入或者调整保健食品原料目录的,应当公开征求意见,并修改完善。

第十四条 国家市场监督管理总局对审评机构报送的拟纳入或者调整保健食品原料目录的材料进行审查,符合要求的,会同国家卫生健康委员会、国家中医药管理局及时公布纳入或者调整的保健食品原料目录。

第十五条 有下列情形之一的,国家市场监督管理总局组织对保健食品原料目录中的原料进行再评价,根据再评价结果,会同国家卫生健康委员会、国家中医药管理局对目录进行相应调整:

(一)新的研究发现原料存在食用安全性问题;

(二)食品安全风险监测或者保健食品安全监管中发现原料存在食用安全风险或者问题;

(三)新的研究证实原料每日用量范围与对应功效需要调整的或者功效声称不够科学、严谨;

(四)其他需要再评价的情形。

第三章 保健功能目录管理

第十六条 纳入保健功能目录的保健功能应当符合下列要求:

(一)以补充膳食营养物质、维持改善机体健康状态或者降低疾病发生风险因素为目的;

(二)具有明确的健康消费需求,能够被正确理解和认知;

(三)具有充足的科学依据,以及科学的评价方法和判定标准;

(四)以传统养生保健理论为指导的保健功能,符合传统中医养生保健理论;

(五)具有明确的适宜人群和不适宜人群。

第十七条 有下列情形之一的,不得列入保健功能目录:

(一)涉及疾病的预防、治疗、诊断作用;

(二)庸俗或者带有封建迷信色彩;

(三)可能误导消费者等其他情形。

第十八条 任何单位或者个人在开展相关研究的基础上,可以向审评机构提出拟纳入或者调整保健功能目录的建议。

第十九条 国家市场监督管理总局可以根据保健食品注册和监督管理情况,选择具备能力的技术机构开展保健功能相关研究。符合要求的,技术机构应当及时提出拟纳入或者调整保健功能目录的建议。

第二十条 提出拟纳入或者调整保健功能目录的建议应当提供下列材料:

(一)保健功能名称、解释、机理以及依据;

（二）保健功能研究报告，包括保健功能的人群健康需求分析，保健功能与机体健康效应的分析以及综述，保健功能试验的原理依据、适用范围，以及其他相关科学研究资料；

（三）保健功能评价方法以及判定标准，对应的样品动物实验或者人体试食试验等功能检验报告；

（四）相同或者类似功能在国内外的研究应用情况；

（五）有关科学文献依据以及其他材料。

建议调整保健功能目录的，还需要提供调整的理由、依据和相关材料。

第二十一条 审评机构对拟纳入或者调整保健功能目录的建议材料进行技术评价，综合作出技术评价结论，并报送国家市场监督管理总局：

（一）对保健功能科学、合理、必要性充足，保健功能评价方法和判定标准适用、稳定、可操作的，作出纳入或者调整保健功能目录的技术评价结论；

（二）对保健功能不科学、不合理、必要性不充足，保健功能评价方法和判定标准不适用、不稳定、没有可操作性的，作出不予纳入或者调整的技术评价建议。

第二十二条 国家市场监督管理总局对审评机构报送的技术评价结论等相关材料的完整性、规范性进行初步审查，拟纳入或者调整保健食品功能目录的，应当公开征求意见，并修改完善。

第二十三条 国家市场监督管理总局对审评机构报送的拟纳入或者调整保健功能目录的材料进行审查，符合要求的，会同国家卫生健康委员会、国家中医药管理局，及时公布纳入或者调整的保健功能目录。

第二十四条 有下列情形之一的，国家市场监督管理总局及时组织对保健功能目录中的保健功能进行再评价，根据再评价结果，会同国家卫生健康委员会、国家中医药管理局对目录进行相应调整：

（一）实际应用和新的科学共识发现保健功能评价方法与判定标准存在问题，需要重新进行评价和论证；

（二）列入保健功能目录中的保健功能缺乏实际健康消费需求；

（三）其他需要再评价的情形。

第四章 附 则

第二十五条 保健食品原料目录的制定、按照传统既是食品又是中药材物质目录的制定、新食品原料的审查等工作应当相互衔接。

第二十六条 本办法自 2019 年 10 月 1 日起施行。

保健食品标识规定

· 1996 年 7 月 18 日
· 卫监发〔1996〕第 38 号

第一条 为了加强对保健食品标识和产品说明书的监督管理，根据《中华人民共和国食品卫生法》（以下简称《食品卫生法》）和《保健食品管理办法》的有关要求，特制定本规定。

第二条 本规定适用于在国内销售的一切国产和进口保健食品。

第三条 本规定所用定义如下：

保健食品：系指表明具有特定保健功能的食品。即适宜于特定人群食用，具有调节机体功能，不以治疗疾病为目的的食品。

功效成分：指保健食品中产生保健作用的组分。

食品标识：即通常所说的食品标签，包括食品包装上的文字、图形、符号以及说明物。借以显示或说明食品的特征、作用、保存条件与期限、食用人群与食用方法，以及其它有关信息。

最小销售包装：指销售过程中，以最小交货单元交付给消费者的食品包装。

主要展示版面：指消费者选购商品时，在包装标签上最容易看到或展示面积最大的表面，一般的食品销售包装至少有一个表面可用作主要展示版面。

信息版面：是紧接"主要展示版面"右侧的包装表面。如果因包装设计原因，紧接"主要展示版面"右侧的"信息版面"不能满足标签标示的要求（如折叠的包装袋）时，则"信息版面"可选择右侧版面右侧的下一个版面。

保健食品专用名称：表明保健食品的主要原料、产品物理形态、主要加工工艺等食品属性的名称。

保健食品作用名称：在保健食品名称中，用于表明保健食品主要作用的名称部分。

保健作用声明短语：以短语形式，对保健作用的简单介绍或描述。

第四条 保健食品标识与产品说明书的所有标识内容必须符合以下基本原则：

保健食品名称、保健作用、功效成分、适宜人群和保健食品批准文号必须与卫生部颁发的《保健食品批准证书》所载明的内容相一致。

应科学、通俗易懂，不得利用封建迷信进行保健食品宣传。

应与产品的质量要求相符，不得以误导性的文字、图形、符号描述或暗示某一保健食品或保健食品的某一性质与另一产品的相似或相同。

不得以虚假、夸张或欺骗性的文字、图形、符号描述或暗示保健食品的保健作用，也不得描述或暗示保健食品具有治疗疾病的功用。

第五条 保健食品标识与产品说明书的标示方式必须符合以下基本原则：

保健食品标识不得与包装容器分开。所附的产品说明书应置于产品外包装内。

各项标识内容应按本办法的规定标示于相应的版面内，当有一个"信息版面"不够时，可标于第二个"信息版面"。

保健食品标识和产品说明书的文字、图形、符号必须清晰、醒目、直观，易于辨认和识读。背景和底色应采用对比色。

保健食品标识和产品说明书的文字、图形、符号必须牢固、持久，不得在流通和食用过程中变得模糊甚至脱落。

必须以规范的汉字为主要文字，可以同时使用汉语拼音、少数民族文字或外文，但必须与汉字内容有直接的对应关系，并书写正确。所使用的汉语拼音或外国文字不得大于相应的汉字。

计量单位必须采用国家法定的计量单位。

第六条 保健食品标识与产品说明书必须标示本《办法》附件1所规定的各项内容，其标示方式必须符合本《办法》附件1所规定的相应要求。

第七条 凡保健食品标识和产品说明书的标示内容或标示方式不符合本《办法》者，依照《食品卫生法》第四十五、四十六条处罚。

第八条 本规定由卫生部负责解释。

第九条 本规定自颁布之日起实施。

附件1：保健食品标识与产品说明书的标示内容及其标示要求（略）

附件2：功效成分表的标示方式（略）

保健食品注册与备案管理办法

· 2016年2月26日国家食品药品监督管理总局令第22号公布
· 根据2020年10月23日《国家市场监督管理总局关于修改部分规章的决定》修订

第一章 总 则

第一条 为规范保健食品的注册与备案，根据《中华人民共和国食品安全法》，制定本办法。

第二条 在中华人民共和国境内保健食品的注册与备案及其监督管理适用本办法。

第三条 保健食品注册，是指市场监督管理部门根据注册申请人申请，依照法定程序、条件和要求，对申请注册的保健食品的安全性、保健功能和质量可控性等相关申请材料进行系统评价和审评，并决定是否准予其注册的审批过程。

保健食品备案，是指保健食品生产企业依照法定程序、条件和要求，将表明产品安全性、保健功能和质量可控性的材料提交市场监督管理部门进行存档、公开、备查的过程。

第四条 保健食品的注册与备案及其监督管理应当遵循科学、公开、公正、便民、高效的原则。

第五条 国家市场监督管理总局负责保健食品注册管理，以及首次进口的属于补充维生素、矿物质等营养物质的保健食品备案管理，并指导监督省、自治区、直辖市市场监督管理部门承担的保健食品注册与备案相关工作。

省、自治区、直辖市市场监督管理部门负责本行政区域内保健食品备案管理，并配合国家市场监督管理总局开展保健食品注册现场核查等工作。

市、县级市场监督管理部门负责本行政区域内注册和备案保健食品的监督管理，承担上级市场监督管理部门委托的其他工作。

第六条 国家市场监督管理总局行政受理机构（以下简称受理机构）负责受理保健食品注册和接收相关进口保健食品备案材料。

省、自治区、直辖市市场监督管理部门负责接收相关保健食品备案材料。

国家市场监督管理总局保健食品审评机构（以下简称审评机构）负责组织保健食品审评，管理审评专家，并依法承担相关保健食品备案工作。

国家市场监督管理总局审核查验机构（以下简称查验机构）负责保健食品注册现场核查工作。

第七条 保健食品注册申请人或者备案人应当具有相应的专业知识，熟悉保健食品注册管理的法律、法规、规章和技术要求。

保健食品注册申请人或者备案人应当对所提交材料的真实性、完整性、可溯源性负责，并对提交材料的真实性承担法律责任。

保健食品注册申请人或者备案人应当协助市场监督管理部门开展与注册或者备案相关的现场核查、样品抽样、复核检验和监督管理等工作。

第八条 省级以上市场监督管理部门应当加强信息化建设，提高保健食品注册与备案管理信息化水平，逐步实现电子化注册与备案。

第二章 注 册

第九条 生产和进口下列产品应当申请保健食品注册：

（一）使用保健食品原料目录以外原料（以下简称目录外原料）的保健食品；

（二）首次进口的保健食品（属于补充维生素、矿物质等营养物质的保健食品除外）。

首次进口的保健食品，是指非同一国家、同一企业、同一配方申请中国境内上市销售的保健食品。

第十条 产品声称的保健功能应当已经列入保健食品功能目录。

第十一条 国产保健食品注册申请人应当是在中国境内登记的法人或者其他组织；进口保健食品注册申请人应当是上市保健食品的境外生产厂商。

申请进口保健食品注册的，应当由其常驻中国代表机构或者由其委托中国境内的代理机构办理。

境外生产厂商，是指产品符合所在国（地区）上市要求的法人或者其他组织。

第十二条 申请保健食品注册应当提交下列材料：

（一）保健食品注册申请表，以及申请人对申请材料真实性负责的法律责任承诺书；

（二）注册申请人主体登记证明文件复印件；

（三）产品研发报告，包括研发人、研发时间、研制过程、中试规模以上的验证数据，目录外原料及产品安全性、保健功能、质量可控性的论证报告和相关科学依据，以及根据研发结果综合确定的产品技术要求等；

（四）产品配方材料，包括原料和辅料的名称及用量、生产工艺、质量标准，必要时还应当按照规定提供原料使用依据、使用部位的说明、检验合格证明、品种鉴定报告等；

（五）产品生产工艺材料，包括生产工艺流程简图及说明，关键工艺控制点及说明；

（六）安全性和保健功能评价材料，包括目录外原料及产品的安全性、保健功能试验评价材料，人群食用评价材料；功效成分或者标志性成分、卫生学、稳定性、菌种鉴定、菌种毒力等试验报告，以及涉及兴奋剂、违禁药物成分等检测报告；

（七）直接接触保健食品的包装材料种类、名称、相关标准等；

（八）产品标签、说明书样稿；产品名称中的通用名与注册的药品名称不重名的检索材料；

（九）3个最小销售包装样品；

（十）其他与产品注册审评相关的材料。

第十三条 申请首次进口保健食品注册，除提交本办法第十二条规定的材料外，还应当提交下列材料：

（一）产品生产国（地区）政府主管部门或者法律服务机构出具的注册申请人为上市保健食品境外生产厂商的资质证明文件；

（二）产品生产国（地区）政府主管部门或者法律服务机构出具的保健食品上市销售一年以上的证明文件，或者产品境外销售以及人群食用情况的安全性报告；

（三）产品生产国（地区）或者国际组织与保健食品相关的技术法规或者标准；

（四）产品在生产国（地区）上市的包装、标签、说明书实样。

由境外注册申请人常驻中国代表机构办理注册事务的，应当提交《外国企业常驻中国代表机构登记证》及其复印件；境外注册申请人委托境内的代理机构办理注册事项的，应当提交经过公证的委托书原件以及受委托的代理机构营业执照复印件。

第十四条 受理机构收到申请材料后,应当根据下列情况分别作出处理:

(一)申请事项依法不需要取得注册的,应当即时告知注册申请人不受理;

(二)申请事项依法不属于国家市场监督管理总局职权范围的,应当即时作出不予受理的决定,并告知注册申请人向有关行政机关申请;

(三)申请材料存在可以当场更正的错误的,应当允许注册申请人当场更正;

(四)申请材料不齐全或者不符合法定形式的,应当当场或者在5个工作日内一次告知注册申请人需要补正的全部内容,逾期不告知的,自收到申请材料之日起即为受理;

(五)申请事项属于国家市场监督管理总局职权范围,申请材料齐全、符合法定形式,注册申请人按照要求提交全部补正申请材料的,应当受理注册申请。

受理或者不予受理注册申请,应当出具加盖国家市场监督管理总局行政许可受理专用章和注明日期的书面凭证。

第十五条 受理机构应当在受理后3个工作日内将申请材料一并送交审评机构。

第十六条 审评机构应当组织审评专家对申请材料进行审查,并根据实际需要组织查验机构开展现场核查,组织检验机构开展复核检验,在60个工作日内完成审评工作,并向国家市场监督管理总局提交综合审评结论和建议。

特殊情况下需要延长审评时间的,经审评机构负责人同意,可以延长20个工作日,延长决定应当及时书面告知申请人。

第十七条 审评机构应当组织对申请材料中的下列内容进行审评,并根据科学依据的充足程度明确产品保健功能声称的限定用语:

(一)产品研发报告的完整性、合理性和科学性;

(二)产品配方的科学性,及产品安全性和保健功能;

(三)目录外原料及产品的生产工艺合理性、可行性和质量可控性;

(四)产品技术要求和检验方法的科学性和复现性;

(五)标签、说明书样稿主要内容以及产品名称的规范性。

第十八条 审评机构在审评过程中可以调阅原始资料。

审评机构认为申请材料不真实、产品存在安全性或者质量可控性问题,或者不具备声称的保健功能的,应当终止审评,提出不予注册的建议。

第十九条 审评机构认为需要注册申请人补正材料的,应当一次告知需要补正的全部内容。注册申请人应当在3个月内按照补正通知的要求一次提供补充材料;审评机构收到补充材料后,审评时间重新计算。

注册申请人逾期未提交补充材料或者未完成补正,不足以证明产品安全性、保健功能和质量可控性的,审评机构应当终止审评,提出不予注册的建议。

第二十条 审评机构认为需要开展现场核查的,应当及时通知查验机构按照申请材料中的产品研发报告、配方、生产工艺等技术要求进行现场核查,并对下线产品封样送复核检验机构检验。

查验机构应当自接到通知之日起30个工作日内完成现场核查,并将核查报告送交审评机构。

核查报告认为申请材料不真实、无法溯源复现或者存在重大缺陷的,审评机构应当终止审评,提出不予注册的建议。

第二十一条 复核检验机构应当严格按照申请材料中的测定方法以及相关说明进行操作,对测定方法的科学性、复现性、适用性进行验证,对产品质量可控性进行复核检验,并应当自接受委托之日起60个工作日内完成复核检验,将复核检验报告送交审评机构。

复核检验结论认为测定方法不科学、无法复现、不适用或者产品质量不可控的,审评机构应当终止审评,提出不予注册的建议。

第二十二条 首次进口的保健食品境外现场核查和复核检验时限,根据境外生产厂商的实际情况确定。

第二十三条 保健食品审评涉及的试验和检验工作应当由国家市场监督管理总局选择的符合条件的食品检验机构承担。

第二十四条 审评机构认为申请材料真实,产品科学、安全、具有声称的保健功能,生产工艺合理、可行和质量可控,技术要求和检验方法科学、合理的,应当提出予以注册的建议。

审评机构提出不予注册建议的,应当同时向

注册申请人发出拟不予注册的书面通知。注册申请人对通知有异议的，应当自收到通知之日起20个工作日内向审评机构提出书面复审申请并说明复审理由。复审的内容仅限于原申请事项及申请材料。

审评机构应当自受理复审申请之日起30个工作日内作出复审决定。改变不予注册建议的，应当书面通知注册申请人。

第二十五条 审评机构作出综合审评结论及建议后，应当在5个工作日内报送国家市场监督管理总局。

第二十六条 国家市场监督管理总局应当自受理之日起20个工作日内对审评程序和结论的合法性、规范性以及完整性进行审查，并作出准予注册或者不予注册的决定。

第二十七条 现场核查、复核检验、复审所需时间不计算在审评和注册决定的期限内。

第二十八条 国家市场监督管理总局作出准予注册或者不予注册的决定后，应当自作出决定之日起10个工作日内，由受理机构向注册申请人发出保健食品注册证书或者不予注册决定。

第二十九条 注册申请人对国家市场监督管理总局作出的不予注册的决定有异议的，可以向国家市场监督管理总局提出书面行政复议申请或者向法院提出行政诉讼。

第三十条 保健食品注册人转让技术的，受让方应当在转让方的指导下重新提出产品注册申请，产品技术要求等应当与原申请材料一致。

审评机构按照相关规定简化审评程序。符合要求的，国家市场监督管理总局应当为受让方核发新的保健食品注册证书，并对转让方保健食品注册予以注销。

受让方除提交本办法规定的注册申请材料外，还应当提交经公证的转让合同。

第三十一条 保健食品注册证书及其附件所载明内容变更的，应当由保健食品注册人申请变更并提交书面变更的理由和依据。

注册人名称变更的，应当由变更后的注册申请人申请变更。

第三十二条 已经生产销售的保健食品注册证书有效期届满需要延续的，保健食品注册人应当在有效期届满6个月前申请延续。

获得注册的保健食品原料已经列入保健食品原料目录，并符合相关技术要求，保健食品注册人申请变更注册，或者期满申请延续注册的，应当按照备案程序办理。

第三十三条 申请变更国产保健食品注册的，除提交保健食品注册变更申请表（包括申请人对申请材料真实性负责的法律责任承诺书）、注册申请人主体登记证明文件复印件、保健食品注册证书及其附件的复印件外，还应当按照下列情形分别提交材料：

（一）改变注册人名称、地址的变更申请，还应当提供该注册人名称、地址变更的证明材料；

（二）改变产品名称的变更申请，还应当提供拟变更后的产品通用名与已经注册的药品名称不重名的检索材料；

（三）增加保健食品功能项目的变更申请，还应当提供所增加功能项目的功能学试验报告；

（四）改变产品规格、保质期、生产工艺等涉及产品技术要求的变更申请，还应当提供证明变更后产品的安全性、保健功能和质量可控性与原注册内容实质等同的材料、依据及变更后3批样品符合产品技术要求的全项目检验报告；

（五）改变产品标签、说明书的变更申请，还应当提供拟变更的保健食品标签、说明书样稿。

第三十四条 申请延续国产保健食品注册的，应当提交下列材料：

（一）保健食品延续注册申请表，以及申请人对申请材料真实性负责的法律责任承诺书；

（二）注册申请人主体登记证明文件复印件；

（三）保健食品注册证书及其附件的复印件；

（四）经省级市场监督管理部门核实的注册证书有效期内保健食品的生产销售情况；

（五）人群食用情况分析报告、生产质量管理体系运行情况的自查报告以及符合产品技术要求的检验报告。

第三十五条 申请进口保健食品变更注册或者延续注册的，除分别提交本办法第三十三条、第三十四条规定的材料外，还应当提交本办法第十三条第一款（一）、（二）、（三）、（四）项和第二款规定的相关材料。

第三十六条 变更申请的理由依据充分合理，不影响产品安全性、保健功能和质量可控性的，予以变更注册；变更申请的理由依据不充分、不合理，或者拟变更事项影响产品安全性、保健功能和质量可控性的,不予变更注册。

第三十七条 申请延续注册的保健食品的安全性、保健功能和质量可控性符合要求的,予以延续注册。

申请延续注册的保健食品的安全性、保健功能和质量可控性依据不足或者不再符合要求,在注册证书有效期内未进行生产销售的,以及注册人未在规定时限内提交延续申请的,不予延续注册。

第三十八条 接到保健食品延续注册申请的市场监督管理部门应当在保健食品注册证书有效期届满前作出是否准予延续的决定。逾期未作出决定的,视为准予延续注册。

第三十九条 准予变更注册或者延续注册的,颁发新的保健食品注册证书,同时注销原保健食品注册证书。

第四十条 保健食品变更注册与延续注册的程序未作规定的,可以适用本办法关于保健食品注册的相关规定。

第三章 注册证书管理

第四十一条 保健食品注册证书应当载明产品名称、注册人名称和地址、注册号、颁发日期及有效期、保健功能、功效成分或者标志性成分及含量、产品规格、保质期、适宜人群、不适宜人群、注意事项。

保健食品注册证书附件应当载明产品标签、说明书主要内容和产品技术要求等。

产品技术要求应当包括产品名称、配方、生产工艺、感官要求、鉴别、理化指标、微生物指标、功效成分或者标志性成分含量及检测方法、装量或者重量差异指标(净含量及允许负偏差指标)、原辅料质量要求等内容。

第四十二条 保健食品注册证书有效期为5年。变更注册的保健食品注册证书有效期与原保健食品注册证书有效期相同。

第四十三条 国产保健食品注册号格式为:国食健注 G+4 位年代号+4 位顺序号;进口保健食品注册号格式为:国食健注 J+4 位年代号+4 位顺序号。

第四十四条 保健食品注册有效期内,保健食品注册证书遗失或者损坏的,保健食品注册人应当向受理机构提出书面申请并说明理由。因遗失申请补发的,应当在省、自治区、直辖市市场监督管理部门网站上发布遗失声明;因损坏申请补发的,应当交回保健食品注册证书原件。

国家市场监督管理总局应当在受理后 20 个工作日内予以补发。补发的保健食品注册证书应当标注原批准日期,并注明"补发"字样。

第四章 备案

第四十五条 生产和进口下列保健食品应当依法备案:

(一)使用的原料已经列入保健食品原料目录的保健食品;

(二)首次进口的属于补充维生素、矿物质等营养物质的保健食品。

首次进口的属于补充维生素、矿物质等营养物质的保健食品,其营养物质应当是列入保健食品原料目录的物质。

第四十六条 国产保健食品的备案人应当是保健食品生产企业,原注册人可以作为备案人;进口保健食品的备案人,应当是上市保健食品境外生产厂商。

第四十七条 备案的产品配方、原辅料名称及用量、功效、生产工艺等应当符合法律、法规、规章、强制性标准以及保健食品原料目录技术要求的规定。

第四十八条 申请保健食品备案,除应当提交本办法第十二条第(四)、(五)、(六)、(七)、(八)项规定的材料外,还应当提交下列材料:

(一)保健食品备案登记表,以及备案人对提交材料真实性负责的法律责任承诺书;

(二)备案人主体登记证明文件复印件;

(三)产品技术要求材料;

(四)具有合法资质的检验机构出具的符合产品技术要求全项目检验报告;

(五)其他表明产品安全性和保健功能的材料。

第四十九条 申请进口保健食品备案的,除提交本办法第四十八条规定的材料外,还应当提交本办法第十三条第一款(一)、(二)、(三)、(四)项和第二款规定的相关材料。

第五十条 市场监督管理部门收到备案材料后,备案材料符合要求的,当场备案;不符合要求的,应当一次告知备案人补正相关材料。

第五十一条　市场监督管理部门应当完成备案信息的存档备查工作，并发放备案号。对备案的保健食品，市场监督管理部门应当按照相关要求的格式制作备案凭证，并将备案信息表中登载的信息在其网站上公布。

国产保健食品备案号格式为：食健备 G+4 位年代号+2 位省级行政区域代码+6 位顺序编号；进口保健食品备案号格式为：食健备 J+4 位年代号+00+6 位顺序编号。

第五十二条　已经备案的保健食品，需要变更备案材料的，备案人应当向原备案机关提交变更说明及相关证明文件。备案材料符合要求的，市场监督管理部门应当将变更情况登载于变更信息中，将备案材料存档备查。

第五十三条　保健食品备案信息应当包括产品名称、备案人名称和地址、备案登记号、登记日期以及产品标签、说明书和技术要求。

第五章　标签、说明书

第五十四条　申请保健食品注册或者备案的，产品标签、说明书样稿应当包括产品名称、原料、辅料、功效成分或者标志性成分及含量、适宜人群、不适宜人群、保健功能、食用量及食用方法、规格、贮藏方法、保质期、注意事项等内容及相关制定依据和说明等。

第五十五条　保健食品的标签、说明书主要内容不得涉及疾病预防、治疗功能，并声明"本品不能代替药物"。

第五十六条　保健食品的名称由商标名、通用名和属性名组成。

商标名，是指保健食品使用依法注册的商标名称或者符合《商标法》规定的未注册的商标名称，用以表明其产品是独有的、区别于其他同类产品。

通用名，是指表明产品主要原料等特性的名称。

属性名，是指表明产品剂型或者食品分类属性等的名称。

第五十七条　保健食品名称不得含有下列内容：

（一）虚假、夸大或者绝对化的词语；
（二）明示或者暗示预防、治疗功能的词语；
（三）庸俗或者带有封建迷信色彩的词语；
（四）人体组织器官等词语；
（五）除""之外的符号；
（六）其他误导消费者的词语。

保健食品名称不得含有人名、地名、汉语拼音、字母及数字等，但注册商标作为商标名、通用名中含有符合国家规定的含字母及数字的原料名除外。

第五十八条　通用名不得含有下列内容：

（一）已经注册的药品通用名，但以原料名称命名或者保健食品注册批准在先的除外；
（二）保健功能名称或者与表述产品保健功能相关的文字；
（三）易产生误导的原料简写名称；
（四）营养素补充剂产品配方中部分维生素或者矿物质；
（五）法律法规规定禁止使用的其他词语。

第五十九条　备案保健食品通用名应当以规范的原料名称命名。

第六十条　同一企业不得使用同一配方注册或者备案不同名称的保健食品；不得使用同一名称注册或者备案不同配方的保健食品。

第六章　监督管理

第六十一条　国家市场监督管理总局应当及时制定并公布保健食品注册申请服务指南和审查细则，方便注册申请人申报。

第六十二条　承担保健食品审评、核查、检验的机构和人员应当对出具的审评意见、核查报告、检验报告负责。

保健食品审评、核查、检验机构和人员应当依照有关法律、法规、规章的规定，恪守职业道德，按照食品安全标准、技术规范等对保健食品进行审评、核查和检验，保证相关工作科学、客观和公正。

第六十三条　参与保健食品注册与备案管理工作的单位和个人，应当保守在注册或者备案中获知的商业秘密。

属于商业秘密的，注册申请人和备案人在申请注册或者备案时应当在提交的资料中明确相关内容和依据。

第六十四条　市场监督管理部门接到有关单位或者个人举报的保健食品注册受理、审评、核查、检验、审批等工作中的违法违规行为后，应当及时核实处理。

第六十五条　除涉及国家秘密、商业秘密外，市场监督管理部门应当自完成注册或者备案工作之日起20个工作日内根据相关职责在网站公布已经注册或者备案的保健食品目录及相关信息。

第六十六条 有下列情形之一的,国家市场监督管理总局根据利害关系人的请求或者依据职权,可以撤销保健食品注册证书:

(一)行政机关工作人员滥用职权、玩忽职守作出准予注册决定的;

(二)超越法定职权或者违反法定程序作出准予注册决定的;

(三)对不具备申请资格或者不符合法定条件的注册申请人准予注册的;

(四)依法可以撤销保健食品注册证书的其他情形。

注册人以欺骗、贿赂等不正当手段取得保健食品注册的,国家市场监督管理总局应当予以撤销。

第六十七条 有下列情形之一的,国家市场监督管理总局应当依法办理保健食品注册注销手续:

(一)保健食品注册有效期届满,注册人未申请延续或者国家食品药品监管总局不予延续的;

(二)保健食品注册人申请注销的;

(三)保健食品注册人依法终止的;

(四)保健食品注册依法被撤销,或者保健食品注册证书依法被吊销的;

(五)根据科学研究的发展,有证据表明保健食品可能存在安全隐患,依法被撤回的;

(六)法律、法规规定的应当注销保健食品注册的其他情形。

第六十八条 有下列情形之一的,市场监督管理部门取消保健食品备案:

(一)备案材料虚假的;

(二)备案产品生产工艺、产品配方等存在安全性问题的;

(三)保健食品生产企业的生产许可被依法吊销、注销的;

(四)备案人申请取消备案的;

(五)依法应当取消备案的其他情形。

第七章 法律责任

第六十九条 保健食品注册与备案违法行为,食品安全法等法律法规已有规定的,依照其规定。

第七十条 注册申请人隐瞒真实情况或者提供虚假材料申请注册的,国家市场监督管理总局不予受理或者不予注册,并给予警告;申请人在1年内不得再次申请注册该保健食品;构成犯罪的,依法追究刑事责任。

第七十一条 注册申请人以欺骗、贿赂等不正当手段取得保健食品注册证书的,由国家市场监督管理总局撤销保健食品注册证书,并处1万元以上3万元以下罚款。被许可人在3年内不得再次申请注册;构成犯罪的,依法追究刑事责任。

第七十二条 有下列情形之一的,由县级以上人民政府市场监督管理部门处以1万元以上3万元以下罚款;构成犯罪的,依法追究刑事责任。

(一)擅自转让保健食品注册证书的;

(二)伪造、涂改、倒卖、出租、出借保健食品注册证书的。

第七十三条 市场监督管理部门及其工作人员对不符合条件的申请人准予注册,或者超越法定职权准予注册的,依照食品安全法第一百四十四条的规定予以处理。

市场监督管理部门及其工作人员在注册审评过程中滥用职权、玩忽职守、徇私舞弊的,依照食品安全法第一百四十五条的规定予以处理。

第八章 附 则

第七十四条 申请首次进口保健食品注册和办理进口保健食品备案及其变更的,应当提交中文材料,外文材料附后。中文译本应当由境内公证机构进行公证,确保与原文内容一致;申请注册的产品质量标准(中文本),必须符合中国保健食品质量标准的格式。境外机构出具的证明文件应当经生产国(地区)的公证机构公证和中国驻所在国使领馆确认。

第七十五条 本办法自2016年7月1日起施行。2005年4月30日公布的《保健食品注册管理办法(试行)》(原国家食品药品监督管理局令第19号)同时废止。

四、药品

（一）一般规定

中华人民共和国药品管理法

- 1984年9月20日第六届全国人民代表大会常务委员会第七次会议通过
- 2001年2月28日第九届全国人民代表大会常务委员会第二十次会议第一次修订
- 根据2013年12月28日第十二届全国人民代表大会常务委员会第六次会议《关于修改〈中华人民共和国海洋环境保护法〉等七部法律的决定》第一次修正
- 根据2015年4月24日第十二届全国人民代表大会常务委员会第十四次会议《关于修改〈中华人民共和国药品管理法〉的决定》第二次修正
- 2019年8月26日第十三届全国人民代表大会常务委员会第十二次会议第二次修订
- 2019年8月26日中华人民共和国主席令第31号公布
- 自2019年12月1日起施行

第一章 总 则

第一条 为了加强药品管理，保证药品质量，保障公众用药安全和合法权益，保护和促进公众健康，制定本法。

第二条 在中华人民共和国境内从事药品研制、生产、经营、使用和监督管理活动，适用本法。

本法所称药品，是指用于预防、治疗、诊断人的疾病，有目的地调节人的生理机能并规定有适应症或者功能主治、用法和用量的物质，包括中药、化学药和生物制品等。

第三条 药品管理应当以人民健康为中心，坚持风险管理、全程管控、社会共治的原则，建立科学、严格的监督管理制度，全面提升药品质量，保障药品的安全、有效、可及。

第四条 国家发展现代药和传统药，充分发挥其在预防、医疗和保健中的作用。

国家保护野生药材资源和中药品种，鼓励培育道地中药材。

第五条 国家鼓励研究和创制新药，保护公民、法人和其他组织研究、开发新药的合法权益。

第六条 国家对药品管理实行药品上市许可持有人制度。药品上市许可持有人依法对药品研制、生产、经营、使用全过程中药品的安全性、有效性和质量可控性负责。

第七条 从事药品研制、生产、经营、使用活动，应当遵守法律、法规、规章、标准和规范，保证全过程信息真实、准确、完整和可追溯。

第八条 国务院药品监督管理部门主管全国药品监督管理工作。国务院有关部门在各自职责范围内负责与药品有关的监督管理工作。国务院药品监督管理部门配合国务院有关部门，执行国家药品行业发展规划和产业政策。

省、自治区、直辖市人民政府药品监督管理部门负责本行政区域内的药品监督管理工作。设区的市级、县级人民政府承担药品监督管理职责的部门（以下称药品监督管理部门）负责本行政区域内的药品监督管理工作。县级以上地方人民政府有关部门在各自职责范围内负责与药品有关的监督管理工作。

第九条 县级以上地方人民政府对本行政区域内的药品监督管理工作负责，统一领导、组织、协调本行政区域内的药品监督管理工作以及药品安全突发事件应对工作，建立健全药品监督管理工作机制和信息共享机制。

第十条 县级以上人民政府应当将药品安全工作纳入本级国民经济和社会发展规划，将药品安全工作经费列入本级政府预算，加强药品监督管理能力建设，为药品安全工作提供保障。

第十一条 药品监督管理部门设置或者指定的药品专业技术机构，承担依法实施药品监督管理所需的审评、检验、核查、监测与评价等工作。

第十二条 国家建立健全药品追溯制度。国务院药品监督管理部门应当制定统一的药品追溯标准和规范，推进药品追溯信息互通互享，实现药品可追溯。

国家建立药物警戒制度，对药品不良反应及其他与用药有关的有害反应进行监测、识别、评估和控制。

第十三条 各级人民政府及其有关部门、药品行业协会等应当加强药品安全宣传教育，开展药品安全法律法规等知识的普及工作。

新闻媒体应当开展药品安全法律法规等知识的公益宣传，并对药品违法行为进行舆论监督。有关药品的宣传报道应当全面、科学、客观、公正。

第十四条 药品行业协会应当加强行业自律，建立健全行业规范，推动行业诚信体系建设，引导和督促会员依法开展药品生产经营等活动。

第十五条 县级以上人民政府及其有关部门对在药品研制、生产、经营、使用和监督管理工作中做出突出贡献的单位和个人，按照国家有关规定给予表彰、奖励。

第二章 药品研制和注册

第十六条 国家支持以临床价值为导向、对人的疾病具有明确或者特殊疗效的药物创新，鼓励具有新的治疗机理、治疗严重危及生命的疾病或者罕见病、对人体具有多靶向系统性调节干预功能等的新药研制，推动药品技术进步。

国家鼓励运用现代科学技术和传统中药研究方法开展中药科学技术研究和药物开发，建立和完善符合中药特点的技术评价体系，促进中药传承创新。

国家采取有效措施，鼓励儿童用药品的研制和创新，支持开发符合儿童生理特征的儿童用药品新品种、剂型和规格，对儿童用药品予以优先审评审批。

第十七条 从事药品研制活动，应当遵守药物非临床研究质量管理规范、药物临床试验质量管理规范，保证药品研制全过程持续符合法定要求。

药物非临床研究质量管理规范、药物临床试验质量管理规范由国务院药品监督管理部门会同国务院有关部门制定。

第十八条 开展药物非临床研究，应当符合国家有关规定，有与研究项目相适应的人员、场地、设备、仪器和管理制度，保证有关数据、资料和样品的真实性。

第十九条 开展药物临床试验，应当按照国务院药品监督管理部门的规定如实报送研制方法、质量指标、药理及毒理试验结果等有关数据、资料和样品，经国务院药品监督管理部门批准。国务院药品监督管理部门应当自受理临床试验申请之日起六十个工作日内决定是否同意并通知临床试验申办者，逾期未通知的，视为同意。其中，开展生物等效性试验的，报国务院药品监督管理部门备案。

开展药物临床试验，应当在具备相应条件的临床试验机构进行。药物临床试验机构实行备案管理，具体办法由国务院药品监督管理部门、国务院卫生健康主管部门共同制定。

第二十条 开展药物临床试验，应当符合伦理原则，制定临床试验方案，经伦理委员会审查同意。

伦理委员会应当建立伦理审查工作制度，保证伦理审查过程独立、客观、公正，监督规范开展药物临床试验，保障受试者合法权益，维护社会公共利益。

第二十一条 实施药物临床试验，应当向受试者或者其监护人如实说明和解释临床试验的目的和风险等详细情况，取得受试者或者其监护人自愿签署的知情同意书，并采取有效措施保护受试者合法权益。

第二十二条 药物临床试验期间，发现存在安全性问题或者其他风险的，临床试验申办者应当及时调整临床试验方案、暂停或者终止临床试验，并向国务院药品监督管理部门报告。必要时，国务院药品监督管理部门可以责令调整临床试验方案、暂停或者终止临床试验。

第二十三条 对正在开展临床试验的用于治疗严重危及生命且尚无有效治疗手段的疾病的药物，经医学观察可能获益，并且符合伦理原则的，经审查、知情同意后可以在开展临床试验的机构内用于其他病情相同的患者。

第二十四条 在中国境内上市的药品，应当经国务院药品监督管理部门批准，取得药品注册证书；但是，未实施审批管理的中药材和中药饮片除外。实施审批管理的中药材、中药饮片品种目录由国务院药品监督管理部门会同国务院中医主管部门制定。

申请药品注册，应当提供真实、充分、可靠的数据、资料和样品，证明药品的安全性、有效性和质量可控性。

第二十五条　对申请注册的药品，国务院药品监督管理部门应当组织药学、医学和其他技术人员进行审评，对药品的安全性、有效性和质量可控性以及申请人的质量管理、风险防控和责任赔偿等能力进行审查；符合条件的，颁发药品注册证书。

国务院药品监督管理部门在审批药品时，对化学原料药一并审评审批，对相关辅料、直接接触药品的包装材料和容器一并审评，对药品的质量标准、生产工艺、标签和说明书一并核准。

本法所称辅料，是指生产药品和调配处方时所用的赋形剂和附加剂。

第二十六条　对治疗严重危及生命且尚无有效治疗手段的疾病以及公共卫生方面急需的药品，药物临床试验已有数据显示疗效并能预测其临床价值的，可以附条件批准，并在药品注册证书中载明相关事项。

第二十七条　国务院药品监督管理部门应当完善药品审评审批工作制度，加强能力建设，建立健全沟通交流、专家咨询等机制，优化审评审批流程，提高审评审批效率。

批准上市药品的审评结论和依据应当依法公开，接受社会监督。对审评审批中知悉的商业秘密应当保密。

第二十八条　药品应当符合国家药品标准。经国务院药品监督管理部门核准的药品质量标准高于国家药品标准的，按照经核准的药品质量标准执行；没有国家药品标准的，应当符合经核准的药品质量标准。

国务院药品监督管理部门颁布的《中华人民共和国药典》和药品标准为国家药品标准。

国务院药品监督管理部门会同国务院卫生健康主管部门组织药典委员会，负责国家药品标准的制定和修订。

国务院药品监督管理部门设置或者指定的药品检验机构负责标定国家药品标准品、对照品。

第二十九条　列入国家药品标准的药品名称为药品通用名称。已经作为药品通用名称的，该名称不得作为药品商标使用。

第三章　药品上市许可持有人

第三十条　药品上市许可持有人是指取得药品注册证书的企业或者药品研制机构等。

药品上市许可持有人应当依照本法规定，对药品的非临床研究、临床试验、生产经营、上市后研究、不良反应监测及报告与处理等承担责任。其他从事药品研制、生产、经营、储存、运输、使用等活动的单位和个人依法承担相应责任。

药品上市许可持有人的法定代表人、主要负责人对药品质量全面负责。

第三十一条　药品上市许可持有人应当建立药品质量保证体系，配备专门人员独立负责药品质量管理。

药品上市许可持有人应当对受托药品生产企业、药品经营企业的质量管理体系进行定期审核，监督其持续具备质量保证和控制能力。

第三十二条　药品上市许可持有人可以自行生产药品，也可以委托药品生产企业生产。

药品上市许可持有人自行生产药品的，应当依照本法规定取得药品生产许可证；委托生产的，应当委托符合条件的药品生产企业。药品上市许可持有人和受托生产企业应当签订委托协议和质量协议，并严格履行协议约定的义务。

国务院药品监督管理部门制定药品委托生产质量协议指南，指导、监督药品上市许可持有人和受托生产企业履行药品质量保证义务。

血液制品、麻醉药品、精神药品、医疗用毒性药品、药品类易制毒化学品不得委托生产；但是，国务院药品监督管理部门另有规定的除外。

第三十三条　药品上市许可持有人应当建立药品上市放行规程，对药品生产企业出厂放行的药品进行审核，经质量受权人签字后方可放行。不符合国家药品标准的，不得放行。

第三十四条　药品上市许可持有人可以自行销售其取得药品注册证书的药品，也可以委托药品经营企业销售。药品上市许可持有人从事药品零售活动的，应当取得药品经营许可证。

药品上市许可持有人自行销售药品的，应当具备本法第五十二条规定的条件；委托销售的，应当委托符合条件的药品经营企业。药品上市许可持有人和受托经营企业应当签订委托协议，并严格履行协议约定的义务。

第三十五条　药品上市许可持有人、药品生产企业、药品经营企业委托储存、运输药品的,应当对受托方的质量保证能力和风险管理能力进行评估,与其签订委托协议,约定药品质量责任、操作规程等内容,并对受托方进行监督。

第三十六条　药品上市许可持有人、药品生产企业、药品经营企业和医疗机构应当建立并实施药品追溯制度,按照规定提供追溯信息,保证药品可追溯。

第三十七条　药品上市许可持有人应当建立年度报告制度,每年将药品生产销售、上市后研究、风险管理等情况按照规定向省、自治区、直辖市人民政府药品监督管理部门报告。

第三十八条　药品上市许可持有人为境外企业的,应当由其指定的在中国境内的企业法人履行药品上市许可持有人义务,与药品上市许可持有人承担连带责任。

第三十九条　中药饮片生产企业履行药品上市许可持有人的相关义务,对中药饮片生产、销售实行全过程管理,建立中药饮片追溯体系,保证中药饮片安全、有效、可追溯。

第四十条　经国务院药品监督管理部门批准,药品上市许可持有人可以转让药品上市许可。受让方应当具备保障药品安全性、有效性和质量可控性的质量管理、风险防控和责任赔偿等能力,履行药品上市许可持有人义务。

第四章　药品生产

第四十一条　从事药品生产活动,应当经所在地省、自治区、直辖市人民政府药品监督管理部门批准,取得药品生产许可证。无药品生产许可证的,不得生产药品。

药品生产许可证应当标明有效期和生产范围,到期重新审查发证。

第四十二条　从事药品生产活动,应当具备以下条件:

(一)有依法经过资格认定的药学技术人员、工程技术人员及相应的技术工人;

(二)有与药品生产相适应的厂房、设施和卫生环境;

(三)有能对所生产药品进行质量管理和质量检验的机构、人员及必要的仪器设备;

(四)有保证药品质量的规章制度,并符合国务院药品监督管理部门依据本法制定的药品生产质量管理规范要求。

第四十三条　从事药品生产活动,应当遵守药品生产质量管理规范,建立健全药品生产质量管理体系,保证药品生产全过程持续符合法定要求。

药品生产企业的法定代表人、主要负责人对本企业的药品生产活动全面负责。

第四十四条　药品应当按照国家药品标准和经药品监督管理部门核准的生产工艺进行生产。生产、检验记录应当完整准确,不得编造。

中药饮片应当按照国家药品标准炮制;国家药品标准没有规定的,应当按照省、自治区、直辖市人民政府药品监督管理部门制定的炮制规范炮制。省、自治区、直辖市人民政府药品监督管理部门制定的炮制规范应当报国务院药品监督管理部门备案。不符合国家药品标准或者不按照省、自治区、直辖市人民政府药品监督管理部门制定的炮制规范炮制的,不得出厂、销售。

第四十五条　生产药品所需的原料、辅料,应当符合药用要求、药品生产质量管理规范的有关要求。

生产药品,应当按照规定对供应原料、辅料等的供应商进行审核,保证购进、使用的原料、辅料等符合前款规定要求。

第四十六条　直接接触药品的包装材料和容器,应当符合药用要求,符合保障人体健康、安全的标准。

对不合格的直接接触药品的包装材料和容器,由药品监督管理部门责令停止使用。

第四十七条　药品生产企业应当对药品进行质量检验。不符合国家药品标准的,不得出厂。

药品生产企业应当建立药品出厂放行规程,明确出厂放行的标准、条件。符合标准、条件的,经质量受权人签字后方可放行。

第四十八条　药品包装应当适合药品质量的要求,方便储存、运输和医疗使用。

发运中药材应当有包装。在每件包装上,应当注明品名、产地、日期、供货单位,并附有质量合格的标志。

第四十九条　药品包装应当按照规定印有或者贴有标签并附有说明书。

标签或者说明书应当注明药品的通用名称、

成份、规格、上市许可持有人及其地址、生产企业及其地址、批准文号、产品批号、生产日期、有效期、适应症或者功能主治、用法、用量、禁忌、不良反应和注意事项。标签、说明书中的文字应当清晰,生产日期、有效期等事项应当显著标注,容易辨识。

麻醉药品、精神药品、医疗用毒性药品、放射性药品、外用药品和非处方药的标签、说明书,应当印有规定的标志。

第五十条　药品上市许可持有人、药品生产企业、药品经营企业和医疗机构中直接接触药品的工作人员,应当每年进行健康检查。患有传染病或者其他可能污染药品的疾病的,不得从事直接接触药品的工作。

第五章　药品经营

第五十一条　从事药品批发活动,应当经所在地省、自治区、直辖市人民政府药品监督管理部门批准,取得药品经营许可证。从事药品零售活动,应当经所在地县级以上地方人民政府药品监督管理部门批准,取得药品经营许可证。无药品经营许可证的,不得经营药品。

药品经营许可证应当标明有效期和经营范围,到期重新审查发证。

药品监督管理部门实施药品经营许可,除依据本法第五十二条规定的条件外,还应当遵循方便群众购药的原则。

第五十二条　从事药品经营活动应当具备以下条件:

（一）有依法经过资格认定的药师或者其他药学技术人员;

（二）有与所经营药品相适应的营业场所、设备、仓储设施和卫生环境;

（三）有与所经营药品相适应的质量管理机构或者人员;

（四）有保证药品质量的规章制度,并符合国务院药品监督管理部门依据本法制定的药品经营质量管理规范要求。

第五十三条　从事药品经营活动,应当遵守药品经营质量管理规范,建立健全药品经营质量管理体系,保证药品经营全过程持续符合法定要求。

国家鼓励、引导药品零售连锁经营。从事药品零售连锁经营活动的企业总部,应当建立统一的质量管理制度,对所属零售企业的经营活动履行管理责任。

药品经营企业的法定代表人、主要负责人对本企业的药品经营活动全面负责。

第五十四条　国家对药品实行处方药与非处方药分类管理制度。具体办法由国务院药品监督管理部门会同国务院卫生健康主管部门制定。

第五十五条　药品上市许可持有人、药品生产企业、药品经营企业和医疗机构应当从药品上市许可持有人或者具有药品生产、经营资格的企业购进药品;但是,购进未实施审批管理的中药材除外。

第五十六条　药品经营企业购进药品,应当建立并执行进货检查验收制度,验明药品合格证明和其他标识;不符合规定要求的,不得购进和销售。

第五十七条　药品经营企业购销药品,应当有真实、完整的购销记录。购销记录应当注明药品的通用名称、剂型、规格、产品批号、有效期、上市许可持有人、生产企业、购销单位、购销数量、购销价格、购销日期及国务院药品监督管理部门规定的其他内容。

第五十八条　药品经营企业零售药品应当准确无误,并正确说明用法、用量和注意事项;调配处方应当经过核对,对处方所列药品不得擅自更改或者代用。对有配伍禁忌或者超剂量的处方,应当拒绝调配;必要时,经处方医师更正或者重新签字,方可调配。

药品经营企业销售中药材,应当标明产地。

依法经过资格认定的药师或者其他药学技术人员负责本企业的药品管理、处方审核和调配、合理用药指导等工作。

第五十九条　药品经营企业应当制定和执行药品保管制度,采取必要的冷藏、防冻、防潮、防虫、防鼠等措施,保证药品质量。

药品入库和出库应当执行检查制度。

第六十条　城乡集市贸易市场可以出售中药材,国务院另有规定的除外。

第六十一条　药品上市许可持有人、药品经营企业通过网络销售药品,应当遵守本法药品经营的有关规定。具体管理办法由国务院药品监督管理部门会同国务院卫生健康主管部门等部门制定。

疫苗、血液制品、麻醉药品、精神药品、医疗用毒性药品、放射性药品、药品类易制毒化学品等国家实行特殊管理的药品不得在网络上销售。

第六十二条 药品网络交易第三方平台提供者应当按照国务院药品监督管理部门的规定，向所在地省、自治区、直辖市人民政府药品监督管理部门备案。

第三方平台提供者应当依法对申请进入平台经营的药品上市许可持有人、药品经营企业的资质等进行审核，保证其符合法定要求，并对发生在平台的药品经营行为进行管理。

第三方平台提供者发现进入平台经营的药品上市许可持有人、药品经营企业有违反本法规定行为的，应当及时制止并立即报告所在地县级人民政府药品监督管理部门；发现严重违法行为的，应当立即停止提供网络交易平台服务。

第六十三条 新发现和从境外引种的药材，经国务院药品监督管理部门批准后，方可销售。

第六十四条 药品应当从允许药品进口的口岸进口，并由进口药品的企业向口岸所在地药品监督管理部门备案。海关凭药品监督管理部门出具的进口药品通关单办理通关手续。无进口药品通关单的，海关不得放行。

口岸所在地药品监督管理部门应当通知药品检验机构按照国务院药品监督管理部门的规定对进口药品进行抽查检验。

允许药品进口的口岸由国务院药品监督管理部门会同海关总署提出，报国务院批准。

第六十五条 医疗机构因临床急需进口少量药品的，经国务院药品监督管理部门或者国务院授权的省、自治区、直辖市人民政府批准，可以进口。进口的药品应当在指定医疗机构内用于特定医疗目的。

个人自用携带入境少量药品，按照国家有关规定办理。

第六十六条 进口、出口麻醉药品和国家规定范围内的精神药品，应当持有国务院药品监督管理部门颁发的进口准许证、出口准许证。

第六十七条 禁止进口疗效不确切、不良反应大或者因其他原因危害人体健康的药品。

第六十八条 国务院药品监督管理部门对下列药品在销售前或者进口时，应当指定药品检验机构进行检验；未经检验或者检验不合格的，不得销售或者进口：

（一）首次在中国境内销售的药品；

（二）国务院药品监督管理部门规定的生物制品；

（三）国务院规定的其他药品。

第六章 医疗机构药事管理

第六十九条 医疗机构应当配备依法经过资格认定的药师或者其他药学技术人员，负责本单位的药品管理、处方审核和调配、合理用药指导等工作。非药学技术人员不得直接从事药剂技术工作。

第七十条 医疗机构购进药品，应当建立并执行进货检查验收制度，验明药品合格证明和其他标识；不符合规定要求的，不得购进和使用。

第七十一条 医疗机构应当有与所使用药品相适应的场所、设备、仓储设施和卫生环境，制定和执行药品保管制度，采取必要的冷藏、防冻、防潮、防虫、防鼠等措施，保证药品质量。

第七十二条 医疗机构应当坚持安全有效、经济合理的用药原则，遵循药品临床应用指导原则、临床诊疗指南和药品说明书等合理用药，对医师处方、用药医嘱的适宜性进行审核。

医疗机构以外的其他药品使用单位，应当遵守本法有关医疗机构使用药品的规定。

第七十三条 依法经过资格认定的药师或者其他药学技术人员调配处方，应当进行核对，对处方所列药品不得擅自更改或者代用。对有配伍禁忌或者超剂量的处方，应当拒绝调配；必要时，经处方医师更正或者重新签字，方可调配。

第七十四条 医疗机构配制制剂，应当经所在地省、自治区、直辖市人民政府药品监督管理部门批准，取得医疗机构制剂许可证。无医疗机构制剂许可证的，不得配制制剂。

医疗机构制剂许可证应当标明有效期，到期重新审查发证。

第七十五条 医疗机构配制制剂，应当有能够保证制剂质量的设施、管理制度、检验仪器和卫生环境。

医疗机构配制制剂，应当按照经核准的工艺进行，所需的原料、辅料和包装材料等应当符合药用要求。

第七十六条 医疗机构配制的制剂，应当是本单位临床需要而市场上没有供应的品种,并应当经所在地省、自治区、直辖市人民政府药品监督管理部门批准;但是,法律对配制中药制剂另有规定的除外。

医疗机构配制的制剂应当按照规定进行质量检验;合格的,凭医师处方在本单位使用。经国务院药品监督管理部门或者省、自治区、直辖市人民政府药品监督管理部门批准,医疗机构配制的制剂可以在指定的医疗机构之间调剂使用。

医疗机构配制的制剂不得在市场上销售。

第七章 药品上市后管理

第七十七条 药品上市许可持有人应当制定药品上市后风险管理计划,主动开展药品上市后研究,对药品的安全性、有效性和质量可控性进行进一步确证,加强对已上市药品的持续管理。

第七十八条 对附条件批准的药品,药品上市许可持有人应当采取相应风险管理措施,并在规定期限内按照要求完成相关研究;逾期未按照要求完成研究或者不能证明其获益大于风险的,国务院药品监督管理部门应当依法处理,直至注销药品注册证书。

第七十九条 对药品生产过程中的变更,按照其对药品安全性、有效性和质量可控性的风险和产生影响的程度,实行分类管理。属于重大变更的,应当经国务院药品监督管理部门批准,其他变更应当按照国务院药品监督管理部门的规定备案或者报告。

药品上市许可持有人应当按照国务院药品监督管理部门的规定,全面评估、验证变更事项对药品安全性、有效性和质量可控性的影响。

第八十条 药品上市许可持有人应当开展药品上市后不良反应监测,主动收集、跟踪分析疑似药品不良反应信息,对已识别风险的药品及时采取风险控制措施。

第八十一条 药品上市许可持有人、药品生产企业、药品经营企业和医疗机构应当经常考察本单位所生产、经营、使用的药品质量、疗效和不良反应。发现疑似不良反应的,应当及时向药品监督管理部门和卫生健康主管部门报告。具体办法由国务院药品监督管理部门会同国务院卫生健康主管部门制定。

对已确认发生严重不良反应的药品,由国务院药品监督管理部门或者省、自治区、直辖市人民政府药品监督管理部门根据实际情况采取停止生产、销售、使用等紧急控制措施,并应当在五日内组织鉴定,自鉴定结论作出之日起十五日内依法作出行政处理决定。

第八十二条 药品存在质量问题或者其他安全隐患的,药品上市许可持有人应当立即停止销售,告知相关药品经营企业和医疗机构停止销售和使用,召回已销售的药品,及时公开召回信息,必要时应当立即停止生产,并将药品召回和处理情况向省、自治区、直辖市人民政府药品监督管理部门和卫生健康主管部门报告。药品生产企业、药品经营企业和医疗机构应当配合。

药品上市许可持有人依法应当召回药品而未召回的,省、自治区、直辖市人民政府药品监督管理部门应当责令其召回。

第八十三条 药品上市许可持有人应当对已上市药品的安全性、有效性和质量可控性定期开展上市后评价。必要时,国务院药品监督管理部门可以责令药品上市许可持有人开展上市后评价或者直接组织开展上市后评价。

经评价,对疗效不确切、不良反应大或者因其他原因危害人体健康的药品,应当注销药品注册证书。

已被注销药品注册证书的药品,不得生产或者进口、销售和使用。

已被注销药品注册证书、超过有效期等的药品,应当由药品监督管理部门监督销毁或者依法采取其他无害化处理等措施。

第八章 药品价格和广告

第八十四条 国家完善药品采购管理制度,对药品价格进行监测,开展成本价格调查,加强药品价格监督检查,依法查处价格垄断、哄抬价格等药品价格违法行为,维护药品价格秩序。

第八十五条 依法实行市场调节价的药品,药品上市许可持有人、药品生产企业、药品经营企业和医疗机构应当按照公平、合理和诚实信用、质价相符的原则制定价格,为用药者提供价格合理的药品。

药品上市许可持有人、药品生产企业、药品经营企业和医疗机构应当遵守国务院药品价格主管部门关于药品价格管理的规定,制定和标明药品零售价格,禁止暴利、价格垄断和价格欺诈等行为。

第八十六条 药品上市许可持有人、药品生产企业、药品经营企业和医疗机构应当依法向药品价格主管部门提供其药品的实际购销价格和购销数量等资料。

第八十七条 医疗机构应当向患者提供所用药品的价格清单,按照规定如实公布其常用药品的价格,加强合理用药管理。具体办法由国务院卫生健康主管部门制定。

第八十八条 禁止药品上市许可持有人、药品生产企业、药品经营企业和医疗机构在药品购销中给予、收受回扣或者其他不正当利益。

禁止药品上市许可持有人、药品生产企业、药品经营企业或者代理人以任何名义给予使用其药品的医疗机构的负责人、药品采购人员、医师、药师等有关人员财物或者其他不正当利益。禁止医疗机构的负责人、药品采购人员、医师、药师等有关人员以任何名义收受药品上市许可持有人、药品生产企业、药品经营企业或者代理人给予的财物或者其他不正当利益。

第八十九条 药品广告应当经广告主所在地省、自治区、直辖市人民政府确定的广告审查机关批准;未经批准的,不得发布。

第九十条 药品广告的内容应当真实、合法,以国务院药品监督管理部门核准的药品说明书为准,不得含有虚假的内容。

药品广告不得含有表示功效、安全性的断言或者保证;不得利用国家机关、科研单位、学术机构、行业协会或者专家、学者、医师、药师、患者等的名义或者形象作推荐、证明。

非药品广告不得有涉及药品的宣传。

第九十一条 药品价格和广告,本法未作规定的,适用《中华人民共和国价格法》、《中华人民共和国反垄断法》、《中华人民共和国反不正当竞争法》、《中华人民共和国广告法》等的规定。

第九章 药品储备和供应

第九十二条 国家实行药品储备制度,建立中央和地方两级药品储备。

发生重大灾情、疫情或者其他突发事件时,依照《中华人民共和国突发事件应对法》的规定,可以紧急调用药品。

第九十三条 国家实行基本药物制度,遴选适当数量的基本药物品种,加强组织生产和储备,提高基本药物的供给能力,满足疾病防治基本用药需求。

第九十四条 国家建立药品供求监测体系,及时收集和汇总分析短缺药品供求信息,对短缺药品实行预警,采取应对措施。

第九十五条 国家实行短缺药品清单管理制度。具体办法由国务院卫生健康主管部门会同国务院药品监督管理部门等部门制定。

药品上市许可持有人停止生产短缺药品的,应当按照规定向国务院药品监督管理部门或者省、自治区、直辖市人民政府药品监督管理部门报告。

第九十六条 国家鼓励短缺药品的研制和生产,对临床急需的短缺药品、防治重大传染病和罕见病等疾病的新药予以优先审评审批。

第九十七条 对短缺药品,国务院可以限制或者禁止出口。必要时,国务院有关部门可以采取组织生产、价格干预和扩大进口等措施,保障药品供应。

药品上市许可持有人、药品生产企业、药品经营企业应当按照规定保障药品的生产和供应。

第十章 监督管理

第九十八条 禁止生产(包括配制,下同)、销售、使用假药、劣药。

有下列情形之一的,为假药:

(一)药品所含成份与国家药品标准规定的成份不符;

(二)以非药品冒充药品或者以他种药品冒充此种药品;

(三)变质的药品;

(四)药品所标明的适应症或者功能主治超出规定范围。

有下列情形之一的,为劣药:

(一)药品成份的含量不符合国家药品标准;

(二)被污染的药品;

(三)未标明或者更改有效期的药品;

(四)未注明或者更改产品批号的药品;

(五)超过有效期的药品;

(六)擅自添加防腐剂、辅料的药品;

(七)其他不符合药品标准的药品。

禁止未取得药品批准证明文件生产、进口药品;禁止使用未按照规定审评、审批的原料药、包装材料和容器生产药品。

第九十九条 药品监督管理部门应当依照法律、法规的规定对药品研制、生产、经营和药品使用单位使用药品等活动进行监督检查,必要时可以对为药品研制、生产、经营、使用提供产品或者服务的单位和个人进行延伸检查,有关单位和个人应当予以配合,不得拒绝和隐瞒。

药品监督管理部门应当对高风险的药品实施重点监督检查。

对有证据证明可能存在安全隐患的,药品监督管理部门根据监督检查情况,应当采取告诫、约谈、限期整改以及暂停生产、销售、使用、进口等措施,并及时公布检查处理结果。

药品监督管理部门进行监督检查时,应当出示证明文件,对监督检查中知悉的商业秘密应当保密。

第一百条 药品监督管理部门根据监督管理的需要,可以对药品质量进行抽查检验。抽查检验应当按照规定抽样,并不得收取任何费用;抽样应当购买样品。所需费用按照国务院规定列支。

对有证据证明可能危害人体健康的药品及其有关材料,药品监督管理部门可以查封、扣押,并在七日内作出行政处理决定;药品需要检验的,应当自检验报告书发出之日起十五日内作出行政处理决定。

第一百零一条 国务院和省、自治区、直辖市人民政府的药品监督管理部门应当定期公告药品质量抽查检验结果;公告不当的,应当在原公告范围内予以更正。

第一百零二条 当事人对药品检验结果有异议的,可以自收到药品检验结果之日起七日内向原药品检验机构或者上一级药品监督管理部门设置或者指定的药品检验机构申请复验,也可以直接向国务院药品监督管理部门设置或者指定的药品检验机构申请复验。受理复验的药品检验机构应当在国务院药品监督管理部门规定的时间内作出复验结论。

第一百零三条 药品监督管理部门应当对药品上市许可持有人、药品生产企业、药品经营企业和药物非临床安全性评价研究机构、药物临床试验机构等遵守药品生产质量管理规范、药品经营质量管理规范、药物非临床研究质量管理规范、药物临床试验质量管理规范等情况进行检查,监督其持续符合法定要求。

第一百零四条 国家建立职业化、专业化药品检查员队伍。检查员应当熟悉药品法律法规,具备药品专业知识。

第一百零五条 药品监督管理部门建立药品上市许可持有人、药品生产企业、药品经营企业、药物非临床安全性评价研究机构、药物临床试验机构和医疗机构药品安全信用档案,记录许可颁发、日常监督检查结果、违法行为查处等情况,依法向社会公布并及时更新;对有不良信用记录的,增加监督检查频次,并可以按照国家规定实施联合惩戒。

第一百零六条 药品监督管理部门应当公布本部门的电子邮件地址、电话,接受咨询、投诉、举报,并依法及时答复、核实、处理。对查证属实的举报,按照有关规定给予举报人奖励。

药品监督管理部门应当对举报人的信息予以保密,保护举报人的合法权益。举报人举报所在单位的,该单位不得以解除、变更劳动合同或者其他方式对举报人进行打击报复。

第一百零七条 国家实行药品安全信息统一公布制度。国家药品安全总体情况、药品安全风险警示信息、重大药品安全事件及其调查处理信息和国务院确定需要统一公布的其他信息由国务院药品监督管理部门统一公布。药品安全风险警示信息和重大药品安全事件及其调查处理信息的影响限于特定区域的,也可以由有关省、自治区、直辖市人民政府药品监督管理部门公布。未经授权不得发布上述信息。

公布药品安全信息,应当及时、准确、全面,并进行必要的说明,避免误导。

任何单位和个人不得编造、散布虚假药品安全信息。

第一百零八条 县级以上人民政府应当制定药品安全事件应急预案。药品上市许可持有人、药品生产企业、药品经营企业和医疗机构等应当制定本单位的药品安全事件处置方案,并组织开展培训和应急演练。

发生药品安全事件,县级以上人民政府应当按照应急预案立即组织开展应对工作;有关单位应当立即采取有效措施进行处置,防止危害扩大。

第一百零九条 药品监督管理部门未及时发现药品安全系统性风险，未及时消除监督管理区域内药品安全隐患的，本级人民政府或者上级人民政府药品监督管理部门应当对其主要负责人进行约谈。

地方人民政府未履行药品安全职责，未及时消除区域性重大药品安全隐患的，上级人民政府或者上级人民政府药品监督管理部门应当对其主要负责人进行约谈。

被约谈的部门和地方人民政府应当立即采取措施，对药品监督管理工作进行整改。

约谈情况和整改情况应当纳入有关部门和地方人民政府药品监督管理工作评议、考核记录。

第一百一十条 地方人民政府及其药品监督管理部门不得以要求实施药品检验、审批等手段限制或者排斥非本地区药品上市许可持有人、药品生产企业生产的药品进入本地区。

第一百一十一条 药品监督管理部门及其设置或者指定的药品专业技术机构不得参与药品生产经营活动，不得以其名义推荐或者监制、监销药品。

药品监督管理部门及其设置或者指定的药品专业技术机构的工作人员不得参与药品生产经营活动。

第一百一十二条 国务院对麻醉药品、精神药品、医疗用毒性药品、放射性药品、药品类易制毒化学品等有其他特殊管理规定的，依照其规定。

第一百一十三条 药品监督管理部门发现药品违法行为涉嫌犯罪的，应当及时将案件移送公安机关。

对依法不需要追究刑事责任或者免予刑事处罚，但应当追究行政责任的，公安机关、人民检察院、人民法院应当及时将案件移送药品监督管理部门。

公安机关、人民检察院、人民法院商请药品监督管理部门、生态环境主管部门等部门提供检验结论、认定意见以及对涉案药品进行无害化处理等协助的，有关部门应当及时提供，予以协助。

第十一章 法律责任

第一百一十四条 违反本法规定，构成犯罪的，依法追究刑事责任。

第一百一十五条 未取得药品生产许可证、药品经营许可证或者医疗机构制剂许可证生产、销售药品的，责令关闭，没收违法生产、销售的药品和违法所得，并处违法生产、销售的药品（包括已售出和未售出的药品，下同）货值金额十五倍以上三十倍以下的罚款；货值金额不足十万元的，按十万元计算。

第一百一十六条 生产、销售假药的，没收违法生产、销售的药品和违法所得，责令停产停业整顿，吊销药品批准证明文件，并处违法生产、销售的药品货值金额十五倍以上三十倍以下的罚款；货值金额不足十万元的，按十万元计算；情节严重的，吊销药品生产许可证、药品经营许可证或者医疗机构制剂许可证，十年内不受理其相应申请；药品上市许可持有人为境外企业的，十年内禁止其药品进口。

第一百一十七条 生产、销售劣药的，没收违法生产、销售的药品和违法所得，并处违法生产、销售的药品货值金额十倍以上二十倍以下的罚款；违法生产、批发的药品货值金额不足十万元的，按十万元计算，违法零售的药品货值金额不足一万元的，按一万元计算；情节严重的，责令停产停业整顿直至吊销药品批准证明文件、药品生产许可证、药品经营许可证或者医疗机构制剂许可证。

生产、销售的中药饮片不符合药品标准，尚不影响安全性、有效性的，责令限期改正，给予警告；可以处十万元以上五十万元以下的罚款。

第一百一十八条 生产、销售假药，或者生产、销售劣药且情节严重的，对法定代表人、主要负责人、直接负责的主管人员和其他责任人员，没收违法行为发生期间自本单位所获收入，并处所获收入百分之三十以上三倍以下的罚款，终身禁止从事药品生产经营活动，并可以由公安机关处五日以上十五日以下的拘留。

对生产者专门用于生产假药、劣药的原料、辅料、包装材料、生产设备予以没收。

第一百一十九条 药品使用单位使用假药、劣药的，按照销售假药、零售劣药的规定处罚；情节严重的，法定代表人、主要负责人、直接负责的主管人员和其他责任人员有医疗卫生人员执业证书的，还应当吊销执业证书。

第一百二十条 知道或者应当知道属于假药、劣药或者本法第一百二十四条第一款第一项至第五项规定的药品，而为其提供储存、运输等便利条件的，没收全部储存、运输收入，并处违法收入一倍以上五倍以下的罚款；情节严重的，并处违法收入五倍以上十五倍以下的罚款；违法收入不足五万元的，按五万元计算。

第一百二十一条 对假药、劣药的处罚决定，应当依法载明药品检验机构的质量检验结论。

第一百二十二条 伪造、变造、出租、出借、非法买卖许可证或者药品批准证明文件的，没收违法所得，并处违法所得一倍以上五倍以下的罚款；情节严重的，并处违法所得五倍以上十五倍以下的罚款，吊销药品生产许可证、药品经营许可证、医疗机构制剂许可证或者药品批准证明文件，对法定代表人、主要负责人、直接负责的主管人员和其他责任人员，处二万元以上二十万元以下的罚款，十年内禁止从事药品生产经营活动，并可以由公安机关处五日以上十五日以下的拘留；违法所得不足十万元的，按十万元计算。

第一百二十三条 提供虚假的证明、数据、资料、样品或者采取其他手段骗取临床试验许可、药品生产许可、药品经营许可、医疗机构制剂许可或者药品注册等许可的，撤销相关许可，十年内不受理其相应申请，并处五十万元以上五百万元以下的罚款；情节严重的，对法定代表人、主要负责人、直接负责的主管人员和其他责任人员，处二万元以上二十万元以下的罚款，十年内禁止从事药品生产经营活动，并可以由公安机关处五日以上十五日以下的拘留。

第一百二十四条 违反本法规定，有下列行为之一的，没收违法生产、进口、销售的药品和违法所得以及专门用于违法生产的原料、辅料、包装材料和生产设备，责令停产停业整顿，并处违法生产、进口、销售的药品货值金额十五倍以上三十倍以下的罚款；货值金额不足十万元的，按十万元计算；情节严重的，吊销药品批准证明文件直至吊销药品生产许可证、药品经营许可证或者医疗机构制剂许可证，对法定代表人、主要负责人、直接负责的主管人员和其他责任人员，没收违法行为发生期间自本单位所获收入，并处所获收入百分之三十以上三倍以下的罚款，十年直至终身禁止从事药品生产经营活动，并可以由公安机关处五日以上十五日以下的拘留：

（一）未取得药品批准证明文件生产、进口药品；

（二）使用采取欺骗手段取得的药品批准证明文件生产、进口药品；

（三）使用未经审评审批的原料药生产药品；

（四）应当检验而未经检验即销售药品；

（五）生产、销售国务院药品监督管理部门禁止使用的药品；

（六）编造生产、检验记录；

（七）未经批准在药品生产过程中进行重大变更。

销售前款第一项至第三项规定的药品，或者药品使用单位使用前款第一项至第五项规定的药品的，依照前款规定处罚；情节严重的，药品使用单位的法定代表人、主要负责人、直接负责的主管人员和其他责任人员有医疗卫生人员执业证书的，还应当吊销执业证书。

未经批准进口少量境外已合法上市的药品，情节较轻的，可以依法减轻或者免予处罚。

第一百二十五条 违反本法规定，有下列行为之一的，没收违法生产、销售的药品和违法所得以及包装材料、容器，责令停产停业整顿，并处五十万元以上五百万元以下的罚款；情节严重的，吊销药品批准证明文件、药品生产许可证、药品经营许可证，对法定代表人、主要负责人、直接负责的主管人员和其他责任人员处二万元以上二十万元以下的罚款，十年直至终身禁止从事药品生产经营活动：

（一）未经批准开展药物临床试验；

（二）使用未经审评的直接接触药品的包装材料或者容器生产药品，或者销售该类药品；

（三）使用未经核准的标签、说明书。

第一百二十六条 除本法另有规定的情形外，药品上市许可持有人、药品生产企业、药品经营企业、药物非临床安全性评价研究机构、药物临床试验机构等未遵守药品生产质量管理规范、药品经营质量管理规范、药物非临床研究质量管理规范、药物临床试验质量管理规范等的，责令限期改正，给予警告；逾期不改正的，处十万元以上五十万元以下的罚款；情节严重的，处五十万元以上二百万元以下的罚款，责令停产停业整顿直至吊销药品批准证明文件、药品生产许可证、药品经营许可证等，药物非临床安全性评价研究机构、药物临床试验机构等五年内不得开展药物非临床安全性评价研究、药物临床试验，对法定代表人、主要负责人、直接负责的主管人员和其他责任人员，没收违法行为发生期间自本单位所获收入，并处所获收入百分之十以上百分之五十以下的罚款，十年直至终身禁止从事药品生产经营等活动。

第一百二十七条 违反本法规定，有下列行为之一的，责令限期改正，给予警告；逾期不改正的，处十万元以上五十万元以下的罚款：

（一）开展生物等效性试验未备案；

（二）药物临床试验期间，发现存在安全性问题或者其他风险，临床试验申办者未及时调整临床试验方案、暂停或者终止临床试验，或者未向国务院药品监督管理部门报告；

（三）未按照规定建立并实施药品追溯制度；

（四）未按照规定提交年度报告；

（五）未按照规定对药品生产过程中的变更进行备案或者报告；

（六）未制定药品上市后风险管理计划；

（七）未按照规定开展药品上市后研究或者上市后评价。

第一百二十八条 除依法应当按照假药、劣药处罚的外，药品包装未按照规定印有、贴有标签或者附有说明书，标签、说明书未按照规定注明相关信息或者印有规定标志的，责令改正，给予警告；情节严重的，吊销药品注册证书。

第一百二十九条 违反本法规定，药品上市许可持有人、药品生产企业、药品经营企业或者医疗机构未从药品上市许可持有人或者具有药品生产、经营资格的企业购进药品的，责令改正，没收违法购进的药品和违法所得，并处违法购进药品货值金额二倍以上十倍以下的罚款；情节严重的，并处货值金额十倍以上三十倍以下的罚款，吊销药品批准证明文件、药品生产许可证、药品经营许可证或者医疗机构执业许可证；货值金额不足五万元的，按五万元计算。

第一百三十条 违反本法规定，药品经营企业购销药品未按照规定进行记录，零售药品未正确说明用法、用量等事项，或者未按照规定调整处方的，责令改正，给予警告；情节严重的，吊销药品经营许可证。

第一百三十一条 违反本法规定，药品网络交易第三方平台提供者未履行资质审核、报告、停止提供网络交易平台服务等义务的，责令改正，没收违法所得，并处二十万元以上二百万元以下的罚款；情节严重的，责令停业整顿，并处二百万元以上五百万元以下的罚款。

第一百三十二条 进口已获得药品注册证书的药品，未按照规定向允许药品进口的口岸所在地药品监督管理部门备案的，责令限期改正，给予警告；逾期不改正的，吊销药品注册证书。

第一百三十三条 违反本法规定，医疗机构将其配制的制剂在市场上销售的，责令改正，没收违法销售的制剂和违法所得，并处违法销售制剂货值金额二倍以上五倍以下的罚款；情节严重的，并处货值金额五倍以上十五倍以下的罚款；货值金额不足五万元的，按五万元计算。

第一百三十四条 药品上市许可持有人未按照规定开展药品不良反应监测或者报告疑似药品不良反应的，责令限期改正，给予警告；逾期不改正的，责令停产停业整顿，并处十万元以上一百万元以下的罚款。

药品经营企业未按照规定报告疑似药品不良反应的，责令限期改正，给予警告；逾期不改正的，责令停产停业整顿，并处五万元以上五十万元以下的罚款。

医疗机构未按照规定报告疑似药品不良反应的，责令限期改正，给予警告；逾期不改正的，处五万元以上五十万元以下的罚款。

第一百三十五条 药品上市许可持有人在省、自治区、直辖市人民政府药品监督管理部门责令其召回后，拒不召回的，处应召回药品货值金额五倍以上十倍以下的罚款；货值金额不足十万元的，按十万元计算；情节严重的，吊销药品批准证明文件、药品生产许可证、药品经营许可证，对法定代表人、主要负责人、直接负责的主管人员和其他责任人员，处二万元以上二十万元以下的罚款。

药品生产企业、药品经营企业、医疗机构拒不配合召回的，处十万元以上五十万元以下的罚款。

第一百三十六条 药品上市许可持有人为境外企业的，其指定的在中国境内的企业法人未依照本法规定履行相关义务的，适用本法有关药品上市许可持有人法律责任的规定。

第一百三十七条 有下列行为之一的，在本法规定的处罚幅度内从重处罚：

（一）以麻醉药品、精神药品、医疗用毒性药品、放射性药品、药品类易制毒化学品冒充其他药品，或者以其他药品冒充上述药品；

（二）生产、销售以孕产妇、儿童为主要使用对象的假药、劣药；

（三）生产、销售的生物制品属于假药、劣药；

（四）生产、销售假药、劣药，造成人身伤害后果；

（五）生产、销售假药、劣药，经处理后再犯；

（六）拒绝、逃避监督检查，伪造、销毁、隐匿有关证据材料，或者擅自动用查封、扣押物品。

第一百三十八条　药品检验机构出具虚假检验报告的，责令改正，给予警告，对单位并处二十万元以上一百万元以下的罚款；对直接负责的主管人员和其他直接责任人员依法给予降级、撤职、开除处分，没收违法所得，并处五万元以下的罚款；情节严重的，撤销其检验资格。药品检验机构出具的检验结果不实，造成损失的，应当承担相应的赔偿责任。

第一百三十九条　本法第一百一十五条至第一百三十八条规定的行政处罚，由县级以上人民政府药品监督管理部门按照职责分工决定；撤销许可、吊销许可证件的，由原批准、发证的部门决定。

第一百四十条　药品上市许可持有人、药品生产企业、药品经营企业或者医疗机构违反本法规定聘用人员的，由药品监督管理部门或者卫生健康主管部门责令解聘，处五万元以上二十万元以下的罚款。

第一百四十一条　药品上市许可持有人、药品生产企业、药品经营企业或者医疗机构在药品购销中给予、收受回扣或者其他不正当利益的，药品上市许可持有人、药品生产企业、药品经营企业或者代理人给予使用其药品的医疗机构的负责人、药品采购人员、医师、药师等有关人员财物或者其他不正当利益的，由市场监督管理部门没收违法所得，并处三十万元以上三百万元以下的罚款；情节严重的，吊销药品上市许可持有人、药品生产企业、药品经营企业营业执照，并由药品监督管理部门吊销药品批准证明文件、药品生产许可证、药品经营许可证。

药品上市许可持有人、药品生产企业、药品经营企业在药品研制、生产、经营中向国家工作人员行贿的，对法定代表人、主要负责人、直接负责的主管人员和其他责任人员终身禁止从事药品生产经营活动。

第一百四十二条　药品上市许可持有人、药品生产企业、药品经营企业的负责人、采购人员等有关人员在药品购销中收受其他药品上市许可持有人、药品生产企业、药品经营企业或者代理人给予的财物或者其他不正当利益的，没收违法所得，依法给予处罚；情节严重的，五年内禁止从事药品生产经营活动。

医疗机构的负责人、药品采购人员、医师、药师等有关人员收受药品上市许可持有人、药品生产企业、药品经营企业或者代理人给予的财物或者其他不正当利益的，由卫生健康主管部门或者本单位给予处分，没收违法所得；情节严重的，还应当吊销其执业证书。

第一百四十三条　违反本法规定，编造、散布虚假药品安全信息，构成违反治安管理行为的，由公安机关依法给予治安管理处罚。

第一百四十四条　药品上市许可持有人、药品生产企业、药品经营企业或者医疗机构违反本法规定，给用药者造成损害的，依法承担赔偿责任。

因药品质量问题受到损害的，受害人可以向药品上市许可持有人、药品生产企业请求赔偿损失，也可以向药品经营企业、医疗机构请求赔偿损失。接到受害人赔偿请求的，应当实行首负责任制，先行赔付；先行赔付后，可以依法追偿。

生产假药、劣药或者明知是假药、劣药仍然销售、使用的，受害人或者其近亲属除请求赔偿损失外，还可以请求支付价款十倍或者损失三倍的赔偿金；增加赔偿的金额不足一千元的，为一千元。

第一百四十五条　药品监督管理部门或者其设置、指定的药品专业技术机构参与药品生产经营活动的，由其上级主管机关责令改正，没收违法收入；情节严重的，对直接负责的主管人员和其他直接责任人员依法给予处分。

药品监督管理部门或者其设置、指定的药品专业技术机构的工作人员参与药品生产经营活动的，依法给予处分。

第一百四十六条　药品监督管理部门或者其设置、指定的药品检验机构在药品监督检验中违法收取检验费用的，由政府有关部门责令退还，对直接负责的主管人员和其他直接责任人员依法给予处分；情节严重的，撤销其检验资格。

第一百四十七条　违反本法规定，药品监督

管理部门有下列行为之一的,应当撤销相关许可,对直接负责的主管人员和其他直接责任人员依法给予处分:

(一)不符合条件而批准进行药物临床试验;

(二)对不符合条件的药品颁发药品注册证书;

(三)对不符合条件的单位颁发药品生产许可证、药品经营许可证或者医疗机构制剂许可证。

第一百四十八条 违反本法规定,县级以上地方人民政府有下列行为之一的,对直接负责的主管人员和其他直接责任人员给予记过或者记大过处分;情节严重的,给予降级、撤职或者开除处分:

(一)瞒报、谎报、缓报、漏报药品安全事件;

(二)未及时消除区域性重大药品安全隐患,造成本行政区域内发生特别重大药品安全事件,或者连续发生重大药品安全事件;

(三)履行职责不力,造成严重不良影响或者重大损失。

第一百四十九条 违反本法规定,药品监督管理等部门有下列行为之一的,对直接负责的主管人员和其他直接责任人员给予记过或者记大过处分;情节较重的,给予降级或者撤职处分;情节严重的,给予开除处分:

(一)瞒报、谎报、缓报、漏报药品安全事件;

(二)对发现的药品安全违法行为未及时查处;

(三)未及时发现药品安全系统性风险,或者未及时消除监督管理区域内药品安全隐患,造成严重影响;

(四)其他不履行药品监督管理职责,造成严重不良影响或者重大损失。

第一百五十条 药品监督管理人员滥用职权、徇私舞弊、玩忽职守的,依法给予处分。

查处假药、劣药违法行为有失职、渎职行为的,对药品监督管理部门直接负责的主管人员和其他直接责任人员依法从重给予处分。

第一百五十一条 本章规定的货值金额以违法生产、销售药品的标价计算;没有标价的,按照同类药品的市场价格计算。

第十二章 附 则

第一百五十二条 中药材种植、采集和饲养的管理,依照有关法律、法规的规定执行。

第一百五十三条 地区性民间习用药材的管理办法,由国务院药品监督管理部门会同国务院中医药主管部门制定。

第一百五十四条 中国人民解放军和中国人民武装警察部队执行本法的具体办法,由国务院、中央军事委员会依据本法制定。

第一百五十五条 本法自2019年12月1日起施行。

中华人民共和国
药品管理法实施条例

· 2002年8月4日中华人民共和国国务院令第360号公布

· 根据2016年2月6日《国务院关于修改部分行政法规的决定》第一次修订

· 根据2019年3月2日《国务院关于修改部分行政法规的决定》第二次修订

第一章 总 则

第一条 根据《中华人民共和国药品管理法》(以下简称《药品管理法》),制定本条例。

第二条 国务院药品监督管理部门设置国家药品检验机构。

省、自治区、直辖市人民政府药品监督管理部门可以在本行政区域内设置药品检验机构。地方药品检验机构的设置规划由省、自治区、直辖市人民政府药品监督管理部门提出,报省、自治区、直辖市人民政府批准。

国务院和省、自治区、直辖市人民政府的药品监督管理部门可以根据需要,确定符合药品检验条件的检验机构承担药品检验工作。

第二章 药品生产企业管理

第三条 开办药品生产企业,申办人应当向拟办企业所在地省、自治区、直辖市人民政府药品监督管理部门提出申请。省、自治区、直辖市人民政府药品监督管理部门应当自收到申请之日起30个工作日内,依据《药品管理法》第八条规定的开办条件组织验收;验收合格的,发给《药品生产许可证》。

第四条 药品生产企业变更《药品生产许可

证》许可事项的,应当在许可事项发生变更30日前,向原发证机关申请《药品生产许可证》变更登记;未经批准,不得变更许可事项。原发证机关应当自收到申请之日起15个工作日内作出决定。

第五条 省级以上人民政府药品监督管理部门应当按照《药品生产质量管理规范》和国务院药品监督管理部门规定的实施办法和实施步骤,组织对药品生产企业的认证工作;符合《药品生产质量管理规范》的,发给认证证书。其中,生产注射剂、放射性药品和国务院药品监督管理部门规定的生物制品的药品生产企业的认证工作,由国务院药品监督管理部门负责。

《药品生产质量管理规范》认证证书的格式由国务院药品监督管理部门统一规定。

第六条 新开办药品生产企业、药品生产企业新建药品生产车间或者新增生产剂型的,应当自取得药品生产证明文件或者经批准正式生产之日起30日内,按照规定向药品监督管理部门申请《药品生产质量管理规范》认证。受理申请的药品监督管理部门应当自收到企业申请之日起6个月内,组织对申请企业是否符合《药品生产质量管理规范》进行认证;认证合格的,发给认证证书。

第七条 国务院药品监督管理部门应当设立《药品生产质量管理规范》认证检查员库。《药品生产质量管理规范》认证检查员必须符合国务院药品监督管理部门规定的条件。进行《药品生产质量管理规范》认证,必须按照国务院药品监督管理部门的规定,从《药品生产质量管理规范》认证检查员库中随机抽取认证检查员组成认证检查组进行认证检查。

第八条 《药品生产许可证》有效期为5年。有效期届满,需要继续生产药品的,持证企业应当在许可证有效期届满前6个月,按照国务院药品监督管理部门的规定申请换发《药品生产许可证》。

药品生产企业终止生产药品或者关闭的,《药品生产许可证》由原发证部门缴销。

第九条 药品生产企业生产药品所使用的原料药,必须具有国务院药品监督管理部门核发的药品批准文号或者进口药品注册证、医药产品注册证;但是,未实施批准文号管理的中药材、中药饮片除外。

第十条 依据《药品管理法》第十三条规定,接受委托生产药品的,受托方必须是持有与其受托生产的药品相适应的《药品生产质量管理规范》认证证书的药品生产企业。

疫苗、血液制品和国务院药品监督管理部门规定的其他药品,不得委托生产。

第三章 药品经营企业管理

第十一条 开办药品批发企业,申办人应当向拟办企业所在地省、自治区、直辖市人民政府药品监督管理部门提出申请。省、自治区、直辖市人民政府药品监督管理部门应当自收到申请之日起30个工作日内,依据国务院药品监督管理部门规定的设置标准作出是否同意筹建的决定。申办人完成拟办企业筹建后,应当向原审批部门申请验收。原审批部门应当自收到申请之日起30个工作日内,依据《药品管理法》第十五条规定的开办条件组织验收;符合条件的,发给《药品经营许可证》。

第十二条 开办药品零售企业,申办人应当向拟办企业所在地设区的市级药品监督管理机构或者省、自治区、直辖市人民政府药品监督管理部门直接设置的县级药品监督管理机构提出申请。受理申请的药品监督管理机构应当自收到申请之日起30个工作日内,依据国务院药品监督管理部门的规定,结合当地常住人口数量、地域、交通状况和实际需要进行审查,作出是否同意筹建的决定。申办人完成拟办企业筹建后,应当向原审批机构申请验收。原审批机构应当自收到申请之日起15个工作日内,依据《药品管理法》第十五条规定的开办条件组织验收;符合条件的,发给《药品经营许可证》。

第十三条 省、自治区、直辖市人民政府药品监督管理部门和设区的市级药品监督管理机构负责组织药品经营企业的认证工作。药品经营企业应当按照国务院药品监督管理部门规定的实施办法和实施步骤,通过省、自治区、直辖市人民政府药品监督管理部门或者设区的市级药品监督管理机构组织的《药品经营质量管理规范》的认证,取得认证证书。《药品经营质量管理规范》认证证书的格式由国务院药品监督管理部门统一规定。

新开办药品批发企业和药品零售企业,应当自取得《药品经营许可证》之日起30日内,向发给其《药品经营许可证》的药品监督管理部门或者药品监督管理机构申请《药品经营质量管理规范》认证。受理申请的药品监督管理部门或者药品监督管理机构应当自收到申请之日起 3 个月内，按照国务院药品监督管理部门的规定，组织对申请认证的药品批发企业或者药品零售企业是否符合《药品经营质量管理规范》进行认证；认证合格的，发给认证证书。

第十四条　省、自治区、直辖市人民政府药品监督管理部门应当设立《药品经营质量管理规范》认证检查员库。《药品经营质量管理规范》认证检查员必须符合国务院药品监督管理部门规定的条件。进行《药品经营质量管理规范》认证，必须按照国务院药品监督管理部门的规定，从《药品经营质量管理规范》认证检查员库中随机抽取认证检查员组成认证检查组进行认证检查。

第十五条　国家实行处方药和非处方药分类管理制度。国家根据非处方药品的安全性，将非处方药分为甲类非处方药和乙类非处方药。

经营处方药、甲类非处方药的药品零售企业，应当配备执业药师或者其他依法经资格认定的药学技术人员。经营乙类非处方药的药品零售企业，应当配备经设区的市级药品监督管理机构或者省、自治区、直辖市人民政府药品监督管理部门直接设置的县级药品监督管理机构组织考核合格的业务人员。

第十六条　药品经营企业变更《药品经营许可证》许可事项的，应当在许可事项发生变更 30 日前，向原发证机关申请《药品经营许可证》变更登记；未经批准，不得变更许可事项。原发证机关应当自收到企业申请之日起 15 个工作日内作出决定。

第十七条　《药品经营许可证》有效期为 5 年。有效期届满，需要继续经营药品的，持证企业应当在许可证有效期届满前 6 个月，按照国务院药品监督管理部门的规定申请换发《药品经营许可证》。

药品经营企业终止经营药品或者关闭的，《药品经营许可证》由原发证机关缴销。

第十八条　交通不便的边远地区城乡集市贸易市场没有药品零售企业的，当地药品零售企业经所在地县(市)药品监督管理机构批准并到工商行政管理部门办理登记注册后，可以在该城乡集市贸易市场内设点并在批准经营的药品范围内销售非处方药品。

第十九条　通过互联网进行药品交易的药品生产企业、药品经营企业、医疗机构及其交易的药品，必须符合《药品管理法》和本条例的规定。互联网药品交易服务的管理办法，由国务院药品监督管理部门会同国务院有关部门制定。

第四章　医疗机构的药剂管理

第二十条　医疗机构设立制剂室，应当向所在地省、自治区、直辖市人民政府卫生行政部门提出申请，经审核同意后，报同级人民政府药品监督管理部门审批；省、自治区、直辖市人民政府药品监督管理部门验收合格的，予以批准，发给《医疗机构制剂许可证》。

省、自治区、直辖市人民政府卫生行政部门和药品监督管理部门应当在各自收到申请之日起 30 个工作日内，作出是否同意或者批准的决定。

第二十一条　医疗机构变更《医疗机构制剂许可证》许可事项的，应当在许可事项发生变更 30 日前，依照本条例第二十条的规定向原审核、批准机关申请《医疗机构制剂许可证》变更登记；未经批准，不得变更许可事项。原审核、批准机关应当在各自收到申请之日起 15 个工作日内作出决定。

医疗机构新增配制剂型或者改变配制场所的，应当经所在地省、自治区、直辖市人民政府药品监督管理部门验收合格后，依照前款规定办理《医疗机构制剂许可证》变更登记。

第二十二条　《医疗机构制剂许可证》有效期为 5 年。有效期届满，需要继续配制制剂的，医疗机构应当在许可证有效期届满前 6 个月，按照国务院药品监督管理部门的规定申请换发《医疗机构制剂许可证》。

医疗机构终止配制制剂或者关闭的，《医疗机构制剂许可证》由原发证机关缴销。

第二十三条　医疗机构配制制剂，必须按照国务院药品监督管理部门的规定报送有关资料和样品，经所在地省、自治区、直辖市人民政府药品监督管理部门批准，并发给制剂批准文号后，方可配制。

第二十四条　医疗机构配制的制剂不得在市场上销售或者变相销售，不得发布医疗机构制剂广告。

发生灾情、疫情、突发事件或者临床急需而市场没有供应时，经国务院或者省、自治区、直辖市人民政府的药品监督管理部门批准,在规定期限内,医疗机构配制的制剂可以在指定的医疗机构之间调剂使用。

国务院药品监督管理部门规定的特殊制剂的调剂使用以及省、自治区、直辖市之间医疗机构制剂的调剂使用,必须经国务院药品监督管理部门批准。

第二十五条 医疗机构审核和调配处方的药剂人员必须是依法经资格认定的药学技术人员。

第二十六条 医疗机构购进药品,必须有真实、完整的药品购进记录。药品购进记录必须注明药品的通用名称、剂型、规格、批号、有效期、生产厂商、供货单位、购货数量、购进价格、购货日期以及国务院药品监督管理部门规定的其他内容。

第二十七条 医疗机构向患者提供的药品应当与诊疗范围相适应,并凭执业医师或者执业助理医师的处方调配。

计划生育技术服务机构采购和向患者提供药品,其范围应当与经批准的服务范围相一致,并凭执业医师或者执业助理医师的处方调配。

个人设置的门诊部、诊所等医疗机构不得配备常用药品和急救药品以外的其他药品。常用药品和急救药品的范围和品种,由所在地的省、自治区、直辖市人民政府卫生行政部门会同同级人民政府药品监督管理部门规定。

第五章 药品管理

第二十八条 药物非临床安全性评价研究机构必须执行《药物非临床研究质量管理规范》,药物临床试验机构必须执行《药物临床试验质量管理规范》。《药物非临床研究质量管理规范》、《药物临床试验质量管理规范》由国务院药品监督管理部门分别商国务院科学技术行政部门和国务院卫生行政部门制定。

第二十九条 药物临床试验、生产药品和进口药品,应当符合《药品管理法》及本条例的规定,经国务院药品监督管理部门审查批准;国务院药品监督管理部门可以委托省、自治区、直辖市人民政府药品监督管理部门对申报药物的研制情况及条件进行审查,对申报资料进行形式审查,并对试制的样品进行检验。具体办法由国务院药品监督管理部门制定。

第三十条 研制新药,需要进行临床试验的,应当依照《药品管理法》第二十九条的规定,经国务院药品监督管理部门批准。

药物临床试验申请经国务院药品监督管理部门批准后,申报人应当在经依法认定的具有药物临床试验资格的机构中选择承担药物临床试验的机构,并将该临床试验机构报国务院药品监督管理部门和国务院卫生行政部门备案。

药物临床试验机构进行药物临床试验,应当事先告知受试者或者其监护人真实情况,并取得其书面同意。

第三十一条 生产已有国家标准的药品,应当按照国务院药品监督管理部门的规定,向省、自治区、直辖市人民政府药品监督管理部门或者国务院药品监督管理部门提出申请,报送有关技术资料并提供相关证明文件。省、自治区、直辖市人民政府药品监督管理部门应当自受理申请之日起30个工作日内进行审查,提出意见后报送国务院药品监督管理部门审核,并同时将审查意见通知申报方。国务院药品监督管理部门经审核符合规定的,发给药品批准文号。

第三十二条 变更研制新药、生产药品和进口药品已获批准证明文件及其附件中载明事项的,应当向国务院药品监督管理部门提出补充申请;国务院药品监督管理部门经审核符合规定的,应当予以批准。其中,不改变药品内在质量的,应当向省、自治区、直辖市人民政府药品监督管理部门提出补充申请;省、自治区、直辖市人民政府药品监督管理部门经审核符合规定的,应当予以批准,并报国务院药品监督管理部门备案。不改变药品内在质量的补充申请事项由国务院药品监督管理部门制定。

第三十三条 国务院药品监督管理部门根据保护公众健康的要求,可以对药品生产企业生产的新药品种设立不超过5年的监测期;在监测期内,不得批准其他企业生产和进口。

第三十四条 国家对获得生产或者销售含有新型化学成份药品许可的生产者或者销售者提交的自行取得且未披露的试验数据和其他数据实施保护,任何人不得对该未披露的试验数据和其他数据进行不正当的商业利用。

自药品生产者或者销售者获得生产、销售新型化学成份药品的许可证明文件之日起6年内,对其他申请人未经已获得许可的申请人同意,使用前款数据申请生产、销售新型化学成份药品许可的,药品监督管理部门不予许可;但是,其他申请人提交自行取得数据的除外。

除下列情形外,药品监督管理部门不得披露本条第一款规定的数据:

(一)公共利益需要;

(二)已采取措施确保该类数据不会被不正当地进行商业利用。

第三十五条　申请进口的药品,应当是在生产国家或者地区获得上市许可的药品;未在生产国家或者地区获得上市许可的,经国务院药品监督管理部门确认该药品品种安全、有效而且临床需要的,可以依照《药品管理法》及本条例的规定批准进口。

进口药品,应当按照国务院药品监督管理部门的规定申请注册。国外企业生产的药品取得《进口药品注册证》,中国香港、澳门和台湾地区企业生产的药品取得《医药产品注册证》后,方可进口。

第三十六条　医疗机构因临床急需进口少量药品的,应当持《医疗机构执业许可证》向国务院药品监督管理部门提出申请;经批准后,方可进口。进口的药品应当在指定医疗机构内用于特定医疗目的。

第三十七条　进口药品到岸后,进口单位应当持《进口药品注册证》或者《医药产品注册证》以及产地证明原件、购货合同副本、装箱单、运单、货运发票、出厂检验报告书、说明书等材料,向口岸所在地药品监督管理部门备案。口岸所在地药品监督管理部门经审查,提交的材料符合要求的,发给《进口药品通关单》。进口单位凭《进口药品通关单》向海关办理报关验放手续。

口岸所在地药品监督管理部门应当通知药品检验机构对进口药品逐批进行抽查检验;但是,有《药品管理法》第四十一条规定情形的除外。

第三十八条　疫苗类制品、血液制品、用于血源筛查的体外诊断试剂以及国务院药品监督管理部门规定的其他生物制品在销售前或者进口时,应当按照国务院药品监督管理部门的规定进行检验或者审核批准;检验不合格或者未获批准的,不得销售或者进口。

第三十九条　国家鼓励培育中药材。对集中规模化栽培养殖、质量可以控制并符合国务院药品监督管理部门规定条件的中药材品种,实行批准文号管理。

第四十条　国务院药品监督管理部门对已批准生产、销售的药品进行再评价,根据药品再评价结果,可以采取责令修改药品说明书,暂停生产、销售和使用的措施;对不良反应大或者其他原因危害人体健康的药品,应当撤销该药品批准证明文件。

第四十一条　国务院药品监督管理部门核发的药品批准文号、《进口药品注册证》、《医药产品注册证》的有效期为5年。有效期届满,需要继续生产或者进口的,应当在有效期届满前6个月申请再注册。药品再注册时,应当按照国务院药品监督管理部门的规定报送相关资料。有效期届满,未申请再注册或者经审查不符合国务院药品监督管理部门关于再注册的规定的,注销其药品批准文号、《进口药品注册证》或者《医药产品注册证》。

药品批准文号的再注册由省、自治区、直辖市人民政府药品监督管理部门审批,并报国务院药品监督管理部门备案;《进口药品注册证》、《医药产品注册证》的再注册由国务院药品监督管理部门审批。

第四十二条　非药品不得在其包装、标签、说明书及有关宣传资料上进行含有预防、治疗、诊断人体疾病等有关内容的宣传;但是,法律、行政法规另有规定的除外。

第六章　药品包装的管理

第四十三条　药品生产企业使用的直接接触药品的包装材料和容器,必须符合药用要求和保障人体健康、安全的标准。

直接接触药品的包装材料和容器的管理办法、产品目录和药用要求与标准,由国务院药品监督管理部门组织制定并公布。

第四十四条　生产中药饮片,应当选用与药品性质相适应的包装材料和容器;包装不符合规定的中药饮片,不得销售。中药饮片包装必须印有或者贴有标签。

中药饮片的标签必须注明品名、规格、产地、生产企业、产品批号、生产日期,实施批准文号管理的中药饮片还必须注明药品批准文号。

第四十五条　药品包装、标签、说明书必须依照《药品管理法》第五十四条和国务院药品监督管理部门的规定印制。

药品商品名称应当符合国务院药品监督管理部门的规定。

第四十六条 医疗机构配制制剂所使用的直接接触药品的包装材料和容器、制剂的标签和说明书应当符合《药品管理法》第六章和本条例的有关规定,并经省、自治区、直辖市人民政府药品监督管理部门批准。

第七章 药品价格和广告的管理

第四十七条 政府价格主管部门依照《价格法》第二十八条的规定实行药品价格监测时,为掌握、分析药品价格变动和趋势,可以指定部分药品生产企业、药品经营企业和医疗机构作为价格监测定点单位;定点单位应当给予配合、支持,如实提供有关信息资料。

第四十八条 发布药品广告,应当向药品生产企业所在地省、自治区、直辖市人民政府药品监督管理部门报送有关材料。省、自治区、直辖市人民政府药品监督管理部门应当自收到有关材料之日起10个工作日内作出是否核发药品广告批准文号的决定;核发药品广告批准文号的,应当同时报国务院药品监督管理部门备案。具体办法由国务院药品监督管理部门制定。

发布进口药品广告,应当依照前款规定向进口药品代理机构所在地省、自治区、直辖市人民政府药品监督管理部门申请药品广告批准文号。

在药品生产企业所在地和进口药品代理机构所在地以外的省、自治区、直辖市发布药品广告的,发布广告的企业应当在发布前向发布地省、自治区、直辖市人民政府药品监督管理部门备案。接受备案的省、自治区、直辖市人民政府药品监督管理部门发现药品广告批准内容不符合药品广告管理规定的,应当交由原核发部门处理。

第四十九条 经国务院或者省、自治区、直辖市人民政府的药品监督管理部门决定,责令暂停生产、销售和使用的药品,在暂停期间不得发布该品种药品广告;已经发布广告的,必须立即停止。

第五十条 未经省、自治区、直辖市人民政府药品监督管理部门批准的药品广告,使用伪造、冒用、失效的药品广告批准文号的广告,或者因其他广告违法活动被撤销药品广告批准文号的广告,发布广告的企业、广告经营者、广告发布者必须立即停止该药品广告的发布。

对违法发布药品广告,情节严重的,省、自治区、直辖市人民政府药品监督管理部门可以予以公告。

第八章 药品监督

第五十一条 药品监督管理部门(含省级人民政府药品监督管理部门依法设立的药品监督管理机构,下同)依法对药品的研制、生产、经营、使用实施监督检查。

第五十二条 药品抽样必须由两名以上药品监督检查人员实施,并按照国务院药品监督管理部门的规定进行抽样;被抽检方应当提供抽检样品,不得拒绝。

药品被抽检单位没有正当理由,拒绝抽查检验的,国务院药品监督管理部门和被抽检单位所在地省、自治区、直辖市人民政府药品监督管理部门可以宣布停止该单位拒绝抽检的药品上市销售和使用。

第五十三条 对有掺杂、掺假嫌疑的药品,在国家药品标准规定的检验方法和检验项目不能检验时,药品检验机构可以补充检验方法和检验项目进行药品检验;经国务院药品监督管理部门批准后,使用补充检验方法和检验项目所得出的检验结果,可以作为药品监督管理部门认定药品质量的依据。

第五十四条 国务院和省、自治区、直辖市人民政府的药品监督管理部门应当根据药品质量抽查检验结果,定期发布药品质量公告。药品质量公告应当包括抽验药品的品名、检品来源、生产企业、生产批号、药品规格、检验机构、检验依据、检验结果、不合格项目等内容。药品质量公告不当的,发布部门应当自确认公告不当之日起5日内,在原公告范围内予以更正。

当事人对药品检验机构的检验结果有异议,申请复验的,应当向负责复验的药品检验机构提交书面申请、原药品检验报告书。复验的样品从原药品检验机构留样中抽取。

第五十五条 药品监督管理部门依法对有证据证明可能危害人体健康的药品及其有关证据材料采取查封、扣押的行政强制措施的,应当自采取行政强制措施之日起7日内作出是否立案的决定;需要检验的,应当自检验报告书发出之日起15

日内作出是否立案的决定；不符合立案条件的，应当解除行政强制措施；需要暂停销售和使用的，应当由国务院或者省、自治区、直辖市人民政府的药品监督管理部门作出决定。

第五十六条 药品抽查检验，不得收取任何费用。

当事人对药品检验结果有异议，申请复验的，应当按照国务院有关部门或者省、自治区、直辖市人民政府有关部门的规定，向复验机构预先支付药品检验费用。复验结论与原检验结论不一致的，复验检验费用由原药品检验机构承担。

第五十七条 依据《药品管理法》和本条例的规定核发证书、进行药品注册、药品认证和实施药品审批检验及其强制性检验，可以收取费用。具体收费标准由国务院财政部门、国务院价格主管部门制定。

第九章 法律责任

第五十八条 药品生产企业、药品经营企业有下列情形之一的，由药品监督管理部门依照《药品管理法》第七十九条的规定给予处罚：

（一）开办药品生产企业、药品生产企业新建药品生产车间、新增生产剂型，在国务院药品监督管理部门规定的时间内未通过《药品生产质量管理规范》认证，仍进行药品生产的；

（二）开办药品经营企业，在国务院药品监督管理部门规定的时间内未通过《药品经营质量管理规范》认证，仍进行药品经营的。

第五十九条 违反《药品管理法》第十三条的规定，擅自委托或者接受委托生产药品的，对委托方和受托方均依照《药品管理法》第七十四条的规定给予处罚。

第六十条 未经批准，擅自在城乡集市贸易市场设点销售药品或者在城乡集市贸易市场设点销售的药品超出批准经营的药品范围的，依照《药品管理法》第七十三条的规定给予处罚。

第六十一条 未经批准，医疗机构擅自使用其他医疗机构配制的制剂的，依照《药品管理法》第八十条的规定给予处罚。

第六十二条 个人设置的门诊部、诊所等医疗机构向患者提供的药品超出规定的范围和品种的，依照《药品管理法》第七十三条的规定给予处罚。

第六十三条 医疗机构使用假药、劣药的，依照《药品管理法》第七十四条、第七十五条的规定给予处罚。

第六十四条 违反《药品管理法》第二十九条的规定，擅自进行临床试验的，对承担药物临床试验的机构，依照《药品管理法》第七十九条的规定给予处罚。

第六十五条 药品申报者在申报临床试验时，报送虚假研制方法、质量标准、药理及毒理试验结果等有关资料和样品的，国务院药品监督管理部门对该申报药品的临床试验不予批准，对药品申报者给予警告；情节严重的，3年内不受理该药品申报者申报该品种的临床试验申请。

第六十六条 生产没有国家药品标准的中药饮片，不符合省、自治区、直辖市人民政府药品监督管理部门制定的炮制规范的；医疗机构不按照省、自治区、直辖市人民政府药品监督管理部门批准的标准配制制剂的，依照《药品管理法》第七十五条的规定给予处罚。

第六十七条 药品监督管理部门及其工作人员违反规定，泄露生产者、销售者为获得生产、销售含有新型化学成份药品许可而提交的未披露试验数据或者其他数据，造成申请人损失的，由药品监督管理部门依法承担赔偿责任；药品监督管理部门赔偿损失后，应当责令故意或者有重大过失的工作人员承担部分或者全部赔偿费用，并对直接责任人员依法给予行政处分。

第六十八条 药品生产企业、药品经营企业生产、经营的药品及医疗机构配制的制剂，其包装、标签、说明书违反《药品管理法》及本条例规定的，依照《药品管理法》第八十六条的规定给予处罚。

第六十九条 药品生产企业、药品经营企业和医疗机构变更药品生产经营许可事项，应当办理变更登记手续而未办理的，由原发证部门给予警告，责令限期补办变更登记手续；逾期不补办的，宣布其《药品生产许可证》、《药品经营许可证》和《医疗机构制剂许可证》无效；仍从事药品生产经营活动的，依照《药品管理法》第七十三条的规定给予处罚。

第七十条 篡改经批准的药品广告内容的，由药品监督管理部门责令广告主立即停止该药品广告的发布，并由原审批的药品监督管理部门依照《药品管理法》第九十二条的规定给予处罚。

药品监督管理部门撤销药品广告批准文号后,应当自作出行政处理决定之日起5个工作日内通知广告监督管理机关。广告监督管理机关应当自收到药品监督管理部门通知之日起15个工作日内,依照《中华人民共和国广告法》的有关规定作出行政处理决定。

第七十一条 发布药品广告的企业在药品生产企业所在地或者进口药品代理机构所在地以外的省、自治区、直辖市发布药品广告,未按照规定向发布地省、自治区、直辖市人民政府药品监督管理部门备案的,由发布地的药品监督管理部门责令限期改正;逾期不改正的,停止该药品品种在发布地的广告发布活动。

第七十二条 未经省、自治区、直辖市人民政府药品监督管理部门批准,擅自发布药品广告的,药品监督管理部门发现后,应当通知广告监督管理部门依法查处。

第七十三条 违反《药品管理法》和本条例的规定,有下列行为之一的,由药品监督管理部门在《药品管理法》和本条例规定的处罚幅度内从重处罚:

(一)以麻醉药品、精神药品、医疗用毒性药品、放射性药品冒充其他药品,或者以其他药品冒充上述药品的;

(二)生产、销售以孕产妇、婴幼儿及儿童为主要使用对象的假药、劣药的;

(三)生产、销售的生物制品、血液制品属于假药、劣药的;

(四)生产、销售、使用假药、劣药,造成人员伤害后果的;

(五)生产、销售、使用假药、劣药,经处理后重犯的;

(六)拒绝、逃避监督检查,或者伪造、销毁、隐匿有关证据材料的,或者擅自动用查封、扣押物品的。

第七十四条 药品监督管理部门设置的派出机构,有权作出《药品管理法》和本条例规定的警告、罚款、没收违法生产、销售的药品和违法所得的行政处罚。

第七十五条 药品经营企业、医疗机构未违反《药品管理法》和本条例的有关规定,并有充分证据证明其不知道所销售或者使用的药品是假药、劣药的,应当没收其销售或者使用的假药、劣药和违法所得;但是,可以免除其他行政处罚。

第七十六条 依照《药品管理法》和本条例的规定没收的物品,由药品监督管理部门按照规定监督处理。

第十章 附 则

第七十七条 本条例下列用语的含义:

药品合格证明和其他标识,是指药品生产批准证明文件、药品检验报告书、药品的包装、标签和说明书。

新药,是指未曾在中国境内上市销售的药品。

处方药,是指凭执业医师和执业助理医师处方可购买、调配和使用的药品。

非处方药,是指由国务院药品监督管理部门公布的,不需要凭执业医师和执业助理医师处方,消费者可以自行判断、购买和使用的药品。

医疗机构制剂,是指医疗机构根据本单位临床需要经批准而配制、自用的固定处方制剂。

药品认证,是指药品监督管理部门对药品研制、生产、经营、使用单位实施相应质量管理规范进行检查、评价并决定是否发给相应认证证书的过程。

药品经营方式,是指药品批发和药品零售。

药品经营范围,是指经药品监督管理部门核准经营药品的品种类别。

药品批发企业,是指将购进的药品销售给药品生产企业、药品经营企业、医疗机构的药品经营企业。

药品零售企业,是指将购进的药品直接销售给消费者的药品经营企业。

第七十八条 《药品管理法》第四十一条中"首次在中国销售的药品",是指国内或者国外药品生产企业第一次在中国销售的药品,包括不同药品生产企业生产的相同品种。

第七十九条 《药品管理法》第五十九条第二款"禁止药品的生产企业、经营企业或者其代理人以任何名义给予使用其药品的医疗机构的负责人、药品采购人员、医师等有关人员以财物或者其他利益"中的"财物或者其他利益",是指药品的生产企业、经营企业或者其代理人向医疗机构的负责人、药品采购人员、医师等有关人员提供的目的在于影响其药品采购或者药品处方行为的不正当利益。

第八十条 本条例自 2002 年 9 月 15 日起施行。

处方药与非处方药分类
管理办法（试行）

- 1999 年 6 月 18 日国家药品监督管理局第 10 号局长令公布
- 自 2000 年 1 月 1 日起施行

第一条 为保障人民用药安全有效、使用方便，根据《中共中央、国务院关于卫生改革与发展的决定》，制定处方药与非处方药分类管理办法。

第二条 根据药品品种、规格、适应症、剂量及给药途径不同，对药品分别按处方药与非处方药进行管理。

处方药必须凭执业医师或执业助理医师处方才可调配、购买和使用；非处方药不需要凭执业医师或执业助理医师处方即可自行判断、购买和使用。

第三条 国家药品监督管理局负责处方药与非处方药分类管理办法的制定。各级药品监督管理部门负责辖区内处方药与非处方药分类管理的组织实施和监督管理。

第四条 国家药品监督管理局负责非处方药目录的遴选、审批、发布和调整工作。

第五条 处方药、非处方药生产企业必须具有《药品生产企业许可证》，其生产品种必须取得药品批准文号。

第六条 非处方药标签和说明书除符合规定外，用语应当科学、易懂，便于消费者自行判断、选择和使用。非处方药的标签和说明书必须经国家药品监督管理局批准。

第七条 非处方药的包装必须印有国家指定的非处方药专有标识，必须符合质量要求，方便储存、运输和使用。每个销售基本单元包装必须附有标签和说明书。

第八条 根据药品的安全性，非处方药分为甲、乙两类。

经营处方药、非处方药的批发企业和经营处方药、甲类非处方药的零售企业必须具有《药品经营企业许可证》。

经省级药品监督管理部门或其授权的药品监督管理部门批准的其他商业企业可以零售乙类非处方药。

第九条 零售乙类非处方药的商业企业必须配备专职的具有高中以上文化程度，经专业培训后，由省级药品监督管理部门或其授权的药品监督管理部门考核合格并取得上岗证的人员。

第十条 医疗机构根据医疗需要可以决定或推荐使用非处方药。

第十一条 消费者有权自主选购非处方药，并须按非处方药标签和说明书所示内容使用。

第十二条 处方药只准在专业性医药报刊进行广告宣传，非处方药经审批可以在大众传播媒介进行广告宣传。

第十三条 处方药与非处方药分类管理有关审批、流通、广告等具体办法另行制定。

第十四条 本办法由国家药品监督管理局负责解释。

第十五条 本办法自 2000 年 1 月 1 日起施行。

药品不良反应报告和
监测管理办法

- 2011 年 5 月 4 日卫生部令第 81 号公布
- 自 2011 年 7 月 1 日起施行

第一章 总 则

第一条 为加强药品的上市后监管，规范药品不良反应报告和监测，及时、有效控制药品风险，保障公众用药安全，依据《中华人民共和国药品管理法》等有关法律法规，制定本办法。

第二条 在中华人民共和国境内开展药品不良反应报告、监测以及监督管理，适用本办法。

第三条 国家实行药品不良反应报告制度。药品生产企业（包括进口药品的境外制药厂商）、药品经营企业、医疗机构应当按照规定报告所发现的药品不良反应。

第四条 国家食品药品监督管理局主管全国药品不良反应报告和监测工作，地方各级药品监督管理部门主管本行政区域内的药品不良反应报告和监测工作。各级卫生行政部门负责本行政区域内医疗机构与实施药品不良反应报告制度有关的管理工作。

地方各级药品监督管理部门应当建立健全药品不良反应监测机构，负责本行政区域内药品不良反应报告和监测的技术工作。

第五条 国家鼓励公民、法人和其他组织报告药品不良反应。

第二章 职 责

第六条 国家食品药品监督管理局负责全国药品不良反应报告和监测的管理工作，并履行以下主要职责：

（一）与卫生部共同制定药品不良反应报告和监测的管理规定和政策，并监督实施；

（二）与卫生部联合组织开展全国范围内影响较大并造成严重后果的药品群体不良事件的调查和处理，并发布相关信息；

（三）对已确认发生严重药品不良反应或者药品群体不良事件的药品依法采取紧急控制措施，作出行政处理决定，并向社会公布；

（四）通报全国药品不良反应报告和监测情况；

（五）组织检查药品生产、经营企业的药品不良反应报告和监测工作的开展情况，并与卫生部联合组织检查医疗机构的药品不良反应和监测工作的开展情况。

第七条 省、自治区、直辖市药品监督管理部门负责本行政区域内药品不良反应报告和监测的管理工作，并履行以下主要职责：

（一）根据本办法与同级卫生行政部门共同制定本行政区域内药品不良反应报告和监测的管理规定，并监督实施；

（二）与同级卫生行政部门联合组织开展本行政区域内发生的影响较大的药品群体不良事件的调查和处理，并发布相关信息；

（三）对已确认发生严重药品不良反应或者药品群体不良事件的药品依法采取紧急控制措施，作出行政处理决定，并向社会公布；

（四）通报本行政区域内药品不良反应和监测情况；

（五）组织检查本行政区域内药品生产、经营企业的药品不良反应报告和监测工作的开展情况，并与同级卫生行政部门联合组织检查本行政区域内医疗机构的药品不良反应和监测工作的开展情况；

（六）组织开展本行政区域内药品不良反应报告和监测的宣传、培训工作。

第八条 设区的市级、县级药品监督管理部门负责本行政区域内药品不良反应报告和监测的管理工作；与同级卫生行政部门联合组织开展本行政区域内发生的药品群体不良事件的调查，并采取必要控制措施；组织开展本行政区域内药品不良反应报告和监测的宣传、培训工作。

第九条 县级以上卫生行政部门应当加强对医疗机构临床用药的监督管理，在职责范围内依法对已确认的严重药品不良反应或者药品群体不良事件采取相关的紧急控制措施。

第十条 国家药品不良反应监测中心负责全国药品不良反应报告和监测的技术工作，并履行以下主要职责：

（一）承担国家药品不良反应报告和监测资料的收集、评价、反馈和上报，以及全国药品不良反应监测信息网络的建设和维护；

（二）制定药品不良反应报告和监测的技术标准和规范，对地方各级药品不良反应监测机构进行技术指导；

（三）组织开展严重药品不良反应的调查和评价，协助有关部门开展药品群体不良事件的调查；

（四）发布药品不良反应警示信息；

（五）承担药品不良反应报告和监测的宣传、培训、研究和国际交流工作。

第十一条 省级药品不良反应监测机构负责本行政区域内的药品不良反应报告和监测的技术工作，并履行以下主要职责：

（一）承担本行政区域内药品不良反应报告和监测资料的收集、评价、反馈和上报，以及药品不良反应监测信息网络的维护和管理；

（二）对设区的市级、县级药品不良反应监测机构进行技术指导；

（三）组织开展本行政区域内严重药品不良反应的调查和评价，协助有关部门开展药品群体不良事件的调查；

（四）组织开展本行政区域内药品不良反应报告和监测的宣传、培训工作。

第十二条 设区的市级、县级药品不良反应监测机构负责本行政区域内药品不良反应报告和监测资料的收集、核实、评价、反馈和上报；开展本行政区域内严重药品不良反应的调查和评价；协助有关部门开展药品群体不良事件的调查；承担药品不良反应报告和监测的宣传、培训等工作。

第十三条　药品生产、经营企业和医疗机构应当建立药品不良反应报告和监测管理制度。药品生产企业应当设立专门机构并配备专职人员，药品经营企业和医疗机构应当设立或者指定机构并配备专（兼）职人员，承担本单位的药品不良反应报告和监测工作。

第十四条　从事药品不良反应报告和监测的工作人员应当具有医学、药学、流行病学或者统计学等相关专业知识，具备科学分析评价药品不良反应的能力。

第三章　报告与处置

第一节　基本要求

第十五条　药品生产、经营企业和医疗机构获知或者发现可能与用药有关的不良反应，应当通过国家药品不良反应监测信息网络报告；不具备在线报告条件的，应当通过纸质报表报所在地药品不良反应监测机构，由所在地药品不良反应监测机构代为在线报告。

报告内容应当真实、完整、准确。

第十六条　各级药品不良反应监测机构应当对本行政区域内的药品不良反应报告和监测资料进行评价和管理。

第十七条　药品生产、经营企业和医疗机构应当配合药品监督管理部门、卫生行政部门和药品不良反应监测机构对药品不良反应或者群体不良事件的调查，并提供调查所需的资料。

第十八条　药品生产、经营企业和医疗机构应当建立并保存药品不良反应报告和监测档案。

第二节　个例药品不良反应

第十九条　药品生产、经营企业和医疗机构应当主动收集药品不良反应，获知或者发现药品不良反应后应当详细记录、分析和处理，填写《药品不良反应/事件报告表》（见附表1）并报告。

第二十条　新药监测期内的国产药品应当报告该药品的所有不良反应；其他国产药品，报告新的和严重的不良反应。

进口药品自首次获准进口之日起5年内，报告该进口药品的所有不良反应；满5年的，报告新的和严重的不良反应。

第二十一条　药品生产、经营企业和医疗机构发现或者获知新的、严重的药品不良反应应当在15日内报告，其中死亡病例须立即报告；其他药品不良反应应当在30日内报告。有随访信息的，应当及时报告。

第二十二条　药品生产企业应当对获知的死亡病例进行调查，详细了解死亡病例的基本信息、药品使用情况、不良反应发生及诊治情况等，并在15日内完成调查报告，报药品生产企业所在地的省级药品不良反应监测机构。

第二十三条　个人发现新的或者严重的药品不良反应，可以向经治医师报告，也可以向药品生产、经营企业或者当地的药品不良反应监测机构报告，必要时提供相关的病历资料。

第二十四条　设区的市级、县级药品不良反应监测机构应当对收到的药品不良反应报告的真实性、完整性和准确性进行审核。严重药品不良反应报告的审核和评价应当自收到报告之日起3个工作日内完成，其他报告的审核和评价应当在15个工作日内完成。

设区的市级、县级药品不良反应监测机构应当对死亡病例进行调查，详细了解死亡病例的基本信息、药品使用情况、不良反应发生及诊治情况等，自收到报告之日起15个工作日内完成调查报告，报同级药品监督管理部门和卫生行政部门，以及上一级药品不良反应监测机构。

第二十五条　省级药品不良反应监测机构应当在收到下一级药品不良反应监测机构提交的严重药品不良反应评价意见之日起7个工作日内完成评价工作。

对死亡病例，事件发生地和药品生产企业所在地的省级药品不良反应监测机构均应当及时根据调查报告进行分析、评价，必要时进行现场调查，并将评价结果报省级药品监督管理部门和卫生行政部门，以及国家药品不良反应监测中心。

第二十六条　国家药品不良反应监测中心应当及时对死亡病例进行分析、评价，并将评价结果报国家食品药品监督管理局和卫生部。

第三节 药品群体不良事件

第二十七条 药品生产、经营企业和医疗机构获知或者发现药品群体不良事件后，应当立即通过电话或者传真等方式报所在地的县级药品监督管理部门、卫生行政部门和药品不良反应监测机构，必要时可以越级报告；同时填写《药品群体不良事件基本信息表》（见附表2），对每一病例还应当及时填写《药品不良反应/事件报告表》，通过国家药品不良反应监测信息网络报告。

第二十八条 设区的市级、县级药品监督管理部门获知药品群体不良事件后，应当立即与同级卫生行政部门联合组织开展现场调查，并及时将调查结果逐级报至省级药品监督管理部门和卫生行政部门。

省级药品监督管理部门与同级卫生行政部门联合对设区的市级、县级的调查进行督促、指导，对药品群体不良事件进行分析、评价，对本行政区域内发生的影响较大的药品群体不良事件，还应当组织现场调查，评价和调查结果应当及时报国家食品药品监督管理局和卫生部。

对全国范围内影响较大并造成严重后果的药品群体不良事件，国家食品药品监督管理局应当与卫生部联合开展相关调查工作。

第二十九条 药品生产企业获知药品群体不良事件后应当立即开展调查，详细了解药品群体不良事件的发生、药品使用、患者诊治以及药品生产、储存、流通、既往类似不良事件等情况，在7日内完成调查报告，报所在地省级药品监督管理部门和药品不良反应监测机构；同时迅速开展自查，分析事件发生的原因，必要时应当暂停生产、销售、使用和召回相关药品，并报所在地省级药品监督管理部门。

第三十条 药品经营企业发现药品群体不良事件应当立即告知药品生产企业，同时迅速开展自查，必要时应当暂停药品的销售，并协助药品生产企业采取相关控制措施。

第三十一条 医疗机构发现药品群体不良事件后应当积极救治患者，迅速开展临床调查，分析事件发生的原因，必要时可采取暂停药品的使用等紧急措施。

第三十二条 药品监督管理部门可以采取暂停生产、销售、使用或者召回药品等控制措施。卫生行政部门应当采取措施积极组织救治患者。

第四节 境外发生的严重药品不良反应

第三十三条 进口药品和国产药品在境外发生的严重药品不良反应（包括自发报告系统收集的、上市后临床研究发现的、文献报道的），药品生产企业应当填写《境外发生的药品不良反应/事件报告表》（见附表3），自获知之日起30日内报送国家药品不良反应监测中心。国家药品不良反应监测中心要求提供原始报表及相关信息的，药品生产企业应当在5日内提交。

第三十四条 国家药品不良反应监测中心应当对收到的药品不良反应报告进行分析、评价，每半年向国家食品药品监督管理局和卫生部报告，发现提示药品可能存在安全隐患的信息应当及时报告。

第三十五条 进口药品和国产药品在境外因药品不良反应被暂停销售、使用或者撤市的，药品生产企业应当在获知后24小时内书面报国家食品药品监督管理局和国家药品不良反应监测中心。

第五节 定期安全性更新报告

第三十六条 药品生产企业应当对本企业生产药品的不良反应报告和监测资料进行定期汇总分析，汇总国内外安全性信息，进行风险和效益评估，撰写定期安全性更新报告。定期安全性更新报告的撰写规范由国家药品不良反应监测中心负责制定。

第三十七条 设立新药监测期的国产药品，应当自取得批准证明文件之日起每满1年提交一次定期安全性更新报告，直至首次再注册，之后每5年报告一次；其他国产药品，每5年报告一次。

首次进口的药品，自取得进口药品批准证明文件之日起每满一年提交一次定期安全性更新报告，直至首次再注册，之后每5年报告一次。

定期安全性更新报告的汇总时间以取得药品批准证明文件的日期为起点计，上报日期应当在汇总数据截止日期后60日内。

第三十八条 国产药品的定期安全性更新报告向药品生产企业所在地省级药品不良反应监测机构提交。进口药品（包括进口分包装药品）的定期安全性更新报告向国家药品不良反应监测中心提交。

第三十九条 省级药品不良反应监测机构应

当对收到的定期安全性更新报告进行汇总、分析和评价,于每年4月1日前将上一年度定期安全性更新报告统计情况和分析评价结果报省级药品监督管理部门和国家药品不良反应监测中心。

第四十条　国家药品不良反应监测中心应当对收到的定期安全性更新报告进行汇总、分析和评价,于每年7月1日前将上一年度国产药品和进口药品的定期安全性更新报告统计情况和分析评价结果报国家食品药品监督管理局和卫生部。

第四章　药品重点监测

第四十一条　药品生产企业应当经常考察本企业生产药品的安全性,对新药监测期内的药品和首次进口5年内的药品,应当开展重点监测,并按要求对监测数据进行汇总、分析、评价和报告;对本企业生产的其他药品,应当根据安全性情况主动开展重点监测。

第四十二条　省级以上药品监督管理部门根据药品临床使用和不良反应监测情况,可以要求药品生产企业对特定药品进行重点监测;必要时,也可以直接组织药品不良反应监测机构、医疗机构和科研单位开展药品重点监测。

第四十三条　省级以上药品不良反应监测机构负责对药品生产企业开展的重点监测进行监督、检查,并对监测报告进行技术评价。

第四十四条　省级以上药品监督管理部门可以联合同级卫生行政部门指定医疗机构作为监测点,承担药品重点监测工作。

第五章　评价与控制

第四十五条　药品生产企业应当对收集到的药品不良反应报告和监测资料进行分析、评价,并主动开展药品安全性研究。

药品生产企业对已确认发生严重不良反应的药品,应当通过各种有效途径将药品不良反应、合理用药信息及时告知医务人员、患者和公众;采取修改标签和说明书,暂停生产、销售、使用和召回等措施,减少和防止药品不良反应的重复发生。对不良反应大的药品,应当主动申请注销其批准证明文件。

药品生产企业应当将药品安全性信息及采取的措施报所在地省级药品监督管理部门和国家食品药品监督管理局。

第四十六条　药品经营企业和医疗机构应当对收集到的药品不良反应报告和监测资料进行分析和评价,并采取有效措施减少和防止药品不良反应的重复发生。

第四十七条　省级药品不良反应监测机构应当每季度对收到的药品不良反应报告进行综合分析,提取需要关注的安全性信息,并进行评价,提出风险管理建议,及时报省级药品监督管理部门、卫生行政部门和国家药品不良反应监测中心。

省级药品监督管理部门根据分析评价结果,可以采取暂停生产、销售、使用和召回药品等措施,并监督检查,同时将采取的措施通报同级卫生行政部门。

第四十八条　国家药品不良反应监测中心应当每季度对收到的严重药品不良反应报告进行综合分析,提取需要关注的安全性信息,并进行评价,提出风险管理建议,及时报国家食品药品监督管理局和卫生部。

第四十九条　国家食品药品监督管理局根据药品分析评价结果,可以要求企业开展药品安全性、有效性相关研究。必要时,应当采取责令修改药品说明书,暂停生产、销售、使用和召回药品等措施,对不良反应大的药品,应当撤销药品批准证明文件,并将有关措施及时通报卫生部。

第五十条　省级以上药品不良反应监测机构根据分析评价工作需要,可以要求药品生产、经营企业和医疗机构提供相关资料,相关单位应当积极配合。

第六章　信息管理

第五十一条　各级药品不良反应监测机构应当对收到的药品不良反应报告和监测资料进行统计和分析,并以适当形式反馈。

第五十二条　国家药品不良反应监测中心应当根据对药品不良反应报告和监测资料的综合分析和评价结果,及时发布药品不良反应警示信息。

第五十三条　省级以上药品监督管理部门应当定期发布药品不良反应报告和监测情况。

第五十四条　下列信息由国家食品药品监督管理局和卫生部统一发布:

(一)影响较大并造成严重后果的药品群体不良事件;

(二)其他重要的药品不良反应信息和认为需

要统一发布的信息。

前款规定统一发布的信息，国家食品药品监督管理局和卫生部也可以授权省级药品监督管理部门和卫生行政部门发布。

第五十五条 在药品不良反应报告和监测过程中获取的商业秘密、个人隐私、患者和报告者信息应当予以保密。

第五十六条 鼓励医疗机构、药品生产企业、药品经营企业之间共享药品不良反应信息。

第五十七条 药品不良反应报告的内容和统计资料是加强药品监督管理、指导合理用药的依据。

第七章　法律责任

第五十八条 药品生产企业有下列情形之一的，由所在地药品监督管理部门给予警告，责令限期改正，可以并处五千元以上三万元以下的罚款：

（一）未按照规定建立药品不良反应报告和监测管理制度，或者无专门机构、专职人员负责本单位药品不良反应报告和监测工作的；

（二）未建立和保存药品不良反应监测档案的；

（三）未按照要求开展药品不良反应或者群体不良事件报告、调查、评价和处理的；

（四）未按照要求提交定期安全性更新报告的；

（五）未按照要求开展重点监测的；

（六）不配合严重药品不良反应或者群体不良事件相关调查工作的；

（七）其他违反本办法规定的。

药品生产企业有前款规定第（四）项、第（五）项情形之一的，按照《药品注册管理办法》的规定对相应药品不予再注册。

第五十九条 药品经营企业有下列情形之一的，由所在地药品监督管理部门给予警告，责令限期改正；逾期不改的，处三万元以下的罚款：

（一）无专职或者兼职人员负责本单位药品不良反应监测工作的；

（二）未按照要求开展药品不良反应或者群体不良事件报告、调查、评价和处理的；

（三）不配合严重药品不良反应或者群体不良事件相关调查工作的。

第六十条 医疗机构有下列情形之一的，由所在地卫生行政部门给予警告，责令限期改正；逾期不改的，处三万元以下的罚款。情节严重并造成严重后果的，由所在地卫生行政部门对相关责任人给予行政处分：

（一）无专职或者兼职人员负责本单位药品不良反应监测工作的；

（二）未按照要求开展药品不良反应或者群体不良事件报告、调查、评价和处理的；

（三）不配合严重药品不良反应和群体不良事件相关调查工作的。

药品监督管理部门发现医疗机构有前款规定行为之一的，应当移交同级卫生行政部门处理。

卫生行政部门对医疗机构作出行政处罚决定的，应当及时通报同级药品监督管理部门。

第六十一条 各级药品监督管理部门、卫生行政部门和药品不良反应监测机构及其有关工作人员在药品不良反应报告和监测管理工作中违反本办法，造成严重后果的，依照有关规定给予行政处分。

第六十二条 药品生产、经营企业和医疗机构违反相关规定，给药品使用者造成损害的，依法承担赔偿责任。

第八章　附　则

第六十三条 本办法下列用语的含义：

（一）药品不良反应，是指合格药品在正常用法用量下出现的与用药目的无关的有害反应。

（二）药品不良反应报告和监测，是指药品不良反应的发现、报告、评价和控制的过程。

（三）严重药品不良反应，是指因使用药品引起以下损害情形之一的反应：

1. 导致死亡；
2. 危及生命；
3. 致癌、致畸、致出生缺陷；
4. 导致显著的或者永久的人体伤残或者器官功能的损伤；
5. 导致住院或者住院时间延长；
6. 导致其他重要医学事件，如不进行治疗可能出现上述所列情况的。

（四）新的药品不良反应，是指药品说明书中未载明的不良反应。说明书中已有描述，但不良反应发生的性质、程度、后果或者频率与说明书描述不一致或者更严重的，按照新的药品不良反应处理。

（五）药品群体不良事件，是指同一药品在使用过程中，在相对集中的时间、区域内，对一定数量人群的身体健康或者生命安全造成损害或者威胁，需要予以紧急处置的事件。

同一药品：指同一生产企业生产的同一药品名称、同一剂型、同一规格的药品。

（六）药品重点监测，是指为进一步了解药品的临床使用和不良反应发生情况，研究不良反应的发生特征、严重程度、发生率等，开展的药品安全性监测活动。

第六十四条 进口药品的境外制药厂商可以委托其驻中国境内的办事机构或者中国境内代理机构，按照本办法对药品生产企业的规定，履行药品不良反应报告和监测义务。

第六十五条 卫生部和国家食品药品监督管理局对疫苗不良反应报告和监测另有规定的，从其规定。

第六十六条 医疗机构制剂的不良反应报告和监测管理办法由各省、自治区、直辖市药品监督管理部门会同同级卫生行政部门制定。

第六十七条 本办法自2011年7月1日起施行。国家食品药品监督管理局和卫生部于2004年3月4日公布的《药品不良反应报告和监测管理办法》（国家食品药品监督管理局令第7号）同时废止。

附件：1. 药品不良反应事件/报告表（略）

2. 群体不良事件基本信息表（略）

3. 境外、发生的药品不良反应/事件报告表（略）

药品说明书和标签管理规定

- 2006年3月15日国家食品药品监督管理局令第24号公布
- 自2006年6月1日起施行

第一章 总则

第一条 为规范药品说明书和标签的管理，根据《中华人民共和国药品管理法》和《中华人民共和国药品管理法实施条例》制定本规定。

第二条 在中华人民共和国境内上市销售的药品，其说明书和标签应当符合本规定的要求。

第三条 药品说明书和标签由国家食品药品监督管理局予以核准。

药品的标签应当以说明书为依据，其内容不得超出说明书的范围，不得印有暗示疗效、误导使用和不适当宣传产品的文字和标识。

第四条 药品包装必须按照规定印有或者贴有标签，不得夹带其他任何介绍或者宣传产品、企业的文字、音像及其他资料。

药品生产企业生产供上市销售的最小包装必须附有说明书。

第五条 药品说明书和标签的文字表述应当科学、规范、准确。非处方药说明书还应当使用容易理解的文字表述，以便患者自行判断、选择和使用。

第六条 药品说明书和标签中的文字应当清晰易辨，标识应当清楚醒目，不得有印字脱落或者粘贴不牢等现象，不得以粘贴、剪切、涂改等方式进行修改或者补充。

第七条 药品说明书和标签应当使用国家语言文字工作委员会公布的规范化汉字，增加其他文字对照的，应当以汉字表述为准。

第八条 出于保护公众健康和指导正确合理用药的目的，药品生产企业可以主动提出在药品说明书或者标签上加注警示语，国家食品药品监督管理局也可以要求药品生产企业在说明书或者标签上加注警示语。

第二章 药品说明书

第九条 药品说明书应当包含药品安全性、有效性的重要科学数据、结论和信息，用以指导安全、合理使用药品。药品说明书的具体格式、内容和书写要求由国家食品药品监督管理局制定并发布。

第十条 药品说明书对疾病名称、药学专业名词、药品名称、临床检验名称和结果的表述，应当采用国家统一颁布或规范的专用词汇，度量衡单位应当符合国家标准的规定。

第十一条 药品说明书应当列出全部活性成分或者组方中的全部中药药味。注射剂和非处方药还应当列出所用的全部辅料名称。

药品处方中含有可能引起严重不良反应的成分或者辅料的，应当予以说明。

第十二条 药品生产企业应当主动跟踪药品上市后的安全性、有效性情况，需要对药品说明书进行修改的，应当及时提出申请。

根据药品不良反应监测、药品再评价结果等信息，国家食品药品监督管理局也可以要求药品生产企业修改药品说明书。

第十三条 药品说明书获准修改后，药品生产企业应当将修改的内容立即通知相关药品经营企业、使用单位及其他部门，并按要求及时使用修改后的说明书和标签。

第十四条 药品说明书应当充分包含药品不良反应信息，详细注明药品不良反应。药品生产企业未根据药品上市后的安全性、有效性情况及时修改说明书或者未将药品不良反应在说明书中充分说明的，由此引起的不良后果由该生产企业承担。

第十五条 药品说明书核准日期和修改日期应当在说明书中醒目标示。

第三章 药品的标签

第十六条 药品的标签是指药品包装上印有或者贴有的内容，分为内标签和外标签。药品内标签指直接接触药品的包装的标签，外标签指内标签以外的其他包装的标签。

第十七条 药品的内标签应当包含药品通用名称、适应症或者功能主治、规格、用法用量、生产日期、产品批号、有效期、生产企业等内容。

包装尺寸过小无法全部标明上述内容的，至少应当标注药品通用名称、规格、产品批号、有效期等内容。

第十八条 药品外标签应当注明药品通用名称、成分、性状、适应症或者功能主治、规格、用法用量、不良反应、禁忌、注意事项、贮藏、生产日期、产品批号、有效期、批准文号、生产企业等内容。适应症或者功能主治、用法用量、不良反应、禁忌、注意事项不能全部注明的，应当标出主要内容并注明"详见说明书"字样。

第十九条 用于运输、储藏的包装的标签，至少应当注明药品通用名称、规格、贮藏、生产日期、产品批号、有效期、批准文号、生产企业，也可以根据需要注明包装数量、运输注意事项或者其他标记等必要内容。

第二十条 原料药的标签应当注明药品名称、贮藏、生产日期、产品批号、有效期、执行标准、批准文号、生产企业，同时还需注明包装数量以及运输注意事项等必要内容。

第二十一条 同一药品生产企业生产的同一药品，药品规格和包装规格均相同的，其标签的内容、格式及颜色必须一致；药品规格或者包装规格不同的，其标签应当明显区别或者规格项明显标注。

同一药品生产企业生产的同一药品，分别按处方药与非处方药管理的，两者的包装颜色应当明显区别。

第二十二条 对贮藏有特殊要求的药品，应当在标签的醒目位置注明。

第二十三条 药品标签中的有效期应当按照年、月、日的顺序标注，年份用四位数字表示，月、日用两位数表示。其具体标注格式为"有效期至×××年××月"或者"有效期至××××年××月××日"；也可以用数字和其他符号表示为"有效期至××××.××."或者"有效期至××××/××/××"等。

预防用生物制品有效期的标注按照国家食品药品监督管理局批准的注册标准执行，治疗用生物制品有效期的标注自分装日期计算，其他药品有效期的标注自生产日期计算。

有效期若标注到日，应当为起算日期对应年月日的前一天，若标注到月，应当为起算月份对应年月的前一月。

第四章 药品名称和注册商标的使用

第二十四条 药品说明书和标签中标注的药品名称必须符合国家食品药品监督管理局公布的药品通用名称和商品名称的命名原则，并与药品批准证明文件的相应内容一致。

第二十五条 药品通用名称应当显著、突出，其字体、字号和颜色必须一致，并符合以下要求：

（一）对于横版标签，必须在上三分之一范围内显著位置标出；对于竖版标签，必须在右三分之一范围内显著位置标出；

（二）不得选用草书、篆书等不易识别的字体，不得使用斜体、中空、阴影等形式对字体进行修饰；

（三）字体颜色应当使用黑色或者白色，与相应的浅色或者深色背景形成强烈反差；

（四）除因包装尺寸的限制而无法同行书写的，不得分行书写。

第二十六条 药品商品名称不得与通用名

同行书写,其字体和颜色不得比通用名称更突出和显著,其字体以单字面积计不得大于通用名称所用字体的二分之一。

第二十七条 药品说明书和标签中禁止使用未经注册的商标以及其他未经国家食品药品监督管理局批准的药品名称。

药品标签使用注册商标的,应当印刷在药品标签的边角,含文字的,其字体以单字面积计不得大于通用名称所用字体的四分之一。

第五章 其他规定

第二十八条 麻醉药品、精神药品、医疗用毒性药品、放射性药品、外用药品和非处方药品等国家规定有专用标识的,其说明书和标签必须印有规定的标识。

国家对药品说明书和标签有特殊规定的,从其规定。

第二十九条 中药材、中药饮片的标签管理规定由国家食品药品监督管理局另行制定。

第三十条 药品说明书和标签不符合本规定的,按照《中华人民共和国药品管理法》的相关规定进行处罚。

第六章 附 则

第三十一条 本规定自 2006 年 6 月 1 日起施行。国家药品监督管理局于 2000 年 10 月 15 日发布的《药品包装、标签和说明书管理规定(暂行)》同时废止。

国家食品药品监督管理局关于《药品说明书和标签管理规定》有关问题解释的通知

- 2007 年 1 月 24 日
- 国食药监注〔2007〕49 号

各省、自治区、直辖市食品药品监督管理局(药品监督管理局):

《药品说明书和标签管理规定》(局令 24 号,以下简称《规定》)及其实施公告(国食药监注〔2006〕100 号)、《关于进一步规范药品名称管理的通知》(国食药监注〔2006〕99 号)发布后,国家局陆续收到一些省局、协会以及企业的来函,要求对其中的部分内容进行解释。经研究,现就有关问题明确如下:

一、药品说明书和标签修改的补充申请

已经批准注册的药品,其说明书和标签的格式、内容不符合《规定》的,均应当根据《关于实施〈药品说明书和标签管理规定〉有关事宜的公告》(以下简称《公告》)的要求提出补充申请。

化学药品、生物制品说明书和标签修改的补充申请按照《药品注册管理办法》关于补充申请的要求执行。国产药品由省级药品监督管理部门受理和审批并报国家局备案,省级药品监督管理部门审批日期为核准日期。进口药品由国家局受理和备案,备案日期为核准日期。进口分包装药品的说明书和标签应在进口药品说明书和标签同意备案后,报省级药品监督管理部门审批,其内容除分包装信息外,应当与进口药品的说明书和标签一致。

中药、天然药物说明书和标签修改的补充申请按照《关于印发中药、天然药物处方药说明书格式内容书写要求及撰写指导原则的通知》(国食药监注〔2006〕283 号)执行。

非处方药说明书和标签修改的补充申请按照《药品注册管理办法》的要求执行,进口药品由国家局受理和备案,备案日期为修订日期。

药品生产企业提出补充申请时提交的药品说明书和标签可以是实样,也可以是设计样稿。

二、药品名称的使用

药品通用名称必须使用黑色或者白色,不得使用其他颜色。浅黑、灰黑、亮白、乳白等黑、白色号均可使用,但要与其背景形成强烈反差。

根据《关于进一步规范药品名称管理的通知》(国食药监注〔2006〕99 号),自 2006 年 6 月 1 日起,属于下列情形的药品可以申请使用商品名称:(一)新化学结构、新活性成份且在保护期、过渡期或者监测期内的药品;(二)在我国具有化合物专利,且该专利在有效期内的药品。

2006 年 6 月 1 日前批准使用的商品名称可以继续使用。

三、商标的使用

《规定》第二十七条所述的未经注册的商标包括所有未取得《商标注册证》的商标。

《关于在药品广告中规范使用药品名称的通

知》(国药监市〔2006〕216号)明确规定,在药品广告中宣传注册商标的,必须同时使用药品通用名称。

四、标签中适应症等内容的书写

根据《规定》第十八条,药品适应症或者功能主治、用法用量、不良反应、禁忌、注意事项不能全部注明的,应当标出主要内容并注明"详见说明书"字样,不得仅注明"详见说明书"。注明的"主要内容"应当与说明书中的描述用语一致,不得修改和扩大范围。

适应症或者功能主治等项目难以标出主要内容或者标出主要内容易引起误用的,可以仅注明"详见说明书"。

药品标签印制的适应症(功能主治)的字体、字号和颜色应当一致,不得突出印制其中的部分内容。

五、药品内标签有效期的标注

按《规定》第十七条,药品内标签应当标注有效期项。暂时由于包装尺寸或者技术设备等原因有效期难以标注为"有效期至某年某月"的,可以标注有效期实际期限,如"有效期24个月"。

属于该情形的,药品生产企业应当按照《公告》第五条的要求提出补充申请,由省局受理,报国家局审批。

六、原料药的标签

运输用的药品标签,包括原料药的标签,可以按照《规定》的要求自行印制。

进口大包装制剂的标签按照原料药标签的要求管理。

七、标签中有关文字和标识的使用

根据《规定》第三条,药品标签不得超出说明书的范围,不得印制暗示疗效、误导使用和不适当宣传产品的文字和标识。因此,药品标签不得印制"xx省专销"、"原装正品"、"进口原料"、"驰名商标"、"专利药品"、"xx监制"、"xx总经销"、"xx总代理"等字样。

"企业防伪标识"、"企业识别码"、"企业形象标志"等不违背《规定》第三条规定的文字图案可以印制。

"印刷企业"、"印刷批次"等与药品的使用无关的,不得在药品标签中标注。

以企业名称等作为标签底纹的,不得突出显示某一名称来弱化药品通用名称。

八、警示语的申请

药品生产企业按照《规定》第八条提出在药品说明书或者标签上增加警示语的,应当按照《药品注册管理办法》补充申请的要求和程序申报。涉及药品安全性信息或者根据国家局要求增加的,省局受理,国家局审批。

九、辅料的书写

注射液和非处方药应当按照《规定》第十一条列出处方中使用的全部辅料名称,辅料的种类和名称以批准注册或者批准变更时申报的处方书写。

十、《药品包装、标签和说明书管理规定(暂行)》已于2006年6月1日废止,因此根据该规定制定的《药品说明书规范细则(暂行)》(国药监注〔2001〕294号)和《药品包装、标签规范细则(暂行)》(国药监注〔2001〕482号)同时废止。

十一、根据国家局《关于开展麻醉药品和精神药品监控信息网络建设工作的通知》(国食药监安〔2006〕169号),麻醉药品和精神药品的标签可以标注监管码。

十二、根据《反兴奋剂条例》,药品中含有兴奋剂目录所列禁用物质的,其说明书或者标签应当注明"运动员慎用"字样。

十三、对各单位在实施《规定》工作中提出的问题,国家局将在局网站设立局令第24号解答专栏,继续对相关问题进行明确和解释。

药品、医疗器械、保健食品、特殊医学用途配方食品广告审查管理暂行办法

- 2019年12月24日国家市场监督管理总局令第21号公布
- 自2020年3月1日起施行

第一条 为加强药品、医疗器械、保健食品和特殊医学用途配方食品广告监督管理,规范广告审查工作,维护广告市场秩序,保护消费者合法权益,根据《中华人民共和国广告法》等法律、行政法规,制定本办法。

第二条 药品、医疗器械、保健食品和特殊医学用途配方食品广告的审查适用本办法。

未经审查不得发布药品、医疗器械、保健食品

和特殊医学用途配方食品广告。

第三条　药品、医疗器械、保健食品和特殊医学用途配方食品广告应当真实、合法，不得含有虚假或者引人误解的内容。

广告主应当对药品、医疗器械、保健食品和特殊医学用途配方食品广告内容的真实性和合法性负责。

第四条　国家市场监督管理总局负责组织指导药品、医疗器械、保健食品和特殊医学用途配方食品广告审查工作。

各省、自治区、直辖市市场监督管理部门、药品监督管理部门（以下称广告审查机关）负责药品、医疗器械、保健食品和特殊医学用途配方食品广告审查，依法可以委托其他行政机关具体实施广告审查。

第五条　药品广告的内容应当以国务院药品监督管理部门核准的说明书为准。药品广告涉及药品名称、药品适应症或者功能主治、药理作用等内容的，不得超出说明书范围。

药品广告应当显著标明禁忌、不良反应，处方药广告还应当显著标明"本广告仅供医学药学专业人士阅读"，非处方药广告还应当显著标明非处方药标识(OTC)和"请按药品说明书或者在药师指导下购买和使用"。

第六条　医疗器械广告的内容应当以药品监督管理部门批准的注册证书或者备案凭证、注册或者备案的产品说明书内容为准。医疗器械广告涉及医疗器械名称、适用范围、作用机理或者结构及组成等内容的，不得超出注册证书或者备案凭证、注册或者备案的产品说明书范围。

推荐给个人自用的医疗器械的广告，应当显著标明"请仔细阅读产品说明书或者在医务人员的指导下购买和使用"。医疗器械产品注册证书中有禁忌内容、注意事项的，广告应当显著标明"禁忌内容或者注意事项详见说明书"。

第七条　保健食品广告的内容应当以市场监督管理部门批准的注册证书或者备案凭证、注册或者备案的产品说明书内容为准，不得涉及疾病预防、治疗功能。保健食品广告涉及保健功能、产品功效成分或者标志性成分及含量、适宜人群或者食用量等内容的，不得超出注册证书或者备案凭证、注册或者备案的产品说明书范围。

保健食品广告应当显著标明"保健食品不是药物，不能代替药物治疗疾病"，声明本品不能代替药物，并显著标明保健食品标志、适宜人群和不适宜人群。

第八条　特殊医学用途配方食品广告的内容应当以国家市场监督管理总局批准的注册证书和产品标签、说明书为准。特殊医学用途配方食品广告涉及产品名称、配方、营养学特征、适用人群等内容的，不得超出注册证书、产品标签、说明书范围。

特殊医学用途配方食品广告应当显著标明适用人群、"不适用于非目标人群使用""请在医生或者临床营养师指导下使用"。

第九条　药品、医疗器械、保健食品和特殊医学用途配方食品广告应当显著标明广告批准文号。

第十条　药品、医疗器械、保健食品和特殊医学用途配方食品广告中应当显著标明的内容，其字体和颜色必须清晰可见、易于辨认，在视频广告中应当持续显示。

第十一条　药品、医疗器械、保健食品和特殊医学用途配方食品广告不得违反《中华人民共和国广告法》第九条、第十六条、第十七条、第十八条、第十九条规定，不得包含下列情形：

（一）使用或者变相使用国家机关、国家机关工作人员、军队单位或者军队人员的名义或者形象，或者利用军队装备、设施等从事广告宣传；

（二）使用科研单位、学术机构、行业协会或者专家、学者、医师、药师、临床营养师、患者等的名义或者形象作推荐、证明；

（三）违反科学规律，明示或者暗示可以治疗所有疾病、适应所有症状、适应所有人群，或者正常生活和治疗病症所必需等内容；

（四）引起公众对所处健康状况和所患疾病产生不必要的担忧和恐惧，或者使公众误解不使用该产品会患某种疾病或者加重病情的内容；

（五）含有"安全""安全无毒副作用""毒副作用小"；明示或者暗示成分为"天然"，因而安全性有保证等内容；

（六）含有"热销、抢购、试用""家庭必备、免费治疗、免费赠送"等诱导性内容，"评比、排序、推荐、指定、选用、获奖"等综合性评价内容，"无效退款、保险公司保险"等保证性内容，怂恿消费者任意、过量使用药品、保健食品和特殊医学用途配方食品的内容；

（七）含有医疗机构的名称、地址、联系方式、诊疗项目、诊疗方法以及有关诊、医疗咨询电话、开设特约门诊等医疗服务的内容；

（八）法律、行政法规规定不得含有的其他内容。

第十二条 药品、医疗器械、保健食品和特殊医学用途配方食品注册证明文件或者备案凭证持有人及其授权同意的生产、经营企业为广告申请人（以下简称申请人）。

申请人可以委托代理人办理药品、医疗器械、保健食品和特殊医学用途配方食品广告审查申请。

第十三条 药品、特殊医学用途配方食品广告审查申请应当依法向生产企业或者进口代理人等广告主所在地广告审查机关提出。

医疗器械、保健食品广告审查申请应当依法向生产企业或者进口代理人所在地广告审查机关提出。

第十四条 申请药品、医疗器械、保健食品、特殊医学用途配方食品广告审查，应当依法提交《广告审查表》、与发布内容一致的广告样件，以及下列合法有效的材料：

（一）申请人的主体资格相关材料，或者合法有效的登记文件；

（二）产品注册证明文件或者备案凭证、注册或者备案的产品标签和说明书，以及生产许可文件；

（三）广告中涉及的知识产权相关有效证明材料。

经授权同意作为申请人的生产、经营企业，还应当提交合法的授权文件；委托代理人进行申请的，还应当提交委托书和代理人的主体资格相关材料。

第十五条 申请人可以到广告审查机关受理窗口提出申请，也可以通过信函、传真、电子邮件或者电子政务平台提交药品、医疗器械、保健食品和特殊医学用途配方食品广告申请。

广告审查机关收到申请人提交的申请后，应当在五个工作日内作出受理或者不予受理决定。申请材料齐全、符合法定形式的，应当予以受理，出具《广告审查受理通知书》。申请材料不齐全、不符合法定形式的，应当一次性告知申请人需要补正的全部内容。

第十六条 广告审查机关应当对申请人提交的材料进行审查，自受理之日起十个工作日内完成审查工作。经审查，对符合法律、行政法规和本办法规定的广告，应当作出审查批准的决定，编发广告批准文号。

对不符合法律、行政法规和本办法规定的广告，应当作出不予批准的决定，送达申请人并说明理由，同时告知其享有依法申请行政复议或者提起行政诉讼的权利。

第十七条 经审查批准的药品、医疗器械、保健食品和特殊医学用途配方食品广告，广告审查机关应当通过本部门网站以及其他方便公众查询的方式，在十个工作日内向社会公开。公开的信息应当包括广告批准文号、申请人名称、广告发布内容、广告批准文号有效期、广告类别、产品名称、产品注册证明文件或者备案凭证编号等内容。

第十八条 药品、医疗器械、保健食品和特殊医学用途配方食品广告批准文号的有效期与产品注册证明文件、备案凭证或者生产许可文件最短的有效期一致。

产品注册证明文件、备案凭证或者生产许可文件未规定有效期的，广告批准文号有效期为两年。

第十九条 申请人有下列情形的，不得继续发布审查批准的广告，并应当主动申请注销药品、医疗器械、保健食品和特殊医学用途配方食品广告批准文号：

（一）主体资格证照被吊销、撤销、注销的；

（二）产品注册证明文件、备案凭证或者生产许可文件被撤销、注销的；

（三）法律、行政法规规定应当注销的其他情形。

广告审查机关发现申请人有前款情形的，应当依法注销其药品、医疗器械、保健食品和特殊医学用途配方食品广告批准文号。

第二十条 广告主、广告经营者、广告发布者应当严格按照审查通过的内容发布药品、医疗器械、保健食品和特殊医学用途配方食品广告，不得进行剪辑、拼接、修改。

已经审查通过的广告内容需要改动的，应当重新申请广告审查。

第二十一条 下列药品、医疗器械、保健食品和特殊医学用途配方食品不得发布广告：

（一）麻醉药品、精神药品、医疗用毒性药品、放射性药品、药品类易制毒化学品，以及戒毒治疗的药品、医疗器械；

（二）军队特需药品、军队医疗机构配制的制剂；

（三）医疗机构配制的制剂；

（四）依法停止或者禁止生产、销售或者使用的药品、医疗器械、保健食品和特殊医学用途配方食品；

（五）法律、行政法规禁止发布广告的情形。

第二十二条 本办法第二十一条规定以外的处方药和特殊医学用途配方食品中的特定全营养配方食品广告只能在国务院卫生行政部门和国务院药品监督管理部门共同指定的医学、药学专业刊物上发布。

不得利用处方药或者特定全营养配方食品的名称为各种活动冠名进行广告宣传。不得使用与处方药名称或者特定全营养配方食品名称相同的商标、企业字号在医学、药学专业刊物以外的媒介变相发布广告，也不得利用该商标、企业字号为各种活动冠名进行广告宣传。

特殊医学用途婴儿配方食品广告不得在大众传播媒介或者公共场所发布。

第二十三条 药品、医疗器械、保健食品和特殊医学用途配方食品广告中只宣传产品名称（含药品通用名称和药品商品名称）的，不再对其内容进行审查。

第二十四条 经广告审查机关审查通过并向社会公开的药品广告，可以依法在全国范围内发布。

第二十五条 违反本办法第十条规定，未显著、清晰表示广告中应当显著标明内容的，按照《中华人民共和国广告法》第五十九条处罚。

第二十六条 有下列情形之一的，按照《中华人民共和国广告法》第五十八条处罚：

（一）违反本办法第二条第二款规定，未经审查发布药品、医疗器械、保健食品和特殊医学用途配方食品广告；

（二）违反本办法第十九条规定或者广告批准文号已超过有效期，仍继续发布药品、医疗器械、保健食品和特殊医学用途配方食品广告；

（三）违反本办法第二十条规定，未按照审查通过的内容发布药品、医疗器械、保健食品和特殊医学用途配方食品广告。

第二十七条 违反本办法第十一条第二项至第五项规定，发布药品、医疗器械、保健食品和特殊医学用途配方食品广告的，依照《中华人民共和国广告法》第五十八条的规定处罚；构成虚假广告的，依照《中华人民共和国广告法》第五十五条的规定处罚。

第二十八条 违反本办法第十一条第六项至第八项规定，发布药品、医疗器械、保健食品和特殊医学用途配方食品广告的，《中华人民共和国广告法》及其他法律法规有规定的，依照相关规定处罚，没有规定的，由县级以上市场监督管理部门责令改正；对负有责任的广告主、广告经营者、广告发布者处以违法所得三倍以下罚款，但最高不超过三万元；没有违法所得的，可处一万元以下罚款。

第二十九条 违反本办法第十一条第一项、第二十一条、第二十二条规定的，按照《中华人民共和国广告法》第五十七条处罚。

第三十条 有下列情形之一的，按照《中华人民共和国广告法》第六十五条处罚：

（一）隐瞒真实情况或者提供虚假材料申请药品、医疗器械、保健食品和特殊医学用途配方食品广告审查的；

（二）以欺骗、贿赂等不正当手段取得药品、医疗器械、保健食品和特殊医学用途配方食品广告批准文号的。

第三十一条 市场监督管理部门对违反本办法规定的行为作出行政处罚决定后，应当依法通过国家企业信用信息公示系统向社会公示。

第三十二条 广告审查机关的工作人员玩忽职守、滥用职权、徇私舞弊的，依法给予处分。构成犯罪的，依法追究刑事责任。

第三十三条 本办法涉及的文书格式范本由国家市场监督管理总局统一制定。

第三十四条 本办法自 2020 年 3 月 1 日起施行。1996 年 12 月 30 日原国家工商行政管理局令第 72 号公布的《食品广告发布暂行规定》，2007 年 3 月 3 日原国家工商行政管理总局、原国家食品药品监督管理局令第 27 号公布的《药品广告审查发布标准》，2007 年 3 月 13 日原国家食品药品监督管理局、原国家工商行政管理总局令第 27 号发布的《药品广告审查办法》，2009年4月7日原卫生部、原国家工商行政管理总局、原国家食品药品监督管理局令第65号发布的《医疗器械广告审查办法》，2009年4月28日原国家工商行政管理总局、原卫生部、原国家食品药品监督管理局令第40号公布的《医疗器械广告审查发布标准》同时废止。

药品网络销售监督管理办法

- 2022年8月3日国家市场监督管理总局令第58号公布
- 自2022年12月1日起施行

第一章 总 则

第一条 为了规范药品网络销售和药品网络交易平台服务活动，保障公众用药安全，根据《中华人民共和国药品管理法》（以下简称药品管理法）等法律、行政法规，制定本办法。

第二条 在中华人民共和国境内从事药品网络销售、提供药品网络交易平台服务及其监督管理，应当遵守本办法。

第三条 国家药品监督管理局主管全国药品网络销售的监督管理工作。

省级药品监督管理部门负责本行政区域内药品网络销售的监督管理工作，负责监督管理药品网络交易第三方平台以及药品上市许可持有人、药品批发企业通过网络销售药品的活动。

设区的市级、县级承担药品监督管理职责的部门（以下称药品监督管理部门）负责本行政区域内药品网络销售的监督管理工作，负责监督管理药品零售企业通过网络销售药品的活动。

第四条 从事药品网络销售、提供药品网络交易平台服务，应当遵守药品法律、法规、规章、标准和规范，依法诚信经营，保障药品质量安全。

第五条 从事药品网络销售、提供药品网络交易平台服务，应当采取有效措施保证交易全过程信息真实、准确、完整和可追溯，并遵守国家个人信息保护的有关规定。

第六条 药品监督管理部门应当与相关部门加强协作，充分发挥行业组织等机构的作用，推进信用体系建设，促进社会共治。

第二章 药品网络销售管理

第七条 从事药品网络销售的，应当是具备保证网络销售药品安全能力的药品上市许可持有人或者药品经营企业。

中药饮片生产企业销售其生产的中药饮片，应当履行药品上市许可持有人相关义务。

第八条 药品网络销售企业应当按照经过批准的经营方式和经营范围经营。药品网络销售企业为药品上市许可持有人的，仅能销售其取得药品注册证书的药品。未取得药品零售资质的，不得向个人销售药品。

疫苗、血液制品、麻醉药品、精神药品、医疗用毒性药品、放射性药品、药品类易制毒化学品等国家实行特殊管理的药品不得在网络上销售，具体目录由国家药品监督管理局组织制定。

药品网络零售企业不得违反规定以买药品赠药品、买商品赠药品等方式向个人赠送处方药、甲类非处方药。

第九条 通过网络向个人销售处方药的，应当确保处方来源真实、可靠，并实行实名制。

药品网络零售企业应当与电子处方提供单位签订协议，并严格按照有关规定进行处方审核调配，对已经使用的电子处方进行标记，避免处方重复使用。

第三方平台承接电子处方的，应当对电子处方提供单位的情况进行核实，并签订协议。

药品网络零售企业接收的处方为纸质处方影印版本的，应当采取有效措施避免处方重复使用。

第十条 药品网络销售企业应当建立并实施药品质量安全管理、风险控制、药品追溯、储存配送管理、不良反应报告、投诉举报处理等制度。

药品网络零售企业还应当建立在线药学服务制度，由依法经过资格认定的药师或者其他药学技术人员开展处方审核调配、指导合理用药等工作。依法经过资格认定的药师或者其他药学技术人员数量应当与经营规模相适应。

第十一条 药品网络销售企业应当向药品监督管理部门报告企业名称、网站名称、应用程序名称、IP地址、域名、药品生产许可证或者药品经营许可证等信息。信息发生变化的，应当在10个工作日内报告。

药品网络销售企业为药品上市许可持有人或者药品批发企业的,应当向所在地省级药品监督管理部门报告。药品网络销售企业为药品零售企业的,应当向所在地市县级药品监督管理部门报告。

第十二条 药品网络销售企业应当在网站首页或者经营活动的主页面显著位置,持续公示其药品生产或者经营许可证信息。药品网络零售企业还应当展示依法配备的药师或者其他药学技术人员的资格认定等信息。上述信息发生变化的,应当在 10 个工作日内予以更新。

第十三条 药品网络销售企业展示的药品相关信息应当真实、准确、合法。

从事处方药销售的药品网络零售企业,应当在每个药品展示页面下突出显示"处方药须凭处方在药师指导下购买和使用"等风险警示信息。处方药销售前,应当向消费者充分告知相关风险警示信息,并经消费者确认知情。

药品网络零售企业应当将处方药与非处方药区分展示,并在相关网页上显著标示处方药、非处方药。

药品网络零售企业在处方药销售主页面、首页面不得直接公开展示处方药包装、标签等信息。通过处方审核前,不得展示说明书等信息,不得提供处方药购买的相关服务。

第十四条 药品网络零售企业应当对药品配送的质量与安全负责。配送药品,应当根据药品数量、运输距离、运输时间、温湿度要求等情况,选择适宜的运输工具和设施设备,配送的药品应当放置在独立空间并明显标识,确保符合要求、全程可追溯。

药品网络零售企业委托配送的,应当对受托企业的质量管理体系进行审核,与受托企业签订质量协议,约定药品质量责任、操作规程等内容,并对受托方进行监督。

药品网络零售的具体配送要求由国家药品监督管理局另行制定。

第十五条 向个人销售药品的,应当按照规定出具销售凭证。销售凭证可以电子形式出具,药品最小销售单元的销售记录应当清晰留存,确保可追溯。

药品网络销售企业应当完整保存供货企业资质文件、电子交易等记录。销售处方药的药品网络零售企业还应当保存处方、在线药学服务等记录。相关记录保存期限不少于 5 年,且不少于药品有效期满后 1 年。

第十六条 药品网络销售企业对存在质量问题或者安全隐患的药品,应当依法采取相应的风险控制措施,并及时在网站首页或者经营活动主页面公开相应信息。

第三章 平台管理

第十七条 第三方平台应当建立药品质量安全管理机构,配备药学技术人员承担药品质量安全管理工作,建立并实施药品质量安全、药品信息展示、处方审核、处方药实名购买、药品配送、交易记录保存、不良反应报告、投诉举报处理等管理制度。

第三方平台应当加强检查,对入驻平台的药品网络销售企业的药品信息展示、处方审核、药品销售和配送等行为进行管理,督促其严格履行法定义务。

第十八条 第三方平台应当将企业名称、法定代表人、统一社会信用代码、网站名称以及域名等信息向平台所在地省级药品监督管理部门备案。省级药品监督管理部门应当将平台备案信息公示。

第十九条 第三方平台应当在其网站首页或者从事药品经营活动的主页面显著位置,持续公示营业执照、相关行政许可和备案、联系方式、投诉举报方式等信息或者上述信息的链接标识。

第三方平台展示药品信息应当遵守本办法第十三条的规定。

第二十条 第三方平台应当对申请入驻的药品网络销售企业资质、质量安全保证能力等进行审核,对药品网络销售企业建立登记档案,至少每六个月核验更新一次,确保入驻的药品网络销售企业符合法定要求。

第三方平台应当与药品网络销售企业签订协议,明确双方药品质量安全责任。

第二十一条 第三方平台应当保存药品展示、交易记录与投诉举报等信息。保存期限不少于 5 年,且不少于药品有效期满后 1 年。第三方平台应当确保有关资料、信息和数据的真实、完整,并为入驻的药品网络销售企业自行保存数据提供便利。

第二十二条　第三方平台应当对药品网络销售活动建立检查监控制度。发现入驻的药品网络销售企业有违法行为的，应当及时制止并立即向所在地县级药品监督管理部门报告。

第二十三条　第三方平台发现下列严重违法行为的，应当立即停止提供网络交易平台服务，停止展示药品相关信息：

（一）不具备资质销售药品的；

（二）违反本办法第八条规定销售国家实行特殊管理的药品的；

（三）超过药品经营许可范围销售药品的；

（四）因违法行为被药品监督管理部门责令停止销售、吊销药品批准证明文件或者吊销药品经营许可证的；

（五）其他严重违法行为的。

药品注册证书被依法撤销、注销的，不得展示相关药品的信息。

第二十四条　出现突发公共卫生事件或者其他严重威胁公众健康的紧急事件时，第三方平台、药品网络销售企业应当遵守国家有关应急处置规定，依法采取相应的控制和处置措施。

药品上市许可持有人依法召回药品的，第三方平台、药品网络销售企业应当积极予以配合。

第二十五条　药品监督管理部门开展监督检查、案件查办、事件处置等工作时，第三方平台应当予以配合。药品监督管理部门发现药品网络销售企业存在违法行为，依法要求第三方平台采取措施制止的，第三方平台应当及时履行相关义务。

药品监督管理部门依照法律、行政法规要求提供有关平台内销售者、销售记录、药学服务以及追溯等信息的，第三方平台应当予以提供。

鼓励第三方平台与药品监督管理部门建立开放数据接口等形式的自动化信息报送机制。

第四章　监督检查

第二十六条　药品监督管理部门应当依照法律、法规、规章等规定，按照职责分工对第三方平台和药品网络销售企业实施监督检查。

第二十七条　药品监督管理部门对第三方平台和药品网络销售企业进行检查时，可以依法采取下列措施：

（一）进入药品网络销售和网络平台服务有关场所实施现场检查；

（二）对网络销售的药品进行抽样检验；

（三）询问有关人员，了解药品网络销售活动相关情况；

（四）依法查阅、复制交易数据、合同、票据、账簿以及其他相关资料；

（五）对有证据证明可能危害人体健康的药品及其有关材料，依法采取查封、扣押措施；

（六）法律、法规规定可以采取的其他措施。

必要时，药品监督管理部门可以对为药品研制、生产、经营、使用提供产品或者服务的单位和个人进行延伸检查。

第二十八条　对第三方平台、药品上市许可持有人、药品批发企业通过网络销售药品违法行为的查处，由省级药品监督管理部门负责。对药品网络零售企业违法行为的查处，由市县级药品监督管理部门负责。

药品网络销售违法行为由违法行为发生地的药品监督管理部门负责查处。因药品网络销售活动引发药品安全事件或者有证据证明可能危害人体健康的，也可以由违法行为结果地的药品监督管理部门负责。

第二十九条　药品监督管理部门应当加强药品网络销售监测工作。省级药品监督管理部门建立的药品网络销售监测平台，应当与国家药品网络销售监测平台实现数据对接。

药品监督管理部门对监测发现的违法行为，应当依法按照职责进行调查处置。

药品监督管理部门对网络销售违法行为的技术监测记录资料，可以依法作为实施行政处罚或者采取行政措施的电子数据证据。

第三十条　对有证据证明可能存在安全隐患的，药品监督管理部门应当根据监督检查情况，对药品网络销售企业或者第三方平台等采取告诫、约谈、限期整改以及暂停生产、销售、使用、进口等措施，并及时公布检查处理结果。

第三十一条　药品监督管理部门应当对药品网络销售企业或者第三方平台提供的个人信息和商业秘密严格保密，不得泄露、出售或者非法向他人提供。

第五章 法律责任

第三十二条 法律、行政法规对药品网络销售违法行为的处罚有规定的，依照其规定。药品监督管理部门发现药品网络销售违法行为涉嫌犯罪的，应当及时将案件移送公安机关。

第三十三条 违反本办法第八条第二款的规定，通过网络销售国家实行特殊管理的药品，法律、行政法规已有规定的，依照法律、行政法规的规定处罚。法律、行政法规未作规定的，责令限期改正，处5万元以上10万元以下罚款；造成危害后果的，处10万元以上20万元以下罚款。

第三十四条 违反本办法第九条第一款、第二款的规定，责令限期改正，处3万元以上5万元以下罚款；情节严重的，处5万元以上10万元以下罚款。

违反本办法第九条第三款的规定，责令限期改正，处5万元以上10万元以下罚款；造成危害后果的，处10万元以上20万元以下罚款。

违反本办法第九条第四款的规定，责令限期改正，处1万元以上3万元以下罚款；情节严重的，处3万元以上5万元以下罚款。

第三十五条 违反本办法第十一条的规定，责令限期改正；逾期不改正的，处1万元以上3万元以下罚款；情节严重的，处3万元以上5万元以下罚款。

第三十六条 违反本办法第十三条、第十九条第二款的规定，责令限期改正；逾期不改正的，处5万元以上10万元以下罚款。

第三十七条 违反本办法第十四条、第十五条的规定，药品网络销售企业未遵守药品经营质量管理规范的，依照药品管理法第一百二十六条的规定进行处罚。

第三十八条 违反本办法第十七条第一款的规定，责令限期改正，处3万元以上10万元以下罚款；造成危害后果的，处10万元以上20万元以下罚款。

第三十九条 违反本办法第十八条的规定，责令限期改正；逾期不改正的，处5万元以上10万元以下罚款；造成危害后果的，处10万元以上20万元以下罚款。

第四十条 违反本办法第二十条、第二十二条、第二十三条的规定，第三方平台未履行资质审核、报告、停止提供网络交易平台服务等义务的，依照药品管理法第一百三十一条的规定处罚。

第四十一条 药品监督管理部门及其工作人员不履行职责或者滥用职权、玩忽职守、徇私舞弊，依法追究法律责任；构成犯罪的，依法追究刑事责任。

第六章 附则

第四十二条 本办法自2022年12月1日起施行。

（二）审批注册

国务院关于改革药品医疗器械审评审批制度的意见

· 2015年8月9日
· 国发〔2015〕44号

近年来，我国医药产业快速发展，药品医疗器械质量和标准不断提高，较好地满足了公众用药需要。与此同时，药品医疗器械审评审批中存在的问题也日益突出，注册申请资料质量不高，审评过程中需要多次补充完善，严重影响审评审批效率；仿制药重复建设、重复申请，市场恶性竞争，部分仿制药质量与国际先进水平存在较大差距；临床急需新药的上市审批时间过长，药品研发机构和科研人员不能申请药品注册，影响药品创新的积极性。为此，现就改革药品医疗器械审评审批制度提出以下意见：

一、主要目标

（一）提高审评审批质量。建立更加科学、高效的药品医疗器械审评审批体系，使批准上市药品医疗器械的有效性、安全性、质量可控性达到或接近国际先进水平。

（二）解决注册申请积压。严格控制市场供大于求药品的审批。争取2016年底前消化完积压存量，尽快实现注册申请和审评数量年度进出平衡，2018年实现按规定时限审批。

（三）提高仿制药质量。加快仿制药质量一致性评价，力争2018年底前完成国家基本药物口服制剂与参比制剂质量一致性评价。

（四）鼓励研究和创制新药。鼓励以临床价值为导向的药物创新，优化创新药的审评审批程序，对临床急需的创新药加快审评。开展药品上市许可持有人制度试点。

（五）提高审评审批透明度。全面公开药品医疗器械注册的受理、技术审评、产品检验和现场检查条件与相关技术要求，公开受理和审批的相关信息，引导申请人有序研发和申请。

二、主要任务

（六）提高药品审批标准。将药品分为新药和仿制药。将新药由现行的"未曾在中国境内上市销售的药品"调整为"未在中国境内外上市销售的药品"。根据物质基础的原创性和新颖性，将新药分为创新药和改良型新药。将仿制药由现行的"仿已有国家标准的药品"调整为"仿与原研药品质量和疗效一致的药品"。根据上述原则，调整药品注册分类。仿制药审评审批要以原研药品作为参比制剂，确保新批准的仿制药质量和疗效与原研药品一致。对改革前受理的药品注册申请，继续按照原规定进行审评审批，在质量一致性评价工作中逐步解决与原研药品质量和疗效一致性问题；如企业自愿申请按与原研药品质量和疗效一致的新标准审批，可以设立绿色通道，按新的药品注册申请收费标准收费，加快审评审批。上述改革在依照法定程序取得授权后，在化学药品中进行试点。

（七）推进仿制药质量一致性评价。对已经批准上市的仿制药，按与原研药品质量和疗效一致的原则，分期分批进行质量一致性评价。药品生产企业应将其产品按照规定的方法与参比制剂进行质量一致性评价，并向食品药品监管总局报送评价结果。参比制剂由食品药品监管总局征询专家意见后确定，可以选择原研药品，也可以选择国际公认的同种药品。无参比制剂的，由药品生产企业进行临床有效性试验。在规定期限内未通过质量一致性评价的仿制药，不予再注册；通过质量一致性评价的，允许其在说明书和标签上予以标注，并在临床应用、招标采购、医保报销等方面给予支持。在质量一致性评价工作中，需改变已批准工艺的，应按《药品注册管理办法》的相关规定提出补充申请，食品药品监管总局设立绿色通道，加快审评审批。质量一致性评价工作首先在2007年修订的《药品注册管理办法》施行前批准上市的仿制药中进行。在国家药典中标注药品标准起草企业的名称，激励企业通过技术进步提高上市药品的标准和质量。提高中成药质量水平，积极推进中药注射剂安全性再评价工作。

（八）加快创新药审评审批。对创新药实行特殊审评审批制度。加快审评审批防治艾滋病、恶性肿瘤、重大传染病、罕见病等疾病的创新药，列入国家科技重大专项和国家重点研发计划的药品，转移到境内生产的创新药和儿童用药，以及使用先进制剂技术、创新治疗手段、具有明显治疗优势的创新药。加快临床急需新药的审评审批，申请注册新药的企业需承诺其产品在我国上市销售的价格不高于原产国或我国周边可比市场价格。

（九）开展药品上市许可持有人制度试点。允许药品研发机构和科研人员申请注册新药，在转让给企业生产时，只进行生产企业现场工艺核查和产品检验，不再重复进行药品技术审评。试点工作在依照法定程序取得授权后开展。

（十）落实申请人主体责任。按照国际通用规则制定注册申请规范，申请人要严格按照规定条件和相关技术要求申请。将现由省级食品药品监管部门受理、食品药品监管总局审评审批的药品注册申请，调整为食品药品监管总局网上集中受理。对于不符合规定条件与相关技术要求的注册申请，由食品药品监管总局一次性告知申请人需要补充的内容。进入技术审评程序后，除新药及首仿药品注册申请外，原则上不再要求申请人补充资料，只作出批准或不予批准的决定。

（十一）及时发布药品供求和注册申请信息。根据国家产业结构调整方向，结合市场供求情况，及时调整国家药品产业政策，严格控制市场供大于求、低水平重复、生产工艺落后的仿制药的生产和审批，鼓励市场短缺药品的研发和生产，提高药品的可及性。食品药品监管总局会同发展改革委、科技部、工业和信息化部、卫生计生委制定并定期公布限制类和鼓励类药品审批目录。食品药品监管总局及时向社会公开药品注册申请信息，引导申请人有序研发和控制低水平申请。

（十二）改进药品临床试验审批。允许境外未上市新药经批准后在境内同步开展临床试验。鼓励国内临床试验机构参与国际多中心临床试验，符合要求的试验数据可在注册申请中使用。对创新药临床试验申请，重点审查临床价值和受试者保护等内容。强化申请人、临床试验机构及伦理委员会保护受试者的责任。

（十三）严肃查处注册申请弄虚作假行为。加强临床试验全过程监管，确保临床试验数据真实可靠。申请人、研究机构在注册申请中，如存在报送虚假研制方法、质量标准、药理及毒理试验数据、临床试验结果等情况，对其药品医疗器械注册申请不予批准，已批准的予以撤销；对直接责任人依法从严处罚，对出具虚假试验结果的研究机构取消相关试验资格，处罚结果向社会公布。

（十四）简化药品审批程序，完善药品再注册制度。实行药品与药用包装材料、药用辅料关联审批，将药用包装材料、药用辅料单独审批改为在审批药品注册申请时一并审评审批。简化来源于古代经典名方的复方制剂的审批。简化药品生产企业之间的药品技术转让程序。将仿制药生物等效性试验由审批改为备案。对批准文号（进口药品注册证/医药产品注册证）有效期内未上市，不能履行持续考察药品质量、疗效和不良反应责任的，不予再注册，批准文号到期后予以注销。

（十五）改革医疗器械审批方式。鼓励医疗器械研发创新，将拥有产品核心技术发明专利、具有重大临床价值的创新医疗器械注册申请，列入特殊审评审批范围，予以优先办理。及时修订医疗器械标准，提高医疗器械国际标准的采标率，提升国产医疗器械产品质量。通过调整产品分类，将部分成熟的、安全可控的医疗器械注册审批职责由食品药品监管总局下放至省级食品药品监管部门。

（十六）健全审评质量控制体系。参照国际通用规则制定良好审评质量管理规范。组建专业化技术审评项目团队，明确主人和审评员权责，完善集体审评机制，强化责任和时限管理。建立复审专家委员会，对有争议的审评结论进行复审，确保审评结果科学公正。加强技术审评过程中共性疑难问题研究，及时将研究成果转化为指导审评工作的技术标准，提高审评标准化水平，减少审评自由裁量权。

（十七）全面公开药品医疗器械审评审批信息。向社会公布药品医疗器械审批清单及法律依据、审批要求和办理时限。向申请人公开药品医疗器械审批进度和结果。在批准产品上市许可时，同步公布审评、检查、检验等技术性审评报告，接受社会监督。

三、保障措施

（十八）加快法律法规修订。及时总结药品上市许可持有人制度试点、药品注册分类改革试点进展情况，推动加快修订《中华人民共和国药品管理法》。结合行政审批制度改革，抓紧按程序修订《中华人民共和国药品管理法实施条例》和《药品注册管理办法》等。

（十九）调整收费政策。整合归并药品医疗器械注册、审批、登记收费项目。按照收支大体平衡原则，提高药品医疗器械注册收费标准，每五年调整一次。对小微企业申请创新药品医疗器械注册收费给予适当优惠。收费收入纳入财政预算，实行收支两条线管理。审评审批工作所需经费通过财政预算安排。

（二十）加强审评队伍建设。改革事业单位用人制度，面向社会招聘技术审评人才，实行合同管理，其工资和社会保障按照国家有关规定执行。根据审评需要，外聘相关专家参与有关的技术审评，明确其职责和保密责任及利益冲突回避等制度。建立首席专业岗位制度，科学设置体现技术审评、检查等特点的岗位体系，明确职责任务、工作标准和任职条件等，依照人员综合能力和水平实行按岗聘用。推进职业化的药品医疗器械检查员队伍建设。健全绩效考核制度，根据岗位职责和工作业绩，适当拉开收入差距，确保技术审评、检查人员引得进、留得住。将食品药品监管总局列为政府购买服务的试点单位，通过政府购买服务委托符合条件的审评机构、高校和科研机构参与医疗器械和仿制药技术审评、临床试验审评、药物安全性评价等技术性审评工作。

（二十一）加强组织领导。食品药品监管总局要会同中央编办、发展改革委、科技部、工业和信息化部、财政部、人力资源社会保障部、卫生计生委、中医药局、总后勤部卫生部等部门，建立药品医疗器械审评审批制度改革部际联席会议制度，加强对改革工作的协调指导，及时研究解决改革中遇到的矛盾和问题，各地区也要加强对改革的组织领导，重大情况及时报告国务院。

药品注册管理办法

- 2020年1月22日国家市场监督管理总局令第27号公布
- 自2020年7月1日起施行

第一章 总 则

第一条 为规范药品注册行为，保证药品的安全、有效和质量可控，根据《中华人民共和国药品管理法》(以下简称《药品管理法》)、《中华人民共和国中医药法》、《中华人民共和国疫苗管理法》(以下简称《疫苗管理法》)、《中华人民共和国行政许可法》、《中华人民共和国药品管理法实施条例》等法律、行政法规，制定本办法。

第二条 在中华人民共和国境内以药品上市为目的，从事药品研制、注册及监督管理活动，适用本办法。

第三条 药品注册是指药品注册申请人(以下简称申请人)依照法定程序和相关要求提出药物临床试验、药品上市许可、再注册等申请以及补充申请，药品监督管理部门基于法律法规和现有科学认知进行安全性、有效性和质量可控性审查，决定是否同意其申请的活动。

申请人取得药品注册证书后，为药品上市许可持有人(以下简称持有人)。

第四条 药品注册按照中药、化学药和生物制品等进行分类注册管理。

中药注册按照中药创新药、中药改良型新药、古代经典名方中药复方制剂、同名同方药等进行分类。

化学药注册按照化学药创新药、化学药改良型新药、仿制药等进行分类。

生物制品注册按照生物制品创新药、生物制品改良型新药、已上市生物制品(含生物类似药)等进行分类。

中药、化学药和生物制品等药品的细化分类和相应的申报资料要求，由国家药品监督管理局根据注册药品的产品特性、创新程度和审评管理需要组织制定，并向社会公布。

境外生产药品的注册申请，按照药品的细化分类和相应的申报资料要求执行。

第五条 国家药品监督管理局主管全国药品注册管理工作，负责建立药品注册管理工作体系和制度，制定药品注册管理规范，依法组织药品注册审评审批以及相关的监督管理工作。国家药品监督管理局药品审评中心(以下简称药品审评中心)负责药物临床试验申请、药品上市许可申请、补充申请和境外生产药品再注册申请等的审评。中国食品药品检定研究院(以下简称中检院)、国家药典委员会(以下简称药典委)、国家药品监督管理局食品药品审核查验中心(以下简称药品核查中心)、国家药品监督管理局药品评价中心(以下简称药品评价中心)、国家药品监督管理局行政事项受理服务和投诉举报中心、国家药品监督管理局信息中心(以下简称信息中心)等药品专业技术机构，承担依法实施药品注册管理所需的药品注册检验、通用名称核准、核查、监测与评价、制证送达以及相应的信息化建设与管理等相关工作。

第六条 省、自治区、直辖市药品监督管理部门负责本行政区域内以下药品注册相关管理工作：

(一)境内生产药品再注册申请的受理、审查和审批；

(二)药品上市后变更的备案、报告事项管理；

(三)组织对药物非临床安全性评价研究机构、药物临床试验机构的日常监管及违法行为的查处；

(四)参与国家药品监督管理局组织的药品注册核查、检验等工作；

(五)国家药品监督管理局委托实施的药品注册相关事项。

省、自治区、直辖市药品监督管理部门设置或者指定的药品专业技术机构，承担依法实施药品监督管理所需的审评、检验、核查、监测与评价等工作。

第七条 药品注册管理遵循公开、公平、公正原则，以临床价值为导向，鼓励研究和创制新药，积极推动仿制药发展。

国家药品监督管理局持续推进审评审批制度改革，优化审评审批程序，提高审评审批效率，建立以审评为主导，检验、核查、监测与评价等为支撑的药品注册管理体系。

第二章 基本制度和要求

第八条 从事药物研制和药品注册活动，应当遵守有关法律、法规、规章、标准和规范；参照相关技术指导原则，采用其他评价方法和技术的，应当证明其科学性、适用性；应当保证全过程信息真实、准确、完整和可追溯。

药品应当符合国家药品标准和经国家药品监督管理局核准的药品质量标准。经国家药品监督管理局核准的药品质量标准，为药品注册标准。药品注册标准应当符合《中华人民共和国药典》通用技术要求，不得低于《中华人民共和国药典》的规定。申报注册品种的检测项目或者指标不适用《中华人民共和国药典》的，申请人应当提供充分的支持性数据。

药品审评中心等专业技术机构，应当根据科学进展、行业发展实际和药品监督管理工作需要制定技术指导原则和程序，并向社会公布。

第九条 申请人应当为能够承担相应法律责任的企业或者药品研制机构等。境外申请人应当指定中国境内的企业法人办理相关药品注册事项。

第十条 申请人在申请药品上市注册前，应当完成药学、药理毒理学和药物临床试验等相关研究工作。药物非临床安全性评价研究应当在经过药物非临床研究质量管理规范认证的机构开展，并遵守药物非临床研究质量管理规范。药物临床试验应当经批准，其中生物等效性试验应当备案；药物临床试验应当在符合相关规定的药物临床试验机构开展，并遵守药物临床试验质量管理规范。

申请药品注册，应当提供真实、充分、可靠的数据、资料和样品，证明药品的安全性、有效性和质量可控性。

使用境外研究资料和数据支持药品注册的，其来源、研究机构或者实验室条件、质量体系要求及其他管理条件等应当符合国际人用药品注册技术要求协调会通行原则，并符合我国药品注册管理的相关要求。

第十一条 变更原药品注册批准证明文件及其附件所载明的事项或者内容的，申请人应当按照规定，参照相关技术指导原则，对药品变更进行充分研究和验证，充分评估变更可能对药品安全性、有效性和质量可控性的影响，按照变更程序提出补充申请、备案或者报告。

第十二条 药品注册证书有效期为五年，药品注册证书有效期内持有人应当持续保证上市药品的安全性、有效性和质量可控性，并在有效期届满前六个月申请药品再注册。

第十三条 国家药品监督管理局建立药品加快上市注册制度，支持以临床价值为导向的药物创新。对符合条件的药品注册申请，申请人可以申请适用突破性治疗药物、附条件批准、优先审评审批及特别审批程序。在药品研制和注册过程中，药品监督管理部门及其专业技术机构给予必要的技术指导、沟通交流、优先配置资源、缩短审评时限等政策和技术支持。

第十四条 国家药品监督管理局建立化学原料药、辅料及直接接触药品的包装材料和容器关联审评审批制度。在审批药品制剂时，对化学原料药一并审评审批，对相关辅料、直接接触药品的包装材料和容器一并审评。药品审评中心建立化学原料药、辅料及直接接触药品的包装材料和容器信息登记平台，对相关登记信息进行公示，供相关申请人或者持有人选择，并在相关药品制剂注册申请审评时关联审评。

第十五条 处方药和非处方药实行分类注册和转换管理。药品审评中心根据非处方药的特点，制定非处方药上市注册相关技术指导原则和程序，并向社会公布。药品评价中心制定处方药和非处方药上市后转换相关技术要求和程序，并向社会公布。

第十六条 申请人在药物临床试验申请前、药物临床试验过程中以及药品上市许可申请前等关键阶段，可以就重大问题与药品审评中心等专业技术机构进行沟通交流。药品注册过程中，药品审评中心等专业技术机构可以根据工作需要组织与申请人进行沟通交流。

沟通交流的程序、要求和时限，由药品审评中心等专业技术机构依照职能分别制定，并向社会公布。

第十七条 药品审评中心等专业技术机构根据工作需要建立专家咨询制度，成立专家咨询委员会，在审评、核查、检验、通用名称核准等过程中就重大问题听取专家意见，充分发挥专家的技术支撑作用。

第十八条 国家药品监督管理局建立收载新批准上市以及通过仿制药质量和疗效一致性评价的化学药品目录集，载明药品名称、活性成分、剂型、规格、是否为参比制剂、持有人等相关信息，及时更新并向社会公开。化学药品目录集收载程序和要求,由药品审评中心制定,并向社会公布。

第十九条 国家药品监督管理局支持中药传承和创新,建立和完善符合中药特点的注册管理制度和技术评价体系,鼓励运用现代科学技术和传统研究方法研制中药,加强中药质量控制,提高中药临床试验水平。

中药注册申请,申请人应当进行临床价值和资源评估,突出以临床价值为导向,促进资源可持续利用。

第三章 药品上市注册

第一节 药物临床试验

第二十条 本办法所称药物临床试验是指以药品上市注册为目的,为确定药物安全性与有效性在人体开展的药物研究。

第二十一条 药物临床试验分为Ⅰ期临床试验、Ⅱ期临床试验、Ⅲ期临床试验、Ⅳ期临床试验以及生物等效性试验。根据药物特点和研究目的,研究内容包括临床药理学研究、探索性临床试验、确证性临床试验和上市后研究。

第二十二条 药物临床试验应当在具备相应条件并按规定备案的药物临床试验机构开展。其中,疫苗临床试验应当由符合国家药品监督管理局和国家卫生健康委员会规定条件的三级医疗机构或者省级以上疾病预防控制机构实施或者组织实施。

第二十三条 申请人完成支持药物临床试验的药学、药理毒理学等研究后,提出药物临床试验申请的,应当按照申报资料要求提交相关研究资料。经形式审查,申报资料符合要求的,予以受理。药品审评中心应当组织药学、医学和其他技术人员对已受理的药物临床试验申请进行审评。对药物临床试验申请应当自受理之日起六十日内决定是否同意开展,并通过药品审评中心网站通知申请人审批结果;逾期未通知的,视为同意,申请人可以按照提交的方案开展药物临床试验。

申请人获准开展药物临床试验的为药物临床试验申办者(以下简称申办者)。

第二十四条 申请人拟开展生物等效性试验的,应当按照要求在药品审评中心网站完成生物等效性试验备案后,按照备案的方案开展相关研究工作。

第二十五条 开展药物临床试验,应当经伦理委员会审查同意。

药物临床试验用药品的管理应当符合药物临床试验质量管理规范的有关要求。

第二十六条 获准开展药物临床试验的,申办者在开展后续分期药物临床试验前,应当制定相应的药物临床试验方案,经伦理委员会审查同意后开展,并在药品审评中心网站提交相应的药物临床试验方案和支持性资料。

第二十七条 获准开展药物临床试验的药物拟增加适应症(或者功能主治)以及增加与其他药物联合用药的,申请人应当提出新的药物临床试验申请,经批准后方可开展新的药物临床试验。

获准上市的药品增加适应症(或者功能主治)需要开展药物临床试验的,应当提出新的药物临床试验申请。

第二十八条 申办者应当定期在药品审评中心网站提交研发期间安全性更新报告。研发期间安全性更新报告应当每年提交一次,于药物临床试验获准后每满一年后的两个月内提交。药品审评中心可以根据审查情况,要求申办者调整报告周期。

对于药物临床试验期间出现的可疑且非预期严重不良反应和其他潜在的严重安全性风险信息,申办者应当按照相关要求及时向药品审评中心报告。根据安全性风险严重程度,可以要求申办者采取调整药物临床试验方案、知情同意书、研究者手册等加强风险控制的措施,必要时可以要求申办者暂停或者终止药物临床试验。

研发期间安全性更新报告的具体要求由药品审评中心制定公布。

第二十九条 药物临床试验期间,发生药物临床试验方案变更、非临床或者药学的变化或者有新发现的,申办者应当按照规定,参照相关技术指导原则,充分评估对受试者安全的影响。

申办者评估认为不影响受试者安全的,可以直接实施并在研发期间安全性更新报告中报告。可能增加受试者安全性风险的,应当提出补充申请。对补充申请应当自受理之日起六十日内决定是否同意,并通过药品审评中心网站通知申请人审批结果;逾期未通知的,视为同意。

申办者发生变更的,由变更后的申办者承担药物临床试验的相关责任和义务。

第三十条 药物临床试验期间，发现存在安全性问题或者其他风险的，申办者应当及时调整临床试验方案、暂停或者终止临床试验，并向药品审评中心报告。

有下列情形之一的，可以要求申办者调整药物临床试验方案、暂停或者终止药物临床试验：

（一）伦理委员会未履行职责的；

（二）不能有效保证受试者安全的；

（三）申办者未按照要求提交研发期间安全性更新报告的；

（四）申办者未及时处置并报告可疑且非预期严重不良反应的；

（五）有证据证明研究药物无效的；

（六）临床试验用药品出现质量问题的；

（七）药物临床试验过程中弄虚作假的；

（八）其他违反药物临床试验质量管理规范的情形。

药物临床试验中出现大范围、非预期的严重不良反应，或者有证据证明临床试验用药品存在严重质量问题时，申办者和药物临床试验机构应当立即停止药物临床试验。药品监督管理部门依职责可以责令调整试验方案、暂停或者终止药物临床试验。

第三十一条 药物临床试验被责令暂停后，申办者拟继续开展药物临床试验的，应当在完成整改后提出恢复药物临床试验的补充申请，经审查同意后方可继续开展药物临床试验。药物临床试验暂停时间满三年且未申请并获准恢复药物临床试验的，该药物临床试验许可自行失效。

药物临床试验终止后，拟继续开展药物临床试验的，应当重新提出药物临床试验申请。

第三十二条 药物临床试验应当在批准后三年内实施。药物临床试验申请自获准之日起，三年内未有受试者签署知情同意书的，该药物临床试验许可自行失效。仍需实施药物临床试验的，应当重新申请。

第三十三条 申办者应当在开展药物临床试验前在药物临床试验登记与信息公示平台登记药物临床试验方案等信息。药物临床试验期间，申办者应当持续更新登记信息，并在药物临床试验结束后登记药物临床试验结果等信息。登记信息在平台进行公示，申办者对药物临床试验登记信息的真实性负责。

药物临床试验登记和信息公示的具体要求，由药品审评中心制定公布。

第二节 药品上市许可

第三十四条 申请人在完成支持药品上市注册的药学、药理毒理学和药物临床试验等研究，确定质量标准，完成商业规模生产工艺验证，并做好接受药品注册核查检验的准备后，提出药品上市许可申请，按照申报资料要求提交相关研究资料。经对申报资料进行形式审查，符合要求的，予以受理。

第三十五条 仿制药、按照药品管理的体外诊断试剂以及其他符合条件的情形，经申请人评估，认为无需或者不能开展药物临床试验，符合豁免药物临床试验条件的，申请人可以直接提出药品上市许可申请。豁免药物临床试验的技术指导原则和有关具体要求，由药品审评中心制定公布。

仿制药应当与参比制剂质量和疗效一致。申请人应当参照相关技术指导原则选择合理的参比制剂。

第三十六条 符合以下情形之一的，可以直接提出非处方药上市许可申请：

（一）境内已有相同活性成分、适应症（或者功能主治）、剂型、规格的非处方药上市的药品；

（二）经国家药品监督管理局确定的非处方药改变剂型或者规格，但不改变适应症（或者功能主治）、给药剂量以及给药途径的药品；

（三）使用国家药品监督管理局确定的非处方药的活性成份组成的新的复方制剂；

（四）其他直接申报非处方药上市许可的情形。

第三十七条 申报药品拟使用的药品通用名称，未列入国家药品标准或者药品注册标准的，申请人应当在提出药品上市许可申请时同时提出通用名称核准申请。药品上市许可申请受理后，通用名称核准相关资料转药典委，药典委核准后反馈药品审评中心。

申报药品拟使用的药品通用名称，已列入国家药品标准或者药品注册标准，药品审评中心在审评过程中认为需要核准药品通用名称的，应当通知药典委核准通用名称并提供相关资料，药典委核准后反馈药品审评中心。

药典委在核准药品通用名称时，应当与申请

人做好沟通交流，并将核准结果告知申请人。

第三十八条 药品审评中心应当组织药学、医学和其他技术人员，按要求对已受理的药品上市许可申请进行审评。

审评过程中基于风险启动药品注册核查、检验，相关技术机构应当在规定时限内完成核查、检验工作。

药品审评中心根据药品注册申报资料、核查结果、检验结果等，对药品的安全性、有效性和质量可控性等进行综合审评，非处方药还应当转药品评价中心进行非处方药适宜性审查。

第三十九条 综合审评结论通过的，批准药品上市，发给药品注册证书。综合审评结论不通过的，作出不予批准决定。药品注册证书载明药品批准文号、持有人、生产企业等信息。非处方药的药品注册证书还应当注明非处方药类别。

经核准的药品生产工艺、质量标准、说明书和标签作为药品注册证书的附件一并发给申请人，必要时还应当附药品上市后研究要求。上述信息纳入药品品种档案，并根据上市后变更情况及时更新。

药品批准上市后，持有人应当按照国家药品监督管理局核准的生产工艺和质量标准生产药品，并按照药品生产质量管理规范要求进行细化和实施。

第四十条 药品上市许可申请审评期间，发生可能影响药品安全性、有效性和质量可控性的重大变更的，申请人应当撤回原注册申请，补充研究后重新申报。

申请人名称变更、注册地址名称变更等不涉及技术审评内容的，应当及时书面告知药品审评中心并提交相关证明性资料。

第三节 关联审评审批

第四十一条 药品审评中心在审评药品制剂注册申请时，对药品制剂选用的化学原料药、辅料及直接接触药品的包装材料和容器进行关联审评。

化学原料药、辅料及直接接触药品的包装材料和容器生产企业应当按照关联审评审批制度要求，在化学原料药、辅料及直接接触药品的包装材料和容器登记平台登记产品信息和研究资料。药品审评中心向社会公示登记号、产品名称、企业名称、生产地址等基本信息，供药品制剂注册申请人选择。

第四十二条 药品制剂申请人提出药品注册申请，可以直接选用已登记的化学原料药、辅料及直接接触药品的包装材料和容器；选用未登记的化学原料药、辅料及直接接触药品的包装材料和容器的，相关研究资料应当随药品制剂注册申请一并申报。

第四十三条 药品审评中心在审评药品制剂注册申请时，对药品制剂选用的化学原料药、辅料及直接接触药品的包装材料和容器进行关联审评，需补充资料的，按照补充资料程序要求药品制剂申请人或者化学原料药、辅料及直接接触药品的包装材料和容器登记企业补充资料，可以基于风险提出对化学原料药、辅料及直接接触药品的包装材料和容器企业进行延伸检查。

仿制境内已上市药品所用的化学原料药的，可以申请单独审评审批。

第四十四条 化学原料药、辅料及直接接触药品的包装材料和容器关联审评通过的或者单独审评审批通过的，药品审评中心在化学原料药、辅料及直接接触药品的包装材料和容器登记平台更新登记状态标识，向社会公示相关信息。其中，化学原料药同时发给化学原料药批准通知书及核准后的生产工艺、质量标准和标签，化学原料药批准通知书中载明登记号；不予批准的，发给化学原料药不予批准通知书。

未通过关联审评审批的，化学原料药、辅料及直接接触药品的包装材料和容器产品的登记状态维持不变，相关药品制剂申请不予批准。

第四节 药品注册核查

第四十五条 药品注册核查，是指为核实申报资料的真实性、一致性以及药品上市商业化生产条件，检查药品研制的合规性、数据可靠性等，对研制现场和生产现场开展的核查活动，以及必要时对药品注册申请所涉及的化学原料药、辅料及直接接触药品的包装材料和容器生产企业、供应商或者其他受托机构开展的延伸检查活动。

药品注册核查启动的原则、程序、时限和要求，由药品审评中心制定公布；药品注册核查实施的原则、程序、时限和要求，由药品核查中心制定公布。

第四十六条　药品审评中心根据药物创新程度、药物研究机构既往接受核查情况等,基于风险决定是否开展药品注册研制现场核查。

药品审评中心决定启动药品注册研制现场核查的,通知药品核查中心在审评期间组织实施核查,同时告知申请人。药品核查中心应当在规定时限内完成现场核查,并将核查情况、核查结论等相关材料反馈药品审评中心进行综合审评。

第四十七条　药品审评中心根据申报注册的品种、工艺、设施、既往接受核查情况等因素,基于风险决定是否启动药品注册生产现场核查。

对于创新药、改良型新药以及生物制品等,应当进行药品注册生产现场核查和上市前药品生产质量管理规范检查。

对于仿制药等,根据是否已获得相应生产范围药品生产许可证且已有同剂型品种上市等情况,基于风险进行药品注册生产现场核查、上市前药品生产质量管理规范检查。

第四十八条　药品注册申请受理后,药品审评中心应当在受理后四十日内进行初步审查,需要药品注册生产现场核查的,通知药品核查中心组织核查,提供核查所需的相关材料,同时告知申请人以及申请人或者生产企业所在地省、自治区、直辖市药品监督管理部门。药品核查中心原则上应当在审评时限届满四十日前完成核查工作,并将核查情况、核查结果等相关材料反馈至药品审评中心。

需要上市前药品生产质量管理规范检查的,由药品核查中心协调相关省、自治区、直辖市药品监督管理部门与药品注册生产现场核查同步实施。上市前药品生产质量管理规范检查的管理要求,按照药品生产监督管理办法的有关规定执行。

申请人应当在规定时限内接受核查。

第四十九条　药品审评中心在审评过程中,发现申报资料真实性存疑或者有明确线索举报等,需要现场检查核实的,应当启动有因检查,必要时进行抽样检验。

第五十条　申请药品上市许可时,申请人和生产企业应当已取得相应的药品生产许可证。

第五节　药品注册检验

第五十一条　药品注册检验,包括标准复核和样品检验。标准复核,是指对申请人申报药品标准中设定项目的科学性、检验方法的可行性、质控指标的合理性等进行的实验室评估。样品检验,是指按照申请人申报或者药品审评中心核定的药品质量标准对样品进行的实验室检验。

药品注册检验启动的原则、程序、时限等要求,由药品审评中心组织制定公布。药品注册申请受理前提出药品注册检验的具体工作程序和要求以及药品注册检验技术要求和规范,由中检院制定公布。

第五十二条　与国家药品标准收载的同品种药品使用的检验项目和检验方法一致的,可以不进行标准复核,只进行样品检验。其他情形应当进行标准复核和样品检验。

第五十三条　中检院或者经国家药品监督管理局指定的药品检验机构承担以下药品注册检验:

(一)创新药;

(二)改良型新药(中药除外);

(三)生物制品、放射性药品和按照药品管理的体外诊断试剂;

(四)国家药品监督管理局规定的其他药品。

境外生产药品的药品注册检验由中检院组织口岸药品检验机构实施。

其他药品的注册检验,由申请人或者生产企业所在地省级药品检验机构承担。

第五十四条　申请人完成支持药品上市的药学相关研究,确定质量标准,并完成商业规模生产工艺验证后,可以在药品注册申请受理前向中检院或者省、自治区、直辖市药品监督管理部门提出药品注册检验;申请人未在药品注册申请受理前提出药品注册检验的,在药品注册申请受理后四十日内由药品审评中心启动药品注册检验。原则上申请人在药品注册申请受理前只能提出一次药品注册检验,不得同时向多个药品检验机构提出药品注册检验。

申请人提交的药品注册检验资料应当与药品注册申报资料的相应内容一致,不得在药品注册检验过程中变更药品检验机构、样品和资料等。

第五十五条　境内生产药品的注册申请,申请人在药品注册申请受理前提出药品注册检验的,向相关省、自治区、直辖市药品监督管理部门申请抽样,省、自治区、直辖市药品监督管理部门组织进行抽样并封签,由申请人将抽样单、样品、检验所需资料及标准物质等送至相应药品检验机构。

境外生产药品的注册申请，申请人在药品注册申请受理前提出药品注册检验的，申请人应当按规定要求抽取样品，并将样品、检验所需资料及标准物质等送至中检院。

第五十六条 境内生产药品的注册申请，药品注册申请受理后需要药品注册检验的，药品审评中心应当在受理后四十日内向药品检验机构和申请人发出药品注册检验通知。申请人向相关省、自治区、直辖市药品监督管理部门申请抽样，省、自治区、直辖市药品监督管理部门组织进行抽样并封签，申请人应当在规定时限内将抽样单、样品、检验所需资料及标准物质等送至相应药品检验机构。

境外生产药品的注册申请，药品注册申请受理后需要药品注册检验的，申请人应当按规定要求抽取样品，并将样品、检验所需资料及标准物质等送至中检院。

第五十七条 药品检验机构应当在五日内对申请人提交的检验用样品及资料等进行审核，作出是否接收的决定，同时告知药品审评中心。需要补正的，应当一次性告知申请人。

药品检验机构原则上应当在审评时限届满四十日前，将标准复核意见和检验报告反馈至药品审评中心。

第五十八条 在药品审评、核查过程中，发现申报资料真实性存疑或者有明确线索举报，或者认为有必要进行样品检验的，可抽取样品进行样品检验。

审评过程中，药品审评中心可以基于风险提出质量标准单项复核。

第四章　药品加快上市注册程序

第一节　突破性治疗药物程序

第五十九条 药物临床试验期间，用于防治严重危及生命或者严重影响生存质量的疾病，且尚无有效防治手段或者与现有治疗手段相比有足够证据表明具有明显临床优势的创新药或者改良型新药等，申请人可以申请适用突破性治疗药物程序。

第六十条 申请适用突破性治疗药物程序的，申请人应当向药品审评中心提出申请。符合条件的，药品审评中心按照程序公示后纳入突破性治疗药物程序。

第六十一条 对纳入突破性治疗药物程序的药物临床试验，给予以下政策支持：

（一）申请人可以在药物临床试验的关键阶段向药品审评中心提出沟通交流申请，药品审评中心安排审评人员进行沟通交流；

（二）申请人可以将阶段性研究资料提交药品审评中心，药品审评中心基于已有研究资料，对下一步研究方案提出意见或者建议，并反馈给申请人。

第六十二条 对纳入突破性治疗药物程序的药物临床试验，申请人发现不再符合纳入条件时，应当及时向药品审评中心提出终止突破性治疗药物程序。药品审评中心发现不再符合纳入条件的，应当及时终止该品种的突破性治疗药物程序，并告知申请人。

第二节　附条件批准程序

第六十三条 药物临床试验期间，符合以下情形的药品，可以申请附条件批准：

（一）治疗严重危及生命且尚无有效治疗手段的疾病的药品，药物临床试验已有数据证实疗效并能预测其临床价值的；

（二）公共卫生方面急需的药品，药物临床试验已有数据显示疗效并能预测其临床价值的；

（三）应对重大突发公共卫生事件急需的疫苗或者国家卫生健康委员会认定急需的其他疫苗，经评估获益大于风险的。

第六十四条 申请附条件批准的，申请人应当就附条件批准上市的条件和上市后继续完成的研究工作等与药品审评中心沟通交流，经沟通交流确认后提出药品上市许可申请。

经审评，符合附条件批准要求的，在药品注册证书中载明附条件批准药品注册证书的有效期、上市后需要继续完成的研究工作及完成时限等相关事项。

第六十五条 审评过程中，发现纳入附条件批准程序的药品注册申请不能满足附条件批准条件的，药品审评中心应当终止该品种附条件批准程序，并告知申请人按照正常程序研究申报。

第六十六条 对附条件批准的药品，持有人应当在药品上市后采取相应的风险管理措施,并在规定期限内按照要求完成药物临床试验等相关研究,以补充申请方式申报。

对批准疫苗注册申请时提出进一步研究要求的,疫苗持有人应当在规定期限内完成研究。

第六十七条 对附条件批准的药品,持有人逾期未按照要求完成研究或者不能证明其获益大于风险的,国家药品监督管理局应当依法处理,直至注销药品注册证书。

第三节 优先审评审批程序

第六十八条 药品上市许可申请时,以下具有明显临床价值的药品,可以申请适用优先审评审批程序:

(一)临床急需的短缺药品、防治重大传染病和罕见病等疾病的创新药和改良型新药;

(二)符合儿童生理特征的儿童用药品新品种、剂型和规格;

(三)疾病预防、控制急需的疫苗和创新疫苗;

(四)纳入突破性治疗药物程序的药品;

(五)符合附条件批准的药品;

(六)国家药品监督管理局规定其他优先审评审批的情形。

第六十九条 申请人在提出药品上市许可申请前,应当与药品审评中心沟通交流,经沟通交流确认后,在提出药品上市许可申请的同时,向药品审评中心提出优先审评审批申请。符合条件的,药品审评中心按照程序公示后纳入优先审评审批程序。

第七十条 对纳入优先审评审批程序的药品上市许可申请,给予以下政策支持:

(一)药品上市许可申请的审评时限为一百三十日;

(二)临床急需的境外已上市境内未上市的罕见病药品,审评时限为七十日;

(三)需要核查、检验和核准药品通用名称的,予以优先安排;

(四)经沟通交流确认后,可以补充提交技术资料。

第七十一条 审评过程中,发现纳入优先审评审批程序的药品注册申请不能满足优先审评审批条件的,药品审评中心应当终止该品种优先审评审批程序,按照正常审评程序审评,并告知申请人。

第四节 特别审批程序

第七十二条 在发生突发公共卫生事件的威胁时以及突发公共卫生事件发生后,国家药品监督管理局可以依法决定对突发公共卫生事件应急所需防治药品实行特别审批。

第七十三条 对实施特别审批的药品注册申请,国家药品监督管理局按照统一指挥、早期介入、快速高效、科学审批的原则,组织加快并同步开展药品注册受理、审评、核查、检验工作。特别审批的情形、程序、时限、要求等按照药品特别审批程序规定执行。

第七十四条 对纳入特别审批程序的药品,可以根据疾病防控的特定需要,限定其在一定期限和范围内使用。

第七十五条 对纳入特别审批程序的药品,发现其不再符合纳入条件的,应当终止该药品的特别审批程序,并告知申请人。

第五章 药品上市后变更和再注册

第一节 药品上市后研究和变更

第七十六条 持有人应当主动开展药品上市后研究,对药品的安全性、有效性和质量可控性进行进一步确证,加强对已上市药品的持续管理。

药品注册证书及附件要求持有人在药品上市后开展相关研究工作的,持有人应当在规定时限内完成并按照要求提出补充申请、备案或者报告。

药品批准上市后,持有人应当持续开展药品安全性和有效性研究,根据有关数据及时备案或者提出修订说明书的补充申请,不断更新完善说明书和标签。药品监督管理部门依职责可以根据药品不良反应监测和药品上市后评价结果等,要求持有人对说明书和标签进行修订。

第七十七条 药品上市后的变更,按照其对药品安全性、有效性和质量可控性的风险和产生影响的程度,实行分类管理,分为审批类变更、备案类变更和报告类变更。

持有人应当按照相关规定,参照相关技术指导原则,全面评估、验证变更事项对药品安全性、有效性和质量可控性的影响,进行相应的研究工作。

药品上市后变更研究的技术指导原则，由药品审评中心制定，并向社会公布。

第七十八条 以下变更，持有人应当以补充申请方式申报，经批准后实施：

（一）药品生产过程中的重大变更；

（二）药品说明书中涉及有效性内容以及增加安全性风险的其他内容的变更；

（三）持有人转让药品上市许可；

（四）国家药品监督管理局规定需要审批的其他变更。

第七十九条 以下变更，持有人应当在变更实施前，报所在地省、自治区、直辖市药品监督管理部门备案：

（一）药品生产过程中的中等变更；

（二）药品包装标签内容的变更；

（三）药品分包装；

（四）国家药品监督管理局规定需要备案的其他变更。

境外生产药品发生上述变更的，应当在变更实施前报药品审评中心备案。

药品分包装备案的程序和要求，由药品审评中心制定发布。

第八十条 以下变更，持有人应当在年度报告中报告：

（一）药品生产过程中的微小变更；

（二）国家药品监督管理局规定需要报告的其他变更。

第八十一条 药品上市后提出的补充申请，需要核查、检验的，参照本办法有关药品注册核查、检验程序进行。

第二节　药品再注册

第八十二条 持有人应当在药品注册证书有效期届满前六个月申请再注册。境内生产药品再注册申请由持有人向其所在地省、自治区、直辖市药品监督管理部门提出，境外生产药品再注册申请由持有人向药品审评中心提出。

第八十三条 药品再注册申请受理后，省、自治区、直辖市药品监督管理部门或者药品审评中心对持有人开展药品上市后评价和不良反应监测情况，按照药品批准证明文件和药品监督管理部门要求开展相关工作情况，以及药品批准证明文件载明信息变化情况等进行审查，符合规定的，予以再注册，发给药品再注册批准通知书。不符合规定的，不予再注册，并报请国家药品监督管理局注销药品注册证书。

第八十四条 有下列情形之一的，不予再注册：

（一）有效期届满未提出再注册申请的；

（二）药品注册证书有效期内持有人不能履行持续考察药品质量、疗效和不良反应责任的；

（三）未在规定时限内完成药品批准证明文件和药品监督管理部门要求的研究工作且无合理理由的；

（四）经上市后评价，属于疗效不确切、不良反应大或者因其他原因危害人体健康的；

（五）法律、行政法规规定的其他不予再注册情形。

对不予再注册的药品，药品注册证书有效期届满时予以注销。

第六章　受理、撤回申请、审批决定和争议解决

第八十五条 药品监督管理部门收到药品注册申请后进行形式审查，并根据下列情况分别作出是否受理的决定：

（一）申请事项依法不需要取得行政许可的，应当即时作出不予受理的决定，并说明理由。

（二）申请事项依法不属于本部门职权范围的，应当即时作出不予受理的决定，并告知申请人向有关行政机关申请。

（三）申报资料存在可以当场更正的错误的，应当允许申请人当场更正；更正后申请材料齐全、符合法定形式的，应当予以受理。

（四）申报资料不齐全或者不符合法定形式的，应当当场或者在五日内一次告知申请人需要补正的全部内容。按照规定需要在告知时一并退回申请材料的，应当予以退回。申请人应当在三十日内完成补正资料。申请人无正当理由逾期不予补正的，视为放弃申请，无需作出不予受理的决定。逾期未告知申请人补正的，自收到申请材料之日起即为受理。

（五）申请事项属于本部门职权范围，申报资料齐全、符合法定形式，或者申请人按照要求提交全部补正资料的，应当受理药品注册申请。

药品注册申请受理后，需要申请人缴纳费用

的，申请人应当按规定缴纳费用。申请人未在规定期限内缴纳费用的，终止药品注册审评审批。

第八十六条 药品注册申请受理后，有药品安全性新发现的，申请人应当及时报告并补充相关资料。

第八十七条 药品注册申请受理后，需要申请人在原申报资料基础上补充新的技术资料的，药品审评中心原则上提出一次补充资料要求，列明全部问题后，以书面方式通知申请人在八十日内补充提交资料。申请人应当一次性按要求提交全部补充资料，补充资料时间不计入药品审评时限。药品审评中心收到申请人全部补充资料后启动审评，审评时限延长三分之一；适用优先审评审批程序的，审评时限延长四分之一。

不需要申请人补充新的技术资料，仅需要申请人对原申报资料进行解释说明的，药品审评中心通知申请人在五日内按照要求提交相关解释说明。

药品审评中心认为存在实质性缺陷无法补正的，不再要求申请人补充资料。基于已有申报资料做出不予批准的决定。

第八十八条 药物临床试验申请、药物临床试验期间的补充申请，在审评期间，不得补充新的技术资料；如需要开展新的研究，申请人可以在撤回后重新提出申请。

第八十九条 药品注册申请受理后，申请人可以提出撤回申请。同意撤回申请的，药品审评中心或者省、自治区、直辖市药品监督管理部门终止其注册程序，并告知药品注册核查、检验等技术机构。审评、核查和检验过程中发现涉嫌存在隐瞒真实情况或者提供虚假信息等违法行为的，依法处理，申请人不得撤回药品注册申请。

第九十条 药品注册期间，对于审评结论为不通过的，药品审评中心应当告知申请人不通过的理由，申请人可以在十五日内向药品审评中心提出异议。药品审评中心结合申请人的异议意见进行综合评估并反馈申请人。

申请人对综合评估结果仍有异议的，药品审评中心应当按照规定，在五十日内组织专家咨询委员会论证，并综合专家论证结果形成最终的审评结论。

申请人异议和专家论证时间不计入审评时限。

第九十一条 药品注册期间，申请人认为工作人员在药品注册受理、审评、核查、检验、审批等工作中违反规定或者有不规范行为的，可以向其所在单位或者上级机关投诉举报。

第九十二条 药品注册申请符合法定要求的，予以批准。

药品注册申请有下列情形之一的，不予批准：

（一）药物临床试验申请的研究资料不足以支持开展药物临床试验或者不能保障受试者安全的；

（二）申报资料显示其申请药品安全性、有效性、质量可控性等存在较大缺陷的；

（三）申报资料不能证明药品安全性、有效性、质量可控性，或者经评估认为药品风险大于获益的；

（四）申请人未能在规定时限内补充资料的；

（五）申请人拒绝接受或者无正当理由未在规定时限内接受药品注册核查、检验的；

（六）药品注册过程中认为申报资料不真实，申请人不能证明其真实性的；

（七）药品注册现场核查或者样品检验结果不符合规定的；

（八）法律法规规定的不应当批准的其他情形。

第九十三条 药品注册申请审批结束后，申请人对行政许可决定有异议的，可以依法提起行政复议或者行政诉讼。

第七章 工作时限

第九十四条 本办法所规定的时限是药品注册的受理、审评、核查、检验、审批等工作的最长时间。优先审评审批程序相关工作时限，按优先审评审批相关规定执行。

药品审评中心等专业技术机构应当明确本单位工作程序和时限，并向社会公布。

第九十五条 药品监督管理部门收到药品注册申请后进行形式审查，应当在五日内作出受理、补正或者不予受理决定。

第九十六条 药品注册审评时限，按照以下规定执行：

（一）药物临床试验申请、药物临床试验期间补充申请的审评审批时限为六十日；

（二）药品上市许可申请审评时限为二百日，

其中优先审评审批程序的审评时限为一百三十日，临床急需境外已上市罕见病用药优先审评审批程序的审评时限为七十日；

（三）单独申报仿制境内已上市化学原料药的审评时限为二百日；

（四）审批类变更的补充申请审评时限为六十日，补充申请合并申报事项的，审评时限为八十日，其中涉及临床试验研究数据审查、药品注册核查检验的审评时限为二百日；

（五）药品通用名称核准时限为三十日；

（六）非处方药适宜性审核时限为三十日。

关联审评时限与其关联药品制剂的审评时限一致。

第九十七条 药品注册核查时限，按照以下规定执行：

（一）药品审评中心应当在药品注册申请受理后四十日内通知药品核查中心启动核查，并同时通知申请人；

（二）药品核查中心原则上在审评时限届满四十日前完成药品注册生产现场核查，并将核查情况、核查结果等相关材料反馈至药品审评中心。

第九十八条 药品注册检验时限，按照以下规定执行：

（一）样品检验时限为六十日，样品检验和标准复核同时进行的时限为九十日；

（二）药品注册检验过程中补充资料时限为三十日；

（三）药品检验机构原则上在审评时限届满四十日前完成药品注册检验相关工作，并将药品标准复核意见和检验报告反馈至药品审评中心。

第九十九条 药品再注册审查审批时限为一百二十日。

第一百条 行政审批决定应当在二十日内作出。

第一百零一条 药品监督管理部门应当自作出药品注册审批决定之日起十日内颁发、送达有关行政许可证件。

第一百零二条 因品种特性及审评、核查、检验等工作遇到特殊情况确需延长时限的，延长的时限不得超过原时限的二分之一，经药品审评、核查、检验等相关技术机构负责人批准后，由延长时限的技术机构书面告知申请人，并通知其他相关技术机构。

第一百零三条 以下时间不计入相关工作时限：

（一）申请人补充资料、核查后整改以及按要求核对生产工艺、质量标准和说明书等所占用的时间；

（二）因申请人原因延迟核查、检验、召开专家咨询会等的时间；

（三）根据法律法规的规定中止审评审批程序的，中止审评审批程序期间所占用的时间；

（四）启动境外核查的，境外核查所占用的时间。

第八章　监督管理

第一百零四条 国家药品监督管理局负责对药品审评中心等相关专业技术机构及省、自治区、直辖市药品监督管理部门承担药品注册管理相关工作的监督管理、考核评价与指导。

第一百零五条 药品监督管理部门应当依照法律、法规的规定对药品研制活动进行监督检查，必要时可以对为药品研制提供产品或者服务的单位和个人进行延伸检查，有关单位和个人应当予以配合，不得拒绝和隐瞒。

第一百零六条 信息中心负责建立药品品种档案，对药品实行编码管理，汇集药品注册申报、临床试验期间安全性相关报告、审评、核查、检验、审批以及药品上市后变更的审批、备案、报告等信息，并持续更新。药品品种档案和编码管理的相关制度，由信息中心制定公布。

第一百零七条 省、自治区、直辖市药品监督管理部门应当组织对辖区内药物非临床安全性评价研究机构、药物临床试验机构等遵守药物非临床研究质量管理规范、药物临床试验质量管理规范等情况进行日常监督检查，监督其持续符合法定要求。国家药品监督管理局根据需要进行药物非临床安全性评价研究机构、药物临床试验机构等研究机构的监督检查。

第一百零八条 国家药品监督管理局建立药品安全信用管理制度，药品核查中心负责建立药物非临床安全性评价研究机构、药物临床试验机构药品安全信用档案，记录许可颁发、日常监督检查结果、违法行为查处等情况，依法向社会公布并及时更新。药品监督管理部门对有不良信用记录的，增加监督检查频次，并可以按照国家规定实施联合惩戒。药物非临床安全性评价研究机构、药物临床试验机构药品安全信用档案的相关制度，由药品核查中心制定公布。

第一百零九条 国家药品监督管理局依法向社会公布药品注册审批事项清单及法律依据、审批要求和办理时限，向申请人公开药品注册进度，向社会公开批准上市药品的审评结论和依据以及监督检查发现的违法违规行为，接受社会监督。

批准上市药品的说明书应当向社会公开并及时更新。其中，疫苗还应当公开标签内容并及时更新。

未经申请人同意，药品监督管理部门、专业技术机构及其工作人员、参与专家评审等的人员不得披露申请人提交的商业秘密、未披露信息或者保密商务信息，法律另有规定或者涉及国家安全、重大社会公共利益的除外。

第一百一十条 具有下列情形之一的，由国家药品监督管理局注销药品注册证书，并予以公布：

（一）持有人自行提出注销药品注册证书的；

（二）按照本办法规定不予再注册的；

（三）持有人药品注册证书、药品生产许可证等行政许可被依法吊销或者撤销的；

（四）按照《药品管理法》第八十三条的规定，疗效不确切、不良反应大或者因其他原因危害人体健康的；

（五）按照《疫苗管理法》第六十一条的规定，经上市后评价，预防接种异常反应严重或者其他原因危害人体健康的；

（六）按照《疫苗管理法》第六十二条的规定，经上市后评价发现该疫苗品种的产品设计、生产工艺、安全性、有效性或者质量可控性明显劣于预防、控制同种疾病的其他疫苗品种的；

（七）违反法律、行政法规规定，未按照药品批准证明文件要求或者药品监督管理部门要求在规定时限内完成相应研究工作且无合理理由的；

（八）其他依法应当注销药品注册证书的情形。

第九章 法律责任

第一百一十一条 在药品注册过程中，提供虚假的证明、数据、资料、样品或者采取其他手段骗取临床试验许可或者药品注册等许可的，按照《药品管理法》第一百二十三条处理。

第一百一十二条 申请疫苗临床试验、注册提供虚假数据、资料、样品或者有其他欺骗行为的，按照《疫苗管理法》第八十一条进行处理。

第一百一十三条 在药品注册过程中，药物非临床安全性评价研究机构、药物临床试验机构等，未按照规定遵守药物非临床研究质量管理规范、药物临床试验质量管理规范等的，按照《药品管理法》第一百二十六条处理。

第一百一十四条 未经批准开展药物临床试验的，按照《药品管理法》第一百二十五条处理；开展生物等效性试验未备案的，按照《药品管理法》第一百二十七条处理。

第一百一十五条 药物临床试验期间，发现存在安全性问题或者其他风险，临床试验申办者未及时调整临床试验方案、暂停或者终止临床试验，或者未向国家药品监督管理局报告的，按照《药品管理法》第一百二十七条处理。

第一百一十六条 违反本办法第二十八条、第三十三条规定，申办者有下列情形之一的，责令限期改正；逾期不改正的，处一万元以上三万元以下罚款：

（一）开展药物临床试验前未按规定在药物临床试验登记与信息公示平台进行登记；

（二）未按规定提交研发期间安全性更新报告；

（三）药物临床试验结束后未登记临床试验结果等信息。

第一百一十七条 药品检验机构在承担药品注册所需要的检验工作时，出具虚假检验报告的，按照《药品管理法》第一百三十八条处理。

第一百一十八条 对不符合条件而批准进行药物临床试验、不符合条件的药品颁发药品注册证书的，按照《药品管理法》第一百四十七条处理。

第一百一十九条 药品监督管理部门及其工作人员在药品注册管理过程中有违法违规行为的，按照相关法律法规处理。

第十章 附则

第一百二十条 麻醉药品、精神药品、医疗用毒性药品、放射性药品、药品类易制毒化学品等有其他特殊管理规定药品的注册申请，除按照本办法的规定办理外，还应当符合国家的其他有关规定。

第一百二十一条 出口疫苗的标准应当符合进口国(地区)的标准或者合同要求。

第一百二十二条 拟申报注册的药械组合产品,已有同类产品经属性界定为药品的,按照药品进行申报;尚未经属性界定的,申请人应当在申报注册前向国家药品监督管理局申请产品属性界定。属性界定为药品为主的,按照本办法规定的程序进行注册,其中属于医疗器械部分的研究资料由国家药品监督管理局医疗器械技术审评中心作出审评结论后,转交药品审评中心进行综合审评。

第一百二十三条 境内生产药品批准文号格式为:国药准字 H(Z、S)+四位年号+四位顺序号。中国香港、澳门和台湾地区生产药品批准文号格式为:国药准字 H(Z、S)C+四位年号+四位顺序号。

境外生产药品批准文号格式为:国药准字 H(Z、S)J+四位年号+四位顺序号。

其中,H 代表化学药,Z 代表中药,S 代表生物制品。

药品批准文号,不因上市后的注册事项的变更而改变。

中药另有规定的从其规定。

第一百二十四条 药品监督管理部门制作的药品注册批准证明电子文件及原料药批准文件电子文件与纸质文件具有同等法律效力。

第一百二十五条 本办法规定的期限以工作日计算。

第一百二十六条 本办法自 2020 年 7 月 1 日起施行。2007 年 7 月 10 日原国家食品药品监督管理局令第 28 号公布的《药品注册管理办法》同时废止。

国家食品药品监督管理局药品特别审批程序

- 2005 年 11 月 18 日国家食品药品监督管理局令第 21 号公布
- 自公布之日起施行

第一章 总 则

第一条 为有效预防、及时控制和消除突发公共卫生事件的危害,保障公众身体健康与生命安全,根据《中华人民共和国药品管理法》、《中华人民共和国传染病防治法》、《中华人民共和国药品管理法实施条例》和《突发公共卫生事件应急条例》等法律、法规规定,制定本程序。

第二条 药品特别审批程序是指,存在发生突发公共卫生事件的威胁时以及突发公共卫生事件发生后,为使突发公共卫生事件应急所需防治药品尽快获得批准,国家食品药品监督管理局按照统一指挥、早期介入、快速高效、科学审批的原则,对突发公共卫生事件应急处理所需药品进行特别审批的程序和要求。

第三条 存在以下情形时,国家食品药品监督管理局可以依法决定按照本程序对突发公共卫生事件应急所需防治药品实行特别审批:

(一)中华人民共和国主席宣布进入紧急状态或者国务院决定省、自治区、直辖市的范围内部分地区进入紧急状态时;

(二)突发公共卫生事件应急处理程序依法启动时;

(三)国务院药品储备部门和卫生行政主管部门提出对已有国家标准药品实行特别审批的建议时;

(四)其他需要实行特别审批的情形。

第四条 国家食品药品监督管理局负责对突发公共卫生事件应急所需防治药品的药物临床试验、生产和进口等事项进行审批。

省、自治区、直辖市(食品)药品监督管理部门受国家食品药品监督管理局委托,负责突发公共卫生事件应急所需防治药品的现场核查及试制样品的抽样工作。

第二章 申请受理及现场核查

第五条 药品特别审批程序启动后,突发公共卫生事件应急所需防治药品的注册申请统一由国家食品药品监督管理局负责受理。

突发公共卫生事件应急所需药品及预防用生物制品未在国内上市销售的,申请人应当在提出注册申请前,将有关研发情况事先告知国家食品药品监督管理局。

第六条 申请人应当按照药品注册管理的有关规定和要求,向国家食品药品监督管理局提出注册申请,并提交相关技术资料。

突发公共卫生事件应急所需防治药品的注册

申请可以电子申报方式提出。

第七条　申请人在提交注册申请前，可以先行提出药物可行性评价申请，并提交综述资料及相关说明。国家食品药品监督管理局仅对申报药物立项的科学性和可行性进行评议，并在24小时内予以答复。

对药物可行性评价申请的答复不作为审批意见，对注册申请审批结果不具有法律约束力。

第八条　国家食品药品监督管理局设立特别专家组，对突发公共卫生事件应急所需防治药品注册申请进行评估和审核，并在24小时内做出是否受理的决定，同时通知申请人。

第九条　注册申请受理后，国家食品药品监督管理局应当在24小时内组织对注册申报资料进行技术审评，同时通知申请人所在地省、自治区、直辖市（食品）药品监督管理部门对药物研制情况及条件进行现场核查，并组织对试制样品进行抽样、检验。

省、自治区、直辖市（食品）药品监督管理部门应当在5日内将现场核查情况及相关意见上报国家食品药品监督管理局。

第十条　省、自治区、直辖市（食品）药品监督管理部门应当组织药品注册、药品安全监管等部门人员参加现场核查。

预防用生物制品的现场核查及抽样工作应通知中国药品生物制品检定所派员参加。

第十一条　突发公共卫生事件应急所需防治药品已有国家标准，国家食品药品监督管理局依法认为不需要进行药物临床试验的，可以直接按照本程序第六章的有关规定进行审批。

第十二条　对申请人提交的只变更原生产用病毒株但不改变生产工艺及质量指标的特殊疫苗注册申请，国家食品药品监督管理局应当在确认变更的生产用病毒株后3日内作出审批决定。

第三章　注册检验

第十三条　药品检验机构收到省、自治区、直辖市（食品）药品监督管理部门抽取的样品后，应当立即组织对样品进行质量标准复核及实验室检验。

药品检验机构应当按照申报药品的检验周期完成检验工作。

第十四条　对首次申请上市的药品，国家食品药品监督管理局认为必要时，可以采取早期介入方式，指派中国药品生物制品检定所在注册检验之前与申请人沟通，及时解决质量标准复核及实验室检验过程中可能出现的技术问题。

对用于预防、控制重大传染病疫情的预防用生物制品，国家食品药品监督管理局根据需要，可以决定注册检验与企业自检同步进行。

第十五条　药物质量标准复核及实验室检验完成后，药品检验机构应当在2日内出具复核意见，连同药品检验报告一并报送国家食品药品监督管理局。

第四章　技术审评

第十六条　国家食品药品监督管理局受理突发公共卫生事件应急所需防治药品的注册申请后，应当在15日内完成首轮技术审评工作。

第十七条　国家食品药品监督管理局认为需要补充资料的，应当将补充资料内容和时限要求立即告知申请人。

申请人在规定时限内提交补充资料后，国家食品药品监督管理局应当在3日内完成技术审评，或者根据需要在5日内再次组织召开审评会议，并在2日内完成审评报告。

第五章　临床试验

第十八条　技术审评工作完成后，国家食品药品监督管理局应当在3日内完成行政审查，作出审批决定，并告知申请人。

国家食品药品监督管理局决定发给临床试验批准证明文件的，应当出具《药物临床试验批件》；决定不予批准临床试验的，应当发给《审批意见通知件》，并说明理由。

第十九条　申请人获准进行药物临床试验的，应当严格按照临床试验批准证明文件的相关要求开展临床试验，并严格执行《药物临床试验质量管理规范》的有关规定。

第二十条　药物临床试验应当在经依法认定的具有药物临床试验资格的机构进行。临床试验确需由未经药物临床试验资格认定的机构承担的，应当得到国家食品药品监督管理局的特殊批准。

未经药物临床试验资格认定的机构承担临床试验的申请可与药品注册申请一并提出。

第二十一条　负责药物临床试验的研究者应当按有关规定及时将临床试验过程中发生的不良

事件上报国家食品药品监督管理局；未发生不良事件的，应将有关情况按月汇总上报。

第二十二条 国家食品药品监督管理局依法对突发公共卫生事件应急所需防治药品的药物临床试验开展监督检查。

第六章 药品生产的审批与监测

第二十三条 申请人完成药物临床试验后，应当按照《药品注册管理办法》的有关规定，将相关资料报送国家食品药品监督管理局。

第二十四条 国家食品药品监督管理局收到申请人提交的资料后，应当在24小时内组织技术审评，同时通知申请人所在地省、自治区、直辖市（食品）药品监督管理部门对药品生产情况及条件进行现场核查，并组织对试制样品进行抽样、检验。

省、自治区、直辖市（食品）药品监督管理部门应当在5日内将现场核查情况及相关意见上报国家食品药品监督管理局。

第二十五条 新开办药品生产企业、药品生产企业新建药品生产车间或者新增生产剂型的，可以一并向国家食品药品监督管理局申请《药品生产质量管理规范》认证。国家食品药品监督管理局应当在进行药品注册审评的同时，立即开展《药品生产质量管理规范》认证检查。

第二十六条 药品检验机构收到省、自治区、直辖市（食品）药品监督管理部门抽取的3个生产批号的样品后，应当立即组织安排检验。

检验工作结束后，药品检验机构应当在2日内完成检验报告，并报送国家食品药品监督管理局。

第二十七条 国家食品药品监督管理局应当按照本程序第四章的规定开展技术审评，并于技术审评工作完成后3日内完成行政审查，作出审批决定，并告知申请人。

国家食品药品监督管理局决定发给药品批准证明文件的，应当出具《药品注册批件》，申请人具备药品相应生产条件的，可以同时发给药品批准文号；决定不予批准生产的，应当发给《审批意见通知件》，并说明理由。

第二十八条 药品生产、经营企业和医疗卫生机构发现与特别批准的突发公共卫生事件应急所需防治药品有关的新的或者严重的药品不良反应、群体不良反应，应当立即向所在地省、自治区、直辖市（食品）药品监督管理部门、省级卫生行政主管部门以及药品不良反应监测专业机构报告。

药品不良反应监测专业机构应将特别批准的突发公共卫生事件应急所需防治药品作为重点监测品种，按有关规定对所收集的病例报告进行汇总分析，并及时上报省、自治区、直辖市（食品）药品监督管理部门及国家食品药品监督管理局。

国家食品药品监督管理局应当加强已批准生产的突发公共卫生事件应急所需药品的上市后再评价工作。

第七章 附 则

第二十九条 突发公共卫生事件应急处理所需医疗器械的特别审批办法，由国家食品药品监督管理局参照本程序有关规定另行制定。

第三十条 本程序自公布之日起实施。

药品、医疗器械产品注册收费标准管理办法

· 2015年5月12日
· 发改价格〔2015〕1006号

第一条 为加强药品、医疗器械产品注册收费管理，规范注册收费行为，保障注册申请人的合法权益，促进注册工作健康发展，依据《中华人民共和国药品管理法》、《中华人民共和国药品管理法实施条例》、《医疗器械监督管理条例》等法律法规，制定本办法。

第二条 本办法适用于药品、医疗器械产品注册收费标准制定和管理。

第三条 药品、医疗器械产品注册费，是指食品药品监管部门向药品、医疗器械产品注册申请人收取的注册受理、审评、现场检查（医疗器械产品注册为质量管理体系核查，下同）等费用。

第四条 药品、医疗器械产品注册成本包括人工费、差旅费、会议费、信息与资料维护费、房租物业费、设备折旧费等费用支出。

人工费是指药品、医疗器械产品注册受理、审评、现场检查等过程中发生的符合国家财务列支规定的人员费用。

差旅费是指药品、医疗器械产品注册受理、审评、现场检查等过程中发生的符合国家财务列支

规定的交通费、住宿费、伙食费等费用。

会议费是指药品、医疗器械产品注册受理、审评、现场检查等过程中召开专家咨询会、技术审评会、技术规范研讨会等发生的符合国家财务列支规定的费用。

信息与资料维护费是指药品、医疗器械产品注册受理、审评、现场检查过程中发生的符合国家财务列支规定的维护维修费、资料管理费、办公费、培训费、水电费等费用。

房租物业费是指药品、医疗器械产品注册受理、审评、现场检查过程中发生的符合国家财务列支规定的房屋租金、物业管理费等费用。

设备折旧费是指药品、医疗器械产品注册受理、审评、现场检查过程中发生的符合国家财务列支规定的所购置设备的折旧费用。

第五条 药品、医疗器械产品注册费标准按照收支平衡的原则制定。

第六条 国务院食品药品监管部门收取药品、医疗器械产品注册费标准为：药品、医疗器械产品注册费=人日费用标准×注册所需人数×注册所需天数。

人日费用标准，按不高于2400元/人·天执行。

药品、医疗器械产品注册的具体人日费用标准及所需人数、天数，由国务院食品药品监管部门根据工作实际分类确定。其中，人数是指药品、医疗器械产品注册受理、审评、现场检查等所需的平均工作人员数；天数是指完成药品、医疗器械产品注册所需的平均工作日数（每个工作日按8小时计）。

省级食品药品监管部门收取的药品、医疗器械产品注册费的收费标准，由省级价格、财政部门参照本办法相关规定制定。

第七条 药品、医疗器械产品注册申请人申请加急办理注册，加急办理的条件及加急费标准，由国务院食品药品监管部门规定。

第八条 药品、医疗器械产品注册费标准不包含药品、医疗器械产品注册检验费用，药品、医疗器械产品注册检验费按国家有关规定执行。

第九条 食品药品监管部门对进口药品、医疗器械产品注册，加收现场检查境外部分的交通费、食宿费和公杂费等费用。

第十条 药品、医疗器械产品注册费标准原则上每五年评估一次，根据评估情况进行适当调整。

第十一条 食品药品监管部门应根据药品、医疗器械产品注册所需人数、天数及收费项目，分类核定收费标准，并将收费项目、收费标准通过门户网站等媒体向社会公示。

第十二条 各级价格、财政部门按照职责分工加强监督检查，对违反本办法规定的行为，依据国家有关法律法规进行查处。

第十三条 本办法由国家发展改革委、财政部负责解释。

第十四条 本办法自发布之日起执行。以前规定与本办法不一致的，一律废止。

国务院食品药品监管部门公布药品、医疗器械产品注册收费具体标准以前，已经受理、但尚未作出行政审批结论的药品、医疗器械产品注册申请，按原收费政策执行。

（三）生产经营

国务院办公厅关于进一步改革完善药品生产流通使用政策的若干意见

· 2017年1月24日
· 国办发〔2017〕13号

为深化医药卫生体制改革，提高药品质量疗效，规范药品流通和使用行为，更好地满足人民群众看病就医需求，推进健康中国建设，经国务院同意，现就进一步改革完善药品生产流通使用有关政策提出如下意见：

一、提高药品质量疗效，促进医药产业结构调整

（一）严格药品上市审评审批。新药审评突出临床价值。仿制药审评严格按照与原研药质量和疗效一致的原则进行。充实审评力量，加强对企业研发的指导，建立有效的与申请者事前沟通交流机制，加快解决药品注册申请积压问题。优化药品审评审批程序，对临床急需的新药和短缺药品加快审评审批。借鉴国际先进经验，探索按罕见病、儿童、老年人、急（抢）救用药及中医药（经典方）等分类审评审批，保障儿童、老年人等人群和重大疾病防治用药需求。对防治重大疾病所需专利药品，必要时可依法实施强制许可。加强临床试验数据核查，严惩数据造假行为。全面公开药品审评审批信息,强化社会监督。

(二)加快推进已上市仿制药质量和疗效一致性评价。鼓励药品生产企业按相关指导原则主动选购参比制剂,合理选用评价方法,开展研究和评价。对需进口的参比制剂,加快进口审批,提高通关效率。对生物等效性试验实行备案制管理,允许具备条件的医疗机构、高等院校、科研机构和其他社会办检验检测机构等依法开展一致性评价生物等效性试验,实施办法另行制定。食品药品监管等部门要加强对企业的指导,推动一致性评价工作任务按期完成。对通过一致性评价的药品,及时向社会公布相关信息,并将其纳入与原研药可相互替代药品目录。同品种药品通过一致性评价的生产企业达到3家以上的,在药品集中采购等方面不再选用未通过一致性评价的品种;未超过3家的,优先采购和使用已通过一致性评价的品种。加快按通用名制订医保药品支付标准,尽快形成有利于通过一致性评价仿制药使用的激励机制。

(三)有序推进药品上市许可持有人制度试点。优先对批准上市的新药和通过一致性评价的药品试行上市许可持有人制度,鼓励新药研发,促进新产品、新技术和已有产能对接。及时总结试点经验,完善相关政策措施,力争早日在全国推开。

(四)加强药品生产质量安全监管。督促企业严格执行药品生产质量管理规范(GMP),如实记录生产过程各项信息,确保数据真实、完整、准确、可追溯。加强对企业药品生产质量管理规范执行情况的监督检查,检查结果向社会公布,并及时采取措施控制风险。企业对药品原辅料变更、生产工艺调整等,应进行充分验证。严厉打击制售假劣药品的违法犯罪行为。

(五)加大医药产业结构调整力度。加强技术创新,实施重大新药创制科技重大专项等国家科技计划(专项、基金等),支持符合条件的企业和科研院所研发新药及关键技术,提升药物创新能力和质量疗效。推动落后企业退出,着力化解药品生产企业数量多、规模小、水平低等问题。支持药品生产企业兼并重组,简化集团内跨地区转移产品上市许可的审批手续,培育一批具有国际竞争力的大型企业集团,提高医药产业集中度。引导具有品牌、技术、特色资源和管理优势的中小型企业以产业联盟等多种方式做优做强。提高集约化

生产水平,促进形成一批临床价值和质量水平高的品牌药。

(六)保障药品有效供应。卫生计生、工业和信息化、商务、食品药品监管等部门要密切协作,健全短缺药品、低价药品监测预警和分级应对机制,建立完善短缺药品信息采集、报送、分析、会商制度,动态掌握重点企业生产情况,统筹采取定点生产、药品储备、应急生产、协商调剂等措施确保药品市场供应。采取注册承诺、药价谈判、集中采购、医保支付等综合措施,推动实现专利药品和已过专利期药品在我国上市销售价格不高于原产国或我国周边可比价格,并实施动态管理。加强对麻醉药品和精神药品的管理。支持质量可靠、疗效确切的医疗机构中药制剂规范使用。

二、整顿药品流通秩序,推进药品流通体制改革

(七)推动药品流通企业转型升级。打破医药产品市场分割、地方保护,推动药品流通企业跨地区、跨所有制兼并重组,培育大型现代药品流通骨干企业。整合药品仓储和运输资源,实现多仓协同,支持药品流通企业跨区域配送,加快形成以大型骨干企业为主体、中小型企业为补充的城乡药品流通网络。鼓励中小型药品流通企业专业化经营,推动部分企业向分销配送模式转型。鼓励药品流通企业批发零售一体化经营。推进零售药店分级分类管理,提高零售连锁率。鼓励药品流通企业参与国际药品采购和营销网络建设。

(八)推行药品购销"两票制"。综合医改试点省(区、市)和公立医院改革试点城市要率先推行"两票制",鼓励其他地区实行"两票制",争取到2018年在全国推开。药品流通企业、医疗机构购销药品要建立信息完备的购销记录,做到票据、账目、货物、货款相一致,随货同行单与药品同行。企业销售药品应按规定开具发票和销售凭证。积极推行药品购销票据管理规范化、电子化。

(九)完善药品采购机制。落实药品分类采购政策,按照公开透明、公平竞争的原则,科学设置评审因素,进一步提高医疗机构在药品集中采购中的参与度。鼓励跨区域和专科医院联合采购。在全面推行医保支付方式改革或已制定医保药品支付标准的地区,允许公立医院在省级药品集中采购平台(省级公共资源交易平台)上联合带量、带预算采购。完善国家药品价格谈判机制,逐步扩大谈判品种范围,做好与医保等政策衔接。加

强国家药品供应保障综合管理信息平台和省级药品集中采购平台规范化建设,完善药品采购数据共享机制。

(十)加强药品购销合同管理。卫生计生、商务等部门要制定购销合同范本,督促购销双方依法签订合同并严格履行。药品生产、流通企业要履行社会责任,保证药品及时生产、配送,医疗机构等采购方要及时结算货款。对违反合同约定,配送不及时影响临床用药或拒绝提供偏远地区配送服务的企业,省级药品采购机构应督促其限期整改;逾期不改正的,取消中标资格,记入药品采购不良记录并向社会公布,公立医院2年内不得采购其药品。对违反合同约定,无正当理由不按期回款或变相延长货款支付周期的医疗机构,卫生计生部门要及时纠正并予以通报批评,记入企事业单位信用记录。将药品按期回款情况作为公立医院年度考核和院长年终考评的重要内容。

(十一)整治药品流通领域突出问题。食品药品监管、卫生计生、人力资源社会保障、价格、税务、工商管理、公安等部门要定期联合开展专项检查,严厉打击租借证照、虚假交易、伪造记录、非法渠道购销药品、商业贿赂、价格欺诈、价格垄断以及伪造、虚开发票等违法违规行为,依法严肃惩处违法违规企业和医疗机构,严肃追究相关负责人的责任;涉嫌犯罪的,及时移送司法机关处理。健全有关法律法规,对查实的违法违规行为,记入药品采购不良记录、企事业单位信用记录和个人信用记录并按规定公开,公立医院2年内不得购入相关企业药品;对累犯或情节较重的,依法进一步加大处罚力度,提高违法违规成本。实施办法另行制定。食品药品监管部门要加强对医药代表的管理,建立医药代表登记备案制度,备案信息及时公开。医药代表只能从事学术推广、技术咨询等活动,不得承担药品销售任务,其失信行为记入个人信用记录。

(十二)强化价格信息监测。健全药品价格监测体系,促进药品市场价格信息透明。食品药品监管部门牵头启动建立药品出厂价格信息可追溯机制,建立统一的跨部门价格信息平台,做好与药品集中采购平台(公共资源交易平台)、医保支付审核平台的互联互通,加强与有关税务数据的共享。对虚报原材料价格和药品出厂价格的药品生产企业,价格、食品药品监管、税务等部门要依法严肃查处,清缴应收税款,追究相关责任人的责任。强化竞争不充分药品的出厂(口岸)价格、实际购销价格监测,对价格变动异常或与同品种价格差异过大的药品,要及时研究分析,必要时开展成本价格专项调查。

(十三)推进"互联网+药品流通"。以满足群众安全便捷用药需求为中心,积极发挥"互联网+药品流通"在减少交易成本、提高流通效率、促进信息公开、打破垄断等方面的优势和作用。引导"互联网+药品流通"规范发展,支持药品流通企业与互联网企业加强合作,推进线上线下融合发展,培育新兴业态。规范零售药店互联网零售服务,推广"网订店取"、"网订店送"等新型配送方式。鼓励有条件的地区依托现有信息系统,开展药师网上处方审核、合理用药指导等药事服务。食品药品监管、商务等部门要建立完善互联网药品交易管理制度,加强日常监管。

三、规范医疗和用药行为,改革调整利益驱动机制

(十四)促进合理用药。优化调整基本药物目录。公立医院要全面配备、优先使用基本药物。国家卫生计生委要组织开展临床用药综合评价工作,探索将评价结果作为药品集中采购、制定临床用药指南的重要参考。扩大临床路径覆盖面,2020年底前实现二级以上医院全面开展临床路径管理。医疗机构要将药品采购使用情况作为院务公开的重要内容,每季度公开药品价格、用量、药占比等信息;落实处方点评、中医药辨证施治等规定,重点监控抗生素、辅助性药品、营养性药品的使用,对不合理用药的处方医生进行公示,并建立约谈制度。严格对临时采购药品行为的管理。卫生计生部门要对医疗机构药物合理使用情况进行考核排名,考核结果与院长评聘、绩效工资核定等挂钩,具体细则另行制定。

(十五)进一步破除以药补医机制。坚持医疗、医保、医药联动,统筹推进取消药品加成、调整医疗服务价格、鼓励到零售药店购药等改革,落实政府投入责任,加快建立公立医院补偿新机制。推进医药分开。医疗机构应按药品通用名开具处方,并主动向患者提供处方。门诊患者可以自主选择在医疗机构或零售药店购药,医疗机构不得限制门诊患者凭处方到零售药店购药。具备条件的可探索将门诊药房从医疗机构剥离。探索医疗机构处方信息、医保结算信息与药品零售消费信息互联互通、实时共享。各级卫生计生等部门要结合实际,合理确定和量化区域医药费用增长幅度,并落实到医疗机构,严格控制医药费用不合理增长。定期对各地医药费用控制情况进行排名,并向社会公布,主动接受监督。将医药费用控制情况与公立医院财政补助、评先评优、绩效工资核定、院长评聘等挂钩,对达不到控费目标的医院,暂停其等级评审准入、新增床位审批和大型设备配备等资格,视情况核减或取消资金补助、项目安排,并追究医院院长相应的管理责任。

(十六)强化医保规范行为和控制费用的作用。充分发挥各类医疗保险对医疗服务行为、医药费用的控制和监督制约作用,逐步将医保对医疗机构的监管延伸到对医务人员医疗服务行为的监管。探索建立医保定点医疗机构信用等级管理和黑名单管理制度。及时修订医保药品目录。加强医保基金预算管理,大力推进医保支付方式改革,全面推行以按病种付费为主,按人头付费、按床日付费等多种付费方式相结合的复合型付费方式,合理确定医保支付标准,将药品耗材、检查化验等由医疗机构收入变为成本,促使医疗机构主动规范医疗行为、降低运行成本。

(十七)积极发挥药师作用。落实药师权利和责任,充分发挥药师在合理用药方面的作用。各地在推进医疗服务价格改革时,对药师开展的处方审核与调剂、临床用药指导、规范用药等工作,要结合实际统筹考虑,探索合理补偿途径,并做好与医保等政策的衔接。加强零售药店药师培训,提升药事服务能力和水平。加快药师法立法进程。探索药师多点执业。合理规划配置药学人才资源,强化数字身份管理,加强药师队伍建设。

药品生产流通使用改革涉及利益主体多,事关人民群众用药安全,事关医药产业健康发展,事关社会和谐稳定。各地、各部门要充分认识改革的重要性、紧迫性和艰巨性,投入更多精力抓好改革落实。要加强组织领导,结合实际细化工作方案和配套细则,完善抓落实的机制和办法,把责任压实、要求提实、考核抓实,增强改革定力,积极稳妥推进,确保改革措施落地生效。要及时评估总结工作进展,研究解决新情况、新问题,不断健全药品供应保障制度体系。要加强政策解读和舆论引导,及时回应社会关切,积极营造良好的舆论氛围。

药品生产监督管理办法

- 2020年1月22日国家市场监督管理总局令第28号公布
- 自2020年7月1日起施行

第一章 总 则

第一条 为加强药品生产监督管理,规范药品生产活动,根据《中华人民共和国药品管理法》(以下简称《药品管理法》)、《中华人民共和国中医药法》、《中华人民共和国疫苗管理法》(以下简称《疫苗管理法》)、《中华人民共和国行政许可法》、《中华人民共和国药品管理法实施条例》等法律、行政法规,制定本办法。

第二条 在中华人民共和国境内上市药品的生产及监督管理活动,应当遵守本办法。

第三条 从事药品生产活动,应当遵守法律、法规、规章、标准和规范,保证全过程信息真实、准确、完整和可追溯。

从事药品生产活动,应当经所在地省、自治区、直辖市药品监督管理部门批准,依法取得药品生产许可证,严格遵守药品生产质量管理规范,确保生产过程持续符合法定要求。

药品上市许可持有人应当建立药品质量保证体系,履行药品上市放行责任,对其取得药品注册证书的药品质量负责。

中药饮片生产企业应当履行药品上市许可持有人的相关义务,确保中药饮片生产过程持续符合法定要求。

原料药生产企业应当按照核准的生产工艺组织生产,严格遵守药品生产质量管理规范,确保生产过程持续符合法定要求。

经关联审评的辅料、直接接触药品的包装材料和容器的生产企业以及其他从事与药品相关生产活动的单位和个人依法承担相应责任。

第四条 药品上市许可持有人、药品生产企业应当建立并实施药品追溯制度,按照规定赋予药品各级销售包装单元追溯标识,通过信息化手段实施药品追溯,及时准确记录、保存药品追溯数据,并向药品追溯协同服务平台提供追溯信息。

第五条 国家药品监督管理局主管全国药品

生产监督管理工作,对省、自治区、直辖市药品监督管理部门的药品生产监督管理工作进行监督和指导。

省、自治区、直辖市药品监督管理部门负责本行政区域内的药品生产监督管理,承担药品生产环节的许可、检查和处罚等工作。

国家药品监督管理局食品药品审核查验中心(以下简称核查中心)组织制定药品检查技术规范和文件,承担境外检查以及组织疫苗巡查等,分析评估检查发现风险、作出检查结论并提出处置建议,负责各省、自治区、直辖市药品检查机构质量管理体系的指导和评估。

国家药品监督管理局信息中心负责药品追溯协同服务平台、药品安全信用档案建设和管理,对药品生产场地进行统一编码。

药品监督管理部门依法设置或者指定的药品审评、检验、核查、监测与评价等专业技术机构,依职责承担相关技术工作并出具技术结论,为药品生产监督管理提供技术支撑。

第二章 生产许可

第六条 从事药品生产,应当符合以下条件:

(一)有依法经过资格认定的药学技术人员、工程技术人员及相应的技术工人,法定代表人、企业负责人、生产管理负责人(以下称生产负责人)、质量管理负责人(以下称质量负责人)、质量受权人及其他相关人员符合《药品管理法》《疫苗管理法》规定的条件;

(二)有与药品生产相适应的厂房、设施、设备和卫生环境;

(三)有能对所生产药品进行质量管理和质量检验的机构、人员;

(四)有能对所生产药品进行质量管理和质量检验的必要的仪器设备;

(五)有保证药品质量的规章制度,并符合药品生产质量管理规范要求。

从事疫苗生产活动的,还应当具备下列条件:

(一)具备适度规模和足够的产能储备;

(二)具有保证生物安全的制度和设施、设备;

(三)符合疾病预防、控制需要。

第七条 从事制剂、原料药、中药饮片生产活动,申请人应当按照本办法和国家药品监督管理局规定的申报资料要求,向所在地省、自治区、直辖市药品监督管理部门提出申请。

委托他人生产制剂的药品上市许可持有人,应当具备本办法第六条第一款第一项、第三项、第五项规定的条件,并与符合条件的药品生产企业签订委托协议和质量协议,将相关协议和实际生产场地申请资料合并提交至药品上市许可持有人所在地省、自治区、直辖市药品监督管理部门,按照本办法规定申请办理药品生产许可证。

申请人应当对其申请材料全部内容的真实性负责。

第八条 省、自治区、直辖市药品监督管理部门收到申请后,应当根据下列情况分别作出处理:

(一)申请事项依法不属于本部门职权范围的,应当即时作出不予受理的决定,并告知申请人向有关行政机关申请;

(二)申请事项依法不需要取得行政许可的,应当即时告知申请人不受理;

(三)申请材料存在可以当场更正的错误的,应当允许申请人当场更正;

(四)申请材料不齐全或者不符合形式审查要求的,应当当场或者在五日内发给申请人补正材料通知书,一次性告知申请人需要补正的全部内容,逾期不告知的,自收到申请材料之日起即为受理;

(五)申请材料齐全、符合形式审查要求,或者申请人按照要求提交全部补正材料的,予以受理。

省、自治区、直辖市药品监督管理部门受理或者不予受理药品生产许可证申请的,应当出具加盖本部门专用印章和注明日期的受理通知书或者不予受理通知书。

第九条 省、自治区、直辖市药品监督管理部门应当自受理之日起三十日内,作出决定。

经审查符合规定的,予以批准,并自书面批准决定作出之日起十日内颁发药品生产许可证;不符合规定的,作出不予批准的书面决定,并说明理由。

省、自治区、直辖市药品监督管理部门按照药品生产质量管理规范等有关规定组织开展申报资料技术审查和评定、现场检查。

第十条 省、自治区、直辖市药品监督管理部门应当在行政机关的网站和办公场所公示申请药品生产许可证所需的条件、程序、期限、需要提交的全部材料的目录和申请书示范文本等。

省、自治区、直辖市药品监督管理部门颁发药品生产许可证的有关信息,应当予以公开,公众有权查阅。

第十一条 省、自治区、直辖市药品监督管理部门对申请办理药品生产许可证进行审查时，应当公开审批结果，并提供条件便利申请人查询审批进程。

未经申请人同意，药品监督管理部门、专业技术机构及其工作人员不得披露申请人提交的商业秘密、未披露信息或者保密商务信息，法律另有规定或者涉及国家安全、重大社会公共利益的除外。

第十二条 申请办理药品生产许可证直接涉及申请人与他人之间重大利益关系的，申请人、利害关系人依照法律、法规规定享有申请听证的权利。

在对药品生产企业的申请进行审查时，省、自治区、直辖市药品监督管理部门认为涉及公共利益的，应当向社会公告，并举行听证。

第十三条 药品生产许可证有效期为五年，分为正本和副本。药品生产许可证样式由国家药品监督管理局统一制定。药品生产许可证电子证书与纸质证书具有同等法律效力。

第十四条 药品生产许可证应当载明许可证编号、分类码、企业名称、统一社会信用代码、住所（经营场所）、法定代表人、企业负责人、生产负责人、质量负责人、质量受权人、生产地址和生产范围、发证机关、发证日期、有效期限等项目。

企业名称、统一社会信用代码、住所（经营场所）、法定代表人等项目应当与市场监督管理部门核发的营业执照中载明的相关内容一致。

第十五条 药品生产许可证载明事项分为许可事项和登记事项。

许可事项是指生产地址和生产范围等。

登记事项是指企业名称、住所（经营场所）、法定代表人、企业负责人、生产负责人、质量负责人、质量受权人等。

第十六条 变更药品生产许可证许可事项的，向原发证机关提出药品生产许可证变更申请。未经批准，不得擅自变更许可事项。

原发证机关应当自收到企业变更申请之日起十五日内作出是否准予变更的决定。不予变更的，应当书面说明理由，并告知申请人享有依法申请行政复议或者提起行政诉讼的权利。

变更生产地址或者生产范围的，药品生产企业应当按照本办法第六条的规定及相关变更技术要求，提交涉及变更内容的有关材料，并报经所在地省、自治区、直辖市药品监督管理部门审查决定。

原址或者异地新建、改建、扩建车间或者生产线的，应当符合相关规定和技术要求，提交涉及变更内容的有关材料，并报经所在地省、自治区、直辖市药品监督管理部门进行药品生产质量管理规范符合性检查，检查结果应当通知企业。检查结果符合规定，产品符合放行要求的可以上市销售。有关变更情况，应当在药品生产许可证副本中载明。

上述变更事项涉及药品注册证书及其附件载明内容的，由省、自治区、直辖市药品监督管理部门批准后，报国家药品监督管理局药品审评中心更新药品注册证书及其附件相关内容。

第十七条 变更药品生产许可证登记事项的，应当在市场监督管理部门核准变更或者企业完成变更后三十日内，向原发证机关申请药品生产许可证变更登记。原发证机关应当自收到企业变更申请之日起十日内办理变更手续。

第十八条 药品生产许可证变更后，原发证机关应当在药品生产许可证副本上记录变更的内容和时间，并按照变更后的内容重新核发药品生产许可证正本，收回原药品生产许可证正本，变更后的药品生产许可证终止期限不变。

第十九条 药品生产许可证有效期届满，需要继续生产药品的，应当在有效期届满前六个月，向原发证机关申请重新发放药品生产许可证。

原发证机关结合企业遵守药品管理法律法规、药品生产质量管理规范和质量体系运行情况，根据风险管理原则进行审查，在药品生产许可证有效期届满前作出是否准予其重新发证的决定。符合规定准予重新发证的，收回原证，重新发证；不符合规定的，作出不予重新发证的书面决定，并说明理由，同时告知申请人享有依法申请行政复议或者提起行政诉讼的权利；逾期未作出决定的，视为同意重新发证，并予补办相应手续。

第二十条 有下列情形之一的，药品生产许可证由原发证机关注销，并予以公告：

（一）主动申请注销药品生产许可证的；

（二）药品生产许可证有效期届满未重新发证的；

（三）营业执照依法被吊销或者注销的；

（四）药品生产许可证依法被吊销或者撤销的；

（五）法律、法规规定应当注销行政许可的其他情形。

第二十一条　药品生产许可证遗失的，药品上市许可持有人、药品生产企业应当向原发证机关申请补发，原发证机关按照原核准事项在十日内补发药品生产许可证。许可证编号、有效期等与原许可证一致。

第二十二条　任何单位或者个人不得伪造、变造、出租、出借、买卖药品生产许可证。

第二十三条　省、自治区、直辖市药品监督管理部门应当将药品生产许可证核发、重新发证、变更、补发、吊销、撤销、注销等办理情况，在办理工作完成后十日内在药品安全信用档案中更新。

第三章　生产管理

第二十四条　从事药品生产活动，应当遵守药品生产质量管理规范，按照国家药品标准、经药品监督管理部门核准的药品注册标准和生产工艺进行生产，按照规定提交并持续更新场地管理文件，对质量体系运行过程进行风险评估和持续改进，保证药品生产全过程持续符合法定要求。生产、检验等记录应当完整准确，不得编造和篡改。

第二十五条　疫苗上市许可持有人应当具备疫苗生产、检验必需的厂房设施设备，配备具有资质的管理人员，建立完善质量管理体系，具备生产出符合注册要求疫苗的能力，超出疫苗生产能力确需委托生产的，应当经国家药品监督管理局批准。

第二十六条　从事药品生产活动，应当遵守药品生产质量管理规范，建立健全药品生产质量管理体系，涵盖影响药品质量的所有因素，保证药品生产全过程持续符合法定要求。

第二十七条　药品上市许可持有人应当建立药品质量保证体系，配备专门人员独立负责药品质量管理，对受托药品生产企业、药品经营企业的质量管理体系进行定期审核，监督其持续具备质量保证和控制能力。

第二十八条　药品上市许可持有人的法定代表人、主要负责人应当对药品质量全面负责，履行以下职责：

（一）配备专门质量负责人独立负责药品质量管理；

（二）配备专门质量受权人独立履行药品上市放行责任；

（三）监督质量管理体系正常运行；

（四）对药品生产企业、供应商等相关方与药品生产相关的活动定期开展质量体系审核，保证持续合规；

（五）按照变更技术要求，履行变更管理责任；

（六）对委托经营企业进行质量评估，与使用单位等进行信息沟通；

（七）配合药品监督管理部门对药品上市许可持有人及相关方的延伸检查；

（八）发生与药品质量有关的重大安全事件，应当及时报告并按持有人制定的风险管理计划开展风险处置，确保风险得到及时控制；

（九）其他法律法规规定的责任。

第二十九条　药品生产企业的法定代表人、主要负责人应当对本企业的药品生产活动全面负责，履行以下职责：

（一）配备专门质量负责人独立负责药品质量管理，监督质量管理规范执行，确保适当的生产过程控制和质量控制，保证药品符合国家药品标准和药品注册标准；

（二）配备专门质量受权人履行药品出厂放行责任；

（三）监督质量管理体系正常运行，保证药品生产过程控制、质量控制以及记录和数据真实性；

（四）发生与药品质量有关的重大安全事件，应当及时报告并按企业制定的风险管理计划开展风险处置，确保风险得到及时控制；

（五）其他法律法规规定的责任。

第三十条　药品上市许可持有人、药品生产企业应当每年对直接接触药品的工作人员进行健康检查并建立健康档案，避免患有传染病或者其他可能污染药品疾病的人员从事直接接触药品的生产活动。

第三十一条　药品上市许可持有人、药品生产企业在药品生产中，应当开展风险评估、控制、验证、沟通、审核等质量管理活动，对已识别的风险及时采取有效的风险控制措施，以保证产品质量。

第三十二条　从事药品生产活动，应当对使用的原料药、辅料、直接接触药品的包装材料和容器等相关物料供应商或者生产企业进行审核，保证购进、使用符合法规要求。

生产药品所需的原料、辅料，应当符合药用要求以及相应的生产质量管理规范的有关要求。直接接触药品的包装材料和容器,应当符合药用要求,符合保障人体健康、安全的标准。

第三十三条　经批准或者通过关联审评审批的原料药、辅料、直接接触药品的包装材料和容器的生产企业,应当遵守国家药品监督管理局制定的质量管理规范以及关联审评审批有关要求,确保质量保证体系持续合规,接受药品上市许可持有人的质量审核,接受药品监督管理部门的监督检查或者延伸检查。

第三十四条　药品生产企业应当确定需进行的确认与验证,按照确认与验证计划实施。定期对设施、设备、生产工艺及清洁方法进行评估,确认其持续保持验证状态。

第三十五条　药品生产企业应当采取防止污染、交叉污染、混淆和差错的控制措施,定期检查评估控制措施的适用性和有效性,以确保药品达到规定的国家药品标准和药品注册标准,并符合药品生产质量管理规范要求。

药品上市许可持有人和药品生产企业不得在药品生产厂房生产对药品质量有不利影响的其他产品。

第三十六条　药品包装操作应当采取降低混淆和差错风险的措施,药品包装应当确保有效期内的药品储存运输过程中不受污染。

药品说明书和标签中的表述应当科学、规范、准确,文字应当清晰易辨,不得以粘贴、剪切、涂改等方式进行修改或者补充。

第三十七条　药品生产企业应当建立药品出厂放行规程,明确出厂放行的标准、条件,并对药品质量检验结果、关键生产记录和偏差控制情况进行审核,对药品进行质量检验。符合标准、条件的,经质量受权人签字后方可出厂放行。

药品上市许可持有人应当建立药品上市放行规程,对药品生产企业出厂放行的药品检验结果和放行文件进行审核,经质量受权人签字后方可上市放行。

中药饮片符合国家药品标准或者省、自治区、直辖市药品监督管理部门制定的炮制规范的,方可出厂、销售。

第三十八条　药品上市许可持有人、药品生产企业应当每年进行自检,监控药品生产质量管理规范的实施情况,评估企业是否符合相关法规要求,并提出必要的纠正和预防措施。

第三十九条　药品上市许可持有人应当建立年度报告制度,按照国家药品监督管理局规定每年向省、自治区、直辖市药品监督管理部门报告药品生产销售、上市后研究、风险管理等情况。

疫苗上市许可持有人应当按照规定向国家药品监督管理局进行年度报告。

第四十条　药品上市许可持有人应当持续开展药品风险获益评估和控制,制定上市后药品风险管理计划,主动开展上市后研究,对药品的安全性、有效性和质量可控性进行进一步确认,加强对已上市药品的持续管理。

第四十一条　药品上市许可持有人应当建立药物警戒体系,按照国家药品监督管理局制定的药物警戒质量管理规范开展药物警戒工作。

药品上市许可持有人、药品生产企业应当经常考察本单位的药品质量、疗效和不良反应。发现疑似不良反应的,应当及时按照要求报告。

第四十二条　药品上市许可持有人委托生产药品的,应当符合药品管理的有关规定。

药品上市许可持有人委托符合条件的药品生产企业生产药品的,应当对受托方的质量保证能力和风险管理能力进行评估,根据国家药品监督管理局制定的药品委托生产质量协议指南要求,与其签订质量协议以及委托协议,监督受托方履行有关协议约定的义务。

受托方不得将接受委托生产的药品再次委托第三方生产。

经批准或者通过关联审评审批的原料药应当自行生产,不得再行委托他人生产。

第四十三条　药品上市许可持有人应当按照药品生产质量管理规范的要求对生产工艺变更进行管理和控制,并根据核准的生产工艺制定工艺规程。生产工艺变更应当开展研究,并依法取得批准、备案或者进行报告,接受药品监督管理部门的监督检查。

第四十四条　药品上市许可持有人、药品生产企业应当每年对所生产的药品按照品种进行产品质量回顾分析、记录,以确认工艺稳定可靠,以及原料、辅料、成品现行质量标准的适用性。

第四十五条　药品上市许可持有人、药品生产企业的质量管理体系相关的组织机构、企业负责人、生产负责人、质量负责人、质量受权人发生变更的,应当自发生变更之日起三十日内,完成登记手续。

疫苗上市许可持有人应当自发生变更之日起十五日内,向所在地省、自治区、直辖市药品监督管理部门报告生产负责人、质量负责人、质量受权人等关键岗位人员的变更情况。

第四十六条 列入国家实施停产报告的短缺药品清单的药品,药品上市许可持有人停止生产的,应当在计划停产实施六个月前向所在地省、自治区、直辖市药品监督管理部门报告;发生非预期停产的,在三日内报告所在地省、自治区、直辖市药品监督管理部门。必要时,向国家药品监督管理局报告。

药品监督管理部门接到报告后,应当及时通报同级短缺药品供应保障工作会商联动机制牵头单位。

第四十七条 药品上市许可持有人为境外企业的,应当指定一家在中国境内的企业法人,履行《药品管理法》与本办法规定的药品上市许可持有人的义务,并负责协调配合境外检查工作。

第四十八条 药品上市许可持有人的生产场地在境外的,应当按照《药品管理法》与本办法规定组织生产,配合境外检查工作。

第四章 监督检查

第四十九条 省、自治区、直辖市药品监督管理部门负责对本行政区域内药品上市许可持有人、制剂、化学原料药、中药饮片生产企业的监督管理。

省、自治区、直辖市药品监督管理部门应当对原料、辅料、直接接触药品的包装材料和容器等供应商、生产企业开展日常监督检查,必要时开展延伸检查。

第五十条 药品上市许可持有人和受托生产企业不在同一省、自治区、直辖市的,由药品上市许可持有人所在地省、自治区、直辖市药品监督管理部门负责对药品上市许可持有人的监督管理,受托生产企业所在地省、自治区、直辖市药品监督管理部门负责对受托生产企业的监督管理。省、自治区、直辖市药品监督管理部门应当加强监督检查信息互相通报,及时将监督检查信息更新到药品安全信用档案中,可以根据通报情况和药品安全信用档案中监管信息更新情况开展调查,对药品上市许可持有人或者受托生产企业依法作出行政处理,必要时可以开展联合检查。

第五十一条 药品监督管理部门应当建立健全职业化、专业化检查员制度,明确检查员的资格标准、检查职责、分级管理、能力培训、行为规范、绩效评价和退出程序等规定,提升检查员的专业素质和工作水平。检查员应当熟悉药品法律法规,具备药品专业知识。

药品监督管理部门应当根据监管事权、药品产业规模及检查任务等,配备充足的检查员队伍,保障检查工作需要。有疫苗等高风险药品生产企业的地区,还应当配备相应数量的具有疫苗等高风险药品检查技能和经验的药品检查员。

第五十二条 省、自治区、直辖市药品监督管理部门根据监管需要,对持有药品生产许可证的药品上市许可申请人及其受托生产企业,按以下要求进行上市前的药品生产质量管理规范符合性检查:

(一)未通过与生产该药品的生产条件相适应的药品生产质量管理规范符合性检查的品种,应当进行上市前的药品生产质量管理规范符合性检查。其中,拟生产药品需要进行药品注册现场核查的,国家药品监督管理局药品审评中心通知核查中心,告知相关省、自治区、直辖市药品监督管理部门和申请人。核查中心协调相关省、自治区、直辖市药品监督管理部门,同步开展药品注册现场核查和上市前的药品生产质量管理规范符合性检查;

(二)拟生产药品不需要进行药品注册现场核查的,国家药品监督管理局药品审评中心告知生产场地所在地省、自治区、直辖市药品监督管理部门和申请人,相关省、自治区、直辖市药品监督管理部门自行开展上市前的药品生产质量管理规范符合性检查;

(三)已通过与生产该药品的生产条件相适应的药品生产质量管理规范符合性检查的品种,相关省、自治区、直辖市药品监督管理部门根据风险管理原则决定是否开展上市前的药品生产质量管理规范符合性检查。

开展上市前的药品生产质量管理规范符合性检查的,在检查结束后,应当将检查情况、检查结果等形成书面报告,作为对药品上市监管的重要依据。上市前的药品生产质量管理规范符合性检查涉及药品生产许可证事项变更的，由原发证的省、自治区、直辖市药品监督管理部门依变更程序作出决定。

通过相应上市前的药品生产质量管理规范符合性检查的商业规模批次，在取得药品注册证书后，符合产品放行要求的可以上市销售。药品上市许可持有人应当重点加强上述批次药品的生产销售、风险管理等措施。

第五十三条 药品生产监督检查的主要内容包括：

（一）药品上市许可持有人、药品生产企业执行有关法律、法规及实施药品生产质量管理规范、药物警戒质量管理规范以及有关技术规范等情况；

（二）药品生产活动是否与药品品种档案载明的相关内容一致；

（三）疫苗储存、运输管理规范执行情况；

（四）药品委托生产质量协议及委托协议；

（五）风险管理计划实施情况；

（六）变更管理情况。

监督检查包括许可检查、常规检查、有因检查和其他检查。

第五十四条 省、自治区、直辖市药品监督管理部门应当坚持风险管理、全程管控原则，根据风险研判情况，制定年度检查计划并开展监督检查。年度检查计划至少包括检查范围、内容、方式、重点、要求、时限、承担检查的机构等。

第五十五条 省、自治区、直辖市药品监督管理部门应当根据药品品种、剂型、管制类别等特点，结合国家药品安全总体情况、药品安全风险警示信息、重大药品安全事件及其调查处理信息等，以及既往检查、检验、不良反应监测、投诉举报等情况确定检查频次：

（一）对麻醉药品、第一类精神药品、药品类易制毒化学品生产企业每季度检查不少于一次；

（二）对疫苗、血液制品、放射性药品、医疗用毒性药品、无菌药品等高风险药品生产企业，每年不少于一次药品生产质量管理规范符合性检查；

（三）对上述产品之外的药品生产企业，每年抽取一定比例开展监督检查，但应当在三年内对本行政区域内企业全部进行检查；

（四）对原料、辅料、直接接触药品的包装材料和容器等供应商、生产企业每年抽取一定比例开展监督检查，五年内对本行政区域内企业全部进行检查。

省、自治区、直辖市药品监督管理部门可以结合本行政区域内药品生产监管工作实际情况，调整检查频次。

第五十六条 国家药品监督管理局和省、自治区、直辖市药品监督管理部门组织监督检查时，应当制定检查方案，明确检查标准，如实记录现场检查情况，需要抽样检验或者研究的，按照有关规定执行。检查结论应当清晰明确，检查发现的问题应当以书面形式告知被检查单位。需要整改的，应当提出整改内容及整改期限，必要时对整改后情况实施检查。

在进行监督检查时，药品监督管理部门应当指派两名以上检查人员实施监督检查，检查人员应当向被检查单位出示执法证件。药品监督管理部门工作人员对知悉的商业秘密应当保密。

第五十七条 监督检查时，药品上市许可持有人和药品生产企业应当根据检查需要说明情况、提供有关材料：

（一）药品生产场地管理文件以及变更材料；

（二）药品生产企业接受监督检查及整改落实情况；

（三）药品质量不合格的处理情况；

（四）药物警戒机构、人员、制度制定情况以及疑似药品不良反应监测、识别、评估、控制情况；

（五）实施附条件批准的品种，开展上市后研究的材料；

（六）需要审查的其他必要材料。

第五十八条 现场检查结束后，应当对现场检查情况进行分析汇总，并客观、公平、公正地对检查中发现的缺陷进行风险评定并作出现场检查结论。

派出单位负责对现场检查结论进行综合研判。

第五十九条 国家药品监督管理局和省、自治区、直辖市药品监督管理部门通过监督检查发现药品生产管理或者疫苗储存、运输管理存在缺陷，有证据证明可能存在安全隐患的，应当依法采取相应措施：

（一）基本符合药品生产质量管理规范要求，需要整改的，应当发出告诫信并依据风险相应采取告诫、约谈、限期整改等措施；

（二）药品存在质量问题或者其他安全隐患

的，药品监督管理部门根据监督检查情况，应当发出告诫信，并依据风险相应采取暂停生产、销售、使用、进口等控制措施。

药品存在质量问题或者其他安全隐患的，药品上市许可持有人应当依法召回药品而未召回的，省、自治区、直辖市药品监督管理部门应当责令其召回。

风险消除后，采取控制措施的药品监督管理部门应当解除控制措施。

第六十条 开展药品生产监督检查过程中，发现存在药品质量安全风险的，应当及时向派出单位报告。药品监督管理部门经研判属于重大药品质量安全风险的，应当及时向上一级药品监督管理部门和同级地方人民政府报告。

第六十一条 开展药品生产监督检查过程中，发现存在涉嫌违反药品法律、法规、规章的行为，应当及时采取现场控制措施，按照规定做好证据收集工作。药品监督管理部门应当按照职责和权限依法查处，涉嫌犯罪的移送公安机关处理。

第六十二条 省、自治区、直辖市药品监督管理部门应当依法将本行政区域内药品上市许可持有人和药品生产企业的监管信息归入到药品安全信用档案管理，并保持相关数据的动态更新。监管信息包括药品生产许可、日常监督检查结果、违法行为查处、药品质量抽查检验、不良行为记录和投诉举报等内容。

第六十三条 国家药品监督管理局和省、自治区、直辖市药品监督管理部门在生产监督管理工作中，不得妨碍药品上市许可持有人、药品生产企业的正常生产活动，不得索取或者收受财物，不得谋取其他利益。

第六十四条 个人和组织发现药品上市许可持有人或者药品生产企业进行违法生产活动的，有权向药品监督管理部门举报，药品监督管理部门应当按照有关规定及时核实、处理。

第六十五条 发生与药品质量有关的重大安全事件的，药品上市许可持有人应当立即对有关药品及其原料、辅料以及直接接触药品的包装材料和容器、相关生产线等采取封存等控制措施，并立即报告所在地省、自治区、直辖市药品监督管理部门和有关部门，省、自治区、直辖市药品监督管理部门应当在二十四小时内报告省级人民政府，同时报告国家药品监督管理局。

第六十六条 省、自治区、直辖市药品监督管理部门对有不良信用记录的药品上市许可持有人、药品生产企业，应当增加监督检查频次，并可以按照国家规定实施联合惩戒。

第六十七条 省、自治区、直辖市药品监督管理部门未及时发现生产环节药品安全系统性风险，未及时消除监督管理区域内药品安全隐患的，或者省级人民政府未履行药品安全职责，未及时消除区域性重大药品安全隐患的，国家药品监督管理局应当对其主要负责人进行约谈。

被约谈的省、自治区、直辖市药品监督管理部门和地方人民政府应当立即采取措施，对药品监督管理工作进行整改。

约谈情况和整改情况应当纳入省、自治区、直辖市药品监督管理部门和地方人民政府药品监督管理工作评议、考核记录。

第五章 法律责任

第六十八条 有下列情形之一的，按照《药品管理法》第一百一十五条给予处罚：

（一）药品上市许可持有人和药品生产企业变更生产地址、生产范围应当经批准而未经批准的；

（二）药品生产许可证超过有效期限仍进行生产的。

第六十九条 药品上市许可持有人和药品生产企业未按照药品生产质量管理规范的要求生产，有下列情形之一，属于《药品管理法》第一百二十六条规定的情节严重情形的，依法予以处罚：

（一）未配备专门质量负责人独立负责药品质量管理、监督质量管理规范执行；

（二）药品上市许可持有人未配备专门质量受权人履行药品上市放行责任；

（三）药品生产企业未配备专门质量受权人履行药品出厂放行责任；

（四）质量管理体系不能正常运行，药品生产过程控制、质量控制的记录和数据不真实；

（五）对已识别的风险未及时采取有效的风险控制措施，无法保证产品质量；

（六）其他严重违反药品生产质量管理规范的情形。

第七十条 辅料、直接接触药品的包装材料和容器的生产企业及供应商未遵守国家药品监督管理局制定的质量管理规范等相关要求，不能确保质量保证体系持续合规的，由所在地省、自治区、直辖市药品监督管理部门按照《药品管理法》第一百二十六条的规定给予处罚。

第七十一条 药品上市许可持有人和药品生产企业有下列情形之一的，由所在地省、自治区、直辖市药品监督管理部门处一万元以上三万元以下的罚款：

（一）企业名称、住所（经营场所）、法定代表人未按规定办理登记事项变更；

（二）未按照规定每年对直接接触药品的工作人员进行健康检查并建立健康档案；

（三）未按照规定对列入国家实施停产报告的短缺药品清单的药品进行停产报告。

第七十二条 药品监督管理部门有下列行为之一的，对直接负责的主管人员和其他直接责任人员按照《药品管理法》第一百四十九条的规定给予处罚：

（一）瞒报、谎报、缓报、漏报药品安全事件；

（二）对发现的药品安全违法行为未及时查处；

（三）未及时发现药品安全系统性风险，或者未及时消除监督管理区域内药品安全隐患，造成严重影响；

（四）其他不履行药品监督管理职责，造成严重不良影响或者重大损失。

第六章 附 则

第七十三条 本办法规定的期限以工作日计算。药品生产许可中技术审查和评定、现场检查、企业整改等所需时间不计入期限。

第七十四条 场地管理文件，是指由药品生产企业编写的药品生产活动概述性文件，是药品生产企业质量管理文件体系的一部分。场地管理文件有关要求另行制定。

经批准或者关联审评审批的原料药、辅料和直接接触药品的包装材料和容器生产场地、境外生产场地一并赋予统一编码。

第七十五条 告诫信，是指药品监督管理部门在药品监督管理活动中，对有证据证明可能存在安全隐患的，依法发出的信函。告诫信应当载明存在缺陷、问题和整改要求。

第七十六条 药品生产许可证编号格式为"省份简称+四位年号+四位顺序号"。企业变更名称等许可证项目以及重新发证，原药品生产许可证编号不变。

企业分立，在保留原药品生产许可证编号的同时，增加新的编号。企业合并，原药品生产许可证编号保留一个。

第七十七条 分类码是对许可证内生产范围进行统计归类的英文字母串。大写字母用于归类药品上市许可持有人和产品类型，包括：A代表自行生产的药品上市许可持有人、B代表委托生产的药品上市许可持有人、C代表接受委托的药品生产企业、D代表原料药生产企业；小写字母用于区分制剂属性，h代表化学药、z代表中成药、s代表生物制品、d代表按药品管理的体外诊断试剂、y代表中药饮片、q代表医用气体、t代表特殊药品、x代表其他。

第七十八条 药品生产许可证的生产范围应当按照《中华人民共和国药典》制剂通则及其他的国家药品标准等要求填写。

第七十九条 国家有关法律、法规对生产疫苗、血液制品、麻醉药品、精神药品、医疗用毒性药品、放射性药品、药品类易制毒化学品等另有规定的，依照其规定。

第八十条 出口的疫苗应当符合进口国（地区）的标准或者合同要求。

第八十一条 本办法自2020年7月1日起施行。2004年8月5日原国家食品药品监督管理局令第14号公布的《药品生产监督管理办法》同时废止。

药品经营质量管理规范

- 2000年4月30日国家药品监督管理局令第20号公布
- 2012年11月6日卫生部部务会议第一次修订
- 2015年5月18日国家食品药品监督管理总局局务会议第二次修订
- 根据2016年7月13日国家食品药品监督管理总局《关于修改〈药品经营质量管理规范〉的决定》修正

第一章 总 则

第一条 为加强药品经营质量管理，规范药品经营行为，保障人体用药安全、有效，根据《中华人民共和国药品管理法》、《中华人民共和国药品管理法实施条例》,制定本规范。

第二条 本规范是药品经营管理和质量控制的基本准则。

企业应当在药品采购、储存、销售、运输等环节采取有效的质量控制措施,确保药品质量,并按照国家有关要求建立药品追溯系统,实现药品可追溯。

第三条 药品经营企业应当严格执行本规范。

药品生产企业销售药品、药品流通过程中其他涉及储存与运输药品的,也应当符合本规范相关要求。

第四条 药品经营企业应当坚持诚实守信,依法经营。禁止任何虚假、欺骗行为。

第二章 药品批发的质量管理

第一节 质量管理体系

第五条 企业应当依据有关法律法规及本规范的要求建立质量管理体系,确定质量方针,制定质量管理体系文件,开展质量策划、质量控制、质量保证、质量改进和质量风险管理等活动。

第六条 企业制定的质量方针文件应当明确企业总的质量目标和要求,并贯彻到药品经营活动的全过程。

第七条 企业质量管理体系应当与其经营范围和规模相适应,包括组织机构、人员、设施设备、质量管理体系文件及相应的计算机系统等。

第八条 企业应当定期以及在质量管理体系关键要素发生重大变化时,组织开展内审。

第九条 企业应当对内审的情况进行分析,依据分析结论制定相应的质量管理体系改进措施,不断提高质量控制水平,保证质量管理体系持续有效运行。

第十条 企业应当采用前瞻或者回顾的方式,对药品流通过程中的质量风险进行评估、控制、沟通和审核。

第十一条 企业应当对药品供货单位、购货单位的质量管理体系进行评价,确认其质量保证能力和质量信誉,必要时进行实地考察。

第十二条 企业应当全员参与质量管理。各部门、岗位人员应当正确理解并履行职责,承担相应质量责任。

第二节 组织机构与质量管理职责

第十三条 企业应当设立与其经营活动和质量管理相适应的组织机构或者岗位,明确规定其职责、权限及相互关系。

第十四条 企业负责人是药品质量的主要责任人,全面负责企业日常管理,负责提供必要的条件,保证质量管理部门和质量管理人员有效履行职责,确保企业实现质量目标并按照本规范要求经营药品。

第十五条 企业质量负责人应当由高层管理人员担任,全面负责药品质量管理工作,独立履行职责,在企业内部对药品质量管理具有裁决权。

第十六条 企业应当设立质量管理部门,有效开展质量管理工作。质量管理部门的职责不得由其他部门及人员履行。

第十七条 质量管理部门应当履行以下职责:

(一)督促相关部门和岗位人员执行药品管理的法律法规及本规范;

(二)组织制订质量管理体系文件,并指导、监督文件的执行;

(三)负责对供货单位和购货单位的合法性、购进药品的合法性以及供货单位销售人员、购货单位采购人员的合法资格进行审核,并根据审核内容的变化进行动态管理;

(四)负责质量信息的收集和管理,并建立药品质量档案;

(五)负责药品的验收,指导并监督药品采购、储存、养护、销售、退货、运输等环节的质量管理工作;

(六)负责不合格药品的确认,对不合格药品的处理过程实施监督;

(七)负责药品质量投诉和质量事故的调查、处理及报告;

(八)负责假劣药品的报告;

(九)负责药品质量查询;

(十)负责指导设定计算机系统质量控制功能;

(十一)负责计算机系统操作权限的审核和质量管理基础数据的建立及更新;

(十二)组织验证、校准相关设施设备;

(十三)负责药品召回的管理;

（十四）负责药品不良反应的报告；

（十五）组织质量管理体系的内审和风险评估；

（十六）组织对药品供货单位及购货单位质量管理体系和服务质量的考察和评价；

（十七）组织对被委托运输的承运方运输条件和质量保障能力的审查；

（十八）协助开展质量管理教育和培训；

（十九）其他应当由质量管理部门履行的职责。

第三节 人员与培训

第十八条 企业从事药品经营和质量管理工作的人员，应当符合有关法律法规及本规范规定的资格要求，不得有相关法律法规禁止从业的情形。

第十九条 企业负责人应当具有大学专科以上学历或者中级以上专业技术职称，经过基本的药学专业知识培训，熟悉有关药品管理的法律法规及本规范。

第二十条 企业质量负责人应当具有大学本科以上学历、执业药师资格和3年以上药品经营质量管理工作经历，在质量管理工作中具备正确判断和保障实施的能力。

第二十一条 企业质量管理部门负责人应当具有执业药师资格和3年以上药品经营质量管理工作经历，能独立解决经营过程中的质量问题。

第二十二条 企业应当配备符合以下资格要求的质量管理、验收及养护等岗位人员：

（一）从事质量管理工作的，应当具有药学中专或者医学、生物、化学等相关专业大学专科以上学历或者具有药学初级以上专业技术职称；

（二）从事验收、养护工作的，应当具有药学或者医学、生物、化学等相关专业中专以上学历或者具有药学初级以上专业技术职称；

（三）从事中药材、中药饮片验收工作的，应当具有中药学专业中专以上学历或者具有中药学中级以上专业技术职称；从事中药材、中药饮片养护工作的，应当具有中药学专业中专以上学历或者具有中药学初级以上专业技术职称；直接收购地产中药材的，验收人员应当具有中药学中级以上专业技术职称。

从事疫苗配送的，还应当配备2名以上专业技术人员专门负责疫苗质量管理和验收工作。专业技术人员应当具有预防医学、药学、微生物学或者医学等专业本科以上学历及中级以上专业技术职称，并有3年以上从事疫苗管理或者技术工作经历。

第二十三条 从事质量管理、验收工作的人员应当在职在岗，不得兼职其他业务工作。

第二十四条 从事采购工作的人员应当具有药学或者医学、生物、化学等相关专业中专以上学历，从事销售、储存等工作的人员应当具有高中以上文化程度。

第二十五条 企业应当对各岗位人员进行与其职责和工作内容相关的岗前培训和继续培训，以符合本规范要求。

第二十六条 培训内容应当包括相关法律法规、药品专业知识及技能、质量管理制度、职责及岗位操作规程等。

第二十七条 企业应当按照培训管理制度制定年度培训计划并开展培训，使相关人员能正确理解并履行职责。培训工作应当做好记录并建立档案。

第二十八条 从事特殊管理的药品和冷藏冷冻药品的储存、运输等工作的人员，应当接受相关法律法规和专业知识培训并经考核合格后方可上岗。

第二十九条 企业应当制定员工个人卫生管理制度，储存、运输等岗位人员的着装应当符合劳动保护和产品防护的要求。

第三十条 质量管理、验收、养护、储存等直接接触药品岗位的人员应当进行岗前及年度健康检查，并建立健康档案。患有传染病或者其他可能污染药品的疾病的，不得从事直接接触药品的工作。身体条件不符合相应岗位特定要求的，不得从事相关工作。

第四节 质量管理体系文件

第三十一条 企业制定质量管理体系文件应当符合企业实际。文件包括质量管理制度、部门及岗位职责、操作规程、档案、报告、记录和凭证等。

第三十二条 文件的起草、修订、审核、批准、分发、保管，以及修改、撤销、替换、销毁等应当按照文件管理操作规程进行，并保存相关记录。

第三十三条 文件应当标明题目、种类、目的以及文件编号和版本号。文字应当准确、清晰、易懂。

文件应当分类存放,便于查阅。

第三十四条 企业应当定期审核、修订文件,使用的文件应当为现行有效的文本,已废止或者失效的文件除留档备查外,不得在工作现场出现。

第三十五条 企业应当保证各岗位获得与其工作内容相对应的必要文件,并严格按照规定开展工作。

第三十六条 质量管理制度应当包括以下内容:

(一)质量管理体系内审的规定;

(二)质量否决权的规定;

(三)质量管理文件的管理;

(四)质量信息的管理;

(五)供货单位、购货单位、供货单位销售人员及购货单位采购人员等资格审核的规定;

(六)药品采购、收货、验收、储存、养护、销售、出库、运输的管理;

(七)特殊管理的药品的规定;

(八)药品有效期的管理;

(九)不合格药品、药品销毁的管理;

(十)药品退货的管理;

(十一)药品召回的管理;

(十二)质量查询的管理;

(十三)质量事故、质量投诉的管理;

(十四)药品不良反应报告的规定;

(十五)环境卫生、人员健康的规定;

(十六)质量方面的教育、培训及考核的规定;

(十七)设施设备保管和维护的管理;

(十八)设施设备验证和校准的管理;

(十九)记录和凭证的管理;

(二十)计算机系统的管理;

(二十一)药品追溯的规定;

(二十二)其他应当规定的内容。

第三十七条 部门及岗位职责应当包括:

(一)质量管理、采购、储存、销售、运输、财务和信息管理等部门职责;

(二)企业负责人、质量负责人及质量管理、采购、储存、销售、运输、财务和信息管理等部门负责人的岗位职责;

(三)质量管理、采购、收货、验收、储存、养护、销售、出库复核、运输、财务、信息管理等岗位职责;

(四)与药品经营相关的其他岗位职责。

第三十八条 企业应当制定药品采购、收货、验收、储存、养护、销售、出库复核、运输等环节及计算机系统的操作规程。

第三十九条 企业应当建立药品采购、验收、养护、销售、出库复核、销后退回和购进退出、运输、储运温湿度监测、不合格药品处理等相关记录,做到真实、完整、准确、有效和可追溯。

第四十条 通过计算机系统记录数据时,有关人员应当按照操作规程,通过授权及密码登录后方可进行数据的录入或者复核;数据的更改应当经质量管理部门审核并在其监督下进行,更改过程应当留有记录。

第四十一条 书面记录及凭证应当及时填写,并做到字迹清晰,不得随意涂改,不得撕毁。更改记录的,应当注明理由、日期并签名,保持原有信息清晰可辨。

第四十二条 记录及凭证应当至少保存 5 年。疫苗、特殊管理的药品的记录及凭证按相关规定保存。

第五节 设施与设备

第四十三条 企业应当具有与其药品经营范围、经营规模相适应的经营场所和库房。

第四十四条 库房的选址、设计、布局、建造、改造和维护应当符合药品储存的要求,防止药品的污染、交叉污染、混淆和差错。

第四十五条 药品储存作业区、辅助作业区应当与办公区和生活区分开一定距离或者有隔离措施。

第四十六条 库房的规模及条件应当满足药品的合理、安全储存,并达到以下要求,便于开展储存作业:

(一)库房内外环境整洁,无污染源,库区地面硬化或者绿化;

(二)库房内墙、顶光洁,地面平整,门窗结构严密;

(三)库房有可靠的安全防护措施,能够对无关人员进入实行可控管理,防止药品被盗、替换或者混入假药;

(四)有防止室外装卸、搬运、接收、发运等作业受异常天气影响的措施。

第四十七条 库房应当配备以下设施设备：

（一）药品与地面之间有效隔离的设备；

（二）避光、通风、防潮、防虫、防鼠等设备；

（三）有效调控温湿度及室内外空气交换的设备；

（四）自动监测、记录库房温湿度的设备；

（五）符合储存作业要求的照明设备；

（六）用于零货拣选、拼箱发货操作及复核的作业区域和设备；

（七）包装物料的存放场所；

（八）验收、发货、退货的专用场所；

（九）不合格药品专用存放场所；

（十）经营特殊管理的药品有符合国家规定的储存设施。

第四十八条 经营中药材、中药饮片的，应当有专用的库房和养护工作场所，直接收购地产中药材的应当设置中药样品室(柜)。

第四十九条 储存、运输冷藏、冷冻药品的，应当配备以下设施设备：

（一）与其经营规模和品种相适应的冷库，储存疫苗的应当配备两个以上独立冷库；

（二）用于冷库温度自动监测、显示、记录、调控、报警的设备；

（三）冷库制冷设备的备用发电机组或者双回路供电系统；

（四）对有特殊低温要求的药品，应当配备符合其储存要求的设施设备；

（五）冷藏车及车载冷藏箱或者保温箱等设备。

第五十条 运输药品应当使用封闭式货物运输工具。

第五十一条 运输冷藏、冷冻药品的冷藏车及车载冷藏箱、保温箱应当符合药品运输过程中对温度控制的要求。冷藏车具有自动调控温度、显示温度、存储和读取温度监测数据的功能；冷藏箱和保温箱具有外部显示和采集箱体内温度数据的功能。

第五十二条 储存、运输设施设备的定期检查、清洁和维护应当由专人负责，并建立记录和档案。

第六节 校准与验证

第五十三条 企业应当按照国家有关规定，对计量器具、温湿度监测设备等定期进行校准或者检定。

企业应当对冷库、储运温湿度监测系统以及冷藏运输等设施设备进行使用前验证、定期验证及停用时间超过规定时限的验证。

第五十四条 企业应当根据相关验证管理制度，形成验证控制文件，包括验证方案、报告、评价、偏差处理和预防措施等。

第五十五条 验证应当按照预先确定和批准的方案实施，验证报告应当经过审核和批准，验证文件应当存档。

第五十六条 企业应当根据验证确定的参数及条件，正确、合理使用相关设施设备。

第七节 计算机系统

第五十七条 企业应当建立能够符合经营全过程管理及质量控制要求的计算机系统，实现药品可追溯。

第五十八条 企业计算机系统应当符合以下要求：

（一）有支持系统正常运行的服务器和终端机；

（二）有安全、稳定的网络环境，有固定接入互联网的方式和安全可靠的信息平台；

（三）有实现部门之间、岗位之间信息传输和数据共享的局域网；

（四）有药品经营业务票据生成、打印和管理功能；

（五）有符合本规范要求及企业管理实际需要的应用软件和相关数据库。

第五十九条 各类数据的录入、修改、保存等操作应当符合授权范围、操作规程和管理制度的要求，保证数据原始、真实、准确、安全和可追溯。

第六十条 计算机系统运行中涉及企业经营和管理的数据应当采用安全、可靠的方式储存并按日备份，备份数据应当存放在安全场所，记录类数据的保存时限应当符合本规范第四十二条的要求。

第八节 采 购

第六十一条 企业的采购活动应当符合以下要求：

（一）确定供货单位的合法资格；

（二）确定所购入药品的合法性；

（三）核实供货单位销售人员的合法资格；

（四）与供货单位签订质量保证协议。

采购中涉及的首营企业、首营品种，采购部门应当填写相关申请表格，经过质量管理部门和企业质量负责人的审核批准。必要时应当组织实地考察，对供货单位质量管理体系进行评价。

第六十二条 对首营企业的审核，应当查验加盖其公章原印章的以下资料，确认真实、有效：

（一）《药品生产许可证》或者《药品经营许可证》复印件；

（二）营业执照、税务登记、组织机构代码的证件复印件，及上一年度企业年度报告公示情况；

（三）《药品生产质量管理规范》认证证书或者《药品经营质量管理规范》认证证书复印件；

（四）相关印章、随货同行单（票）样式；

（五）开户户名、开户银行及账号。

第六十三条 采购首营品种应当审核药品的合法性，索取加盖供货单位公章原印章的药品生产或者进口批准证明文件复印件并予以审核，审核无误的方可采购。

以上资料应当归入药品质量档案。

第六十四条 企业应当核实、留存供货单位销售人员以下资料：

（一）加盖供货单位公章原印章的销售人员身份证复印件；

（二）加盖供货单位公章原印章和法定代表人印章或者签名的授权书，授权书应当载明被授权人姓名、身份证号码，以及授权销售的品种、地域、期限；

（三）供货单位及供货品种相关资料。

第六十五条 企业与供货单位签订的质量保证协议至少包括以下内容：

（一）明确双方质量责任；

（二）供货单位应当提供符合规定的资料且对其真实性、有效性负责；

（三）供货单位应当按照国家规定开具发票；

（四）药品质量符合药品标准等有关要求；

（五）药品包装、标签、说明书符合有关规定；

（六）药品运输的质量保证及责任；

（七）质量保证协议的有效期限。

第六十六条 采购药品时，企业应当向供货单位索取发票。发票应当列明药品的通用名称、规格、单位、数量、单价、金额等；不能全部列明的，应当附《销售货物或者提供应税劳务清单》，并加盖供货单位发票专用章原印章、注明税票号码。

第六十七条 发票上的购、销单位名称及金额、品名应当与付款流向及金额、品名一致，并与财务账目内容相对应。发票按有关规定保存。

第六十八条 采购药品应当建立采购记录。采购记录应当有药品的通用名称、剂型、规格、生产厂商、供货单位、数量、价格、购货日期等内容，采购中药材、中药饮片的还应当标明产地。

第六十九条 发生灾情、疫情、突发事件或者临床紧急救治等特殊情况，以及其他符合国家有关规定的情形，企业可采用直调方式购销药品，将已采购的药品不入本企业仓库，直接从供货单位发送到购货单位，并建立专门的采购记录，保证有效的质量跟踪和追溯。

第七十条 采购特殊管理的药品，应当严格按照国家有关规定进行。

第七十一条 企业应当定期对药品采购的整体情况进行综合质量评审，建立药品质量评审和供货单位质量档案，并进行动态跟踪管理。

第九节 收货与验收

第七十二条 企业应当按照规定的程序和要求对到货药品逐批进行收货、验收，防止不合格药品入库。

第七十三条 药品到货时，收货人员应当核实运输方式是否符合要求，并对照随货同行单（票）和采购记录核对药品，做到票、账、货相符。

随货同行单（票）应当包括供货单位、生产厂商、药品的通用名称、剂型、规格、批号、数量、收货单位、收货地址、发货日期等内容，并加盖供货单位药品出库专用章原印章。

第七十四条 冷藏、冷冻药品到货时，应当对其运输方式及运输过程的温度记录、运输时间等质量控制状况进行重点检查并记录。不符合温度要求的应当拒收。

第七十五条 收货人员对符合收货要求的药品，应当按品种特性要求放于相应待验区域，或者设置状态标志，通知验收。冷藏、冷冻药品应当在冷库内待验。

第七十六条 验收药品应当按照药品批号查验同批号的检验报告书。供货单位为批发企业的,检验报告书应当加盖其质量管理专用章原印章。检验报告书的传递和保存可以采用电子数据形式,但应当保证其合法性和有效性。

第七十七条 企业应当按照验收规定,对每次到货药品进行逐批抽样验收,抽取的样品应当具有代表性:

(一)同一批号的药品应当至少检查一个最小包装,但生产企业有特殊质量控制要求或者打开最小包装可能影响药品质量的,可不打开最小包装;

(二)破损、污染、渗液、封条损坏等包装异常以及零货、拼箱的,应当开箱检查至最小包装;

(三)外包装及封签完整的原料药、实施批签发管理的生物制品,可不开箱检查。

第七十八条 验收人员应当对抽样药品的外观、包装、标签、说明书以及相关的证明文件等逐一进行检查、核对;验收结束后,应当将抽取的完好样品放回原包装箱,加封并标示。

第七十九条 特殊管理的药品应当按照相关规定在专库或者专区内验收。

第八十条 验收药品应当做好验收记录,包括药品的通用名称、剂型、规格、批准文号、批号、生产日期、有效期、生产厂商、供货单位、到货数量、到货日期、验收合格数量、验收结果等内容。验收人员应当在验收记录上签署姓名和验收日期。

中药材验收记录应当包括品名、产地、供货单位、到货数量、验收合格数量等内容。中药饮片验收记录应当包括品名、规格、批号、产地、生产日期、生产厂商、供货单位、到货数量、验收合格数量等内容,实施批准文号管理的中药饮片还应当记录批准文号。

验收不合格的还应当注明不合格事项及处置措施。

第八十一条 企业应当建立库存记录,验收合格的药品应当及时入库登记;验收不合格的,不得入库,并由质量管理部门处理。

第八十二条 企业按本规范第六十九条规定进行药品直调的,可委托购货单位进行药品验收。购货单位应当严格按照本规范的要求验收药品,并建立专门的直调药品验收记录。验收当日应当将验收记录相关信息传递给直调企业。

第十节 储存与养护

第八十三条 企业应当根据药品的质量特性对药品进行合理储存,并符合以下要求:

(一)按包装标示的温度要求储存药品,包装上没有标示具体温度的,按照《中华人民共和国药典》规定的贮藏要求进行储存;

(二)储存药品相对湿度为35%—75%;

(三)在人工作业的库房储存药品,按质量状态实行色标管理,合格药品为绿色,不合格药品为红色,待确定药品为黄色;

(四)储存药品应当按照要求采取避光、遮光、通风、防潮、防虫、防鼠等措施;

(五)搬运和堆码药品应当严格按照外包装标示要求规范操作,堆码高度符合包装图示要求,避免损坏药品包装;

(六)药品按批号堆码,不同批号的药品不得混垛,垛间距不小于5厘米,与库房内墙、顶、温度调控设备及管道等设施间距不小于30厘米,与地面间距不小于10厘米;

(七)药品与非药品、外用药与其他药品分开存放,中药材和中药饮片分库存放;

(八)特殊管理的药品应当按照国家有关规定储存;

(九)拆除外包装的零货药品应当集中存放;

(十)储存药品的货架、托盘等设施设备应当保持清洁,无破损和杂物堆放;

(十一)未经批准的人员不得进入储存作业区,储存作业区内的人员不得有影响药品质量和安全的行为;

(十二)药品储存作业区内不得存放与储存管理无关的物品。

第八十四条 养护人员应当根据库房条件、外部环境、药品质量特性等对药品进行养护,主要内容是:

(一)指导和督促储存人员对药品进行合理储存与作业。

(二)检查并改善储存条件、防护措施、卫生环境。

(三)对库房温湿度进行有效监测、调控。

(四)按照养护计划对库存药品的外观、包装等质量状况进行检查,并建立养护记录;对储存条件有特殊要求的或者有效期较短的品种应当进行重点养护。

（五）发现有问题的药品应当及时在计算机系统中锁定和记录，并通知质量管理部门处理。

（六）对中药材和中药饮片应当按其特性采取有效方法进行养护并记录，所采取的养护方法不得对药品造成污染。

（七）定期汇总、分析养护信息。

第八十五条　企业应当采用计算机系统对库存药品的有效期进行自动跟踪和控制，采取近效期预警及超过有效期自动锁定等措施，防止过期药品销售。

第八十六条　药品因破损而导致液体、气体、粉末泄漏时，应当迅速采取安全处理措施，防止对储存环境和其他药品造成污染。

第八十七条　对质量可疑的药品应当立即采取停售措施，并在计算机系统中锁定，同时报告质量管理部门确认。对存在质量问题的药品应当采取以下措施：

（一）存放于标志明显的专用场所，并有效隔离，不得销售；

（二）怀疑为假药的，及时报告食品药品监督管理部门；

（三）属于特殊管理的药品，按照国家有关规定处理；

（四）不合格药品的处理过程应当有完整的手续和记录；

（五）对不合格药品应当查明并分析原因，及时采取预防措施。

第八十八条　企业应当对库存药品定期盘点，做到账、货相符。

第十一节　销　售

第八十九条　企业应当将药品销售给合法的购货单位，并对购货单位的证明文件、采购人员及提货人员的身份证明进行核实，保证药品销售流向真实、合法。

第九十条　企业应当严格审核购货单位的生产范围、经营范围或者诊疗范围，并按照相应的范围销售药品。

第九十一条　企业销售药品，应当如实开具发票，做到票、账、货、款一致。

第九十二条　企业应当做好药品销售记录。销售记录应当包括药品的通用名称、规格、剂型、批号、有效期、生产厂商、购货单位、销售数量、单价、金额、销售日期等内容。按照本规范第六十九条规定进行药品直调的，应当建立专门的销售记录。

中药材销售记录应当包括品名、规格、产地、购货单位、销售数量、单价、金额、销售日期等内容；中药饮片销售记录应当包括品名、规格、批号、产地、生产厂商、购货单位、销售数量、单价、金额、销售日期等内容。

第九十三条　销售特殊管理的药品以及国家有专门管理要求的药品，应当严格按照国家有关规定执行。

第十二节　出　库

第九十四条　出库时应当对照销售记录进行复核。发现以下情况不得出库，并报告质量管理部门处理：

（一）药品包装出现破损、污染、封口不牢、衬垫不实、封条损坏等问题；

（二）包装内有异常响动或者液体渗漏；

（三）标签脱落、字迹模糊不清或者标识内容与实物不符；

（四）药品已超过有效期；

（五）其他异常情况的药品。

第九十五条　药品出库复核应当建立记录，包括购货单位、药品的通用名称、剂型、规格、数量、批号、有效期、生产厂商、出库日期、质量状况和复核人员等内容。

第九十六条　特殊管理的药品出库应当按照有关规定进行复核。

第九十七条　药品拼箱发货的代用包装箱应当有醒目的拼箱标志。

第九十八条　药品出库时，应当附加盖企业药品出库专用章原印章的随货同行单（票）。

企业按照本规范第六十九条规定直调药品的，直调药品出库时，由供货单位开具两份随货同行单（票），分别发往直调企业和购货单位。随货同行单（票）的内容应当符合本规范第七十三条第二款的要求，还应当标明直调企业名称。

第九十九条　冷藏、冷冻药品的装箱、装车等项作业，应当由专人负责并符合以下要求：

（一）车载冷藏箱或者保温箱在使用前应当达到相应的温度要求；

（二）应当在冷藏环境下完成冷藏、冷冻药品的装箱、封箱工作；

（三）装车前应当检查冷藏车辆的启动、运行状态，达到规定温度后方可装车；

（四）启运时应当做好运输记录，内容包括运输工具和启运时间等。

第十三节 运输与配送

第一百条 企业应当按照质量管理制度的要求，严格执行运输操作规程，并采取有效措施保证运输过程中的药品质量与安全。

第一百零一条 运输药品，应当根据药品的包装、质量特性并针对车况、道路、天气等因素，选用适宜的运输工具，采取相应措施防止出现破损、污染等问题。

第一百零二条 发运药品时，应当检查运输工具，发现运输条件不符合规定的，不得发运。运输药品过程中，运载工具应当保持密闭。

第一百零三条 企业应当严格按照外包装标示的要求搬运、装卸药品。

第一百零四条 企业应当根据药品的温度控制要求，在运输过程中采取必要的保温或者冷藏、冷冻措施。

运输过程中，药品不得直接接触冰袋、冰排等蓄冷剂，防止对药品质量造成影响。

第一百零五条 在冷藏、冷冻药品运输途中，应当实时监测并记录冷藏车、冷藏箱或者保温箱内的温度数据。

第一百零六条 企业应当制定冷藏、冷冻药品运输应急预案，对运输途中可能发生的设备故障、异常天气影响、交通拥堵等突发事件，能够采取相应的应对措施。

第一百零七条 企业委托其他单位运输药品的，应当对承运方运输药品的质量保障能力进行审计，索取运输车辆的相关资料，符合本规范运输设施设备条件和要求的方可委托。

第一百零八条 企业委托运输药品应当与承运方签订运输协议，明确药品质量责任、遵守运输操作规程和在途时限等内容。

第一百零九条 企业委托运输药品应当有记录，实现运输过程的质量追溯。记录至少包括发货时间、发货地址、收货单位、收货地址、货单号、药品件数、运输方式、委托经办人、承运单位，采用车辆运输的还应当载明车牌号，并留存驾驶人员的驾驶证复印件。记录应当至少保存5年。

第一百一十条 已装车的药品应当及时发运并尽快送达。委托运输的，企业应当要求并监督承运方严格履行委托运输协议，防止因在途时间过长影响药品质量。

第一百一十一条 企业应当采取运输安全管理措施，防止在运输过程中发生药品盗抢、遗失、调换等事故。

第一百一十二条 特殊管理的药品的运输应当符合国家有关规定。

第十四节 售后管理

第一百一十三条 企业应当加强对退货的管理，保证退货环节药品的质量和安全，防止混入假冒药品。

第一百一十四条 企业应当按照质量管理制度的要求，制定投诉管理操作规程，内容包括投诉渠道及方式、档案记录、调查与评估、处理措施、反馈和事后跟踪等。

第一百一十五条 企业应当配备专职或者兼职人员负责售后投诉管理，对投诉的质量问题查明原因，采取有效措施及时处理和反馈，并做好记录，必要时应当通知供货单位及药品生产企业。

第一百一十六条 企业应当及时将投诉及处理结果等信息记入档案，以便查询和跟踪。

第一百一十七条 企业发现已售出药品有严重质量问题，应当立即通知购货单位停售、追回并做好记录，同时向食品药品监督管理部门报告。

第一百一十八条 企业应当协助药品生产企业履行召回义务，按照召回计划的要求及时传达、反馈药品召回信息，控制和收回存在安全隐患的药品，并建立药品召回记录。

第一百一十九条 企业质量管理部门应当配备专职或者兼职人员，按照国家有关规定承担药品不良反应监测和报告工作。

第三章 药品零售的质量管理

第一节 质量管理与职责

第一百二十条 企业应当按照有关法律法规及本规范的要求制定质量管理文件，开展质量管理活动，确保药品质量。

第一百二十一条　企业应当具有与其经营范围和规模相适应的经营条件，包括组织机构、人员、设施设备、质量管理文件，并按照规定设置计算机系统。

第一百二十二条　企业负责人是药品质量的主要责任人，负责企业日常管理，负责提供必要的条件，保证质量管理部门和质量管理人员有效履行职责，确保企业按照本规范要求经营药品。

第一百二十三条　企业应当设置质量管理部门或者配备质量管理人员，履行以下职责：

（一）督促相关部门和岗位人员执行药品管理的法律法规及本规范；

（二）组织制订质量管理文件，并指导、监督文件的执行；

（三）负责对供货单位及其销售人员资格证明的审核；

（四）负责对所采购药品合法性的审核；

（五）负责药品的验收，指导并监督药品采购、储存、陈列、销售等环节的质量管理工作；

（六）负责药品质量查询及质量信息管理；

（七）负责药品质量投诉和质量事故的调查、处理及报告；

（八）负责对不合格药品的确认及处理；

（九）负责假劣药品的报告；

（十）负责药品不良反应的报告；

（十一）开展药品质量管理教育和培训；

（十二）负责计算机系统操作权限的审核、控制及质量管理基础数据的维护；

（十三）负责组织计量器具的校准及检定工作；

（十四）指导并监督药学服务工作；

（十五）其他应当由质量管理部门或者质量管理人员履行的职责。

第二节　人员管理

第一百二十四条　企业从事药品经营和质量管理工作的人员，应当符合有关法律法规及本规范规定的资格要求，不得有相关法律法规禁止从业的情形。

第一百二十五条　企业法定代表人或者企业负责人应当具备执业药师资格。

企业应当按照国家有关规定配备执业药师，负责处方审核，指导合理用药。

第一百二十六条　质量管理、验收、采购人员应当具有药学或者医学、生物、化学等相关专业学历或者具有药学专业技术职称。从事中药饮片质量管理、验收、采购人员应当具有中药学中专以上学历或者具有中药学专业初级以上专业技术职称。

营业员应当具有高中以上文化程度或者符合省级食品药品监督管理部门规定的条件。中药饮片调剂人员应当具有中药学中专以上学历或者具备中药调剂员资格。

第一百二十七条　企业各岗位人员应当接受相关法律法规及药品专业知识与技能的岗前培训和继续培训，以符合本规范要求。

第一百二十八条　企业应当按照培训管理制度制定年度培训计划并开展培训，使相关人员能正确理解并履行职责。培训工作应当做好记录并建立档案。

第一百二十九条　企业应当为销售特殊管理的药品、国家有专门管理要求的药品、冷藏药品的人员接受相应培训提供条件，使其掌握相关法律法规及专业知识。

第一百三十条　在营业场所内，企业工作人员应当穿着整洁、卫生的工作服。

第一百三十一条　企业应当对直接接触药品岗位的人员进行岗前及年度健康检查，并建立健康档案。患有传染病或者其他可能污染药品的疾病的，不得从事直接接触药品的工作。

第一百三十二条　在药品储存、陈列等区域不得存放与经营活动无关的物品及私人用品，在工作区域内不得有影响药品质量和安全的行为。

第三节　文　件

第一百三十三条　企业应当按照有关法律法规及本规范规定，制定符合企业实际的质量管理文件。文件包括质量管理制度、岗位职责、操作规程、档案、记录和凭证等，并对质量管理文件定期审核、及时修订。

第一百三十四条　企业应当采取措施确保各岗位人员正确理解质量管理文件的内容，保证质量管理文件有效执行。

第一百三十五条　药品零售质量管理制度应当包括以下内容：

（一）药品采购、验收、陈列、销售等环节的管

理,设置库房的还应当包括储存、养护的管理;

(二)供货单位和采购品种的审核;

(三)处方药销售的管理;

(四)药品拆零的管理;

(五)特殊管理的药品和国家有专门管理要求的药品的管理;

(六)记录和凭证的管理;

(七)收集和查询质量信息的管理;

(八)质量事故、质量投诉的管理;

(九)中药饮片处方审核、调配、核对的管理;

(十)药品有效期的管理;

(十一)不合格药品、药品销毁的管理;

(十二)环境卫生、人员健康的规定;

(十三)提供用药咨询、指导合理用药等药学服务的管理;

(十四)人员培训及考核的规定;

(十五)药品不良反应报告的规定;

(十六)计算机系统的管理;

(十七)药品追溯的规定;

(十八)其他应当规定的内容。

第一百三十六条 企业应当明确企业负责人、质量管理、采购、验收、营业员以及处方审核、调配等岗位的职责,设置库房的还应当包括储存、养护等岗位职责。

第一百三十七条 质量管理岗位、处方审核岗位的职责不得由其他岗位人员代为履行。

第一百三十八条 药品零售操作规程应当包括:

(一)药品采购、验收、销售;

(二)处方审核、调配、核对;

(三)中药饮片处方审核、调配、核对;

(四)药品拆零销售;

(五)特殊管理的药品和国家有专门管理要求的药品的销售;

(六)营业场所药品陈列及检查;

(七)营业场所冷藏药品的存放;

(八)计算机系统的操作和管理;

(九)设置库房的还应当包括储存和养护的操作规程。

第一百三十九条 企业应当建立药品采购、验收、销售、陈列检查、温湿度监测、不合格药品处理等相关记录,做到真实、完整、准确、有效和可追溯。

第一百四十条 记录及相关凭证应当至少保存5年。特殊管理的药品的记录及凭证按相关规定保存。

第一百四十一条 通过计算机系统记录数据时,相关岗位人员应当按照操作规程,通过授权及密码登录计算机系统,进行数据的录入,保证数据原始、真实、准确、安全和可追溯。

第一百四十二条 电子记录数据应当以安全、可靠方式定期备份。

第四节 设施与设备

第一百四十三条 企业的营业场所应当与其药品经营范围、经营规模相适应,并与药品储存、办公、生活辅助及其他区域分开。

第一百四十四条 营业场所应当具有相应设施或者采取其他有效措施,避免药品受室外环境的影响,并做到宽敞、明亮、整洁、卫生。

第一百四十五条 营业场所应当有以下营业设备:

(一)货架和柜台;

(二)监测、调控温度的设备;

(三)经营中药饮片的,有存放饮片和处方调配的设备;

(四)经营冷藏药品的,有专用冷藏设备;

(五)经营第二类精神药品、毒性中药品种和罂粟壳的,有符合安全规定的专用存放设备;

(六)药品拆零销售所需的调配工具、包装用品。

第一百四十六条 企业应当建立能够符合经营和质量管理要求的计算机系统,并满足药品追溯的要求。

第一百四十七条 企业设置库房的,应当做到库房内墙、顶光洁,地面平整,门窗结构严密;有可靠的安全防护、防盗等措施。

第一百四十八条 仓库应当有以下设施设备:

(一)药品与地面之间有效隔离的设备;

(二)避光、通风、防潮、防虫、防鼠等设备;

(三)有效监测和调控温湿度的设备;

(四)符合储存作业要求的照明设备;

(五)验收专用场所;

(六)不合格药品专用存放场所;

(七)经营冷藏药品的,有与其经营品种及经营规模相适应的专用设备。

第一百四十九条 经营特殊管理的药品应当有符合国家规定的储存设施。

第一百五十条 储存中药饮片应当设立专用库房。

第一百五十一条 企业应当按照国家有关规定，对计量器具、温湿度监测设备等定期进行校准或者检定。

第五节 采购与验收

第一百五十二条 企业采购药品，应当符合本规范第二章第八节的相关规定。

第一百五十三条 药品到货时，收货人员应当按采购记录，对照供货单位的随货同行单（票）核实药品实物，做到票、账、货相符。

第一百五十四条 企业应当按规定的程序和要求对到货药品逐批进行验收，并按照本规范第八十条规定做好验收记录。

验收抽取的样品应当具有代表性。

第一百五十五条 冷藏药品到货时，应当按照本规范第七十四条规定进行检查。

第一百五十六条 验收药品应当按照本规范第七十六条规定查验药品检验报告书。

第一百五十七条 特殊管理的药品应当按照相关规定进行验收。

第一百五十八条 验收合格的药品应当及时入库或者上架，验收不合格的，不得入库或者上架，并报告质量管理人员处理。

第六节 陈列与储存

第一百五十九条 企业应当对营业场所温度进行监测和调控，以使营业场所的温度符合常温要求。

第一百六十条 企业应当定期进行卫生检查，保持环境整洁。存放、陈列药品的设备应当保持清洁卫生，不得放置与销售活动无关的物品，并采取防虫、防鼠等措施，防止污染药品。

第一百六十一条 药品的陈列应当符合以下要求：

（一）按剂型、用途以及储存要求分类陈列，并设置醒目标志，类别标签字迹清晰、放置准确。

（二）药品放置于货架（柜），摆放整齐有序，避免阳光直射。

（三）处方药、非处方药分区陈列，并有处方药、非处方药专用标识。

（四）处方药不得采用开架自选的方式陈列和销售。

（五）外用药与其他药品分开摆放。

（六）拆零销售的药品集中存放于拆零专柜或者专区。

（七）第二类精神药品、毒性中药品种和罂粟壳不得陈列。

（八）冷藏药品放置在冷藏设备中，按规定对温度进行监测和记录，并保证存放温度符合要求。

（九）中药饮片柜斗谱的书写应当正名正字；装斗前应当复核，防止错斗、串斗；应当定期清斗，防止饮片生虫、发霉、变质；不同批号的饮片装斗前应当清斗并记录。

（十）经营非药品应当设置专区，与药品区域明显隔离，并有醒目标志。

第一百六十二条 企业应当定期对陈列、存放的药品进行检查，重点检查拆零药品和易变质、近效期、摆放时间较长的药品以及中药饮片。发现有质量疑问的药品应当及时撤柜，停止销售，由质量管理人员确认和处理，并保留相关记录。

第一百六十三条 企业应当对药品的有效期进行跟踪管理，防止近效期药品售出后可能发生的过期使用。

第一百六十四条 企业设置库房的，库房的药品储存与养护管理应当符合本规范第二章第十节的相关规定。

第七节 销售管理

第一百六十五条 企业应当在营业场所的显著位置悬挂《药品经营许可证》、营业执照、执业药师注册证等。

第一百六十六条 营业人员应当佩戴有照片、姓名、岗位等内容的工作牌，是执业药师和药学技术人员的，工作牌还应当标明执业资格或者药学专业技术职称。在岗执业的执业药师应当挂牌明示。

第一百六十七条 销售药品应当符合以下要求：

（一）处方经执业药师审核后方可调配；对处方所列药品不得擅自更改或者代用，对有配伍禁忌或者超剂量的处方，应当拒绝调配，但经处方医师更正或者重新签字确认的,可以调配;调配处方后经过核对方可销售。

(二)处方审核、调配、核对人员应当在处方上签字或者盖章,并按照有关规定保存处方或者其复印件。

(三)销售近效期药品应当向顾客告知有效期。

(四)销售中药饮片做到计量准确,并告知煎服方法及注意事项;提供中药饮片代煎服务,应当符合国家有关规定。

第一百六十八条　企业销售药品应当开具销售凭证,内容包括药品名称、生产厂商、数量、价格、批号、规格等,并做好销售记录。

第一百六十九条　药品拆零销售应当符合以下要求:

(一)负责拆零销售的人员经过专门培训;

(二)拆零的工作台及工具保持清洁、卫生,防止交叉污染;

(三)做好拆零销售记录,内容包括拆零起始日期、药品的通用名称、规格、批号、生产厂商、有效期、销售数量、销售日期、分拆及复核人员等;

(四)拆零销售应当使用洁净、卫生的包装,包装上注明药品名称、规格、数量、用法、用量、批号、有效期以及药店名称等内容;

(五)提供药品说明书原件或者复印件;

(六)拆零销售期间,保留原包装和说明书。

第一百七十条　销售特殊管理的药品和国家有专门管理要求的药品,应当严格执行国家有关规定。

第一百七十一条　药品广告宣传应当严格执行国家有关广告管理的规定。

第一百七十二条　非本企业在职人员不得在营业场所内从事药品销售相关活动。

第八节　售后管理

第一百七十三条　除药品质量原因外,药品一经售出,不得退换。

第一百七十四条　企业应当在营业场所公布食品药品监督管理部门的监督电话,设置顾客意见簿,及时处理顾客对药品质量的投诉。

第一百七十五条　企业应当按照国家有关药品不良反应报告制度的规定,收集、报告药品不良反应信息。

第一百七十六条　企业发现已售出药品有严重质量问题,应当及时采取措施追回药品并做好记录,同时向食品药品监督管理部门报告。

第一百七十七条　企业应当协助药品生产企业履行召回义务,控制和收回存在安全隐患的药品,并建立药品召回记录。

第四章　附　则

第一百七十八条　本规范下列术语的含义是:

(一)在职:与企业确定劳动关系的在册人员。

(二)在岗:相关岗位人员在工作时间内在规定的岗位履行职责。

(三)首营企业:采购药品时,与本企业首次发生供需关系的药品生产或者经营企业。

(四)首营品种:本企业首次采购的药品。

(五)原印章:企业在购销活动中,为证明企业身份在相关文件或者凭证上加盖的企业公章、发票专用章、质量管理专用章、药品出库专用章的原始印记,不能是印刷、影印、复印等复制后的印记。

(六)待验:对到货、销后退回的药品采用有效的方式进行隔离或者区分,在入库前等待质量验收的状态。

(七)零货:拆除了用于运输、储藏包装的药品。

(八)拼箱发货:将零货药品集中拼装至同一包装箱内发货的方式。

(九)拆零销售:将最小包装拆分销售的方式。

(十)国家有专门管理要求的药品:国家对蛋白同化制剂、肽类激素、含特殊药品复方制剂等品种实施特殊监管措施的药品。

第一百七十九条　药品零售连锁企业总部的管理应当符合本规范药品批发企业相关规定,门店的管理应当符合本规范药品零售企业相关规定。

第一百八十条　本规范为药品经营质量管理的基本要求。对企业信息化管理、药品储运温湿度自动监测、药品验收管理、药品冷链物流管理、零售连锁管理等具体要求,由国家食品药品监督管理总局以附录方式另行制定。

第一百八十一条　麻醉药品、精神药品、药品类易制毒化学品的追溯应当符合国家有关规定。

第一百八十二条　医疗机构药房和计划生育技术服务机构的药品采购、储存、养护等质量管理规范由国家食品药品监督管理总局商相关主管部门另行制定。

互联网销售药品的质量管理规定由国家食品药品监督管理总局另行制定。

第一百八十三条 药品经营企业违反本规范的，由食品药品监督管理部门按照《中华人民共和国药品管理法》第七十八条的规定给予处罚。

第一百八十四条 本规范自发布之日起施行，卫生部2013年6月1日施行的《药品经营质量管理规范》（中华人民共和国卫生部令第90号）同时废止。

药品经营和使用质量监督管理办法

- 2023年9月27日国家市场监督管理总局令第84号公布
- 自2024年1月1日起施行

第一章 总 则

第一条 为了加强药品经营和药品使用质量监督管理，规范药品经营和药品使用质量管理活动，根据《中华人民共和国药品管理法》（以下简称《药品管理法》）《中华人民共和国疫苗管理法》《中华人民共和国药品管理法实施条例》等法律、行政法规，制定本办法。

第二条 在中华人民共和国境内的药品经营、使用质量管理及其监督管理活动，应当遵守本办法。

第三条 从事药品批发或者零售活动的，应当经药品监督管理部门批准，依法取得药品经营许可证，严格遵守法律、法规、规章、标准和规范。

药品上市许可持有人可以自行销售其取得药品注册证书的药品，也可以委托药品经营企业销售。但是，药品上市许可持有人从事药品零售活动的，应当取得药品经营许可证。

其他单位从事药品储存、运输等相关活动的，应当遵守本办法相关规定。

第四条 医疗机构应当建立药品质量管理体系，对本单位药品购进、储存、使用全过程的药品质量管理负责。使用放射性药品等特殊管理的药品的，应当按规定取得相关的使用许可。

医疗机构以外的其他药品使用单位，应当遵守本办法关于医疗机构药品购进、储存、使用全过程的药品质量管理规定。

第五条 药品上市许可持有人、药品经营企业和医疗机构等应当遵守国家药品监督管理局制定的统一药品追溯标准和规范，建立并实施药品追溯制度，按照规定提供追溯信息，保证药品可追溯。

第六条 国家药品监督管理局主管全国药品经营和使用质量监督管理工作，对省、自治区、直辖市药品监督管理部门的药品经营和使用质量监督管理工作进行指导。

省、自治区、直辖市药品监督管理部门负责本行政区域内药品经营和使用质量监督管理，负责药品批发企业、药品零售连锁总部的许可、检查和处罚，以及药品上市许可持有人销售行为的检查和处罚；按职责指导设区的市级、县级人民政府承担药品监督管理职责的部门（以下简称市县级药品监督管理部门）的药品经营和使用质量监督管理工作。

市县级药品监督管理部门负责本行政区域内药品经营和使用质量监督管理，负责药品零售企业的许可、检查和处罚，以及药品使用环节质量的检查和处罚。

国家市场监督管理总局按照有关规定加强市场监管综合执法队伍的指导。

第七条 国家药品监督管理局制定药品经营质量管理规范及其现场检查指导原则。省、自治区、直辖市药品监督管理部门可以依据本办法、药品经营质量管理规范及其现场检查指导原则，结合本行政区域实际情况制定检查细则。

第二章 经营许可

第八条 从事药品批发活动的，应当具备以下条件：

（一）有与其经营范围相适应的质量管理机构和人员；企业法定代表人、主要负责人、质量负责人、质量管理部门负责人等符合规定的条件；

（二）有依法经过资格认定的药师或者其他药学技术人员；

（三）有与其经营品种和规模相适应的自营仓库、营业场所和设施设备，仓库具备实现药品入库、传送、分拣、上架、出库等操作的现代物流设施设备；

(四)有保证药品质量的质量管理制度以及覆盖药品经营、质量控制和追溯全过程的信息管理系统,并符合药品经营质量管理规范要求。

第九条 从事药品零售连锁经营活动的,应当设立药品零售连锁总部,对零售门店进行统一管理。药品零售连锁总部应当具备本办法第八条第一项、第二项、第四项规定的条件,并具备能够保证药品质量、与其经营品种和规模相适应的仓库、配送场所和设施设备。

第十条 从事药品零售活动的,应当具备以下条件:

(一)经营处方药、甲类非处方药的,应当按规定配备与经营范围和品种相适应的依法经过资格认定的药师或者其他药学技术人员。只经营乙类非处方药的,可以配备经设区的市级药品监督管理部门组织考核合格的药品销售业务人员;

(二)有与所经营药品相适应的营业场所、设备、陈列、仓储设施以及卫生环境;同时经营其他商品(非药品)的,陈列、仓储设施应当与药品分开设置;在超市等其他场所从事药品零售活动的,应当具有独立的经营区域;

(三)有与所经营药品相适应的质量管理机构或者人员,企业法定代表人、主要负责人、质量负责人等符合规定的条件;

(四)有保证药品质量的质量管理制度、符合质量管理与追溯要求的信息管理系统,符合药品经营质量管理规范要求。

第十一条 开办药品经营企业,应当在取得营业执照后,向所在地县级以上药品监督管理部门申请药品经营许可证,提交下列材料:

(一)药品经营许可证申请表;

(二)质量管理机构情况以及主要负责人、质量负责人、质量管理部门负责人学历、工作经历相关材料;

(三)药师或者其他药学技术人员资格证书以及任职文件;

(四)经营药品的方式和范围相关材料;

(五)药品质量管理规章制度以及陈列、仓储等关键设施设备清单;

(六)营业场所、设备、仓储设施及周边卫生环境等情况,营业场所、仓库平面布置图及房屋产权或者使用权相关材料;

(七)法律、法规规定的其他材料。

申请人应当对其申请材料全部内容的真实性负责。

申请人应当按照国家有关规定对申请材料中的商业秘密、未披露信息或者保密商务信息进行标注,并注明依据。

第十二条 药品监督管理部门收到药品经营许可证申请后,应当根据下列情况分别作出处理:

(一)申请事项依法不需要取得药品经营许可的,应当即时告知申请人不受理;

(二)申请事项依法不属于本部门职权范围的,应当即时作出不予受理的决定,并告知申请人向有关行政机关申请;

(三)申请材料存在可以当场更正的错误的,应当允许申请人当场更正;

(四)申请材料不齐全或者不符合形式审查要求的,应当当场或者在五日内发给申请人补正材料通知书,一次告知申请人需要补正的全部内容,逾期不告知的,自收到申请材料之日起即为受理;

(五)申请材料齐全、符合形式审查要求,或者申请人按照要求提交全部补正材料的,应当受理药品经营许可证申请。

药品监督管理部门受理或者不予受理药品经营许可证申请的,应当出具加盖本部门专用印章和注明日期的受理通知书或者不予受理通知书。

第十三条 药品监督管理部门应当自受理申请之日起二十日内作出决定。

药品监督管理部门按照药品经营质量管理规范及其现场检查指导原则、检查细则等有关规定,组织开展申报资料技术审查和现场检查。

经技术审查和现场检查,符合条件的,准予许可,并自许可决定作出之日起五日内颁发药品经营许可证;不符合条件的,作出不予许可的书面决定,并说明理由。

仅从事乙类非处方药零售活动的,申请人提交申请材料和承诺书后,符合条件的,准予许可,当日颁发药品经营许可证。自许可决定作出之日起三个月内药品监督管理部门组织开展技术审查和现场检查,发现承诺不实的,责令限期整改,整改后仍不符合条件的,撤销药品经营许可证。

第十四条 药品监督管理部门应当在网站和办公场所公示申请药品经营许可证的条件、程序、期限、需要提交的全部材料目录和申请表格式文本等。

第十五条 药品监督管理部门应当公开药品经营许可证申请的许可结果,并提供条件便利申请人查询审批进程。

未经申请人同意,药品监督管理部门、专业技术机构及其工作人员不得披露申请人提交的商业秘密、未披露信息或者保密商务信息,法律另有规定或者涉及国家安全、重大社会公共利益的除外。

第十六条 药品监督管理部门认为药品经营许可涉及公共利益的,应当向社会公告,并举行听证。

药品经营许可直接涉及申请人与他人之间重大利益关系的,药品监督管理部门作出行政许可决定前,应当告知申请人、利害关系人享有要求听证的权利。

第十七条 药品经营许可证有效期为五年,分为正本和副本。药品经营许可证样式由国家药品监督管理局统一制定。药品经营许可证电子证书与纸质证书具有同等法律效力。

第十八条 药品经营许可证应当载明许可证编号、企业名称、统一社会信用代码、经营地址、法定代表人、主要负责人、质量负责人、经营范围、经营方式、仓库地址、发证机关、发证日期、有效期等项目。

企业名称、统一社会信用代码、法定代表人等项目应当与市场监督管理部门核发的营业执照中载明的相关内容一致。

第十九条 药品经营许可证载明事项分为许可事项和登记事项。

许可事项是指经营地址、经营范围、经营方式、仓库地址。

登记事项是指企业名称、统一社会信用代码、法定代表人、主要负责人、质量负责人等。

第二十条 药品批发企业经营范围包括中药饮片、中成药、化学药、生物制品、体外诊断试剂(药品)、麻醉药品、第一类精神药品、第二类精神药品、药品类易制毒化学品、医疗用毒性药品、蛋白同化制剂、肽类激素等。其中麻醉药品、第一类精神药品、第二类精神药品、药品类易制毒化学品、医疗用毒性药品、蛋白同化制剂、肽类激素等经营范围的核定,按照国家有关规定执行。

经营冷藏冷冻等有特殊管理要求的药品的,应当在经营范围中予以标注。

第二十一条 从事药品零售活动的,应当核定经营类别,并在经营范围中予以明确。经营类别分为处方药、甲类非处方药、乙类非处方药。

药品零售企业经营范围包括中药饮片、中成药、化学药、第二类精神药品、血液制品、细胞治疗类生物制品及其他生物制品等。其中第二类精神药品、血液制品、细胞治疗类生物制品经营范围的核定,按照国家有关规定执行。

经营冷藏冷冻药品的,应当在经营范围中予以标注。

药品零售连锁门店的经营范围不得超过药品零售连锁总部的经营范围。

第二十二条 从事放射性药品经营活动的,应当按照国家有关规定申领放射性药品经营许可证。

第二十三条 变更药品经营许可证载明的许可事项的,应当向发证机关提出药品经营许可证变更申请。未经批准,不得擅自变更许可事项。

发证机关应当自受理变更申请之日起十五日内作出准予变更或者不予变更的决定。

药品零售企业被其他药品零售连锁总部收购的,按照变更药品经营许可证程序办理。

第二十四条 药品经营许可证载明的登记事项发生变化的,应当在发生变化起三十日内,向发证机关申请办理药品经营许可证变更登记。发证机关应当在十日内完成变更登记。

第二十五条 药品经营许可证载明事项发生变更的,由发证机关在副本上记录变更的内容和时间,并按照变更后的内容重新核发药品经营许可证正本。

第二十六条 药品经营许可证有效期届满需要继续经营药品的,药品经营企业应当在有效期届满前六个月至两个月期间,向发证机关提出重新审查发证申请。

发证机关按照本办法关于申请办理药品经营许可证的程序和要求进行审查,必要时开展现场检查。药品经营许可证有效期届满前,应当作出是否许可的决定。

经审查符合规定条件的,准予许可,药品经营许可证编号不变。不符合规定条件的,责令限期整改;整改后仍不符合规定条件的,不予许可,并书面说明理由。逾期未作出决定的,视为准予许可。

在有效期届满前两个月内提出重新审查发证

申请的,药品经营许可证有效期届满后不得继续经营;药品监督管理部门准予许可后,方可继续经营。

第二十七条 有下列情形之一的,由发证机关依法办理药品经营许可证注销手续,并予以公告:

(一)企业主动申请注销药品经营许可证的;

(二)药品经营许可证有效期届满未申请重新审查发证的;

(三)药品经营许可依法被撤销、撤回或者药品经营许可证依法被吊销的;

(四)企业依法终止的;

(五)法律、法规规定的应当注销行政许可的其他情形。

第二十八条 药品经营许可证遗失的,应当向原发证机关申请补发。原发证机关应当及时补发药品经营许可证,补发的药品经营许可证编号和有效期限与原许可证一致。

第二十九条 任何单位或者个人不得伪造、变造、出租、出借、买卖药品经营许可证。

第三十条 药品监督管理部门应当及时更新药品经营许可证核发、重新审查发证、变更、吊销、撤销、注销等信息,并在完成后十日内予以公开。

第三章 经营管理

第三十一条 从事药品经营活动的,应当遵守药品经营质量管理规范,按照药品经营许可证载明的经营方式和经营范围,在药品监督管理部门核准的地址销售、储存药品,保证药品经营全过程符合法定要求。

药品经营企业应当建立覆盖药品经营全过程的质量管理体系。购销记录以及储存条件、运输过程、质量控制等记录应当完整准确,不得编造和篡改。

第三十二条 药品经营企业应当开展评估、验证、审核等质量管理活动,对已识别的风险及时采取有效控制措施,保证药品质量。

第三十三条 药品经营企业的法定代表人、主要负责人对药品经营活动全面负责。

药品经营企业的主要负责人、质量负责人应当符合药品经营质量管理规范规定的条件。主要负责人全面负责企业日常管理,负责配备专门的质量负责人;质量负责人全面负责药品质量管理工作,保证药品质量。

第三十四条 药品上市许可持有人将其持有的品种委托销售的,接受委托的药品经营企业应当具有相应的经营范围。受托方不得再次委托销售。药品上市许可持有人应当与受托方签订委托协议,明确约定药品质量责任等内容,对受托方销售行为进行监督。

药品上市许可持有人委托销售的,应当向其所在地省、自治区、直辖市药品监督管理部门报告;跨省、自治区、直辖市委托销售的,应当同时报告药品经营企业所在地省、自治区、直辖市药品监督管理部门。

第三十五条 药品上市许可持有人应当建立质量管理体系,对药品经营过程中药品的安全性、有效性和质量可控性负责。药品存在质量问题或者其他安全隐患的,药品上市许可持有人应当立即停止销售,告知药品经营企业和医疗机构停止销售和使用,及时依法采取召回等风险控制措施。

第三十六条 药品经营企业不得经营疫苗、医疗机构制剂、中药配方颗粒等国家禁止药品经营企业经营的药品。

药品零售企业不得销售麻醉药品、第一类精神药品、放射性药品、药品类易制毒化学品、蛋白同化制剂、肽类激素(胰岛素除外)、终止妊娠药品等国家禁止零售的药品。

第三十七条 药品上市许可持有人、药品经营企业应当加强药品采购、销售人员的管理,对其进行法律、法规、规章、标准、规范和专业知识培训,并对其药品经营行为承担法律责任。

第三十八条 药品上市许可持有人、药品批发企业销售药品时,应当向购药单位提供以下材料:

(一)药品生产许可证、药品经营许可证复印件;

(二)所销售药品批准证明文件和检验报告书复印件;

(三)企业派出销售人员授权书原件和身份证复印件;

(四)标明供货单位名称、药品通用名称、药品上市许可持有人(中药饮片标明生产企业、产地)、批准文号、产品批号、剂型、规格、有效期、销售数量、销售价格、销售日期等内容的凭证;

(五)销售进口药品的,按照国家有关规定提供相关证明文件；

（六）法律、法规要求的其他材料。

上述资料应当加盖企业印章。符合法律规定的可靠电子签名、电子印章与手写签名或者盖章具有同等法律效力。

第三十九条 药品经营企业采购药品时，应当索取、查验、留存本办法第三十八条规定的有关材料、凭证。

第四十条 药品上市许可持有人、药品经营企业购销活动中的有关资质材料和购销凭证、记录保存不得少于五年，且不少于药品有效期满后一年。

第四十一条 药品储存、运输应当严格遵守药品经营质量管理规范的要求，根据药品包装、质量特性、温度控制等要求采取有效措施，保证储存、运输过程中的药品质量安全。冷藏冷冻药品储存、运输应当按要求配备冷藏冷冻设施设备，确保全过程处于规定的温度环境，按照规定做好监测记录。

第四十二条 药品零售企业应当遵守国家处方药与非处方药分类管理制度，按规定凭处方销售处方药，处方保留不少于五年。

药品零售企业不得以买药品赠药品或者买商品赠药品等方式向公众赠送处方药、甲类非处方药。处方药不得开架销售。

药品零售企业销售药品时，应当开具标明药品通用名称、药品上市许可持有人（中药饮片标明生产企业、产地）、产品批号、剂型、规格、销售数量、销售价格、销售日期、销售企业名称等内容的凭证。

药品零售企业配备依法经过资格认定的药师或者其他药学技术人员，负责药品质量管理、处方审核和调配、合理用药指导以及不良反应信息收集与报告等工作。

药品零售企业营业时间内，依法经过资格认定的药师或者其他药学技术人员不在岗时，应当挂牌告知。未经依法经过资格认定的药师或者其他药学技术人员审核，不得销售处方药。

第四十三条 药品零售连锁总部应当建立健全质量管理体系，统一企业标识、规章制度、计算机系统、人员培训、采购配送、票据管理、药学服务标准规范等，对所属零售门店的经营活动履行管理责任。

药品零售连锁总部所属零售门店应当按照总部统一质量管理体系要求开展药品零售活动。

第四十四条 药品零售连锁总部应当加强对所属零售门店的管理，保证其持续符合药品经营质量管理规范和统一的质量管理体系要求。发现所属零售门店经营的药品存在质量问题或者其他安全隐患的，应当及时采取风险控制措施，并依法向药品监督管理部门报告。

第四十五条 药品上市许可持有人、药品经营企业委托储存、运输药品的，应当对受托方质量保证能力和风险管理能力进行评估，与其签订委托协议，约定药品质量责任、操作规程等内容，对受托方进行监督，并开展定期检查。

药品上市许可持有人委托储存的，应当按规定向药品上市许可持有人、受托方所在地省、自治区、直辖市药品监督管理部门报告。药品经营企业委托储存药品的，按照变更仓库地址办理。

第四十六条 接受委托储存药品的单位应当符合药品经营质量管理规范有关要求，并具备以下条件：

（一）有符合资质的人员，相应的药品质量管理体系文件，包括收货、验收、入库、储存、养护、出库、运输等操作规程；

（二）有与委托单位实现数据对接的计算机系统，对药品入库、出库、储存、运输和药品质量信息进行记录并可追溯，为委托方药品召回等提供支持；

（三）有符合省级以上药品监督管理部门规定的现代物流要求的药品储存场所和设施设备。

第四十七条 接受委托储存、运输药品的单位应当按照药品经营质量管理规范要求开展药品储存、运输活动，履行委托协议约定的义务，并承担相应的法律责任。受托方不得再次委托储存。

受托方再次委托运输的，应当征得委托方同意，并签订质量保证协议，确保药品运输过程符合药品经营质量管理规范要求。疫苗、麻醉药品、精神药品、医疗用毒性药品、放射性药品、药品类易制毒化学品等特殊管理的药品不得再次委托运输。

受托方发现药品存在重大质量问题的，应当立即向委托方所在地和受托方所在地药品监督管理部门报告，并主动采取风险控制措施。

第四十八条 药品批发企业跨省、自治区、直辖市设置仓库的,药品批发企业所在地省、自治区、直辖市药品监督管理部门商仓库所在地省、自治区、直辖市药品监督管理部门后,符合要求的,按照变更仓库地址办理。

药品批发企业跨省、自治区、直辖市设置的仓库,应当符合本办法第八条有关药品批发企业仓库的条件。药品批发企业应当对异地仓库实施统一的质量管理。

药品批发企业所在地省、自治区、直辖市药品监督管理部门负责对跨省、自治区、直辖市设置仓库的监督管理,仓库所在地省、自治区、直辖市药品监督管理部门负责协助日常监管。

第四十九条 因科学研究、检验检测、慈善捐助、突发公共卫生事件等有特殊购药需求的单位,向所在地设区的市级以上地方药品监督管理部门报告后,可以到指定的药品上市许可持有人或者药品经营企业购买药品。供货单位应当索取购药单位有关资质材料并做好销售记录,存档备查。

突发公共卫生事件或者其他严重威胁公众健康的紧急事件发生时,药品经营企业应当按照县级以上人民政府的应急处置规定,采取相应措施。

第五十条 药品上市许可持有人、药品经营企业通过网络销售药品的,应当遵守《药品管理法》及药品网络销售监督管理有关规定。

第四章 药品使用质量管理

第五十一条 医疗机构应当建立健全药品质量管理体系,完善药品购进、验收、储存、养护及使用等环节的质量管理制度,明确各环节中工作人员的岗位责任。

医疗机构应当设置专门部门负责药品质量管理;未设专门部门的,应当指定专人负责药品质量管理。

第五十二条 医疗机构购进药品,应当核实供货单位的药品生产许可证或者药品经营许可证、授权委托书以及药品批准证明文件、药品合格证明等有效证明文件。首次购进药品的,应当妥善保存加盖供货单位印章的上述材料复印件,保存期限不得少于五年。

医疗机构购进药品时应当索取、留存合法票据,包括税票及详细清单,清单上应当载明供货单位名称、药品通用名称、药品上市许可持有人(中药饮片标明生产企业、产地)、批准文号、产品批

号、剂型、规格、销售数量、销售价格等内容。票据保存不得少于三年,且不少于药品有效期满后一年。

第五十三条 医疗机构应当建立和执行药品购进验收制度,购进药品应当逐批验收,并建立真实、完整的记录。

药品购进验收记录应当注明药品的通用名称、药品上市许可持有人(中药饮片标明生产企业、产地)、批准文号、产品批号、剂型、规格、有效期、供货单位、购进数量、购进价格、购进日期。药品购进验收记录保存不得少于三年,且不少于药品有效期满后一年。

医疗机构接受捐赠药品、从其他医疗机构调入急救药品应当遵守本条规定。

第五十四条 医疗机构应当制定并执行药品储存、养护制度,配备专用场所和设施设备储存药品,做好储存、养护记录,确保药品储存符合药品说明书标明的条件。

医疗机构应当按照有关规定,根据药品属性和类别分库、分区、分垛储存药品,并实行色标管理。药品与非药品分开存放;中药饮片、中成药、化学药、生物制品分类存放;过期、变质、被污染等的药品应当放置在不合格库(区);麻醉药品、精神药品、医疗用毒性药品、放射性药品、药品类易制毒化学品以及易燃、易爆、强腐蚀等危险性药品应当按照相关规定存放,并采取必要的安全措施。

第五十五条 医疗机构应当制定和执行药品养护管理制度,并采取必要的控温、防潮、避光、通风、防火、防虫、防鼠、防污染等措施,保证药品质量。

医疗机构应当配备药品养护人员,定期对储存药品进行检查和养护,监测和记录储存区域的温湿度,维护储存设施设备,并建立相应的养护档案。

第五十六条 医疗机构发现使用的药品存在质量问题或者其他安全隐患的,应当立即停止使用,向供货单位反馈并及时向所在地市县级药品监督管理部门报告。市县级药品监督管理部门应当按照有关规定进行监督检查,必要时开展抽样检验。

第五十七条 医疗机构应当积极协助药品上市许可持有人、中药饮片生产企业、药品批发企业履行药品召回、追回义务。

第五十八条 医疗机构应当建立覆盖药品购

进、储存、使用的全过程追溯体系，开展追溯数据校验和采集，按规定提供药品追溯信息。

第五章 监督检查

第五十九条 药品监督管理部门应当根据药品经营使用单位的质量管理，所经营和使用药品品种、检查、检验、投诉、举报等药品安全风险和信用情况，制定年度检查计划、开展监督检查并建立监督检查档案。检查计划包括检查范围、检查内容、检查方式、检查重点、检查要求、检查时限、承担检查的单位等。

药品监督管理部门应当将上一年度新开办的药品经营企业纳入本年度的监督检查计划，对其实施药品经营质量管理规范符合性检查。

第六十条 县级以上地方药品监督管理部门应当根据药品经营和使用质量管理风险，确定监督检查频次：

（一）对麻醉药品和第一类精神药品、药品类易制毒化学品经营企业检查，每半年不少于一次；

（二）对冷藏冷冻药品、血液制品、细胞治疗类生物制品、第二类精神药品、医疗用毒性药品经营企业检查，每年不少于一次；

（三）对第一项、第二项以外的药品经营企业，每年确定一定比例开展药品经营质量管理规范符合性检查，三年内对本行政区域内药品经营企业全部进行检查；

（四）对接收、储存疫苗的疾病预防控制机构、接种单位执行疫苗储存和运输管理规范情况进行检查，原则上每年不少于一次；

（五）每年确定一定比例医疗机构，对其购进、验收、储存药品管理情况进行检查，三年内对行政区域内医疗机构全部进行检查。

药品监督管理部门可结合本行政区域内工作实际，增加检查频次。

第六十一条 药品上市许可持有人、药品经营企业与受托开展药品经营相关活动的受托方不在同一省、自治区、直辖市的，委托方所在地药品监督管理部门负责对跨省、自治区、直辖市委托开展的药品经营活动实施监督管理，受托方所在地药品监督管理部门负责协助日常监管。委托方和受托方所在地药品监督管理部门应当加强信息沟通，相互通报监督检查等情况，必要时可以开展联合检查。

第六十二条 药品监督管理部门在监督检查过程中发现可能存在质量问题的药品，可以按照有关规定进行抽样检验。

第六十三条 根据监督检查情况，有证据证明可能存在药品安全隐患的，药品监督管理部门可以依法采取以下行政措施：

（一）行政告诫；

（二）责任约谈；

（三）责令限期整改；

（四）责令暂停相关药品销售和使用；

（五）责令召回药品；

（六）其他风险控制措施。

第六十四条 药品监督管理部门在监督检查过程中，发现存在涉嫌违反药品法律、法规、规章行为的，应当及时采取措施，按照职责和权限依法查处；涉嫌犯罪的移交公安机关处理。发现涉嫌违纪线索的，移送纪检监察部门。

第六十五条 药品上市许可持有人、药品生产企业、药品经营企业和医疗机构应当积极配合药品监督管理部门实施的监督检查，如实提供与被检查事项有关的物品和记录、凭证以及医学文书等资料，不得以任何理由拒绝、逃避监督检查，不得伪造、销毁、隐匿有关证据材料，不得擅自动用查封、扣押物品。

第六章 法律责任

第六十六条 药品经营和使用质量管理的违法行为，法律、行政法规已有规定的，依照其规定。

违反本办法规定，主动消除或者减轻违法行为危害后果的；违法行为轻微并及时改正，没有造成危害后果的；初次违法且危害后果轻微并及时改正的，依据《中华人民共和国行政处罚法》第三十二条、第三十三条规定从轻、减轻或者不予处罚。有证据足以证明没有主观过错的，不予行政处罚。

第六十七条 药品经营企业未按规定办理药品经营许可证登记事项变更的，由药品监督管理部门责令限期改正；逾期不改正的，处五千元以上五万元以下罚款。

第六十八条 药品经营企业未经批准变更许可事项或者药品经营许可证超过有效期继续开展药品经营活动的，药品监督管理部门按照《药品管理法》第一百一十五条的规定给予处罚，但是，有下列情形之一，药品经营企业及时改正，不影响药品质量安全的，给予减轻处罚：

（一）药品经营企业超出许可的经营方式、经营地址从事药品经营活动的；

（二）超出经营范围经营的药品不属于疫苗、麻醉药品、精神药品、药品类易制毒化学品、医疗用毒性药品、血液制品、细胞治疗类生物制品的；

（三）药品经营许可证超过有效期但符合申请办理药品经营许可证要求的；

（四）依法可以减轻处罚的其他情形。

药品零售企业违反本办法第三十六条第二款规定，法律、行政法规已有规定的，依照法律、行政法规的规定处罚。法律、行政法规未作规定的，责令限期改正，处五万元以上十万元以下罚款；造成危害后果的，处十万元以上二十万元以下罚款。

第六十九条 有下列违反药品经营质量管理规范情形之一的，药品监督管理部门可以依据《药品管理法》第一百二十六条规定的情节严重的情形给予处罚：

（一）药品上市许可持有人委托不具备相应资质条件的企业销售药品的；

（二）药品上市许可持有人、药品批发企业将国家有专门管理要求的药品销售给个人或者不具备相应资质的单位，导致相关药品流入非法渠道或者去向不明，或者知道、应当知道购进单位将相关药品流入非法渠道仍销售药品的；

（三）药品经营质量管理和质量控制过程中，记录或者票据不真实，存在虚假欺骗行为的；

（四）对已识别的风险未及时采取有效的风险控制措施，造成严重后果的；

（五）知道或者应当知道他人从事非法药品生产、经营和使用活动，依然为其提供药品的；

（六）其他情节严重的情形。

第七十条 有下列情形之一的，由药品监督管理部门责令限期改正；逾期不改正的，处五千元以上三万元以下罚款：

（一）接受药品上市许可持有人委托销售的药品经营企业违反本办法第三十四条第一款规定再次委托销售的；

（二）药品上市许可持有人未按本办法第三十四条第一款、第三十五条规定对委托销售行为进行管理的；

（三）药品上市许可持有人、药品经营企业未按本办法第四十五条第一款规定对委托储存、运输行为进行管理的；

（四）药品上市许可持有人、药品经营企业未按本办法第三十四条第二款、第四十五条第二款规定报告委托销售、储存情况的；

（五）接受委托储存药品的受托方违反本办法第四十七条第一款规定再次委托储存药品的；

（六）接受委托运输药品的受托方违反本办法第四十七条第二款规定运输药品的；

（七）接受委托储存、运输的受托方未按本办法第四十七条第三款规定向委托方所在地和受托方所在地药品监督管理部门报告药品重大质量问题的。

第七十一条 药品上市许可持有人、药品经营企业未按本办法第三十八条、第三十九条、第四十条、第四十二条第三款规定履行购销查验义务或者开具销售凭证，违反药品经营质量管理规范的，药品监督管理部门按照《药品管理法》第一百二十六条给予处罚。

第七十二条 药品零售企业有以下情形之一的，由药品监督管理部门责令限期改正；逾期不改正的，处五千元以上五万元以下罚款；造成危害后果的，处五万元以上二十万元以下罚款：

（一）未按规定凭处方销售处方药的；

（二）以买药品赠药品或者买商品赠药品等方式向公众直接或者变相赠送处方药、甲类非处方药的；

（三）违反本办法第四十二条第五款规定的药师或者药学技术人员管理要求的。

第七十三条 医疗机构未按本办法第五十一条第二款规定设置专门质量管理部门或者人员、未按本办法第五十二条、第五十三条、第五十四条、第五十五条、第五十六条规定履行进货查验、药品储存和养护、停止使用、报告等义务的，由药品监督管理部门责令限期改正，并通报卫生健康主管部门；逾期不改正或者情节严重的，处五千元以上五万元以下罚款；造成严重后果的，处五万元以上二十万元以下罚款。

第七章 附 则

第七十四条 国家对疫苗、血液制品、麻醉药品、精神药品、医疗用毒性药品、放射性药品、药品类易制毒化学品等的经营、使用管理另有规定的，依照其规定。

第七十五条　本办法规定的期限以工作日计算。药品经营许可中技术审查、现场检查、企业整改等所需时间不计入期限。

第七十六条　药品经营许可证编号格式为"省份简称+两位分类代码+四位地区代码+五位顺序号"。

其中两位分类代码为大写英文字母，第一位A表示批发企业，B表示药品零售连锁总部，C表示零售连锁门店，D表示单体药品零售企业；第二位A表示法人企业，B表示非法人企业。

四位地区代码为阿拉伯数字，对应企业所在地区（市、州）代码，按照国内电话区号编写，区号为四位的去掉第一个0，区号为三位的全部保留，第四位为调整码。

第七十七条　药品批发企业，是指将购进的药品销售给药品生产企业、药品经营企业、医疗机构的药品经营企业。

药品零售连锁企业由总部、配送中心和若干个门店构成，在总部的管理下，实施规模化、集团化管理经营。

药品零售企业，是指将购进的药品直接销售给消费者的药品经营企业。

药品使用单位包括医疗机构、疾病预防控制机构等。

第七十八条　各省、自治区、直辖市药品监督管理部门可以依照本办法制定实施细则。

第七十九条　本办法自2024年1月1日起实施。2004年2月4日原国家食品药品监督管理局令第6号公布的《药品经营许可证管理办法》和2007年1月31日原国家食品药品监督管理局令第26号公布的《药品流通监督管理办法》同时废止。

药品召回管理办法

- 2022年10月24日国家药品监督管理局公告2022年第92号
- 自2022年11月1日起施行

第一章　总　则

第一条　为加强药品质量监管，保障公众用药安全，根据《中华人民共和国药品管理法》《中华人民共和国疫苗管理法》《中华人民共和国药品管理法实施条例》等法律法规，制定本办法。

第二条　中华人民共和国境内生产和上市药品的召回及其监督管理，适用本办法。

第三条　本办法所称药品召回，是指药品上市许可持有人（以下称持有人）按照规定的程序收回已上市的存在质量问题或者其他安全隐患药品，并采取相应措施，及时控制风险、消除隐患的活动。

第四条　本办法所称质量问题或者其他安全隐患，是指由于研制、生产、储运、标识等原因导致药品不符合法定要求，或者其他可能使药品具有的危及人体健康和生命安全的不合理危险。

第五条　持有人是控制风险和消除隐患的责任主体，应当建立并完善药品召回制度，收集药品质量和安全的相关信息，对可能存在的质量问题或者其他安全隐患进行调查、评估，及时召回存在质量问题或者其他安全隐患的药品。

药品生产企业、药品经营企业、药品使用单位应当积极协助持有人对可能存在质量问题或者其他安全隐患的药品进行调查、评估，主动配合持有人履行召回义务，按照召回计划及时传达、反馈药品召回信息，控制和收回存在质量问题或者其他安全隐患的药品。

第六条　药品生产企业、药品经营企业、药品使用单位发现其生产、销售或者使用的药品可能存在质量问题或者其他安全隐患的，应当及时通知持有人，必要时应当暂停生产、放行、销售、使用，并向所在地省、自治区、直辖市人民政府药品监督管理部门报告，通知和报告的信息应当真实。

第七条　持有人、药品生产企业、药品经营企业、药品使用单位应当按规定建立并实施药品追溯制度，保存完整的购销记录，保证上市药品的可溯源。

第八条　省、自治区、直辖市人民政府药品监督管理部门负责本行政区域内药品召回的监督管理工作。

市县级地方人民政府药品监督管理部门负责配合、协助做好药品召回的有关工作，负责行政区域内药品经营企业、药品使用单位协助召回情况的监督管理工作。

国家药品监督管理局负责指导全国药品召回的管理工作。

第九条 国家药品监督管理局和省、自治区、直辖市人民政府药品监督管理部门应当按照药品信息公开有关制度，采取有效途径向社会公布存在质量问题或者其他安全隐患的药品信息和召回信息，必要时向同级卫生健康主管部门通报相关信息。

持有人应当制定药品召回信息公开制度，依法主动公布药品召回信息。

第二章　调查与评估

第十条 持有人应当主动收集、记录药品的质量问题、药品不良反应/事件、其他安全风险信息，对可能存在的质量问题或者其他安全隐患进行调查和评估。

药品生产企业、药品经营企业、药品使用单位应当配合持有人对有关药品质量问题或者其他安全隐患进行调查，并提供有关资料。

第十一条 对可能存在质量问题或者其他安全隐患的药品进行调查，应当根据实际情况确定调查内容，可以包括：

（一）已发生药品不良反应/事件的种类、范围及原因；

（二）药品处方、生产工艺等是否符合相应药品标准、核准的生产工艺要求；

（三）药品生产过程是否符合药品生产质量管理规范；生产过程中的变更是否符合药品注册管理和相关变更技术指导原则等规定；

（四）药品储存、运输等是否符合药品经营质量管理规范；

（五）药品使用是否符合药品临床应用指导原则、临床诊疗指南和药品说明书、标签规定等；

（六）药品主要使用人群的构成及比例；

（七）可能存在质量问题或者其他安全隐患的药品批次、数量及流通区域和范围；

（八）其他可能影响药品质量和安全的因素。

第十二条 对存在质量问题或者其他安全隐患药品评估的主要内容包括：

（一）该药品引发危害的可能性，以及是否已经对人体健康造成了危害；

（二）对主要使用人群的危害影响；

（三）对特殊人群，尤其是高危人群的危害影响，如老年人、儿童、孕妇、肝肾功能不全者、外科手术病人等；

（四）危害的严重与紧急程度；

（五）危害导致的后果。

第十三条 根据药品质量问题或者其他安全隐患的严重程度，药品召回分为：

（一）一级召回：使用该药品可能或者已经引起严重健康危害的；

（二）二级召回：使用该药品可能或者已经引起暂时或者可逆的健康危害的；

（三）三级召回：使用该药品一般不会引起健康危害，但由于其他原因需要收回的。

第十四条 持有人应当根据调查和评估结果和药品召回等级，形成调查评估报告，科学制定召回计划。

调查评估报告应当包括以下内容：

（一）召回药品的具体情况，包括名称、规格、批次等基本信息；

（二）实施召回的原因；

（三）调查评估结果；

（四）召回等级。

召回计划应当包括以下内容：

（一）药品生产销售情况及拟召回的数量；

（二）召回措施具体内容，包括实施的组织、范围和时限等；

（三）召回信息的公布途径和范围；

（四）召回的预期效果；

（五）药品召回后的处理措施；

（六）联系人的姓名及联系方式。

第三章　主动召回

第十五条 持有人经调查评估后，确定药品存在质量问题或者其他安全隐患的，应当立即决定并实施召回，同时通过企业官方网站或者药品相关行业媒体向社会发布召回信息。召回信息应当包括以下内容：药品名称、规格、批次、持有人、药品生产企业、召回原因、召回等级等。

实施一级、二级召回的，持有人还应当申请在所在地省、自治区、直辖市人民政府药品监督管理部门网站依法发布召回信息。省、自治区、直辖市人民政府药品监督管理部门网站发布的药品召回信息应当与国家药品监督管理局网站链接。

第十六条 持有人作出药品召回决定的，一级召回在1日内，二级召回在3日内，三级召回在7日内，应当发出召回通知，通知到药品生产企业、药品经营企业、药品使用单位等，同时向所在地省、自治区、直辖市人民政府药品监督管理部门备案调查评估报告、召回计划和召回通知。召回通知应当包括以下内容：

（一）召回药品的具体情况，包括名称、规格、批次等基本信息；

（二）召回的原因；

（三）召回等级；

（四）召回要求，如立即暂停生产、放行、销售、使用；转发召回通知等。

（五）召回处理措施，如召回药品外包装标识、隔离存放措施、储运条件、监督销毁等。

第十七条 持有人在实施召回过程中，一级召回每日，二级召回每3日，三级召回每7日，向所在地省、自治区、直辖市人民政府药品监督管理部门报告药品召回进展情况。

召回过程中，持有人应当及时评估召回效果，发现召回不彻底的，应当变更召回计划，扩大召回范围或者重新召回。变更召回计划的，应当及时向所在地省、自治区、直辖市人民政府药品监督管理部门备案。

第十八条 持有人应当明确召回药品的标识及存放要求，召回药品的外包装标识、隔离存放措施等，应当与正常药品明显区别，防止差错、混淆。对需要特殊储存条件的，在其储存和转运过程中，应当保证储存条件符合规定。

第十九条 召回药品需要销毁的，应当在持有人、药品生产企业或者储存召回药品所在地县级以上人民政府药品监督管理部门或者公证机构监督下销毁。

对通过更换标签、修改并完善说明书、重新外包装等方式能够消除隐患的，或者对不符合药品标准但尚不影响安全性、有效性的中药饮片，且能够通过返工等方式解决该问题的，可以适当处理后再上市。相关处理操作应当符合相应药品质量管理规范等要求，不得延长药品有效期或者保质期。

持有人对召回药品的处理应当有详细的记录，记录应当保存5年且不得少于药品有效期后1年。

第二十条 持有人应当按照《药品管理法》第八十二条规定，在召回完成后10个工作日内，将药品召回和处理情况向所在地省、自治区、直辖市人民政府药品监督管理部门和卫生健康主管部门报告。

持有人应当在药品年度报告中说明报告期内药品召回情况。

第二十一条 境外生产药品涉及在境内实施召回的，境外持有人指定的在中国境内履行持有人义务的企业法人（以下称境内代理人）应当按照本办法组织实施召回，并向其所在地省、自治区、直辖市人民政府药品监督管理部门和卫生健康主管部门报告药品召回和处理情况。

境外持有人在境外实施药品召回，经综合评估认为属于下列情形的，其境内代理人应当于境外召回启动后10个工作日内，向所在地省、自治区、直辖市人民政府药品监督管理部门报告召回药品的名称、规格、批次、召回原因等信息：

（一）与境内上市药品为同一品种，但不涉及境内药品规格、批次或者剂型的；

（二）与境内上市药品共用生产线的；

（三）其他需要向药品监督管理部门报告的。

境外持有人应当综合研判境外实施召回情况，如需要在中国境内召回的，应当按照本条第一款规定组织实施召回。

第四章 责令召回

第二十二条 有以下情形之一的，省、自治区、直辖市人民政府药品监督管理部门应当责令持有人召回药品：

（一）药品监督管理部门经过调查评估，认为持有人应当召回药品而未召回的；

（二）药品监督管理部门经对持有人主动召回结果审查，认为持有人召回药品不彻底的。

第二十三条 省、自治区、直辖市人民政府药品监督管理部门责令召回药品的，应当按本办法第九条、第十五条相关规定向社会公布责令召回药品信息，要求持有人、药品生产企业、药品经营企业和药品使用单位停止生产、放行、销售、使用。

持有人应当按照责令召回要求实施召回，并按照本办法第十五条相关规定向社会发布药品召回信息。

第二十四条 省、自治区、直辖市人民政府药品监督管理部门作出责令召回决定，应当将责令召回通知书送达持有人。责令召回通知书应当包括以下内容：

（一）召回药品的具体情况，包括名称、规格、批次等基本信息；

（二）实施召回的原因；

(三）审查评价和/或调查评估结果；

(四）召回等级；

(五）召回要求，包括范围和时限等。

第二十五条 持有人在收到责令召回通知书后，应当按照本办法第十四条、第十六条的规定，通知药品生产企业、药品经营企业和药品使用单位，制定、备案召回计划，并组织实施。

第二十六条 持有人在实施召回过程中，应当按照本办法第十七条相关要求向所在地省、自治区、直辖市人民政府药品监督管理部门报告药品召回进展情况。

第二十七条 持有人应当按照本办法第十八条、第十九条规定做好后续处理和记录，并在完成召回和处理后10个工作日内向所在地省、自治区、直辖市人民政府药品监督管理部门和卫生健康主管部门提交药品召回的总结报告。

第二十八条 省、自治区、直辖市人民政府药品监督管理部门应当自收到总结报告之日起10个工作日内进行审查，并对召回效果进行评价，必要时组织专家进行审查和评价。认为召回尚未有效控制风险或者消除隐患的，应当书面要求持有人重新召回。

第二十九条 对持有人违反本办法规定，在其所在地省、自治区、直辖市人民政府药品监督管理部门责令其召回后而拒不召回的，药品生产企业、药品经营企业、药品使用单位不配合召回的，相应省、自治区、直辖市人民政府药品监督管理部门应当按照《药品管理法》第一百三十五条的规定进行查处。

第五章 附 则

第三十条 在中国境内上市疫苗的召回程序适用本办法。疫苗存在或者疑似存在质量问题的处置要求应当按照《疫苗管理法》的规定执行。

第三十一条 境内持有人发现出口药品存在质量问题或者其他安全隐患的，应当及时通报进口国（地区）药品监管机构和采购方，需要在境外实施召回的，应当按照进口国（地区）有关法律法规及采购合同的规定组织实施召回。

第三十二条 中药饮片、中药配方颗粒的召回，其生产企业按照本办法实施。

第三十三条 本办法自2022年11月1日施行。

（四）进口药品

进口药材管理办法

· 2019年5月16日国家市场监督管理总局令第9号公布
· 自2020年1月1日起施行

第一章 总 则

第一条 为加强进口药材监督管理，保证进口药材质量，根据《中华人民共和国药品管理法》《中华人民共和国药品管理法实施条例》等法律、行政法规，制定本办法。

第二条 进口药材申请、审批、备案、口岸检验以及监督管理，适用本办法。

第三条 药材应当从国务院批准的允许药品进口的口岸或者允许药材进口的边境口岸进口。

第四条 国家药品监督管理局主管全国进口药材监督管理工作。国家药品监督管理局委托省、自治区、直辖市药品监督管理部门（以下简称省级药品监督管理部门）实施首次进口药材审批，并对委托实施首次进口药材审批的行为进行监督指导。

省级药品监督管理部门依法对进口药材进行监督管理，并在委托范围内以国家药品监督管理局的名义实施首次进口药材审批。

允许药品进口的口岸或者允许药材进口的边境口岸所在地负责药品监督管理的部门（以下简称口岸药品监督管理部门）负责进口药材的备案，组织口岸检验并进行监督管理。

第五条 本办法所称药材进口单位是指办理首次进口药材审批的申请人或者办理进口药材备案的单位。

药材进口单位，应当是中国境内的中成药上市许可持有人、中药生产企业，以及具有中药材或者中药饮片经营范围的药品经营企业。

第六条 首次进口药材，应当按照本办法规定取得进口药材批件后，向口岸药品监督管理部门办理备案。首次进口药材，是指非同一国家（地区）、非同一申请人、非同一药材基原的进口药材。

非首次进口药材,应当按照本办法规定直接向口岸药品监督管理部门办理备案。非首次进口药材实行目录管理,具体目录由国家药品监督管理局制定并调整。尚未列入目录,但申请人、药材基原以及国家(地区)均未发生变更的,按照非首次进口药材管理。

第七条 进口的药材应当符合国家药品标准。中国药典现行版未收载的品种,应当执行进口药材标准;中国药典现行版、进口药材标准均未收载的品种,应当执行其他的国家药品标准。少数民族地区进口当地习用的少数民族药药材,尚无国家药品标准的,应当符合相应的省、自治区药材标准。

第二章 首次进口药材申请与审批

第八条 首次进口药材,申请人应当通过国家药品监督管理局的信息系统(以下简称信息系统)填写进口药材申请表,并向所在地省级药品监督管理部门报送以下资料:

(一)进口药材申请表;

(二)申请人药品生产许可证或者药品经营许可证复印件,申请人为中成药上市许可持有人的,应当提供相关药品批准证明文件复印件;

(三)出口商主体登记证明文件复印件;

(四)购货合同及其公证文书复印件;

(五)药材产地生态环境、资源储量、野生或者种植养殖情况、采收及产地初加工等信息;

(六)药材标准及标准来源;

(七)由中国境内具有动、植物基原鉴定资质的机构出具的载有鉴定依据、鉴定结论、样品图片、鉴定人、鉴定机构及其公章等信息的药材基原鉴定证明原件。

申请人应当对申报资料的真实性负责。

第九条 省级药品监督管理部门收到首次进口药材申报资料后,应当对申报资料的规范性、完整性进行形式审查。申报资料存在可以当场更正的错误的,应当允许申请人当场更正;申报资料不齐全或者不符合法定形式的,应当当场或者5日内一次告知申请人需要补正的全部内容,逾期不告知的,自收到申报资料之日起即为受理。

省级药品监督管理部门受理或者不予受理首次进口药材申请,应当出具受理或者不予受理通知书;不予受理的,应当书面说明理由。

第十条 申请人收到首次进口药材受理通知书后,应当及时将检验样品报送所在地省级药品检验机构,同时提交本办法第八条规定的资料。

第十一条 省级药品检验机构收到检验样品和相关资料后,应当在30日内完成样品检验,向申请人出具进口药材检验报告书,并报送省级药品监督管理部门。因品种特性或者检验项目等原因确需延长检验时间的,应当将延期的时限、理由书面报告省级药品监督管理部门并告知申请人。

第十二条 申请人对检验结果有异议的,可以依照药品管理法的规定申请复验。药品检验机构应当在复验申请受理后20日内作出复验结论,并报告省级药品监督管理部门,通知申请人。

第十三条 在审批过程中,省级药品监督管理部门认为需要申请人补充资料的,应当一次告知需要补充的全部内容。

申请人应当在收到补充资料通知书后4个月内,按照要求一次提供补充资料。逾期未提交补充资料的,作出不予批准的决定。因不可抗力等原因无法在规定时限内提交补充资料的,申请人应当向所在地省级药品监督管理部门提出延期申请,并说明理由。

第十四条 省级药品监督管理部门应当自受理申请之日起20日内作出准予或者不予批准的决定。对符合要求的,发给一次性进口药材批件。检验、补充资料期限不计入审批时限。

第十五条 变更进口药材批件批准事项的,申请人应当通过信息系统填写进口药材补充申请表,向原发出批件的省级药品监督管理部门提出补充申请。补充申请的申请人应当是原进口药材批件的持有者,并报送以下资料:

(一)进口药材补充申请表;

(二)进口药材批件原件;

(三)与变更事项有关的材料。

申请人变更名称的,除第一款规定资料外,还应当报送申请人药品生产许可证或者药品经营许可证以及变更记录页复印件,或者药品批准证明文件以及持有人名称变更补充申请批件复印件。

申请人变更到货口岸的,除第一款规定资料外,还应当报送购货合同及其公证文书复印件。

第十六条 省级药品监督管理部门应当在补充申请受理后20日内完成审批。对符合要求的,发给进口药材补充申请批件。

第十七条　省级药品监督管理部门决定予以批准的,应当在作出批准决定后10日内,向申请人送达进口药材批件或者进口药材补充申请批件;决定不予批准的,应当在作出不予批准决定后10日内,向申请人送达审查意见通知书,并说明理由,告知申请人享有依法申请行政复议或者提起行政诉讼的权利。

第三章　备　案

第十八条　首次进口药材申请人应当在取得进口药材批件后1年内,从进口药材批件注明的到货口岸组织药材进口。

第十九条　进口单位应当向口岸药品监督管理部门备案,通过信息系统填报进口药材报验单,并报送以下资料:

（一）进口药材报验单原件；

（二）产地证明复印件；

（三）药材标准及标准来源；

（四）装箱单、提运单和货运发票复印件；

（五）经其他国家（地区）转口的进口药材,应当同时提交产地到各转口地的全部购货合同、装箱单、提运单和货运发票复印件；

（六）进口药材涉及《濒危野生动植物种国际贸易公约》限制进出口的濒危野生动植物的,还应当提供国家濒危物种进出口管理机构核发的允许进出口证明书复印件。

办理首次进口药材备案的,除第一款规定资料外,还应当报送进口药材批件和进口药材补充申请批件（如有）复印件。

办理非首次进口药材备案的,除第一款规定资料外,还应当报送进口单位的药品生产许可或者药品经营许可证复印件、出口商主体登记证明文件复印件、购货合同及其公证文书复印件。进口单位为中成药上市许可持有人的,应当提供相关药品批准证明文件复印件。

第二十条　口岸药品监督管理部门应当对备案资料的完整性、规范性进行形式审查,符合要求的,发给进口药品通关单,收回首次进口药材批件,同时向口岸药品检验机构发出进口药材口岸检验通知书,并附备案资料一份。

第二十一条　进口单位持进口药品通关单向海关办理报关验放手续。

第四章　口岸检验

第二十二条　口岸药品检验机构收到进口药材口岸检验通知书后,应当在2日内与进口单位商定现场抽样时间,按时到规定的存货地点进行现场抽样。现场抽样时,进口单位应当出示产地证明原件。

第二十三条　口岸药品检验机构应当对产地证明原件和药材实际到货情况与口岸药品监督管理部门提供的备案资料的一致性进行核查。符合要求的,予以抽样,填写进口药材抽样记录单,在进口单位持有的进口药品通关单原件上注明"已抽样"字样,并加盖抽样单位公章;不符合要求的,不予抽样,并在2日内报告所在地口岸药品监督管理部门。

第二十四条　口岸药品检验机构一般应当在抽样后20日内完成检验工作,出具进口药材检验报告书。因客观原因无法按时完成检验的,应当将延期的时限、理由书面告知进口单位并报告口岸药品监督管理部门。

口岸药品检验机构应当将进口药材检验报告书报送口岸药品监督管理部门,并告知进口单位。

经口岸检验合格的进口药材方可销售使用。

第二十五条　进口单位对检验结果有异议的,可以依照药品管理法的规定申请复验。药品检验机构应当在复验申请受理后20日内作出复验结论,并报告口岸药品监督管理部门,通知进口单位。

第五章　监督管理

第二十六条　口岸药品监督管理部门收到进口药材不予抽样通知书后,对有证据证明可能危害人体健康且已办结海关验放手续的全部药材采取查封、扣押的行政强制措施,并在7日内作出处理决定。

第二十七条　对检验不符合标准规定且已办结海关验放手续的进口药材,口岸药品监督管理部门应当在收到检验报告书后及时采取查封、扣押的行政强制措施,并依法作出处理决定,同时将有关处理情况报告所在地省级药品监督管理部门。

第二十八条　国家药品监督管理局根据需要,可以对进口药材的产地、初加工等生产现场组织实施境外检查。药材进口单位应当协调出口商配合检查。

第二十九条　中成药上市许可持有人、中药生产企业和药品经营企业采购进口药材时，应当查验口岸药品检验机构出具的进口药材检验报告书复印件和注明"已抽样"并加盖公章的进口药品通关单复印件，严格执行药品追溯管理的有关规定。

第三十条　进口药材的包装必须适合进口药材的质量要求，方便储存、运输以及进口检验。在每件包装上，必须注明药材中文名称、批件编号（非首次进口药材除外）、产地、唛头号、进口单位名称、出口商名称、到货口岸、重量以及加工包装日期等。

第三十一条　药材进口申请受理、审批结果、有关违法违规的情形及其处罚结果应当在国家药品监督管理部门网站公开。

第六章　法律责任

第三十二条　进口单位提供虚假的证明、文件资料样品或者采取其他欺骗手段取得首次进口药材批件的，依照药品管理法等法律法规的规定处理。

第三十三条　进口单位提供虚假证明、文件资料或者采取其他欺骗手段办理备案的，给予警告，并处1万元以上3万元以下罚款。

第七章　附　则

第三十四条　进口药材批件编号格式为：（省、自治区、直辖市简称）药材进字+4位年号+4位顺序号。

第三十五条　本办法自2020年1月1日起施行。原国家食品药品监督管理局2005年11月24日公布的《进口药材管理办法（试行）》同时废止。

药品进口管理办法

- 2003年8月18日国家食品药品监督管理局、海关总署令第4号公布
- 根据2012年8月24日卫生部、海关总署《关于修改〈药品进口管理办法〉的决定》修订

第一章　总　则

第一条　为规范药品进口备案、报关和口岸检验工作，保证进口药品的质量，根据《中华人民共和国药品管理法》、《中华人民共和国海关法》、《中华人民共和国药品管理法实施条例》（以下简称《药品管理法》、《海关法》、《药品管理法实施条例》）及相关法律法规的规定，制定本办法。

第二条　药品的进口备案、报关、口岸检验以及进口，适用本办法。

第三条　药品必须经由国务院批准的允许药品进口的口岸进口。

第四条　本办法所称进口备案，是指进口单位向允许药品进口的口岸所在地药品监督管理部门（以下称口岸药品监督管理局）申请办理《进口药品通关单》的过程。麻醉药品、精神药品进口备案，是指进口单位向口岸药品监督管理局申请办理《进口药品口岸检验通知书》的过程。

本办法所称口岸检验，是指国家食品药品监督管理局确定的药品检验机构（以下称口岸药品检验所）对抵达口岸的进口药品依法实施的检验工作。

第五条　进口药品必须取得国家食品药品监督管理局核发的《进口药品注册证》（或者《医药产品注册证》），或者《进口药品批件》后，方可办理进口备案和口岸检验手续。

进口麻醉药品、精神药品，还必须取得国家食品药品监督管理局核发的麻醉药品、精神药品《进口准许证》。

第六条　进口单位持《进口药品通关单》向海关申报，海关凭口岸药品监督管理局出具的《进口药品通关单》，办理进口药品的报关验放手续。

进口麻醉药品、精神药品，海关凭国家食品药品监督管理局核发的麻醉药品、精神药品《进口准许证》办理报关验放手续。

第七条　国家食品药品监督管理局会同海关总署制定、修订、公布进口药品目录。

第二章　进口备案

第八条　口岸药品监督管理局负责药品的进口备案工作。口岸药品监督管理局承担的进口备案工作受国家食品药品监督管理局的领导，其具体职责包括：

（一）受理进口备案申请，审查进口备案资料；

（二）办理进口备案或者不予进口备案的有关事项；

（三）联系海关办理与进口备案有关的事项；

（四）通知口岸药品检验所对进口药品实施口岸检验；

（五）对进口备案和口岸检验中发现的问题进行监督处理；

（六）国家食品药品监督管理局规定的其他事项。

第九条 报验单位应当是持有《药品经营许可证》的独立法人。药品生产企业进口本企业所需原料药和制剂中间体（包括境内分包装用制剂），应当持有《药品生产许可证》。

第十条 下列情形的进口药品，必须经口岸药品检验所检验符合标准规定后，方可办理进口备案手续。检验不符合标准规定的，口岸药品监督管理局不予进口备案：

（一）国家食品药品监督管理局规定的生物制品；

（二）首次在中国境内销售的药品；

（三）国务院规定的其他药品。

第十一条 进口单位签订购货合同时，货物到岸地应当从允许药品进口的口岸选择。其中本办法第十条规定情形的药品，必须经由国家特别批准的允许药品进口的口岸进口。

第十二条 进口备案，应当向货物到岸地口岸药品监督管理局提出申请，并由负责本口岸药品检验的口岸药品检验所进行检验。

第十三条 办理进口备案，报验单位应当填写《进口药品报验单》，持《进口药品注册证》（或者《医药产品注册证》）（正本或者副本）原件，进口麻醉药品、精神药品还应当持麻醉药品、精神药品《进口准许证》原件，向所在地口岸药品监督管理局报送所进口品种的有关资料一式两份：

（一）《进口药品注册证》（或者《医药产品注册证》）（正本或者副本）复印件；麻醉药品、精神药品的《进口准许证》复印件；

（二）报验单位的《药品经营许可证》和《企业法人营业执照》复印件；

（三）原产地证明复印件；

（四）购货合同复印件；

（五）装箱单、提运单和货运发票复印件；

（六）出厂检验报告书复印件；

（七）药品说明书及包装、标签的式样（原料药和制剂中间体除外）；

（八）国家食品药品监督管理局规定批签发的生物制品，需要提供生产检定记录摘要及生产国或者地区药品管理机构出具的批签发证明原件；

（九）本办法第十条规定情形以外的药品，应当提交最近一次《进口药品检验报告书》和《进口药品通关单》复印件。

药品生产企业自行进口本企业生产所需原料药和制剂中间体的进口备案，第（二）项资料应当提交其《药品生产许可证》和《企业法人营业执照》复印件。

经其他国家或者地区转口的进口药品，需要同时提交从原产地到各转口地的全部购货合同、装箱单、提运单和货运发票等。

上述各类复印件应当加盖进口单位公章。

第十四条 口岸药品监督管理局接到《进口药品报验单》及相关资料后，按照下列程序的要求予以审查：

（一）逐项核查所报资料是否完整、真实；

（二）查验《进口药品注册证》（或者《医药产品注册证》）（正本或者副本）原件，或者麻醉药品、精神药品的《进口准许证》原件真实性；

（三）审查无误后，将《进口药品注册证》（或者《医药产品注册证》）（正本或者副本）原件，或者麻醉药品、精神药品的《进口准许证》原件，交还报验单位，并于当日办结进口备案的相关手续。

第十五条 本办法第十条规定情形的药品，口岸药品监督管理局审查全部资料无误后，应当向负责检验的口岸药品检验所发出《进口药品口岸检验通知书》，附本办法第十三条规定的资料一份，同时向海关发出《进口药品抽样通知书》。有关口岸药品检验进入海关监管场所抽样的管理规定，由国家食品药品监督管理局与海关总署另行制定。

口岸药品检验所按照《进口药品口岸检验通知书》规定的抽样地点，抽取检验样品，进行质量检验，并将检验结果送交所在地口岸药品监督管理局。检验符合标准规定的，准予进口备案，由口岸药品监督管理局发出《进口药品通关单》；不符合标准规定的，不予进口备案，由口岸药品监督管理局发出《药品不予进口备案通知书》。

第十六条 本办法第十条规定情形以外的药品，口岸药品监督管理局审查全部资料无误后，准予进口备案,发出《进口药品通关单》。同时向负责检验的口岸药品检验所发出《进口药品口岸检验通知书》,附本办法第十三条规定的资料一份。

对麻醉药品、精神药品,口岸药品监督管理局审查全部资料无误后,应当只向负责检验的口岸药品检验所发出《进口药品口岸检验通知书》,附本办法第十三条规定的资料一份,无需办理《进口药品通关单》。

口岸药品检验所应当到《进口药品口岸检验通知书》规定的抽样地点抽取样品,进行质量检验,并将检验结果送所在地口岸药品监督管理局。对检验不符合标准规定的药品,由口岸药品监督管理局依照《药品管理法》及有关规定处理。

第十七条 下列情形之一的进口药品,不予进口备案,由口岸药品监督管理局发出《药品不予进口备案通知书》;对麻醉药品、精神药品,口岸药品监督管理局不予发放《进口药品口岸检验通知书》:

(一)不能提供《进口药品注册证》(或者《医药产品注册证》)(正本或者副本)、《进口药品批件》或者麻醉药品、精神药品的《进口准许证》原件的;

(二)办理进口备案时,《进口药品注册证》(或者《医药产品注册证》),或者麻醉药品、精神药品的《进口准许证》已超过有效期的;

(三)办理进口备案时,药品的有效期限已不满12个月的(对于药品本身有效期不足12个月的,进口备案时,其有效期限应当不低于6个月);

(四)原产地证明所标示的实际生产地与《进口药品注册证》(或者《医药产品注册证》)规定的产地不符,或者区域性国际组织出具的原产地证明未标明《进口药品注册证》(或者《医药产品注册证》)规定产地的;

(五)进口单位未取得《药品经营许可证》(生产企业应当取得《药品生产许可证》)和《企业法人营业执照》的;

(六)到岸品种的包装、标签与国家食品药品监督管理局的规定不符的;

(七)药品制剂无中文说明书或者中文说明书与批准的说明书不一致的;

(八)未在国务院批准的允许药品进口的口岸组织进口的,或者货物到岸地不属于所在地口岸药品监督管理局管辖范围的;

(九)国家食品药品监督管理局规定批签发的生物制品未提供有效的生产国或者地区药品管理机构出具的生物制品批签发证明文件的;

(十)伪造、变造有关文件和票据的;

(十一)《进口药品注册证》(或者《医药产品注册证》)已被撤销的;

(十二)本办法第十条规定情形的药品,口岸药品检验所根据本办法第二十五条的规定不予抽样的;

(十三)本办法第十条规定情形的药品,口岸检验不符合标准规定的;

(十四)药品监督管理部门有其他证据证明进口药品可能危害人体健康的。

第十八条 对不予进口备案的进口药品,进口单位应当予以退运。无法退运的,由海关移交口岸药品监督管理局监督处理。

第十九条 进口临床急需药品、捐赠药品、新药研究和药品注册所需样品或者对照药品等,必须经国家食品药品监督管理局批准,并凭国家食品药品监督管理局核发的《进口药品批件》,按照本办法第十六条的规定,办理进口备案手续。

第三章 口岸检验

第二十条 口岸药品检验所由国家食品药品监督管理局根据进口药品口岸检验工作的需要确定。口岸药品检验所的职责包括:

(一)对到岸货物实施现场核验;

(二)核查出厂检验报告书和原产地证明原件;

(三)按照规定进行抽样;

(四)对进口药品实施口岸检验;

(五)对有异议的检验结果进行复验;

(六)国家食品药品监督管理局规定的其他事项。

第二十一条 中国药品生物制品检定所负责进口药品口岸检验工作的指导和协调。口岸检验所需标准品、对照品由中国药品生物制品检定所负责审核、标定。

第二十二条 口岸药品检验所应当按照《进口药品注册证》(或者《医药产品注册证》)载明的注册标准对进口药品进行检验。

第二十三条 口岸药品检验所接到《进口药品口岸检验通知书》后,应当在 2 日内与进口单位联系,到规定的存货地点按照《进口药品抽样规定》进行现场抽样。

进口单位应当在抽样前,提供出厂检验报告书和原产地证明原件。

对需进入海关监管区抽样的,口岸药品检验所应当同时与海关联系抽样事宜,并征得海关同意。抽样时,进口单位和海关的人员应当同时在场。

第二十四条 口岸药品检验所现场抽样时,应当注意核查进口品种的实际到货情况,做好抽样记录并填写《进口药品抽样记录单》。

本办法第十条规定情形以外的药品,抽样完成后,口岸药品检验所应当在进口单位持有的《进口药品通关单》原件上注明"已抽样"的字样,并加盖抽样单位的公章。

对麻醉药品、精神药品,抽样完成后,应当在《进口准许证》原件上注明"已抽样"的字样,并加盖抽样单位的公章。

第二十五条 对有下列情形之一的进口药品,口岸药品检验所不予抽样:

(一)未提供出厂检验报告书和原产地证明原件,或者所提供的原件与申报进口备案时的复印件不符的;

(二)装运唛头与单证不符的;

(三)进口药品批号或者数量与单证不符的;

(四)进口药品包装及标签与单证不符的;

(五)药品监督管理部门有其他证据证明进口药品可能危害人体健康的。

对不予抽样的药品,口岸药品检验所应当在 2 日内,将《进口药品抽样记录单》送交所在地口岸药品监督管理局。

第二十六条 口岸药品检验所应当及时对所抽取的样品进行检验,并在抽样后 20 日内,完成检验工作,出具《进口药品检验报告书》。特殊品种或者特殊情况不能按时完成检验时,可以适当延长检验期限,并通知进口单位和口岸药品监督管理局。

《进口药品检验报告书》应当明确标有"符合标准规定"或者"不符合标准规定"的检验结论。

国家食品药品监督管理局规定批签发的生物制品,口岸检验符合标准规定,审核符合要求的,应当同时发放生物制品批签发证明。

第二十七条 对检验符合标准规定的进口药品,口岸药品检验所应当将《进口药品检验报告书》送交所在地口岸药品监督管理局和进口单位。

对检验不符合标准规定的进口药品,口岸药品检验所应当将《进口药品检验报告书》及时发送口岸药品监督管理局和其他口岸药品检验所,同时报送国家食品药品监督管理局和中国药品生物制品检定所。

第二十八条 进口药品的检验样品应当保存至有效期满。不易贮存的留样,可根据实际情况掌握保存时间。索赔或者退货检品的留样应当保存至该案完结时。超过保存期的留样,由口岸药品检验所予以处理并记录备案。

第二十九条 进口单位对检验结果有异议的,可以自收到检验结果之日起 7 日内向原口岸药品检验所申请复验,也可以直接向中国药品生物制品检定所申请复验。生物制品的复验直接向中国药品生物制品检定所申请。

口岸药品检验所在受理复验申请后,应当及时通知口岸药品监督管理局,并自受理复验之日起 10 日内,作出复验结论,通知口岸药品监督管理局、其他口岸药品检验所,报国家食品药品监督管理局和中国药品生物制品检定所。

第四章 监督管理

第三十条 口岸药品检验所根据本办法第二十五条的规定不予抽样但已办结海关验放手续的药品,口岸药品监督管理局应当对已进口的全部药品采取查封、扣押的行政强制措施。

第三十一条 本办法第十条规定情形以外的药品,经口岸药品检验所检验不符合标准规定的,进口单位应当在收到《进口药品检验报告书》后 2 日内,将全部进口药品流通、使用的详细情况,报告所在地口岸药品监督管理局。

所在地口岸药品监督管理局收到《进口药品检验报告书》后,应当及时采取对全部药品予以查封、扣押的行政强制措施,并在 7 日内作出行政处理决定。对申请复验的,必须自检验报告书发出之日起 15 日内作出行政处理决定。有关情况应当及时报告国家食品药品监督管理局,同时通告各省、自治区、直辖市药品监督管理局和其他口岸药品监督管理局。

第三十二条 未在规定时间内提出复验或者经复验仍不符合标准规定的，口岸药品监督管理局应当按照《药品管理法》以及有关规定作出行政处理决定。有关情况应当及时报告国家食品药品监督管理局，同时通告各省、自治区、直辖市药品监督管理局和其他口岸药品监督管理局。

经复验符合标准规定的，口岸药品监督管理局应当解除查封、扣押的行政强制措施，并将处理情况报告国家食品药品监督管理局，同时通告各省、自治区、直辖市药品监督管理局和其他口岸药品监督管理局。

第三十三条 药品进口备案中发现的其他问题，由口岸药品监督管理局按照《药品管理法》以及有关规定予以处理。

第三十四条 国内药品生产企业、经营企业以及医疗机构采购进口药品时，供货单位应当同时提供以下资料：

（一）《进口药品注册证》（或者《医药产品注册证》）复印件、《进口药品批件》复印件；

（二）《进口药品检验报告书》复印件或者注明"已抽样"并加盖公章的《进口药品通关单》复印件；

国家食品药品监督管理局规定批签发的生物制品，需要同时提供口岸药品检验所核发的批签发证明复印件。

进口麻醉药品、精神药品，应当同时提供《进口药品注册证》（或者《医药产品注册证》）复印件、《进口准许证》复印件和《进口药品检验报告书》复印件。

上述各类复印件均需加盖供货单位公章。

第三十五条 口岸药品监督管理局和口岸药品检验所应当建立严格的进口备案资料和口岸检验资料的管理制度，并对进口单位的呈报资料承担保密责任。

第三十六条 对于违反本办法进口备案和口岸检验有关规定的口岸药品监督管理局和口岸药品检验所，国家食品药品监督管理局将根据情节给予批评、通报批评，情节严重的停止其进口备案和口岸检验资格。

第三十七条 违反本办法涉及海关有关规定的，海关按照《海关法》、《中华人民共和国海关法行政处罚实施细则》的规定处理。

第五章 附 则

第三十八条 本办法所称进口单位，包括经营单位、收货单位和报验单位。

经营单位，是指对外签订并执行进出口贸易合同的中国境内企业或单位。

收货单位，是指购货合同和货运发票中载明的收货人或者货主。

报验单位，是指该批进口药品的实际货主或者境内经销商，并具体负责办理进口备案和口岸检验手续。

收货单位和报验单位可以为同一单位。

第三十九条 从境外进入保税仓库、保税区、出口加工区的药品，免予办理进口备案和口岸检验等进口手续，海关按有关规定实施监管；从保税仓库、出口监管仓库、保税区、出口加工区出库或出区进入国内的药品，按本办法有关规定办理进口备案和口岸检验等手续。

经批准以加工贸易方式进口的原料药、药材，免予办理进口备案和口岸检验等进口手续，其原料药及制成品禁止转为内销。确因特殊情况无法出口的，移交地方药品监督管理部门按规定处理，海关予以核销。

进出境人员随身携带的个人自用的少量药品，应当以自用、合理数量为限，并接受海关监管。

第四十条 进口暂未列入进口药品目录的原料药，应当遵照本办法的规定，到口岸药品监督管理局办理进口备案手续。

第四十一条 药材进口备案和口岸检验的规定，由国家食品药品监督管理局另行制定。

第四十二条 进口麻醉药品、精神药品凭《进口药品注册证》（或者《医药产品注册证》），按照国务院麻醉药品、精神药品管理的有关法规办理《进口准许证》。

第四十三条 本办法规定的麻醉药品、精神药品是指供临床使用的品种，科研、教学、兽用等麻醉药品、精神药品的进口，按照国务院麻醉药品、精神药品管理的有关法规执行。

第四十四条 本办法由国家食品药品监督管理局和海关总署负责解释。

第四十五条 本办法自2004年1月1日起实施。1999年5月1日实施的《进口药品管理办法》同时废止。

附件：进口药品报验单（略）
　　　进口药品通关单（略）
　　　进口药品口岸检验通知书（略）
　　　进口药品抽样通知书（略）
　　　药品不予进口备案通知书（略）
　　　进口药品抽样记录单（略）
　　　国家食品药品监督管理局进口药品批件（略）
　　　×××药品检验所进口药品检验报告书（略）
　　　进口药品抽样规定（略）

（五）特殊药品

麻醉药品和精神药品管理条例

- 2005年8月3日国务院令第442号公布
- 根据2013年12月7日《国务院关于修改部分行政法规的决定》第一次修订
- 根据2016年2月6日《国务院关于修改部分行政法规的决定》第二次修订

第一章　总　则

　　第一条　为加强麻醉药品和精神药品的管理，保证麻醉药品和精神药品的合法、安全、合理使用，防止流入非法渠道，根据药品管理法和其他有关法律的规定，制定本条例。

　　第二条　麻醉药品药用原植物的种植，麻醉药品和精神药品的实验研究、生产、经营、使用、储存、运输等活动以及监督管理，适用本条例。

　　麻醉药品和精神药品的进出口依照有关法律的规定办理。

　　第三条　本条例所称麻醉药品和精神药品，是指列入麻醉药品目录、精神药品目录（以下称目录）的药品和其他物质。精神药品分为第一类精神药品和第二类精神药品。

　　目录由国务院药品监督管理部门会同国务院公安部门、国务院卫生主管部门制定、调整并公布。

　　上市销售但尚未列入目录的药品和其他物质或者第二类精神药品发生滥用，已经造成或者可能造成严重社会危害的，国务院药品监督管理部门会同国务院公安部门、国务院卫生主管部门应当及时将该药品和该物质列入目录或者将该第二类精神药品调整为第一类精神药品。

　　第四条　国家对麻醉药品药用原植物以及麻醉药品和精神药品实行管制。除本条例另有规定的外，任何单位、个人不得进行麻醉药品药用原植物的种植以及麻醉药品和精神药品的实验研究、生产、经营、使用、储存、运输等活动。

　　第五条　国务院药品监督管理部门负责全国麻醉药品和精神药品的监督管理工作，并会同国务院农业主管部门对麻醉药品药用原植物实施监督管理。国务院公安部门负责对造成麻醉药品药用原植物、麻醉药品和精神药品流入非法渠道的行为进行查处。国务院其他有关主管部门在各自的职责范围内负责与麻醉药品和精神药品有关的管理工作。

　　省、自治区、直辖市人民政府药品监督管理部门负责本行政区域内麻醉药品和精神药品的监督管理工作。县级以上地方公安机关负责对本行政区域内造成麻醉药品和精神药品流入非法渠道的行为进行查处。县级以上地方人民政府其他有关主管部门在各自的职责范围内负责与麻醉药品和精神药品有关的管理工作。

　　第六条　麻醉药品和精神药品生产、经营企业和使用单位可以依法参加行业协会。行业协会应当加强行业自律管理。

第二章　种植、实验研究和生产

　　第七条　国家根据麻醉药品和精神药品的医疗、国家储备和企业生产所需原料的需要确定需求总量，对麻醉药品药用原植物的种植、麻醉药品和精神药品的生产实行总量控制。

　　国务院药品监督管理部门根据麻醉药品和精神药品的需求总量制定年度生产计划。

　　国务院药品监督管理部门和国务院农业主管部门根据麻醉药品年度生产计划，制定麻醉药品药用原植物年度种植计划。

　　第八条　麻醉药品药用原植物种植企业应当根据年度种植计划，种植麻醉药品药用原植物。

　　麻醉药品药用原植物种植企业应当向国务院药品监督管理部门和国务院农业主管部门定期报告种植情况。

第九条 麻醉药品药用原植物种植企业由国务院药品监督管理部门和国务院农业主管部门共同确定,其他单位和个人不得种植麻醉药品药用原植物。

第十条 开展麻醉药品和精神药品实验研究活动应当具备下列条件,并经国务院药品监督管理部门批准:

(一)以医疗、科学研究或者教学为目的;

(二)有保证实验所需麻醉药品和精神药品安全的措施和管理制度;

(三)单位及其工作人员2年内没有违反有关禁毒的法律、行政法规规定的行为。

第十一条 麻醉药品和精神药品的实验研究单位申请相关药品批准证明文件,应当依照药品管理法的规定办理;需要转让研究成果的,应当经国务院药品监督管理部门批准。

第十二条 药品研究单位在普通药品的实验研究过程中,产生本条例规定的管制品种的,应当立即停止实验研究活动,并向国务院药品监督管理部门报告。国务院药品监督管理部门应当根据情况,及时作出是否同意其继续实验研究的决定。

第十三条 麻醉药品和第一类精神药品的临床试验,不得以健康人为受试对象。

第十四条 国家对麻醉药品和精神药品实行定点生产制度。

国务院药品监督管理部门应当根据麻醉药品和精神药品的需求总量,确定麻醉药品和精神药品定点生产企业的数量和布局,并根据年度需求总量对数量和布局进行调整、公布。

第十五条 麻醉药品和精神药品的定点生产企业应当具备下列条件:

(一)有药品生产许可证;

(二)有麻醉药品和精神药品实验研究批准文件;

(三)有符合规定的麻醉药品和精神药品生产设施、储存条件和相应的安全管理设施;

(四)有通过网络实施企业安全生产管理和向药品监督管理部门报告生产信息的能力;

(五)有保证麻醉药品和精神药品安全生产的管理制度;

(六)有与麻醉药品和精神药品安全生产要求相适应的管理水平和经营规模;

(七)麻醉药品和精神药品生产管理、质量管理部门的人员应当熟悉麻醉药品和精神药品管理以及有关禁毒的法律、行政法规;

(八)没有生产、销售假药、劣药或者违反有关禁毒的法律、行政法规规定的行为;

(九)符合国务院药品监督管理部门公布的麻醉药品和精神药品定点生产企业数量和布局的要求。

第十六条 从事麻醉药品、精神药品生产的企业,应当经所在地省、自治区、直辖市人民政府药品监督管理部门批准。

第十七条 定点生产企业生产麻醉药品和精神药品,应当依照药品管理法的规定取得药品批准文号。

国务院药品监督管理部门应当组织医学、药学、社会学、伦理学和禁毒等方面的专家成立专家组,由专家组对申请首次上市的麻醉药品和精神药品的社会危害性和被滥用的可能性进行评价,并提出是否批准的建议。

未取得药品批准文号的,不得生产麻醉药品和精神药品。

第十八条 发生重大突发事件,定点生产企业无法正常生产或者不能保证供应麻醉药品和精神药品时,国务院药品监督管理部门可以决定其他药品生产企业生产麻醉药品和精神药品。

重大突发事件结束后,国务院药品监督管理部门应当及时决定前款规定的企业停止麻醉药品和精神药品的生产。

第十九条 定点生产企业应当严格按照麻醉药品和精神药品年度生产计划安排生产,并依照规定向所在地省、自治区、直辖市人民政府药品监督管理部门报告生产情况。

第二十条 定点生产企业应当依照本条例的规定,将麻醉药品和精神药品销售给具有麻醉药品和精神药品经营资格的企业或者依照本条例规定批准的其他单位。

第二十一条 麻醉药品和精神药品的标签应当印有国务院药品监督管理部门规定的标志。

第三章 经 营

第二十二条 国家对麻醉药品和精神药品实行定点经营制度。

国务院药品监督管理部门应当根据麻醉药品

和第一类精神药品的需求总量,确定麻醉药品和第一类精神药品的定点批发企业布局,并应当根据年度需求总量对布局进行调整、公布。

药品经营企业不得经营麻醉药品原料药和第一类精神药品原料药。但是,供医疗、科学研究、教学使用的小包装的上述药品可以由国务院药品监督管理部门规定的药品批发企业经营。

第二十三条 麻醉药品和精神药品定点批发企业除应当具备药品管理法第十五条规定的药品经营企业的开办条件外,还应当具备下列条件:

(一)有符合本条例规定的麻醉药品和精神药品储存条件;

(二)有通过网络实施企业安全管理和向药品监督管理部门报告经营信息的能力;

(三)单位及其工作人员2年内没有违反有关禁毒的法律、行政法规规定的行为;

(四)符合国务院药品监督管理部门公布的定点批发企业布局。

麻醉药品和第一类精神药品的定点批发企业,还应当具有保证供应责任区域内医疗机构所需麻醉药品和第一类精神药品的能力,并具有保证麻醉药品和第一类精神药品安全经营的管理制度。

第二十四条 跨省、自治区、直辖市从事麻醉药品和第一类精神药品批发业务的企业(以下称全国性批发企业),应当经国务院药品监督管理部门批准;在本省、自治区、直辖市行政区域内从事麻醉药品和第一类精神药品批发业务的企业(以下称区域性批发企业),应当经所在地省、自治区、直辖市人民政府药品监督管理部门批准。

专门从事第二类精神药品批发业务的企业,应当经所在地省、自治区、直辖市人民政府药品监督管理部门批准。

全国性批发企业和区域性批发企业可以从事第二类精神药品批发业务。

第二十五条 全国性批发企业可以向区域性批发企业,或者经批准可以向取得麻醉药品和第一类精神药品使用资格的医疗机构以及依照本条例规定批准的其他单位销售麻醉药品和第一类精神药品。

全国性批发企业向取得麻醉药品和第一类精神药品使用资格的医疗机构销售麻醉药品和第一类精神药品,应当经医疗机构所在地省、自治区、直辖市人民政府药品监督管理部门批准。

国务院药品监督管理部门在批准全国性批发企业时,应当明确其所承担供药责任的区域。

第二十六条 区域性批发企业可以向本省、自治区、直辖市行政区域内取得麻醉药品和第一类精神药品使用资格的医疗机构销售麻醉药品和第一类精神药品;由于特殊地理位置的原因,需要就近向其他省、自治区、直辖市行政区域内取得麻醉药品和第一类精神药品使用资格的医疗机构销售的,应当经企业所在地省、自治区、直辖市人民政府药品监督管理部门批准。审批情况由负责审批的药品监督管理部门在批准后5日内通报医疗机构所在地省、自治区、直辖市人民政府药品监督管理部门。

省、自治区、直辖市人民政府药品监督管理部门在批准区域性批发企业时,应当明确其所承担供药责任的区域。

区域性批发企业之间因医疗急需、运输困难等特殊情况需要调剂麻醉药品和第一类精神药品的,应当在调剂后2日内将调剂情况分别报所在地省、自治区、直辖市人民政府药品监督管理部门备案。

第二十七条 全国性批发企业应当从定点生产企业购进麻醉药品和第一类精神药品。

区域性批发企业可以从全国性批发企业购进麻醉药品和第一类精神药品;经所在地省、自治区、直辖市人民政府药品监督管理部门批准,也可以从定点生产企业购进麻醉药品和第一类精神药品。

第二十八条 全国性批发企业和区域性批发企业向医疗机构销售麻醉药品和第一类精神药品,应当将药品送至医疗机构。医疗机构不得自行提货。

第二十九条 第二类精神药品定点批发企业可以向医疗机构、定点批发企业和符合本条例第三十一条规定的药品零售企业以及依照本条例规定批准的其他单位销售第二类精神药品。

第三十条 麻醉药品和第一类精神药品不得零售。

禁止使用现金进行麻醉药品和精神药品交易,但是个人合法购买麻醉药品和精神药品的除外。

第三十一条 经所在地设区的市级药品监督管理部门批准,实行统一进货、统一配送、统一管理的药品零售连锁企业可以从事第二类精神药品零售业务。

第三十二条　第二类精神药品零售企业应当凭执业医师出具的处方，按规定剂量销售第二类精神药品，并将处方保存2年备查；禁止超剂量或者无处方销售第二类精神药品；不得向未成年人销售第二类精神药品。

第三十三条　麻醉药品和精神药品实行政府定价，在制定出厂和批发价格的基础上，逐步实行全国统一零售价格。具体办法由国务院价格主管部门制定。

第四章　使　用

第三十四条　药品生产企业需要以麻醉药品和第一类精神药品为原料生产普通药品的，应当向所在地省、自治区、直辖市人民政府药品监督管理部门报送年度需求计划，由省、自治区、直辖市人民政府药品监督管理部门汇总报国务院药品监督管理部门批准后，向定点生产企业购买。

药品生产企业需要以第二类精神药品为原料生产普通药品的，应当将年度需求计划报所在地省、自治区、直辖市人民政府药品监督管理部门，并向定点批发企业或者定点生产企业购买。

第三十五条　食品、食品添加剂、化妆品、油漆等非药品生产企业需要使用咖啡因作为原料的，应当经所在地省、自治区、直辖市人民政府药品监督管理部门批准，向定点批发企业或者定点生产企业购买。

科学研究、教学单位需要使用麻醉药品和精神药品开展实验、教学活动的，应当经所在地省、自治区、直辖市人民政府药品监督管理部门批准，向定点批发企业或者定点生产企业购买。

需要使用麻醉药品和精神药品的标准品、对照品的，应当经所在地省、自治区、直辖市人民政府药品监督管理部门批准，向国务院药品监督管理部门批准的单位购买。

第三十六条　医疗机构需要使用麻醉药品和第一类精神药品的，应当经所在地设区的市级人民政府卫生主管部门批准，取得麻醉药品、第一类精神药品购用印鉴卡（以下称印鉴卡）。医疗机构应当凭印鉴卡向本省、自治区、直辖市行政区域内的定点批发企业购买麻醉药品和第一类精神药品。

设区的市级人民政府卫生主管部门发给医疗机构印鉴卡时，应当将取得印鉴卡的医疗机构情况抄送所在地设区的市级药品监督管理部门，并报省、自治区、直辖市人民政府卫生主管部门备案。省、自治区、直辖市人民政府卫生主管部门应当将取得印鉴卡的医疗机构名单向本行政区域内的定点批发企业通报。

第三十七条　医疗机构取得印鉴卡应当具备下列条件：

（一）有专职的麻醉药品和第一类精神药品管理人员；

（二）有获得麻醉药品和第一类精神药品处方资格的执业医师；

（三）有保证麻醉药品和第一类精神药品安全储存的设施和管理制度。

第三十八条　医疗机构应当按照国务院卫生主管部门的规定，对本单位执业医师进行有关麻醉药品和精神药品使用知识的培训、考核，经考核合格的，授予麻醉药品和第一类精神药品处方资格。执业医师取得麻醉药品和第一类精神药品的处方资格后，方可在本医疗机构开具麻醉药品和第一类精神药品处方，但不得为自己开具该种处方。

医疗机构应当将具有麻醉药品和第一类精神药品处方资格的执业医师名单及其变更情况，定期报送所在地设区的市级人民政府卫生主管部门，并抄送同级药品监督管理部门。

医务人员应当根据国务院卫生主管部门制定的临床应用指导原则，使用麻醉药品和精神药品。

第三十九条　具有麻醉药品和第一类精神药品处方资格的执业医师，根据临床应用指导原则，对确需使用麻醉药品或者第一类精神药品的患者，应当满足其合理用药需求。在医疗机构就诊的癌症疼痛患者和其他危重患者得不到麻醉药品或者第一类精神药品时，患者或者其亲属可以向执业医师提出申请。具有麻醉药品和第一类精神药品处方资格的执业医师认为要求合理的，应当及时为患者提供所需麻醉药品或者第一类精神药品。

第四十条　执业医师应当使用专用处方开具麻醉药品和精神药品，单张处方的最大用量应当符合国务院卫生主管部门的规定。

对麻醉药品和第一类精神药品处方，处方的调配人、核对人应当仔细核对，签署姓名，并予以登记;对不符合本条例规定的,处方的调配人、核对人应当拒绝发药。

麻醉药品和精神药品专用处方的格式由国务院卫生主管部门规定。

第四十一条 医疗机构应当对麻醉药品和精神药品处方进行专册登记,加强管理。麻醉药品处方至少保存3年,精神药品处方至少保存2年。

第四十二条 医疗机构抢救病人急需麻醉药品和第一类精神药品而本医疗机构无法提供时,可以从其他医疗机构或者定点批发企业紧急借用;抢救工作结束后,应当及时将借用情况报所在地设区的市级药品监督管理部门和卫生主管部门备案。

第四十三条 对临床需要而市场无供应的麻醉药品和精神药品,持有医疗机构制剂许可证和印鉴卡的医疗机构需要配制制剂,应当经所在地省、自治区、直辖市人民政府药品监督管理部门批准。医疗机构配制的麻醉药品和精神药品制剂只能在本医疗机构使用,不得对外销售。

第四十四条 因治疗疾病需要,个人凭医疗机构出具的医疗诊断书、本人身份证明,可以携带单张处方最大用量以内的麻醉药品和第一类精神药品;携带麻醉药品和第一类精神药品出入境的,由海关根据自用、合理的原则放行。

医务人员为了医疗需要携带少量麻醉药品和精神药品出入境的,应当持有省级以上人民政府药品监督管理部门发放的携带麻醉药品和精神药品证明。海关凭携带麻醉药品和精神药品证明放行。

第四十五条 医疗机构、戒毒机构以开展戒毒治疗为目的,可以使用美沙酮或者国家确定的其他用于戒毒治疗的麻醉药品和精神药品。具体管理办法由国务院药品监督管理部门、国务院公安部门和国务院卫生主管部门制定。

第五章 储 存

第四十六条 麻醉药品药用原植物种植企业、定点生产企业、全国性批发企业和区域性批发企业以及国家设立的麻醉药品储存单位,应当设置储存麻醉药品和第一类精神药品的专库。该专库应当符合下列要求:

(一)安装专用防盗门,实行双人双锁管理;

(二)具有相应的防火设施;

(三)具有监控设施和报警装置,报警装置应当与公安机关报警系统联网。

全国性批发企业经国务院药品监督管理部门批准设立的药品储存点应当符合前款的规定。

麻醉药品定点生产企业应当将麻醉药品原料药和制剂分别存放。

第四十七条 麻醉药品和第一类精神药品的使用单位应当设立专库或者专柜储存麻醉药品和第一类精神药品。专库应当设有防盗设施并安装报警装置;专柜应当使用保险柜。专库和专柜应当实行双人双锁管理。

第四十八条 麻醉药品药用原植物种植企业、定点生产企业、全国性批发企业和区域性批发企业、国家设立的麻醉药品储存单位以及麻醉药品和第一类精神药品的使用单位,应当配备专人负责管理工作,并建立储存麻醉药品和第一类精神药品的专用账册。药品入库双人验收,出库双人复核,做到账物相符。专用账册的保存期限应当自药品有效期期满之日起不少于5年。

第四十九条 第二类精神药品经营企业应当在药品库房中设立独立的专库或者专柜储存第二类精神药品,并建立专用账册,实行专人管理。专用账册的保存期限应当自药品有效期期满之日起不少于5年。

第六章 运 输

第五十条 托运、承运和自行运输麻醉药品和精神药品的,应当采取安全保障措施,防止麻醉药品和精神药品在运输过程中被盗、被抢、丢失。

第五十一条 通过铁路运输麻醉药品和第一类精神药品的,应当使用集装箱或者铁路行李车运输,具体办法由国务院药品监督管理部门会同国务院铁路主管部门制定。

没有铁路需要通过公路或者水路运输麻醉药品和第一类精神药品的,应当由专人负责押运。

第五十二条 托运或者自行运输麻醉药品和第一类精神药品的单位,应当向所在地设区的市级药品监督管理部门申请领取运输证明。运输证明有效期为1年。

运输证明应当由专人保管,不得涂改、转让、转借。

第五十三条 托运人办理麻醉药品和第一类精神药品运输手续,应当将运输证明副本交付承运人。承运人应当查验、收存运输证明副本，并检查货物包装。没有运输证明或者货物包装不符合规定的，承运人不得承运。

承运人在运输过程中应当携带运输证明副本，以备查验。

第五十四条 邮寄麻醉药品和精神药品，寄件人应当提交所在地设区的市级药品监督管理部门出具的准予邮寄证明。邮政营业机构应当查验、收存准予邮寄证明；没有准予邮寄证明的，邮政营业机构不得收寄。

省、自治区、直辖市邮政主管部门指定符合安全保障条件的邮政营业机构负责收寄麻醉药品和精神药品。邮政营业机构收寄的麻醉药品和精神药品，应当依法对收寄的麻醉药品和精神药品予以查验。

邮寄麻醉药品和精神药品的具体管理办法，由国务院药品监督管理部门会同国务院邮政主管部门制定。

第五十五条 定点生产企业、全国性批发企业和区域性批发企业之间运输麻醉药品、第一类精神药品，发货人在发货前应当向所在地省、自治区、直辖市人民政府药品监督管理部门报送本次运输的相关信息。属于跨省、自治区、直辖市运输的，收到信息的药品监督管理部门应当向收货人所在地的同级药品监督管理部门通报；属于在本省、自治区、直辖市行政区域内运输的，收到信息的药品监督管理部门应当向收货人所在地设区的市级药品监督管理部门通报。

第七章 审批程序和监督管理

第五十六条 申请人提出本条例规定的审批事项申请，应当提交能够证明其符合本条例规定条件的相关资料。审批部门应当自收到申请之日起40日内作出是否批准的决定；作出批准决定的，发给许可证明文件或者在相关许可证明文件上加注许可事项；作出不予批准决定的，应当书面说明理由。

确定定点生产企业和定点批发企业，审批部门应当在经审查符合条件的企业中，根据布局的要求，通过公平竞争的方式初步确定定点生产企业和定点批发企业，并予公布。其他符合条件的企业可以自公布之日起10日内向审批部门提出异议。审批部门应当自收到异议之日起20日内对异议进行审查，并作出是否调整的决定。

第五十七条 药品监督管理部门应当根据规定的职责权限，对麻醉药品药用原植物的种植以及麻醉药品和精神药品的实验研究、生产、经营、使用、储存、运输活动进行监督检查。

第五十八条 省级以上人民政府药品监督管理部门根据实际情况建立监控信息网络，对定点生产企业、定点批发企业和使用单位的麻醉药品和精神药品生产、进货、销售、库存、使用的数量以及流向实行实时监控，并与同级公安机关做到信息共享。

第五十九条 尚未连接监控信息网络的麻醉药品和精神药品定点生产企业、定点批发企业和使用单位，应当每月通过电子信息、传真、书面等方式，将本单位麻醉药品和精神药品生产、进货、销售、库存、使用的数量以及流向，报所在地设区的市级药品监督管理部门和公安机关；医疗机构还应当报所在地设区的市级人民政府卫生主管部门。

设区的市级药品监督管理部门应当每3个月向上一级药品监督管理部门报告本地区麻醉药品和精神药品的相关情况。

第六十条 对已经发生滥用，造成严重社会危害的麻醉药品和精神药品品种，国务院药品监督管理部门应当采取在一定期限内中止生产、经营、使用或者限定其使用范围和用途等措施。对不再作为药品使用的麻醉药品和精神药品，国务院药品监督管理部门应当撤销其药品批准文号和药品标准，并予以公布。

药品监督管理部门、卫生主管部门发现生产、经营企业和使用单位的麻醉药品和精神药品管理存在安全隐患时，应当责令其立即排除或者限期排除；对有证据证明可能流入非法渠道的，应当及时采取查封、扣押的行政强制措施，在7日内作出行政处理决定，并通报同级公安机关。

药品监督管理部门发现取得印鉴卡的医疗机构未依照规定购买麻醉药品和第一类精神药品时，应当及时通报同级卫生主管部门。接到通报的卫生主管部门应当立即调查处理。必要时，药品监督管理部门可以责令定点批发企业中止向该医疗机构销售麻醉药品和第一类精神药品。

第六十一条 麻醉药品和精神药品的生产、经营企业和使用单位对过期、损坏的麻醉药品和精神药品应当登记造册，并向所在地县级药品监督管理部门申请销毁。药品监督管理部门应当自接到申请之日起5日内到场监督销毁。医疗机构对存放在本单位的过期、损坏麻醉药品和精神药品，应当按照本条规定的程序向卫生主管部门提出申请，由卫生主管部门负责监督销毁。

对依法收缴的麻醉药品和精神药品，除经国务院药品监督管理部门或者国务院公安部门批准用于科学研究外，应当依照国家有关规定予以销毁。

第六十二条　县级以上人民政府卫生主管部门应当对执业医师开具麻醉药品和精神药品处方的情况进行监督检查。

第六十三条　药品监督管理部门、卫生主管部门和公安机关应当互相通报麻醉药品和精神药品生产、经营企业和使用单位的名单以及其他管理信息。

各级药品监督管理部门应当将在麻醉药品药用原植物的种植以及麻醉药品和精神药品的实验研究、生产、经营、使用、储存、运输等各环节的管理中的审批、撤销等事项通报同级公安机关。

麻醉药品和精神药品的经营企业、使用单位报送各级药品监督管理部门的备案事项，应当同时报送同级公安机关。

第六十四条　发生麻醉药品和精神药品被盗、被抢、丢失或者其他流入非法渠道的情形的，案发单位应当立即采取必要的控制措施，同时报告所在地县级公安机关和药品监督管理部门。医疗机构发生上述情形的，还应当报告其主管部门。

公安机关接到报告、举报，或者有证据证明麻醉药品和精神药品可能流入非法渠道时，应当及时开展调查，并可以对相关单位采取必要的控制措施。

药品监督管理部门、卫生主管部门以及其他有关部门应当配合公安机关开展工作。

第八章　法律责任

第六十五条　药品监督管理部门、卫生主管部门违反本条例的规定，有下列情形之一的，由其上级行政机关或者监察机关责令改正；情节严重的，对直接负责的主管人员和其他直接责任人员依法给予行政处分；构成犯罪的，依法追究刑事责任：

（一）对不符合条件的申请人准予行政许可或者超越法定职权作出准予行政许可决定的；

（二）未到场监督销毁过期、损坏的麻醉药品和精神药品的；

（三）未依法履行监督检查职责，应当发现而未发现违法行为、发现违法行为不及时查处，或者未依照本条例规定的程序实施监督检查的；

（四）违反本条例规定的其他失职、渎职行为。

第六十六条　麻醉药品药用原植物种植企业违反本条例的规定，有下列情形之一的，由药品监督管理部门责令限期改正，给予警告；逾期不改正的，处5万元以上10万元以下的罚款；情节严重的，取消其种植资格：

（一）未依照麻醉药品药用原植物年度种植计划进行种植的；

（二）未依照规定报告种植情况的；

（三）未依照规定储存麻醉药品的。

第六十七条　定点生产企业违反本条例的规定，有下列情形之一的，由药品监督管理部门责令限期改正，给予警告，并没收违法所得和违法销售的药品；逾期不改正的，责令停产，并处5万元以上10万元以下的罚款；情节严重的，取消其定点生产资格：

（一）未按照麻醉药品和精神药品年度生产计划安排生产的；

（二）未依照规定向药品监督管理部门报告生产情况的；

（三）未依照规定储存麻醉药品和精神药品，或者未依照规定建立、保存专用账册的；

（四）未依照规定销售麻醉药品和精神药品的；

（五）未依照规定销毁麻醉药品和精神药品的。

第六十八条　定点批发企业违反本条例的规定销售麻醉药品和精神药品，或者违反本条例的规定经营麻醉药品原料药和第一类精神药品原料药的，由药品监督管理部门责令限期改正，给予警告，并没收违法所得和违法销售的药品；逾期不改正的，责令停业，并处违法销售药品货值金额2倍以上5倍以下的罚款；情节严重的，取消其定点批发资格。

第六十九条　定点批发企业违反本条例的规定，有下列情形之一的，由药品监督管理部门责令限期改正，给予警告；逾期不改正的，责令停业，并处2万元以上5万元以下的罚款；情节严重的，取消其定点批发资格：

（一）未依照规定购进麻醉药品和第一类精神

药品的;

（二）未保证供药责任区域内的麻醉药品和第一类精神药品的供应的;

（三）未对医疗机构履行送货义务的;

（四）未依照规定报告麻醉药品和精神药品的进货、销售、库存数量以及流向的;

（五）未依照规定储存麻醉药品和精神药品，或者未依照规定建立、保存专用账册的;

（六）未依照规定销毁麻醉药品和精神药品的;

（七）区域性批发企业之间违反本条例的规定调剂麻醉药品和第一类精神药品，或者因特殊情况调剂麻醉药品和第一类精神药品后未依照规定备案的。

第七十条 第二类精神药品零售企业违反本条例的规定储存、销售或者销毁第二类精神药品的，由药品监督管理部门责令限期改正，给予警告，并没收违法所得和违法销售的药品;逾期不改正的,责令停业,并处5000元以上2万元以下的罚款;情节严重的，取消其第二类精神药品零售资格。

第七十一条 本条例第三十四条、第三十五条规定的单位违反本条例的规定,购买麻醉药品和精神药品的,由药品监督管理部门没收违法购买的麻醉药品和精神药品,责令限期改正,给予警告;逾期不改正的,责令停产或者停止相关活动,并处2万元以上5万元以下的罚款。

第七十二条 取得印鉴卡的医疗机构违反本条例的规定,有下列情形之一的,由设区的市级人民政府卫生主管部门责令限期改正,给予警告;逾期不改正的,处5000元以上1万元以下的罚款;情节严重的,吊销其印鉴卡;对直接负责的主管人员和其他直接责任人员,依法给予降级、撤职、开除的处分:

（一）未依照规定购买、储存麻醉药品和第一类精神药品的;

（二）未依照规定保存麻醉药品和精神药品专用处方,或者未依照规定进行处方专册登记的;

（三）未依照规定报告麻醉药品和精神药品的进货、库存、使用数量的;

（四）紧急借用麻醉药品和第一类精神药品后未备案的;

（五）未依照规定销毁麻醉药品和精神药品的。

第七十三条 具有麻醉药品和第一类精神药品处方资格的执业医师,违反本条例的规定开具麻醉药品和第一类精神药品处方,或者未按照临床应用指导原则的要求使用麻醉药品和第一类精神药品的,由其所在医疗机构取消其麻醉药品和第一类精神药品处方资格;造成严重后果的,由原发证部门吊销其执业证书。执业医师未按照临床应用指导原则的要求使用第二类精神药品或者未使用专用处方开具第二类精神药品,造成严重后果的,由原发证部门吊销其执业证书。

未取得麻醉药品和第一类精神药品处方资格的执业医师擅自开具麻醉药品和第一类精神药品处方,由县级以上人民政府卫生主管部门给予警告,暂停其执业活动;造成严重后果的,吊销其执业证书;构成犯罪的,依法追究刑事责任。

处方的调配人、核对人违反本条例的规定未对麻醉药品和第一类精神药品处方进行核对,造成严重后果的,由原发证部门吊销其执业证书。

第七十四条 违反本条例的规定运输麻醉药品和精神药品的,由药品监督管理部门和运输管理部门依照各自职责,责令改正,给予警告,处2万元以上5万元以下的罚款。

收寄麻醉药品、精神药品的邮政营业机构未依照本条例的规定办理邮寄手续的,由邮政主管部门责令改正,给予警告;造成麻醉药品、精神药品邮件丢失的,依照邮政法律、行政法规的规定处理。

第七十五条 提供虚假材料、隐瞒有关情况,或者采取其他欺骗手段取得麻醉药品和精神药品的实验研究、生产、经营、使用资格的,由原审批部门撤销其已取得的资格,5年内不得提出有关麻醉药品和精神药品的申请;情节严重的,处1万元以上3万元以下的罚款,有药品生产许可证、药品经营许可证、医疗机构执业许可证的,依法吊销其许可证明文件。

第七十六条 药品研究单位在普通药品的实验研究和研制过程中,产生本条例规定管制的麻醉药品和精神药品,未依照本条例的规定报告的,由药品监督管理部门责令改正,给予警告,没收违法药品;拒不改正的,责令停止实验研究和研制活动。

第七十七条 药物临床试验机构以健康人为麻醉药品和第一类精神药品临床试验的受试对象

的,由药品监督管理部门责令停止违法行为,给予警告;情节严重的,取消其药物临床试验机构的资格;构成犯罪的,依法追究刑事责任。对受试对象造成损害的,药物临床试验机构依法承担治疗和赔偿责任。

第七十八条 定点生产企业、定点批发企业和第二类精神药品零售企业生产、销售假劣麻醉药品和精神药品的,由药品监督管理部门取消其定点生产资格、定点批发资格或者第二类精神药品零售资格,并依照药品管理法的有关规定予以处罚。

第七十九条 定点生产企业、定点批发企业和其他单位使用现金进行麻醉药品和精神药品交易的,由药品监督管理部门责令改正,给予警告,没收违法交易的药品,并处5万元以上10万元以下的罚款。

第八十条 发生麻醉药品和精神药品被盗、被抢、丢失案件的单位,违反本条例的规定未采取必要的控制措施或者未依照本条例的规定报告的,由药品监督管理部门和卫生主管部门依照各自职责,责令改正,给予警告;情节严重的,处5000元以上1万元以下的罚款;有上级主管部门的,由其上级主管部门对直接负责的主管人员和其他直接责任人员,依法给予降级、撤职的处分。

第八十一条 依法取得麻醉药品药用原植物种植或者麻醉药品和精神药品实验研究、生产、经营、使用、运输等资格的单位,倒卖、转让、出租、出借、涂改其麻醉药品和精神药品许可证明文件的,由原审批部门吊销相应许可证明文件,没收违法所得;情节严重的,处违法所得2倍以上5倍以下的罚款;没有违法所得的,处2万元以上5万元以下的罚款;构成犯罪的,依法追究刑事责任。

第八十二条 违反本条例的规定,致使麻醉药品和精神药品流入非法渠道造成危害,构成犯罪的,依法追究刑事责任;尚不构成犯罪的,由县级以上公安机关处5万元以上10万元以下的罚款;有违法所得的,没收违法所得;情节严重的,处违法所得2倍以上5倍以下的罚款;由原发证部门吊销其药品生产、经营和使用许可证明文件。

药品监督管理部门、卫生主管部门在监督管理工作中发现前款规定情形的,应当立即通报所在地同级公安机关,并依照国家有关规定,将案件以及相关材料移送公安机关。

第八十三条 本章规定由药品监督管理部门作出的行政处罚,由县级以上药品监督管理部门按照国务院药品监督管理部门规定的职责分工决定。

第九章 附 则

第八十四条 本条例所称实验研究是指以医疗、科学研究或者教学为目的的临床前药物研究。

经批准可以开展与计划生育有关的临床医疗服务的计划生育技术服务机构需要使用麻醉药品和精神药品的,依照本条例有关医疗机构使用麻醉药品和精神药品的规定执行。

第八十五条 麻醉药品目录中的罂粟壳只能用于中药饮片和中成药的生产以及医疗配方使用。具体管理办法由国务院药品监督管理部门另行制定。

第八十六条 生产含麻醉药品的复方制剂,需要购进、储存、使用麻醉药品原料药的,应当遵守本条例有关麻醉药品管理的规定。

第八十七条 军队医疗机构麻醉药品和精神药品的供应、使用,由国务院药品监督管理部门会同中国人民解放军总后勤部依据本条例制定具体管理办法。

第八十八条 对动物用麻醉药品和精神药品的管理,由国务院兽医主管部门会同国务院药品监督管理部门依据本条例制定具体管理办法。

第八十九条 本条例自2005年11月1日起施行。1987年11月28日国务院发布的《麻醉药品管理办法》和1988年12月27日国务院发布的《精神药品管理办法》同时废止。

放射性药品管理办法

- 1989年1月13日中华人民共和国国务院令第25号发布
- 根据2011年1月8日《国务院关于废止和修改部分行政法规的决定》第一次修订
- 根据2017年3月1日《国务院关于修改和废止部分行政法规的决定》第二次修订
- 根据2022年3月29日《国务院关于修改和废止部分行政法规的决定》第三次修订

第一章 总 则

第一条 为了加强放射性药品的管理,根据

《中华人民共和国药品管理法》（以下称《药品管理法》）的规定，制定本办法。

第二条 放射性药品是指用于临床诊断或者治疗的放射性核素制剂或者其标记药物。

第三条 凡在中华人民共和国领域内进行放射性药品的研究、生产、经营、运输、使用、检验、监督管理的单位和个人都必须遵守本办法。

第四条 国务院药品监督管理部门负责全国放射性药品监督管理工作。国务院国防科技工业主管部门依据职责负责与放射性药品有关的管理工作。国务院环境保护主管部门负责与放射性药品有关的辐射安全与防护的监督管理工作。

第二章 放射性新药的研制、临床研究和审批

第五条 放射性新药的研制内容，包括工艺路线、质量标准、临床前药理及临床研究。研制单位在制订新药工艺路线的同时，必须研究该药的理化性能、纯度（包括核素纯度）及检验方法、药理、毒理、动物药代动力学、放射性比活度、剂量、剂型、稳定性等。

研制单位对放射免疫分析药盒必须进行可测限度、范围、特异性、准确度、精密度、稳定性等方法学的研究。

放射性新药的分类，按国务院药品监督管理部门有关药品注册的规定办理。

第六条 研制单位研制的放射性新药，在进行临床试验或者验证前，应当向国务院药品监督管理部门提出申请，按规定报送资料及样品，经国务院药品监督管理部门审批同意后，在国务院药品监督管理部门指定的药物临床试验机构进行临床研究。

第七条 研制单位在放射性新药临床研究结束后，向国务院药品监督管理部门提出申请，经国务院药品监督管理部门审核批准，发给新药证书。国务院药品监督管理部门在审核批准时，应当征求国务院国防科技工业主管部门的意见。

第八条 放射性新药投入生产，需由生产单位或者取得放射性药品生产许可证的研制单位，凭新药证书（副本）向国务院药品监督管理部门提出生产该药的申请，并提供样品，由国务院药品监督管理部门审核发给批准文号。

第三章 放射性药品的生产、经营和进出口

第九条 国家根据需要，对放射性药品的生产企业实行合理布局。

第十条 开办放射性药品生产、经营企业，必须具备《药品管理法》规定的条件，符合国家有关放射性同位素安全和防护的规定与标准，并履行环境影响评价文件的审批手续；开办放射性药品生产企业，经所在省、自治区、直辖市国防科技工业主管部门审查同意，所在省、自治区、直辖市药品监督管理部门审核批准后，由所在省、自治区、直辖市药品监督管理部门发给《放射性药品生产企业许可证》；开办放射性药品经营企业，经所在省、自治区、直辖市药品监督管理部门审核并征求所在省、自治区、直辖市国防科技工业主管部门意见后批准的，由所在省、自治区、直辖市药品监督管理部门发给《放射性药品经营企业许可证》。无许可证的生产、经营企业，一律不准生产、销售放射性药品。

第十一条 《放射性药品生产企业许可证》、《放射性药品经营企业许可证》的有效期为5年，期满前6个月，放射性药品生产、经营企业应当分别向原发证的药品监督管理部门重新提出申请，按第十条审批程序批准后，换发新证。

第十二条 放射性药品生产企业生产已有国家标准的放射性药品，必须经国务院药品监督管理部门征求国务院国防科技工业主管部门意见后审核批准，并发给批准文号。凡是改变国务院药品监督管理部门已批准的生产工艺路线和药品标准的，生产单位必须按原报批程序提出补充申请，经国务院药品监督管理部门批准后方能生产。

第十三条 放射性药品生产、经营企业，必须配备与生产、经营放射性药品相适应的专业技术人员，具有安全、防护和废气、废物、废水处理等设施，并建立严格的质量管理制度。

第十四条 放射性药品生产、经营企业，必须建立质量检验机构，严格实行生产全过程的质量控制和检验。产品出厂前，须经质量检验。符合国家药品标准的产品方可出厂，不符合标准的产品一律不准出厂。

经国务院药品监督管理部门审核批准的含有短半衰期放射性核素的药品，可以边检验边出厂，

但发现质量不符合国家药品标准时,该药品的生产企业应当立即停止生产、销售,并立即通知使用单位停止使用,同时报告国务院药品监督管理、卫生行政、国防科技工业主管部门。

第十五条 放射性药品的生产、经营单位和医疗单位凭省、自治区、直辖市药品监督管理部门发给的《放射性药品生产企业许可证》《放射性药品经营企业许可证》,医疗单位凭省、自治区、直辖市药品监督管理部门发给的《放射性药品使用许可证》,开展放射性药品的购销活动。

第十六条 进口的放射性药品品种,必须符合我国的药品标准或者其他药用要求,并依照《药品管理法》的规定取得进口药品注册证书。

进出口放射性药品,应当按照国家有关对外贸易、放射性同位素安全和防护的规定,办理进出口手续。

第十七条 进口放射性药品,必须经国务院药品监督管理部门指定的药品检验机构抽样检验;检验合格的,方准进口。

对于经国务院药品监督管理部门审核批准的含有短半衰期放射性核素的药品,在保证安全使用的情况下,可以采取边进口检验、边投入使用的办法。进口检验单位发现药品质量不符合要求时,应当立即通知使用单位停止使用,并报告国务院药品监督管理、卫生行政、国防科技工业主管部门。

第四章 放射性药品的包装和运输

第十八条 放射性药品的包装必须安全实用,符合放射性药品质量要求,具有与放射性剂量相适应的防护装置。包装必须分内包装和外包装两部分,外包装必须贴有商标、标签、说明书和放射性药品标志,内包装必须贴有标签。

标签必须注明药品品名、放射性比活度、装量。

说明书除注明前款内容外,还须注明生产单位、批准文号、批号、主要成份、出厂日期、放射性核素半衰期、适应症、用法、用量、禁忌症、有效期和注意事项等。

第十九条 放射性药品的运输,按国家运输、邮政等部门制订的有关规定执行。

严禁任何单位和个人随身携带放射性药品乘坐公共交通运输工具。

第五章 放射性药品的使用

第二十条 医疗单位设置核医学科、室(同位素室),必须配备与其医疗任务相适应的并经核医学技术培训的技术人员。非核医学专业技术人员未经培训,不得从事放射性药品使用工作。

第二十一条 医疗单位使用放射性药品,必须符合国家有关放射性同位素安全和防护的规定。所在地的省、自治区、直辖市药品监督管理部门,应当根据医疗单位核医疗技术人员的水平、设备条件,核发相应等级的《放射性药品使用许可证》,无许可证的医疗单位不得临床使用放射性药品。

《放射性药品使用许可证》有效期为5年,期满前6个月,医疗单位应当向原发证的行政部门重新提出申请,经审核批准后,换发新证。

第二十二条 医疗单位配制、使用放射性制剂,应当符合《药品管理法》及其实施条例的相关规定。

第二十三条 持有《放射性药品使用许可证》的医疗单位,必须负责对使用的放射性药品进行临床质量检验,收集药品不良反应等项工作,并定期向所在地药品监督管理、卫生行政部门报告。由省、自治区、直辖市药品监督管理、卫生行政部门汇总后分别报国务院药品监督管理、卫生行政部门。

第二十四条 放射性药品使用后的废物(包括患者排出物),必须按国家有关规定妥善处置。

第六章 放射性药品标准和检验

第二十五条 放射性药品的国家标准,由国务院药品监督管理部门药典委员会负责制定和修订,报国务院药品监督管理部门审批颁发。

第二十六条 放射性药品的检验由国务院药品监督管理部门公布的药品检验机构承担。

第七章 附则

第二十七条 对违反本办法规定的单位或者个人,由县以上药品监督管理、卫生行政部门,按照《药品管理法》和有关法规的规定处罚。

第二十八条 本办法自发布之日起施行。

反兴奋剂条例

- 2004年1月13日中华人民共和国国务院令第398号公布
- 根据2011年1月8日《国务院关于废止和修改部分行政法规的决定》第一次修订
- 根据2014年7月29日《国务院关于修改部分行政法规的决定》第二次修订
- 根据2018年9月18日《国务院关于修改部分行政法规的决定》第三次修订

第一章 总 则

第一条 为了防止在体育运动中使用兴奋剂，保护体育运动参加者的身心健康，维护体育竞赛的公平竞争，根据《中华人民共和国体育法》和其他有关法律，制定本条例。

第二条 本条例所称兴奋剂，是指兴奋剂目录所列的禁用物质等。兴奋剂目录由国务院体育主管部门会同国务院药品监督管理部门、国务院卫生主管部门、国务院商务主管部门和海关总署制定、调整并公布。

第三条 国家提倡健康、文明的体育运动，加强反兴奋剂的宣传、教育和监督管理，坚持严格禁止、严格检查、严肃处理的反兴奋剂工作方针，禁止使用兴奋剂。

任何单位和个人不得向体育运动参加者提供或者变相提供兴奋剂。

第四条 国务院体育主管部门负责并组织全国的反兴奋剂工作。

县级以上人民政府负责药品监督管理的部门和卫生、教育等有关部门，在各自职责范围内依照本条例和有关法律、行政法规的规定负责反兴奋剂工作。

第五条 县级以上人民政府体育主管部门，应当加强反兴奋剂宣传、教育工作，提高体育运动参加者和公众的反兴奋剂意识。

广播电台、电视台、报刊媒体以及互联网信息服务提供者应当开展反兴奋剂的宣传。

第六条 任何单位和个人发现违反本条例规定行为的，有权向体育主管部门和其他有关部门举报。

第二章 兴奋剂管理

第七条 国家对兴奋剂目录所列禁用物质实行严格管理，任何单位和个人不得非法生产、销售、进出口。

第八条 生产兴奋剂目录所列蛋白同化制剂、肽类激素（以下简称蛋白同化制剂、肽类激素），应当依照《中华人民共和国药品管理法》（以下简称药品管理法）的规定取得《药品生产许可证》、药品批准文号。

生产企业应当记录蛋白同化制剂、肽类激素的生产、销售和库存情况，并保存记录至超过蛋白同化制剂、肽类激素有效期2年。

第九条 依照药品管理法的规定取得《药品经营许可证》的药品批发企业，具备下列条件，并经省、自治区、直辖市人民政府药品监督管理部门批准，方可经营蛋白同化制剂、肽类激素：

（一）有专门的管理人员；
（二）有专储仓库或者专储药柜；
（三）有专门的验收、检查、保管、销售和出入库登记制度；
（四）法律、行政法规规定的其他条件。

蛋白同化制剂、肽类激素的验收、检查、保管、销售和出入库登记记录应当保存至超过蛋白同化制剂、肽类激素有效期2年。

第十条 除胰岛素外，药品零售企业不得经营蛋白同化制剂或者其他肽类激素。

第十一条 进口蛋白同化制剂、肽类激素，除依照药品管理法及其实施条例的规定取得国务院药品监督管理部门发给的进口药品注册证书外，还应当取得省、自治区、直辖市人民政府药品监督管理部门颁发的进口准许证。

申请进口蛋白同化制剂、肽类激素，应当说明其用途。省、自治区、直辖市人民政府药品监督管理部门应当自收到申请之日起15个工作日内作出决定；对用途合法的，应当予以批准，发给进口准许证。海关凭进口准许证放行。

第十二条 申请出口蛋白同化制剂、肽类激素，应当说明供应对象并提交进口国政府主管部门的相关证明文件等资料。省、自治区、直辖市人民政府药品监督管理部门应当自收到申请之日起15个工作日内作出决定；提交进口国政府主管部门的相关证明文件等资料的，应当予以批准，发给出口准许证。海关凭出口准许证放行。

第十三条 境内企业接受境外企业委托生产蛋白同化制剂、肽类激素，应当签订书面委托生产合同，并将委托生产合同报省、自治区、直辖市人民政府药品监督管理部门备案。委托生产合同应当载明委托企业的国籍、委托生产的蛋白同化制剂或者肽类激素的品种、数量、生产日期等内容。

境内企业接受境外企业委托生产的蛋白同化制剂、肽类激素不得在境内销售。

第十四条 蛋白同化制剂、肽类激素的生产企业只能向医疗机构、符合本条例第九条规定的药品批发企业和其他同类生产企业供应蛋白同化制剂、肽类激素。

蛋白同化制剂、肽类激素的批发企业只能向医疗机构、蛋白同化制剂、肽类激素的生产企业和其他同类批发企业供应蛋白同化制剂、肽类激素。

蛋白同化制剂、肽类激素的进口单位只能向蛋白同化制剂、肽类激素的生产企业、医疗机构和符合本条例第九条规定的药品批发企业供应蛋白同化制剂、肽类激素。

肽类激素中的胰岛素除依照本条第一款、第二款、第三款的规定供应外，还可以向药品零售企业供应。

第十五条 医疗机构只能凭依法享有处方权的执业医师开具的处方向患者提供蛋白同化制剂、肽类激素。处方应当保存2年。

第十六条 兴奋剂目录所列禁用物质属于麻醉药品、精神药品、医疗用毒性药品和易制毒化学品的，其生产、销售、进口、运输和使用，依照药品管理法和有关行政法规的规定实行特殊管理。

蛋白同化制剂、肽类激素和前款规定以外的兴奋剂目录所列其他禁用物质，实行处方药管理。

第十七条 药品、食品中含有兴奋剂目录所列禁用物质的，生产企业应当在包装标识或者产品说明书上用中文注明"运动员慎用"字样。

第三章 反兴奋剂义务

第十八条 实施运动员注册管理的体育社会团体(以下简称体育社会团体)应当加强对在本体育社会团体注册的运动员和教练、领队、队医等运动员辅助人员的监督管理和反兴奋剂的教育、培训。

运动员管理单位应当加强对其所属的运动员和运动员辅助人员的监督管理和反兴奋剂的教育、培训。

第十九条 体育社会团体、运动员管理单位和其他单位，不得向运动员提供兴奋剂，不得组织、强迫、欺骗运动员在体育运动中使用兴奋剂。

科研单位不得为使用兴奋剂或者逃避兴奋剂检查提供技术支持。

第二十条 运动员管理单位应当为其所属运动员约定医疗机构，指导运动员因医疗目的合理使用药物；应当记录并按照兴奋剂检查规则的规定向相关体育社会团体提供其所属运动员的医疗信息和药物使用情况。

第二十一条 体育社会团体、运动员管理单位，应当按照兴奋剂检查规则的规定提供运动员名单和每名运动员的教练、所从事的运动项目以及运动成绩等相关信息，并为兴奋剂检查提供便利。

第二十二条 全国性体育社会团体应当对在本体育社会团体注册的成员下列行为规定处理措施和处理程序：

（一）运动员使用兴奋剂的；

（二）运动员辅助人员、运动员管理单位向运动员提供兴奋剂的；

（三）运动员、运动员辅助人员、运动员管理单位拒绝、阻挠兴奋剂检查的。

前款所指的处理程序还应当规定当事人的抗辩权和申诉权。全国性体育社会团体应当将处理措施和处理程序报国务院体育主管部门备案。

第二十三条 运动员辅助人员应当教育、提示运动员不得使用兴奋剂，并向运动员提供有关反兴奋剂规则的咨询。

运动员辅助人员不得向运动员提供兴奋剂，不得组织、强迫、欺骗、教唆、协助运动员在体育运动中使用兴奋剂，不得阻挠兴奋剂检查，不得实施影响采样结果的行为。

运动员发现运动员辅助人员违反前款规定的，有权检举、控告。

第二十四条 运动员不得在体育运动中使用兴奋剂。

第二十五条 在体育社会团体注册的运动员、运动员辅助人员凭依法享有处方权的执业医师开具的处方，方可持有含有兴奋剂目录所列禁用物质的药品。

在体育社会团体注册的运动员接受医疗诊断时，应当按照兴奋剂检查规则的规定向医师说明其运动员身份。医师对其使用药品时，应当首先选择不含兴奋剂目录所列禁用物质的药品；确需使用含有这类禁用物质的药品的，应当告知其药品性质和使用后果。

第二十六条　在全国性体育社会团体注册的运动员，因医疗目的确需使用含有兴奋剂目录所列禁用物质的药品的，应当按照兴奋剂检查规则的规定申请核准后方可使用。

第二十七条　运动员应当接受兴奋剂检查，不得实施影响采样结果的行为。

第二十八条　在全国性体育社会团体注册的运动员离开运动员驻地的，应当按照兴奋剂检查规则的规定报告。

第二十九条　实施中等及中等以上教育的学校和其他教育机构应当加强反兴奋剂教育，提高学生的反兴奋剂意识，并采取措施防止在学校体育活动中使用兴奋剂；发现学生使用兴奋剂，应当予以制止。

体育专业教育应当包括反兴奋剂的教学内容。

第三十条　体育健身活动经营单位及其专业指导人员，不得向体育健身活动参加者提供含有禁用物质的药品、食品。

第四章　兴奋剂检查与检测

第三十一条　国务院体育主管部门应当制定兴奋剂检查规则和兴奋剂检查计划并组织实施。

第三十二条　国务院体育主管部门应当根据兴奋剂检查计划，决定对全国性体育竞赛的参赛运动员实施赛内兴奋剂检查；并可以决定对省级体育竞赛的参赛运动员实施赛内兴奋剂检查。

其他体育竞赛需要进行赛内兴奋剂检查的，由竞赛组织者决定。

第三十三条　国务院体育主管部门应当根据兴奋剂检查计划，决定对在全国性体育社会团体注册的运动员实施赛外兴奋剂检查。

第三十四条　兴奋剂检查工作人员（以下简称检查人员）应当按照兴奋剂检查规则实施兴奋剂检查。

第三十五条　实施兴奋剂检查，应当有2名以上检查人员参加。检查人员履行兴奋剂检查职责时，应当出示兴奋剂检查证件；向运动员采集受检样本时，还应当出示按照兴奋剂检查规则签发的一次性兴奋剂检查授权书。

检查人员履行兴奋剂检查职责时，有权进入体育训练场所、体育竞赛场所和运动员驻地。有关单位和人员应当对检查人员履行兴奋剂检查职责予以配合，不得拒绝、阻挠。

第三十六条　受检样本由国务院体育主管部门确定的符合兴奋剂检测条件的检测机构检测。

兴奋剂检测机构及其工作人员，应当按照兴奋剂检查规则规定的范围和标准对受检样本进行检测。

第五章　法律责任

第三十七条　体育主管部门和其他行政机关及其工作人员不履行职责，或者包庇、纵容非法使用、提供兴奋剂，或者有其他违反本条例行为的，对负有责任的主管人员和其他直接责任人员，依法给予行政处分；构成犯罪的，依法追究刑事责任。

第三十八条　违反本条例规定，有下列行为之一的，由县级以上人民政府负责药品监督管理的部门按照国务院药品监督管理部门规定的职责分工，没收非法生产、经营的蛋白同化制剂、肽类激素和违法所得，并处违法生产、经营药品货值金额2倍以上5倍以下的罚款；情节严重的，由发证机关吊销《药品生产许可证》、《药品经营许可证》；构成犯罪的，依法追究刑事责任：

（一）生产企业擅自生产蛋白同化制剂、肽类激素，或者未按照本条例规定渠道供应蛋白同化制剂、肽类激素的；

（二）药品批发企业擅自经营蛋白同化制剂、肽类激素，或者未按照本条例规定渠道供应蛋白同化制剂、肽类激素的；

（三）药品零售企业擅自经营蛋白同化制剂、肽类激素的。

第三十九条　体育社会团体、运动员管理单位向运动员提供兴奋剂或者组织、强迫、欺骗运动员在体育运动中使用兴奋剂的，由国务院体育主管部门或者省、自治区、直辖市人民政府体育主管部门收缴非法持有的兴奋剂；负有责任的主管人员和其他直接责任人员4年内不得从事体育管理工作和运动员辅助工作；情节严重的，终身不得从事体育管理工作和运动员辅助工作；造成运动员人身损害的，依法承担民事赔偿责任；构成犯罪的，依法追究刑事责任。

体育社会团体、运动员管理单位未履行本条例规定的其他义务的，由国务院体育主管部门或者省、自治区、直辖市人民政府体育主管部门责令改正；造成严重后果的，负有责任的主管人员和其他直接责任人员2年内不得从事体育管理工作和运动员辅助工作。

第四十条 运动员辅助人员组织、强迫、欺骗、教唆运动员在体育运动中使用兴奋剂的，由国务院体育主管部门或者省、自治区、直辖市人民政府体育主管部门收缴非法持有的兴奋剂；4年内不得从事运动员辅助工作和体育管理工作；情节严重的，终身不得从事运动员辅助工作和体育管理工作；造成运动员人身损害的，依法承担民事赔偿责任；构成犯罪的，依法追究刑事责任。

运动员辅助人员向运动员提供兴奋剂，或者协助运动员在体育运动中使用兴奋剂，或者实施影响采样结果行为的，由国务院体育主管部门或者省、自治区、直辖市人民政府体育主管部门收缴非法持有的兴奋剂；2年内不得从事运动员辅助工作和体育管理工作；情节严重的，终身不得从事运动员辅助工作和体育管理工作；造成运动员人身损害的，依法承担民事赔偿责任；构成犯罪的，依法追究刑事责任。

第四十一条 运动员辅助人员非法持有兴奋剂的，由国务院体育主管部门或者省、自治区、直辖市人民政府体育主管部门收缴非法持有的兴奋剂；情节严重的，2年内不得从事运动员辅助工作。

第四十二条 体育社会团体、运动员管理单位违反本条例规定，负有责任的主管人员和其他直接责任人员属于国家工作人员的，还应当依法给予撤职、开除的行政处分。

运动员辅助人员违反本条例规定，属于国家工作人员的，还应当依法给予撤职、开除的行政处分。

第四十三条 按照本条例第三十九条、第四十条、第四十一条规定作出的处理决定应当公开，公众有权查阅。

第四十四条 医师未按照本条例的规定使用药品，或者未履行告知义务的，由县级以上人民政府卫生主管部门给予警告；造成严重后果的，责令暂停6个月以上1年以下执业活动。

第四十五条 体育健身活动经营单位向体育健身活动参加者提供含有禁用物质的药品、食品的，由负责药品监督管理的部门、食品安全监督管理部门依照药品管理法、《中华人民共和国食品安全法》和有关行政法规的规定予以处罚。

第四十六条 运动员违反本条例规定的，由有关体育社会团体、运动员管理单位、竞赛组织者作出取消参赛资格、取消比赛成绩或者禁赛的处理。

运动员因受到前款规定的处理不服的，可以向体育仲裁机构申请仲裁。

第六章 附 则

第四十七条 本条例自2004年3月1日起施行。

非药用类麻醉药品和精神药品列管办法

· 2015年9月24日
· 公通字〔2015〕27号

第一条 为加强对非药用类麻醉药品和精神药品的管理，防止非法生产、经营、运输、使用和进出口，根据《中华人民共和国禁毒法》和《麻醉药品和精神药品管理条例》等法律、法规的规定，制定本办法。

第二条 本办法所称的非药用类麻醉药品和精神药品，是指未作为药品生产和使用，具有成瘾性或者成瘾潜力且易被滥用的物质。

第三条 麻醉药品和精神药品按照药用类和非药用类分类列管。除麻醉药品和精神药品管理品种目录已有列管品种外，新增非药用类麻醉药品和精神药品管制品种由本办法附表列示。非药用类麻醉药品和精神药品管制品种目录的调整由国务院公安部门会同国务院食品药品监督管理部门和国务院卫生计生行政部门负责。

非药用类麻醉药品和精神药品发现医药用途，调整列入药品目录的，不再列入非药用类麻醉药品和精神药品管制品种目录。

第四条 对列管的非药用类麻醉药品和精神药品，禁止任何单位和个人生产、买卖、运输、使用、储存和进出口。因科研、实验需要使用非药用类麻醉药品和精神药品,在药品、医疗器械生产、检测中需要使用非药用类麻醉药品和精神药品标准品、对照品,以及药品生产过程中非药用类麻醉药品和精神药品中间体的管理,按照有关规定执行。

各级公安机关和有关部门依法加强对非药用类麻醉药品和精神药品违法犯罪行为的打击处理。

第五条 各地禁毒委员会办公室(以下简称禁毒办)应当组织公安机关和有关部门加强对非药用类麻醉药品和精神药品的监测,并将监测情况及时上报国家禁毒办。国家禁毒办经汇总、分析后,应当及时发布预警信息。对国家禁毒办发布预警的未列管非药用类麻醉药品和精神药品,各地禁毒办应当进行重点监测。

第六条 国家禁毒办认为需要对特定非药用类麻醉药品和精神药品进行列管的,应当交由非药用类麻醉药品和精神药品专家委员会(以下简称专家委员会)进行风险评估和列管论证。

第七条 专家委员会由国务院公安部门、食品药品监督管理部门、卫生计生行政部门、工业和信息化管理部门、海关等部门的专业人员以及医学、药学、法学、司法鉴定、化工等领域的专家学者组成。

专家委员会应当对拟列管的非药用类麻醉药品和精神药品进行下列风险评估和列管论证,并提出是否予以列管的建议:

(一)成瘾性或者成瘾潜力;
(二)对人身心健康的危害性;
(三)非法制造、贩运或者走私活动情况;
(四)滥用或者扩散情况;
(五)造成国内、国际危害或者其他社会危害情况。

专家委员会启动对拟列管的非药用类麻醉药品和精神药品的风险评估和列管论证工作后,应当在3个月内完成。

第八条 对专家委员会评估后提出列管建议的,国家禁毒办应当建议国务院公安部门会同食品药品监督管理部门和卫生计生行政部门予以列管。

第九条 国务院公安部门会同食品药品监督管理部门和卫生计生行政部门应当在接到国家禁毒办列管建议后6个月内,完成对非药用类麻醉药品和精神药品的列管工作。

对于情况紧急、不及时列管不利于遏制危害发展蔓延的,风险评估和列管工作应当加快进程。

第十条 本办法自2015年10月1日起施行。

医疗机构麻醉药品、第一类精神药品管理规定

- 2005年11月14日
- 卫医发〔2005〕438号

第一章 总 则

第一条 为严格医疗机构麻醉药品、第一类精神药品管理,保证正常医疗工作需要,根据《麻醉药品和精神药品管理条例》,制定本规定。

第二条 卫生部主管全国医疗机构麻醉药品、第一类精神药品使用管理工作。

县级以上地方卫生行政部门负责本辖区内医疗机构麻醉药品、第一类精神药品使用的监督管理工作。

第二章 麻醉药品、第一类精神药品的管理机构和人员

第三条 医疗机构应当建立由分管负责人负责,医疗管理、药学、护理、保卫等部门参加的麻醉、精神药品管理机构,指定专职人员负责麻醉药品、第一类精神药品日常管理工作。

第四条 医疗机构要把麻醉药品、第一类精神药品管理列入本单位年度目标责任制考核,建立麻醉药品、第一类精神药品使用专项检查制度,并定期组织检查,做好检查记录,及时纠正存在的问题和隐患。

第五条 医疗机构应当建立并严格执行麻醉药品、第一类精神药品的采购、验收、储存、保管、发放、调配、使用、报残损、销毁、丢失及被盗案件报告、值班巡查等制度,制定各岗位人员职责。日常工作由药学部门承担。

第六条 医疗机构麻醉药品、第一类精神药品管理人员应当掌握与麻醉、精神药品相关的法律、法规、规定,熟悉麻醉药品、第一类精神药品使用和安全管理工作。

第七条　医疗机构应当配备工作责任心强、业务熟悉的药学专业技术人员负责麻醉药品、第一类精神药品的采购、储存保管、调配使用及管理工作，人员应当保持相对稳定。

第八条　医疗机构应当定期对涉及麻醉药品、第一类精神药品的管理、药学、医护人员进行有关法律、法规、规定、专业知识、职业道德的教育和培训。

第三章　麻醉药品、第一类精神药品的采购、储存

第九条　医疗机构应当根据本单位医疗需要，按照有关规定购进麻醉药品、第一类精神药品，保持合理库存。购买药品付款应当采取银行转帐方式。

第十条　麻醉药品、第一类精神药品药品入库验收必须货到即验，至少双人开箱验收，清点验收到最小包装，验收记录双人签字。入库验收应当采用专簿记录，内容包括：日期、凭证号、品名、剂型、规格、单位、数量、批号、有效期、生产单位、供货单位、质量情况、验收结论、验收和保管人员签字。

第十一条　在验收中发现缺少、缺损的麻醉药品、第一类精神药品应当双人清点登记，报医疗机构负责人批准并加盖公章后向供货单位查询、处理。

第十二条　储存麻醉药品、第一类精神药品实行专人负责、专库（柜）加锁。对进出专库（柜）的麻醉药品、第一类精神药品建立专用帐册，进出逐笔记录，内容包括：日期、凭证号、领用部门、品名、剂型、规格、单位、数量、批号、有效期、生产单位、发药人、复核人和领用签字，做到帐、物、批号相符。

第十三条　医疗机构对过期、损坏麻醉药品、第一类精神药品进行销毁时，应当向所在地卫生行政部门提出申请，在卫生行政部门监督下进行销毁，并对销毁情况进行登记。

卫生行政部门接到医疗机构销毁麻醉药品、第一类精神药品申请后，应当于5日内到场监督医疗机构销毁行为。

第四章　麻醉药品、第一类精神药品的调配和使用

第十四条　医疗机构可以根据管理需要在门诊、急诊、住院等药房设置麻醉药品、第一类精神药品周转库（柜），库存不得超过本机构规定的数量。周转库（柜）应当每天结算。

第十五条　门诊、急诊、住院等药房发药窗口麻醉药品、第一类精神药品调配基数不得超过本机构规定的数量。

第十六条　门诊药房应当固定发药窗口，有明显标识，并由专人负责麻醉药品、第一类精神药品调配。

第十七条　执业医师经培训、考核合格后，取得麻醉药品、第一类精神药品处方资格。

第十八条　开具麻醉药品、第一类精神药品使用专用处方。处方格式及单张处方最大限量按照《麻醉药品、精神药品处方管理规定》执行。

医师开具麻醉药品、第一类精神药品处方时，应当在病历中记录。医师不得为他人开具不符合规定的处方或者为自己开具麻醉药品、第一类精神药品处方。

第十九条　处方的调配人、核对人应当仔细核对麻醉药品、第一类精神药品处方，签名并进行登记；对不符合规定的麻醉药品、第一类精神药品处方，拒绝发药。

第二十条　医疗机构应当对麻醉药品、第一类精神药品处方进行专册登记，内容包括：患者（代办人）姓名、性别、年龄、身份证明编号、病历号、疾病名称、药品名称、规格、数量、处方医师、处方编号、处方日期、发药人、复核人。

专用帐册的保存应当在药品有效期满后不少于2年。

第二十一条　医疗机构应当为使用麻醉药品、第一类精神药品的患者建立相应的病历。麻醉药品注射剂型仅限于医疗机构内使用或者由医务人员出诊至患者家中使用；医疗机构应当为使用麻醉药品非注射剂型和精神药品的患者建立随诊或者复诊制度，并将随诊或者复诊情况记入病历。为院外使用麻醉药品非注射剂型、精神药品患者开具的处方不得在急诊药房配药。

第二十二条　医疗机构购买的麻醉药品、第一类精神药品只限于在本机构内临床使用。

第五章　麻醉药品、第一类精神药品的安全管理

第二十三条　医疗机构麻醉、精神药品库必

须配备保险柜,门、窗有防盗设施。有条件的医疗机构麻醉药品、第一类精神药品库应当安装报警装置。

门诊、急诊、住院等药房设麻醉药品、第一类精神药品周转库(柜)的,应当配备保险柜,药房调配窗口、各病区、手术室存放麻醉药品、第一类精神药品应当配备必要的防盗设施。

第二十四条 麻醉药品、第一类精神药品储存各环节应当指定专人负责,明确责任,交接班应当有记录。

第二十五条 对麻醉药品、第一类精神药品的购入、储存、发放、调配、使用实行批号管理和追踪,必要时可以及时查找或者追回。

第二十六条 医疗机构应当对麻醉药品、第一类精神药品处方统一编号,计数管理,建立处方保管、领取、使用、退回、销毁管理制度。

第二十七条 患者使用麻醉药品、第一类精神药品注射剂或者贴剂的,再次调配时,应当要求患者将原批号的空安瓿或者用过的贴剂交回,并记录收回的空安瓿或者废贴数量。

第二十八条 医疗机构内各病区、手术室等调配使用麻醉药品、第一类精神药品注射剂时应收回空安瓿,核对批号和数量,并作记录。剩余的麻醉药品、第一类精神药品应办理退库手续。

第二十九条 收回的麻醉药品、第一类精神药品注射剂空安瓿、废贴由专人负责计数、监督销毁,并作记录。

第三十条 患者不再使用麻醉药品、第一类精神药品时,医疗机构应当要求患者将剩余的麻醉药品、第一类精神药品无偿交回医疗机构,由医疗机构按照规定销毁处理。

第三十一条 具有《医疗机构执业许可证》并经有关部门批准的戒毒医疗机构开展戒毒治疗时,可在医务人员指导下使用具有戒毒适应症的麻醉药品、第一类精神药品。

第三十二条 医疗机构发现下列情况,应当立即向所在地卫生行政部门、公安机关、药品监督管理部门报告:

(一)在储存、保管过程中发生麻醉药品、第一类精神药品丢失或者被盗、被抢的;

(二)发现骗取或者冒领麻醉药品、第一类精神药品的。

第三十三条 本规定自下发之日起施行。

药品类易制毒化学品管理办法

· 2010年3月18日卫生部令第72号公布
· 自2010年5月1日起施行

第一章 总 则

第一条 为加强药品类易制毒化学品管理,防止流入非法渠道,根据《易制毒化学品管理条例》(以下简称《条例》),制定本办法。

第二条 药品类易制毒化学品是指《条例》中所确定的麦角酸、麻黄素等物质,品种目录见本办法附件1。

国务院批准调整易制毒化学品分类和品种,涉及药品类易制毒化学品的,国家食品药品监督管理局应当及时调整并予公布。

第三条 药品类易制毒化学品的生产、经营、购买以及监督管理,适用本办法。

第四条 国家食品药品监督管理局主管全国药品类易制毒化学品生产、经营、购买等方面的监督管理工作。

县级以上地方食品药品监督管理部门负责本行政区域内的药品类易制毒化学品生产、经营、购买等方面的监督管理工作。

第二章 生产、经营许可

第五条 生产、经营药品类易制毒化学品,应当依照《条例》和本办法的规定取得药品类易制毒化学品生产、经营许可。

生产药品类易制毒化学品中属于药品的品种,还应当依照《药品管理法》和相关规定取得药品批准文号。

第六条 药品生产企业申请生产药品类易制毒化学品,应当符合《条例》第七条规定的条件,向所在地省、自治区、直辖市食品药品监督管理部门提出申请,报送以下资料:

(一)药品类易制毒化学品生产申请表(见附件2);

(二)《药品生产许可证》、《药品生产质量管理规范》认证证书和企业营业执照复印件;

(三)企业药品类易制毒化学品管理的组织机构图(注明各部门职责及相互关系、部门负责人);

（四）反映企业现有状况的周边环境图、总平面布置图、仓储平面布置图、质量检验场所平面布置图、药品类易制毒化学品生产场所平面布置图（注明药品类易制毒化学品相应安全管理设施）；

（五）药品类易制毒化学品安全管理制度文件目录；

（六）重点区域设置电视监控设施的说明以及与公安机关联网报警的证明；

（七）企业法定代表人、企业负责人和技术、管理人员具有药品类易制毒化学品有关知识的说明材料；

（八）企业法定代表人及相关工作人员无毒品犯罪记录的证明；

（九）申请生产仅能作为药品中间体使用的药品类易制毒化学品的，还应当提供合法用途说明等其他相应资料。

第七条 省、自治区、直辖市食品药品监督管理部门应当在收到申请之日起5日内，对申报资料进行形式审查，决定是否受理。受理的，在30日内完成现场检查，将检查结果连同企业申报资料报送国家食品药品监督管理局。国家食品药品监督管理局应当在30日内完成实质性审查，对符合规定的，发给《药品类易制毒化学品生产许可批件》（以下简称《生产许可批件》，见附件3），注明许可生产的药品类易制毒化学品名称；不予许可的，应当书面说明理由。

第八条 药品生产企业收到《生产许可批件》后，应当向所在地省、自治区、直辖市食品药品监督管理部门提出变更《药品生产许可证》生产范围的申请。省、自治区、直辖市食品药品监督管理部门应根据《生产许可批件》，在《药品生产许可证》正本的生产范围中标注"药品类易制毒化学品"；在副本的生产范围中标注"药品类易制毒化学品"后，括弧内标注药品类易制毒化学品名称。

第九条 药品类易制毒化学品生产企业申请换发《药品生产许可证》的，省、自治区、直辖市食品药品监督管理部门除按照《药品生产监督管理办法》审查外，还应当对企业的药品类易制毒化学品生产条件和安全管理情况进行审查。对符合规定的，在换发的《药品生产许可证》中继续标注药品类易制毒化学品生产范围和品种名称；对不符合规定的，报国家食品药品监督管理局。

国家食品药品监督管理局收到省、自治区、直辖市食品药品监督管理部门报告后，对不符合规定的企业注销其《生产许可批件》，并通知企业所在地省、自治区、直辖市食品药品监督管理部门注销该企业《药品生产许可证》中的药品类易制毒化学品生产范围。

第十条 药品类易制毒化学品生产企业不再生产药品类易制毒化学品的，应当在停止生产经营后3个月内办理注销相关许可手续。

药品类易制毒化学品生产企业连续1年未生产的，应当书面报告所在地省、自治区、直辖市食品药品监督管理部门；需要恢复生产的，应当经所在地省、自治区、直辖市食品药品监督管理部门对企业的生产条件和安全管理情况进行现场检查。

第十一条 药品类易制毒化学品生产企业变更生产地址、品种范围的，应当重新申办《生产许可批件》。

药品类易制毒化学品生产企业变更企业名称、法定代表人的，由所在地省、自治区、直辖市食品药品监督管理部门办理《药品生产许可证》变更手续，报国家食品药品监督管理局备案。

第十二条 药品类易制毒化学品以及含有药品类易制毒化学品的制剂不得委托生产。

药品生产企业不得接受境外厂商委托加工药品类易制毒化学品以及含有药品类易制毒化学品的产品；特殊情况需要委托加工的，须经国家食品药品监督管理局批准。

第十三条 药品类易制毒化学品的经营许可，国家食品药品监督管理局委托省、自治区、直辖市食品药品监督管理部门办理。

药品类易制毒化学品单方制剂和小包装麻黄素，纳入麻醉药品销售渠道经营，仅能由麻醉药品全国性批发企业和区域性批发企业经销，不得零售。

未实行药品批准文号管理的品种，纳入药品类易制毒化学品原料药渠道经营。

第十四条 药品经营企业申请经营药品类易制毒化学品原料药，应当符合《条例》第九条规定的条件，向所在地省、自治区、直辖市食品药品监督管理部门提出申请，报送以下资料：

（一）药品类易制毒化学品原料药经营申请表（见附件4）；

（二）具有麻醉药品和第一类精神药品定点经营资格或者第二类精神药品定点经营资格的《药

品经营许可证》《药品经营质量管理规范》认证证书和企业营业执照复印件；

（三）企业药品类易制毒化学品管理的组织机构图（注明各部门职责及相互关系、部门负责人）；

（四）反映企业现有状况的周边环境图、总平面布置图、仓储平面布置图（注明药品类易制毒化学品相应安全管理设施）；

（五）药品类易制毒化学品安全管理制度文件目录；

（六）重点区域设置电视监控设施的说明以及与公安机关联网报警的证明；

（七）企业法定代表人、企业负责人和销售、管理人员具有药品类易制毒化学品有关知识的说明材料；

（八）企业法定代表人及相关工作人员无毒品犯罪记录的证明。

第十五条 省、自治区、直辖市食品药品监督管理部门应当在收到申请之日起 5 日内，对申报资料进行形式审查，决定是否受理。受理的，在 30 日内完成现场检查和实质性审查，对符合规定的，在《药品经营许可证》经营范围中标注"药品类易制毒化学品"，并报国家食品药品监督管理局备案；不予许可的，应当书面说明理由。

第三章 购买许可

第十六条 国家对药品类易制毒化学品实行购买许可制度。购买药品类易制毒化学品的，应当办理《药品类易制毒化学品购用证明》（以下简称《购用证明》），但本办法第二十一条规定的情形除外。

《购用证明》由国家食品药品监督管理局统一印制（样式见附件5），有效期为 3 个月。

第十七条 《购用证明》申请范围：

（一）经批准使用药品类易制毒化学品用于药品生产的药品生产企业；

（二）使用药品类易制毒化学品的教学、科研单位；

（三）具有药品类易制毒化学品经营资格的药品经营企业；

（四）取得药品类易制毒化学品出口许可的外贸出口企业；

（五）经农业部会同国家食品药品监督管理局下达兽用盐酸麻黄素注射液生产计划的兽药生产企业。

药品类易制毒化学品生产企业自用药品类易制毒化学品原料药用于药品生产的，也应当按照本办法规定办理《购用证明》。

第十八条 购买药品类易制毒化学品应当符合《条例》第十四条规定，向所在地省、自治区、直辖市食品药品监督管理部门或者省、自治区食品药品监督管理部门确定并公布的设区的市级食品药品监督管理部门提出申请，填报购买药品类易制毒化学品申请表（见附件6），提交相应资料（见附件7）。

第十九条 设区的市级食品药品监督管理部门应当在收到申请之日起 5 日内，对申报资料进行形式审查，决定是否受理。受理的，必要时组织现场检查，5 日内将检查结果连同企业申报资料报送省、自治区食品药品监督管理部门。省、自治区食品药品监督管理部门应当在 5 日内完成审查，对符合规定的，发给《购用证明》；不予许可的，应当书面说明理由。

省、自治区、直辖市食品药品监督管理部门直接受理的，应当在收到申请之日起 10 日内完成审查和必要的现场检查，对符合规定的，发给《购用证明》；不予许可的，应当书面说明理由。

省、自治区、直辖市食品药品监督管理部门在批准发给《购用证明》之前，应当请公安机关协助核查相关内容；公安机关核查所用的时间不计算在上述期限之内。

第二十条 《购用证明》只能在有效期内一次使用。《购用证明》不得转借、转让。购买药品类易制毒化学品时必须使用《购用证明》原件，不得使用复印件、传真件。

第二十一条 符合以下情形之一的，豁免办理《购用证明》：

（一）医疗机构凭麻醉药品、第一类精神药品购用印鉴卡购买药品类易制毒化学品单方制剂和小包装麻黄素的；

（二）麻醉药品全国性批发企业、区域性批发企业持麻醉药品调拨单购买小包装麻黄素以及单次购买麻黄素片剂 6 万片以下、注射剂 1.5 万支以下的；

（三）按规定购买药品类易制毒化学品标准品、对照品的；

（四）药品类易制毒化学品生产企业凭药品类

易制毒化学品出口许可自营出口药品类易制毒化学品的。

第四章　购销管理

第二十二条　药品类易制毒化学品生产企业应当将药品类易制毒化学品原料药销售给取得《购用证明》的药品生产企业、药品经营企业和外贸出口企业。

第二十三条　药品类易制毒化学品经营企业应当将药品类易制毒化学品原料药销售给本省、自治区、直辖市行政区域内取得《购用证明》的单位。药品类易制毒化学品经营企业之间不得购销药品类易制毒化学品原料药。

第二十四条　教学科研单位只能凭《购用证明》从麻醉药品全国性批发企业、区域性批发企业和药品类易制毒化学品经营企业购买药品类易制毒化学品。

第二十五条　药品类易制毒化学品生产企业应当将药品类易制毒化学品单方制剂和小包装麻黄素销售给麻醉药品全国性批发企业。麻醉药品全国性批发企业、区域性批发企业应当按照《麻醉药品和精神药品管理条例》第三章规定的渠道销售药品类易制毒化学品单方制剂和小包装麻黄素。麻醉药品区域性批发企业之间不得购销药品类易制毒化学品单方制剂和小包装麻黄素。

麻醉药品区域性批发企业之间因医疗急需等特殊情况需要调剂药品类易制毒化学品单方制剂的，应当在调剂后2日内将调剂情况分别报所在地省、自治区、直辖市食品药品监督管理部门备案。

第二十六条　药品类易制毒化学品禁止使用现金或者实物进行交易。

第二十七条　药品类易制毒化学品生产企业、经营企业销售药品类易制毒化学品，应当逐一建立购买方档案。

购买方为非医疗机构的，档案内容至少包括：

（一）购买方《药品生产许可证》、《药品经营许可证》、企业营业执照等资质证明文件复印件；

（二）购买方企业法定代表人、主管药品类易制毒化学品负责人、采购人员姓名及其联系方式；

（三）法定代表人授权委托书原件及采购人员身份证明文件复印件；

（四）《购用证明》或者麻醉药品调拨单原件；

（五）销售记录及核查情况记录。

购买方为医疗机构的，档案应当包括医疗机构麻醉药品、第一类精神药品购用印鉴卡复印件和销售记录。

第二十八条　药品类易制毒化学品生产企业、经营企业销售药品类易制毒化学品时，应当核查采购人员身份证明和相关购买许可证明，无误后方可销售，并保存核查记录。

发货应当严格执行出库复核制度，认真核对实物与药品销售出库单是否相符，并确保将药品类易制毒化学品送达购买方《药品生产许可证》或者《药品经营许可证》所载明的地址，或者医疗机构的药库。

在核查、发货、送货过程中发现可疑情况的，应当立即停止销售，并向所在地食品药品监督管理部门和公安机关报告。

第二十九条　除药品类易制毒化学品经营企业外，购用单位应当按照《购用证明》载明的用途使用药品类易制毒化学品，不得转售；外贸出口企业购买的药品类易制毒化学品不得内销。

购用单位需要将药品类易制毒化学品退回原供货单位的，应当分别报其所在地和原供货单位所在地省、自治区、直辖市食品药品监督管理部门备案。原供货单位收到退货后，应当分别向其所在地和原购用单位所在地省、自治区、直辖市食品药品监督管理部门报告。

第五章　安全管理

第三十条　药品类易制毒化学品生产企业、经营企业、使用药品类易制毒化学品的药品生产企业和教学科研单位，应当配备保障药品类易制毒化学品安全管理的设施，建立层层落实责任制的药品类易制毒化学品管理制度。

第三十一条　药品类易制毒化学品生产企业、经营企业和使用药品类易制毒化学品的药品生产企业，应当设置专库或者在药品仓库中设立独立的专库（柜）储存药品类易制毒化学品。

麻醉药品全国性批发企业、区域性批发企业可在其麻醉药品和第一类精神药品专库中设专区存放药品类易制毒化学品。

教学科研单位应当设立专柜储存药品类易制毒化学品。

专库应当设有防盗设施，专柜应当使用保险

柜;专库和专柜应当实行双人双锁管理。

药品类易制毒化学品生产企业、经营企业和使用药品类易制毒化学品的药品生产企业,其关键生产岗位、储存场所应当设置电视监控设施,安装报警装置并与公安机关联网。

第三十二条　药品类易制毒化学品生产企业、经营企业和使用药品类易制毒化学品的药品生产企业,应当建立药品类易制毒化学品专用账册。专用账册保存期限应当自药品类易制毒化学品有效期期满之日起不少于2年。

药品类易制毒化学品生产企业自营出口药品类易制毒化学品的,必须在专用账册中载明,并留存出口许可及相应证明材料备查。

药品类易制毒化学品入库应当双人验收,出库应当双人复核,做到账物相符。

第三十三条　发生药品类易制毒化学品被盗、被抢、丢失或者其他流入非法渠道情形,案发单位应当立即报告当地公安机关和县级以上地方食品药品监督管理部门。接到报案的食品药品监督管理部门应当逐级上报,并配合公安机关查处。

第六章　监督管理

第三十四条　县级以上地方食品药品监督管理部门负责本行政区域内药品类易制毒化学品生产企业、经营企业、使用药品类易制毒化学品的药品生产企业和教学科研单位的监督检查。

第三十五条　食品药品监督管理部门应当建立对本行政区域内相关企业的监督检查制度和监督检查档案。监督检查至少应当包括药品类易制毒化学品的安全管理状况、销售流向、使用情况等内容;对企业的监督检查档案应当全面详实,应当有现场检查等情况的记录。每次检查后应当将检查结果以书面形式告知被检查单位;需要整改的应当提出整改内容及整改期限,并实施跟踪检查。

第三十六条　食品药品监督管理部门对药品类易制毒化学品的生产、经营、购买活动进行监督检查时,可以依法查看现场、查阅和复制有关资料、记录有关情况、扣押相关的证据材料和违法物品;必要时,可以临时查封有关场所。

被检查单位及其工作人员应当配合食品药品监督管理部门的监督检查,如实提供有关情况和材料、物品,不得拒绝或者隐匿。

第三十七条　食品药品监督管理部门应当将药品类易制毒化学品许可、依法吊销或者注销许可的情况及时通报有关公安机关和工商行政管理部门。

食品药品监督管理部门收到工商行政管理部门关于药品类易制毒化学品生产企业、经营企业吊销营业执照或者注销登记的情况通报后,应当及时注销相应的药品类易制毒化学品许可。

第三十八条　药品类易制毒化学品生产企业、经营企业应当于每月10日前,向所在地县级食品药品监督管理部门、公安机关及中国麻醉药品协会报送上月药品类易制毒化学品生产、经营和库存情况;每年3月31日前向所在地县级食品药品监督管理部门、公安机关及中国麻醉药品协会报送上年度药品类易制毒化学品生产、经营和库存情况。食品药品监督管理部门应当将汇总情况及时报告上一级食品药品监督管理部门。

药品类易制毒化学品生产企业、经营企业应当按照食品药品监督管理部门制定的药品电子监管实施要求,及时联入药品电子监管网,并通过网络报送药品类易制毒化学品生产、经营和库存情况。

第三十九条　药品类易制毒化学品生产企业、经营企业、使用药品类易制毒化学品的药品生产企业和教学科研单位,对过期、损坏的药品类易制毒化学品应当登记造册,并向所在地县级以上地方食品药品监督管理部门申请销毁。食品药品监督管理部门应当自接到申请之日起5日内到现场监督销毁。

第四十条　有《行政许可法》第六十九条第一款、第二款所列情形的,省、自治区、直辖市食品药品监督管理部门或者国家食品药品监督管理局应当撤销根据本办法作出的有关许可。

第七章　法律责任

第四十一条　药品类易制毒化学品生产企业、经营企业、使用药品类易制毒化学品的药品生产企业、教学科研单位,未按规定执行安全管理制度的,由县级以上食品药品监督管理部门按照《条例》第四十条第一款第一项的规定给予处罚。

第四十二条　药品类易制毒化学品生产企业自营出口药品类易制毒化学品,未按规定在专用账册中载明或者未按规定留存出口许可、相应证明材料备查的,由县级以上食品药品监督管理部门按照《条例》第四十条第一款第四项的规定给予处罚。

第四十三条 有下列情形之一的，由县级以上食品药品监督管理部门给予警告，责令限期改正，可以并处1万元以上3万元以下的罚款：

（一）药品类易制毒化学品生产企业连续停产1年以上未按规定报告的，或者未经所在地省、自治区、直辖市食品药品监督管理部门现场检查即恢复生产的；

（二）药品类易制毒化学品生产企业、经营企业未按规定渠道购销药品类易制毒化学品的；

（三）麻醉药品区域性批发企业因特殊情况调剂药品类易制毒化学品后未按规定备案的；

（四）药品类易制毒化学品发生退货，购用单位、供货单位未按规定备案、报告的。

第四十四条 药品类易制毒化学品生产企业、经营企业、使用药品类易制毒化学品的药品生产企业和教学科研单位，拒不接受食品药品监督管理部门监督检查的，由县级以上食品药品监督管理部门按照《条例》第四十二条规定给予处罚。

第四十五条 对于由公安机关、工商行政管理部门按照《条例》第三十八条作出行政处罚决定的单位，食品药品监督管理部门自该行政处罚决定作出之日起3年内不予受理其药品类易制毒化学品生产、经营、购买许可的申请。

第四十六条 食品药品监督管理部门工作人员在药品类易制毒化学品管理工作中有应当许可而不许可、不应当许可而滥许可，以及其他滥用职权、玩忽职守、徇私舞弊行为的，依法给予行政处分；构成犯罪的，依法追究刑事责任。

第八章 附 则

第四十七条 申请单位按照本办法的规定申请行政许可事项的，应当对提交资料的真实性负责，提供资料为复印件的，应当加盖申请单位的公章。

第四十八条 本办法所称小包装麻黄素是指国家食品药品监督管理局指定生产的供教学、科研和医疗机构配制制剂使用的特定包装的麻黄素原料药。

第四十九条 对兽药生产企业购用盐酸麻黄素原料药以及兽用盐酸麻黄素注射液生产、经营等监督管理，按照农业部和国家食品药品监督管理局的规定执行。

第五十条 本办法自2010年5月1日起施行。原国家药品监督管理局1999年6月26日发布的《麻黄素管理办法》（试行）同时废止。

附件1

药品类易制毒化学品品种目录

1. 麦角酸
2. 麦角胺
3. 麦角新碱
4. 麻黄素、伪麻黄素、消旋麻黄素、去甲麻黄素、甲基麻黄素、麻黄浸膏、麻黄浸膏粉等麻黄素类物质

说明：

一、所列物质包括可能存在的盐类。

二、药品类易制毒化学品包括原料药及其单方制剂。

附件2：药品类易制毒化学品生产申请表（略）

附件3：药品类易制毒化学品生产许可批件（略）

附件4：药品类易制毒化学品原料药经营申请表（略）

附件5：药品类易制毒化学品购用证明（略）

附件6：购买药品类易制毒化学品申请表（略）

附件7：购买药品类易制毒化学品申报资料要求（略）

五、医疗器械

（一）一般规定

医疗器械监督管理条例

- 2000年1月4日中华人民共和国国务院令第276号公布
- 2014年2月12日国务院第39次常务会议修订通过
- 根据2017年5月4日《国务院关于修改〈医疗器械监督管理条例〉的决定》修订
- 2020年12月21日国务院第119次常务会议修订通过
- 2021年2月9日中华人民共和国国务院令第739号公布
- 自2021年6月1日起施行

第一章 总 则

第一条 为了保证医疗器械的安全、有效，保障人体健康和生命安全，促进医疗器械产业发展，制定本条例。

第二条 在中华人民共和国境内从事医疗器械的研制、生产、经营、使用活动及其监督管理，适用本条例。

第三条 国务院药品监督管理部门负责全国医疗器械监督管理工作。

国务院有关部门在各自的职责范围内负责与医疗器械有关的监督管理工作。

第四条 县级以上地方人民政府应当加强对本行政区域的医疗器械监督管理工作的领导，组织协调本行政区域内的医疗器械监督管理工作以及突发事件应对工作，加强医疗器械监督管理能力建设，为医疗器械安全工作提供保障。

县级以上地方人民政府负责药品监督管理的部门负责本行政区域的医疗器械监督管理工作。

县级以上地方人民政府有关部门在各自的职责范围内负责与医疗器械有关的监督管理工作。

第五条 医疗器械监督管理遵循风险管理、全程管控、科学监管、社会共治的原则。

第六条 国家对医疗器械按照风险程度实行分类管理。

第一类是风险程度低，实行常规管理可以保证其安全、有效的医疗器械。

第二类是具有中度风险，需要严格控制管理以保证其安全、有效的医疗器械。

第三类是具有较高风险，需要采取特别措施严格控制管理以保证其安全、有效的医疗器械。

评价医疗器械风险程度，应当考虑医疗器械的预期目的、结构特征、使用方法等因素。

国务院药品监督管理部门负责制定医疗器械的分类规则和分类目录，并根据医疗器械生产、经营、使用情况，及时对医疗器械的风险变化进行分析、评价，对分类规则和分类目录进行调整。制定、调整分类规则和分类目录，应当充分听取医疗器械注册人、备案人、生产经营企业以及使用单位、行业组织的意见，并参考国际医疗器械分类实践。医疗器械分类规则和分类目录应当向社会公布。

第七条 医疗器械产品应当符合医疗器械强制性国家标准；尚无强制性国家标准的，应当符合医疗器械强制性行业标准。

第八条 国家制定医疗器械产业规划和政策，将医疗器械创新纳入发展重点，对创新医疗器械予以优先审评审批，支持创新医疗器械临床推广和使用，推动医疗器械产业高质量发展。国务院药品监督管理部门应当配合国务院有关部门，贯彻实施国家医疗器械产业规划和引导政策。

第九条 国家完善医疗器械创新体系，支持医疗器械的基础研究和应用研究，促进医疗器械新技术的推广和应用，在科技立项、融资、信贷、招标采购、医疗保险等方面予以支持。支持企业设立或者联合组建研制机构，鼓励企业与高等学校、科研院所、医疗机构等合作开展医疗器械的研究与创新，加强医疗器械知识产权保护，提高医疗器械自主创新能力。

第十条 国家加强医疗器械监督管理信息化建设，提高在线政务服务水平，为医疗器械行政许可、备案等提供便利。

第十一条 医疗器械行业组织应当加强行业自律，推进诚信体系建设，督促企业依法开展生产经营活动，引导企业诚实守信。

第十二条 对在医疗器械的研究与创新方面做出突出贡献的单位和个人，按照国家有关规定给予表彰奖励。

第二章 医疗器械产品注册与备案

第十三条 第一类医疗器械实行产品备案管理，第二类、第三类医疗器械实行产品注册管理。

医疗器械注册人、备案人应当加强医疗器械全生命周期质量管理，对研制、生产、经营、使用全过程中医疗器械的安全性、有效性依法承担责任。

第十四条 第一类医疗器械产品备案和申请第二类、第三类医疗器械产品注册，应当提交下列资料：

（一）产品风险分析资料；

（二）产品技术要求；

（三）产品检验报告；

（四）临床评价资料；

（五）产品说明书以及标签样稿；

（六）与产品研制、生产有关的质量管理体系文件；

（七）证明产品安全、有效所需的其他资料。

产品检验报告应当符合国务院药品监督管理部门的要求，可以是医疗器械注册申请人、备案人的自检报告，也可以是委托有资质的医疗器械检验机构出具的检验报告。

符合本条例第二十四条规定的免于进行临床评价情形的，可以免于提交临床评价资料。

医疗器械注册申请人、备案人应当确保提交的资料合法、真实、准确、完整并可追溯。

第十五条 第一类医疗器械产品备案，由备案人向所在地设区的市级人民政府负责药品监督管理的部门提交备案资料。

向我国境内出口第一类医疗器械的境外备案人，由其指定的我国境内企业法人向国务院药品监督管理部门提交备案资料和备案人所在国（地区）主管部门准许该医疗器械上市销售的证明文件。未在境外上市的创新医疗器械，可以不提交备案人所在国（地区）主管部门准许该医疗器械上市销售的证明文件。

备案人向负责药品监督管理的部门提交符合本条例规定的备案资料后即完成备案。负责药品监督管理的部门应当自收到备案资料之日起5个工作日内，通过国务院药品监督管理部门在线政务服务平台向社会公布备案有关信息。

备案资料载明的事项发生变化的，应当向原备案部门变更备案。

第十六条 申请第二类医疗器械产品注册，注册申请人应当向所在地省、自治区、直辖市人民政府药品监督管理部门提交注册申请资料。申请第三类医疗器械产品注册，注册申请人应当向国务院药品监督管理部门提交注册申请资料。

向我国境内出口第二类、第三类医疗器械的境外注册申请人，由其指定的我国境内企业法人向国务院药品监督管理部门提交注册申请资料和注册申请人所在国（地区）主管部门准许该医疗器械上市销售的证明文件。未在境外上市的创新医疗器械，可以不提交注册申请人所在国（地区）主管部门准许该医疗器械上市销售的证明文件。

国务院药品监督管理部门应当对医疗器械注册审查程序和要求作出规定，并加强对省、自治区、直辖市人民政府药品监督管理部门注册审查工作的监督指导。

第十七条 受理注册申请的药品监督管理部门应当对医疗器械的安全性、有效性以及注册申请人保证医疗器械安全、有效的质量管理能力等进行审查。

受理注册申请的药品监督管理部门应当自受理注册申请之日起3个工作日内将注册申请资料转交技术审评机构。技术审评机构应当在完成技术审评后，将审评意见提交受理注册申请的药品监督管理部门作为审批的依据。

受理注册申请的药品监督管理部门在组织对医疗器械的技术审评时认为有必要对质量管理体系进行核查的，应当组织开展质量管理体系核查。

第十八条 受理注册申请的药品监督管理部门应当自收到审评意见之日起20个工作日内作出决定。对符合条件的，准予注册并发给医疗器械注册证；对不符合条件的，不予注册并书面说明理由。

受理注册申请的药品监督管理部门应当自医疗器械准予注册之日起5个工作日内,通过国务院药品监督管理部门在线政务服务平台向社会公布注册有关信息。

第十九条 对用于治疗罕见疾病、严重危及生命且尚无有效治疗手段的疾病和应对公共卫生事件等急需的医疗器械,受理注册申请的药品监督管理部门可以作出附条件批准决定,并在医疗器械注册证中载明相关事项。

出现特别重大突发公共卫生事件或者其他严重威胁公众健康的紧急事件,国务院卫生主管部门根据预防、控制事件的需要提出紧急使用医疗器械的建议,经国务院药品监督管理部门组织论证同意后可以在一定范围和期限内紧急使用。

第二十条 医疗器械注册人、备案人应当履行下列义务:

(一)建立与产品相适应的质量管理体系并保持有效运行;

(二)制定上市后研究和风险管控计划并保证有效实施;

(三)依法开展不良事件监测和再评价;

(四)建立并执行产品追溯和召回制度;

(五)国务院药品监督管理部门规定的其他义务。

境外医疗器械注册人、备案人指定的我国境内企业法人应当协助注册人、备案人履行前款规定的义务。

第二十一条 已注册的第二类、第三类医疗器械产品,其设计、原材料、生产工艺、适用范围、使用方法等发生实质性变化,有可能影响该医疗器械安全、有效的,注册人应当向原注册部门申请办理变更注册手续;发生其他变化的,应当按照国务院药品监督管理部门的规定备案或者报告。

第二十二条 医疗器械注册证有效期为5年。有效期届满需要延续注册的,应当在有效期届满6个月前向原注册部门提出延续注册的申请。

除有本条第三款规定情形外,接到延续注册申请的药品监督管理部门应当在医疗器械注册证有效期届满前作出准予延续的决定。逾期未作出决定的,视为准予延续。

有下列情形之一的,不予延续注册:

(一)未在规定期限内提出延续注册申请;

(二)医疗器械强制性标准已经修订,申请延续注册的医疗器械不能达到新要求;

(三)附条件批准的医疗器械,未在规定期限内完成医疗器械注册证载明事项。

第二十三条 对新研制的尚未列入分类目录的医疗器械,申请人可以依照本条例有关第三类医疗器械产品注册的规定直接申请产品注册,也可以依据分类规则判断产品类别并向国务院药品监督管理部门申请类别确认后依照本条例的规定申请产品注册或者进行产品备案。

直接申请第三类医疗器械产品注册的,国务院药品监督管理部门应当按照风险程度确定类别,对准予注册的医疗器械及时纳入分类目录。申请类别确认的,国务院药品监督管理部门应当自受理申请之日起20个工作日内对该医疗器械的类别进行判定并告知申请人。

第二十四条 医疗器械产品注册、备案,应当进行临床评价;但是符合下列情形之一的,可以免于进行临床评价:

(一)工作机理明确、设计定型,生产工艺成熟,已上市的同品种医疗器械临床应用多年且无严重不良事件记录,不改变常规用途的;

(二)其他通过非临床评价能够证明该医疗器械安全、有效的。

国务院药品监督管理部门应当制定医疗器械临床评价指南。

第二十五条 进行医疗器械临床评价,可以根据产品特征、临床风险、已有临床数据等情形,通过开展临床试验,或者通过对同品种医疗器械临床文献资料、临床数据进行分析评价,证明医疗器械安全、有效。

按照国务院药品监督管理部门的规定,进行医疗器械临床评价时,已有临床文献资料、临床数据不足以确认产品安全、有效的医疗器械,应当开展临床试验。

第二十六条 开展医疗器械临床试验,应当按照医疗器械临床试验质量管理规范的要求,在具备相应条件的临床试验机构进行,并向试验申办者所在地省、自治区、直辖市人民政府药品监督管理部门备案。接受临床试验备案的药品监督管理部门应当将备案情况通报临床试验机构所在地同级药品监督管理部门和卫生主管部门。

医疗器械临床试验机构实行备案管理。医疗

器械临床试验机构应当具备的条件以及备案管理办法和临床试验质量管理规范,由国务院药品监督管理部门会同国务院卫生主管部门制定并公布。

国家支持医疗机构开展临床试验,将临床试验条件和能力评价纳入医疗机构等级评审,鼓励医疗机构开展创新医疗器械临床试验。

第二十七条 第三类医疗器械临床试验对人体具有较高风险的,应当经国务院药品监督管理部门批准。国务院药品监督管理部门审批临床试验,应当对拟承担医疗器械临床试验的机构的设备、专业人员等条件,该医疗器械的风险程度,临床试验实施方案,临床受益与风险对比分析报告等进行综合分析,并自受理申请之日起60个工作日内作出决定并通知临床试验申办者。逾期未通知的,视为同意。准予开展临床试验的,应当通报临床试验机构所在地省、自治区、直辖市人民政府药品监督管理部门和卫生主管部门。

临床试验对人体具有较高风险的第三类医疗器械目录由国务院药品监督管理部门制定、调整并公布。

第二十八条 开展医疗器械临床试验,应当按照规定进行伦理审查,向受试者告知试验目的、用途和可能产生的风险等详细情况,获得受试者的书面知情同意;受试者为无民事行为能力人或者限制民事行为能力人的,应当依法获得其监护人的书面知情同意。

开展临床试验,不得以任何形式向受试者收取与临床试验有关的费用。

第二十九条 对正在开展临床试验的用于治疗严重危及生命且尚无有效治疗手段的疾病的医疗器械,经医学观察可能使患者获益,经伦理审查、知情同意后,可以在开展医疗器械临床试验的机构内免费用于其他病情相同的患者,其安全性数据可以用于医疗器械注册申请。

第三章 医疗器械生产

第三十条 从事医疗器械生产活动,应当具备下列条件:

(一)有与生产的医疗器械相适应的生产场地、环境条件、生产设备以及专业技术人员;

(二)有能对生产的医疗器械进行质量检验的机构或者专职检验人员以及检验设备;

(三)有保证医疗器械质量的管理制度;

(四)有与生产的医疗器械相适应的售后服务能力;

(五)符合产品研制、生产工艺文件规定的要求。

第三十一条 从事第一类医疗器械生产的,应当向所在地设区的市级人民政府负责药品监督管理的部门备案,在提交符合本条例第三十条规定条件的有关资料后即完成备案。

医疗器械备案人自行生产第一类医疗器械的,可以在依照本条例第十五条规定进行产品备案时一并提交符合本条例第三十条规定条件的有关资料,即完成生产备案。

第三十二条 从事第二类、第三类医疗器械生产的,应当向所在地省、自治区、直辖市人民政府药品监督管理部门申请生产许可并提交其符合本条例第三十条规定条件的有关资料以及所生产医疗器械的注册证。

受理生产许可申请的药品监督管理部门应当对申请资料进行审核,按照国务院药品监督管理部门制定的医疗器械生产质量管理规范的要求进行核查,并自受理申请之日起20个工作日内作出决定。对符合规定条件的,准予许可并发给医疗器械生产许可证;对不符合规定条件的,不予许可并书面说明理由。

医疗器械生产许可证有效期为5年。有效期届满需要延续的,依照有关行政许可的法律规定办理延续手续。

第三十三条 医疗器械生产质量管理规范应当对医疗器械的设计开发、生产设备条件、原材料采购、生产过程控制、产品放行、企业的机构设置和人员配备等影响医疗器械安全、有效的事项作出明确规定。

第三十四条 医疗器械注册人、备案人可以自行生产医疗器械,也可以委托符合本条例规定、具备相应条件的企业生产医疗器械。

委托生产医疗器械的,医疗器械注册人、备案人应当对所委托生产的医疗器械质量负责,并加强对受托生产企业生产行为的管理,保证其按照法定要求进行生产。医疗器械注册人、备案人应当与受托生产企业签订委托协议,明确双方权利、义务和责任。受托生产企业应当依照法律法规、医疗器械生产质量管理规范、强制性标准、产品技术要求和委托协议组织生产,对生产行为负责,并接受委托方的监督。

具有高风险的植入性医疗器械不得委托生产,具体目录由国务院药品监督管理部门制定、调整并公布。

第三十五条 医疗器械注册人、备案人、受托生产企业应当按照医疗器械生产质量管理规范,建立健全与所生产医疗器械相适应的质量管理体系并保证其有效运行;严格按照经注册或者备案的产品技术要求组织生产,保证出厂的医疗器械符合强制性标准以及经注册或者备案的产品技术要求。

医疗器械注册人、备案人、受托生产企业应当定期对质量管理体系的运行情况进行自查,并按照国务院药品监督管理部门的规定提交自查报告。

第三十六条 医疗器械的生产条件发生变化,不再符合医疗器械质量管理体系要求的,医疗器械注册人、备案人、受托生产企业应当立即采取整改措施;可能影响医疗器械安全、有效的,应当立即停止生产活动,并向原生产许可或者生产备案部门报告。

第三十七条 医疗器械应当使用通用名称。通用名称应当符合国务院药品监督管理部门制定的医疗器械命名规则。

第三十八条 国家根据医疗器械产品类别,分步实施医疗器械唯一标识制度,实现医疗器械可追溯,具体办法由国务院药品监督管理部门会同国务院有关部门制定。

第三十九条 医疗器械应当有说明书、标签。说明书、标签的内容应当与经注册或者备案的相关内容一致,确保真实、准确。

医疗器械的说明书、标签应当标明下列事项:

(一)通用名称、型号、规格;

(二)医疗器械注册人、备案人、受托生产企业的名称、地址以及联系方式;

(三)生产日期,使用期限或者失效日期;

(四)产品性能、主要结构、适用范围;

(五)禁忌、注意事项以及其他需要警示或者提示的内容;

(六)安装和使用说明或者图示;

(七)维护和保养方法,特殊运输、贮存的条件、方法;

(八)产品技术要求规定应当标明的其他内容。

第二类、第三类医疗器械还应当标明医疗器械注册证编号。

由消费者个人自行使用的医疗器械还应当具有安全使用的特别说明。

第四章 医疗器械经营与使用

第四十条 从事医疗器械经营活动,应当有与经营规模和经营范围相适应的经营场所和贮存条件,以及与经营的医疗器械相适应的质量管理制度和质量管理机构或者人员。

第四十一条 从事第二类医疗器械经营的,由经营企业向所在地设区的市级人民政府负责药品监督管理的部门备案并提交符合本条例第四十条规定条件的有关资料。

按照国务院药品监督管理部门的规定,对产品安全性、有效性不受流通过程影响的第二类医疗器械,可以免于经营备案。

第四十二条 从事第三类医疗器械经营的,经营企业应当向所在地设区的市级人民政府负责药品监督管理的部门申请经营许可并提交符合本条例第四十条规定条件的有关资料。

受理经营许可申请的负责药品监督管理的部门应当对申请资料进行审查,必要时组织核查,并自受理申请之日起20个工作日内作出决定。对符合规定条件的,准予许可并发给医疗器械经营许可证;对不符合规定条件的,不予许可并书面说明理由。

医疗器械经营许可证有效期为5年。有效期届满需要延续的,依照有关行政许可的法律规定办理延续手续。

第四十三条 医疗器械注册人、备案人经营其注册、备案的医疗器械,无需办理医疗器械经营许可或者备案,但应当符合本条例规定的经营条件。

第四十四条 从事医疗器械经营,应当依照法律法规和国务院药品监督管理部门制定的医疗器械经营质量管理规范的要求,建立健全与所经营医疗器械相适应的质量管理体系并保证其有效运行。

第四十五条 医疗器械经营企业、使用单位应当从具备合法资质的医疗器械注册人、备案人、生产经营企业购进医疗器械。购进医疗器械时，应当查验供货者的资质和医疗器械的合格证明文件，建立进货查验记录制度。从事第二类、第三类医疗器械批发业务以及第三类医疗器械零售业务的经营企业，还应当建立销售记录制度。

记录事项包括：

（一）医疗器械的名称、型号、规格、数量；

（二）医疗器械的生产批号、使用期限或者失效日期、销售日期；

（三）医疗器械注册人、备案人和受托生产企业的名称；

（四）供货者或者购货者的名称、地址以及联系方式；

（五）相关许可证明文件编号等。

进货查验记录和销售记录应当真实、准确、完整和可追溯，并按照国务院药品监督管理部门规定的期限予以保存。国家鼓励采用先进技术手段进行记录。

第四十六条　从事医疗器械网络销售的，应当是医疗器械注册人、备案人或者医疗器械经营企业。从事医疗器械网络销售的经营者，应当将从事医疗器械网络销售的相关信息告知所在地设区的市级人民政府负责药品监督管理的部门，经营第一类医疗器械和本条例第四十一条第二款规定的第二类医疗器械的除外。

为医疗器械网络交易提供服务的电子商务平台经营者应当对入网医疗器械经营者进行实名登记，审查其经营许可、备案情况和所经营医疗器械产品注册、备案情况，并对其经营行为进行管理。电子商务平台经营者发现入网医疗器械经营者有违反本条例规定行为的，应当及时制止并立即报告医疗器械经营者所在地设区的市级人民政府负责药品监督管理的部门；发现严重违法行为的，应当立即停止提供网络交易平台服务。

第四十七条　运输、贮存医疗器械，应当符合医疗器械说明书和标签标示的要求；对温度、湿度等环境条件有特殊要求的，应当采取相应措施，保证医疗器械的安全、有效。

第四十八条　医疗器械使用单位应当有与在用医疗器械品种、数量相适应的贮存场所和条件。医疗器械使用单位应当加强对工作人员的技术培训，按照产品说明书、技术操作规范等要求使用医疗器械。

医疗器械使用单位配置大型医用设备，应当符合国务院卫生主管部门制定的大型医用设备配置规划，与其功能定位、临床服务需求相适应，具有相应的技术条件、配套设施和具备相应资质、能力的专业技术人员，并经省级以上人民政府卫生主管部门批准，取得大型医用设备配置许可证。

大型医用设备配置管理办法由国务院卫生主管部门会同国务院有关部门制定。大型医用设备目录由国务院卫生主管部门商国务院有关部门提出，报国务院批准后执行。

第四十九条　医疗器械使用单位对重复使用的医疗器械，应当按照国务院卫生主管部门制定的消毒和管理的规定进行处理。

一次性使用的医疗器械不得重复使用，对使用过的应当按照国家有关规定销毁并记录。一次性使用的医疗器械目录由国务院药品监督管理部门会同国务院卫生主管部门制定、调整并公布。列入一次性使用的医疗器械目录，应当具有充足的无法重复使用的证据理由。重复使用可以保证安全、有效的医疗器械，不列入一次性使用的医疗器械目录。对因设计、生产工艺、消毒灭菌技术等改进后重复使用可以保证安全、有效的医疗器械，应当调整出一次性使用的医疗器械目录，允许重复使用。

第五十条　医疗器械使用单位对需要定期检查、检验、校准、保养、维护的医疗器械，应当按照产品说明书的要求进行检查、检验、校准、保养、维护并予以记录，及时进行分析、评估，确保医疗器械处于良好状态，保障使用质量；对使用期限长的大型医疗器械，应当逐台建立使用档案，记录其使用、维护、转让、实际使用时间等事项。记录保存期限不得少于医疗器械规定使用期限终止后5年。

第五十一条　医疗器械使用单位应当妥善保存购入第三类医疗器械的原始资料，并确保信息具有可追溯性。

使用大型医疗器械以及植入和介入类医疗器械的，应当将医疗器械的名称、关键性技术参数等信息以及与使用质量安全密切相关的必要信息记载到病历等相关记录中。

第五十二条　发现使用的医疗器械存在安全隐患的，医疗器械使用单位应当立即停止使用，并通知医疗器械注册人、备案人或者其他负责产品质量的机构进行检修；经检修仍不能达到使用安全标准的医疗器械，不得继续使用。

第五十三条　对国内尚无同种产品上市的体外诊断试剂，符合条件的医疗机构根据本单位的临床需要，可以自行研制，在执业医师指导下在本单位内使用。具体管理办法由国务院药品监督管理部门会同国务院卫生主管部门制定。

第五十四条　负责药品监督管理的部门和卫生主管部门依据各自职责，分别对使用环节的医疗器械质量和医疗器械使用行为进行监督管理。

第五十五条　医疗器械经营企业、使用单位不得经营、使用未依法注册或者备案、无合格证明文件以及过期、失效、淘汰的医疗器械。

第五十六条　医疗器械使用单位之间转让在用医疗器械，转让方应当确保所转让的医疗器械安全、有效，不得转让过期、失效、淘汰以及检验不合格的医疗器械。

第五十七条　进口的医疗器械应当是依照本条例第二章的规定已注册或者已备案的医疗器械。

进口的医疗器械应当有中文说明书、中文标签。说明书、标签应当符合本条例规定以及相关强制性标准的要求，并在说明书中载明医疗器械的原产地以及境外医疗器械注册人、备案人指定的我国境内企业法人的名称、地址、联系方式。没有中文说明书、中文标签或者说明书、标签不符合本条规定的，不得进口。

医疗机构因临床急需进口少量第二类、第三类医疗器械的，经国务院药品监督管理部门或者国务院授权的省、自治区、直辖市人民政府批准，可以进口。进口的医疗器械应当在指定医疗机构内用于特定医疗目的。

禁止进口过期、失效、淘汰等已使用过的医疗器械。

第五十八条　出入境检验检疫机构依法对进口的医疗器械实施检验；检验不合格的，不得进口。

国务院药品监督管理部门应当及时向国家出入境检验检疫部门通报进口医疗器械的注册和备案情况。进口口岸所在地出入境检验检疫机构应当及时向所在地设区的市级人民政府负责药品监督管理的部门通报进口医疗器械的通关情况。

第五十九条　出口医疗器械的企业应当保证其出口的医疗器械符合进口国(地区)的要求。

第六十条　医疗器械广告的内容应当真实合法，以经负责药品监督管理的部门注册或者备案的医疗器械说明书为准，不得含有虚假、夸大、误导性的内容。

发布医疗器械广告，应当在发布前由省、自治区、直辖市人民政府确定的广告审查机关对广告内容进行审查，并取得医疗器械广告批准文号；未经审查，不得发布。

省级以上人民政府药品监督管理部门责令暂停生产、进口、经营和使用的医疗器械，在暂停期间不得发布涉及该医疗器械的广告。

医疗器械广告的审查办法由国务院市场监督管理部门制定。

第五章　不良事件的处理与医疗器械的召回

第六十一条　国家建立医疗器械不良事件监测制度，对医疗器械不良事件及时进行收集、分析、评价、控制。

第六十二条　医疗器械注册人、备案人应当建立医疗器械不良事件监测体系，配备与其产品相适应的不良事件监测机构和人员，对其产品主动开展不良事件监测，并按照国务院药品监督管理部门的规定，向医疗器械不良事件监测技术机构报告调查、分析、评价、产品风险控制等情况。

医疗器械生产经营企业、使用单位应当协助医疗器械注册人、备案人对所生产经营或者使用的医疗器械开展不良事件监测；发现医疗器械不良事件或者可疑不良事件，应当按照国务院药品监督管理部门的规定，向医疗器械不良事件监测技术机构报告。

其他单位和个人发现医疗器械不良事件或者可疑不良事件，有权向负责药品监督管理的部门或者医疗器械不良事件监测技术机构报告。

第六十三条　国务院药品监督管理部门应当加强医疗器械不良事件监测信息网络建设。

医疗器械不良事件监测技术机构应当加强医疗器械不良事件信息监测，主动收集不良事件信息；发现不良事件或者接到不良事件报告的，应当及时进行核实，必要时进行调查、分析、评估，向负责药品监督管理的部门和卫生主管部门报告并提出处理建议。

医疗器械不良事件监测技术机构应当公布联

系方式,方便医疗器械注册人、备案人、生产经营企业、使用单位等报告医疗器械不良事件。

第六十四条　负责药品监督管理的部门应当根据医疗器械不良事件评估结果及时采取发布警示信息以及责令暂停生产、进口、经营和使用等控制措施。

省级以上人民政府药品监督管理部门应当会同同级卫生主管部门和相关部门组织对引起突发、群发的严重伤害或者死亡的医疗器械不良事件及时进行调查和处理,并组织对同类医疗器械加强监测。

负责药品监督管理的部门应当及时向同级卫生主管部门通报医疗器械使用单位的不良事件监测有关情况。

第六十五条　医疗器械注册人、备案人、生产经营企业、使用单位应当对医疗器械不良事件监测技术机构、负责药品监督管理的部门、卫生主管部门开展的医疗器械不良事件调查予以配合。

第六十六条　有下列情形之一的,医疗器械注册人、备案人应当主动开展已上市医疗器械再评价:

(一)根据科学研究的发展,对医疗器械的安全、有效有认识上的改变;

(二)医疗器械不良事件监测、评估结果表明医疗器械可能存在缺陷;

(三)国务院药品监督管理部门规定的其他情形。

医疗器械注册人、备案人应当根据再评价结果,采取相应控制措施,对已上市医疗器械进行改进,并按照规定进行注册变更或者备案变更。再评价结果表明已上市医疗器械不能保证安全、有效的,医疗器械注册人、备案人应当主动申请注销医疗器械注册证或者取消备案;医疗器械注册人、备案人未申请注销医疗器械注册证或者取消备案的,由负责药品监督管理的部门注销医疗器械注册证或者取消备案。

省级以上人民政府药品监督管理部门根据医疗器械不良事件监测、评估等情况,对已上市医疗器械开展再评价。再评价结果表明已上市医疗器械不能保证安全、有效的,应当注销医疗器械注册证或者取消备案。

负责药品监督管理的部门应当向社会及时公布注销医疗器械注册证和取消备案情况。被注销医疗器械注册证或者取消备案的医疗器械不得继续生产、进口、经营、使用。

第六十七条　医疗器械注册人、备案人发现生产的医疗器械不符合强制性标准、经注册或者备案的产品技术要求,或者存在其他缺陷的,应当立即停止生产,通知相关经营企业、使用单位和消费者停止经营和使用,召回已经上市销售的医疗器械,采取补救、销毁等措施,记录相关情况,发布相关信息,并将医疗器械召回和处理情况向负责药品监督管理的部门和卫生主管部门报告。

医疗器械受托生产企业、经营企业发现生产、经营的医疗器械存在前款规定情形的,应当立即停止生产、经营,通知医疗器械注册人、备案人,并记录停止生产、经营和通知情况。医疗器械注册人、备案人认为属于依照前款规定需要召回的医疗器械,应当立即召回。

医疗器械注册人、备案人、受托生产企业、经营企业未依照本条规定实施召回或者停止生产、经营的,负责药品监督管理的部门可以责令其召回或者停止生产、经营。

第六章　监督检查

第六十八条　国家建立职业化专业化检查员制度,加强对医疗器械的监督检查。

第六十九条　负责药品监督管理的部门应当对医疗器械的研制、生产、经营活动以及使用环节的医疗器械质量加强监督检查,并对下列事项进行重点监督检查:

(一)是否按照经注册或者备案的产品技术要求组织生产;

(二)质量管理体系是否保持有效运行;

(三)生产经营条件是否持续符合法定要求。

必要时,负责药品监督管理的部门可以对为医疗器械研制、生产、经营、使用等活动提供产品或者服务的其他相关单位和个人进行延伸检查。

第七十条　负责药品监督管理的部门在监督检查中有下列职权:

(一)进入现场实施检查、抽取样品;

(二)查阅、复制、查封、扣押有关合同、票据、账簿以及其他有关资料;

(三)查封、扣押不符合法定要求的医疗器械,违法使用的零配件、原材料以及用于违法生产经营医疗器械的工具、设备;

（四）查封违反本条例规定从事医疗器械生产经营活动的场所。

进行监督检查，应当出示执法证件，保守被检查单位的商业秘密。

有关单位和个人应当对监督检查予以配合，提供相关文件和资料，不得隐瞒、拒绝、阻挠。

第七十一条 卫生主管部门应当对医疗机构的医疗器械使用行为加强监督检查。实施监督检查时，可以进入医疗机构，查阅、复制有关档案、记录以及其他有关资料。

第七十二条 医疗器械生产经营过程中存在产品质量安全隐患，未及时采取措施消除的，负责药品监督管理的部门可以采取告诫、责任约谈、责令限期整改等措施。

对人体造成伤害或者有证据证明可能危害人体健康的医疗器械，负责药品监督管理的部门可以采取责令暂停生产、进口、经营、使用的紧急控制措施，并发布安全警示信息。

第七十三条 负责药品监督管理的部门应当加强对医疗器械注册人、备案人、生产经营企业和使用单位生产、经营、使用的医疗器械的抽查检验。抽查检验不得收取检验费和其他任何费用，所需费用纳入本级政府预算。省级以上人民政府药品监督管理部门应当根据抽查检验结论及时发布医疗器械质量公告。

卫生主管部门应当对大型医用设备的使用状况进行监督和评估；发现违规使用以及与大型医用设备相关的过度检查、过度治疗等情形的，应当立即纠正，依法予以处理。

第七十四条 负责药品监督管理的部门未及时发现医疗器械安全系统性风险，未及时消除监督管理区域内医疗器械安全隐患的，本级人民政府或者上级人民政府负责药品监督管理的部门应当对其主要负责人进行约谈。

地方人民政府未履行医疗器械安全职责，未及时消除区域性重大医疗器械安全隐患的，上级人民政府或者上级人民政府负责药品监督管理的部门应当对其主要负责人进行约谈。

被约谈的部门和地方人民政府应当立即采取措施，对医疗器械监督管理工作进行整改。

第七十五条 医疗器械检验机构资质认定工作按照国家有关规定实行统一管理。经国务院认证认可监督管理部门会同国务院药品监督管理部门认定的检验机构，方可对医疗器械实施检验。

负责药品监督管理的部门在执法工作中需要对医疗器械进行检验的，应当委托有资质的医疗器械检验机构进行，并支付相关费用。

当事人对检验结论有异议的，可以自收到检验结论之日起7个工作日内向实施抽样检验的部门或者其上一级负责药品监督管理的部门提出复检申请，由受理复检申请的部门在复检机构名录中随机确定复检机构进行复检。承担复检工作的医疗器械检验机构应当在国务院药品监督管理部门规定的时间内作出复检结论。复检结论为最终检验结论。复检机构与初检机构不得为同一机构；相关检验项目只有一家有资质的检验机构的，复检时应当变更承办部门或者人员。复检机构名录由国务院药品监督管理部门公布。

第七十六条 对可能存在有害物质或者擅自改变医疗器械设计、原材料和生产工艺并存在安全隐患的医疗器械，按照医疗器械国家标准、行业标准规定的检验项目和检验方法无法检验的，医疗器械检验机构可以使用国务院药品监督管理部门批准的补充检验项目和检验方法进行检验；使用补充检验项目、检验方法得出的检验结论，可以作为负责药品监督管理的部门认定医疗器械质量的依据。

第七十七条 市场监督管理部门应当依照有关广告管理的法律、行政法规的规定，对医疗器械广告进行监督检查，查处违法行为。

第七十八条 负责药品监督管理的部门应当通过国务院药品监督管理部门在线政务服务平台依法及时公布医疗器械许可、备案、抽查检验、违法行为查处等日常监督管理信息。但是，不得泄露当事人的商业秘密。

负责药品监督管理的部门建立医疗器械注册人、备案人、生产经营企业、使用单位信用档案，对有不良信用记录的增加监督检查频次，依法加强失信惩戒。

第七十九条 负责药品监督管理的部门等部门应当公布本单位的联系方式，接受咨询、投诉、举报。负责药品监督管理的部门等部门接到与医疗器械监督管理有关的咨询，应当及时答复；接到投诉、举报，应当及时核实、处理、答复。对咨询、投诉、举报情况及其答复、核实、处理情况，应当予以记录、保存。

有关医疗器械研制、生产、经营、使用行为的举报经调查属实的,负责药品监督管理的部门等部门对举报人应当给予奖励。有关部门应当为举报人保密。

第八十条 国务院药品监督管理部门制定、调整、修改本条例规定的目录以及与医疗器械监督管理有关的规范,应当公开征求意见;采取听证会、论证会等形式,听取专家、医疗器械注册人、备案人、生产经营企业、使用单位、消费者、行业协会以及相关组织等方面的意见。

第七章 法律责任

第八十一条 有下列情形之一的,由负责药品监督管理的部门没收违法所得、违法生产经营的医疗器械和用于违法生产经营的工具、设备、原材料等物品;违法生产经营的医疗器械货值金额不足1万元的,并处5万元以上15万元以下罚款;货值金额1万元以上的,并处货值金额15倍以上30倍以下罚款;情节严重的,责令停产停业,10年内不受理相关责任人以及单位提出的医疗器械许可申请,对违法单位的法定代表人、主要负责人、直接负责的主管人员和其他责任人员,没收违法行为发生期间自本单位所获收入,并处所获收入30%以上3倍以下罚款,终身禁止其从事医疗器械生产经营活动:

(一)生产、经营未取得医疗器械注册证的第二类、第三类医疗器械;

(二)未经许可从事第二类、第三类医疗器械生产活动;

(三)未经许可从事第三类医疗器械经营活动。

有前款第一项情形,情节严重的,由原发证部门吊销医疗器械生产许可证或者医疗器械经营许可证。

第八十二条 未经许可擅自配置使用大型医用设备的,由县级以上人民政府卫生主管部门责令停止使用,给予警告,没收违法所得;违法所得不足1万元的,并处5万元以上10万元以下罚款;违法所得1万元以上的,并处违法所得10倍以上30倍以下罚款;情节严重的,5年内不受理相关责任人以及单位提出的大型医用设备配置许可申请,对违法单位的法定代表人、主要负责人、直接负责的主管人员和其他责任人员,没收违法行为发生期间自本单位所获收入,并处所获收入30%以上3倍以下罚款,依法给予处分。

第八十三条 在申请医疗器械行政许可时提供虚假资料或者采取其他欺骗手段的,不予行政许可,已经取得行政许可的,由作出行政许可决定的部门撤销行政许可,没收违法所得、违法生产经营使用的医疗器械,10年内不受理相关责任人以及单位提出的医疗器械许可申请;违法生产经营使用的医疗器械货值金额不足1万元的,并处5万元以上15万元以下罚款;货值金额1万元以上的,并处货值金额15倍以上30倍以下罚款;情节严重的,责令停产停业,对违法单位的法定代表人、主要负责人、直接负责的主管人员和其他责任人员,没收违法行为发生期间自本单位所获收入,并处所获收入30%以上3倍以下罚款,终身禁止其从事医疗器械生产经营活动。

伪造、变造、买卖、出租、出借相关医疗器械许可证件的,由原发证部门予以收缴或者吊销,没收违法所得;违法所得不足1万元的,并处5万元以上10万元以下罚款;违法所得1万元以上的,并处违法所得10倍以上20倍以下罚款;构成违反治安管理行为的,由公安机关依法予以治安管理处罚。

第八十四条 有下列情形之一的,由负责药品监督管理的部门向社会公告单位和产品名称,责令限期改正;逾期不改正的,没收违法所得、违法生产经营的医疗器械;违法生产经营的医疗器械货值金额不足1万元的,并处1万元以上5万元以下罚款;货值金额1万元以上的,并处货值金额5倍以上20倍以下罚款;情节严重的,对违法单位的法定代表人、主要负责人、直接负责的主管人员和其他责任人员,没收违法行为发生期间自本单位所获收入,并处所获收入30%以上2倍以下罚款,5年内禁止其从事医疗器械生产经营活动:

(一)生产、经营未经备案的第一类医疗器械;

(二)未经备案从事第一类医疗器械生产;

(三)经营第二类医疗器械,应当备案但未备案;

(四)已经备案的资料不符合要求。

第八十五条 备案时提供虚假资料的,由负责药品监督管理的部门向社会公告备案单位和产品名称,没收违法所得、违法生产经营的医疗器械;违法生产经营的医疗器械货值金额不足1万元的,并处2万元以上5万元以下罚款;货值金额

1万元以上的,并处货值金额5倍以上20倍以下罚款;情节严重的,责令停产停业,对违法单位的法定代表人、主要负责人、直接负责的主管人员和其他责任人员,没收违法行为发生期间自本单位所获收入,并处所获收入30%以上3倍以下罚款,10年内禁止其从事医疗器械生产经营活动。

第八十六条 有下列情形之一的,由负责药品监督管理的部门责令改正,没收违法生产经营使用的医疗器械;违法生产经营使用的医疗器械货值金额不足1万元的,并处2万元以上5万元以下罚款;货值金额1万元以上的,并处货值金额5倍以上20倍以下罚款;情节严重的,责令停产停业,直至由原发证部门吊销医疗器械注册证、医疗器械生产许可证、医疗器械经营许可证,对违法单位的法定代表人、主要负责人、直接负责的主管人员和其他责任人员,没收违法行为发生期间自本单位所获收入,并处所获收入30%以上3倍以下罚款,10年内禁止其从事医疗器械生产经营活动:

(一)生产、经营、使用不符合强制性标准或者不符合经注册或者备案的产品技术要求的医疗器械;

(二)未按照经注册或者备案的产品技术要求组织生产,或者未依照本条例规定建立质量管理体系并保持有效运行,影响产品安全、有效;

(三)经营、使用无合格证明文件、过期、失效、淘汰的医疗器械,或者使用未依法注册的医疗器械;

(四)在负责药品监督管理的部门责令召回后仍拒不召回,或者在负责药品监督管理的部门责令停止或者暂停生产、进口、经营后,仍拒不停止生产、进口、经营医疗器械;

(五)委托不具备本条例规定条件的企业生产医疗器械,或者未对受托生产企业的生产行为进行管理;

(六)进口过期、失效、淘汰等已使用过的医疗器械。

第八十七条 医疗器械经营企业、使用单位履行了本条例规定的进货查验等义务,有充分证据证明其不知道所经营、使用的医疗器械为本条例第八十一条第一款第一项、第八十四条第一项、第八十六条第一项和第三项规定情形的医疗器械,并能如实说明其进货来源的,收缴其经营、使用的不符合法定要求的医疗器械,可以免除行政处罚。

第八十八条 有下列情形之一的,由负责药品监督管理的部门责令改正,处1万元以上5万元以下罚款;拒不改正的,处5万元以上10万元以下罚款;情节严重的,责令停产停业,直至由原发证部门吊销医疗器械生产许可证、医疗器械经营许可证,对违法单位的法定代表人、主要负责人、直接负责的主管人员和其他责任人员,没收违法行为发生期间自本单位所获收入,并处所获收入30%以上2倍以下罚款,5年内禁止其从事医疗器械生产经营活动:

(一)生产条件发生变化、不再符合医疗器械质量管理体系要求,未依照本条例规定整改、停止生产、报告;

(二)生产、经营说明书、标签不符合本条例规定的医疗器械;

(三)未按照医疗器械说明书和标签标示要求运输、贮存医疗器械;

(四)转让过期、失效、淘汰或者检验不合格的在用医疗器械。

第八十九条 有下列情形之一的,由负责药品监督管理的部门和卫生主管部门依据各自职责责令改正,给予警告;拒不改正的,处1万元以上10万元以下罚款;情节严重的,责令停产停业,直至由原发证部门吊销医疗器械注册证、医疗器械生产许可证、医疗器械经营许可证,对违法单位的法定代表人、主要负责人、直接负责的主管人员和其他责任人员处1万元以上3万元以下罚款:

(一)未按照要求提交质量管理体系自查报告;

(二)从不具备合法资质的供货者购进医疗器械;

(三)医疗器械经营企业、使用单位未依照本条例规定建立并执行医疗器械进货查验记录制度;

(四)从事第二类、第三类医疗器械批发业务以及第三类医疗器械零售业务的经营企业未依照本条例规定建立并执行销售记录制度;

(五)医疗器械注册人、备案人、生产经营企业、使用单位未依照本条例规定开展医疗器械不良事件监测,未按照要求报告不良事件,或者对医疗器械不良事件监测技术机构、负责药品监督管理的部门、卫生主管部门开展的不良事件调查不予配合；

（六）医疗器械注册人、备案人未按照规定制定上市后研究和风险管控计划并保证有效实施；

（七）医疗器械注册人、备案人未按照规定建立并执行产品追溯制度；

（八）医疗器械注册人、备案人、经营企业从事医疗器械网络销售未按照规定告知负责药品监督管理的部门；

（九）对需要定期检查、检验、校准、保养、维护的医疗器械，医疗器械使用单位未按照产品说明书要求进行检查、检验、校准、保养、维护并予以记录，及时进行分析、评估，确保医疗器械处于良好状态；

（十）医疗器械使用单位未妥善保存购入第三类医疗器械的原始资料。

第九十条 有下列情形之一的，由县级以上人民政府卫生主管部门责令改正，给予警告；拒不改正的，处5万元以上10万元以下罚款；情节严重的，处10万元以上30万元以下罚款，责令暂停相关医疗器械使用活动，直至由原发证部门吊销执业许可证，依法责令相关责任人员暂停6个月以上1年以下执业活动，直至由原发证部门吊销相关人员执业证书，对违法单位的法定代表人、主要负责人、直接负责的主管人员和其他责任人员，没收违法行为发生期间自本单位所获收入，并处所获收入30%以上3倍以下罚款，依法给予处分：

（一）对重复使用的医疗器械，医疗器械使用单位未按照消毒和管理的规定进行处理；

（二）医疗器械使用单位重复使用一次性使用的医疗器械，或者未按照规定销毁使用过的一次性使用的医疗器械；

（三）医疗器械使用单位未按照规定将大型医疗器械以及植入和介入类医疗器械的信息记载到病历等相关记录中；

（四）医疗器械使用单位发现使用的医疗器械存在安全隐患未立即停止使用、通知检修，或者继续使用经检修仍不能达到使用安全标准的医疗器械；

（五）医疗器械使用单位违规使用大型医用设备，不能保障医疗质量安全。

第九十一条 违反进出口商品检验相关法律、行政法规进口医疗器械的，由出入境检验检疫机构依法处理。

第九十二条 为医疗器械网络交易提供服务的电子商务平台经营者违反本条例规定，未履行对入网医疗器械经营者进行实名登记，审查许可、注册、备案情况，制止并报告违法行为，停止提供网络交易平台服务等管理义务的，由负责药品监督管理的部门依照《中华人民共和国电子商务法》的规定给予处罚。

第九十三条 未进行医疗器械临床试验机构备案开展临床试验的，由负责药品监督管理的部门责令停止临床试验并改正；拒不改正的，该临床试验数据不得用于产品注册、备案，处5万元以上10万元以下罚款，并向社会公告；造成严重后果的，5年内禁止其开展相关专业医疗器械临床试验，并处10万元以上30万元以下罚款，由卫生主管部门对违法单位的法定代表人、主要负责人、直接负责的主管人员和其他责任人员，没收违法行为发生期间自本单位所获收入，并处所获收入30%以上3倍以下罚款，依法给予处分。

临床试验申办者开展临床试验未经备案的，由负责药品监督管理的部门责令停止临床试验，对临床试验申办者处5万元以上10万元以下罚款，并向社会公告；造成严重后果的，处10万元以上30万元以下罚款。该临床试验数据不得用于产品注册、备案，5年内不受理相关责任人以及单位提出的医疗器械注册申请。

临床试验申办者未经批准开展对人体具有较高风险的第三类医疗器械临床试验的，由负责药品监督管理的部门责令立即停止临床试验，对临床试验申办者处10万元以上30万元以下罚款，并向社会公告；造成严重后果的，处30万元以上100万元以下罚款。该临床试验数据不得用于产品注册，10年内不受理相关责任人以及单位提出的医疗器械临床试验和注册申请，对违法单位的法定代表人、主要负责人、直接负责的主管人员和其他责任人员，没收违法行为发生期间自本单位所获收入，并处所获收入30%以上3倍以下罚款。

第九十四条 医疗器械临床试验机构开展医疗器械临床试验未遵守临床试验质量管理规范的，由负责药品监督管理的部门责令改正或者立即停止临床试验，处5万元以上10万元以下罚款；造成严重后果的，5年内禁止其开展相关专业医疗器械临床试验，由卫生主管部门对违法单位的法定代表人、主要负责人、直接负责的主管人员和其他责任人员,没收违法行为发生期间自本单位所获收入,并处所获收入30%以上3倍以下罚款,依法给予处分。

第九十五条 医疗器械临床试验机构出具虚假报告的,由负责药品监督管理的部门处10万元以上30万元以下罚款;有违法所得的,没收违法所得;10年内禁止其开展相关专业医疗器械临床试验;由卫生主管部门对违法单位的法定代表人、主要负责人、直接负责的主管人员和其他责任人员,没收违法行为发生期间自本单位所获收入,并处所获收入30%以上3倍以下罚款,依法给予处分。

第九十六条 医疗器械检验机构出具虚假检验报告的,由授予其资质的主管部门撤销检验资质,10年内不受理相关责任人以及单位提出的资质认定申请,并处10万元以上30万元以下罚款;有违法所得的,没收违法所得;对违法单位的法定代表人、主要负责人、直接负责的主管人员和其他责任人员,没收违法行为发生期间自本单位所获收入,并处所获收入30%以上3倍以下罚款,依法给予处分;受到开除处分的,10年内禁止其从事医疗器械检验工作。

第九十七条 违反本条例有关医疗器械广告管理规定的,依照《中华人民共和国广告法》的规定给予处罚。

第九十八条 境外医疗器械注册人、备案人指定的我国境内企业法人未依照本条例规定履行相关义务的,由省、自治区、直辖市人民政府药品监督管理部门责令改正,给予警告,并处5万元以上10万元以下罚款;情节严重的,处10万元以上50万元以下罚款,5年内禁止其法定代表人、主要负责人、直接负责的主管人员和其他责任人员从事医疗器械生产经营活动。

境外医疗器械注册人、备案人拒不履行依据本条例作出的行政处罚决定的,10年内禁止其医疗器械进口。

第九十九条 医疗器械研制、生产、经营单位和检验机构违反本条例规定使用禁止从事医疗器械生产经营活动、检验工作的人员的,由负责药品监督管理的部门责令改正,给予警告;拒不改正的,责令停产停业直至吊销许可证件。

第一百条 医疗器械技术审评机构、医疗器械不良事件监测技术机构未依照本条例规定履行职责,致使审评、监测工作出现重大失误的,由负责药品监督管理的部门责令改正,通报批评,给予警告;造成严重后果的,对违法单位的法定代表人、主要负责人、直接负责的主管人员和其他责任人员,依法给予处分。

第一百零一条 负责药品监督管理的部门或者其他有关部门工作人员违反本条例规定,滥用职权、玩忽职守、徇私舞弊的,依法给予处分。

第一百零二条 违反本条例规定,构成犯罪的,依法追究刑事责任;造成人身、财产或者其他损害的,依法承担赔偿责任。

第八章 附 则

第一百零三条 本条例下列用语的含义:

医疗器械,是指直接或者间接用于人体的仪器、设备、器具、体外诊断试剂及校准物、材料以及其他类似或者相关的物品,包括所需要的计算机软件;其效用主要通过物理等方式获得,不是通过药理学、免疫学或者代谢的方式获得,或者虽然有这些方式参与但是只起辅助作用;其目的是:

(一)疾病的诊断、预防、监护、治疗或者缓解;

(二)损伤的诊断、监护、治疗、缓解或者功能补偿;

(三)生理结构或者生理过程的检验、替代、调节或者支持;

(四)生命的支持或者维持;

(五)妊娠控制;

(六)通过对来自人体的样本进行检查,为医疗或者诊断目的提供信息。

医疗器械注册人、备案人,是指取得医疗器械注册证或者办理医疗器械备案的企业或者研制机构。

医疗器械使用单位,是指使用医疗器械为他人提供医疗等技术服务的机构,包括医疗机构、计划生育技术服务机构、血站、单采血浆站、康复辅助器具适配机构等。

大型医用设备,是指使用技术复杂、资金投入量大、运行成本高、对医疗费用影响大且纳入目录管理的大型医疗器械。

第一百零四条 医疗器械产品注册可以收取费用。具体收费项目、标准分别由国务院财政、价格主管部门按照国家有关规定制定。

第一百零五条 医疗卫生机构为应对突发公

共卫生事件而研制的医疗器械的管理办法,由国务院药品监督管理部门会同国务院卫生主管部门制定。

从事非营利的避孕医疗器械的存储、调拨和供应,应当遵守国务院卫生主管部门会同国务院药品监督管理部门制定的管理办法。

中医医疗器械的技术指导原则,由国务院药品监督管理部门会同国务院中医药管理部门制定。

第一百零六条 军队医疗器械使用的监督管理,依照本条例和军队有关规定执行。

第一百零七条 本条例自2021年6月1日起施行。

医疗器械管理暂行办法

· 1991年4月10日国家医药管理局令5号公布
· 自1991年9月1日起实施

第一章 总 则

第一条 为加强医疗器械管理,保证医疗器械的安全、有效,促进医疗器械行业发展,制定本办法。

第二条 从事医疗器械生产、经营、科研的单位都必须遵守本办法。

第三条 国家医药管理局主管全国医疗器械的管理监督工作。

省、自治区、直辖市医药管理局或省级人民政府指定的医药管理机构在国家医药管理局的指导下负责其所辖范围的医疗器械管理监督工作。

第二章 医疗器械的分类管理

第四条 国家对医疗器械实行分类管理。

第一类是指植入人体、用于生命支持,技术结构复杂,对人体可能具有潜在危险,其安全性、有效性必须严格控制的医疗器械。

第二类是指产品机理已取得国际国内认可、技术成熟,其安全性、有效性必须加以控制的医疗器械。

第三类是指通过常规管理可以保证安全性、有效性的医疗器械。

《医疗器械管理分类目录》由国家医药管理局公布、调整。

第五条 第一类医疗器械由国家医药管理局管理;第二类、第三类医疗器械由省、自治区、直辖市医药管理局或省级人民政府指定的医药管理机构管理。

第三章 医疗器械生产企业管理

第六条 医疗器械生产企业,必须具备下列条件:

(一)具有与所生产医疗器械相适应的工程技术人员和技术工人;

(二)具有与所生产医疗器械相适应的厂房、设施、协作配套条件以及卫生环境;

(三)具有与所生产医疗器械相适应的生产技术管理规程;

(四)具有与所生产医疗器械相适应的质量保证体系;

(五)符合国家对医疗器械生产管理的有关要求和规定。

第七条 企业生产医疗器械,必须取得工商行政管理机关颁发的《营业执照》。企业生产第一类、第二类医疗器械,必须依照本办法第二章分类管理规定向国家医药管理局或省、自治区、直辖市医药管理局或省级人民政府指定的医药管理机构提出申请,经审核批准,取得《生产准许证》后,方准予生产。

企业生产第三类医疗器械应向省、自治区、直辖市医药管理局或省级人民政府指定的医药管理机构备案。

第八条 第一类医疗器械的《生产准许证》由国家医药管理局核发;第二类医疗器械《生产准许证》由省、自治区、直辖市医药管理局或省级人民政府指定医药管理机构核发。

第九条 国家医药管理局制定第一类、第二类医疗器械《生产准许证》的验收通则。第一类医疗器械《生产准许证》验收通则由国家医药管理局组织实施;第二类医疗器械《生产准许证》验收通则,由省、自治区、直辖市医药管理局或省级人民政府指定的医药管理机构组织实施。

第十条 《生产准许证》不得转让、转借、出租。

第十一条 《生产准许证》的有效期为五年,到期更换,逾期不换的,原证即自行废止。

第十二条　国家医药管理局认为有必要对质量进行严格控制的医药器械产品施行工业产品生产许可证制度。施行生产许可证制度的产品目录由国家医药管理局根据国家技术监督局的计划制订，并定期公告。

生产许可证目录中的医疗器械，企业必须取得《生产许可证》后，方可进行生产。

第四章　医疗器械经营企业管理

第十三条　医疗器械经营企业必须具备下列条件：

（一）具有与所经营医疗器械相适应的经营场所、仓储设施、卫生环境和检测手段；

（二）具有与所经营医疗器械相适应的质量检验人员和销售人员；

（三）具有与所经营医疗器械相适应的资金。

（四）符合国家对医疗器械经营管理的有关要求和规定。

第十四条　医疗器械经营企业，必须取得工商行政管理机关颁发的《营业执照》，并且由所在省、自治区、直辖市医药管理局或省级人民政府指定的医药管理机构审核批准，并发给有明确类别的《医疗器械经营准许证》方可开展经营业务；其中，经营第一类医疗器械的企业，必须向国家医药管理局备案。

第十五条　《医疗器械经营准许证》有效期为五年，到期办理换证手续，逾期不办的，原证作废。

第十六条　禁止经营已实施生产许可证制度而无《生产许可证》企业生产的医疗器械产品。禁止经营无《生产准许证》企业生产的第一类、第二类医疗器械。

第十七条　对售出的保修期内的医疗器械必须负责维修或调换；对经过调试不能达到产品标准的，必须给予退换。

第五章　医疗器械新产品的管理

第十八条　医疗器械新产品必须按照《医疗器械新产品管理暂行办法》的规定组织鉴定。

第十九条　医疗器械新产品实行归口鉴定。第一类医疗器械新产品和列入部级以上科技计划的医疗器械新产品由国家医药管理局组织鉴定，其余的医疗器械新产品由省、自治区、直辖市医药管理局或省级人民政府指定的医药管理机构组织鉴定。

非医药系统单位研制的医疗器械新产品，可由国家或省级医药管理部门与研制单位的同级行政主管部门共同组织鉴定。

各类医疗器械的科研成果鉴定均由省、自治区、直辖市医药管理局或省级人民政府指定的医药管理机构会同列项单位组织。

第二十条　经鉴定认可的医疗器械新产品由组织鉴定单位核发"科学技术成果鉴定证书"。

第二十一条　取得样机（样品）鉴定和投产鉴定证书的医疗器械新产品按分类分级管理的原则核发"鉴定批准号"。鉴定批准号分为"样机（样品）鉴定批准号"和"投产鉴定批准号"。

科研成果鉴定不发鉴定批准号。

第二十二条　取得"样机（样品）鉴定批准号"的新产品批量试产，必须依照第三章的有关规定申请《生产准许证》，取得《生产准许证》后方可进行批量试产。

第六章　医疗器械的标准和质量监督管理

第二十三条　企业生产医疗器械必须有产品标准，并经检验合格方准进入市场；没有产品标准的医疗器械不得进入市场。

第二十四条　医疗器械国家标准由国家医药管理局组织起草，国家技术监督局审批发布。

医疗器械的行业标准由国家医药管理局审定和发布。

第二十五条　县以上医药管理局或相应的人民政府指定的医药管理机构行使医疗器械监督职能。

国家设立医疗器械产品质量监督检验测试机构，负责全国医疗器械检测工作。

第二十六条　医疗器械的质量管理实行监督员制度，具体办法由国家医药管理局制定。

第二十七条　医疗器械监督员有权按照规定对医疗器械的生产企业、经营企业的医疗器械进行监督、检查，必要时可以按照规定抽取样品和索取有关资料，有关单位不得拒绝和隐瞒。监督员对医疗器械生产企业和科研单位提供的技术资料，负责保密。

第七章　医疗器械的广告管理

第二十八条　申请刊播医疗器械广告的客

户,必须出具经过批准的广告内容、鉴定批准号和相应的证照;没有上述证明材料的,广告经营单位不得为其刊播广告。

第二十九条 医疗器械广告内容由广告经营单位所在的省、自治区、直辖市医药管理局或省级人民政府指定的医药管理机构审查批准。

第三十条 推荐给患者个人使用的、具有治疗作用或调节生理功能的医疗器械,必须在广告上写明对患者忠告性语言:

"请在医生指导下使用!"

第八章 违章处理

第三十一条 违反本办法第七条、第十条、第十四条规定的,给予通报批评,情节严重的,责令其停产停业,由发证单位吊销《生产准许证》或《医疗器械经营准许证》。

第三十二条 违反本办法第十二条、第二十三条规定的,责令企业收回已售出的产品,由此发生的一切费用由违章企业负责。

第三十三条 违反本办法其他规定的,给予通报批评,用户要求退货的,必须给予退货;所发生的一切费用由与用户直接签订购销合同的企业承担。

第三十四条 本办法规定的处罚,由县级(含县级)以上的医药管理部门决定。违反本办法第七章有关规定的,由工商行政管理部门作出处罚决定。

第九章 附 则

第三十五条 本办法的下列用语的含义是:

1、医疗器械:用于诊断、治疗、预防人的疾病,调节人的生理功能或替代人体器官的仪器、设备、装置、器具、植入物、材料、及其相关物品。

2、医疗器械生产企业:专产或兼产医疗器械的企业。

3、医疗器械经营企业:专营销售或兼营销售医疗器械的企业。

第三十六条 本办法由国家医药管理局解释。

第三十七条 本办法自一九九一年九月一日实施。

医疗器械标准管理办法

· 2017年4月17日国家食品药品监督管理总局令第33号公布
· 自2017年7月1日起施行

第一章 总 则

第一条 为促进科学技术进步,保障医疗器械安全有效,提高健康保障水平,加强医疗器械标准管理,根据《中华人民共和国标准化法》《中华人民共和国标准化法实施条例》和《医疗器械监督管理条例》等法律法规,制定本办法。

第二条 本办法所称医疗器械标准,是指由国家食品药品监督管理总局依据职责组织制修订,依法定程序发布,在医疗器械研制、生产、经营、使用、监督管理等活动中遵循的统一的技术要求。

第三条 在中华人民共和国境内从事医疗器械标准的制修订、实施及监督管理,应当遵守法律、行政法规及本办法的规定。

第四条 医疗器械标准按照其效力分为强制性标准和推荐性标准。

对保障人体健康和生命安全的技术要求,应当制定为医疗器械强制性国家标准和强制性行业标准。

对满足基础通用、与强制性标准配套、对医疗器械产业起引领作用等需要的技术要求,可以制定为医疗器械推荐性国家标准和推荐性行业标准。

第五条 医疗器械标准按照其规范对象分为基础标准、方法标准、管理标准和产品标准。

第六条 国家食品药品监督管理总局依法编制医疗器械标准规划,建立医疗器械标准管理工作制度,健全医疗器械标准管理体系。

第七条 鼓励企业、社会团体、教育科研机构及个人广泛参与医疗器械标准制修订工作,并对医疗器械标准执行情况进行监督。

第八条 鼓励参与国际标准化活动,参与制定和采用国际医疗器械标准。

第九条 国家食品药品监督管理总局对在医疗器械标准工作中做出显著成绩的组织和个人,按照国家有关规定给予表扬和奖励。

第二章 标准管理职责

第十条 国家食品药品监督管理总局履行下列职责：

（一）组织贯彻医疗器械标准管理相关法律、法规，制定医疗器械标准管理工作制度；

（二）组织拟定医疗器械标准规划，编制标准制修订年度工作计划；

（三）依法组织医疗器械标准制修订，发布医疗器械行业标准；

（四）依法指导、监督医疗器械标准管理工作。

第十一条 国家食品药品监督管理总局医疗器械标准管理中心（以下简称"医疗器械标准管理中心"）履行下列职责：

（一）组织开展医疗器械标准体系的研究，拟定医疗器械标准规划草案和标准制修订年度工作计划建议；

（二）依法承担医疗器械标准制修订的管理工作；

（三）依法承担医疗器械标准化技术委员会的管理工作；

（四）承担医疗器械标准宣传、培训的组织工作；

（五）组织对标准实施情况进行调研，协调解决标准实施中的重大技术问题；

（六）承担医疗器械国际标准化活动和对外合作交流的相关工作；

（七）承担医疗器械标准信息化工作，组织医疗器械行业标准出版；

（八）承担国家食品药品监督管理总局交办的其他标准管理工作。

第十二条 国家食品药品监督管理总局根据医疗器械标准化工作的需要，经批准依法组建医疗器械标准化技术委员会。

医疗器械标准化技术委员会履行下列职责：

（一）开展医疗器械标准研究工作，提出本专业领域标准发展规划、标准体系意见；

（二）承担本专业领域医疗器械标准起草、征求意见、技术审查等组织工作，并对标准的技术内容和质量负责；

（三）承担本专业领域医疗器械标准的技术指导工作，协助解决标准实施中的技术问题；

（四）负责收集、整理本专业领域医疗器械标准资料，并建立技术档案；

（五）负责本专业领域医疗器械标准实施情况的跟踪评价；

（六）负责本专业领域医疗器械标准技术内容的咨询和解释；

（七）承担本专业领域医疗器械标准的宣传、培训、学术交流和相关国际标准化活动。

第十三条 在现有医疗器械标准化技术委员会不能覆盖的专业技术领域，国家食品药品监督管理总局可以根据监管需要，按程序确定医疗器械标准化技术归口单位。标准化技术归口单位参照医疗器械标准化技术委员会的职责和有关规定开展相应领域医疗器械标准工作。

第十四条 地方食品药品监督管理部门在本行政区域依法履行下列职责：

（一）组织贯彻医疗器械标准管理的法律法规；

（二）组织、参与医疗器械标准的制修订相关工作；

（三）监督医疗器械标准的实施；

（四）收集并向上一级食品药品监督管理部门报告标准实施过程中的问题。

第十五条 医疗器械研制机构、生产经营企业和使用单位应当严格执行医疗器械强制性标准。

鼓励医疗器械研制机构、生产经营企业和使用单位积极研制和采用医疗器械推荐性标准，积极参与医疗器械标准制修订工作，及时向有关部门反馈医疗器械标准实施问题和提出改进建议。

第三章 标准制定与修订

第十六条 医疗器械标准制修订程序包括标准立项、起草、征求意见、技术审查、批准发布、复审和废止等。具体规定由国家食品药品监督管理总局制定。

对医疗器械监管急需修订的标准，可以按照国家食品药品监督管理总局规定的快速程序开展。

第十七条 医疗器械标准管理中心应当根据医疗器械标准规划，向社会公开征集医疗器械标准制定、修订立项提案。

对征集到的立项提案，由相应的医疗器械标准化技术委员会（包括标准化技术归口单位，下同）进行研究后，提出本专业领域标准计划项目立项申请。

涉及两个或者两个以上医疗器械标准化技术委员会的标准计划项目立项提案，应当由医疗器械标准管理中心负责协调，确定牵头医疗器械标准化技术委员会，并由其提出标准计划项目立项申请。

第十八条 医疗器械标准管理中心对医疗器械标准计划项目立项申请，经公开征求意见并组织专家论证后，提出医疗器械标准计划项目，编制标准制修订年度工作计划建议，报国家食品药品监督管理总局审核。

国家食品药品监督管理总局审核通过的医疗器械标准计划项目，应当向社会公示。国家标准计划项目送国务院标准化行政主管部门批准下达；行业标准计划项目由国家食品药品监督管理总局批准下达。

第十九条 医疗器械生产经营企业、使用单位、监管部门、检测机构以及有关教育科研机构、社会团体等，可以向承担医疗器械标准计划项目的医疗器械标准化技术委员会提出起草相关医疗器械标准的申请。医疗器械标准化技术委员会结合标准的技术内容，按照公开、公正、择优的原则，选定起草单位。

起草单位应当广泛调研、深入分析研究，积极借鉴相关国际标准，在对技术内容进行充分验证的基础上起草医疗器械标准，形成医疗器械标准征求意见稿，经医疗器械标准化技术委员会初步审查后，报送医疗器械标准管理中心。

第二十条 医疗器械标准征求意见稿在医疗器械标准管理中心网站向社会公开征求意见，征求意见的期限一般为两个月。承担医疗器械标准计划项目的医疗器械标准化技术委员会对征集到的意见进行汇总后，反馈给标准起草单位，起草单位应当对汇总意见进行认真研究，对征求意见稿进行修改完善，形成医疗器械标准送审稿。

第二十一条 承担医疗器械标准计划项目的医疗器械标准化技术委员会负责组织对医疗器械标准送审稿进行技术审查。审查通过后，将医疗器械标准报批稿、实施建议及相关资料报送医疗器械标准管理中心进行审核。

第二十二条 医疗器械标准管理中心将审核通过后的医疗器械标准报批稿及审核结论等报送国家食品药品监督管理总局审查。审查通过的医疗器械国家标准送国务院标准化行政主管部门批准、发布；审查通过的医疗器械行业标准由国家食品药品监督管理总局确定实施日期和实施要求，以公告形式发布。

医疗器械国家标准、行业标准按照国务院标准化行政主管部门的相关规定进行公开，供公众查阅。

第二十三条 医疗器械标准批准发布后，因个别技术内容影响标准使用，需要进行修改，或者对原标准内容进行少量增减时，应当采用标准修改单方式修改。标准修改单应当按照标准制修订程序制定，由医疗器械标准的原批准部门审查发布。

第二十四条 医疗器械标准化技术委员会应当对已发布实施的医疗器械标准开展复审工作，根据科学技术进步、产业发展以及监管需要对其有效性、适用性和先进性及时组织复审，提出复审结论。复审结论分为继续有效、修订或者废止。复审周期原则上不超过5年。

医疗器械标准复审结论由医疗器械标准管理中心审核通过后，报送国家食品药品监督管理总局审查。医疗器械国家标准复审结论，送国务院标准化行政主管部门批准；医疗器械行业标准复审结论由国家食品药品监督管理总局审查批准，并对复审结论为废止的标准以公告形式发布。

第四章 标准实施与监督

第二十五条 医疗器械企业应当严格按照经注册或者备案的产品技术要求组织生产，保证出厂的医疗器械符合强制性标准以及经注册或者备案的产品技术要求。

第二十六条 医疗器械推荐性标准被法律法规、规范性文件及经注册或者备案的产品技术要求引用的内容应当强制执行。

第二十七条 医疗器械产品技术要求，应当与产品设计特性、预期用途和质量控制水平相适应，并不得低于产品适用的强制性国家标准和强制性行业标准。

第二十八条 食品药品监督管理部门对医疗器械企业实施医疗器械强制性标准以及经注册或者备案的产品技术要求的情况进行监督检查。

第二十九条 任何单位和个人有权向食品药品监督管理部门举报或者反映违反医疗器械强制

性标准以及经注册或者备案的产品技术要求的行为。收到举报或者反映的部门,应当及时按规定作出处理。

第三十条　医疗器械标准实行信息化管理,标准立项、发布、实施等信息应当及时向公众公开。

第三十一条　食品药品监督管理部门应当在医疗器械标准发布后,及时组织、指导标准的宣传、培训。

第三十二条　医疗器械标准化技术委员会对标准的实施情况进行跟踪评价。医疗器械标准管理中心根据跟踪评价情况对强制性标准实施情况进行统计分析。

第五章　附　则

第三十三条　医疗器械国家标准的编号按照国务院标准化行政主管部门的规定编制。医疗器械行业标准的代号由大写汉语拼音字母等构成。强制性行业标准的代号为"YY",推荐性行业标准的代号为"YY/T"。

行业标准的编号由行业标准的代号、标准号和标准发布的年号构成。其形式为:YY　××××1-××××2 和 YY/T　××××1-××××2。

××××1 为标准号,××××2 为标准发布年号。

第三十四条　依法成立的社会团体可以制定发布团体标准。团体标准的管理应当符合国家相关规定。

第三十五条　医疗器械标准样品是医疗器械检验检测中的实物标准,其管理应当符合国家有关规定。

第三十六条　本办法自 2017 年 7 月 1 日起施行。2002 年 1 月 4 日发布的《医疗器械标准管理办法(试行)》(原国家药品监督管理局令第 31 号)同时废止。

医疗器械网络销售监督管理办法

· 2017 年 12 月 20 日国家食品药品监督管理总局令第 38 号公布
· 自 2018 年 3 月 1 日起施行

第一章　总　则

第一条　为加强医疗器械网络销售和医疗器械网络交易服务监督管理,保障公众用械安全,根据《中华人民共和国网络安全法》《医疗器械监督管理条例》《互联网信息服务管理办法》等法律法规,制定本办法。

第二条　在中华人民共和国境内从事医疗器械网络销售、提供医疗器械网络交易服务及其监督管理,应当遵守本办法。

第三条　国家食品药品监督管理总局负责指导全国医疗器械网络销售、医疗器械网络交易服务的监督管理,并组织开展全国医疗器械网络销售和网络交易服务监测。

省级食品药品监督管理部门负责医疗器械网络交易服务的监督管理。

县级以上地方食品药品监督管理部门负责本行政区域内医疗器械网络销售的监督管理。

第四条　从事医疗器械网络销售的企业、医疗器械网络交易服务第三方平台提供者应当遵守医疗器械法规、规章和规范,建立健全管理制度,依法诚信经营,保证医疗器械质量安全。

从事医疗器械网络销售的企业,是指通过网络销售医疗器械的医疗器械上市许可持有人(即医疗器械注册人或者备案人,以下简称持有人)和医疗器械生产经营企业。

医疗器械网络交易服务第三方平台提供者,是指在医疗器械网络交易中仅提供网页空间、虚拟交易场所、交易规则、交易撮合、电子订单等交易服务,供交易双方或者多方开展交易活动,不直接参与医疗器械销售的企业。

第五条　从事医疗器械网络销售的企业、医疗器械网络交易服务第三方平台提供者应当采取技术措施,保障医疗器械网络销售数据和资料的真实、完整、可追溯。

第六条　从事医疗器械网络销售的企业、医疗器械网络交易服务第三方平台提供者应当积极配合食品药品监督管理部门开展网络监测、抽样检验、现场检查等监督管理,按照食品药品监督管理部门的要求存储数据,提供信息查询、数据提取等相关支持。

第二章　医疗器械网络销售

第七条　从事医疗器械网络销售的企业应当是依法取得医疗器械生产许可、经营许可或者办理备案的医疗器械生产经营企业。法律法规规定不需要办理许可或者备案的除外。

持有人通过网络销售其医疗器械，医疗器械生产企业受持有人委托通过网络销售受托生产的医疗器械，不需要办理经营许可或者备案，其销售条件应当符合《医疗器械监督管理条例》和本办法的要求。

持有人委托开展医疗器械网络销售的，应当评估确认受托方的合法资质、销售条件、技术水平和质量管理能力，对网络销售过程和质量控制进行指导和监督，对网络销售的医疗器械质量负责。

第八条　从事医疗器械网络销售的企业，应当填写医疗器械网络销售信息表，将企业名称、法定代表人或者主要负责人、网站名称、网络客户端应用程序名、网站域名、网站IP地址、电信业务经营许可证或者非经营性互联网信息服务备案编号、医疗器械生产经营许可证件或者备案凭证编号等信息事先向所在地设区的市级食品药品监督管理部门备案。相关信息发生变化的，应当及时变更备案。

第九条　从事医疗器械网络销售的企业，应当通过自建网站或者医疗器械网络交易服务第三方平台开展医疗器械网络销售活动。

通过自建网站开展医疗器械网络销售的企业，应当依法取得《互联网药品信息服务资格证书》，并具备与其规模相适应的办公场所以及数据备份、故障恢复等技术条件。

第十条　从事医疗器械网络销售的企业，应当在其主页面显著位置展示其医疗器械生产经营许可证件或者备案凭证，产品页面应当展示该产品的医疗器械注册证或者备案凭证。相关展示信息应当画面清晰，容易辨识。其中，医疗器械生产经营许可证件或者备案凭证、医疗器械注册证或者备案凭证的编号还应当以文本形式展示。相关信息发生变更的，应当及时更新展示内容。

第十一条　从事医疗器械网络销售的企业在网上发布的医疗器械名称、型号、规格、结构及组成、适用范围、医疗器械注册证编号或者备案凭证编号、注册人或者备案人信息、生产许可证或者备案凭证编号、产品技术要求编号、禁忌症等信息，应当与经注册或者备案的相关内容保持一致。

第十二条　从事医疗器械网络销售的企业应当记录医疗器械销售信息，记录应当保存至医疗器械有效期后2年；无有效期的，保存时间不得少于5年；植入类医疗器械的销售信息应当永久保存。相关记录应当真实、完整、可追溯。

第十三条　从事医疗器械网络销售的企业，经营范围不得超出其生产经营许可或者备案的范围。

医疗器械批发企业从事医疗器械网络销售，应当销售给具有资质的医疗器械经营企业或者使用单位。

医疗器械零售企业从事医疗器械网络销售，应当销售给消费者。销售给消费者个人的医疗器械，应当是可以由消费者个人自行使用的，其说明书应当符合医疗器械说明书和标签管理相关规定，标注安全使用的特别说明。

第十四条　从事医疗器械网络销售的企业，应当按照医疗器械标签和说明书标明的条件贮存和运输医疗器械。委托其他单位贮存和运输医疗器械的，应当对被委托方贮存和运输医疗器械的质量保障能力进行考核评估，明确贮存和运输过程中的质量安全责任，确保贮存和运输过程中的质量安全。

第三章　医疗器械网络交易服务

第十五条　医疗器械网络交易服务第三方平台提供者应当依法取得《互联网药品信息服务资格证书》，具备与其规模相适应的办公场所以及数据备份、故障恢复等技术条件，设置专门的医疗器械网络质量安全管理机构或者配备医疗器械质量安全管理人员。

第十六条　医疗器械网络交易服务第三方平台提供者应当向所在地省级食品药品监督管理部门备案，填写医疗器械网络交易服务第三方平台备案表，并提交以下材料：

（一）营业执照原件、复印件；

（二）法定代表人或者主要负责人、医疗器械质量安全管理人身份证明原件、复印件；

（三）组织机构与部门设置说明；

（四）办公场所地理位置图、房屋产权证明文件或者租赁协议（附房屋产权证明文件）原件、复印件；

（五）电信业务经营许可证原件、复印件或者非经营性互联网信息服务备案说明；

（六）《互联网药品信息服务资格证书》原件、复印件；

（七）医疗器械网络交易服务质量管理制度等文件目录；

（八）网站或者网络客户端应用程序基本情况介绍和功能说明；

（九）其他相关证明材料。

第十七条　省级食品药品监督管理部门应当场对企业提交材料的完整性进行核对，符合规定的予以备案，发给医疗器械网络交易服务第三方平台备案凭证；提交资料不齐全或者不符合法定情形的，应当一次性告知需要补充材料的事项。

省级食品药品监督管理部门应当在备案后7个工作日内向社会公开相关备案信息。备案信息包括企业名称、法定代表人或者主要负责人、网站名称、网络客户端应用程序名、网站域名、网站IP地址、电信业务经营许可证或者非经营性互联网信息服务备案编号、医疗器械网络交易服务第三方平台备案凭证编号等。

省级食品药品监督管理部门应当在医疗器械网络交易服务第三方平台提供者备案后3个月内，对医疗器械网络交易服务第三方平台开展现场检查。

第十八条　医疗器械网络交易服务第三方平台提供者名称、法定代表人或者主要负责人、网站名称、网络客户端应用程序名、网站域名、网站IP地址、电信业务经营许可证或者非经营性互联网信息服务备案编号等备案信息发生变化的，应当及时变更备案。

第十九条　医疗器械网络交易服务第三方平台提供者，应当在其网站主页面显著位置标注医疗器械网络交易服务第三方平台备案凭证的编号。

第二十条　医疗器械网络交易服务第三方平台提供者应当建立包括入驻平台的企业核实登记、质量安全监测、交易安全保障、网络销售违法行为制止及报告、严重违法行为平台服务停止、安全投诉举报处理、消费者权益保护、质量安全信息公告等管理制度。

第二十一条　医疗器械网络交易服务第三方平台提供者应当对申请入驻平台的企业提供的医疗器械生产经营许可证件或者备案凭证、医疗器械注册证或者备案凭证、企业营业执照等材料进行核实，建立档案并及时更新，保证入驻平台的企业许可证件或者备案凭证所载明的生产经营场所等许可或者备案信息真实。

医疗器械网络交易服务第三方平台提供者应当与入驻平台的企业签订入驻协议，并在协议中明确双方义务及违约处置措施等相关内容。

第二十二条　医疗器械网络交易服务第三方平台提供者应当记录在其平台上开展的医疗器械交易信息，记录应当保存至医疗器械有效期后2年；无有效期的，保存时间不得少于5年；植入类医疗器械交易信息应当永久保存。相关记录应当真实、完整、可追溯。

第二十三条　医疗器械网络交易服务第三方平台提供者应当对平台上的医疗器械销售行为及信息进行监测，发现入驻网络交易服务第三方平台的企业存在超范围经营、发布虚假信息、夸大宣传等违法违规行为、无法取得联系或者存在其他严重安全隐患的，应当立即对其停止网络交易服务，并保存有关记录，向所在地省级食品药品监督管理部门报告。

发现入驻网络交易服务第三方平台的企业被食品药品监督管理部门责令停产停业、吊销许可证件等处罚，或者平台交易的产品被食品药品监督管理部门暂停销售或者停止销售的，应当立即停止提供相关网络交易服务。

第二十四条　医疗器械网络交易服务第三方平台提供者应当在网站醒目位置及时发布产品质量安全隐患等相关信息。

第四章　监督检查

第二十五条　食品药品监督管理部门依照法律、法规、规章的规定，依职权对从事医疗器械网络销售的企业和医疗器械网络交易服务第三方平台实施监督检查和抽样检验。

第二十六条　对从事医疗器械网络销售的企业违法行为的查处，由其所在地县级以上地方食品药品监督管理部门管辖。

未经许可或者备案从事医疗器械网络销售，能确定违法销售企业地址的，由违法销售企业所在地县级以上地方食品药品监督管理部门管辖；不能确定违法销售企业所在地的，由违法行为发生地或者违法行为结果地的县级以上地方食品药品监督管理部门管辖。通过医疗器械网络交易服务第三方平台销售的，由医疗器械网络交易服务第三方平台提供者所在地省级食品药品监督管理部门管辖;经调查后能够确定管辖地的,及时移送有管辖权的食品药品监督管理部门。

对医疗器械网络交易服务第三方平台提供者违法行为的查处,由其所在地省级食品药品监督管理部门管辖。

网络销售的医疗器械发生重大质量事故或者造成其他严重危害后果的,可以由违法企业所在地、违法行为发生地或者违法行为结果地省级食品药品监督管理部门管辖;后果特别严重的,省级食品药品监督管理部门可以报请国家食品药品监督管理总局协调或者组织直接查处。

对发生医疗器械网络销售违法行为的网站,由省级食品药品监督管理部门通报同级通信主管部门。

第二十七条 国家食品药品监督管理总局组织建立国家医疗器械网络交易监测平台,开展全国医疗器械网络销售和网络交易监测与处置,监测情况定期通报省级食品药品监督管理部门。对监测发现的涉嫌违法违规信息,及时转送相关省级食品药品监督管理部门。省级食品药品监督管理部门应当及时组织处理。

第二十八条 省级食品药品监督管理部门自行建立的医疗器械网络销售监测平台,应当与国家医疗器械网络交易监测平台实现数据对接。

第二十九条 食品药品监督管理部门开展医疗器械网络销售日常监督管理,或者对涉嫌违法违规的医疗器械网络销售行为进行查处时,有权采取下列措施:

(一)进入企业医疗器械经营场所、办公场所和服务器所在地等实施现场检查;

(二)对网络销售的医疗器械进行抽样检验;

(三)询问有关人员,调查企业从事医疗器械网络销售行为的相关情况;

(四)查阅、复制企业的交易数据、合同、票据、账簿以及其他相关资料;

(五)调取网络销售的技术监测、记录资料;

(六)依法查封扣押数据存储介质等;

(七)法律、法规规定可以采取的其他措施。

第三十条 对网络销售医疗器械的抽样检验,按照医疗器械质量监督抽查检验相关管理规定实施。

检验结果不符合医疗器械质量安全标准的,食品药品监督管理部门收到检验报告后,应当及时对相关生产经营企业开展监督检查,采取控制措施,及时发布质量公告,对违法行为依法查处。

第三十一条 食品药品监督管理部门对医疗器械网络销售的技术监测记录、信息追溯资料等,可以作为认定医疗器械网络销售违法事实的依据。

第三十二条 从事医疗器械网络销售的企业实际情况与备案信息不符且无法取得联系的,经所在地设区的市级食品药品监督管理部门公示后,依法注销其《医疗器械经营许可证》或者在第二类医疗器械经营备案信息中予以标注,并向社会公告。相关网站由省级食品药品监督管理部门通报同级通信主管部门。

医疗器械网络交易服务第三方平台提供者实际情况与备案信息不符且无法取得联系的,经原备案所在地省级食品药品监督管理部门公示后,在其备案信息中予以标注,向社会公告;备案时提供虚假资料的,由省级食品药品监督管理部门向社会公告备案单位。其网站由省级食品药品监督管理部门通报同级通信主管部门。

第三十三条 食品药品监督管理部门在检查中发现从事医疗器械网络销售的企业或者医疗器械网络交易服务第三方平台未按规定建立并执行相关质量管理制度,且存在医疗器械质量安全隐患的,食品药品监督管理部门可以责令其暂停网络销售或者暂停提供相关网络交易服务。

恢复网络销售或者恢复提供相关网络交易服务的,从事医疗器械网络销售的企业或者医疗器械网络交易服务第三方平台提供者应当向原作出处理决定的食品药品监督管理部门提出申请,经食品药品监督管理部门检查通过后方可恢复。

第三十四条 从事医疗器械网络销售的企业、医疗器械网络交易服务第三方平台提供者,有下列情形之一的,食品药品监督管理部门可以依职责对其法定代表人或者主要负责人进行约谈:

(一)发生医疗器械质量安全问题,可能引发医疗器械质量安全风险的;

(二)未及时妥善处理投诉举报的医疗器械质量问题,可能存在医疗器械质量安全隐患的;

(三)未及时采取有效措施排查、消除医疗器械质量安全隐患,未落实医疗器械质量安全责任的;

(四)需要进行约谈的其他情形。

约谈不影响食品药品监督管理部门依法对其进行行政处理,约谈情况及后续处理情况可以向社会公开。

被约谈企业无正当理由未按照要求落实整改的,省级食品药品监督管理部门、所在地设区的市级食品药品监督管理部门应当依职责增加监督检查频次。

第三十五条 有下列情形之一的,食品药品监督管理部门可以将从事医疗器械网络销售的企业、医疗器械网络交易服务第三方平台提供者及其法定代表人或者主要负责人列入失信企业和失信人员名单,并向社会公开:

(一)拒不执行暂停网络销售或者暂停提供相关网络交易服务决定的;

(二)企业被约谈后拒不按照要求整改的。

第三十六条 县级以上地方食品药品监督管理部门应当定期汇总分析本行政区域医疗器械网络销售监督管理情况,报告上一级食品药品监督管理部门,并依法向社会公开。

省级食品药品监督管理部门应当每年汇总分析医疗器械网络销售和网络交易服务第三方平台监督管理情况,报告国家食品药品监督管理总局,并依法向社会公开。

第五章 法律责任

第三十七条 从事医疗器械网络销售的企业、医疗器械网络交易服务第三方平台提供者违反法律法规有关规定从事销售或者交易服务,法律法规已有规定的,从其规定。构成犯罪的,移送公安机关处理。

第三十八条 违反本办法规定,未取得医疗器械经营许可从事网络第三类医疗器械销售的,依照《医疗器械监督管理条例》第六十三条的规定予以处罚;未取得第二类医疗器械经营备案凭证从事网络第二类医疗器械销售的,依照《医疗器械监督管理条例》第六十五条的规定予以处罚。

第三十九条 从事医疗器械网络销售的企业未按照本办法规定备案的,由县级以上地方食品药品监督管理部门责令限期改正,给予警告;拒不改正的,向社会公告,处 1 万元以下罚款。

第四十条 有下列情形之一的,由县级以上地方食品药品监督管理部门责令改正,给予警告;拒不改正的,处 5000 元以上 1 万元以下罚款:

(一)从事医疗器械网络销售的企业未按照本办法要求展示医疗器械生产经营许可证或者备案凭证、医疗器械注册证或者备案凭证的;

(二)医疗器械网络交易服务第三方平台提供者未按照本办法要求展示医疗器械网络交易服务第三方平台备案凭证编号的。

第四十一条 有下列情形之一的,由县级以上地方食品药品监督管理部门责令改正,给予警告;拒不改正的,处 5000 元以上 2 万元以下罚款:

(一)从事医疗器械网络销售的企业备案信息发生变化,未按规定变更的;

(二)从事医疗器械网络销售的企业未按规定建立并执行质量管理制度的;

(三)医疗器械网络交易服务第三方平台提供者备案事项发生变化未按规定办理变更的;

(四)医疗器械网络交易服务第三方平台提供者未按规定要求设置与其规模相适应的质量安全管理机构或者配备质量安全管理人员的;

(五)医疗器械网络交易服务第三方平台提供者未按规定建立并执行质量管理制度的。

第四十二条 医疗器械网络交易服务第三方平台提供者未按本办法规定备案的,由省级食品药品监督管理部门责令限期改正;拒不改正的,向社会公告,处 3 万元以下罚款。

第四十三条 有下列情形之一的,由县级以上地方食品药品监督管理部门责令改正,给予警告;拒不改正的,处 1 万元以上 3 万元以下罚款:

(一)从事医疗器械网络销售的企业、医疗器械网络交易服务第三方平台条件发生变化,不再满足规定要求的;

(二)从事医疗器械网络销售的企业、医疗器械网络交易服务第三方平台提供者不配合食品药品监督管理部门的监督检查,或者拒绝、隐瞒、不如实提供相关材料和数据的。

第四十四条 有下列情形之一的,由县级以上地方食品药品监督管理部门责令改正,处 1 万元以上 3 万元以下罚款:

(一)从事医疗器械网络销售的企业超出经营范围销售的;

(二)医疗器械批发企业销售给不具有资质的经营企业、使用单位的。

医疗器械零售企业将非消费者自行使用的医疗器械销售给消费者个人的,依照前款第一项规定予以处罚。

第四十五条 从事医疗器械网络销售的企业未按照医疗器械说明书和标签标示要求运输、贮存医疗器械的，依照《医疗器械监督管理条例》第六十七条的规定予以处罚。

第四十六条 负责监管医疗器械网络销售的食品药品监督管理部门工作人员不履行职责或者滥用职权、玩忽职守、徇私舞弊的，依法追究行政责任；构成犯罪的，移送司法机关追究刑事责任。

第四十七条 医疗器械网络交易服务第三方平台提供者提供的医疗器械产品或者服务造成他人人身、财产损失的，根据相关法律法规的规定承担民事责任。

第六章 附 则

第四十八条 医疗器械网络交易服务第三方平台备案凭证的格式由国家食品药品监督管理总局统一制定。

医疗器械网络交易服务第三方平台备案凭证由省级食品药品监督管理部门印制。

医疗器械网络交易服务第三方平台备案凭证编号的编排方式为：(X)网械平台备字〔XXXX〕第XXXXX号。其中：

第一位 X 代表备案部门所在地省、自治区、直辖市的简称；

第二到五位 X 代表 4 位数备案年份；

第六到十位 X 代表 5 位数备案流水号。

第四十九条 医疗器械网络信息服务按照《互联网药品信息服务管理办法》执行。

第五十条 本办法自 2018 年 3 月 1 日起施行。

医疗器械使用质量监督管理办法

- 2015 年 10 月 21 日国家食品药品监督管理总局令第 18 号公布
- 自 2016 年 2 月 1 日起施行

第一章 总 则

第一条 为加强医疗器械使用质量监督管理，保证医疗器械使用安全、有效，根据《医疗器械监督管理条例》，制定本办法。

第二条 使用环节的医疗器械质量管理及其监督管理，应当遵守本办法。

第三条 国家食品药品监督管理总局负责全国医疗器械使用质量监督管理工作。县级以上地方食品药品监督管理部门负责本行政区域的医疗器械使用质量监督管理工作。

上级食品药品监督管理部门负责指导和监督下级食品药品监督管理部门开展医疗器械使用质量监督管理工作。

第四条 医疗器械使用单位应当按照本办法，配备与其规模相适应的医疗器械质量管理机构或者质量管理人员，建立覆盖质量管理全过程的使用质量管理制度，承担本单位使用医疗器械的质量管理责任。

鼓励医疗器械使用单位采用信息化技术手段进行医疗器械质量管理。

第五条 医疗器械生产经营企业销售的医疗器械应当符合强制性标准以及经注册或者备案的产品技术要求。医疗器械生产经营企业应当按照与医疗器械使用单位的合同约定，提供医疗器械售后服务，指导和配合医疗器械使用单位开展质量管理工作。

第六条 医疗器械使用单位发现所使用的医疗器械发生不良事件或者可疑不良事件的，应当按照医疗器械不良事件监测的有关规定报告并处理。

第二章 采购、验收与贮存

第七条 医疗器械使用单位应当对医疗器械采购实行统一管理，由其指定的部门或者人员统一采购医疗器械，其他部门或者人员不得自行采购。

第八条 医疗器械使用单位应当从具有资质的医疗器械生产经营企业购进医疗器械，索取、查验供货者资质、医疗器械注册证或者备案凭证等证明文件。对购进的医疗器械应当索明产品合格证明文件，并按规定进行验收。对有特殊储运要求的医疗器械还应当核实储运条件是否符合产品说明书和标签标示的要求。

第九条 医疗器械使用单位应当真实、完整、准确地记录进货查验情况。进货查验记录应当保存至医疗器械规定使用期限届满后 2 年或者使用终止后 2 年。大型医疗器械进货查验记录应当保存至医疗器械规定使用期限届满后5年或者使用终止后5年；植入性医疗器械进货查验记录应当永久保存。

医疗器械使用单位应当妥善保存购入第三类医疗器械的原始资料，确保信息具有可追溯性。

第十条 医疗器械使用单位贮存医疗器械的场所、设施及条件应当与医疗器械品种、数量相适应，符合产品说明书、标签标示的要求及使用安全、有效的需要；对温度、湿度等环境条件有特殊要求的，还应当监测和记录贮存区域的温度、湿度等数据。

第十一条 医疗器械使用单位应当按照贮存条件、医疗器械有效期限等要求对贮存的医疗器械进行定期检查并记录。

第十二条 医疗器械使用单位不得购进和使用未依法注册或者备案、无合格证明文件以及过期、失效、淘汰的医疗器械。

第三章 使用、维护与转让

第十三条 医疗器械使用单位应当建立医疗器械使用前质量检查制度。在使用医疗器械前，应当按照产品说明书的有关要求进行检查。

使用无菌医疗器械前，应当检查直接接触医疗器械的包装及其有效期限。包装破损、标示不清、超过有效期限或者可能影响使用安全、有效的，不得使用。

第十四条 医疗器械使用单位对植入和介入类医疗器械应当建立使用记录，植入性医疗器械使用记录永久保存，相关资料应当纳入信息化管理系统，确保信息可追溯。

第十五条 医疗器械使用单位应当建立医疗器械维护维修管理制度。对需要定期检查、检验、校准、保养、维护的医疗器械，应当按照产品说明书的要求进行检查、检验、校准、保养、维护并记录，及时进行分析、评估，确保医疗器械处于良好状态。

对使用期限长的大型医疗器械，应当逐台建立使用档案，记录其使用、维护等情况。记录保存期限不得少于医疗器械规定使用期限届满后5年或者使用终止后5年。

第十六条 医疗器械使用单位应当按照产品说明书等要求使用医疗器械。一次性使用的医疗器械不得重复使用，对使用过的应当按照国家有关规定销毁并记录。

第十七条 医疗器械使用单位可以按照合同的约定要求医疗器械生产经营企业提供医疗器械维护维修服务，也可以委托有条件和能力的维修服务机构进行医疗器械维护维修，或者自行对在用医疗器械进行维护维修。

医疗器械使用单位委托维修服务机构或者自行对在用医疗器械进行维护维修的，医疗器械生产经营企业应当按照合同的约定提供维护手册、维修手册、软件备份、故障代码表、备件清单、零部件、维修密码等维护维修必需的材料和信息。

第十八条 由医疗器械生产经营企业或者维修服务机构对医疗器械进行维护维修的，应当在合同中约定明确的质量要求、维修要求等相关事项，医疗器械使用单位应当在每次维护维修后索取并保存相关记录；医疗器械使用单位自行对医疗器械进行维护维修的，应当加强对从事医疗器械维护维修的技术人员的培训考核，并建立培训档案。

第十九条 医疗器械使用单位发现使用的医疗器械存在安全隐患的，应当立即停止使用，通知检修；经检修仍不能达到使用安全标准的，不得继续使用，并按照有关规定处置。

第二十条 医疗器械使用单位之间转让在用医疗器械，转让方应当确保所转让的医疗器械安全、有效，并提供产品合法证明文件。

转让双方应当签订协议，移交产品说明书、使用和维修记录档案复印件等资料，并经有资质的检验机构检验合格后方可转让。受让方应当参照本办法第八条关于进货查验的规定进行查验，符合要求后方可使用。

不得转让未依法注册或者备案、无合格证明文件或者检验不合格，以及过期、失效、淘汰的医疗器械。

第二十一条 医疗器械使用单位接受医疗器械生产经营企业或者其他机构、个人捐赠医疗器械的，捐赠方应当提供医疗器械的相关合法证明文件，受赠方应当参照本办法第八条关于进货查验的规定进行查验，符合要求后方可使用。

不得捐赠未依法注册或者备案、无合格证明文件或者检验不合格，以及过期、失效、淘汰的医疗器械。

医疗器械使用单位之间捐赠在用医疗器械的，参照本办法第二十条关于转让在用医疗器械的规定办理。

第四章　监督管理

第二十二条　食品药品监督管理部门按照风险管理原则，对使用环节的医疗器械质量实施监督管理。

设区的市级食品药品监督管理部门应当编制并实施本行政区域的医疗器械使用单位年度监督检查计划，确定监督检查的重点、频次和覆盖率。对存在较高风险的医疗器械、有特殊储运要求的医疗器械以及有不良信用记录的医疗器械使用单位等，应当实施重点监管。

年度监督检查计划及其执行情况应当报告省、自治区、直辖市食品药品监督管理部门。

第二十三条　食品药品监督管理部门对医疗器械使用单位建立、执行医疗器械使用质量管理制度的情况进行监督检查，应当记录监督检查结果，并纳入监督管理档案。

食品药品监督管理部门对医疗器械使用单位进行监督检查时，可以对相关的医疗器械生产经营企业、维修服务机构等进行延伸检查。

医疗器械使用单位、生产经营企业和维修服务机构等应当配合食品药品监督管理部门的监督检查，如实提供有关情况和资料，不得拒绝和隐瞒。

第二十四条　医疗器械使用单位应当按照本办法和本单位建立的医疗器械使用质量管理制度，每年对医疗器械质量管理工作进行全面自查，并形成自查报告。食品药品监督管理部门在监督检查中对医疗器械使用单位的自查报告进行抽查。

第二十五条　食品药品监督管理部门应当加强对使用环节医疗器械的抽查检验。省级以上食品药品监督管理部门应当根据抽查检验结论，及时发布医疗器械质量公告。

第二十六条　个人和组织发现医疗器械使用单位有违反本办法的行为，有权向医疗器械使用单位所在地食品药品监督管理部门举报。接到举报的食品药品监督管理部门应当及时核实、处理。经查证属实的，应当按照有关规定对举报人给予奖励。

第五章　法律责任

第二十七条　医疗器械使用单位有下列情形之一的，由县级以上食品药品监督管理部门按照《医疗器械监督管理条例》第六十六条的规定予以处罚：

（一）使用不符合强制性标准或者不符合经注册或者备案的产品技术要求的医疗器械的；

（二）使用无合格证明文件、过期、失效、淘汰的医疗器械，或者使用未依法注册的医疗器械的。

第二十八条　医疗器械使用单位有下列情形之一的，由县级以上食品药品监督管理部门按照《医疗器械监督管理条例》第六十七条的规定予以处罚：

（一）未按照医疗器械产品说明书和标签标示要求贮存医疗器械的；

（二）转让或者捐赠过期、失效、淘汰、检验不合格的在用医疗器械的。

第二十九条　医疗器械使用单位有下列情形之一的，由县级以上食品药品监督管理部门按照《医疗器械监督管理条例》第六十八条的规定予以处罚：

（一）未建立并执行医疗器械进货查验制度，未查验供货者的资质，或者未真实、完整、准确地记录进货查验情况的；

（二）未按照产品说明书的要求进行定期检查、检验、校准、保养、维护并记录的；

（三）发现使用的医疗器械存在安全隐患未立即停止使用、通知检修，或者继续使用经检修仍不能达到使用安全标准的医疗器械的；

（四）未妥善保存购入第三类医疗器械的原始资料的；

（五）未按规定建立和保存植入和介入类医疗器械使用记录的。

第三十条　医疗器械使用单位有下列情形之一的，由县级以上食品药品监督管理部门责令限期改正，给予警告；拒不改正的，处 1 万元以下罚款：

（一）未按规定配备与其规模相适应的医疗器械质量管理机构或者质量管理人员，或者未按规定建立覆盖质量管理全过程的使用质量管理制度的；

（二）未按规定由指定的部门或者人员统一采购医疗器械的；

（三）购进、使用未备案的第一类医疗器械，或者从未备案的经营企业购进第二类医疗器械的；

（四）贮存医疗器械的场所、设施及条件与医疗器械品种、数量不相适应的，或者未按照贮存条件、医疗器械有效期限等要求对贮存的医疗器械进行定期检查并记录的；

（五）未按规定建立、执行医疗器械使用前质量检查制度的；

（六）未按规定索取、保存医疗器械维护维修相关记录的；

（七）未按规定对本单位从事医疗器械维护维修的相关技术人员进行培训考核、建立培训档案的；

（八）未按规定对其医疗器械质量管理工作进行自查、形成自查报告的。

第三十一条 医疗器械生产经营企业违反本办法第十七条规定，未按要求提供维护维修服务，或者未按要求提供维护维修所必需的材料和信息的，由县级以上食品药品监督管理部门给予警告，责令限期改正；情节严重或者拒不改正的，处5000元以上2万元以下罚款。

第三十二条 医疗器械使用单位、生产经营企业和维修服务机构等不配合食品药品监督管理部门的监督检查，或者拒绝、隐瞒、不如实提供有关情况和资料的，由县级以上食品药品监督管理部门责令改正，给予警告，可以并处2万元以下罚款。

第六章 附 则

第三十三条 用于临床试验的试验用医疗器械的质量管理，按照医疗器械临床试验等有关规定执行。

第三十四条 对使用环节的医疗器械使用行为的监督管理，按照国家卫生和计划生育委员会的有关规定执行。

第三十五条 本办法自2016年2月1日起施行。

医疗器械召回管理办法

- 2017年1月25日国家食品药品监督管理总局令第29号公布
- 自2017年5月1日起施行

第一章 总 则

第一条 为加强医疗器械监督管理，控制存在缺陷的医疗器械产品，消除医疗器械安全隐患，保证医疗器械的安全、有效，保障人体健康和生命安全，根据《医疗器械监督管理条例》，制定本办法。

第二条 中华人民共和国境内已上市医疗器械的召回及其监督管理，适用本办法。

第三条 本办法所称医疗器械召回，是指医疗器械生产企业按照规定的程序对其已上市销售的某一类别、型号或者批次的存在缺陷的医疗器械产品，采取警示、检查、修理、重新标签、修改并完善说明书、软件更新、替换、收回、销毁等方式进行处理的行为。

前款所述医疗器械生产企业，是指境内医疗器械产品注册人或者备案人、进口医疗器械的境外制造厂商在中国境内指定的代理人。

第四条 本办法所称存在缺陷的医疗器械产品包括：

（一）正常使用情况下存在可能危及人体健康和生命安全的不合理风险的产品；

（二）不符合强制性标准、经注册或者备案的产品技术要求的产品；

（三）不符合医疗器械生产、经营质量管理有关规定导致可能存在不合理风险的产品；

（四）其他需要召回的产品。

第五条 医疗器械生产企业是控制与消除产品缺陷的责任主体，应当主动对缺陷产品实施召回。

第六条 医疗器械生产企业应当按照本办法的规定建立健全医疗器械召回管理制度，收集医疗器械安全相关信息，对可能的缺陷产品进行调查、评估，及时召回缺陷产品。

进口医疗器械的境外制造厂商在中国境内指定的代理人应当将仅在境外实施医疗器械召回的有关信息及时报告国家食品药品监督管理总局；凡涉及在境内实施召回的，中国境内指定的代理人应当按照本办法的规定组织实施。

医疗器械经营企业、使用单位应当积极协助医疗器械生产企业对缺陷产品进行调查、评估，主动配合生产企业履行召回义务，按照召回计划及时传达、反馈医疗器械召回信息，控制和收回缺陷产品。

第七条 医疗器械经营企业、使用单位发现其经营、使用的医疗器械可能为缺陷产品的，应当立即暂停销售或者使用该医疗器械，及时通知医疗器械生产企业或者供货商，并向所在地省、自治区、直辖市食品药品监督管理部门报告;使用单位为医疗机构的,还应当同时向所在地省、自治区、直辖市卫生行政部门报告。

医疗器械经营企业、使用单位所在地省、自治区、直辖市食品药品监督管理部门收到报告后,应当及时通报医疗器械生产企业所在地省、自治区、直辖市食品药品监督管理部门。

第八条 召回医疗器械的生产企业所在地省、自治区、直辖市食品药品监督管理部门负责医疗器械召回的监督管理,其他省、自治区、直辖市食品药品监督管理部门应当配合做好本行政区域内医疗器械召回的有关工作。

国家食品药品监督管理总局监督全国医疗器械召回的管理工作。

第九条 国家食品药品监督管理总局和省、自治区、直辖市食品药品监督管理部门应当按照医疗器械召回信息通报和信息公开有关制度,采取有效途径向社会公布缺陷产品信息和召回信息,必要时向同级卫生行政部门通报相关信息。

第二章 医疗器械缺陷的调查与评估

第十条 医疗器械生产企业应当按照规定建立健全医疗器械质量管理体系和医疗器械不良事件监测系统,收集、记录医疗器械的质量投诉信息和医疗器械不良事件信息,对收集的信息进行分析,对可能存在的缺陷进行调查和评估。

医疗器械经营企业、使用单位应当配合医疗器械生产企业对有关医疗器械缺陷进行调查,并提供有关资料。

第十一条 医疗器械生产企业应当按照规定及时将收集的医疗器械不良事件信息向食品药品监督管理部门报告,食品药品监督管理部门可以对医疗器械不良事件或者可能存在的缺陷进行分析和调查,医疗器械生产企业、经营企业、使用单位应当予以配合。

第十二条 对存在缺陷的医疗器械产品进行评估的主要内容包括:

(一)产品是否符合强制性标准、经注册或者备案的产品技术要求;

(二)在使用医疗器械过程中是否发生过故障或者伤害;

(三)在现有使用环境下是否会造成伤害,是否有科学文献、研究、相关试验或者验证能够解释

伤害发生的原因;

(四)伤害所涉及的地区范围和人群特点;

(五)对人体健康造成的伤害程度;

(六)伤害发生的概率;

(七)发生伤害的短期和长期后果;

(八)其他可能对人体造成伤害的因素。

第十三条 根据医疗器械缺陷的严重程度,医疗器械召回分为:

(一)一级召回:使用该医疗器械可能或者已经引起严重健康危害的;

(二)二级召回:使用该医疗器械可能或者已经引起暂时的或者可逆的健康危害的;

(三)三级召回:使用该医疗器械引起危害的可能性较小但仍需要召回的。

医疗器械生产企业应当根据具体情况确定召回级别并根据召回级别与医疗器械的销售和使用情况,科学设计召回计划并组织实施。

第三章 主动召回

第十四条 医疗器械生产企业按照本办法第十条、第十二条的要求进行调查评估后,确定医疗器械产品存在缺陷的,应当立即决定并实施召回,同时向社会发布产品召回信息。

实施一级召回的,医疗器械召回公告应当在国家食品药品监督管理总局网站和中央主要媒体上发布;实施二级、三级召回的,医疗器械召回公告应当在省、自治区、直辖市食品药品监督管理部门网站发布,省、自治区、直辖市食品药品监督管理部门网站发布的召回公告应当与国家食品药品监督管理总局网站链接。

第十五条 医疗器械生产企业作出医疗器械召回决定的,一级召回应当在1日内,二级召回应当在3日内,三级召回应当在7日内,通知到有关医疗器械经营企业、使用单位或者告知使用者。

召回通知应当包括以下内容:

(一)召回医疗器械名称、型号规格、批次等基本信息;

(二)召回的原因;

(三)召回的要求,如立即暂停销售和使用该产品、将召回通知转发到相关经营企业或者使用单位等;

(四)召回医疗器械的处理方式。

第十六条 医疗器械生产企业作出医疗器械

召回决定的，应当立即向所在省、自治区、直辖市食品药品监督管理部门和批准该产品注册或者办理备案的食品药品监督管理部门提交医疗器械召回事件报告表，并在5个工作日内将调查评估报告和召回计划提交至所在地省、自治区、直辖市食品药品监督管理部门和批准注册或者办理备案的食品药品监督管理部门备案。

医疗器械生产企业所在地省、自治区、直辖市食品药品监督管理部门应当在收到召回事件报告表1个工作日内将召回的有关情况报告国家食品药品监督管理总局。

第十七条 调查评估报告应当包括以下内容：

（一）召回医疗器械的具体情况，包括名称、型号规格、批次等基本信息；

（二）实施召回的原因；

（三）调查评估结果；

（四）召回分级。

召回计划应当包括以下内容：

（一）医疗器械生产销售情况及拟召回的数量；

（二）召回措施的具体内容，包括实施的组织、范围和时限等；

（三）召回信息的公布途径与范围；

（四）召回的预期效果；

（五）医疗器械召回后的处理措施。

第十八条 医疗器械生产企业所在地省、自治区、直辖市食品药品监督管理部门可以对生产企业提交的召回计划进行评估，认为生产企业所采取的措施不能有效消除产品缺陷或者控制产品风险的，应当书面要求其采取提高召回等级、扩大召回范围、缩短召回时间或者改变召回产品的处理方式等更为有效的措施进行处理。医疗器械生产企业应当按照食品药品监督管理部门的要求修改召回计划并组织实施。

第十九条 医疗器械生产企业对上报的召回计划进行变更的，应当及时报所在地省、自治区、直辖市食品药品监督管理部门备案。

第二十条 医疗器械生产企业在实施召回的过程中，应当根据召回计划定期向所在地省、自治区、直辖市食品药品监督管理部门提交召回计划实施情况报告。

第二十一条 医疗器械生产企业对召回医疗器械的处理应当有详细的记录，并向医疗器械生产企业所在地省、自治区、直辖市食品药品监督管理部门报告，记录应当保存至医疗器械注册证失效后5年，第一类医疗器械召回的处理记录应当保存5年。对通过警示、检查、修理、重新标签、修改并完善说明书、软件更新、替换、销毁等方式能够消除产品缺陷的，可以在产品所在地完成上述行为。需要销毁的，应当在食品药品监督管理部门监督下销毁。

第二十二条 医疗器械生产企业应当在召回完成后10个工作日内对召回效果进行评估，并向所在地省、自治区、直辖市食品药品监督管理部门提交医疗器械召回总结评估报告。

第二十三条 医疗器械生产企业所在地省、自治区、直辖市食品药品监督管理部门应当自收到总结评估报告之日起10个工作日内对报告进行审查，并对召回效果进行评估；认为召回尚未有效消除产品缺陷或者控制产品风险的，应当书面要求生产企业重新召回。医疗器械生产企业应当按照食品药品监督管理部门的要求进行重新召回。

第四章 责令召回

第二十四条 食品药品监督管理部门经过调查评估，认为医疗器械生产企业应当召回存在缺陷的医疗器械产品而未主动召回的，应当责令医疗器械生产企业召回医疗器械。

责令召回的决定可以由医疗器械生产企业所在地省、自治区、直辖市食品药品监督管理部门作出，也可以由批准该医疗器械注册或者办理备案的食品药品监督管理部门作出。作出该决定的食品药品监督管理部门，应当在其网站向社会公布责令召回信息。

医疗器械生产企业应当按照食品药品监督管理部门的要求进行召回，并按本办法第十四条第二款的规定向社会公布产品召回信息。

必要时，食品药品监督管理部门可以要求医疗器械生产企业、经营企业和使用单位立即暂停生产、销售和使用，并告知使用者立即暂停使用该缺陷产品。

第二十五条 食品药品监督管理部门作出责令召回决定，应当将责令召回通知书送达医疗器械生产企业，通知书包括以下内容：

（一）召回医疗器械的具体情况，包括名称、型号规格、批次等基本信息；

（二）实施召回的原因；

（三）调查评估结果；

（四）召回要求，包括范围和时限等。

第二十六条 医疗器械生产企业收到责令召回通知书后，应当按照本办法第十五条、第十六条的规定通知医疗器械经营企业和使用单位或者告知使用者，制定、提交召回计划，并组织实施。

第二十七条 医疗器械生产企业应当按照本办法第十九条、第二十条、第二十一条、第二十二条的规定向食品药品监督管理部门报告医疗器械召回的相关情况，进行召回医疗器械的后续处理。

食品药品监督管理部门应当按照本办法第二十三条的规定对医疗器械生产企业提交的医疗器械召回总结评估报告进行审查，并对召回效果进行评价，必要时通报同级卫生行政部门。经过审查和评价，认为召回不彻底、尚未有效消除产品缺陷或者控制产品风险的，食品药品监督管理部门应当书面要求医疗器械生产企业重新召回。医疗器械生产企业应当按照食品药品监督管理部门的要求进行重新召回。

第五章 法律责任

第二十八条 医疗器械生产企业因违反法律、法规、规章规定造成上市医疗器械存在缺陷，依法应当给予行政处罚，但该企业已经采取召回措施主动消除或者减轻危害后果的，食品药品监督管理部门依照《中华人民共和国行政处罚法》的规定给予从轻或者减轻处罚；违法行为轻微并及时纠正，没有造成危害后果的，不予处罚。

医疗器械生产企业召回医疗器械的，不免除其依法应当承担的其他法律责任。

第二十九条 医疗器械生产企业违反本办法第二十四条规定，拒绝召回医疗器械的，依据《医疗器械监督管理条例》第六十六条的规定进行处理。

第三十条 医疗器械生产企业有下列情形之一的，予以警告，责令限期改正，并处3万元以下罚款：

（一）违反本办法第十四条规定，未按照要求及时向社会发布产品召回信息的；

（二）违反本办法第十五条规定，未在规定时间内将召回医疗器械的决定通知到医疗器械经营企业、使用单位或者告知使用者的；

（三）违反本办法第十八条、第二十三条、第二十七条第二款规定，未按照食品药品监督管理部门要求采取改正措施或者重新召回医疗器械的；

（四）违反本办法第二十一条规定，未对召回医疗器械的处理作详细记录或者未向食品药品监督管理部门报告的。

第三十一条 医疗器械生产企业有下列情形之一的，予以警告，责令限期改正；逾期未改正的，处3万元以下罚款：

（一）未按照本办法规定建立医疗器械召回管理制度的；

（二）拒绝配合食品药品监督管理部门开展调查的；

（三）未按照本办法规定提交医疗器械召回事件报告表、调查评估报告和召回计划、医疗器械召回计划实施情况和总结评估报告的；

（四）变更召回计划，未报食品药品监督管理部门备案的。

第三十二条 医疗器械经营企业、使用单位违反本办法第七条第一款规定的，责令停止销售、使用存在缺陷的医疗器械，并处5000元以上3万元以下罚款；造成严重后果的，由原发证部门吊销《医疗器械经营许可证》。

第三十三条 医疗器械经营企业、使用单位拒绝配合有关医疗器械缺陷调查、拒绝协助医疗器械生产企业召回医疗器械的，予以警告，责令限期改正；逾期拒不改正的，处3万元以下罚款。

第三十四条 食品药品监督管理部门及其工作人员不履行医疗器械监督管理职责或者滥用职权、玩忽职守，有下列情形之一的，由监察机关或者任免机关根据情节轻重，对直接负责的主管人员和其他直接责任人员给予批评教育，或者依法给予警告、记过或者记大过的处分；造成严重后果的，给予降级、撤职或者开除的处分：

（一）未按规定向社会发布召回信息的；

（二）未按规定向相关部门报告或者通报有关召回信息的；

（三）应当责令召回而未采取责令召回措施的；

（四）违反本办法第二十三条和第二十七条第二款规定，未能督促医疗器械生产企业有效实施召回的。

第六章 附 则

第三十五条 召回的医疗器械已经植入人体的,医疗器械生产企业应当与医疗机构和患者共同协商,根据召回的不同原因,提出对患者的处理意见和应当采取的预案措施。

第三十六条 召回的医疗器械给患者造成损害的,患者可以向医疗器械生产企业要求赔偿,也可以向医疗器械经营企业、使用单位要求赔偿。患者向医疗器械经营企业、使用单位要求赔偿的,医疗器械经营企业、使用单位赔偿后,有权向负有责任的医疗器械生产企业追偿。

第三十七条 本办法自2017年5月1日起施行。2011年7月1日起施行的《医疗器械召回管理办法(试行)》(中华人民共和国卫生部令第82号)同时废止。

医疗器械临床使用管理办法

- 2020年12月4日第2次委务会议审议通过
- 2021年1月12日国家卫生健康委员会令第8号公布
- 自2021年3月1日起施行

第一章 总 则

第一条 为加强医疗器械临床使用管理,保障医疗器械临床使用安全、有效,根据《医疗器械监督管理条例》《医疗机构管理条例》等法律法规,制定本办法。

第二条 本办法适用于各级各类医疗机构临床使用医疗器械的监督管理工作。

医疗器械临床试验管理不适用本办法。

第三条 国家卫生健康委负责全国医疗器械临床使用监督管理工作。

县级以上地方卫生健康主管部门负责本行政区域内医疗器械临床使用监督管理工作。

第四条 医疗机构主要负责人是本机构医疗器械临床使用管理的第一责任人。

医疗机构应当建立并完善本机构医疗器械临床使用管理制度,确保医疗器械合理使用。

第五条 县级以上地方卫生健康主管部门和医疗机构应当依据国家有关规定建立医疗器械应急保障机制,保障突发事件的应急救治需求。

第六条 医疗机构应当根据国家发布的医疗器械分类目录,对医疗器械实行分类管理。

第七条 卫生健康主管部门应当逐步完善人工智能医疗器械临床使用规范,鼓励医疗机构加强人工智能医疗器械临床使用培训。

第二章 组织机构与职责

第八条 国家卫生健康委组织成立国家医疗器械临床使用专家委员会。国家医疗器械临床使用专家委员会负责分析全国医疗器械临床使用情况,研究医疗器械临床使用中的重点问题,提供政策咨询及建议,指导医疗器械临床合理使用。

省级卫生健康主管部门组织成立省级医疗器械临床使用专家委员会或者委托相关组织、机构负责本行政区域内医疗器械临床使用的监测、评价等工作。

第九条 二级以上医疗机构应当设立医疗器械临床使用管理委员会;其他医疗机构应当根据本机构实际情况,配备负责医疗器械临床使用管理的专(兼)职人员。

医疗器械临床使用管理委员会由本机构负责医疗管理、质量控制、医院感染管理、医学工程、信息等工作的相关职能部门负责人以及相关临床、医技等科室负责人组成,负责指导和监督本机构医疗器械临床使用行为,日常管理工作依托本机构的相关部门负责。

第十条 医疗机构医疗器械临床使用管理委员会和配备的专(兼)职人员对本机构医疗器械临床使用管理承担以下职责:

(一)依法拟订医疗器械临床使用工作制度并组织实施;

(二)组织开展医疗器械临床使用安全管理、技术评估与论证;

(三)监测、评价医疗器械临床使用情况,对临床科室在用医疗器械的使用效能进行分析、评估和反馈;监督、指导高风险医疗器械的临床使用与安全管理;提出干预和改进医疗器械临床使用措施,指导临床合理使用;

(四)监测识别医疗器械临床使用安全风险,分析、评估使用安全事件,并提供咨询与指导;

(五)组织开展医疗器械管理法律、法规、规章和合理使用相关制度、规范的业务知识培训,宣传医疗器械临床使用安全知识。

第十一条　二级以上医疗机构应当明确本机构各相关职能部门和各相关科室的医疗器械临床使用管理职责；相关职能部门、相关科室应当指定专人负责本部门或者本科室的医疗器械临床使用管理工作。

其他医疗机构应当根据本机构实际情况，明确相关部门、科室和人员的职责。

第十二条　二级以上医疗机构应当配备与其功能、任务、规模相适应的医学工程及其他专业技术人员、设备和设施。

第十三条　医疗器械使用科室负责医疗器械日常管理工作，做好医疗器械的登记、定期核对、日常使用维护保养等工作。

第十四条　医疗机构从事医疗器械相关工作的卫生专业技术人员，应当具备相应的专业学历、卫生专业技术职务任职资格或者依法取得相应资格。

第十五条　医疗机构应当组织开展医疗器械临床使用管理的继续教育和培训，开展医疗器械临床使用范围、质量控制、操作规程、效果评价等培训工作。

第十六条　医疗机构应当加强医疗器械信息管理，建立医疗器械及其使用信息档案。

第十七条　医疗机构应当每年开展医疗器械临床使用管理自查、评估、评价工作，确保医疗器械临床使用的安全、有效。

第三章　临床使用管理

第十八条　医疗机构应当建立医疗器械临床使用技术评估与论证制度并组织实施，开展技术需求分析和成本效益评估，确保医疗器械满足临床需求。

第十九条　医疗机构购进医疗器械，应当查验供货者的资质和医疗器械的合格证明文件，建立进货查验记录制度。

医疗机构应当妥善保存购入第三类医疗器械的原始资料，并确保信息具有可追溯性。

第二十条　医疗器械需要安装或者集成的，应当由生产厂家或者其授权的具备相关服务资质的单位、医疗机构负责医学工程工作的部门依据国家有关标准实施。

医疗机构应当对医疗器械相关硬件、软件的安装、更新、升级情况进行登记和审核，并应当进行临床验证和技术评估。

第二十一条　医疗机构应当建立医疗器械验收验证制度，保证医疗器械的功能、性能、配置要求符合购置合同以及临床诊疗的要求。医疗器械经验收验证合格后方可应用于临床。

第二十二条　医疗机构及其医务人员临床使用医疗器械，应当遵循安全、有效、经济的原则，采用与患者疾病相适应的医疗器械进行诊疗活动。

需要向患者说明医疗器械临床使用相关事项的，应当如实告知，不得隐瞒或者虚假宣传，误导患者。

第二十三条　医疗机构及其医务人员临床使用医疗器械，应当按照诊疗规范、操作指南、医疗器械使用说明书等，遵守医疗器械适用范围、禁忌症及注意事项，注意主要风险和关键性能指标。

第二十四条　医疗机构应当建立医疗器械临床使用风险管理制度，持续改进医疗器械临床使用行为。

第二十五条　医疗机构应当开展医疗器械临床使用安全管理，对生命支持类、急救类、植入类、辐射类、灭菌类和大型医疗器械实行使用安全监测与报告制度。

第二十六条　医疗机构应当制订与其规模、功能相匹配的生命支持医疗器械和相关重要医疗器械故障紧急替代流程，配备必要的替代设备设施，并对急救的医疗器械实行专管专用，保证临床急救工作正常开展。

第二十七条　发现使用的医疗器械存在安全隐患的，医疗机构应当立即停止使用，并通知医疗器械注册人、备案人或者其他负责产品质量的机构进行检修；经检修仍不能达到使用安全标准的医疗器械，不得继续使用。

第二十八条　医疗机构应当严格执行医院感染管理有关法律法规的规定，使用符合国家规定的消毒器械和一次性使用的医疗器械。按规定可以重复使用的医疗器械，应当严格按照规定清洗、消毒或者灭菌，并进行效果监测；一次性使用的医疗器械不得重复使用，使用过的应当按照国家有关规定销毁并记录。

使用无菌医疗器械前，应当对直接接触医疗器械的包装及其有效期进行常规检查，认真核对其规格、型号、消毒或者灭菌有效日期等。包装破损、标示不清、超过有效期或者可能影响使用安全的，不得使用。

第二十九条　临床使用大型医疗器械以及植入和介入类医疗器械的，应当将医疗器械的名称、关键性技术参数等信息以及与使用质量安全密切相关的必要信息记载到病历等相关记录中。

第三十条　医疗机构应当按照规定开展医疗器械临床使用评价工作，重点加强医疗器械的临床实效性、可靠性和可用性评价。

第四章　保障维护管理

第三十一条　医疗器械保障维护管理应当重点进行检测和预防性维护。通过开展性能检测和安全监测，验证医疗器械性能的适当性和使用的安全性；通过开展部件更换、清洁等预防性维护，延长医疗器械使用寿命并预防故障发生。

第三十二条　医疗机构应当监测医疗器械的运行状态，对维护与维修的全部过程进行跟踪记录，定期分析评价医疗器械整体维护情况。

第三十三条　医疗机构应当遵照国家有关医疗器械标准、规程、技术指南等，确保系统环境电源、温湿度、辐射防护、磁场屏蔽、光照亮度等因素与医疗器械相适应，定期对医疗器械使用环境进行测试、评估和维护。

第三十四条　医疗机构应当具备与医疗器械品种、数量相适应的贮存场所和条件。对温度、湿度等环境条件有特殊要求的，应当采取相应措施，保证医疗器械安全、有效。

第三十五条　医疗机构应当真实记录医疗器械保障情况并存入医疗器械信息档案，档案保存期限不得少于医疗器械规定使用期限终止后五年。

第五章　使用安全事件处理

第三十六条　医疗机构应当对医疗器械使用安全事件进行收集、分析、评价及控制，遵循可疑即报的原则，及时报告。

第三十七条　发生或者发现医疗器械使用安全事件或者可疑医疗器械使用安全事件时，医疗机构及其医务人员应当立即采取有效措施，避免或者减轻对患者身体健康的损害，防止损害扩大，并向所在地县级卫生健康主管部门报告。

第三十八条　发生或者发现因医疗器械使用行为导致或者可能导致患者死亡、残疾或者二人以上人身损害时，医疗机构应当在二十四小时内报告所在地县级卫生健康主管部门，必要时可以同时向上级卫生健康主管部门报告。医疗机构应当立即对医疗器械使用行为进行调查、核实；必要时，应当对发生使用安全事件的医疗器械同批次同规格型号库存产品暂缓使用，对剩余产品进行登记封存。

第三十九条　县级及设区的市级卫生健康主管部门获知医疗机构医疗器械使用安全事件或者可疑医疗器械使用安全事件后，应当进行核实，必要时应当进行调查；对医疗机构医疗器械使用行为导致或者可能导致患者死亡、残疾或者二人以上人身损害的，应当进行现场调查，并将调查结果逐级上报至省级卫生健康主管部门。

省级以上卫生健康主管部门获知医疗机构医疗器械使用安全事件或者可疑医疗器械使用安全事件，认为应当开展现场调查的，应当组织开展调查。省级卫生健康主管部门开展相关调查的，应将调查结果及时报送国家卫生健康委。

对卫生健康主管部门开展的医疗器械使用安全事件调查，医疗机构应当配合。

第四十条　县级以上地方卫生健康主管部门在医疗器械使用安全事件调查结果确定前，对可疑医疗器械质量问题造成患者损害的，应当根据影响采取相应措施；对影响较大的，可以采取风险性提示、暂停辖区内医疗机构使用同批次同规格型号的医疗器械等措施，以有效降低风险，并通报同级药品监督管理部门。

经调查不属于医疗器械使用安全事件的，卫生健康主管部门应当移交同级药品监督管理部门处理。

第六章　监督管理

第四十一条　县级以上地方卫生健康主管部门应当编制并实施本行政区域医疗机构医疗器械使用年度监督检查计划，确定监督检查的重点、频次和覆盖率。对使用风险较高、有特殊保存管理要求医疗器械的医疗机构应当实施重点监管。

第四十二条　县级以上地方卫生健康主管部门应当加强对医疗机构医疗器械临床使用行为的监督管理，并在监督检查中有权行使以下职责：

（一）进入现场实施检查、抽取样品；

（二）查阅、复制有关档案、记录及其他有关资料；

（三）法律法规规定的其他职责。

医疗机构应当积极配合卫生健康主管部门的监督检查，并对检查中发现的问题及时进行整改。

第四十三条 县级以上地方卫生健康主管部门应当组织对医疗机构医疗器械临床使用管理情况进行定期或者不定期抽查，并将抽查结果纳入医疗机构监督管理档案。

第七章 法律责任

第四十四条 医疗机构有下列情形之一的，由县级以上地方卫生健康主管部门依据《医疗器械监督管理条例》的有关规定予以处理：

（一）未按照规定建立并执行医疗器械进货查验记录制度的；

（二）对重复使用的医疗器械，未按照消毒和管理的规定进行处理的；

（三）重复使用一次性使用的医疗器械，或者未按照规定销毁使用过的一次性使用的医疗器械的；

（四）未妥善保存购入第三类医疗器械的原始资料，或者未按照规定将大型医疗器械以及植入和介入类医疗器械的信息记载到病历等相关记录中的；

（五）发现使用的医疗器械存在安全隐患未立即停止使用、通知检修，或者继续使用经检修仍不能达到使用安全标准的医疗器械的。

第四十五条 医疗机构违反本办法规定，有下列情形之一的，由县级以上地方卫生健康主管部门责令改正，给予警告；情节严重的，可以并处五千元以上三万元以下罚款：

（一）未按照规定建立医疗器械临床使用管理工作制度的；

（二）未按照规定设立医疗器械临床使用管理委员会或者配备专(兼)职人员负责本机构医疗器械临床使用管理工作的；

（三）未按照规定建立医疗器械验收证制度的；

（四）未按照规定报告医疗器械使用安全事件的；

（五）不配合卫生健康主管部门开展的医疗器械使用安全事件调查和临床使用行为的监督检查的；

（六）其他违反本办法规定的行为。

第四十六条 医疗机构及其医务人员在医疗器械临床使用中违反《执业医师法》《医疗机构管理条例》等有关法律法规的，依据有关法律法规的规定进行处理。

第四十七条 县级以上地方卫生健康主管部门工作人员不履行医疗机构医疗器械临床使用监督管理职责或者滥用职权、玩忽职守、徇私舞弊的，上级卫生健康主管部门可以建议有管理权限的监察机关或者任免机关对直接负责的主管人员和其他直接责任人员依法给予处分；构成犯罪的，依法追究刑事责任。

第八章 附 则

第四十八条 本办法所称医疗器械使用安全事件，是指医疗机构及其医务人员在诊疗活动中，因医疗器械使用行为存在过错，造成患者人身损害的事件。

第四十九条 取得计划生育技术服务机构执业许可证的计划生育技术服务机构，以及依法执业的血站、单采血浆站等单位的医疗器械使用管理参照本办法执行。

第五十条 对使用环节的医疗器械质量的监督管理，按照国务院药品监督管理部门的有关规定执行。

第五十一条 本办法自 2021 年 3 月 1 日起施行。

医疗器械检验机构资质认定条件

·2015 年 11 月 4 日
·食药监科〔2015〕249 号

第一章 总 则

第一条 为加强医疗器械检验机构(以下简称检验机构)的管理，依据《国家食品药品监督管理总局主要职责内设机构和人员编制规定》(国办发〔2013〕24 号)和《医疗器械监督管理条例》(以下简称《条例》)的规定，特制定医疗器械检验机构资质认定条件(以下简称认定条件)。

第二条　本认定条件适用于依据《条例》开展医疗器械检验活动的检验机构的资质认定。

第三条　本认定条件规定了检验机构在组织、管理体系、检验能力、人员、环境和设施、设备、检测样品的处置等方面应当达到的要求。

第四条　检验机构应当符合相关法律法规和本认定条件的要求，保证检验活动的科学、独立、诚信和公正。

第二章　组　织

第五条　检验机构应当是依法成立并能够承担相应法律责任的法人或者其他组织。

第六条　检验机构开展国家法律法规规定需要取得特定资质的检验活动，应当取得相应的资质。

第三章　管理体系

第七条　检验机构应当按照国家有关检验检测机构管理的规定和本认定条件的要求，建立和实施与其所开展的检验活动相适应的管理体系。

第八条　检验机构应当制定完善的质量管理体系文件，包括政策、计划、程序、作业指导书、所开展检验活动的风险管理、安全规章制度以及医疗器械相关法规要求的文件等，并确保其有效实施和受控。

第九条　管理体系应连续运行12个月以上。检验机构应当对管理体系实施了完整的内部审核和管理评审，能够证实管理体系运行持续有效。

第四章　检验能力

第十条　检验机构应当掌握开展检验活动所需的现行有效的国家标准、行业标准、产品技术要求、补充检验项目和检验方法等，具备相应的检验能力。

第十一条　检验机构应当依据现行有效的国家标准、行业标准、产品技术要求、补充检验项目和检验方法等开展检验活动，并具有对其进行确认或预评价的能力。

第十二条　检验机构所开展的检验活动涉及生物学性能、电磁兼容性等多个技术门类的，应当分别符合相应标准、产品技术要求、补充检验项目和检验方法及其他规定的要求。

第十三条　检验机构应当能够对所检验的医疗器械产品的检验质量事故进行分析和评估。

第五章　人　员

第十四条　检验机构应当具备与所开展的检验活动相适应的管理人员和关键技术人员。

（一）管理人员应当具备检验机构管理知识，熟悉医疗器械相关的法律法规及检验风险管理的方法。

（二）关键技术人员包括技术负责人、授权签字人及检验报告解释人员等。关键技术人员应当具备相关领域副高级以上专业技术职称，或硕士以上学历并具有5年以上相关专业的技术工作经历。

第十五条　检验机构应当具备充足的检验人员，其数量、技术能力、教育背景应当与所开展的检验活动相匹配，并符合以下要求：

（一）检验人员应当为正式聘用人员，并且只能在本检验机构中从业。具有中级以上专业技术职称的人员数量应当不少于从事检验活动的人员总数的50%。

（二）检验人员应当熟悉医疗器械相关法律法规、标准和产品技术要求，掌握检验方法原理、检测操作技能、作业指导书、质量控制要求、实验室安全与防护知识、计量和数据处理知识等，并且应当经过医疗器械相关法律法规、质量管理和有关专业技术的培训和考核。

（三）检验人员应当具有对所采用的产品技术要求进行确认和预评价的能力，应当能够按照规定程序开展检验活动。

（四）从事国家规定的特定检验活动的人员应当取得相关法律法规所规定的资格。

第六章　环境和设施

第十六条　检验机构的环境和设施应当满足以下要求：

（一）检验机构应当具备开展检验活动所必需的且能够独立调配使用的固定工作场所。

（二）检验机构的工作环境和基本设施应当满足检验方法、仪器设备正常运转、技术档案贮存、样品制备和贮存、防止交叉污染、保证人身健康和环境保护等的要求。

（三）检验机构应当具备开展检验活动所必需的实验场地以及数据分析、信息传输等相关的环境和设施，确保检测数据和结果的真实、准确。

（四）实验区应当与非实验区分离。明确需要控制的区域范围和有关危害的明显警示,并有效隔离可能产生影响的相邻区域。

(五)检验机构应当具有妥善贮存、处理废弃样品和废弃物(包括废弃培养物)的设施。

(六)从事动物实验、生物学性能、电磁兼容性、放射源等特定项目检测的检验机构应当符合国家相关法规和标准规定的环境和设施要求。

(七)涉及生物安全实验室的,其环境和设施应当符合相应的国家相关标准和规定。

第七章 设 备

第十七条 检验机构应当根据开展检验活动的需要参照国家有关医疗器械检验机构基本仪器装备的要求,并且按照相关标准、产品技术要求、补充检验项目和检验方法的要求,配备相应的仪器设备和工艺装备。

第十八条 检验机构应当配备开展检验活动所必需的且能够独立调配使用的固定或可移动的检验仪器设备和工艺装备、样品贮存和处理设备以及标准物质、参考物质等。

第十九条 检验机构的仪器设备应当由专人管理,测量仪器应当经量值溯源以满足使用要求。

第二十条 检验机构应当建立和保存对检测质量有重要影响的仪器设备和工艺装备的档案、操作规程、计量/校准计划和证明、使用和维修记录等。

第八章 检测样品的处置

第二十一条 检验机构应当建立并实施样品管理和弃置程序,确保样品受控并保持相应状态,确保检测弃置的样品不再进入流通环节或被使用。样品的贮存、弃置、处理应当符合环境保护的要求。有特殊要求的还应当符合相应的规定。

第二十二条 检验机构应当具有样品的标识系统,并保证样品在检验机构期间保留该标识。

第九章 附 则

第二十三条 本认定条件由国家食品药品监督管理总局负责解释。

第二十四条 本认定条件自发布之日起施行。

医疗器械说明书和标签管理规定

- 2014年7月30日国家食品药品监督管理总局令第6号公布
- 自2014年10月1日起施行

第一条 为规范医疗器械说明书和标签,保证医疗器械使用的安全,根据《医疗器械监督管理条例》,制定本规定。

第二条 凡在中华人民共和国境内销售、使用的医疗器械,应当按照本规定要求附有说明书和标签。

第三条 医疗器械说明书是指由医疗器械注册人或者备案人制作,随产品提供给用户,涵盖该产品安全有效的基本信息,用以指导正确安装、调试、操作、使用、维护、保养的技术文件。

医疗器械标签是指在医疗器械或者其包装上附有的用于识别产品特征和标明安全警示等信息的文字说明及图形、符号。

第四条 医疗器械说明书和标签的内容应当科学、真实、完整、准确,并与产品特性相一致。

医疗器械说明书和标签的内容应当与经注册或者备案的相关内容一致。

医疗器械标签的内容应当与说明书有关内容相符合。

第五条 医疗器械说明书和标签对疾病名称、专业名词、诊断治疗过程和结果的表述,应当采用国家统一发布或者规范的专用词汇,度量衡单位应当符合国家相关标准的规定。

第六条 医疗器械说明书和标签中使用的符号或者识别颜色应当符合国家相关标准的规定;无相关标准规定的,该符号及识别颜色应当在说明书中描述。

第七条 医疗器械最小销售单元应当附有说明书。

医疗器械的使用者应当按照说明书使用医疗器械。

第八条 医疗器械的产品名称应当使用通用名称,通用名称应当符合国家食品药品监督管理总局制定的医疗器械命名规则。第二类、第三类医疗器械的产品名称应当与医疗器械注册证中的产品名称一致。

产品名称应当清晰地标明在说明书和标签的显著位置。

第九条 医疗器械说明书和标签文字内容应当使用中文,中文的使用应当符合国家通用的语言文字规范。医疗器械说明书和标签可以附加其他文种,但应当以中文表述为准。

医疗器械说明书和标签中的文字、符号、表格、数字、图形等应当准确、清晰、规范。

第十条 医疗器械说明书一般应当包括以下内容:

(一)产品名称、型号、规格;

(二)注册人或者备案人的名称、住所、联系方式及售后服务单位,进口医疗器械还应当载明代理人的名称、住所及联系方式;

(三)生产企业的名称、住所、生产地址、联系方式及生产许可证编号或者生产备案凭证编号,委托生产的还应当标注受托企业的名称、住所、生产地址、生产许可证编号或者生产备案凭证编号;

(四)医疗器械注册证编号或者备案凭证编号;

(五)产品技术要求的编号;

(六)产品性能、主要结构组成或者成分、适用范围;

(七)禁忌症、注意事项、警示以及提示的内容;

(八)安装和使用说明或者图示,由消费者个人自行使用的医疗器械还应当具有安全使用的特别说明;

(九)产品维护和保养方法,特殊储存、运输条件、方法;

(十)生产日期,使用期限或者失效日期;

(十一)配件清单,包括配件、附属品、损耗品更换周期以及更换方法的说明等;

(十二)医疗器械标签所用的图形、符号、缩写等内容的解释;

(十三)说明书的编制或者修订日期;

(十四)其他应当标注的内容。

第十一条 医疗器械说明书中有关注意事项、警示以及提示性内容主要包括:

(一)产品使用的对象;

(二)潜在的安全危害及使用限制;

(三)产品在正确使用过程中出现意外时,对操作者、使用者的保护措施以及应当采取的应急和纠正措施;

(四)必要的监测、评估、控制手段;

(五)一次性使用产品应当注明"一次性使用"字样或者符号,已灭菌产品应当注明灭菌方式以及灭菌包装损坏后的处理方法,使用前需要消毒或者灭菌的应当说明消毒或者灭菌的方法;

(六)产品需要同其他医疗器械一起安装或者联合使用时,应当注明联合使用器械的要求、使用方法、注意事项;

(七)在使用过程中,与其他产品可能产生的相互干扰及其可能出现的危害;

(八)产品使用中可能带来的不良事件或者产品成分中含有的可能引起副作用的成分或者辅料;

(九)医疗器械废弃处理时应当注意的事项,产品使用后需要处理的,应当注明相应的处理方法;

(十)根据产品特性,应当提示操作者、使用者注意的其他事项。

第十二条 重复使用的医疗器械应当在说明书中明确重复使用的处理过程,包括清洁、消毒、包装及灭菌的方法和重复使用的次数或者其他限制。

第十三条 医疗器械标签一般应当包括以下内容:

(一)产品名称、型号、规格;

(二)注册人或者备案人的名称、住所、联系方式,进口医疗器械还应当载明代理人的名称、住所及联系方式;

(三)医疗器械注册证编号或者备案凭证编号;

(四)生产企业的名称、住所、生产地址、联系方式及生产许可证编号或者生产备案凭证编号,委托生产的还应当标注受托企业的名称、住所、生产地址、生产许可证编号或者生产备案凭证编号;

(五)生产日期,使用期限或者失效日期;

(六)电源连接条件、输入功率;

(七)根据产品特性应当标注的图形、符号以及其他相关内容;

(八)必要的警示、注意事项;

(九)特殊储存、操作条件或者说明;

(十)使用中对环境有破坏或者负面影响的医

疗器械,其标签应当包含警示标志或者中文警示说明;

(十一)带放射或者辐射的医疗器械,其标签应当包含警示标志或者中文警示说明。

医疗器械标签因位置或者大小受限而无法全部标明上述内容的,至少应当标注产品名称、型号、规格、生产日期和使用期限或者失效日期,并在标签中明确"其他内容详见说明书"。

第十四条 医疗器械说明书和标签不得有下列内容:

(一)含有"疗效最佳"、"保证治愈"、"包治"、"根治"、"即刻见效"、"完全无毒副作用"等表示功效的断言或者保证的;

(二)含有"最高技术"、"最科学"、"最先进"、"最佳"等绝对化语言和表示的;

(三)说明治愈率或者有效率的;

(四)与其他企业产品的功效和安全性相比较的;

(五)含有"保险公司保险"、"无效退款"等承诺性语言的;

(六)利用任何单位或者个人的名义、形象作证明或者推荐的;

(七)含有误导性说明,使人感到已经患某种疾病,或者使人误解不使用该医疗器械会患某种疾病或者加重病情的表述,以及其他虚假、夸大、误导性的内容;

(八)法律、法规规定禁止的其他内容。

第十五条 医疗器械说明书应当由注册申请人或者备案人在医疗器械注册或者备案时,提交食品药品监督管理部门审查或者备案,提交的说明书内容应当与其他注册或者备案资料相符合。

第十六条 经食品药品监督管理部门注册审查的医疗器械说明书的内容不得擅自更改。

已注册的医疗器械发生注册变更的,申请人应当在取得变更文件后,依据变更文件自行修改说明书和标签。

说明书的其他内容发生变化的,应当向医疗器械注册的审批部门书面告知,并提交说明书更改情况对比说明等相关文件。审批部门自收到书面告知之日起20个工作日内未发出不予同意通知件的,说明书更改生效。

第十七条 已备案的医疗器械,备案信息表中登载内容、备案产品技术要求以及说明书其他内容发生变化的,备案人自行修改说明书和标签的相关内容。

第十八条 说明书和标签不符合本规定要求的,由县级以上食品药品监督管理部门按照《医疗器械监督管理条例》第六十七条的规定予以处罚。

第十九条 本规定自2014年10月1日起施行。2004年7月8日公布的《医疗器械说明书、标签和包装标识管理规定》(原国家食品药品监督管理局令第10号)同时废止。

(二)审批注册

医疗器械注册与备案管理办法

· 2021年8月26日国家市场监督管理总局令第47号
· 自2021年10月1日起施行

第一章 总 则

第一条 为了规范医疗器械注册与备案行为,保证医疗器械的安全、有效和质量可控,根据《医疗器械监督管理条例》,制定本办法。

第二条 在中华人民共和国境内从事医疗器械注册、备案及其监督管理活动,适用本办法。

第三条 医疗器械注册是指医疗器械注册申请人(以下简称申请人)依照法定程序和要求提出医疗器械注册申请,药品监督管理部门依据法律法规,基于科学认知,进行安全性、有效性和质量可控性等审查,决定是否同意其申请的活动。

医疗器械备案是指医疗器械备案人(以下简称备案人)依照法定程序和要求向药品监督管理部门提交备案资料,药品监督管理部门对提交的备案资料存档备查的活动。

第四条 国家药品监督管理局主管全国医疗器械注册与备案管理工作,负责建立医疗器械注册与备案管理工作体系和制度,依法组织境内第三类和进口第二类、第三类医疗器械审评审批,进口第一类医疗器械备案以及相关监督管理工作,对地方医疗器械注册与备案工作进行监督指导。

第五条 国家药品监督管理局医疗器械技术审评中心(以下简称国家局器械审评中心)负责需

进行临床试验审批的医疗器械临床试验申请以及境内第三类和进口第二类、第三类医疗器械产品注册申请、变更注册申请、延续注册申请等的技术审评工作。

国家药品监督管理局医疗器械标准管理中心、中国食品药品检定研究院、国家药品监督管理局食品药品审核查验中心（以下简称国家局审核查验中心）、国家药品监督管理局药品评价中心、国家药品监督管理局行政事项受理服务和投诉举报中心、国家药品监督管理局信息中心等其他专业技术机构，依职责承担实施医疗器械监督管理所需的医疗器械标准管理、分类界定、检验、核查、监测与评价、制证送达以及相应的信息化建设与管理等相关工作。

第六条 省、自治区、直辖市药品监督管理部门负责本行政区域内以下医疗器械注册相关管理工作：

（一）境内第二类医疗器械注册审评审批；

（二）境内第二类、第三类医疗器械质量管理体系核查；

（三）依法组织医疗器械临床试验机构以及临床试验的监督管理；

（四）对设区的市级负责药品监督管理的部门境内第一类医疗器械备案的监督指导。

省、自治区、直辖市药品监督管理部门设置或者指定的医疗器械专业技术机构，承担实施医疗器械监督管理所需的技术审评、检验、核查、监测与评价等工作。

设区的市级负责药品监督管理的部门负责境内第一类医疗器械产品备案管理工作。

第七条 医疗器械注册与备案管理遵循依法、科学、公开、公平、公正的原则。

第八条 第一类医疗器械实行产品备案管理。第二类、第三类医疗器械实行产品注册管理。

境内第一类医疗器械备案，备案人向设区的市级负责药品监督管理的部门提交备案资料。

境内第二类医疗器械由省、自治区、直辖市药品监督管理部门审查，批准后发给医疗器械注册证。

境内第三类医疗器械由国家药品监督管理局审查，批准后发给医疗器械注册证。

进口第一类医疗器械备案，备案人向国家药品监督管理局提交备案资料。

进口第二类、第三类医疗器械由国家药品监督管理局审查，批准后发给医疗器械注册证。

第九条 医疗器械注册人、备案人应当加强医疗器械全生命周期质量管理，对研制、生产、经营、使用全过程中的医疗器械的安全性、有效性和质量可控性依法承担责任。

第十条 国家药品监督管理局对临床急需医疗器械实行优先审批，对创新医疗器械实行特别审批，鼓励医疗器械的研究与创新，推动医疗器械产业高质量发展。

第十一条 国家药品监督管理局依法建立健全医疗器械标准、技术指导原则等体系，规范医疗器械技术审评和质量管理体系核查，指导和服务医疗器械研发和注册申请。

第十二条 药品监督管理部门依法及时公开医疗器械注册、备案相关信息，申请人可以查询审批进度和结果，公众可以查阅审批结果。

未经申请人同意，药品监督管理部门、专业技术机构及其工作人员，参与评审的专家等人员不得披露申请人或者备案人提交的商业秘密、未披露信息或者保密商务信息，法律另有规定或者涉及国家安全、重大社会公共利益的除外。

第二章　基本要求

第十三条 医疗器械注册、备案应当遵守相关法律、法规、规章、强制性标准，遵循医疗器械安全和性能基本原则，参照相关技术指导原则，证明注册、备案的医疗器械安全、有效、质量可控，保证全过程信息真实、准确、完整和可追溯。

第十四条 申请人、备案人应当为能够承担相应法律责任的企业或者研制机构。

境外申请人、备案人应当指定中国境内的企业法人作为代理人，办理相关医疗器械注册、备案事项。代理人应当依法协助注册人、备案人履行《医疗器械监督管理条例》第二十条第一款规定的义务，并协助境外注册人、备案人落实相应法律责任。

第十五条 申请人、备案人应当建立与产品相适应的质量管理体系，并保持有效运行。

第十六条 办理医疗器械注册、备案事项的人员应当具有相应的专业知识，熟悉医疗器械注册、备案管理的法律、法规、规章和注册管理相关规定。

第十七条 申请注册或者进行备案，应当按照国家药品监督管理局有关注册、备案的要求提交相关资料，申请人、备案人对资料的真实性负责。

注册、备案资料应当使用中文。根据外文资料翻译的，应当同时提供原文。引用未公开发表的文献资料时，应当提供资料权利人许可使用的文件。

第十八条　申请进口医疗器械注册、办理进口医疗器械备案，应当提交申请人、备案人注册地或者生产地所在国家（地区）主管部门准许该医疗器械上市销售的证明文件。

申请人、备案人注册地或者生产地所在国家（地区）未将该产品作为医疗器械管理的，申请人、备案人需提供相关文件，包括注册地或者生产地所在国家（地区）准许该产品上市销售的证明文件。

未在申请人、备案人注册地或者生产地所在国家（地区）上市的创新医疗器械，不需提交相关文件。

第十九条　医疗器械应当符合适用的强制性标准。产品结构特征、预期用途、使用方式等与强制性标准的适用范围不一致的，申请人、备案人应当提出不适用强制性标准的说明，并提供相关资料。

没有强制性标准的，鼓励申请人、备案人采用推荐性标准。

第二十条　医疗器械注册、备案工作应当遵循医疗器械分类规则和分类目录的有关要求。

第二十一条　药品监督管理部门持续推进审评审批制度改革，加强医疗器械监管科学研究，建立以技术审评为主导，核查、检验、监测与评价等为支撑的医疗器械注册管理技术体系，优化审评审批流程，提高审评审批能力，提升审评审批质量和效率。

第二十二条　医疗器械专业技术机构建立健全沟通交流制度，明确沟通交流的形式和内容，根据工作需要组织与申请人进行沟通交流。

第二十三条　医疗器械专业技术机构根据工作需要建立专家咨询制度，在审评、核查、检验等过程中就重大问题听取专家意见，充分发挥专家的技术支撑作用。

第三章　医疗器械注册

第一节　产品研制

第二十四条　医疗器械研制应当遵循风险管理原则，考虑现有公认技术水平，确保产品所有已知和可预见的风险以及非预期影响最小化并可接受，保证产品在正常使用中受益大于风险。

第二十五条　从事医疗器械产品研制实验活动，应当符合我国相关法律、法规和强制性标准等的要求。

第二十六条　申请人、备案人应当编制申请注册或者进行备案医疗器械的产品技术要求。

产品技术要求主要包括医疗器械成品的可进行客观判定的功能性、安全性指标和检测方法。

医疗器械应当符合经注册或者备案的产品技术要求。

第二十七条　申请人、备案人应当编制申请注册或者进行备案医疗器械的产品说明书和标签。

产品说明书和标签应当符合《医疗器械监督管理条例》第三十九条要求以及相关规定。

第二十八条　医疗器械研制，应当根据产品适用范围和技术特征开展医疗器械非临床研究。

非临床研究包括产品化学和物理性能研究、电气安全研究、辐射安全研究、软件研究、生物学特性研究、生物源材料安全性研究、消毒、灭菌工艺研究、动物试验研究、稳定性研究等。

申请注册或者进行备案，应当提交研制活动中产生的非临床证据，包括非临床研究报告综述、研究方案和研究报告。

第二十九条　医疗器械非临床研究过程中确定的功能性、安全性指标及方法应当与产品预期使用条件、目的相适应，研究样品应当具有代表性和典型性。必要时，应当进行方法学验证、统计学分析。

第三十条　申请注册或者进行备案，应当按照产品技术要求进行检验，并提交检验报告。检验合格的，方可开展临床试验或者申请注册、进行备案。

第三十一条　检验用产品应当能够代表申请注册或者进行备案产品的安全性和有效性，其生产应当符合医疗器械生产质量管理规范的相关要求。

第三十二条　申请注册或者进行备案提交的医疗器械产品检验报告可以是申请人、备案人的自检报告，也可以是委托有资质的医疗器械检验机构出具的检验报告。

第二节 临床评价

第三十三条 除本办法第三十四条规定情形外，医疗器械产品注册、备案，应当进行临床评价。

医疗器械临床评价是指采用科学合理的方法对临床数据进行分析、评价，以确认医疗器械在其适用范围内的安全性、有效性的活动。

申请医疗器械注册，应当提交临床评价资料。

第三十四条 有下列情形之一的，可以免于进行临床评价：

（一）工作机理明确、设计定型，生产工艺成熟，已上市的同品种医疗器械临床应用多年且无严重不良事件记录，不改变常规用途的；

（二）其他通过非临床评价能够证明该医疗器械安全、有效的。

免于进行临床评价的，可以免于提交临床评价资料。

免于进行临床评价的医疗器械目录由国家药品监督管理局制定、调整并公布。

第三十五条 开展医疗器械临床评价，可以根据产品特征、临床风险、已有临床数据等情形，通过开展临床试验，或者通过对同品种医疗器械临床文献资料、临床数据进行分析评价，证明医疗器械的安全性、有效性。

按照国家药品监督管理局的规定，进行医疗器械临床评价时，已有临床文献资料、临床数据不足以确认产品安全、有效的医疗器械，应当开展临床试验。

国家药品监督管理局制定医疗器械临床评价指南，明确通过同品种医疗器械临床文献资料、临床数据进行临床评价的要求，需要开展临床试验的情形，临床评价报告的撰写要求等。

第三十六条 通过同品种医疗器械临床文献资料、临床数据进行临床评价的，临床评价资料包括申请注册产品与同品种医疗器械的对比，同种医疗器械临床数据的分析评价，申请注册产品与同品种产品存在差异时的科学证据以及评价结论等内容。

通过临床试验开展临床评价的，临床评价资料包括临床试验方案、伦理委员会意见、知情同意书、临床试验报告等。

第三十七条 开展医疗器械临床试验，应当按照医疗器械临床试验质量管理规范的要求，在具备相应条件并按照规定备案的医疗器械临床试验机构内进行。临床试验开始前，临床试验申办者应当向所在地省、自治区、直辖市药品监督管理部门进行临床试验备案。临床试验医疗器械的生产应当符合医疗器械生产质量管理规范的相关要求。

第三十八条 第三类医疗器械进行临床试验对人体具有较高风险的，应当经国家药品监督管理局批准。

临床试验审批是指国家药品监督管理局根据申请人的申请，对拟开展临床试验的医疗器械的风险程度、临床试验方案、临床受益与风险对比分析报告等进行综合分析，以决定是否同意开展临床试验的过程。

需进行临床试验审批的第三类医疗器械目录由国家药品监督管理局制定、调整并公布。需进行临床试验审批的第三类医疗器械临床试验应在符合要求的三级甲等医疗机构开展。

第三十九条 需进行医疗器械临床试验审批的，申请人应当按照相关要求提交综述资料、研究资料、临床资料、产品说明书和标签样稿等申请资料。

第四十条 国家局器械审评中心对受理的临床试验申请进行审评。对临床试验申请应当自受理申请之日 60 日内作出是否同意的决定，并通过国家局器械审评中心网站通知申请人。逾期未通知的，视为同意。

第四十一条 审评过程中需要申请人补正资料的，国家局器械审评中心应当一次告知需要补正的全部内容。申请人应当在收到补正通知 1 年内，按照补正通知的要求一次提供补充资料。国家局器械审评中心收到补充资料后，按照规定的时限完成技术审评。

申请人对补正通知内容有异议的，可以向国家局器械审评中心提出书面意见，说明理由并提供相应的技术支持资料。

申请人逾期未提交补充资料的，终止技术审评，作出不予批准的决定。

第四十二条 对于医疗器械临床试验期间出现的临床试验医疗器械相关严重不良事件，或者其他严重安全性风险信息，临床试验申办者应当按照相关要求，分别向所在地和临床试验机构所在地省、自治区、直辖市药品监督管理部门报告，并采取风险控制措施。未采取风险控制措施的，省、自治区、直辖市药品监督管理部门依法责令申办者采取相应的风险控制措施。

第四十三条 医疗器械临床试验中出现大范围临床试验医疗器械相关严重不良事件，或者其他重大安全性问题时，申办者应当暂停或者终止医疗器械临床试验，分别向所在地和临床试验机构所在地省、自治区、直辖市药品监督管理部门报告。未暂停或者终止的，省、自治区、直辖市药品监督管理部门依法责令申办者采取相应的风险控制措施。

第四十四条 已批准开展的临床试验，有下列情形之一的，国家药品监督管理局可以责令申请人终止已开展的医疗器械临床试验：

（一）临床试验申请资料虚假的；

（二）已有最新研究证实原批准的临床试验伦理性和科学性存在问题的；

（三）其他应当终止的情形。

第四十五条 医疗器械临床试验应当在批准后3年内实施；医疗器械临床试验申请自批准之日起，3年内未有受试者签署知情同意书的，该医疗器械临床试验许可自行失效。仍需进行临床试验的，应当重新申请。

第四十六条 对正在开展临床试验的用于治疗严重危及生命且尚无有效治疗手段的疾病的医疗器械，经医学观察可能使患者获益，经伦理审查、知情同意后，可以在开展医疗器械临床试验的机构内免费用于其他病情相同的患者，其安全性数据可以用于医疗器械注册申请。

第三节 注册体系核查

第四十七条 申请人应当在申请注册时提交与产品研制、生产有关的质量管理体系相关资料，受理注册申请的药品监督管理部门在产品技术审评时认为有必要对质量管理体系进行核查的，应当组织开展质量管理体系核查，并可以根据需要调阅原始资料。

第四十八条 境内第三类医疗器械质量管理体系核查，由国家局器械审评中心通知申请人所在地的省、自治区、直辖市药品监督管理部门开展。

境内第二类医疗器械质量管理体系核查，由申请人所在地的省、自治区、直辖市药品监督管理部门组织开展。

第四十九条 省、自治区、直辖市药品监督管理部门按照医疗器械生产质量管理规范的要求开展质量管理体系核查，重点对申请人是否按照医疗器械生产质量管理规范的要求建立与产品相适应的质量管理体系，以及与产品研制、生产有关的设计开发、生产管理、质量控制等内容进行核查。

在核查过程中，应当同时对检验用产品和临床试验产品的真实性进行核查，重点查阅设计开发过程相关记录，以及检验用产品和临床试验产品生产过程的相关记录。

提交自检报告的，应当对申请人、备案人或者受托机构研制过程中的检验能力、检验结果等进行重点核查。

第五十条 省、自治区、直辖市药品监督管理部门可以通过资料审查或者现场检查的方式开展质量管理体系核查。根据申请人的具体情况、监督检查情况、本次申请注册产品与既往已通过核查产品生产条件及工艺对比情况等，确定是否现场检查以及检查内容，避免重复检查。

第五十一条 国家局器械审评中心对进口第二类、第三类医疗器械开展技术审评时，认为有必要进行质量管理体系核查的，通知国家局审核查验中心根据相关要求开展核查。

第四节 产品注册

第五十二条 申请人应当在完成支持医疗器械注册的安全性、有效性研究，做好接受质量管理体系核查的准备后，提出医疗器械注册申请，并按照相关要求，通过在线注册申请等途径向药品监督管理部门提交下列注册申请资料：

（一）产品风险分析资料；

（二）产品技术要求；

（三）产品检验报告；

（四）临床评价资料；

（五）产品说明书以及标签样稿；

（六）与产品研制、生产有关的质量管理体系文件；

（七）证明产品安全、有效所需的其他资料。

第五十三条 药品监督管理部门收到申请后对申请资料进行审核，并根据下列情况分别作出处理：

（一）申请事项属于本行政机关职权范围，申请资料齐全、符合形式审核要求的，予以受理；

（二）申请资料存在可以当场更正的错误的，应当允许申请人当场更正；

（三）申请资料不齐全或者不符合法定形式的，应当当场或者在5日内一次告知申请人需要补正的全部内容，逾期不告知的，自收到申请资料之日起即为受理；

（四）申请事项依法不属于本行政机关职权范围的，应当即时作出不予受理的决定，并告知申请人向有关行政机关申请。

药品监督管理部门受理或者不予受理医疗器械注册申请，应当出具加盖本行政机关专用印章和注明日期的受理或者不予受理的通知书。

医疗器械注册申请受理后，需要申请人缴纳费用的，申请人应当按规定缴纳费用。申请人未在规定期限内缴纳费用的，视为申请人主动撤回申请，药品监督管理部门终止其注册程序。

第五十四条　技术审评过程中需要申请人补正资料的，技术审评机构应当一次告知需要补正的全部内容。申请人应当在收到补正通知1年内，按照补正通知要求一次提供补充资料；技术审评机构收到补充资料后，在规定的时限内完成技术审评。

申请人对补正通知内容有异议的，可以向相应的技术审评机构提出书面意见，说明理由并提供相应的技术支持资料。

申请人逾期未提交补充资料的，终止技术审评，药品监督管理部门作出不予注册的决定。

第五十五条　对于已受理的注册申请，申请人可以在行政许可决定作出前，向受理该申请的药品监督管理部门申请撤回注册申请及相关资料，并说明理由。同意撤回申请的，药品监督管理部门终止其注册程序。

审评、核查、审批过程中发现涉嫌存在隐瞒真实情况或者提供虚假信息等违法行为的，依法处理，申请人不得撤回医疗器械注册申请。

第五十六条　对于已受理的注册申请，有证据表明注册申请资料可能虚假的，药品监督管理部门可以中止审评审批。经核实后，根据核实结论继续审查或者作出不予注册的决定。

第五十七条　医疗器械注册申请审评期间，对于拟作出不通过的审评结论的，技术审评机构应当告知申请人不通过的理由，申请人可以在15日内向技术审评机构提出异议，异议内容仅限于原申请事项和原申请资料。技术审评机构结合申请人的异议意见进行综合评估并反馈申请人。异议处理时间不计入审评时限。

第五十八条　受理注册申请的药品监督管理部门应当在技术审评结束后，作出是否批准的决定。对符合安全、有效、质量可控要求的，准予注册，发给医疗器械注册证，经过核准的产品技术要求以附件形式发给申请人。对不予注册的，应当书面说明理由，并同时告知申请人享有依法申请行政复议或者提起行政诉讼的权利。

医疗器械注册证有效期为5年。

第五十九条　对于已受理的注册申请，有下列情形之一的，药品监督管理部门作出不予注册的决定，并告知申请人：

（一）申请人对拟上市销售医疗器械的安全性、有效性、质量可控性进行的研究及其结果无法证明产品安全、有效、质量可控的；

（二）质量管理体系核查不通过，以及申请人拒绝接受质量管理体系现场检查的；

（三）注册申请资料虚假的；

（四）注册申请资料内容混乱、矛盾，注册申请资料内容与申请项目明显不符，不能证明产品安全、有效、质量可控的；

（五）不予注册的其他情形。

第六十条　法律、法规、规章规定实施行政许可应当听证的事项，或者药品监督管理部门认为需要听证的其他涉及公共利益的重大行政许可事项，药品监督管理部门应当向社会公告，并举行听证。医疗器械注册申请直接涉及申请人与他人之间重大利益关系的，药品监督管理部门在作出行政许可决定前，应当告知申请人、利害关系人享有要求听证的权利。

第六十一条　对用于治疗罕见疾病、严重危及生命且尚无有效治疗手段的疾病和应对公共卫生事件等急需的医疗器械，药品监督管理部门可以作出附条件批准决定，并在医疗器械注册证中载明有效期、上市后需要继续完成的研究工作及完成时限等相关事项。

第六十二条　对附条件批准的医疗器械，注册人应当在医疗器械上市后收集受益和风险相关数据，持续对产品的受益和风险开展监测与评估，采取有效措施主动管控风险，并在规定期限内按照要求完成研究并提交相关资料。

第六十三条 对附条件批准的医疗器械,注册人逾期未按照要求完成研究或者不能证明其受益大于风险的,注册人应当及时申请办理医疗器械注册证注销手续,药品监督管理部门可以依法注销医疗器械注册证。

第六十四条 对新研制的尚未列入分类目录的医疗器械,申请人可以直接申请第三类医疗器械产品注册,也可以依据分类规则判断产品类别并向国家药品监督管理局申请类别确认后,申请产品注册或者进行产品备案。

直接申请第三类医疗器械注册的,国家药品监督管理局按照风险程度确定类别。境内医疗器械确定为第二类或者第一类的,应当告知申请人向相应的药品监督管理部门申请注册或者进行备案。

第六十五条 已注册的医疗器械,其管理类别由高类别调整为低类别的,医疗器械注册证在有效期内继续有效。有效期届满需要延续的,应当在医疗器械注册证有效期届满6个月前,按照调整后的类别向相应的药品监督管理部门申请延续注册或者进行备案。

医疗器械管理类别由低类别调整为高类别的,注册人应当按照改变后的类别向相应的药品监督管理部门申请注册。国家药品监督管理局在管理类别调整通知中应当对完成调整的时限作出规定。

第六十六条 医疗器械注册证及其附件遗失、损毁的,注册人应当向原发证机关申请补发,原发证机关核实后予以补发。

第六十七条 注册申请审查过程中及批准后发生专利权纠纷的,应当按照有关法律、法规的规定处理。

第四章 特殊注册程序

第一节 创新产品注册程序

第六十八条 符合下列要求的医疗器械,申请人可以申请适用创新产品注册程序:

(一)申请人通过其主导的技术创新活动,在中国依法拥有产品核心技术发明专利权,或者依法通过受让取得在中国发明专利权或其使用权,且申请适用创新产品注册程序的时间在专利授权公告日起5年内;或者核心技术发明专利的申请已由国务院专利行政部门公开,并由国家知识产权局专利检索咨询中心出具检索报告,载明产品核心技术方案具备新颖性和创造性;

(二)申请人已完成产品的前期研究并具有基本定型产品,研究过程真实和受控,研究数据完整和可溯源;

(三)产品主要工作原理或者作用机理为国内首创,产品性能或者安全性与同类产品比较有根本性改进,技术上处于国际领先水平,且具有显著的临床应用价值。

第六十九条 申请适用创新产品注册程序的,申请人应当在产品基本定型后,向国家药品监督管理局提出创新医疗器械审查申请。国家药品监督管理局组织专家进行审查,符合要求的,纳入创新产品注册程序。

第七十条 对于适用创新产品注册程序的医疗器械注册申请,国家药品监督管理局以及承担相关技术工作的机构,根据各自职责指定专人负责,及时沟通,提供指导。

纳入创新产品注册程序的医疗器械,国家局器械审评中心可以与申请人在注册申请受理前以及技术审评过程中就产品研制中的重大技术问题、重大安全性问题、临床试验方案、阶段性临床试验结果的总结与评价等问题沟通交流。

第七十一条 纳入创新产品注册程序的医疗器械,申请人主动要求终止或者国家药品监督管理局发现不再符合创新产品注册程序要求的,国家药品监督管理局终止相关产品的创新产品注册程序并告知申请人。

第七十二条 纳入创新产品注册程序的医疗器械,申请人在规定期限内未提出注册申请的,不再适用创新产品注册程序。

第二节 优先注册程序

第七十三条 满足下列情形之一的医疗器械,可以申请适用优先注册程序:

(一)诊断或者治疗罕见病、恶性肿瘤且具有明显临床优势,诊断或者治疗老年人特有和多发疾病且目前尚无有效诊断或者治疗手段,专用于儿童且具有明显临床优势,或者临床急需且我国尚无同品种产品获准注册的医疗器械;

(二)列入国家科技重大专项或者国家重点研发计划的医疗器械;

（三）国家药品监督管理局规定的其他可以适用优先注册程序的医疗器械。

第七十四条 申请适用优先注册程序的，申请人应当在提出医疗器械注册申请时，向国家药品监督管理局提出适用优先注册程序的申请。属于第七十三条第一项情形的，由国家药品监督管理局组织专家进行审核，符合的，纳入优先注册程序；属于第七十三条第二项情形的，由国家局器械审评中心进行审核，符合的，纳入优先注册程序；属于第七十三条第三项情形的，由国家药品监督管理局广泛听取意见，并组织专家论证后确定是否纳入优先注册程序。

第七十五条 对纳入优先注册程序的医疗器械注册申请，国家药品监督管理局优先进行审评审批，省、自治区、直辖市药品监督管理部门优先安排医疗器械注册质量管理体系核查。

国家局器械审评中心在对纳入优先注册程序的医疗器械产品开展技术审评过程中，应当按照相关规定积极与申请人进行沟通交流，必要时，可以安排专项交流。

第三节 应急注册程序

第七十六条 国家药品监督管理局可以依法对突发公共卫生事件应急所需且在我国境内尚无同类产品上市，或者虽在我国境内已有同类产品上市但产品供应不能满足突发公共卫生事件应急处理需要的医疗器械实施应急注册。

第七十七条 申请适用应急注册程序的，申请人应当向国家药品监督管理局提出应急注册申请。符合条件的，纳入应急注册程序。

第七十八条 对实施应急注册的医疗器械注册申请，国家药品监督管理局按照统一指挥、早期介入、随到随审、科学审批的要求办理，并行开展医疗器械产品检验、体系核查、技术审评等工作。

第五章 变更注册与延续注册

第一节 变更注册

第七十九条 注册人应当主动开展医疗器械上市后研究，对医疗器械的安全性、有效性和质量可控性进行进一步确认，加强对已上市医疗器械的持续管理。

已注册的第二类、第三类医疗器械产品，其设计、原材料、生产工艺、适用范围、使用方法等发生实质性变化，有可能影响该医疗器械安全、有效的，注册人应当向原注册部门申请办理变更注册手续；发生其他变化的，应当在变化之日起30日内向原注册部门备案。

注册证载明的产品名称、型号、规格、结构及组成、适用范围、产品技术要求、进口医疗器械的生产地址等，属于前款规定的需要办理变更注册的事项。注册人名称和住所、代理人名称和住所等，属于前款规定的需要备案的事项。境内医疗器械生产地址变更的，注册人应当在办理相应的生产许可变更后办理备案。

发生其他变化的，注册人应当按照质量管理体系要求做好相关工作，并按照规定向药品监督管理部门报告。

第八十条 对于变更注册申请，技术审评机构应当重点针对变化部分进行审评，对变化后产品是否安全、有效、质量可控形成审评意见。

在对变更注册申请进行技术审评时，认为有必要对质量管理体系进行核查的，药品监督管理部门应当组织开展质量管理体系核查。

第八十一条 医疗器械变更注册文件与原医疗器械注册证合并使用，有效期截止日期与原医疗器械注册证相同。

第二节 延续注册

第八十二条 医疗器械注册证有效期届满需要延续注册的，注册人应当在医疗器械注册证有效期届满6个月前，向原注册部门申请延续注册，并按照相关要求提交申请资料。

除有本办法第八十三条规定情形外，接到延续注册申请的药品监督管理部门应当在医疗器械注册证有效期届满前作出准予延续的决定。逾期未作决定的，视为准予延续。

第八十三条 有下列情形之一的，不予延续注册：

（一）未在规定期限内提出延续注册申请；

（二）新的医疗器械强制性标准发布实施，申请延续注册的医疗器械不能达到新要求；

（三）附条件批准的医疗器械，未在规定期限内完成医疗器械注册证载明事项。

第八十四条 延续注册的批准时间在原注册证有效期内的，延续注册的注册证有效期起始日为原注册证到期日次日；批准时间不在原注册证有效期内的，延续注册的注册证有效期起始日为批准延续注册的日期。

第八十五条 医疗器械变更注册申请、延续注册申请的受理与审批程序，本章未作规定的，适用本办法第三章的相关规定。

第六章 医疗器械备案

第八十六条 第一类医疗器械生产前，应当进行产品备案。

第八十七条 进行医疗器械备案，备案人应当按照《医疗器械监督管理条例》的规定向药品监督管理部门提交备案资料，获取备案编号。

第八十八条 已备案的医疗器械，备案信息表中登载内容及备案的产品技术要求发生变化的，备案人应当向原备案部门变更备案，并提交变化情况的说明以及相关文件。药品监督管理部门应当将变更情况登载于备案信息中。

第八十九条 已备案的医疗器械管理类别调整为第二类或者第三类医疗器械的，应当按照本办法规定申请注册。

第七章 工作时限

第九十条 本办法所规定的时限是医疗器械注册的受理、技术审评、核查、审批等工作的最长时间。特殊注册程序相关工作时限，按特殊注册程序相关规定执行。

国家局器械审评中心等专业技术机构应当明确本单位工作程序和时限，并向社会公布。

第九十一条 药品监督管理部门收到医疗器械注册申请及临床试验申请后，应当自受理之日起 3 日内将申请资料转交技术审评机构。临床试验申请的受理要求适用于本办法第五十三条规定。

第九十二条 医疗器械注册技术审评时限，按照以下规定执行：

（一）医疗器械临床试验申请的技术审评时限为 60 日，申请资料补正后的技术审评时限为 40 日；

（二）第二类医疗器械注册申请、变更注册申请、延续注册申请的技术审评时限为 60 日，申请资料补正后的技术审评时限为 60 日；

（三）第三类医疗器械注册申请、变更注册申请、延续注册申请的技术审评时限为 90 日，申请资料补正后的技术审评时限为 60 日。

第九十三条 境内第三类医疗器械质量管理体系核查时限，按照以下规定执行：

（一）国家局器械审评中心应当在医疗器械注册申请受理后 10 日内通知相关省、自治区、直辖市药品监督管理部门启动核查；

（二）省、自治区、直辖市药品监督管理部门原则上在接到核查通知后 30 日内完成核查，并将核查情况、核查结果等相关材料反馈至国家局器械审评中心。

第九十四条 受理注册申请的药品监督管理部门应当自收到审评意见之日起 20 日内作出决定。

第九十五条 药品监督管理部门应当自作出医疗器械注册审批决定之日起 10 日内颁发、送达有关行政许可证件。

第九十六条 因产品特性以及技术审评、核查等工作遇到特殊情况确需延长时限的，延长时限不得超过原时限的二分之一，经医疗器械技术审评、核查等相关技术机构负责人批准后，由延长时限的技术机构书面告知申请人，并通知其他相关技术机构。

第九十七条 原发证机关应当自收到医疗器械注册证补办申请之日起 20 日内予以补发。

第九十八条 以下时间不计入相关工作时限：

（一）申请人补充资料、核查后整改等所占用的时间；

（二）因申请人原因延迟核查的时间；

（三）外聘专家咨询、召开专家咨询会、药械组合产品需要与药品审评机构联合审评的时间；

（四）根据规定中止审评审批程序的，中止审评审批程序期间所占用的时间；

（五）质量管理体系核查所占用的时间。

第九十九条 本办法规定的时限以工作日计算。

第八章 监督管理

第一百条 药品监督管理部门应当加强对医疗器械研制活动的监督检查，必要时可以对为医疗器械研制提供产品或者服务的单位和个人进行延伸检查，有关单位和个人应当予以配合，提供相关文件和资料，不得拒绝、隐瞒、阻挠。

第一百零一条　国家药品监督管理局建立并分步实施医疗器械唯一标识制度，申请人、备案人应当按照相关规定提交唯一标识相关信息，保证数据真实、准确、可溯源。

第一百零二条　国家药品监督管理局应当及时将代理人信息通报代理人所在地省、自治区、直辖市药品监督管理部门。省、自治区、直辖市药品监督管理部门对本行政区域内的代理人组织开展日常监督管理。

第一百零三条　省、自治区、直辖市药品监督管理部门根据医疗器械临床试验机构备案情况，组织对本行政区域内已经备案的临床试验机构开展备案后监督检查。对于新备案的医疗器械临床试验机构，应当在备案后60日内开展监督检查。

省、自治区、直辖市药品监督管理部门应当组织对本行政区域内医疗器械临床试验机构遵守医疗器械临床试验质量管理规范的情况进行日常监督检查，监督其持续符合规定要求。国家药品监督管理局根据需要对医疗器械临床试验机构进行监督检查。

第一百零四条　药品监督管理部门认为有必要的，可以对临床试验的真实性、准确性、完整性、规范性和可追溯性进行现场检查。

第一百零五条　承担第一类医疗器械产品备案工作的药品监督管理部门在备案后监督中，发现备案资料不规范，应当责令备案人限期改正。

第一百零六条　药品监督管理部门未及时发现本行政区域内医疗器械注册管理系统性、区域性风险，或者未及时消除本行政区域内医疗器械注册管理系统性、区域性隐患，上级药品监督管理部门可以对下级药品监督管理部门主要负责人进行约谈。

第九章　法律责任

第一百零七条　违反本办法第七十九条的规定，未按照要求对发生变化进行备案的，责令限期改正；逾期不改正的，处1万元以上3万元以下罚款。

第一百零八条　开展医疗器械临床试验未遵守临床试验质量管理规范的，依照《医疗器械监督管理条例》第九十四条予以处罚。

第一百零九条　医疗器械技术审评机构未依照本办法规定履行职责，致使审评工作出现重大失误的，由负责药品监督管理的部门责令改正，通报批评，给予警告；造成严重后果的，对违法单位的法定代表人、主要负责人、直接负责的主管人员和其他责任人员，依法给予处分。

第一百一十条　负责药品监督管理的部门工作人员违反规定，滥用职权、玩忽职守、徇私舞弊的，依法给予处分。

第十章　附　则

第一百一十一条　医疗器械注册或者备案单元原则上以产品的技术原理、结构组成、性能指标和适用范围为划分依据。

第一百一十二条　获准注册的医疗器械，是指与该医疗器械注册证及附件限定内容一致且在医疗器械注册证有效期内生产的医疗器械。

第一百一十三条　医疗器械注册证中"结构及组成"栏内所载明的组合部件，以更换耗材、售后服务、维修等为目的，用于原注册产品的，可以单独销售。

第一百一十四条　申请人在申请医疗器械产品注册、变更注册、临床试验审批中可以经医疗器械主文档所有者授权，引用经登记的医疗器械主文档。医疗器械主文档登记相关工作程序另行规定。

第一百一十五条　医疗器械注册证格式由国家药品监督管理局统一制定。

注册证编号的编排方式为：

×1械注×2××××3×4××5××××6。其中：

×1为注册审批部门所在地的简称：

境内第三类医疗器械、进口第二类、第三类医疗器械为"国"字；

境内第二类医疗器械为注册审批部门所在地省、自治区、直辖市简称；

×2为注册形式：

"准"字适用于境内医疗器械；

"进"字适用于进口医疗器械；

"许"字适用于香港、澳门、台湾地区的医疗器械；

××××3为首次注册年份；

×4为产品管理类别；

××5为产品分类编码；

××××6为首次注册流水号。

延续注册的，××××3和××××6数字不变。产品管理类别调整的,应当重新编号。

第一百一十六条 第一类医疗器械备案编号的编排方式为:

×1 械备××××2××××3。其中:

×1 为备案部门所在地的简称;

进口第一类医疗器械为"国"字;

境内第一类医疗器械为备案部门所在地省、自治区、直辖市简称加所在地设区的市级行政区域的简称(无相应设区的市级行政区域时,仅为省、自治区、直辖市的简称);

××××2 为备案年份;

××××3 为备案流水号。

第一百一十七条 药品监督管理部门制作的医疗器械注册证、变更注册文件电子文件与纸质文件具有同等法律效力。

第一百一十八条 根据工作需要,国家药品监督管理局可以依法委托省、自治区、直辖市药品监督管理部门或者技术机构、社会组织承担有关的具体工作。

第一百一十九条 省、自治区、直辖市药品监督管理部门可以参照本办法第四章规定制定本行政区域内第二类医疗器械特殊注册程序,并报国家药品监督管理局备案。

第一百二十条 医疗器械产品注册收费项目、收费标准按照国务院财政、价格主管部门的有关规定执行。

第一百二十一条 按照医疗器械管理的体外诊断试剂的注册与备案,适用《体外诊断试剂注册与备案管理办法》。

第一百二十二条 定制式医疗器械监督管理的有关规定,由国家药品监督管理局另行制定。

药械组合产品注册管理的有关规定,由国家药品监督管理局另行制定。

医疗器械紧急使用的有关规定,由国家药品监督管理局会同有关部门另行制定。

第一百二十三条 香港、澳门、台湾地区医疗器械的注册、备案,参照进口医疗器械办理。

第一百二十四条 本办法自2021年10月1日起施行。2014年7月30日原国家食品药品监督管理总局令第4号公布的《医疗器械注册管理办法》同时废止。

医疗器械优先审批程序

- 2016年10月25日国家食品药品监督管理总局公告第168号公布
- 自2017年1月1日起施行

第一条 为保障医疗器械临床使用需求,根据《医疗器械监督管理条例》(国务院令第650号)、《国务院关于改革药品医疗器械审评审批制度的意见》(国发〔2015〕44号)等有关规定,制定本程序。

第二条 国家食品药品监督管理总局对符合下列条件之一的境内第三类和进口第二类、第三类医疗器械注册申请实施优先审批:

(一)符合下列情形之一的医疗器械:

1. 诊断或者治疗罕见病,且具有明显临床优势;

2. 诊断或者治疗恶性肿瘤,且具有明显临床优势;

3. 诊断或者治疗老年人特有和多发疾病,且目前尚无有效诊断或者治疗手段;

4. 专用于儿童,且具有明显临床优势;

5. 临床急需,且在我国尚无同品种产品获准注册的医疗器械。

(二)列入国家科技重大专项或者国家重点研发计划的医疗器械。

(三)其他应当优先审批的医疗器械。

第三条 对于本程序第二条第(一)、(二)项情形,需要按照本程序优先审批的,申请人应当向国家食品药品监督管理总局提出优先审批申请。

对于本程序第二条第(三)项情形,由国家食品药品监督管理总局广泛听取意见,并组织专家论证后确定。

第四条 对于符合本程序第二条第(一)、(二)项情形的,申请人应当在提交医疗器械注册申请时一并提交医疗器械优先审批申请表(见附1)。

对于本程序第二条第(二)项情形的医疗器械优先审批申请,申请人还应当提交该产品列入国家科技重大专项或者国家重点研发计划的相关证明文件。

第五条 国家食品药品监督管理总局医疗器械注册申请受理部门对优先审批申请材料进行形

式审查,对优先审批申请材料齐全且予以受理的注册申请项目,注明优先审批申请,转交国家食品药品监督管理总局医疗器械技术审评中心(以下简称器审中心)进行审核。

第六条 对于本程序第二条第(一)项情形的医疗器械优先审批申请以及其他应当优先审批的医疗器械,器审中心每月集中组织专家论证审核,出具审核意见。经专家论证需要优先审批的,拟定予以优先审批。

对于本程序第二条第(二)项情形的医疗器械优先审批申请,器审中心自收到申请之日起5个工作日内进行审核,符合优先审批情形的,拟定予以优先审批。

第七条 器审中心将拟定优先审批项目的申请人、产品名称、受理号在其网站上予以公示,公示时间应当不少于5个工作日。公示期内无异议的,即优先进入审评程序,并告知申请人。

第八条 对公示项目有异议的,应当在公示期内向器审中心提交书面意见并说明理由(异议表见附2)。器审中心应当在收到异议起10个工作日内,对相关意见进行研究,并将研究意见告知申请人和提出异议方。

第九条 器审中心经审核不予优先审批的,将不予优先审批的意见和原因告知申请人,并按常规审批程序办理。

第十条 器审中心对列入优先审批的医疗器械注册申请,按照接收时间单独排序,优先进行技术审评。

第十一条 对于优先审批的项目,省级食品药品监督管理部门优先安排医疗器械注册质量管理体系核查。

第十二条 对于优先审批的项目,器审中心在技术审评过程中,应当按照相关规定积极与申请人进行沟通交流,必要时,可以安排专项交流。

第十三条 对于申请优先审批的境内医疗器械注册申请项目,器审中心确认该产品属于第二类医疗器械的,受理部门及时将第二类医疗器械注册申报资料和分类意见转申请人所在地省级食品药品监督管理部门审评审批。

第十四条 对于优先审批的项目,器审中心在技术审评报告中注明为优先审批项目,国家食品药品监督管理总局优先进行行政审批。

第十五条 已经按照医疗器械应急审批程序、创新医疗器械特别审批程序进行审批的注册申请项目,不执行本程序。

第十六条 各省、自治区、直辖市食品药品监督管理部门可参照本程序开展行政区域内第二类医疗器械注册优先审批工作。

第十七条 本程序自2017年1月1日起施行。

附1

医疗器械优先审批申请表

产品名称	
申请人	
受理号	(受理后由受理部门填写)
联系人	联系方式
优先审批理由	注:说明该项目优先审批的理由,相关依据可作为附件一并提交。
备注	
申请人签章	年　　月　　日 注:境内申请人由申请人签章,境外申请人由申请人或者其代理人签章。

附2

医疗器械优先审批项目异议表

提出人	（可为单位或个人）
工作单位	
联系方式	
医疗器械优先审批异议相关信息	
产品名称	
申请人	
受理号	
优先审批异议的理由	注：说明优先审批异议的理由，相关依据可作为附件一并提交。
单位签章或个人签字	年　月　日 注：提出人为单位的，由单位签章；提出人为个人的，由个人签字。

国家食品药品监督管理总局药品医疗器械审评审批信息保密管理办法

·2017年5月24日
·食药监办法〔2017〕75号

第一条 为维护药品、医疗器械注册申请人的合法权益，规范和加强药品、医疗器械审评审批信息保密管理，根据《中华人民共和国药品管理法》《医疗器械监督管理条例》等法律法规，制定本办法。

第二条 国家食品药品监督管理总局（以下简称食品药品监管总局）机关及直属事业单位从事药品、医疗器械注册受理、技术审评、现场检查、注册检验、行政审批（以下简称审评审批）的工作人员（含聘用人员）和参与审评审批的专家，对在审评审批工作中知悉的相关信息承担保密义务。

药品、医疗器械审评审批相关工作人员和参与审评审批的专家违反保密义务涉嫌犯罪的，依法移送司法机关处理；尚不构成犯罪的，按照相关规定和本办法处理。

第三条 审评审批信息属于国家秘密的，按照《中华人民共和国保守国家秘密法》等法律法规和《国家食品药品监督管理总局保密工作管理办法》执行。

第四条 审评审批过程中的下列信息属于本办法规定的保密信息：

（一）审评审批阶段申请人提交的信息和审评审批结束后的生产工艺、关键技术参数、技术诀窍、试验数据等信息，以及涉及个人隐私的信息；

（二）未获准对外披露的审评审批信息，包括按程序尚未签发的审评审批结论、按程序尚未公布的审评审批过程中的讨论意见、咨询意见及技术报告等；

（三）审评审批过程中投诉举报等信息。

食品药品监管总局药品、医疗器械审评机构结合工作实际，明确具体保密信息清单，报办公厅同意后公布。

第五条 下列信息不属于本办法规定的保密

信息：

（一）申请人提交的技术资料中属于专利事项或者中国药典等国家药品标准、医疗器械国家标准和行业标准中公开的事项；

（二）行业公知的信息；

（三）按照政府信息公开要求应当公开的信息；

（四）按照法定程序批准公开的信息。

第六条 从事审评审批的工作人员和参与审评审批的专家应当严格遵守保密规定，不得有下列行为：

（一）将保密信息载体擅自带离规定的工作场所或者擅自在指定网络、设备以外使用；

（二）擅自复制、拍摄、抄录、记录相关纸质资料和电子信息；

（三）将纸质资料、电子信息交给与该品种注册受理、技术审评、现场检查、注册检验、行政审批无关的人员以及其他与该品种监管无关的人员阅读或者使用，或者将相关信息透露给与该品种注册受理、技术审评、现场检查、注册检验、行政审批无关的人员以及其他与该品种监管无关的人员；

（四）涂改、伪造、替换、损毁、丢弃或者擅自销毁保密信息；

（五）利用相关资料或者信息从事与工作职责无关的活动。

第七条 从事审评审批的工作人员和参与审评审批的专家未按法定程序批准，有下列情形之一的，视为泄露保密信息：

（一）披露申请人技术资料或者其他商业秘密的；

（二）使用申请人技术资料或者其他商业秘密用于非工作目的的；

（三）允许他人使用申请人技术资料或者其他商业秘密的；

（四）披露审评审批信息的。

第八条 食品药品监管总局机关各司局、各直属事业单位负责保密信息日常管理，办公厅会同相关单位开展泄露保密信息案件的调查处理。

食品药品监管总局办公厅负责督促相关单位加强保密教育，落实保密制度，执行保密规定；每年组织涉密岗位工作人员进行保密知识测试。保密知识测试不合格的，应当按规定参加培训；培训后考核仍不合格的，调离相关工作岗位。

食品药品监管总局涉及审评审批的司局、直属事业单位负责本单位工作人员保密教育，制定保密制度并定期检查，发现泄密事件及时报告办公厅并提出处理意见。

第九条 食品药品监管总局涉及审评审批的司局、直属事业单位应当采取有效措施加强保密信息载体管理，明确使用权限和使用程序。使用载有保密信息的档案，应当经本单位保密负责人书面同意，并记录使用时间、使用目的、使用人员等信息。

审评审批电子信息系统应当具有相应的安全防控措施，符合国家信息系统安全等级保护标准的要求，防止电子信息外泄。电子信息系统的管理部门和人员应当采取安全技术手段，保障信息系统登录和使用安全。

电子信息系统的管理部门和人员以及使用部门、使用人员应当对信息系统有关技术文件、图表、程序、数据以及相应设备上的密码、标识符和数据等承担保密义务。电子信息系统使用人员应当采取妥善措施，保管个人账号信息和登录密码，防止发生未经授权的访问。

任何部门和人员不得擅自更改、泄露与信息系统管理和运行有关的系统配置参数、所使用设备承载的各类信息。使用电子信息系统时，不得关闭追踪系统。

与审评审批无关的人员，不得接触审评审批保密信息；确因工作需要接触保密信息的，应当按程序经信息保管单位负责人和保密负责人书面同意，记录使用人、使用时间、使用目的，并按照相关法律法规和本办法规定承担保密义务。

第十条 食品药品监管总局涉及审评审批的司局及直属事业单位工作人员入职时，应当接受保密教育，并与所在单位签署保密协议，承担保密责任。相关工作人员离开原工作岗位后，应当按照有关规定对相关信息承担保密责任。

保密协议由单位负责人与相关工作人员签署，其中司局及直属事业单位主要负责人保密协议由食品药品监管总局分管负责人与司局、直属事业单位主要负责人签署，食品药品监管总局分管负责人保密协议由食品药品监管总局主要负责人与分管负责人签署。

工作人员签署的保密协议由食品药品监管总局司局、直属事业单位综合部门保管，其中司局级干部签署的保密协议由食品药品监管总局办公厅保管。

参与审评审批的专家，应当与食品药品监管总局相关司局或者直属事业单位签署保密协议，承担保密责任。专家保密协议由食品药品监管总局相关司局或者直属事业单位保管。

食品药品监管总局保密协议样式由办公厅规定，有关司局和直属事业单位结合实际制定本单位保密协议的具体文本。

第十一条 有证据表明从事审评审批的工作人员违反本办法规定的，根据情节轻重，给予批评教育、调离工作岗位等处理或者警告、记过、记大过、降级、降低岗位等级、撤职、开除等处分：

（一）有本办法第六条第一项或者第二项行为，情节轻微的，给予批评教育；情节较重的，给予调离工作岗位处理或者警告、记过处分；屡教不改的，给予记过或者记大过处分；

（二）有本办法第六条第三项、第四项或者第五项行为，尚未造成后果的，给予记过或者记大过处分；造成后果的，给予降级、降低岗位等级、撤职或者开除处分；

（三）违反相关规定，擅自使用保密信息载体或者电子信息系统，或者关闭追踪系统的，给予记大过或者降低岗位等级处分；造成后果的，给予开除处分；

（四）有本办法第七条第一项、第二项或者第三项行为，故意泄露保密信息，涉嫌构成侵犯商业秘密罪的，移交司法机关依法追究刑事责任，并给予开除处分；

（五）有本办法第七条第四项行为，故意泄露保密信息，涉嫌构成滥用职权罪、玩忽职守罪或者泄露国家秘密罪的，移交司法机关依法追究刑事责任，并给予开除处分。

从事审评审批的工作人员受到记大过、降级、降低岗位等级或者撤职行政处分的，应当调离工作岗位。调离工作岗位的工作人员，经培训和考核合格后，方可从事原审评审批工作。

本条第一款所称泄露保密信息的证据包括能够证明相关工作人员违反本办法规定的书证、物证、视听资料、电子数据、证人证言以及其他证据。

第十二条 食品药品监管总局涉及审评审批的司局、直属事业单位发生泄露保密信息事件的，对单位予以通报批评，并依法对直接负责的主管人员、其他直接责任人员和保密负责人给予行政处分。

故意隐瞒泄密事件或者发现泄密事件不予处理的，依法对直接负责的主管人员、其他直接责任人员和保密负责人给予记大过、降级、撤职或者开除处分。

第十三条 食品药品监管总局涉及审评审批的司局、直属事业单位发生泄露保密信息事件，造成严重后果的，依法追究当事人所在单位直接责任人的管理责任。

第十四条 参与审评审批的专家违反本办法规定，泄露保密信息，涉嫌犯罪的，移交司法机关依法追究刑事责任。

有关专家泄露保密信息，给申请人或者食品药品监督管理部门造成损失的，申请人或者食品药品监督管理部门可以向人民法院提起诉讼，依法请求赔偿。

第十五条 申请人有证据证明相关单位或者工作人员、有关专家泄露保密信息给其造成损失的，有权向人民法院提起诉讼。

人民法院判决食品药品监督管理部门依法予以赔偿的，食品药品监督管理部门赔偿损失后，责令泄露保密信息的工作人员、专家承担部分或者全部赔偿费用。

第十六条 涉及审评审批工作人员泄露保密信息的投诉举报，以及泄露保密信息案件的立案调查，由食品药品监管总局办公厅会同相关单位依程序办理。调查终结后提出处理意见，认为应当移送司法机关的，提出移送建议，按程序报请食品药品监管总局决定。

第十七条 为审评审批提供信息存储、维护、转移、整理等服务的单位和人员以及其他可能接触审评审批信息的单位和人员，对其工作中知悉的应当保密的信息，按照相关法律法规和本办法规定承担保密义务；泄露保密信息的，按照本办法规定处理。

第十八条 各省、自治区、直辖市食品药品监督管理部门审评审批过程中的保密信息管理参照本办法执行。

第十九条 本办法自发布之日起实施。

(三) 生产经营

医疗器械生产监督管理办法

- 2022年3月10日国家市场监督管理总局令第53号公布
- 自2022年5月1日起施行

第一章 总　则

第一条 为了加强医疗器械生产监督管理,规范医疗器械生产活动,保证医疗器械安全、有效,根据《医疗器械监督管理条例》,制定本办法。

第二条 在中华人民共和国境内从事医疗器械生产活动及其监督管理,应当遵守本办法。

第三条 从事医疗器械生产活动,应当遵守法律、法规、规章、强制性标准和医疗器械生产质量管理规范,保证医疗器械生产全过程信息真实、准确、完整和可追溯。

医疗器械注册人、备案人对上市医疗器械的安全、有效负责。

第四条 根据医疗器械风险程度,医疗器械生产实施分类管理。

从事第二类、第三类医疗器械生产活动,应当经所在地省、自治区、直辖市药品监督管理部门批准,依法取得医疗器械生产许可证;从事第一类医疗器械生产活动,应当向所在地设区的市级负责药品监督管理的部门办理医疗器械生产备案。

第五条 国家药品监督管理局负责全国医疗器械生产监督管理工作。

省、自治区、直辖市药品监督管理部门负责本行政区域第二类、第三类医疗器械生产监督管理,依法按照职责负责本行政区域第一类医疗器械生产监督管理,并加强对本行政区域第一类医疗器械生产监督管理工作的指导。

设区的市级负责药品监督管理的部门依法按照职责监督管理本行政区域第一类医疗器械生产活动。

第六条 药品监督管理部门依法设置或者指定的医疗器械审评、检查、检验、监测与评价等专业技术机构,按照职责分工承担相关技术工作,为医疗器械生产监督管理提供技术支撑。

国家药品监督管理局食品药品审核查验中心组织拟订医疗器械检查制度规范和技术文件,承担重大有因检查和境外检查等工作,并对省、自治区、直辖市医疗器械检查机构质量管理体系进行指导和评估。

第七条 国家药品监督管理局加强医疗器械生产监督管理信息化建设,提高在线政务服务水平。

省、自治区、直辖市药品监督管理部门负责本行政区域医疗器械生产监督管理信息化建设和管理工作,按照国家药品监督管理局的要求统筹推进医疗器械生产监督管理信息共享。

第八条 药品监督管理部门依法及时公开医疗器械生产许可、备案、监督检查、行政处罚等信息,方便公众查询,接受社会监督。

第二章　生产许可与备案管理

第九条 从事医疗器械生产活动,应当具备下列条件:

(一)有与生产的医疗器械相适应的生产场地、环境条件、生产设备以及专业技术人员;

(二)有能对生产的医疗器械进行质量检验的机构或者专职检验人员以及检验设备;

(三)有保证医疗器械质量的管理制度;

(四)有与生产的医疗器械相适应的售后服务能力;

(五)符合产品研制、生产工艺文件规定的要求。

第十条 在境内从事第二类、第三类医疗器械生产的,应当向所在地省、自治区、直辖市药品监督管理部门申请生产许可,并提交下列材料:

(一)所生产的医疗器械注册证以及产品技术要求复印件;

(二)法定代表人(企业负责人)身份证明复印件;

(三)生产、质量和技术负责人的身份、学历、职称相关材料复印件;

(四)生产管理、质量检验岗位从业人员学历、职称一览表;

(五)生产场地的相关文件复印件,有特殊生产环境要求的,还应当提交设施、环境的相关文件复印件;

(六)主要生产设备和检验设备目录;
(七)质量手册和程序文件目录;
(八)生产工艺流程图;
(九)证明售后服务能力的相关材料;
(十)经办人的授权文件。

申请人应当确保所提交的材料合法、真实、准确、完整和可追溯。

相关材料可以通过联网核查的,无需申请人提供。

第十一条 省、自治区、直辖市药品监督管理部门收到申请后,应当根据下列情况分别作出处理:

(一)申请事项属于本行政机关职权范围,申请资料齐全、符合法定形式的,应当受理申请;

(二)申请资料存在可以当场更正的错误的,应当允许申请人当场更正;

(三)申请资料不齐全或者不符合法定形式的,应当当场或者在5个工作日内一次告知申请人需要补正的全部内容,逾期不告知的,自收到申请资料之日起即为受理;

(四)申请事项依法不属于本行政机关职权范围的,应当即时作出不予受理的决定,并告知申请人向有关行政机关申请。

省、自治区、直辖市药品监督管理部门受理或者不予受理医疗器械生产许可申请的,应当出具加盖本行政机关专用印章和注明日期的受理或者不予受理通知书。

第十二条 法律、法规、规章规定实施行政许可应当听证的事项,或者药品监督管理部门认为需要听证的其他涉及公共利益的重大行政许可事项,药品监督管理部门应当向社会公告,并举行听证。医疗器械生产许可申请直接涉及申请人与他人之间重大利益关系的,药品监督管理部门在作出行政许可决定前,应当告知申请人、利害关系人享有要求听证的权利。

第十三条 省、自治区、直辖市药品监督管理部门应当对申请资料进行审核,按照国家药品监督管理局制定的医疗器械生产质量管理规范的要求进行核查,并自受理申请之日起20个工作日内作出决定。现场核查可以与产品注册体系核查相结合,避免重复核查。需要整改的,整改时间不计入审核时限。

符合规定条件的,依法作出准予许可的书面决定,并于10个工作日内发给《医疗器械生产许可证》;不符合规定条件的,作出不予许可的书面决定,并说明理由,同时告知申请人享有依法申请行政复议或者提起行政诉讼的权利。

第十四条 医疗器械生产许可证分为正本和副本,有效期为5年。正本和副本载明许可证编号、企业名称、统一社会信用代码、法定代表人(企业负责人)、住所、生产地址、生产范围、发证部门、发证日期和有效期限。副本记载许可证正本载明事项变更以及车间或者生产线重大改造等情况。企业名称、统一社会信用代码、法定代表人(企业负责人)、住所等项目应当与营业执照中载明的相关内容一致。

医疗器械生产许可证由国家药品监督管理局统一样式,由省、自治区、直辖市药品监督管理部门印制。

医疗器械生产许可证电子证书与纸质证书具有同等法律效力。

第十五条 生产地址变更或者生产范围增加的,应当向原发证部门申请医疗器械生产许可变更,并提交本办法第十条规定中涉及变更内容的有关材料,原发证部门应当依照本办法第十三条的规定进行审核并开展现场核查。

车间或者生产线进行改造,导致生产条件发生变化,可能影响医疗器械安全、有效的,应当向原发证部门报告。属于许可事项变化的,应当按照规定办理相关许可变更手续。

第十六条 企业名称、法定代表人(企业负责人)、住所变更或者生产地址文字性变更,以及生产范围核减的,应当在变更后30个工作日内,向原发证部门申请登记事项变更,并提交相关材料。原发证部门应当在5个工作日内完成登记事项变更。

第十七条 医疗器械生产许可证有效期届满延续的,应当在有效期届满前90个工作日至30个工作日期间提出延续申请。逾期未提出延续申请的,不再受理其延续申请。

原发证部门应当结合企业遵守医疗器械管理法律法规、医疗器械生产质量管理规范情况和企业质量管理体系运行情况进行审查,必要时开展现场核查,在医疗器械生产许可证有效期届满前作出是否准予延续的决定。

经审查符合规定条件的,准予延续,延续的医疗器械生产许可证编号不变。不符合规定条件的,责令限期改正;整改后仍不符合规定条件的,不予延续,并书面说明理由。

延续许可的批准时间在原许可证有效期内的,延续起始日为原许可证到期日的次日;批准时间不在原许可证有效期内的,延续起始日为批准延续许可的日期。

第十八条　医疗器械生产企业跨省、自治区、直辖市设立生产场地的,应当向新设生产场地所在地省、自治区、直辖市药品监督管理部门申请医疗器械生产许可。

第十九条　医疗器械生产许可证遗失的,应当向原发证部门申请补发。原发证部门应当及时补发医疗器械生产许可证,补发的医疗器械生产许可证编号和有效期限与原许可证一致。

第二十条　医疗器械生产许可证正本、副本变更的,发证部门应当重新核发变更后的医疗器械生产许可证正本、副本,收回原许可证正本、副本;仅副本变更的,发证部门应当重新核发变更后的医疗器械生产许可证副本,收回原许可证副本。变更后的医疗器械生产许可证编号和有效期限不变。

第二十一条　有下列情形之一的,由原发证部门依法注销医疗器械生产许可证,并予以公告:

(一)主动申请注销的;

(二)有效期届满未延续的;

(三)市场主体资格依法终止的;

(四)医疗器械生产许可证依法被吊销或者撤销的;

(五)法律、法规规定应当注销行政许可的其他情形。

第二十二条　从事第一类医疗器械生产的,应当向所在地设区的市级负责药品监督管理的部门备案,在提交本办法第十条规定的相关材料后,即完成生产备案,获取备案编号。医疗器械备案人自行生产第一类医疗器械的,可以在办理产品备案时一并办理生产备案。

药品监督管理部门应当在生产备案之日起3个月内,对提交的资料以及执行医疗器械生产质量管理规范情况开展现场检查。对不符合医疗器械生产质量管理规范要求的,依法处理并责令限期改正;不能保证产品安全、有效的,取消备案并向社会公告。

第二十三条　第一类医疗器械生产备案内容发生变化的,应当在10个工作日内向原备案部门提交本办法第十条规定的与变化有关的材料,药品监督管理部门必要时可以依照本办法第二十二条的规定开展现场核查。

第二十四条　任何单位或者个人不得伪造、变造、买卖、出租、出借医疗器械生产许可证。

第三章　生产质量管理

第二十五条　医疗器械注册人、备案人、受托生产企业应当按照医疗器械生产质量管理规范的要求,建立健全与所生产医疗器械相适应的质量管理体系并保持其有效运行,并严格按照经注册或者备案的产品技术要求组织生产,保证出厂的医疗器械符合强制性标准以及经注册或者备案的产品技术要求。

第二十六条　医疗器械注册人、备案人的法定代表人、主要负责人对其生产的医疗器械质量安全全面负责。

第二十七条　医疗器械注册人、备案人、受托生产企业应当配备管理者代表。管理者代表受法定代表人或者主要负责人委派,履行建立、实施并保持质量管理体系有效运行等责任。

第二十八条　医疗器械注册人、备案人、受托生产企业应当开展医疗器械法律、法规、规章、标准以及质量管理等方面的培训,建立培训制度,制定培训计划,加强考核并做好培训记录。

第二十九条　医疗器械注册人、备案人、受托生产企业应当按照所生产产品的特性、工艺流程以及生产环境要求合理配备、使用设施设备,加强对设施设备的管理,并保持其有效运行。

第三十条　医疗器械注册人、备案人应当开展设计开发到生产的转换活动,并进行充分验证和确认,确保设计开发输出适用于生产。

第三十一条　医疗器械注册人、备案人、受托生产企业应当加强采购管理,建立供应商审核制度,对供应商进行评价,确保采购产品和服务符合相关规定要求。

医疗器械注册人、备案人、受托生产企业应当建立原材料采购验收记录制度,确保相关记录真实、准确、完整和可追溯。

第三十二条　医疗器械注册人、备案人委托生产的,应当对受托方的质量保证能力和风险管理能力进行评估，按照国家药品监督管理局制定的委托生产质量协议指南要求，与其签订质量协议以及委托协议，监督受托方履行有关协议约定的义务。

受托生产企业应当按照法律、法规、规章、医疗器械生产质量管理规范、强制性标准、产品技术要求、委托生产质量协议等要求组织生产，对生产行为负责，并接受医疗器械注册人、备案人的监督。

第三十三条　医疗器械注册人、备案人、受托生产企业应当建立记录管理制度，确保记录真实、准确、完整和可追溯。

鼓励医疗器械注册人、备案人、受托生产企业采用先进技术手段，建立信息化管理系统，加强对生产过程的管理。

第三十四条　医疗器械注册人、备案人应当负责产品上市放行，建立产品上市放行规程，明确放行标准、条件，并对医疗器械生产过程记录和质量检验结果进行审核，符合标准和条件的，经授权的放行人员签字后方可上市。委托生产的，医疗器械注册人、备案人还应当对受托生产企业的生产放行文件进行审核。

受托生产企业应当建立生产放行规程，明确生产放行的标准、条件，确认符合标准、条件的，方可出厂。

不符合法律、法规、规章、强制性标准以及经注册或者备案的产品技术要求的，不得放行出厂和上市。

第三十五条　医疗器械注册人、备案人应当建立并实施产品追溯制度，保证产品可追溯。受托生产企业应当协助注册人、备案人实施产品追溯。

第三十六条　医疗器械注册人、备案人、受托生产企业应当按照国家实施医疗器械唯一标识的有关要求，开展赋码、数据上传和维护更新，保证信息真实、准确、完整和可追溯。

第三十七条　医疗器械注册人、备案人、受托生产企业应当建立纠正措施程序，确定产生问题的原因，采取有效措施，防止相关问题再次发生。

医疗器械注册人、备案人、受托生产企业应当建立预防措施程序，查清潜在问题的原因，采取有效措施，防止问题发生。

第三十八条　医疗器械注册人、备案人应当按照医疗器械生产质量管理规范的要求，对可能影响产品安全性和有效性的原材料、生产工艺等变化进行识别和控制。需要进行注册变更或者备案变更的，应当按照注册备案管理的规定办理相关手续。

第三十九条　新的强制性标准实施后，医疗器械注册人、备案人应当及时识别产品技术要求和强制性标准的差异，需要进行注册变更或者备案变更的，应当按照注册备案管理的规定办理相关手续。

第四十条　医疗器械注册人、备案人、受托生产企业应当按照医疗器械不良事件监测相关规定落实不良事件监测责任，开展不良事件监测，向医疗器械不良事件监测技术机构报告调查、分析、评价、产品风险控制等情况。

第四十一条　医疗器械注册人、备案人发现生产的医疗器械不符合强制性标准、经注册或者备案的产品技术要求，或者存在其他缺陷的，应当立即停止生产，通知相关经营企业、使用单位和消费者停止经营和使用，召回已经上市销售的医疗器械，采取补救、销毁等措施，记录相关情况，发布相关信息，并将医疗器械召回和处理情况向药品监督管理部门和卫生主管部门报告。

受托生产企业应当按照医疗器械召回的相关规定履行责任，并协助医疗器械注册人、备案人对所生产的医疗器械实施召回。

第四十二条　医疗器械生产企业应当向药品监督管理部门报告所生产的产品品种情况。

增加生产产品品种的，应当向原生产许可或者生产备案部门报告，涉及委托生产的，还应当提供委托方、受托生产产品、受托期限等信息。

医疗器械生产企业增加生产产品涉及生产条件变化，可能影响产品安全、有效的，应当在增加生产产品30个工作日前向原生产许可部门报告，原生产许可部门应当及时开展现场核查。属于许可事项变化的，应当按照规定办理相关许可变更。

第四十三条　医疗器械生产企业连续停产一年以上且无同类产品在产的，重新生产时，应当进行必要的验证和确认，并书面报告药品监督管理部门。可能影响质量安全的，药品监督管理部门可以根据需要组织核查。

第四十四条　医疗器械注册人、备案人、受托生产企业的生产条件发生变化，不再符合医疗器械质量管理体系要求的,应当立即采取整改措施;可能影响医疗器械安全、有效的,应当立即停止生产活动,并向原生产许可或者生产备案部门报告。

受托生产企业应当及时将变化情况告知医疗器械注册人、备案人。

第四十五条 医疗器械注册人、备案人、受托生产企业应当每年对质量管理体系的运行情况进行自查,并于次年3月31日前向所在地药品监督管理部门提交自查报告。进口医疗器械注册人、备案人由其代理人向代理人所在地省、自治区、直辖市药品监督管理部门提交自查报告。

第四章 监督检查

第四十六条 药品监督管理部门依法按照职责开展对医疗器械注册人、备案人和受托生产企业生产活动的监督检查。

必要时,药品监督管理部门可以对为医疗器械生产活动提供产品或者服务的其他单位和个人开展延伸检查。

第四十七条 药品监督管理部门应当建立健全职业化、专业化医疗器械检查员制度,根据监管事权、产业规模以及检查任务等,配备充足的检查员,有效保障检查工作需要。

检查员应当熟悉医疗器械法律法规,具备医疗器械专业知识和检查技能。

第四十八条 药品监督管理部门依据产品和企业的风险程度,对医疗器械注册人、备案人、受托生产企业实行分级管理并动态调整。

国家药品监督管理局组织制定重点监管产品目录。省、自治区、直辖市药品监督管理部门结合实际确定本行政区域重点监管产品目录。

省、自治区、直辖市药品监督管理部门依据重点监管产品目录以及医疗器械生产质量管理状况,结合医疗器械不良事件、产品投诉举报以及企业信用状况等因素,组织实施分级监督管理工作。

第四十九条 省、自治区、直辖市药品监督管理部门应当制定年度医疗器械生产监督检查计划,确定医疗器械监督管理的重点,明确检查频次和覆盖范围,综合运用监督检查、重点检查、跟踪检查、有因检查和专项检查等多种形式强化监督管理。

对生产重点监管产品目录品种的企业每年至少检查一次。

第五十条 药品监督管理部门组织监督检查时,应当制定检查方案,明确检查事项和依据,如实记录现场检查情况,并将检查结果书面告知被检查企业。需要整改的,应当明确整改内容和整改期限。

药品监督管理部门进行监督检查时,应当指派两名以上检查人员实施监督检查。执法人员应当向被检查单位出示执法证件,其他检查人员应当出示检查员证或者表明其身份的文书、证件。

第五十一条 药品监督管理部门对医疗器械注册人、备案人自行生产的,开展监督检查时重点检查:

(一)医疗器械注册人、备案人执行法律法规、医疗器械生产质量管理规范情况;

(二)按照强制性标准以及经注册、备案的产品技术要求组织生产,实际生产与医疗器械注册备案、医疗器械生产许可备案等内容的一致情况;

(三)质量管理体系运行持续合规、有效情况;

(四)法定代表人、企业负责人、管理者代表等人员了解熟悉医疗器械相关法律法规情况;

(五)管理者代表履职情况;

(六)法定代表人、企业负责人、管理者代表、质量检验机构或者专职人员、生产场地、环境条件、关键生产检验设备等变化情况;

(七)用户反馈、企业内部审核等所发现问题的纠正预防措施;

(八)企业产品抽检、监督检查、投诉举报等发现问题的整改落实情况;

(九)内部审核、管理评审、变更控制、年度自查报告等情况;

(十)其他应当重点检查的内容。

第五十二条 药品监督管理部门对医疗器械注册人、备案人采取委托生产方式的,开展监督检查时重点检查:

(一)医疗器械注册人、备案人执行法律法规、医疗器械生产质量管理规范情况;

(二)质量管理体系运行是否持续合规、有效;

(三)管理者代表履职情况;

(四)按照强制性标准以及经注册或者备案的产品技术要求组织生产情况;

(五)用户反馈、企业内部审核等所发现问题的纠正预防措施;

(六)内部审核、管理评审、变更控制、年度自查报告等情况；

（七）开展不良事件监测、再评价以及产品安全风险信息收集与评估等情况；

（八）产品的上市放行情况；

（九）对受托生产企业的监督情况，委托生产质量协议的履行、委托生产产品的设计转换和变更控制、委托生产产品的生产放行等情况；

（十）其他应当重点检查的内容。

必要时，可以对受托生产企业开展检查。

第五十三条 药品监督管理部门对受托生产企业开展监督检查时重点检查：

（一）实际生产与医疗器械注册备案、医疗器械生产许可备案等内容的一致情况；

（二）受托生产企业执行法律法规、医疗器械生产质量管理规范情况；

（三）法定代表人、企业负责人、管理者代表等人员了解熟悉医疗器械相关法律法规情况；

（四）法定代表人、企业负责人、管理者代表、质量检验机构或者专职人员、生产场地、环境条件、关键生产检验设备等变化情况；

（五）产品的生产放行情况；

（六）企业产品抽检、监督检查、投诉举报等发现问题的整改落实情况；

（七）内部审核、管理评审、年度自查报告等情况；

（八）其他应当重点检查的内容。

必要时，可以对医疗器械注册人、备案人开展检查。

第五十四条 药品监督管理部门对不良事件监测、抽查检验、投诉举报等发现可能存在严重质量安全风险的，应当开展有因检查。有因检查原则上采取非预先告知的方式进行。

第五十五条 药品监督管理部门对企业的整改情况应当开展跟踪检查。

跟踪检查可以对企业提交的整改报告进行书面审查，也可以对企业的问题整改、责任落实、纠正预防措施等进行现场复查。

第五十六条 医疗器械注册人和受托生产企业不在同一省、自治区、直辖市的，医疗器械注册人所在地省、自治区、直辖市药品监督管理部门负责对注册人质量管理体系运行、不良事件监测以及产品召回等法定义务履行情况开展监督检查，涉及受托生产企业相关情况的，受托生产企业所在地药品监督管理部门应当配合。

受托生产企业所在地省、自治区、直辖市药品监督管理部门负责对受托生产企业生产活动开展监督检查，涉及注册人相关情况的，应当由注册人所在地药品监督管理部门对注册人开展监督检查。

医疗器械注册人、受托生产企业所在地省、自治区、直辖市药品监督管理部门应当分别落实属地监管责任，建立协同监管机制，加强监管信息沟通，实现监管有效衔接。

第五十七条 医疗器械注册人和受托生产企业不在同一省、自治区、直辖市，医疗器械注册人、受托生产企业所在地省、自治区、直辖市药品监督管理部门需要跨区域开展检查的，可以采取联合检查、委托检查等方式进行。

第五十八条 跨区域检查中发现企业质量管理体系存在缺陷的，医疗器械注册人、受托生产企业所在地省、自治区、直辖市药品监督管理部门应当依据各自职责，督促相关企业严格按照要求及时整改到位，并将检查以及整改情况及时通报相关药品监督管理部门。

对受托生产企业监督检查中发现相关问题涉及注册人的，应当通报注册人所在地药品监督管理部门；发现可能存在医疗器械质量安全风险的，应当立即采取风险控制措施，并将相关情况通报注册人所在地药品监督管理部门。注册人所在地药品监督管理部门接到通报后，应当立即进行分析研判并采取相应的风险控制措施。

对注册人监督检查中发现相关问题涉及受托生产企业的，应当通报受托生产企业所在地药品监督管理部门，联合或者委托受托生产企业所在地药品监督管理部门进行检查。

第五十九条 在跨区域检查中发现可能存在违法行为的，医疗器械注册人、受托生产企业所在地省、自治区、直辖市药品监督管理部门应当依据各自职责进行调查处理。违法行为处理情况应当及时通报相关药品监督管理部门。

需要跨区域进行调查、取证的，可以会同相关同级药品监督管理部门开展联合调查，也可以出具协助调查函商请相关同级药品监督管理部门协助调查、取证。

第六十条 第一类医疗器械备案人和受托生产企业不在同一设区的市，需要依法按照职责开展跨区域监督检查和调查取证的,参照本办法第五十六条至第五十九条的规定执行。

第六十一条 进口医疗器械注册人、备案人应当指定我国境内企业法人作为代理人,代理人应当协助注册人、备案人履行医疗器械监督管理条例和本办法规定的义务。

第六十二条 进口医疗器械的生产应当符合我国医疗器械生产相关要求,并接受国家药品监督管理局组织的境外检查。代理人负责协调、配合境外检查相关工作。

进口医疗器械注册人、备案人、代理人拒绝、阻碍、拖延、逃避国家药品监督管理局组织的境外检查,导致检查工作无法开展,不能确认质量管理体系有效运行,属于有证据证明可能危害人体健康的情形,国家药品监督管理局可以依照医疗器械监督管理条例第七十二条第二款的规定进行处理。

第六十三条 药品监督管理部门开展现场检查时,可以根据需要进行抽查检验。

第六十四条 生产的医疗器械对人体造成伤害或者有证据证明可能危害人体健康的,药品监督管理部门可以采取暂停生产、进口、经营、使用的紧急控制措施,并发布安全警示信息。

监督检查中发现生产活动严重违反医疗器械生产质量管理规范,不能保证产品安全、有效,可能危害人体健康的,依照前款规定处理。

第六十五条 药品监督管理部门应当定期组织开展风险会商,对辖区内医疗器械质量安全风险进行分析和评价,及时采取相应的风险控制措施。

第六十六条 医疗器械注册人、备案人、受托生产企业对存在的医疗器械质量安全风险,未采取有效措施消除的,药品监督管理部门可以对医疗器械注册人、备案人、受托生产企业的法定代表人或者企业负责人进行责任约谈。涉及跨区域委托生产的,约谈情况应当通报相关药品监督管理部门。

第六十七条 省、自治区、直辖市药品监督管理部门应当建立并及时更新辖区内第二类、第三类医疗器械注册人、受托生产企业信用档案,设区的市级负责药品监督管理的部门应当依法按照职责建立并及时更新辖区内第一类医疗器械备案人、受托生产企业信用档案。

信用档案中应当包括生产许可备案和生产产品品种、委托生产、监督检查结果、违法行为查处、质量抽查检验、不良行为记录和投诉举报等信息。

对有不良信用记录的医疗器械注册人、备案人和受托生产企业,药品监督管理部门应当增加监督检查频次,依法加强失信惩戒。

第六十八条 药品监督管理部门应当在信用档案中记录企业生产产品品种情况。

受托生产企业增加生产第二类、第三类医疗器械,且与该产品注册人不在同一省、自治区、直辖市,或者增加生产第一类医疗器械,且与该产品备案人不在同一设区的市的,受托生产企业所在地药品监督管理部门还应当将相关情况通报注册人、备案人所在地药品监督管理部门。

第六十九条 药品监督管理部门应当公布接受投诉、举报的联系方式。接到举报的药品监督管理部门应当及时核实、处理、答复。经查证属实的,应当按照有关规定对举报人给予奖励。

第七十条 药品监督管理部门在监督检查中,发现涉嫌违法行为的,应当及时收集和固定证据,依法立案查处;涉嫌犯罪的,及时移交公安机关处理。

第七十一条 药品监督管理部门及其工作人员对调查、检查中知悉的商业秘密应当保密。

第七十二条 药品监督管理部门及其工作人员在监督检查中,应当严格规范公正文明执法,严格执行廉政纪律,不得索取或者收受财物,不得谋取其他利益,不得妨碍企业的正常生产活动。

第五章 法律责任

第七十三条 医疗器械生产的违法行为,医疗器械监督管理条例等法律法规已有规定的,依照其规定。

第七十四条 有下列情形之一的,依照医疗器械监督管理条例第八十一条的规定处罚:

(一)超出医疗器械生产许可证载明的生产范围生产第二类、第三类医疗器械;

(二)在未经许可的生产场地生产第二类、第三类医疗器械;

(三)医疗器械生产许可证有效期届满后,未依法办理延续手续,仍继续从事第二类、第三类医疗器械生产;

(四)医疗器械生产企业增加生产产品品种,

应当依法办理许可变更而未办理的。

第七十五条 未按照本办法规定办理第一类医疗器械生产备案变更的,依照医疗器械监督管理条例第八十四条的规定处理。

第七十六条 违反医疗器械生产质量管理规范,未建立质量管理体系并保持有效运行的,由药品监督管理部门依职责责令限期改正;影响医疗器械产品安全、有效的,依照医疗器械监督管理条例第八十六条的规定处罚。

第七十七条 违反本办法第十五条第二款、第四十二条第三款的规定,生产条件变化,可能影响产品安全、有效,未按照规定报告即生产的,依照医疗器械监督管理条例第八十八条的规定处罚。

第七十八条 有下列情形之一的,由药品监督管理部门依职责给予警告,并处1万元以上5万元以下罚款:

(一)医疗器械生产企业未依照本办法第四十二条第二款的规定向药品监督管理部门报告所生产的产品品种情况及相关信息的;

(二)连续停产一年以上且无同类产品在产,重新生产时未进行必要的验证和确认并向所在地药品监督管理部门报告的。

第七十九条 有下列情形之一的,由药品监督管理部门依职责责令限期改正;拒不改正的,处1万元以上5万元以下罚款;情节严重的,处5万元以上10万元以下罚款:

(一)未按照本办法第十六条的规定办理医疗器械生产许可证登记事项变更的;

(二)未按照国家实施医疗器械唯一标识的有关要求,组织开展赋码、数据上传和维护更新等工作的。

第八十条 药品监督管理部门工作人员违反本办法规定,滥用职权、玩忽职守、徇私舞弊的,依法给予处分。

第六章 附 则

第八十一条 本办法自2022年5月1日起施行。2014年7月30日原国家食品药品监督管理总局令第7号公布的《医疗器械生产监督管理办法》同时废止。

医疗器械经营监督管理办法

· 2022年3月10日国家市场监督管理总局令第54号公布
· 自2022年5月1日起施行

第一章 总 则

第一条 为了加强医疗器械经营监督管理,规范医疗器械经营活动,保证医疗器械安全、有效,根据《医疗器械监督管理条例》,制定本办法。

第二条 在中华人民共和国境内从事医疗器械经营活动及其监督管理,应当遵守本办法。

第三条 从事医疗器械经营活动,应当遵守法律、法规、规章、强制性标准和医疗器械经营质量管理规范等要求,保证医疗器械经营过程信息真实、准确、完整和可追溯。

医疗器械注册人、备案人可以自行销售,也可以委托医疗器械经营企业销售其注册、备案的医疗器械。

第四条 按照医疗器械风险程度,医疗器械经营实施分类管理。

经营第三类医疗器械实行许可管理,经营第二类医疗器械实行备案管理,经营第一类医疗器械不需要许可和备案。

第五条 国家药品监督管理局主管全国医疗器械经营监督管理工作。

省、自治区、直辖市药品监督管理部门负责本行政区域的医疗器械经营监督管理工作。

设区的市级、县级负责药品监督管理的部门负责本行政区域的医疗器械经营监督管理工作。

第六条 药品监督管理部门依法设置或者指定的医疗器械检查、检验、监测与评价等专业技术机构,按照职责分工承担相关技术工作并出具技术意见,为医疗器械经营监督管理提供技术支持。

第七条 国家药品监督管理局加强医疗器械经营监督管理信息化建设,提高在线政务服务水平。

省、自治区、直辖市药品监督管理部门负责本行政区域医疗器械经营监督管理信息化建设和管理工作,按照国家药品监督管理局要求统筹推进医疗器械经营监督管理信息共享。

第八条　药品监督管理部门依法及时公开医疗器械经营许可、备案等信息以及监督检查、行政处罚的结果，方便公众查询，接受社会监督。

第二章　经营许可与备案管理

第九条　从事医疗器械经营活动，应当具备下列条件：

（一）与经营范围和经营规模相适应的质量管理机构或者质量管理人员，质量管理人员应当具有相关专业学历或者职称；

（二）与经营范围和经营规模相适应的经营场所；

（三）与经营范围和经营规模相适应的贮存条件；

（四）与经营的医疗器械相适应的质量管理制度；

（五）与经营的医疗器械相适应的专业指导、技术培训和售后服务的质量管理机构或者人员。

从事第三类医疗器械经营的企业还应当具有符合医疗器械经营质量管理制度要求的计算机信息管理系统，保证经营的产品可追溯。鼓励从事第一类、第二类医疗器械经营的企业建立符合医疗器械经营质量管理制度要求的计算机信息管理系统。

第十条　从事第三类医疗器械经营的，经营企业应当向所在地设区的市级负责药品监督管理的部门提出申请，并提交下列资料：

（一）法定代表人（企业负责人）、质量负责人身份证明、学历或者职称相关材料复印件；

（二）企业组织机构与部门设置；

（三）医疗器械经营范围、经营方式；

（四）经营场所和库房的地理位置图、平面图、房屋产权文件或者租赁协议复印件；

（五）主要经营设施、设备目录；

（六）经营质量管理制度、工作程序等文件目录；

（七）信息管理系统基本情况；

（八）经办人授权文件。

医疗器械经营许可申请人应当确保提交的资料合法、真实、准确、完整和可追溯。

第十一条　设区的市级负责药品监督管理的部门收到申请后，应当根据下列情况分别作出处理：

（一）申请事项属于本行政机关职权范围，申请资料齐全、符合法定形式的，应当受理申请；

（二）申请资料存在可以当场更正的错误的，应当允许申请人当场更正；

（三）申请资料不齐全或者不符合法定形式的，应当当场或者在5个工作日内一次告知申请人需要补正的全部内容。逾期不告知的，自收到申请资料之日起即为受理；

（四）申请事项不属于本行政机关职权范围的，应当即时作出不予受理的决定，并告知申请人向有关行政部门申请。

设区的市级负责药品监督管理的部门受理或者不予受理医疗器械经营许可申请的，应当出具加盖本行政机关专用印章和注明日期的受理或者不予受理通知书。

第十二条　法律、法规、规章规定实施行政许可应当听证的事项，或者药品监督管理部门认为需要听证的其他涉及公共利益的重大行政许可事项，药品监督管理部门应当向社会公告，并举行听证。医疗器械经营许可申请直接涉及申请人与他人之间重大利益关系的，药品监督管理部门在作出行政许可决定前，应当告知申请人、利害关系人享有要求听证的权利。

第十三条　设区的市级负责药品监督管理的部门自受理经营许可申请后，应当对申请资料进行审查，必要时按照医疗器械经营质量管理规范的要求开展现场核查，并自受理之日起20个工作日内作出决定。需要整改的，整改时间不计入审核时限。

符合规定条件的，作出准予许可的书面决定，并于10个工作日内发给医疗器械经营许可证；不符合规定条件的，作出不予许可的书面决定，并说明理由。

第十四条　医疗器械经营许可证有效期为5年，载明许可证编号、企业名称、统一社会信用代码、法定代表人、企业负责人、住所、经营场所、经营方式、经营范围、库房地址、发证部门、发证日期和有效期限等事项。

医疗器械经营许可证由国家药品监督管理局统一样式，由设区的市级负责药品监督管理的部门印制。

药品监督管理部门制作的医疗器械经营许可证的电子证书与纸质证书具有同等法律效力。

第十五条 医疗器械经营许可证变更的,应当向原发证部门提出医疗器械经营许可证变更申请,并提交本办法第十条规定中涉及变更内容的有关材料。经营场所、经营方式、经营范围、库房地址变更的,药品监督管理部门自受理之日起20个工作日内作出准予变更或者不予变更的决定。必要时按照医疗器械经营质量管理规范的要求开展现场核查。

需要整改的,整改时间不计入审核时限。不予变更的,应当书面说明理由并告知申请人。其他事项变更的,药品监督管理部门应当当场予以变更。

变更后的医疗器械经营许可证编号和有效期限不变。

第十六条 医疗器械经营许可证有效期届满需要延续的,医疗器械经营企业应当在有效期届满前90个工作日至30个工作日期间提出延续申请。逾期未提出延续申请的,不再受理其延续申请。

原发证部门应当按照本办法第十三条的规定对延续申请进行审查,必要时开展现场核查,在医疗器械经营许可证有效期届满前作出是否准予延续的决定。

经审查符合规定条件的,准予延续,延续后的医疗器械经营许可证编号不变。不符合规定条件的,责令限期整改;整改后仍不符合规定条件的,不予延续,并书面说明理由。逾期未作出决定的,视为准予延续。

延续许可的批准时间在原许可证有效期内的,延续起始日为原许可证到期日的次日;批准时间不在原许可证有效期内的,延续起始日为批准延续许可的日期。

第十七条 经营企业跨设区的市设置库房的,由医疗器械经营许可发证部门或者备案部门通报库房所在地设区的市级负责药品监督管理的部门。

第十八条 经营企业新设立独立经营场所的,应当依法单独申请医疗器械经营许可或者进行备案。

第十九条 医疗器械经营许可证遗失的,应当向原发证部门申请补发。原发证部门应当及时补发医疗器械经营许可证,补发的医疗器械经营许可证编号和有效期限与原许可证一致。

第二十条 有下列情形之一的,由原发证部门依法注销医疗器械经营许可证,并予以公告:

(一)主动申请注销的;

(二)有效期届满未延续的;

(三)市场主体资格依法终止的;

(四)医疗器械经营许可证依法被吊销或者撤销的;

(五)法律、法规规定应当注销行政许可的其他情形。

第二十一条 从事第二类医疗器械经营的,经营企业应当向所在地设区的市级负责药品监督管理的部门备案,并提交符合本办法第十条规定的资料(第七项除外),即完成经营备案,获取经营备案编号。

医疗器械经营备案人应当确保提交的资料合法、真实、准确、完整和可追溯。

第二十二条 必要时,设区的市级负责药品监督管理的部门在完成备案之日起3个月内,对提交的资料以及执行医疗器械经营质量管理规范情况开展现场检查。

现场检查发现与提交的资料不一致或者不符合医疗器械经营质量管理规范要求的,责令限期改正;不能保证产品安全、有效的,取消备案并向社会公告。

第二十三条 同时申请第三类医疗器械经营许可和进行第二类医疗器械经营备案的,或者已经取得第三类医疗器械经营许可进行第二类医疗器械备案的,可以免予提交相应资料。

第二十四条 第二类医疗器械经营企业的经营场所、经营方式、经营范围、库房地址等发生变化的,应当及时进行备案变更。必要时设区的市级负责药品监督管理的部门开展现场检查。现场检查不符合医疗器械经营质量管理规范要求的,责令限期改正;不能保证产品安全、有效的,取消备案并向社会公告。

第二十五条 对产品安全性、有效性不受流通过程影响的第二类医疗器械,可以免予经营备案。具体产品名录由国家药品监督管理局制定、调整并公布。

第二十六条 从事非营利的避孕医疗器械贮存、调拨和供应的机构,应当符合有关规定,无需办理医疗器械经营许可或者备案。

第二十七条 医疗器械注册人、备案人在其

住所或者生产地址销售其注册、备案的医疗器械，无需办理医疗器械经营许可或者备案，但应当符合规定的经营条件；在其他场所贮存并销售医疗器械的，应当按照规定办理医疗器械经营许可或者备案。

第二十八条　任何单位和个人不得伪造、变造、买卖、出租、出借医疗器械经营许可证。

第三章　经营质量管理

第二十九条　从事医疗器械经营，应当按照法律法规和医疗器械经营质量管理规范的要求，建立覆盖采购、验收、贮存、销售、运输、售后服务等全过程的质量管理制度和质量控制措施，并做好相关记录，保证经营条件和经营活动持续符合要求。

第三十条　医疗器械经营企业应当建立并实施产品追溯制度，保证产品可追溯。

医疗器械经营企业应当按照国家有关规定执行医疗器械唯一标识制度。

第三十一条　医疗器械经营企业应当从具有合法资质的医疗器械注册人、备案人、经营企业购进医疗器械。

第三十二条　医疗器械经营企业应当建立进货查验记录制度，购进医疗器械时应当查验供货企业的资质，以及医疗器械注册证和备案信息、合格证明文件。进货查验记录应当真实、准确、完整和可追溯。进货查验记录包括：

（一）医疗器械的名称、型号、规格、数量；

（二）医疗器械注册证编号或者备案编号；

（三）医疗器械注册人、备案人和受托生产企业名称、生产许可证号或者备案编号；

（四）医疗器械的生产批号或者序列号、使用期限或者失效日期、购货日期等；

（五）供货者的名称、地址以及联系方式。

进货查验记录应当保存至医疗器械有效期满后2年；没有有效期的，不得少于5年。植入类医疗器械进货查验记录应当永久保存。

第三十三条　医疗器械经营企业应当采取有效措施，确保医疗器械运输、贮存符合医疗器械说明书或者标签标示要求，并做好相应记录。

对温度、湿度等环境条件有特殊要求的，应当采取相应措施，保证医疗器械的安全、有效。

第三十四条　医疗器械注册人、备案人和经营企业委托其他单位运输、贮存医疗器械的，应当对受托方运输、贮存医疗器械的质量保障能力进行评估，并与其签订委托协议，明确运输、贮存过程中的质量责任，确保运输、贮存过程中的质量安全。

第三十五条　为医疗器械注册人、备案人和经营企业专门提供运输、贮存服务的，应当与委托方签订书面协议，明确双方权利义务和质量责任，并具有与产品运输、贮存条件和规模相适应的设备设施，具备与委托方开展实时电子数据交换和实现产品经营质量管理全过程可追溯的信息管理平台和技术手段。

第三十六条　医疗器械注册人、备案人委托销售的，应当委托符合条件的医疗器械经营企业，并签订委托协议，明确双方的权利和义务。

第三十七条　医疗器械注册人、备案人和经营企业应当加强对销售人员的培训和管理，对销售人员以本企业名义从事的医疗器械购销行为承担法律责任。

第三十八条　从事第二类、第三类医疗器械批发业务以及第三类医疗器械零售业务的经营企业应当建立销售记录制度。销售记录信息应当真实、准确、完整和可追溯。销售记录包括：

（一）医疗器械的名称、型号、规格、注册证编号或者备案编号、数量、单价、金额；

（二）医疗器械的生产批号或者序列号、使用期限或者失效日期、销售日期；

（三）医疗器械注册人、备案人和受托生产企业名称、生产许可证编号或者备案编号。

从事第二类、第三类医疗器械批发业务的企业，销售记录还应当包括购货者的名称、地址、联系方式、相关许可证明文件编号或者备案编号等。

销售记录应当保存至医疗器械有效期满后2年；没有有效期的，不得少于5年。植入类医疗器械销售记录应当永久保存。

第三十九条　医疗器械经营企业应当提供售后服务。约定由供货者或者其他机构提供售后服务的，经营企业应当加强管理，保证医疗器械售后的安全使用。

第四十条　医疗器械经营企业应当配备专职或者兼职人员负责售后管理，对客户投诉的质量问题应当查明原因，采取有效措施及时处理和反馈，并做好记录，必要时及时通知医疗器械注册人、备案人、生产经营企业。

第四十一条 医疗器械经营企业应当协助医疗器械注册人、备案人，对所经营的医疗器械开展不良事件监测，按照国家药品监督管理局的规定，向医疗器械不良事件监测技术机构报告。

第四十二条 医疗器械经营企业发现其经营的医疗器械不符合强制性标准、经注册或者备案的产品技术要求，或者存在其他缺陷的，应当立即停止经营，通知医疗器械注册人、备案人等有关单位，并记录停止经营和通知情况。医疗器械注册人、备案人认为需要召回的，应当立即召回。

第四十三条 第三类医疗器械经营企业停业一年以上，恢复经营前，应当进行必要的验证和确认，并书面报告所在地设区的市级负责药品监督管理的部门。可能影响质量安全的，药品监督管理部门可以根据需要组织核查。

医疗器械注册人、备案人、经营企业经营条件发生重大变化，不再符合医疗器械经营质量管理体系要求的，应当立即采取整改措施；可能影响医疗器械安全、有效的，应当立即停止经营活动，并向原经营许可或者备案部门报告。

第四十四条 医疗器械经营企业应当建立质量管理自查制度，按照医疗器械经营质量管理规范要求进行自查，每年3月31日前向所在地市县级负责药品监督管理的部门提交上一年度的自查报告。

第四十五条 从事医疗器械经营活动的，不得经营未依法注册或者备案，无合格证明文件以及过期、失效、淘汰的医疗器械。

禁止进口、销售过期、失效、淘汰等已使用过的医疗器械。

第四章 监督检查

第四十六条 省、自治区、直辖市药品监督管理部门组织对本行政区域的医疗器械经营监督管理工作进行监督检查。

设区的市级、县级负责药品监督管理的部门负责本行政区域医疗器械经营活动的监督检查。

第四十七条 药品监督管理部门根据医疗器械经营企业质量管理和所经营医疗器械产品的风险程度，实施分类分级管理并动态调整。

第四十八条 设区的市级、县级负责药品监督管理的部门应当制定年度检查计划，明确监督重点、检查频次和覆盖范围并组织实施。

第四十九条 药品监督管理部门组织监督检查，检查方式原则上应当采取突击性监督检查，现场检查时不得少于两人，并出示执法证件，如实记录现场检查情况。检查发现存在质量安全风险或者不符合规范要求的，将检查结果书面告知被检查企业。需要整改的，应当明确整改内容以及整改期限，并进行跟踪检查。

第五十条 设区的市级、县级负责药品监督管理的部门应当对医疗器械经营企业符合医疗器械经营质量管理规范要求的情况进行监督检查，督促其规范经营活动。

第五十一条 设区的市级、县级负责药品监督管理的部门应当结合医疗器械经营企业提交的年度自查报告反映的情况加强监督检查。

第五十二条 药品监督管理部门应当对有下列情形的进行重点监督检查：

（一）上一年度监督检查中发现存在严重问题的；

（二）因违反有关法律、法规受到行政处罚的；

（三）风险会商确定的重点检查企业；

（四）有不良信用记录的；

（五）新开办或者经营条件发生重大变化的医疗器械批发企业和第三类医疗器械零售企业；

（六）为其他医疗器械注册人、备案人和生产经营企业专门提供贮存、运输服务的；

（七）其他需要重点监督检查的情形。

第五十三条 药品监督管理部门对不良事件监测、抽查检验、投诉举报等发现可能存在严重质量安全风险的，原则上应当开展有因检查。有因检查原则上采取非预先告知的方式进行。

第五十四条 药品监督管理部门根据医疗器械质量安全风险防控需要，可以对为医疗器械经营活动提供产品或者服务的其他相关单位和个人进行延伸检查。

第五十五条 医疗器械经营企业跨设区的市设置的库房，由库房所在地药品监督管理部门负责监督检查。

医疗器械经营企业所在地药品监督管理部门和库房所在地药品监督管理部门应当加强监管信息共享，必要时可以开展联合检查。

第五十六条 药品监督管理部门应当加强医疗器械经营环节的抽查检验，对抽查检验不合格的,应当及时处置。

省级以上药品监督管理部门应当根据抽查检验结论及时发布医疗器械质量公告。

第五十七条 经营的医疗器械对人体造成伤害或者有证据证明可能危害人体健康的,药品监督管理部门可以采取暂停进口、经营、使用的紧急控制措施,并发布安全警示信息。

监督检查中发现经营活动严重违反医疗器械经营质量管理规范,不能保证产品安全有效,可能危害人体健康的,依照前款规定处理。

第五十八条 药品监督管理部门应当根据监督检查、产品抽检、不良事件监测、投诉举报、行政处罚等情况,定期开展风险会商研判,做好医疗器械质量安全隐患排查和防控处置工作。

第五十九条 医疗器械注册人、备案人、经营企业对存在的医疗器械质量安全风险,未采取有效措施消除的,药品监督管理部门可以对医疗器械注册人、备案人、经营企业的法定代表人或者企业负责人进行责任约谈。

第六十条 设区的市级负责药品监督管理的部门应当建立并及时更新辖区内医疗器械经营企业信用档案。信用档案中应当包括医疗器械经营企业许可备案、监督检查结果、违法行为查处、质量抽查检验、自查报告、不良行为记录和投诉举报等信息。

对有不良信用记录的医疗器械注册人、备案人和经营企业,药品监督管理部门应当增加监督检查频次,依法加强失信惩戒。

第六十一条 药品监督管理部门应当公布接受投诉、举报的联系方式。接到举报的药品监督管理部门应当及时核实、处理、答复。经查证属实的,应当按照有关规定对举报人给予奖励。

第六十二条 药品监督管理部门在监督检查中,发现涉嫌违法行为的,应当及时收集和固定证据,依法立案查处;涉嫌犯罪的,及时移交公安机关处理。

第六十三条 药品监督管理部门及其工作人员对调查、检查中知悉的商业秘密应当保密。

第六十四条 药品监督管理部门及其工作人员在监督检查中,应当严格规范公正文明执法,严格执行廉政纪律,不得索取或者收受财物,不得谋取其他利益,不得妨碍企业的正常经营活动。

第五章 法律责任

第六十五条 医疗器械经营的违法行为,医疗器械监督管理条例等法律法规已有规定的,依照其规定。

第六十六条 有下列情形之一的,责令限期改正,并处1万元以上5万元以下罚款;情节严重的,处5万元以上10万元以下罚款;造成危害后果的,处10万元以上20万元以下罚款:

(一)第三类医疗器械经营企业擅自变更经营场所、经营范围、经营方式、库房地址;

(二)医疗器械经营许可证有效期届满后,未依法办理延续手续仍继续从事医疗器械经营活动。

未经许可从事第三类医疗器械经营活动的,依照医疗器械监督管理条例第八十一条的规定处罚。

第六十七条 违反医疗器械经营质量管理规范有关要求的,由药品监督管理部门责令限期改正;影响医疗器械产品安全、有效的,依照医疗器械监督管理条例第八十六条的规定处罚。

第六十八条 医疗器械经营企业未按照要求提交质量管理体系年度自查报告,或者违反本办法规定为其他医疗器械生产经营企业专门提供贮存、运输服务的,由药品监督管理部门责令限期改正;拒不改正的,处1万元以上5万元以下罚款;情节严重的,处5万元以上10万元以下罚款。

第六十九条 第三类医疗器械经营企业未按照本办法规定办理企业名称、法定代表人、企业负责人变更的,由药品监督管理部门责令限期改正;拒不改正的,处5000元以上3万元以下罚款。

第七十条 药品监督管理部门工作人员违反本办法规定,滥用职权、玩忽职守、徇私舞弊的,依法给予处分。

第六章 附则

第七十一条 本办法下列用语的含义是:

医疗器械批发,是指将医疗器械销售给医疗器械生产企业、医疗器械经营企业、医疗器械使用单位或者其他有合理使用需求的单位的医疗器械经营行为。

医疗器械零售,是指将医疗器械直接销售给消费者个人使用的医疗器械经营行为。

第七十二条　从事医疗器械网络销售的，应当遵守法律、法规和规章有关规定。

第七十三条　本办法自 2022 年 5 月 1 日起施行。2014 年 7 月 30 日原国家食品药品监督管理总局令第 8 号公布的《医疗器械经营监督管理办法》同时废止。

国家药监局综合司关于加强医疗器械生产经营分级监管工作的指导意见

- 2022 年 9 月 7 日
- 药监综械管〔2022〕78 号

各省、自治区、直辖市和新疆生产建设兵团药品监督管理局：

为贯彻实施《医疗器械监督管理条例》，贯彻落实《医疗器械生产监督管理办法》《医疗器械经营监督管理办法》要求，进一步加强医疗器械生产经营监管工作，科学合理配置监管资源，依法保障医疗器械安全有效，推动医疗器械质量安全水平实现新提升，现提出以下指导意见。

一、总体要求

各级药品监督管理部门应当认真贯彻落实《医疗器械监督管理条例》《医疗器械生产监督管理办法》《医疗器械经营监督管理办法》要求，按照"风险分级、科学监管，全面覆盖、动态调整，落实责任、提升效能"的原则，开展医疗器械生产经营分级监管工作，夯实各级药品监管部门监管责任，建立健全科学高效的监管模式，加强医疗器械生产经营监督管理，保障人民群众用械安全。

二、开展医疗器械生产分级监管

（一）落实生产分级监管职责。国家药监管理局负责指导和检查全国医疗器械生产分级监管工作，制定医疗器械生产重点监管品种目录；省、自治区、直辖市药品监督管理部门负责制定本行政区域医疗器械生产重点监管品种目录，组织实施医疗器械生产分级监管工作；设区的市级负责药品监督管理的部门依法按职责负责本行政区域第一类医疗器械生产分级监管的具体工作。

（二）结合实际确定重点监管品种目录。国家药品监督管理局根据医疗器械产品风险程度制定并动态调整医疗器械生产重点监管品种目录（见附件1）；省、自治区、直辖市药品监督管理部门应当综合分析本行政区域同类产品注册数量、市场占有率、生产质量管理总体水平和风险会商情况等因素，对国家药品监督管理局制定的目录进行补充，确定本行政区域医疗器械生产重点监管品种目录并进行动态调整。

对于跨区域委托生产的医疗器械注册人，由注册人所在地省、自治区、直辖市药品监督管理部门负责研究确定其产品是否纳入本行政区域医疗器械生产重点监管品种目录。

（三）制定分级监管细化规定。省、自治区、直辖市药品监督管理部门应当结合本行政区域产业发展、企业质量管理状况和监管资源配备情况，制定并印发医疗器械生产分级监管细化规定，明确监管级别划分原则，以及对不同监管级别医疗器械注册人备案人、受托生产企业的监督检查形式、频次和覆盖率。

监管级别划分和检查要求可以按照以下原则：

对风险程度高的企业实施四级监管，主要包括生产本行政区域重点监管品种目录产品，以及质量管理体系运行状况差、有严重不良监管信用记录的企业；

对风险程度较高的企业实施三级监管，主要包括生产除本行政区域重点监管品种目录以外第三类医疗器械，以及质量管理体系运行状况较差、有不良监管信用记录的企业；

对风险程度一般的企业实施二级监管，主要包括生产除本行政区域重点监管品种目录以外第二类医疗器械的企业；

对风险程度较低的企业实施一级监管，主要包括生产第一类医疗器械的企业。

涉及多个监管级别的，按照最高级别进行监管。

一般情况下，对实施四级监管的企业，每年全项目检查不少于一次；对实施三级监管的，每年检查不少于一次，其中每两年全项目检查不少于一次；对实施二级监管的，原则上每两年检查不少于一次；对实施一级监管的，原则上每年随机抽取本行政区域 25% 以上的企业进行监督检查，并对新增第一类医疗器械生产企业在生产备案之日起 3 个月内开展现场检查，必要时对生产地址变更或者生产范围增加的第一类医疗器械生产企业进行现场核查。监督检查可以与产品注册体系核查、生产许可变更或者延续现场核查等相结合，提高监管效能。

全项目检查是指药品监督管理部门按照医疗器械生产质量管理规范及相应附录，对监管对象开展的覆盖全部适用项目的检查。对委托生产的医疗器械注册人备案人开展的全项目检查，应当包括对受托生产企业相应生产活动的检查。

（四）动态调整监管级别。省、自治区、直辖市药品监督管理部门应当根据医疗器械生产分级监管细化规定，结合监督检查、监督抽验、不良事件监测、产品召回、投诉举报和案件查办等情况，每年组织对本行政区域医疗器械注册人备案人、受托生产企业风险程度进行科学研判，确定监管级别并告知企业。对于当年内医疗器械注册人备案人、受托生产企业出现严重质量事故，新增高风险产品、国家集中带量采购中选产品、创新产品等情况，应当即时评估并调整其监管级别。

对于长期以来监管信用状况较好的企业，可以酌情下调监管级别；对于以委托生产方式或者通过创新医疗器械审评审批通道取得产品上市许可，以及跨区域委托生产的医疗器械注册人，仅进行受托生产的受托生产企业，国家集中带量采购中选产品的医疗器械注册人备案人、受托生产企业应当酌情上调监管级别。具体调整方式由省、自治区、直辖市药品监督部门结合本行政区域企业整体监管信用状况、企业数量和监管资源配比等情况确定。

（五）根据监管级别强化监督检查。省、自治区、直辖市药品监督管理部门应当按照分级监管规定，制定年度监督检查计划，明确检查频次和覆盖率，确定监管重点；坚持问题导向，综合运用监督检查、重点检查、跟踪检查、有因检查和专项检查等多种形式强化监督管理。监督检查可以采取非预先告知的方式进行，重点检查、有因检查和专项检查原则上采取非预先告知的方式进行。

对于通过国家药品监督管理局创新医疗器械审评审批通道取得产品上市许可的医疗器械注册人及其受托生产企业，应当充分考虑创新医疗器械监管会商确定的监管风险点和监管措施；对于因停产导致质量管理体系无法持续有效运行的企业，应当跟踪掌握相关情况，采取有针对性的监管措施。

三、开展医疗器械经营分级监管

（六）落实经营分级监管职责。国家药品监督管理局负责指导和检查全国医疗器械经营分级监管工作，并制定医疗器械经营重点监管品种目录；省、自治区、直辖市药品监督管理部门负责指导和检查设区的市级负责药品监督管理的部门实施医疗器械经营分级监管工作；设区的市级负责药品监督管理的部门负责制定本行政区域医疗器械经营重点监管品种目录，组织实施医疗器械经营分级监管工作；县级负责药品监督管理的部门负责本行政区域内医疗器械经营分级监管具体工作。

对于跨设区的市增设库房的医疗器械经营企业，按照属地管理原则，由经营企业和仓库所在地设区的市级负责药品监督管理的部门分别负责确定其监管级别并实施监管工作。

（七）结合实际确定重点监管品种目录。国家药品监督管理局根据医疗器械产品和产品经营风险程度，制定并动态调整医疗器械经营重点监管品种目录（见附件2）；设区的市级负责药品监督管理的部门应当综合分析产品监督抽验、不良事件监测、产品召回、质量投诉、风险会商情况等因素，对国家药品监督管理局制定的目录进行补充，确定本行政区域医疗器械经营重点监管品种目录并进行动态调整。

对于跨设区的市增设库房的医疗器械经营企业，由库房所在地设区的市级负责药品监督管理的部门负责确定其库存的产品是否属于本行政区域医疗器械经营重点监管产品。

（八）制定分级监管细化规定。设区的市级负责药品监督管理的部门应当根据本行政区域医疗器械经营的风险程度、经营业态、质量管理水平和企业监管信用状况，结合医疗器械不良事件及产品投诉状况等因素，制定并印发分级监管细化规定，明确监管级别划分原则，以及对不同监管级别医疗器械经营企业的监督检查形式、频次和覆盖率。

监管级别划分和检查要求可以按照以下原则进行：

对风险程度高的企业实施四级监管，主要包括"为其他医疗器械注册人、备案人和生产经营企业专门提供贮存、运输服务的"经营企业和风险会商确定的重点检查企业；

对风险程度较高的企业实施三级监管，主要

包括本行政区域医疗器械经营重点监管品种目录产品涉及的批发企业，上年度存在行政处罚或者存在不良监管信用记录的经营企业；

对风险程度一般的企业实施二级监管，主要包括除三、四级监管以外的经营第二、三类医疗器械的批发企业，本行政区域医疗器械经营重点监管品种目录产品涉及的零售企业；

对风险程度较低的企业实施一级监管，主要包括除二、三、四级监管以外的其他医疗器械经营企业。

涉及多个监管级别的，按最高级别对其进行监管。

实施四级监管的企业，设区的市级负责药品监督管理的部门每年组织全项目检查不少于一次；实施三级监管的企业，设区的市级负责药品监督管理的部门每年组织检查不少于一次，其中每两年全项目检查不少于一次；实施二级监管的企业，县级负责药品监督管理的部门每两年组织检查不少于一次，对角膜接触镜类和防护类产品零售企业可以根据监管需要确定检查频次；实施一级监管的企业，县级负责药品监督管理的部门按照有关要求，每年随机抽取本行政区域25%以上的企业进行监督检查，4年内达到全覆盖。必要时，对新增经营业态的企业进行现场核查。

全项目检查是指药品监督管理部门按照医疗器械经营质量管理规范及相应附录，对经营企业开展的覆盖全部适用项目的检查。对"为其他医疗器械注册人、备案人和生产经营企业专门提供贮存、运输服务的"经营企业开展的全项目检查，应当包括对委托的经营企业的抽查。

（九）动态调整监管级别。设区的市级负责药品监督管理的部门应当根据医疗器械经营分级监管细化规定，在全面有效归集医疗器械产品、企业和监管等信息的基础上，每年组织对本行政区域医疗器械经营企业、跨设区的市增设库房的医疗器械经营企业进行评估，科学研判企业风险程度，确定监管级别并告知企业。对于新增经营业态等特殊情况可以即时确定或调整企业监管级别。

对于长期以来监管信用情况较好的企业，可以酌情下调监管级别；对于存在严重违法违规行为、异地增设库房、国家集中带量采购中选产品和疫情防控用产品经营企业应当酌情上调监管级别。具体调整方式由设区的市级负责药品监管的

部门结合本行政区域企业整体监管信用状况、企业数量和监管资源配比等情况确定。

（十）根据监管级别强化监督检查。地方各级负责药品监督管理的部门应当根据监管级别，制定年度监督检查计划，明确检查重点、检查方式、检查频次和覆盖率。检查方式原则上应当采取突击性监督检查，鼓励采用现代信息技术手段实施监督管理，提高监管效率和水平。

四、加强监督管理，提高监管效能

（十一）加强组织领导。各级药品监督管理部门要切实提高政治站位，充分认识在监管对象数量大幅增加、注册人备案人制度全面实施、经营新业态层出不穷的形势下，进一步加强分级监管、提升监管效能、推进风险治理的重要意义。各省级药品监督管理部门要按照国家药品监督管理局统一部署，加强统筹协调，发挥主导作用，建立健全跨区域跨层级协同监管机制，强化协作配合，加强对市、县级负责药品监督管理的部门工作的监督指导，上下联动，一体推进医疗器械生产经营分级监管工作。

（十二）加强问题处置。地方各级药品监督管理部门应当贯彻"四个最严"要求，对检查发现的问题，严格依照法规、规章、标准、规范等要求处置，涉及重大问题的，应当及时处置并向上级药品监督管理部门报告。对于产业发展中出现的新问题，相关药品监管部门应当及时调整完善分级管理细化规定，实现监管精准化、科学化、实效化，确保监管全覆盖、无缝隙。各省级药品监督管理部门要定期组织专家研判本行政区域医疗器械生产经营安全形势，分析共性问题、突出问题、薄弱环节，提出改进措施，形成年度报告。

（十三）加强能力建设。各级药品监督管理部门要持续加强能力建设，完善检查执法体系和稽查办案机制，充实职业化专业化检查员队伍，加强稽查队伍建设，创新检查方式方法，强化检查稽查协同和执法联动。各级药品监督管理部门要查找监管能力短板，明确监管能力建设目标和建设方向，丰富监管资源，促进科学分配，助推医疗器械产业高质量发展，更好地满足人民群众对医疗器械安全的需求。

本指导意见自2023年1月1日起施行。原国家食品药品监督管理总局《关于印发〈医疗器械生产企业分类分级监督管理规定〉的通知》（食药监

械监〔2014〕234号)、《关于印发国家重点监管医疗器械目录的通知》(食药监械监〔2014〕235号)、《关于印发〈医疗器械经营企业分类分级监督管理规定〉的通知》(食药监械监〔2015〕158号)和《医疗器械经营环节重点监管目录及现场检查重点内容》(食药监械监〔2015〕159号)同时废止。

附件：1. 医疗器械生产重点监管品种目录(略)

2. 医疗器械经营重点监管品种目录(略)

国家食品药品监督管理总局办公厅关于印发医疗器械生产日常监督现场检查工作指南的通知

- 2014年1月13日
- 食药监办械监〔2014〕7号

各省、自治区、直辖市食品药品监督管理局：

为指导和规范医疗器械生产企业日常监督现场检查工作，统一和细化现场检查工作要求和方法，国家食品药品监督管理总局组织制定了《医疗器械生产日常监督现场检查工作指南》，现予印发，请参照执行。

医疗器械生产日常监督现场检查工作指南

一、适用范围

本指南依据现行《医疗器械监督管理条例》及相关法律、规章、标准及规范性文件编写，适用于各级食品药品监督理部门医疗器械生产监管人员对已取得《医疗器械生产企业许可证》或已按照有关规定办理备案的医疗器械生产企业进行的日常监督现场检查，指导和规范医疗器械生产企业日常监督现场检查工作。

二、检查职责和人员要求

(一)日常监督现场检查实行检查组长负责制。检查组长对具体检查工作负总责，检查员对所承担的检查项目和检查内容负责。检查组至少由2名执法人员组成。

(二)检查人员应符合以下要求：

检查人员应遵纪守法、廉洁正派、坚持原则、实事求是；应熟悉掌握国家有关医疗器械监督管理的法律、法规和有关要求；了解所检查产品的有关技术知识，熟悉相关产品标准；具有较强的沟通能力和理解能力，在检查中能够正确表述检查要求，能够正确理解对方所表达的意见；具有较强的分析能力和判断能力，对检查中出现的问题能够客观分析，并作出正确判断。检查人员应对检查过程中所涉及的被检查企业技术资料和商业秘密保密。

检查组长作为现场检查工作第一责任人，除应具备检查员的基本条件外，还应具有较强的组织协调能力，能够合理安排检查分工，控制检查进度，按照计划组织完成检查任务。

三、检查准备

(一)根据既往检查和企业报送资料的情况，了解企业近期生产经营状况，主要包括：

1. 企业相应证照取得或变化情况(如营业执照、医疗器械生产许可证、医疗器械产品注册证)及质量管理体系认证情况；

2. 企业质量管理人员变动情况；

3. 企业生产工艺、生产检验设备、主要原材料变化情况；

4. 产品生产、销售情况；

5. 既往检查发现问题及整改情况；

6. 企业产品及市场上同类产品不良事件发生情况；

7. 医疗器械质量监督抽验情况等。

(二)根据对影响产品质量因素(人员、设备、物料、制度、环境)的变化情况及既往检查情况，确定本次检查产品范围(可以是某类产品或某类中的部分产品)和检查方式(事先通知或突击性检查)。

(三)结合《医疗器械生产质量管理规范》的要求，确定本次检查重点内容(如证照情况、原材料控制、洁净车间管理、出厂检验控制、销售、售后服务等部分或全部项目)。对无菌、植入性医疗器械和体外诊断试剂生产企业，应严格按照相应实施细则和检查评定标准进行检查。总局无特殊规定的医疗器械可参照医疗器械生产质量管理规范检查评定标准进行检查，但不作为处罚依据。

(四)查阅拟检查产品相关资料，如产品标准、管理标准等(如 YY/T0316、GB9706、GB16886、

YY0033），分析企业产品及生产过程的关键风险点。

（五）确定检查时间、检查分工、检查进度。当检查项目互有交叉重叠时，一般由与检查内容关系最直接的检查人员负责检查。

（六）检查组编制现场检查方案（应包括检查目的、检查方式、检查范围、检查时间、检查进度、检查内容、检查分工等）。现场检查方案必要时应经检查派出机构审核。

（七）联系被检查企业，通知检查相关事宜（突击检查方式不适用）。

（八）准备监督检查需要的相关检查文书。必要时，准备照相机、摄像机等现场记录设备。

四、检查步骤

（一）进入企业现场后，向企业出示执法证明；告知企业本次检查的目的、依据、流程及纪律。依据《医疗器械生产质量管理规范》实施的检查，应按规定召开首（末）次会议。

（二）与企业相关人员进行交流，了解近期生产、经营状况及质量管理体系运行、人员变化情况。

（三）在企业相关人员陪同下，分别对企业保存的文字资料、生产现场进行检查。

（四）检查工作应主要围绕检查方案中设定的检查内容开展。对于检查的内容，尤其是发现的问题应及时记录，并与企业相关人员进行确认。必要时，可进行产品抽样或对有关情况进行证据留存或固定（如资料复印、照相、摄像及现场查封等）。

（五）检查组长可选择适当时机召集检查员汇总检查情况，核对检查中发现的问题，讨论确定检查意见。遇到特殊情况时，应及时向检查派出机构主管领导汇报。

（六）与企业负责人沟通，通报检查情况，核实发现的问题，告知整改意见。

（七）填写监督检查情况记录文书，检查记录应全面、真实、客观地反映现场检查情况，并具有可追溯性（符合规定的项目与不符合规定的项目均应记录）；检查结果和意见应明确，并要求企业负责人在检查记录上签字确认。监督检查情况记录文书应一式两份，检查单位和企业各留存一份。

（八）企业人员拒绝签字或由于企业原因而无法实施检查的，应由2名以上（含2名）检查人员注明情况并签字确认。

（九）对于在现场检查中发现的问题，应书面告知本次监督检查的意见，明确整改要求及整改时限。

（十）对于需要进行整改的，通常情况下应在与企业沟通的基础上，确定整改要求和时限，并在规定的时限内督促企业完成整改。跟踪检查需要在现场完成的，应按上述要求和指南（包括检查前准备）安排复查工作。涉嫌违法违规的，按规定移交稽查部门。

（十一）将日常监督现场检查材料、企业整改材料及跟踪检查材料，归入日常监督管理档案，已建立监管信息化系统的，应及时将检查情况录入有关监管信息化系统。

五、检查内容

检查人员可对企业有效证照、法规及标准，组织机构与管理文件，厂区、厂房，设计开发，采购控制，过程控制，产品检验，不合格品控制，销售与售后，分析改进，包装标识，说明书等方面进行检查。日常监督现场检查频次、标准和具体检查内容应按照国家相关文件规定执行，各地区可结合行政区域实际情况及现场具体情况，有针对性地选择检查项目、调整检查内容，并制定相应的实施方案。

六、检查方式

（一）语言交流

1. 检查人员应积极与企业管理层沟通，通过了解企业发展历史、质量管理体系近期运行状况和产品市场情况，分析判断企业运行中是否存在问题、存在哪方面问题、当前急需解决哪些问题等。

2. 与企业中层和特殊岗位人员的沟通，可采取面对面交流的方式。通过谈话来判断人员能否承担该岗位赋予的相应职责。对于不了解、不熟悉、不能行使职权的或由他人代答的，应视企业整体情况提出人员调整要求。

3. 对于现场检查中发现的问题，应耐心、认真地与企业沟通交流，协商整改要求和时限。一般情况下，在与企业取得一致意见后，应根据确定的检查意见客观、详细地进行如实记录。

（二）资料检查

资料检查可以从以下五方面入手：

1. 检查文件中涵盖的质量管理体系过程，判断质量管理体系的全过程是否已被识别。结合关键风险点的分析及企业的风险管理报告,判断企业是否已准确识别全部的关键过程和特殊过程。

2. 检查对识别出的过程是否都已形成控制文件,判断文件内容是否覆盖了过程的全部,关键过程和特殊过程的控制文件是否与过程确认的结果相一致。

3. 检查文件规定的内容,判断是否与现场观察的实际情况相一致。

4. 检查文件间的关联性,判断文件要求是否能够满足企业和产品的特点,重点关注关键过程和特殊过程的执行情况。以及企业风险管理报告中所列举的各项风险控制措施是否已在生产全过程予以实施。

5. 检查各项记录间的可追溯性,判断能否根据各项记录的相互关系完成产品生产过程的追溯。

在资料检查中,对于记录样本的选取可关注以下六个方面:

1. 在较短时间内,通过现场检查对企业质量管理体系运行状况作出整体评价有一定难度,所以在检查质量记录时,应充分考虑企业生产周期、近期运行状况和本次检查目的、已查内容。一般情况下,应选取相似条件下的两份以上同种质量记录。

2. 现场监督检查是抽样式检查,为如实反映当时的客观情况,文字记录应尽量选择与检查时间距离较近的进行抽样。一般可选取现场检查前一季度内的记录,或选取现场检查前最近一个生产周期的记录。

3. 确定检查产品范围时,应覆盖企业所有已取得医疗器械注册证书的产品;在检查时间有限的情况下,一般应选取企业生产量较大或者产品安全性要求较高的一个或多个产品进行检查。

4. 当同次检查中涉及一个产品的多个过程记录时,还应充分考虑记录的可追溯性和真实性,围绕同一产品序列号(或批号)展开检查。根据文字记录的索引关系,判断产品质量全过程的追溯能否实现。

5. 检查文字记录的内容与质量控制要求的一致性,记录中的数据应与根据记录判定的结论一致。记录内容应能详细、如实反映质量控制过程的原始状态,必要时可要求实际操作。

6. 检查文字记录时,如发现两份相似条件下的同种记录存在数据差别较大的情况,应补充选择相似条件下的同种记录进行确认,同时询问出现差别的原因。对于已能清晰反映检查结果的,一般不扩大记录样本的选取数量。

(三)现场观察

根据产品工艺的不同,现场观察可包括前处理、粗加工、组装、安装、老化、包装现场、原材料、半成品、成品检验现场、原料库、中转库、成品库现场等。

1. 根据生产流程查看生产现场布局是否合理,有无反复交叉、往复的情况。生产场地的整体规划与生产情况(生产量和销售量)是否匹配。

2. 正常生产车间是否整洁、条理,设备、场地实际状况与记录或文件是否一致。注意现场中有无刻意遮挡、破乱不堪的角落。生产废料、办公垃圾堆积的地方是否会对产品质量造成影响。

3. 观察生产人员、检验人员操作是否熟练,生产能力与实际生产、销售情况是否匹配。可以适时地询问员工操作要求,判断是否与文件规定一致,是否与现场操作一致。

七、对问题的处理

(一)如企业出现的问题性质轻微,能立即纠正的,检查人员可根据现场情况,对企业提出整改要求,并在现场监督企业立即纠正;如企业出现的问题性质严重,直接对产品质量造成重大影响,需要立即整改的,检查人员应要求企业立即开始整改;其他需要企业限期整改或需要经复查合格后方可继续开展生产等情况,检查人员应根据现场情况,制作检查情况记录和检查意见,书面明确整改要求及整改期限;如现场发现涉嫌违法行为,应按照规定及时移交稽查部门。

(二)如果检查中发现的问题涉及企业既往生产的产品,检查员应充分考虑该问题对既往产品的影响,并视情况采取监督抽验、对企业产品实施先行登记保存等措施;如果出现的问题较为复杂,或企业出现的违法违规情况涉或可能涉及到企业在审项目,检查单位应及时将相关情况通报相关审查单位。

(三)现场检查结束后,对于检查中发现的问题,检查单位视现场情况、企业整改情况以及对企业既往的监管情况,在后续监督检查中可综合采取以下措施:

1. 对企业整改情况进行现场复查或资料审查；

2. 要求企业加强产品自检、要求企业将产品送食品药品监管部门认可的第三方检测机构检测；

3. 列为重点监管企业、加强日常监督检查、增加监督检查（突击检查）频次、列入重点抽验计划；

4. 要求企业定期汇报质量管理情况；

5. 约谈法定代表人（企业负责人）或对企业负责人进行诫勉谈话；

6. 视情形在一定范围内通报（通过监管工作会发布情况通报或通过电视台、电台或网站等媒体发布警示公告）；

7. 纳入医疗器械安全"黑名单"；

8. 建议企业主动召回或责令召回；

9. 移交稽查部门处理。

六、化妆品

化妆品监督管理条例

- 2020年1月3日国务院第77次常务会议通过
- 2020年6月16日中华人民共和国国务院令第727号公布
- 自2021年1月1日起施行

第一章 总 则

第一条 【立法目的】为了规范化妆品生产经营活动，加强化妆品监督管理，保证化妆品质量安全，保障消费者健康，促进化妆品产业健康发展，制定本条例。

注释 《化妆品监督管理条例》首次提出了注册人、备案人制度，突出企业主体地位，实施风险管理、责任治理、全程治理和社会共治，强化了企业主体责任，确保产品质量安全，保障消费者健康；加强化妆品的监督管理，深化"放管服"改革，鼓励行业创新和成果转化，充分发挥市场机制作用，促进化妆品行业高质量发展；规范化妆品的生产经营活动，严惩假冒伪劣、非法添加等违法行为，加大处罚力度，营造良好营商环境。

链接 《化妆品生产经营监督管理办法》第1条；《化妆品生产质量管理规范》第1条

第二条 【适用范围】在中华人民共和国境内从事化妆品生产经营活动及其监督管理，应当遵守本条例。

注释 本条规定了《化妆品监督管理条例》的适用范围。法律的适用范围，是指法律的时间效力、对人的效力和空间效力。时间效力，是指法律开始生效的时间和终止生效的时间，根据本条例第八十条规定，"本条例自2021年1月1日起施行"。对人的效力，是指法律对哪些主体有效，具体到本条例，包括"从事化妆品生产经营活动及其监督管理"两方面。空间效力，是指法律生效的地域（包括领海、领空），本条例的空间效力是"中华人民共和国境内"。

第三条 【化妆品定义】本条例所称化妆品，是指以涂擦、喷洒或者其他类似方法，施用于皮肤、毛发、指甲、口唇等人体表面，以清洁、保护、美化、修饰为目的的日用化学工业产品。

注释 《化妆品监督管理条例》出台前，国内对化妆品的定义规定不一。《进出口化妆品检验检疫监督管理办法》第四十八条第一项规定，化妆品是指以涂、擦、散布于人体表面任何部位（表皮、毛发、指趾甲、口唇等）或者口腔粘膜、牙齿，以达到清洁、消除不良气味、护肤、美容和修饰目的的产品。《化妆品卫生监督条例》第二条规定，本条例所称的化妆品，是指以涂擦、喷洒或者其他类似的方法，散布于人体表面任何部位（皮肤、毛发、指甲、口唇等），以达到清洁、消除不良气味、护肤、美容和修饰目的的日用化学工业产品。

《化妆品监督管理条例》从我国化妆品行业实际情况出发，结合监管实践，从使用方法、使用部位、使用目的三个维度，进一步明确了化妆品的定义，将一些宣称通过口服、注射等方式起到美容效果的保健品、药品或医疗器械排除在外，科学、准确地界定了化妆品的范围。

实务问答 1. 有"食品级"儿童化妆品吗？

化妆品和食品分属不同类别，根据不同的法律法规予以规范，适用不同的产品标准，有不同的原料和生产、经营、使用等方面的要求。2021年9月30日国家药监局发布的《儿童化妆品监督管理规定》（国家药监局公告2021年第123号）第十三条规定，化妆品注册人、备案人、受托生产企业应当采取措施避免儿童化妆品性状、气味、外观形态等与食品、药品等产品相混淆，防止误食、误用。儿童化妆品标签不得标注"食品级""可食用"等词语或食品有关图案。一些儿童化妆品使用了某些可用于生产食品的原料，就宣传是"食品级"化妆品，实际上是一种误导消费者的营销方式，并不存在"食品级"的儿童化妆品。

链接 《儿童化妆品监督管理规定》第13条

第四条 【分类管理】国家按照风险程度对化妆品、化妆品原料实行分类管理。

化妆品分为特殊化妆品和普通化妆品。国家对特殊化妆品实行注册管理，对普通化妆品实行备案管理。

化妆品原料分为新原料和已使用的原料。国家对风险程度较高的化妆品新原料实行注册管理，对其他化妆品新原料实行备案管理。

【注释】本条规定了化妆品和化妆品原料的分类管理。

本条第一款明确了对化妆品和化妆品原料按照风险程度实行分类管理的基本原则。

本条第二款立足我国经济社会和化妆品产业发展现状，借鉴国外监管经验，根据化妆品风险程度高低，将化妆品分为特殊化妆品和普通化妆品。对于风险较高的特殊化妆品，实行注册管理，严格监管，确保安全；对于风险较低的普通化妆品，实行备案管理。

本条第三款改变了《化妆品卫生监督条例》未区分原料风险程度、一律需经过审批的监管思路，对化妆品原料实行分类管理，按照风险程度将化妆品分为已使用原料和新原料。对于列入已使用原料目录的化妆品原料，不再需要注册或备案，可由企业按照相关标准使用。对于新原料，再根据风险程度高低，区分为具有较高风险的新原料和其他新原料，分别实施注册和备案管理。本款创新制定了化妆品原料分类管理制度，深化了"放管服"改革，减轻企业审批负担，对促进企业创新、科研成果转化、产品快速上市等意义重大。

第五条 【事权划分】国务院药品监督管理部门负责全国化妆品监督管理工作。国务院有关部门在各自职责范围内负责与化妆品有关的监督管理工作。

县级以上地方人民政府负责药品监督管理的部门负责本行政区域的化妆品监督管理工作。县级以上地方人民政府有关部门在各自职责范围内负责与化妆品有关的监督管理工作。

【注释】本条是关于化妆品监督管理事权划分的规定。

本条第一款规定了国务院有关部门化妆品监督管理职责。2018年《国务院机构改革方案》中"二、关于国务院其他机构调整"第一项规定，组建国家药品监督管理局。根据《国家药品监督管理局职能配置、内设机构和人员编制规定》第三条的规定，国家药监局的主要职责包括负责化妆品安全监督管理、标准管理、注册管理、质量管理、上市后风险管理、组织化妆品监督检查、化妆品监督管理领域对外交流与合作，参与相关国际监管规则和标准的制定，指导省、自治区、直辖市药品监督管理部门工作等。

本条第二款明确了地方化妆品监管部门的职责。根据《国家药品监督管理局职能配置、内设机构和人员编制规定》第三条，国家药品监督管理局负责制定药品、医疗器械和化妆品监管制度，并负责药品、医疗器械和化妆品研制环节的许可、检查和处罚。省级药品监督管理部门负责药品、医疗器械和化妆品生产环节的许可、检查和处罚，以及药品批发许可、零售连锁总部许可、互联网销售第三方平台备案及检查和处罚。市县两级市场监督管理部门负责药品零售、医疗器械经营的许可、检查和处罚，以及化妆品经营和药品、医疗器械使用环节质量的检查和处罚。由此可见，此款中"县级以上地方人民政府负责药品监督管理的部门"，指的是省级药品监督管理部门和市县两级市场监督管理部门。另外，县级以上地方人民政府有关部门也应该积极履行自己的职权，在各自职责范围内负责与化妆品有关的监督管理工作。

第六条 【生产经营者义务】化妆品注册人、备案人对化妆品的质量安全和功效宣称负责。

化妆品生产经营者应当依照法律、法规、强制性国家标准、技术规范从事生产经营活动，加强管理，诚信自律，保证化妆品质量安全。

【注释】本条是关于化妆品生产经营者法定义务的规定。《化妆品监督管理条例》中所称的"化妆品生产经营者"，既包括化妆品注册人、备案人，化妆品生产企业、受托生产企业，也包括化妆品经营者、化妆品使用者。

本条第一款明确了化妆品注册人、备案人的法定义务。《化妆品监督管理条例》借鉴欧盟的上市许可持有人制度，结合我国监管实际，首次提出化妆品注册人、备案人制度，解决了企业责任主体"生产企业""生产者""化妆品生产者"等表述不统一、责任不清晰、质量管理松懈等问题；明确了化妆品注册人、备案人对化妆品的质量安全和功效宣称负责；强化了企业主体责任。

本条第二款是关于化妆品生产经营者法定义务的规定。从事化妆品生产经营活动，除必须遵守《化妆品监督管理条例》《化妆品生产经营监督管理办法》外,如果从事化妆品网络销售活动,还要遵守《电子商务法》《网络交易监督管理办法》《广告法》等规定。除依法外,还要依据强制性国家标准、技术规范从事生产经营活动,要加强管理、诚信自律,保证化妆品质量安全。

链接 《电子商务法》第2条;《广告法》第2条;《网络交易监督管理办法》第2条

第七条 【行业协会义务】化妆品行业协会应当加强行业自律,督促引导化妆品生产经营者依法从事生产经营活动,推动行业诚信建设。

注释 本条是关于行业协会在加强化妆品行业自律方面法定义务的规定。根据《优化营商环境条例》(国务院令第722号)第十七条第一款"除法律、法规另有规定外,市场主体有权自主决定加入或者退出行业协会商会等社会组织,任何单位和个人不得干预"、第二十九条"行业协会商会应当依照法律、法规和章程,加强行业自律,及时反映行业诉求,为市场主体提供信息咨询、宣传培训、市场拓展、权益保护、纠纷处理等方面的服务。国家依法严格规范行业协会商会的收费、评比、认证等行为"、第六十二条第一款"制定与市场主体生产经营活动密切相关的行政法规、规章、行政规范性文件,应当按照国务院的规定,充分听取市场主体、行业协会商会的意见"的规定,行业协会应积极发挥社会共治作用,依法维护成员合法权益,努力推动行业健康发展。

链接 《优化营商环境条例》第17、29、62条

第八条 【消费者协会等组织的义务】消费者协会和其他消费者组织对违反本条例规定损害消费者合法权益的行为,依法进行社会监督。

注释 本条是关于消费者协会和其他消费者组织的义务的规定。《消费者权益保护法》第三十六条规定,消费者协会和其他消费者组织是依法成立的对商品和服务进行社会监督的保护消费者合法权益的社会组织。该法第三十七条规定,消费者协会履行下列公益性职责:(一)向消费者提供消费信息和咨询服务,提高消费者维护自身合法权益的能力,引导文明、健康、节约资源和保护环境的消费方式;(二)参与制定有关消费者权益的法律、法规、规章和强制性标准;(三)参与有关行政部门对商品和服务的监督、检查;(四)就有关消费者合法权益的问题,向有关部门反映、查询,提出建议;(五)受理消费者的投诉,并对投诉事项进行调查、调解;(六)投诉事项涉及商品和服务质量问题的,可以委托具备资格的鉴定人鉴定,鉴定人应当告知鉴定意见;(七)就损害消费者合法权益的行为,支持受损害的消费者提起诉讼或者依照本法提起诉讼;(八)对损害消费者合法权益的行为,通过大众传播媒介予以揭露、批评。……消费者协会应当认真履行保护消费者合法权益的职责,听取消费者的意见和建议,接受社会监督。依法成立的其他消费者组织依照法律、法规及其章程的规定,开展保护消费者合法权益的活动。从以上规定可以看出,消费者协会和其他消费者组织应依法履行职责,对侵害消费者合法权益的化妆品违法行为进行社会监督,形成社会共治良好局面,不断提升生产经营者守法意识,确保消费者的用妆安全。

链接 《消费者权益保护法》第36、37条

第九条 【鼓励支持研究创新】国家鼓励和支持开展化妆品研究、创新,满足消费者需求,推进化妆品品牌建设,发挥品牌引领作用。国家保护单位和个人开展化妆品研究、创新的合法权益。

国家鼓励和支持化妆品生产经营者采用先进技术和先进管理规范,提高化妆品质量安全水平;鼓励和支持运用现代科学技术,结合我国传统优势项目和特色植物资源研究开发化妆品。

注释 本条第一款规定了国家鼓励和支持开展化妆品研究、创新。消费者对化妆品的需求有两方面:一方面要求化妆品满足其对"美"的需求,具有特定的功效;另一方面要求化妆品安全。化妆品的安全水平和功效的提高,需要企业不断加大研发力度,通过研究、创新,发展更安全、功效更加显著的新原料,不断满足消费者对使用化妆品效果的期待。故《化妆品监督管理条例》规定国家鼓励和支持开展化妆品研究、创新,满足消费者需求。

化妆品品牌不仅可以带来价值,还有利于化妆品持续创造价值。加强化妆品品牌建设,可以提升消费者的认可度,也可以使产品比较长远地发展下去。引导企业重视对化妆品品牌建设的投入,推进化妆品品牌建设,促进形成具有广泛认可度、接受度的品牌,以此带动企业更好更快地发展。

为促进化妆品研究和创新,国家保护单位和个人开展化妆品研究、创新的合法权益。国家支持开展化妆品研究和创新单位和个人,采取申请

专利、关键技术秘密保护等方式维护自身合法权益。

本条第二款规定了国家鼓励和支持化妆品生产经营者采用先进技术和先进管理规范,提高化妆品质量安全水平;鼓励和支持运用现代科学技术,结合我国传统优势项目和特色植物资源研究开发化妆品。先进技术手段的运用和先进管理规范的采用,对进一步完善质量管理体系、提升质量管理水平、提升企业竞争水平、保障化妆品安全意义重大,故国家应鼓励和支持。我国有着悠久的历史传统和丰富的特色植物资源,积累了不少优秀的传统优势项目,这些对化妆品研究和创新而言,都是宝贵的财富。要充分利用这些传统优势项目和特色植物资源开展化妆品研发,努力提升化妆品的功效和安全水平,不断满足消费者的需求。

第十条 【信息化建设要求】 国家加强化妆品监督管理信息化建设,提高在线政务服务水平,为办理化妆品行政许可、备案提供便利,推进监督管理信息共享。

注释 本条是关于加强化妆品监督管理信息化建设的规定。根据《国务院关于加快推进全国一体化在线政务服务平台建设的指导意见》(国发〔2018〕27号)总体要求中"(一)指导思想"的规定,推动"放管服"改革向纵深发展,深入推进"互联网+政务服务",加快建设全国一体化在线政务服务平台,整合资源,优化流程,强化协同,着力解决企业和群众关心的热点难点问题,推动政务服务从政府供给导向向群众需求导向转变,从"线下跑"向"网上办"、"分头办"向"协同办"转变,全面推进"一网通办",为优化营商环境、便利企业和群众办事、激发市场活力和社会创造力、建设人民满意的服务型政府提供有力支撑。《国务院关于在线政务服务的若干规定》(国务院令第716号)第二条第一款规定,国家加快建设全国一体化在线政务服务平台(以下简称一体化在线平台),推进各地区、各部门政务服务平台规范化、标准化、集约化建设和互联互通,推动实现政务服务事项全国标准统一、全流程网上办理,促进政务服务跨地区、跨部门、跨层级数据共享和业务协同,并依托一体化在线平台推进政务服务线上线下深度融合。第四条第一款规定,除法律、法规另有规定或者涉及国家秘密等情形外,政务服务事项应当按照国务院确定的步骤,纳入一体化在线平台办理。

《化妆品监督管理条例》积极落实国家"放管服"改革要求,加强化妆品监督管理信息化建设,主动提升在线政务服务水平,为行政相对人办理化妆品行政许可、备案提供了便利,激发了市场动力,优化了营商环境。

第二章 原料与产品

第十一条 【化妆品新原料定义及分类管理】 在我国境内首次使用于化妆品的天然或者人工原料为化妆品新原料。具有防腐、防晒、着色、染发、祛斑美白功能的化妆品新原料,经国务院药品监督管理部门注册后方可使用;其他化妆品新原料应当在使用前向国务院药品监督管理部门备案。国务院药品监督管理部门可以根据科学研究的发展,调整实行注册管理的化妆品新原料的范围,经国务院批准后实施。

注释 本条是关于化妆品新原料定义及对新原料实行分类管理的规定。化妆品新原料是指在我国境内首次使用于化妆品的天然或者人工原料。化妆品新原料,是相对于"已使用的原料"而言的。已使用的化妆品原料指已收录于《已使用化妆品原料目录(2021年版)》的原料。新原料的"新"则强调在我国境内首次用于化妆品,且还未收录于《已使用化妆品原料目录(2021年版)》的原料。

具有防腐、防晒、着色、染发、祛斑美白功能的化妆品新原料,容易对人体产生刺激或者致敏作用等不良反应。《化妆品安全技术规范(2015年版)》第三章"化妆品准用组分"中,对化妆品准用防腐剂、防晒剂、着色剂及染发剂实行列表管理,并对其使用时的最大允许浓度、使用范围和限制条件、标签上必须标印的使用条件和注意事项等进行了详细的规定。对上述风险程度较高的化妆品新原料,需经国务院药品监督管理部门注册后方可使用;其他化妆品新原料应当在使用前向国务院药品监督管理部门进行备案。此规定体现了分类管理的新理念。

另外,《化妆品监督管理条例》贯彻落实《国务院关于严格控制新设行政许可的通知》(国发〔2013〕39号)"一、严格行政许可设定标准"中第七项"法律、行政法规或国务院决定规定对需要取得行政许可的产品、活动实施目录管理的,产品、活动目录的制定、调整应当报经国务院批准"的规定,规定了根据科学研究的发展,需要调整实行注册管理的化妆品新原料的范围的,需经国务院批准后才能实施。

第十二条 【化妆品新原料注册、备案提交资料】申请化妆品新原料注册或者进行化妆品新原料备案,应当提交下列资料:

(一)注册申请人、备案人的名称、地址、联系方式;

(二)新原料研制报告;

(三)新原料的制备工艺、稳定性及其质量控制标准等研究资料;

(四)新原料安全评估资料。

注册申请人、备案人应当对所提交资料的真实性、科学性负责。

注释 本条是关于化妆品新原料注册、备案时应当提交资料相关要求的规定。第一款规定了申请化妆品新原料注册或者进行化妆品新原料备案需提交的资料。第二款规定了新原料注册申请人、备案人应当对所提交资料的真实性、科学性负责。关于化妆品新原料注册、备案的相关规定,详见《化妆品注册备案管理办法》(国家市场监督管理总局令第35号)、《化妆品新原料注册备案资料管理规定》(国家药监局公告2021年第31号)。

链接 《化妆品注册备案管理办法》第5—8、12、13条;《化妆品新原料注册备案资料管理规定》第2—12条

第十三条 【新原料注册、备案程序】国务院药品监督管理部门应当自受理化妆品新原料注册申请之日起3个工作日内将申请资料转交技术审评机构。技术审评机构应当自收到申请资料之日起90个工作日内完成技术审评,向国务院药品监督管理部门提交审评意见。国务院药品监督管理部门应当自收到审评意见之日起20个工作日内作出决定。对符合要求的,准予注册并发给化妆品新原料注册证;对不符合要求的,不予注册并书面说明理由。

化妆品新原料备案人通过国务院药品监督管理部门在线政务服务平台提交本条例规定的备案资料后即完成备案。

国务院药品监督管理部门应当自化妆品新原料准予注册之日、备案人提交备案资料之日起5个工作日内向社会公布注册、备案有关信息。

注释 本条规定了化妆品新原料注册、备案的相关工作程序及时限要求。第一款对化妆品新原料的注册程序和时限要求进行了明确。新原料注册是指注册申请人依照法定条件、程序和要求提出注册申请,有关部门对申请注册的新原料的安全性和质量可控性等进行审查,决定是否同意其注册申请的活动。新原料注册包括受理、技术审评、行政审评等环节。为确保行政相对人权益,本款明确了受理、技术审评的衔接、完成技术审评和作出决定的具体时限。

第二款规定了新原料备案的具体操作方法。此方法能减轻行政相对人负担、提升行政效能,但同时也给监管部门提出了信息化建设的要求。此备案程序无须受理、反馈,强调"提交即完成备案"的"实时性"。

第三款明确了监管部门公布新原料注册、备案信息的时限要求。及时公布此信息,不仅能使行政相对人知道注册备案结果,而且方便社会公众查询和监督,形成监督合力。

链接 《化妆品注册备案管理办法》第9、12—16条

第十四条 【新原料使用安全监测制度】经注册、备案的化妆品新原料投入使用后3年内,新原料注册人、备案人应当每年向国务院药品监督管理部门报告新原料的使用和安全情况。对存在安全问题的化妆品新原料,由国务院药品监督管理部门撤销注册或者取消备案。3年期满未发生安全问题的化妆品新原料,纳入国务院药品监督管理部门制定的已使用的化妆品原料目录。

经注册、备案的化妆品新原料纳入已使用的化妆品原料目录前,仍然按照化妆品新原料进行管理。

注释 本条规定了化妆品新原料使用安全监测制度。《化妆品注册备案管理办法》第十九条规定,已经取得注册、完成备案的化妆品新原料实行安全监测制度。安全监测的期限为三年,自首次使用化妆品新原料的化妆品取得注册或者完成备案之日起算。第二十一条规定,化妆品新原料注册人、备案人应当建立化妆品新原料上市后的安全风险监测和评价体系,对化妆品新原料的安全性进行追踪研究,对化妆品新原料的使用和安全情况进行持续监测和评价。化妆品新原料注册人、备案人应当在化妆品新原料安全监测每满一年前三十个工作日内,汇总、分析化妆品新原料使用和安全情况,形成年度报告报送国家药品监督管理

局。第二十六条规定，化妆品新原料安全监测期满三年后，技术审评机构应当向国家药品监督管理局提出化妆品新原料是否符合安全性要求的意见。对存在安全问题的化妆品新原料，由国家药品监督管理局撤销注册或者取消备案；未发生安全问题的，由国家药品监督管理局纳入已使用的化妆品原料目录。由以上规定可以看出，新原料的注册人、备案人对新原料的使用有监测的法定义务，监管部门有评估和处置的职责。

链接 《化妆品注册备案管理办法》第19、21、26条

第十五条 【禁用目录制定、公布部门】 禁止用于化妆品生产的原料目录由国务院药品监督管理部门制定、公布。

注释 本条授权国务院药品监督管理部门制定禁止用于化妆品生产的原料目录。禁止用于化妆品生产的原料是指不能作为化妆品组分用于化妆品生产，而不是指化妆品中不得含有、不得检出禁用原料。为确保化妆品原料安全，《化妆品安全技术规范（2015年版）》第二章规定了化妆品禁限用组分，发布了禁用原料目录，共收录了1388项禁用组分，对禁用原料实施清单管理。随着我国科学技术发展及国际化妆品行业的发展，《〈化妆品安全技术规范（2022年版）〉征求意见稿》，对禁用原料目录进行了动态调整。

实务问答 2. 化妆品中检出禁用原料一定违法吗？

答案是不可一概而论。如果在生产企业严格遵守强制性国家标准、安全技术规范、生产质量管理规范的情况下，由于原料杂质、原料带入、生产过程副反应等技术上不可避免的原因，化妆品成品中被检出禁用目录内的物质，且该物质的含量在化妆品正常及合理可预见的使用条件下不会对人体健康产生危害的，不违法。但是如果生产企业使用了禁止用于化妆品生产的原料，或者未按照强制性国家标准、安全技术规范、生产质量管理规范组织生产，化妆品成品中被检出禁用物质，是违法的。

链接 《化妆品安全技术规范（2015年版）》第二章；《国家药监局关于更新化妆品禁用原料目录的公告》

第十六条 【化妆品的分类】 用于染发、烫发、祛斑美白、防晒、防脱发的化妆品以及宣称新功效的化妆品为特殊化妆品。特殊化妆品以外的化妆品为普通化妆品。

国务院药品监督管理部门根据化妆品的功效宣称、作用部位、产品剂型、使用人群等因素，制定、公布化妆品分类规则和分类目录。

注释 本条规定了化妆品的分类。本条改变了《化妆品卫生监督条例》根据"用途"将化妆品分为特殊用途化妆品和非特殊用途化妆品的分类方法，而是根据化妆品的安全风险程度对化妆品进行分类，实施分类管理。这是监管部门实现科学监管、精准监管的充分体现。这种管理模式以保证化妆品使用安全为根本出发点，将有限的行政成本最大限度地有效利用，使监管的专业性和有效性得到显著提升。

本条第一款明确了特殊化妆品的范围。用于染发、烫发、祛斑美白、防晒、防脱发的化妆品以及宣称新功效的化妆品为特殊化妆品。《化妆品卫生监督条例》第十条第二款规定，特殊用途化妆品是指用于育发、染发、烫发、脱毛、美乳、健美、除臭、祛斑、防晒的化妆品。《化妆品监督管理条例》根据化妆品行业发展和监管情况，对特殊化妆品的范围进行了合理缩减，不再把育发、脱毛、美乳、健美、除臭五类化妆品作为特殊化妆品，而是根据这五类产品的风险程度以及作用机理采取不同的管理方式。本条除规定用于染发、烫发、祛斑美白、防晒、防脱发的化妆品为特殊化妆品外，还规定了"宣称新功效的化妆品"为特殊化妆品，对于新功效产品，一方面给予产品研发生产足够的发展空间，鼓励创新；另一方面，按照相对严格的模式进行管理，保障宣称新功效化妆品的安全。另外，本条也明确了普通化妆品的范围。

本条第二款授权国务院药品监督管理部门制定和公布化妆品分类规则和分类目录，并明确制定时应根据化妆品的功效宣称、作用部位、产品剂型、使用人群等因素，解决了实践中一直没有统一的分类规则进行科学分类的难题。

链接 《化妆品分类规则和分类目录》第1—10条

第十七条 【化妆品的分类管理】 特殊化妆品经国务院药品监督管理部门注册后方可生产、进口。国产普通化妆品应当在上市销售前向备案人所在地省、自治区、直辖市人民政府药品监督管理部门备案。进口普通化妆品应当在进口前向国务院药品监督管理部门备案。

注释 本条规定了特殊化妆品、国产普通化妆品和进口普通化妆品实行注册或备案管理。本条在

《化妆品监督管理条例》第十六条"化妆品的分类"的基础上，进一步明确了分类管理的具体措施，提升了监管效能。因特殊化妆品风险较高，需实施注册许可管理；普通化妆品风险相对较低，实行备案管理。普通化妆品根据产地不同，又区分为国产和进口，通过备案部门层级不同体现监管的不同，进口普通化妆品应当在进口前向国务院药品监督管理部门备案。相较于进口普通化妆品，国产普通化妆品在原料和生产环节方面已采取相应管理措施，风险更明确可控，故向省级药品监督管理部门备案即可。

实践中，根据国务院"放管服"改革要求，国务院药品监督管理部门委托部分省级药品监督管理部门具体承担进口普通化妆品备案管理工作，该职责仍是国务院药品监督管理部门的法定职责。

链接《化妆品注册备案管理办法》第4—6条

第十八条 【注册、备案主体条件】化妆品注册申请人、备案人应当具备下列条件：

（一）是依法设立的企业或者其他组织；

（二）有与申请注册、进行备案的产品相适应的质量管理体系；

（三）有化妆品不良反应监测与评价能力。

注释 本条规定了化妆品注册申请人、备案人应具备的条件。"化妆品注册申请人"是指依法提出化妆品注册申请，但还未取得产品注册证书的主体，其取得产品注册证后即成为化妆品注册人。在实践中，一般包括化妆品研发机构、生产企业、境内责任人等。"化妆品备案人"是指化妆品备案的主体，由于提交备案资料后即完成备案，故不存在备案申请人的概念。

《化妆品监督管理条例》改变了《化妆品卫生监督条例》将化妆品生产者与产品注册者合一的规定，结合行业发展和监管实践，引入"化妆品注册人""化妆品备案人"制度，明确了其以自己的名义把产品推向市场，对产品的全生命周期质量安全负责，并进一步明确了化妆品注册（申请）人、备案人应当具备的条件。

实务问答 3. 委托其他生产企业生产的化妆品注册人、备案人还需要建立质量管理体系吗？

答案是肯定的。化妆品注册人、备案人对产品的全生命周期质量安全负责，作为委托方，要建立审核制度，对受托生产企业的生产资质、生产资料管理体系进行审核；建立监督管理制度，对受托

生产企业从原料选购到成品出厂检验进行全过程监督，确保受托生产企业合法合规生产，保障化妆品质量安全。

链接《化妆品生产质量管理规范》第3—9、62条

第十九条 【注册、备案提交资料】申请特殊化妆品注册或者进行普通化妆品备案，应当提交下列资料：

（一）注册申请人、备案人的名称、地址、联系方式；

（二）生产企业的名称、地址、联系方式；

（三）产品名称；

（四）产品配方或者产品全成分；

（五）产品执行的标准；

（六）产品标签样稿；

（七）产品检验报告；

（八）产品安全评估资料。

注册申请人首次申请特殊化妆品注册或者备案人首次进行普通化妆品备案的，应当提交其符合本条例第十八条规定条件的证明资料。申请进口特殊化妆品注册或者进行进口普通化妆品备案的，应当同时提交产品在生产国（地区）已经上市销售的证明文件以及境外生产企业符合化妆品生产质量管理规范的证明资料；专为向我国出口生产、无法提交产品在生产国（地区）已经上市销售的证明文件的，应当提交面向我国消费者开展的相关研究和试验的资料。

注册申请人、备案人应当对所提交资料的真实性、科学性负责。

注释 本条规定了特殊化妆品注册、普通化妆品备案应提交的资料以及资料的要求。这些资料的提交，为后续实施注册审批、备案管理、监督检查奠定了基础。

本条第一款规定了需要提交的具体资料。需要提交什么资料，主要是根据注册技术审批需要以及后续检查中需要重点关注的内容确定的。特殊化妆品和普通化妆品根据风险程度，分别实施注册和备案管理，但在安全性要求方面是一致的，需要提交的产品技术资料也是一致的。

本条第二款规定了首次申请注册或者首次进行备案应提交的资料。根据国产和进口化妆品的不同特点，为确保进口化妆品的安全，对需要提交的资料进行了区分。因国产化妆品生产需取得生产许可证，而进口化妆品生产企业一般在境外，根

据平等监管要求，需要求境外生产企业建立符合国际通行的生产质量管理规范或者与我国化妆品生产许可基本等同的质量管理规范，并在申请化妆品注册或者办理化妆品备案时提交相关证明资料。另外，为避免一些安全性不确定的新产品选择在我国首次申请注册上市，给消费者带来风险，要求提交产品在生产国（地区）已经上市销售的证明文件。如果专为向我国出口而生产的，应提交面向我国消费者开展的相关研究和试验的资料。此款所称"生产国（地区）"，既可以是注册申请人、备案人所在国（地区），也可以是生产企业所在国（地区）。

本条第三款强调了注册申请人、备案人应对所提交资料的真实性、科学性负责，强化了企业主体责任，保障产品质量安全。

链接《化妆品注册备案管理办法》第7条

第二十条　【注册、备案程序】国务院药品监督管理部门依照本条例第十三条第一款规定的化妆品新原料注册审查程序对特殊化妆品注册申请进行审查。对符合要求的，准予注册并发给特殊化妆品注册证；对不符合要求的，不予注册并书面说明理由。已经注册的特殊化妆品在生产工艺、功效宣称等方面发生实质性变化的，注册人应当向原注册部门申请变更注册。

普通化妆品备案人通过国务院药品监督管理部门在线政务服务平台提交本条例规定的备案资料后即完成备案。

省级以上人民政府药品监督管理部门应当自特殊化妆品准予注册之日起、普通化妆品备案人提交备案资料之日起5个工作日内向社会公布注册、备案有关信息。

注释　本条规定了化妆品注册审批、备案、信息公布的程序。

本条第一款规定了特殊化妆品注册审批程序。根据《化妆品注册备案管理办法》第三条第一款规定，化妆品、化妆品新原料注册，是指注册申请人依照法定程序和要求提出注册申请，药品监督管理部门对申请注册的化妆品、化妆品新原料的安全性和质量可控性进行审查，决定是否同意其申请的活动。为保证特殊化妆品注册的科学、公正，《化妆品注册备案管理办法》第五十四条规定，药品监督管理部门、技术审评、现场核查、检验机构及其工作人员应当严格遵守法律、法规、规章

和国家药品监督管理局的相关规定，保证相关工作科学、客观和公正。对符合要求的，准予注册并发给特殊化妆品注册证；对不符合要求的，不予注册并书面说明理由。

已经注册的特殊化妆品，注册人应当向原注册部门申请变更注册的情形为化妆品的生产工艺、功效宣称等方面发生实质性变化。生产工艺发生实质性变化会导致产品执行的标准、技术要求等发生变化，这会影响产品的质量和安全。功效宣称发生实质性改变，比如宣称"祛斑美白"的化妆品增加"防晒"功能宣称，产品的安全性要求会发生变化，注册人应当向原注册部门申请变更注册，补充提交相关技术资料，以确保产品的安全性。

本条第二款规定了普通化妆品备案的程序。《化妆品注册备案管理办法》第三条第二款规定，化妆品、化妆品新原料备案，是指备案人依照法定程序和要求，提交表明化妆品、化妆品新原料安全性和质量可控性的资料，药品监督管理部门对提交的资料存档备查的活动。备案与注册相比，无受理、审查、决定等程序，也无工作时限，告知即为备案。通过国务院药品监督管理部门在线政务服务平台提交本条例规定的备案资料后即完成备案。监管部门要加强信息化建设，满足备案要求。

本条第三款规定了省级以上人民政府药品监督管理部门向社会公布注册、备案的工作时限要求：应当自特殊化妆品准予注册之日起、普通化妆品备案人提交备案资料之日起5个工作日内向社会公布注册、备案有关信息。这一规定有利于督促监管部门及时公布相关信息，有利于公众查询，更有利于保障消费者的知情权和监督权，实施社会共治。

第二十一条　【安全评估制度】化妆品新原料和化妆品注册、备案前，注册申请人、备案人应当自行或者委托专业机构开展安全评估。

从事安全评估的人员应当具备化妆品质量安全相关专业知识，并具有五年以上相关专业从业经历。

注释　本条规定了化妆品新原料和化妆品安全评估制度。开展化妆品安全评估能很好地保障化妆品的安全性。本条第一款中的"安全评估"，是指运用科学资料、采用科学方法，对化妆品新原料及化妆品中危害人体健康的已知或潜在的不良影响

进行科学评价,有效反映其潜在风险的活动。安全评估是评价一个原料或者化妆品是否安全的有效手段。

实务问答 4. 从事安全评估的人员应符合什么要求?

根据《化妆品安全评估技术导则(2021年版)》的规定,化妆品安全评估人员应符合以下要求:(1)具有医学、药学、生物学、化学或毒理学等化妆品质量安全相关专业知识,了解化妆品成品或原料生产过程和质量安全控制要求,并具有五年以上相关专业从业经历。(2)能查阅和分析化学、毒理学等相关文献信息,分析、评估和解释相关数据。(3)能公平、客观地分析化妆品的安全性,在全面分析所有可获得的数据和暴露条件的基础上,开展安全评估工作,并对评估报告的科学性、准确性、真实性和可靠性负责。(4)能通过定期接受相应的专业培训等方式,学习安全评估的相关知识,了解和掌握新的安全评估理论、技术和方法,并用于实践。

链接 《化妆品安全评估技术导则(2021年版)》

第二十二条 【功效宣称要求】化妆品的功效宣称应当有充分的科学依据。化妆品注册人、备案人应当在国务院药品监督管理部门规定的专门网站公布功效宣称所依据的文献资料、研究数据或者产品功效评价资料的摘要,接受社会监督。

注释 本条规定了功效宣称方面的要求。化妆品注册人、备案人进行化妆品功效宣称,首先应有充分的科学依据,其次应依法公布相关资料,并接受社会监督。《化妆品监督管理条例》在充分考虑国际惯例和化妆品行业发展实际的基础上,采用社会共治的方式,要求注册人、备案人应在国务院药品监督管理部门规定的专门网站公布功效宣称所依据的相关资料,而未将功效宣称纳入行政审批或备案管理。同时,为兼顾注册人、备案人商业秘密的保护,要求其公布功效宣称所依据的文献资料、研究数据或者产品功效评价资料的摘要,而非全部的试验数据和研究资料,强调了"充分的科学依据"。

根据《化妆品功效宣称评价规范》第二十条规定,本条中的"文献资料",是指通过检索等手段获得的公开发表的科学研究、调查、评估报告和著作等,包括国内外现行有效的法律法规、技术文献等。文献资料应当标明出处,确保有效溯源,相关

结论应当充分支持产品的功效宣称。"研究数据",是指通过科学研究等手段获得的尚未公开发表的与产品功效宣称相关的研究结果。研究数据应当准确、可靠,相关研究结果能够充分支持产品的功效宣称。

实务问答 5. 所有化妆品的功效宣称都需要公布所依据的摘要吗?

答案是否定的。根据《化妆品功效宣称评价规范》第七条的规定,能够通过视觉、嗅觉等感官直接识别的(如清洁、卸妆、美容修饰、芳香、爽身、染发、烫发、发色护理、脱毛、除臭和辅助剃须剃毛等),或者通过简单物理遮盖、附着、摩擦等方式发生效果(如物理遮盖祛斑美白、物理方式去角质和物理方式去黑头等)且在标签上明确标识仅具物理作用的功效宣称,可免予公布产品功效宣称依据的摘要。

链接 《化妆品功效宣称评价规范》第7、20条

第二十三条 【境内责任人制度】境外化妆品注册人、备案人应当指定我国境内的企业法人办理化妆品注册、备案,协助开展化妆品不良反应监测、实施产品召回。

注释 本条是关于境外化妆品注册人、备案人指定的境内法人,即境内责任人制度的规定。当化妆品的注册人、备案人在境外时,为更好地落实化妆品质量安全责任,提高化妆品注册备案工作效率,化妆品注册人和备案人应当指定我国境内的企业法人为境内责任人,为其办理产品注册、备案等工作。值得注意的是,是否需要指定境内责任人,关键是看注册人是在境内还是境外,而不是看化妆品是进口还是国产。比如我国境内的化妆品注册人、备案人委托境外的生产企业为其生产进口化妆品,就不需要指定"境内责任人"。再如,境外的注册人、备案人委托境内的生产企业为其生产国产化妆品,因其在境外,需要指定"境内责任人",并由"境内责任人"协助其办理化妆品的注册备案,并协助开展化妆品不良反应监测、实施产品召回。

实务问答 6. 境内责任人应履行哪些法定义务?

根据《化妆品注册备案管理办法》第八条的规定,注册人、备案人在境外的,应当指定我国境内的企业法人作为境内责任人。境内责任人应当履行以下义务:(1)以注册人、备案人的名义,办理化妆品、化妆品新原料注册、备案;(2)协助注册人、

备案人开展化妆品不良反应监测、化妆品新原料安全监测与报告工作；(3)协助注册人、备案人实施化妆品、化妆品新原料召回工作；(4)按照与注册人、备案人的协议，对投放境内市场的化妆品、化妆品新原料承担相应的质量安全责任；(5)配合药品监督管理部门的监督检查工作。

链接 《化妆品注册备案管理办法》第8条

第二十四条　【注册期限及延续注册】特殊化妆品注册证有效期为5年。有效期届满需要延续注册的，应当在有效期届满30个工作日前提出延续注册的申请。除有本条第二款规定情形外，国务院药品监督管理部门应当在特殊化妆品注册证有效期届满前作出准予延续的决定；逾期未作决定，视为准予延续。

有下列情形之一的，不予延续注册：

（一）注册人未在规定期限内提出延续注册申请；

（二）强制性国家标准、技术规范已经修订，申请延续注册的化妆品不能达到修订后标准、技术规范的要求。

注释　本条规定了特殊化妆品注册证的有效期及延续注册的相关要求。本条第一款规定了特殊化妆品注册证的有效期限以及延续注册的程序，特别明确了延续注册的提出时间。为了保障行政相对人的利益，要求国务院药品监督管理部门除有本条第二款规定情形外，需在法定时限内作出准予延续的决定，逾期未作出决定的，即视为准予延续。本条第二款规定了不予延续注册的法定情形。

第二十五条　【标准制定及公开】国务院药品监督管理部门负责化妆品强制性国家标准的项目提出、组织起草、征求意见和技术审查。国务院标准化行政部门负责化妆品强制性国家标准的立项、编号和对外通报。

化妆品国家标准文本应当免费向社会公开。

化妆品应当符合强制性国家标准。鼓励企业制定严于强制性国家标准的企业标准。

注释　本条规定了化妆品标准的制定和公开等事项。

本条第一款对化妆品强制性国家标准制定的部门职责分工进行了明确。《标准化法》第十条第一款、第二款规定："对保障人身健康和生命财产安全、国家安全、生态环境安全以及满足经济社会管理基本需要的技术要求，应当制定强制性国家标准。国务院有关行政主管部门依据职责负责强制性国家标准的项目提出、组织起草、征求意见和技术审查。国务院标准化行政主管部门负责强制性国家标准的立项、编号和对外通报。国务院标准化行政主管部门应当对拟制定的强制性国家标准是否符合前款规定进行立项审查，对符合前款规定的予以立项。"化妆品关乎人体健康，为保障其质量和安全，应当制定强制性国家标准。按照《标准化法》中"国务院有关行政主管部门依据职责负责强制性国家标准的项目提出、组织起草、征求意见和技术审查"的规定，由化妆品主管部门即国务院药品监督管理部门，负责化妆品强制性国家标准的项目提出、组织起草、征求意见和技术审查。强制性国家标准的立项、编号和对外通报，则统一由国务院标准化行政主管部门即国家市场监督管理总局负责。

本条第二款明确了化妆品国家标准文本的免费公开要求。《标准化法》第十七条规定，强制性标准文本应当免费向社会公开。国家推动免费向社会公开推荐性标准文本。标准文本应当免费向社会公开，是指强制性国家标准文本、推荐性标准文本都要公开，向全社会免费公开。

本条第三款规定了化妆品应当符合强制性国家标准。鼓励企业制定严于强制性国家标准的企业标准。化妆品应当符合强制性国家标准，这是必须要达到的最低要求。《标准化法》第二十一条规定，推荐性国家标准、行业标准、地方标准、团体标准、企业标准的技术要求不得低于强制性国家标准的相关技术要求。国家鼓励社会团体、企业制定高于推荐性标准相关技术要求的团体标准、企业标准。故本款提出了鼓励企业制定更为严格的企业标准的倡导性意见，这样有利于强化主体责任，推动企业生产更安全的产品，促进整个行业质量安全管理水平的提升。

第三章　生产经营

第二十六条　【生产条件】从事化妆品生产活动，应当具备下列条件：

（一）是依法设立的企业；

（二）有与生产的化妆品相适应的生产场地、环境条件、生产设施设备；

（三）有与生产的化妆品相适应的技术人员；

（四）有能对生产的化妆品进行检验的检验人员和检验设备；

（五）有保证化妆品质量安全的管理制度。

注释 本条规定了从事化妆品生产活动应具备的条件。从主体资格、生产场所、专业人员、检验能力、管理制度五个方面，明确了从事化妆品生产活动应具备的条件。

本条第一项对生产主体资格进行了明确要求，强调必须是依法设立的企业，而非"自然人""个体工商户""合伙组织"等非法人主体。

本条第二项对生产场地、环境条件、设施设备方面进行要求。《化妆品生产质量管理规范》第十九条也规定，企业应当具备与生产的化妆品品种、数量和生产许可项目等相适应的生产场地和设施设备。生产场地选址应当不受有毒、有害场所以及其他污染源的影响，建筑结构、生产车间和设施设备应当便于清洁、操作和维护。

本条第三项明确了从事化妆品生产活动，应配备与生产的化妆品相适应的技术人员。化妆品生产对人员的专业性、技术性要求较高，需要配备与生产的化妆品品种、数量和生产许可项目等相适应的技术人员和检验人员。

本条第四项是关于检验能力的要求，包括检验人员和检验设备两个方面。企业加强内部质量控制和质量检验，是落实企业主体责任、保证化妆品质量安全的重要举措。生产企业应根据自身生产规模情况，结合检验需求，建立相应的实验室或者配置相应的设施设备，配备专业检验人员，建立相应的检验制度，具备相应的检验条件和能力。

本条第五项是关于建立化妆品质量安全管理制度的规定。生产企业要建立完善质量管理体系，内容应包括质量管理制度、质量标准、生产工艺规程、全过程追溯机制、机构设置及岗位职责等，不断规范化妆品生产活动。

链接《化妆品生产质量管理规范》第3—9、19—24条

第二十七条 【生产许可程序】从事化妆品生产活动，应当向所在地省、自治区、直辖市人民政府药品监督管理部门提出申请，提交其符合本条例第二十六条规定条件的证明资料，并对资料的真实性负责。

省、自治区、直辖市人民政府药品监督管理部门应当对申请资料进行审核，对申请人的生产场所进行现场核查，并自受理化妆品生产许可申请之日起30个工作日内作出决定。对符合规定条件的，准予许可并发给化妆品生产许可证；对不符合规定条件的，不予许可并书面说明理由。

化妆品生产许可证有效期为5年。有效期届满需要延续的，依照《中华人民共和国行政许可法》的规定办理。

注释 本条规定了化妆品生产许可的程序。化妆品作为一种化工产品，直接作用于人体，其质量关乎人民群众的身体健康和生命安全，必须对其生产活动实行严格监管，进行行政许可管理，从源头上控制产品风险。

本条第一款规定了化妆品生产许可的审批部门和资料要求。

本条第二款规定了具体的许可审查程序和时限要求。这里需要注意的是，根据《行政许可法》第四十五条"行政机关作出行政许可决定，依法需要听证、招标、拍卖、检验、检测、检疫、鉴定和专家评审的，所需时间不计算在本节规定的期限内。行政机关应当将所需时间书面告知申请人"的规定，化妆品生产许可审查过程中，出现上述事项时不计入许可时限。

本条第三款规定了化妆品生产许可证的有效期。对有效期届满需要延续的，依照《行政许可法》第五十条"被许可人需要延续依法取得的行政许可的有效期的，应当在该行政许可有效期届满三十日前向作出行政许可决定的行政机关提出申请。但是，法律、法规、规章另有规定的，依照其规定。行政机关应当根据被许可人的申请，在该行政许可有效期届满前作出是否准予延续的决定；逾期未作决定的，视为准予延续"的规定执行。

链接《行政许可法》第45、50条

第二十八条 【生产方式与委托生产】化妆品注册人、备案人可以自行生产化妆品，也可以委托其他企业生产化妆品。

委托生产化妆品的，化妆品注册人、备案人应当委托取得相应化妆品生产许可的企业，并对受委托企业（以下称受托生产企业）的生产活动进行监督，保证其按照法定要求进行生产。受托生产企业应当依照法律、法规、强制性国家标准、技术规范以及合同约定进行生产，对生产活动负责，并接受化妆品注册人、备案人的监督。

注释 本条规定了化妆品生产方式及委托生产的

要求。《化妆品监督管理条例》首次提出化妆品注册人、备案人制度，要求化妆品注册人、备案人应当是依法设立的企业或者其他组织，改变了《化妆品卫生监督条例》中将化妆品生产者与产品注册者合一的规定。化妆品注册人、备案人，可以是取得生产许可的化妆品生产企业，也可以是未取得生产许可的研发机构、经营企业、使用机构或其他组织。

本条第一款规定，化妆品注册人、备案人可以自行生产化妆品，也可以委托其他企业生产化妆品。即化妆品注册人、备案人可以自行生产其注册或备案的产品，也可以委托有资质的生产企业生产其注册或备案的化妆品。但不管是哪一种情况，化妆品注册人、备案人都必须对其注册、备案产品的质量安全和功效宣称负责。

本条第二款规定了委托生产化妆品需注意的重点事项。化妆品注册人、备案人委托生产的，应对受托生产企业的生产许可、场所条件、技术水平、质量管理等情况，进行认真考核、审慎选择，确保其具备受托生产能力；注册人、备案人应对受托生产企业生产情况进行监督，保证其按照法定要求进行生产，具体而言，注册人、备案人应为受托生产企业提供生产产品所必需的技术资料，与受托生产企业签订委托生产协议，明确双方的权利义务，细化质量安全要求，确保受托生产企业按照法定要求、技术要求组织生产。本款在明确化妆品注册人、备案人义务的同时，按照权责一致的原则，对受托生产企业也设立了相关义务，规定了受托生产企业应当依照法律、法规、强制性国家标准、技术规范以及合同约定进行生产，对生产活动负责，并接受化妆品注册人、备案人的监督。

<u>链接</u>《化妆品生产经营监督管理办法》第26、31、32条；《化妆品生产质量管理规范》第46—57条

第二十九条 【生产过程质量管理】化妆品注册人、备案人、受托生产企业应当按照国务院药品监督管理部门制定的化妆品生产质量管理规范的要求组织生产化妆品，建立化妆品生产质量管理体系，建立并执行供应商遴选、原料验收、生产过程及质量控制、设备管理、产品检验及留样等管理制度。

化妆品注册人、备案人、受托生产企业应当按照化妆品注册或者备案资料载明的技术要求生产化妆品。

<u>注释</u> 本条规定了化妆品生产过程质量管理要求。

本条第一款明确规定化妆品生产要按照化妆品生产质量管理规范的要求组织，要建立化妆品生产质量管理体系和建立并执行相关质量管理制度。《化妆品生产质量管理规范》是国务院药品监督管理部门为确保化妆品质量而制定的系统性规范，也是化妆品生产质量管理的制度依据和基石，更是化妆品生产管理和质量控制的基本要求。本条规定也可以理解为对国务院药品监督管理部门制定规范的授权。督促企业落实好规范是化妆品监管的重要内容。质量管理体系的建立并有效运行，是生产合格化妆品的重要保障，是保证化妆品生产全过程持续符合法定要求的重要措施。建立并执行供应商遴选、原料验收、生产过程及质量控制、设备管理、产品检验及留样等管理制度，把法律法规转化为企业制度，对加强化妆品生产质量管理、严格重点环节的质量控制、保证化妆品的质量安全，意义重大。

本条第二款规定了化妆品注册人、备案人、受托生产企业应按照技术要求组织生产。化妆品注册(申请)人、备案人在申请注册或者备案时，除提交主体和产品相关信息外，还要提交产品配方或产品全成分、产品执行标准、产品标签样稿等技术要求资料。在完成注册或备案后，化妆品注册人、备案人和受托生产企业应当按照经批准或备案的技术要求生产化妆品。

这里需要注意的是，化妆品注册人、备案人不管是自行生产还是委托生产，都应履行本条规定的法定义务，都应对产品质量安全和功效宣称负责。

<u>实务问答</u> 7. 化妆品注册人、备案人应当如何对产品留样？留样数量如何确定？

依据《化妆品生产经营监督管理办法》第三十一条、《化妆品注册备案资料管理规定》第十四条、《化妆品生产质量管理规范》第十八条的规定，化妆品注册人、备案人应当对每批次出厂的产品留样。该留样制度的目的是保证产品质量安全可追溯，压实化妆品注册人、备案人对产品质量安全的主体责任；同时在已销售的产品出现质量安全问题以及被假冒等情形时，便于查验每批次产品的合法性和安全性。

在留样制度的实际执行中，根据上述规定，同时为节约企业经营成本，综合考虑不同的产品类别、包装规格、成品状态等因素，国家药监局化妆

品监管司参考监管工作实际并结合行业调研情况,梳理了市场上销售的常见产品的留样数量(见下表),供广大企业在生产经营实践中参考。对于下表中未列的产品类型,请化妆品注册人、备案人按照法规要求自行确定留样数量。

化妆品注册人、备案人产品留样数量参考表

序号	产品类别	留样数量参考量
1	染发类产品	≥3个包装且总量≥90g或mL
2	祛斑/美白类产品	≥3个包装且总量≥50g或mL
3	彩妆类产品	≥3个包装且总量≥60g或mL
4	护肤类产品	≥3个包装且总量≥80g或mL
5	防晒类产品	≥3个包装且总量≥50g或mL
6	宣称祛痘类产品	≥3个包装且总量≥200g或mL
7(1)	面膜类产品(面贴式)	单片独立包装产品:≥7贴且总量≥140g或mL 盒装产品:≥3盒(≥7贴)且总量≥140g或mL
7(2)	面膜类产品(涂抹式)	≥3个包装且总量≥80g或mL
8	洗发护发类产品	≥3个包装且总量≥50g或mL
9	指(趾)甲油类产品	≥6个包装且总量≥30g或mL
10	牙膏	≥3个包装且总量≥80g或mL

注:彩妆类产品净含量低于1g的,在成品留样的同时,可以结合其半成品对产品进行留样,留样应当满足产品质量检验的需求。

8. 进口化妆品注册人、备案人对其进口中国的化妆品应在哪里留样?

2021年11月,国家药监局发布《关于贯彻执行〈化妆品生产经营监督管理办法〉有关事项的公告》(国家药监局公告2021年第140号),公告中"二、关于化妆品生产管理"规定,2022年1月1日后境外化妆品注册人、备案人应当对其进口中国的每批次产品进行留样,样品及记录交由境内责任人保存。分多次进口同一生产批次产品的,应当至少于首次进口时留样一次。

根据《化妆品生产质量管理规范》第五十六条的规定,委托生产的化妆品注册人、备案人应当在其住所或者主要经营场所留样,也可以在其住所或者主要经营场所所在地的其他经营场所留样。对"其住所或者主要经营场所所在地"中"所在地"的理解,通常认定为不超出同一地级市或者同一直辖市的行政区域内。境内责任人保存留样的,其留样地点的选择应当参照上述规定执行。留样地点的选择,应当能够满足法律法规的规定和标签标示的产品贮存要求。

链接《化妆品生产经营监督管理办法》第4、6、9、24—28条;《化妆品注册备案资料管理规定》第14条;《化妆品生产质量管理规范》第18、56条

第三十条 【原料及包装材料要求】化妆品原料、直接接触化妆品的包装材料应当符合强制性国家标准、技术规范。

不得使用超过使用期限、废弃、回收的化妆品或者化妆品原料生产化妆品。

注释 本条规定了对化妆品原料及包装材料的要求。

本条第一款强调化妆品原料、直接接触化妆品的包装材料应当符合强制性国家标准、技术规范。《化妆品监督管理条例》与《化妆品卫生监督条例》相比,更加重视原料的管理,敢于面对当前化妆品监管的重点与难点问题,有利于从源头堵塞监管漏洞、提高监管效能、有效保障化妆品的质量安全。

化妆品原料是组成化妆品的基础,一般来说,化妆品是由多种原料按照配方比例加工、制备而成的混合物,是化妆品整个生命周期的源头。可以说,原料的安全与作用直接影响化妆品成品的安全与性能。直接接触化妆品的包装材料,安全至关重要,不得与化妆品及其原料发生化学反应,不得迁移或者释放对人体产生危害的物质。综上,化妆品原料和直接接触化妆品包装材料的质量安全,直接决定着化妆品安全与否,直接关乎消费者的身体健康和生命安全,必须符合强制性国家标准和技术规范。

本条第二款以列举的方式强调不得用于化妆品生产的几种原料。本款中"使用期限"是指,该原料或者化妆品在标签指明的储存条件下保持相应质量的期限。超过有效期、受污染、变质或其他原因被废弃,产能过剩、库存较多或其他原因被回收的化妆品半成品、成品或者原料,安全无法保障或者存在安全隐患,禁止用于化妆品生产。

第三十一条 【化妆品生产质量管理制度】化妆品注册人、备案人、受托生产企业应当建立并执行原料以及直接接触化妆品的包装材料进货查验记录制度、产品销售记录制度。进货查验记录和产品销售记录应当真实、完整,保证可追溯,保存期限不得少于产品使用期限届满后1年;产品使用期限不足1年的,记录保存期限不得少于2年。

化妆品经出厂检验合格后方可上市销售。

注释 本条是关于化妆品生产环节应建立并执行质量管理制度的规定。

本条第一款强调化妆品注册人、备案人、受托生产企业应当建立并执行进货查验和产品销售记录制度,要求其建立覆盖上市前对原料、直接接触化妆品的包装材料的进货查验记录体系和上市后销售记录体系。该追溯体系实现了生产活动的全程可追溯,能有效防控化妆品生产环节风险,保障化妆品的质量安全。

《化妆品生产经营监督管理办法》第三十二条和《化妆品生产质量管理规范》第十四条对本款规定进行了细化,规定企业应当建立并执行追溯管理制度,对原料、内包材、半成品、成品制定明确的批号管理规则,与每批产品生产相关的所有记录应当相互关联,保证物料采购、产品生产、质量控制、贮存、销售和召回等全部活动可追溯。上述规定旨在进一步强化企业主体责任,保障消费者的安全权益。

值得注意的是,《化妆品生产经营监督管理办法》第三十二条第二款规定,委托生产化妆品的,原料以及直接接触化妆品的包装材料进货查验等记录可以由受托生产企业保存。在实践中,化妆品注册人、备案人与受托生产企业之间应当通过委托生产协议,明确双方在原料和直接接触化妆品的包装材料进货查验、产品销售记录方面的分工并相互监督,确保化妆品质量安全。原料及直接接触包装材料如果由化妆品注册人、备案人提供,受托生产企业应对其进行查验,索取相关检验报告及材料,确认符合相关规定后才投入生产;如果原料及直接接触包装材料由受托生产企业自行提供,注册人、备案人应加强对受托生产活动的监督,保证其按照法定要求做好原料采购及进货查验等事项。

本条第二款对化妆品上市销售前必须经出厂检验合格作出明确规定。出厂检验是化妆品生产质量管理中的重要环节,是确保化妆品质量安全的最后一道关口。化妆品注册人、备案人、受托生产企业应依照强制性国家标准、安全技术规范和产品技术要求,明确产品出厂项目,制定检验标准,安排专业人员开展出厂检验。可以自行开展,也可委托有资质的第三方检验机构进行。

链接 《化妆品生产经营监督管理办法》第32条;《化妆品生产质量管理规范》第14条

第三十二条 【质量安全负责人制度】化妆品注册人、备案人、受托生产企业应当设质量安全负责人,承担相应的产品质量安全管理和产品放行职责。

质量安全负责人应当具备化妆品质量安全相关专业知识,并具有5年以上化妆品生产或者质量安全管理经验。

注释 本条规定了质量安全负责人制度。

本条第一款明确了质量安全负责人制度及相关职责。"质量安全负责人"制度,是《化妆品监督管理条例》一项重要的制度创新,强调了化妆品是日常消费品,更是人体健康产品。该制度的提出,对强化企业主体责任,确保公众用妆安全,助推企业高质量发展等具有重要意义。质量安全负责人作为企业质量安全管理的"关键岗位"之一,是企业落实安全主体责任的关键,更是确保企业质量管理体系有效运转、各环节安全质量管理责任有效落实的关键。质量安全负责人应负责建立及运行质量管理体系的各项具体制度、决策产品质量问题、组织开展企业自查和产品召回等质量管理活动,落实产品放行、化妆品上市销售不良反应监测工作等。

本条第二款明确了质量安全负责人的从业条件及要求。质量安全负责人的能力和水平与企业质量管理水平息息相关,与化妆品质量安全紧密相连,故必须对质量安全负责人的从业条件提出要求。首先,质量安全负责人应具备化妆品、化学、化工、生物、医学、药学、食品、公共卫生或者法学等专业背景,具备质量安全管理专业知识。其次,质量安全负责人应具有五年以上化妆品生产或质量安全管理经验,具备质量管理相关能力。

实务问答 9. 质量安全负责人的从业要求和职责是什么?

根据《化妆品生产质量管理规范》第七条的规定,企业应当设质量安全负责人,质量安全负责人应当具备化妆品、化学、化工、生物、医学、药学、食品、公共卫生或者法学等化妆品质量安全相关专业知识,熟悉相关法律法规、强制性国家标准、技术规范,并具有五年以上化妆品生产或者质量管理经验。

质量安全负责人应当协助法定代表人承担下列相应的产品质量安全管理和产品放行职责:

(一)建立并组织实施本企业质量管理体系,落实质量安全管理责任,定期向法定代表人报告质量管理体系运行情况;

(二)产品质量安全问题的决策及有关文件的签发;

(三)产品安全评估报告、配方、生产工艺、物料供应商、产品标签等的审核管理,以及化妆品注册、备案资料的审核(受托生产企业除外);

(四)物料放行管理和产品放行;

(五)化妆品不良反应监测管理。

质量安全负责人应当独立履行职责,不受企业其他人员的干扰。根据企业质量管理体系运行需要,经法定代表人书面同意,质量安全负责人可以指定本企业的其他人员协助履行上述职责中除(一)(二)外的其他职责。被指定人员应当具备相应资质和履职能力,且其协助履行上述职责的时间、具体事项等应当如实记录,确保协助履行职责行为可追溯。质量安全负责人应当对协助履行职责情况进行监督,且其应当承担的法律责任并不转移给被指定人员。

链接《化妆品生产经营监督管理办法》第28、58条;《化妆品生产质量管理规范》第7条

第三十三条 【从业人员健康管理制度】 化妆品注册人、备案人、受托生产企业应当建立并执行从业人员健康管理制度。患有国务院卫生主管部门规定的有碍化妆品质量安全疾病的人员不得直接从事化妆品生产活动。

注释 本条规定了化妆品从业人员健康管理制度。化妆品是一种直接作用于人体的化工产品,其生产过程不能受到污染。这就要求直接接触化妆品的相关从业人员不能患有某些疾病。为预防传染病的传播、保证化妆品的安全、保障消费者的身体健康和生命安全,本条规定了化妆品从业人员健康管理制度。

本条中"直接从事化妆品生产活动",是指从事化妆品生产、检验和仓库管理等活动。"患有国务院卫生主管部门规定的有碍化妆品质量安全疾病",是指由国务院卫生主管部门规定的,可能影响化妆品质量安全的疾病,一般包括痢疾、伤寒、病毒性肝炎、活动性肺结核、手部皮肤病(手癣、指甲癣、手部湿疹、发生于手部的银屑病或者鳞屑)和化脓性或者渗出性皮肤病等疾病。

《化妆品生产质量管理规范》对本条规定进行了细化,该规范性文件第十一条第一款规定,企业应当建立并执行从业人员健康管理制度。直接从事化妆品生产活动的人员应当在上岗前接受健康检查,上岗后每年接受健康检查。患有国务院卫生主管部门规定的有碍化妆品质量安全疾病的人员不得直接从事化妆品生产活动。企业应当建立从业人员健康档案,至少保存三年。

链接《化妆品生产质量管理规范》第11条

第三十四条 【自查及整改制度】 化妆品注册人、备案人、受托生产企业应当定期对化妆品生产质量管理规范的执行情况进行自查;生产条件发

生变化,不再符合化妆品生产质量管理规范要求的,应当立即采取整改措施;可能影响化妆品质量安全的,应当立即停止生产并向所在地省、自治区、直辖市人民政府药品监督管理部门报告。

注释 本条规定了化妆品注册人、备案人、受托生产企业自查和整改制度。根据《化妆品监督管理条例》第二十九条的规定,化妆品生产必须严格执行化妆品生产质量管理规范。在实践中,某些化妆品生产企业因从业人员、设施设备、环境条件及操作程序等方面的改变,可能会出现生产过程不符合质量管理规范的情况,这就需要化妆品注册人、备案人、受托生产企业定期对化妆品生产质量规范的执行情况进行自查,防控安全隐患和安全事故的发生。"定期",原则上一年不得少于一次。"生产条件发生变化",主要包括生产场地、环境条件、设施设备、管理机构和技术人员、质量检验、质量管理制度运行等方面的情况发生变化。当发生上述变化时,企业应当立即采取整改措施。当出现可能影响化妆品质量安全的情形时,企业应立即停止生产并向所在地省级药品监督管理部门报告。这里需要注意的是,停产并报告监管部门只是企业需要做的第一步,后面还需要第一时间进行原因分析、积极整改。当发现产品有缺陷时,还应当主动采取召回等处置措施,确保上市产品的质量安全。

链接 《化妆品生产质量管理规范》第63条

第三十五条 【标签管理规定】 化妆品的最小销售单元应当有标签。标签应当符合相关法律、行政法规、强制性国家标准,内容真实、完整、准确。

进口化妆品可以直接使用中文标签,也可以加贴中文标签;加贴中文标签的,中文标签内容应当与原标签内容一致。

注释 本条规定了化妆品标签管理要求。化妆品标签是向消费者传递产品基本信息、属性特征、功效宣称和安全警示等内容的主要载体,真实、完整、准确的标签标注是确保消费者正确、合理、安全使用产品的必要保障。

本条第一款明确了化妆品标签的基本要求。对本款中的"标签",《化妆品标签管理办法》第三条进行了明确规定:本办法所称化妆品标签,是指产品销售包装上用以辨识说明产品基本信息、属性特征和安全警示等的文字、符号、数字、图案等标识,以及附有标识信息的包装容器、包装盒和说明书。"最小销售单元",依据《化妆品标签管理办法》第二十二条的规定,是指以产品销售为目的,将产品内容物随产品包装容器、包装盒以及产品说明书等一起交付消费者时的最小包装的产品形式。

为保障消费者合法权益,确保化妆品使用安全,本款还规定,标签应当符合相关法律、行政法规、强制性国家标准,内容真实、完整、准确。具体而言,化妆品标签应符合《化妆品监督管理条例》《化妆品标签管理办法》《化妆品安全技术规范(2015年版)》和强制性国家标准要求,内容应能体现自身属性和安全警示内容,如实客观表述相关内容。

本条第二款专门对进口化妆品的标签作了具体要求。为保障我国消费者的合法权益,本款强调了进口化妆品应有中文标签,确保国内外产品在标签宣称上公平一致,同时方便进一步加强标签监管并明确了两种标注方法。本款充分考虑国际惯例和化妆品行业实际情况,允许进口化妆品可以选择其中一种方式进行标签标注。为体现国产和进口化妆品在标签监管上的公平和对等,本款还强调如果采用加贴中文标签的标注方式,必须保证中文标签内容与原标签内容一致。

链接 《化妆品标签管理办法》第3—9、22条

第三十六条 【标签标注内容】 化妆品标签应当标注下列内容:

(一)产品名称、特殊化妆品注册证编号;

(二)注册人、备案人、受托生产企业的名称、地址;

(三)化妆品生产许可证编号;

(四)产品执行的标准编号;

(五)全成分;

(六)净含量;

(七)使用期限、使用方法以及必要的安全警示;

(八)法律、行政法规和强制性国家标准规定应当标注的其他内容。

注释 本条规定了化妆品标签应标注的八个方面内容。化妆品标签是消费者获取产品基本信息和安全使用信息的最直接途径。

本条第一项规定了标签必须标注产品名称、特殊化妆品注册证编号。产品名称用于区分产品类别、功效和用途,是识别化妆品的重要信息,具

有唯一性。化妆品中文名称一般由商标名、通用名和属性名三部分组成:商标名即品牌名;通用名可以表明产品使用的原料或描述产品的用途、使用部位等;属性名则反映产品的真实性状或外观形态,比如乳液、霜。约定俗成、习惯使用的化妆品名称可以省略通用名或者属性名。根据本条例第十七条和第二十条的规定,特殊化妆品应当取得国务院药品监督管理部门核发的注册证,其编号也具有唯一性。要求特殊化妆品标注注册证编号,有利于消费者查询产品注册信息,确保产品的安全性,便于消费选择。

本条第二项规定了标签需要标注注册人、备案人、受托生产企业的名称、地址。化妆品注册人、备案人对化妆品的质量安全和功效宣称负责,受托生产企业是化妆品的实际生产者,对化妆品的质量安全也负有重要责任。标签上标注这些内容,可以使消费者知晓产品的安全责任的承担者,一旦发生产品质量问题,可以向责任者维权,也能一定程度上监督化妆品注册人、备案人、受托生产企业主动履行主体责任,确保产品的质量安全。

本条第三项规定了标签必须标注化妆品生产许可证编号。为确保化妆品的质量安全,我国化妆品生产实行行政许可制度,在我国境内从事化妆品生产活动,必须向省级药品监督管理部门申请,取得生产许可证。标注生产许可证编号可以公示化妆品生产者,也方便消费者查询核对相关信息。需要注意的是,委托生产的化妆品如何标注生产许可证编号?委托生产的产品不仅需要同时标注委托方和受托方的名称和地址,还需要同时标注委托方和受托方的生产许可证编号,便于保障消费者的知情权。

本条第四项规定标签必须标注产品执行的标准编号。"产品执行的标准",一般有强制性国家标准、行业标准和企业标准,其规定产品质量安全技术要求,是保证产品质量安全的重要技术性文件。化妆品的强制性国家标准目前是《消费品使用说明 化妆品通用标签》(GB 5296.3—2008)。化妆品标签标注执行的标准编号,可以使消费者了解产品的安全控制指标,便于开展社会监督,也可使监管部门获知产品制定的标准,便于监管。故产品执行的标准编号也非常有必要进行标注。《化妆品标签管理办法》第十一条对此进一步明确:化妆品标签应当在销售包装可视面标注产品执行的标准编号,以相应的引导语引出。

本条第五项规定标签必须标注全成分。标注化妆品的全成分有利于保障消费者的知情权,保护消费者的身体健康,也便于监管部门的监管。化妆品的成分,是指生产者按照产品的设计,有目的地添加到产品配方中的物质,如溶剂、表面活性剂、防晒剂等。

本条第六项规定标签必须标注净含量。根据《定量包装商品计量监督管理办法》第五条的规定,定量包装商品的生产者、销售者应当在其商品包装的显著位置正确、清晰地标注定量包装商品的净含量。净含量的标注由"净含量"(中文)、数字和法定计量单位(或者用中文表示的计数单位)三个部分组成。法定计量单位的选择应当符合本办法的有关规定。以长度、面积、计数单位标注净含量的定量包装商品,可以免于标注"净含量"三个中文字,只标注数字和法定计量单位(或者用中文表示的计数单位)。第六条规定,定量包装商品净含量标注字符的最小高度应当符合本办法的有关规定。《化妆品标签管理办法》对本项规定作了进一步细化,该办法第十三条规定,化妆品的净含量应当使用国家法定计量单位表示,并在销售包装展示面标注。净含量必须在销售包装展示面标注,并以"净含量"作为引导语引出,不能标注在底面。值得注意的是,净含量是《化妆品标签管理办法》中规定的十项必须标注的内容中唯一被明确禁止标注在底面的项目。这里提到的"展示面"是指化妆品在陈列时,除底面外能被消费者看到的任何面。

本条第七项规定了标签必须标注使用期限、使用方法以及必要的安全警示。本项中"使用期限",是指产品保持质量安全水平的期限,俗称"保质期"。《化妆品标签管理办法》对使用期限的标注要求进行了细化,该办法第十四条规定,产品使用期限应当按照下列方式之一在销售包装可视面标注,并以相应的引导语引出:(一)生产日期和保质期,生产日期应当使用汉字或者阿拉伯数字,以四位数年份、二位数月份和二位数日期的顺序依次进行排列标识;(二)生产批号和限期使用日期。具有包装盒的产品,在直接接触内容物的包装容器上标注使用期限时,除可以选择上述方式标注外,还可以采用标注生产批号和开封后使用期限的方式。销售包装内含有多个独立包装产品时,每个独立包装应当分别标注使用期限,销售包装可视面上的使用期限应当按照其中最早到期的独立包装产品的使用期限标注;也可以分别标注单个独立包装产品的使用期限。

本项中要求标注"使用方法",有利于引导消费者正确使用化妆品,保护其合法权益。《化妆品标签管理办法》第十五条对此项规定进行了细化规定:为保证消费者正确使用,需要标注产品使用方法的,应当在销售包装可视面或者随附于产品的说明书中进行标注。

本项还强调了必须标注"必要的安全警示"。化妆品注册人、备案人为避免消费者使用产品存在的某种安全隐患,应通过标签标注安全警示用语的方式对特殊消费者,比如儿童、易过敏人群、孕妇等进行提醒,确保消费者能正确、安全地使用化妆品。

本条第八项规定,标签必须标注法律、行政法规和强制性国家标准规定应当标注的其他内容。这是一个兜底款项。如儿童化妆品需按照《儿童化妆品监督管理规定》的要求标注警示用语:"应当在成人监护下使用"。指甲油、卸甲液、香水、气雾剂等易燃易爆化妆品需按照《气雾剂产品的标示、分类及术语》(BB/T 0005—2010)和《化学品分类和标签规范 第 4 部分:气溶胶》(GB 30000.4—2013)的相关要求,标注使用安全注意事项和化学品安全标志。除此之外,这里常见的还涉及《化妆品标签管理办法》《化妆品安全技术规范(2015 年版)》《化妆品生产质量管理规范》等规定。

实务问答 10. 化妆品中文标签应至少标注哪些内容?

《化妆品标签管理办法》第七条规定,化妆品中文标签应当至少包括以下内容:(一)产品中文名称、特殊化妆品注册证书编号;(二)注册人、备案人的名称、地址,注册人或者备案人为境外企业的,应当同时标注境内责任人的名称、地址;(三)生产企业的名称、地址,国产化妆品应当同时标注生产企业生产许可证编号;(四)产品执行的标准编号;(五)全成分;(六)净含量;(七)使用期限;(八)使用方法;(九)必要的安全警示用语;(十)法律、行政法规和强制性国家标准规定应当标注的其他内容。具有包装盒的产品,还应当同时在直接接触内容物的包装容器上标注产品中文名称和使用期限。

11. 化妆品标签如何标注全成分?

《化妆品标签管理办法》第十二条明确规定,化妆品标签应当在销售包装可视面标注化妆品全部成分的原料标准中文名称,以"成分"作为引导语引出,并按照各成分在产品配方中含量的降序列出。化妆品配方中存在含量不超过 0.1%(w/w)的成分的,所有不超过 0.1%(w/w)的成分应当以"其他微量成分"作为引导语引出另行标注,可以不按照成分含量的降序列出。以复配或者混合原料形式进行配方填报的,应当以其中每个成分在配方中的含量作为成分含量的排序和判别是否为微量成分的依据。

12. 化妆品标签如何标注"安全警示"?

《化妆品标签管理办法》第十六条规定,存在下列情形之一的,应当以"注意"或者"警告"作为引导语,在销售包装可视面标注安全警示用语:(一)法律、行政法规、部门规章、强制性国家标准、技术规范对化妆品限用组分、准用组分有警示用语和安全事项相关标注要求的;(二)法律、行政法规、部门规章、强制性国家标准、技术规范对适用于儿童等特殊人群化妆品要求标注的相关注意事项的;(三)法律、行政法规、部门规章、强制性国家标准、技术规范规定其他应当标注安全警示用语、注意事项的。

链接 《化妆品标签管理办法》第 7、11、12、14—16 条;《化妆品生产质量管理规范》第 34 条

第三十七条 【标签禁止标注内容】 化妆品标签禁止标注下列内容:

(一)明示或者暗示具有医疗作用的内容;
(二)虚假或者引人误解的内容;
(三)违反社会公序良俗的内容;
(四)法律、行政法规禁止标注的其他内容。

注释 本条规定了化妆品标签禁止标注的内容。此条以问题为导向,针对化妆品监管现状,为避免误导消费者,明确规定了化妆品标签禁止标注明示或者暗示具有医疗作用、虚假或引人误解、违反社会公序良俗以及法律、行政法规禁止标注的其他内容,严厉打击虚假夸大等违法宣传行为。

本条第一项强调化妆品标签禁止标注"明示或者暗示具有医疗作用的内容"。"具有医疗作用"一般是针对药品而言的。化妆品和药品是分属不同类别、具有不同使用对象和使用目的的完全不同的产品。化妆品的使用人群一般是健康人群,其

目的是清洁、保护、美化和修饰等；药品的使用人群一般是患病人群，其使用目的是预防、治疗或者诊断疾病等。根据《药品管理法》第九十条第三款的规定，非药品广告不得有涉及药品的宣传。具体而言，何为"明示或者暗示具有医疗作用的内容"？《化妆品标签管理办法》第十九条规定，化妆品标签禁止通过下列方式标注或者宣称：（一）使用医疗术语、医学名人的姓名、描述医疗作用和效果的词语或已经批准的药品名明示或者暗示产品具有医疗作用……（三）利用商标、图案、字体颜色大小、色差、谐音或者暗示性的文字、字母、汉语拼音、数字、符号等方式暗示医疗作用或者进行虚假宣称……

本条第二项强调化妆品标签禁止标注"虚假或者引人误解的内容"。如果化妆品标签标注内容与实际不符，极易误导消费者。何为"虚假或者引人误解的内容"？《化妆品标签管理办法》第十九条规定，化妆品标签禁止通过下列方式标注或者宣称：……（二）使用虚假、夸大、绝对化的词语进行虚假或者引人误解地描述；（三）利用商标、图案、字体颜色大小、色差、谐音或者暗示性的文字、字母、汉语拼音、数字、符号等方式暗示医疗作用或者进行虚假宣称；（四）使用尚未被科学界广泛接受的术语、机理编造概念误导消费者；（五）通过编造虚假信息、贬低其他合法产品等方式误导消费者；（六）使用虚构、伪造或者无法验证的科研成果、统计资料、调查结果、文摘、引用语等信息误导消费者；（七）通过宣称所用原料的功能暗示产品实际不具有或者不允许宣称的功效；（八）使用未经相关行业主管部门确认的标识、奖励等进行化妆品安全及功效相关宣称及用语；（九）利用国家机关、事业单位、医疗机构、公益性机构等单位及其工作人员、聘任的专家的名义、形象作证明或者推荐；（十）表示功效、安全性的断言或者保证……

本条第三项强调化妆品标签禁止标注"违反社会公序良俗的内容"。常见的有涉及庸俗、封建迷信内容，违反社会公德用语，宣扬色情用语，带有侮辱或歧视他人的用语等。

本条第四项强调化妆品标签禁止标注"法律、行政法规禁止标注的其他内容"，是一个兜底款项。常见的有《红十字会法》中要求禁止利用红十字标志和名称牟利等。

链接 《化妆品标签管理办法》第19条；《广告法》第4条；《红十字会法》第16条

第三十八条 【化妆品经营管理制度】化妆品经营者应当建立并执行进货查验记录制度，查验供货者的市场主体登记证明、化妆品注册或者备案情况、产品出厂检验合格证明，如实记录并保存相关凭证。记录和凭证保存期限应当符合本条例第三十一条第一款的规定。

化妆品经营者不得自行配制化妆品。

注释 本条规定了化妆品经营者进货查验和经营过程管理制度。

本条第一款明确了化妆品经营者进货查验制度的具体要求。经营者执行进货查验制度，能保证所购进产品的质量安全，对构建化妆品全程可追溯体系，保障化妆品的消费安全、维护经营者自身合法权益有着重要意义。如果化妆品经营者严格执行了该制度，尽到了相关法定义务，一旦发生化妆品质量安全问题，可依据本条例第六十八条之规定，免除对该经营者的行政处罚。

执行进货查验制度如此重要，那么需要查验什么呢？《化妆品生产经营监督管理办法》第三十九条规定，化妆品经营者应当建立并执行进货查验记录制度，查验直接供货者的市场主体登记证明、特殊化妆品注册证或者普通化妆品备案信息、化妆品的产品质量检验合格证明并保存相关凭证，如实记录化妆品名称、特殊化妆品注册证编号或者普通化妆品备案编号、使用期限、净含量、购进数量、供货者名称、地址、联系方式、购进日期等内容。

本款中"市场主体登记证明"，包括供货者的营业执照。如果供货者是生产企业，还应当查验其化妆品生产许可证。"产品出厂检验合格证明"是指该产品的生产企业自行出具的出厂检验报告、合格证等证明，或者是由第三方检验机构出具的检验报告、证明等。

本条第二款强调化妆品经营者不得自行配制化妆品。化妆品配制行为属生产行为，需取得相关许可，即由取得化妆品生产许可证的生产企业，依法在其许可范围内实施。对于化妆品经营者，其不具备化妆品生产条件和专业人员等，无法开展化妆品生产活动。故本款作了禁止性规定。

实务问答 13. 所有的化妆品经营者都需要建立并执行进货查验记录制度吗？

答案是否定的。《化妆品生产经营监督管理办法》第四十条规定，实行统一配送的化妆品经营者，可以由经营者总部统一建立并执行进货查验记录制度，按照本办法的规定，统一进行查验记录并保存相关凭证。经营者总部应当保证所属分店能提供所经营化妆品的相关记录和凭证。

链接 《化妆品生产经营监督管理办法》第 4、39、40 条

第三十九条　【贮存、运输要求】 化妆品生产经营者应当依照有关法律、法规的规定和化妆品标签标示的要求贮存、运输化妆品，定期检查并及时处理变质或者超过使用期限的化妆品。

注释 本条明确了化妆品有关贮存、运输方面的要求。化妆品作为直接接触人体的化学工业产品，其成分较多，如果贮存、运输不当，极易滋生微生物造成污染与变质，使用后可能会导致皮肤过敏，影响到消费者的身体健康，其贮存和运输必须遵守有关法律法规的规定和化妆品标签标示的要求。

为保证所经营的化妆品的质量安全，化妆品经营者还应当定期检查库存化妆品，及时处理变质或者超过使用期限的化妆品。在实践中，有些化妆品可能已经变质，主要表现为：化妆品出现怪异气味、异色斑点、发黄发黑，或者化妆品内出现肉眼可见的水分从膏霜中溢出、内容物出现膨胀等现象。变质和超过使用期限的化妆品一旦流向市场，可能对消费者健康造成影响，化妆品经营者也可能要承担民事责任、行政责任，甚至刑事责任，化妆品生产经营者必须对化妆品进行定期检查、及时清理变质或超过使用期限的化妆品。

链接 《化妆品生产质量管理规范》第 31、59 条

第四十条　【化妆品集中交易市场开办者、展销会举办者管理责任】 化妆品集中交易市场开办者、展销会举办者应当审查入场化妆品经营者的市场主体登记证明，承担入场化妆品经营者管理责任，定期对入场化妆品经营者进行检查；发现入场化妆品经营者有违反本条例规定行为的，应当及时制止并报告所在地县级人民政府负责药品监督管理的部门。

注释 本条规定了化妆品集中交易市场开办者、展销会举办者的管理责任。实践中，集中交易市场和展销会上，化妆品经营者众多，流动性大，消费者在此场所购买的化妆品一旦发生质量问题，因难以找到销售者，或因销售者经营规模小、赔偿能力有限等原因，一般难以维权。本条坚持问题导向，从维护消费者权益出发，对化妆品特殊经营主体，即集中交易市场开办者、展销会举办者的管理责任作出明确规定。为确保入场化妆品经营者的合法身份，首先，集中交易市场开办者、展销会举办者应审查入场化妆品经营者的营业执照等市场主体登记证明；其次，应定期对入场化妆品经营者的经营行为和产品进行检查，建立质量安全管理相关制度，配备一定数量的检验设备或检验人员，开展抽样检验，杜绝有问题的化妆品销售流通；最后，集中交易市场开办者、展销会举办者有及时制止违法行为并向监管部门报告的义务。对入场化妆品经营者加强管理，发现其不建立并执行进货查验记录制度、擅自配制化妆品等违法行为时，应及时制止，并向所在地县级监管部门报告，避免违法行为持续，保障消费者的合法权益。

实务问答 14. 化妆品集中交易市场开办者、展销会举办者需履行怎样的管理责任？

《化妆品生产经营监督管理办法》第四十二条规定，化妆品集中交易市场开办者、展销会举办者应当建立保证化妆品质量安全的管理制度并有效实施，承担入场化妆品经营者管理责任，督促入场化妆品经营者依法履行义务，每年或者展销会期间至少组织开展一次化妆品质量安全知识培训。化妆品集中交易市场开办者、展销会举办者应当建立入场化妆品经营者档案，审查入场化妆品经营者的市场主体登记证明，如实记录经营者名称或者姓名、联系方式、住所等信息。入场化妆品经营者档案信息应当及时核验更新，保证真实、准确、完整，保存期限不少于经营者在场内停止经营后二年。化妆品展销会举办者应当在展销会举办前向所在地县级负责药品监督管理的部门报告展销会的时间、地点等基本信息。第四十三条规定，化妆品集中交易市场开办者、展销会举办者应当建立化妆品检查制度，对经营者的经营条件以及化妆品质量安全状况进行检查。发现入场化妆品经营者有违反《化妆品监督管理条例》以及本办法规定行为的，应当及时制止，依照集中交易市场管理规定或者与经营者签订的协议进行处理，并向所在地县级负责药品监督管理的部门报告。鼓励化妆品集中交易市场开办者、展销会举办者建立化妆品抽样检验、统一销售凭证格式等制度。

链接 《化妆品生产经营监督管理办法》第 42、43 条

第四十一条　【电子商务经营者义务】电子商务平台经营者应当对平台内化妆品经营者进行实名登记，承担平台内化妆品经营者管理责任，发现平台内化妆品经营者有违反本条例规定行为的，应当及时制止并报告电子商务平台经营者所在地省、自治区、直辖市人民政府药品监督管理部门；发现严重违法行为的，应当立即停止向违法的化妆品经营者提供电子商务平台服务。

平台内化妆品经营者应当全面、真实、准确、及时披露所经营化妆品的信息。

注释　本条规定了电子商务经营者的法定义务。近年来，通过网络购买化妆品已成为我国居民购买化妆品的主要方式。电子商务经营者作为网络销售的主体，应主动履行法定义务，确保网络销售化妆品的安全。本条涉及的电子商务经营者有电子商务平台经营者和平台内经营者。根据《电子商务法》第九条的规定，"电子商务经营者"，是指通过互联网等信息网络从事销售商品或者提供服务的经营活动的自然人、法人和非法人组织，包括电子商务平台经营者、平台内经营者以及通过自建网站、其他网络服务销售商品或者提供服务的电子商务经营者。"电子商务平台经营者"，是指在电子商务中为交易双方或者多方提供网络经营场所、交易撮合、信息发布等服务，供交易双方或者多方独立开展交易活动的法人或者非法人组织。"平台内经营者"，是指通过电子商务平台销售商品或者提供服务的电子商务经营者。

本条第一款明确了电子商务平台经营者的法定义务。电子商务平台经营者，作为化妆品网络交易第三方平台提供者，为确保化妆品网络销售安全，应主动履行以下法定义务：1. 对平台内化妆品经营者进行实名登记。应根据《电子商务法》第二十七条的规定，要求申请进入平台销售商品或者提供服务的经营者提交其身份、地址、联系方式、行政许可等真实信息，进行核验、登记，建立登记档案，并定期核验更新。2. 承担对平台内化妆品经营者的管理责任。应根据《电子商务法》第二十九条的规定，发现平台内的商品或者服务信息存在未依法取得行政许可等违法的情形的，应当依法采取必要的处置措施，并向有关主管部门报告。

本条第二款明确了平台内化妆品经营者信息展示的法定义务。因网络经营具有隐蔽性、信息不对称性等特点，平台内化妆品经营者应全面、真实、准确、及时地展示所经营化妆品的信息，以保障消费者的知情权。《消费者权益保护法》第八条规定，消费者享有知悉其购买、使用的商品或者接受的服务的真实情况的权利。消费者有权根据商品或者服务的不同情况，要求经营者提供商品的价格、产地、生产者、用途、性能、规格、等级、主要成分、生产日期、有效期限、检验合格证明、使用方法说明书、售后服务，或者服务的内容、规格、费用等有关情况。第二十条第一款规定，经营者向消费者提供有关商品或者服务的质量、性能、用途、有效期限等信息，应当真实、全面，不得作虚假或者引人误解的宣传。由此可见，按照线上线下要求一致的原则，平台内化妆品经营者应当全面、真实、准确、及时披露所经营化妆品的信息，此外，不得展示本条例和国务院药品监督管理部门禁止经营的违法化妆品信息，在化妆品网页宣传信息中不得明示或者暗示具有医疗作用、虚假夸大功效等。

链接　《消费者权益保护法》第8、20条；《电子商务法》第9、27、29条

第四十二条　【化妆品使用单位义务】美容美发机构、宾馆等在经营中使用化妆品或者为消费者提供化妆品的，应当履行本条例规定的化妆品经营者义务。

注释　本条明确了美容美发机构、宾馆等化妆品使用单位的法定义务。化妆品经营除一些常见的经营主体，如连锁店、专卖店、品牌代理商（含直销）、商超、母婴用品店、饰品店、食杂店、便利店，以及化妆品批发店外，还有一些使用单位也比较常见，如美容美发机构、宾馆、足浴店、美甲店等。这些使用单位在经营服务中使用化妆品或者将化妆品提供给消费者使用，也是一种化妆品的经营行为，故应履行本条例规定的与其行为相对应的化妆品经营者相关义务，还应按照化妆品标签和说明书的要求正确使用化妆品，并向消费者真实、准确、全面地说明化妆品的质量、效果和使用方法，不得对产品功效进行虚假夸大宣传等。需要强调的是，这些单位不得自行配制化妆品。

实务问答　15. 美容美发机构、宾馆在经营服务中使用化妆品应履行怎样的义务？

根据《化妆品生产经营监督管理办法》第四十一条的规定，美容美发机构、宾馆等在经营服务中

使用化妆品或者为消费者提供化妆品的,应当依法履行《化妆品监督管理条例》以及本办法规定的化妆品经营者义务。美容美发机构经营中使用的化妆品以及宾馆等为消费者提供的化妆品应当符合最小销售单元标签的规定。美容美发机构应当在其服务场所内显著位置展示其经营使用的化妆品的销售包装,方便消费者查阅化妆品标签的全部信息,并按照化妆品标签或者说明书的要求,正确使用或者引导消费者正确使用化妆品。

链接 《化妆品生产经营监督管理办法》第41条

第四十三条 【化妆品广告要求】 化妆品广告的内容应当真实、合法。

化妆品广告不得明示或者暗示产品具有医疗作用,不得含有虚假或者引人误解的内容,不得欺骗、误导消费者。

注释 本条规定了化妆品广告的要求。《广告法》第二条第一款规定:"在中华人民共和国境内,商品经营者或者服务提供者通过一定媒介和形式直接或者间接地介绍自己所推销的商品或者服务的商业广告活动,适用本法。"为保障消费者权益,规范化妆品广告行为,本条对化妆品广告的要求进行了明确。

本条第一款强调了化妆品广告的内容应当真实、合法。应按照法律法规要求和产品注册或备案的技术要求资料进行如实宣传推广。从事化妆品广告活动,应遵守《广告法》及其他相关法律法规的规定。《广告法》第三条规定,广告应当真实、合法,以健康的表现形式表达广告内容,符合社会主义精神文明建设和弘扬中华民族优秀传统文化的要求。

本条第二款强调了化妆品广告禁止的内容。化妆品不具有医疗作用,化妆品广告不得明示或者暗示产品具有医疗作用。《药品管理法》第九十条第三款规定,非药品广告不得有涉及药品的宣传。《广告法》第十七条规定,除医疗、药品、医疗器械广告外,禁止其他任何广告涉及疾病治疗功能,并不得使用医疗用语或者易使推销的商品与药品、医疗器械相混淆的用语。另外,《广告法》第四条第一款还规定,广告不得含有虚假或者引人误解的内容,不得欺骗、误导消费者。

链接 《广告法》第2—4、17条;《药品管理法》第90条

第四十四条 【召回制度】 化妆品注册人、备案人发现化妆品存在质量缺陷或者其他问题,可能危害人体健康的,应当立即停止生产,召回已经上市销售的化妆品,通知相关化妆品经营者和消费者停止经营、使用,并记录召回和通知情况。化妆品注册人、备案人应当对召回的化妆品采取补救、无害化处理、销毁等措施,并将化妆品召回和处理情况向所在地省、自治区、直辖市人民政府药品监督管理部门报告。

受托生产企业、化妆品经营者发现其生产、经营的化妆品有前款规定情形的,应当立即停止生产、经营,通知相关化妆品注册人、备案人。化妆品注册人、备案人应当立即实施召回。

负责药品监督管理的部门在监督检查中发现化妆品有本条第一款规定情形的,应当通知化妆品注册人、备案人实施召回,通知受托生产企业、化妆品经营者停止生产、经营。

化妆品注册人、备案人实施召回的,受托生产企业、化妆品经营者应当予以配合。

化妆品注册人、备案人、受托生产企业、经营者未依照本条规定实施召回或者停止生产、经营的,负责药品监督管理的部门责令其实施召回或者停止生产、经营。

注释 本条规定了化妆品召回制度。实施化妆品召回制度,有利于强化企业的主体责任,更有利于保障消费者的健康安全。本条中的"缺陷",根据《产品质量法》第四十六条的规定,是指产品存在危及人身、他人财产安全的不合理的危险;产品有保障人体健康和人身、财产安全的国家标准、行业标准的,是指不符合该标准。

化妆品召回根据启动情况不同,可以分为主动召回和责令召回。主动召回是指化妆品注册人、备案人按照法定要求或根据产品不良事件监测等信息对化妆品开展质量评估,确定产品存在缺陷或其他问题,可能危害人体健康时,立即停止生产销售存在缺陷的产品,依法向社会公布有关产品缺陷等信息,通知销售者停止销售存在缺陷的产品,通知消费者停止消费存在缺陷的产品,并及时实施的召回。责令召回是指行政机关在发现产品存在安全隐患、生产企业应当主动召回产品而不采取召回措施的情况下,作出要求企业召回产品的行为。

本条第一款规定了化妆品注册人、备案人产品召回责任。化妆品注册人、备案人对化妆品的

质量安全和功效宣称负责,对产品的全生命周期安全负责。其是实施化妆品召回的主体,应建立并执行化妆品召回制度。化妆品注册人、备案人发现化妆品存在质量缺陷或者其他问题,比如产品不符合强制性国家标准、技术规范或者不符合化妆品注册或备案时载明的技术要求、卫生指标不合格、重金属含量超标、甲醛含量超标时,可能危害人体健康的,要主动履行主体责任,应当立即停止生产,召回已经上市销售的产品,通知相关化妆品经营者和消费者停止经营、使用,并记录召回和通知情况。召回记录内容应当至少包括产品名称、净含量、使用期限、召回数量、实际召回数量、召回原因、召回时间、处理结果、向监管部门报告情况等。对于召回的产品,要依法按照规定采取收回、替换或者无害化处理、销毁等措施,并将召回和处理情况报告所在地省级药品监督管理部门。

本条第二款、第四款规定了受托生产企业、化妆品经营者在产品召回过程中的责任。受托生产企业、化妆品经营者在生产经营化妆品的过程中,发现产品有质量缺陷或者其他问题,有可能危害人体健康时,应立即停止生产、经营,将有关情况及时通知化妆品注册人和备案人,并协助其对缺陷产品进行评估、调查,配合其实施召回活动,及时回收、控制缺陷产品,保障消费者的安全。

本条第三款、第五款规定了监管部门在化妆品召回过程中的责任。监管部门应当加强化妆品召回信息的收集和管理,及时分析和处理相关信息,进行化妆品安全危害调查和化妆品安全危害评估,发现产品有质量缺陷或者其他问题时,应当通知化妆品注册人、备案人实施召回,或者在化妆品注册人、备案人不主动召回时责令其实施召回,并通知受托生产企业、化妆品经营者停止生产、经营。

链接《产品质量法》第46条;《化妆品生产质量管理规范》第63条;《化妆品生产经营监督管理办法》第53条

第四十五条 【化妆品进出口管理】出入境检验检疫机构依照《中华人民共和国进出口商品检验法》的规定对进口的化妆品实施检验;检验不合格的,不得进口。

进口商应当对拟进口的化妆品是否已经注册或者备案以及是否符合本条例和强制性国家标准、技术规范进行审核;审核不合格的,不得进口。进口商应当如实记录进口化妆品的信息,记录保存期限应当符合本条例第三十一条第一款的规定。

出口的化妆品应当符合进口国(地区)的标准或者合同要求。

注释 本条规定了化妆品进出口管理的规定。

本条第一款强调了进口化妆品检验的机构,以及不得进口检验不合格的化妆品。《进出口商品检验法》第五条第一款、第二款规定:"列入目录的进出口商品,由商检机构实施检验。前款规定的进口商品未经检验的,不准销售、使用;前款规定的出口商品未经检验合格的,不准出口。"该法第六条第一款、第二款规定:"必须实施的进出口商品检验,是指确定列入目录的进出口商品是否符合国家技术规范的强制性要求的合格评定活动。合格评定程序包括:抽样、检验和检查;评估、验证和合格保证;注册、认可和批准以及各项的组合。"《进出口商品检验法实施条例》第四条也规定:"出入境检验检疫机构对列入目录的进出口商品以及法律、行政法规规定须经出入境检验检疫机构检验的其他进出口商品实施检验(以下称法定检验)。出入境检验检疫机构对法定检验以外的进出口商品,根据国家规定实施抽查检验。"

本条第二款明确了进口商的责任和义务。《化妆品监督管理条例》第十七条规定:"特殊化妆品经国务院药品监督管理部门注册后方可生产、进口。国产普通化妆品应当在上市销售前向备案人所在地省、自治区、直辖市人民政府药品监督管理部门备案。进口普通化妆品应当在进口前向国务院药品监督管理部门备案。"进口商在进口前,应对拟进口上市的化妆品的注册备案情况进行检查,对产品是否符合《化妆品监督管理条例》、强制性国家标准、技术规范进行审核,审核不合格的,不得进口。另外,为保障进口化妆品的质量安全,进口商应根据《化妆品监督管理条例》第三十一条第一款"化妆品注册人、备案人、受托生产企业应当建立并执行原料以及直接接触化妆品的包装材料进货查验记录制度、产品销售记录制度。进货查验记录和产品销售记录应当真实、完整,保证可追溯,保存期限不得少于产品使用期限届满后1年;产品使用期限不足1年的,记录保存期限不得少于2年"的规定,履行相关法定义务。

本条第三款明确了化妆品出口的要求。根据

国际惯例和我国实际出口商品监管总体思路，出口的化妆品应符合进口国(地区)的标准或者合同要求，由进口国(地区)实施监管为主。

链接 《进出口商品检验法》第5、6条；《进出口商品检验法实施条例》第4条

第四章　监督管理

第四十六条　【监管部门采取相关措施的授权】 负责药品监督管理的部门对化妆品生产经营进行监督检查时，有权采取下列措施：

（一）进入生产经营场所实施现场检查；

（二）对生产经营的化妆品进行抽样检验；

（三）查阅、复制有关合同、票据、账簿以及其他有关资料；

（四）查封、扣押不符合强制性国家标准、技术规范或者有证据证明可能危害人体健康的化妆品及其原料、直接接触化妆品的包装材料，以及有证据证明用于违法生产经营的工具、设备；

（五）查封违法从事生产经营活动的场所。

注释　本条是关于授权化妆品监督管理部门采取监督检查措施的规定。

本条第一项规定了进入生产经营场所实施现场检查的权力。现场检查是指药品监督管理部门进入化妆品生产经营场所，对生产经营行为是否遵守法律法规、执行相关质量管理规范和相关标准等情况进行检查的行为，或者对违法线索进行现场调查取证的行为。药品监督管理部门依法进行现场检查时，有关单位及个人应当接受检查，积极予以配合，并提供真实完整准确的记录、票据、数据、信息等相关资料，不得以任何理由拒绝、逃避、拖延或者阻碍检查。如果有关人员拒绝、阻挠执法人员对化妆品生产经营场所实施现场检查，可以依照《治安管理处罚法》等法律法规给予处罚，构成犯罪的，可以依法追究刑事责任。与此同时，药品监督管理部门检查人员进入生产经营场所实施检查时，应当严格遵守法律法规、廉洁纪律和工作要求，不得向被检查单位提出与检查无关的要求，不得与被检查单位有利害关系；应当严格遵守保密规定，严格管理涉密资料，严防泄密事件发生。不得泄露检查相关信息及被检查单位技术或者商业秘密等信息。

本条第二项规定了开展抽样检验的权力。对化妆品进行抽样检验是化妆品监督管理的重要措施之一。抽样检验包括抽样和检验两个步骤。抽样分为现场抽样和网络抽样。《化妆品抽样检验管理办法》第十一条规定，抽样工作应当坚持问题导向、广泛覆盖、监督检查与抽样检验相结合的原则。抽样是指从全部产品中随机抽取一部分样品，其基本要求是要保证所抽取的样品对全部产品具有充分的代表性。该办法第五条规定，化妆品生产经营者应当依法接受负责药品监督管理的部门组织实施的化妆品抽样检验，不得干扰、阻碍或者拒绝抽样检验工作，不得提供虚假信息。

本条第三项规定了查阅、复制有关合同、票据、账簿以及其他有关资料的权力。合同、票据、账簿往往能反映出企业供货渠道、原材料购进、生产销售数量、产品销售对象等情况，是企业生产经营过程中的重要信息载体，具有较强的证明力。查阅、复制有关合同、票据、账簿以及其他有关资料，是药品监督管理部门的重要调查取证手段。一方面，化妆品生产经营者要予以配合，不得拒绝查阅、复制有关资料。另一方面，检查人员要保守企业商业秘密，不得泄露企业合同、票据、账簿以及其他有关资料的信息。

本条第四项规定了查封、扣押有关物品的权力。当药品监督管理部门有证据证明企业存在生产经营不符合强制性国家标准、技术规范的化妆品等情形时，需要采取查封、扣押等紧急控制措施，防控产品风险。根据《行政强制法》第九条的规定，行政强制措施的种类有：……（二）查封场所、设施或者财物；（三）扣押财物……由此可见，查封、扣押是一种行政强制措施，行使时要遵守《行政强制法》的相关规定。

本条第五项规定了查封违法从事生产经营活动的场所的权力。查封违法从事生产经营活动的场所是及时防控产品风险、阻断违法生产经营活动的有力手段。实践中，由于场所往往是不动产，一般是采取加贴封条的方式进行。查封场所对行政相对人影响较大，实施时一定要依法进行。《行政强制法》第二十五条规定，查封、扣押的期限不得超过三十日；情况复杂的，经行政机关负责人批准，可以延长，但是延长期限不得超过三十日。法律、行政法规另有规定的除外。延长查封、扣押的决定应当及时书面告知当事人，并说明理由。对物品需要进行检测、检验、检疫或者技术鉴定的，查封、扣押的期间不包括检测、检验、检疫或者技

术鉴定的期间。检测、检验、检疫或者技术鉴定的期间应当明确，并书面告知当事人。检测、检验、检疫或者技术鉴定的费用由行政机关承担。因此，药品监督管理部门应当依法、合理运用查封、扣押等行政强制措施。

链接《行政强制法》第9、25条；《化妆品抽样检验管理办法》第5、11条

第四十七条 【监管部门监督检查要求】负责药品监督管理的部门对化妆品生产经营进行监督检查时，监督检查人员不得少于2人，并应当出示执法证件。监督检查人员对监督检查中知悉的被检查单位的商业秘密，应当依法予以保密。被检查单位对监督检查应当予以配合，不得隐瞒有关情况。

负责药品监督管理的部门应当对监督检查情况和处理结果予以记录，由监督检查人员和被检查单位负责人签字；被检查单位负责人拒绝签字的，应当予以注明。

注释 本条规定了药品监督管理部门监督检查要求。检查人员开展监督检查要依法、依程序开展。被检查单位应当予以配合。本条中的"商业秘密"，是指不为公众所知悉、具有商业价值，并经权利人采取相应保密措施的技术信息、经营信息等商业信息。

本条第一款强调了行政执法的程序要求。要求监督检查人员不得少于二人，并应当出示执法证件，这样的要求有利于执法人员相互监督、防止舞弊，保证监督检查的客观公正；也有利于相互配合、提高效能；一旦发生突发事件，也有利于维护执法人员的自身安全等。在监督检查过程中，查阅、询问被检查单位生产经营等情况，可能会知悉其商业秘密。商业秘密关乎被检查单位的竞争力，与其发展甚至生存息息相关，一旦泄露将给被检查单位造成损失，为维护被检查单位的合法权益，执法人员应尽到保密义务。与此同时，被检查单位对监督检查应当予以配合，这是一项法定义务，不得拒绝、阻挠，不得隐瞒有关情况。否则，将违反《治安管理处罚法》等相关规定，要承担相应的法律责任。

本条第二款对监督检查情况和处理结果的记录要求及签字确认程序进行了规定。根据《国务院办公厅关于全面推行行政执法公示制度执法全过程记录制度重大执法决定法制审核制度的指导意见》(国办发〔2018〕118号)中"三、全面推行执法全过程记录制度"的规定，行政执法全过程记录是行政执法活动合法有效的重要保证。行政执法机关要通过文字、音像等记录形式，对行政执法的启动、调查取证、审核决定、送达执行等全部过程进行记录，并全面系统归档保存，做到执法全过程留痕和可回溯管理。负责药品监督管理的部门应当对监督检查情况和处理结果予以记录，并由检查人员和被检查单位负责人签字；被检查单位负责人拒绝签字的，应当在执法文书等记录上注明情况。

链接《国务院办公厅关于全面推行行政执法公示制度执法全过程记录制度重大执法决定法制审核制度的指导意见》

第四十八条 【监管部门抽样检验要求】省级以上人民政府药品监督管理部门应当组织对化妆品进行抽样检验；对举报反映或者日常监督检查中发现问题较多的化妆品，负责药品监督管理的部门可以进行专项抽样检验。

进行抽样检验，应当支付抽取样品的费用，所需费用纳入本级政府预算。

负责药品监督管理的部门应当按照规定及时公布化妆品抽样检验结果。

注释 本条规定了化妆品抽样检验的具体要求。

本条第一款规定了化妆品抽样检验的分类，一般分为一般的抽样检验和专项抽样检验。省级以上人民政府药品监督管理部门应当组织对化妆品进行一般的抽样检验。与此同时，《化妆品抽样检验管理办法》第五十九条规定：根据监管工作需要，负责药品监督管理的部门可以组织开展专项抽样检验，相关工作程序参照本办法执行。因监督检查、投诉举报、案件查办、不良反应监测等监管工作需要开展抽样检验，不受抽样数量、地点、样品状态、抽样检验结果公开等限制。

本条第二款规定了抽样检验需要支付费用。《化妆品抽样检验管理办法》第六条规定，化妆品抽样应当支付抽取样品的费用。抽样检验所需费用按照国家有关规定列入政府预算。"应当支付抽取样品的费用"，是指在开展化妆品抽样时，具体实施化妆品抽样的监管部门应向被抽样单位支付购买样品的费用。这里需要注意的是，被抽样单位不得拒绝抽样，应当提供发票等付款凭证，抽样产品的价格应为市场价格。因抽样检验是化妆品监管的一种方式，所需费用由政府保障，购买样

品的费用与其他监管经费一并纳入各级政府的本级政府预算。

本条第三款强调了化妆品抽样检验结果要公布。抽样检验信息公开应当依照《政府信息公开条例》等法律法规规定执行,及时、全面、准确公布抽样检验结果,是信息公开和保障消费者知情权的要求。需要注意的是,负责药品监督管理的部门负责公布本部门组织的抽样检验结果。任何单位和个人不得擅自发布化妆品抽样检验信息。对公共利益可能产生重大影响的化妆品抽样检验信息,公开部门应当在信息公开前加强分析研判,及时、准确地公开信息,必要时应当提前报告同级人民政府和上一级负责药品监督管理的部门。

另外,《化妆品抽样检验管理办法》第五十六条规定,组织抽检部门应当通过其政府网站等媒体及时向社会公开抽样检验结果。对不符合规定产品的信息公开应当至少包括:被抽样产品名称、包装规格、生产日期或者批号、特殊化妆品注册证编号或者普通化妆品备案编号、不符合规定的检验项目、标签标示化妆品注册人、备案人、受托生产企业、境内责任人名称和地址、被抽样化妆品生产经营者的名称和地址、承检机构名称等。化妆品注册人、备案人、受托生产企业、境内责任人提出异议申请否认检验结论为不符合规定的产品是其生产或者进口,经上述企业所在地核查处置部门综合判断情况属实的,组织抽检部门在公开抽样检验结果时予以说明;经综合判断上述企业提供虚假信息或者隐瞒真实情况的,组织抽检部门在公开抽样检验结果时予以曝光。

链接《化妆品抽样检验管理办法》第6、56、59条

第四十九条 【化妆品检验机构资质管理和检验规范要求】化妆品检验机构按照国家有关认证认可的规定取得资质认定后,方可从事化妆品检验活动。化妆品检验机构的资质认定条件由国务院药品监督管理部门、国务院市场监督管理部门制定。

化妆品检验规范以及化妆品检验相关标准品管理规定,由国务院药品监督管理部门制定。

注释 本条规定了化妆品检验机构资质管理和化妆品检验规范以及化妆品检验相关标准品管理规定的制定机关。本条中的"认证",根据《认证认可条例》第二条的规定,是指由认证机构证明产品、服务、管理体系符合相关技术规范、相关技术规范的强制性要求或者标准的合格评定活动。"认可",是指由认可机构对认证机构、检查机构、实验室以及从事评审、审核等认证活动人员的能力和执业资格,予以承认的合格评定活动。

本条第一款规定了化妆品检验机构的资质管理要求。化妆品检验机构要按照国家有关认证认可的规定取得相应资质认定后,才能从事化妆品检验活动。这是资质要求,是从事化妆品检验工作的必备要求。检验机构需要一个权威机构对其检验活动的质量保证体系和管理能力进行专门的确认,才能保证检验结果的权威性、科学性和公正性。本款还明确了化妆品检验机构的资质认定条件由国务院药品监督管理部门、国务院市场监督管理部门制定。

本条第二款规定了化妆品检验规范以及化妆品检验相关标准品管理规定的制定机关。为确保化妆品检验结果客观、真实、科学、公正,有必要对化妆品检验机构的具体检验行为作出统一规范和要求,本款授权国务院药品监督管理部门制定化妆品检验规范。

链接《认证认可条例》第2条

第五十条 【制定补充检验项目和检验方法的授权】对可能掺杂掺假或者使用禁止用于化妆品生产的原料生产的化妆品,按照化妆品国家标准规定的检验项目和检验方法无法检验的,国务院药品监督管理部门可以制定补充检验项目和检验方法,用于对化妆品的抽样检验、化妆品质量安全案件调查处理和不良反应调查处置。

注释 本条规定了补充检验项目和检验方法的制定部门授权。化妆品强制性国家标准和技术规范是针对在符合化妆品生产质量管理规范的条件下,按照批准的配方、生产工艺生产出来的化妆品而制定的技术要求。对可能掺杂掺假或者使用禁止用于化妆品生产的原料生产的化妆品,按照化妆品国家标准规定的检验项目和检验方法可能无法检验。为切实保障民众的用妆安全,此条授权国务院药品监督管理部门可以制定补充检验项目和检验方法,用于对化妆品的抽样检验、化妆品质量安全案件调查处理和不良反应调查处置。由此,《化妆品补充检验方法管理工作规程》第二条"对可能掺杂掺假或者使用禁止用于化妆品生产的原料生产的化妆品,按照化妆品国家标准和技术规范规定的检验项目和检验方法无法检验的,

国家药品监督管理局可以制定补充检验项目和检验方法（以下简称化妆品补充检验方法），用于化妆品的抽样检验、质量安全案件调查处理和不良反应调查处置，其检验结果可以作为执法依据。化妆品补充检验方法不仅适用于方法发布日期之后生产的化妆品的检验，同样适用于方法发布日期之前生产的化妆品的检验"对此规定进行了明确和细化。

<u>链接</u>《化妆品补充检验方法管理工作规程》第2条

第五十一条【复检制度】对依照本条例规定实施的检验结论有异议的，化妆品生产经营者可以自收到检验结论之日起7个工作日内向实施抽样检验的部门或者其上一级负责药品监督管理的部门提出复检申请，由受理复检申请的部门在复检机构名录中随机确定复检机构进行复检。复检机构出具的复检结论为最终检验结论。复检机构与初检机构不得为同一机构。复检机构名录由国务院药品监督管理部门公布。

<u>注释</u>本条规定了化妆品复检制度。化妆品抽样检验结果如果不合格，化妆品生产经营者可能需要召回已上市的产品，可能会被监管部门采取行政强制措施，甚至会面临行政处罚，可以说，化妆品检验结论与化妆品生产经营者的利益息息相关。为保护化妆品生产经营者的合法利益，本条规定了化妆品复检制度。

抽样检验有法定的程序和时限要求，提出复检也有法定的程序和时限要求。化妆品生产经营者对检验结论有异议的，可以自收到检验结论之日起7个工作日内向实施抽样检验的部门或者其上一级负责药品监督管理的部门提出复检申请，且应当提交初步的证明材料。

为保证复检的公正性和专业性，本条还规定，复检机构实施名单管理，复检机构名录由国务院药品监督管理部门公布。复检机构需在复检机构名录中随机确定。

另外，本条还规定，复检机构出具的复检结论为最终检验结论。这里的"最终检验结论"，是指不得就同一检验事项开展再次检验，复检结论就是药品监督管理部门对当事人作出具体行政行为的最终技术依据，具有最终的法律效力。

<u>实务问答</u> 16. 哪些情形不予复检？

根据《化妆品抽样检验管理办法》第三十九条规定，有下列情形之一的，不予复检：(1)微生物检验项目不符合规定；(2)特殊原因导致复检备份样品无法复检；(3)样品超过使用期限；(4)逾期提交复检申请；(5)法律法规规定的不予复检的其他情形。

<u>链接</u>《化妆品生产经营监督管理办法》第53条；《化妆品抽样检验管理办法》第39条

第五十二条【化妆品不良反应监测制度】国家建立化妆品不良反应监测制度。化妆品注册人、备案人应当监测其上市销售化妆品的不良反应，及时开展评价，按照国务院药品监督管理部门的规定向化妆品不良反应监测机构报告。受托生产企业、化妆品经营者和医疗机构发现可能与使用化妆品有关的不良反应的，应当报告化妆品不良反应监测机构。鼓励其他单位和个人向化妆品不良反应监测机构或者负责药品监督管理的部门报告可能与使用化妆品有关的不良反应。

化妆品不良反应监测机构负责化妆品不良反应信息的收集、分析和评价，并向负责药品监督管理的部门提出处理建议。

化妆品生产经营者应当配合化妆品不良反应监测机构、负责药品监督管理的部门开展化妆品不良反应调查。

化妆品不良反应是指正常使用化妆品所引起的皮肤及其附属器官的病变，以及人体局部或者全身性的损害。

<u>注释</u>本条规定了化妆品的不良反应监测制度。化妆品不良反应监测，是指化妆品不良反应收集、报告、分析评价、调查处理的全过程。开展化妆品不良反应监测，一方面，有利于企业落实主体责任，及时控制化妆品质量安全风险；另一方面，也有利于企业改良产品配方、工艺，提升产品质量的安全水平。

本条第一款规定了化妆品注册人、备案人、受托生产企业、化妆品经营者和医疗机构等主体的不良反应监测责任。各主体责任为：1. 化妆品注册人、备案人责任。《化妆品不良反应监测管理办法》（国家药品监督管理局公告2022年第16号）第十三条规定："化妆品注册人、备案人应当具备开展化妆品不良反应监测工作的能力，按照化妆品监督管理条例规定履行以下义务：(一)建立并实施化妆品不良反应监测和评价体系，配备与其产品相适应的机构和人员从事化妆品不良反应监

测工作;(二)主动收集并按照本办法的规定向化妆品不良反应监测机构报告化妆品不良反应;(三)对发现或者获知的化妆品不良反应及时进行分析评价,根据评价结果采取措施控制风险;(四)配合化妆品不良反应监测机构、负责药品监督管理的部门开展化妆品不良反应调查。境外化妆品注册人、备案人应当与境内责任人建立不良反应主动收集、报告、分析评价和调查处理的协助机制,确保履行本条第一款规定的义务。"

2. 受托生产企业、化妆品经营者责任。《化妆品不良反应监测管理办法》第十四条规定,受托生产企业、化妆品经营者应当按照《化妆品监督管理条例》和本办法的规定向化妆品不良反应监测机构报告发现或者获知的化妆品不良反应,并配合化妆品不良反应监测机构、负责药品监督管理的部门开展化妆品不良反应调查。

3. 医疗机构责任。《化妆品不良反应监测管理办法》第十五条规定,医疗机构应当按照《化妆品监督管理条例》和本办法的规定向化妆品不良反应监测机构报告发现或者获知的化妆品不良反应,并配合化妆品不良反应监测机构、负责药品监督管理的部门开展化妆品不良反应调查。皮肤病专科医疗机构、设有皮肤科的二级及以上医疗机构应当建立与其诊疗范围相适合的化妆品不良反应监测制度,并确保监测制度有效执行。

4. 其他单位和个人责任。《化妆品不良反应监测管理办法》第十六条规定,化妆品电子商务平台经营者获知化妆品不良反应的,应当记录并及时转交平台内化妆品经营者处理,督促平台内化妆品经营者履行化妆品经营者的不良反应报告义务,配合化妆品不良反应监测机构、负责药品监督管理的部门开展化妆品不良反应调查。

本条第二款规定了化妆品不良反应监测机构的责任。为及时收集、分析和评价化妆品不良反应信息,国家设立了各级监测机构。《化妆品不良反应监测管理办法》第二十七条规定,各级监测机构应当逐级对本行政区域内发生的化妆品不良反应进行分析评价,并根据分析评价结果和风险程度向所在地同级负责药品监督管理的部门提出处理建议。

本条第三款规定了化妆品生产经营者应当配合相关部门开展化妆品不良反应调查的法定义务。化妆品不良反应监测机构、负责药品监督管理的部门开展化妆品不良反应调查,对查明化妆品不良反应的原因、及时控制产品风险,意义重大。化妆品生产经营者应积极配合,如实提供相关材料和数据,不得拒绝或者隐瞒有关情况。

本条第四款规定了化妆品不良反应的定义。化妆品不良反应是指正常使用化妆品所引起的皮肤及其附属器官的病变,以及人体局部或者全身性的损害。这里需要注意的是,不是正常使用化妆品所引起的损害不属于化妆品的不良反应范畴。

链接《化妆品不良反应监测管理办法》第13—16、27条

第五十三条 【化妆品安全风险监测和评价制度】国家建立化妆品安全风险监测和评价制度,对影响化妆品质量安全的风险因素进行监测和评价,为制定化妆品质量安全风险控制措施和标准、开展化妆品抽样检验提供科学依据。

国家化妆品安全风险监测计划由国务院药品监督管理部门制定、发布并组织实施。国家化妆品安全风险监测计划应当明确重点监测的品种、项目和地域等。

国务院药品监督管理部门建立化妆品质量安全风险信息交流机制,组织化妆品生产经营者、检验机构、行业协会、消费者协会以及新闻媒体等就化妆品质量安全风险信息进行交流沟通。

注释 本条规定了化妆品安全风险监测和评价制度以及化妆品质量安全风险信息交流机制。《化妆品监督管理条例》积极借鉴《食品安全法》的"风险监测和评估制度"和《药品管理法》的"不良反应监测评价制度",并将两者统一在一部法规中,这是一项重要创新。目前,我国化妆品生产企业以中小企业为主,还存在行业发展质量和效益不高、创新能力不足、品牌认可度低、非法添加、假冒品牌等问题,威胁消费者的身体健康和财产权益。为保障消费者的合法权益,强化企业主体责任,加强化妆品监管,提升监管的科学性和有效性,防控化妆品质量安全风险,有必要建立化妆品安全风险监测和评价制度。

本条第一款规定了国家要建立化妆品安全风险监测和评价制度。本条中的"化妆品安全风险监测",是指系统和持续地收集化妆品中风险物质的监测数据及相关信息,并进行综合分析和及时通报的活动。根据《化妆品中可能存在的安全性风险物质风险评估指南》(国食药监许[2010]339

号）"一、化妆品中可能存在的安全性风险物质的含义"的规定，化妆品中可能存在的安全性风险物质是指由化妆品原料带入、生产过程中产生或带入的，可能对人体健康造成潜在危害的物质。化妆品安全风险监测可以采取抽样检验的方式，也可采取其他方式，收集风险信息。建立化妆品风险安全监测和评价制度，对影响化妆品质量安全的风险因素进行监测和评价，为制定化妆品质量安全风险控制措施和标准、开展化妆品抽样检验提供科学依据，对防控化妆品质量安全风险，发现违法线索、强化监管等意义重大。

本条第二款规定了国家化妆品安全风险监测计划的制定部门及要求。化妆品安全风险监测计划应当基于风险信息及分析研判，明确需要重点监测的化妆品品种、具体成分或者具体检验项目、特定的地域范围等。从实践来看，风险监测计划重点监测对象包括需求使用量大、流通范围广的日用化妆品或者易引起媒体、消费者广泛关注的化妆品；虚假夸大宣传化妆品功效的化妆品；宣称供婴幼儿、儿童和孕妇等特殊人群使用的化妆品；日常监管工作中发现存在问题、被处罚次数较多的化妆品；非法添加禁用物质、药物的化妆品；超限量超范围使用限用物质的化妆品；使用监测期内或未被批准新原料的化妆品等。药品监督管理部门应坚持问题导向的总原则，将以往发现问题较多、消费者使用量大、可能存在未知风险的产品确定为监测重点，强化监测，提升监测的效能。

本条第三款规定了化妆品质量安全风险信息交流机制建立部门及实施对象。本款授权国务院药品监督管理部门建立化妆品质量安全风险信息交流机制。本款中的"化妆品质量安全风险信息交流"，是指在化妆品质量安全风险分析过程中，国务院药品监督管理部门组织化妆品生产经营者、检验机构、行业协会、消费者协会以及新闻媒体，就某项风险、风险所涉及的因素和风险认知相互交换信息和意见的过程，内容包括风险评估结果的解释和风险管理决策的依据。建立风险交流机制，有利于促进利益相关方及时知晓和理解化妆品质量安全风险，进行有效的信息交流传达，充分交换各自意见和看法，达成共识，并通过加强交流沟通，互通化妆品信息、研究分析安全形势，提出需要重点关注的问题及对策措施建议，及时防控产品风险，切实保障消费者的用妆安全。

链接《化妆品中可能存在的安全性风险物质风险评估指南》

第五十四条　【紧急控制措施】对造成人体伤害或者有证据证明可能危害人体健康的化妆品，负责药品监督管理的部门可以采取责令暂停生产、经营的紧急控制措施，并发布安全警示信息；属于进口化妆品的，国家出入境检验检疫部门可以暂停进口。

注释　本条规定了药品监督管理部门在特殊情况下可以采取紧急控制措施。采取紧急控制措施的部门是负责药品监督管理的部门。采取紧急控制措施的前提为：化妆品造成人体伤害或者有证据证明可能危害人体健康。"造成人体伤害"，是指化妆品在正常使用的情况下，化妆品本身存在质量安全问题导致人体受到伤害，这种伤害不是化妆品本身以外的原因导致的。"有证据证明可能危害人体健康"，是指有确凿的证据证明可能危害人体健康，在实践中，一般会有检验报告、质量安全公告、已生效的司法判决结果等。

采取紧急控制措施的必要性在于，可以有效防止该化妆品因继续生产经营而导致危害扩大、浪费资源；及时发布警示信息，可以告知消费者立即停止使用该产品，避免受到伤害或造成伤害扩大。采取紧急控制措施要遵守法定程序。责令暂停生产、经营是一种紧急控制措施，不同于行政强制措施，比如查封、扣押等，也不同于行政处罚中的"责令停产停业"。这里需要注意的是，对进口化妆品采取暂停进口的紧急控制措施的部门是国家出入境检验检疫部门。

第五十五条　【再评估要求】根据科学研究的发展，对化妆品、化妆品原料的安全性有认识上的改变的，或者有证据表明化妆品、化妆品原料可能存在缺陷的，省级以上人民政府药品监督管理部门可以责令化妆品、化妆品新原料的注册人、备案人开展安全再评估或者直接组织开展安全再评估。再评估结果表明化妆品、化妆品原料不能保证安全的，由原注册部门撤销注册、备案部门取消备案，由国务院药品监督管理部门将该化妆品原料纳入禁止用于化妆品生产的原料目录，并向社会公布。

注释　本条规定了化妆品安全再评估制度。"化妆品安全再评估"，是指根据科学研究的发展，对化妆品、化妆品原料的安全性有认识上的改变的，或者有证据表明化妆品、化妆品原料可能存在缺陷的,对化妆品中危害人体健康的已知或潜在的不良影响再次进行科学评价。开展再评估工作,可以最大限度消除风险隐患,确保公众用妆安全。

化妆品安全再评估工作可以由省级药品监督管理部门责令化妆品、化妆品新原料的注册人、备案人开展,也可以自行直接组织实施。为确保消费者的用妆安全,本条还规定了再评估结果表明化妆品、化妆品原料不能保证安全的,由原注册部门撤销注册、备案部门取消备案,由国务院药品监督管理部门将该化妆品原料纳入禁止用于化妆品生产的原料目录,并向社会公布。这里需要注意的是,从撤销注册、取消备案之日起,企业将不能再生产销售该化妆品,也不得再使用该原料生产化妆品,对已经生产的产品和未使用的上述原料都应当予以销毁。

第五十六条 【监管信息公布及信用档案制度】负责药品监督管理的部门应当依法及时公布化妆品行政许可、备案、日常监督检查结果、违法行为查处等监督管理信息。公布监督管理信息时,应当保守当事人的商业秘密。

负责药品监督管理的部门应当建立化妆品生产经营者信用档案。对有不良信用记录的化妆品生产经营者,增加监督检查频次;对有严重不良信用记录的生产经营者,按照规定实施联合惩戒。

注释 本条规定了化妆品监管信息公布及信用档案制度。

本条第一款规定了化妆品监管信息公布制度。《政府信息公开条例》第二十条第五项、第六项规定,行政机关应当依照该条例第十九条的规定,主动公开本行政机关的下列政府信息:……(五)办理行政许可和其他对外管理服务事项的依据、条件、程序以及办理结果;(六)实施行政处罚、行政强制的依据、条件、程序以及本行政机关认为具有一定社会影响的行政处罚决定……为保障消费者的知情权,督促化妆品注册人、备案人落实企业主体责任,负责药品监督管理的部门应当依法及时公布化妆品行政许可、备案、日常监督检查结果、违法行为查处等监督管理信息。为保障行政相对人合法权益,本款还强调了公布监督管理信息时,应当保守当事人的商业秘密。

本条第二款规定了化妆品生产经营者信用档案制度。《国务院办公厅关于加快推进社会信用体系建设构建以信用为基础的新型监管机制的指导意见》规定,全面建立市场主体信用记录。根据权责清单建立信用信息采集目录,在办理注册登记、资质审核、日常监管、公共服务等过程中,及时、准确、全面记录市场主体信用行为,特别是将失信记录建档留痕,做到可查可核可溯。负责药品监督管理的部门应当建立化妆品生产经营者信用档案,将化妆品生产经营者的行政许可、备案、日常监督检查结果、行政处罚等信息记入信用档案,并根据企业信用等级情况,实施分级分类监管;对有不良信用记录的化妆品生产经营者,增加监督检查频次;对有严重不良信用记录的生产经营者,按照规定实施联合惩戒。

链接 《国务院办公厅关于加快推进社会信用体系建设构建以信用为基础的新型监管机制的指导意见》;《政府信息公开条例》第20条

第五十七条 【责任约谈制度】化妆品生产经营过程中存在安全隐患,未及时采取措施消除的,负责药品监督管理的部门可以对化妆品生产经营者的法定代表人或者主要负责人进行责任约谈。化妆品生产经营者应当立即采取措施,进行整改,消除隐患。责任约谈情况和整改情况应当纳入化妆品生产经营者信用档案。

注释 本条规定了化妆品生产经营者责任约谈制度。《化妆品监督管理条例》借鉴食品药品监管领域的责任约谈制度,建立了化妆品生产经营者责任约谈制度。开展此制度,有利于督促企业落实主体责任、警示告诫企业积极履行法定义务、增进与监管部门的沟通,与监管部门达成共识。本条明确了开展责任约谈的前提是化妆品生产经营过程中存在安全隐患且未及时采取措施消除。实施部门是负责药品监督管理的部门。被责任约谈的对象是化妆品生产经营者的法定代表人或者主要负责人。责任约谈的结果是化妆品生产经营者应当立即采取措施,进行整改,消除隐患。这里还需提醒的是,责任约谈情况和整改情况都将纳入化妆品生产经营者信用档案,直接影响其信用,因此化妆品生产经营者应认真对待。

第五十八条 【接受咨询、投诉、举报】负责药品监督管理的部门应当公布本部门的网站地址、电子邮件地址或者电话,接受咨询、投诉、举报,并及时答复或者处理。对查证属实的举报,按照国家有关规定给予举报人奖励。

注释 本条为监管部门接受咨询、投诉、举报职责的规定。为保障公民、有关组织机构等主体的社会监督权利，负责药品监督管理的部门应当公布本部门的网站地址、电子邮件地址或者电话，接受咨询、投诉、举报，并及时答复或者处理。对于查证属实的举报，要按照国家有关规定给予举报人奖励。如《市场监督管理投诉举报处理暂行办法》第三十二条规定，法律、法规、规章规定市场监督管理部门应当将举报处理结果告知举报人或者对举报人实行奖励的，市场监督管理部门应当予以告知或奖励。另外，根据《市场监督管理投诉举报处理暂行办法》第三十三条的规定，市场监督管理部门应当对举报人的信息予以保密，不得将举报人个人信息、举报办理情况等泄露给被举报人或者与办理举报工作无关的人员，但提供的材料同时包含投诉和举报内容，并且需要向被举报人提供组织调解所必需信息的除外。这里需要强调的是，监管部门要注意保护举报人信息，防止其受到打击报复。

链接《市场监督管理投诉举报处理暂行办法》第32、33条

第五章 法律责任

第五十九条 【未经许可生产经营以及使用禁用原料生产化妆品的法律责任】 有下列情形之一的，由负责药品监督管理的部门没收违法所得、违法生产经营的化妆品和专门用于违法生产经营的原料、包装材料、工具、设备等物品；违法生产经营的化妆品货值金额不足1万元的，并处5万元以上15万元以下罚款；货值金额1万元以上的，并处货值金额15倍以上30倍以下罚款；情节严重的，责令停产停业、由备案部门取消备案或者由原发证部门吊销化妆品许可证件，10年内不予办理其提出的化妆品备案或者受理其提出的化妆品行政许可申请，对违法单位的法定代表人或者主要负责人、直接负责的主管人员和其他直接责任人员处以其上一年度从本单位取得收入的3倍以上5倍以下罚款，终身禁止其从事化妆品生产经营活动；构成犯罪的，依法追究刑事责任：

（一）未经许可从事化妆品生产活动，或者化妆品注册人、备案人委托未取得相应化妆品生产许可的企业生产化妆品；

（二）生产经营或者进口未经注册的特殊化妆品；

（三）使用禁止用于化妆品生产的原料、应当注册但未经注册的新原料生产化妆品，在化妆品中非法添加可能危害人体健康的物质，或者使用超过使用期限、废弃、回收的化妆品或者原料生产化妆品。

注释 本条规定了未经许可从事化妆品生产经营或使用禁用化妆品原料生产化妆品违法行为的法律责任。本条是《化妆品监督管理条例》处罚最为严厉的条款。因本条中的无证生产经营、非法添加等违法问题风险高、社会危害性大，是关乎化妆品质量安全的重点环节，也是最严重的违法行为，必须根据"四个最严"要求——"最严谨的标准、最严格的监管、最严厉的处罚、最严肃的问责"，予以严惩重处。本条与《化妆品卫生监督条例》相关规定相比，加大了处罚力度，综合运用没收、罚款、责令停产停业、吊销许可证件、市场和行业禁入、处罚到人等处罚措施，大幅度提高罚款数额。对涉及的严重违法行为，本条设置了最高可以处罚货值金额的三十倍罚款，应该说大大提高了违法成本，对违规违法者来说，形成了强大的威慑力。违法行为构成犯罪的，还将依法追究刑事责任。一般而言，本条涉及的罪名有：生产销售不符合卫生标准的化妆品罪、生产伪劣产品罪、假冒注册商标罪和销售假冒注册商标的商品罪。

本条第一项规定了"未经许可从事化妆品生产活动，或者化妆品注册人、备案人委托未取得相应化妆品生产许可的企业生产化妆品"两种未经许可生产化妆品的违法情形。本条例第二十六条规定，从事化妆品生产活动，应当具备下列条件：（一）是依法设立的企业；（二）有与生产的化妆品相适应的生产场地、环境条件、生产设施设备；（三）有与生产的化妆品相适应的技术人员；（四）有能对生产的化妆品进行检验的检验人员和检验设备；（五）有保证化妆品质量安全的管理制度。本条例第二十七条第一款还规定，从事化妆品生产活动，应当向所在地省、自治区、直辖市人民政府药品监督管理部门提出申请，提交其符合本条例第二十六条规定条件的证明资料，并对资料的真实性负责。为保障化妆品质量安全，本条例要求从事化妆品生产需具备一些条件，并经过行政许可后方可实施。另外，本条例第二十八条还规定，化妆品注册人、备案人可以自行生产化妆品，也可以委托其他企业生产化妆品。委托生产

化妆品的,化妆品注册人、备案人应当委托取得相应化妆品生产许可的企业,并对受委托企业的生产活动进行监督,保证其按照法定要求进行生产。受托生产企业应当依照法律、法规、强制性国家标准、技术规范以及合同约定进行生产,对生产活动负责,并接受化妆品注册人、备案人的监督。故不管是自行生产还是委托生产,化妆品注册人和备案人都得依法开展,否则将承担本条规定的相关法律责任。

本条第二项规定了生产未经注册的特殊化妆品、经营未经注册的特殊化妆品、进口未经注册的特殊化妆品三种违法情形。本条例第十七条规定,特殊化妆品经国务院药品监督管理部门注册后方可生产、进口。生产经营或者进口未经注册的特殊化妆品,最终都将上市销售,被消费者使用,获得非法利益。因此,本条对生产经营或者进口未经注册的特殊化妆品规定了相同的法律责任。生产、进口特殊化妆品必须依法注册。根据本条例第三十八条第一款的规定,化妆品经营者应当建立并执行进货查验记录制度,查验化妆品注册情况,避免出现销售未经注册的特殊化妆品的违法情况。

本条第三项规定了使用禁止用于化妆品生产的原料生产化妆品,使用应当注册但未经注册的新原料生产化妆品,在化妆品中非法添加可能危害人体健康的物质,使用超过使用期限、废弃、回收的化妆品或者原料生产化妆品四种违法情形。化妆品是一种由各类物料经过合理调配而成的混合物。化妆品的原料及其他加入化妆品生产过程中的物质必须是安全的,不能是上述四种物质。关于"禁止用于化妆品生产的原料",《国家药监局关于更新化妆品禁用原料目录的公告》(2021年第74号)规定,依据《化妆品监督管理条例》相关规定,国家药品监督管理局组织对《化妆品安全技术规范(2015年版)》第二章中的《化妆品禁用组分(表1)》《化妆品禁用植(动)物组分(表2)》进行了修订,形成了《化妆品禁用原料目录》《化妆品禁用植(动)物原料目录》,经化妆品标准专家委员会全体会议审议通过,现予以发布,分别替代原有禁用组分表,并纳入《化妆品安全技术规范(2015年版)》相应章节。公告自发布之日起施行。自公告发布之日起,化妆品注册人、备案人不得生产、进口产品配方中使用了《化妆品禁用原料目录》《化妆品禁用植(动)物原料目录》规定的禁用原料的化妆品。

为了保障新原料的安全性,本条例第十一条规定,具有防腐、防晒、着色、染发、祛斑美白功能的化妆品新原料,经国务院药品监督管理部门注册后方可使用。未经注册而使用,其危害性不可预测。在化妆品中非法添加可能危害人体健康的物质,是指在注册或者备案的配方之外添加了可能危害人体健康的物质。这种物质可能是列入化妆品禁用目录的物质,也有可能是其他有毒有害物质,在实践中,一般是添加了某种药品。我国化妆品是没有药妆的,也就是说,药品是禁止非法添加到化妆品中的。使用超过使用期限、废弃、回收的化妆品或者原料生产化妆品,主要是指返工生产化妆品。不管是过期的化妆品,还是废弃、回收的化妆品,都有可能与其他组分发生了化学反应,或者可能被污染,不能保证产品质量安全,可能危害人体健康,因此都是严禁使用的。

链接 《行政许可法》第2、12条;《行政处罚法》第2—6条;《刑法》第140、148、213、214条

第六十条 【生产中违反标准、规范,经营中擅自配制化妆品,应召回不召回等违法行为的法律责任】 有下列情形之一的,由负责药品监督管理的部门没收违法所得、违法生产经营的化妆品和专门用于违法生产经营的原料、包装材料、工具、设备等物品;违法生产经营的化妆品货值金额不足1万元的,并处1万元以上5万元以下罚款;货值金额1万元以上的,并处货值金额5倍以上20倍以下罚款;情节严重的,责令停产停业、由备案部门取消备案或者由原发证部门吊销化妆品许可证件,对违法单位的法定代表人或者主要负责人、直接负责的主管人员和其他直接责任人员处以其上一年度从本单位取得收入的1倍以上3倍以下罚款,10年内禁止其从事化妆品生产经营活动;构成犯罪的,依法追究刑事责任:

(一)使用不符合强制性国家标准、技术规范的原料、直接接触化妆品的包装材料,应当备案但未备案的新原料生产化妆品,或者不按照强制性国家标准或者技术规范使用原料;

(二)生产经营不符合强制性国家标准、技术规范或者不符合化妆品注册、备案资料载明的技术要求的化妆品;

(三)未按照化妆品生产质量管理规范的要求

组织生产；

（四）更改化妆品使用期限；

（五）化妆品经营者擅自配制化妆品，或者经营变质、超过使用期限的化妆品；

（六）在负责药品监督管理的部门责令其实施召回后拒不召回，或者在负责药品监督管理的部门责令停止或者暂停生产、经营后拒不停止或者暂停生产、经营。

【注释】本条规定了化妆品生产过程中违反强制性国家标准、技术规范、技术要求，违反生产质量管理规范，经营过程中擅自配制化妆品或者经营变质、超过使用期限的化妆品，以及应召回不召回等违法行为的法律责任。本条根据违法行为的情节和轻重，综合规定了没收违法所得和非法财物、罚款、责令停产停业、吊销许可证件、取消备案、处罚到人等行政处罚内容。构成犯罪的，还有可能构成生产、销售不符合卫生标准的化妆品罪和生产、销售伪劣产品罪，承担刑事责任。

本条第一项规定了使用不符合强制性国家标准、技术规范的原料、直接接触化妆品的包装材料，应当备案但未备案的新原料生产化妆品，或者不按照强制性国家标准或者技术规范使用原料的违法情形。根据本条例第三十条第一款规定，化妆品原料、直接接触化妆品的包装材料应当符合强制性国家标准、技术规范。"使用不符合强制性国家标准、技术规范的原料"，这里的原料首先是可以用于化妆品生产的，但不符合强制性国家标准、技术规范。另外，直接接触化妆品的包装材料，因与化妆品直接接触，故不得与化妆品成分发生化学反应，必须无毒无害，也必须符合强制性国家标准、技术规范。关于使用应当备案但未备案的新原料生产化妆品，根据本条例第十一条的规定，"具有防腐、防晒、着色、染发、祛斑美白功能的化妆品新原料，经国务院药品监督管理部门注册后方可使用；其他化妆品新原料应当在使用前向国务院药品监督管理部门备案"，使用未经备案的新原料进行生产，违反了相关规定，应承担相应的法律责任。不按照强制性国家标准或者技术规范使用原料，主要指超过使用范围和限制条件使用限用组分等限制要求使用化妆品新原料。这类违法行为与使用不符合强制性国家标准、技术规范的原料的违法行为对社会危害性相当，故应承担相同的法律责任。

本条第二项规定了生产经营不符合强制性国家标准、技术规范的化妆品或者生产经营不符合化妆品经注册、备案资料载明的技术要求的化妆品两种违法情形。本条例第二十五条第三款规定，化妆品应当符合强制性国家标准。鼓励企业制定严于强制性国家标准的企业标准。作为化妆品经营者，应根据本条例第三十八条第一款的规定，建立并执行进货查验记录制度，避免经营不符合强制性国家标准、技术规范的化妆品，否则将承担相应的法律责任。另外，根据本条例第二十九条第二款的规定，化妆品注册人、备案人、受托生产企业应当按照化妆品注册或者备案资料载明的技术要求生产化妆品。经注册、备案资料载明的技术要求是经过监管部门审核通过的，是生产化妆品必须遵循的技术要求，不得擅自变更，否则将承担相应的法律责任。

本条第三项规定了未按照化妆品生产质量管理规范的要求组织生产的违法情形。化妆品生产质量管理规范，是化妆品生产活动必须遵守的重要规定。根据本条例第二十九条第一款规定，化妆品注册人、备案人、受托生产企业应当按照国务院药品监督管理部门制定的化妆品生产质量管理规范的要求组织生产化妆品，建立化妆品生产质量管理体系，建立并执行供应商遴选、原料验收、生产过程及质量控制、设备管理、产品检验及留样等管理制度。化妆品注册人、备案人、受托生产企业在从事化妆品生产活动中，如果没有遵守化妆品生产质量管理规范，应当承担相应的法律责任。

本条第四项规定了更改化妆品使用期限的违法情形。更改化妆品的使用期限，实践中，是把已过期或临期的化妆品的使用期限进行更改，最后都有可能导致消费者实际使用了超过使用期限的化妆品，可能危害人体健康。更改化妆品使用期限的主体，可能是化妆品注册人、备案人或受托生产企业，也有可能是经营使用者。不管是哪个主体，只要实施此违法行为，都应当承担相应的法律责任。

本条第五项规定了化妆品经营者擅自配制化妆品，或者经营变质、超过使用期限的化妆品两种违法情形。本条例第三十八条第二款规定，化妆品经营者不得自行配制化妆品。擅自配制化妆品属于生产行为，需具备法定生产条件，取得生产的行政许可，在开展生产活动时要遵守化妆品生产质量管理规范。如果擅自配制，在配制的过程中，化妆品可能被污染、混淆或错装，难以保证产品质量安全，可能危害消费者的人身健康，应依法承担相应的法律责任。另外，化妆品经营者不得经营变质、超过使用期限的化妆品。根据本条例第三十九条规定，化妆品生产经营者应当依照有关法律、法规的规定和化妆品标签示的要求贮存、运输化妆品，定期检查并及时处理变质或者超过使用期限的化妆品。化妆品变质或超过了使用期限，其质量明显不符合安全要求，存在安全隐患，经营上述化妆品应承担相应的法律责任。

本条第六项规定了应当召回而未召回，或者在负责药品监督管理的部门责令停止或者暂停生产、经营后拒不停止或者暂停生产、经营的违法情形。本条例第四十四条第一款规定，化妆品注册人、备案人发现化妆品存在质量缺陷或者其他问题，可能危害人体健康的，应当立即停止生产、召回已经上市销售的化妆品，通知相关化妆品经营者和消费者停止经营、使用，并记录召回和通知情况。化妆品注册人、备案人应当对召回的化妆品采取补救、无害化处理、销毁等措施，并将化妆品召回和处理情况向所在地省、自治区、直辖市人民政府药品监督管理部门报告。化妆品注册人、备案人未履行主动召回的法定义务，为保障消费者的安全，相关药品监督管理部门应责令其召回，化妆品注册人、备案人仍不召回的，应承担相应的法律责任。另外，化妆品注册人、备案人在药品监督管理部门责令其停止或者暂停生产、经营后，拒不停止或者暂停生产、经营的，也应承担相应的法律责任。

链接《化妆品生产经营监督管理办法》第24条；《化妆品生产质量管理规范》第29、34、36条

第六十一条【经营未备案的普通化妆品及生产经营活动不符合本条例规定等违法行为的法律责任】 有下列情形之一的，由负责药品监督管理的部门没收违法所得、违法生产经营的化妆品，并可以没收专门用于违法生产经营的原料、包装材料、工具、设备等物品；违法生产经营的化妆品货值金额不足1万元的，并处1万元以上3万元以下罚款；货值金额1万元以上的，并处货值金额3倍以上10倍以下罚款；情节严重的，责令停产停业、由备案部门取消备案或者由原发证部门吊销化妆品许可证件，对违法单位的法定代表人或者主要负责人、直接负责的主管人员和其他直接责任人员处以其上一年度从本单位取得收入的1倍以上2倍以下罚款，5年内禁止其从事化妆品生产经营活动：

（一）上市销售、经营或者进口未备案的普通化妆品；

（二）未依照本条例规定设质量安全负责人；

（三）化妆品注册人、备案人未对受托生产企业的生产活动进行监督；

（四）未依照本条例规定建立并执行从业人员健康管理制度；

（五）生产经营标签不符合本条例规定的化妆品。

生产经营的化妆品的标签存在瑕疵但不影响质量安全且不会对消费者造成误导的，由负责药品监督管理的部门责令改正；拒不改正的，处2000元以下罚款。

注释 本条规定了经营未备案的普通化妆品及生产经营活动不符合本条例规定等违法行为的法律责任。本条规定的行政处罚有没收违法所得和非法财物、罚款、责令停产停业、取消备案、吊销许可证件、对责任人的财产罚和资格罚。

本条第一款第一项规定了上市销售未备案的普通化妆品、经营未备案的普通化妆品和进口未备案的普通化妆品三种违法情形。本条例第十七条规定，国产普通化妆品应当在上市销售前向备案人所在地省、自治区、直辖市人民政府药品监督管理部门备案。进口普通化妆品应当在进口前向国务院药品监督管理部门备案。根据此条规定，上市销售、经营或者进口未备案的普通化妆品属违法行为，应承担相应的法律责任。

本条第一款第二项规定了未依照本条例规定设质量安全负责人的违法情形。质量安全负责人的设立，对保障化妆品的质量安全意义重大。本条例第三十二条规定，化妆品注册人、备案人、受托生产企业应当设质量安全负责人，承担相应的产品质量安全管理和产品放行职责。质量安全负责人应当具备化妆品质量安全相关专业知识，并具有五年以上化妆品生产或者质量安全管理经验。根据此条规定，化妆品注册人、备案人、受托生产企业未设质量安全负责人或者设定的质量安全负责人不符合本条例规定的资质条件的，应依法承担相应的法律责任。

本条第一款第三项规定了化妆品注册人、备案人未对受托生产企业的生产活动进行监督的违法情形。本条例第二十八条第二款规定，委托生产化妆品的，化妆品注册人、备案人应当委托取得相应化妆品生产许可的企业，并对受委托企业的生产活动进行监督，保证其按照法定要求进行生产。受托生产企业应当依照法律、法规、强制性国家标准、技术规范以及合同约定进行生产，对生产活动负责，并接受化妆品注册人、备案人的监督。根据此条规定，化妆品注册人、备案人和受托生产企业有进行监督和接受监督的义务。违反此规定，应承担相应的法律责任。

本条第一款第四项规定了未依照本条例规定建立并执行从业人员健康管理制度的违法情形。本条例第三十三条规定，化妆品注册人、备案人、受托生产企业应建立并执行从业人员健康管理制度。患有国务院卫生主管部门规定的有碍化妆品质量安全疾病的人员不得直接从事化妆品生产活动。化妆品是直接接触人体的产品，直接从事化妆品生产活动的人员如果患有某种疾病，在生产活动中可能对化妆品造成污染，导致疾病传染，或者对消费者的健康产生威胁。未建立从业人员健康管理制度，或者未严格执行从业人员健康管理制度的，应当依法承担法律责任。

本条第一款第五项规定了生产经营标签不符合本条例规定的化妆品违法情形。本条例第三十五条规定，化妆品的最小销售单元应当有标签。标签应当符合相关法律、行政法规、强制性国家标准，内容真实、完整、准确。进口化妆品可以直接使用中文标签，也可以加贴中文标签；加贴中文标签的，中文标签内容应当与原标签内容一致。第三十六条规定，化妆品标签应当标注下列内容：（一）产品名称、特殊化妆品注册证编号；（二）注册人、备案人、受托生产企业的名称、地址；（三）化妆品生产许可证编号；（四）产品执行的标准编号；（五）全成分；（六）净含量；（七）使用期限、使用方法以及必要的安全警示；（八）法律、行政法规和强制性国家标准规定应当标注的其他内容。第三十七条规定，化妆品标签禁止标注下列内容：（一）明示或者暗示具有医疗作用的内容；（二）虚假或者引人误解的内容；（三）违反社会公序良俗的内容；（四）法律、行政法规禁止标注的其他内容。根据上述规定，生产经营标签要符合相关要求，否则将

承担相应的法律责任。

本条第二款规定了标签存在瑕疵可以从轻处罚。本条借鉴了《食品安全法》第一百二十五条第二款的规定。"生产经营的化妆品的标签存在瑕疵"中，关于"瑕疵"的认定，必须同时满足两个条件，一是标签不影响产品质量安全，二是不会对消费者造成误解。

链接 《化妆品生产经营监督管理办法》第28、58条；《化妆品生产质量管理规范》第7、11、53条；《化妆品标签管理办法》第20条

第六十二条 【未公布化妆品功效宣称依据的摘要、未建立并执行进货查验记录制度等违法行为的法律责任】 有下列情形之一的，由负责药品监督管理的部门责令改正，给予警告，并处1万元以上3万元以下罚款；情节严重的，责令停产停业，并处3万元以上5万元以下罚款，对违法单位的法定代表人或者主要负责人、直接负责的主管人员和其他直接责任人员处1万元以上3万元以下罚款：

（一）未依照本条例规定公布化妆品功效宣称依据的摘要；

（二）未依照本条例规定建立并执行进货查验记录制度、产品销售记录制度；

（三）未依照本条例规定对化妆品生产质量管理规范的执行情况进行自查；

（四）未依照本条例规定贮存、运输化妆品；

（五）未依照本条例规定监测、报告化妆品不良反应，或者对化妆品不良反应监测机构、负责药品监督管理的部门开展的化妆品不良反应调查不予配合。

进口商未依照本条例规定记录、保存进口化妆品信息的，由出入境检验检疫机构依照前款规定给予处罚。

注释 本条规定了未依照本条例公布化妆品功效宣称依据的摘要，未建立并执行进货查验记录制度、产品销售记录制度，未对化妆品生产质量管理规范的执行情况进行自查，未按照规定贮存、运输化妆品，未按照规定监测、报告化妆品不良反应等违法行为的法律责任。本条规定的行政处罚有警告、罚款、责令停产停业、处罚到人等。另外，本条还规定了"责令改正"的要求。这里需要注意的是，此要求不是行政强制措施，也不是行政处罚种类，而是一种教育措施。这也是行政处罚坚持教

育与惩罚相结合的原则的体现。

本条第一款第一项规定未依照本条例规定公布化妆品功效宣称依据的摘要的违法情形。本条例第二十二条规定，化妆品的功效宣称应当有充分的科学依据。化妆品注册人、备案人应当在国务院药品监督管理部门规定的专门网站公布功效宣称所依据的文献资料、研究数据或者产品功效评价资料的摘要，接受社会监督。根据此规定，化妆品注册人、备案人应当依法公布相关资料，为消费者购买化妆品提供参考。为使化妆品注册人、备案人依法公布相关内容，国务院药品监督管理部门应积极搭建功效宣称信息公开平台。化妆品注册人、备案人应积极履行相关公布义务，否则将承担相应的法律责任。

本条第一款第二项规定了未依照本条例规定建立并执行进货查验记录制度、产品销售记录制度的违法情形。建立并执行进货查验记录制度、产品销售记录制度的主体有：化妆品注册人、备案人、受托生产企业以及化妆品经营者。本条例第三十一条第一款规定，化妆品注册人、备案人、受托生产企业应当建立并执行原料以及直接接触化妆品的包装材料进货查验记录制度、产品销售记录制度。第三十八条规定，化妆品经营者应当建立并执行进货查验记录制度。进货查验记录制度和产品销售记录制度，是实现产品可追溯的重要途径，一旦发生产品质量问题，可以及时实施产品追溯，控制产品风险，召回问题产品，切实保障消费者的用妆安全。上述责任主体应建立并执行进货查验记录制度、产品销售记录制度，否则将承担相应的法律责任。

本条第一款第三项规定了未依照本条例规定对化妆品生产质量管理规范的执行情况进行自查的违法情形。执行化妆品质量管理规范，是保障化妆品质量安全的一项根本制度，是保障生产过程持续合法、产品质量安全的重要措施。本条例第三十四条规定，化妆品注册人、备案人、受托生产企业应当定期对化妆品生产质量管理规范的执行情况进行自查；生产条件发生变化，不再符合化妆品生产质量管理规范要求的，应当立即采取整改措施；可能影响化妆品质量安全的，应当立即停止生产并向所在地省、自治区、直辖市人民政府药品监督管理部门报告。化妆品注册人、备案人、受托生产企业要定期对化妆品生产质量管理规范的执行情况开展自查，发现问题及时整改，消除风险隐患，发现影响化妆品质量安全的，应当立即停止生产，并向监管部门报告。未履行相关法定义务的，应承担相应的法律责任。

本条第一款第四项规定了未依照本条例规定贮存、运输化妆品的违法情形。化妆品贮存、运输有着一定的要求，如果贮存、运输时间和条件不当，会导致化妆品变质，影响产品质量。本条例第三十九条规定，化妆品生产经营者应当依照有关法律、法规的规定和化妆品标签标示的要求贮存、运输化妆品，定期检查并及时处理变质或者超过使用期限的化妆品。未履行相关法定义务的，应承担相应的法律责任。

本条第一款第五项规定了未依照本条例规定监测、报告化妆品不良反应，或者对化妆品不良反应监测机构、负责药品监督管理的部门开展的化妆品不良反应调查不予配合的违法情形。开展化妆品监测，及时报告化妆品不良反应，可以及时收集消费者由于使用化妆品引起的不良后果或伤害的信息，及时采取措施，控制产品风险。本条例第五十二条第一款规定，化妆品注册人、备案人应当监测其上市销售化妆品的不良反应，及时开展评价，按照国务院药品监督管理部门的规定向化妆品不良反应监测机构报告。受托生产企业、化妆品经营者和医疗机构发现可能与使用化妆品有关的不良反应的，应当报告化妆品不良反应监测机构。鼓励其他单位和个人向化妆品不良反应监测机构或者负责药品监督管理的部门报告可能与使用化妆品有关的不良反应。根据此规定，化妆品注册人、备案人应积极开展化妆品不良反应监测，受托生产企业、化妆品经营者和医疗机构应主动开展化妆品不良反应报告工作，并对化妆品不良反应监测机构或者负责药品监督管理的部门开展的化妆品不良反应调查工作予以配合，否则将依法承担相应的法律责任。

本条第二款规定了进口商未依照本条例规定记录、保存进口化妆品信息的，由出入境检验检疫机构依照前款规定给予处罚。进口商将进口化妆品引进中国，负有保障产品安全的法定责任。本条例第四十五条第二款规定，进口商应当对拟进口的化妆品是否已经注册或者备案以及是否符合本条例和强制性国家标准、技术规范进行审核；审核不合格的，不得进口。进口商应当如实记录进口化妆品的信息,记录保存期限应当符合本条例第三十一条第一款的规定。根据《进出口化妆品检验检疫监督管理办法》第三条之规定,海关总署主管全国进出口化妆品检验检疫监督管理工作。主管海关负责所辖区域进出口化妆品检验检疫监督管理工作。

链接 《进出口化妆品检验检疫监督管理办法》第3条;《化妆品生产经营监督管理办法》第39、40条;《化妆品生产质量管理规范》第15、59、62条

第六十三条 【未依照本条例规定报告化妆品新原料使用和安全情况的法律责任】 化妆品新原料注册人、备案人未依照本条例规定报告化妆品新原料使用和安全情况的,由国务院药品监督管理部门责令改正,处5万元以上20万元以下罚款;情节严重的,吊销化妆品新原料注册证或者取消化妆品新原料备案,并处20万元以上50万元以下罚款。

注释 本条规定了化妆品新原料注册人、备案人未依照本条例规定报告化妆品新原料使用和安全情况的法律责任。本条规定的行政处罚包括罚款、吊销新原料注册证或取消化妆品新原料备案并处罚款。

建立新原料监测期管理制度,可以及时掌握新原料的安全情况,防控化妆品质量安全风险,也有利于调动新原料注册人、备案人研发的积极性。本条例第十四条规定,经注册、备案的化妆品新原料投入使用后三年内,新原料注册人、备案人应当每年向国务院药品监督管理部门报告新原料的使用和安全情况。对存在安全问题的化妆品新原料,由国务院药品监督管理部门撤销注册或者取消备案。三年期满未发生安全问题的化妆品新原料,纳入国务院药品监督管理部门制定的已使用的化妆品原料目录。经注册、备案的化妆品新原料纳入已使用的化妆品原料目录前,仍然按照化妆品新原料进行管理。根据此条规定,化妆品注册人、备案人应依法报告化妆品新原料使用和安全情况,否则将承担相应的法律责任。

第六十四条 【提供虚假资料或者采取其他欺骗手段取得行政许可的法律责任】 在申请化妆品行政许可时提供虚假资料或者采取其他欺骗手段的,不予行政许可,已经取得行政许可的,由作出行政许可决定的部门撤销行政许可,5年内不受理其提出的化妆品相关许可申请,没收违法所得和已经生产、进口的化妆品;已经生产、进口的化妆品货值金额不足1万元的,并处5万元以上15万元以下罚款;货值金额1万元以上的,并处货值金额15倍以上30倍以下罚款;对违法单位的法定代表人或者主要负责人、直接负责的主管人员和其他直接责任人员处以其上一年度从本单位取得收入的3倍以上5倍以下罚款,终身禁止其从事化妆品生产经营活动。

伪造、变造、出租、出借或者转让化妆品许可证件的,由负责药品监督管理的部门或者原发证部门予以收缴或者吊销,没收违法所得;违法所得不足1万元的,并处5万元以上10万元以下罚款;违法所得1万元以上的,并处违法所得10倍以上20倍以下罚款;构成违反治安管理行为的,由公安机关依法给予治安管理处罚;构成犯罪的,依法追究刑事责任。

注释 本条规定了申请化妆品行政许可时提供虚假资料或者采取其他欺骗手段,伪造、变造、出租、出借或者转让化妆品许可证件的法律责任。本条规定的行政处罚包括没收违法所得和非法财物、罚款、处罚到人、收缴或者吊销许可证件等。《治安管理处罚法》第五十二条规定,有下列行为之一的,处十日以上十五日以下拘留,可以并处一千元以下罚款;情节较轻的,处五日以上十日以下拘留,可以并处五百元以下罚款:(一)伪造、变造或者买卖国家机关、人民团体、企业、事业单位或者其他组织的公文、证件、证明文件、印章的;(二)买卖或者使用伪造、变造的国家机关、人民团体、企业、事业单位或者其他组织的公文、证件、证明文件的;……构成违反治安管理行为的,应依据此规定追究其法律责任。构成犯罪的,可能会构成非法经营罪和伪造、变造、买卖国家机关公文、证件、印章罪。

本条第一款规定了在申请化妆品行政许可时提供虚假资料或者采取其他欺骗手段的违法行为。本条例第十二条第二款规定,注册申请人、备案人应当对所提交资料的真实性、科学性负责。第十九条第三款规定,注册申请人、备案人应当对所提交资料的真实性、科学性负责。第二十七条第一款规定,从事化妆品生产活动,应当向所在地省、自治区、直辖市人民政府药品监督管理部门提出申请,提交其符合本条例第二十六条规定条件的证明资料,并对资料的真实性负责。注册申请

人、备案人提交资料的真实性是监管部门作出行政许可决定的重要依据，是化妆品质量安全的重要保障，不履行相关法定义务，应承担相应的法律责任。

本条第二款规定了伪造、变造、出租、出借或者转让化妆品许可证件的违法行为。本款中的"伪造"是指假冒国家机关的名义，制作根本不存在的上述许可证件的行为。"变造"是指对现有的许可证件进行涂改，变更其真实内容的行为。"出租"是指将自己的许可证件出租给承租人，承租人支付租金的行为。"出借"是指将许可证件出借给别人使用的行为。"转让"是指将自己的许可证件以有价或无偿的方式转让给他人的行为。这些行为损害了消费者的知情权，破坏了社会公平正义，侵害了国家机关行政许可的权威性，违法行为人应承担相应的法律责任。

链接 《行政许可法》第31、70、80条；《治安管理处罚法》第52条

第六十五条 【备案时提供虚假资料、已经备案的资料不符合要求的法律责任】 备案时提供虚假资料的，由备案部门取消备案，3年内不予办理其提出的该项备案，没收违法所得和已经生产、进口的化妆品；已经生产、进口的化妆品货值金额不足1万元的，并处1万元以上3万元以下罚款；货值金额1万元以上的，并处货值金额3倍以上10倍以下罚款；情节严重的，责令停产停业直至由原发证部门吊销化妆品生产许可证，对违法单位的法定代表人或者主要负责人、直接负责的主管人员和其他直接责任人员处以其上一年度从本单位取得收入的1倍以上2倍以下罚款，5年内禁止其从事化妆品生产经营活动。

已经备案的资料不符合要求的，由备案部门责令限期改正，其中，与化妆品、化妆品新原料安全性有关的备案资料不符合要求的，备案部门可以同时责令暂停销售、使用；逾期不改正的，由备案部门取消备案。

备案部门取消备案后，仍然使用该化妆品新原料生产化妆品或者仍然上市销售、进口该普通化妆品的，分别依照本条例第六十条、第六十一条的规定给予处罚。

注释 本条规定了备案时提供虚假资料，或已经备案的资料不符合要求及相关违法行为的法律责任。本条规定的行政处罚包括取消备案、没收违

法所得和非法财物、罚款、责令停产停业、吊销生产许可证以及对相关责任人的财产罚和资格罚。

本条第一款规定了备案时提供虚假资料的违法情形及法律责任。根据本条例第四条的规定，国家对普通化妆品实行备案管理。国家对风险程度较高的化妆品新原料实行注册管理，对其他化妆品新原料实行备案管理。本条中的"备案"行为，包括对较高风险以外的其他化妆品新原料的备案和普通化妆品备案。根据本条例第十二条第二款和第十九条第三款的规定，注册申请人、备案人应当对所提交资料的真实性、科学性负责。产品在上市销售前，对较高风险以外的其他化妆品新原料以及普通化妆品需在药品监督管理部门备案。化妆品注册人、备案人应依法对提交资料的真实性、科学性负责，一旦违法将承担相应的法律责任。

本条第二款规定了已经备案的资料不符合要求的法律责任。本条例中规定的备案均为告知性备案，即申请人向监管部门提交了符合法律规定的备案资料后即完成备案。化妆品备案上市后，药品监督管理部门为确保备案产品的安全，会加强事中事后监管，对化妆品备案人备案时提供的资料进行确认，一旦发现资料不符合要求，备案部门将责令化妆品备案人限期改正。为了防控产品风险，如果与化妆品、化妆品新原料安全性有关的备案资料不符合要求的，备案部门可以同时责令暂停销售、使用；逾期不改正的，由备案部门取消备案。

本条第三款规定了备案部门取消备案后，仍然使用该化妆品新原料生产化妆品或者仍然上市销售、进口该普通化妆品的违法行为的法律责任。备案部门取消备案后，仍然使用该化妆品新原料生产化妆品的，依照本条例第六十条"由负责药品监督管理的部门没收违法所得、违法生产经营的化妆品和专门用于违法生产经营的原料、包装材料、工具、设备等物品；违法生产经营的化妆品货值金额不足1万元的，并处1万元以上5万元以下罚款；货值金额1万元以上的，并处货值金额5倍以上20倍以下罚款；情节严重的，责令停产停业、由备案部门取消备案或者由原发证部门吊销化妆品许可证件，对违法单位的法定代表人或者主要负责人、直接负责的主管人员和其他直接责任人员处以其上一年度从本单位取得收入的1倍以上

3倍以下罚款,10年内禁止其从事化妆品生产经营活动;构成犯罪的,依法追究刑事责任"的规定给予处罚。

备案部门取消备案后,仍然上市销售、进口该普通化妆品的,依照本条例第六十一条"由负责药品监督管理的部门没收违法所得、违法生产经营的化妆品,并可以没收专门用于违法生产经营的原料、包装材料、工具、设备等物品;违法生产经营的化妆品货值金额不足1万元的,并处1万元以上3万元以下罚款;货值金额1万元以上的,并处货值金额3倍以上10倍以下罚款;情节严重的,责令停产停业、由备案部门取消备案或者由原发证部门吊销化妆品许可证,对违法单位的法定代表人或者主要负责人、直接负责的主管人员和其他直接责任人员处以其上一年度从本单位取得收入的1倍以上2倍以下罚款,5年内禁止其从事化妆品生产经营活动"的规定给予处罚。

第六十六条 【化妆品集中交易市场开办者、展销会举办者违法行为的法律责任】化妆品集中交易市场开办者、展销会举办者未依照本条例规定履行审查、检查、制止、报告等管理义务的,由负责药品监督管理的部门处2万元以上10万元以下罚款;情节严重的,责令停业,并处10万元以上50万元以下罚款。

注释 本条规定了化妆品集中交易市场开办者、展销会举办者违法行为的法律责任。本条规定的行政处罚有罚款、责令停业并处罚款。

本条中的化妆品集中交易市场开办者、展销会举办者作为市场经营的特殊主体,负有管理责任,对保障化妆品的质量安全具有重要作用。本条例第四十条规定,化妆品集中交易市场开办者、展销会举办者应当审查入场化妆品经营者的市场主体登记证明,承担入场化妆品经营者管理责任,定期对入场化妆品经营者进行检查;发现入场化妆品经营者有违反本条例规定行为的,应当及时制止并报告所在地县级人民政府负责药品监督管理的部门。化妆品集中交易市场开办者、展销会举办者如果没有履行法定义务,将承担相应的法律责任。

第六十七条 【电子商务平台经营者违法行为的法律责任】电子商务平台经营者未依照本条例规定履行实名登记、制止、报告、停止提供电子商务平台服务等管理义务的,由省、自治区、直辖市人民政府药品监督管理部门依照《中华人民共和国电子商务法》的规定给予处罚。

注释 本条规定了电子商务平台经营者违法行为的法律责任。本条属于衔接性规定,即对电子商务平台经营者未依照本条例规定履行实名登记、制止、报告、停止提供电子商务平台服务等管理义务的违法行为的法律责任,不是直接作出规定,而是援引《电子商务法》,由省、自治区、直辖市人民政府药品监督管理部门依照《电子商务法》第八十条"由有关主管部门责令限期改正;逾期不改正的,处二万元以上十万元以下的罚款;情节严重的,责令停业整顿,并处十万元以上五十万元以下的罚款"的规定给予处罚。

本条中"电子商务平台经营者",根据《电子商务法》第九条第二款规定,是指在电子商务中为交易双方或者多方提供网络经营场所、交易撮合、信息发布等服务,供交易双方或者多方独立开展交易活动的法人或者非法人组织。《电子商务法》第二十七条规定:"电子商务平台经营者应当要求申请进入平台销售商品或者提供服务的经营者提交其身份、地址、联系方式、行政许可等真实信息,进行核验、登记,建立登记档案,并定期核验更新。电子商务平台经营者为进入平台销售商品或者提供服务的非经营用户提供服务,应当遵守本节有关规定。"第二十九条规定:"电子商务平台经营者发现平台内的商品或者服务信息存在违反本法第十二条、第十三条规定情形的,应当依法采取必要的处置措施,并向有关主管部门报告。"本条例第四十一条第一款规定:"电子商务平台经营者应当对平台内化妆品经营者进行实名登记,承担平台内化妆品经营者管理责任,发现平台内化妆品经营者有违反本条例规定行为的,应当及时制止并报告所在地省、自治区、直辖市人民政府药品监督管理部门;发现严重违法行为的,应当立即停止向违法的化妆品经营者提供电子商务平台服务。"电子商务平台经营者应依法履行其管理责任,否则将承担相应的法律责任。

链接《电子商务法》第9、12、13、27、29、80条

第六十八条 【有条件免除对化妆品经营者的行政处罚】化妆品经营者履行了本条例规定的进货查验记录等义务,有证据证明其不知道所采购的化妆品是不符合强制性国家标准、技术规范或者不符合化妆品注册、备案资料载明的技术要

求的,收缴其经营的不符合强制性国家标准、技术规范或者不符合化妆品注册、备案资料载明的技术要求的化妆品,可以免除行政处罚。

注释 本条规定了有条件免除化妆品经营者的行政处罚。化妆品经营者和化妆品生产者负有相同的保障化妆品安全的法律责任。化妆品经营者经营的化妆品不符合强制性国家标准、技术规范或者不符合化妆品注册、备案资料载明的技术要求的,应承担相应的法律责任。但是,化妆品经营者如果履行了相关法定义务,比如履行了本条例规定的进货查验记录等义务,并有证据证明其不知道所采购的化妆品存在以上问题,可以免除行政处罚,这体现了行政处罚与教育相结合的原则。

本条规定的可以免除处罚的条件有三个方面:一是履行了本条例规定的进货查验记录等义务;二是有证据证明其不知道所采购的化妆品是不符合强制性国家标准、技术规范或者不符合化妆品注册、备案资料载明的技术要求的,行为不存在"故意",化妆品经营者负有举证责任,要能证明自己不知晓;三是仅限于经营的化妆品不符合强制性国家标准、技术规范或者不符合化妆品注册、备案资料载明的技术要求,不包含经营未经注册或备案的化妆品等。

另外,值得注意的是,本条规定对化妆品经营者符合法定情形可以免除行政处罚,但对其经营的不符合强制性国家标准、技术规范或者不符合化妆品注册、备案资料载明的技术要求的化妆品要予以收缴。收缴不是行政处罚的种类,但属于具体行政行为,实施时要依照法定程序开展,并给予行政相对人相应的救济途径,以保障其合法权益。

第六十九条 【化妆品广告违法及其他虚假宣传或引人误解宣传的法律责任】化妆品广告违反本条例规定的,依照《中华人民共和国广告法》的规定给予处罚;采用其他方式对化妆品作虚假或者引人误解的宣传的,依照有关法律的规定给予处罚;构成犯罪的,依法追究刑事责任。

注释 本条规定了化妆品广告违法及采用其他方式作虚假宣传或引人误解宣传的法律责任。本条属于衔接性规定,未对化妆品虚假或者引人误解的宣传的违法行为主体直接作出行政处罚,而是援引《广告法》第五十五条第一款"违反本法规定,发布虚假广告的,由市场监督管理部门责令停止发布广告,责令广告主在相应范围内消除影响,处广告费用三倍以上五倍以下的罚款,广告费用无法计算或者明显偏低的,处二十万元以上一百万元以下的罚款;两年内有三次以上违法行为或者有其他严重情节的,处广告费用五倍以上十倍以下的罚款,广告费用无法计算或者明显偏低的,处一百万元以上二百万元以下的罚款,可以吊销营业执照,并由广告审查机关撤销广告审查批准文件、一年内不受理其广告审查申请"、《反不正当竞争法》第二十条"经营者违反本法第八条规定对其商品作虚假或者引人误解的商业宣传,或者通过组织虚假交易等方式帮助其他经营者进行虚假或者引人误解的商业宣传的,由监督检查部门责令停止违法行为,处二十万元以上一百万元以下的罚款;情节严重的,处一百万元以上二百万元以下的罚款,可以吊销营业执照。经营者违反本法第八条规定,属于发布虚假广告的,依照《中华人民共和国广告法》的规定处罚"等有关法律规定予以处罚。构成犯罪的,涉及的罪名主要是《刑法》第二百二十二条规定的虚假广告罪,该条规定,广告主、广告经营者、广告发布者违反国家规定,利用广告对商品或者服务作虚假宣传,情节严重的,处二年以下有期徒刑或者拘役,并处或者单处罚金。

本条例第六条第一款规定,化妆品注册人、备案人对化妆品的质量安全和功效宣称负责。第四十三条规定,化妆品广告的内容应当真实、合法。化妆品广告不得明示或者暗示产品具有医疗作用,不得含有虚假或者引人误解的内容,不得欺骗、误导消费者。《反不正当竞争法》第八条规定,经营者不得对其商品的性能、功能、质量、销售状况、用户评价、曾获荣誉等作虚假或者引人误解的商业宣传,欺骗、误导消费者。经营者不得通过组织虚假交易等方式,帮助其他经营者进行虚假或者引人误解的商业宣传。《广告法》第四条规定,广告不得含有虚假或者引人误解的内容,不得欺骗、误导消费者。广告主应当对广告内容的真实性负责。第二十八条规定,广告以虚假或者引人误解的内容欺骗、误导消费者的,构成虚假广告。广告有下列情形之一的,为虚假广告:(一)商品或者服务不存在的;(二)商品的性能、功能、产地、用途、质量、规格、成分、价格、生产者、有效期限、销售状况、曾获荣誉等信息,或者服务的内容、提供者、形式、质量、价格、销售状况、曾获荣誉等信息,以及与商品或者服务有关的允诺等信息与实际情况不符,对购买行为有实质性影响的;(三)使用虚构、伪造或者无法验证的科研成果、统计资料、调查结果、文摘、引用语等信息作证明材料的;(四)虚构使用商品或者接受服务的效果的;(五)以虚假或者引人误解的内容欺骗、误导消费者的其他情形。由以上规定可以看出,化妆品生产经营者应依法履行相关义务,不能对化妆品作虚假或者引人误解的宣传,否则将承担相应的法律责任。

链接 《广告法》第4、28、55条;《反不正当竞争法》第8、20条;《刑法》第222条

第七十条 【境内责任人以及境外化妆品注册人、备案人不履行法定义务的法律责任】 境外化妆品注册人、备案人指定的在我国境内的企业法人未协助开展化妆品不良反应监测、实施产品召回的,由省、自治区、直辖市人民政府药品监督管理部门责令改正,给予警告,并处2万元以上10万元以下罚款;情节严重的,处10万元以上50万元以下罚款,5年内禁止其法定代表人或者主要负责人、直接负责的主管人员和其他直接责任人员从事化妆品生产经营活动。

境外化妆品注册人、备案人拒不履行依据本条例作出的行政处罚决定的,10年内禁止其化妆品进口。

注释 本条规定了境外化妆品注册人、备案人指定的在我国境内的企业法人,即境内责任人不履行法定义务以及境外化妆品注册人、备案人拒不履行依据本条例作出的行政处罚决定的法律责任。本条规定的行政处罚包括警告、罚款、相关责任人员的资格罚。值得注意的是,行政处罚的实施机关有省级药品监督管理部门和国家药品监督管理部门。

关于境内责任人的法定义务,本条例第二十三条规定,境外化妆品注册人、备案人应当指定我国境内的企业法人办理化妆品注册、备案,协助开展化妆品不良反应监测、实施产品召回。境内责任人协助境外化妆品注册人、备案人开展化妆品不良反应监测,实施产品召回,对及时收集化妆品不良反应信息,及时处置产品风险,保障进口化妆品质量安全至关重要。同理,境外化妆品注册人、备案人应强化主体责任,积极履行法定义务,包括履行依据本条例作出的行政处罚决定,维护法律

权威,切实保障进口化妆品的质量安全,否则将承担相应的法律责任。

链接 《化妆品注册备案管理办法》第8条

第七十一条 【化妆品检验机构出具虚假检验报告的法律责任】 化妆品检验机构出具虚假检验报告的,由认证认可监督管理部门吊销检验机构资质证书,10年内不受理其资质认定申请,没收所收取的检验费用,并处5万元以上10万元以下罚款;对其法定代表人或者主要负责人、直接负责的主管人员和其他直接责任人员处以其上一年度从本单位取得收入的1倍以上3倍以下罚款,依法给予或者责令给予降低岗位等级、撤职或者开除的处分,受到开除处分的,10年内禁止其从事化妆品检验工作;构成犯罪的,依法追究刑事责任。

注释 本条规定了化妆品检验机构出具虚假检验报告的法律责任。这种责任包括行政处罚和行政处分。构成犯罪的,还将承担刑事责任。涉及的罪名主要是《刑法》第二百二十九条规定的提供虚假证明文件罪,该条第一款、第二款规定:"承担资产评估、验资、验证、会计、审计、法律服务、保荐、安全评价、环境影响评价、环境监测等职责的中介组织的人员故意提供虚假证明文件,情节严重的,处五年以下有期徒刑或者拘役,并处罚金;有下列情形之一的,处五年以上十年以下有期徒刑,并处罚金:(一)提供与证券发行相关的虚假的资产评估、会计、审计、法律服务、保荐等证明文件,情节特别严重的;(二)提供与重大资产交易相关的虚假的资产评估、会计、审计等证明文件,情节特别严重的;(三)在涉及公共安全的重大工程、项目中提供虚假的安全评价、环境影响评价等证明文件,致使公共财产、国家和人民利益遭受特别重大损失的。有前款行为,同时索取他人财物或者非法收受他人财物构成犯罪的,依照处罚较重的规定定罪处罚。"

化妆品检验是获知化妆品质量是否安全的重要途径。化妆品检验报告是监管部门判定化妆品是否符合强制性国家标准、技术规范、经注册备案的技术要求的重要依据。如果化妆品不合格,而检验机构出具了产品合格的虚假检验报告,不仅使违法者逃避了责任追究,而且对消费者的人身安全造成威胁。如果化妆品合格,而检验机构出具了产品不合格的虚假检验报告,必将侵害行政

相对人的合法利益。故化妆品检验机构出具虚假检验报告的,应依法承担相应的法律责任。

链接 《刑法》第 229 条

第七十二条 【化妆品技术审评机构等未履行职责的法律责任】 化妆品技术审评机构、化妆品不良反应监测机构和负责化妆品安全风险监测的机构未依照本条例规定履行职责,致使技术审评、不良反应监测、安全风险监测工作出现重大失误的,由负责药品监督管理的部门责令改正,给予警告、通报批评;造成严重后果的,对其法定代表人或者主要负责人、直接负责的主管人员和其他直接责任人员,依法给予或者责令给予降低岗位等级、撤职或者开除的处分。

注释 本条规定了化妆品技术审评机构、化妆品不良反应监测机构和负责化妆品安全风险监测的机构未依法履行职责违法行为的法律责任。本条规定的法律责任包括警告等行政处罚和降低岗位等级、撤职或者开除的行政处分。

化妆品技术审评机构负责化妆品行政许可过程中的技术审评工作。根据本条例第五十二条第二款,化妆品不良反应监测机构负责化妆品不良反应信息的收集、分析和评价,并向负责药品监督管理的部门提出处理建议。根据本条例第五十三条第一款,国家建立化妆品安全风险监测和评价制度,对影响化妆品质量安全的风险因素进行监测和评价,为制定化妆品质量安全风险控制措施和标准、开展化妆品抽样检验提供科学依据。上述责任主体应积极履行法定职责,否则将承担相应的法律责任。

第七十三条 【招用、聘用禁用人员的法律责任】 化妆品生产经营者、检验机构招用、聘用不得从事化妆品生产经营活动的人员或者不得从事化妆品检验工作的人员从事化妆品生产经营或者检验的,由负责药品监督管理的部门或者其他有关部门责令改正,给予警告;拒不改正的,责令停产停业直至吊销化妆品许可证件、检验机构资质证书。

注释 本条规定了化妆品生产经营者、检验机构招用、聘用不得从事化妆品生产经营活动的人员或者不得从事化妆品检验工作的人员从事化妆品生产经营或者检验的法律责任。本条规定的行政处罚包括警告、责令停产停业、吊销许可证件、检验机构资质证书。

本条例关于禁止有关责任人从事化妆品生产经营或者化妆品检验工作的规定如下:本条例第五十九条规定,情节严重的,责令停产停业、由备案部门取消备案或者由原发证部门吊销化妆品许可证件,十年内不予办理其提出的化妆品备案或者受理其提出的化妆品行政许可申请,对违法单位的法定代表人或者主要负责人、直接负责的主管人员和其他直接责任人员处以其上一年度从本单位取得收入的三倍以上五倍以下罚款,终身禁止其从事化妆品生产经营活动。第六十条规定,情节严重的,责令停产停业、由备案部门取消备案或者由原发证部门吊销化妆品许可证件,对违法单位的法定代表人或者主要负责人、直接负责的主管人员和其他直接责任人员处以其上一年度从本单位取得收入的一倍以上三倍以下罚款,十年内禁止其从事化妆品生产经营活动。第六十一条第一款规定,情节严重的,责令停产停业、由备案部门取消备案或者由原发证部门吊销化妆品许可证件,对违法单位的法定代表人或者主要负责人、直接负责的主管人员和其他直接责任人员处以其上一年度从本单位取得收入的一倍以上二倍以下罚款,五年内禁止其从事化妆品生产经营活动。第六十四条第一款规定,对违法单位的法定代表人或者主要负责人、直接负责的主管人员和其他直接责任人员处以其上一年度从本单位取得收入的三倍以上五倍以下罚款,终身禁止其从事化妆品生产经营活动。第六十五条第一款规定,情节严重的,责令停产停业直至由原发证部门吊销化妆品生产许可证,对违法单位的法定代表人或者主要负责人、直接负责的主管人员和其他直接责任人员处以其上一年度从本单位取得收入的一倍以上二倍以下罚款,五年内禁止其从事化妆品生产经营活动。第七十条第一款规定,情节严重的,处十万元以上五十万元以下罚款,五年内禁止其法定代表人或者主要负责人、直接负责的主管人员和其他直接责任人员从事化妆品生产经营活动。第七十一条规定,对其法定代表人或者主要负责人、直接负责的主管人员和其他直接责任人员处以其上一年度从本单位取得收入的一倍以上三倍以下罚款,依法给予或者责令给予降低岗位等级、撤职或者开除的处分,受到开除处分的,十年内禁止其从事化妆品检验工作。以上规定均含有责任人的资格罚,也是本条例"处罚到人"的制度创新。本条规定能确保"处罚到人"制度落到实处，也能促进相关责任人主动落实管理责任，确保化妆品质量安全。

第七十四条 【阻碍执法、隐匿证据等抗拒执法的法律责任】有下列情形之一，构成违反治安管理行为的，由公安机关依法给予治安管理处罚；构成犯罪的，依法追究刑事责任：

（一）阻碍负责药品监督管理的部门工作人员依法执行职务；

（二）伪造、销毁、隐匿证据或者隐藏、转移、变卖、损毁依法查封、扣押的物品。

注释 本条规定了阻碍负责药品监督管理的部门工作人员依法执行职务，伪造、销毁、隐匿证据或者隐藏、转移、变卖、损毁依法查封、扣押的物品的法律责任。本条规定的行政处罚由公安机关实施。《治安管理处罚法》第五十条规定，有下列行为之一的，处警告或者二百元以下罚款；情节严重的，处五日以上十日以下拘留，可以并处五百元以下罚款：……（二）阻碍国家机关工作人员依法执行职务的……第六十条规定，有下列行为之一的，处五日以上十日以下拘留，并处二百元以上五百元以下罚款：（一）隐藏、转移、变卖或者损毁行政执法机关依法扣押、查封、冻结的财物的；（二）伪造、隐匿、毁灭证据或者提供虚假证言、谎报案情，影响行政执法机关依法办案的；（三）明知是赃物而窝藏、转移或者代为销售……本条涉及的罪名主要有妨害公务罪。根据《刑法》第二百七十七条第一款的规定，以暴力、威胁方法阻碍国家机关工作人员依法执行职务的，处三年以下有期徒刑、拘役、管制或者罚金。

根据本条例第四十七条的规定，被检查单位对监督检查应当予以配合，不得隐瞒有关情况。本条例第五十二条第三款规定，化妆品生产经营者应当配合化妆品不良反应监测机构、负责药品监督管理的部门开展化妆品不良反应调查。《化妆品注册备案管理办法》第八条规定，注册人、备案人在境外的，应当指定我国境内的企业法人作为境内责任人。境内责任人应当履行以下义务：……（五）配合药品监督管理部门的监督检查工作。化妆品生产经营企业或相关单位应配合监管部门依法执行职务，履行相关的法定义务，不得阻碍负责药品监督管理的部门工作人员依法执行职务，不得伪造、销毁、隐匿证据或者隐藏、转移、变卖、损毁依法查封、扣押的物品，否则将承担相应的法律责任。

链接《治安管理处罚法》第50、60条；《刑法》第277条；《化妆品注册备案管理办法》第8条

第七十五条 【监管部门滥用职权、玩忽职守、徇私舞弊的法律责任】负责药品监督管理的部门工作人员违反本条例规定，滥用职权、玩忽职守、徇私舞弊的，依法给予警告、记过或者记大过的处分；造成严重后果的，依法给予降级、撤职或者开除的处分；构成犯罪的，依法追究刑事责任。

注释 本条规定了药品监督管理部门工作人员滥用职权、玩忽职守、徇私舞弊的法律责任。本条规定的法律责任有警告、记过或者记大过，降级、撤职或者开除。构成犯罪的，应承担刑事责任。本条涉及的主要罪名有滥用职权罪、玩忽职守罪、徇私舞弊不移交刑事案件罪、放纵制售伪劣商品犯罪行为罪等。

本条中的"滥用职权"，指药品监督管理部门工作人员故意逾越职权，不按或违反法律规定处理其无权决定、处理的事项，或者违反规定处理公务等违法行使职权的行为。"玩忽职守"，是指药品监督管理部门工作人员对工作严重不负责任，包括不依法履行职责、不作为，也包括在履行职责时不尽职、不认真的行为。"徇私舞弊"，是指药品监督管理部门工作人员在化妆品监管中，为了私情或者谋求私利，故意违反事实或者法律作出枉法处理、枉法决定的行为。药品监督管理部门的工作人员，有依法履行相应法定义务的职责，应当依法行政，为保障化妆品的质量安全、维护消费者的合法权益和维持市场秩序依法履职。药品监督管理部门工作人员如违反本条例规定，滥用职权、玩忽职守、徇私舞弊，应承担相应的法律责任。

链接《刑法》第397、402、414条；《公务员法》第108条

第七十六条 【民事赔偿责任的规定】违反本条例规定，造成人身、财产或者其他损害的，依法承担赔偿责任。

注释 本条规定了违反本条例规定，造成人身、财产或者其他损害的民事赔偿责任。化妆品注册人、备案人、受托生产企业等主体违反本条例的规定，可能会面临承担刑事责任和行政处罚，如造成人身、财产或者其他损害的，还要依法承担民事赔偿责任。根据《产品质量法》第四十一条的规定，

因产品存在缺陷造成人身、缺陷产品以外的其他财产损害的,生产者应当承担赔偿责任。《产品质量法》第四十二条规定,由于销售者的过错使产品存在缺陷,造成人身、他人财产损害的,销售者应当承担赔偿责任。销售者不能指明缺陷产品的生产者也不能指明缺陷产品的供货者的,销售者应当承担赔偿责任。《民法典》第一千二百零二条规定,因产品存在缺陷造成他人损害的,生产者应当承担侵权责任。第一千一百七十九条规定,侵害他人造成人身损害的,应当赔偿医疗费、护理费、交通费、营养费、住院伙食补助费等为治疗和康复支出的合理费用,以及因误工减少的收入。造成残疾的,还应当赔偿辅助器具费和残疾赔偿金;造成死亡的,还应当赔偿丧葬费和死亡赔偿金。

另外,根据《消费者权益保护法》第五十五条的规定,经营者提供商品或者服务有欺诈行为的,应当按照消费者的要求增加赔偿其受到的损失,增加赔偿的金额为消费者购买商品的价款或者接受服务的费用的三倍;增加赔偿的金额不足五百元的,为五百元。法律另有规定的,依照其规定。经营者明知商品或者服务存在缺陷,仍然向消费者提供,造成消费者或者其他受害人死亡或者健康严重损害的,受害人有权要求经营者依照《消费者权益保护法》第四十九条、第五十一条等法律规定赔偿损失,并有权要求所受损失二倍以下的惩罚性赔偿。

链接《产品质量法》第41、42条;《民法典》第1179、1202条;《消费者权益保护法》第55条

第六章 附 则

第七十七条 【牙膏、香皂适用本条例的特别规定】牙膏参照本条例有关普通化妆品的规定进行管理。牙膏备案人按照国家标准、行业标准进行功效评价后,可以宣称牙膏具有防龋、抑牙菌斑、抗牙本质敏感、减轻牙龈问题等功效。牙膏的具体管理办法由国务院药品监督管理部门拟订,报国务院市场监督管理部门审核、发布。

香皂不适用本条例,但是宣称具有特殊化妆品功效的适用本条例。

注释 本条对牙膏、香皂管理是否适用此条例作出特别规定。本条例第三条规定,本条例所称化妆品,是指以涂擦、喷洒或者其他类似方法,施用于皮肤、毛发、指甲、口唇等人体表面,以清洁、保护、美化、修饰为目的的日用化学工业产品。牙膏因不符合化妆品的定义,不属于化妆品。香皂作用于人体皮肤,符合化妆品的定义,属于化妆品。但考虑牙膏和香皂的特殊性,本条例对牙膏、香皂的法律适用作了特别规定。

本条第一款规定了牙膏参照本条例有关普通化妆品的规定进行管理。关于牙膏是否纳入化妆品管理,《化妆品卫生监督条例》第二条规定,化妆品,是指以涂擦、喷洒或者其他类似的方法,散布于人体表面任何部位(皮肤、毛发、指甲、口唇等),以达到清洁、消除不良气味、护肤、美容和修饰目的的日用化学工业产品。该条例未将牙膏纳入化妆品管理。2007年,国家质检总局(已撤销)颁布《化妆品标识管理规定》,牙膏被正式列入化妆品的管理范畴。在化妆品行业监管职能调整后,2013年,国家食品药品监督管理总局(已撤销)发布《关于进一步做好当前化妆品生产许可有关工作的通知》,进一步强调将牙膏类产品列入化妆品监管范围。牙膏和其他口腔护理用品的主要目的是清洁和美化,美国、欧盟、日本等国家和地区均将口腔护理用品纳入化妆品管理。《化妆品监督管理条例》经多次征求意见,结合监管实际,反复研究论证,没有将牙膏纳入化妆品的定义,而是参照普通化妆品对其进行管理。同时考虑到牙膏可以进行功效宣称,并形成了相关标准。故本条例规定,牙膏备案人按照国家标准、行业标准进行功效评价后,可以宣称牙膏具有防龋、抑牙菌斑、抗牙本质敏感、减轻牙龈问题等功效。本条对牙膏参照普通化妆品管理只是作了原则性规定,规定了牙膏的具体管理办法由国务院药品监督管理部门拟订,报国务院市场监督管理部门审核、发布。

本条第二款规定了香皂不适用本条例,但是宣称具有特殊化妆品功效的适用本条例。例如宣称有美白功效,那么该产品将需要按照特殊化妆品的要求进行注册监管,但是普通香皂不按照化妆品监管。

实务问答 17. 牙膏、香皂属于化妆品吗?

按照《化妆品监督管理条例》第七十七条规定,牙膏参照有关普通化妆品的规定进行管理,因此从法规的角度,可把牙膏视为化妆品管理。宣称具有特殊化妆品功效的,如祛斑美白香皂按照化妆品监管,但是普通香皂不按照化妆品监管。

第七十八条 【部分特殊化妆品过渡期的规

定】对本条例施行前已经注册的用于育发、脱毛、美乳、健美、除臭的化妆品自本条例施行之日起设置5年的过渡期,过渡期内可以继续生产、进口、销售,过渡期满后不得生产、进口、销售该化妆品。

注释 本条规定了对本条例施行前已经注册的用于育发、脱毛、美乳、健美、除臭的化妆品自本条例施行之日起设置五年的过渡期。《化妆品卫生监督条例》第十条第二款规定,特殊用途化妆品是指用于育发、染发、烫发、脱毛、美乳、健美、除臭、祛斑、防晒的化妆品。根据监管实践和我国实际,《化妆品监督管理条例》第十六条第一款规定,用于染发、烫发、祛斑美白、防晒、防脱发的化妆品以及宣称新功效的化妆品为特殊化妆品。特殊化妆品以外的化妆品为普通化妆品。用于育发、脱毛、美乳、健美、除臭的化妆品不再作为特殊化妆品进行管理。为保障这几类产品的安全,本条设置了五年的过渡期,过渡期内可以继续生产、进口、销售,过渡期满后不得生产、进口、销售这几类产品。

第七十九条 【化妆品技术规范的界定】本条例所称技术规范,是指尚未制定强制性国家标准、国务院药品监督管理部门结合监督管理工作需要制定的化妆品质量安全补充技术要求。

注释 本条规定了化妆品技术规范的界定。关于化妆品技术规范,本条第六条第二款规定,化妆品生产经营者应当依照法律、法规、强制性国家标准、技术规范从事生产经营活动,加强管理,诚信自律,保证化妆品质量安全。第三十条第一款规定,化妆品原料、直接接触化妆品的包装材料应当符合强制性国家标准、技术规范。根据上述规定,可以看出化妆品技术规范是化妆品注册人、备案人、受托生产企业必须遵守的重要规定,故本条对其进行界定,专门作出规定。根据《标准化法》第二条的规定,标准(含标准样品),是指农业、工业、服务业以及社会事业等领域需要统一的技术要求。标准包括国家标准、行业标准、地方标准和团体标准、企业标准。国家标准分为强制性标准、推荐性标准,行业标准、地方标准是推荐性标准。强制性标准必须执行。国家鼓励采用推荐性标准。为解决强制性标准不够的问题,本条例规定化妆品技术规范具有强制执行的效力。

但值得注意的是,本条例对化妆品技术规范的范围作了限定。一是尚未制定强制性国家标准的事项;二是化妆品技术规范由国务院药品监督管理部门制定;三是化妆品技术规范是补充性技术要求。

链接《标准化法》第2条

第八十条 【施行日期】本条例自2021年1月1日起施行。《化妆品卫生监督条例》同时废止。

注释 本条规定了《化妆品监督管理条例》的施行日期。2020年6月16日,国务院公布《化妆品监督管理条例》。条例自2021年1月1日起施行,在实施前预留了较长时间,主要是为了让化妆品生产经营者根据本条例提前做好相关准备工作,主管部门做好法规清理和配套规定的制定工作,相关部门也可以提前做好宣贯工作。本条例生效之日起,《化妆品卫生监督条例》同时废止。

化妆品生产经营监督管理办法

·2021年8月2日国家市场监督管理总局令第46号公布
·自2022年1月1日起施行

第一章 总 则

第一条 为了规范化妆品生产经营活动,加强化妆品监督管理,保证化妆品质量安全,根据《化妆品监督管理条例》,制定本办法。

第二条 在中华人民共和国境内从事化妆品生产经营活动及其监督管理,应当遵守本办法。

第三条 国家药品监督管理局负责全国化妆品监督管理工作。

县级以上地方人民政府负责药品监督管理的部门负责本行政区域的化妆品监督管理工作。

第四条 化妆品注册人、备案人应当依法建立化妆品生产质量管理体系,履行产品不良反应监测、风险控制、产品召回等义务,对化妆品的质量安全和功效宣称负责。化妆品生产经营者应当依照法律、法规、规章、强制性国家标准、技术规范从事生产经营活动,加强管理,诚信自律,保证化妆品质量安全。

第五条 国家对化妆品生产实行许可管理。从事化妆品生产活动,应当依法取得化妆品生产许可证。

第六条 化妆品生产经营者应当依法建立进

货查验记录、产品销售记录等制度,确保产品可追溯。

鼓励化妆品生产经营者采用信息化手段采集、保存生产经营信息,建立化妆品质量安全追溯体系。

第七条 国家药品监督管理局加强信息化建设,为公众查询化妆品信息提供便利化服务。

负责药品监督管理的部门应当依法及时公布化妆品生产许可、监督检查、行政处罚等监督管理信息。

第八条 负责药品监督管理的部门应当充分发挥行业协会、消费者协会和其他消费者组织、新闻媒体等的作用,推进诚信体系建设,促进化妆品安全社会共治。

第二章 生产许可

第九条 申请化妆品生产许可,应当符合下列条件:

(一)是依法设立的企业;

(二)有与生产的化妆品品种、数量和生产许可项目等相适应的生产场地,且与有毒、有害场所以及其他污染源保持规定的距离;

(三)有与生产的化妆品品种、数量和生产许可项目等相适应的生产设施设备且布局合理,空气净化、水处理等设施设备符合规定要求;

(四)有与生产的化妆品品种、数量和生产许可项目等相适应的技术人员;

(五)有与生产的化妆品品种、数量相适应,能对生产的化妆品进行检验的检验人员和检验设备;

(六)有保证化妆品质量安全的管理制度。

第十条 化妆品生产许可申请人应当向所在地省、自治区、直辖市药品监督管理部门提出申请,提交其符合本办法第九条规定条件的证明资料,并对资料的真实性负责。

第十一条 省、自治区、直辖市药品监督管理部门对申请人提出的化妆品生产许可申请,应当根据下列情况分别作出处理:

(一)申请事项依法不需要取得许可的,应当作出不予受理的决定,出具不予受理通知书;

(二)申请事项依法不属于药品监督管理部门职权范围的,应当作出不予受理的决定,出具不予受理通知书,并告知申请人向有关行政机关申请;

(三)申请资料存在可以当场更正的错误的,应当允许申请人当场更正,由申请人在更正处签名或者盖章,注明更正日期;

(四)申请资料不齐全或者不符合法定形式的,应当当场或者在5个工作日内一次告知申请人需要补正的全部内容以及提交补正资料的时限。逾期不告知的,自收到申请资料之日起即为受理;

(五)申请资料齐全、符合法定形式,或者申请人按照要求提交全部补正资料的,应当受理化妆品生产许可申请。

省、自治区、直辖市药品监督管理部门受理或者不予受理化妆品生产许可申请的,应当出具受理或者不予受理通知书。决定不予受理的,应当说明不予受理的理由,并告知申请人依法享有申请行政复议或者提起行政诉讼的权利。

第十二条 省、自治区、直辖市药品监督管理部门应当对申请人提交的申请资料进行审核,对申请人的生产场所进行现场核查,并自受理化妆品生产许可申请之日起30个工作日内作出决定。

第十三条 省、自治区、直辖市药品监督管理部门应当根据申请资料审核和现场核查等情况,对符合规定条件的,作出准予许可的决定,并自作出决定之日起5个工作日内向申请人颁发化妆品生产许可证;对不符合规定条件的,及时作出不许可的书面决定并说明理由,同时告知申请人依法享有申请行政复议或者提起行政诉讼的权利。

化妆品生产许可证发证日期为许可决定作出的日期,有效期为5年。

第十四条 化妆品生产许可证分为正本、副本。正本、副本具有同等法律效力。

国家药品监督管理局负责制定化妆品生产许可证式样。省、自治区、直辖市药品监督管理部门负责化妆品生产许可证的印制、发放等管理工作。

药品监督管理部门制作的化妆品生产许可电子证书与印制的化妆品生产许可证书具有同等法律效力。

第十五条 化妆品生产许可证应当载明许可证编号、生产企业名称、住所、生产地址、统一社会信用代码、法定代表人或者负责人、生产许可项目、有效期、发证机关、发证日期等。

化妆品生产许可证副本还应当载明化妆品生产许可变更情况。

第十六条 化妆品生产许可项目按照化妆品生产工艺、成品状态和用途等，划分为一般液态单元、膏霜乳液单元、粉单元、气雾剂及有机溶剂单元、蜡基单元、牙膏单元、皂基单元、其他单元。国家药品监督管理局可以根据化妆品质量安全监督管理实际需要调整生产许可项目划分单元。

具备儿童护肤类、眼部护肤类化妆品生产条件的，应当在生产许可项目中特别标注。

第十七条 化妆品生产许可证有效期内，申请人的许可条件发生变化，或者需要变更许可证载明事项的，应当向原发证的药品监督管理部门申请变更。

第十八条 生产许可项目发生变化，可能影响产品质量安全的生产设施设备发生变化，或者在化妆品生产场地原址新建、改建、扩建车间的，化妆品生产企业应当在投入生产前向原发证的药品监督管理部门申请变更，并依照本办法第十条的规定提交与变更有关的资料。原发证的药品监督管理部门应当进行审核，自受理变更申请之日起30个工作日内作出是否准予变更的决定，并在化妆品生产许可证副本上予以记录。需要现场核查的，依照本办法第十二条的规定办理。

因生产许可项目等的变更需要进行全面现场核查，经省、自治区、直辖市药品监督管理部门现场核查并符合要求的，颁发新的化妆品生产许可证，许可证编号不变，有效期自发证之日起重新计算。

同一个化妆品生产企业在同一个省、自治区、直辖市申请增加化妆品生产地址的，可以依照本办法的规定办理变更手续。

第十九条 生产企业名称、住所、法定代表人或者负责人等发生变化的，化妆品生产企业应当自发生变化之日起30个工作日内向原发证的药品监督管理部门申请变更，并提交与变更有关的资料。原发证的药品监督管理部门应当自受理申请之日起3个工作日内办理变更手续。

质量安全负责人、预留的联系方式等发生变化的，化妆品生产企业应当在变化后10个工作日内向原发证的药品监督管理部门报告。

第二十条 化妆品生产许可证有效期届满需要延续的，申请人应当在生产许可证有效期届满前90个工作日至30个工作日期间向所在地省、自治区、直辖市药品监督管理部门提出延续许可申请，并承诺其符合本办法规定的化妆品生产许可条件。申请人应当对提交资料和作出承诺的真实性、合法性负责。

逾期未提出延续许可申请的，不再受理其延续许可申请。

第二十一条 省、自治区、直辖市药品监督管理部门应当自收到延续许可申请后5个工作日内对申请资料进行形式审查，符合要求的予以受理，并自受理之日起10个工作日内向申请人换发新的化妆品生产许可证。许可证有效期自原许可证有效期届满之日的次日起重新计算。

第二十二条 省、自治区、直辖市药品监督管理部门应当对已延续许可的化妆品生产企业的申报资料和承诺进行监督，发现不符合本办法第九条规定的化妆品生产许可条件的，应当依法撤销化妆品生产许可。

第二十三条 化妆品生产企业有下列情形之一的，原发证的药品监督管理部门应当依法注销其化妆品生产许可证，并在政府网站上予以公布：

（一）企业主动申请注销的；

（二）企业主体资格被依法终止的；

（三）化妆品生产许可证有效期届满未申请延续的；

（四）化妆品生产许可依法被撤回、撤销或者化妆品生产许可证依法被吊销的；

（五）法律法规规定应当注销化妆品生产许可的其他情形。

化妆品生产企业申请注销生产许可时，原发证的药品监督管理部门发现注销可能影响案件查处的，可以暂停办理注销手续。

第三章 化妆品生产

第二十四条 国家药品监督管理局制定化妆品生产质量管理规范，明确质量管理机构与人员、质量保证与控制、厂房设施与设备管理、物料与产品管理、生产过程管理、产品销售管理等要求。

化妆品注册人、备案人、受托生产企业应当按照化妆品生产质量管理规范的要求组织生产化妆品，建立化妆品生产质量管理体系并保证持续有效运行。生产车间等场所不得贮存、生产对化妆品质量有不利影响的产品。

第二十五条 化妆品注册人、备案人、受托生产企业应当建立并执行供应商遴选、原料验收、生产过程及质量控制、设备管理、产品检验及留样等保证化妆品质量安全的管理制度。

第二十六条 化妆品注册人、备案人委托生产化妆品的，应当委托取得相应化妆品生产许可的生产企业生产，并对其生产活动全过程进行监督，对委托生产的化妆品的质量安全负责。受托生产企业应当具备相应的生产条件，并依照法律、法规、强制性国家标准、技术规范和合同约定组织生产，对生产活动负责，接受委托方的监督。

第二十七条 化妆品注册人、备案人、受托生产企业应当建立化妆品质量安全责任制，落实化妆品质量安全主体责任。

化妆品注册人、备案人、受托生产企业的法定代表人、主要负责人对化妆品质量安全工作全面负责。

第二十八条 质量安全负责人按照化妆品质量安全责任制的要求协助化妆品注册人、备案人、受托生产企业法定代表人、主要负责人承担下列相应的产品质量安全管理和产品放行职责：

（一）建立并组织实施本企业质量管理体系，落实质量安全管理责任；

（二）产品配方、生产工艺、物料供应商等的审核管理；

（三）物料放行管理和产品放行；

（四）化妆品不良反应监测管理；

（五）受托生产企业生产活动的监督管理。

质量安全负责人应当具备化妆品、化学、化工、生物、医学、药学、食品、公共卫生或者法学等化妆品质量安全相关专业知识和法律知识，熟悉相关法律、法规、规章、强制性国家标准、技术规范，并具有5年以上化妆品生产或者质量管理经验。

第二十九条 化妆品注册人、备案人、受托生产企业应当建立并执行从业人员健康管理制度，建立从业人员健康档案。健康档案至少保存3年。

直接从事化妆品生产活动的人员应当每年接受健康检查。患有国务院卫生行政主管部门规定的有碍化妆品质量安全疾病的人员不得直接从事化妆品生产活动。

第三十条 化妆品注册人、备案人、受托生产企业应当制定从业人员年度培训计划，开展化妆品法律、法规、规章、强制性国家标准、技术规范等知识培训，并建立培训档案。生产岗位操作人员、检验人员应当具有相应的知识和实际操作技能。

第三十一条 化妆品经出厂检验合格后方可上市销售。

化妆品注册人、备案人应当按照规定对出厂的化妆品留样并记录。留样应当保持原始销售包装且数量满足产品质量检验的要求。留样保存期限不得少于产品使用期限届满后6个月。

委托生产化妆品的，受托生产企业也应当按照前款的规定留样并记录。

第三十二条 化妆品注册人、备案人、受托生产企业应当建立并执行原料以及直接接触化妆品的包装材料进货查验记录制度、产品销售记录制度。进货查验记录和产品销售记录应当真实、完整，保证可追溯，保存期限不得少于产品使用期限届满后1年；产品使用期限不足1年的，记录保存期限不得少于2年。

委托生产化妆品的，原料以及直接接触化妆品的包装材料进货查验等记录可以由受托生产企业保存。

第三十三条 化妆品注册人、备案人、受托生产企业应当每年对化妆品生产质量管理规范的执行情况进行自查。自查报告应当包括发现的问题、产品质量安全评价、整改措施等，保存期限不得少于2年。

经自查发现生产条件发生变化，不再符合化妆品生产质量管理规范要求的，化妆品注册人、备案人、受托生产企业应当立即采取整改措施；发现可能影响化妆品质量安全的，应当立即停止生产，并向所在地省、自治区、直辖市药品监督管理部门报告。影响质量安全的风险因素消除后，方可恢复生产。省、自治区、直辖市药品监督管理部门可以根据实际情况组织现场检查。

第三十四条 化妆品注册人、备案人、受托生产企业连续停产1年以上，重新生产前，应当进行全面自查，确认符合要求后，方可恢复生产。自查和整改情况应当在恢复生产之日起10个工作日内向所在地省、自治区、直辖市药品监督管理部门报告。

第三十五条 化妆品的最小销售单元应当有中文标签。标签内容应当与化妆品注册或者备案资料中产品标签样稿一致。

化妆品的名称、成分、功效等标签标注的事项应当真实、合法，不得含有明示或者暗示具有医疗作用，以及虚假或者引人误解、违背社会公序良俗等违反法律法规的内容。化妆品名称使用商标的，还应当符合国家有关商标管理的法律法规规定。

第三十六条 供儿童使用的化妆品应当符合法律、法规、强制性国家标准、技术规范以及化妆品生产质量管理规范等关于儿童化妆品质量安全的要求，并按照国家药品监督管理局的规定在产品标签上进行标注。

第三十七条 化妆品的标签存在下列情节轻微，不影响产品质量安全且不会对消费者造成误导的情形，可以认定为化妆品监督管理条例第六十一条第二款规定的标签瑕疵：

（一）文字、符号、数字的字号不规范，或者出现多字、漏字、错别字、非规范汉字的；

（二）使用期限、净含量的标注方式和格式不规范等的；

（三）化妆品标签不清晰难以辨认、识读的，或者部分印字脱落或者粘贴不牢的；

（四）化妆品成分名称不规范或者成分未按照配方含量的降序列出的；

（五）其他违反标签管理规定但不影响产品质量安全且不会对消费者造成误导的情形。

第三十八条 化妆品注册人、备案人、受托生产企业应当采取措施避免产品性状、外观形态等与食品、药品等产品相混淆，防止误食、误用。

生产、销售用于未成年人的玩具、用具等，应当依法标明注意事项，并采取措施防止产品被误用为儿童化妆品。

普通化妆品不得宣称特殊化妆品相关功效。

第四章 化妆品经营

第三十九条 化妆品经营者应当建立并执行进货查验记录制度，查验直接供货者的市场主体登记证明、特殊化妆品注册证或者普通化妆品备案信息、化妆品的产品质量检验合格证明并保存相关凭证，如实记录化妆品名称、特殊化妆品注册证编号或者普通化妆品备案编号、使用期限、净含量、购进数量、供货者名称、地址、联系方式、购进日期等内容。

第四十条 实行统一配送的化妆品经营者，可以由经营者总部统一建立并执行进货查验记录制度，按照本办法的规定，统一进行查验记录并保存相关凭证。经营者总部应当保证所属分店能提供所经营化妆品的相关记录和凭证。

第四十一条 美容美发机构、宾馆等在经营服务中使用化妆品或者为消费者提供化妆品的，应当依法履行化妆品监督管理条例以及本办法规定的化妆品经营者义务。

美容美发机构经营中使用的化妆品以及宾馆等为消费者提供的化妆品应当符合最小销售单元标签的规定。

美容美发机构应当在其服务场所内显著位置展示其经营使用的化妆品的销售包装，方便消费者查阅化妆品标签的全部信息，并按照化妆品标签或者说明书的要求，正确使用或者引导消费者正确使用化妆品。

第四十二条 化妆品集中交易市场开办者、展销会举办者应当建立保证化妆品质量安全的管理制度并有效实施，承担入场化妆品经营者管理责任，督促入场化妆品经营者依法履行义务，每年或者展销会期间至少组织开展一次化妆品质量安全知识培训。

化妆品集中交易市场开办者、展销会举办者应当建立入场化妆品经营者档案，审查入场化妆品经营者的市场主体登记证明，如实记录经营者名称或者姓名、联系方式、住所等信息。入场化妆品经营者档案信息应当及时核验更新，保证真实、准确、完整，保存期限不少于经营者在场内停止经营后2年。

化妆品展销会举办者应当在展销会举办前向所在地县级负责药品监督管理的部门报告展销会的时间、地点等基本信息。

第四十三条 化妆品集中交易市场开办者、展销会举办者应当建立化妆品检查制度，对经营者的经营条件以及化妆品质量安全状况进行检查。发现入场化妆品经营者有违反化妆品监督管理条例以及本办法规定行为的，应当及时制止，依照集中交易市场管理规定或者与经营者签订的协议进行处理，并向所在地县级负责药品监督管理的部门报告。

鼓励化妆品集中交易市场开办者、展销会举办者建立化妆品抽样检验、统一销售凭证格式等制度。

第四十四条 电子商务平台内化妆品经营者

以及通过自建网站、其他网络服务经营化妆品的电子商务经营者应当在其经营活动主页面全面、真实、准确披露与化妆品注册或者备案资料一致的化妆品标签等信息。

第四十五条　化妆品电子商务平台经营者应当对申请入驻的平台内化妆品经营者进行实名登记，要求其提交身份、地址、联系方式等真实信息，进行核验、登记，建立登记档案，并至少每6个月核验更新一次。化妆品电子商务平台经营者对平台内化妆品经营者身份信息的保存时间自其退出平台之日起不少于3年。

第四十六条　化妆品电子商务平台经营者应当设置化妆品质量管理机构或者配备专兼职管理人员，建立平台内化妆品日常检查、违法行为制止及报告、投诉举报处理等化妆品质量安全管理制度并有效实施，加强对平台内化妆品经营者相关法规知识宣传。鼓励化妆品电子商务平台经营者开展抽样检验。

化妆品电子商务平台经营者应当依法承担平台内化妆品经营者管理责任，对平台内化妆品经营者的经营行为进行日常检查，督促平台内化妆品经营者依法履行化妆品监督管理条例以及本办法规定的义务。发现违法经营化妆品行为的，应当依法或者依据平台服务协议和交易规则采取删除、屏蔽、断开链接等必要措施及时制止，并报告所在地省、自治区、直辖市药品监督管理部门。

第四十七条　化妆品电子商务平台经营者收到化妆品不良反应信息、投诉举报信息的，应当记录并及时转交平台内化妆品经营者处理；涉及产品质量安全的重大信息，应当及时报告所在地省、自治区、直辖市药品监督管理部门。

负责药品监督管理的部门因监督检查、案件调查等工作需要，要求化妆品电子商务平台经营者依法提供相关信息的，化妆品电子商务平台经营者应当予以协助、配合。

第四十八条　化妆品电子商务平台经营者发现有下列严重违法行为的，应当立即停止向平台内化妆品经营者提供电子商务平台服务：

（一）因化妆品质量安全相关犯罪被人民法院判处刑罚的；

（二）因化妆品质量安全违法行为被公安机关拘留或者给予其他治安管理处罚的；

（三）被药品监督管理部门依法作出吊销许可证、责令停产停业等处罚的；

（四）其他严重违法行为。

因涉嫌化妆品质量安全犯罪被立案侦查或者提起公诉，且有证据证明可能危害人体健康的，化妆品电子商务平台经营者可以依法或者依据平台服务协议和交易规则暂停向平台内化妆品经营者提供电子商务平台服务。

化妆品电子商务平台经营者知道或者应当知道平台内化妆品经营者被依法禁止从事化妆品生产经营活动的，不得向其提供电子商务平台服务。

第四十九条　以免费试用、赠予、兑换等形式向消费者提供化妆品的，应当依法履行化妆品监督管理条例以及本办法规定的化妆品经营者义务。

第五章　监督管理

第五十条　负责药品监督管理的部门应当按照风险管理的原则，确定监督检查的重点品种、重点环节、检查方式和检查频次等，加强对化妆品生产经营者的监督检查。

必要时，负责药品监督管理的部门可以对化妆品原料、直接接触化妆品的包装材料的供应商、生产企业开展延伸检查。

第五十一条　国家药品监督管理局根据法律、法规、规章、强制性国家标准、技术规范等有关规定，制定国家化妆品生产质量管理规范检查要点等监督检查要点，明确监督检查的重点项目和一般项目，以及监督检查的判定原则。省、自治区、直辖市药品监督管理部门可以结合实际，细化、补充本行政区域化妆品监督检查要点。

第五十二条　国家药品监督管理局组织开展国家化妆品抽样检验。省、自治区、直辖市药品监督管理部门组织开展本行政区域内的化妆品抽样检验。设区的市级、县级人民政府负责药品监督的部门根据工作需要，可以组织开展本行政区域内的化妆品抽样检验。

对举报反映或者日常监督检查中发现问题较多的化妆品，以及通过不良反应监测、安全风险监测和评价等发现可能存在质量安全问题的化妆品，负责药品监督管理的部门可以进行专项抽样检验。

负责药品监督管理的部门应当按照规定及时公布化妆品抽样检验结果。

第五十三条　化妆品抽样检验结果不合格的,化妆品注册人、备案人应当依照化妆品监督管理条例第四十四条的规定,立即停止生产,召回已经上市销售的化妆品,通知相关经营者和消费者停止经营、使用,按照本办法第三十三条第二款的规定开展自查,并进行整改。

第五十四条　对抽样检验结论有异议申请复检的,申请人应当向复检机构先行支付复检费用。复检结论与初检结论一致的,复检费用由复检申请人承担。复检结论与初检结论不一致的,复检费用由实施抽样检验的药品监督管理部门承担。

第五十五条　化妆品不良反应报告遵循可疑即报的原则。国家药品监督管理局建立并完善化妆品不良反应监测制度和化妆品不良反应监测信息系统。

第五十六条　未经化妆品生产经营者同意,负责药品监督管理的部门、专业技术机构及其工作人员不得披露在监督检查中知悉的化妆品生产经营者的商业秘密,法律另有规定或者涉及国家安全、重大社会公共利益的除外。

第六章　法律责任

第五十七条　化妆品生产经营的违法行为,化妆品监督管理条例等法律法规已有规定的,依照其规定。

第五十八条　违反本办法第十七条、第十八条第一款、第十九条第一款,化妆品生产企业许可条件发生变化,或者需要变更许可证载明的事项,未按规定申请变更的,由原发证的药品监督管理部门责令改正,给予警告,并处 1 万元以上 3 万元以下罚款。

违反本办法第十九条第二款,质量安全负责人、预留的联系方式发生变化,未按规定报告的,由原发证的药品监督管理部门责令改正;拒不改正的,给予警告,并处 5000 元以下罚款。

化妆品生产企业生产的化妆品不属于化妆品生产许可证上载明的许可项目划分单元,未经许可擅自迁址,或者化妆品生产许可有效期届满且未获得延续许可的,视为未经许可从事化妆品生产活动。

第五十九条　监督检查中发现化妆品注册人、备案人、受托生产企业违反化妆品生产质量管理规范检查要点,未按照化妆品生产质量管理规范的要求组织生产的,由负责药品监督管理的部门依照化妆品监督管理条例第六十条第三项的规定处罚。

监督检查中发现化妆品注册人、备案人、受托生产企业违反国家化妆品生产质量管理规范检查要点中一般项目规定,违法行为轻微并及时改正,没有造成危害后果的,不予行政处罚。

第六十条　违反本办法第四十二条第三款,展销会举办者未按要求向所在地负责药品监督管理的部门报告展销会基本信息的,由负责药品监督管理的部门责令改正,给予警告;拒不改正的,处 5000 元以上 3 万元以下罚款。

第六十一条　有下列情形之一的,属于化妆品监督管理条例规定的情节严重情形:

(一)使用禁止用于化妆品生产的原料、应当注册但未经注册的新原料生产儿童化妆品,或者在儿童化妆品中非法添加可能危害人体健康的物质;

(二)故意提供虚假信息或者隐瞒真实情况;

(三)拒绝、逃避监督检查;

(四)因化妆品违法行为受到行政处罚后 1 年内又实施同一性质的违法行为,或者因违反化妆品质量安全法律、法规受到刑事处罚后又实施化妆品质量安全违法行为;

(五)其他情节严重的情形。

对情节严重的违法行为处以罚款时,应当依法从重从严。

第六十二条　化妆品生产经营者违反法律、法规、规章、强制性国家标准、技术规范,属于初次违法且危害后果轻微并及时改正的,可以不予行政处罚。

当事人有证据足以证明没有主观过错的,不予行政处罚。法律、行政法规另有规定的,从其规定。

第七章　附　则

第六十三条　配制、填充、灌装化妆品内容物,应当取得化妆品生产许可证。标注标签的生产工序,应当在完成最后一道接触化妆品内容物生产工序的化妆品生产企业内完成。

第六十四条　化妆品监督管理条例第六十条第二项规定的化妆品注册、备案资料载明的技术要求,是指对化妆品质量安全有实质性影响的技术性要求。

第六十五条 化妆品生产许可证编号的编排方式为:X妆XXXXXXXX。其中,第一位X代表许可部门所在省、自治区、直辖市的简称,第二位到第五位X代表4位数许可年份,第六位到第九位X代表4位数许可流水号。

第六十六条 本办法自2022年1月1日起施行。

化妆品抽样检验管理办法

· 2023年1月11日国家药品监督管理局2023年第5号公告公布
· 自2023年3月1日起施行

第一章 总 则

第一条 为了加强化妆品监督管理,规范化妆品抽样检验工作,根据《化妆品监督管理条例》《化妆品生产经营监督管理办法》等法规、规章,制定本办法。

第二条 在中华人民共和国境内,负责药品监督管理的部门组织实施化妆品抽样检验工作,应当遵守本办法。

第三条 负责药品监督管理的部门应当遵循科学、规范、合法、公正的原则,组织实施化妆品抽样检验工作,加强对抽样、检验、异议审查和复检、核查处置及信息公开的全过程管理。

第四条 国家药品监督管理局每年组织开展国家化妆品抽样检验工作。

省、自治区、直辖市药品监督管理部门每年组织开展本行政区域内的化妆品抽样检验工作,并按照国家药品监督管理局的要求,承担国家化妆品抽样检验任务。

设区的市级、县级负责药品监督管理的部门根据工作需要,组织开展本行政区域内的化妆品抽样检验工作,并按照上级负责药品监督管理的部门的要求,承担化妆品抽样检验任务。

第五条 化妆品生产经营者应当依法接受负责药品监督管理的部门组织实施的化妆品抽样检验,不得干扰、阻碍或者拒绝抽样检验工作,不得提供虚假信息。

第六条 化妆品抽样应当支付抽取样品的费用。抽样检验所需费用按照国家有关规定列入政府预算。

第七条 国家药品监督管理局负责建立国家化妆品抽样检验信息系统,加强化妆品抽样检验信息化建设。

第二章 计划制定

第八条 组织抽样检验的负责药品监督管理的部门(以下简称"组织抽检部门")应当制定抽样检验计划。

国家药品监督管理局应当每年制定年度国家化妆品抽样检验计划。省、自治区、直辖市药品监督管理部门应当按照年度国家化妆品抽样检验计划,制定本行政区域的实施方案。

省、自治区、直辖市药品监督管理部门应当每年制定本行政区域年度化妆品抽样检验计划。省级化妆品抽样检验计划应当与国家化妆品抽样检验计划相互衔接,各有侧重,扩大抽样覆盖面,避免重复抽样。

设区的市级、县级负责药品监督管理的部门根据工作需要,制定本行政区域化妆品抽样检验计划。

第九条 化妆品抽样检验计划应当包括下列内容:

(一)抽样的品类;

(二)抽样区域、环节、场所、数量、时限等抽样工作要求;

(三)检验项目、检验方法、判定依据、检验时限等检验工作要求;

(四)检验报告的报送方式和时限;

(五)对检验结论为不符合规定产品的核查处置要求;(六)其他工作要求。

第十条 化妆品抽样检验应当重点关注下列产品:

(一)儿童化妆品和特殊化妆品;

(二)使用新原料的化妆品;

(三)监督检查、案件查办、不良反应监测、安全风险监测、投诉举报、舆情监测等监管工作中发现问题较多的;

(四)既往抽样检验不合格率较高的;

(五)流通范围广、使用频次高的;

(六)其他安全风险较高的产品。

第三章 抽 样

第十一条 抽样工作应当坚持问题导向、广泛覆盖、监督检查与抽样检验相结合的原则。

第十二条 负责药品监督管理的部门可以自行抽样,也可以委托具有相应能力的单位承担抽样任务。

委托抽样的,负责药品监督管理的部门应当对承担抽样任务单位的抽样工作进行检查评估。

第十三条 抽样单位应当按照化妆品抽样检验计划制定具体的抽样工作实施方案,组织对抽样人员进行培训,保证抽样工作质量。抽样人员应当熟悉抽样工作相关的化妆品专业知识和法律法规。

抽样人员不得承担其抽取样品的检验工作。

第十四条 抽样分为现场抽样和网络抽样。

抽样单位和人员抽样前不得提前告知化妆品生产经营者。抽样时,抽样人员不得少于2人。

现场抽样时抽样人员应当向被抽样化妆品生产经营者出示抽样工作证明文件。网络抽样应当模拟网络购物流程进行,抽样人员不得告知被抽样化妆品生产经营者购买目的。

第十五条 抽样人员在抽样过程中不得有下列行为:

(一)样品签封后擅自拆封或者更换样品;

(二)泄露被抽样化妆品生产经营者的商业秘密;(三)其他影响抽样公正性的行为。

第十六条 抽样前,抽样人员应当对被抽样化妆品生产经营者的市场主体登记证明、化妆品生产许可证、化妆品标签等进行必要的信息核对;经营环节现场抽样,必要时还需查看进货查验记录制度建立和执行情况。

第十七条 抽样中,发现涉嫌存在以下情形的化妆品,属于抽样异常情况,抽样单位应当依法立案调查或者将问题线索依法通报具有管辖权的负责药品监督管理的部门:

(一)未经注册的特殊化妆品或者未备案上市销售、进口的普通化妆品;

(二)超过使用期限;

(三)无中文标签;

(四)标签标注禁止标注的内容;

(五)其他涉嫌违法的化妆品。

除前款第(二)项规定的情形外,对存在抽样异常情况的产品,抽样部门认为必要的,可以继续抽样。

第十八条 化妆品抽样检验中的样品分为检验样品和复检备份样品。抽样数量原则上应当满足检验和复检工作的最少需求量。

现场抽样的,抽样人员应当从被抽样化妆品生产经营者待销售的产品中随机抽取样品,不得由被抽样化妆品生产经营者自行选择提供。抽样人员应当保存购买样品的票据,必要时对抽样场所、贮存环境、样品信息等通过拍照或者录像等方式留存证据。

网络抽样的,抽样人员应当记录购买样品的注册账号、付款账户、收货地址、联系方式等信息,并通过截图、拍照或者录像等方式记录被抽样化妆品生产经营者信息、样品购买网址、样品网页展示信息,以及订单信息、支付记录等。抽样人员收到样品后,应当对递送包装信息、样品包装等进行查验,并通过拍照或者录像等方式记录拆封过程。

第十九条 有下列情形之一的,原则上不予抽样:

(一)产品仅供出口;

(二)产品已开封、发生破损或者受到污染,可能影响检验结果;

(三)产品剩余使用期限不足6个月,产品使用期限小于6个月的除外;

(四)其他不予抽样的情形。

第二十条 抽样人员应当采取有效的防拆封措施,对检验样品和复检备份样品分别封样。封样后应当可以在不拆封的情况下,查看样品外观、状态等情况。

第二十一条 抽样人员应当使用规范的抽样文书,清晰、完整、准确地记录抽样信息。抽样文书保存期限不得少于2年。

现场抽样的,抽样人员应当告知被抽样化妆品生产经营者依法享有的权利和应当承担的义务。抽样人员和被抽样化妆品生产经营者的负责人或者相关人员应当在化妆品抽样文书及抽样封签上以签字、盖章等方式确认。被抽样化妆品生产经营者负责人或者相关人员对抽样过程有异议拒绝确认的,抽样人员应当现场取证,在化妆品抽样文书上注明并签字。

网络抽样的,抽样人员应当在抽样文书和抽封签上签字并加盖单位印章,无需被抽样化妆品生产经营者签字盖章。

第二十二条 现场抽样的，样品费用支付分为现场结算和非现场结算。现场结算的，被抽样化妆品生产经营者当场开具发票或者抽样费用支付单位认可的证明材料，抽样人员当场支付样品费用；非现场结算的，抽样费用支付单位收到发票或者其认可的证明材料后，应当及时向被抽样化妆品生产经营者支付样品费用。

负责药品监督管理的部门制定的财务报销制度应当支持现场抽样和网络抽样。

第二十三条 向化妆品注册人、备案人、受托生产企业支付样品费用，一般按照样品的出厂价格支付；向化妆品经营者支付样品费用，一般按照样品的市场销售价格支付；化妆品经营者标注的销售价格包含服务等其他费用的，应当予以扣除。

抽样完成后，因正当理由无法检验，且样品无法退还被抽样化妆品生产经营者的，抽样费用支付单位仍应当支付样品费用，并记录无法检验的原因及费用支付情况。

第二十四条 抽样单位应当在完成抽样后5个工作日内，将样品、抽样文书及相关资料递送检验机构。因特殊原因需要延长送样期限的，应当经组织抽检部门同意。现场抽样的，不得由被抽样化妆品生产经营者自行送样。

抽样单位应当依照法律法规的规定和化妆品标签标示的要求贮存、运输化妆品。

第四章 检验和结果报送

第二十五条 承担抽样产品检验任务的检验机构（以下简称"承检机构"）应当具有相应资质和能力。

负责药品监督管理的部门应当对承检机构的检验工作进行检查评估。

第二十六条 承检机构和检验人员应当遵循客观独立、公正公平的原则开展检验工作，确保检验结果真实、准确，并对出具的化妆品检验报告负责。

承检机构在承担抽样检验任务期间，不得接受被抽样化妆品生产经营者同一批次产品的委托检验。

第二十七条 承检机构接收样品时，应当检查样品的外观、状态、封签有无破损以及其他可能对检验结果产生影响的情况，并核对样品与抽样文书信息，按要求存放。

第二十八条 有下列情形之一的，承检机构可以向抽样单位说明理由后拒绝接收样品：

（一）样品发生破损或者受到污染；

（二）样品封签信息不完整、封样不规范，可能影响检验结果公正性；

（三）抽样文书信息不完整、不准确，或者与样品实物明显不符；

（四）样品贮存、运输条件不符合要求，可能影响检验结果；

（五）样品品种混淆或者批次不一致；

（六）样品数量明显不符合检验要求；

（七）其他可能影响样品质量和检验结果的情形。

第二十九条 承检机构应当依据国家标准、技术规范、化妆品补充检验方法等标准方法进行检验，并出具检验结论。

第三十条 承检机构按照强制性国家标准、技术规范、化妆品注册或者备案资料载明的技术要求等，对被抽样产品的检验结果是否符合规定做出检验结论，作为负责药品监督管理的部门开展调查的依据。

负责药品监督管理的部门综合检验结论和调查情况，按照法律法规规章、强制性国家标准、技术规范等，对被抽样产品的生产经营者是否违法违规予以认定。

第三十一条 除抽样检验计划另有规定外，承检机构应当自抽样单位送达样品之日起30个工作日内出具检验报告；特殊情况需延期的，应当报组织抽检部门批准。对不具备资质的检验项目或者由于特殊原因无法按时完成检验任务的，经组织抽检部门同意，可以委托具有相应资质的其他化妆品检验机构完成检验任务。

检验报告应当格式规范、内容真实完整、数据准确，加盖承检机构公章或者检验检测专用章，依法标注检验机构资质认定标志，并有授权签字人的签名或者盖章。检验原始记录、检验报告的保存期限，不得少于出具检验报告之日起6年。

第三十二条 检验过程中遇到样品失效或者其他情况致使检验无法进行的，承检机构应当终止检验，并如实记录情况，向组织抽检部门报告。

第三十三条 承检机构应当妥善保存复检备份样品。检验结论为符合规定的，样品保存期限应当为出具检验报告之日起1年;样品剩余使用期限不足1年的,保存至使用期限结束。检验结论为不符合规定的,样品应当保存至其使用期限结束。

第三十四条 检验结论为符合规定的,承检机构应当在出具检验报告之日起7个工作日内,将检验报告报送组织抽检部门。

检验结论为不符合规定的,承检机构应当在出具检验报告之日起2个工作日内,将检验报告、抽样凭证复印件以及样品外包装照片等材料报送组织抽检部门。

承检机构不得擅自对外披露抽样检验结果。

第三十五条 组织抽检部门应当自收到检验结论为不符合规定的检验报告等材料之日起5个工作日内,将检验报告等材料递送被抽样产品标签标示的化妆品注册人、备案人、受托生产企业、境内责任人所在地省级药品监督管理部门,以及该产品经营者所在地省级药品监督管理部门。检验结论涉及检出禁用原料或者可能危害人体健康物质的,应当立即递送。

负责核查处置工作的负责药品监督管理的部门(以下简称"核查处置部门")应当自收到上述检验报告等材料之日起5个工作日内,将检验报告等材料和抽样检验结果告知书送达本行政区域内被抽样产品的生产经营者,并告知其依法享有的权利和应当承担的义务。

第五章 异议和复检

第三十六条 化妆品注册人、备案人、受托生产企业对样品真实性有异议的,应当在收到检验报告等材料和抽样检验结果告知书之日起7个工作日内,向送达抽样检验结果告知书的核查处置部门提出异议申请,并提交相关证明材料。

化妆品生产经营者对样品的检验方法、标准适用有异议的,应当自收到检验报告等材料和抽样检验结果告知书之日起7个工作日内,向实施抽样检验的部门提出异议申请,并提交相关证明材料。

境外化妆品注册人、备案人可以委托其境内责任人提出异议申请。

第三十七条 负责药品监督管理的部门应当自受理异议申请之日起20个工作日内完成异议审查,将审查意见书面告知申请人,并通报有关核查处置部门、组织抽检部门。

第三十八条 被抽样产品的化妆品生产经营者对检验结论有异议的,应当自收到检验报告等材料和抽样检验结果告知书之日起7个工作日内,向实施抽样检验的部门或者其上一级负责药品监督管理的部门以书面形式提出复检申请。

同一样品的复检申请仅限一次,被抽样产品相关的生产经营者应当协调一致后由一方提出。

向国家药品监督管理局提出复检申请的,国家药品监督管理局可以委托实施抽样检验的省级药品监督管理部门负责办理。

第三十九条 有下列情形之一的,不予复检:

(一)微生物检验项目不符合规定;

(二)特殊原因导致复检备份样品无法复检;

(三)样品超过使用期限;

(四)逾期提交复检申请;

(五)法律法规规定的不予复检的其他情形。

第四十条 申请复检时,申请人需提交下列资料:

(一)复检申请表、申请人的法定代表人或者负责人的授权委托书、经办人身份证明复印件;

(二)检验报告和检验结果告知书送达回证复印件;

(三)其他需要说明的资料。

境外化妆品注册人、备案人委托其境内责任人申请复检的,应当同时提交其法定代表人或者负责人的授权委托书。

第四十一条 受理复检申请的负责药品监督管理的部门(以下简称"复检受理部门")应当自收到复检申请资料之日起5个工作日内,向申请人出具受理通知书或者不予受理通知书。

复检申请资料不符合要求的,复检受理部门应当一次性告知申请人需要补正的内容;申请人应当在5个工作日内提交补正资料,无正当理由逾期不提交的,视为放弃申请。提供补正资料的,受理期限自复检受理部门收到补正资料之日起重新计算。

第四十二条 复检受理部门应当自受理之日起5个工作日内,在国家药品监督管理局公布的化妆品抽样检验复检机构名录中随机确定复检机构,向申请人出具复检通知书,并抄送初检机构、复检机构、组织抽检部门。因特殊原因不能及时确定复检机构的,可以延长5个工作日,并向申请人说明理由。

复检机构与初检机构不得为同一机构。复检机构无正当理由不得拒绝复检任务。复检机构与复检申请人存在委托检验业务等利害关系的,不得接受复检任务。

第四十三条 复检申请人应当自收到复检通知书后及时向复检机构支付复检费用,未按要求支付复检费用的,视为放弃复检。

复检结论与初检结论一致的,复检费用由复检申请人承担。复检结论与初检结论不一致的,复检费用由实施抽样检验的部门承担。

第四十四条 初检机构应当自收到复检通知书之日起5个工作日内,将复检备份样品递送复检机构。

复检机构收到样品后,应当通过拍照或者录像等方式对样品包装、封签等完整性进行确认,做好接收记录。发现样品包装、封签破损,或者出现其他可能对检验结果产生影响的情况,复检机构应当及时书面报告复检受理部门。

复检机构实施复检,应当使用与初检机构一致的检验方法和判定依据进行检验和判定。

第四十五条 复检机构应当自收到复检备份样品之日起20个工作日内,向复检受理部门提交复检报告。因特殊情况不能在规定时限完成检验的,应当提前通知复检受理部门,并说明理由。

第四十六条 复检机构出具的复检结论为最终检验结论。复检受理部门应当自收到复检报告之日起2个工作日内,将复检报告递送复检申请人、初检机构及核查处置部门。

第六章 核查处置

第四十七条 核查处置部门应当自收到检验结论为不符合规定的检验报告之日起15个工作日内,对涉及的化妆品生产经营者依法立案调查;涉及检出禁用原料或者可能危害人体健康物质的,应当立即对涉及的化妆品生产经营者立案调查。

在异议审查和复检期间,核查处置部门不停止对检验结论为不符合规定产品的调查和风险控制工作。

第四十八条 对化妆品注册人、备案人、受托生产企业的调查,核查处置部门应当重点调查检验结论为不符合规定产品涉及的原料进货查验记录、库存或者留样的原料、生产记录、进口记录、产品留样、产品销售记录等。涉及检出禁用原料或者可能危害人体健康物质的,核查处置部门应当对上述企业库存或者留样的其他批次或者同类产品进行抽样检验。

调查中发现产品造成人体伤害或者有证据证明可能危害人体健康的,核查处置部门应当依法对涉及的产品采取责令暂停生产、经营的紧急控制措施;发现化妆品生产质量管理体系存在严重风险隐患的,依法对企业全部相关产品采取责令暂停生产、经营的紧急控制措施。

涉及对产品在全国范围内采取风险控制措施的,由产品标签标示的化妆品注册人、备案人、境内责任人所在地的核查处置部门逐级报告其所在地省、自治区、直辖市药品监督管理部门;省、自治区、直辖市药品监督管理部门应当依法发布安全警示信息,同时通报其他省、自治区、直辖市药品监督管理部门。

核查处置部门对境外化妆品注册人、备案人开展调查时,该境外化妆品注册人、备案人的境内责任人应当配合,代为签收有关执法文书等。

第四十九条 化妆品注册人、备案人、受托生产企业提出样品真实性异议,否认检验结论为不符合规定产品是其生产或者进口的,应当向其所在地的核查处置部门提交证明该产品不是其生产或者进口的异议申请证明材料。核查处置部门应当结合企业提交的异议申请证明材料、产品经营环节溯源等情况,综合判断该产品是否为上述企业生产或者进口,并及时出具样品真实性异议审查意见。

经调查核实化妆品注册人、备案人、受托生产企业提供虚假信息或者隐瞒真实情况的,核查处置部门应当依照化妆品监督管理条例规定的情节严重情形,对其依法从重从严处罚。

第五十条 对化妆品经营者的调查,核查处置部门应当重点调查检验结论为不符合规定产品的进货查验记录等。对于化妆品注册人、备案人、受托生产企业提出样品真实性异议的产品,核查处置部门应当根据调查需要,对上述产品逐级溯源,产品来源或者流向涉及其他省(区、市)的,应当依法向有管辖权的负责药品监督管理的部门提出协查请求或者通报违法线索。化妆品经营者所在地核查处置部门应当将产品溯源调查情况通报化妆品注册人、备案人所在地核查处置部门。

调查中发现造成人体伤害或者有证据证明可能危害人体健康的产品，核查处置部门应当依法对涉及的产品采取责令暂停经营的紧急控制措施。

第五十一条 核查处置部门应当自收到检验结论为不符合规定的检验报告之日起90日内完成核查处置工作，对涉及的化妆品生产经营者依法作出行政处罚；因特殊原因需要延长工作时限的，应当提前书面报告组织抽检部门。

第五十二条 化妆品注册人、备案人收到检验结论为不符合规定的检验报告和抽样检验结果告知书后，应当立即对相关产品风险进行评估，并依照化妆品生产经营监督管理办法第五十三条的规定，对可能危害人体健康的产品，区分以下情形，立即停止生产，通知相关经营者和消费者停止经营、使用：

（一）被抽样产品检出禁用原料或者其他可能危害人体健康物质的，应当停止涉及该禁用原料或者其他可能危害人体健康物质的全部产品的生产；

（二）被抽样产品微生物检验项目不符合规定的，应当停止涉及该产品的生产车间内产品的生产；

（三）被抽样产品检出禁用原料或者其他可能危害人体健康物质、微生物以外的检验项目不符合规定的，应当对该产品存在的质量缺陷或者其他问题进行评估，自行决定停止生产的范围。

化妆品注册人、备案人应当立即开展自查，查找产品存在质量安全风险的原因，并进行整改；自查发现化妆品生产质量管理体系存在严重风险隐患的，应当立即对全部产品停止生产、经营。自查整改完成后，化妆品注册人、备案人应当对化妆品生产质量管理体系进行评估，经评估认为影响质量安全的风险因素消除后，方可恢复生产。

在异议审查和复检期间，化妆品生产经营者不停止对检验结论为不符合规定产品的风险控制工作。

第五十三条 化妆品注册人、备案人应当根据风险评估和自查整改情况，依照化妆品监督管理条例第四十四条的规定，召回已经上市销售的相关产品，并记录召回和通知情况。

受托生产企业、化妆品经营者收到化妆品注册人、备案人的召回通知后，应当配合实施召回。

第五十四条 核查处置部门应当监督化妆品生产经营者的自查整改、召回工作，根据实际情况，组织现场检查。

第七章　信息公开

第五十五条 负责药品监督管理的部门负责公布本部门组织的抽样检验结果。

任何单位和个人不得擅自发布化妆品抽样检验信息。

第五十六条 组织抽检部门应当通过其政府网站等媒体及时向社会公开抽样检验结果。对不符合规定产品的信息公开应当至少包括：被抽样产品名称、包装规格、生产日期或者批号、特殊化妆品注册证编号或者普通化妆品备案编号、不符合规定的检验项目、标签标示化妆品注册人、备案人、受托生产企业、境内责任人名称和地址、被抽样化妆品生产经营者的名称和地址、承检机构名称等。

化妆品注册人、备案人、受托生产企业、境内责任人提出异议申请否认检验结论为不符合规定的产品是其生产或者进口，经上述企业所在地核查处置部门综合判断情况属实的，组织抽检部门在公开抽样检验结果时予以说明；经综合判断上述企业提供虚假信息或者隐瞒真实情况的，组织抽检部门在公开抽样检验结果时予以曝光。

第五十七条 抽样检验信息公开应当依照《中华人民共和国政府信息公开条例》等法律法规规定执行。

对公共利益可能产生重大影响的化妆品抽样检验信息，公开部门应当在信息公开前加强分析研判，及时、准确地公开信息，必要时应当提前报告同级人民政府和上一级负责药品监督管理的部门。

第八章　附　则

第五十八条 对可能掺杂掺假或者使用禁止用于化妆品生产的原料生产的化妆品，按照化妆品国家标准规定的检验项目和检验方法无法检验的，国家药品监督管理局可以制定补充检验项目和检验方法，用于化妆品抽样检验。

第五十九条 根据监管工作需要，负责药品监督管理的部门可以组织开展专项抽样检验，相关工作程序参照本办法执行。

因监督检查、投诉举报、案件查办、不良反应监测等监管工作需要开展抽样检验，不受抽样数量、地点、样品状态、抽样检验结果公开等限制。

第六十条 各省、自治区、直辖市药品监督管理部门可以根据本办法，结合实际对本行政区域内组织开展的化妆品抽样检验工作制定实施细则。

第六十一条 本办法自2023年3月1日起施行。《国家食品药品监督管理总局办公厅关于印发化妆品抽样检验工作规范的通知》（食药监办药化监〔2017〕103号）同时废止。

化妆品标识管理规定

- 2007年8月27日国家质量监督检验检疫总局令第100号公布
- 自2008年9月1日起施行

第一章　总　则

第一条　为了加强对化妆品标识的监督管理，规范化妆品标识的标注，防止质量欺诈，保护消费者的人身健康和安全，根据《中华人民共和国产品质量法》、《中华人民共和国标准化法》、《中华人民共和国工业产品生产许可证管理条例》、《国务院关于加强食品等产品安全监督管理的特别规定》等法律法规，制定本规定。

第二条　在中华人民共和国境内生产（含分装）、销售的化妆品的标识标注和管理，适用本规定。

第三条　本规定所称化妆品是指以涂抹、喷洒或者其他类似方法，施于人体（皮肤、毛发、指趾甲、口唇齿等），以达到清洁、保养、美化、修饰和改变外观，或者修正人体气味，保持良好状态为目的的产品。

本规定所称化妆品标识是指用以表示化妆品名称、品质、功效、使用方法、生产和销售者信息等有关文字、符号、数字、图案以及其他说明的总称。

第四条　国家质量监督检验检疫总局（以下简称国家质检总局）在其职权范围内负责组织全国化妆品标识的监督管理工作。

县级以上地方质量技术监督部门在其职权范围内负责本行政区域内化妆品标识的监督管理工作。

第二章　化妆品标识的标注内容

第五条　化妆品标识应当真实、准确、科学、合法。

第六条　化妆品标识应当标注化妆品名称。

化妆品名称一般由商标名、通用名和属性名三部分组成，并符合下列要求：

（一）商标名应当符合国家有关法律、行政法规的规定；

（二）通用名应当准确、科学，不得使用明示或者暗示医疗作用的文字，但可以使用表明主要原料、主要功效成分或者产品功能的文字；

（三）属性名应当表明产品的客观形态，不得使用抽象名称；约定俗成的产品名称，可省略其属性名。

国家标准、行业标准对产品名称有规定的，应当标注标准规定的名称。

第七条　化妆品标注"奇特名称"的，应当在相邻位置，以相同字号，按照本规定第六条规定标注产品名称；并不得违反国家相关规定和社会公序良俗。

同一名称的化妆品，适用不同人群，不同色系、香型的，应当在名称中或明显位置予以标明。

第八条　化妆品标识应当标注化妆品的实际生产加工地。

化妆品实际生产加工地应当按照行政区划至少标注到省级地域。

第九条　化妆品标识应当标注生产者的名称和地址。生产者名称和地址应当是依法登记注册、能承担产品质量责任的生产者的名称、地址。

有下列情形之一的，生产者的名称、地址按照下列规定予以标注：

（一）依法独立承担法律责任的集团公司或者其子公司，应当标注各自的名称和地址；

（二）依法不能独立承担法律责任的集团公司的分公司或者集团公司的生产基地，可以标注集团公司和分公司（生产基地）的名称、地址，也可以仅标注集团公司的名称、地址；

（三）实施委托生产加工的化妆品，委托企业具有其委托加工的化妆品生产许可证的，应当标注委托企业的名称、地址和被委托企业的名称，或者仅标注委托企业的名称和地址；委托企业不具有其委托加工化妆品生产许可证的，应当标注委托企业的名称、地址和被委托企业的名称；

（四）分装化妆品应当分别标注实际生产加工企业的名称和分装者的名称及地址，并注明分装字样。

第十条 化妆品标识应当清晰地标注化妆品的生产日期和保质期或者生产批号和限期使用日期。

第十一条 化妆品标识应当标注净含量。净含量的标注依照《定量包装商品计量监督管理办法》执行。液态化妆品以体积标明净含量；固态化妆品以质量标明净含量；半固态或者粘性化妆品，用质量或者体积标明净含量。

第十二条 化妆品标识应当标注全成分表。标注方法及要求应当符合相应的标准规定。

第十三条 化妆品标识应当标注企业所执行的国家标准、行业标准号或者经备案的企业标准号。

化妆品标识必须含有产品质量检验合格证明。

第十四条 化妆品标识应当标注生产许可证标志和编号。生产许可证标志和编号应当符合《中华人民共和国工业产品生产许可证管理条例实施办法》的有关规定。

第十五条 化妆品根据产品使用需要或者在标识中难以反映产品全部信息时，应当增加使用说明。使用说明应通俗易懂，需要附图时须有图例示。

凡使用或者保存不当容易造成化妆品本身损坏或者可能危及人体健康和人身安全的化妆品、适用于儿童等特殊人群的化妆品，必须标注注意事项、中文警示说明，以及满足保质期和安全性要求的储存条件等。

第十六条 化妆品标识不得标注下列内容：

（一）夸大功能、虚假宣传、贬低同类产品的内容；

（二）明示或者暗示具有医疗作用的内容；

（三）容易给消费者造成误解或者混淆的产品名称；

（四）其他法律、法规和国家标准禁止标注的内容。

第三章 化妆品标识的标注形式

第十七条 化妆品标识不得与化妆品包装物（容器）分离。

第十八条 化妆品标识应当直接标注在化妆品最小销售单元（包装）上。化妆品有说明书的应当随附于产品最小销售单元（包装）内。

第十九条 透明包装的化妆品，透过外包装物能清晰地识别内包装物或者容器上的所有或者部分标识内容的，可以不在外包装物上重复标注相应的内容。

第二十条 化妆品标识内容应清晰、醒目、持久，使消费者易于辨认、识读。

第二十一条 化妆品标识中除注册商标标识之外，其内容必须使用规范中文。使用拼音、少数民族文字或者外文的，应当与汉字有对应关系，并符合本规定第六条规定的要求。

第二十二条 化妆品包装物（容器）最大表面面积大于20平方厘米的，化妆品标识中强制标注内容字体高度不得小于1.8毫米。除注册商标之外，标识所使用的拼音、外文字体不得大于相应的汉字。

化妆品包装物（容器）的最大表面的面积小于10平方厘米且净含量不大于15克或者15毫升的，其标识可以仅标注化妆品名称，生产者名称和地址，净含量，生产日期和保质期或者生产批号和限期使用日期。产品有其他相关说明性资料的，其他应当标注的内容可以标注在说明性资料上。

第二十三条 化妆品标识不得采用以下标注形式：

（一）利用字体大小、色差或者暗示性的语言、图形、符号误导消费者；

（二）擅自涂改化妆品标识中的化妆品名称、生产日期和保质期或者生产批号和限期使用日期；

（三）法律、法规禁止的其他标注形式。

第四章 法律责任

第二十四条 违反本规定第六条、第七条规定，化妆品标识未标注化妆品名称或者标注名称不符合规定要求的，责令限期改正；逾期未改正的，处以1万元以下罚款。

第二十五条 违反本规定第八条、第九条，化妆品标识未依法标注化妆品实际生产加工地或者生产者名称、地址的，责令限期改正；逾期未改正的，处以1万元以下罚款。

属于伪造产品产地、伪造或者冒用他人厂名、厂址的，按照《中华人民共和国产品质量法》第五十三条的规定处罚。

第二十六条 违反本规定第十条、第十五条的，按照《中华人民共和国产品质量法》第五十四条的规定处罚。

第二十七条 违反本规定第十一条，未按规定标注净含量的，按照《定量包装商品计量监督管理办法》的规定处罚。

第二十八条 违反本规定第十二条，化妆品标识未标注全成分表，标注方法和要求不符合相应标准规定的，责令限期改正；逾期未改正的，处以1万元以下罚款。

第二十九条 违反本规定第十三条，未标注产品标准号或者未标注质量检验合格证明的，责令限期改正；逾期未改正的，处以1万元以下罚款。

第三十条 违反本规定第十四条，未依法标注生产许可证标志和编号的，按照《中华人民共和国工业产品生产许可证管理条例》第四十七条的规定处罚。

第三十一条 违反本规定第十六条的，责令限期改正；逾期未改正的，处以1万元以下罚款；违反有关法律法规规定的，依照有关法律法规规定处理。

第三十二条 违反本规定第十七条、第十八条的，责令限期改正；逾期未改正的，处以1万元以下罚款。

第三十三条 违反本规定第二十一条、第二十二条，责令限期改正；逾期未改正的，处以1万元以下罚款。

第三十四条 违反本规定第二十三条规定的，责令限期改正，并处以5000元以下罚款；逾期未改正的，处以1万元以下罚款。

第三十五条 本章规定的行政处罚，由县级以上地方质量技术监督部门在职权范围内依法实施。

法律、行政法规对行政处罚另有规定的，从其规定。

第五章 附 则

第三十六条 进出口化妆品标识的管理，由出入境检验检疫机构按照国家质检总局有关规定执行。

第三十七条 本规定由国家质检总局负责解释。

第三十八条 本规定自2008年9月1日起施行。

化妆品新原料申报与审评指南

· 2011年5月12日
· 国食药监许〔2011〕207号

本指南适用于指导化妆品新原料的申报和审评。

一、化妆品新原料的定义

化妆品新原料是指在国内首次使用于化妆品生产的天然或人工原料。

二、化妆品新原料安全性要求

化妆品新原料在正常以及合理的、可预见的使用条件下，不得对人体健康产生危害。

化妆品新原料毒理学评价资料应当包括毒理学安全性评价综述、必要的毒理学试验资料和可能存在安全性风险物质的有关安全性评估资料。

化妆品新原料一般需进行下列毒理学试验：

（一）急性经口和急性经皮毒性试验；

（二）皮肤和急性眼刺激性/腐蚀性试验；

（三）皮肤变态反应试验；

（四）皮肤光毒性和光敏感性试验（原料具有紫外线吸收特性时需做该项试验）；

（五）致突变试验（至少应包括一项基因突变试验和一项染色体畸变试验）；

（六）亚慢性经口和经皮毒性试验；

（七）致畸试验；

（八）慢性毒性/致癌性结合试验；

（九）毒物代谢及动力学试验；

（十）根据原料的特性和用途，还可考虑其他必要的试验。如果该新原料与已用于化妆品的原料化学结构及特性相似，则可考虑减少某些试验。

本指南规定毒理学试验资料为原则性要求，可以根据该原料理化特性、定量构效关系、毒理学资料、临床研究、人群流行病学调查以及类似化合物的毒性等资料情况，增加或减免试验项目。

三、化妆品新原料行政许可申报资料要求

申请化妆品新原料行政许可应按化妆品行政许可申报受理规定提交资料。具体要求如下：

（一）化妆品新原料行政许可申请表

（二）研制报告

1. 原料研发的背景、过程及相关的技术资料。

2. 原料的名称、来源、相对分子质量、分子式、化学结构、理化性质。

(1)名称:包括原料的化学名(IUPAC 名和/或 CAS 名)、INCI 名及其中文译名、商品名和 CAS 号等。原料名称中应同时注明该原料的使用规格。

天然原料还应提供拉丁学名。

(2)来源:原料不应是复配而成,在原料中由于技术原因不可避免存在的溶剂、稳定剂、载体等除外。

天然原料应为单一来源,并提供使用部位等。全植物已经被允许用作化妆品原料的,该植物各部位不需要再按新原料申报。

(3)相对分子质量、分子式、化学结构:应提供化学结构的确认依据(如核磁共振谱图、元素分析、质谱、红外谱图等)及其解析结果,聚合物还应提供相对平均分子质量及其分布。

(4)理化性质:包括颜色、气味、状态、溶解度、熔点、沸点、比重、蒸汽压、pH 值、pKa 值、折光率、旋光度等。

3. 原料在化妆品中的使用目的、使用范围、基于安全的使用限量和依据、注意事项、警示语等。

4. 原料在国外(地区)是否使用于化妆品的情况说明等。

(三)生产工艺简述及简图

应说明化妆品新原料生产过程中涉及的主要步骤、流程及参数,如应列出原料、反应条件(温度、压力等)、助剂(催化剂、稳定剂等)、中间产物及副产物和制备步骤等;若为天然提取物,应说明加工、提取方法、提取条件、使用溶剂、可能残留的杂质或溶剂等。

(四)原料质量安全控制要求

应包括规格、检测方法、可能存在的安全性风险物质及其控制措施等内容。

1. 规格:包括纯度或含量、杂质种类及其各自含量(聚合物应说明残留单体及其含量)等质量安全控制指标,由于技术原因在原料中不可避免存在的溶剂、稳定剂、载体等的种类及其各自含量,其他理化参数,保质期及贮存条件等;若为天然植物提取物,应明确其质量安全控制指标。

2. 检测方法:原料的定性和定量检测方法、杂质的检测方法等。

3. 可能存在的安全性风险物质及其控制措施。

(五)毒理学安全性评价资料(包括原料中可能存在安全性风险物质的有关安全性评估资料)

毒理学试验资料可以是申请人的试验资料、科学文献资料和国内外政府官方网站、国际组织网站发布的内容。

1. 申请化妆品新原料,一般应按化妆品新原料安全性要求提交毒理学试验资料。

2. 具有下列情形之一者,可按以下规定提交毒理学试验资料。根据原料的特性和用途,必要时,可要求增加或减免相关试验资料。

(1)凡不具有防腐剂、防晒剂、着色剂和染发剂功能的原料以及从安全角度考虑不需要列入《化妆品卫生规范》限用物质表中的化妆品新原料,应提交以下资料:

1)急性经口和急性经皮毒性试验;

2)皮肤和急性眼刺激性/腐蚀性试验;

3)皮肤变态反应试验;

4)皮肤光毒性和光敏感试验(原料具有紫外线吸收特性时需做该两项试验);

5)致突变试验(至少应包括一项基因突变试验和一项染色体畸变试验);

6)亚慢性经口或经皮毒性试验。如果该原料在化妆品中使用,经口摄入可能性大时,应提供亚慢性经口毒性试验。

(2)符合情形(1),且被国外(地区)权威机构有关化妆品原料目录收载四年以上的,未见涉及可能对人体健康产生危害相关文献的,应提交以下资料:

1)急性经口和急性经皮毒性试验;

2)皮肤和急性眼刺激性/腐蚀性试验;

3)皮肤变态反应试验;

4)皮肤光毒性和光敏感试验(原料具有紫外线吸收特性时需做该两项试验);

5)致突变试验(至少应包括一项基因突变试验和一项染色体畸变试验)。

(3)凡有安全食用历史的,如国内外政府官方机构或权威机构发布的或经安全性评估认为安全的食品原料及其提取物、国务院有关行政部门公布的既是食品又是药品的物品等,应提交以下资料:

1)皮肤和急性眼刺激性/腐蚀性试验;

2)皮肤变态反应试验;

3)皮肤光毒性和光敏感试验(原料具有紫外

线吸收特性时需做该项试验）。

（4）由一种或一种以上结构单元，通过共价键连接，相对平均分子质量大于1000道尔顿的聚合物作为化妆品新原料，应提交以下资料：

1）皮肤和急性眼刺激性/腐蚀性试验；

2）皮肤光毒性试验（原料具有紫外线吸收特性时需做该项试验）。

（5）凡已有国外（地区）权威机构评价结论认为在化妆品中使用是安全的新原料，申报时不需提供毒理学试验资料，但应提交国外（地区）评估的结论、评价报告及相关资料。国外（地区）批准的化妆品新原料，还应提交批准证明。

（六）进口化妆品新原料申请人，应提交已经备案的行政许可在华申报责任单位授权书复印件及行政许可在华申报责任单位营业执照复印件并加盖公章。

（七）可能有助于行政许可的其他资料。

申请人应根据新原料特性按上述要求提交资料，相关要求不适用的除外。

另附送审样品1件。

四、化妆品新原料的审评原则

（一）对于申请人提交的化妆品新原料安全性评价资料的完整性、合理性和科学性进行审评：

1. 安全性评价资料内容是否完整并符合有关资料要求；

2. 依据是否科学，关键数据是否合理，分析是否符合逻辑，结论是否正确；

3. 重点审核化妆品新原料的来源、理化性质、使用目的、范围、使用限量及依据、生产工艺、质量安全控制要求和必要的毒理学评价资料等。

（二）经审评认为化妆品新原料安全性评价资料存在问题的，审评专家应根据化妆品监管相关规定和科学依据，提出具体意见。申请人应当在规定的时限内提供相应的安全性评价资料。

（三）随着科学研究的发展，国家食品药品监督管理局可对已经批准的化妆品新原料进行再评价。

五、特殊类型的化妆品新原料申报与审评要求另行制定。

六、缩略语

（一）IUPAC，国际纯粹与应用化学联合会（International Union of Pure and Applied Chemistry）的缩写。

（二）CAS，美国化学文摘服务社（Chemical Abstracts Service）的缩写。

（三）INCI，国际化妆品原料命名（International Nomenclature Cosmetic Ingredient）的缩写。

本指南由国家食品药品监督管理局负责解释。

本指南自2011年7月1日起施行。此前发布的化妆品新原料申报与审评相关规定与本指南不一致的，以本指南为准。

化妆品卫生行政许可申报受理规定

- 2006年5月18日
- 卫监督发〔2006〕191号

第一章 总 则

第一条 为规范化妆品申报受理工作，保证许可工作公开、公平、公正，制定本规定。

第二条 本规定所称化妆品是指依据《化妆品卫生监督条例》及其实施细则，由卫生部许可的特殊用途化妆品和进口非特殊用途化妆品。

第三条 化妆品的申报受理应当严格按照《健康相关产品卫生行政许可程序》的规定进行。

第四条 申报材料的一般要求：

（一）首次申报特殊用途化妆品许可的，提供原件1份、复印件4份；复印件应清晰并与原件一致；

（二）申请备案、延续、变更、补发批件、补正资料的，提供原件1份；

（三）除检验报告及官方证明文件外，申报材料原件应逐页加盖申报单位公章或盖骑缝章；

（四）使用A4规格纸张打印，使用明显区分标志，按规定顺序排列，并装订成册；

（五）使用中国法定计量单位；

（六）申报内容应完整、清楚，同一项目的填写应当一致；

（七）所有外文（产品配方及国外地址除外）均应译为规范的中文，并将译文附在相应的外文资料前。

第二章 首次申请许可的申报材料

第五条 申请国产特殊用途化妆品许可的，

应提交下列材料：

（一）国产特殊用途化妆品卫生行政许可申请表；

（二）省级卫生监督部门出具的生产卫生条件审核意见；

（三）申请育发、健美、美乳类产品的，应提交功效成份及使用依据；

（四）企业标准；

（五）经认定的化妆品检验机构出具的检验报告及相关资料，按下列顺序排列：

1、检验申请表；

2、检验受理通知书；

3、产品说明书；

4、卫生学（微生物、理化）检验报告；

5、毒理学安全性检验报告；

6、人体安全试验报告；

（六）代理申报的，应提供委托代理证明；

（七）可能有助于评审的其它资料。

另附未启封的样品1件。

第六条 申请进口特殊用途化妆品许可的，应提交下列材料：

（一）进口特殊用途化妆品卫生行政许可申请表；

（二）产品配方；

（三）申请育发、健美、美乳类产品的，应提交功效成份及使用依据；

（四）生产工艺简述和简图；

（五）产品质量标准；

（六）经卫生部认定的检验机构出具的检验报告及相关资料，按下列顺序排列：

1、检验申请表；

2、检验受理通知书；

3、产品说明书；

4、卫生学（微生物、理化）检验报告；

5、毒理学安全性检验报告；

6、人体安全试验报告；

（七）产品原包装（含产品标签）。拟专为中国市场设计包装上市的，需同时提供产品设计包装（含产品标签）；

（八）产品在生产国（地区）或原产国（地区）允许生产销售的证明文件；

（九）来自发生"疯牛病"国家或地区的产品，应按要求提供官方检疫证书；

（十）代理申报的，应提供委托代理证明；

（十一）可能有助于评审的其它资料。

另附未启封的样品1件。

第七条 申请进口非特殊用途化妆品备案的，应提交下列材料：

（一）进口非特殊用途化妆品备案申请表；

（二）产品配方；

（三）产品质量标准；

（四）经卫生部认定的检验机构出具的检验报告及相关资料，按下列顺序排列：

1. 检验申请表；

2. 检验受理通知书；

3. 产品说明书；

4. 卫生学（微生物、理化）检验报告；

5. 毒理学安全性检验报告。

（五）产品原包装（含产品标签）。拟专为中国市场设计包装上市的，需同时提供产品设计包装（含产品标签）；

（六）产品在生产国（地区）或原产国（地区）允许生产销售的证明文件；

（七）来自发生"疯牛病"国家或地区的进口化妆品，应按要求提供官方检疫证书；

（八）代理申报的，应提供委托代理证明；

（九）可能有助于评审的其它资料。

另附未启封的样品1件。

第八条 申请化妆品新原料许可的，应提交下列材料：

（一）化妆品新原料卫生行政许可申请表；

（二）研制报告：

1. 原料研发的背景、过程及相关的技术资料；

2. 阐明原料的来源、理化特性、化学结构、分子式、分子量；

3. 该原料在化妆品中的使用目的、依据、范围及使用限量。

（三）质量标准（包括检验方法、纯度、杂质含量）；

（四）生产工艺简述及简图；

（五）毒理学安全性评价资料；

（六）代理申报的，应提供委托代理证明；

（七）可能有助于评审的其它资料。

另附样品1件。

第九条 申报产品以委托加工方式生产的，除按以上规定提交材料外，还须提交以下材料：

(一)委托方与被委托方签订的委托加工协议书；

(二)进口产品应提供被委托生产企业的质量管理体系或良好生产规范的证明文件；

(三)被委托生产企业所在国发生"疯牛病"的，还应提供疯牛病官方检疫证书。

第十条 多个原产国(地区)生产同一产品可以同时申报，其中一个原产国生产的产品按第六条或第七条规定提交全部材料外，还须提交以下材料：

(一)不同国家的生产企业属于同一企业集团(公司)的证明文件；

(二)企业集团出具的产品质量保证文件；

(三)原产国发生"疯牛病"的，还应提供疯牛病官方检疫证书；

(四)其他原产国生产产品原包装；

(五)其他原产国生产产品的卫生学(微生物、理化)检验报告。

第三章 延续、变更许可及补发批件的申报材料

第十一条 申请延续许可有效期的，应提交以下材料：

(一)化妆品卫生行政许可延续申请表；

(二)卫生行政许可批件(备案凭证)原件；

(三)产品配方；

(四)质量标准；

(五)市售产品包装(含产品标签)；

(六)市售产品说明书；

(七)代理申报的，应提供委托代理证明；

(八)可能有助于评审的其它资料。

另附未启封的市售产品1件。

第十二条 申请变更许可事项的，应提交以下材料：

(一)健康相关产品卫生行政许可变更申请表；

(二)化妆品卫生行政许可批件(备案凭证)原件；

(三)其他材料：

1、生产企业名称、地址的变更(包括自助变更和被收购合并两种情况)：

(1)国产产品须提供当地工商行政管理机关出具的证明文件原件、生产企业卫生许可证复印件；

(2)进口产品须提供生产国政府主管部门或认可机构出具的相关证明文件。其中，因企业间的收购、合并而提出变更生产企业名称的，也可提供双方签订的收购或合并合同的复印件。证明文件需翻译成中文，中文译文应有中国公证机关的公证；

(3)企业集团内部进行调整的，应提供当地工商行政管理机关出具的变更前后生产企业同属于一个集团的证明文件；子公司为台港澳投资企业或外资投资企业的，可提供《中华人民共和国外商投资企业批准证书》或《中华人民共和国台港澳侨投资企业批准证书》公证后的复印件。

(4)涉及改变生产现场的，应提供变更后生产企业产品的卫生学检验报告。对于国产产品，还应提交变更后生产企业所在地省级卫生监督部门出具的生产卫生条件审核意见；对于进口产品，必要时卫生部对其生产现场进行审查和(或)抽样复验。

2、产品名称的变更：

(1)申请变更产品中文名称的，应在变更申请表中说明理由，并提供变更后的产品设计包装；进口产品外文名称不得变更；

(2)申请变更产品名称SPF值或PA值标识的，须提供SPF或PA值检验报告，并提供变更后的产品设计包装。

3、备注栏中原产国(地区)的变更：

(1)不同国家的生产企业属于同一企业集团(公司)的证明文件；

(2)企业集团出具的产品质量保证文件；

(3)变更后原产国发生"疯牛病"的，应提供疯牛病官方检疫证书；

(4)变更后原产国生产的产品原包装；

(5)变更后原产国实际生产现场生产产品的卫生学(微生物、理化)检验报告。

进口产品，必要时卫生部对其生产现场进行审查和(或)抽样复验。

4、国产产品批件备注栏中实际生产企业的变更：

(1)涉及委托生产关系的，提供委托加工协议书；

(2)提供变更后生产企业产品的卫生学检验报告。国产产品，还应提交变更后生产企业所在地省级卫生监督部门出具的生产卫生条件审核意见。

5、申请其他可变更项目变更的，应详细说明理由，并提供相关证明文件。

第十三条 申请补发许可批件的，应提交下列材料：

（一）健康相关产品卫生许可批件补发申请表；

（二）因批件损毁申请补发的，提供健康相关产品卫生许可批件原件；

（三）因批件遗失申请补发的，提供刊载遗失声明的省级以上报刊原件（遗失声明应刊登 20 天以上）。

第四章 各项申报材料的具体要求

第十四条 生产国（地区）允许生产销售的证明文件应当符合下列要求：

（一）由产品生产国或原产国（地区）政府主管部门、行业协会出具。无法提供文件原件的，可提供复印件，复印件须由出具单位确认或由我国使（领）馆确认；

（二）应载明产品名称、生产企业名称、出具文件的单位名称并盖有单位印章或法定代表人（或其授权人）签名及文件出具日期；

（三）所载明的产品名称和生产企业名称应与所申报的内容完全一致；如为委托加工或其它方式生产，其证明文件所载明的生产企业与所申报的内容不一致时，由申报单位出具证明文件予以说明；

（四）一份证明文件载明多个产品的应同时申报，其中一个产品提供原件，其它可提供复印件，并提交书面说明，指明原件在哪个产品申报资料中；

（五）生产销售证明文件如为外文，应译为规范的中文，中文译文应由中国公证机关公证；

（六）无法提交生产销售证明文件的，卫生部可对产品生产现场进行审核。

第十五条 委托代理证明应当符合下列要求：

（一）应载明委托申报的产品名称、受委托单位名称、委托事项和委托日期；并盖有委托单位的公章或法定代表人签名；

（二）一份委托代理证明文件载明多个产品的应同时申报，其中一个产品提供原件，其它可提供复印件，并提交书面说明，指明原件在哪个产品申报资料中；

（三）如为外文，应译成规范的中文，中文译文应经中国公证机关公证。

第十六条 "疯牛病"官方检疫证书应符合下列要求：

（一）应符合卫生部 2002 年第 1、2、3 号公告及卫法监发〔2003〕137 号文的要求；

（二）一份证书载明多个产品的应同时申报，其中一个产品提供原件，其它产品可提供复印件，并提交书面说明，指明原件在哪个产品申报资料中；

（三）证书格式（包括签字印章）应与证书出具国家在卫生部备案的样式一致。

第十七条 补正材料应按下列要求提交：

（一）针对"行政许可技术审查延期通知书"提出的评审意见提交完整的补正材料，补正材料须逐页加盖申报单位的公章；

（二）接到"行政许可技术审查延期通知书"后，申报单位应在一年内提交补正资料，逾期未提交的，视为终止申报。如有特殊情况的应提交书面说明。

第十八条 化妆品生产卫生条件审核意见应按下列顺序提交：

（一）化妆品生产卫生条件审核表；

（二）健康相关产品生产企业卫生条件审核申请表；

（三）产品配方；

（四）生产工艺简述和简图；

（五）生产设备清单；

（六）产品标签和说明书；

（七）生产企业卫生许可证复印件；

（八）其他材料。

第十九条 产品配方应符合下列要求：

（一）应标明全部成份的名称、使用目的、百分含量，并按含量递减顺序排列；各成份有效物含量均以百分之百计，特殊情况（如有效物含量非百分之百、含结晶水及存在多种分子结构等）应详细标明；

（二）成份命名应使用 INCI 名，国产产品可使用规范的 INCI 中文译名，无 INCI 名的可使用化学名，但不得使用商品名、俗名；

（三）着色剂应提供《化妆品卫生规范》规定的 CI 号；

（四）成份来源于植物、动物、微生物、矿物等原料的，应提供拉丁文学名；

（五）含有动物脏器提取物的，应提供原料的来源、质量规格和原料生产国允许使用的证明；

（六）分装组配的产品（如染发、烫发类产品等）应将各部分配方分别列出；

（七）含有复配限用物质的，应申报各物质的比例；

（八）《化妆品卫生规范》对限用物质原料有规格要求的，申报单位还应提供由原料供应商出具的该原料的质量规格证明。

第二十条 产品的质量标准应符合下列要求：

（一）提供企业控制本产品质量的内控标准；

（二）应含颜色、气味、性状等感官指标；

（三）应含微生物指标、卫生化学指标；

（四）烫发类、脱毛类、祛斑类及含羟基酸类产品还应有 pH 值指标及其检测方法（采用化妆品卫生规范方法的除外）。

第二十一条 送审样品应为完整的产品包装，包装内应含产品说明书。因体积过小（如口红、唇膏等）而无产品说明书或将说明内容印制在产品容器上的，应提交相关说明。进口产品外包装上的所有外文标识不得遮盖，并分别译为规范的中文。

第二十二条 多色号系列进口非特殊用途化妆品的安全性检验及申报应符合《卫生部关于多色号系列化妆品有关问题的通知》（卫法监发〔2003〕231号）。

第二十三条 不可拆分的同一销售包装含有多个同类产品（如粉饼、眼影、腮红等）时，且只有一个产品名称，可以按照一个产品申报。申报资料除产品配方、质量标准、检验报告外，其余资料可按一个产品递交。

第二十四条 本规定由卫生部解释。

第二十五条 本规定自 2006 年 6 月 1 日起实施，以往卫生部发布的有关文件与本规定不一致的，以本规定为准。

化妆品注册备案管理办法

- 2021 年 1 月 7 日国家市场监督管理总局令第 35 号公布
- 自 2021 年 5 月 1 日起施行

第一章 总　则

第一条 为了规范化妆品注册和备案行为，保证化妆品质量安全，根据《化妆品监督管理条例》，制定本办法。

第二条 在中华人民共和国境内从事化妆品和化妆品新原料注册、备案及其监督管理活动，适用本办法。

第三条 化妆品、化妆品新原料注册，是指注册申请人依照法定程序和要求提出注册申请，药品监督管理部门对申请注册的化妆品、化妆品新原料的安全性和质量可控性进行审查，决定是否同意其申请的活动。

化妆品、化妆品新原料备案，是指备案人依照法定程序和要求，提交表明化妆品、化妆品新原料安全性和质量可控性的资料，药品监督管理部门对提交的资料存档备查的活动。

第四条 国家对特殊化妆品和风险程度较高的化妆品新原料实行注册管理，对普通化妆品和其他化妆品新原料实行备案管理。

第五条 国家药品监督管理局负责特殊化妆品、进口普通化妆品、化妆品新原料的注册和备案管理，并指导监督省、自治区、直辖市药品监督管理部门承担的化妆品备案相关工作。国家药品监督管理局可以委托具备相应能力的省、自治区、直辖市药品监督管理部门实施进口普通化妆品备案管理工作。

国家药品监督管理局化妆品技术审评机构（以下简称技术审评机构）负责特殊化妆品、化妆品新原料注册的技术审评工作，进口普通化妆品、化妆品新原料备案后的资料技术核查工作，以及化妆品新原料使用和安全情况报告的评估工作。

国家药品监督管理局行政事项受理服务机构（以下简称受理机构）、审核查验机构、不良反应监测机构、信息管理机构等专业技术机构，承担化妆品注册和备案管理所需的注册受理、现场核查、不良反应监测、信息化建设与管理等工作。

第六条 省、自治区、直辖市药品监督管理部门负责本行政区域内国产普通化妆品备案管理工作，在委托范围内以国家药品监督管理局的名义实施进口普通化妆品备案管理工作，并协助开展特殊化妆品注册现场核查等工作。

第七条 化妆品、化妆品新原料注册人、备案人依法履行产品注册、备案义务，对化妆品、化妆品新原料的质量安全负责。

化妆品、化妆品新原料注册人、备案人申请注册或者进行备案时,应当遵守有关法律、行政法规、强制性国家标准和技术规范的要求,对所提交资料的真实性和科学性负责。

第八条 注册人、备案人在境外的,应当指定我国境内的企业法人作为境内责任人。境内责任人应当履行以下义务:

(一)以注册人、备案人的名义,办理化妆品、化妆品新原料注册、备案;

(二)协助注册人、备案人开展化妆品不良反应监测、化妆品新原料安全监测与报告工作;

(三)协助注册人、备案人实施化妆品、化妆品新原料召回工作;

(四)按照与注册人、备案人的协议,对投放境内市场的化妆品、化妆品新原料承担相应的质量安全责任;

(五)配合药品监督管理部门的监督检查工作。

第九条 药品监督管理部门应当自化妆品、化妆品新原料准予注册、完成备案之日起5个工作日内,向社会公布化妆品、化妆品新原料注册和备案管理有关信息,供社会公众查询。

第十条 国家药品监督管理局加强信息化建设,为注册人、备案人提供便利化服务。

化妆品、化妆品新原料注册人、备案人按照规定通过化妆品、化妆品新原料注册备案信息服务平台(以下简称信息服务平台)申请注册、进行备案。

国家药品监督管理局制定已使用的化妆品原料目录,及时更新并向社会公开,方便企业查询。

第十一条 药品监督管理部门可以建立专家咨询机制,就技术审评、现场核查、监督检查等过程中的重要问题听取专家意见,发挥专家的技术支撑作用。

第二章 化妆品新原料注册和备案管理

第一节 化妆品新原料注册和备案

第十二条 在我国境内首次使用于化妆品的天然或者人工原料为化妆品新原料。

调整已使用的化妆品原料的使用目的、安全使用量等的,应当按照新原料注册、备案要求申请注册、进行备案。

第十三条 申请注册具有防腐、防晒、着色、染发、祛斑美白功能的化妆品新原料,应当按照国家药品监督管理局要求提交申请资料。受理机构应当自收到申请之日起5个工作日内完成对申请资料的形式审查,并根据下列情况分别作出处理:

(一)申请事项依法不需要取得注册的,作出不予受理的决定,出具不予受理通知书;

(二)申请事项依法不属于国家药品监督管理局职权范围的,应当作出不予受理的决定,出具不予受理通知书,并告知申请人向有关行政机关申请;

(三)申请资料不齐全或不符合规定形式的,出具补正通知书,一次告知申请人需要补正的全部内容,逾期未告知的,自收到申请资料之日起即为受理;

(四)申请资料齐全、符合规定形式要求的,或者申请人按照要求提交全部补正材料的,应当受理注册申请并出具受理通知书。

受理机构应当自受理注册申请后3个工作日内,将申请资料转交技术审评机构。

第十四条 技术审评机构应当自收到申请资料之日起90个工作日内,按照技术审评的要求组织开展技术审评,并根据下列情况分别作出处理:

(一)申请资料真实完整,能够证明原料安全性和质量可控性,符合法律、行政法规、强制性国家标准和技术规范要求的,技术审评机构应当作出技术审评通过的审评结论;

(二)申请资料不真实,不能证明原料安全性、质量可控性,不符合法律、行政法规、强制性国家标准和技术规范要求的,技术审评机构应当作出技术审评不通过的审评结论;

(三)需要申请人补充资料的,应当一次告知需要补充的全部内容;申请人应当在90个工作日内按照要求一次提供补充资料,技术审评机构收到补充资料后审评时限重新计算;未在规定时限内补充资料的,技术审评机构应当作出技术审评不通过的审评结论。

第十五条 技术审评结论为审评不通过的,技术审评机构应当告知申请人并说明理由。申请人有异议的,可以自收到技术审评结论之日起20个工作日内申请复核。复核的内容仅限于原申请事项以及申请资料。

技术审评机构应当自收到复核申请之日起30个工作日内作出复核结论。

第十六条　国家药品监督管理局应当自收到技术审评结论之日起20个工作日内，对技术审评程序和结论的合法性、规范性以及完整性进行审查，并作出是否准予注册的决定。

受理机构应当自国家药品监督管理局作出行政审批决定之日起10个工作日内，向申请人发出化妆品新原料注册证或者不予注册决定书。

第十七条　技术审评机构作出技术审评结论前，申请人可以提出撤回注册申请。技术审评过程中，发现涉嫌提供虚假资料或者化妆品新原料存在安全性问题的，技术审评机构应当依法处理，申请人不得撤回注册申请。

第十八条　化妆品新原料备案人按照国家药品监督管理局的要求提交资料后即完成备案。

第二节　安全监测与报告

第十九条　已经取得注册、完成备案的化妆品新原料实行安全监测制度。安全监测的期限为3年，自首次使用化妆品新原料的化妆品取得注册或者完成备案之日起算。

第二十条　安全监测的期限内，化妆品新原料注册人、备案人可以使用该化妆品新原料生产化妆品。

化妆品注册人、备案人使用化妆品新原料生产化妆品的，相关化妆品申请注册、办理备案时应当通过信息服务平台经化妆品新原料注册人、备案人关联确认。

第二十一条　化妆品新原料注册人、备案人应当建立化妆品新原料上市后的安全风险监测和评价体系，对化妆品新原料的安全性进行追踪研究，对化妆品新原料的使用和安全情况进行持续监测和评价。

化妆品新原料注册人、备案人应当在化妆品新原料安全监测每满一年前30个工作日内，汇总、分析化妆品新原料使用和安全情况，形成年度报告报送国家药品监督管理局。

第二十二条　发现下列情况的，化妆品新原料注册人、备案人应当立即开展研究，并向技术审评机构报告：

（一）其他国家（地区）发现疑似因使用同类原料引起严重化妆品不良反应或者群体不良反应事件的；

（二）其他国家（地区）化妆品法律、法规、标准对同类原料提高使用标准、增加使用限制或者禁止使用的；

（三）其他与化妆品新原料安全有关的情况。

有证据表明化妆品新原料存在安全问题的，化妆品新原料注册人、备案人应当立即采取措施控制风险，并向技术审评机构报告。

第二十三条　使用化妆品新原料生产化妆品的化妆品注册人、备案人，应当及时向化妆品新原料注册人、备案人反馈化妆品新原料的使用和安全情况。

出现可能与化妆品新原料相关的化妆品不良反应或者安全问题时，化妆品注册人、备案人应当立即采取措施控制风险，通知化妆品新原料注册人、备案人，并按照规定向所在地省、自治区、直辖市药品监督管理部门报告。

第二十四条　省、自治区、直辖市药品监督管理部门收到使用了化妆品新原料的化妆品不良反应或者安全问题报告后，应当组织开展研判分析，认为化妆品新原料可能存在造成人体伤害或者危害人体健康等安全风险的，应当按照有关规定采取措施控制风险，并立即反馈技术审评机构。

第二十五条　技术审评机构收到省、自治区、直辖市药品监督管理部门或者化妆品新原料注册人、备案人的反馈或者报告后，应当结合不良反应监测机构的化妆品年度不良反应统计分析结果进行评估，认为通过调整化妆品新原料技术要求能够消除安全风险的，可以提出调整意见并报告国家药品监督管理局；认为存在安全性问题的，应当报请国家药品监督管理局撤销注册或者取消备案。国家药品监督管理局应当及时作出决定。

第二十六条　化妆品新原料安全监测期满3年后，技术审评机构应当向国家药品监督管理局提出化妆品新原料是否符合安全性要求的意见。

对存在安全问题的化妆品新原料，由国家药品监督管理局撤销注册或者取消备案；未发生安全问题的，由国家药品监督管理局纳入已使用的化妆品原料目录。

第二十七条　安全监测期内化妆品新原料被责令暂停使用的，化妆品注册人、备案人应当同时暂停生产、经营使用该化妆品新原料的化妆品。

第三章　化妆品注册和备案管理

第一节　一般要求

第二十八条　化妆品注册申请人、备案人应当具备下列条件：

（一）是依法设立的企业或者其他组织；

（二）有与申请注册、进行备案化妆品相适应的质量管理体系；

（三）有不良反应监测与评价的能力。

注册申请人首次申请特殊化妆品注册或者备案人首次进行普通化妆品备案的，应当提交其符合前款规定要求的证明资料。

第二十九条　化妆品注册人、备案人应当依照法律、行政法规、强制性国家标准、技术规范和注册备案管理等规定，开展化妆品研制、安全评估、注册备案检验等工作，并按照化妆品注册备案资料规范要求提交注册备案资料。

第三十条　化妆品注册人、备案人应当选择符合法律、行政法规、强制性国家标准和技术规范要求的原料用于化妆品生产，对其使用的化妆品原料安全性负责。化妆品注册人、备案人申请注册、进行备案时，应当通过信息服务平台明确原料来源和原料安全相关信息。

第三十一条　化妆品注册人、备案人委托生产化妆品的，国产化妆品应当在申请注册或者进行备案时，经化妆品生产企业通过信息服务平台关联确认委托生产关系；进口化妆品由化妆品注册人、备案人提交存在委托关系的相关材料。

第三十二条　化妆品注册人、备案人应当明确产品执行的标准，并在申请注册或者进行备案时提交药品监督管理部门。

第三十三条　化妆品注册申请人、备案人应当委托取得资质认定、满足化妆品注册和备案检验工作需要的检验机构，按照强制性国家标准、技术规范和注册备案检验规定的要求进行检验。

第二节　备案管理

第三十四条　普通化妆品上市或者进口前，备案人按照国家药品监督管理局的要求通过信息服务平台提交备案资料后即完成备案。

第三十五条　已经备案的进口普通化妆品拟在境内责任人所在的省、自治区、直辖市行政区域以外的口岸进口的，应当通过信息服务平台补充填报进口口岸以及办理通关手续的联系人信息。

第三十六条　已经备案的普通化妆品，无正当理由不得随意改变产品名称；没有充分的科学依据，不得随意改变功效宣称。

已经备案的普通化妆品不得随意改变产品配方，但因原料来源改变等原因导致产品配方发生微小变化的情况除外。

备案人、境内责任人地址变化导致备案管理部门改变的，备案人应当重新进行备案。

第三十七条　普通化妆品的备案人应当每年向承担备案管理工作的药品监督管理部门报告生产、进口情况，以及符合法律法规、强制性国家标准、技术规范的情况。

已经备案的产品不再生产或者进口的，备案人应当及时报告承担备案管理工作的药品监督管理部门取消备案。

第三节　注册管理

第三十八条　特殊化妆品生产或者进口前，注册申请人应当按照国家药品监督管理局的要求提交申请资料。

特殊化妆品注册程序和时限未作规定的，适用本办法关于化妆品新原料注册的规定。

第三十九条　技术审评机构应当自收到申请资料之日起90个工作日内，按照技术审评的要求组织开展技术审评，并根据下列情况分别作出处理：

（一）申请资料真实完整，能够证明产品安全性和质量可控性、产品配方和产品执行的标准合理，且符合现行法律、行政法规、强制性国家标准和技术规范要求的，作出技术审评通过的审评结论；

（二）申请资料不真实，不能证明产品安全性和质量可控性、产品配方和产品执行的标准不合理，或者不符合现行法律、行政法规、强制性国家标准和技术规范要求的，作出技术审评不通过的审评结论；

（三）需要申请人补充资料的，应当一次告知需要补充的全部内容；申请人应当在90个工作日内按照要求一次提供补充资料，技术审评机构收到补充资料后审评时限重新计算；未在规定时限内补充资料的，技术审评机构应当作出技术审评不通过的审评结论。

第四十条 国家药品监督管理局应当自收到技术审评结论之日起20个工作日内，对技术审评程序和结论的合法性、规范性以及完整性进行审查，并作出是否准予注册的决定。

受理机构应当自国家药品监督管理局作出行政审批决定之日起10个工作日内，向申请人发出化妆品注册证或者不予注册决定书。化妆品注册证有效期5年。

第四十一条 已经注册的特殊化妆品的注册事项发生变化的，国家药品监督管理局根据变化事项对产品安全、功效的影响程度实施分类管理：

（一）不涉及安全性、功效宣称的事项发生变化的，注册人应当及时向国家药品监督管理局备案；

（二）涉及安全性的事项发生变化的，以及生产工艺、功效宣称等方面发生实质性变化的，注册人应当向国家药品监督管理局提出产品注册变更申请；

（三）产品名称、配方等发生变化，实质上构成新的产品的，注册人应当重新申请注册。

第四十二条 已经注册的产品不再生产或者进口的，注册人应当主动申请注销注册证。

第四节　注册证延续

第四十三条 特殊化妆品注册证有效期届满需要延续的，注册人应当在产品注册证有效期届满前90个工作日至30个工作日期间提出延续注册申请，并承诺符合强制性国家标准、技术规范的要求。注册人应当对提交资料和作出承诺的真实性、合法性负责。

逾期未提出延续注册申请的，不再受理其延续注册申请。

第四十四条 受理机构应当在收到延续注册申请后5个工作日内对申请资料进行形式审查，符合要求的予以受理，并自受理之日起10个工作日内向申请人发出新的注册证。注册证有效期自原注册证有效期届满之日的次日起重新计算。

第四十五条 药品监督管理部门应当对已延续注册的特殊化妆品的申报资料和承诺进行监督，经监督检查或者技术审评发现存在不符合强制性国家标准、技术规范情形的，应当依法撤销特殊化妆品注册证。

第四章　监督管理

第四十六条 药品监督管理部门依照法律法规规定，对注册人、备案人的注册、备案相关活动进行监督检查，必要时可以对注册、备案活动涉及的单位进行延伸检查，有关单位和个人应当予以配合，不得拒绝检查和隐瞒有关情况。

第四十七条 技术审评机构在注册技术审评过程中，可以根据需要通知审核查验机构开展现场核查。境内现场核查应当在45个工作日内完成，境外现场核查应当按照境外核查相关规定执行。现场核查所用时间不计算在审评时限之内。

注册申请人应当配合现场核查工作，需要抽样检验的，应当按照要求提供样品。

第四十八条 特殊化妆品取得注册证后，注册人应当在产品投放市场前，将上市销售的产品标签图片上传至信息服务平台，供社会公众查询。

第四十九条 化妆品注册证不得转让。因企业合并、分立等法定事由导致原注册人主体资格注销，将注册人变更为新设立的企业或者其他组织的，应当按照本办法的规定申请变更注册。

变更后的注册人应当符合本办法关于注册人的规定，并对已经上市的产品承担质量安全责任。

第五十条 根据科学研究的发展，对化妆品、化妆品原料的安全性认识发生改变的，或者有证据表明化妆品、化妆品原料可能存在缺陷的，承担注册、备案管理工作的药品监督管理部门可以责令化妆品、化妆品新原料注册人、备案人开展安全再评估，或者直接组织相关原料企业和化妆品企业开展安全再评估。

再评估结果表明化妆品、化妆品原料不能保证安全的，由原注册部门撤销注册、备案部门取消备案，由国务院药品监督管理部门将该化妆品原料纳入禁止用于化妆品生产的原料目录，并向社会公布。

第五十一条 根据科学研究的发展、化妆品安全风险监测和评价等，发现化妆品原料存在安全风险，能够通过设定原料的使用范围和条件消除安全风险的，应当在已使用的化妆品原料目录中明确原料限制使用的范围和条件。

第五十二条 承担注册、备案管理工作的药品监督管理部门通过注册、备案信息无法与注册人、备案人或者境内责任人取得联系的，可以在信息服务平台将注册人、备案人、境内责任人列为重点监管对象，并通过信息服务平台予以公告。

第五十三条　药品监督管理部门根据备案人、境内责任人、化妆品生产企业的质量管理体系运行、备案后监督、产品上市后的监督检查情况等，实施风险分类分级管理。

第五十四条　药品监督管理部门、技术审评、现场核查、检验机构及其工作人员应当严格遵守法律、法规、规章和国家药品监督管理局的相关规定，保证相关工作科学、客观和公正。

第五十五条　未经注册人、备案人同意，药品监督管理部门、专业技术机构及其工作人员、参与审评的人员不得披露注册人、备案人提交的商业秘密、未披露信息或者保密商务信息，法律另有规定或者涉及国家安全、重大社会公共利益的除外。

第五章　法律责任

第五十六条　化妆品、化妆品新原料注册人未按照本办法规定申请特殊化妆品、化妆品新原料变更注册的，由原发证的药品监督管理部门责令改正，给予警告，处1万元以上3万元以下罚款。

化妆品、化妆品新原料备案人未按照本办法规定更新普通化妆品、化妆品新原料备案信息的，由承担备案管理工作的药品监督管理部门责令改正，给予警告，处5000元以上3万元以下罚款。

化妆品、化妆品新原料注册人未按照本办法的规定重新注册的，依照化妆品监督管理条例第五十九条的规定给予处罚；化妆品、化妆品新原料备案人未按照本办法的规定重新备案的，依照化妆品监督管理条例第六十一条第一款的规定给予处罚。

第五十七条　化妆品新原料注册人、备案人违反本办法第二十一条规定的，由省、自治区、直辖市药品监督管理部门责令改正；拒不改正的，处5000元以上3万元以下罚款。

第五十八条　承担备案管理工作的药品监督管理部门发现已备案化妆品、化妆品新原料的备案资料不符合要求的，应当责令限期改正，其中，与化妆品、化妆品新原料安全性有关的备案资料不符合要求的，可以同时责令暂停销售、使用。

已进行备案但备案信息尚未向社会公布的化妆品、化妆品新原料，承担备案管理工作的药品监督管理部门发现备案资料不符合要求的，可以责令备案人改正并在符合要求后向社会公布备案信息。

第五十九条　备案人存在以下情形的，承担备案管理工作的药品监督管理部门应当取消化妆品、化妆品新原料备案：

（一）备案时提交虚假资料的；

（二）已经备案的资料不符合要求，未按要求在规定期限内改正的，或者未按要求暂停化妆品、化妆品新原料销售、使用的；

（三）不属于化妆品新原料或者化妆品备案范围的。

第六章　附　则

第六十条　注册受理通知、技术审评意见告知、注册证书发放和备案信息发布、注册复核、化妆品新原料使用情况报告提交等所涉及时限以通过信息服务平台提交或者发出的时间为准。

第六十一条　化妆品最后一道接触内容物的工序在境内完成的为国产产品，在境外完成的为进口产品，在中国台湾、香港和澳门地区完成的参照进口产品管理。

以一个产品名称申请注册或者进行备案的配合使用产品或者组合包装产品，任何一剂的最后一道接触内容物的工序在境外完成的，按照进口产品管理。

第六十二条　化妆品、化妆品新原料取得注册或者进行备案后，按照下列规则进行编号。

（一）化妆品新原料备案编号规则：国妆原备字+四位年份数+本年度备案化妆品新原料顺序数。

（二）化妆品新原料注册编号规则：国妆原注字+四位年份数+本年度注册化妆品新原料顺序数。

（三）普通化妆品备案编号规则：

国产产品：省、自治区、直辖市简称+G妆网备字+四位年份数+本年度行政区域内备案产品顺序数；

进口产品：国妆网备进字（境内责任人所在省、自治区、直辖市简称）+四位年份数+本年度全国备案产品顺序数；

中国台湾、香港、澳门产品:国妆网备制字(境内责任人所在省、自治区、直辖市简称)+四位年份数+本年度全国备案产品顺序数。

(四)特殊化妆品注册编号规则:

国产产品:国妆特字+四位年份数+本年度注册产品顺序数;

进口产品:国妆特进字+四位年份数+本年度注册产品顺序数;

中国台湾、香港、澳门产品:国妆特制字+四位年份数+本年度注册产品顺序数。

第六十三条 本办法自2021年5月1日起施行。

进出口化妆品检验检疫监督管理办法

- 2011年8月10日国家质量监督检验检疫总局令第143号公布
- 根据2018年4月28日海关总署令第238号《海关总署关于修改部分规章的决定》第一次修正
- 根据2018年5月29日海关总署令第240号《海关总署关于修改部分规章的决定》第二次修正
- 根据2018年11月23日海关总署令第243号《海关总署关于修改部分规章的决定》第三次修正

第一章 总 则

第一条 为保证进出口化妆品的安全卫生质量,保护消费者身体健康,根据《中华人民共和国进出口商品检验法》及其实施条例、《化妆品卫生监督条例》和《国务院关于加强食品等产品安全监督管理的特别规定》等法律、行政法规的规定,制定本办法。

第二条 本办法适用于列入海关实施检验检疫的进出境商品目录及有关国际条约、相关法律、行政法规规定由海关检验检疫的化妆品(包括成品和半成品)的检验检疫及监督管理。

第三条 海关总署主管全国进出口化妆品检验检疫监督管理工作。

主管海关负责所辖区域进出口化妆品检验检疫监督管理工作。

第四条 进出口化妆品生产经营者应当依照法律、行政法规和相关标准从事生产经营活动,保证化妆品安全,对社会和公众负责,接受社会监督,承担社会责任。

第二章 进口化妆品检验检疫

第五条 主管海关根据我国国家技术规范的强制性要求以及我国与出口国家(地区)签订的协议、议定书规定的检验检疫要求对进口化妆品实施检验检疫。

我国尚未制定国家技术规范强制性要求的,可以参照海关总署指定的国外有关标准进行检验。

第六条 进口化妆品由口岸海关实施检验检疫。海关总署根据便利贸易和进口检验工作的需要,可以指定在其他地点检验。

第七条 海关对进口化妆品的收货人实施备案管理。进口化妆品的收货人应当如实记录进口化妆品流向,记录保存期限不得少于2年。

第八条 进口化妆品的收货人或者其代理人应当按照海关总署相关规定报检,同时提供收货人备案号。

其中首次进口的化妆品应当符合下列要求:

(一)国家实施卫生许可的化妆品,应当取得国家相关主管部门批准的进口化妆品卫生许可批件,海关对进口化妆品卫生许可批件电子数据进行系统自动比对验核;

(二)国家实施备案的化妆品,应当凭备案凭证办理报检手续;

(三)国家没有实施卫生许可或者备案的化妆品,应当提供下列材料:

1.具有相关资质的机构出具的可能存在安全性风险物质的有关安全性评估资料;

2.在生产国家(地区)允许生产、销售的证明文件或者原产地证明;

(四)销售包装化妆品成品除前三项外,还应当提交中文标签样张和外文标签及翻译件;

(五)非销售包装的化妆品成品还应当提供包括产品的名称、数/重量、规格、产地、生产批号和限期使用日期(生产日期和保质期)、加施包装的目的地名称、加施包装的工厂名称、地址、联系方式。

第九条 进口化妆品在取得检验检疫合格证明之前,应当存放在海关指定或者认可的场所,未经海关许可,任何单位和个人不得擅自调离、销售、使用。

第十条　海关受理报检后,对进口化妆品进行检验检疫,包括现场查验、抽样留样、实验室检验、出证等。

第十一条　现场查验内容包括货证相符情况、产品包装、标签版面格式、产品感官性状、运输工具、集装箱或者存放场所的卫生状况。

第十二条　进口化妆品成品的标签标注应当符合我国相关的法律、行政法规及国家技术规范的强制性要求。海关对化妆品标签内容是否符合法律、行政法规规定要求进行审核,对与质量有关的内容的真实性和准确性进行检验。

第十三条　进口化妆品的抽样应当按照国家有关规定执行,样品数量应当满足检验、复验、备查等使用需要。以下情况,应当加严抽样:

(一)首次进口的;

(二)曾经出现质量安全问题的;

(三)进口数量较大的。

抽样时,海关应当出具印有序列号、加盖检验检疫业务印章的《抽/采样凭证》,抽样人与收货人或者其代理人应当双方签字。

样品应当按照国家相关规定进行管理,合格样品保存至抽样后4个月,特殊用途化妆品合格样品保存至证书签发后一年,不合格样品应保存至保质期结束。涉及案件调查的样品,应当保存至案件结束。

第十四条　需要进行实验室检验的,海关应当确定检验项目和检验要求,并将样品送具有相关资质的检验机构。检验机构应当按照要求实施检验,并在规定时间内出具检验报告。

第十五条　进口化妆品经检验检疫合格的,海关出具《入境货物检验检疫证明》,并列明货物的名称、品牌、原产国家(地区)、规格、数/重量、生产批号/生产日期等。进口化妆品取得《入境货物检验检疫证明》后,方可销售、使用。

进口化妆品经检验检疫不合格,涉及安全、健康、环境保护项目的,由海关责令当事人销毁,或者出具退货处理通知单,由当事人办理退运手续。其他项目不合格的,可以在海关的监督下进行技术处理,经重新检验检疫合格后,方可销售、使用。

第十六条　免税化妆品的收货人在向所在地直属海关申请备案时,应当提供本企业名称、地址、法定代表人、主管部门、经营范围、联系人、联系方式、产品清单等相关信息。

第十七条　离境免税化妆品应当实施进口检验,可免于加贴中文标签,免于标签的符合性检验。在《入境货物检验检疫证明》上注明该批产品仅用于离境免税店销售。

首次进口的离境免税化妆品,应当提供供货人出具的产品质量安全符合我国相关规定的声明、国外官方或者有关机构颁发的自由销售证明或者原产地证明,具有相关资质的机构出具的可能存在安全性风险物质的有关安全性评估资料、产品配方等。

海关总署对离岛免税化妆品实施检验检疫监督管理,具体办法另行制定。

第三章　出口化妆品检验检疫

第十八条　出口化妆品生产企业应当保证其出口化妆品符合进口国家(地区)标准或者合同要求。进口国家(地区)无相关标准且合同未有要求的,可以由海关总署指定相关标准。

第十九条　海关总署对出口化妆品生产企业实施备案管理。具体办法由海关总署另行制定。

第二十条　出口化妆品由产地海关实施检验检疫,口岸海关实施口岸查验。

口岸海关应当将查验不合格信息通报产地海关,并按规定将不合格信息上报上级海关。

第二十一条　出口化妆品生产企业应当建立质量管理体系并持续有效运行。海关对出口化妆品生产企业质量管理体系及运行情况进行日常监督检查。

第二十二条　出口化妆品生产企业应当建立原料采购、验收、使用管理制度,要求供应商提供原料的合格证明。

出口化妆品生产企业应当建立生产记录档案,如实记录化妆品生产过程的安全管理情况。

出口化妆品生产企业应当建立检验记录制度,依照相关规定要求对其出口化妆品进行检验,确保产品合格。

上述记录应当真实,保存期不得少于2年。

第二十三条　出口化妆品的发货人或者其代理人应当按照海关总署相关规定报检。其中首次出口的化妆品应当提供以下文件:

(一)出口化妆品生产企业备案材料;

(二)自我声明。声明企业已经取得化妆品生产许可证,且化妆品符合进口国家(地区)相关法规和标准的要求，正常使用不会对人体健康产生危害等内容；

（三）销售包装化妆品成品应当提交外文标签样张和中文翻译件。

第二十四条　海关受理报检后，对出口化妆品进行检验检疫，包括现场查验、抽样留样、实验室检验、出证等。

第二十五条　现场查验内容包括货证相符情况、产品感官性状、产品包装、标签版面格式、运输工具、集装箱或者存放场所的卫生状况。

第二十六条　出口化妆品的抽样应当按照国家有关规定执行，样品数量应当满足检验、复验、备查等使用需要。

抽样时，海关应当出具印有序列号、加盖检疫业务印章的《抽/采样凭证》，抽样人与发货人或者其代理人应当双方签字。

样品应当按照国家相关规定进行管理，合格样品保存至抽样后4个月，特殊用途化妆品合格样品保存至证书签发后一年，不合格样品应当保存至保质期结束。涉及案件调查的样品，应当保存至案件结束。

第二十七条　需要进行实验室检验的，海关应当确定检验项目和检验要求，并将样品送具有相关资质的检验机构。检验机构应当按照要求实施检验，并在规定时间内出具检验报告。

第二十八条　出口化妆品经检验检疫合格，进口国家（地区）对检验检疫证书有要求的，应当按照要求同时出具有关检验检疫证书。

出口化妆品经检验检疫不合格的，可以在海关的监督下进行技术处理，经重新检验检疫合格的，方准出口。不能进行技术处理或者技术处理后重新检验仍不合格的，不准出口。

第二十九条　来料加工全部复出口的化妆品，来料进口时，能够提供符合拟复出口国家（地区）法规或者标准的证明性文件的，可免于按照我国标准进行检验；加工后的产品，按照进口国家（地区）的标准进行检验检疫。

第四章　非贸易性化妆品检验检疫

第三十条　化妆品卫生许可或者备案用样品、企业研发和宣传用的非试用样品，进口报检时应当由收货人或者其代理人提供样品的使用和处置情况说明及非销售使用承诺书，入境口岸海关进行审核备案，数量在合理使用范围的，可免于检验。收货人应当如实记录化妆品流向，记录保存期限不得少于2年。

第三十一条　进口非试用或者非销售用的展品，报检时应当提供展会主办（主管）单位出具的参展证明，可以免于检验。展览结束后，在海关监督下作退回或者销毁处理。

第三十二条　携带、邮寄进境的个人自用化妆品（包括礼品），需要在入境口岸实施检疫的，应当实施检疫。

第三十三条　外国及国际组织驻华官方机构进口自用化妆品，进境口岸所在地海关实施查验。符合外国及国际组织驻华官方机构自用物品进境检验检疫相关规定的，免于检验。

第五章　监督管理

第三十四条　报检人对检验结果有异议而申请复验的，按照国家有关规定进行复验。

第三十五条　海关对进出口化妆品的生产经营者实施分类管理制度。

第三十六条　海关对进口化妆品的收货人、出口化妆品的生产企业和发货人实施诚信管理。对有不良记录的，应当加强检验检疫和监督管理。

第三十七条　海关总署对进出口化妆品安全实施风险监测制度，组织制定和实施年度进出口化妆品安全风险监控计划。主管海关根据海关总署进出口化妆品安全风险监测计划，组织对本辖区进出口化妆品实施监测并上报结果。

主管海关应当根据进出口化妆品风险监测结果，在风险分类的基础上调整对进出口化妆品的检验检疫和监管措施。

第三十八条　海关总署对进出口化妆品建立风险预警与快速反应机制。进出口化妆品发生质量安全问题，或者国内外发生化妆品质量安全问题可能影响到进出口化妆品安全时，海关总署和主管海关应当及时启动风险预警机制，采取快速反应措施。

第三十九条　海关总署可以根据风险类型和程度，决定并公布采取以下快速反应措施：

（一）有条件地限制进出口，包括严密监控、加严检验、责令召回等；

（二）禁止进出口，就地销毁或者作退运处理；

（三）启动进出口化妆品安全应急预案。

主管海关负责快速反应措施的实施工作。

第四十条 对不确定的风险,海关总署可以参照国际通行做法在未经风险评估的情况下直接采取临时性或者应急性的快速反应措施。同时,及时收集和补充有关信息和资料,进行风险评估,确定风险的类型和程度。

第四十一条 进口化妆品存在安全问题,可能或者已经对人体健康和生命安全造成损害的,收货人应当主动召回并立即向所在地海关报告。收货人应当向社会公布有关信息,通知销售者停止销售,告知消费者停止使用,做好召回记录。收货人不主动召回的,主管海关可以责令召回。必要时,由海关总署责令其召回。

出口化妆品存在安全问题,可能或者已经对人体健康和生命安全造成损害的,出口化妆品生产企业应当采取有效措施并立即向所在地海关报告。

主管海关应当将辖区内召回情况及时向海关总署报告。

第四十二条 海关对本办法规定必须经海关检验的进出口化妆品以外的进出口化妆品,根据国家规定实施抽查检验。

第六章 法律责任

第四十三条 未经海关许可,擅自将尚未经海关检验合格的进口化妆品调离指定或者认可监管场所,有违法所得的,由海关处违法所得3倍以下罚款,最高不超过3万元;没有违法所得的,处1万元以下罚款。

第四十四条 将进口非试用或者非销售用的化妆品展品用于试用或者销售,有违法所得的,由海关处违法所得3倍以下罚款,最高不超过3万元;没有违法所得的,处1万元以下罚款。

第四十五条 不履行退运、销毁义务的,由海关处以1万元以下罚款。

第四十六条 海关工作人员泄露所知悉的商业秘密的,依法给予行政处分,有违法所得的,没收违法所得;构成犯罪的,依法追究刑事责任。

第四十七条 进出口化妆品生产经营者、检验检疫工作人员有其他违法行为的,按照相关法律、行政法规的规定处理。

第七章 附 则

第四十八条 本办法下列用语的含义是:

(一)化妆品是指以涂、擦、散布于人体表面任何部位(表皮、毛发、指趾甲、口唇等)或者口腔粘膜、牙齿,以达到清洁、消除不良气味、护肤、美容和修饰目的的产品;

(二)化妆品半成品是指除最后一道"灌装"或者"分装"工序外,已完成其他全部生产加工工序的化妆品;

(三)化妆品成品包括销售包装化妆品成品和非销售包装化妆品成品;

(四)销售包装化妆品成品是指以销售为主要目的,已有销售包装,与内装物一起到达消费者手中的化妆品成品;

(五)非销售包装化妆品成品是指最后一道接触内容物的工序已经完成,但尚无销售包装的化妆品成品。

第四十九条 本办法由海关总署负责解释。

第五十条 本办法自2012年2月1日起施行。原国家出入境检验检疫局2000年4月1日施行的《进出口化妆品监督检验管理办法》(局令21号)同时废止。

典型案例

最高人民法院发布 5 起危害药品安全犯罪典型案例

·2023 年 9 月 18 日

案例一：黄某霖等生产、销售假药案
——使用辣椒油等非药品生产黄道益活络油等药品

简要案情

2019 年 12 月起，被告人黄某霖通过网络从广东、江苏等地购买生产设备及药水、空瓶、瓶盖、标签等原材料，雇佣卢某荣、柯某来、章某辉、章某花、林某娟（均另案处理）等人在福建省莆田市使用辣椒油、热感剂等非药品灌装生产假冒黄道益活络油、双飞人药水、无比滴液体，后通过电商平台以明显低于正品的价格销售牟利，销售金额共计 639 万余元，获利 40 余万元。

2019 年 12 月至 2020 年 5 月，被告人柯某云明知被告人黄某霖生产、销售假药，仍与黄某霖共同灌装、贴标、包装黄道益活络油，用自己的身份信息注册网店并负责客服工作，提供自己身份信息注册的支付宝账号用于黄某霖购买原料以及销售假药收款，销售金额共计 308 万余元。

经莆田市市场监督管理局认定，涉案黄道益活络油、双飞人药水、无比滴（港版）、液体无比滴 S2a（日版）、液体无比滴婴儿（儿童版）5 个涉案产品均为假药。

裁判结果

福建省莆田市秀屿区人民法院、莆田市中级人民法院经审理认为，被告人黄某霖、柯某云生产、销售假药，情节特别严重，其行为均已构成生产、销售假药罪。柯某云在与黄某霖的共同犯罪中起次要和辅助作用，系从犯，结合其情节和作用，依法予以减轻处罚。黄某霖、柯某云均认罪认罚。据此，以生产、销售假药罪判处被告人黄某霖有期徒刑十二年，并处罚金人民币一千一百万元；判处被告人柯某云有期徒刑三年，并处罚金人民币五十万元。

典型意义

互联网为人民群众购药提供了便利，同时也给药品监管和打击危害药品安全违法犯罪带来了新的挑战。违法犯罪分子通过互联网能够更容易地购买制售假药的设备、原材料，销售渠道也更加便捷，假药加工网点往往设置在出租屋等隐蔽场所，增加了监管和打击难度。被告人灌装假药后通过网店销售，在一年半的时间内销售金额即达 639 万余元，严重扰乱了药品监管秩序，危害人民群众用药安全，应依法严惩。本案也提醒广大消费者，要从正规的网络交易平台购买药品，以确保用药安全。

案例二：闫某销售伪劣产品案
——将四价人乳头瘤病毒疫苗拆分后销售给受种者

简要案情

2020 年 4 月至 2021 年 5 月，被告人闫某任吉林省敦化市某街道社区卫生服务中心计划免疫科科长，负责四价人乳头瘤病毒疫苗（俗称四价宫颈癌疫苗）的销售、接种和管理工作。闫某为获取非法利益，将由其本人负责销售、接种的 450 支四价人乳头瘤病毒疫苗（只能供给 150 名受种者受种，每名受种者受种 3 支、每支 0.5 毫升）以抽取原液的方式，将 1 支足量疫苗拆分成 2 支至 4 支疫苗，拆分后的疫苗每支约 0.1 毫升。之后，闫某以每人 2448 元的价格将拆分后的四价人乳头瘤病毒疫苗销售给 306 名受种者，销售金额共计 74 万余元。闫某将非法收取的疫苗款用于偿还贷款及日常花销。案发后，闫某上缴违法所得 70 余万元。

裁判结果

吉林省敦化市人民法院经审理认为，被告人闫某以非法获利为目的，将四价人乳头瘤病毒疫苗进行拆分，以不合格疫苗冒充合格疫苗销售给受种者，销售金额达 74 万余元，其行为已构成销售伪劣产品罪。

闫某具有坦白情节，认罪认罚，并主动上缴部分违法所得。据此，以销售伪劣产品罪判处被告人闫某有期徒刑八年四个月，并处罚金人民币五十万元。

典型意义

宫颈癌是严重威胁女性健康的恶性肿瘤，适龄女性接种人乳头瘤病毒疫苗是预防宫颈癌的有效措施，能够有效降低宫颈癌及癌前病变的发生率。人乳头瘤病毒疫苗属于非免疫规划疫苗，在我国尚未纳入国家免疫规划或医疗保险覆盖范围，按照自费自愿的原则接种。随着人民群众健康意识的提升，越来越多的适龄女性开始主动接种人乳头瘤病毒疫苗，一度造成市场上高价人乳头瘤病毒疫苗供不应求的现象。一些不法分子为牟取非法利益，生产、销售伪劣人乳头瘤病毒疫苗，严重影响疫苗的接种效果和人民群众的用药安全，必将受到法律的严厉制裁。

案例三：张某松等生产、销售假药案
——用"冻干粉"假冒肉毒素销售

简要案情

2016年11月至2017年1月，被告人张某松、张某林兄弟二人为非法获利，在广东省广州市将购买的裸瓶"冻干粉"改换包装后假冒不同品牌肉毒素（注射用A型肉毒素），以每支15元的价格多次向袁某兰（另案处理）等人销售共计13 060支。案发后，公安机关从二被告人处扣押涉案产品共计25 090支。经查，二被告人生产、销售金额共计57万余元。经中国食品药品检定研究院检验，涉案产品均未检出A型肉毒素成分。

裁判结果

陕西省渭南市临渭区人民法院、渭南市中级人民法院经审理认为，被告人张某松、张某林违反药品管理法规，生产、销售假药，情节特别严重，其行为均已构成生产、销售假药罪。据此，以生产、销售假药罪判处被告人张某松有期徒刑十二年，并处罚金人民币七十万元；判处被告人张某林有期徒刑十一年，并处罚金人民币五十万元。

典型意义

近年来，医疗美容行业蓬勃发展，有效满足了人民群众对美好生活的向往，但随之也产生了虚假宣传、非法行医、假货频现等一系列行业乱象。注射用A型肉毒毒素，俗称"瘦脸针"，属于注射剂药品，也属于医疗用毒性药品，是国家实施特殊管理的药品。注射用A型肉毒毒素具有较好的除皱效果，在医疗美容行业中被广泛应用，同时也成为不法分子制假售假的重点目标。本案被告人用"冻干粉"冒充不同国家、不同品牌的注射用A型肉毒毒素，经检验，涉案产品均未检出A型肉毒毒素成分，应认定为假药。本案提醒广大消费者要在正规医疗美容机构进行医美服务，避免给自己造成不必要的伤害。

案例四：杨某鱼、蔡某掩饰、隐瞒犯罪所得案
——非法收购、销售医保骗保药品

简要案情

2017年至2020年12月，被告人杨某鱼为谋取利益，向被告人蔡某、特病病人黄某某等低价收购利用医保骗保购买的百令胶囊、开同复方α-酮酸片、尿毒清颗粒等特病药品后，加价出售给重庆市某医药有限公司的蒋某某。杨某鱼收售药品金额共计2 400万余元，非法获利70万元。

2019年11月至2020年12月，被告人蔡某为谋取利益，向特病病人唐某某、赵某、黄某某等十余人低价收购利用医保骗保购买的百令胶囊、开同复方α-酮酸片、尿毒清颗粒等特病药品后，加价出售给被告人杨某鱼。蔡某收售药品金额共计900万余元，非法获利20万元。

裁判结果

重庆市永川区人民法院、重庆市第五中级人民法院经审理认为，被告人杨某鱼、蔡某明知系利用医保骗保的药品而非法收购、销售，情节严重，其行为均已构成掩饰、隐瞒犯罪所得罪。杨某鱼、蔡某到案后如实供述主要犯罪事实。据此，以掩饰、隐瞒犯罪所得罪，判处被告人杨某鱼有期徒刑六年六个月，并处罚金人民币一百四十万元；判处被告人蔡某有期徒刑五年六个月，并处罚金人民币四十万元。

典型意义

医保基金是人民群众的"救命钱"，事关广大群众的切身利益。但一些不法分子利用国家的惠民政策，明知是医保骗保购买的药品，从医保骗保者手中低价收购，加价贩卖，牟取非法利益。部分不法分子甚至指使、教唆、授意他人利用医保骗保购买药品，加价贩卖。一些"中间商"长时间从事

前述犯罪活动,形成"灰色"产业链,严重扰乱国家药品监管秩序,危害医保基金的正常运行,对医疗资源的科学、合理利用,对相关病人的合法权益造成极大损害。严厉打击医保骗保犯罪,斩断犯罪分子伸向医保基金的黑手,为国家医保基金提供强有力的司法保护,责任重大,意义深远。

案例五:未某等生产、销售假药案
——将消毒产品冒充药品销售

简要案情

2019年1月至2021年5月,被告人未某、桑某全、袁某文共同出资成立杨马湖生物科技有限公司,在未取得药品相关批准证明文件的情况下,在河南省鹤壁市租赁厂房生产牙科类药品。三被告人按照配方(水、亮蓝素、冰片、薄荷香精、酒精、发泡剂)调制含漱液,并将药品"浓替硝唑含漱液"的名称、适用症、药理作用、用法用量、作用类别(明确标明"口腔科类非处方药品")等信息标识在其生产的"天天8 浓替硝唑含漱液"内外包装及说明书上,使用编造的"豫卫消证字(2017)第0158号"卫生许可证号和已注销的"天驰生物科技(濮阳)有限公司"及该公司地址作为厂名、厂址。涉案含漱液通过网店被销往安徽等全国各地,销售金额共计49万余元。经安徽省芜湖市食品药品检验中心检验,涉案含漱液中不含药品成分;经芜湖市市场监督管理局认定,涉案含漱液属于"非药品冒充药品",系假药。

裁判结果

安徽省芜湖市湾沚区人民法院经审理认为,被告人未某、桑某全、袁某文生产、销售假药,情节特别严重,其行为均已构成生产、销售假药罪。袁某文具有自首情节,依法可以从轻或者减轻处罚。未某、桑某全具有坦白情节,依法可以从轻处罚。三被告人均自愿认罪认罚。据此,以生产、销售假药罪判处被告人未某有期徒刑六年六个月,并处罚金人民币三十四万元;判处被告人桑某全有期徒刑六年六个月,并处罚金人民币三十三万元;判处被告人袁某文有期徒刑六年,并处罚金人民币三十三万元。

典型意义

消毒产品与药品有严格的区别,消毒产品不是药品,没有治疗疾病的作用。《消毒管理办法》第三十一条第二款规定,消毒产品的标签(含说明书)和宣传内容必须真实,不得出现或暗示对疾病的治疗效果。目前,市场上有不法分子用消毒产品冒充药品,宣称有治疗效果,欺骗和误导消费者。甚至有不法分子在非消毒产品上擅自标识"消字号",以消毒产品名义宣传疗效,冒充药品,严重侵害了消费者的合法权益。广大消费者购买药品,要注意审查药品的名称、药品生产批准文号及说明书等材料,对没有药品生产批准文号,或者药品名称及说明书反映的产品功能与批准文号不符的,要谨慎购买和使用。

最高人民检察院关于印发惩治麻醉药品、精神药品失管涉毒犯罪典型案例的通知

· 2023年6月19日

案例一 孙某贩卖毒品、强奸、传授犯罪方法 巫某文贩卖毒品、对非国家工作人员行贿案

【关键词】

贩卖毒品 强奸 麻醉药品精神药品 医疗从业人员 追诉漏罪

【基本案情】

被告人孙某,男,1997年出生,无业。

被告人巫某文,男,1986年出生,广东某医院麻醉科医生。

自2019年起,被告人巫某文多次从其医院同事处收购国家规定管制的第二类精神药品力月西(咪达唑仑)、地佐辛等药品。2020年,巫某文在网上认识被告人孙某后,二人明知力月西等系国家管制的精神药品,仍通过"翻墙"利用境外网络聊天工具Telegram(以下简称"电报")进行贩卖。其中,孙某负责在"电报"群内发布销售信息,将订单通过微信发给巫某文,巫某文负责发货,孙某收款后将部分违法所得转账给巫某文。孙某向巫某文转账共计58632.94元。2020年8月7日、2021年1月2日,孙某明知庞某(另案已判刑)购买力月西等精神药品用于迷奸,仍两次通过巫某文向庞某进行贩卖,后庞某使用该药品实施了强奸犯罪。

另查明,2016年起,巫某文接受医药代表梁某等人(另案处理)的委托,联系同事徐某雯等人(另

案处理),告知开具药品时使用某特定药品可得到相应回扣,后巫某文每月统计徐某雯等人使用指定药品数量,累计发放回扣93000元。

【诉讼及履职过程】

2021年11月2日,广东省佛山市南海区人民检察院以孙某犯贩卖毒品罪、强奸罪、传授犯罪方法罪,巫某文犯贩卖毒品罪、对非国家工作人员行贿罪,依法提起公诉。2022年1月21日,南海区人民法院以犯贩卖毒品罪、强奸罪、传授犯罪方法罪,并罚判处孙某有期徒刑七年三个月,并处罚金五万元;以犯贩卖毒品罪、对非国家工作人员行贿罪,并罚判处巫某文有期徒刑四年十个月,并处罚金五万二千元。孙某不服一审判决,提出上诉。2022年4月21日,佛山市中级人民法院作出二审裁定,驳回上诉,维持原判。

(一)依法提前介入,引导公安机关侦查取证。由于该案疑难复杂且社会关注度高、影响大,南海区人民检察院主动提前介入,参与案件研讨,引导公安机关及时规范提取和固定相关证据,以证明涉案人员贩卖精神药品的主观故意。同时,引导公安机关对二被告人之间、被告人巫某文与医院工作人员、孙某与购毒人员之间的通讯、转账等情况进行核查,进一步查清涉案精神药品数量和毒资毒赃,夯实证据基础。

(二)强化电子数据审查,追诉多起遗漏罪行。在审查起诉环节,检察机关要求公安机关补充收集涉案医院对麻醉药品、精神药品的管理制度和定期检查的范围,被告人的学历和从业经历,被告人同事对麻醉药品、精神药品属性的认知等证据,对已删除的电子数据进行技术恢复,以查证被告人的行为性质。同时,检察机关在审查巫某文与医院工作人员的转账记录时,发现其对非国家工作人员行贿的犯罪线索;通过审查孙某的通讯记录,发现其利用网络传授他人如何使用精神药品实施迷奸的行为涉嫌传授犯罪方法罪,其明知庞某欲实施强奸犯罪而向庞某贩卖力月西的行为涉嫌强奸罪。检察机关在提起公诉时,依法对巫某文追加对非国家工作人员行贿罪,对孙某追加传授犯罪方法罪、强奸罪。

(三)紧扣案件关键点,精准指控犯罪。庭审过程中,巫某文及其辩护人辩称巫某文的行为应认定为非法提供麻醉药品、精神药品罪,孙某及其辩护人辩称孙某无贩卖毒品的主观故意,传授犯罪方法行为应被强奸罪吸收,不应重复评价。公诉人答辩指出,巫某文作为专业麻醉科医生,对力月西等药品系国家规定管制的精神药品具有专业认知,其明知被购买的力月西等精神药品并非用于医疗等目的,而向用于非法用途的人员贩卖,依法应当认定为贩卖毒品罪。孙某明知被购买的力月西等精神药品并非用于医疗目的,且在"电报"中多次讲述如何使用力月西等实施迷奸,后在明知庞某购买力月西用于迷奸的情况下仍向其贩卖,依法应当认定为贩卖毒品罪、传授犯罪方法罪和强奸罪。

【典型意义】

检察机关办理涉麻醉药品、精神药品犯罪案件,要坚持依法提前介入,引导侦查机关依法全面收集、固定证据,特别是督促侦查机关按照法定程序及时完整提取电子数据,完善证据体系。应当强化电子数据审查,结合其他在案证据,证明被告人贩卖麻醉药品、精神药品的主观明知和客观行为,依法准确认定毒品犯罪性质。对于明知购买国家规定管制的麻醉药品、精神药品并非用于医疗等目的,而向用于非法用途的人员进行贩卖的,依法应当认定为贩卖毒品罪。检察机关要充分发挥法律监督职能,着重审查是否存在上下游犯罪及共同犯罪、能否独立评价,深挖相关犯罪线索,及时追诉漏罪漏犯,依法加强对毒品犯罪的全链条打击。

案例二 张某诈骗、周某等人非法提供麻醉药品精神药品案

【关键词】

诈骗 非法提供麻醉药品、精神药品 医疗从业人员 诉源治理

【基本案情】

被告人张某,男,1972年出生,北京某医院主任医师。

被告人周某,男,1988年出生,北京某医院医生。

被告人赫某森,女,1994年出生,北京某医院护士。

被告人康某,女,1993年出生,北京某医院护士。

2017年至2020年间,被告人张某利用其北京市某医院泌尿外科主任医师的身份,自行或者指使他人多次私自将国家规定管制的麻醉药品盐酸

哌替啶（杜冷丁）及第二类精神药品地佐辛开具在住院患者名下，然后将上述药品拿走自用以满足毒瘾。其中，其开具的3836支地佐辛药费483336元，经由住院患者杨某某等人的账户支付结算。

被告人周某受张某指使，利用其北京市某医院泌尿外科医生的身份，多次通过开具医嘱、补写药方等方式向张某提供盐酸哌替啶和地佐辛；被告人赫某淼、康某受张某指使，在该医院多次通过开具、处理医嘱等方式，将盐酸哌替啶、地佐辛提供给张某使用。

【诉讼及履职过程】

2021年3月19日，北京市海淀区人民检察院以张某犯诈骗罪，周某、赫某淼、康某犯非法提供麻醉药品、精神药品罪，依法提起公诉。同年12月3日，北京市海淀区人民法院以犯诈骗罪，依法判处张某有期徒刑七年，并处罚金七万元；以犯非法提供麻醉药品、精神药品罪，依法分别判处周某、赫某淼、康某有期徒刑一年六个月至一年七个月不等，并处罚金。张某不服，提出上诉。2022年4月26日，北京市第一中级人民法院作出二审裁定，驳回上诉，维持原判。

（一）提前介入引导侦查，及时追诉漏犯。北京市海淀区人民检察院及时介入侦查，引导公安机关全面收集涉案医院关于麻醉药品、精神药品的管理情况，所涉病患的医嘱、处方、病例、护理记录以及证人证言、被害人陈述等证据，对涉案人员的手机电子数据进行恢复、提取。在提前介入过程中，检察机关发现涉案医院护士陈某某、王某某以及另一医院医生马某某也曾为张某提供麻醉药品的犯罪线索，遂移送并引导公安机关进一步侦查，依法对相关人员及时追诉。

（二）综合审查运用证据，准确认定案件事实。由于被告人张某将盐酸哌替啶及地佐辛开具在患者名下，在认定涉案麻醉药品、精神药品数量时，需要严格区分是被用于毒品违法犯罪还是被用于患者疾病治疗的不同情形。检察机关通过调取涉案医院盐酸哌替啶及地佐辛历年使用情况，结合该科室医护人员证言，查明由张某负责治疗的患者均未实际使用地佐辛；通过审查电子数据，核对出周某、赫某淼等医护人员为张某提供盐酸哌替啶及地佐辛的具体次数和数量。结合上述证据，准确认定了张某涉嫌诈骗的犯罪事实。

（三）制发检察建议，推动麻醉药品、精神药品领域专项治理。海淀区人民检察院与区卫生健康部门、涉案医院，就麻醉药品、精神药品管理问题座谈并制发检察建议，针对规范辖区内各医疗机构对麻醉药品、精神药品的使用管理，打击"挂空床"等违规行为，提升医疗机构工作人员的法律意识等提出具体建议。接受建议的单位高度重视，根据检察建议制定专项检查方案，在开展整治工作基础上，协同多部门全面加强对麻醉药品、精神药品的监督管理。

【典型意义】

医务人员作为依法管理、使用国家管制的麻醉药品、精神药品的主体，具有接触、获取此类药品的便利条件，实施相关犯罪的手段隐蔽，致使麻醉药品、精神药品失管涉毒的社会危害增大。对于医务人员违反国家规定，向吸毒人员提供国家规定管制的麻醉药品、精神药品的，依法应当以非法提供麻醉药品、精神药品罪追究刑事责任。检察机关要强化证据审查，对医务人员虚开麻醉药品、精神药品占为己有，以及非法提供麻醉药品、精神药品等违法犯罪行为，依法予以严厉打击。同时，针对办案中发现的麻醉药品、精神药品管理、使用漏洞及其他违规问题，可以通过制发检察建议等方式推动麻醉药品、精神药品管理专项治理工作，从源头上遏制非法提供、滥用麻醉药品、精神药品等违法犯罪行为，防止麻醉药品、精神药品流入非法渠道。

案例三 方某等人贩卖毒品案

【关键词】

贩卖毒品 麻醉药品精神药品 医疗从业人员 诉源治理

【基本案情】

被告人方某，男，1986年出生，福建某社区卫生服务站职工。

被告人江某涛，男，1954年出生，福建某内科诊所负责人、医师。

被告人庄某，男，1982年出生，福建某内科诊所助理医师。

被告人林某，男，1971年出生，福建某村卫生室医生。

被告人郑某华，女，1972年出生，福建某内科诊所工作人员。

被告人柯某斌,男,1991年出生,无业。2018年3月因犯贩卖毒品罪被判处拘役五个月。

被告人柯某辉,男,1977年出生,无业。

其余6名被告人基本情况略。

2018年8月至2019年5月,被告人方某先后27次将9076包国家规定管制的第二类精神药品复方磷酸可待因口服溶液贩卖给被告人柯某斌(贩毒人员),获利36304元。2019年1月至5月,被告人江某涛先后24次将7800包复方磷酸可待因口服溶液贩卖给柯某斌,获利27300元。2019年1月至4月,被告人庄某先后70次将4000包复方磷酸可待因口服溶液贩卖给柯某斌,获利20000元。2019年4月,被告人林某先后4次将3300包复方磷酸可待因口服溶液贩卖给被告人柯某辉(贩毒人员),获利9900元。2019年5月,被告人郑某华先后2次将1260包复方磷酸可待因口服溶液贩卖给柯某辉,获利5000元。

被告人柯某斌、柯某辉将上述复方磷酸可待因口服溶液贩卖给贩毒和吸毒人员。

【诉讼及履职过程】

2020年1月15日,福建省福州市长乐区人民检察院以被告人方某等13人犯贩卖毒品罪依法提起公诉。2021年3月30日,长乐区人民法院以犯贩卖毒品罪,依法对该案13名被告人分别判处有期徒刑一年三个月至四年不等,并处罚金。方某等部分被告人不服,提出上诉。2021年6月1日,福州市中级人民法院作出二审裁定,驳回上诉,维持原判。

(一)引导侦查取证,准确认定犯罪性质。由于该案涉及多名诊所、卫生服务站、村卫生室的医务人员,且属于涉麻醉药品、精神药品类犯罪案件,检察机关受邀提前介入侦查后,着重引导公安机关提取涉案人员违反国家规定,无诊断、无处方、超剂量贩卖复方磷酸可待因口服溶液等证据,以查证相关医务人员在明知被购买的国家规定管制的精神药品并非用于疾病治疗的情况下,放任将复方磷酸可待因口服溶液大量销售给贩毒、吸毒人员的事实。通过重点审查被告人对涉案精神药品性质的认知和实施的具体行为,准确认定被告人涉嫌毒品犯罪,依法应当以贩卖毒品罪追究刑事责任。

(二)制发检察建议,推动开展专项整治。针对该案涉及全市四区两县8家医疗机构的多名医务人员,以及麻醉药品、精神药品失管严重等问题,福州市人民检察院在充分调研基础上,依法向当地市场监督管理、卫生健康部门制发检察建议,推动强化麻醉药品、精神药品监督管理。接受建议的单位在全市开展麻醉药品、精神药品专项整治活动,共检查药品经营企业853家、医疗卫生机构2138家,责令整改55家,行政立案6起,发现犯罪线索并移送公安机关1起。同时,检察机关联合卫生健康部门开展以案释法活动,教育引导医务人员依法合规行医用药;利用传统媒体和"两微一端"等新媒体,深入宣传麻醉药品、精神药品滥用危害,积极引导人民群众认知毒品、远离毒品。

【典型意义】

复方磷酸可待因口服溶液等国家规定管制的精神药品,具有药品和毒品的双重属性。对于医务人员违反国家毒品管理制度,非法提供麻醉药品、精神药品的行为,应当根据在案证据,综合审查行为人的主观故意和客观行为,准确认定其行为性质。对于医务人员无诊断、无处方、超剂量开具国家规定管制的麻醉药品、精神药品,并提供给贩毒、吸毒人员的,依法应当以贩卖毒品罪追究刑事责任。针对麻醉药品、精神药品监管疏漏等问题,检察机关在依法严惩相关犯罪的同时,要注意强化诉源治理,通过有针对性地制发检察建议等,加强跟踪问效,推动有关部门强化监管,预防麻醉药品、精神药品非法流通,切实推进禁毒综合治理。

案例四　李某君等人贩卖毒品案

【关键词】

贩卖毒品　麻醉药品精神药品　医疗从业人员　依法能动履职

【基本案情】

被告人李某君,男,1974年出生,农民。2004年因犯贩卖毒品罪被判处有期徒刑十五年,2013年刑满释放。

被告人喻某才,男,1953年出生,云南某医院外科兼神经科主任。

2017年12月至2020年11月,被告人李某君利用伪造的病历,在云南8家医院以癌症患者名义套购6010片盐酸哌替啶片、1088片盐酸二氢埃托啡舌下片进行贩卖牟利。2020年6月至10月,被告人喻某才明知盐酸二氢埃托啡舌下片是国家规定管制的麻醉药品,而受被告人李某君之托并收受李某君给予的好处费,以虚构病患的名义从其所在医院套出该药品216片提供给李某君,后李某君通过快递邮寄至河南省台前县等地进行贩卖。2020年11月9日,公安机关在李某君邮寄的包裹内查获盐酸二氢埃托啡舌下片216片、盐酸哌替啶74片。公安机关另在喻某才办公室内查获其为李某君代开的盐酸二氢埃托啡舌下片12片。

【诉讼及履职过程】

2021年7月8日,河南省台前县人民检察院以被告人李某君、喻某才犯贩卖毒品罪依法提起公诉。2021年9月13日,台前县人民法院以犯贩卖毒品罪,依法判处李某君有期徒刑十五年,并处罚金三万元;以犯贩卖毒品罪,依法判处喻某才有期徒刑四年,并处罚金六千元。被告人均未提出上诉,该判决已经生效。

(一)积极引导公安机关侦查取证。检察机关受邀提前介入侦查后,积极引导公安机关调取涉案处方、病历、快递发货单等书证,恢复相关电子数据,核实犯罪嫌疑人犯罪前科、从业经历及涉案医院麻醉药品、精神药品使用等情况,查证被告人贩卖麻醉药品、精神药品的主观明知和具体行为,并就规范麻醉药品、精神药品提取、扣押、送检、鉴定等工作提出意见,避免实物证据灭失和收集程序瑕疵。

(二)依法准确认定犯罪性质。针对喻某才的辩护人关于喻某才无贩卖毒品的主观故意、不构成贩卖毒品罪的辩护意见,检察机关从喻某才的从业经历、职业背景、作案方式、交易对象、药品流向等方面重点审查,依法认定喻某才的行为构成贩卖毒品罪。喻某才是从医数十年的外科、神经科医生,熟知国家对麻醉药品、精神药品的管理制度,但在收受了贩毒人员李某君的好处费后,以虚构病患的名义套出盐酸二氢埃托啡舌下片提供给李某君,李某君将之贩卖给吸毒人员。喻某才明知涉案麻醉药品并非用于治疗疾病,仍以虚构病患的名义套出、提供给贩毒人员,最终导致涉案盐酸二氢埃托啡舌下片流入毒品市场,依法应当以贩卖毒品罪追究刑事责任。

(三)依法能动促进诉源治理。台前县人民检察院及时将案件情况通报当地医疗主管部门,由主管部门对相关医务人员依法依规处理,督促相关部门吊销喻某才医师执业资格。对办理的涉麻醉药品、精神药品犯罪案件进行梳理,聚焦案发原因、作案手段、取证盲区、侦办难点、治理对策等问题,撰写专题调研报告报送当地党委政府,推动相关部门开展常态化专项整治活动。向涉案医院及医疗主管部门制发检察建议,提出风险警示、强化从业人员的教育培训、提高医务人员涉罪风险防范意识等具体建议。

【典型意义】

近年来,毒品犯罪呈现出从传统毒品到新型毒品的转变、从社会层面流通到向医疗行业渗透、从线下交易到向"网络+寄递"衍生等新态势。检察机关应当注重审查涉毒犯罪线索和毒品来源,加强对非法套购、贩卖麻醉药品、精神药品犯罪的打击力度,全链条惩治毒品犯罪。坚持证据裁判原则,强化证据审查,以客观性证据为主导,引导公安机关全面收集、规范固定证据,证明被告人贩卖麻醉药品、精神药品的主观故意和客观行为。对于明知系国家规定管制的麻醉药品、精神药品而提供给贩毒人员的,依法应当以贩卖毒品罪追究刑事责任。对办案中发现的麻醉药品、精神药品失管漏管问题,应当及时向医疗机构及主管部门制发检察建议,推动相关部门健全机制、堵塞漏洞,强化麻醉药品、精神药品管控,加强医务人员教育管理,切断麻醉药品、精神药品涉毒渠道。

案例五　肖某锋等人贩卖毒品案

【关键词】

贩卖毒品　麻醉药品精神药品　美沙酮维持药物治疗　医疗从业人员

【基本案情】

被告人肖某锋,男,1982年出生,湖南某医院美沙酮维持药物治疗中心医生、门诊组长。

被告人肖某芳,女,1970年出生,湖南某医院美沙酮维持药物治疗中心护士。

被告人曹某,女,1965年出生,湖南某医院美沙酮维持药物治疗中心护士。

2020年7月以来,被告人肖某锋、肖某芳、曹某为牟取非法利益,在明知盐酸美沙酮口服溶液系国家规定管制的麻醉药品,须定点按量用于维持治疗的情况下,利用在某医院美沙酮维持药物治疗中心的岗位便利,先后23次共同采用虚增销售次数,每次加价30元或40元,让吸毒人员私自带出药物治疗中心的方式,向吸毒人员非法提供美沙酮近20000ml,获利后三人平分。

【诉讼及履职过程】

2021年10月22日，湖南省桑植县人民检察院以肖某锋、肖某芳、曹某犯贩卖毒品罪依法提起公诉。2022年3月29日，桑植县人民法院以贩卖毒品罪，依法分别判处三名被告人有期徒刑三年至四年三个月不等，并处罚金。被告人均未提出上诉，该判决已生效。

（一）围绕夯实证据基础，引导公安机关侦查取证。桑植县人民检察院成立专案组，依托侦查监督与协作配合机制，与公安机关研究侦查思路，重点就涉案美沙酮的来源、成分含量、违法所得以及贩卖次数、数量等方面证据的收集和固定提出意见。并且，引导公安机关全面收集证人证言以及麻醉药品、精神药品管理规定、手机电子数据、销售记录台账、微信转账记录等客观性证据，为准确认定被告人贩卖美沙酮数量、锁定各被告人的牟利目的夯实证据基础。

（二）准确认定贩卖毒品数量，做到罪责刑相适应。检察机关审查认为，该案被告人作为依法管理、使用美沙酮的维持药物治疗中心工作人员，通过虚增销售次数、加价卖出、加收费用等方式，将美沙酮非法提供给吸毒人员、平分获利的行为，依法构成贩卖毒品罪。涉案美沙酮系国家定点生产企业按照标准规格生产的麻醉药品，检察机关根据该药品中美沙酮成分的含量折算后认定毒品数量，同时结合被告人多次贩卖美沙酮，具有坦白等量刑情节，依法提出了确定刑量刑建议。法院审理后采纳了检察机关的指控意见和量刑建议。

（三）强化调研分析，推动强化监管。检察机关结合办案开展调研分析，针对涉案医院美沙酮维持药物治疗门诊制度不健全、安全设施不到位、用药服药不规范、管理漏洞较多的情况，与医院相关负责人及行政主管部门进行座谈，提出加强制度建设、强化安防保障、落实岗位职责、规范用药用量等具体意见。案件办结后，检察机关对该医院进行回访，管理不规范问题已得到整改。

【典型意义】

检察机关办理医疗从业人员利用岗位职责便利，将国家规定管制的麻醉药品、精神药品非法提供给吸毒人员牟利的案件，应当积极引导公安机关全面收集固定证据，构建完整证据体系，依法准确认定毒品犯罪性质。对于国家定点生产企业按照标准规格生产的麻醉药品、精神药品被用于毒品犯罪的，可以根据药品中毒品成分的含量认定涉案毒品数量，结合被告人多次贩卖毒品等情节，按照罪责刑相适应原则，依法提出量刑建议。同时，要注重参与禁毒综合治理，对办案中发现的麻醉药品、精神药品管理漏洞，依法履行法律监督职责，推动强化监管，从源头上防范麻醉药品、精神药品失管涉毒问题的发生。

最高人民检察院关于印发《"3·15"检察机关食品药品安全公益诉讼典型案例》的通知

·2023年3月13日

浙江省海宁市人民检察院督促整治社区团购食品安全隐患行政公益诉讼案

【关键词】

行政公益诉讼诉前程序　食品安全　社区团购　"益心为公"志愿者

【要旨】

检察机关针对社区团购网络零售新业态涉及的食品安全问题，通过检察建议督促行政机关依法履职，并以点带面推动行业治理，规范市场秩序，维护消费者合法权益。

【基本案情】

浙江省海宁市某商家系嘉兴市排名第一的社区团购商家，以微信"群接龙"的方式开展线上预售和线下供货，截至2022年8月，该团购商家微信成员数多达7.7万余人，接龙次数高达217万余次，有消费者反映其存在销售"三无"、添加剂超限等不符合食品安全标准的食品、超范围经营以及违规发布广告等违法行为，侵犯了广大消费者的合法权益，破坏了公平有序的市场环境。

【调查和督促履职】

2022年7月，海宁市人民检察院（以下简称"海宁市院"）收到"益心为公"检察云平台公益诉讼志愿观察员（以下简称"志愿者"）提供的该案线索后，经分析研判，于2022年8月15日立案。经调查发现，该团购商家存在销售没有食品标签的食品、添加剂超限的食品；超许可范围从事食品经营；使用"最好等级""最经典""全网最低"等用语对销售的食品做虚假广告宣传；在广告语中作引人误解的商业宣传，欺骗、误导消费者等违法行为。

为进一步发现社区团购存在的各类问题，海宁市院充分发动志愿者面向广大消费者开展问卷调查，共收回问卷两千余份，并针对消费者集中关注的无证经营、缺斤短两、掺杂掺假、售后无保障等情形形成问卷调查报告。海宁市院经审查后认为，社区团购作为电子商务新业态，经营者在经营活动中应当遵守《中华人民共和国电子商务法》等相关规定，食品安全隐患、违规经营、不正当竞争等行为，侵犯广大消费者的合法权益，损害社会公共利益。

2022年10月8日，海宁市院向市市场监管局制发了检察建议书，督促其依法对上述违法行为进行查处，对社区团购食品安全问题进行治理。2022年12月5日，市市场监管局反馈，对某团购商家违法销售食品、虚假宣传等行为作出罚款12.5万元的行政处罚；在全市开展为期一个月的团购类经营活动排摸整治专项行动，重点约谈辖区内6户头部团购商家，强化经营者主体责任。

此外，检察机关针对调查中发现的某团购商家未依法申报缴纳税款的违法行为，督促税务部门追缴27万余元。

【典型意义】

社区团购作为当前的消费热点发展迅猛，但其不规范经营带来的食品安全隐患等问题，不仅侵犯消费者的合法权益，还影响公平有序的市场环境。检察机关立足公益诉讼检察职能，充分发挥"益心为公"志愿者提供线索、协助调查等方面的作用，开展社会调查获取消费者真实体验，为监督办案提供参考；以检察建议等方式督促行政机关依法履职，开展食品安全专项整治，制定科学合理的行业监管政策，构建起新业态行业自律机制，在激发保护市场活力的同时全面规范市场秩序，切实维护消费者合法权益。

江苏省镇江市经济开发区人民检察院督促整治小微养老机构食品安全行政公益诉讼案

【关键词】

行政公益诉讼诉前程序　食品安全　小微养老机构　代表建议转化

【要旨】

对于代表建议、政协提案涉及的公益侵害问题，检察机关可以将其作为重点公益诉讼案件线索予以办理，通过代表建议、政协提案与检察建议的衔接转化，实现同向发力保护公益。针对小微养老机构存在的食品安全问题，检察机关可以立足公益诉讼检察职能，督促行政机关依法履职，规范养老服务行业健康发展。

【基本案情】

江苏省镇江市经济开发区多家小微养老机构在未办理食品经营许可证的情况下设置食堂，违规向入住老人提供餐饮服务，且此类养老机构普遍存在提供餐饮服务的员工未办理健康证，餐厨操作间卫生脏乱、未配置消毒设备及未建立食品安全管理制度等不符合食品经营安全标准的情况，有的甚至使用过期食品、调味料，危害老年人的身体健康，损害社会公共利益。

【调查和督促履职】

2022年5月，镇江市经济开发区人民检察院（以下简称开发区院）在办理镇江市八届人大六次会议代表建议期间发现该案线索，并进行初步调查。经走访人大代表、社区工作人员，并向民政部门调取全区养老机构信息，检察机关发现该区18处养老机构中多处小微养老机构存在内设食堂未取得食品经营许可证，提供餐饮服务的员工未办理健康证，使用过期食品、调味料，餐厨操作间卫生脏乱、未配置消毒设备及未建立食品安全管理制度等问题，且其中6处养老机构未办理机构营业执照。

7月13日，该院对此予以立案调查，经分析研判认为：小微养老机构食品安全问题易成为监管盲区，损害社会公共利益，检察机关应督促行政机关依法履职。该院遂向区市场监督管理局发出检察建议，建议该局对本地区养老机构未取得食品经营许可证情况下设置食堂，从事食品生产经营活动，向老年人提供不符合食品安全标准食品的违法行为依法予以处理。同时，该院就调查中发现的问题及检察建议制发情况专题报告区党工委。

收到检察建议后，镇江新区（即经济开发区）专门成立集中整治领导小组，并下发《未备案养老服务场所安全隐患集中整治方案》。区市场监管局对本地区各养老机构进行食品安全专项检查，共检查养老机构18家，依法处理食品安全问题32

个；召开养老机构经营者约谈会，现场讲解食品安全相关法律法规，督促食品经营者落实责任、依法规范经营。2022年10月底，镇江新区通过分类施策整治，完成了养老机构整改，对不符合养老服务场所标准的机构予以关停，符合条件的另行选址建设、转型为合法养老经营机构，95名原入住老人也得到妥善安置。

11月15日，开发区院邀请提出建议的人大代表、"益心为公"志愿者对行政机关的履职情况进行评估。检察长带队走访分流老人入住的镇江新区中心敬老院及正在建设的新办养老机构，并对区市场监管局是否采取全面措施依法履职举行公开听证，整改情况获听证员一致认可。

【典型意义】

随着社会人口老龄化进程，小微养老服务机构不断增多，因经营、管理不规范滋生的食品安全隐患问题凸显。检察机关积极发挥公益诉讼检察职能，运用人大代表建议、政协提案与公益诉讼检察建议衔接转化机制发现案件线索，通过制发诉前检察建议、向党委报送专题报告、公开听证等方式，推动行政机关依法履行职责，形成监管合力，消除食品安全风险隐患，助力养老服务行业健康发展。

江西省龙南市人民检察院督促整治非法添加金银箔粉食品行政公益诉讼案

【关键词】

行政公益诉讼诉前程序　含金银箔粉食品非法添加　虚假宣传

【要旨】

针对生产销售含金银箔粉食品、虚假宣传金银箔粉可食用等违法行为，检察机关通过检察建议督促协同有关部门依法履行监管职责，落实生产经营者、网络交易第三方平台的主体责任，推动行业治理，营造良好食品经营环境。

【基本案情】

江西省龙南市部分烘焙商家为牟取高额利润，迎合不良消费心理，在蛋糕等食品加工制作过程中非法添加金银箔粉，并冠以"大富大贵""暴富款"等名称制造噱头提高售价。在营销过程中，有的商家向消费者宣称金银箔粉可以食用。但金银箔粉并不会被身体吸收，部分消费者食用后出现恶心、肠胃不适等情况。

【调查和督促履职】

2022年3月，龙南市人民检察院（以下简称龙南市院）组织开展"3·15国际消费者权益保护日"系列主题宣传活动，市消费者权益保护委员会向龙南市院移送12315举报平台反映的当地蛋糕店销售含有金银箔粉蛋糕的线索。同年3月18日，龙南市院依法立案，先后调查走访市场监督管理局、网络餐饮第三方平台公司、辖区内蛋糕店、部分消费者等，调取销售记录等相关材料，并询问涉案蛋糕店相关工作人员。经调查查明，根据2022年1月29日市场监管总局、国家卫生健康委、海关总署联合印发《关于依法查处生产经营含金银箔粉食品违法行为的通知》的规定，金银箔粉不是食品添加剂，不能用于食品生产经营。而某网络餐饮服务平台上，"柒某烘焙"蛋糕店在线销售添加"金银箔粉"蛋糕，并在销售过程中宣传金银箔粉可以食用；"卡某奇"蛋糕店在制作蛋糕中使用"金银箔粉"，经营者明确宣称可以食用。实地调查过程中，在"左某"蛋糕店发现使用中的"金银箔粉"。涉案几家蛋糕店使用的金银箔粉原料既有国内厂商生产，又有德国和日本等国家进口的产品，部分产品说明书标明成份99.96%铜、0.04%铁，且明确用于装饰，不得食用，成本仅每克十几元至几十元，并非对消费者宣称的纯金纯银箔粉。

根据《中华人民共和国食品安全法》《中华人民共和国广告法》等法律法规规定，龙南市市场监督管理局作为食品安全和广告监管的职能部门，应当对食品中非法添加金银箔粉、虚假宣传等违法行为加强监管。3月23日，龙南市院向该局宣告送达检察建议书，督促其履行食品安全、广告监管职责，切实维护市场秩序，保护消费者合法权益，遏制"食金之风"。

龙南市市场监督管理局收到检察建议书后立即对"柒某烘焙""卡某奇""左某"等蛋糕店立案调查并下达行政处罚决定书，没收"柒某烘焙"蛋糕店非法所得，并罚款三千余元；责令"卡某奇""左某"等蛋糕店停止非法添加非食品原料行为，没收"金银箔粉"原料。市场监督管理局还约谈某网络餐饮服务平台在本地的分支机构，督促其加强服务平台相关违法行为的监测管理，责令该平台对"柒某烘焙"等蛋糕店涉及违法添加非食品原料和虚假宣传的产品采取下架等措施。

为进一步推动行业治理，龙南市市场监督管

理局印发《关于开展打击生产经营含金银箔粉食品专项整治活动方案》，集中查处食品中非法添加金银箔粉行为，加强网络食品交易、食品广告宣传监管，依法从严查处食品虚假宣传等违法广告，督促食品生产经营者履行主体责任。并组织烘焙行业、餐饮酒店、大型商超、"网红小吃店"等经营者集中开展法律知识培训，开展食品安全和营养教育宣传，积极引导社会舆论，倡导科学理性消费。

【典型意义】

近年来，部分商家为了牟取暴利，制作、售卖或通过网络食品交易第三方平台宣传、销售含金银箔粉类物质食品，不仅存在重大食品安全风险，影响不特定多数消费者身体健康，也助长了宣传奢靡享乐、拜金主义的不良风气。本案中，检察机关针对使用金银箔粉等非食品原料生产食品、虚假宣传等与人民群众利益密切相关的公益损害问题，督促相关行政机关依法履职，推动全面整治食品交易、广告宣传中的违法行为，进一步加强食品安全监督管理和健康教育，有效遏制"食金之风"，净化市场消费环境，引导消费者树立科学健康理性的消费观念。

北京市延庆区人民检察院督促整治外卖餐饮包装不规范封签行政公益诉讼案

【关键词】

行政公益诉讼诉前程序 食品安全 外卖餐饮封签 地方标准

【要旨】

针对外卖餐饮包装未有效密封可能带来的食品安全隐患，在地方标准已经明确对外卖包装密封方式提出规范要求的背景下，检察机关通过制发检察建议督促行政机关加大对地方标准实施的监督检查力度，推动网络餐饮服务安全管理规范落地适用，切实保护消费者用餐安全。

【基本案情】

2022年4月13日，北京市市场监督管理局发布实施《网络餐饮服务餐饮安全管理规范》（DB11/T 1924-2021，以下简称《管理规范》），明确要求外卖打包"应使用外卖包装封签或一次性封口的外包装袋等密封方式，封签、外包装袋口在开启后应无法复原"。北京市延庆区部分入网餐饮服务提供者存在未按照《管理规范》的规定使用外卖封签的问题，存在较大的食品安全隐患。

【调查和督促履职】

2022年6月，北京市延庆区人民检察院（以下简称"延庆区院"）在履行职责中发现该案线索后，为进一步查证核实，公益诉讼检察部门检察官通过外卖APP点餐，点餐的5家外卖中有4家未使用外卖包装封签或使用一次性封口的外包装袋，各类餐食可以随意打开。6月27日，延庆区院立案调查，并与行政机关进行了沟通。经审查认为，根据《中华人民共和国食品安全法》第四条第二款规定，食品生产经营者应当依照法律、法规和食品安全标准从事生产经营活动，保证食品安全，诚信自律，对社会和公众负责，接受社会监督，承担社会责任。有关行政主管部门应当依法履行对辖区内外卖餐饮安全的监管职责和对地方标准的实施进行监督检查的职责。2022年7月11日，延庆区院向该区市场监督管理部门发送检察建议，要求其切实履行法定监管职责，加大执法和宣传力度，督促餐饮服务提供者对外卖餐食进行规范包装，保障人民群众舌尖上的安全。

为进一步凝聚履职合力，加大保护食品安全的公益宣传力度，整改期间，延庆区院会同区市场监督管理部门召开了外卖食品安全专题座谈会，共同到部分外卖餐饮经营店铺进行实地普法宣传，对已包装的外卖食品进行现场查看，引导经营者对外卖食品进行规范封装。

2022年8月19日，行政机关书面回复了问题整改情况。一是开展全区餐饮业食品安全大检查工作，重点对原材料进货情况、从业人员健康体检情况、操作间环境卫生状况、食品加工操作过程、食品贮存情况、食品安全封签落实情况等进行全方位监督检查；二是对各大外卖平台延庆网点负责人进行了约谈，要求其进一步加强对外卖配送人员的培训工作，并发放了食品安全封签。整改期间，行政机关共办理涉外卖餐饮封签案件4件，对涉案店铺给予了警告处理并采取宣传、引导措施，督促相关经营者对外卖食品进行规范包装，保障外卖食品安全。

延庆区院于2022年9月2日对整改情况进行"回头看"，涉案的4家入网餐饮服务提供者及商圈内其他入网餐饮服务提供者，均按规定使用了外卖包装封签或一次性封口的外包装，外卖食品包装得到有效密封。

【典型意义】

随着外卖成为满足百姓日常生活需求的便捷

方式,外卖食品安全也日益成为人民群众最为关心的食品安全问题。堵住外卖食品安全漏洞,既要靠平台与餐饮服务者行业自律,更要靠制度规范引领。检察机关及时关注到地方标准的出台,通过公益诉讼检察办案督促行政机关监督检查地方标准在本地的实施,协同引导企业合规经营,促使外卖封签这类具有实用性和可操作性的规范落地执行,有利于进一步完善网络餐饮服务食品安全机制,切实保障消费者"舌尖上的安全"。

陕西省咸阳市秦都区人民检察院督促整治医疗美容机构违法经营行政公益诉讼案

【关键词】

行政公益诉讼诉前程序　药品安全　卫生安全　医疗美容

【要旨】

针对医美机构重复使用注射器、使用过期药品等违法行为,检察机关可以通过提出检察建议,督促负有监管职责的相关行政机关依法履职,查处违法经营行为。

【基本案情】

陕西省咸阳市秦都区某医美门诊部在对消费者进行医美整形过程中,未严格执行无菌操作、重复使用一次性注射器;使用过期的"硫酸庆大霉素注射液""盐酸肾上腺素注射液""地塞米松磷酸钠注射液"等药品,使用过期的医疗器械"注射用交联透明质酸钠凝胶"用于面部五官塑形,使用过期的医用免洗消毒凝胶、甲紫液等消毒用品,存在医疗安全隐患,威胁消费者生命健康安全。

【调查和督促履职】

2022年3月,咸阳市秦都区人民检察院(以下简称秦都区院)在开展小诊所医疗安全整治专项监督活动中发现本案线索,并于3月21日立案。立案后,采取现场勘验、调取营业执照等书证材料、询问违法行为人、咨询专业人员、走访行政机关等方式,查明:某医美门诊部重复使用一次性注射器、使用过期药品和消毒产品,侵害消费者合法权益,相关行政机关未依法履行职责。

2022年3月25日,秦都区院针对某医美门诊部的违法行为,向咸阳市秦都区市场监督管理局提出检察建议,建议其依法履行药品、医疗器械监管职责;向咸阳市秦都区卫生健康局提出检察建议,建议其依法履行医疗机构消毒工作监管职责。

收到检察建议后,区市场监督管理局对某医美门诊部作出行政处罚,没收"硫酸庆大霉素注射液"等过期药品19支、"注射用交联透明质酸钠凝胶"等过期医疗器械5支,并处罚款。区卫生健康局对某医美门诊部作出责令限期改正,并处罚款的行政处罚。某医美门诊部缴纳了罚款,改正了重复使用一次性注射器、过期药品及消毒产品的行为。

秦都区院以本案办理为契机,推动市场监督管理、卫生健康等部门成立医美行业专项治理工作专班,印发《医美行业突出问题专项治理工作方案》,明确重点任务和职责分工,联合开展专项整治。共摸排辖区43家医美机构,发现无证无照经营、使用过期消毒产品、化妆品等问题线索20余件,责令关停6家无营业执照、医疗机构执业许可证的医美机构,责令10家无医疗机构执业许可证的医美机构依法办证,作出罚款、没收过期药品、消毒产品、化妆品等行政处罚。

【典型意义】

近年来,随着社会公众对"美"消费需求的增加,医美行业迅速发展,随之产生的用药、行医不规范问题多发高发。检察机关积极回应人民关切,发挥公益诉讼检察职能作用,督促行政机关加强监管,查处违法经营行为。同时,深化"检察+"协作格局,从个案办理扩展到类案监督,督促行政机关进行专项整治,引导从业者依法规范经营,系统治理医美服务痛点、难点,实现人民群众对安全医美、放心医美、健康医美的美好愿望。

广东省佛山市人民检察院诉段某某等人生产、销售添加管制精神药品饮料民事公益诉讼案

【关键词】

民事公益诉讼　精神药品　国家管制化学品　惩罚性赔偿　全链条追责

【要旨】

对于在饮料中非法添加国家管制的精神药品,严重侵害不特定众多消费者的人身安全的违法行为,检察机关可以通过提起民事公益诉讼,让生产者和销售者共同承担惩罚性赔偿的连带责任。

【基本案情】

2017年2月起,段某某明知国家管制的精神

药品γ-羟基丁酸可以由当时尚未被国家列管的化学品γ-丁内酯（2021年被列管为易制毒化学品）通过特定方法生成，为牟取非法利益，多次购进γ-丁内酯并制成添加剂后，以四川某公司名义委托佛山某饮品公司生产名为"咔哇潮饮"的饮料。该饮品公司在明知添加剂来源不明的情况下仍生产饮料，最终导致饮料流入市场。2022年4月，段某某因犯贩卖、制造毒品罪，被佛山市中级人民法院判处无期徒刑。

【调查和诉讼】

广东省佛山市人民检察院（以下简称"佛山市院"）在刑事案件审查起诉的同时，将本案作为民事公益诉讼立案办理。经调查，γ-羟基丁酸属于国家管制的一类精神药物，会造成人暂时性记忆丧失，严重的会导致死亡。涉案饮料的γ-羟基丁酸添加量，足以对人体构成伤害。段某某、四川某公司、佛山某饮料公司生产、销售涉案饮料的行为构成共同侵权，侵害了众多消费者的生命健康权，严重损害社会公共利益。检察官办案组通过调取网络平台的销售情况固定电子证据，并主动联系公安机关等部门，查明涉案饮料流入市场的销售数量、价格及范围。

2019年9月，经履行诉前程序，佛山市院向佛山市中级人民法院提起民事公益诉讼，诉请段某某、四川某公司、佛山某饮料公司共同支付销售价款的十倍惩罚性赔偿金1.7亿元并在国家级媒体上公开赔礼道歉。2023年1月，经佛山市中级人民法院一审、广东省高级人民法院二审，检察机关惩罚性赔偿等诉讼请求全部获法院判决支持。

【典型意义】

检察机关通过提起民事公益诉讼，对在食品中非法添加国家管制精神药物的生产和销售商进行全链条打击，让其在承担刑事责任的同时通过承担惩罚性赔偿责任，加大其违法成本，对潜在的违法者起到警示震慑的作用。

新疆维吾尔自治区克拉玛依市人民检察院诉某畜牧开发有限责任公司生产不符合安全标准食品民事公益诉讼案

【关键词】

民事公益诉讼　食品安全　惩罚性赔偿　企业合规

【要旨】

针对生产销售不符合国家食品安全标准食品侵害社会公共利益的行为，检察机关可以提起民事公益诉讼追究违法行为人损害赔偿责任。在提出惩罚性赔偿诉讼请求时，对于违法企业及时赔偿的，可以综合考虑企业违法行为的主观恶性、损害结果、整改效果，以及优化生产作业流程、完善企业管理制度等合规因素，统筹确定惩罚性赔偿数额，在起到惩罚、震慑和预防作用的同时，激励企业落实合规整改承诺，完善企业管理制度。

【基本案情】

2021年6月8日，新疆维吾尔自治区市场监督管理局在对克拉玛依市某畜牧开发有限责任公司（以下简称某畜牧公司）生产销售的鸡蛋进行抽检时，检出鸡蛋中含有氟苯尼考成分，不符合国家食品安全标准，且同批次鸡蛋已全部销售给消费者，侵害了不特定消费者的合法权益，损害了社会公共利益。

【调查和诉讼】

2022年2月，克拉玛依市公安局食品药品环境侦查分局按照与检察机关签订的线索移送机制，向新疆维吾尔自治区克拉玛依市人民检察院（以下简称"克拉玛依市院"）移送了某畜牧公司生产不符合食品安全标准食品一案线索。克拉玛依市院于2022年2月11日进行民事公益诉讼立案。检察人员实地走访某畜牧公司，现场查看鸡蛋生产作业车间，了解生产过程及产品销售情况。该公司养殖项目包含产蛋鸡与生猪养殖，被抽检出不合格鸡蛋后，通过生产流程自查发现鸡蛋中含有氟苯尼考成分是工作人员将鸡饲料与猪饲料在同一混拌装置中加工造成，而在生猪养殖中允许饲料添加氟苯尼考防止生猪生病，在鸡产蛋期间却不允许喂养含有氟苯尼考饲料。为查实不合格鸡蛋的销售数量及金额，检察人员调取了某畜牧公司案发前后的出库单据，向企业负责人、生产一线工作人员了解核实企业生产情况及产蛋鸡饲养管理等情况，核实了2021年6月7日该公司以11969.28元的价格将含有氟苯尼考的鸡蛋销售给某粮油副食品店，最终销售给不特定消费者。

克拉玛依市院于2022年2月18日在正义网发布公告，公告期满后没有适格主体提起诉讼。同年4月20日，针对某畜牧公司在生产中存在的不合规情形，检察机关组织召开了某畜牧公司企业合规座谈会,邀请了市场监管局、农业农村局、公安局、食品药品检验中心以及人大代表等从事食品安全监管、检测方面的专家、业务骨干参加。与会人员提出建立农产品追溯制度、召回制度、自检自查制度,加强生产人员安全培训、完善农产品初检及第三方检测等建议。某畜牧公司承诺将完善企业管理制度,保证合法合规经营。

2022年5月6日,克拉玛依市院根据案件集中管辖规定向乌鲁木齐市铁路运输中级法院提起民事公益诉讼。检察机关综合考虑某畜牧公司案发后及时采购了新的鸡饲料加工装置,弥补了饲料加工管理漏洞,且承诺通过完善企业管理制度防止类似问题再次发生等因素,基于服务"六稳""六保"、督促企业完善合规管理考虑,决定提出要求某畜牧公司承担销售价款3倍的惩罚性赔偿金即35907.84元的诉讼请求。2022年7月22日,经乌鲁木齐铁路运输中级法院调解,检察机关与某畜牧公司达成了调解协议,实现了全部诉讼请求。调解协议生效后,某畜牧公司已将全部赔偿金交由克拉玛依市院上缴国库。

克拉玛依市院于2022年8月9日向某畜牧公司制发企业合规检察建议,督促企业落实制度建设,启动合规整改。某畜牧公司书面采纳检察机关提出的全部建议,已制定《猪肉和鸡蛋生产环节过程质量安全自检自查制度》《饲料原料及投入品检测制度》《农产品质量安全培训制度》等一系列企业管理制度,并在企业内部组织了食品安全法律法规学习,并承诺为克拉玛依市场提供安全合格的农产品。整改期间,克拉玛依市院开展产品质量"回头看",向克拉玛依市农业农村局调取了案发后对某畜牧公司产品的抽检报告,并自行委托检测机构对该公司生产的鸡蛋随机抽检,结果均为合格。

【典型意义】

检察机关充分发挥民事公益诉讼的追责功能,通过对违法行为人提起民事公益诉讼惩罚性赔偿,加大其违法成本,对潜在违法者产生震慑与警示作用。为促进企业长远发展,检察机关同时开展企业合规审查,通过检察监督关注案涉企业不合规的根源所在,积极推动案涉企业合规整改。对整改力度大、效果好、配合度高的企业在惩罚性赔偿制度适用上予以综合考虑,以此作为企业合规整改激励措施,推进司法助力整改措施落地见效,确保企业"真合规""真整改"。

宁夏回族自治区中卫市沙坡头区人民检察院诉刘某等29人生产、销售不符合安全标准的食品刑事附带民事公益诉讼案

【关键词】

刑事附带民事公益诉讼　食品安全　生产、销售不符合安全标准的食品　惩罚性赔偿

【要旨】

针对生产、销售不符合安全标准的食品危及众多不特定消费者生命健康的行为,检察机关在办理刑事案件的基础上,可以同时提起附带民事公益诉讼,对违法行为持续时间长、违法销售金额大、受害人覆盖面广的违法行为人提出惩罚性赔偿诉讼请求,有效震慑食品安全领域违法犯罪行为,切实维护社会公共利益。

【基本案情】

2016年12月至2020年11月,刘某夫妇为牟取非法利益,多次从李某等人经营的养殖厂购买未经检疫的病、死牛进行屠宰,并将未经检验检疫的牛肉等食材以明显低于市场的价格销售给张某某等人经营的餐厅、肉店用以加工销售。经宁夏回族自治区动物疾病预防控制中心认定,公安机关查获的牛肉、牛内脏等物品所涉及的死亡牛犊尸体系不明原因死亡;经中卫市市场监督管理局认定,刘某夫妇等人屠宰、销售病死、死因不明的畜肉,足以造成严重食物中毒事故或其他食源性疾病。经宁夏五岳联合会计师事务所审计,刘某等29人生产、销售不符合安全标准的食品金额自1177元至603444.8元不等,共计1331908.8元。

【调查和诉讼】

刘某等29人生产、销售不符合安全标准的食品刑事附带民事公益诉讼案由宁夏回族自治区中卫市沙坡头区人民检察院(以下简称沙坡头区院)在履行审查起诉职责中发现。2021年5月、6月,沙坡头区院对刘某等20人以生产、销售不符合安全标准的食品罪先后向宁夏回族自治区中卫市沙坡头区人民法院(以下简称沙坡头区法院)提起公诉。沙坡头区院公益诉讼检察部门经审查认为,张某某等9人虽不承担刑事责任,但应承担民事侵权责任,遂于同年9月17日对刘某等29人向沙坡头区法院提起刑事附带民事公益诉讼,请求人民法院判令各被告支付其所生产、销售不符合安

全标准的食品价款十倍的惩罚性赔偿金,共计13319088元。案件审理过程中,因李某等20名被告主动足额缴纳了惩罚性赔偿金5796650元,检察机关诉讼请求已实现,沙坡头区院遂撤回对该20人的附带民事公益诉讼起诉。

2022年3月11日,沙坡头区法院组成七人合议庭公开开庭审理此案,沙坡头区检察院派员出席法庭履行职责。同年4月8日,沙坡头区法院认定被告刘某等人生产、销售不符合安全标准的食品,足以造成严重食物中毒事故或其他严重食源性疾病,危及多数不特定消费者的生命健康权,损害了社会公共利益,构成生产、销售不符合安全标准的食品罪,同时应承担相应的民事赔偿责任,支持沙坡头区检察院全部民事公益诉讼请求,判决刘某等9人承担生产、销售不符合安全标准的食品价款十倍的惩罚性赔偿金7522438元。一审宣判后,各被告均未上诉,判决生效并进入执行程序。目前,惩罚性赔偿金已执行到位1241589.77元。

【典型意义】

民以食为天,食以安为先。本案中刘某等29人生产、销售不符合安全标准的牛肉等食材持续时间长,数量大,销售金额高,涉及人员多,安全隐患大,危害后果严重。检察机关积极履行公益诉讼检察职责,在各被告承担刑事责任的基础上,依法提起附带民事公益诉讼,主张销售数额十倍的惩罚性赔偿,让违法者付出沉重代价,不敢再犯,不能再犯。

湖北省鄂州市鄂城区人民检察院诉李某强等人销售假药刑事附带民事公益诉讼案

【关键词】

刑事附带民事公益诉讼　生产销售假药　惩罚性赔偿　多部门联动　行刑民衔接

【要旨】

针对生产、销售假药的违法行为,检察机关综合发挥多种检察职能,依法能动履职。一方面,通过行政公益诉讼督促行政机关依法履职,针对行政机关在履职整改过程中发现的生产、销售假药的犯罪线索,检察机关与行政机关、公安机关多部门联动,发挥"法治共同体"的最大效能。另一方面,针对公安机关移送起诉的生产、销售假药的刑事犯罪案件,检察机关可以提起刑事附带民事公益诉讼,提出惩罚性赔偿诉讼请求,充分发挥民事公益诉讼的独特价值。

【基本案情】

2017年2月至2020年8月,李某强在未取得药品生产、经营许可审批手续的情况下,雇佣张某朋在河南省宜阳县香鹿山镇生产名为"蚁力神""植物伟哥"等20种药品,通过互联网在全国范围内进行销售,使用银行卡转账等方式收取销售款共计人民币429.45万元。沈某珍通过网络平台,从李某强等人处购买"蚁力神""植物伟哥"等41种药品,在互联网平台上对外销售,通过网络转账等方式收取销售款共计7.15万元。经鉴定,上述药品含有"西地那非"成分,应按假药论处。

【调查和诉讼】

2019年5月,湖北省鄂州市鄂城区人民检察院(以下简称鄂城区院)在履行职责过程中发现药品监管相关公益受损线索后,经上级检察院指定,于同月9日对鄂州市、鄂城区两级市场监督管理局未依法履行药品监管职责进行行政公益诉讼案立案,并于同月15日,向市、区两级市场监管部门发出检察建议,督促其依法履职。收到检察建议后,市场监管部门高度重视,对全市成人用品销售店全面排查,并在此过程中向鄂州市公安机关移送生产销售假药刑事案件线索。公安机关根据该移送线索按照犯罪行为发生地地域管辖原则立案侦查,并通过追溯上游犯罪,成功侦办了受害消费者遍及全国多个省份的李某强等3人生产、销售假药案。

2020年12月,鄂州公安机关将该案移送检察机关审查起诉后,鄂城区院依法启动刑事附带民事公益诉讼立案程序。经公告,无适格主体就该案提起民事公益诉讼。2021年6月1日,鄂城区院向鄂城区人民法院提起刑事附带民事公益诉讼,请求判令李某强、张某朋、沈某珍等生产商、零售商分别按销售价3倍承担损害赔偿责任,惩罚性赔偿金共1309.81万元,并在国家级媒体上赔礼道歉。

2022年3月1日,鄂城区人民法院开庭审理本案。庭审主要围绕以下焦点展开:一是本案中违法行为是否造成了消费者的实际损害问题;二是本案惩罚性赔偿金额的计算问题。检察机关认为,是否侵害众多不特定消费者合法权益,损害社会公共利益,应当以是否存在对众多不特定消费者造成食品安全潜在风险为前提,不仅包括已经发生的损害,也包括有重大损害风险的情形。同时,李某强等 3 人的生产、销售假药行为跨越了 2019 年 12 月 1 日《中华人民共和国药品管理法》修订实施的节点,鄂城区院根据《中华人民共和国消费者权益保护法》的相关规定,适用三倍惩罚性赔偿的意见也得到了法院支持。

同年 3 月 10 日,鄂城区人民法院以生产销售假药罪分别判处李某强等三人十一年三个月、五年、一年三个月的有期徒刑,并处罚金、追缴违法所得,同时对检察机关提出的民事公益诉讼请求全部予以支持。一审判决后,李某强等人以量刑过重、罚金和惩罚性赔偿金过高为由提起上诉。同年 8 月 5 日,鄂州市中级人民法院裁定驳回上诉,维持原判。

【典型意义】

违法行为人制造假药,并利用网络进行销售,数量多、范围广、获利大,严重损害众多消费者的合法权益。检察机关坚持系统观念,依法能动履职,综合运用公益诉讼检察、刑事检察等多种职能手段,探索行政公益诉讼与行政执法衔接配合、刑事检察与公益诉讼检察双向互动的办案模式,提升了食品药品安全领域执法、司法保护合力,充分发挥民事公益诉讼惩罚性赔偿威慑效果和司法指引功能,为守护人民群众美好生活贡献检察力量。

重庆市人民检察院第二分院支持重庆市消费者权益保护委员会、四川省保护消费者权益委员会起诉重庆市云阳县某副食店、胡某销售假冒白酒消费民事公益诉讼案

【关键词】

民事公益诉讼　支持起诉　消费者权益保护　跨省域协作

【要旨】

针对跨省域销售假冒注册商标白酒的违法行为,检察机关通过统筹公益诉讼检察与知识产权检察职能,强化协作履职,支持并促成川渝两地消费者权益保护组织联合起诉,督促侵权人通过公益服务实现公益修复,推动营造良好消费环境,服务保障成渝地区双城经济圈建设。

【基本案情】

2018 年 1 月至 2020 年 12 月期间,重庆市云阳县某副食店先后多次向重庆市云阳县、四川省巴中市等地销售假冒注册商标白酒,销售金额共计 41601.1 元。2021 年 8 月 27 日,该副食店经营者胡某因犯销售假冒注册商标的商品罪被判处有期徒刑六个月,并处罚金人民币二万元。其销售假冒注册商标白酒的行为,侵犯了众多不特定消费者的知情权和选择权,损害社会公共利益。

【调查和诉讼】

2021 年 8 月,重庆市云阳县人民检察院(以下简称云阳县院)在办理刑事案件中发现该案线索。因该案涉及川渝两地众多消费者权益保护,受害面广,社会影响较大,重庆市人民检察院第二分院(以下简称重庆二分院)依法能动履职,组织二分院、云阳县院一体化统筹办案。同时,依托川渝检察协作机制,积极与四川省巴中市人民检察院进行沟通,围绕案件信息共通共享、公益诉讼检察履职、跨省域案件管辖等事项开展办案协作。

2021 年 11 月,重庆二分院将案件线索移送给两地消费者权益保护组织。随后,重庆市消费者权益保护委员会与四川省保护消费者权益委员会均表示将提起消费民事公益诉讼,并申请检察机关支持起诉。为节约司法资源、提升办案效率,川渝两地检察机关经充分沟通研判,就跨省域支持起诉管辖等事项达成一致意见,决定由两地检察机关共同协助调查取证、提供法律咨询,并由重庆二分院支持两地消费者权益保护组织共同提起消费民事公益诉讼。

2022 年 5 月 11 日,重庆市消费者权益保护委员会向重庆市第二中级人民法院提起消费民事公益诉讼,公告期内,四川省保护消费者权益委员会向法院申请作为共同原告参与诉讼。诉讼期间,重庆二分院针对公益修复方式深入开展社会调查评估,积极协助川渝两地消费者权益保护组织探索由侵权人参加消费宣传、消费教育等公益活动并支付活动经费的侵权责任承担方式,以确保公益修复精准化、实效化。2022 年 10 月 18 日,重庆市第二中级人民法院经开庭审理,采纳了检察机关的支持起诉意见,当庭判决被告某副食店、胡某公开赔礼道歉,并在 2 年内参加 4 次消费宣传、消费教育等消费领域公益活动,每次活动支付的经费不低于 1 万元;如被告不履行以行为赔偿损失,则应支付 124803.3 元赔偿金至原告专门账户用于开展消费者权益保护公益活动。

【典型意义】

销售假冒注册商标的商品，不仅扰乱社会经济秩序，更侵害众多不特定消费者的合法权益，严重损害社会公共利益。川渝两地检察机关充分运用川渝检察协作机制，在办理跨省域消费民事公益诉讼案件中强化协作配合，通过支持两地消费者权益保护组织共同提起跨省域消费民事公益诉讼，推动筑牢公益保护防线，净化消费领域环境。

最高人民法院发布10个药品安全典型案例

· 2022年4月28日

案例一：牛某某等生产、销售假药案

——用针管灌装生理盐水假冒九价人乳头瘤病毒疫苗销售

简要案情

2018年上半年，被告人牛某某在得知九价人乳头瘤病毒疫苗（以下简称九价疫苗）畅销之后，遂寻找与正品类似的包装、耗材及相关工艺，准备生产假冒产品。2018年7月至10月，牛某某通过他人先后购买针管、推杆、皮塞、针头等物品共计4万余套，并订制假冒九价疫苗所需的包装盒、说明书、标签等物品共计4.1万余套。其间，牛某某与同案被告人张某某在山东省单县以向针管内灌装生理盐水的方式生产假冒九价疫苗，再通过商标粘贴、托盘塑封等工艺，共生产假冒九价疫苗2.3万支。牛某某、张某某通过多个医美类微信群等渠道，对外销售上述假冒九价疫苗9004支，销售金额达120余万元。经苏州市药品检验检测研究中心检验，抽样送检的假冒九价疫苗内，所含液体成分与生理盐水基本一致。

裁判结果

法院经审理认为，被告人牛某某、张某某共同生产、销售假疫苗的行为均已构成生产、销售假药罪。牛某某、张某某生产、销售金额达120余万元，具有"其他特别严重情节"。生产、销售的假药属于注射剂疫苗，应当酌情从重处罚。在共同犯罪中，牛某某系主犯，张某某系从犯，对张某某予以从轻处罚。二被告人均认罪认罚。据此，以生产、销售假药罪判处被告人牛某某有期徒刑十五年，并处罚金人民币一百五十万元；判处被告人张某某有期徒刑十三年，并处罚金人民币一百万元。

典型意义

疫苗是为预防、控制疾病的发生、流行，用于人体免疫接种的预防性的生物制品，属于国家实行特殊管理的药品。疫苗包括免疫规划疫苗和非免疫规划疫苗，人乳头瘤病毒疫苗属于非免疫规划疫苗，由居民自愿接种，目前市面上有三种，包括二价、四价和九价，其中九价疫苗是可预防人乳头瘤病毒种类最多的疫苗，最佳接种年龄为16至26岁。本案中，二被告人以针管灌装生理盐水的方式生产、销售假冒九价人乳头瘤病毒疫苗，属于《中华人民共和国药品管理法》规定的"以非药品冒充药品"的情形，应认定为假药。此类犯罪不仅使消费者支付高价却无法得到相应的免疫效果，部分消费者还因此错过了最佳接种年龄和时机，社会危害严重，应依法严惩。对广大消费者而言，要到正规医疗机构接种疫苗，以确保疫苗接种的安全性和有效性。

案例二：高某等生产、销售假药案

——"黑作坊"将中药和西药混合研磨成粉冒充纯中药销售

简要案情

2018年至2020年9月，被告人高某为获取非法利益，在未取得药品生产许可证、药品经营许可证的情况下，在广东省普宁市南亨里其住所内，用中药材首乌、甘草、大茴和西药溴已新、土霉素片、复方甘草片、磷酸氢钙咀嚼片、醋酸泼尼松、马来酸氯苯那敏等按照一定比例混合研磨成粉，并雇佣被告人李某将药粉分包、包装为成品。高某使用"特效咳喘灵"的假药名，编造该药粉为"祖传秘方""纯中药成份"，主治咳嗽、肺结核、哮喘、支气管炎，并以每包25元至40元的价格对外销售，销售金额共计186万余元。李某还从高某处低价购买上述假药并加价销售给被告人黄某等人。经江苏省淮安市市场监督管理局认定，涉案药品为假药。

裁判结果

法院经审理认为，被告人高某等人生产、销售假药的行为构成生产、销售假药罪。高某生产、销售金额达186万元，具有"其他特别严重情节"。据此，以生产、销售假药罪判处被告人高某有期徒刑十年九个月，并处罚金人民币三百七十二万元。其余被告人分别被判处一年六个月至十年三个月有期徒刑，并处罚金。

典型意义

近年来，一些不法分子利用公众对中药的信任，打着"祖传秘方""纯中药成份"的幌子，私自配制中药，有的还在中药中混入西药成份，冒充纯中药对外销售，不仅影响疾病的治疗效果，还给用药安全和人体健康带来重大隐患。《中华人民共和国药品管理法》规定，"以非药品冒充药品或者以他种药品冒充此种药品"的为假药。本案中，被告人高某在中药中掺入了多种西药并冒充纯中药销售，属于"以他种药品冒充此种药品"的情形，经地市级药品监督管理部门认定为假药，故以生产、销售假药罪定罪处罚。本案也提醒广大消费者，不要迷信"祖传秘方"等虚假宣传，应当通过正规渠道采购药品，保障用药安全。

案例三：北京某肿瘤药品有限公司销售假药案
——药品公司通过非法渠道采购并销售假药

简要案情

2018年8月，被告单位北京某肿瘤药品有限公司通过非正规渠道低价采购药品"日达仙（注射用胸腺法新）"。被告人卢某、赵某、张某作为该公司直接负责的主管人员，被告人吴某、汪某作为公司负责销售的直接责任人员，在明知上述药品没有合法手续，系从非法渠道采购且采购价格低于正常价格的情况下，仍然以该单位的名义于2018年9月7日、11日在北京市东城区分两次向被害人吴某某销售上述"日达仙（注射用胸腺法新）"共8盒，销售金额共计9600元。经中国食品药品检定研究院检验，涉案"日达仙（注射用胸腺法新）"按进口药品注册标准检验结果不符合规定，属于与国家药品标准不符。经北京市东城区市场监督管理局认定，涉案药品为假药。

裁判结果

法院经审理认为，被告单位北京某肿瘤药品有限公司销售假药的行为已构成销售假药罪。被告人卢某、赵某、张某作为该公司销售的直接负责的主管人员，被告人吴某、汪某作为该公司销售假药的其他直接责任人员，亦均构成销售假药罪。因涉案药品属于注射剂药品，应当酌情从重处罚。鉴于卢某、赵某有自首情节，且各被告人自愿认罪、悔罪，可依法从轻处罚。据此，以销售假药罪判处被告单位北京某肿瘤药品有限公司罚金人民币五万元，并对卢某等被告人均判处有期徒刑九个月零十五天，并处罚金人民币一万元。

典型意义

本案是一起有经营资质的正规药品企业销售假药的典型案件。为加强药品管理，保证药品质量，《中华人民共和国药品管理法》对药品生产、经营实行严格的许可制度，并要求药品经营企业在购进药品时，应当建立并执行进货检查验收制度，验明药品合格证明和其他标识，对不符合规定要求的，不得购进和销售。实践中，部分药品经营者向没有生产、经营许可证的个人、单位购进药品，不履行进货检查验收制度，使上游生产、销售假药的不法分子有机可乘。被告人卢某等为降低成本，违反《中华人民共和国药品管理法》的相关规定，低价通过非法渠道采购没有合法手续的药品，经检验为假药，具有销售假药罪的主观故意。本案涉案药品日达仙（注射用胸腺法新）属于注射剂药品，销售此类假药，严重侵害了公众的用药安全和生命健康，应依法惩处。

案例四：某药业有限公司诉广东省原食品药品监督管理局、原国家食品药品监督管理总局行政处罚及行政复议案
——监督支持行政机关依法查处生产、销售劣药行为

简要案情

广东省中山市原食品药品监督管理局（以下简称中山食药监局）根据原国家食品药品监督管理总局（以下简称国家食药监总局）的线索通告，于2012年4月对某药业有限公司库存的使用浙江省新昌县某胶丸厂等企业生产的空心胶囊所产胶囊剂药品进行查封和现场抽样并检验，发现5个品种共7批次胶囊剂药品检验项目中铬含量超过国家标准。中山食药监局责令某药业有限公司提供从胶囊生产企业购进药用空心胶囊的供货方资料、销售流向统计表等资料，但该公司仅提供了部分药品销售流向表，未提供完整会计账册，且提供的药品销售情况与事实不符。后中山食药监局以某药业有限公司生产的部分药品铬含量超标，属

劣药,且该公司存在拒绝、逃避监督检查和隐匿有关证据材料等从重处罚情节为由,决定给予其没收劣药、没收违法所得并罚款的行政处罚,该处罚已由人民法院生效判决予以确认。后中山食药监局认为某药业有限公司生产劣药情节严重,向广东省原食品药品监督管理局(以下简称广东省食药监局)提请吊销某药业有限公司的药品生产许可证。广东省食药监局经听证、集体讨论等程序,于2015年6月8日给予某药业有限公司吊销药品生产许可证的行政处罚。某药业有限公司不服,向国家食药监总局申请行政复议。国家食药监总局经行政复议维持了该行政处罚。某药业有限公司仍不服,提起本案行政诉讼,请求撤销行政处罚决定和行政复议决定。

裁判结果

法院经审理认为,生效判决已认定某药业有限公司存在生产销售劣药的违法行为,且在中山食药监局查处该公司生产销售劣药过程中,该公司存在拒绝、逃避检查等行为,属于情节严重的违法行为,依法应当在法定幅度内从重处罚,广东省食药监局作出吊销药品生产许可证的行政处罚于法有据。国家食药监总局作出的行政复议决定亦无程序违法之处。一审法院于2016年11月判决驳回某药业有限公司的诉讼请求。二审法院于2017年3月判决驳回上诉,维持一审判决。

某药业有限公司仍不服,向最高人民法院申请再审。最高人民法院经审查认为,某药业有限公司未尽质量检验法定义务,生产的5个品种共7个批次的胶囊剂药品,经检测铬含量超过国家标准,属于劣药;且在广东食药监局监督检查过程中,存在拒不提供销售客户汇总表、未及时完整提供销售药品的账册和清单、召回已销售药品与实际销售情况不一致等拒绝、逃避监督检查行为,属于情节严重、应当予以从重处罚的情形。广东省食药监局依法作出吊证处罚,国家食药监总局经复议予以维持,程序合法。于2018年7月裁定驳回其再审申请。

典型意义

药品安全涉及到人民群众的生命安全和身体健康,必须实施严格监管,防范杜绝假药、劣药对人民群众生命健康造成损害。食品药品监督管理部门对生产销售假药、劣药的违法行为依法查处,可以在严格把握行政处罚从重情节的基础上,吊销企业的药品生产行政许可,切断危害人民群众生命健康的假药、劣药生产销售链条。人民法院对食品药品监督管理部门依法维护药品安全、保护人民群众生命健康的执法行为,依法予以支持。通过行政机关的积极监管和司法机关的依法审查,共同构筑起惩处危害药品安全违法行为、保护人民群众生命健康的有效屏障。本案中,某药业有限公司不但存在生产、销售劣药的违法行为,而且在行政执法检查过程中,存在拒不配合执法检查的行为,造成已流向市场的劣药无法全部召回,可能给使用该批药品的病人身体健康造成不良影响。广东省食药监局认定某药业有限公司的违法行为属于情节严重之情形,在没收该公司生产的劣药、没收违法所得并给予罚款的同时,另处吊销其药品生产行政许可的行政处罚,合法合理。本案本着坚持合法性审查、尊重行政机关行政裁量的原则,依法驳回某药业有限公司的诉讼请求,彰显了人民法院坚决落实中央"四个最严"要求,积极参与社会治理,严厉查处危害药品安全的违法行为和维护人民群众合法权益的裁判理念。

案例五:某药业有限公司诉山东省济南市原食品药品监督管理局、山东省原食品药品监督管理局行政处罚及行政复议案
——监督支持行政机关依法查处生产劣药行为

简要案情

2011年8月,山东省济南市原食品药品监督管理局(以下简称济南市药监局)根据举报对某药业有限公司进行立案调查,并对其库存的盐酸苯海索片进行部分查封和抽检。经查,自2010年1月至2011年8月,某药业公司未按照批准的生产工艺生产原料药盐酸苯海索,而是通过无药品生产或经营资质的其他公司购进盐酸苯海索粗品,经精制后制成原料药盐酸苯海索,共计1360公斤。2010年1月至2011年6月,该公司对外销售上述原料药盐酸苯海索1010公斤,销售金额为370万元。某药业公司对外购进盐酸苯海索粗品再精制为原料药成品,其行为改变了生产工艺。济南市药监局经立案调查后,于2015年5月作出(济)食药监药罚[2015]1500003号行政处罚决定,没收违法生产的盐酸苯海索29.17公斤和违法所得370万元,处违法生产、销售劣药货值金额(4982169.6元)一倍的罚款 4982169.6 元(罚没款合计

8682169.6元),并责令某药业公司改正该违法行为。某药业公司不服,申请行政复议。山东省原食品药品监督管理局(以下简称山东省食药监局)于2015年8月作出行政复议决定,维持上述处罚决定。某药业公司不服,提起本案行政诉讼,请求撤销上述行政处罚决定和行政复议决定。

裁判结果

法院经审理认为,某药业公司未按照批准的生产工艺生产原料药盐酸苯海索,而是通过无药品生产或经营资质的其他公司购进盐酸苯海索粗品,经精制后制成原料药盐酸苯海索。原料药属于药品的范畴,某药业公司对外购进盐酸苯海索粗品再精制为原料药成品,改变了其生产工艺,依照《中华人民共和国药品管理法》相关规定,应按劣药论处。济南市食药监局依据该法,作出行政处罚决定,认定事实清楚,适用法律正确,程序合法,处罚适当。山东省食药监局作出的复议决定认定事实清楚,适用法律正确,程序合法。一审法院于2016年2月判决驳回某药业公司的诉讼请求。二审法院于2016年9月判决驳回上诉,维持一审判决。某药业公司不服一、二审判决,申请再审。山东省高级人民法院于2017年6月裁定驳回某药业公司的再审申请。

典型意义

本案系人民法院依法支持药品监督管理部门从严查处违法生产销售劣药的典型案例。《中华人民共和国药品管理法》规定,"除中药饮片的炮制外,药品必须按照国家药品标准和国务院药品监督管理部门批准的生产工艺进行生产,生产记录必须完整准确。药品生产企业改变影响药品质量的生产工艺的,必须报原批准部门审核批准"。本案中,某药业公司对其生产的盐酸苯海索原料药进行药品再注册并已经通过审批,应严格按照其申报的生产工艺进行生产。通过某药业公司所提交的《协议》《合作协议》等材料,可以证实该公司通过向其他企业购买原料药粗品,再自行精制为原料药成品的行为,并未向相关药品监督管理部门申请批准,该行为违反了《中华人民共和国药品管理法》的规定。人民法院依法支持药监部门对医药企业违反药品生产流程的处罚行为,是认真贯彻落实中央有关药品安全"四个最严"要求的具体体现,为行政机关依法查处不良药品企业生产假药劣药行为,保障人民群众用药安全提供了有力司法支持。

案例六:秦某诉甘肃省陇西县原食品药品监督管理局行政处罚案
——监督支持行政机关依法查处生产、销售假药行为

简要案情

2015年4月,甘肃省陇西县原食品药品监督管理局(以下简称陇西县食药监局)接到群众关于有不法药商在中药材中掺假的举报信息,指派执法人员前往陇西县中天物流园进行检查,发现现场有大量大青叶、蒲公英等,进行询问后将涉案物品予以扣押。经定西市药品检验检测中心检验,样品名称"蒲公英"的检验结果为:性状、鉴别项不符合规定。2015年7月,陇西县价格认证中心接受陇西县食药监局委托,对涉案财物作出价格鉴定结论书。2016年2月,陇西县人民检察院认为秦某的行为构成生产、销售伪劣产品罪,鉴于其行为系犯罪未遂,犯罪情节轻微,决定对秦某相对不起诉,建议陇西县食药监局对涉案物品进行没收并对秦某给予行政处罚。2017年1月,陇西县食药监局对秦某作出(陇)食药监药罚〔2017〕106号《行政处罚决定书》,没收违法生产的药品"蒲公英"377件,共计24640公斤,并处以违法经营药品货值金额(150304元)二倍计人民币300608元的罚款。秦某不服该行政处罚决定,提起本案行政诉讼,请求撤销该行政处罚决定。

裁判结果

法院经审理认为,本案原告秦某的违法事实已被陇西县人民检察院作出的《不起诉决定书》所认定,陇西县食药监局根据公诉机关查明的事实及采信的证据材料,认定秦某的行为构成以"他种药品冒充此种药品"方式生产、销售假药,陇西县食药监局作出的行政处罚认定事实清楚、证据确凿,定性准确且适用法律正确。秦某在陇西中天中药材专业市场收购蒲公英,用大青叶进行混合并打包的行为被及时查处,该批混合中药材已经在药品市场的流通环节,秦某称其购进中药材混合后当饲料使用的主张没有证据证实,不予采信。一审法院于2017年10月判决驳回秦某的诉讼请求。二审法院于2018年4月判决驳回上诉,维持一审判决。秦某不服,申请再审。2019年7月,甘肃省高级人民法院裁定驳回秦某的再审申请。

典型意义

此案属行刑衔接的案件。药品安全事关国计民生，直接影响人民群众的生命安全和身体健康。药品包括中药材、中药饮片、中成药等，蒲公英和大青叶均是《中华人民共和国药典》收录的具有药用价值的中药材，属于药品的范畴。将大青叶掺入蒲公英中冒充蒲公英，使掺杂有大量大青叶的蒲公英的药用价值可能发生改变，经检验机构检验，其性状、鉴别项均不符合规定，属于《中华人民共和国药品管理法》规定的以"他种药品冒充此种药品"之情形，依法应按假药论处。案涉中药材数量大，共计2万多公斤，如果销售后进入市场将可能对人民群众生命健康产生广泛不良影响，执法部门的查处具有正当性、及时性和必要性。在当前国家积极推进中医药事业和产业高质量发展、推动中医药走向全世界的背景下，对于药品监督管理部门依法查处中药材领域违法行为，人民法院应当依法予以支持，以维护人民群众的用药安全和身体健康，监督促进中药材行业健康发展。

案例七：某药店诉重庆市原食品药品监督管理局万州区分局行政处罚案

——监督支持行政机关依法查处出租药品经营许可证及销售假药行为

简要案情

2015年10月，某药店（甲方）与林某（乙方）签订《药店承包经营合同》，约定甲方将药店承包给乙方管理，并将甲方所有的药店营业执照、药品经营许可证、药品经营质量管理规范认证证书等资质证书提供给乙方使用。后林某将药店交由其母亲蔡某负责经营。2017年10月，重庆市原食品药品监督管理局万州区分局（以下简称重庆食药监局万州分局）对该药店进行现场检查时，查获假药"喘速清TM灵芝枇杷胶囊"12盒。同年12月，重庆食药监局万州分局作出（万州）药罚〔2017〕97号《行政处罚决定书》，认定某药店违法出租药品经营许可证及药店经营权，为蔡某销售假药提供了场所和资质证明，应当从重处罚，决定罚款2万元，吊销某药店药品经营许可证。某药店对吊销药品经营许可证不服，提起本行政诉讼，请求撤销吊销药品经营许可证的行政处罚。

裁判结果

法院经审理认为，某药店将药品经营许可证出租给林某经营，违反了《药品经营许可证管理办法》第十二条"《药品经营许可证》是企业从事药品经营活动的法定凭证，任何单位和个人不得伪造、变造、买卖、出租和出借"之规定。因药店承包人林某的母亲蔡某在负责经营药店期间销售假药"喘速清TM灵芝枇杷胶囊"被查处，重庆食药监局万州分局认定某药店违法出租药品经营许可证，具有情节严重之情形，依据《中华人民共和国药品管理法（2015年修正）》第八十一条规定，作出罚款并吊销药品经营许可证的行政处罚决定，符合法律规定。一审法院于2018年8月判决驳回某药店的诉讼请求。二审法院于2018年12月判决驳回上诉，维持一审判决。

典型意义

本案系人民法院支持药品监督管理部门从严查处违法出租药品经营许可证及销售假药的典型案例。我国法律对药品经营活动实行严格的许可管理制度，未取得药品经营许可证，禁止从事药品经营活动。违法出租药品经营许可证，让不具备药品经营资格的自然人或组织获得药品经营资格，为销售假药劣药提供便利条件的行为，严重扰乱药品市场经营秩序，应当依法从严查处。本案中，某药店与他人签订《药店承包经营合同》，将药店的营业执照、药品经营许可证等资质证书提供给他人使用，定期收取承包费，实际上系通过出租药品经营许可证的方式获利，也为药店实际经营人销售假药提供了场所和资质证明，危及公众用药安全。人民法院依法支持行政机关对某药店给予从重处罚，彰显了人民法院支持药品监督管理部门对药品经营行为给予最严格监管的决心。只有坚决查处危害药品安全的违法行为，贯彻落实从严查处原则，才能最大限度保障公众用药安全，维护人民群众生命健康，同时保障有序的药品市场经营秩序和营造良好的法治营商环境。

案例八：钟某某、杜某甲、杜某乙与某药房、袁某某生命权纠纷案

——销售中药饮片应告知煎服用法及注意事项

简要案情

2017年7月6日，杜某某到某药房购买香加

皮150克，并于当晚将150克香加皮煎水服用，出现胸闷、恶心、呕吐，被家人送往医院，经抢救无效死亡。市场和质量监督管理部门委托检验机构对涉案的香加皮抽样检验，检验结果为质量合格产品。某司法鉴定研究所出具《尸检鉴定意见书》，证明杜某某符合过量服用香加皮导致中毒致死，为死亡的主要原因；其自身所患冠心病的潜在疾病对死亡起辅助促进作用。杜某某的妻子钟某某，儿子杜某甲、杜某乙以某药房在无执业医师、营业员无上岗证的情况下出售香加皮给杜某某而未告知煎服方法及注意事项导致其中毒死亡为由诉至法院，要求某药房及其股东袁某某承担侵权责任。

裁判结果

法院经审理认为，《中华人民共和国药品管理法（2015年修正）》第十九条规定"药品经营企业销售药品必须准确无误，并正确说明方法、用量和注意事项……"。鉴定报告指出杜某某主要因为过量服用香加皮中毒致死，某药房是香加皮销售方，《药品经营质量管理规范（2016）》第一百六十七条第（四）项规定"销售药品应当符合以下要求：（四）销售中药饮片做到计量准确，并告知煎服用法及注意事项；提供中药饮片代煎服务，应当符合国家有关规定。"某药房在销售香加皮时负有告知杜某某煎服香加皮的方法及注意事项的义务，现有证据不足以证明某药房尽到了告知义务，某药房负有告知义务而未作为，具有过错，构成侵权；本案的损害结果是杜某某的死亡，某药房的过错行为与杜某某的死亡具有因果联系，某药房应当承担过错责任。因杜某某的死亡是药房没有尽到说明告知义务与其自身过错、自身疾病共同导致的，所以药房和杜某某应各承担50%的责任。遂判决：一、某药房赔偿钟某某、杜某甲、杜某乙治疗费1249.5元、丧葬费28735元、死亡赔偿金315403元、鉴定费16000元、其他费用8176元的50%计184781.75元；二、某药房赔偿钟某某、杜某甲、杜某乙精神抚慰金10000元；三、某药房应在判决生效后十日内履行完上述款项赔偿义务；四、驳回钟某某、杜某甲、杜某乙的其他诉讼请求。

典型意义

中药饮片不像西药有明确的说明书，中药饮片的功效、毒性、用量等并不被普通群众所熟知，一旦错误用药极易威胁生命健康安全，引发类似本案的悲剧。销售中药饮片应做到计量精准并告知煎服用法及注意事项。本案判决未尽到告知义务的药房对购买人因过量服用香加皮而导致的死亡承担相应的侵权责任，对销售中药饮片的经营者起到警示作用，警示其充分重视购药者的生命健康安全，在销售中药饮片时应充分尽到告知义务，告知中药饮片的煎服方法及注意事项。

案例九：许某与某药房买卖合同纠纷案
——消毒产品标示治疗功能误导消费者购买构成欺诈

简要案情

许某于2016年6月在某药房先后购买了10盒"步洲"皮康乐制剂，共支付了180元。《"步洲"皮康乐制剂说明书》载明"作用"为抑制、杀灭皮肤真菌、霉菌；"批准文号"为鲁卫消证字（2013）第0029号。"步洲系列产品简介"中"皮康乐"的适用范围：由真菌引起的皮肤感染，如脚气、手癣、头癣、体癣、股癣、白癣、脓癣、黄癣、花斑癣（汗斑）、红癣、念珠菌病及一切真菌性皮肤瘙痒；产品优势：古语"行医不治癣，治癣就丢脸"。步洲牌皮康乐，清除真菌性癣病，效果领先。许某认为该药房以非药品冒充药品向其销售的行为违法，遂诉至法院要求该药房返还购物款并按消费者权益保护法三倍赔偿其损失。

裁判结果

法院经审理认为，经营者向消费者提供有关商品或者服务的质量、性能、用途、有效期限等信息，应当真实、全面，不得作虚假或者引人误解的宣传。涉案产品的批准文号为×卫消字（20××）第00××号，系消杀用品（消毒产品），但该产品的说明书、产品简介中均标示其具有治疗真菌性癣病的功效。根据《中华人民共和国药品管理法（2015年修正）》第四十八条"禁止生产（包括配制，下同）、销售假药。有下列情形之一的，为假药：…（二）以非药品冒充药品或者以他种药品冒充此种药品的"的规定，该药房以非药品冒充药品进行销售，致使许某作出错误意思表示，构成欺诈。许某要求该药房返还购物款并按价款的三倍赔偿其损失符合法律规定，法院遂判决该药房返还许某购物款180元并赔偿损失540元。

典型意义

遍布城市大街小巷的药店，为老百姓及时购买药品、消除病痛带来了便利。但一些药品经营企业存在违规宣传销售的消毒、保健品有治疗功能、误导消费者的违法行为，危害人民身体健康。消毒产品不是药，不具备调节人体生理机能的功效，不能用于治疗疾病，与药品有着明显区别。《消毒管理办法》明确规定，消毒产品的标签（含说明书）和宣传内容必须真实，不得出现或暗示对疾病的治疗效果。消费者购买产品时一定要留意产品批准文号，严格区分"国药准字号"和"卫消证字号"产品，不要把消毒产品当药使用，以免延误病情。本案通过认定涉案标示治疗功能的消毒产品为假药、药品经营企业错误引导消费者购药的行为构成欺诈并适用惩罚性赔偿的规定，既能对药品经营企业起到应有的警示作用，规范其经营活动，也有利于引导广大消费者慎重、理性选购治疗性药品，保护消费者的合法权益。

案例十：杨某某诉某药房合同纠纷案
——销售未注明产品批号的药品应承担赔偿责任

简要案情

某药房是经市场监督管理局登记的个体工商户，为个人经营。其经营范围为：处方药与非处方药、抗生素、中成药、化学制剂、保健品、预包装食品销售（依法须经批准项目，经相关部门批准后方可开展经营活动）。2019年6月10日，杨某某到某药房购买"伟哥"，在营业员介绍下购买了"虫草生精胶囊"2大盒，每盒单价500元；"黄金伟哥"1大盒，单价500元；"肾宝片"1大盒，单价500元。合计价款2000元。杨某某现金支付价款后营业员未出具小票，在杨某某的要求下营业员手写了一份购物清单（某药房交款单）并加盖了"某药房现金收讫章"。后杨某某通过国家食品药品监督管理总局官网查询所购"虫草生精胶囊"信息未果，即以所购产品为有毒有害假药为由，提起本案诉讼。

裁判结果

法院经审理认为，本案所涉商品外包装标注了商品功效，其内置说明书明确载明其主要成分、适用人群、用法用量等内容，上述记载均满足了《中华人民共和国药品管理法（2019年修订）》第二条第二款"本法所称药品，是指用于预防、治疗、诊断人的疾病，有目的地调节人的生理机能并规定有适应症或者功能主治、用法和用量的物质，包括中药、化学药和生物制品等"关于药品的定义要件，因此，法院认定本案所涉商品"虫草生精胶囊""黄金伟哥""肾宝片"为药品。

《中华人民共和国药品管理法（2019年修订）》第九十八条第一款规定"禁止生产（包括配制，下同）、销售、使用假药、劣药。"第三款规定"有下列情形之一的，为劣药：（一）药品成分的含量不符合国家标准；（二）被污染的药品；（三）未标明或者更改有效期的药品；（四）未注明或者更改产品批号的药品；（五）超过有效期的药品；（六）擅自添加防腐剂、辅料的药品；（七）其他不符合药品标准的药品"。本案双方均认可在国家食品药品监督管理总局官网查询"虫草生精胶囊""黄金伟哥""肾宝片"信息的查询结果，某药房出售给杨某某的"虫草生精胶囊""黄金伟哥""肾宝片"存在未注明药品产品批号的情况，应当认定为劣药。杨某某请求判令某药房退还货款2000元，并以该货款价格的十倍进行赔偿的诉讼请求，符合法律规定。判决某药房赔偿杨某某货款2000元，并支付赔偿金20000元。

典型意义

食品药品安全关系到人民群众的身体健康和生命安全，国家一向采取严格管控措施。《中华人民共和国药品管理法（2019年修订）》第一百四十四条第三款"生产假药、劣药或者明知是假药、劣药仍然销售、使用的，受害人或者其近亲属除请求赔偿损失外，还可以请求支付价款十倍或者损失三倍的赔偿金；增加赔偿的金额不足一千元的，为一千元。"新修订药品管理法对药品安全实施更为严格的管理，对生产假药、劣药或者明知是假药、劣药仍然销售、使用的行为，加大对受害人购买假药的损失赔偿的金额，对净化药品市场、提高广大群众食品药品安全意识、促进公民知法守法具有十分重要的意义。

最高人民检察院发布5件检察机关依法惩治危害药品安全犯罪典型案例

· 2022年3月4日

杨某某、金某某销售假药案

【关键词】

销售假药罪　主观明知　公益诉讼　普法宣传

【基本案情】

2019年初至2020年1月,被告人杨某某为牟取非法利益,在不具备药品经营资质的情况下,以明显低于市场价的价格从非正规渠道购入处方药"波利维"硫酸氢氯吡格雷片、"立普妥"阿托伐他汀钙片,并通过网络渠道加价对外出售至上海、湖北、山东等全国多地。期间,被告人金某某明知上述药品来源不明,可能系假药的情况,仍利用身为快递员的从业优势,帮助被告人杨某某从事药品打包、收发、寄送等工作,并从中额外获利。2020年1月8日,被告人杨某某、金某某被民警抓获,民警从被告人金某某处查获尚未寄出的"波利维"硫酸氢氯吡格雷片225盒、"立普妥"阿托伐他汀钙片382盒。

经上海市食品药品检验所检验,涉案"波利维"硫酸氢氯吡格雷片未检出硫酸氢氯吡格雷成份,涉案"立普妥"阿托伐他汀钙片未检出阿托伐他汀钙成份。经上海市崇明区市场监督管理局认定,上述涉案产品均存在药品所含成份与国家药品规定的成份不符的情况,依照《中华人民共和国药品管理法》第98条之规定,应认定为假药。

【诉讼经过】

2020年5月9日,上海铁路运输检察院以被告人杨某某、金某某犯销售假药罪提起公诉。2020年5月27日,上海铁路运输法院作出一审判决,被告人杨某某犯销售假药罪被判处有期徒刑二年,并处罚金人民币四千元;被告人金某某犯销售假药罪被判处拘役四个月,缓刑四个月,并处罚金人民币四千元。判决宣告后,二名被告人均未上诉,判决已生效。

【典型意义】

(一)准确适用法律,有效揭示涉案假药的社会危害性。"波利维"硫酸氢氯吡格雷片主要用于预防和治疗急性心肌梗死,"立普妥"阿托伐他汀钙片用于预防和治疗高胆固醇血症、冠心病等病症,均需在医生指导下使用。但本案涉案药品经检验均未检出相关药品成份,属药品所含成份与国家药品规定的成份不符情形,检察机关按照修订后药品管理法关于假药的规定,认定涉案药品系假药。被告人杨某某通过网络渠道将假药销往全国多地,社会危害严重。为进一步揭示涉案假药的实质危害性,检察机关邀请医学专家出具专家意见,进一步阐明涉案假药具有贻误患者病情,甚至危及患者生命安全的严重危害性。

(二)严格把握证明标准,依法全面惩治假药犯罪。针对快递人员金某某的主观明知认定问题,检察机关并未仅仅按照相关供述认定,而是结合金某某长期运送涉案假药,已与杨某某形成密切合作关系,明知杨某某长期使用假身份,获利远高于正常快递工作所得等情形,综合认定其明知杨某某销售假药。金某某作为快递从业人员,在明知杨某某销售假药的情况下,利用其自身从业优势,帮助杨某某打包、收发、寄送假药,构成销售假药罪共犯,应依法追究刑事责任。

(三)联动公益诉讼,全方位维护消费者合法权益。在办理刑事案件的同时,检察机关围绕案件公益诉讼线索开展调查核实,认定被告人金某某所在的快递公司在收件验视制度及执行寄递违禁物品规定方面存在违法行为,邮政管理部门应对涉案快递公司进行行政处罚,存在未依法履职的情形。检察机关充分运用行政公益诉讼诉前监督手段,推动行政机关履行对药品运输的监管职责,促进物流企业落实实名收寄管理制度、履行验视寄递物品责任,从源头上遏制违法犯罪行为。

(四)启动普法宣传,延伸司法办案的预防效果。为进一步扩大办案效果,实现司法办案与普法宣传的有机统一,检察机关以本案为依托,制作普法宣传短片,进一步向广大消费者揭示假药的危害,并警示消费者切勿因贪图低价而选择非正规渠道购药,进而贻误病情。

孟某甲等人生产、销售假药案

【关键词】

生产、销售假药罪　以他种药品冒充此种药品　主观明知　行刑衔接

【基本案情】

被告人孟某甲自2016年开始经营"骨筋经"中医推拿疗养项目,其妻张某某帮助配制药品,其子孟某乙负责销售、培训,2018年、2020年唐某某、卢某某先后加盟该项目。孟某甲在未取得药品生产许可证、药品经营许可证的情况下,购买国药准字号药品装入私自购买的包装袋、包装瓶中,贴上含有服用方法、使用禁忌等内容的标签,制成品名为"百宝丸""妇科胶囊""前列腺内调1号、2号""肾3号""仙丹"的药品,通过坐诊的方式对外销

售。截至案发,孟某甲、张某某、孟某乙销售金额达11万余元,唐某某销售金额为8000余元,卢某某销售金额为3000余元。

经菏泽市食品药品检验检测研究院检验,菏泽市市场监督管理局认定,涉案产品"百宝丸"系用藿香正气软胶囊冒充、"肾3号"系用金匮肾气丸冒充、"前列腺内调1、2号"系六味地黄丸冒充、"妇科胶囊"系妇炎灵胶囊冒充、"仙丹"系云南白药保险子冒充,均属于假药。

【诉讼经过】

2021年11月12日,山东省菏泽经济开发区人民检察院以孟某甲、张某某、孟某乙生产、销售假药罪,唐某某、卢某某销售假药罪提起公诉。2022年1月14日,菏泽经济开发区人民法院作出一审判决,孟某甲犯生产、销售假药罪,判处有期徒刑一年九个月,并处罚金人民币15万元;张某某犯生产、销售假药罪,判处有期徒刑一年六个月,并处罚金人民币十万元;孟某乙犯生产、销售假药罪,判处有期徒刑一年,并处罚金人民币五万元;唐某某犯销售假药罪,判处有期徒刑十个月,并处罚金人民币二万元;卢某某犯销售假药罪,判处有期徒刑八个月,并处罚金人民币一万元。各被告人均未上诉,判决已生效。

【典型意义】

(一)准确认定"假药",依法惩处制售假药犯罪。生产、销售假药犯罪,损害人民群众身体健康和用药安全,社会危害严重,应依法从严惩处。被告人孟某甲配制药品的方式是将购买的国药准字号药品直接更换包装、变更名称,涉案药品能否认定为假药是本案的关键。检察机关审查认为,一是涉案产品含有药品成份,被告人宣称针对特定疾病具有治疗效果,将其作为"药品"生产和销售。二是涉案产品未取得药品生产许可证和经营许可证。三是以他种药品冒充此种药品,可能会因为适应症状、功能主治、服用方法、药物用量等禁忌而导致出现严重危害结果,且确实存在有患者服用后出现身体不适的情况,结合菏泽市市场监督管理局出具的假药认定意见书和菏泽市食品药品检验检测研究院的检验报告,根据药品管理法第98条第2款第2项的规定,综合认定涉案产品属于"以他种药品冒充此种药品",应当认定为假药。

(二)依法认定被告人主观明知,确保指控效果。认定行为人的主观故意,应当结合从业经历、认知能力、进货渠道及价格等事实综合判断认定。针对唐某某、卢某某声称主观上不明知所销售药品系假药的辩解,检察机关审查认为,从经营资质来看,唐某某、卢某某本身无药品经营资质,也未对孟某甲进行相关资质审查,即从孟某甲处购买药品并对外销售,未尽到审查义务;从产品包装来看,孟某甲所配制的药品外包装没有生产日期、生产地址、成份信息、生产批号,只显示名称、使用方法及一些简单的禁忌事项,不符合一般人对于正规药品的认知。综合以上情况,认定二人对其销售的药品系假药存在主观明知,构成销售假药罪。

(三)加强行刑衔接,积极引导侦查取证。市场监管部门发现涉嫌假药案件线索后,商请检察机关就线索研判、案件定性等提供协助,并及时移送公安机关。检察机关立即抽调办案骨干,多次与执法人员共同研判线索,确保准确认定事实适用法律。公安机关立案后,检察机关迅速派员介入侦查,引导公安机关全面取证,调取营业执照、注册登记信息等,查明嫌疑人是否取得药品生产、经营资质,委托药品检验机构对扣押的疑似药品进行质量检验,对扣押的手机进行电子数据勘查,及时收集证人证言、被害人陈述等证据,以证实主观明知和涉案金额。通过积极引导侦查,为刑事诉讼活动的顺利进行奠定了坚实的证据基础。

王某某等人妨害药品管理案

【关键词】

妨害药品管理罪 未取得药品批准证明文件 足以严重危害人体健康 引导取证

【基本案情】

2009年8月至2019年8月,被告人王某某伙同他人通过电话联系,向湖南、重庆、江西等地销售"张氏筋骨一点通""复方川羚定喘胶囊"等未取得药品相关批准证明文件生产的药品,销售金额共计238万余元。期间,2019年6月至8月,被告人物流公司邮递员罗某某明知王某某等人托运上述药品的情况下,伙同被告人薛某某帮助邮寄销售,销售金额共计23万余元。

经河南省食品药品检验所检验,涉案的"张氏筋骨一点通"胶囊检出布洛芬、双氯芬酸钠、吲哚美辛等化学药物;"复方川羚定喘"胶囊检出茶碱、醋酸泼尼松等化学药物。经濮阳市市场监督管理局认定，涉案药品长期服用足以危害患者身体健康。

【诉讼经过】

2020年8月10日，河南省濮阳市华龙区人民检察院对王某某等三人提起公诉。2021年6月22日，濮阳市华龙区人民法院作出一审判决，认定王某某等三人犯妨害药品管理罪，判处王某某有期徒刑二年十个月，并处罚金人民币二十万元；罗某某有期徒刑一年十个月，并处罚金人民币二万元；薛某某有期徒刑一年七个月，并处罚金人民币一万元。各被告人均未上诉，判决已生效。

【典型意义】

（一）准确判断涉案药品对人体健康的危害程度，依法严惩危害药品安全犯罪。王某某等人销售的药品号称主治风湿哮喘，经检验其中含有多种化学药物成份。上述化学药物在使用剂量或使用方法等方面有严格规定，有的为处方药，存在配伍禁忌，有的治疗中主要通过吸入途径给药，需在医生指导下用药，若在长期不知情下服用，会导致脏器损伤或延误疾病治疗，诱发或加重疾病，足以危害患者身体健康。销售此类药品不仅严重扰乱了正常的药品管理秩序，还可能造成贻误诊治、加重病情，甚至危害患者生命的严重后果。检察机关依法从严打击此类犯罪行为，有力震慑危害药品安全违法犯罪活动，切实维护药品安全和人民群众生命健康。

（二）及时转变认定思路，夯实定罪量刑证据基础。侦查阶段，濮阳市市场监督管理局依据修订前药品管理法第48条，认为涉案药品属于"依照本法必须批准而未经批准生产"，作出"按假药论处"的认定。进入审查起诉阶段，修订后药品管理法对假药的范围进行了调整，删除了"按假药论处"的情形，涉案药品不能再认定为"假药"。鉴于本案中王某某等人系明知没有取得药品相关批准证明文件生产的药品而销售，检察机关及时转变指控思路，要求公安机关与市场监管部门、药品检验检测机构对服用涉案药品的危害性进行论证，得出涉案药品"足以严重危害人体健康"的结论，最终认定王某某等人构成妨害药品管理罪，并得到法院支持。

（三）积极引导侦查取证，准确认定涉案犯罪数额。公安机关移送起诉时认定王某某犯罪数额为90余万元，且王某某始终拒不供认其销售涉案药品的行为，辩称收取药款的户名为孟某甲的银行卡系其拾得，仅取款一次。检察机关引导公安机关补充收集孟某甲银行卡卡号变更前的交易记录、取款凭证，并对取款人签名笔迹进行鉴定，查清了该银行卡自开户以来即为王某某销售涉案药品所使用的事实，最终认定王某某的犯罪数额为230余万元，为准确定罪量刑奠定了坚实基础。

吴某等人生产、销售伪劣产品案

【关键词】

生产、销售伪劣产品罪　劣药认定　刑事附带民事公益诉讼　惩罚性赔偿

【基本案情】

2018年8月底，被告人吴某利用担任Z药业公司药品研发中心检验五室副主任的职务便利，截留实验室送检检材盐酸安罗替尼原料药，向公司同事索要药品处方、原料药和印有商标的胶囊壳，网购辅料药，仿造商标标识，擅自生产该公司抗癌专利药盐酸安罗替尼胶囊对外销售。后被告人吴某配制8mg和4mg含量的盐酸安罗替尼胶囊假冒12mg含量进行销售，共计销售422瓶，销售金额82万余元。被告人吴某洁作为吴某女友，明知其私自配制药品，仍帮助吴某网购制药用品，联系快递发货，提供其个人及亲属微信收款码收取、保管销售款，参与销售金额44万余元。2019年3月27日，公安机关从吴某处查扣涉案药品31瓶。经江苏省连云港市食品药品检验检测中心检验，药品含量均匀度及盐酸安罗替尼含量不符合标准规定，连云港市市场监督管理局认定该药品为劣药。

【诉讼经过】

2019年12月26日，江苏省连云港市海州区人民检察院以生产、销售伪劣产品罪对被告人吴某、吴某洁提起公诉；基于涉案药品侵害了不特定消费者的知情权、健康权等合法权益，一并对吴某、吴某洁提起刑事附带民事公益诉讼。2020年11月26日，海州区人民法院作出一审判决，以生产、销售伪劣产品罪，分别判处被告人吴某有期徒刑八年，并处罚金人民币四十二万元；被告人吴某洁有期徒刑三年，缓刑五年，并处罚金人民币二十三万元。被告人吴某交付赔偿款人民币229万余

元，被告人吴某洁对132万余元承担连带责任；被告人吴某、吴某洁在国家级媒体向社会公众公开赔礼道歉。被告人吴某提出上诉后，连云港市中级人民法院二审裁定，驳回上诉，维持原判。判决已生效。

【典型意义】

（一）依法严厉打击制售伪劣药品犯罪，维护人民群众用药安全。检察机关认真落实食品药品安全"四个最严"要求，对药品犯罪依法从严打击。本案中，办理药品类犯罪案件的刑事检察部门积极对接公益诉讼检察部门，提起刑事附带民事公益诉讼，要求责任主体承担三倍惩罚性赔偿金，并在国家级媒体向社会公众公开赔礼道歉，加大违法成本，实现有效震慑。同时，向社会公开传递对危害药品安全犯罪行为实施"最严厉惩罚"的信号，引导从业者敬畏法律，不得逾越药品安全的底线。

（二）强化药品实质功效判断，对制售伪劣药品行为准确适用法律。2019年药品管理法对劣药的范围进行了调整，删除了按劣药论处的情形，强调实质功效判断。检察机关在审查药品性质时可依据检验机构的检验报告、行政部门的认定意见，实质审查认定劣药。对于生产、销售伪劣药品行为的定罪量刑，应结合涉案药品的性质和案件后果进行全面评价。对于涉案药品经检验相关成份含量不符合药品标准被认定为劣药的，应同时审查有无对人体健康造成严重危害的证据。生产、销售劣药没有对人体健康造成严重危害，不构成生产、销售劣药罪，但如果销售金额五万元以上的，应当按照刑法第一百四十九条的规定，以生产、销售伪劣产品罪定罪处罚。

（三）坚持打击与保护并重，助力高新企业堵塞知识产权保护管理漏洞。假药、劣药等伪劣产品的生产、销售，不仅危害广大患者的生命健康权和知情权，同时还因低价倾销、功效降低等问题侵害专利药研发企业经济效益与社会声誉，不利于行业的技术创新和良好发展。本案中，检察机关在打击生产、销售伪劣产品犯罪的同时，针对涉案企业经营管理中暴露出的知识产权保护、现代化管理体制问题和漏洞，制发《检察建议书》《法律风险提示函》，帮助企业建章立制、长效运行，提升企业知识产权保护水平和经营管理能力现代化，切实维护企业合法权益。

陈某贩卖麻醉药品案

【关键词】

贩卖毒品罪　国家管制　麻醉药品

【基本案情】

被告人陈某系上海市某医院普外科医生，其于2012年因给殷某做外科手术而结识，后了解到殷某对舒芬太尼（系国家管制的麻醉药品）成瘾，平日需大量使用该药物。2015年至2017年间，陈某向本院多名麻醉科医生谎称自己亲友患有癌症需要镇痛药物，多次从上述医生处违规获取1000余瓶舒芬太尼针剂（每瓶含舒芬太尼50微克，共计0.05克，相当于2克海洛因）后提供给殷某使用，从中非法获利人民币310余万元。

【诉讼经过】

2020年3月24日，上海市浦东新区人民检察院以被告人陈某涉嫌贩卖毒品罪提起公诉。2020年10月30日，上海市浦东新区人民法院作出一审判决，被告人陈某因犯贩卖毒品罪被判处有期徒刑四年，并处罚金。判决宣告后，被告人陈某未提出上诉，判决已生效。

【典型意义】

（一）国家管制的麻醉药品可构成刑法意义上的"毒品"。国家管制的麻醉药品和精神药品，因具有临床治疗价值，在严格管理使用条件下可作为药物使用，故出于医疗、科研等合法目的使用时，属于药品，但出于满足药物瘾癖而使用时，则属于毒品。根据《麻醉药品和精神药品管理条例》等相关法律规定，涉案药物"舒芬太尼"列入国务院药品监督管理部门制定的《麻醉药品品种目录》，系受国家管制的麻醉药品，为了满足药物瘾癖使用，可构成刑法意义上的毒品。

（二）向吸毒人员大量提供麻醉药品行为社会影响恶劣，应依法严惩。被告人陈某身为医务人员，严重践踏执业底线，明知"舒芬太尼"属于国家规定管制的能够使人形成瘾癖的麻醉药品，为牟取非法利益，利用其工作便利，将从其他医务工作人员处骗取的"舒芬太尼"多次向吸毒人员大量提供，依法构成贩卖毒品罪，且犯罪情节严重，应当予以严惩。

（三）准确认定涉案罪名，确保罪责刑相适应。向吸食、注射毒品的人提供国家规定管制的能够使人形成瘾癖的麻醉药品、精神药品的行为，构非法提供麻醉药品、精神药品罪还是贩卖毒品罪，需要结合案件具体情况予以判断。非法提供麻醉药品、精神药品罪由特殊主体构成，即依法从事生产、运输、管理、使用麻醉药品的人员，而贩卖毒品罪由一般主体构成。本案中，被告人陈某系医院的普外科医生，其本人不是依法从事生产、运输、管理、使用国家管制的麻醉药品、精神药品的人员，利用在医院工作的便利条件，从同院麻醉科医生处骗取涉案"舒芬太尼"后有偿提供给吸毒人员，应认定其构成贩卖毒品罪。

最高人民法院、最高人民检察院发布六起危害食品安全刑事典型案例

· 2021 年 12 月 31 日

案例一：张某某生产、销售有毒、有害食品案
——用工业甲醛清洗净水设备致桶装饮用水含有甲醛成分

简要案情

2014 年起，被告人张某某在未取得食品生产许可证的情况下，在山东省日照市经济技术开发区一封闭院落内，用购进的两套净水设备生产桶装饮用水（纯净水）并对外销售。2015 年 3 月 6 日，日照经济技术开发区市场监督管理局在执法检查时发现，张某某未取得食品生产许可证而生产、销售桶装饮用水，且所生产的桶装饮用水经检测菌落总数超标，遂对张某某作出行政处罚。此后，张某某仍继续非法生产、销售桶装饮用水。因其中一套净水设备不带杀菌消毒功能，张某某遂在生产过程中使用工业甲醛对净水设备进行清洗杀菌。2017 年 3 月 4 日，日照经济技术开发区市场监督管理局根据群众举报，与市公安局日照经济技术开发区分局对张某某经营的水厂进行联合执法检查，在生产车间内提取 1 个甲醛溶液瓶。经鉴定，该甲醛溶液瓶内液体检出甲醛成分，含量为 264350mg/L；该水厂水井内的原水未检出甲醛成分；抽检的两种桶装饮用水中甲醛含量分别为 0.05mg/L 和 0.08mg/L。

裁判结果

山东省日照经济技术开发区人民法院审理认为，被告人张某某为谋取非法利益，未按规定取得食品生产许可即擅自生产、销售桶装饮用水，且在生产过程中用不符合食品安全标准的消毒剂清洗净水设备造成桶装饮用水掺入有毒、有害的非食品原料，其行为已构成生产、销售有毒、有害食品罪。鉴于本案未对人体健康造成严重危害后果，也不具有其他严重情节，应对张某某处五年以下有期徒刑，并处罚金。据此，以生产、销售有毒、有害食品罪判处被告人张某某有期徒刑二年，并处罚金人民币五万元。

典型意义

随着人们生活水平的提高，桶装饮用水走进千家万户，成为人们日常生活的必需品，因此桶装饮用水的质量直接关系到老百姓的健康安全。目前，因桶装饮用水市场高度分散，各种自产自销的小品牌充斥市场，且行业门槛和违法成本低，导致桶装饮用水质量良莠不齐。本案就是违法生产桶装饮用水乱象的一个缩影。工业甲醛俗称福尔马林，属于国务院卫生行政部门公布的《食品中可能违法添加的非食用物质名单》上的物质，被明令禁止用于食品生产，属于有毒、有害的非食品原料。被告人在未取得食品生产经营许可证的情况下违法生产桶装饮用水，并使用工业甲醛作为消毒剂清洗净水设备，造成桶装饮用水中掺入甲醛成分。为惩治此类使用不符合食品安全标准的洗涤剂、消毒剂造成食品被污染的危害行为，《解释》第十二条明确规定，在食品生产、销售、运输、贮存等过程中，使用不符合食品安全标准的食品包装材料、容器、洗涤剂、消毒剂，或者用于食品生产经营的工具、设备等，造成食品被污染，符合刑法第一百四十三条、第一百四十四条规定的，以生产、销售不符合安全标准的食品罪或者生产、销售有毒、有害食品罪定罪处罚。鉴于本案桶装饮用水中掺入有毒、有害的非食品原料，故以生产、销售有毒、有害食品罪定罪处罚。

案例二：张某生产、销售不符合安全标准的食品案
——无证生产、销售不符合食品安全标准的鹌鹑蛋致百余人食源性疾病

简要案情

2019 年 6 月，被告人张某在未取得食品经营许可证、食品生产加工小作坊登记证等相关证件的情

况下，租赁内蒙古自治区杭锦后旗陕坝镇某小区车库加工鹌鹑蛋，并通过流动摊点对外销售。因张某在生产、贮存、销售鹌鹑蛋的各个环节均不符合食品安全标准，导致食用该鹌鹑蛋的123人出现不同程度的食源性疾病，其中被害人周某某被鉴定为轻伤二级。经检测，张某生产、销售的熏鹌鹑蛋、无壳鹌鹑蛋、带壳鹌鹑蛋中大肠菌群、沙门氏菌检验结果均不符合食品安全国家标准。根据流行性病学调查、杭锦后旗医院采集粪便检验结论、杭锦后旗市场监督管理局事件调查和检验结论，认定此次事件为食用鹌鹑蛋引起的聚集性食源性疾病事件。

裁判结果

内蒙古自治区杭锦后旗人民法院审理认为，被告人张某违反食品安全管理法律法规，生产、销售不符合食品安全标准的食品，致使123人引发不同程度的食源性疾病，其行为构成生产、销售不符合安全标准的食品罪。张某的行为造成1人轻伤二级，应认定为"对人体健康造成严重危害"，处三年以上七年以下有期徒刑，并处罚金。张某经公安机关传唤到案后如实供述犯罪事实，构成自首，并积极赔偿被害人经济损失取得谅解。据此，以生产、销售不符合安全标准的食品罪判决被告人张某有期徒刑四年，并处罚金人民币五千元。

典型意义

食品"三小行业"，即小作坊、小摊贩和小餐饮，在我国食品供应体系中发挥着重要的作用，以其多样的品种供给和灵活的经营模式，为人们提供了丰富便利的饮食服务。但与此同时，由于行业门槛低、流动性强、摊点分散、部分从业人员法律意识淡漠等原因，给执法监管造成较大难度，导致食品"三小行业"成为我国食品安全问题的重灾区。特别是大街小巷随处可见推车售卖的流动摊贩，无证经营情况突出，食品安全状况令人堪忧。本案被告人即属于无证经营的流动摊贩，其生产、贮存、销售食品的各个环节都不符合食品安全标准，造成一百余人食源性疾病，其中1人轻伤二级的严重后果，应依法予以惩处。

案例三：张某等生产、销售伪劣产品案
——为非法牟利给待宰生猪打药注水

简要案情

被告人张某系辽宁省沈阳市某肉业有限公司实际经营者。2017年8月，张某经人介绍结识被告人蒋某某，蒋某某称可通过屠宰厂内待宰生猪打药注水，达到增加生猪出肉率的目的。张某为谋取非法利益，同意雇佣蒋某某等人给其屠宰厂的待宰生猪打药注水，并约定每注水一头生猪向蒋某某支付报酬8元。2017年8月至2018年5月，蒋某某先后雇佣被告人高某某等10余人到张某经营的肉业公司，通过给待宰生猪注射兽用肾上腺素和阿托品后再注水的方式达到非法获利目的，共计给5.5万余头待宰生猪打药注水。经审计鉴定，打药注水后的生猪及其肉制品销售金额达8250万余元。

裁判结果

辽宁省锦州市中级人民法院审理认为，被告人张某雇佣他人给待宰生猪打药注水，使被打药注水的猪肉产品存在危及人身安全的食品安全风险，属于生产、销售不合格产品，其行为已构成生产、销售伪劣产品罪。张某销售金额达200万元以上，应处十五年有期徒刑或者无期徒刑，并处销售金额百分之五十以上二倍以下罚金或者没收财产。据此，以生产、销售伪劣产品罪判处被告人张某有期徒刑十五年，并处罚金人民币四千二百万元；其他被告人被判处有期徒刑七年至十五年不等刑期，并处罚金。

典型意义

当前，一些不法分子为了牟取非法利益，在生猪屠宰前给生猪注水的违法犯罪频发，导致大量注水肉流向百姓餐桌。更为恶劣的是，不法分子在注水的同时为了增强注水效果还同时给生猪打药。司法实践中，不法分子为了逃避打击，不断更新换代药物配方，目前常见多发的是使用肾上腺素和阿托品等允许使用的兽药，生猪注药后往往检测不出药物残留，导致对此类违法犯罪行为因取证难、鉴定难、定性难，影响了惩治效果。对此，《解释》第十七条第二款区分屠宰相关环节打药注水的不同情况，作出明确规定。对于给生猪等畜禽注入禁用药物的，以生产、销售有毒、有害食品罪定罪处罚；对于注入肾上腺素和阿托品等非禁用药物的，足以造成严重食物中毒事故或者其他严重食源性疾病的，以生产、销售不符合安全标准的食品罪定罪处罚；虽不足以造成严重食物中毒事故或者其他严重食源性疾病，但销售金额在五万元以上的，以生产、销售伪劣产品罪定罪处罚。

本案中，被告人张某雇佣人员向生猪注入肾上腺素和阿托品等非禁用药物，虽不能检测出药物残留，也应以生产、销售伪劣产品罪定罪处罚。

案例四：上海某国际贸易有限公司及刘某某生产、销售伪劣产品案
——销售超过保质期的烘焙用乳制品200余吨

简要案情

2016年1月，时任被告单位上海某国际有限公司法定代表人、总经理的被告人刘某某在得知公司部分奶粉、奶酪已经过期后，将该批奶粉、奶酪销售给尚某某经营的公司。2016年1月15日，上海某国际有限公司将存放公司仓库内的超过保质期的新西兰恒天然全脂奶粉8330袋（25KG/袋），以及超过保质期的新西兰恒天然切达奶酪269箱（20KG/箱）交付给尚某某（另案处理）经营的公司，销售金额共计295万余元。2016年4月，上述部分超过保质期的奶粉及全部奶酪被执法部门查获。

裁判结果

上海市第三中级人民法院审理认为，被告单位上海某国际有限公司及被告人刘某某为牟取非法利益，违反国家法律法规，以超过保质期的不合格产品冒充合格产品进行销售，销售金额达295万余元，其行为均构成销售伪劣产品罪，应依法惩处。据此，以销售伪劣产品罪分别判处被告单位上海某国际贸易有限公司罚金人民币三百万元；被告人刘某某有期徒刑十五年，并处罚金人民币三十万元。

典型意义

一些不法商家为了非法逐利，用超过保质期的食品原料、超过保质期的食品、回收食品生产食品，或者以更改生产日期、保质期、改换包装等方式继续出售超过保质期的食品、回收食品。此类行为因具有较高的食品安全风险，因而被《食品安全法》等法律法规明令禁止。但实践中仍屡禁不止，严重危害人民群众的饮食安全。对此，《解释》第十五条对此类犯罪惩处作出明确规定。用超过保质期的食品原料、超过保质期的食品、回收食品生产的食品和超过保质期的食品、回收食品，因存在危及人身安全的不合理的危险，应认定为不合格产品。生产、销售上述食品，销售金额在五万元以上的，以生产、销售伪劣产品罪定罪处罚。同时构成生产、销售不符合安全标准的食品罪等其他犯罪的，依照处罚较重的规定定罪处罚。本案中，无证据证明被告单位和被告人构成其他犯罪，故以生产、销售伪劣产品罪定罪处罚。

案例五：崔某等非法经营及陈某某等生产、销售有毒、有害食品案
——向食品生产企业销售工业明胶用于加工皮冻

简要案情

2012年至2016年5月，被告人崔某指使他人从河北省、山东省、山西省购进工业明胶642.25吨，购进款共计1188.88万元。崔某指使被告人殷某某等人在辽宁省沈阳市、黑龙江省哈尔滨市设立销售点，以提供给他人生产、销售食品为目的，将购进的工业明胶销往黑龙江省、北京市等地，销售数量640.85吨，销售金额达1608.29万余元，违法所得达420万余元。其中，被告人陈某某从崔某处购买工业明胶6025公斤，将其中5970.23公斤工业明胶用于生产皮冻并销售，销售金额达63万余元。被告人高某等13人分别从殷某某等人处购买工业明胶用于制作皮冻并销售，销售金额从1.8万余元至53万余元不等。

裁判结果

吉林省通化市人民法院审理认为，被告人崔某等人以提供给他人生产、销售食品为目的，违反国家规定，销售禁止用于食品生产、销售的非食品原料，其行为均已构成非法经营罪。被告人陈某某等人在生产、销售的食品中掺入有毒、有害的非食品原料，其行为均已构成生产、销售有毒、有害食品罪。崔某非法经营数额达1608万余元，应认定为"情节特别严重"，处五年以上有期徒刑，并处违法所得一倍以上五倍以下罚金或者没收财产；陈某某等2人销售金额达50万元以上，应认定为"其他特别严重情节"，处十年以上有期徒刑、无期徒刑或者死刑，并处罚金或者没收财产；另有4名被告人销售金额达20万元以上，2名被告人销售金额在10万元以上不满20万元，但生产、销售有毒、有害食品数量大，且持续时间长，均应认定为"其他严重情节"。据此，以非法经营罪分别判处被告人崔某有期徒刑十五年，并处罚金人民币一千万元；以生产、销售有毒、有害食品罪判处被告人陈某某有期徒刑十年，并

处罚金人民币六十万元。其他被告人被判处有期徒刑一年三个月至十二年不等刑期，并处罚金。

典型意义

实践中，大量危害食品安全犯罪都存在上下游不同参与者。只有既打市场，又打源头，才能有效遏制食品犯罪的发生。其中，生产、销售国家禁止用于食品生产、销售的非食品原料，是典型的危害食品安全的上游犯罪。而将这些禁用物质用于食品生产、销售的行为，则是典型的危害食品安全犯罪。工业明胶属于国务院卫生行政部门公布的《食品中可能违法添加的非食用物质名单》上的物质，被明令禁止用于食品生产。被告人崔某等人以提供给他人生产、销售食品为目的，销售工业明胶的行为，构成非法经营罪。被告人陈某某等人在皮冻生产过程中故意添加工业明胶的行为，构成生产、销售有毒、有害食品罪，均应依法从严惩处。

案例六：陈某某诈骗案
——采用冒充专家诊疗、伪造体检报告、虚假宣传等手段针对老年人实施保健食品诈骗

简要案情

2011年5月，被告人陈某某在江苏省南京市注册成立多家公司，以老年人为主要对象进行保健食品销售。陈某某对公司人员统一管理，统称"金鹰团队"。陈某某通过"金鹰团队"掌控整个犯罪集团，并对该犯罪集团在江苏、浙江、安徽等地设立的几十个销售平台实行网格化管理。2016年，陈某某引入"平台旅游会销"模式，销售人员以免费旅游的名义将老年人骗至销售平台。陈某某通过安排员工冒充知名医学专家进行门诊咨询、假冒医务人员进行虚假检测、伪造检测报告，虚假宣传公司销售的免疫球蛋白等保健食品能够预防和治疗心脑血管疾病、癌症肿瘤、糖尿病等，以及购买产品享有国家补贴等方式，使被害人相信自己有高患癌风险，须服用该产品预防，从而使被害人高价购买保健食品。至2018年案发时，陈某某组织、领导"金鹰团队"犯罪集团实施诈骗活动，诈骗金额达1161万余元。

裁判结果

江苏省常州市天宁区人民法院审理认为，被告人陈某某以非法占有为目的，采取虚构事实、隐瞒真相的手段，骗取他人财物，其行为已构成诈骗罪。陈某某为达到敛财目的，创设"平台旅游会销"诈骗模式，组成较为固定的犯罪集团实施犯罪活动。陈某某是该犯罪集团的首要分子，应按照集团所犯的全部罪行处罚。陈某某诈骗数额达1161万余元，应认定为"数额特别巨大"，处十年以上有期徒刑或者无期徒刑，并处罚金或者没收财产。据此，以诈骗罪判处被告人陈某某有期徒刑十四年，并处罚金人民币八百万元。其他被告人被判处有期徒刑一年二个月至十二年六个月不等刑期，并处罚金。

典型意义

保健食品俗称保健品。随着生活水平的提高，老年人"花钱买健康"的观念逐步深入人心。一些不法分子抓住老年人有保健需求的心理，先采用免费体检、"专家"义诊、免费旅游等方式吸引老年人参与，再通过虚假诊疗、伪造检测报告、夸大宣传保健品功能等手段，向老年人高价销售保健品，达到骗取财物的目的。通过营销保健品诈骗财物，不仅侵害当事人的财产权益，甚至还会延误正常诊疗，危害生命健康安全。对此，《解释》第十九条明确规定，违反国家规定，利用广告对保健食品或者其他食品作虚假宣传，符合刑法第二百二十二条规定的，以虚假广告罪定罪处罚；以非法占有为目的，利用销售保健食品或者其他食品诈骗财物，符合刑法第二百六十六条规定的，以诈骗罪定罪处罚。同时构成生产、销售伪劣产品罪等其他犯罪的，依照处罚较重的规定定罪处罚。

最高人民检察院、国家市场监督管理总局、国家药品监督管理局联合发布15件落实食品药品安全"四个最严"要求专项行动典型案例

· 2021年2月19日

案例一：上海查处生产经营标注虚假生产日期的食品案

一、基本案情

2019年8月，上海市松江区市场监督管理局接到举报，反映上海和亦食品有限公司涉嫌篡改

产品生产日期。由于举报人无法提供更多更准确的信息，松江区市场监管局组成调查组进行现场排摸，发现企业在相对隐蔽的仓库内通过错时的方式进行生产，生产区域从里面反锁并安装了监控，稍有惊动便可能导致证据的灭失。调查组仔细分析了生产车间厂房平面图，通过实时监控系统掌握当事人的生产时间、人员、规律等情况，制定了完备的调查方案。

2019年8月7日上午8时，在企业员工开门倾倒垃圾的时刻，执法人员兵分两路，快速出击，在企业的外包装间查见从业人员正在使用抹布和喷码机清洗剂擦拭奶酪熏肠上的生产日期标识：2019/4/17，同时用喷码机进行重新喷码，喷码机字样显示为2019/08/07A1，两者字体、字号完全一致。松江区市场监管局当日对企业立案调查，查扣违法生产的食品、用于篡改生产日期的喷码机、清洗剂、不干胶贴纸、抹布等违法工具设备，并对现场操作人员进行逐一询问。经查，上海和亦食品有限公司为延长产品销售期限，从2019年8月1日起，对积压的临近保质期以及已经过期的"奶酪熏肠"等产品篡改生产日期，截至案发，共篡改奶酪熏肠1487包、德式经典煎肠3757包、德式图林根煎肠441包、德式纽伦堡煎肠698包，货值金额177081元，已销售生产日期被篡改的德式经典煎肠54包。

二、处理结果

案发后，上海和亦食品有限公司对已出厂销售的54包德式经典煎肠全部召回。当事人篡改临近保质期及超过保质期食品的生产日期的行为违反了《中华人民共和国食品安全法》第三十四条的规定，松江区市场监管局依据《中华人民共和国食品安全法》第一百二十四条，吊销该企业食品生产许可证，没收违法生产的产品及工具、设备等，并处罚款301万元。

三、典型意义

该案系打击篡改保质期违法行为，维护食品安全的典型案例。

（一）该案违法行为危害性大、隐蔽性强、主观故意明显。涉案产品为肉制品，肉类食品超过保质期会导致细菌大量生长，致使蛋白质腐败变质，甚至会产生毒素，容易造成感染性的肠道疾病等，给食品安全带来严重隐患。该案违法行为隐蔽性强，持证企业在暗地里从事违法行为，还特意精心设计了一条逃避监管的路线，从选择违法生产的地点、生产时间（非上班时间段）、生产人员到出货的方式途径，都经过事先详细的计划和安排，存在明显的主观故意。

（二）多措兼施并行，打造综合执法利器。执法人员在接到举报线索后，迅速成立专案小组，严密部署。在调取该公司的远程视频监控，锁定违法行为后，第一时间赶赴现场，摸准时机，成功进入现场抓住现行，当场破获当事人篡改产品生产日期的违法行为。执法部门综合运用各项职能，利用内部举报、远程视频监控等手段使违法行为无处遁形，展现了机构改革后市场监管部门不断凝聚的综合执法力量。

（三）准确定性合理裁量，严厉打击食品安全违法行为。该案经过上海市市场监管局、松江区市场监管局两级局长办公会议集体讨论，严格落实最高人民检察院、市场监管总局等部门联合印发的《关于联合开展落实食品药品安全"四个最严"要求专项行动的通知》要求，准确定性合理裁量，对当事人予以从重处罚，吊销食品生产许可证并处罚金，呼应了社情民意，体现了法治精神。

案例二：山东查处上海拉扎斯信息科技有限公司济南分公司未履行平台责任案

一、基本案情

2020年6月，山东省济南市市场监督管理局通过互联网和大数据对网络订餐第三方平台进行监控和异常数据抓取时发现，"饿了么"订餐平台上的两家入网餐饮业户曹某（济南槐荫欣怡快餐店）、王某（济南市长清区香当当快餐店）涉嫌存在未取得食品经营许可证、未公示相关信息等违法行为。执法人员立即对"饿了么"经营主体上海拉扎斯信息科技有限公司济南分公司进行现场检查，但在"饿了么"平台上未发现两店铺相关信息。执法人员现场展示了济南市市场监管局抓取的两段视频，视频显示在"饿了么"平台"济南槐荫欣怡快餐店""济南市长清区香当当快餐店"展示有营业执照，未见食品经营许可证以及量化分级信息，上海拉扎斯信息科技有限公司济南分公司负责人员对视频予以认可。

2020年6月11日，执法人员对曹某（济南槐荫欣怡快餐店）、王某（济南市长清区香当当快餐店)进行调查,并对上海拉扎斯信息科技有限公司济南分公司立案调查。经查,曹某(济南槐荫欣怡快餐店)未取得《食品经营许可证》,王某(济南市长清区香当当快餐店)2016年10月16日取得《食品经营许可证》,量化分级为B级;上海拉扎斯信息科技有限公司济南分公司未严格履行平台责任,未对曹某(济南槐荫欣怡快餐店)的食品经营许可证进行审查,未公示王某(济南市长清区香当当快餐店)食品经营许可证以及量化分级信息。

二、办理结果

上海拉扎斯信息科技有限公司济南分公司未对入网餐饮服务提供者的食品经营许可证进行审查的行为违反了《中华人民共和国食品安全法》第六十二条、《网络餐饮服务食品安全监督管理办法》第八条规定,济南市市场监督管理局依据《中华人民共和国食品安全法》第一百三十一条、《网络餐饮服务食品安全监督管理办法》第三十一条规定,对该单位处以20万元罚款;未公示入网餐饮服务提供者的食品经营许可证、量化分级信息的违法行为违反了《网络餐饮服务食品安全监督管理办法》第九条、第十条规定,鉴于市场监管部门已就该单位未按要求进行信息公示和更新的违法行为给予过警告的行政处罚,依据《网络餐饮服务食品安全监督管理办法》第三十二条规定,济南市市场监督管理局给予该单位3万元罚款。经综合裁量,对上海拉扎斯信息科技有限公司济南分公司处以罚款23万元的行政处罚。

三、典型意义

该案是查处网络交易第三方平台未履行平台责任的典型案例。

(一)解决难题,拓宽办案思路。本案在办理过程中涉及的焦点问题是处罚主体的确定。本案当事人为网络订餐第三方平台提供者分公司,而非《中华人民共和国食品安全法》第六十二条中"网络食品交易第三方平台提供者"本身,因此,该分公司是否有审查入网食品经营者资质的义务,是查处案件的核心问题,直接关系到案件违法事实是否成立。为调查核实上述问题,执法人员对当事人及入网餐饮业户进行双向调查,掌握了重要证据,确定该分公司未履行为入网食品经营者审查许可证义务的违法事实。

(二)落实"四个最严"要求,实施顶格处罚。食品安全大如天,执法人员秉承贯彻落实食品安全"四个最严"要求的办案理念,严字当头,在查处本案的同时,认真梳理了当地市场监管部门近两年来对该单位的执法卷宗,发现对该单位同样违法行为已进行过行政处罚,根据《山东省市场监督管理局行使行政处罚裁量权适用规则(试行)》的相关规定,给予该单位23万元最高档的顶格处罚,用最严厉的处罚,有力打击订餐平台的违法行为。下达行政处罚决定书后,监管部门及时依法向社会进行了行政处罚信息公示,警示、督促第三方平台、入网餐饮业户合法经营,对网络餐饮市场违法行为起到有效震慑作用。

(三)探索"以网管网",创新执法模式。在"网络订餐"普及化的今天,传统的食品安全监管模式在面对"网络订餐"这类新业态时面临监管盲点、难点和痛点,单靠执法人员人工查询,很难在纷繁浩杂的互联网信息中查找到不法分子的蛛丝马迹,探索监管新模式势在必行。本案借助"以网管网"的监管手段,利用大数据监测技术对网络订餐平台实施全面实时监测,从中抓取相关线索,锁定违法证据,进而及时高效、从严从重地查处了网络餐饮服务领域存在的食品安全违法行为。"以网管网"有效解决了以往传统人工监测面对海量的、动态的数据难以做到准确监测的瓶颈,使得执法人员可以迅速掌握线索,实现精准执法。

案例三:江苏查处南京某餐饮管理公司未取得许可从事啤酒生产活动案

一、基本案情

2020年5月11日,江苏省南京市市场监管局接到举报,反映南京某餐饮管理有限公司未取得许可生产经营啤酒。经案前核查,南京某餐饮管理有限公司具有有效的营业执照及食品经营许可证。南京市市场监管局赴该企业现场检查,经查,该企业于2020年3月至4月与福建省玥微餐饮管理有限公司签订合作协议,福建省玥微餐饮管理有限公司委托山东阳春啤酒有限公司生产德式精酿啤酒,供给南京某餐饮管理有限公司在江苏省内独家销售;企业声称在试生产啤酒,未对外销售,从企业台账及销售记录未能证实存在未经许可生产啤酒的行为。为查清案情,执法人员从外围入手,赴山东、福建调查,发现截至案发,福建省玥微餐饮管理有限公司只提供了1299桶啤酒且以5升/桶,与涉案企业的销售数量和规格不一致。经深入调查和核实,确认南京某餐饮管理有限公司在未取得食品生产许可的情况下,生产并销售啤酒20升桶装144桶、5升桶装765桶和袋装106升,合计货值金额58488.3元、违法所得为24357元。

二、办理结果

南京某餐饮管理有限公司未取得食品生产许可从事啤酒生产活动违反《中华人民共和国食品安全法》第三十五条第一款的规定,南京市市场监督管理局对该公司作出没收违法所得人民币24357元、罚款人民币58.5万元的行政处罚。

三、典型意义

该案是以特许经营为掩护,未经许可从事食品生产的典型案例。

(一)周密部署,协作得力。南京市市场监督管理局收到举报线索后第一时间向江苏省市场监督管理局报告,省市场监管局指导南京市市场监管局会同公安部门对相关举报线索进行了认真全面的分析研究,制定了周密详实的摸排和行动方案,明确了具体的实施步骤、工作分组、人员分工及具体职责等,给案件的办理指明了方向和目标,为案件顺利查办打下了坚实的基础。在第一现场,公安人员发挥了控制现场及保障执法人员人身安全的重要作用,执法人员分组分工合作控制好每个现场,尽最大可能压缩了当事人的反应时间和处理空间,为取得现场第一手证据提供了有力保障。

(二)积极作为,克服困难深入查办案件。本案违法行为隐蔽,当事人具有有效的营业执照及食品经营许可证,以啤酒特许经营、啤酒试生产为掩护,对自己生产的啤酒进行销售。取证难度大,所有的台账及销售记录均无法直接认定其自己生产啤酒并进行销售的行为。直接证据较少,仅有少部分用分装的方式生产销售袋装啤酒的证据,给案件办理工作增加了较大的难度。但执法人员不畏艰难,及时调整办案策略,克服新冠肺炎疫情的不利影响,分赴山东、福建调查,从外围收集证据,为案件的顺利办理赢得了先机。

(三)帮扶企业复工复产,执法有温度。鉴于当事人于案发前向南京市政务服务中心申报办理食品生产许可证且生产的啤酒经检验合格,结合中共中央及国务院关于在我国疫情期间应扶持相关企业、个体工商户,积极推行复工复产的政策,同时为了支持年轻人创业、支持小微企业发展,南京市市场监督管理局在该公司履行行政处罚后,指导该公司依法申领食品生产许可证并恢复生产经营。

案例四:河南舞阳县民康医药有限公司五十七分店销售劣药案

一、基本案情

2020年1月2日,河南省舞阳县市场监督管理局在对舞阳县民康医药有限公司五十七分店进行《药品经营许可证》更换验收检查时,发现该店销售的药品"广健"牌蘁胆丸(9瓶)已超过有效期。该店设置有不合格药品箱,位于进店东侧药品阴凉柜南边,但该药未放置在不合格药品箱内,而是放置在店内进门西侧OTC丸剂类货架前桌子内。放置位置既未标注"已过期"之类警示语,又不能提供该过期药品的不合格药品记录台账,计算机系统陈列检查记录中也未显示该过期药品的记录。该店的行为涉嫌违反《中华人民共和国药品管理法》第九十八条第一款之规定,舞阳县市场监督管理局决定,于2020年1月3日立案调查。

经调查,舞阳县民康医药有限公司五十七分店于2018年2月3日从周口市天久康药业有限公司以单价1.70元/瓶的价格购进广州粤华制药有限公司生产的OTC类药品"广健"牌蘁胆丸20瓶,并以每瓶1.80元的价格对外销售。该药品外包装上标识的内容为:广健,OTC,蘁胆丸,生产厂家:广州粤华制药有限公司,产品批号:171001,生产日期:20171012,有效期至201909,固体药用塑料瓶(高密度聚乙烯)包装,每瓶装36克。

2020年1月3日,舞阳县市场监督管理局再次对该店依法进行检查,在该店经营使用的计算机内未发现对药品"广健"牌蘁胆丸的购进、销售、陈列检查、过期药品以及近效期药品情况的记录。在该店的卫生检查记录表和陈列药品质量检查汇总记录中也未发现药品"广健"牌蘁胆丸的相关记录。执法人员现场提取了关于药品"广健"牌蘁胆丸供货方周口市天久康药业有限公司的销售(复核)清单、资质文件等。经过对该店相关负责人的调查,证实该店未对药品"广健"牌蕾胆丸的销售情况进行记录。

2020年1月14日,舞阳县市场监督管理局依法对所扣押的药品"广健"牌蕾胆丸进行抽样检验,结论为:所检项目符合《中华人民共和国药典》2015年版一部、四部的要求。

二、处理结果

2020年4月16日,舞阳县市场监督管理局调查终结,认为舞阳县民康医药有限公司五十七分店销售劣药"广健"牌蕾胆丸的行为,违反了《中华人民共和国药品管理法》第九十八条"禁止生产(包括配制,下同)、销售、使用假药、劣药"之规定,属销售劣药行为。鉴于当事人在经营过程中销售劣药经营额较小,案件调查过程中能够积极配合调查,如实交代违法事实并且能够主动提供有关证据材料。截至案发,未接到患者使用上述药品蕾胆丸后有不良反应的投诉,社会危害性较小,尚未达到追诉当事人刑事责任的条件,确定当事人的违法行为属于情节"较轻",对其作出罚款10万元并没收违法销售的劣药"广健"蕾胆丸9瓶的决定。

三、典型意义

药品是与广大人民群众生命健康安全密切相关的特殊商品,药品零售企业是患者购进药品的终端,对过期药品的及时确认、记录和处理必须严格管理,防止过期药品出售后可能发生贻误病情、影响人体健康,甚至加重病情,直至危害生命,给患者带来不应有的痛苦和损失的危害。加大执法力度打击制售假药劣药是市场监管部门义不容辞的义务和责任,打击制售假药劣药必须瞄准重点,注重找案源、定证据、办铁案。此案中,市场监管部门中相关监管和执法部门积极配合,及时上报案源信息,迅速反应,第一时间固定当事人违法的证据材料和证人证言,有效地破解了市场监管部门在打击制售假药劣药过程中证据难以固定、销售环节不易确定的困局。

市场监管部门坚决贯彻落实习近平总书记关于食品药品安全"四个最严"要求,依照新修订的药品管理法相关规定,对制售假药劣药的行为加大处罚力度,为遏制制售假药劣药违法行为,更好地保障人民群众安全用药、放心用药打下了坚实的基础。

案例五:江苏苏州皙莱雅化妆品有限公司经营冒用他人厂名厂址的化妆品、发布虚假广告案

一、基本案情

2019年9月24日,潘某某、吴某某、赵某等多人向药监部门举报称:江苏省苏州皙莱雅化妆品有限公司(以下简称"当事人")存在未在注册地址开展经营活动、销售不符合卫生标准化妆品、虚假宣传等多项违法行为。

接报后,苏州工业园区市场监督管理局执法人员对当事人情况进行了初步核实,经审批,2019年10月16日予以立案调查。立案后,办案人员对当事人注册地址进行现场检查,询问当事人的委托代理人张某某,调查涉案化妆品生产企业,询问全国各地多名涉案化妆品的经销商等,于2020年8月完成案件调查。经查,认定当事人存在以下行为:1. 当事人未在营业执照注册地址开展经营活动;2. 当事人经营冒用山东朱氏药业集团公司厂名、厂址的美颜霜,共查实两个批次,合计2506盒,货值金额为348,334元;3. 当事人经营美颜霜的过程中发布虚假广告:宣称其产品为"CCTV央视合作伙伴品牌"以及"一瓶解决肌肤10大问题——暗黄、粗糙、痘痘、痘印、湿疹、玫瑰糠疹、色斑、激素脸过敏、毛孔粗大、肤色暗沉"等,以上内容均存在虚假。

二、处理结果

针对以上行为,苏州工业园区市场监督管理局在江苏省药监局和苏州检查分局的指导下,认定当事人的行为违反了《化妆品标识管理规定》第八条、《中华人民共和国产品质量法》第三十七条、《中华人民共和国公司登记管理条例》第二十九条、《中华人民共和国广告法》第二十八条的规定,最终做出责令当事人停止销售冒用他人厂名厂址的产品、在相应范围内消除虚假广告影响,并给予罚款94万元,吊销营业执照的行政处罚。2020年10月13日对当事人下发《行政处罚决定书》。

三、典型意义

本案是一起典型的网络销售化妆品的违法案件,包含了该类违法行为的一些典型特点:如不在营业执照注册地实际经营、发布虚假广告等。本案调查持续一年之久,期间涉及产品多次送检、产品双方认定、案件异地协查、外调核查取证、远程

在线询问、咨询上级监管单位意见等诸多环节,也经历了当事人不予配合行政调查的情形,最终办案人员收集了充分的证据并确认了其违法事实。

(一)强化案件查办交流,行刑衔接提前介入。案件调查之初,围绕当事人涉嫌经营不符合卫生标准化妆品的行为,办案人员及时与苏州市公安局园区分局开展"行刑衔接"提前介入工作,并同时向苏州工业园区人民检察院通报相关案情。经商定,市场监管局与公安局开展联合办案,共同派办案人员赴涉案化妆品生产单位(山东朱氏药业)所在地山东省单县开展调查取证,在山东省药监局区域检查第六分局的配合下,对该款化妆品生产信息进行了全面核查,判定当事人经营不符合卫生标准化妆品的依据不足。但在调查中,发现当事人所销售的批号为20190112和20190122的两批次美颜霜并非为山东朱氏药业生产,最终确认当事人经营冒用他人厂名、厂址的化妆品的违法事实。

(二)多方拓展取证,固定违法事实。为了查实当事人经营冒用他人厂名厂址的化妆品的具体数量和金额,办案人员联系到了分散于全国10余个省市的共计14名该款化妆品的经销商。因恰逢疫情期间,无法实地对该些经销商进行取证调查,办案人员最终通过远程实物取证、在线视频询问等方式完成了对该14名经销商的询问调查,并逐一获取其购买记录、支付记录、物流信息等证据材料,最终查实当事人经营冒用他人厂名厂址的化妆品的数量共计2506盒,货值金额为348,334元。

(三)针对当事人"零口供",说理充分、程序完备。本案在行政调查的中后期,当事人不配合行政调查,法定代表人无法联系、委托代理人借故不接受询问调查,对此,办案人员一方面严格遵守并执行法律规定的行政程序,如向当事人确认的地址送达法律文书、下达《限期提供材料通知书》等,充分保障当事人权利同时告知其应尽的法律义务;另一方面,及时转变办案思路,围绕下游经销商开展证据收集工作、梳理比对证人证言,形成完整证据锁链,最终在"零口供"情况下依法认定当事人的违法事实,并作出行政处罚。

案例六:广东广州市弘雅化妆品有限公司使用化妆品禁用原料生产未取得批件的特殊用途化妆品案

一、基本案情

2017年2月13日,原广州市食品药品监督管理局(以下称"广州市局")根据原广州市白云区食品药品监督管理局对原国家食品药品监管总局2016年对不合格化妆品的通报中涉及的标示广州市弘雅化妆品有限公司(以下称"当事人")生产的"碧玉堂生物多肽褪黄淡斑面贴膜"被检出禁用物质"氯倍他索丙酸酯"的涉案企业的第一次核查处置情况,开展了第二次跟踪核查工作,对当事人进行了深入调查。在上述两次核查工作中,执法人员现场检查未能发现当事人生产过涉案产品实物及相关生产销售记录,当事人均拒不承认生产过通报中涉及的不合格产品,同时涉案产品标识的委托方上官氏公司也否认委托生产过涉案产品。

执法人员对当事人和上官氏公司的委托生产关系进行了细致核查,通过销售渠道倒查的方式发现,上官氏公司只委托当事人生产过碧玉堂品牌的产品,当事人也长期接受上官氏公司的委托生产化妆品,并委托生产过碧玉堂品牌的产品。因此,执法人员选择以上官氏公司为调查突破口,经过多次调查问话,上官氏公司最终承认销售过涉案产品,并且出具证据材料指认涉案产品是委托当事人生产的。在上官氏公司提供的证据面前,当事人最终承认涉案产品是其生产,确认了生产涉案产品时添加了化妆品禁用物质,且上述产品具有淡斑功效,同时属于未经批准的特殊用途化妆品。

经查明,当事人于2016年1月使用化妆品禁用原料"氯倍他索丙酸酯",生产未取得批准文号的特殊用途化妆品"碧玉堂生物多肽褪黄淡斑面贴膜"140盒,违法所得合计400元;于2016年11月生产未取得批准文号的特殊用途化妆品"VC精华抗氧化嫩肤美白面贴膜"118盒,违法所得合计1156.40元。

二、处理结果

当事人使用化妆品禁用原料生产化妆品和生产未取得批准文号的特殊用途化妆品的行为,违反了《化妆品卫生监督条例》第八条、第十条第一款的规定。同时,当事人生产的上述产品没有相关记录和成品留样，违反了《化妆品生产企业卫生规范》(2007版)第四十一条、第四十八条、第四十九条、第五十五条第二款的规定，符合《广州市食品药品监管系统规范行政处罚自由裁量权规定》第十八条第二款规定的情形，可从重处罚；当事人不如实提供与被检查事项有关的资料或提供虚假信息且违法行为发在重大活动、专项整治期间，符合《广州市食品药品监管系统规范行政处罚自由裁量权规定》第十条第一款第(十)项、第二款第(四)项规定的情形，应当从重处罚。经综合裁量，依据《化妆品卫生监督条例》第二十五条的规定，广州市局于2017年6月16日作出了对当事人处没收违法所得1556.40元和罚款7510.72元的从重处罚，并向原广东省食品药品监督管理局(以下称"广东省局")提请吊销当事人的《化妆品生产许可证》。广东省局根据广州市局提供该案的案卷材料及相关记录，对相关证据和办案程序进行了审核，对当事人涉及的违法行为进行了认定；鉴于当事人上述违法行为符合《广东省规范行政处罚自由裁量权规定》第十五条及《广东省食品药品监督管理局规范行政处罚自由裁量权适用规则》第六条关于"从重处罚"的相关规定，依据《化妆品卫生监督条例》第二十五条的规定，广东省局于2018年8月13日吊销了当事人的《化妆品生产许可证》。

三、典型意义

本案是根据原国家食品药品监督管理总局通报的不合格化妆品情况进行深入调查，在现场检查难以取证，当事人否认生产的情况下，执法人员未轻易地作出涉案产品不是当事人生产的结论，而是以产品委托生产方作为突破口，深入追查，最终查实当事人生产不合格化妆品的事实，依法从重处罚并吊销其化妆品生产许可证。此案的成功办理，有力打击了化妆品生产经营企业违法使用禁用原料和生产未取得批准文号的特殊用途化妆品屡禁不止的态势，体现了药品监管部门落实"四个最严"、坚决维护公众用妆安全的决心，对如何办理非法添加类案件具有借鉴意义。

案例七：上海韩某某、洪某某生产、销售有毒、有害食品、余某某非法经营案

一、基本案情

2018年7月至2019年3月，被告人韩某某、洪某某共同雇佣他人，先后在河南省周口市、商丘市生产添加有西布曲明的"馈世瘦身咖啡"，同时制作销售网站、虚假防伪二维码等，并通过网络渠道销售至上海等地。期间，韩某某负责购买西布曲明、咖啡粉等生产原料，监督减肥咖啡的生产。洪某某负责销售和资金管理。韩、洪二人销售金额达833万余元。经检验，被查扣的咖啡中检出西布曲明成份。另查明，2018年1月起，被告人余某某明知国家禁止在境内生产、销售和使用西布曲明，仍多次从他人处购进后向韩某某出售，非法经营数额达210余万元。

二、诉讼经过

2019年11月28日，上海铁路运输检察院以被告人韩某某、洪某某犯生产、销售有毒、有害食品罪，被告人余某某犯非法经营罪提起公诉。2020年9月28日，上海铁路运输法院经审理后认定，被告人韩某某、洪某某雇佣他人，生产、销售掺有国家禁止在食品生产、销售中添加的西布曲明的减肥咖啡，二人系共同犯罪。以韩某某、洪某某犯生产、销售有毒、有害食品罪，判处韩某某有期徒刑十五年，剥夺政治权利三年，罚金1000万元；判处洪某某有期徒刑十二年，剥夺政治权利一年，罚金700万元。以被告人余某某犯非法经营罪，判处有期徒刑三年，并处罚金。被告人韩某某不服一审判决，提出上诉。2020年11月6日，上海市第三中级人民法院裁定驳回上诉，维持原判。

三、典型意义

(一)严查犯罪线索，实现对有毒、有害减肥咖啡的"全链条"打击。检察机关在审查起诉过程中，发现韩某某在制售涉案减肥咖啡时，多次通过同一途径购进大量西布曲明原料，遂将线索移送公安机关，引导侦查原料提供者的情况。后公安机关侦破余某某非法经营西布曲明犯罪，检察机关以余某某涉嫌非法经营罪提起公诉。同时，针对韩某某、洪某某制售涉案咖啡的产销模式已成规模化、组织化、链条化的特点，检察机关认真梳理电子数据，细致摸排漏犯线索，引导公安机关查证下线销售代理情况，3名销售代理人员以销售有毒、有害食品罪被提起公诉，均获法院有罪判决。由此，对本案的原料提供者、制售窝点主要人员、下线销售代理，形成"全覆盖式"打击，有力震慑了制售有毒、有害减肥产品类犯罪。

(二)自行补充侦查，落实"最严厉的处罚"。

公安机关移送审查起诉时,认定韩某某、洪某某销售有毒、有害减肥咖啡的销售金额及待售货值共400余万元。检察机关通过细致审查证据材料,发现其销售有毒、有害减肥咖啡的实际数额远超该数,遂通过自行补充侦查工作,逐一梳理数据,并结合物流记录、价目表、下线代理的供述等,确认有证据可证实的销售数量、各批次产品交易的单价,自行补侦遗漏犯罪数额超过400万元,最终核算出韩某某、洪某某的销售金额为833余万元。韩某某等人生产、销售有毒有害食品,生产、销售金额在50万元以上,属于刑法第144条规定的"有其他特别严重情节",依法对韩某某等人在人身刑和财产刑上予以从严惩处,体现了对危害食品安全犯罪最严厉的处罚。

(三)提醒消费者增强防范意识,有效遏制危害范围扩张。涉案减肥咖啡网络销售数量大、范围广,其毒害成分可能危及众多网络消费人群的身心健康。检察机关及时启动公益诉讼审查程序,为防止损害后果扩大,首次探索"诉前消费风险警示"。在案件诉前调查阶段,通过召开专家论证会等形式,明确了食品安全领域公益救济的紧迫性和时效性,督促韩某某在全国性媒体上发布《"馈世瘦身咖啡"风险警示》,向广大消费者声明涉案咖啡的危害并公开赔礼道歉,及时遏制危害结果继续扩散。另外,检察机关通过新闻媒体、网络自媒体等多种方式,结合办案宣传含有"西布曲明"咖啡的危害及辨识方式,提醒消费者提高防范意识,提倡科学瘦身。

案例八:江苏谢某、王某某等生产、销售不符合安全标准的食品系列案

一、基本案情

2016年以来,被告人谢某、杨某、宋某某(另案处理)在明知销售未经检验检疫的走私冷冻牛肉制品系违法的情况下,从被告人林某某、王某某等人处多次购买走私入境的冷冻牛肉、牛肚等产品。谢某、宋某某收到上述产品后,向江苏省邳州市城乡农贸市场内经营熟食的摊贩推销。被告人曹某某等8人购进后加工成熟食进行销售,涉案产品10余万公斤。被告人谢某、林某某、王某某、曹某某等4人个人销售金额均在100万元以上。公安机关在谢某、宋某某租赁的冷库内查获走私的冷冻牛肉及牛副产品2万余公斤。涉案肉类产品来自我国为防控疾病需要禁止输入肉类产品的地区,外包装上均为外文,对应的工厂名称、厂号不在海关总署公布的《符合评估审查要求的国家或地区输华肉类产品名单》中,且无海关报关凭证及检验检疫证明。

二、诉讼过程

2020年3月7日至2020年11月19日,江苏省邳州市人民检察院先后以被告人谢某、王某某等4人犯销售不符合安全标准的食品罪、以被告人曹某某等8人犯生产、销售不符合安全标准的食品罪向江苏省邳州市人民法院提起公诉。

2020年7月9日至2020年12月16日,江苏省邳州市人民法院先后作出一审判决,认定被告人谢某等4人犯销售不符合安全标准的食品罪、被告人曹某某等8人犯生产、销售不符合安全标准的食品罪。其中,被告人谢某被判处有期徒刑五年四个月并处罚金人民币600万元,其余各被告人分别被判处拘役五个月至有期徒刑四年三个月、并处罚金人民币7000元至350万元不等的刑罚。判决宣告禁止被告人杨某、马某在缓刑考验期内从事食品加工、销售等经营性活动。一审判决已生效。

三、典型意义

(一)生产、销售走私的冷冻牛肉制品社会危害性大,应当严厉打击。走私的冷冻牛肉及牛副产品俗称"水漂货"。"水漂货"在运输过程中很难保持恒定冷冻条件,可能会经过"解冻"和"再冷冻"的过程,容易滋生各种细菌,食品安全得不到保障。从动物疫病流行国家地区进口肉类产品或者从新冠肺炎疫情严重地区进口冷链食品,对人民群众的身体健康会造成重大风险,对于该类犯罪应当予以严厉打击。同时提醒广大消费者,在购买冷冻肉类产品过程中要善于识别,谨防购买"水漂货"。

(二)加强刑罚综合运用,剥夺违法者再犯罪能力。危害食品犯罪是贪利型犯罪,在运用好自由刑的同时要注重罚金刑的适用,提高违法犯罪成本,从而实现司法公平公正的价值追求。检察机关在提出量刑建议时以"销售数额"作为判断罚金刑的基础,从严把握罚金刑的适用,提出判处销售金额2倍以上罚金并被法院采纳,在财产刑上从严惩处犯罪,加大经济制裁,剥夺犯罪分子再犯能力。

（三）精准制发检察建议，保障人民群众"餐桌上的安全"。该系列案件的行为人多为家庭作坊式经营，通过在家中建小冷库储存、煮制加工，后运至城区菜场或乡镇集市对外销售。检察机关通过深入市场、集市走访，结合案件门槛低、范围广、隐蔽大、打击难等特点，围绕开展专项整治、组织落实检查、加强宣传教育等方面向行政主管部门提出检察建议。行政主管部门高度重视，及时制定整改方案，迅速建立健全执法联动机制，开展肉品安全专项整治并对辖区冷库建档巡查。同时联合食安委成员单位，举行"食品安全宣传周"活动，展示打击危害食品安全违法犯罪成果，发挥案例警示作用，增强广大人民群众的食品安全意识和依法维权意识。

案例九：安徽李某某等生产、销售假药案

一、基本案情

2017年10月，被告人李某某、王某某共同商议销售假药。李某某负责提供货源和客户，王某某负责包装、售后，王某某雇佣被告人咸某某在安徽省合肥市住处对药品进行加工、包装。后被告人李某某陆续将假药发往王某某居住地进行加工、包装和销售。2018年1月16日，公安机关在合肥市加工窝点现场查获扣押大量待包装或已包装的"盐酸贝那普利片""瑞舒伐他汀钙片""阿托伐他汀钙片""阿司匹林肠溶片"等药品。生产、销售金额合计300余万元。经合肥市食品药品检验中心检验，上述查获的药品均为不符合国家药品标准的假药。

二、诉讼过程

2019年1月11日，安徽省合肥市包河区人民检察院以被告人李某某、王某某、咸某某犯生产、销售假药罪向合肥市包河区人民法院提起公诉。2019年7月22日，安徽省合肥市包河区人民法院作出一审判决，以生产、销售假药罪判处被告人李某某、王某某、咸某某有期徒刑十二年至四年，并处罚金，追缴三被告人的违法所得。被告人李某某、王某某不服一审判决，提出上诉。2019年9月9日，安徽省合肥市中级人民法院裁定驳回上诉，维持原判。

三、典型意义

（一）生产、销售假药的行为直接危及人民群众生命健康安全，社会危害大。"盐酸贝那普利片"等药品主要用于治疗心脑血管疾病，假药流入市场，直接危及心脑血管疾病患者的生命健康安全，社会危害极大。涉案药品均为假冒正规厂家的药品，且经检验均系不符合国家药品标准的假药，被告人的行为同时触犯了生产、销售假药罪和假冒注册商标罪，应从一重罪处罚。以生产、销售假药罪追究李某某、王某某、咸某某3人的刑事责任，在刑罚上从严惩处，有力震慑制售假药犯罪。

（二）加强与公安机关协作配合，形成完整证据锁链。被告人李某某始终拒不承认其伙同王某某等人生产、销售假药的行为。检察机关与公安机关积极沟通协作，调取李某某与王某某之间的微信记录，逐条核实双方聊天记录中的药品销售信息、快递单号图片、微信通话记录、转账记录，以及涉案相关银行流水、银行账号使用情况、李某某的取款视频等，并对微信语音进行声纹鉴定，证实该微信确实为李某某所用。结合同案犯的稳定供述，形成完整的证据锁链，认定了李某某销售假药的事实。

案例十：北京张某某等8人假冒"全聚德"烤鸭案

一、基本案情

2019年1月至8月，被告人张某某伙同林某某（另案处理）在未取得中国全聚德（集团）股份有限公司（以下简称"全聚德公司"）委托或授权的情况下，购进大量标有"全聚德"注册商标的包装材料，被告人张某某负责运送上述包装材料及代收货款。经核实，被告人张某某运送标有"全聚德"注册商标的包装材料共计28万余件，现场扣押尚未销售的标有"全聚德"注册商标的包装材料共计23万余件。经鉴别，上述标识均系非法制造的注册商标标识。

2018年6月至2019年8月，被告人谭某某等6人在未取得全聚德公司委托或授权的情况下，分别从林某某等人处购买大量标有"全聚德"注册商标的包装材料，并购进真空包装机、卷饼、酱及真空包装烤鸭等，以组装的方式加工制作假冒"全聚德"注册商标的烤鸭，并低价对外销售。2018年6月至2019年8月，被告人刘某某在未取得全聚德公司委托或授权的情况下，从谭某某等人处低价

购进大量假冒"全聚德"注册商标的烤鸭等商品，并加价对外销售，销售金额为43万余元，查扣货品价值0.2万余元。

二、诉讼经过

2019年12月20日，北京市丰台区人民检察院以销售非法制造的注册商标标识罪对张某某提起公诉，以假冒注册商标罪对谭某某等6人提起公诉，以销售假冒注册商标的商品罪对刘某某提起公诉。2020年10月30日，北京市丰台区人民法院作出一审判决，张某某犯销售非法制造的注册商标标识罪，判处有期徒刑二年，并处罚金6万元；被告人谭某某等6人犯假冒注册商标罪，分别判处有期徒刑一年三个月至五年，并处罚金3万元至60万元；被告人刘某某犯销售假冒注册商标的商品罪，判处有期徒刑三年六个月，并处罚金22万元。一审判决已生效。

三、典型意义

（一）强化沟通协调，全链条、精准化从严打击假冒犯罪。假冒老字号品牌犯罪不仅严重影响老字号企业的正常生产经营活动，而且严重侵犯了消费者的合法权益。该案系"上游提供假冒包材——中游小作坊加工制作——下游向导游销售——末端经由导游向游客出售"的全链条侵犯"全聚德"老字号品牌犯罪。检察机关就案件的证据搜集固定、法律适用与公安机关展开会商。基于该案制售假模式以线上为主，建议公安机关重点搜集提取微信聊天记录等电子数据。在充分沟通、夯实证据的基础上，检察机关对张某某等8人批准逮捕、提起公诉，且公诉意见全部获得法院采纳，实现对假冒侵权犯罪全链条、精准化打击。

（二）积极参与社会治理，服务保障"六稳""六保"。为了充分发挥检察机关在服务保障"六稳""六保"、护航企业合法经营等方面的作用，检察机关一方面依法告知全聚德公司相关诉讼权利，在品牌保护等方面提出建议，为企业产权保护及生产经营提供指引；另一方面，针对该案暴露出旅游业部分领域规范执业及行业监管等问题，依法准确研判，适时制发检察建议，促进行业环境净化。《检察建议书》送达后，检察机关又积极与北京市文化和旅游局进行沟通和对接，后北京市文化和旅游局及时对照检察建议进行整改并复函，依法对涉案旅行社和导游进行行政处罚，并采取了建立完善旅行社等级考核和导游服务星级评价体系、加强与全市老字号企业调研与对接等整改措施。检察机关通过加强跟踪监督，确保检察建议落地落实。

案例十一：吉林孙某某等23人生产、销售有毒、有害食品案

一、基本案情

2015年9月至2018年1月，被告人孙某某、吴某某、宋某某、李某某在陕西省西安市某平房内生产外包装上印有食健字批号的"降压溶脂三代""降糖养胰素""藏方风痛宁"等三种含有西药成分的保健食品。被告人孙某某负责整体协调指挥、联系客户、进药，吴某某负责生产包装，宋某某负责发货，李某某负责收付款和沟通协调生产事项。2016年9月至2017年10月，被告人于某某明知保健食品是非正规厂家生产的，掺有有毒、有害的非食品原料，仍从被告人宋某某处购进后销售，并向被告人孙某某合计付款人民币241.12万元。被告人李某某18人明知系药监部门禁止销售的保健食品，仍从于某某处进货并加价销售获利。

经检验，涉案"降糖养胰素"内含有格列本脲、盐酸二甲双胍、盐酸吡格列酮成分；"降压溶脂"内含有硝苯地平、氢氯噻嗪、卡托普利成分；"藏方风痛宁"内含有地塞米松、诺氟星沙、吲哚美辛成分。上述成分系国家禁止在保健食品中非法添加的物质及其他西药成分。

二、诉讼经过

2019年1月14日，吉林省吉林市丰满区人民检察院以被告人孙某某、李某某、吴某某、宋某某犯生产、销售有毒、有害食品罪，以于某某等19名被告人犯销售有毒、有害食品罪向吉林市丰满区人民法院提起公诉。2019年7月11日，吉林省吉林市丰满区人民法院一审判决，被告人孙某某犯生产、销售有毒、有害食品罪，判处有期徒刑十一年，并处罚金人民币300万元；被告人于某某犯销售有毒、有害食品罪，判处有期徒刑十年，并处罚金人民币250万元；5名被告人被判处七年至一年二个月有期徒刑，其余16名被告人被宣告缓刑，均并处罚金。一审宣判后，5名被告人提出上诉，二审法院裁定维持原判。

三、典型意义

（一）保健食品领域违法犯罪问题频发，社会危害严重。近年来，保健食品领域案件频发，作为

特殊种类的食品,保健食品与百姓尤其是中老年消费者身体健康息息相关。本案发生后,检察机关依法介入该案,提出委托检验、查清购销凭证和钱款去向、锁定购买及使用人员等意见,引导公安机关提取固定证据,深挖细查,捣毁制假窝点,从根本上消灭制假源头,确保人民群众身体健康。

(二)依法惩处产销全链条犯罪。孙某某等人在未取得相关生产许可资质的情况下,在小作坊内套用不同包装生产保健食品,随意添加西药成分,严重破坏了保健食品市场秩序,危害消费者身体健康。办案中,检察机关依法追诉销售环节的犯罪分子10人,10人全部被法院作出有罪判决,有效惩治了生产源头直到最末端销售的犯罪分子,彻底清除隐蔽的生产、销售链条。

(三)引导消费者树立健康消费理念。本案保健食品销售范围涉及吉林市及该省其他地区,销售数量达1400余箱,危害性大。检察机关开展"以案讲法,以案释法"的专项宣传活动,引导消费者树立健康消费、安全消费的理念。走访相关行政执法部门,建议进一步加强保健食品销售市场的管理,规范销售市场秩序,对涉及刑事犯罪的案件应移尽移,形成打击违法犯罪的高压态势。

案例十二:黑龙江毛某某销售伪劣产品案

一、基本案情

2019年1月至4月,被告人毛某某在经营黑龙江省嫩江市春阳种业时发现,"黑河43"等大豆种子在嫩江市销售良好,得到广大种植户认可,有利可图。毛某某未从正规渠道购入种子,而是从农户处购入大豆,用没有任何标识的白色透明编织袋灌装,作为"黑河43"等大豆种子在其经营的春阳种业对外销售。至案发时,毛某某共销售"白包"大豆种子10次,共计7000余斤,销售金额近15万元。

二、诉讼过程

2020年6月28日,黑龙江省嫩江市人民检察院以被告人毛某某犯销售伪劣产品罪向嫩江市人民法院提起公诉。2020年12月7日,黑龙江省嫩江市人民法院以销售伪劣产品罪判处毛某某有期徒刑十一个月,并处罚金人民币15万元。一审判决已生效。

三、典型意义

(一)严格依法履职,切实维护国家粮食安全。粮食安全是治国安邦的头等大事。嫩江是全国著名的大豆主产区、国家重要商品粮基地、农业产业化基地,种子安全事关当地经济社会发展大局,保障种子安全也是检察机关服务大局的重要内容。近年来,受利益驱使,当地销售假冒伪劣大豆种子问题日渐凸显,主要表现形式是销售"白包"种子,严重冲击种子市场经营秩序,破坏优良种子行业可持续发展,为农业经济高质量发展带来巨大安全隐患。经营种子应符合种子法的相关规定,以非种子冒充种子或者以此种品种种子冒充其他品种种子的,种子种类、品种与标签标注的内容不符或者没有标签的种子为假种子。依法严厉打击销售假种子的犯罪行为,有利于维护国家粮食安全,从源头上提高农产品质量安全水平。

(二)宣传监督并重,充分保障农户合法权益。通过该案办理,检察机关及时启动农资打假专项工作,规范农资市场秩序,打击制售伪劣假冒农资违法犯罪行为,促进嫩江市农资市场健康发展。嫩江县人民检察院多次前往该县市场监督管理局、农业农村局,以案释法,为精准打击涉农资犯罪打下坚实基础。加强对经营业户宣传,提高商户对假冒伪劣农资的辨别能力和守法经营意识。嫩江县人民检察院还深入4个乡镇23个村屯进行普法宣传,通过发放资料、座谈等多种方式,送法下乡,加强对农民普法,提升维权意识。

案例十三:甘肃张某等5人生产、销售有毒、有害食品案

一、基本案情

被告人张某、田某、陈某某、赵某某、何某某均系在甘肃省张掖市甘州区从事酿皮生产加工及销售的人员。2019年6月至8月,为了使制作的酿皮吃起来有劲道,且易于长时间保存,被告人张某等5人在加工酿皮的面粉中添加了"强筋王"、"增筋剂"等非食用物质。经甘肃省中商食品质量检验检测有限公司检验,上述被告人生产、销售的酿皮中硼酸含量分别达到3966.74mg/kg、1260.95mg/kg、575mg/kg、556.02mg/kg和369.71mg/kg。

二、诉讼经过

2020年2月12日,张掖市甘州区人民检察院以被告人张某等5人犯生产、销售有毒、有害食品罪向张掖市甘州区人民法院提起公诉。2020年6

月10日,张掖市甘州区人民法院依法作出判决,以生产、销售有毒、有害食品罪分别判处张某、陈某某、何某某有期徒刑一年至六个月的刑期,并处2万元至1万元的罚金。2020年6月24日,以生产、销售有毒、有害食品罪判处田某有期徒刑九个月,并处罚金15000元;判处赵某政有期徒刑七个月,并处罚金12000元。一审判决已生效。

三、典型意义

(一)在酿皮中添加非食用物质社会危害性大,应依法予以严惩。食品药品安全无小事。根据2008年国务院有关部门公布的《食品中可能违法添加的非食用物质名单》(第一批),硼酸被禁止在食品中添加。根据市场监管部门和相关专家提供的文献资料,反复食用小剂量硼酸可能导致人体慢性中毒,出现厌食、乏力、精神错乱、皮炎、秃发、月经紊乱等症状,严重的会导致死亡,对人体具有极大危害性。甘肃省人民检察院将该系列案件挂牌督办,加强指导。检察机关介入侦查,引导公安机关全面收集固定证据,对涉案5人全部追究刑事责任,将"四个最严"的要求落到实处。

(二)密切联系形成合力,提出精准量刑建议。危害食品安全类案件专业性强,客观评价犯罪情节和社会危害性,提出精准量刑建议,更能凸显打击效果。检察机关主动加强与市场监督部门、公安机关的联系沟通,就案件事实认定、证据采信方面存在的问题多次研讨,向研究食品安全的专家、教授咨询硼酸对人体的危害性,最终以检测含量为依据,对各被告人分别提出体现罪责刑相适应的精准量刑建议,被法院全部采纳。

(三)延伸检察职能,"三个效果"有机统一。张掖是国家历史文化名城,每年接待旅游人数达3000万人次。酿皮作为西北地区最受欢迎的特色名小吃之一,深受广大人民群众的喜爱。本案被告人的违法犯罪行为不仅严重危害了不特定人群的身体健康,还损害了当地特色小吃的口碑声誉,不利于当地经济的发展。检察机关针对案件暴露出的问题,建议张掖市甘州区市场监管局加强酿皮制作监管和食品安全法治宣传。该局召集全区所有从事酿皮生产、销售的从业人员,通报了该系列案件的判决书和行政处罚决定书,开展了食品安全"两方责任"大约谈,有力警示和震慑了危害食品安全的违法犯罪行为,取得了良好的政治效果、社会效果和法律效果。

案例十四:湖南省永兴县人民检察院督促整治婴幼儿配方食品安全隐患行政公益诉讼案

一、基本案情

"倍氨敏"深度水解蛋白无乳糖配方粉系湖南唯乐可健康有限公司委托天津市德恒科技有限公司生产的一款固体蛋白饮料。2017年12月1日至2019年8月14日,湖南省永兴县母婴用品连锁店"某婴坊"、"妈咪某婴坊"从湖南唯宝商贸公司购进"倍氨敏"固体蛋白饮料1086罐,该连锁店经营者明知婴幼儿食用特殊医学用途奶粉需明确标注特殊医学用途配方食品的类别和适用人群,仍在11家连锁店通过宣传海报、导购当面推销等方式夸大功效,对外宣称"倍氨敏奶粉适合过敏体质宝宝",误导家长将其当作特殊用途奶粉购买喂食给过敏体质宝宝。

二、调查和督促履职

2020年5月,最高人民检察院、湖南省人民检察院对本案线索逐级交办至湖南省永兴县人民检察院。5月19日,永兴县检察院对永兴县市场监督管理局不依法履职行为予以立案。永兴县检察院经调查后于5月28日向永兴县市场监督管理局发出了诉前检察建议,建议:1.依法查处"某婴坊""妈咪某婴坊"的违法销售行为;2.依法全面履行监督管理职责,开展专项整治行动、对辖区内的婴幼儿奶粉经营者的经营活动依法监管,确保市场交易合法有序。

收到检察建议后,永兴县市场监督管理局对"某婴坊""妈咪某婴坊"经营者作出行政处罚,顶格罚款200万元,将涉事产品委托生产商唯乐可公司、代理销售商唯宝公司涉嫌虚假宣传的违法行为移送长沙市市场监督管理局另案查处,对生产商德恒公司涉嫌虚假宣传的违法行为移送天津市市场监督管理部门处理,并对涉及"倍氨敏"投诉的63名消费者进行调处,由经营者按照"退一赔三"的标准进行赔偿,已赔偿1029940.58元。永兴县市场监督管理局制定了《开展婴幼儿配方食品专项整治工作实施方案》,专门对特殊食品、固体饮料等食品进行为期一个月的大排查大整治。

三、典型意义

一是落实食品安全"四个最严"要求,确保公益监督见实效。具有特殊医学用途的婴幼儿奶粉等食品,关系到婴幼儿的健康成长发育和每个家庭的幸福安康。检察机关始终坚持在办案中落实习近平总书记关于食品安全"四个最严"的要求,把人民群众的生命健康安全放在第一位,对于社会关注、百姓关心、舆论关切的敏感案件及时介入办理,督促市场监督管理部门既对涉案违法经营者从严严处罚又向其他管辖权机关移送线索,协助行政主管部门解决对受害婴幼儿的惩罚性赔偿款项到位,消除事件的负面影响,共同守护未年人"舌尖上的安全"。

二是四级院联动,一体化办案机制见成效。"某婴坊"母婴店虚假宣传销售"倍氨敏"事件曝光后,社会影响大、敏感度高。最高检、湖南省院迅速逐级交办案件线索,湖南省检察院派专人到现场指导办案,采取一体化办案模式推进办案。公益诉讼检察部门与刑事检察、未检部门紧密配合,由省检察院统筹协调把关、郴州市检察院靠前指导、永兴县检察院全面调查,充分发挥检察职能,及时回应社会关切,督促市场监督管理部门严肃查处违法行为。坚持以点带面,推进永兴县市场监督管理局专项排查整治,实现"办理一案、警示一片、教育社会面"的办案效果。

三是以检察专项+行政专项为引领,推进食品安全领域综合治理见长效。该案具有可复制性和示范引领性,针对在个案办理中发现的孕婴食品、特医奶粉、老年人保健品等特殊食品普遍性、规律性问题,湖南省院组织开展了固体饮料、压片糖果、代用茶等食品安全领域公益诉讼检察专项活动,从源头的生产加工到中间的批发经营再到消费终端的销售展开全流程、全方位、全链条的公益监督,推进特殊食品的综合整治,共立案298件,履行诉前检察建议、公告215件,起诉4件。湖南省各级市场监督管理部门积极回应,在全省集中开展食品安全监管百日行动,进行大排查大整治,现场检查食品生产经营单位61.02万家(次),责令整改7.17万家,整改问题9.66万个;实施食品生产和婴幼儿配方乳粉提升行动,对婴配食品生产企业100%检查,治理食品安全领域乱象,推进实现食品安全领域的国家治理体系和治理能力现代化。

案例十五:四川省李某某等5人生产、销售有毒、有害食品民事公益诉讼案

一、基本案情

四川省达州市通川区某鱼庄由李某某等五人合伙经营,各占20%股份。2018年8月14日至11月14日,五被告为了节约成本和为锅底增香,安排厨师高某某将店内顾客食用后的废弃油脂过滤回收,通过加热熬制的方式"洗油"后,将回收油与新油按照2:1的比例混合再次进行熬制。熬制后的油脂直接用于火锅搭锅,提供给消费者食用,期间共计销售1768笔回收油锅底,共计销售金额49504元。2019年12月,李某某、高某某因犯生产、销售有毒、有害食品罪,分别被达州市通川区人民法院判处有期徒刑二年、缓刑三年和有期徒刑一年、缓刑二年,并处罚金,宣告从业禁止令。

二、调查和诉讼

2020年4月16日,达州市人民检察院对某鱼庄生产、销售有毒、有害食品侵权行为,以民事公益诉讼案件立案审查,并依法在国家级媒体发布公告,公告期满无社会组织或机关提起诉讼。同年6月23日,达州市检察院组织召开公开听证会,受邀参会的听证员发表听证意见,建议检察机关依法严惩食品侵权行为,按照销售价款十倍提出惩罚性赔偿金诉求。

2020年6月24日,达州市人民检察院向达州市中级人民法院提起民事公益诉讼,诉请法院判令五被告连带支付销售金额十倍的惩罚性赔偿金495040元,并在市级以上公开媒体向社会公众赔礼道歉。同年9月22日,达州市中级人民法院公开开庭审理后当庭宣判,支持了检察机关全部诉讼请求。判决后,被告未上诉,一审判决已生效。

三、典型意义

(一)在公益诉讼检察办案环节贯彻落实"四个最严"食品安全标准,为食品安全持续提供法治保障。检察机关结合本案的法理和情理考量,充分听取当事人和社会公众的意见,决定对本案提起民事公益诉讼,向侵权主体主张十倍惩罚性赔偿金诉讼请求,让侵权者在承担刑事责任的基础上,依法承担相应的民事责任。同时通过邀请

社会公众参与案件听证、旁听庭审,在释法中普法,增强全社会对公益诉讼制度的认同感,持续向社会公开传递食品安全"最严厉的惩罚"的鲜明导向,持续倒逼食品从业者守法纪、知敬畏、明底线,自觉持之以恒依法守护好老百姓饮食安全。

(二)合理准确把握惩罚性赔偿金的适用标准,稳妥推进民事公益诉讼惩罚性赔偿实践探索。民事公益诉讼保护的社会公共利益主要是对不特定消费者造成的损害和损害危险,检察机关在办理该起民事公益诉讼惩罚性赔偿案件中,准确把握惩罚性赔偿制度的功能定位,在确定惩罚性赔偿金请求的具体数额时,以违法销售金额为基数,统筹考虑侵权人主观过错程度、持续时间、财产状况、公众情绪等方面。通过公益诉讼惩罚性赔偿,加大侵权人的违法成本,对侵权人及潜在违法者产生警示作用,有效实现"让违法者痛到不敢再犯"的震慑目的,对于维护食品安全、市场秩序,保障消费者合法权益,维护社会公共利益具有重要意义。

(三)依托公开听证践行以人民为中心的司法理念,持续提升司法公信力。检察机关在办案中,注重践行"以人民为中心"的司法理念,充分考虑疫情影响下的小微企业经营困境,民事公益诉讼制度设计初衷,以及侵权人的抵触情绪等方面,在多次案情分析研判的基础上,组织公开听证,邀请代表委员、人民监督员、特约检察员公开评议,同时邀请相关行政监管部门和餐饮业代表全程旁听,收集公众对此类案件的司法诉求,为平衡公益维护和企业利益,兼顾法理情三者关系厚植根基。听证会上,通过三轮公开论证,各方紧扣惩罚性赔偿金的法律适用问题,将本案各类影响因素和诉求"面对面"说清讲透,实现了诉前充分沟通,法理情理综合考量。通过公开听证,检察机关自觉接受人民监督和舆论监督,充分保障侵权人和社会公众的知情权、表达权,确保司法过程更接地气,司法决策更有温度,司法结果更能得到公众认同,鲜明的体现了以公开促公正、以听证赢公信的价值取向。

最高人民法院发布5起食品安全民事纠纷典型案例

·2022年3月4日

案例一

销售已过保质期的食品,构成经营者"明知"
——李某与某购物广场买卖合同纠纷案

【裁判要点】

食品已过标明的保质期,但经营者仍然销售,消费者主张食品经营者构成食品安全法第一百四十八条第二款规定的经营者"明知"的,人民法院应予支持。

【简要案情】

2018年10月22日,李某在某购物广场购买"呛面馒头"一袋,该商品外包装载明该食品保质期至2018年10月20日。购买后发现该食品为过期食品。李某认为该购物广场的销售行为违反《食品安全法》第三十四条关于"禁止生产经营下列食品、食品添加剂、食品相关产品:(十)标注虚假生产日期、保质期或者超过保质期的食品、食品添加剂"的规定,遂提起诉讼,请求判令被告退还货款并给予原告赔偿金1000元。

【判决理由】

人民法院认为,原告李某为主张其与被告存在买卖合同关系,向法院提交了购物发票、照片、商品实物,原告证据已经形成锁链,作为消费者其已完成了相应的举证责任。根据相关法律规定,食品销售者负有保证食品安全的法定义务,应当对不符合安全标准的食品及时清理下架。现案涉商品出售的日期已经超过保质期,应当认定某购物广场销售了明知是不符合食品安全标准的食品。根据《中华人民共和国食品安全法》第一百四十八条第二款规定,生产不符合食品安全标准的食品或者经营明知是不符合食品安全标准的食品,消费者除要求赔偿损失外,还可以向生产者或者经营者要求支付价款十倍或者损失三倍的赔偿金;增加赔偿的金额不足一千元的,为一千元。但是,食品的标签、说明书存在不影响食品安全且不会对消费者造成误导的瑕疵的除外。原告主张赔偿款1000元的诉讼请求，符合法律规定，依法应予支持。判决某购物广场退还李某货款并支付李某赔偿金1000元。

【司法解释相关条文】

《最高人民法院关于审理食品安全民事纠纷案件适用法律若干问题的解释(一)》

第六条　食品经营者具有下列情形之一，消费者主张构成食品安全法第一百四十八条规定的"明知"的，人民法院应予支持：

(一)已过食品标明的保质期但仍然销售的；

(二)未能提供所售食品的合法进货来源的；

(三)以明显不合理的低价进货且无合理原因的；

(四)未依法履行进货查验义务的；

(五)虚假标注、更改食品生产日期、批号的；

(六)转移、隐匿、非法销毁食品进销货记录或者故意提供虚假信息的；

(七)其他能够认定为明知的情形。

案例二

经营者未依法履行进货查验义务构成经营者"明知"

——吴某与某电子商务有限公司买卖合同纠纷案

【裁判要点】

经营者怠于履行进货查验义务即对食品进行销售，致不符合安全标准的食品售出，属于经营明知是不符合食品安全标准的食品的行为。

【简要案情】

某电子商务有限公司在第三方交易平台开设网络店铺。2018年4月，吴某在该公司开设的网络店铺购买一盒天然虫草素含片。该商品的外包装标注生产日期为2018年2月9日，保质期24个月，产品参数显示了涉案产品的生产许可证标号以及执行许可证标号。

吴某收到商品后认为与平台页面显示信息不符，后向当地食药监局投诉。经食药监局调查发现，吴某在某电子商务有限公司购买的天然虫草素含片上标注的生产日期2018年2月9日晚于案涉产品《全国工业产品生产许可证》的有效期2015年12月16日。某电子商务有限公司接受调查时承认销售事实，并表示案涉商品于产品生产许可证失效前所生产，其在接到吴某订单后直接联系生产商发货，生产商将案涉商品生产日期改为2018年2月9日并直接发出，某电子商务有限公司未经查验产品的相关生产资质材料即委托生产商发货。食药监局认为，某电子商务有限公司销售标注虚假生产日期食品的行为违反了《中华人民共和国食品安全法》的规定并对其作出行政处罚，对其销售标注虚假生产日期的食品的行为，没收违法所得，并处货值金额一倍的罚款；对其进货时未查验许可证和相关证明文件及未按规定建立并遵守进货查验记录、出厂检验记录和销售记录制度的行为，责令改正，给予警告。

【判决理由】

人民法院认为，根据《中华人民共和国食品安全法》第五十三条的规定，食品经营者采购食品，应当查验供货者的许可证和食品出厂检验合格证或者其他合格证明；食品经营企业应当建立食品进货查验记录制度，如实记录食品的名称、规格、数量、生产日期或者生产批号、保质期、进货日期以及供货者名称、地址、联系方式等内容，并保存相关凭证。就本案查明事实，食药监局向某电子商务有限公司出具的行政处罚决定书载明该公司在案涉产品进货时未履行查验义务，某电子商务有限公司在本案审理过程中亦认可其未对案涉产品进行检查。该公司怠于履行进货查验义务即对案涉产品进行销售，致超过食品生产许可证有效期、标注虚假生产日期的涉案产品售出，上述行为属于《中华人民共和国食品安全法》第一百四十八条第二款规定的经营明知是不符合食品安全标准的食品的行为，因此判令某电子商务有限公司向吴某退货退款并支付十倍惩罚性赔偿金。同时，案涉商品已过保质期，吴某将商品退还某电子商务有限公司后，该公司应将案涉商品予以销毁，不得再次上架销售。

【司法解释相关条文】

《最高人民法院关于审理食品安全民事纠纷案件适用法律若干问题的解释(一)》

第六条　食品经营者具有下列情形之一，消费者主张构成食品安全法第一百四十八条规定的"明知"的，人民法院应予支持：

（一）已过食品标明的保质期但仍然销售的；

（二）未能提供所售食品的合法进货来源的；

（三）以明显不合理的低价进货且无合理原因的；

（四）未依法履行进货查验义务的；

（五）虚假标注、更改食品生产日期、批号的；

（六）转移、隐匿、非法销毁食品进销货记录或者故意提供虚假信息的；

（七）其他能够认定为明知的情形。

案例三

惩罚性赔偿不以造成人身损害为前提
——郑某与某儿童食品公司网络购物合同纠纷案

【裁判要点】

食品不符合食品安全标准，消费者主张生产者或者经营者依据食品安全法第一百四十八条第二款规定承担惩罚性赔偿责任，生产者或者经营者以未造成消费者人身损害为由抗辩的，人民法院不予支持。

【简要案情】

2015年10月20日，郑某在某儿童食品公司的网上店铺购买果冻一盒。后郑某在食用过程中，发现其中一个果冻存在异物（注：该果冻未拆封），经辨认后发现异物为蜘蛛。该果冻亦为某儿童食品公司生产。双方协商未果，郑某提起诉讼请求某儿童食品公司向其退还货款并支付赔偿金1000元。

【法院裁判】

人民法院认为，消费者的合法权益受法律保护。郑某在被告网上店铺购买的由被告生产的果冻，在食用过程中发现其中一个果冻存在类似蜘蛛状的异物，根据《GB19299-2015 食品安全国家标准 果冻》"3.2 感官要求状态无正常视力可见的外来异物"之规定，案涉果冻为不符合食品安全标准的食品。根据《中华人民共和国食品安全法》第一百四十八条第二款规定，生产不符合食品安全标准的食品或者经营明知是不符合食品安全标准的食品，消费者除要求赔偿损失外，还可以向生产者或者经营者要求支付价款十倍或者损失三倍的赔偿金；增加赔偿的金额不足一千元的，为一千元。但是，食品的标签、说明书存在不影响食品安全且不会对消费者造成误导的瑕疵的除外。本案中，虽然郑某并未食用该有异物的果冻，未提交证据证明该食品给其造成了人身损害后果，但食品安全法规定的惩罚性赔偿不以消费者人身权益遭受损害为前提。故郑某要求被告退还物款并支付1000元赔偿金的诉讼请求，于法有据，应予以支持。遂判决某儿童食品公司向郑某退还货款并支付赔偿金1000元。

【司法解释相关法条】

《最高人民法院关于审理食品安全民事纠纷案件适用法律若干问题的解释（一）》

第十条 食品不符合食品安全标准，消费者主张生产者或者经营者依据食品安全法第一百四十八条第二款规定承担惩罚性赔偿责任，生产者或者经营者以未造成消费者人身损害为由抗辩的，人民法院不予支持。

案例四

经营未标明基本信息的预包装食品的法律责任
——魏某诉某科技有限公司网络购物合同纠纷一案

【裁判要点】

预包装食品的包装标签未标明生产者的名称、地址等基本信息，消费者依据食品安全法第一百四十八条规定，请求食品销售者承担惩罚性赔偿责任的，人民法院应予支持。

【简要案情】

某科技有限公司在某电商平台开设店铺售卖食品。魏某在该店铺一次性购买了风干牛肉20袋，总共花费1000元。魏某收货后拆封10袋风干牛肉用以食用。但其所购买的风干牛肉包装标签上未标明该商品的生产者名称、地址等基本信息。魏某遂以某科技有限公司销售的预包装食品包装标签未标明生产者名称、地址等基本信息为由，请求该公司返还价款并支付价款十倍的赔偿金。

【法院裁判】

人民法院认为，预包装食品，指预先定量包装或者制作在包装材料、容器中的食品。《中华人民共和国食品安全法》第六十七条规定："预包装食品的包装上应当有标签。标签应当标明下列事项：（一）名称、规格、净含量、生产日期；（二）成分或者配料表;(三)生产者的名称、地址、联系方式;(四)保质期;(五)产品标准代号;(六)贮存条件;……"第一百四十八条第二款规定:"生产不符合食品安全标准的食品或者经营明知是不符合食品安全标准的食品,消费者除要求赔偿损失外,还可以向生产者或者经营者要求支付价款十倍或者损失三倍的赔偿金;增加赔偿的金额不足一千元的,为一千元。但是,食品的标签、说明书存在不影响食品安全且不会对消费者造成误导的瑕疵的除外。"某科技有限公司销售给魏某的风干牛肉在包装标签上未标明该商品的生产者名称、地址等信息,违反上述法律强制性规定,属于法律禁止销售的不符合食品安全标准的产品。案涉产品的外包装袋标签上未标明该商品的生产者名称、地址等基本信息,某科技有限公司未举证证明其按照相关规定尽到了必要的审查义务,应认定其明知案涉产品不符合食品安全标准却仍然销售,魏某要求某科技有限公司支付价款十倍赔偿金的诉讼请求于法有据,应当予以支持。故判决某科技有限公司向魏某返还价款并支付价款十倍的赔偿金。

【司法解释相关法条】

《最高人民法院关于审理食品安全民事纠纷案件适用法律若干问题的解释(一)》

第十一条 生产经营未标明生产者名称、地址、成分或者配料表,或者未清晰标明生产日期、保质期的预包装食品,消费者主张生产者或者经营者依据食品安全法第一百四十八条第二款规定承担惩罚性赔偿责任的,人民法院应予支持,但法律、行政法规、食品安全国家标准对标签标注事项另有规定的除外。

案例五

经营者不能仅以进口食品已经过出入境检验检疫为由主张免责

——江某诉某信息技术有限公司网络购物合同纠纷一案

【裁判要点】

进口食品必须符合我国食品安全国家标准。如果进口食品不符合我国食品安全国家标准,进口食品经营者仅以进口食品已经过出入境检验检疫为由提出免责抗辩的,对其抗辩人民法院不应当支持。

【简要案情】

某信息技术有限公司在某电子商务平台开设网店,出售进口维生素胶囊食品。江某在该网店购买30瓶维生素胶囊食品,共支付货款8000元。根据原食品药品监管总局《关于含非普通食品原料的食品定性等相关问题的复函》和《食品安全国家标准 食品添加剂使用标准》(GB2760-2011)的规定,该维生素胶囊食品违法添加了食品添加剂。江某遂以某信息技术有限公司在网店上出售的维生素胶囊食品违反我国食品安全国家标准为由,起诉该公司承担惩罚性赔偿责任。

【法院裁判】

人民法院认为,虽然该进口食品已经过我国出入境检验检疫机构检验检疫,但这并不代表进口食品必然符合我国食品安全国家标准。原国家食品药品监督管理总局《关于含非普通食品原料的食品定性等相关问题的复函》和《食品安全国家标准 食品添加剂使用标准》(GB2760-2011)规定的相关食品添加剂的使用范围,并不包括该维生素胶囊食品。某信息技术有限公司亦不能举证证明行政主管部门已许可其在该进口食品上使用案涉添加剂。某信息技术有限公司销售的进口维生素胶囊食品在配料中使用案涉食品添加剂,该进口食品属于不符合我国食品安全国家标准的食品。某信息技术有限公司以其销售的进口食品经过我国出入境检验检疫机构检验检疫为由提出免责抗辩,对该抗辩法院不予支持。故,对江某的诉讼请求,人民法院予以支持。

【司法解释相关法条】

《最高人民法院关于审理食品安全民事纠纷案件适用法律若干问题的解释(一)》

第十二条 进口的食品不符合我国食品安全国家标准或者国务院卫生行政部门决定暂予适用的标准,消费者主张销售者、进口商等经营者依据食品安全法第一百四十八条规定承担赔偿责任,销售者、进口商等经营者仅以进口的食品符合出口地食品安全标准或者已经过我国出入境检验检疫机构检验检疫为由进行免责抗辩的,人民法院不予支持。

图书在版编目（CIP）数据

中华人民共和国食品药品注释法典/中国法制出版社编．—北京：中国法制出版社，2023.11
（注释法典）
ISBN 978-7-5216-3441-9

Ⅰ.①中… Ⅱ.①中… Ⅲ.①食品卫生法-法律解释-中国②药品管理法-法律解释-中国 Ⅳ.①D922.165

中国国家版本馆 CIP 数据核字（2023）第 065798 号

责任编辑：刘晓霞　　　　　　　　　　　　封面设计：周黎明

中华人民共和国食品药品注释法典
ZHONGHUA RENMIN GONGHEGUO SHIPIN YAOPIN ZHUSHI FADIAN

编者/中国法制出版社
经销/新华书店
印刷/三河市国英印务有限公司
开本/710 毫米×1000 毫米　16 开　　　　　　印张/ 40.5　字数/ 1057 千
版次/2023 年 11 月第 1 版　　　　　　　　　2023 年 11 月第 1 次印刷

中国法制出版社出版
书号 ISBN 978-7-5216-3441-9　　　　　　　　　　　　定价：96.00 元

北京市西城区西便门西里甲 16 号西便门办公区
邮政编码：100053　　　　　　　　　　　　　传真：010-63141600
网址：http://www.zgfzs.com　　　　　　　　编辑部电话：010-63141664
市场营销部电话：010-63141612　　　　　　　印务部电话：010-63141606

（如有印装质量问题，请与本社印务部联系。）